2026
27TH EDITION

세법학 II-1

정정운

1

- 부가가치세법
- 개별소비세법
- 지방세법

- 세무사 2차 시험 대비, 세법학 기본서
- 저자 직강 www.namucpa.com (나무경영아카데미)

상경사
www.SKBOOKS.co.kr

정정운(鄭丁云)

전남대학교 경영대학 경영학과 졸업
제35회 세무사시험 수석합격
지방세공무원 연수원 강사 역임
한세대학교 전임강사 역임
재정경제부 혁신동아리 강사 역임
재정경제부장관 표창장 수상(제070442호)
웅지세무대학 전임강사 역임
기획경제부 세제개정 전문위원 역임
나무경영아카데미 세법 강사

• 저 서
『세법개론』(상경사)
『세법개론 강의노트』(상경사)
『세법학 Ⅰ』(상경사)
『세법학 Ⅱ－1』(상경사)
『세법학 Ⅱ－2』(상경사)
『세법학 Ⅰ.zip』(상경사)
『세법학 Ⅱ.zip』(상경사)
『세법학 강의노트』(상경사)
『세법학연습』(상경사)

세법학 Ⅱ-①

지은이 정정운

2026년 1월 19일 27판 1쇄 펴냄

펴낸곳 상경사
펴낸이 김희철
영업·마케팅 김병훈 · 김희은
편집·북디자인 성진우 · 배정영 · 이은정 · 임경순
경영지원 배정민

등록일 1988년 6월 27일
등록번호 제 1-753 호

06784 서울특별시 서초구 동산로12길 13-8 B01,02 (양재동,담덕궁)
전화 02-577-3835, 팩스 02-573-2240, https://www.skbooks.co.kr

● **ISBN** 979-11-6137-421-5 94360

● 저자와의 협의에 의해 인지를 생략합니다.
● 값은 표지 뒷면에 있습니다.
● 파본은 구입하신 서점에서 교환해드립니다.

2026
27TH EDITION

세법학 Ⅱ-1

정정운

상경사
www.SKBOOKS.co.kr

2026년 개정판을 내면서

TAXATION LAW

올해에도 「세법학Ⅱ-①(부가가치세법, 개별소비세법, 지방세법)」과 관련하여 다양한 세법 개정이 이루어졌으며, 그 주요 내용은 다음과 같다.

- 부가가치세법은 사업자가 실제로 재화·용역을 공급하지 않거나 공급받지 않았음에도 세금계산서 등을 발급·수취한 경우, 그 세금계산서 등에 적힌 공급가액에 부과하는 가산세율을 3%에서 4%로 상향하여 조세탈루를 방지하도록 하였다. 또한 세원 투명성을 강화하기 위하여 사업자가 예정신고 또는 확정신고를 할 때 현금매출명세서를 함께 제출해야 하는 업종에 미디어콘텐츠창작업을 추가하였다. 아울러 허위 세액감면을 방지하고 공정한 세제 운영을 강화하기 위하여, 관할세무서장은 부가가치세의 납세보전 또는 조사를 목적으로 납세의무자에게 실질적인 사업운영 현황을 입증하는 증빙자료의 제출을 요구할 수 있도록 하였다.

- 개별소비세법은 자동차 판매 확대 등 내수 진작을 통한 경기 활성화를 도모하기 위하여 자동차에 대한 개별소비세의 탄력세율(5% → 3.5%) 적용기한을 종전 '2025년 12월 31일'에서 '2026년 6월 30일'까지로 6개월 연장하였다. 또한 국민의 유류비 부담 완화를 위하여 석유가스 중 부탄에 대한 개별소비세의 한시적 탄력세율 인하 적용기한을 '2025년 12월 31일'에서 '2026년 2월 28일'까지로 2개월 연장하였다.

- 지방세법은 배우자 또는 직계존비속 간에 과세대상자산을 취득하는 경우, 그 취득을 위하여 실제로 대가를 지급하였다 하더라도 그 대가가 시가인정액보다 현저히 낮은 때에는 유상취득으로 보지 않고 증여로 의제하여 무상취득 세율(3.5%)을 적용하도록 하였다. 아울러 종전에는 사치성 재산인 회원제 골프장을 원시취득하는 경우에만 취득세를 중과하였으나, 과세형평을 제고하기 위하여 회원제 골프장을 승계취득하는 경우에도 취득세를 중과하도록 개선하였다. 또한 고급주택 취득시 중과 대상의 기준을 시대 변화에 맞게 합리화하기 위하여, 2027년부터 수영장 및 부대시설의 설치 요건을 삭제하고, 그 구체적인 범위를 지방세법 시행령에 위임하였다. 그리고 개인이 주택 취득세 중과세 제외 대상인 일시적 2주택으로 신고한 후, 주택을 취득한 날부터 3년 이내에 종전 주택 등을 처분하지 않아 1주택이 되지 않는 경우에는 일시적 2주택 기간이 경과한 날부터 60일 이내에 중과세율(8%)을 적용하여 산출한 세액에서 이미 납부한 세액을 공제한 금액을 신고·납부하도록 보완하는 등 개정이 이루어졌다.

최근 제21판부터 기존 책을 「세법학 Ⅱ - [1](부가가치세법, 개별소비세법, 지방세법)」과 「세법학 Ⅱ - [2](조세특례제한법)」로 분권화하여, 독자분들께서 책을 보다 편리하게 휴대할 수 있도록 하였다. 한편 최근 세무사 2차 시험에서는 법령과 판례를 응용하는 사례문제가 다수 출제되는 경향이 나타나고 있는바, 이 책 한권으로 기본이론부터 실전연습까지 모두 해결할 수 있도록 다음과 같은 방향으로 집필하였다. 즉 [기본내용 이해 → 핵심사항 요약 · 정리 → 다양한 사례문제 연습]이 유기적으로 이루어질 수 있도록 구성하였다.

- 과세요건과 감면내용에 관한 조세실체법을 중심으로 서술하고, 절차법적 내용은 핵심사항만을 정리하여 세법학 수험 목적에 적합한 내용으로 구성하였다.
- 최신 판례를 해당 내용의 본문 아래에 예규 · 판례 형식으로 배치하여, 세법의 해석과 적용능력을 높일 수 있도록 하였다.
- 다양한 사례를 통해 세법 규정과 판례를 이해할 수 있도록 사례 중심의 문제를 대폭 보강하고, 「2025년 세법학 세무사 2차시험」 문제에 대한 모범답안을 수록하여 최근 시험경향에 대비하도록 하였다.
- 복잡하고 다양한 세법 내용을 체계적으로 분석 · 설명하여 쉽게 이해할 수 있도록 하였으며, 도표를 활용하여 내용을 한눈에 파악하고 본문 내용을 효과적으로 요약 · 정리할 수 있도록 하였다.

끝으로 출간의 기회를 주신 상경사 김희철 사장님, 이 책의 편집에 많은 노고를 기울여 주신 성진우 부장님, 김병훈 부장님, 배정영 부장님께 깊이 감사드린다. 아울러 이 책의 완성도를 높이는 데 아낌없는 조언을 해주신 손재호 세무사님께도 감사의 마음을 전한다.

앞으로도 이 책이 단순한 수험서를 넘어 세법학의 핵심 이론서로 자리매김할 수 있도록 최선을 다할 것을 약속드리며, 독자 여러분 모두의 건승(健勝)을 진심으로 기원한다.

2026. 1. 14.

정정운

요약차례

TAXATION LAW

차 례

TAXATION LAW

부가가치세법

제1편

부가가치세법

제1편 부가가치세법

제1장 부가가치세법 기초이론

제1절 부가가치세의 과세유형과 과세방법

Ⅰ 서 설

이론상 부가가치세는 모든 거래단계에서 생성되는 부가가치에 대해 과세하되, 그 세부담의 전가를 예상하는 다단계 일반소비세이다. 다시 말해, 부가가치세는 각 거래단계에서 생성된 '부가가치'를 과세대상으로 하여 부과하는 조세인 것이다.

그런데 이 부가가치의 범위를 어디까지로 볼 것인가에 따라 부가가치세의 유형이 나누어지고, 부가가치를 어떻게 계산하여 과세할 것인가에 따라 부가가치세의 과세방법이 달라진다. 이하에서는 부가가치세의 과세유형과 과세방법을 살펴보고자 한다.

Ⅱ 부가가치세의 과세유형

'부가가치'란 각 거래단계의 사업자가 독자적으로 새로이 창출한 가치의 증분이라고 정의할 수 있다. 이러한 부가가치의 범위에 따라 GNP형, 소득형, 소비형으로 부가가치세의 과세유형이 3가지로 분류되는데, 그 유형과 장 · 단점은 다음과 같다.

1. 과세유형

(1) GNP형

이 유형에서는 부가가치를 국민총생산(GNP), 즉 일정기간 동안 생산된 모든 최종생산물의 가치로 파악한다. 따라서 중간생산물은 제외된다. 이러한 부가가치에는 총소비액과 총투자액이 모두 포함되며, 그것은 생산요소들에게 분배되는 임금, 지대, 이자, 이윤의 합계액에 감가상각비를 더한 것과 일치한다.

개별기업의 입장에서 볼 때 부가가치는 매출액에서 중간재구입액을 차감한 것과 같다.

(2) 소득형

이 유형에서는 부가가치를 국민순생산액(NNP), 즉 일정기간 동안 생산된 모든 최종생산물의 가치에서 감가상각비를 공제한 것으로 파악한다. 이러한 부가가치에는 총소비액과 순투자액이 포함되며, 그것은 생산요소들에게 분배되는 임금, 지대, 이자, 이윤의 합계액과 일치한다. 따라서 부가가치는 요소소득과 일치하기 때문에 사실상 개인소득세의 과세대상과 유사하게 된다.

개별기업의 입장에서 볼 때 부가가치는 매출액에서 중간재구입액과 감가상각비를 차감한 것과 같다.

(3) 소비형

이 유형에서는 부가가치를 일정기간 동안 생산된 모든 최종생산물의 가치에서 자본재구입액을 공제한 것으로 파악한다. 이러한 부가가치는 총소비액과 일치하며, 그것은 생산요소들에게 분배되는 임금, 지대, 이자, 이윤의 합계액에서 순투자액을 차감한 금액과 같다.

개별기업의 입장에서 볼 때 부가가치는 매출액에서 중간재구입액과 자본재구입액을 차감한 것과 같게 된다.

2. 과세유형별 장 · 단점

이상에서 살펴본 3가지 과세유형은 근본적으로 자본재를 어떻게 처리할 것인가에 따라 부가가치의 범위에 차이가 있다. GNP형은 소비재와 자본재를 과세대상에 포함시킨다는 입장이고, 소득형은 GNP형의 부가가치 범위에서 자본재의 감가상각비를 제외한다는 것이다. 그리고 소비형은 소비재만 포함시키고 자본재는 제외한다는 입장이다. 이러한 차이로 인하여 발생하는 과세유형간 장 · 단점은 다음과 같다.

1) GNP형 부가가치세는 자본재에 대해서도 과세하기 때문에 다른 유형들에 비해 과세기초가 가장 넓다. 그러나 자본재의 가격은 궁극적으로는 다시 그 자본재의 사용에 의해 생산된 소비재의 가격에 포함되기 때문에 결국 자본재에 대해 부가가치세를 중복하여 과세하는 결과가 된다. 결국 이러한 이유 때문에 이 유형은 현실적으로 채택되지 않고 있다.

2) 소득형 부가가치세는 GNP형보다 그 범위가 감가상각비만큼 좁다. 이 유형에서는 감가상각비를 과세대상에서 제거함으로써 GNP형에서 나타나는 누적효과를 피하고 있다. 그러나 자본재에 투자한 금액을 즉시 공제하지 않고 그것이 감가상각되는 과정에서 공제하기 때문에, 자본재를 구입할 때 부담한 부가가치세가 회수되는 데는 상당한 기간이 소요된다. 이러한 점에서 이 유형의 부가가치세는 GNP형보다는 투자에 유리하지만 소비형 부가가치세와 비교해 볼 때에는 투자를 억제하는 효과가 있다고 할 수 있다. 또한 감가상각비의 적정한 계산은 과세기술상의 곤란을 초래한다. 이러한 이유로 이 유형도 현실적으로 채택되지 않고 있다.

3) 소비형 부가가치세에서는 자본재구입액을 부가가치의 범위에서 제거하여 자본재를 구입할 때 부담한 부가가치세를 즉시 회수할 수 있게 함으로써 투자를 촉진하는 효과가 있다. 또한 감가상

각비를 계산할 필요가 없고 중간재와 자본재를 구별함이 없이 모든 매입액을 부가가치의 범위에서 제거하기 때문에 그 시행이 간편하다. 그리하여 우리나라와 EU 여러 나라들에서 소비형 부가가치세를 채택하고 있다.

[도 표] 과세유형 및 그 장·단점의 비교

구분		GNP형	소득형	소비형
부가가치의 범 위	국민경제	GNP(국민총생산) $= C+I^T$ $= W+R+I+P+Dep$	NNP $= GNP-Dep$ $= C+I^N$ $= W+R+I+P$	소 비 $= GNP-I^T$ $= C$ $= W+R+I+P-I^N$
	개별기업	매출액 − 중간재구입액	매출액 − 중간재구입액 − Dep	매출액 − 중간재구입액 − 자본재구입액
장·단점		• 투자억제 • 누적효과 발생	• 자본재에 대한 VAT의 회수에 상당기간 소요 • Dep 계산의 어려움	• 투자촉진 • 시행간편

※ C : 총소비, I^T : 총투자(I^N+Dep), W : 임금, R : 지대, I : 이자, P : 이윤, Dep : 감가상각비

Ⅲ 과세방법

소비형 부가가치세를 채택하는 경우에도 부가가치세액을 어떤 방법으로 계산하는가에 따라 다음과 같은 과세방법으로 나누어진다.

1. 가산법

가산법(addition method)은 어떤 거래단계의 부가가치액(과세표준)과 세액을 계산할 때 과세기간에 사업자가 지급한 요소소득(부가가치 구성요소)을 합산한 금액에 세율을 곱하여 세액을 산출하는 방법이다. 즉 납부세액은 다음과 같이 계산한다.

$$(W + R + I + P - \text{순투자액}) \times \text{세율} = \text{납부세액(또는 환급세액)}$$

※ W : 임금, R : 지대, I : 이자, P : 이윤, 순투자 = 총투자 − 감가상각비

이 방법은 그 과세행정상의 어려움 때문에 채택한 나라가 없다.

2. 공제법

공제법(deduction method)은 그 공제방식을 구체적으로 어떻게 적용하는가에 따라 직접공제법과 간접공제법의 두 가지 유형으로 구분할 수 있다.

(1) 직접법 : 전단계거래액공제법

전단계거래액공제법은 각 거래단계 사업자의 공급가액(매출액)에서 공급받은 금액(매입액)을 공제하여 부가가치액을 먼저 산정한 다음, 여기에 세율을 곱하여 부가가치세액을 계산하는 방법이다.

> 공급가액(매출액) − 매입액* = 부가가치액(과세표준)
> 부가가치액 × 세율 = 납부세액(또는 환급세액)

* 매입액 = 중간재구입액 + 자본재구입액

이 방법은 부가가치세의 과세대상이 부가가치라는 부가가치세의 이론에 가장 충실한 과세방법이라고 할 수 있다. 즉 과세대상이 부가가치라는 것을 납세의무자가 명백하게 인식할 수 있다.

(2) 간접법 : 전단계세액공제법

전단계세액공제법(invoice method)은 어떤 거래단계 사업자의 일정기간 공급가액의 합계액(과세표준)에 세율을 곱하여 매출세액을 계산한 다음, 매입액에 세율을 곱하여 계산된 매입세액을 매출세액에서 차감하여 간접적으로 부가가치세액을 산정하는 방법이다. 이 방법은 이론상으로는 그 거래단계에서 창출된 부가가치에 세율을 곱한 것과 같은 결과에 이르게 된다.

그러나 실제의 입법례에서는 매입세액을 이렇게 계산하지 않고 매입할 때 발급받은 세금계산서를 토대로 작성·제출된 매입처별 세금계산서합계표에 의해 거래징수되었음이 확인되는 금액을 매입세액으로 공제하여 납부세액(또는 환급세액)을 계산한다. 즉 아무리 매입한 금액이 객관적으로 입증된다고 하더라도 세금계산서를 수취하지 않으면 매입세액을 공제받을 수 없는 것이다. 이는 세금계산서의 수수를 강제하기 위한 것이다. 만약 세금계산서를 받지 않아 매입세액을 공제받지 못하면 자기의 매출세액이 납부세액이 되어 높은 세율을 적용받는 매상세와 같은 결과가 된다.

> (공급가액의 합계액 × 세율 = 매출세액) − (세금계산서상 매입세액) = 납부세액 또는 환급세액

[도 표] 전단계세액공제법의 적용례

거래단계	매입가액	공급가액	부가가치액	매출세액 − 매입세액 = 납부세액
제조업자(과세)	0	1,000	1,000	1,000×10% − 0 = 100
도매업자(과세)	1,000	1,500	500	1,500×10% − 100 = 50
소매업자(과세)	1,500	1,800	300	1,800×10% − 150 = 30
소 비 자	소비 → 1,800			세부담 → 180

이러한 전단계세액공제법은 거래가 있을 때마다 그 공급가액에 세율을 곱하여 그 재화·용역이 부담하는 부가가치세액을 정확히 알 수 있다. 즉 세액 산정이 정확한 것이다. 그리하여 전단계세액공제법은 다음과 같은 장점이 있다.[1)]

① 품목별로 부가가치세를 면제하거나 품목을 기준으로 경감세율을 설정하는데 편리하다.

② 거래할 때 주고받은 세금계산서에 세액이 구분 표시되기 때문에 부가가치세의 전가가 명확하게 인식된다. 즉 사업자들이 부가가치세의 담세자는 소비자임을 명백하게 인식할 수 있는 것이다. 그리고 사업자가 재화·용역을 매입할 때 그 대가에 포함시켜 지급하는 부가가치세액(매입세액)은 그것이 매출세액에서 공제될 세액으로서 일시 대납한 것과 같게 되는 것이다.

③ 이 방법은 국제거래되는 상품에 대한 간접세의 조정, 즉 국경세 조정이 편리하다. 전단계거래액공제법에서는 부가가치를 과세기간 단위로 계산하기 때문에 사업자의 재화의 수입에 대해서는 부가가치세액을 과세할 수 있지만, 비사업자가 소비목적으로 재화를 수입하는 경우에는 그 부가가치액을 기간단위로 계산할 수 없기 때문에 과세할 수 없다. 그러나 전단계세액공제법에서는 사업자·비사업자인지 여부를 불문하고 수입하는 재화에 부가가치세를 용이하게 과세할 수 있다. 그리고 개개 품목에 대해 부가가치세액을 정확히 산정할 수 있기 때문에 수출하는 재화가 부담한 부가가치세액을 정확히 환급할 수 있다.

④ 이 방법에서는 세금계산서를 발급받지 않으면 매입세액을 공제받을 수 없는 불이익 때문에 재화·용역을 공급받는 사업자는 공급자에게 세금계산서의 발급을 강력히 요구하게 되며, 따라서 공급자의 매출액이 자연스럽게 노출된다. 즉 사업자간 상호감시의 효과(cross-checking effect)가 있으므로 탈세를 방지할 수 있고 세정의 효율을 거둘 수 있다.

---

1) 최명근, 『부가가치세법론』, (조세통람사, 1997), p.23

Ⅳ 우리나라 부가가치세법의 태도

이상에서 살펴본 바와 같이 우리나라의 부가가치세는 소비형 부가가치세로서 그 과세방법에 있어 전단계세액공제법을 취하고 있다. 이는 투자를 촉진하고 부가가치세의 전가가 명확히 인식될 뿐 아니라 시행이 간편하기 때문에 다른 유형이나 과세방법과 비교하여 우수한 것으로 평가되고 있다.

그러나 전단계세액공제법이 현실에서 제대로 정착되기 위해서는 거래징수와 세금계산서의 수수질서가 확립되어야 한다. 왜냐하면 거래징수와 세금계산서의 수수가 적정하게 이루어지지 않으면 납부세액 또는 환급세액이 그 단계에서 창출된 부가가치와 괴리되어 마치 다단계매상세와 같은 결과가 되기 때문이다.

한편 우리나라의 경우 부가가치세 납세의무자 중 상당수가 전단계세액공제법이 배제되고 (공급대가×업종별 부가가치율)에 세율을 곱하여 납부세액을 계산하는 간이과세자로 되어 있다. 이러한 간이과세자들은 납부세액계산 구조상 세금계산서를 수취할 필요성을 별로 느끼지 못하기 때문에 사업자간 상호감시의 효과가 충분히 발휘되지 못하고 있는 실정이다. 또한 일반과세자간 거래에서도 세금계산서의 수수를 제대로 이행하지 않아 전단계세액공제법의 토대를 뒤흔들고 있다. 따라서 현행 부가가치세제의 가장 중요한 과제는 사업자의 적정한 거래징수와 세금계산서 수수질서의 확립이라고 할 수 있다.

[도 표] 전단계거래액공제법과 전단계세액공제법의 비교

구분	전단계거래액공제법	전단계세액공제법
과세대상	부가가치(value added)	재화 · 용역의 공급
과세표준	부가가치액(매출액 − 매입액)의 합계액	재화 · 용역의 공급가액의 합계액
납부세액	과세표준×세율 = 납부세액	과세표준 × 세 율 = 매출세액 − 매입세액 = 납부세액

사례 1 부가가치세 기초이론

현행 부가가치세는 세부담의 전가를 예상하는 간접세이다. 다음의 물음에 답하시오. (25점)

【물음 1】 부가가치세는 각 단계 사업자가 창출한 부가가치에 대해서 과세한다. 그런데 우리나라 부가가치세법은 일정기간의 '부가가치액의 합계액'을 과세표준으로 하지 않고 '공급가액의 합계액'을 과세표준으로 하는 이유는 무엇인지를 설명하시오.

【물음 2】 전단계세액공제법에서 세금계산서 수수(授受)의 중요성에 대해서 설명하시오.

【물음 3】 A사업자의 매출액은 300, 매입액은 200, 인건비 50, 차입금이자 10, 당기순이익(이윤) 40이다. 가산법(부가가치의 구성요소를 더해서 부가가치액을 계산한 다음 세율을 곱하여 부가가치세를 계산하는 방법)과 전단계세액공제법에 따라 A사업자가 납부하는 부가가치세액(세율은 10%를 적용한다)을 각각 계산하고, 전단계세액공제법의 장점에 대해서 설명하시오.

해 답

【물음 1】 과세표준

전단계세액공제법은 각 거래단계 사업자가 재화 등을 공급할 때 거래징수한 매출세액에서 재화 등을 매입할 때 거래징수당한 매입세액을 공제하여 납부세액을 계산한다. 이것은 간접적으로 각 거래단계 사업자가 창출한 부가가치에 대해 과세하면서 그 부담을 최종소비자에게 전가시키는 효과를 낳는다. 이러한 구조를 취함으로써 현행 부가가치세법은 다음과 같은 귀결을 갖게 된다.

1. 과세대상

이론상 부가가치세의 과세대상은 각 거래단계에서 창출한 부가가치이다. 그런데 전단계세액공제법 하에서는 이러한 부가가치를 직접 포착하여 과세하는 것이 아니기 때문에 현행 부가가치세법에서는 재화의 공급과 용역의 공급을 과세대상으로 규정하고 있다.

2. 과세표준

이론상 부가가치세의 과세대상은 부가가치이므로 그 과세표준은 부가가치액이어야 한다. 그러나 현행 부가가치세법은 부가가치 자체가 아니라 재화의 공급과 용역의 공급을 과세대상으로 하고 있기 때문에, 과세표준도 부가가치액의 합계액이 아니라 재화나 용역의 공급가액의 합계액으로 규정하고 있다.

【물음 2】 세금계산서 중요성

전단계세액공제법은 사업자가 거래징수한 매출세액에서 거래징수당한 매입세액을 차감하여 납부세액을 계산한다. 그 결과가 사업자가 창출한 부가가치에 대해 세율을 적용한 것과 일치할 것으로 예상하고 있다. 이것은 매입세액이 매출세액에서 정확히 공제되므로써 가능한 것이다. 따라서 공급가액에 세율을 곱한 세액을 거래징수하였고 거래징수당하였음을 증명하는 세금계산서의 적정한 수수(授受)에 의해서 실현된다.

만일 거래징수를 증명하는 세금계산서의 수수가 제대로 이행되지 않으면, 공급받은 사업자는 매입세액 공제가 되지 않아 그 사업자의 납부세액은 그가 창출한 부가가치에 대한 세율을 적용하는 것과 괴리되어 매출액에 세율을 곱한 세액을 납부하는 다단계 매상세로 전락하게 된다.

그리고 세금계산서가 제대로 수수되지 않으면 공급자는 매출세액을 누락신고하고 다시 공급받은 자도 매입자료가 노출되지 않아 매출세액을 누락신고하여 일련의 거래흐름이 단절되어 공급자의 매출세액과 공급받는 자의 매입세액 간 상호검증기능을 훼손하는 결과가 된다.

따라서 세금계산서의 적정한 수수는 전단계세액공제법을 채택하고 있는 우리나라 부가가치세에서 중요한 구실을 하고 있다.

【물음 3】 세액계산과 장점

1. 납부세액 계산

(1) 가산법

가산법은 부가가치의 구성요소를 더해서 먼저 부가가치액을 계산한 다음 세율을 곱하여 다음과 같이 납부세액을 계산한다.

납부세액 = [인건비(임금) 50 + 차입금이자(이자) 10 + 당기순이익(이윤) 40]×10%
= 10

(2) 전단계세액공제법

납부세액 = 매출세액 − 매입세액
= 매출액 300×10% − 매입액 200×10%
= 10

2. 장 점(p.9 참조)

V 부가가치세의 의의

부가가치세는 모든 거래단계에서 생산되는 부가가치에 과세하되, 그 부담의 전가를 예상하는 다단계 일반소비세이다. 이러한 부가가치세의 성격을 구체적으로 설명하면 다음과 같다.

1) 부가가치세는 원칙적으로 모든 재화나 용역을 구입하여 소비하는 사실에 대해서 과세하는 일반소비세이다. 따라서 개별소비세나 주세도 소비세의 일종이지만 특정한 재화나 용역의 소비행위에 대해 과세하는 점에서 부가가치세와는 구별된다.

2) 부가가치세는 세부담의 전가를 예상하는 간접세이다. 법률상 납세의무자는 사업자이며, 사업자는 영리목적의 유무에 불구하고 사업상 독립적으로 재화·용역을 공급하는 자이다. 이러한

사업자는 법률상 납세의무자에 불과하고 재화와 용역에 부과된 세액은 전가되어 소비자의 부담으로 귀착될 것이 예상되어 있다. 즉 경제적 의미의 담세자는 최종소비자이다.

3) 부가가치세는 재화나 용역의 각 거래단계에서 생성된 부가가치에 과세하는 다단계 과세방법을 취하고 있다. 이러한 점은 특정 거래단계에서만 과세하는 단단계매상세(제조매상세나 소매매상세)와 구별되고, 각 거래단계마다 거래금액에 대해 과세하는 다단계거래세와 대비된다.

사례 2 전단계거래액공제법과 전단계세액공제법의 비교

부가가치세의 과세방법에는 가산법과 공제법이 있고, 공제법에는 전단계거래액공제법(Account method)과 전단계세액공제법(Invoice method)이 있다. 부가가치세법은 전단계세액공제법을 채택하고 있는 바, 전단계거래액공제법과 전단계세액공제법에 대해 그 장 · 단점을 중심으로 비교 · 설명하시오.

(2014년 세무사 2차, 15점)

해 답

1. 의 의

(1) 전단계거래액공제법(Account method)

이는 일정기간 동안 사업자가 공급한 상품가격(매출액)에서 매입한 상품가격(매입액, 즉 전단계거래액)을 차감하여 부가가치를 계산하는 방법이다.

$$\begin{aligned} \text{부가가치세 납부세액} &= (\text{매출액} - \text{매입액}) \times \text{세율} \\ &= \text{부가가치액} \times \text{세율} \end{aligned}$$

소비형 부가가치세에서 '매입액'은 중간재구입액과 자본재구입액의 합계액을 뜻한다.

(2) 전단계세액공제법(Invoice method)

이는 어떤 거래단계의 부가가치세를 먼저 계산하여 과세함으로써 그것이 간접적으로 그 단계에서 창출된 부가가치에 과세된 결과가 되도록 하는 방법이다.

우선 어떤 사업자의 매출액에 세율을 곱하여 매출세액을 계산한 다음, 매입액에 세율을 곱하여 계산된 매입세액(즉, 전단계세액)을 매출세액에서 차감하는 방법으로 부가가치세를 계산하는 것이다. 그래서 이것을 '전단계세액공제법'이라고 한다.

$$\text{부가가치세 납부세액} = \text{매출세액}(\text{매출액} \times \text{세율}) - \text{매입세액}(\text{매입액} \times \text{세율})$$

본래 사업자가 재화나 용역을 공급할 때에는 공급가액에 세율(10%)을 곱하여 계산한 부가가치세를 공급받는 자로부터 징수해야 한다. 이것을 '거래징수'라고 하는데, 이는 사업자에게 부과되는 부가가치세를 거래상대방에게 전가하는 과정이다. 이 경우 사업자는 공급받는 자에게 '세금계산서(tax invoice)'를 발급해야 하는데, 이것은 거래징수사실을 증명하는 영수증이다.

따라서 적어도 이론상으로는 어떤 사업자의 매출세액은 자기가 재화 등을 공급할 때 거래징수한 세액과 일치하고 매입세액은 자기가 재화 등을 공급받을 때 거래징수당한 세액과 일치한다. 이러한 매출세액에서 매입세액을 차감하여 납부세액을 계산하는 구조는 결국 그 사업자가 창출한 부가가치에 대해 과세하면서 그 부담을 최종소비자에게 전가시키는 결과에 이르게 된다.

실제의 입법례에서는 매입세액을 매입액에 세율을 곱하여 계산하는 것이 아니라 매입할 때 발급받은 세금계산서에 의해 거래징수되었음이 확인되는 금액을 매입세액으로 공제하여 납부세액 또는 환급세액을 계산한다. 그 취지는 세금계산서의 수수(授受)를 강제하기 위한 데 있는데, 이 때문에 발급받은 세금계산서는 매입세액공제를 받기 위한 필수적 자료가 된다.

납부세액(또는 환급세액) = 과세표준(공급가액) × 세율 − 세금계산서에 의해 확인되는 매입세액

2. 장점과 단점 비교

(1) 전단계거래액공제법

이 방법은 부가가치세 과세대상이 '부가가치'라는 부가가치세 이론에 가장 충실한 방법으로서 납세의무자가 과세대상은 부가가치라는 것을 명백히 인식할 수 있다. 그러나 다음과 같은 단점이 있다.

① 일정기간 단위로 매출액에서 매입액을 빼는 방법으로 과세표준을 계산하기 때문에, 품목별로 부가가치세를 면제하거나 경감세율을 설정할 수 없다.

② 개별 재화나 용역의 거래에 대한 세액을 계산하지 않고 과세기간 단위로 세액을 계산하기 때문에, 국경세조정(재화의 수출 · 국외에서 용역제공에 대한 완전면세, 재화의 수입에 대한 과세)이 어렵고 부정확해진다.

③ 개별 재화나 용역의 거래에 대한 세액을 계산하지 않아 사업자가 납부하는 세액이 소비자에게 전가됨이 불분명하다.

(2) 전단계세액공제법

전단계세액공제법은 거래시 그 공급가액에 세율을 곱하여 부가가치세를 계산함으로써 개개 재화 · 용역의 부가가치세액을 정확히 알 수 있다. 그리하여 다음과 같은 장점이 있다.

① 품목별로 부가가치세를 면세하거나 품목을 기준으로 경감세율을 설정하는데 편리하다.

② 거래할 때 주고받은 세금계산서에 세액이 구분표시되기 때문에 부가가치세의 전가가 명확하게 인식된다.

③ 국경세조정이 쉽다. 즉 전단계세액공제법에서는 사업자 · 비사업자인 개인여부를 불문하고 수입하는 재화에 용이하게 부가가치세를 과세할 수 있다. 그리고 개개 품목에 대해 부가가치세액을 정확히 산정할 수 있기 때문에 수출하는 재화가 부담한 부가가치세액을 정확히 환급할 수 있다.

④ 이 방법에서는 세금계산서를 받지 않으면 매입세액을 공제받을 수 없는 불이익 때문에 재화·용역을 공급받는 사업자는 공급자에게 세금계산서의 발급을 강력히 요구하게 되며, 공급자의 매출액이 노출됨으로써 사업자간 상호감시효과를 가져와 탈세를 방지할 수 있다.

❑ 출제위원 채점평

상당수의 답안이 전단계거래액공제법과 전단계세액공제법의 장·단점을 1~2가지 정도 나열하는 것에 그치고 있을 뿐 다양한 기준에서 전단계거래액공제법과 전단계세액공제법의 장·단점을 비교분석하는 수준에까지 이르지 못한 점은 아쉬움으로 남는다.

수험생들은 교과서의 기본이론과 법령 등을 충실히 숙지한 후 판례까지 학습의 범위를 넓혀서 사례문제에 대한 적응력을 키울 필요가 있을 것이다.

제2절 국경세조정과 부가가치세의 역진성

I 국경세조정

1. 의 의

'국경세조정(border tax adjustments)'이란 국제거래되는 재화 등에 부과된 간접세에 대한 조정을 말한다. 이에 관하여는 다음과 같은 두 가지 입법주의가 있다.

(1) 원산지국 과세원칙

이는 국제거래되는 재화 등에 대해 수출시에 원산지국에서 과세된 간접세의 환급·면제를 통하여 조정하지 않을 뿐만 아니라 다른 나라에서 생산된 재화를 수입할 때 수입국에서 부과되는 간접세를 과세하지 않는 원칙이다. 이것을 생산지국 과세원칙이라고도 한다. 즉 이 원칙에서는 국경세 조정절차가 필요 없게 되는 것이다.

(2) 소비지국 과세원칙

이는 국제거래되는 재화 등에 대해 소비지국에서 과세권을 행사하는 방법이다. 이 원칙은 원산지국이 재화를 수출할 때 과세한 간접세를 환급하고, 수입국은 수입한 재화에 대해 내국물품과 동일한 간접세의 부담을 지도록 하기 위하여 수입국의 세율에 따라 간접세를 과세한다. 따라서 이 방법은 원산지국 과세원칙과 비교할 때 다음과 같은 장점을 가지고 있다.

① 소비가 이루어지는 나라에서 간접세의 부과권을 행사하게 되어 소비세의 원리에 부합된다.
② 원산지국과 소비지국의 간접세율이 서로 다른 경우에도 대외경쟁상 중립성을 유지할 수 있다.

2. 현행 간접세제의 국경세조정제도

국제거래되는 간접세의 조정에 관하여는 우리나라를 포함한 거의 대부분의 국가들이 소비지국 과세원칙을 취하고 있다. 현행 부가가치세법 및 개별소비세법은 이러한 소비지국 과세원칙을 구현하기 위하여 과세대상 재화 등의 수출·수입에 대해 다음과 같은 제도를 두고 있다.

(1) 수출하는 경우 : 영세율 및 수출면세 · 세액의 환급

현행 부가가치세법은 ① 재화의 수출, ② 용역의 국외공급, ③ 외국항행용역에 대해서 영세율을 적용하여 우리나라 부가가치세의 부담을 완전면제한다. 그리고 개별소비세법은 내국물품의 국외반출에 대해서 수출면세를 적용하여 우리나라 개별소비세의 부담을 완전제거한다. 과세물품 또는 과세물품을 사용하여 제조 · 가공한 물품이 수출되는 경우 이미 개별소비세가 부과된 때에는 완전면세가 실현되도록 세액의 환급제도를 두고 있다.

(2) 수입하는 경우 : 과세대상에 포함

1) 재화 · 과세물품의 소비가 국내에서 이루어지므로 소비지국 과세원칙에 따라 수입재화 · 과세물품도 국내에서 생산된 재화 · 과세물품과 동일한 취급을 하기 위하여 재화의 수입(부가가치세) · 과세물품의 수입(개별소비세)을 과세대상에 포함하고 있다.

2) 재화 · 과세물품의 수입은 상품 · 제품 · 원료, 기계 등과 같은 유체물이고 세관의 통관절차가 있기 때문에 재화 · 과세물품의 수입자가 세관장에게 부가가치세를 신고납부하게 하는 방법으로 비교적 쉽게 부가가치세를 과세할 수 있다. 그런데 용역은 무체물이고 세관의 통관절차가 없기 때문에 용역의 수입을 과세거래로 삼아서 부가가치세를 과세할 수 없다(이런 이유로 용역의 수입을 과세거래로 규정하지 않고 있다). 그 대신에 국외사업자(국내사업장이 없는 비거주자와 외국법인을 말한다)로부터 국내에서 용역을 제공받은 경우 그 용역을 공급받은 자로 하여금 부가가치세를 대리납부함으로써 소비지국 과세원칙을 구현하고 있다.

그런데 국외사업자로부터 용역을 제공받은 자가 비사업자 등인 경우에는 대리납부제도의 실효성을 확보하기 어려운 점이 있다. 특히 국외사업자와 국내소비자 간 인터넷을 통한 용역의 공급이 크게 증가하고 있어 대리납부제도 외의 다른 방법으로 우리나라 부가가치세 과세의 필요성이 제기되었다. 이에 따라 부가가치세법에 다음과 같은 제도를 도입하여 소비지국과세원칙을 철저히 구현하고 있다.

① 국외사업자의 용역 공급에 관한 특례 : 국외사업자가 사업자등록의 대상인 위탁매매인 등을 통하여 국내에서 용역을 공급하는 경우에는 위탁매매인 등이 해당 용역을 공급한 것으로 본다(부가법 53 ①).

② 전자적 용역을 공급하는 국외사업자의 용역 공급에 관한 특례 : 국외사업자가 국외 오픈마켓사업자 등(예 : 구글, 애플 등)을 통하여 국내에 전자적 용역을 공급하는 경우에는 국외 오픈마켓사업자 등이 해당 전자적 용역을 국내에서 공급한 것으로 본다(부가법 53의2 ②).

Ⅱ 부가가치세의 역진성

1. 의 의

'조세부담의 역진성'이란 조세부담능력의 기준을 소득이라고 할 때, 소득 중 조세부담이 차지하는 비율이 저소득층은 높게 나타나고 고소득층은 오히려 낮게 나타나는 것을 말한다. 현행 부가가치세는 소비형 부가가치세로서 10% 비례세율의 구조를 취하고 있기 때문에 역진적인 조세부담을 야기한다. 그 이유는 소득이 증가하면 소득에서 소비액이 차지하는 비중이 감소하기 때문이다. 즉 평균소비성향은 소득이 많을수록 체감한다. 이러한 상황 하에서 부가가치세는 소비액에 비례하여 10% 세율로 부담하므로 소득 중에서 부가가치세 부담이 차지하는 비중, 즉 소득액을 기준으로 한 평균세율은 그 소득이 증가할 때 하락한다는 것이다. 따라서 저소득층이 고소득층에 비하여 높은 세부담을 지므로 부가가치세의 부담은 역진성을 갖는 것이다.

2. 역진성을 완화하기 위한 제도

이러한 부가가치세의 역진성을 완화하기 위하여 다음과 같은 방법들이 제시되고 있다.

① 부가가치세제 내에서 역진적 부담을 완화하기 위한 방안으로 생활필수품에 대한 면세와 경감세율의 적용을 들 수 있다. 즉 생활필수품에 대해 부가가치세를 면제하거나 경감세율을 설정함으로써 부가가치세의 부담을 덜어주는 것이다.

② 부가가치세의 역진부담의 해소를 개인소득세에서 해결하기 위하여 소득세 누진정도의 상향조정, 부(負)의 소득세 등이 있다.

우리나라 세제에서는 부가가치세의 단일비례세율의 구조에 따른 부가가치세의 역진성을 완화하기 위하여 ① 기초생활필수품에 대해 면세제도와 ② 고급물품에 대한 개별소비세 과세제도를 두고 있다.

제3절 부가가치세의 면제제도

Ⅰ 서 설

부가가치세를 면제하는 방법에는 부분면세(partial relief)와 완전면세(total relief) 두 가지가 있다. 현행 부가가치세법에서의 면세는 부분면세를 말하는 것으로서 면세대상 거래의 매출에 과세하는 세액을 면제하고, 그 면제되는 재화 등을 매입할 때 부담한 세액(매입세액)은 공제 · 환급하지 않는 제도이다. 그리고 현행 부가가치세법에서 영세율은 완전면세를 의미하는 것으로서 과세대상거래의 매출에 과세하는 세액(매출세액)을 없게 할 뿐만 아니라 영세율의 적용대상이 되는 재화 등을 매입할 때 부담한 세액(매입세액)을 공제 · 환급하는 제도이다.

Ⅱ 영세율과 면세의 개념상 차이점

1. 영세율의 의의

'영세율(zero rating)'이란 일정한 재화 · 용역의 공급에 대한 과세표준에 0%의 세율을 적용하는 제도를 말한다. 그 결과 그 거래의 매출세액은 '0원'이 되고 매출세액에서 매입세액을 공제한 납부세액은 음수(−)가 되어 매입세액이 환급된다. 즉 해당 사업자가 거래상대방으로부터 거래징수할 부가가치세액은 0원이므로 거래상대방은 거래징수를 당하지 않게 되고, 해당 사업자는 그 재화 · 용역과 관련하여 이미 부담한 매입세액을 전액 환급받게 된다.

이를 계산식으로 표현하면 다음과 같다.

$$\underbrace{\text{과세표준(공급가액)} \times 0\%}_{\text{매출세액}} - \underbrace{\text{수취 T/I상 매입세액}}_{\text{매입세액}} = \text{환급세액(매입세액)}$$

따라서 영세율제도는 그 적용단계에서 창출된 부가가치에 대해 과세하지 않을 뿐만 아니라 그 전단계에서 창출된 부가가치에 대해 이미 과세된 부가가치세액도 환급을 통하여 모두 취소하는 제도라고 할 수 있다. 그리하여 당초부터 부가가치세가 과세되지 않은 것과 같은 결과가 되어 거래상대방은 전혀 부가가치세를 부담하지 않는다. 그러므로 영세율제도를 이론상 '완전면세'라고 한다.

2. 면세의 의의

'면세(exemption)'란 일정한 재화·용역의 공급에 대해 부가가치세 납세의무를 면제하는 제도를 말한다. 따라서 면세제도는 세율 적용 이전에 납세의무 자체를 면제한 것이므로 매출세액이 존재하지 않는다. 그리고 재화·용역을 매입하는 경우에 거래징수당한 부가가치세액(매입세액)을 환급받을 권리가 없으므로 부담한 매입세액은 매입한 재화·용역의 원가에 포함하여 시장가격기구를 통하여 거래상대방에게 전가시키지 않을 수 없다. 그 결과 면세의 전단계에서 이미 부과된 부가가치세는 면세재화·용역의 가격에 포함되어 남아 있게 되며, 부가가치세의 부담이 완전히 제거되지 않는다. 이를 계산식으로 표현하면 다음과 같다.

> 존재하지 않음 (매출세액) − 수취 T/I상 매입세액 (매입세액)(매입원가 구성) → 다음 단계 전가

따라서 면세제도는 그 적용대상단계에서 창출된 부가가치에 대해서는 과세하지 않되, 그 전 단계에서 이미 창출된 부가가치에 대해 이미 과세한 것까지 취소하는 제도는 아니라고 할 수 있다. 그리하여 면세제도를 이론상 '부분면세'라고 부른다.

Ⅲ 적용대상의 차이점

1. 영세율의 적용대상

영세율제도는 주로 소비지국 과세원칙을 구현하기 위하여 적용되고 있다. 즉 이는 국외의 소비자들이 우리나라 부가가치세의 부담을 지지 않도록 세부담을 완전히 제거하기 위하여 활용되고 있는 것이다. 따라서 그 적용대상거래는 주로 수출거래이다. 즉 ① 재화의 수출, ② 용역의 국외제공, ③ 외국항행용역이 이러한 범주에 해당한다.

그런데 우리나라의 경우에는 외화획득을 장려하기 위하여 국내에서 비거주자·외국법인에게 공급하는 재화·용역의 경우에도 영세율을 적용하고 있으며, 조세특례제한법에서는 장애인용 보장구 등에 대해서 정책적인 목적으로 영세율을 적용하고 있다.

2. 면세의 적용대상

면세대상이 되는 거래는 국민의 생활안정에 관계되는 재화·용역의 공급이 대부분이다. 즉 기초생활필수품 및 용역, 국민후생용역, 문화관련 재화·용역, 부가가치의 구성요소 등에 적용된다. 이러한 면세의 대상들은 다음과 같이 분류할 수 있다.

1) 저소득층의 소비액에서 차지하는 비중이 높은 생활필수품 및 용역에 대해 부가가치세의 역진성을 완화하기 위하여 면세대상으로 한다. 그런데 저소득층의 세부담의 경감을 위해서는 면세보다는 영세율을 적용하는 것이 그 경감의 효과가 크다고 할 수 있다. 따라서 입법정책적으로는 영세율을 적용할 수도 있는 것이다.

2) 규모가 매우 영세하여 기장능력도 없고 행정적인 부담만 될 것으로 판단되는 사업자들이 면세대상이 된다.

Ⅳ 사업자의 협력의무

1. 영세율 적용사업자

영세율이 적용되는 거래도 0%의 세율이 적용된다는 차이가 있을 뿐이지 일반적인 과세거래와 다를 바가 없다. 따라서 영세율을 적용받는 사업자도 부가가치세 납세의무자에 해당하며, 그에 따라 부가가치세법이 요구하는 각종 협력의무를 이행해야 한다. 즉 영세율을 적용받는 사업자도 ① 사업자등록을 하고 장부를 기록 · 보관해야 한다. 그리고 거래징수세액이 없어도 원칙적으로 ② 세금계산서를 발급해야 하며, ③ 매출 · 매입처별 세금계산서합계표를 제출해야 한다. 뿐만 아니라 비록 매출세액이 없다 하더라도 ④ 영세율적용 과세표준을 신고해야 한다.

2. 면세사업자

면세사업자는 부가가치세의 납세의무를 지지 않으며, 따라서 원칙적으로 부가가치세법에 따른 협력의무를 지지 않는다. 즉 사업자등록, 장부의 기록 · 보관, 세금계산서의 발급, 매출처별세금계산서합계표의 제출 및 신고납부 등을 이행할 의무가 없다. 다만, 부가가치세법은 면세사업자도 소득세 또는 법인세의 납세의무가 있는 경우에는 ① 매입처별 세금계산서합계표를 제출하도록 특별히 규정하고 있으며, 면세사업자는 영세율 적용사업자와는 달리 ② 대리납부의무를 진다.

이처럼 면세사업자는 원칙적으로 부가가치세법에 따른 협력의무를 지지 않기 때문에 소득세법과 법인세법은 면세사업자에 대해 별도의 협력의무를 부여하고 있다. 그리하여 면세사업자도 소득세법 또는 법인세법의 규정에 따라 사업자등록, 장부의 기록 · 보관, 계산서의 발급과 그 합계표의 제출, 사업장현황신고 등의 의무를 진다.

V 시장가격에 미치는 효과

부가가치세는 어떤 거래단계에 이를 과세할 경우 그 세액이 시장가격기구를 통해 전가되어 그 부담이 소비자에게 귀착할 것을 예상하는 조세이다. 이러한 가정에 따라 과세 · 면세 및 영세율이 가격에 미치는 영향의 금액을 크기 순서로 나타내면 다음과 같다.

과세 > 면세 > 영세율

영세율이나 면세제도는 사업자의 부가가치세 부담을 경감시키려는 제도가 아니라 궁극적으로 최종소비자의 세부담을 제거 · 완화하려는 제도이다. 그러므로 부가가치세의 역진부담을 완화하여 저소득층의 생활을 보호하고자 하는 기초생활필수품의 면세는 불충분하고 영세율 적용이 바람직하다는 결론에 이르게 된다.

그러나 농산물 등에 영세율을 적용하려면 농업 등을 영위하는 사업자가 기장 · 세금계산서 발급 등 납세순응능력이 필요하게 된다. 이러한 점이 기초생활필수품에 영세율을 적용하지 못하는 현실적 한계이다.

[도 표] 영세율과 면세의 비교

구분	영세율	면세
의 의	일정한 재화 · 용역의 공급에 대한 과세표준에 0%의 세율을 적용하는 제도 – 완전면세	일정한 재화 · 용역의 공급에 대해 납세의무를 면제하는 제도 – 부분면세
적용대상	주로 수출 등에 적용	주로 기초생활필수품 등에 적용
취 지	소비지국 과세원칙의 구현	부가가치세 역진적 부담의 완화
중간거래단계에 적용시	환수효과 발생	환수효과와 누적효과 발생
납세의무 여부	○	×
사업자의 협력의무	각종 협력의무를 진다.	원칙적으로 협력의무를 지지 않되, 매입처별 T/I 합계표 제출의무 · 대리납부의무를 진다.

제4절 환수효과와 누적효과

I 의 의

현행 부가가치세는 전단계세액공제법을 채택하고 있다. 즉 이 방법은 부가가치를 직접 포착하여 과세하는 것이 아니라, 사업자가 재화나 용역을 공급할 때 거래징수한 매출세액에서 재화나 용역을 매입할 때 거래징수당한 매입세액을 차감하여 납부세액을 계산한다. 이 경우 공급자는 거래상대방으로부터 매출세액을 징수하고 거래징수의 영수증인 세금계산서를 발급한다. 이러한 과정이 반복적으로 각 사업자의 단계를 거치면서 부가가치세의 부담이 최종소비자에게 전가되는 구조가 바로 전단계세액공제법이다.

이러한 전단계세액공제법에서 중간거래단계에 영세율이나 면세가 적용되는 경우 환수효과와 누적효과가 발생하게 되는데, 이하에서는 그 내용을 구체적으로 살펴보기로 한다.

[도 표] 일반적인 부가가치세의 흐름

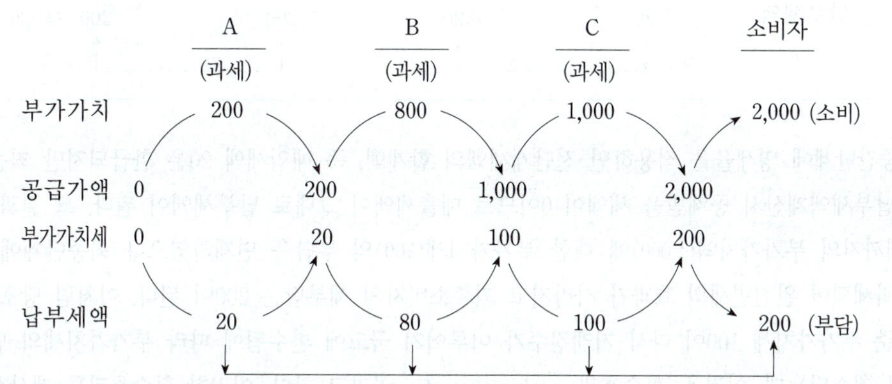

이 경우 최종소비자는 2,200원(= C사업자의 매출액 2,000원 + 매출세액 200원)에 재화를 소비하며, 그 부가가치세 부담은 200원이다.

Ⅱ 중간단계에 영세율이 적용되는 경우 : 환수효과

중간거래단계에서는 부가가치세를 면제하였는데, 다음 거래단계에 과세가 적용되는 경우에는 그 면제된 부가가치세액이 다시 거래징수가 이루어져 국고에 환수됨에 따라 부가가치세의 면제의 효과가 취소된다. 이것을 '환수효과(catching-up effect)'라고 한다.

중간거래단계에 영세율을 적용하였으나 그 다음 단계에 과세가 적용되는 경우에 영세율 적용단계까지 창출한 부가가치에 대한 세액이 다음 과세사업자의 단계에서 징수됨으로써 환수효과가 발생한다. 이러한 사례를 들면 다음과 같다.

[도 표] 중간거래단계에 영세율이 적용된 경우

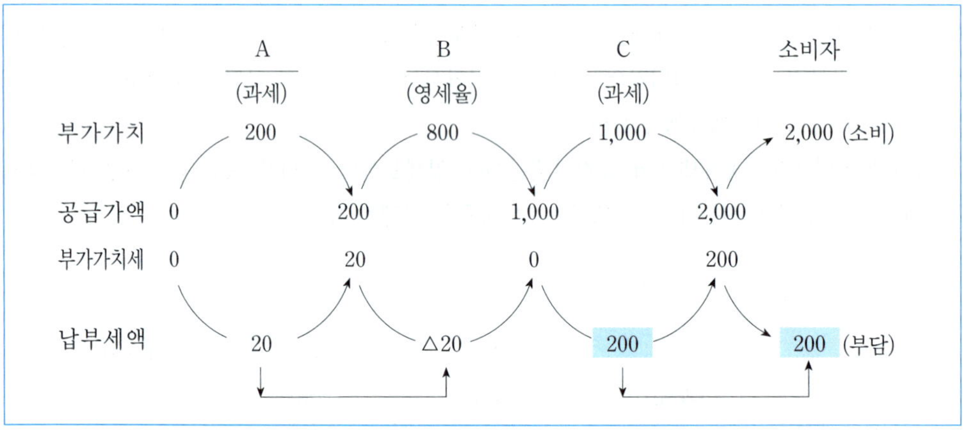

중간단계에 영세율을 적용하면 전단계세액의 합계액, 즉 매입세액 20은 환급되지만 최종단계의 납부세액계산시 공제받을 세액이 0이므로 매출세액이 그대로 납부세액이 된다. 그 결과 중간단계까지의 부가가치액(1,000)에 대한 부가가치세(100)의 부담을 면제하였으나 최종단계에서 다시 과세되어 완전면세의 효과가 사라지고 최종소비자의 세부담은 200이 된다. 이처럼 당초 면제해 준 부가가치세 100이 다시 거래징수가 이루어져 국고에 환수됨에 따라 부가가치세의 면제효과가 취소되는데, 이것을 '환수효과(catching-up effect)'라고 한다. 이러한 환수효과를 계산식으로 표현하면 다음과 같다.

최종단계의 납부세액	−	최종단계의 부가가치액 × 세율(10%)	=	환수효과
200		1,000 × 10%		100(1,000 × 10%)

Ⅲ 중간단계에 면세를 적용하는 경우 : 환수효과와 누적효과

1. 의 의

전단계세액공제법을 채택한 부가가치세제에서 중간거래단계에 면세를 적용하고, 최종거래단계에서 과세하는 경우에는 환수효과와 누적효과가 동시에 발생한다. 여기서 '환수효과'란 면세를 적용한 중간단계에서 창출한 부가가치액에 대한 세액이 최종단계에서 거래징수됨으로써 그 면제된 부가가치세가 국고로 환수되어 면제효과가 취소되는 현상을 말한다. 그리고 '누적효과'란 면세 전단계에서 과세된 부가가치액이 최종단계에서 다시 과세됨으로써 중복과세될 뿐만 아니라 면세 전단계의 부가가치세에 대해서도 부가가치세가 과세되는 것을 말한다.

[도 표] 중간거래단계에 면세가 적용되는 경우

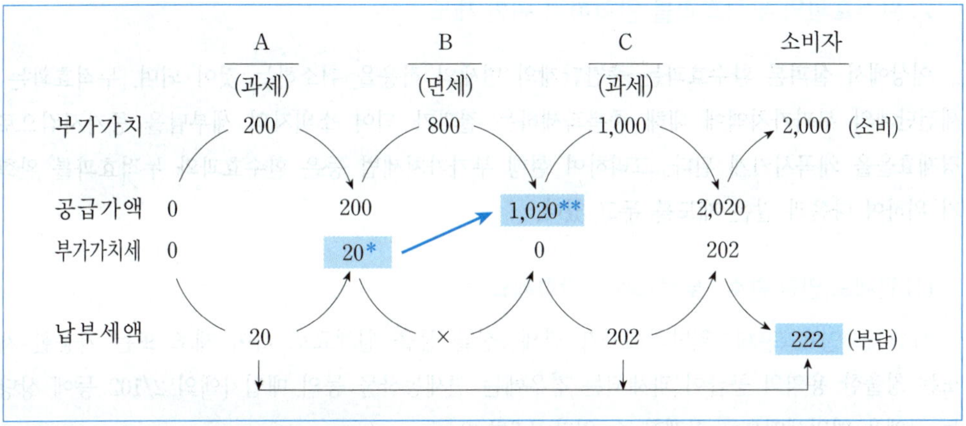

* 면세사업자(B)는 공제받지 못하는 매입세액(20)을 원가로 처리한다.

** 면세 다음 단계의 과세사업자(C)는 세금계산서를 발급받지 못하므로 매입가격에 포함된 부가가치세를 공제받을 수 없다.

중간단계에서 면세한 부가가치액(800)은 최종단계의 공급가액에 포함되어 과세되므로 그 부가가치액(800)에 대한 세액(80)이 국고로 환수되어 중간단계에 면세를 해 준 효과가 취소되어 버린다. 이것을 '환수효과'라고 한다.

한편 중간단계에 면세를 적용하면 그 단계사업자가 납부하는 세액은 없다. 그런데 최종단계에서는 공제받을 매입세액이 없으므로 소비자의 세부담은 전거래단계에 과세하는 경우의 세부담(200)보다도 오히려 부담세액이 222로 많아진다. 그 이유는 면세의 전단계에서 창출한 부가가치액(200)에 대해 최종단계에서 다시 과세될 뿐만 아니라 그 부가가치세(20원)에 대해서도 부가가치세가 과세되기 때문이다. 이것을 '누적효과'라고 한다.

이러한 환수효과와 누적효과로 인하여 소비자는 당초에 입법권자가 예상한 소비자의 세부담(120)보다 102가 늘어난 222의 부가가치세를 부담하게 된다. 이처럼 중간단계에 면세를 적용하는 경우에 발생하는 환수효과와 누적효과를 계산식으로 표현하면 다음과 같다.

• 면세단계의 부가가치액 × 세율(10%) = 환수효과
  (800 × 10(%))   (80)

• 징수된 부가가치세액의 합계액 − 전거래단계부가가치액의 합계액 × 세율(10%) = 누적효과
  (222)   (2,000 × 10%)   (22)

⇒ (면세전단계의 부가가치액 + 면세전단계의 부가가치세) × 세율(10%)
  ((200 + 20))   (10%)

2. 환수효과와 누적효과를 완화하기 위한 제도

이상에서 살펴본 환수효과는 중간단계의 면세의 적용을 취소하는 것이 되며, 누적효과는 면세전단계의 부가가치액에 대해 중복과세하는 결과가 되어 소비자의 세부담을 증가시킴으로써 경제효율을 왜곡시키게 된다. 그리하여 현행 부가가치세법 등은 환수효과와 누적효과를 완화하기 위하여 다음과 같은 제도를 두고 있다.

(1) 면세로 인한 환수 · 누적효과의 완화제도

1) 의제매입세액공제 : 일반과세자가 면세농산물 등을 원재료로 하여 제조 또는 가공한 재화 또는 창출한 용역의 공급이 과세되는 경우에는 면세농산물 등의 매입가액의 2/102 등에 상당하는 금액을 매입세액으로 공제할 수 있다(부가법 42 ①).

2) 재활용폐자원 등에 대한 매입세액공제 : 재활용폐자원 등을 수집하는 사업자가 면세사업자 등으로부터 취득하여 제조 또는 가공하거나 이를 공급하는 경우에는 그 취득가액의 3/103(중고자동차는 10/110)에 상당하는 금액을 매입세액으로 공제받을 수 있다(조특법 108).

3) 면세포기제도 : 학술 등 연구단체가 그 연구와 관련하여 공급하는 재화 · 용역에 대해서는 면세가 적용된다. 그런데 거래상대방이 과세사업자인 경우에는 환수효과와 누적효과로 인하여 시장가격이 상승하기 때문에 거래를 기피하게 된다. 그리하여 부가가치세법에서는 학술 등 연구단체가 그 연구와 관련하여 공급하는 재화 · 용역의 공급에 대해서는 그 단체의 선택에 따라 면세를 포기하고 과세를 적용받을 수 있도록 허용하고 있다(부가령 57). 그리고 행정해석에 따르면 정부업무 대행단체도 면세를 포기할 수 있다(부가통 28-57-3).

4) 과세사업 전환시 매입세액공제 : 사업자가 면세사업에 관련된 매입세액으로 그 매입세액이

공제되지 않은 감가상각자산을 과세사업에 사용·소비하는 경우에는 취득 당시 공제되지 않은 매입세액의 일부를 그 과세사업에 사용·소비하는 날이 속하는 과세기간의 매입세액으로 공제할 수 있다(부가법 43, 부가령 85 ①).

(2) 간이과세로 인한 누적효과의 방지제도

1) 간이과세의 포기제도 : 일반과세자가 영수증만을 발급하는 간이과세자로부터 재화·용역을 공급받는 경우에는 매입세액공제를 받을 수 없다. 그 결과 누적효과가 발생하여 일반과세자는 간이과세자로부터 공급받는 것을 기피하게 된다. 그리하여 현행 부가가치세법은 간이과세를 포기하고 일반과세를 적용받을 수 있도록 허용하고 있다(부가법 70).

2) 재고매입세액공제 : 간이과세자가 일반과세자로 전환되는 경우에는 변경일 현재의 재고품 등의 취득가액에 10/110×(1－공제율)의 비율을 곱하여 계산한 금액을 매출세액에서 공제받을 수 있다(부가법 44, 부가령 86).

(3) 그 밖의 제도

1) 신용카드매출전표 등에 의한 매입세액공제 : 사업자가 일반과세자 및 간이과세자(영수증 발급대상사업 중 세금계산서 발급금지 사업을 경영하는 사업자와 영수증만을 발급해야 하는 간이과세자는 제외)로부터 재화·용역을 공급받고 부가가치세액이 별도로 구분 가능한 신용카드매출전표 등을 발급받아 그에 대한 신용카드매출전표등수령명세서를 제출하는 때에 그 부가가치세액은 공제할 수 있는 매입세액으로 본다(부가법 46 ③).

2) 간이과세 배제업종 : 광업, 제조업 및 도매업·상품중개업은 주로 사업자에게 공급하므로 세금계산서를 발급하여 거래상대방이 매입세액공제를 받을 수 있도록 공급대가의 수준에 관계없이 간이과세를 배제하고 일반과세를 적용한다(부가령 109 ②).

사례 1 환수효과와 누적효과

현행 부가가치세는 세부담의 전가를 예상하는 간접세이다. 다음의 물음에 답하시오. (20점)

【물음 1】 각 거래단계 사업자가 창출한 부가가치는 다음과 같을 때 아래 요구사항에 답하시오.

(단위 : 원)

구분	A	B	C
매 출 액	40,000	208,000	300,000
부가가치	40,000	168,000	92,000
매 입 액	0	40,000	208,000

A와 C는 10% 세율을 적용받는 일반과세자이고, B는 면세사업자이다. 아래 사항에 대해 기술하시오. 각 거래단계 사업자가 납부하는 부가가치세액은 최종소비자에게 전액 전가가 이루어진다고 가정한다. 단 위 숫자는 부가가치세가 과세되기 전의 금액이다.

1. 환수효과로 인한 최종소비자의 부가가치세 부담의 증가액을 계산하시오.
2. 누적효과로 인한 최종소비자의 부가가치세 부담의 증가액을 계산하시오.
3. C사업자가 음식점업(공제율 6/106 적용)을 영위하는 경우 현행 부가가치세법을 적용할 때 최종소비자의 부가가치세 부담액은 얼마인가? 단, 공제대상금액의 한도액은 무시하고 '매입액×6/106'을 의제매입세액으로 한다.
4. 만약 전단계거래액공제법을 채택한 경우에 C사업자의 부가가치세 납부세액을 계산하고, 환수효과와 누적효과가 발생하지 않는 이유를 기술하시오.

【물음 2】 제조업을 영위하는 甲회사는 직원의 지방출장용도로 승용자동차를 2천2백만원(부가가치세 포함)에 매입하여 사용한 후에, 다음 과세기간에 2천만원(부가가치세 제외)에 매각하였다. 이 거래와 관련하여 현행 부가가치세법을 적용하는 경우 승용자동차의 매입과 매각에 따른 세무처리를 설명하고, 문제점과 개선방안을 지적하시오.

해 답

【물음 1】 중간거래단계에 면세가 오는 경우

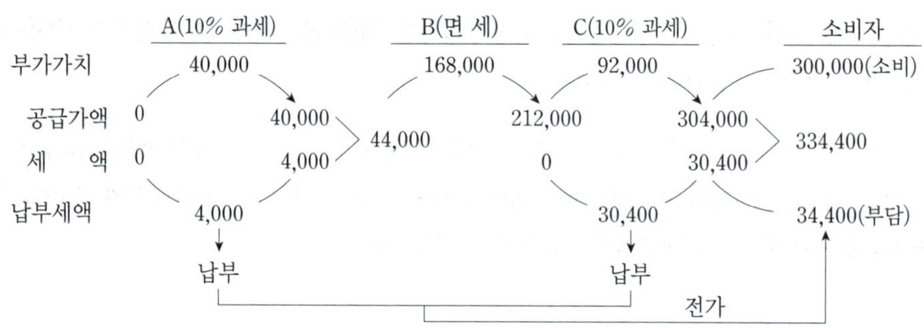

- 최종소비자의 세부담 ········· 34,400
- *if* B → 10% 과세 : 세부담 (40,000 + 168,000 + 92,000) × 10% ········· 30,000
- 국가가 의도한 세부담 (40,000 + 168,000 + 92,000) × 10% (168,000 삭선) ········· 13,200

34,400 – 30,000: 4,400 누적효과(40,000 × 10% + 4,000 × 10%)

30,000 – 13,200: 16,800 환수효과(168,000 × 10%)

1. 환수효과 세부담 증가액 16,800
2. 누적효과 세부담 증가액 4,400

3. C사업자 음식점업(6/106 적용) : 세부담액 21,200

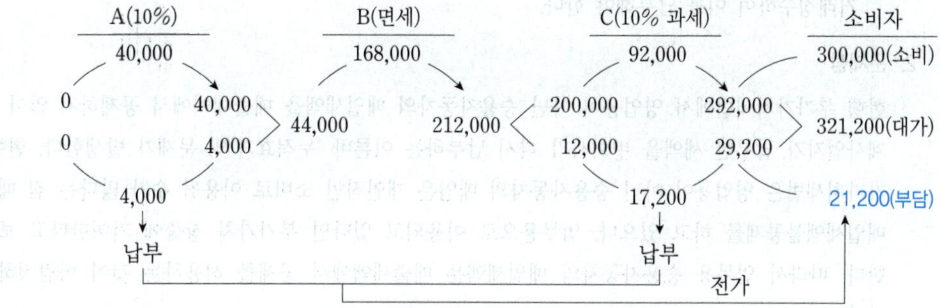

C 회계처리

원재료	200,000	현 금	212,000
VAT대급금*	12,000		

$* \ 212,000 \times \frac{6}{106} = 12,000$

4. 전단계거래액공제법

	납부세액
A(40,000 − 0)×10% =	4,000
B(208,000 − 40,000) ⟶	면제
C(300,000 − 208,000)×10% =	9,200
세부담	13,200

이 방법에서는 부가가치를 먼저 계산하고 여기에 10% 세율을 곱하여 부가가치세 납부세액을 계산하므로 환수 · 누적효과는 발생하지 않는다.

【물음 2】 영업용이 아닌 승용자동차

1. 세무처리

(1) 매입시

甲회사의 직원의 지방출장용 승용자동차는 영업용이 아닌 승용자동차에 해당하며, 현행 부가가치세법은 영업용이 아닌 승용자동차의 매입세액은 매출세액에서 공제되지 않는 세액으로 규정하고 있다. 따라서 甲회사가 이 승용차의 매입시 부담한 부가가치세 매입세액 2백만원은 매출세액에서 공제되지 않는다.

(2) 매각시

'재화의 공급'이란 계약상 또는 법률상 모든 원인에 따라 재화를 인도 · 양도하는 것으로 정의하고 있다. 甲회사가 비영업용 승용자동차를 매각한 것은 재화의 공급에 해당하며, 이는 면세재화가 아니다.

따라서 甲회사는 공급가액 2천만원에 10%를 곱하여 계산한 2백만원의 부가가치세 매출세액을 거래징수하여 이를 납부해야 한다.

2. 문제점

현행 부가가치세법에서 영업용이 아닌 승용자동차의 매입세액을 매출세액에서 공제하지 않아 전단계사업자가 납부한 세액을 甲회사가 다시 납부하는 이른바 '누적효과'의 문제가 발생한다. 현행 부가가치세법은 영업용이 아닌 승용자동차의 매입은 개인적인 소비로 이용될 수가 많다는 점 때문에 매입세액불공제를 하고 있으나, 업무용으로 이용되고 있다면 부가가치 창출에 기여한다고 보아야 한다. 따라서 업무용 승용자동차의 매입세액은 매출세액에서 공제를 허용하는 것이 바람직하다고 본다.

사례 2 환수효과와 누적효과

부가가치세법상 의제매입세액공제제도는 환수효과(catching-up effect)와 누적효과(cascade effect)를 제거 또는 완화시킴으로써 부가가치세로 인한 경제효율의 왜곡을 시정하기 위한 제도적 장치로 인식된다. 이와 관련하여 다음 물음에 답하시오. (2012년 세무사 2차 수정, 35점)

【물음 1】 환수효과 및 누적효과의 개념에 대해서 설명하시오.

【물음 2】 의제매입세액공제의 적용요건과 내용을 설명하시오.

【물음 3】 의제매입세액공제제도 외에 환수효과와 누적효과의 제거 또는 완화를 위한 부가가치세법상 제도를 모두 열거하고, 그 내용을 간략하게 설명하시오.

해 답

【물음 1】 개 념

일반적으로 부가가치세에서 과세단계(A) → 면세단계(B) → 과세단계(C)의 흐름이 이루어지면 이른바 '환수효과'와 '누적효과'가 발생한다(p.25 이하 참조).

1. 환수효과

2. 누적효과

【물음 2】 의제매입세액공제

1. 공제요건(p.316 이하 참조)

(1) 공제대상 사업자

(2) 공제대상 면세농산물 등의 범위

(3) 과세대상 재화 · 용역의 범위

(4) 서류제출

2. 공제의 내용

(1) 의제매입세액의 계산

(2) 의제매입세액의 안분계산

3. 의제매입세액의 추징

【물음 3】 환수효과·누적효과의 완화를 위한 제도

의제매입세액공제제도 외에 환수효과와 누적효과의 제거 또는 완화를 위한 부가가치세법상 제도는 다음과 같다. 이러한 제도들은 모두 거래상대방이 매입세액을 공제받아 환수효과와 누적효과를 제거 또는 완화하려는데 그 취지가 있다.

1. 면세포기 제도

학술 등 연구단체가 그 연구와 공급하는 재화·용역에 대해서는 면세가 적용된다. 그런데 거래상대방이 과세사업자인 경우에는 환수효과와 누적효과로 인하여 시장가격이 상승하기 때문에 거래를 기피하게 된다. 그리하여 부가가치세법은 학술 등 연구단체가 그 연구와 관련하여 공급하는 재화·용역에 대해서는 그 단체의 선택에 따라 면세를 포기하여 과세를 적용받을 수 있다. 그리고 행정해석상 정부업무 대행단체도 면세를 포기할 수 있다.

2. 과세사업 전환시 매입세액공제

사업자가 면세사업에 관련된 매입세액으로 그 매입세액이 공제되지 않은 감가상각자산을 과세사업에 사용·소비하는 경우에는 취득 당시 공제되지 않은 매입세액의 일부를 그 과세사업에 사용·소비하는 날이 속하는 과세기간의 매입세액으로 공제할 수 있다.

3. 간이과세 포기제도

일반과세자가 영수증만을 발급하는 간이과세자로부터 재화나 용역을 공급받는 경우에는 매입세액을 공제받을 수 없다. 그 결과 누적효과가 발생하여 일반과세자는 간이과세자로부터 공급받는 것을 기피하게 된다. 그리하여 부가가치세법은 간이과세를 포기하고 일반과세를 적용받을 수 있도록 허용하고 있다.

4. 재고매입세액공제

간이과세자가 일반과세자로 전환되는 경우 변경일 현재의 재고품 등의 가액에 10/110×(1－공제율)을 곱하여 계산한 금액을 매출세액에서 공제받을 수 있다. 이러한 재고매입세액공제로 해당 사업자는 매입세액의 100%를 공제받아 누적효과를 제거할 수 있게 된다.

5. 신용카드매출전표 등에 의한 매입세액공제

사업자가 일반과세자 및 간이과세자(영수증 발급대상사업 중 세금계산서 발급금지 사업을 경영하는 사업자와 영수증만을 발급해야 하는 간이과세자는 제외)로부터 재화·용역을 공급받고 부가가치세액이 별도로 구분 가능한 신용카드매출전표 등을 발급받아 신용카드매출전표등수령명세서를 제출하는 경우 그 부가가치세액은 공제할 수 있는 매입세액으로 본다. 본래 신용카드매출전표 등은 영수증에 불과하지만, 누적효과 방지를 위해서 매입세액공제를 인정하는 것이다.

6. 간이과세 배제업종

광업, 제조업 및 도매업 · 상품중개업은 주로 사업자에게 공급하므로 세금계산서를 발급하여 거래상대방이 매입세액공제를 받을 수 있도록 공급대가 수준에 관계없이 간이과세를 배제하고 일반과세를 적용한다.

연습문제

1 부가가치세는 모든 거래단계에서 생성되는 부가가치에 대해 과세하되 그 세부담의 전가를 예상하는 다단계 일반소비세이다. 다음의 물음에 답하시오.

【물음 1】 다단계거래세에 비해 부가가치세가 갖는 장점을 언급하시오. (5점)

【물음 2】 부가가치세의 과세유형과 그 유형별 장 · 단점을 설명하시오. (10점)

【물음 3】 전단계세액공제법의 장점을 언급하시오. (5점)

【물음 4】 우리나라 현행 부가가치세법의 과세유형 및 과세방법을 언급하고 이에 대해 간략히 논평하시오. (10점)

2 국경세조정에 관한 두 가지 입법주의를 설명하고 현행 간접세제에서 국경세조정을 위하여 채택하고 있는 제도를 간략히 언급하시오. (20점)

3 부가가치세의 역진성의 의의를 설명하고 역진성 완화를 위한 제도를 설명하시오. (20점)

4 이론상 부가가치세를 면제하는 방법에는 부분면세와 완전면세가 있는데, 다음의 물음에 답하시오.

【물음 1】 영세율과 면세의 의의를 설명하시오. (10점)

【물음 2】 영세율과 면세의 적용대상 및 취지를 설명하시오. (10점)

【물음 3】 영세율 적용사업자와 면세사업자의 부가가치세법에 따른 협력의무를 설명하시오. (10점)

【물음 4】 최종거래단계에 영세율과 면세를 적용하는 경우 시장가격에 미치는 효과를 설명하시오. (5점)

5 부가가치세법에 따른 영세율과 면세의 의의를 설명하고, 효력면에서의 차이를 논평하시오. (1990년, 30점)

6 부가가치세법에 따른 영세율과 면세를 적용하는 취지를 각각 서술하고, 의무를 이행할 때 차이점을 서술하시오. (2002년, 7점)

7 전단계세액공제법하에서는 중간거래단계에 영세율이나 면세가 적용되는 경우 환수효과와 누적효과가 발생하는데, 다음의 물음에 답하시오.

【물음 1】 중간거래단계에 영세율이 적용되는 경우 발생하는 환수효과에 대해서 설명하시오. (5점)

【물음 2】 중간거래단계에 면세가 적용되는 경우 발생하는 환수효과와 누적효과를 설명하시오. (10점)

【물음 3】 현행 부가가치세법에서 환수효과와 누적효과를 제거 또는 완화하기 위한 제도를 간략히 언급하시오. (5점)

8 현행 부가가치세법에서 채택하고 있는 소비형 부가가치세와 전단계세액공제법의 의의 및 장점에 대해 서술하시오. (20점)

9 부가가치세와 관련하여 다음의 물음에 답하시오. (2009년, 35점)

【물음 1】 우리나라가 수출국과 수입국의 입장에 해당하는 경우 재화의 수출과 수입에 대한 부가가치세 과세제도를 설명하시오.

【물음 2】 용역의 수입에 대한 부가가치세 과세제도를 설명하시오.

제1편 부가가치세법

제2장 부가가치세법 총칙

제1절 납세의무자

I 서 설

사업자 또는 재화를 수입하는 자는 부가가치세를 납부할 의무가 있다(부가법 3 ①, 4).

과세거래	납세의무자
① 사업자가 행하는 재화 · 용역의 공급	사업자(개인 · 법인*)
② 재화의 수입(輸入)	재화를 수입하는 자(개인 · 법인*)

* 여기서 '법인'에는 국가와 지방자치단체 · 지방자치단체조합을 포함하며, 법인격이 없는 사단 · 재단 또는 그 밖의 단체의 경우에도 부가가치세를 납부할 의무가 있다.

II 재화 · 용역의 공급에 대한 납세의무자

재화 · 용역의 공급에 대한 부가가치세의 납세의무자는 '사업자'이다(부가법 3 ① (1)). 부가가치세는 간접세이기 때문에 부가가치세의 부담은 최종소비자에게 전가 · 귀착되지만, 이들은 경제적인 의미의 담세자일 뿐 법률적으로 아무런 의무도 지지 않는다. 법률상 납세의무자는 재화나 용역을 공급할 때 공급받는 자로부터 부가가치세를 거래징수하여 납부의무를 지는 '사업자'인 것이다.

1. 사업자의 요건

'사업자(事業者)'란 사업 목적이 영리이든 비영리이든 관계없이 사업상 독립적으로 재화 · 용역을 공급하는 자를 말한다(부가법 2 (3)). 사업자가 되기 위한 요건을 구체적으로 설명하면 다음과 같다.

(1) 재화 · 용역의 공급

1) 부가가치세의 과세대상은 재화 · 용역의 공급이다. 따라서 재화 · 용역을 공급하는 자가 납세의무를 지므로 재화 · 용역의 공급은 사업자가 되기 위한 기본적 요건이다. 그런데 면세대상인 재화 · 용역을 공급하는 경우에는 부가가치세의 납부의무가 면제되므로 면세대상이 아닌 재화 · 용역을 공급하는 자만 부가가치세의 납세의무를 진다. 따라서 사업자가 부가가치세가 과세

되는 재화를 공급하거나 용역을 제공하는 경우에는 해당 사업자의 사업자등록 여부 및 공급시 부가가치세의 거래징수 여부에 불구하고 해당 재화의 공급 또는 용역의 제공에 대해서 부가가치세를 신고·납부할 의무가 있다.

2) 과세거래의 귀속에 관하여는 실질과세의 원칙에 따라 명의상의 귀속에 불구하고 사실상의 귀속에 따라 판단해야 한다(부기통 3-0-2). 예컨대 사업자등록 명의자와는 별도로 사실상의 사업자가 있는 경우에는 그 사실상의 사업자를 납세의무자로 하는 것이다.

(2) 계속·반복성

1) 부가가치를 창출해 낼 수 있는 정도의 사업형태를 가지고 계속적·반복적인 의사(意思)로 재화·용역을 공급하는 경우에 사업자로 본다(부기통 3-0-1 ①). 현행 부가가치세법은 이에 대해 언급하지 않고 있으나, 과세거래가 계속·반복적이어야 사업자로 인정될 수 있는 것이며, 단순히 한두 번 정도 재화·용역을 공급하는 것으로는 사업성이 인정될 수 없다.

2) 그런데 부가가치세법은 ① 부동산 매매(건축물을 자영건설하여 분양·판매하는 경우를 포함한다) 또는 그 중개를 사업목적으로 나타내어 부동산을 판매하는 사업과 ② 사업상 목적으로 1과세기간 중에 1회 이상 부동산을 취득하고 2회 이상 판매하는 사업은 재화를 공급하는 부동산매매업으로 본다(부가령 3 ②, 부가칙 2 ②). 이는 부동산의 매매가 사업에 해당하는지 여부가 불분명한 경우가 많음을 고려하여 일정한 요건을 충족하면 부동산매매업으로 볼 수 있는 경우를 예시적으로 규정한 것에 불과하다는 것이 판례의 입장이다. 즉 그 부동산 거래가 전체적으로 사업 목적하에 계속성과 반복성을 가지고 이루어졌다면 위 규정상의 판매횟수에 미달하는 거래가 발생하였다고 하더라도 그 과세기간 중에 있은 거래의 사업성이 인정된다는 것이다(대법원 2013.2.28. 선고 2010두29192 판결).

예규판례 부동산의 양도행위가 '부동산매매업'의 일환으로 이루어져 부가가치세의 과세대상이 되는지 여부의 판단 기준

부동산의 양도행위가 '부동산매매업'의 일환으로 이루어져 부가가치세의 과세대상이 되는지 여부(또는 그로 인한 소득이 사업소득에 해당하는지 여부)는 양도인의 부동산 취득 및 보유현황, 조성의 유무, 양도의 규모, 횟수, 태양, 상대방 등에 비추어 그 양도가 사업활동으로 볼 수 있을 정도의 계속성과 반복성이 있는지 등을 고려하여 사회통념에 따라 판단해야 하고, 그 판단을 할 때에는 단지 그 양도 부동산에 대한 것뿐만 아니라, 양도인이 보유하는 부동산 전반에 걸쳐 당해 양도가 이루어진 시기의 전후를 통한 모든 사정을 참작해야 한다. 그리고 부가가치세법 시행규칙의 규정(위 본문 ①,②)은 부동산매매업으로 볼 수 있는 경우를 예시적으로 규정한 것에 불과하여 그 부동산 거래가 전체적으로 사업 목적 하에 계속성과 반복성을 가지고 이루어진 이상 위 규정상의 판매횟수에 미달하는 거래가 발생하였다고 하더라도 그 과세기간 중에 있은 거래의 사업성이 부정되는 것이 아니다(대법원 2013.2.28. 선고 2010두29192 판결). ■

(3) 독립성

재화 · 용역의 공급이 사업상 독립적이어야 한다. 여기서 '독립성'이란 다음의 두 가지 의미를 모두 가지고 있는 것으로 해석된다.

1) 인적 독립성 : 이는 과세거래가 자기계산과 위험에 따라 이루어져야 하는 행위를 의미한다. 따라서 고용된 지위에서 사업자의 지시에 따라 재화 · 용역을 공급하는 자는 납세의무자가 될 수 없다. 특히 인적 독립성은 인적용역을 제공하는 개인서비스업에 해당하는지를 판단하는 기준이 된다. 현행 부가가치세법에서는 '고용관계에 따라 근로를 제공하는 것은 용역의 공급으로 보지 않는다(부가법 12 ③).'고 규정하여 종속된 지위에서 근로를 제공하는 것은 인적용역의 공급에 해당하지 않음을 확인하고 있다.

2) 물적 독립성 : 이는 하나의 사업만을 영위하는 경우에는 문제가 되지 않으나, 두 개 이상의 사업을 겸영하는 경우에 한 사업이 다른 사업의 단순한 연장에 불과하거나 다른 사업에 부수되는 정도에 그치는 경우에는 이를 독립된 사업으로 보지 않기 위한 것으로 이해된다. 예컨대 소득세가 비과세되는 농어가부업 중 축산, 양어, 고공품 제조 활동은 독립된 사업으로 보지 않는다(부가칙 2 ③ 본문). 즉 이들 농어가부업은 농업 · 어업의 일부로 본다는 것이다. 현재 농업 · 어업은 면세사업으로 규정되어 있으므로 농어가부업에 대하여도 부가가치세가 과세되지 않는다. 그 취지는 소득세가 비과세되는 농어가부업을 영위하는 자는 그 규모가 영세하여 부가가치세의 납세순응능력이 부족하다고 보고 부가가치세의 납세의무를 묻지 않기 위한 데 있다.

(4) 영리목적성 불문

본래 '사업'이란 영리목적, 즉 이윤을 얻을 목적으로 행하는 것을 그 요건으로 한다. 그러나 부가가치세법에서는 사업자가 되기 위한 요건으로 영리목적 유무와 관계가 없는데, 그 이유는 부가가치세는 사업자가 얻은 소득에 대해 과세하는 것이 아니라 그가 창출하여 공급한 부가가치($W+R+I+P-I^N$)에 대해 과세하되, 그 부담의 전가를 예상하는 조세이기 때문이다. 그러므로 영리를 목적으로 하지 않더라도 부가가치세 납세의무를 지는 것이다.

따라서 부가가치세 납세의무자에는 국가와 지방자치단체 · 지방자치단체조합을 포함한다(부가법 3). 그런데 국가 등이 공급하는 대부분의 재화나 용역에 대해서는 부가가치세를 면세하기 때문에(부가법 26 ① ⑲), 부가가치세 납세의무는 없지만 처음부터 납세의무자에서 제외하는 법인세법과 다르다.

참고사항 위탁매매 관련 부가가치세

1. 납세의무자

위탁매매 또는 대리인에 의한 매매를 할 때에는 위탁자 또는 본인이 직접 재화를 공급하거나 공급받은 것으로 본다. 다만, 위탁매매 또는 대리인에 의한 매매를 하는 해당 거래 · 재화의 특성상(또는 보관 · 관리상) 위탁자 또는 본인을 알 수 없는 경우에는 수탁자 또는 대리인에게 재화를 공급하거나 수탁자 또는 대리인으로부터 재화를 공급받은 것으로 본다(부가법 10 ⑦, 부가령 21).

여기서 ① '위탁매매'란 자기(수탁자)의 명의로 위탁자의 계산에 의하여 물품을 판매하고 보수를 받는 것을 말하고, ② '대리인에 의한 매매'란 사용인이 아닌 자가 본인을 위하여 상시 그 사업에 속하는 매매의 대리(또는 중개)를 하고 보수를 받는 것을 말한다. 부가가치세법은 수탁자 · 대리인을 통하여 재화를 공급할 때에는 원칙적으로 위탁자 · 본인을 납세의무자로 판단한다.

2. 공급시기 및 세금계산서 발급 및 수취

(1) 공급시기

위탁판매 · 대리인에 의한 매매의 경우에는 수탁자 · 대리인의 공급을 기준으로 하여 재화 · 용역의 공급시기의 규정을 적용한다. 다만, 해당 거래 · 재화의 특성상(또는 보관 · 관리상) 위탁자 · 본인을 알 수 없는 경우에는 위탁자와 수탁자 · 본인과 대리인 사이에도 별개의 공급이 이루어진 것으로 보아 재화 · 용역의 공급시기의 규정을 적용한다(부가령 28 ⑩).

(2) 세금계산서 발급 및 수취

위탁판매 · 대리인에 의한 판매의 경우 **수탁자 · 대리인이 재화를 인도할 때에는 수탁자 · 대리인이 위탁자 · 본인의 명의로 세금계산서를 발급하며, 위탁자 · 본인이 직접 재화를 인도하는 때에는 위탁자 · 본인이 세금계산서를 발급할 수 있다.** 이 경우 수탁자 · 대리인의 등록번호를 덧붙여 적어야 한다(부가법 32 ⑥, 부가령 69 ①).

한편 위탁매입 · 대리인에 의한 매입의 경우에는 공급자가 위탁자 · 본인을 공급받는 자로 하여 세금계산서를 발급한다. 이 경우 수탁자 · 대리인의 등록번호를 덧붙여 적어야 한다(부가법 32⑥, 부가령 69 ②).

그러나 해당 거래 · 재화의 특성상(또는 보관 · 관리상) 위탁자 · 본인을 알 수 없는 경우에는 위탁자 · 본인과 수탁자 · 대리인 사이, 수탁자 · 대리인과 거래상대방 사이에 각각 세금계산서를 발급한다(부가령 69 ③, 부기통 32-69-5). ■

예규판례 위탁자인 한국철도공사가 여행상품 이용 고객에게 직접 공급한 것으로, 한국철도공사가 여행상품 판매대금 전부에 부가가치세 납세의무를 부담한다고 한 사례

1) 부가가치세법 제10조 제7항 본문은 '위탁매매에 의한 매매를 할 때에는 위탁자가 직접 재화를 공급하거나 공급받은 것으로 본다.'고 규정하고 있다. 이는 그 취지에 비추어 볼 때 준위탁매매인에 의한 용역공급의 경우에도 유추적용된다(대법원 2006.9.22. 선고 2004두12117 판결 참조).

위탁매매란 자기 명의로써 타인의 계산으로 물품을 매수 또는 매도하고 보수를 받는 것으로서 명의와 계산의 분리를 본질로 한다. 그리고 어떠한 계약이 일반의 매매계약인지 위탁매매계약인지는 계약의 명칭 또는 형식적인 문언을 떠나 그 실질을 중시하여 판단하여야 한다. 이는 자기 명의로써 그러나 타인의 계산으로 매매 아닌 행위를 영업으로 하는 이른바 준위탁매매에 있어서도 마찬가지이다(대법원 2011.7.14. 선고 2011다31645 판결 참조).

2) 원심판결 이유와 기록을 위 법리에 따라 살펴보면, 코레일관광개발 주식회사(이하 '코레일관광개발'이라 한다)는 자기 명의로 그러나 원고(=한국철도공사, 이하 같다)의 계산으로 해랑열차를 이용한 여행상품(이하 '해랑상품'이라 한다) 관련 용역의 제공을 영업으로 하는 준위탁매매인에 해당하고, 부가가치세법 제10조 제7항 본문의 유추적용에 따라 해랑상품 관련 용역은 위탁자인 원고가 해랑상품 이용 고객에게 직접 공급한 것으로 보아, 원고가 해랑

상품 판매대금 전부에 대하여 부가가치세 납세의무를 부담한다고 봄이 상당하다. 구체적인 이유는 다음과 같다.

가) 원고와 코레일관광개발이 해랑열차 사업을 위해 2008.10.27. 체결한 '레일크루즈 해랑 위탁운영 협약'(이하 '이 사건 위탁운영협약'이라 한다)은 명칭에서도 알 수 있듯이 원고가 코레일관광개발에 해랑상품의 판매 · 운영을 위탁하는 내용의 계약이고, 그에 따르면 원고는 열차 운행의 횟수나 편성 등에 관여할 수 있는 등 해랑열차 판매 · 운영에 관하여 광범위한 권한을 가지며, 특히 코레일관광개발은 원고의 사전 승인 없이 해랑상품의 가격조정을 할 수 없다고 정하여 가격결정 권한도 원고에게 있음이 분명하다.

나) 코레일관광개발은 매월 원고에게 전월의 판매실적, 비용지출내역 등을 상세히 정리하여 제출할 의무를 부담하였고, 해랑열차 관련 지적재산권 등 일체의 권리 또한 코레일관광개발이 아닌 원고에게 귀속되었다.

다) 코레일관광개발은 고객으로부터 지급받은 해랑상품 판매대금에서, ① 코레일관광개발 몫인 판매 · 운영수수료, ② 현지 행사업체 등에 지급하여야 할 행사비용, ③ 비품구입비, 세탁비 등 운영비용을 각각 공제한 나머지(해랑상품 수익)를 매월 정산하여 원고에게 지급하였다. 이 중 코레일관광개발에 귀속되는 판매 · 운영수수료는 해랑상품 총매출액의 일정 비율에 해당하는 금액으로서 통상 위탁매매인이 실적에 따라 위탁자로부터 받는 수수료 개념의 금원이라고 할 수 있다.

라) 위와 같은 협약의 내용이나 정산 구조 등에 비추어, 해랑열차 사업의 손익과 위험은 모두 원고에게 귀속되고, 코레일관광개발은 단지 위탁운영에 대한 대가로 원고로부터 수수료를 수취하는 준위탁매매인에 불과하다고 보인다.

3) 그런데도 원심은 그 판시와 같은 이유로, 해랑열차 사업에 관한 원고와 코레일관광개발의 관계를 준위탁매매로 볼 수 없고, 해랑상품 관련 용역 중 해랑열차 운행 부분의 공급주체는 원고이며, 해랑상품 운영 부분의 공급주체는 코레일관광개발이라는 잘못된 전제에서, 원고는 해랑상품 판매대금 전부가 아니라 코레일관광개발로부터 지급받은 정산금인 '해랑상품 수익'에 대해서만 부가가치세 납세의무를 부담한다고 판단하였다. 이러한 원심의 판단에는 준위탁매매의 성립 요건 등에 관한 법리를 오해하여 필요한 심리를 다하지 않음으로써 판결에 영향을 미친 잘못이 있다(대법원 2023.12.28. 선고 2020두56780 판결). ■

2. 사업자의 분류

(1) 개인과 법인

사업자는 부가가치세의 납세의무자로서 조세법률관계의 당사자이므로 법인격이 있어야 한다. 따라서 개인 · 법인이 부가가치세의 납세의무자가 될 수 있는 것은 당연하다.

그런데 현행 부가가치세법은 법인이 아닌 단체를 납세의무자에 포함하는 것으로 규정하고 있을 뿐 법인으로 볼 것인지 아니면 개인으로 볼 것인지에 대한 명문규정은 두지 않고 있다. 이 문제는 간이과세의 적용, 예정신고의무 등에서 차이가 있으므로 중요하다. 이는 법인이 아닌 단체가 국세기본법에 따라 법인으로 보는 단체에 해당하면 법인으로서 부가가치세법이 적용되고, 그 외의 단체인 경우에는 개인으로 보고 부가가치세법을 적용한다.

(2) 일반과세자와 간이과세자

사업자는 부가가치세 납세의무를 지지만, 부가가치세법이 면세대상으로 규정한 재화·용역을 공급하는 사업자는 면세사업자로서 납세의무를 지지 않는 것이다. 여기서 면세대상이 아닌 재화·용역을 공급하는 사업자를 '과세사업자'라고 부른다.

이러한 과세사업자는 일반과세자(一般課稅者)와 간이과세자(簡易課稅者)로 구분된다(부가법 2 (4), (5)). 일반과세자는 전단계세액공제법에 따라 재화·용역의 공급가액의 합계액을 과세표준으로 하여 여기에 10%(또는 0%)의 세율을 곱하여 계산한 매출세액에서 전단계 사업자로부터 거래징수당한 세금계산서상 매입세액을 차감하여 납부세액(또는 환급세액)을 계산한다. 그 결과는 이론적으로 일반과세자가 일정기간 동안에 창출한 실제의 부가가치액에 10%를 곱하여 계산한 납부세액과 같다.

반면에 간이과세자는 일정기간 공급대가의 합계액을 과세표준으로 하여 여기에 (업종별 부가가치율×10%)를 곱하여 계산한 금액을 납부세액으로 하는 간편한 과세방식을 적용한다. 그 취지는 주로 최종소비자에게 재화·용역을 공급하는 영세한 개인사업자들에게 적용함으로써 납세순응에 편의를 도모하는 데 있다.

[도 표] 사업자의 구분

사업자의 구분		과세방식
과세사업자	일반과세자	전단계세액공제법
	간이과세자	공급대가×업종별 부가가치율×10% = 납부세액
면세사업자	납세의무 없음	

이들 용어의 뜻은 다음과 같다(부가법 2 (4)~(7)).

- 과세사업 : 부가가치세가 과세되는 재화·용역을 공급하는 사업을 말한다.
- 면세사업 : 부가가치세가 면제되는 재화·용역을 공급하는 사업을 말한다.
- 일반과세자 : 간이과세자가 아닌 사업자를 말한다.
- 간이과세자 : 직전 연도의 공급대가*의 합계액이 1억400만원에 미달하는 사업자로서, 부가가치세법 제7장 간이과세의 규정에 따라 간편한 절차로 부가가치세를 신고납부하는 개인사업자를 말한다.

* 여기서 '공급대가'란 재화와 용역의 공급에 대한 대가(부가가치세가 포함된 대가)를 말한다(이하 같다).

Ⅲ 재화의 수입에 대한 납세의무자

재화의 수입에 대한 부가가치세는 '그 재화를 수입하는 자'가 납부할 의무가 있다(부가법 3 ① (2)). 재화의 수입은 공급자가 우리나라 과세권이 미치지 않은 국외에 있으므로 우리나라 부가가치세를 거래징수하여 납부할 의무가 없기 때문에, 소비지국 과세원칙을 구현하기 위하여 재화를 수입하는 자를 납세의무자로 정하고 있는 것이다. 따라서 재화를 수입하는 자는 그 재화의 수입에 대해 관세법에 따라 세관장에게 관세를 신고납부하는 경우에 재화의 수입에 대한 부가가치세도 함께 신고납부해야 한다(부가법 50).

제2절 신탁 관련 부가가치세 납세의무자

I 본래 납세의무자

1. 원칙적인 납세의무자 : 수탁자

신탁재산과 관련된 재화 · 용역을 공급하는 때에는 신탁법(제2조)에 따른 수탁자가 신탁재산별로 각각 별도의 납세의무자로서 부가가치세를 납부할 의무가 있다(원칙적인 납세의무자 규정, 부가법 3 ②). 이 경우에는 수탁자는 해당 신탁재산을 사업장으로 보아 사업자등록을 신청해야 한다(부가법 8 ⑥).[1] 여기서 '신탁재산'이란 신탁법 또는 다른 법률에 따른 신탁재산을 말하며, 여기에는 해당 신탁재산의 관리, 처분 또는 운용 등을 통하여 발생한 소득 및 재산을 포함한다(이하 같다. 부가령 5의2 ①). 실무적으로 신탁의 유형 중 차입형 토지신탁, 담보신탁, 처분신탁, 부동산관리신탁(수탁자 명의로 임대하는 경우)은 위 규정에 따라 수탁자가 부가가치세를 납부할 의무를 진다.

신탁법상 수탁자는 신탁재산에 대한 권리와 의무의 귀속주체로서 신탁재산의 관리, 처분 등을 하고 신탁 목적의 달성을 위하여 필요한 모든 행위를 할 권한이 있다(신탁법 31). 이러한 점을 고려하여 부가가치세법은 신탁재산과 관련된 재화 · 용역을 공급하는 때에는 공급의 주체인 수탁자를 부가가치세 납세의무자로 한다. 한편 수탁자가 여러 개의 신탁을 인수한 경우 각 신탁재산을 분별하여 관리하므로 수탁자는 신탁재산별로 각각 별도의 납세의무자가 된다.

[도 표] 신탁(trust)의 개념

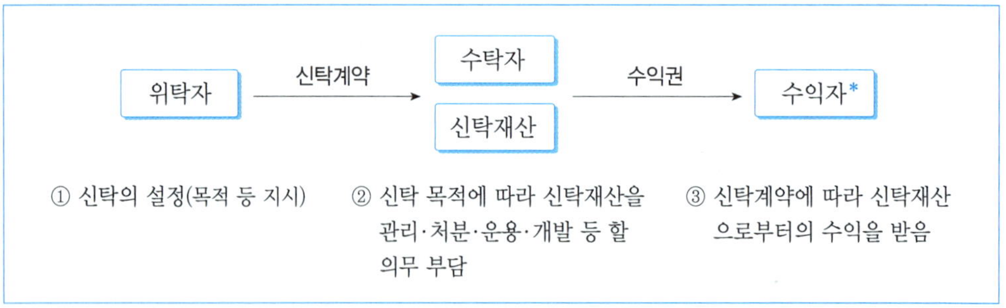

* 수익자가 위탁자이면 '자익신탁(自益信託)'이라 하며, 수익자가 제3자이면 '타익신탁(他益信託)'이라고 한다.

---

1) 이 규정에 따라 수탁자가 사업자등록을 신청하는 경우에는 해당 신탁재산의 등기부상 소재지, 등록부상 등록지 또는 신탁에 관한 업무를 총괄하는 장소를 사업장으로 한다(부가령 8 ⑦).

참고사항 신탁법에 따른 신탁의 개념

신탁법상 '신탁(信託, trust)'이란 신탁을 설정하는 자(이하 '위탁자'라 한다)와 신탁을 인수하는 자(이하 '수탁자'라 한다) 간의 신임관계에 기하여 위탁자가 수탁자에게 특정의 재산을 이전하거나 담보권의 설정 또는 그 밖의 처분을 하고 수탁자로 하여금 일정한 자(이하 '수익자'라 한다)의 이익(또는 특정의 목적)을 위하여 그 재산의 관리, 처분, 운용, 개발, 그 밖에 신탁 목적의 달성을 위하여 필요한 행위를 하게 하는 법률관계를 말한다(신탁법 2). ■

참고사항 재화의 공급으로 보지 않는 신탁재산의 이전

신탁재산의 소유권 이전으로서 다음 중 어느 하나에 해당하는 것은 재화의 공급으로 보지 않는다(부가법 10 ⑨).

① 위탁자로부터 수탁자에게 신탁재산을 이전하는 경우
② 신탁의 종료로 인하여 수탁자로부터 위탁자에게 신탁재산을 이전하는 경우
③ 수탁자가 변경되어 새로운 수탁자에게 신탁재산을 이전하는 경우

이 경우에는 신탁재산의 관리·처분 등을 위한 형식적인 소유권의 이전에 불과하기 때문에 재화의 공급으로 보지 않는 것이다. ■

2. 예외적인 납세의무자 : 위탁자

다음 중 어느 하나에 해당하는 경우에는 신탁법(제2조)에 따른 위탁자가 부가가치세를 납부할 의무가 있다(예외적인 납세의무자 규정, 부가법 3 ③, 부가령 5의2 ②).

위탁자가 부가가치세 납세의무자인 경우	사례
(1) 신탁재산과 관련된 재화·용역을 위탁자 명의로 공급하는 경우	위탁자 명의로 임대 등
(2) 위탁자가 신탁재산을 실질적으로 지배·통제하는 경우로서 다음 중 어느 하나에 해당하는 경우 ① 수탁자가 위탁자로부터 부동산[2]을 수탁받아 부동산개발사업을 목적으로 하는 신탁계약을 체결한 경우로서 그 신탁계약에 의한 부동산개발사업비의 조달의무를 수탁자가 부담하지 않는 경우*(다만, 수탁자가 재개발사업·재건축사업 또는 가로주택정비사업·소규모재건축사업·소규모재개발사업의 사업시행자인 경우는 제외한다(*주1)) * 신탁계약에 의한 부동산개발사업비의 조달의무를 수탁자가 부담하는지 여부에 따라 신탁의 유형이 다음과 같이 구분된다. • 부동산개발사업비의 조달의무를 수탁자가 부담하는 경우 → 차입형 토지신탁 : 수탁자가 부가가치세 납세의무를 진다(원칙적인 납세의무자 규정).	관리형 토지신탁 등

2) 여기서 '부동산'에는 지상권, 전세권, 부동산임차권, 부동산소유권 이전등기청구권, 그 밖의 부동산 관련 권리를 포함한다.

• 부동산개발사업비의 조달의무를 위탁자가 부담하는 경우 → 관리형 토지신탁 : 위탁자가 부가가치세 납세의무를 진다(예외적인 납세의무자 규정). ② 수탁자가 재개발사업 · 재건축사업 또는 가로주택정비사업 · 소규모재건축사업 · 소규모재개발사업의 사업대행자인 경우(*주2) ③ 수탁자가 위탁자의 지시로 위탁자의 특수관계인에게 신탁재산과 관련된 재화 · 용역을 공급하는 경우(이 경우 부당행위계산의 부인 적용기준은 p.187 참조) ④ 자본시장법에 따른 투자신탁의 경우* * 투자신탁은 위탁자인 집합투자업자의 지시에 따라 신탁업자가 신탁재산을 투자·운용하는 점을 고려하여 위탁자를 부가가치세 납세의무자로 한다.	
(3) 그 밖에 신탁의 유형, 신탁 설정의 내용, 수탁자의 임무 및 신탁사무 범위 등을 고려하여 대통령령으로 정하는 경우(현재 대통령령으로 정하는 경우는 없음)	—

(*주1) 구체적으로 수탁자가 「도시 및 주거환경정비법(제27조 ①)」 또는 「빈집 및 소규모주택 정비에 관한 특례법(제19조 ①)」에 따른 재개발사업 · 재건축사업 또는 가로주택정비사업 · 소규모재건축사업 · 소규모재개발사업의 사업시행자인 경우를 말한다. 이 규정에 따르면 시장 · 군수 등은 재개발사업 · 재건축사업 또는 가로주택정비사업 · 소규모재건축사업 · 소규모재개발사업의 조합설립을 위한 동의요건 이상에 해당하는 자가 신탁업자를 사업시행자로 지정하는 것에 동의하는 때에는 신탁업자로서 일정한 요건을 갖춘 자(즉 지정개발자)를 사업시행자로 지정하여 정비사업을 시행하게 할 수 있다. 이 경우에는 토지등소유자인 위탁자의 납세편의를 위해서 수탁자(정비사업 시행의 주체)를 부가가치세 납세의무자로 한다.

(*주2) 구체적으로 수탁자가 「도시 및 주거환경정비법(제28조 ①)」 또는 「빈집 및 소규모주택 정비에 관한 특례법(제56조)」에 따른 재개발사업 · 재건축사업 또는 가로주택정비사업 · 소규모재건축사업 · 소규모재개발사업의 사업대행자인 경우를 말한다. 이 규정에 따르면 시장 · 군수 등은 토지등소유자(조합을 설립한 경우에는 조합원을 말한다)의 과반수 동의로 요청하는 경우에는 해당 조합 또는 토지등소유자를 대신하여 직접 정비사업을 시행하거나 토지주택공사 등 또는 지정개발자에게 해당 조합 또는 토지등소유자를 대신하여 정비사업을 시행하게 할 수 있다. 이 경우 수탁자는 정비사업의 사업대행자인 점을 고려하여 위탁자를 부가가치세 납세의무자로 한다.

3. 공동수탁자의 연대납세의무

수탁자가 납세의무자가 되는 신탁재산에 둘 이상의 수탁자(이하 '공동수탁자'라 한다)가 있는 경우 공동수탁자는 부가가치세를 연대하여 납부할 의무가 있다. 이 경우 공동수탁자 중 신탁사무를 주로 처리하는 수탁자(이하 '대표수탁자'라 한다)가 부가가치세를 신고납부해야 한다(부가법 3 ④). 이는 '수탁자가 여럿인 경우 수탁자들은 신탁사무의 처리에 관하여 제3자에게 부담한 채무에 대하여 연대하여 변제할 책임이 있다'는 신탁법(제51조 ①) 규정을 부가가치세법에 반영한 것이다.

[도 표] 신탁유형별 부가가치세 납세의무자

구분		부가가치세법상 납세의무자 적용	근거규정
(1) 토지신탁	차입형	수탁자	• 원칙적인 납세의무자 규정(부가법 3 ②)
	관리형	위탁자	• 예외적인 납세의무자 규정(부가법 3 ③ (1))
(2) 담보신탁		처분 : 수탁자 ※ 임대 : 명의자에 따라 결정	• 원칙적인 납세의무자 규정(부가법 3 ②)
(3) 처분신탁		수탁자	• 원칙적인 납세의무자 규정(부가법 3 ②)
(4) 부동산관리신탁		수탁자 명의 임대 : 수탁자	• 원칙적인 납세의무자 규정(부가법 3 ②)
		위탁자 명의 임대 : 위탁자	• 예외적인 납세의무자 규정(부가법 3 ③ (1))
(5) 분양관리신탁		위탁자	• 예외적인 납세의무자 규정(부가법 3 ③ (1))

참고사항 부동산 관련 신탁의 유형별 개념

신탁의 유형	개념
(1) 토지신탁	• ① 토지소유자(위탁자)가 토지를 수탁자(신탁회사)에게 신탁하고, ② 수탁자(신탁회사)는 신탁계약에서 정한 바에 따라 건설자금의 조달, 건축물의 건설, 임대 · 분양, 건물의 유지 · 관리 등을 수행한 다음, ③ 그 관리 · 운영의 성과를 신탁수익으로 토지소유자(수익자)에게 교부하고 ④ 수탁자(신탁회사)는 수수료를 받는 방식으로 운영함 ※ 자금조달 주체에 따라 차입형과 관리형으로 구분(① 차입형 : 수탁자가 자금조달, ② 관리형 : 위탁자가 자금조달)
(2) 담보신탁	• ① 위탁자가 특정 부동산을 수탁자(신탁회사)에게 신탁하면, ② 수탁자(신탁회사)가 다른 채권자에 우선하는 수익권 증서를 발행한 다음, ③ 이 수익권 증서를 담보로 금융회사에 대출해 주는 신탁방식으로, ④ 수탁자(신탁회사)는 위탁자의 채무불이행시 채권 금융회사의 매각요청에 따라 부동산을 처분하여 원리금을 상환함
(3) 처분신탁	• 대형 · 고가의 부동산이나 권리관계가 복잡하여 처분하기에 어려움이 있는 부동산 등을 대상으로 수탁자(신탁회사)가 부동산소유자를 대신하여 실수요자를 찾아 효율적으로 처분(매각)하여 주는 신탁
(4) 관리신탁	• 수탁자(신탁회사)가 위탁자를 대신하여 부동산에 대한 관리를 수행하는 신탁으로 부동산에 관련된 복잡 · 다양한 권리의 보호와 합리적인 운용을 위한 신탁 ※ ① 토지 및 건물의 임대차, 시설의 유지보수, 소유권의 세무, 법률문제 등에 대한 종합적인 관리를 수행하는 甲종 관리신탁과 ② 단순 소유권 보존만을 관리하는 乙종 관리신탁으로 구분

※ 자료 : 기획재정부

참고사항 신탁재산 관련 재화의 공급에 대한 납세의무자를 수탁자로 변경

종전에는 신탁재산 관련 재화를 공급할 때에 '위탁자'를 납세의무자로 하되, 채무이행을 위해 담보신탁재산을 처분하거나 정비사업의 신탁재산을 처분하는 경우에만 예외적으로 수탁자를 납세의무자로 하였다. 이러한 규정은 신탁재산을 공급받는 자와 관계에서 공급의 주체는 관리 · 처분 등을 행하는 '수탁자'인데, 위탁자에게 부가가치세를 과세하는 것은 거래세 성격에 부합하지 않다는 지적이 있었다. 이러한 점을 고려

하여 2022년부터 신탁재산 관련 재화·용역의 공급에 대한 납세의무자를 '위탁자'에서 '수탁자'로 변경하였다. 다만, 위탁자가 계약당사자이거나 실질적으로 신탁재산을 지배·통제하는 등의 경우에는 예외적으로 '위탁자'를 납세의무자로 하였다. 이러한 개정으로 신탁재산에 관련된 재화·용역을 공급할 때 거래당사자의 파악이 쉽고 세금계산서 발급·수취 등의 관계가 명확해지는 장점을 갖게 되었다. ■

[도 표] 신탁재산 관련 부가가치세 납세의무

본래 납세의무자	보충적 납세의무
(1) 원칙 : 수탁자 ※ 둘 이상의 수탁자가 있는 경우 : 공동 수탁자의 연대납세의무	• 수탁자가 납부해야 하는 부가가치세를 신탁재산으로 충당하여도 부족한 경우 : 수익자의 제2차납세의무
(2) 예외 : 위탁자 • 위탁자 명의로 공급하는 경우 • 위탁자가 신탁재산을 실질적으로 지배·통제하는 경우	• 위탁자의 다른 재산에 대하여 강제징수를 하여도 징수부족한 경우 : 수탁자의 물적납세의무

Ⅱ 신탁 관련 보충적 납세의무

1. 신탁 관련 수익자의 제2차납세의무

(1) 개념과 취지

수탁자가 납부해야 하는 부가가치세를 신탁재산으로 충당하여도 부족한 경우에는, 그 신탁의 수익자는 그 부족한 금액에 대하여 제2차납세의무를 진다(부가법 3의2 ①). 그 취지는 신탁의 수익자에 보충적 납세의무를 통해서 수탁자가 납부할 부가가치세를 보전하려는데 있다.

(2) 성립요건

1) 주된 납세의무자 : 신탁재산과 관련된 재화·용역을 공급하는 때에는 원칙적으로 수탁자가 부가가치세를 납부할 의무가 있다(부가법 3 ②). 이처럼 수탁자에게 부가가치세 납세의무가 있을 때에 신탁 관련 수익자의 제2차납세의무가 있다.

2) 제2차납세의무자 : 그 신탁의 수익자(신탁이 종료되어 신탁재산이 귀속되는 자[3]를 포함한다)이다.

3) 제2차납세의무의 대상이 되는 부가가치세 : 신탁의 수익자는 수탁자가 납부해야 하는 다음 중

3) 신탁이 종료된 경우 신탁재산은 수익자(잔여재산수익자를 정한 경우에는 그 잔여재산수익자를 말한다)에게 귀속한다. 다만, 신탁행위로 신탁재산의 잔여재산이 귀속될 자(이하 '귀속권리자'라 한다)를 정한 경우에는 그 귀속권리자에게 귀속한다(신탁법 101 ①).

어느 하나에 해당하는 부가가치세 또는 강제징수비(이하 '부가가치세 등'이라 한다)에 대해서 제2차 납세의무를 진다(부가법 3의2 ① (1),(2)).

① 신탁 설정일 이후에 법정기일(국기법 35 ②)이 도래하는 부가가치세로서 해당 신탁재산과 관련하여 발생한 것
② 위 ①의 금액에 대한 강제징수 과정에서 발생한 강제징수비

여기서 '신탁 설정일'이란 해당 재산이 신탁재산에 속한 것임을 제3자에게 대항할 수 있게 된 날[4)]을 말한다. 다만, 다른 법률에서 제3자에게 대항할 수 있게 된 날을 신탁법과 달리 정하고 있는 경우에는 그 달리 정하고 있는 날을 말한다(부가령 5의3 ②).

4) 징수부족액 발생 : 수탁자가 납부해야 하는 부가가치세 등을 신탁재산으로 충당하여도 부족한 경우에 해당해야 한다.

(3) 효 과

이상의 요건이 충족되면 그 신탁의 수익자는 지급받은 수익과 귀속된 재산의 가액을 합한 금액을 한도로 하여 그 부족한 금액에 대하여 납부할 의무를 진다(부가법 3의2 ①). 이처럼 신탁의 수익자가 제2차납세의무를 지는 경우에 신탁의 수익자에게 귀속된 재산의 가액은 신탁재산이 해당 수익자에게 이전된 날 현재의 시가(時價)로 하며, 시가의 기준은 재화의 시가의 산정기준(p.187 참조)에 따른다(부가령 5의3 ①).

(4) 신탁 관련 제2차납세의무에 대한 납부특례

부가가치세를 납부해야 하는 수탁자의 관할세무서장은 제2차납세의무자인 신탁 관련 수익자로부터 수탁자의 부가가치세 등을 징수하려면 납부고지서*를 제2차납세의무자에게 발급해야 한다. 이 경우 수탁자의 관할세무서장은 제2차납세의무자의 관할세무서장과 수탁자에게 그 사실을 통지해야 한다(부가법 52의2 ①).

* 이러한 납부고지서에는 ① 징수하려는 부가가치세 등의 과세기간, 세액 및 그 산출근거, ② 납부해야 할 기한 및 납부장소, ③ 제2차납세의무자로부터 징수할 금액 및 그 산출근거, ④ 그 밖에 부가가치세 등의 징수를 위하여 필요한 사항을 적는다.

2. 신탁 관련 수탁자의 물적납세의무

(1) 개념과 취지

1) 개 념 : 부가가치세를 납부해야 하는 위탁자가 부가가치세 등을 체납한 경우로서 그 위탁자의

---

4) 신탁법 제4조(신탁의 공시와 대항) ① 등기 또는 등록할 수 있는 재산권에 관하여는 신탁의 등기·등록을 함으로써 그 재산이 신탁재산에 속한 것임을 제3자에게 대항할 수 있다. ② 등기 또는 등록할 수 없는 재산권에 관하여는 다른 재산과 분별하여 관리하는 등의 방법으로 신탁재산임을 표시함으로써 그 재산이 신탁재산에 속한 것임을 제3자에게 대항할 수 있다.

다른 재산에 대하여 강제징수를 하여도 징수할 금액에 미치지 못할 때에는, 해당 신탁재산의 수탁자는 그 신탁재산으로써 위탁자의 부가가치세 등을 납부할 의무가 있다(부가법 3의2 ②). 따라서 수탁자는 위탁자의 부가가치세 등의 납부의무가 이행되지 않은 경우에 그 부족분에 납부의무를 지게 되는데, 이것을 '신탁 관련 수탁자의 물적납세의무'라고 한다.

2) 제도의 취지 : 관리형 토지신탁의 경우 신탁재산과 관련된 재화 · 용역의 공급에 대해서는 예외적으로 위탁자가 부가가치세를 납부해야 하는데, 위탁자가 상가건물의 분양 · 공급에 대한 부가가치세를 체납한 경우에는 수탁자의 소유로 되어 있는 신탁재산에 대해서는 압류 등의 강제징수를 행할 수 없다.[5] 만약 이를 방치하면 신탁재산의 공급에 대한 부가가치세 징수권을 확보하지 못하는 결과가 된다. 이러한 이유로 신탁 관련 수탁자에게 징수부족분에 대해서 물적납세의무를 지우고, 이를 이행하지 않는 경우에는 신탁재산에 대한 강제징수를 위해서 마련된 것이 바로 '신탁 관련 물적납세의무'이다.

(2) 물적납세의무의 성립요건과 효과

1) 성립요건

① 다음 중 어느 하나에 해당하여 위탁자가 부가가치세를 납부할 의무가 있어야 한다.

㉠ 신탁재산과 관련된 재화 · 용역을 위탁자 명의로 공급하는 경우

㉡ 위탁자가 신탁재산을 실질적으로 지배 · 통제하는 경우로서 p.45 도표 (2)에 해당하는 경우

② 납세의무자인 위탁자가 다음 중 어느 하나에 해당하는 부가가치세와 강제징수비(이하 '부가가치세 등'이라 한다)를 체납해야 한다.

㉠ 신탁 설정일* 이후에 법정기일(국기법 35 ① (3))이 도래하는 부가가치세로서 해당 신탁재산과 관련하여 발생한 것

㉡ 위 ㉠의 금액에 대한 강제징수 과정에서 발생한 강제징수비

* 여기서 '신탁 설정일'이란 해당 재산이 신탁재산에 속한 것임을 제3자에게 대항할 수 있게 된 날[6]로 한다. 다만, 다른 법률에서 제3자에게 대항할 수 있게 된 날을 신탁법과 달리 정하고 있는 경우에는 그 달리 정하고 있는 날로 한다(부가령 5의2 ②).

③ 신탁재산과 관련하여 발생한 부가가치세 등을 체납한 위탁자의 다른 재산에 대하여 강제

---

5) 신탁법 제22조(강제집행 등의 금지) ① 신탁재산에 대하여는 강제집행, 담보권 실행 등을 위한 경매, 보전처분 또는 국세 등 강제징수를 할 수 없다. 다만, 신탁 전의 원인으로 발생한 권리 또는 신탁사무의 처리상 발생한 권리에 기한 경우에는 그렇지 않다.

6) 신탁법 제4조(신탁의 공시와 대항) ① 등기 또는 등록할 수 있는 재산권에 관하여는 신탁의 등기 또는 등록을 함으로써 그 재산이 신탁재산에 속한 것임을 제3자에게 대항할 수 있다. ② 등기 또는 등록할 수 없는 재산권에 관하여는 다른 재산과 분별하여 관리하는 등의 방법으로 신탁재산임을 표시함으로써 그 재산이 신탁재산에 속한 것임을 제3자에게 대항할 수 있다.

징수를 하여도 징수할 금액에 미치지 못하는 경우에 해당해야 한다.

2) 효 과 : 이상의 요건이 충족되면 수탁자에게 위탁자가 체납한 부가가치세 등에 대해서 물적납세의무가 성립한다. 이 경우 수탁자가 납부고지서에 적힌 납부기한까지 납부하지 않으면 신탁재산에 대해서 압류 등의 강제징수를 집행하여 부가가치세 등을 징수하게 된다.

(3) 신탁 관련 물적납세의무에 대한 납부특례

부가가치세를 납부해야 하는 위탁자의 관할세무서장은 수탁자로부터 위탁자의 부가가치세 등을 징수하려면 납부고지서*를 수탁자에게 발급해야 한다. 이 경우 수탁자의 관할세무서장과 위탁자에게 그 사실을 통지해야 한다(부가법 52의2 ②).

* 이처럼 고지가 있은 후 납세의무자인 위탁자가 신탁의 이익을 받을 권리를 포기 또는 이전하거나 신탁재산을 양도하는 등의 경우에도 위 규정에 따라 고지된 부분에 대한 납세의무에는 영향을 미치지 않는다(부가법 52의2 ③).

참고사항 신탁재산에 대한 사업자등록 방법

1. 수탁자가 신탁재산에 관련된 부가가치세 납세의무자가 되는 경우 수탁자(공동수탁자가 있는 경우 대표수탁자를 말한다)는 해당 신탁재산을 사업장으로 보아 사업자등록을 신청해야 한다(부가법 8 ⑥). 이에 따라 수탁자가 사업자등록을 신청하는 경우에는 해당 신탁재산의 등기부상 소재지(등록부상 등록지) 또는 신탁에 관한 업무를 총괄하는 장소를 사업장으로 한다(부가령 8 ⑦). 신탁재산을 하나의 사업장으로 보고 수탁자가 부가가치세 납세의무를 이행하므로 신탁재산별로 사업자등록을 신청해야 한다(신탁재산별 사업자등록 원칙).

2. 수탁자가 다음의 요건을 모두 갖춘 경우에는 둘 이상의 신탁재산을 하나의 사업장으로 보아 신탁사업에 관한 업무를 총괄하는 장소를 관할하는 세무서장에게 사업자등록을 신청할 수 있다(부동산담보신탁 등의 경우 수탁자별 대표 사업자등록 허용, 부가령 11 ⑪)

① 수탁자가 하나 또는 둘 이상의 위탁자와 둘 이상의 신탁계약을 체결하였을 것
② 신탁계약이 다음 중 어느 하나에 해당할 것

구분	해당 신탁계약
부동산 담보 신탁계약	㉠ 수탁자가 위탁자의 채무이행을 담보하기 위해 위탁자로부터 부동산에 해당하는 재산을 수탁하여 운용하는 신탁계약
무체재산권 신탁계약	㉡ 자본시장법에 따라 신탁업자가 무체재산권을 수탁하여 운용하는 신탁계약 ㉢ 저작권법에 따른 저작권신탁관리업을 영위하는 자가 저작재산권자 등의 권리를 수탁하여 운용하는 신탁계약 ㉣ 「기술의 이전 및 사업화 촉진에 관한 법률」에 따른 기술신탁관리업을 영위하는 자가 기술보유자로부터 기술과 그 사용에 관한 권리를 수탁하여 운용하는 신탁계약

참고사항 신탁재산에 대한 강제징수의 특례

수탁자가 납부해야 하는 신탁재산 관련 부가가치세가 체납된 경우에는 납세자의 재산을 압류하는 규정(국징법 32)에도 불구하고 해당 신탁재산에 대해서만 강제징수를 할 수 있다(부가법 58의2). ■

예규판례 수탁자가 위탁자로부터 이전받은 신탁재산을 관리·처분하면서 재화를 공급하는 경우, 재화의 공급이라는 거래행위를 통하여 재화를 사용·소비할 수 있는 권한을 거래상대방에게 이전한 수탁자가 부가가치세 납세의무자인지 여부(적극)*

* 이 판례는 부가가치세법에 신탁재산과 관련된 재화·용역의 공급에 대한 부가가치세 납세의무자에 관한 규정이 현재와 같이 마련되지 않았던 시절에 나온 것인데, 이 판례에서도 현재 규정과 같이 원칙적으로 거래행위를 한 '수탁자'를 납세의무자로 해야 한다는 입장이다.

가. 구 부가가치세법(2010.1.1. 법률 제9915호로 개정되기 전의 것) 제1조 제1항 제1호는 '재화·용역의 공급'이라는 거래를 부가가치세 과세대상으로 규정하고 있고, 제2조 제1항 제1호는 '영리목적의 유무에 관계없이 사업상 독립적으로 재화·용역을 공급하는 자'인 사업자를 부가가치세 납세의무자로 정하고 있으며, 제6조 제1항은 재화의 공급을 '계약상 또는 법률상의 모든 원인에 의하여 재화를 인도 또는 양도하는 것'으로 정하고 있다.

부가가치세는 재화나 용역이 생산·제공되거나 유통되는 모든 단계에서 창출된 부가가치를 과세표준으로 하고 소비행위에 담세력을 인정하여 과세하는 소비세로서의 성격을 가지고 있지만, 앞서 본 바와 같이 부가가치세법은 부가가치 창출을 위한 '재화·용역의 공급'이라는 거래 그 자체를 과세대상으로 하고 있을 뿐 그 거래에서 얻은 소득이나 부가가치를 직접적인 과세대상으로 삼고 있지 않다. 이와 같이 우리나라의 부가가치세는 실질적인 소득이 아닌 거래의 외형에 대하여 부과하는 거래세의 형태를 띠고 있으므로, 부가가치세법상 납세의무자에 해당하는지 여부 역시 원칙적으로 그 거래에서 발생한 이익이나 비용의 귀속이 아니라 재화·용역의 공급이라는 거래행위를 기준으로 판단해야 한다. 그리고 부가가치세의 과세원인이 되는 재화의 공급으로서의 인도 또는 양도는 재화를 사용·소비할 수 있도록 소유권을 이전하는 행위를 전제로 하므로, 재화를 공급하는 자는 위탁매매나 대리와 같이 부가가치세법에서 별도의 규정을 두고 있지 않는 한 계약상 또는 법률상의 원인에 의하여 그 재화를 사용·소비할 수 있는 권한을 이전하는 행위를 한 자를 의미한다고 보아야 한다.

대법원 2008.12.24. 선고 2006두8372 판결 등은 이 판결의 견해에 저촉되는 범위에서 이를 변경한다.

나. 원심이 인용한 제1심판결은 증거에 의하여, ① 원고가 성남시 분당구 (주소 생략)에 있는 ○○○○○ (호수 1, 호수 2, 호수 3, 호수 4, 호수 5, 호수 6 생략) 등 6개 상가건물(이하 '이 사건 건물'이라고 한다)의 매수자금에 사용하기 위하여 피고보조참가인으로부터 42억 원을 대출받은 사실, ② 원고는 위 대출금채무를 담보하기 위하여 2008.6.30. 수탁자인 케이비부동산신탁 주식회사(이하 '케이비부동산신탁'이라고 한다)와 이 사건 건물에 관하여 신탁원본의 우선수익자를 피고보조참가인으로, 수익권증서 금액을 58억 8,000만 원으로 정한 부동산담보신탁계약(이하 '이 사건 신탁계약'이라고 한다)을 체결하면서, 신탁부동산이 환가되는 경우 피고보조참가인의 채권을 우선적으로 변제하고 잔액은 원고에게 지급하기로 약정한 사실, ③ 이 사건 부동산에 관하여 2008.7.1. 원고 명의의 소유권이전등기를 마친 다음, 곧이어 신탁을 원인으로 하여 케이비부동산신탁 명의의 소유권이전등기를 마친 사실, ④ 원고가 위 대출금채무를 제때 변제하지 못하자 피고보조참가인은 케이비부동산신탁에 환가를 요청하였으나 공개매각이 수차례 유찰되었고, 이에 피고보조참가인이 2009.2.23. 수의계약으로 위 대출원리금과 같은 액수인 4,517,005,143원에 이 사건 건물의 소유권을 취득한 사실, ⑤ 피고는 위탁자인 원고가 피고보조참가인에게 이 사건 건물을 공급함으로써 부가가치세의 납세의무자가 되었다고 보아 2010.1.16. 원고에게 2009년 제1기분 부가가치세를 부과하는 이 사건 처분을 한 사실을 인정하였다.

다. 이러한 사실관계를 앞서 본 법리에 비추어 살펴보면, 수탁자인 케이비부동산신탁은 신탁계약을 원인으로 위탁자인 원고로부터 신탁재산인 이 사건 건물을 이전받은 다음 신탁재산의 관리·처분권한에 기초하여 이를 처분한 거래행위를 한 것이므로, 이 사건 건물이 2009.2.23. 피고보조참가인에게 공급됨에 따라 발생하는 부가가치세 납세의무를 부담해야 하는 자는 원칙적으로 수탁자인 케이비부동산신탁이다.

원심의 이유설시는 부적절하지만, 원고가 이 사건 건물의 공급으로 인한 부가가치세 납세의무자가 아니라는 이유로 이 사건 처분이 위법하다고 본 결론은 정당하고, 거기에 상고이유 주장과 같이 부가가치세의 납세의무자 등에 관한 법리를 오해하여 판결 결과에 영향을 미친 잘못이 없다(대법원 2017.5.18. 선고 2012두22485 전원합의체 판결). ■

사례 1 부가가치세 납세의무자

부가가치세법에 따른 사업자로서 부가가치세 납세의무자가 되기 위한 요건을 설명하고, 다음 사례에서 甲의 네 가지(아래 ①,②,③,④) 주장의 정당성에 대해서 논하시오. (20점)

> 1. 甲은 2025년에 상가건물을 5차례에 걸쳐서 상가건물을 민사집행법에 따른 법원 경매로 낙찰받은 다음, 2026년 3월에 같은 방법으로 낙찰받은 상가건물을 4억원에 임대사업자 A에게 양도하였고 다시 같은 해 5월에 낙찰받은 상가건물을 6억원에 실수요자 B에게 양도하였다. 甲은 이에 대해서 부가가치세를 신고납부하지 않았다.
> 2. 이에 대해서 관할세무서장이 2026년 제1기 부가가치세를 결정·고지하자, 甲은 다음과 같이 네 가지 이유를 제시하면서 자기는 부가가치세 납세의무가 없다고 주장하고 있다.
>   ① 사업자등록을 하지 않았고 부가가치세를 거래징수하지 않아 부가가치세 납세의무가 없다.
>   ② 부동산매매업으로 보기 위한 요건, 즉 거래횟수로 1과세기간 중에 1회 이상 취득하고 2회 이상 판매에 해당하지 않아 역시 부가가치세 납세의무가 없다.
>   ③ 법원 경매로 낙찰받아 매입세액을 공제받을 수 없어서 부가가치세 납세의무가 없다.
>   ④ 실제 해당 거래에서 이익을 얻지 못해서 부가가치세 납세의무가 없다.

해 답

1. 사업자

'사업자'란 사업 목적이 영리이든 비영리이든 관계없이 사업상 독립적으로 재화·용역을 공급하는 자를 말한다. 이를 구체적으로 설명하면 다음과 같다.

1) 재화·용역의 공급 : 부가가치세의 과세대상은 재화·용역의 공급이므로 그러한 거래가 귀속된 자, 즉 재화·용역을 공급하는 자가 납세의무를 진다. 재화·용역의 공급은 사업자가 되기 위한 기본적 요건이다.

2) 계속·반복성 : 한두 번 정도 재화와 용역을 공급하는 것으로는 사업성이 인정될 수 없으며, 부가가치를 창출해 낼 수 있는 정도의 사업형태를 갖추고 계속, 반복적인 의사(意思)로 재화·용역을 공급하는 경우에만 사업성이 인정된다.

3) 독립성 : 재화 · 용역의 공급이 사업상 독립적이어야 한다. 이것은 다음과 같은 두 가지 의미를 가지고 있다.

① 인적 독립성 : 이것은 '자기계산' 또는 '자기책임'을 의미한다. 따라서 고용된 지위에서 공급하는 자는 사업자가 될 수 없다.

② 물적 독립성 : 이것은 하나의 사업에 부수되거나 단순히 그 사업의 연장에 불과한 행위는 독립한 사업으로 보지 않겠다는 의미이다. 그러한 사업은 주된 사업에 포함된다. 따라서 주된 사업에 부수되는 재화와 용역의 공급은 주된 사업의 과세 유무에 따라 그 과세 여부가 달라지게 되는 것이다.

4) 영리목적성 : 사업의 영리목적 여부는 불문한다. 부가가치세는 사업자가 얻은 소득에 대해 과세하는 것이 아니라, 그가 창출하여 공급한 부가가치에 대해 공급받는 자로부터 세액을 거래징수하여 납부할 것을 예상하는 조세이기 때문이다.

따라서 부가가치세의 납세의무자에는 국가, 지방자치단체와 지방자치단체조합도 포함된다.

2. 甲의 4가지 주장의 정당성

① 사업자가 부가가치세가 과세되는 재화를 공급하는 경우에는 사업자등록 여부나 공급시 부가가치세의 거래징수 여부에 불구하고 부가가치세 납세의무를 진다. 따라서 사업자등록을 하지 않았고 부가가치세를 거래징수하지 않아 부가가치세 납세의무가 없다는 甲의 주장은 정당하지 않다.

② 부가가치세법령은 ㉠ 부동산 매매를 사업목적으로 나타내어 부동산을 판매하는 사업과 ㉡ 사업상 목적으로 1 과세기간 중에 1회 이상 부동산을 취득하고 2회 이상 판매하는 사업은 재화의 공급으로 본다고 규정한다. 이에 대해서 대법원은 해당 규정은 부동산매매업으로 볼 수 있는 경우를 예시적으로 규정한 것에 불과하여 그 부동산 거래가 전체적으로 사업 목적 하에 계속성과 반복성을 가지고 이루어진 이상 규정상의 판매횟수 등에 미달하는 거래가 발생하였다고 하더라도 그 과세기간 중에 사업성이 부정되는 것은 아니다. 따라서 2026년 제1기에 부동산을 취득한 횟수가 0이라도 사업자로 부가가치세 납세의무를 진다고 보아야 하므로 甲의 주장은 정당하지 않다.

③ '재화의 공급'이란 모든 원인에 따라 재화를 인도, 양도하는 것을 말하며, 매입세액공제를 공급의 요건으로 삼지 않고 있다. 따라서 법원 경매로 낙찰받아 매입세액을 공제받을 수 없어서 부가가치세 납세의무가 없다는 甲의 주장은 정당하지 않다.

④ 사업자는 영리목적 유무에 불문하고 그가 창출한 부가가치에 대해서 과세하고 얻은 이익에 대해서 과세하는 것이 아니다. 따라서 실제 해당 거래에서 이익을 얻지 못해서 부가가치세 납세의무가 없다는 甲의 주장은 정당하지 않다.

사례 2 신탁재산과 관련된 부가가치세

부가가치세법과 관련하여 다음의 사례를 읽고 물음에 답하시오. (35점)

> 신탁법에 따라 수탁자 A는 위탁자 甲으로부터 토지를 신탁받아 그 토지 위에 상가건물을 신축하고 그 토지와 상가건물을 분양한 후 이익을 위탁자 甲에게 분배하기로 하는 내용의 신탁계약을 체결하였다.

【물음 1】 위 사례에서 신탁재산과 관련된 재화나 용역을 공급할 때 부가가치세가 과세되는 경우 ① 현행 부가가치세법이 원칙적으로 수탁자 A를 납세의무자로 하는 근거, ② 수탁자 A가 납세의무자가 될 때 갖은 장점, ③ 수탁자 A가 납세의무자인 경우 상가건물 공급사업의 경우 사업자등록 방법을 설명하시오.

【물음 2】 부가가치세법상 위탁자 甲을 부가가치세 납세의무자로 하는 경우를 설명하시오.

【물음 3】 수탁자 A가 납부해야 할 부가가치세를 신탁재산으로 충당하여도 부족한 경우 그 부족액 징수를 위해서 마련된 보충적 납세의무의 성립요건과 효과를 설명하시오.

【물음 4】 위탁자 甲이 납부해야 할 부가가치세를 위탁자의 다른 재산에서 징수하여도 부족한 경우 그 부족액 징수를 위해서 마련된 보충적 납세의무의 성립요건과 효과를 설명하시오.

해 답

【물음 1】 수탁자 A

1. 근거

부가가치세는 재화의 공급과 용역의 공급에 대해서 과세한다. 이처럼 부가가치세는 '재화의 공급 또는 용역의 공급'이라는 거래 그 자체를 과세대상으로 하고 있을 뿐 그 거래에서 얻은 소득을 직접적인 과세대상으로 삼고 있지 않다. 따라서 거래의 외형에 대해서 부과하는 거래세인 부가가치세 납세의무자는 재화의 공급 또는 용역의 공급이라는 거래 행위를 기준으로 판단해야 한다.

신탁법상 수탁자는 신탁재산에 대한 권리와 의무의 귀속 주체로서 신탁재산의 관리, 처분하는 등의 행위를 할 권한이 있다. 이에 따라 수탁자가 계약당사자가 되어 거래상대방에게 신탁재산을 사용·소비할 수 있는 권한을 거래상대방에게 이전하므로 거래세의 특성상 수탁자를 부가가치세 납세의무자로 해야 한다. 신탁재산의 관리, 처분 등으로 발생하는 이익이 위탁자나 제3자에게 귀속된다고 해서 위탁자나 수익자를 부가가치세 납세의무자로 할 수 없다.

위와 같은 근거로 부가가치세법은 수탁자를 원칙적으로 납세의무자로 정하고 있다.

2. 장점

세금계산서 발급과 수취 등을 필수적으로 수반하는 다단계 거래세인 부가가치세의 특성을 고려할 때, 공급의 주체인 수탁자를 납세의무자로 함으로써 거래당사자를 쉽게 인식할 수 있고, 세금계산서 발급·수취 등의 관계 및 공급가액의 산정을 명확히 할 수 있다.

3. 사업자등록

수탁자가 여러 개의 신탁을 인수한 경우 각 신탁재산을 분별하여 관리하므로 수탁자는 신탁재산별로 각각 별도의 납세의무자가 된다. 따라서 수탁자는 해당 신탁재산을 사업장으로 보아 사업자등록을 신청해야 한다(신탁재산별 사업자등록 원칙). 구체적으로 수탁자가 사업자등록을 신청하는 경우에는 해당 신탁재산의 등기부상 소재지 또는 신탁에 관한 업무를 총괄하는 장소를 사업장으로 한다.

【물음 2】 위탁자를 납세의무자로 하는 규정

다음에 해당하는 경우에는 예외적으로 위탁자가 부가가치세를 납부할 의무가 있다.

1) 신탁재산과 관련된 재화 · 용역을 위탁자 명의로 공급하는 경우

2) 위탁자가 신탁재산을 실질적으로 지배 · 통제하는 경우로서 다음 중 어느 하나에 해당하는 경우

① 수탁자가 위탁자로부터 부동산을 수탁받아 부동산개발사업을 목적으로 하는 신탁계약을 체결한 경우로서 그 신탁계약에 의한 부동산개발사업비의 조달의무를 수탁자가 부담하지 않는 경우(다만, 수탁자가 재개발사업 · 재건축사업 등의 사업시행자인 경우는 제외)

② 수탁자가 재개발사업 · 재건축사업 등의 사업대행자인 경우

③ 수탁자가 위탁자의 지시로 위탁자의 특수관계인에게 신탁재산과 관련된 재화 · 용역을 공급하는 경우

④ 자본시장법에 따른 투자신탁의 경우(투자신탁은 위탁자인 집합투자업자의 지시에 따라 신탁업자가 신탁재산을 투자 · 운용한다)

【물음 3】 수익자의 제2차납세의무

1. 성립요건

1) 주된 납세자 : 수탁자가 부가가치세 납세의무자인 경우 신탁 관련 수익자의 제2차납세의무가 있다.

2) 제2차납세의무 대상 : 신탁의 수익자는 수탁자가 납부해야 하는 다음의 부가가치세 등에 대해서 제2차납세의무를 진다.

① 신탁 설정일 이후에 법정기일이 도래하는 부가가치세로서 해당 신탁재산과 관련하여 발생한 것

② 위 ①의 금액에 대한 강제징수 과정에서 발생한 강제징수비

3) 징수부족액 발생 : 수탁자가 납부해야 하는 부가가치세 등을 신탁재산으로 충당하여도 부족한 경우에 해당해야 한다.

2. 효과

이상의 요건이 충족되면 그 신탁의 수익자는 '지급받은 수익과 귀속된 재산의 가액을 합한 금액'을 한도로 하여 그 부족한 금액에 대하여 납부할 의무를 진다.

【물음 4】 수탁자의 물적납세의무

1. 성립요건

1) 주된 납세자 : 다음에 해당하여 위탁자가 부가가치세를 납부할 의무가 있어야 한다.

① 신탁재산과 관련된 재화 또는 용역을 위탁자 명의로 공급하는 경우

② 위탁자가 신탁재산을 실질적으로 지배 · 통제하는 경우

2) 물적납세의무 대상 : 위탁자가 다음에 해당하는 부가가치세 등을 체납해야 한다.

① 신탁 설정일 이후에 법정기일이 도래하는 부가가치세로서 해당 신탁재산과 관련하여 발생한 것

② 위 ①의 금액에 대한 강제징수 과정에서 발생한 강제징수비

3) 징수부족액 발생 : 신탁재산과 관련하여 발생한 부가가치세 등을 체납한 위탁자의 다른 재산에 대하여 강제징수를 하여도 징수할 금액에 미치지 못하는 경우에 해당해야 한다.

2. 효과

이상의 요건이 충족되면 수탁자에게 위탁자가 체납한 부가가치세 등에 대해서 물적납세의무가 성립한다. 이 경우 수탁자가 납부고지서에 적힌 납부기한까지 납부하지 않으면 신탁재산에 대해서 압류 등의 강제징수를 집행하여 부가가치세 등을 징수하게 된다.

사례 3 위탁판매와 신탁재산 관련 공급

① 위탁판매를 할 때의 위탁자의 부가가치세 납세의무 여부와 ② 신탁법에 따른 신탁재산과 관련된 재화 또는 용역을 공급할 때의 위탁자의 부가가치세 납세의무 여부에 대하여 비교하여 설명하시오.

(2023년 세무사 2차, 7점)

해 답

1. 관련규정

(1) 위탁매매

위탁매매를 할 때에는 위탁자가 직접 재화를 공급한 것으로 본다. 다만, 해당 거래 · 재화의 특성상(또는 보관 · 관리상) 위탁자를 알 수 없는 경우에는 수탁자에게 재화를 공급한 것으로 본다.

(2) 신탁재산 관련 공급

1) 원칙 : 신탁재산과 관련된 재화 · 용역을 공급하는 때에는 수탁자가 신탁재산별로 부가가치세를 납부할 의무가 있다.

2) 예외 : 다음에 해당하는 경우에는 예외적으로 위탁자가 부가가치세를 납부할 의무가 있다.

① 신탁재산과 관련된 재화 · 용역을 위탁자 명의로 공급하는 경우

② 위탁자가 신탁재산을 실질적으로 지배 · 통제하는 경우로서 다음 중 어느 하나에 해당하는 경우

㉠ 부동산개발사업 신탁계약에 의한 부동산개발사업비의 조달의무를 수탁자가 부담하지 않는 경우(다만, 수탁자가 재건축사업 등의 사업시행자인 경우는 제외)

㉡ 수탁자가 재개발사업 · 재건축사업 등의 사업대행자인 경우

ⓒ 수탁자가 위탁자의 지시로 위탁자의 특수관계인에게 신탁재산과 관련된 재화 · 용역을 공급하는 경우

ⓔ 자본시장법에 따른 투자신탁의 경우

2. 위탁자의 납세의무 여부의 비교

(1) 위탁매매

위탁매매의 경우 위탁자가 직접 거래상대방에게 공급한 것으로 보고 위탁자가 부가가치세 납세의무를 진다. 그 이유는 위탁매매 관련 재화는 위탁자가 소유(지배 · 통제)하기 때문이다. 위탁자를 알 수 없는 경우에는 위탁자와 수탁자 사이에도 공급이 이루어진 것으로 보고 위탁자가 부가가치세 납세의무를 진다.

(2) 신탁재산 관련 공급

1) 원칙(위탁자 납세의무 없음) : 위탁매매에서 수탁자와 달리 신탁법상 수탁자는 신탁재산에 대한 권리와 의무의 귀속 주체로서 신탁재산의 관리, 처분 등을 하고 신탁 목적의 달성을 위하여 필요한 모든 행위를 할 권한이 있다. 이에 따라 수탁자가 계약당사자가 되어 거래상대방에게 신탁재산을 사용 · 소비할 수 있는 권한을 거래상대방에게 이전하므로 거래세의 특성상 수탁자가 납세의무를 진다. 따라서 위탁자는 원칙적으로 납세의무를 지지 않는다.

2) 예외(위탁자 납세의무 있음) : ① 신탁재산과 관련된 재화 · 용역을 위탁자 명의로 공급하거나 ② 위탁자가 신탁재산을 실질적으로 지배 · 통제하는 일정한 경우에는 예외적으로 위탁자가 부가가치세를 납부할 의무가 있다.

▶ 필자 주 : 위 2. 위탁자의 납세의무 여부의 비교가 핵심내용인데, 관련규정을 적어 놓고 위탁자의 납세의무 여부의 비교를 설명하는 것이 보다 짜임새 있는 답안으로 생각된다.

제3절 과세기간

I 과세기간

'과세기간'이란 세법에 따라 국세의 과세표준 계산에 기초가 되는 기간으로서(국기법 2 ⑬), 과세의 시간적 단위이다. 사업자에 대한 부가가치세의 과세기간은 다음과 같다(부가법 5 ①~④).

구분	과세기간
(1) 일반적인 과세기간	• 일반과세자 제1기 : 1월 1일 ~ 6월 30일 제2기 : 7월 1일 ~ 12월 31일 • 간이과세자 : 1월 1일 ~ 12월 31일 ※ 공급대가의 수준의 변동으로 과세유형이 변경되는 경우 그 변경되는 해에 간이과세자에 관한 규정이 적용되는 기간의 부가가치세 과세기간은 다음 구분에 따른 기간으로 한다(부가법 5 ⑤). 과세유형의 변경(7.1. 기준) / 간이과세자의 과세기간 ① 일반과세자 → 간이과세자 / 그 변경 이후 7월 1일 ~ 12월 31일 ② 간이과세자 → 일반과세자 / 그 변경 이전 1월 1일 ~ 6월 30일
(2) 신규 사업을 시작한 경우	• 최초의 과세기간 : 사업개시일 ~ 그 날이 속하는 과세기간의 종료일 ※ 사업개시일 이전에 사업자등록을 신청한 경우 : 신청일 ~ 해당 과세기간의 종료일
(3) 사업자가 폐업하는 경우	• 해당 과세기간의 개시일 ~ 폐업일
(4) 간이과세자가 간이과세를 포기하여 일반과세자로 되는 경우	• 간이과세자의 과세기간 : 해당 과세기간 개시일 ~ 포기신고일이 속하는 달의 마지막 날 • 일반과세자의 과세기간 : 포기신고일이 속하는 달의 다음 달 1일 ~ 그 과세기간의 종료일

사업자는 이러한 각 과세기간에 대한 과세표준과 세액을 그 과세기간이 끝난 후 25일(폐업하면 폐업일이 속한 달의 다음 달 25일) 이내에 신고납부해야 하는데, 이것을 '확정신고납부'라고 한다(부가법 49 ①,②).

Ⅱ 예정신고기간

일반과세자는 각 과세기간 중 다음의 예정신고기간이 끝난 후 25일 이내에 각 예정신고기간에 대한 과세표준과 세액을 신고납부해야 하는데, 이것을 '예정신고납부'라고 한다(부가법 48 ①,②). 일반과세자와 달리 간이과세자는 예정신고기간을 두지 않고 있다.

구분	일반과세자의 예정신고기간
(1) 일반적인 경우	• 제1기 : 1월 1일 ~ 3월 31일 • 제2기 : 7월 1일 ~ 9월 30일
(2) 신규로 사업을 시작한 경우	• 최초의 예정신고기간 : 사업개시일 ~ 그 예정신고기간의 종료일 ※ 사업개시일 이전에 사업자등록을 신청한 경우 : 신청일 ~ 그 예정신고기간의 종료일

제4절 납세지

I 개 요

'납세지'란 납세의무자가 납세의무를 이행하고 과세권자가 부과 · 징수권을 행사하는 기준이 되는 장소를 말한다. 사업자의 부가가치세 납세지는 '각 사업장의 소재지'이므로, 이러한 납세지를 관할세무서장이 과세한다(부가법 6 ①, 7 ①).

따라서 사업자는 사업장마다 사업자등록을 해야 하며, 사업장별로 구분하여 세금계산서를 발급 · 수취하고, 사업장별로 각각 납부(환급)세액을 계산하여 이를 각 사업장 관할세무서장에게 신고 · 납부해야 할 뿐 아니라, 결정 · 경정도 각 사업장 관할세무서장이 행한다. 따라서 각 사업장이 독립된 하나의 과세단위가 되는데, 이것을 '사업장별 과세원칙(또는 사업장단위 과세제도)'라고 한다. 이는 재화 · 용역의 공급이 이루어지는 사업장을 중심으로 납세의무를 이행하도록 하는 것이 부가가치세의 탈루를 예방할 수 있고 납세관리에 유리하기 때문이다.

다만, 현행 부가가치세법은 사업자의 납세편의를 위하여 사업장별 과세원칙에 대한 예외로서 둘 이상의 사업장이 있는 사업자는 ① 주된 사업장 관할세무서장에게 총괄하여 부가가치세를 납부하거나, ② 본점 또는 주사무소 소재지 관할세무서장에게 사업자단위로 부가가치세를 신고납부할 수 있는 제도를 마련하고 있다.

[도 표] 사업장별 과세원칙과 예외

사업장별로	• 사업자등록	→ 예외 : ② 사업자단위로 신고납부 가능
	• 세금계산서의 발급 · 수취	
	• 과세표준 및 세액 계산	
	• 신고	
	• 납부 · 환급 → 예외 : ① 주사업장 총괄납부 가능	
	• 결정 · 경정 및 징수	

Ⅱ 사업장

1. 사업장의 개념과 판정기준

'사업장'이란 사업자가 사업을 하기 위하여 거래의 전부 또는 일부를 하는 고정된 장소를 말하며, 그 대표적인 범위는 다음과 같다(부가법 6 ②, 부가령 8 ① (1),(2),(3),(9),(15), ⑥).

구분	사업장의 범위
(1) 광 업	• 광업사무소의 소재지
(2) 제조업	• 최종제품을 완성하는 장소(따로 제품의 포장만을 하거나 용기에 충전만을 하는 장소는 제외)
(3) 건설업 · 운수업과 부동산매매업	• 법인인 경우 : 법인의 등기부상의 소재지(등기부상의 지점소재지 포함) • 개인인 경우 : 사업에 관한 업무를 총괄하는 장소
(4) 부동산임대업	• 부동산의 등기부상의 소재지(*주)
(5) 무인자동판매기를 통하여 재화 · 용역을 공급하는 사업	• 사업에 관한 업무를 총괄하는 장소
(6) 비거주자 또는 외국법인의 경우	• 소득세법 · 법인세법에 따른 국내사업장

(*주) 다만, 부동산상의 권리만을 대여하거나 전기사업자, 전기통신사업자, 한국토지주택공사 등에 해당하는 사업자가 부동산을 임대하는 경우에는 그 사업에 관한 업무를 총괄하는 장소를 사업장으로 한다(부가령 8 ②).

이러한 사업장 외의 장소도 사업자의 신청에 따라 추가로 사업장으로 등록할 수 있다. 다만, 무인자동판매기를 통하여 재화 · 용역을 공급하는 사업의 경우에는 추가로 사업장을 등록할 수 없다(부가령 8 ④). 한편 사업자가 사업장을 두지 않으면 사업자의 주소 또는 거소를 사업장으로 한다(부가법 6 ③).

2. 직매장 · 하치장 및 임시사업장에 대한 취급

1) 직매장(直賣場) : 사업자가 자기의 사업과 관련하여 생산하거나 취득한 재화를 직접 판매하기 위하여 특별히 판매시설을 갖춘 장소를 말하며, 이러한 직매장은 사업장으로 본다(부가령 8 ③). 따라서 직매장을 신설한 경우에는 그 직매장에 대해서도 사업자등록 신청을 해야 한다.

2) 하치장(荷置場) : 재화를 보관하고 관리할 수 있는 시설만을 갖춘 장소로서 사업자가 관할세무서장에게 그 설치신고를 한 장소를 말하며. 이러한 하치장은 사업장으로 보지 않는다(부가법 6 ⑤ (1),

부가령 9). 즉 하치장은 다른 사업장의 연장에 불과한 것으로 본다. 이 경우 사업자는 하치장을 둔 날부터 10일 이내에 하치장 관할세무서장에게 하치장 설치신고서를 제출해야 하며, 설치 신고를 받은 하치장 관할세무서장은 10일 이내 관할세무서장에게 그 사실을 통보해야 한다(부가령 9 ①,②).

3) 임시사업장 : 각종 경기대회나 박람회 등 행사가 개최되는 장소에 개설한 임시사업장으로서 그 개설 신고된 장소를 말한다. 이러한 임시사업장도 사업장으로 보지 않으며 기존 사업장에 포함되는 것으로 한다(부가법 6 ⑤ (2), 부가령 10 ①).

이러한 임시사업장을 개설하려는 자는 임시사업장 개설신고서를 해당 임시사업장의 사업 개시일부터 10일 이내에 임시사업장의 관할세무서장에게 제출해야 한다. 다만, 임시사업장의 설치기간이 10일 이내인 경우에는 임시사업장 개설 신고를 하지 않을 수 있다. 한편 그 임시사업장을 폐쇄하였을 때에는 폐쇄일부터 10일 이내에 임시사업장 폐쇄신고서를 제출해야 한다(부가령 10 ②,④).

Ⅲ 주사업장 총괄납부

1. 의 의

부가가치세법은 사업장별 과세원칙을 채택하고 있기 때문에, 사업자가 둘 이상의 사업장이 있는 경우에는 각 사업장별로 과세표준 및 납부세액(또는 환급세액)을 계산하여 이를 각 사업장 관할세무서장에게 신고납부(또는 환급)해야 한다.

그런데 어느 사업장에서는 납부세액이 발생하고 다른 사업장에서는 환급세액이 발생하는 경우, 이를 각각 납부하고 환급받는다면 절차가 복잡하여 불편할 뿐만 아니라 납부세액은 신고납부기한까지 납부해야 하지만 환급세액은 원칙적으로 각 과세기간별로 그 확정신고기한 경과 후 30일 이내에 환급하므로, 이 기간 동안 사업자는 불필요한 자금부담이 있게 된다.

이러한 점을 고려하여 부가가치세법은 ① 사업장이 둘 이상인 사업자(사업장이 하나이나 추가로 사업장을 개설하려는 사업자를 포함한다)가 ② 주사업장 총괄납부를 신청한 경우에는, 각 사업장의 납부세액 또는 환급세액을 통산하여 주된 사업장에서 총괄하여 납부할 수 있는 제도를 두고 있다(부가법 51 ①). 이것을 '주사업장 총괄납부'라 한다(해당 사업자를 '주사업장 총괄납부사업자'라고 한다).

2. 주된 사업장

주된 사업장은 법인의 본점(주사무소 포함) 또는 개인의 주사무소로 한다. 다만, 법인의 경우에는 지점(분사무소 포함)을 주된 사업장으로 할 수 있다(부가령 92 ①).

3. 총괄납부의 신청

주된 사업장에서 총괄하여 납부하는 사업자가 되려는 자는 그 납부하려는 과세기간 개시 20일 전에 「주사업장 총괄납부 신청서」를 주된 사업장의 관할세무서장에게 제출해야 한다(부가령 92 ②). 다만, 다음에 해당하는 자가 주된 사업장에서 총괄하여 납부하려는 경우에는 다음의 구분에 따른 기한까지 「주사업장 총괄납부 신청서」를 주된 사업장 관할세무서장에게 제출해야 한다. 이처럼 주사업장 총괄납부를 신청한 자는 해당 신청일이 속하는 과세기간부터 총괄하여 납부한다(부가령 92 ③,④).

① 신규로 사업을 시작하는 자 : 주된 사업장의 사업자등록증을 받은 날부터 20일 이내

② 사업장이 하나이나 추가로 사업장을 개설하려는 자 : 추가 사업장의 사업개시일부터 20일 이내(추가 사업장의 사업개시일이 속하는 과세기간 이내로 한정한다)

[도 표] 총괄납부의 신청

구분	총괄납부 신청기한	총괄납부 개시 과세기간
원 칙	총괄납부하려는 과세기간 개시 20일 전	신청일이 속하는 다음 과세기간부터 총괄납부한다.
예 외	• 신규로 사업을 시작하는 자 : 주된 사업장의 사업자등록증을 받은 날부터 20일 이내 • 사업장이 하나이나 추가로 사업장을 개설하려는 자 : 추가 사업장의 사업개시일부터 20일 이내	신청일이 속하는 과세기간부터 총괄납부한다.

4. 총괄납부의 효력

(1) 총괄납부(환급)

총괄납부사업자는 각 사업장별로 계산된 납부세액 또는 환급세액을 통산한 후의 잔액을 주된 사업장 관할세무서장에게 납부하거나 환급받게 된다.

총괄납부는 납부(또는 환급)에 국한되는 것일 뿐이며, 사업장별 과세원칙을 변경시키는 것은 아니다. 이 점을 구체적으로 살펴보면 다음과 같다.

① 총괄납부를 하는 경우에도 사업자는 과세표준 · 매출세액 또는 매입세액을 각각 사업장간에 통산하여 납부(환급)세액을 계산해서는 안 되며, 사업장별로 각각 납부(환급)세액을 계산하여 이를 각 사업장 관할세무서장에게 신고해야 한다.

② 총괄납부를 하는 경우에도 세금계산서는 각 사업장별로 작성 · 발급해야 한다.

③ 결정·경정도 여전히 각 사업장 관할세무서장이 행한다.

(2) 공급의제의 배제

사업자가 주사업장 총괄 납부의 적용을 받는 과세기간에 자기의 다른 사업장에 반출하는 경우에는 재화의 공급으로 보지 않는다(부가법 10 ③ 단서). 그 이유는 주된 사업장에서 총괄납부하여 환급지연에 따른 문제점이 해결되기 때문이다. 그러나 주사업장 총괄 납부사업자가 세금계산서를 발급하고 세무서장에게 예정신고·확정신고한 경우에 그대로 재화의 공급으로 인정하는데 그 취지는 다음과 같다.

본래 총괄납부를 하는 경우에는 재화의 공급이 아님에도 불구하고 사업자가 착오로 세금계산서를 발급하는 경우에는 재화를 반출한 사업장에 대해서는 세금계산서 관련 가산세 부과가 되고, 재화를 반입한 사업장에서는 공제받은 매입세액의 추징과 과소신고가산세가 부과되는 문제가 발생한다. 이러한 문제를 구제해 주기 위하여 세금계산서를 발급하고 예정신고·확정신고를 하는 경우에는 재화의 공급으로 인정하는 것이다.

[도 표] 총괄납부 신청과 공급의제와의 관계

구분		판매목적 타사업장 반출재화의 공급의제 여부
총괄납부 신청여부	신청 ×	공급의제 ○
	신청 ○	원 칙 : 공급의제 × 예 외 : 세금계산서 발급과 신고를 한 경우 → 공급의제 ○

5. 총괄납부의 변경

주사업장 총괄납부 사업자는 다음의 사유가 발생한 경우에는 주사업장 총괄납부 변경신청서를 제출해야 한다(부가령 93 ①).

사유	변경신청서의 제출처
① 종된 사업장을 신설하는 경우	그 신설하는 종된 사업장 관할세무서장
② 종된 사업장을 주된 사업장으로 변경하고자 하는 경우	주된 사업장으로 변경하고자 하는 사업장 관할세무서장
③ 사업자등록 정정사유가 발생하는 경우	그 정정사유가 발생한 사업장 관할세무서장(법인의 대표자를 변경하는 때에는 주된 사업장 관할세무서장)
④ 일부 종된 사업장을 총괄납부대상 사업장에서 제외하고자 하는 경우	주된 사업장 관할세무서

⑤ 기존의 사업장을 총괄납부대상 사업장에 추가하고자 하는 경우	주된 사업장 관할세무서장

이처럼 주사업장 총괄납부 변경신청서를 제출하였을 때에는 그 변경신청서를 제출한 날이 속하는 과세기간부터 총괄하여 납부한다(부가령 93 ②).

6. 총괄납부의 적용 제외 및 포기

(1) 총괄납부의 적용 제외

주사업장 총괄납부 사업자가 다음 중 어느 하나에 해당하는 경우 주된 사업장 관할세무서장은 주사업장 총괄납부를 적용하지 않을 수 있다(부가령 94 ①).

① 사업내용의 변경으로 총괄납부가 부적당하다고 인정되는 경우
② 주된 사업장의 이동이 빈번한 경우
③ 그 밖의 사정변경으로 인하여 총괄납부가 적당하지 않게 된 경우

이처럼 주사업장 총괄납부를 적용하지 않게 되는 경우에는 그 적용을 하지 않게 된 날이 속하는 과세기간의 다음 과세기간부터 각 사업장에서 납부해야 한다(부가령 94 ④).

(2) 총괄납부의 포기

주사업장 총괄납부 사업자가 주사업장 총괄납부를 포기할 때에는 각 사업장에서 납부하려는 과세기간 개시 20일 전에 주사업장 총괄납부 포기신고서를 주된 사업장 관할세무서장에게 제출해야 한다. 이처럼 주사업장 총괄납부를 포기한 경우에는 그 포기한 날이 속하는 과세기간의 다음 과세기간부터 각 사업장에서 납부해야 한다(부가령 94 ②,④).

Ⅳ 사업자단위과세

1. 의 의

사업자에게 둘 이상의 사업장이 있는 경우에도 부가가치세는 사업장마다 신고·납부하는 것이 원칙이다. 그 취지는 재화·용역의 공급이 이루어지는 사업장 단위로 납세의무를 이행하도록 하여 각 사업장 관할세무서장이 납세관리를 용이하게 하려는데 있다. 그런데 최근에는 전산시스템설비의 발달로 사업자가 각 사업장의 물류흐름 및 재고를 통합관리하는 것이 가능함에도 불구하고 각 사업장별로 부가가치세를 신고납부하는 것은 세무업무의 중복 및 비효율을 가져온다.

이러한 점을 고려하여 부가가치세법은 ① 둘 이상의 사업장이 있는 사업자(사업장이 하나이나 추가로 사업장을 개설하려는 사업자를 포함한다)가 ② 사업자 단위로 사업자등록을 신청한 경우에는, 사업자 단위로 부가가치세를 신고납부할 수 있다(부가법 8 ③). 이것을 '사업자단위과세'라고 한다(이처럼 등록한 사업자를 '사업자단위과세 사업자'라고 한다).

2. 사업자단위과세 사업자의 납세지

사업자단위과세 사업자는 각 사업장 대신에 그 사업자의 본점 또는 주사무소의 소재지를 납세지로 한다(부가법 6 ④). 따라서 그 납세지인 본점 또는 주사무소 소재지 관할세무서장에게 사업자단위로 부가가치세를 신고납부하는 것이다.

3. 사업자 단위로 등록신청

사업장 단위로 등록한 사업자가 사업자단위과세 사업자로 변경하려면 사업자단위과세 사업자로 적용받으려는 과세기간 개시 20일 전까지 사업자의 본점 또는 주사무소 관할세무서장에게 변경등록을 신청해야 한다(부가법 8 ④).

한편 위 규정에도 불구하고 사업장이 하나인 사업자가 추가로 사업장을 개설하면서 추가 사업장의 사업개시일이 속하는 과세기간부터 사업자단위과세 사업자로 적용받으려는 경우에는 추가 사업장의 사업개시일부터 20일 이내(추가 사업장의 사업개시일이 속하는 과세기간 이내로 한정한다)에 사업자의 본점 또는 주사무소 관할세무서장에게 변경등록을 신청해야 한다(부가법 8 ⑤).

4. 사업자단위과세 등록의 효력

(1) 사업자단위과세

사업장이 둘 이상인 사업자가 사업자 단위로 해당 사업자의 본점 또는 주사무소 관할세무서장에게 등록을 신청한 경우에는 사업자단위과세 적용 사업장에 한 개의 등록번호만 부여된다. 따라서 사업장 단위로 등록한 사업자가 사업자단위과세 사업자로 변경되면 본점 또는 주사무소를 제외한 다른 사업장의 사업자등록 번호는 말소가 되며, 종된 사업장을 신설하는 때에도 별도의 사업자 등록신청을 하지 않고 사업자등록 정정신고를 해야 한다. 세금계산서의 발급 · 수취의무도 본점 또는 주사무소에서 사업자단위로 이행한다. 한편 사업자단위로 통산한 과세표준 및 납부세액(또는 환급세액)을 하나의 신고서에 기재하여 본점 또는 주사무소의 관할세무서장에게 신고하고 납부 · 환급을 받는다. 그리고 결정 · 경정 및 징수도 본점 또는 주사무소의 관할세무서장이 한다.

주사업장 총괄납부는 납부(또는 환급)에 대해서만 신청의 효력이 있지만, 사업자단위과세는 모든 부가가치세법에 따른 납세의무에 관한 사항을 사업자단위로 이행한다는 점이 대조적이다.

(2) 공급의제의 배제

사업자가 사업자단위과세를 적용받는 과세기간에 자기의 다른 사업장에 판매목적으로 반출하는 것은 재화의 공급으로 보지 않는다(부가법 10 ③ 단서). 그 이유는 사업자단위로 과세표준 및 세액이 계산되어 환급지연에 따른 문제점이 해결되기 때문이다.

5. 사업자단위과세의 포기

사업자단위과세 사업자가 ① 각 사업장별로 신고납부하거나 ② 주사업장 총괄납부를 하려는 경우에는 그 납부하려는 과세기간 개시 20일 전에 사업자단위과세 포기신고서를 사업자단위과세 적용 사업장 관할세무서장에게 제출해야 한다(부가령 17 ①).

이 경우 사업자단위과세 적용 사업장 관할세무서장은 사업자단위과세 포기신고서의 처리결과를 지체 없이 해당 사업자와 종된 사업장의 관할세무서장에게 통지해야 한다. 그리고 사업자단위과세를 포기한 경우에는 그 포기한 날이 속하는 과세기간의 다음 과세기간부터 사업자단위과세 포기신고서에 적은 내용에 따라 ① 각 사업장별로 신고납부하거나 ② 주사업장 총괄납부를 해야 한다(부가령 17 ②,③).

[도 표] 주사업장 총괄납부와 사업자단위과세의 비교

구분	주사업장 총괄납부	사업자단위과세
주된 사업장 또는 사업자단위과세 사업자의 납세지	• 법인 : 본점 또는 지점 • 개인 : 주사무소	• 법인 : 본점 • 개인 : 주사무소
효 력	• 주된 사업장 관할세무서장에게 총괄납부(환급) ※ 사업자등록, 세금계산서 발급·수취, 과세표준 및 세액계산, 신고는 사업장별로 이행해야 하며, 각 사업장 관할세무서장이 결정·경정 및 징수한다.	• 사업자단위로 납세의무 이행 ※ 사업자단위로 신고납부와 세금계산서 발급·수취 등의 협력의무를 이행하고 본점 또는 주사무소 관할세무서장이 결정·경정 및 징수한다.
	• 판매목적 타사업장 반출재화의 공급의제 배제	• (왼쪽과 동일함)
포 기	각 사업장에서 납부하려는 과세기간부터 포기할 수 있음	① 각 사업장별로 신고납부하거나 ② 주사업장 총괄납부하려는 과세기간부터 포기할 수 있음

제5절 사업자등록

I 서 설

1. 의 의

부가가치세법은 사업을 새로 시작하는 자로 하여금 사업자의 인적 사항, 사업내용 등 사업에 관련된 사항을 관할세무서장에게 등록하도록 하고 있는데, 이것을 '사업자등록'이라고 한다.

사업자등록은 과세관청으로 하여금 납세의무자와 그 사업내용 및 과세자료의 파악을 쉽게 하여 근거과세와 과세행정의 편의를 구현하려는 데에 그 취지가 있다.

사업자등록은 세금계산서의 수수(授受)와 함께 부가가치세 제도를 효과적으로 시행하기 위한 필수적인 요소이다. 특히 부가가치세는 재화 등의 공급자가 거래시마다 거래상대방으로부터 세액을 징수하여 납부하며, 사업자 자신은 재화 등을 공급받을 때 거래상대방에게 징수당한 매입세액을 공제받는 구조이기 때문에, 다른 세목에 비해 과세관청이 사업자에 대해 정확히 파악하는 것이 매우 중요하다.

2. 법적 성격

1) 사업자등록 신청은 납세의무자의 협력의무의 이행으로서 ① 사업사실을 통지하는 행위에 해당한다.

2) 등록신청을 받은 과세관청이 사업자등록을 하는 것은 사업자의 ② 사업활동 사실의 신고 수리(受理, 서류를 받아서 처리함)하는 것에 불과하다(특허나 인가와 다르다). 그리고 과세관청이 사업자등록증을 발급하는 것은 ③ 신고수리에 대한 증명서를 발급하는 것에 불과하다. 따라서 사업자등록의 효력은 사업자등록증 발급일이 아니라 사업자등록 신청일에 발생한다.

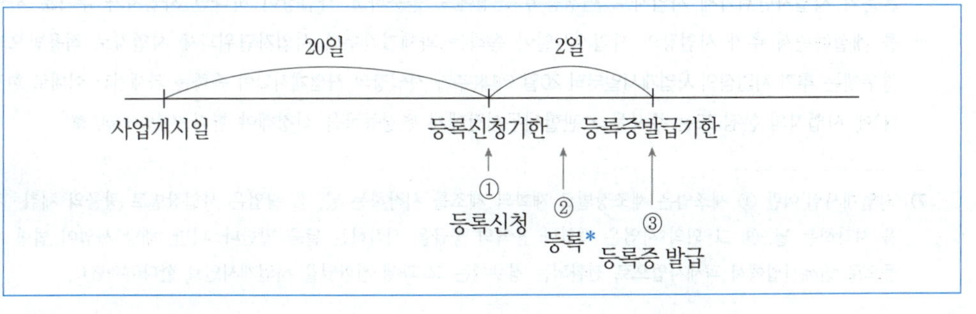

* '사업자등록'이란 부가가치세 업무의 효율적인 운영을 위하여 납세의무자의 사업에 관한 일련의 사항을 세무관서의 공부에 등재하는 것이므로 사업자등록증의 발급이 해당 사업자에게 특정 사업을 허용하거나 사업경영을 할 권리를 인정하는 것은 아니다(부기통 8-11-3).

Ⅱ 신청과 등록의 절차

1. 사업자등록의 신청

(1) 개 요

1) 사업장 단위로 등록(원칙) : 사업자는 사업장마다 사업개시일[7]부터 20일 이내에 사업장 관할세무서장에게 사업자등록을 신청해야 한다(강행규정). 다만, 신규로 사업을 시작하려는 자는 사업개시일 이전이라도 사업자등록을 신청할 수 있다(부가법 8 ①). 이는 개업 준비기간 중의 매입세액을 환급해 주기 위한 것이다.

한편 사업자는 이러한 사업자등록의 신청을 사업장 관할세무서장이 아닌 다른 세무서장에게도 할 수 있다. 이 경우 사업장 관할세무서장에게 사업자등록을 신청한 것으로 본다(부가법 8 ②). 이는 사업자의 편의를 위한 것이다.

2) 사업자 단위로 등록(예외) : 사업장이 둘 이상인 사업자(사업장이 하나이나 추가로 사업장을 개설하려는 사업자를 포함한다)는 사업자 단위로 해당 사업자의 본점 또는 주사무소 관할세무서장에게 등록을 신청할 수 있다(임의규정). 이처럼 사업자 단위로 등록한 사업자를 '사업자단위과세 사업자'라고 한다(부가법 8 ③).

한편 사업장 단위로 등록한 사업자가 사업자단위과세 사업자로 변경하려면 사업자단위과세 사업자로 적용받으려는 과세기간 개시 20일 전까지 사업자의 본점 또는 주사무소 관할세무서장에게 변경등록을 신청해야 한다. 사업자단위과세 사업자가 사업장 단위로 등록을 하려는 경우에도 또한 같다(부가법 8 ④).

참고사항 사업장이 하나인 사업자가 추가 사업장을 개설하는 경우 사업자단위과세 변경등록 신청

본문의 사업자단위과세 사업자로 변경등록 규정에도 불구하고 사업장이 하나인 사업자가 추가로 사업장을 개설하면서 추가 사업장의 사업개시일이 속하는 과세기간부터 사업자단위과세 사업자로 적용받으려는 경우에는 **추가 사업장의 사업개시일부터 20일 이내**(추가 사업장의 사업개시일이 속하는 과세기간 이내로 한정한다)에 사업자의 본점 또는 주사무소 관할세무서장에게 변경등록을 신청해야 한다(부가법 8 ⑤). ■

---

7) '사업개시일'이란 ① 제조업은 제조장별로 재화의 제조를 시작하는 날, ② 광업은 사업장별로 광물의 채취 · 채광을 시작하는 날, ③ 그 외의 사업은 재화나 용역의 공급을 시작하는 날을 말한다. 다만, 해당 사업이 법령 개정 등으로 면세사업에서 과세사업으로 전환되는 경우에는 그 과세 전환일을 사업개시일로 한다(부가령 6).

(2) 사업자등록신청서 제출

사업자등록을 하려는 사업자는 「사업자등록 신청서」를 관할세무서장이나 그 밖에 신청인의 편의에 따라 선택한 세무서장에게 제출해야 한다. 다만, 사업자단위과세 사업자로 등록하려는 사업자는 본점 또는 주사무소(이하 '사업자단위과세 적용 사업장'이라 한다)에 대해 사업자등록 신청서를 사업자단위과세 적용 사업장 관할세무서장에게 제출해야 한다. 이러한 신청서에는 다음의 서류를 첨부해야 한다(부가령 8 ①,②,③).

구분	첨부서류
① 법령에 따라 허가를 받거나 등록 또는 신고를 해야 하는 사업의 경우	• 사업허가증 사본 · 사업등록증 사본 또는 신고확인증 사본
② 사업장을 임차한 경우	• 임대차계약서 사본
②-2 사업장을 전차(轉借)한 경우	• 전대차계약서 사본, 임대인의 전차동의서
③ 상가건물임대차보호법 적용대상 상가건물의 일부분만 임차한 경우	• 해당 부분의 도면
④ 금지금(金地金)* 도매 · 소매업 및 개별소비세 과세유흥장소에서 영업을 경영하는 경우 * '금지금(金地金)'이란 금괴(덩어리) · 골드바 등 원재료 상태로서 순도가 99.5% 이상인 금을 말한다(조특령 106의9 ①).	• 사업자금 명세 또는 재무상황 등을 확인할 수 있는 자금출처명세서
⑤ 석유류 도매 · 소매업 및 재생용 재료수집 · 판매업의 경우	• 사업자금 명세 또는 재무상황 등을 확인할 수 있는 자금출처명세서
⑥ 사업자 단위로 등록하려는 사업자	• 사업자단위과세 적용 사업장 외의 사업장(이하 '종된 사업장'이라 한다)에 대한 위 ①~⑤에 따른 서류 및 사업장 소재지 · 업태(業態) · 종목 등이 적힌 서류

2. 사업자등록증의 발급

(1) 개 요

사업자등록 신청을 받은 관할세무서장은 사업자등록을 하고, 신청일부터 2일 이내(토요일 및 일요일, 공휴일 및 대체공휴일, 근로자의 날은 산정에서 제외한다. 이하 같다)에 등록번호가 부여된 사업자등록증을 신청자에게 발급해야 한다. 다만, 사업장시설이나 사업현황을 확인하기 위하여 국세청장이 필요하다고 인정하는 경우에는 발급기한을 5일 이내에서 연장하고 조사한 사실에 따라 사업자등록증을 발급할 수 있다(부가법 8 ⑦, 부가령 11 ⑤).

한편 사업장 관할세무서장은 사업자등록의 신청 내용을 보정(補正)할 필요가 있다고 인정될 때에는 10일 이내의 기간을 정하여 보정을 요구할 수 있다. 이 경우 해당 보정기간은 사업자등록증 발급기간에 산입하지 않는다(부가령 11 ⑫).

(2) 등록거부

사업개시일 이전에 사업자등록의 신청을 받은 사업장 관할세무서장은 신청자가 사업을 사실상 시작하지 않을 것이라고 인정될 때에는 등록을 거부할 수 있다(부가령 11 ⑦).

(3) 등록번호의 부여

사업자등록에 따른 등록번호는 사업장마다 관할세무서장이 부여한다. 다만, 사업자 단위로 등록신청을 한 경우에는 사업자단위과세 적용 사업장에 한 개의 등록번호를 부여한다(부가령 12 ①). 이는 과세자료를 관리하고 전산처리하는 데 매우 중요한 사항이다.

(4) 직권등록

사업자가 등록신청으로 사업자등록을 하지 않는 경우에는 사업장 관할세무서장이 조사하여 등록할 수 있다(부가령 11 ⑥).

Ⅲ 사업자등록의 사후관리

1. 등록사항의 정정

사업자가 다음 중 어느 하나에 해당하는 경우에는 지체 없이 사업자등록 정정신고서에 사업자등록증을 첨부하여 세무서장에게 제출해야 한다(이 경우 당초 사업자등록신청서에 첨부한 서류의 내용이 변경된 사업자는 해당 첨부서류를 제출해야 한다). 이러한 신고를 받은 세무서장은 다음의 기한 이내에 변경 내용을 확인하고 사업자등록증의 기재사항을 정정(訂正)하여 재발급해야 한다(부가법 8 ⑧, 부가령 14 ①,②,③).

등록사항의 정정 사유	재발급기한
① 상호를 변경하는 경우 ② 사이버몰(부가통신사업자가 컴퓨터 등과 정보통신설비를 이용하여 재화 등을 거래할 수 있도록 설정한 가상의 영업장을 말한다)에 인적사항 등의 정보를 등록하고 재화·용역을 공급하는 사업을 하는 사업자(통신판매업자)가 사이버몰의 명칭 또는 인터넷 도메인이름을 변경하는 경우	신고일 당일

③ 법인(또는 법인으로 보는 단체 외의 단체로서 소득세법에 따라 1거주자로 보는 단체)의 대표자를 변경하는 경우 ④ 사업의 종류에 변동이 있는 경우 ⑤ 사업장(사업자단위과세 사업자의 경우에는 사업자단위과세 적용 사업장을 말한다)을 이전하는 경우 ⑥ 상속으로 인하여 사업자의 명의가 변경되는 경우 ⑦ 공동사업자의 구성원 또는 출자지분이 변경되는 경우 ⑧ 임대인, 임대차 목적물, 그 면적, 보증금, 임차료 또는 임대차기간이 변경되거나 새로 상가건물을 임차한 경우 ⑨ 사업자단위과세 사업자가 ㉠ 사업자단위과세 적용 사업장을 변경하는 경우, ㉡ 종된 사업장을 신설 · 이전하는 경우, ㉢ 종된 사업장의 사업을 휴업 · 폐업하는 경우	신고일부터 2일 이내

2. 휴업 · 폐업신고와 사업자등록의 말소

(1) 휴업 · 폐업신고

사업자등록한 사업자가 휴업 또는 폐업하는 경우(또는 사업개시일 이전에 등록을 한 자가 사실상 사업을 시작하지 않게 되는 경우)에는 지체 없이 휴업(폐업)신고서를 관할세무서장이나 그 밖에 신고인의 편의에 따라 선택한 세무서장에게 제출해야 한다. 이 경우 폐업신고서에는 사업자등록증을 첨부해야 한다. 다만, 폐업을 하는 사업자가 부가가치세 확정신고서에 폐업 연월일과 그 사유를 적고 사업자등록증을 첨부하여 제출하는 경우에는 폐업신고서를 제출한 것으로 한다(부가법 8 ⑧, 부가령 13 ①,②,③).

(2) 폐업에 따른 사업자등록의 말소

사업장 관할세무서장은 등록된 사업자가 폐업한 경우(사업개시일 이전에 등록신청을 하고 사실상 사업을 시작하지 않게 되는 경우에도 마찬가지이다)에는 지체 없이 사업자등록을 말소해야 한다. 이 경우 관할세무서장은 지체 없이 사업자등록증을 회수해야 하며, 등록증을 회수할 수 없는 경우에는 등록말소의 사실을 공시해야 한다(부가법 8 ⑨, 부가령 15 ①).

3. 사업자등록증의 갱신

사업장 관할세무서장은 부가가치세의 업무를 효율적으로 처리하기 위하여 필요하다고 인정되면 사업자등록증을 갱신하여 발급할 수 있다(부가법 8 ⑩, 부가령 16).

예규판례 사업자등록 직권말소와 위장사업자의 사업자 명의를 실질사업자 명의로 정정이 항고소송의 대상이 되는지 여부

부가가치세법상 사업자등록은 과세관청으로 하여금 부가가치세의 납세의무자를 파악하고 그 과세자료를 확보하게 하려는 데 제도의 취지가 있는 바, 이는 단순한 사업사실의 신고로서 사업자가 관할세무서장에게 소정의 사업자등록신청서를 제출함으로써 성립하는 것이고, 사업자등록증의 교부는 이와 같은 등록사실을 증명하는 증서의 교부행위에 불과한 것이다. 나아가 과세관청의 사업자등록 직권말소행위도 폐업사실의 기재일 뿐 그에 의하여 사업자로서의 지위에 변동을 가져오는 것이 아니라는 점에서 항고소송의 대상이 되는 행정처분으로 볼 수 없다(대법원 2000.12.22. 선고 99두6903판결). 이러한 점에 비추어 볼 때, 과세관청이 사업자등록을 관리하는 과정에서 위장사업자의 사업자 명의를 직권으로 실사업자의 명의로 정정하는 행위 또한 해당 사업사실 중 주체에 관한 정정기재일 뿐 그에 의하여 사업자로서의 지위에 변동을 가져오는 것이 아니므로 항고소송의 대상이 되는 행정처분으로 볼 수 없다(대법원 2011.1.27. 선고 2008두2200 판결).

Ⅳ 사업자등록과 관련된 협력의무의 불이행에 대한 제재

1. 사업자등록 불성실가산세

1) 미등록가산세 : 사업자가 사업개시일부터 20일 이내에 사업자등록을 신청하지 않은 경우에는 다음의 금액을 납부세액에 더하거나 환급세액에서 뺀다(부가법 60 ① (1)).

미등록가산세 = 공급가액의 합계액 × 1%(*주) ※ 간이과세자 : 공급대가의 합계액 × 0.5%

(*주) 사업자등록 신청기한이 지난 후 1개월 이내에 신청하는 경우 해당 가산세의 50%를 감면한다(국기법 48 ② (4)).

여기서 '공급가액의 합계액'이란 사업개시일부터 등록을 신청한 날의 직전일까지의 공급가액의 합계액을 말한다.

2) 명의위장가산세 : 사업자가 ① 타인의 명의로 사업자등록을 하거나 ② 그 타인 명의의 사업자등록을 이용하여 사업을 하는 것으로 확인되는 경우, 다음의 금액을 납부세액에 더하거나 환급세액에서 뺀다(부가법 60 ① (2), 부가령 108 ①).

명의위장가산세 = 공급가액의 합계액 × 2% ※ 간이과세자 : 공급대가의 합계액 × 1%

여기서 '공급가액의 합계액'이란 그 타인 명의의 사업개시일부터 실제 사업을 하는 것으로 확인되는 날의 직전일까지의 공급가액의 합계액을 말한다. 그리고 '타인'이란 자기의 계산과 책임

으로 사업을 경영하지 않는 자를 말하되, 다음 중 어느 하나에 해당하는 자는 제외한다(부가령 108 ①).

① 사업자의 배우자

② 상속으로 인하여 피상속인이 경영하던 사업이 승계되는 경우 그 피상속인(상속개시일부터 상속세 과세표준 신고기한까지의 기간 동안 상속인이 피상속인 명의의 사업자등록을 활용하여 사업을 하는 경우로 한정한다)

2. 매입세액 불공제

사업자등록을 신청하기 전의 매입세액은 매출세액에서 공제하지 않는다. 다만, 공급시기가 속하는 과세기간이 끝난 후 20일 이내에 등록을 신청한 경우, 등록신청일부터 공급시기가 속하는 과세기간 기산일(1.1. 또는 7.1.을 말한다)까지 역산한 기간 내의 매입세액은 매출세액에서 공제한다(부가법 39 ① ⑾). 이는 사업자등록을 강제하기 위한 것이다.

[도 표] 사업자등록과 매입세액공제 및 미등록가산세

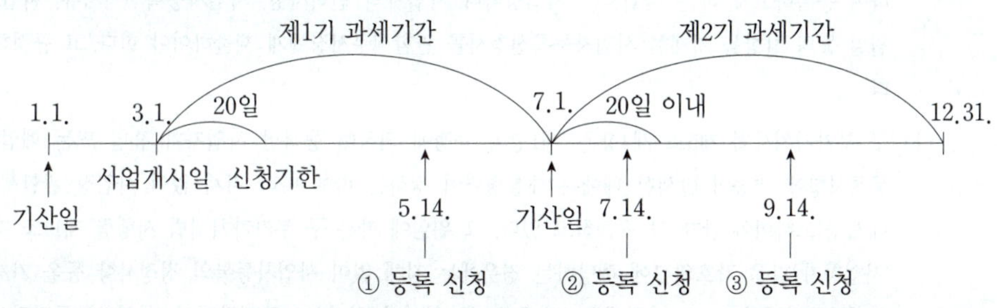

구분	공제가능 매입세액*	미등록가산세
① 등록 신청	1.1.~5.13. 매입세액 공제가능 (12.31. 이전의 매입세액은 공제 ×)	3.1.~5.13. 공급가액×1%
② 등록 신청	1.1.~7.13. 매입세액 공제가능 (12.31. 이전의 매입세액은 공제 ×)	3.1.~7.13. 공급가액×1%
③ 등록 신청	7.1.~9.13. 매입세액 공제가능 (6.30. 이전의 매입세액은 공제 ×)	3.1.~9.13. 공급가액×1%

* 사업자등록증 발급일까지의 거래분은 공급받은 사업자의 사업자등록번호가 없으므로 세금계산서에 대표자 · 사업자의 주민등록번호를 적어서 발급받아야 한다.

예규판례 실제사업자가 아닌 자에 대한 과세처분이 당연무효가 되는지 여부

일반적으로 과세대상이 되는 법률관계나 소득 또는 행위 등의 사실관계가 전혀 없는 사람에게 한 과세처분은 그 하자가 중대하고도 명백하다고 할 것이지만, 과세대상이 되지 않는 어떤 법률관계나 사실관계

에 대하여 이를 과세대상이 되는 것으로 오인할 만한 객관적인 사정이 있는 경우에 그것이 과세대상이 되는지의 여부가 그 사실관계를 정확히 조사해야 비로소 밝혀질 수 있는 경우라면 그 하자가 중대한 경우라도 외관상 명백하다고 할 수 없어 그와 같이 과세요건사실을 오인한 위법의 과세처분을 '당연무효'라고 볼 수 없다(대법원 1996.12.20. 선고 95다20379 판결, 2001.6.29. 선고 2000다17339 판결 등 참조).

따라서 설령 이 사건 종합소득세 및 부가가치세를 신고하지 않고 부과처분이 이루어진 것이 일부 포함되어 있다고 하더라도, 경진종합중기는 원고 명의로 사업자 등록이 되어 있으므로 과세관청으로서는 원고(명의대여자)를 경진종합중기를 운영한 납세의무자로 오인할 만한 객관적인 사정이 있다고 할 것이고 사업자 등록과 달리 원고가 실제 사업자가 아니라는 사정은 사실관계를 정확히 조사해야 비로소 밝혀질 수 있는 것이어서, 실제 사업자가 아닌 원고에 대하여 한 부과처분에 하자가 있다 하여도 그 하자가 객관적으로 명백하다고 할 수 없어 그 부과처분을 당연무효라고 볼 수는 없다(대법원 2012.02.23. 선고 2011두22723 판결). ■

예규판례 사업자등록과 사업자등록 정정신고 관련 판례

1) 관련 규정 및 법리

가) 구 부가가치세법 제5조 제1항 본문은 "신규로 사업을 개시하는 자는 사업장마다 대통령령이 정하는 바에 의하여 사업개시일부터 20일 이내에 사업장 관할세무서장에게 등록하여야 한다."라고 규정하고 있다. 그 위임에 따른 구 부가가치세법 시행령 제7조 제1항은 '법 제5조 제1항의 규정에 의하여 등록하고자 하는 사업자는 사업장마다 사업자의 인적사항, 사업자등록신청사유, 사업개시연월일 등의 사항을 기재한 사업자등록신청서를 관할세무서장에게 제출하여야 한다.'고 규정하고 있다.

나) 구 부가가치세법 제5조 제4항은 '제1항의 규정에 의하여 등록한 사업자가 휴업 또는 폐업하거나 등록사항에 변동이 발생한 때에는 대통령령이 정하는 바에 따라 지체 없이 사업장 관할세무서장에게 신고하여야 한다.'고 규정하고 있다. 그 위임에 따른 구 부가가치세법 시행령 제11조 제1항은 '사업자가 다음 각호의 1에 해당하는 경우에는 지체 없이 사업자등록의 정정사항 등을 기재한 사업자등록정정신고서를 관할세무서장에게 제출하여야 한다.'고 규정하면서, 사업자등록정정신고 사유 중 하나로 제4호에서 '사업의 종류에 변동이 있는 때'를 들고 있다. 그리고 구 부가가치세법 제5조 제5항은 '사업자가 폐업한 때에는 사업장 관할세무서장은 지체 없이 그 등록을 말소하여야 한다.'고 규정하고 있다.

다) 한편 구 부가가치세법 제17조 제2항 제5호 본문은 '제5조 제1항에 따른 등록을 하기 전의 매입세액'을 매출세액에서 공제하지 아니하는 매입세액으로 규정하고 있는데, 여기서 '제5조 제1항에 따른 등록을 하기 전의 매입세액'은 적법한 등록신청을 하기 전의 매입세액을 의미한다(대법원 1999.10.22. 선고 97누15814 판결 등 참조).

2) 앞서 본 사실관계를 위와 같은 관련 규정 및 법리에 비추어 살펴보면, 이 사건 용역과 관련한 매입세액(이하 '이 사건 매입세액'이라 한다)은 비록 원고가 2003.6.12. 면세사업자로 사업자등록정정신고를 한 이후에 발생한 것일지라도 이 사건 조항의 '제5조에 따른 등록을 하기 전의 매입세액'에 해당하지 않는다고 보는 것이 타당하다. 그 구체적인 이유는 다음과 같다.

가) 구 부가가치세법 제5조 제1항의 사업자등록 의무자는 부가가치세 납세의무 있는 사업자에 한하고

부가가치세의 면세사업자는 그 등록의무가 없으며(대법원 1995.11.7. 선고 95누8492 판결 등 참조), 구 부가가치세법 제5조 제4항은 '제1항의 규정에 의하여 등록한 사업자'를 사업자등록정정신고 의무자로 정하고 있다. 그런데 구 부가가치세법 시행령 제7조 제8항은 '소득세법 제168조 및 법인세법 제111조의 규정에 의하여 등록한 자로서 면세사업을 영위하는 자가 추가로 과세사업을 영위하고자 하는 경우에 제11조 제1항의 규정을 준용하여 사업자등록정정신고서를 제출한 때에는 제1항의 규정에 의한 등록신청을 한 것으로 본다.'고 규정하고 있는 반면, '과세사업자가 면세사업을 영위하기 위하여 사업자등록정정신고서를 제출한 경우'의 법적 효과에 대해서는 아무런 규정도 마련되어 있지 않다. 이러한 규정들의 문언 및 체계에 비추어 보면, 사업자등록정정신고는 기존에 부가가치세법상 과세사업자로 등록을 마친 자가 여전히 과세사업자로서의 지위를 유지하거나 해당 정정신고서가 제출될 때 구 부가가치세법 시행령 제7조 제8항에 따라 같은 조 제1항의 과세사업자로서 등록신청으로 보게 되는 효과가 발생함을 전제로, 단지 기존 등록사항 중 일부를 정정하는 내용의 신고일 뿐이라고 보는 것이 타당하다. 따라서 구 부가가치세법 시행령 제11조 제1항 제4호에서 규정한 사업자등록정정신고 사유인 '사업의 종류에 변동이 있는 때' 역시 사업자가 영위하는 과세사업의 종류(구체적으로 사업자등록증에 기재하는 '업태'와 '종목'을 의미한다)에 변동이 있는 경우로 한정되는 것이지, '사업자가 영위하는 사업이 과세사업에서 면세사업으로 변경되는 경우'까지 위 사유에 포함된다고 볼 수 없다.

나) 나아가 어느 과세사업자가 자신이 공급하는 용역의 성격을 과세사업이 아니라 면세사업으로 오인하여 면세사업자로 사업자등록정정신고를 한 경우, 이는 구 부가가치세법 시행령 제11조 제1항 각 호의 사업자등록정정신고 사유에 해당하지 아니할뿐더러, 구 부가가치세법 제5조 제5항의 사업자등록 말소사유 어디에도 속하지 않는다. 그럼에도 과세관청이 과세사업자에서 면세사업자로 변경하는 내용의 사업자등록정정신고의 수리를 거부하지 아니한 채 과세사업을 계속 영위하고 있는 사업자에게 면세사업자 사업자등록증을 발급하였다면, 특별한 사정이 없는 한 이로 인하여 기존에 부가가치세 과세사업자로 적법하게 등록된 지위가 박탈된다거나, 사업자등록정정신고 이후에 발생한 매입세액이 이 사건 조항의 '제5조 제1항에 따른 등록을 하기 전의 매입세액'에 해당한다고 볼 수 없다. 구 부가가치세법상의 사업자등록은 단순한 사업사실의 신고로서 사업자가 관할세무서장에게 소정의 사업자등록신청서를 제출함으로써 성립하고, 과세관청의 사업자등록증 교부 또는 사업자등록 말소는 등록사실의 증명 또는 폐업사실의 기재에 불과할 뿐 그 자체로 인하여 사업자로서의 지위에 변동이 생기지 않는다(대법원 2000.12.22. 선고 99두6903 판결). 과세관청의 잘못된 사무처리로 인해 과세사업자에서 면세사업자로 변경하는 내용의 사업자등록정정신고가 수리되었다고 하여, 이미 적법하게 과세사업자로서 사업자등록을 마치고 부가가치세 과세사업을 계속 영위하고 있는 사업자에게 명확한 법적 근거도 없이 매입세액 불공제의 불이익을 줄 수는 없기 때문이다.

다) 결국 원고가 2002.4.18. 피고 양천세무서장으로부터 과세사업자용 사업자등록증을 발급받았고 부가가치세 과세사업도 계속 영위하였다면, 그 후인 2003.6.12. 위 피고에게 면세사업자로 변경해 달라는 내용의 사업자등록정정신청서를 제출하여 같은 날 면세사업자용 사업자등록증을 발급받았더라도, 원고의 기존 과세사업자 사업자등록의 효력이 소멸한다고 볼 수 없다.

3) 그런데도 원심은 원고가 2003.6.12. 과세사업자에서 면세사업자로 사업자등록정정신고를 함으로 인해 원고의 기존 과세사업자 사업자등록의 효력이 소멸하였다는 잘못된 전제에서, 이 사건 조항을 적용하여 이 사건 용역 관련 매입세액을 매출세액에서 공제하지 아니한 이 사건 부가가치세 부과처분이 적법하다고 판단하였다. 원심의 이러한 판단에는 부가가치세법상 사업자등록정정신고와 매입세액 불공제에 관한 법리 등을 오해하여 판결에 영향을 미친 잘못이 있다(대법원 2025.7.3.선고 2022두33637 판결).

사례 1 면세사업자등록증 발급과 비과세관행의 성립여부

과세관청이 납세의무자에게 부가가치세 면세사업자용 사업자등록증을 발급하는 행위가 부가가치세를 과세하지 아니함을 시사하는 비과세관행(공적견해표명)이 될 수 있는지에 대해서 논하시오. (7점)

해 답

비과세의 관행이 성립되었다고 보기 위해서는

① 장기간에 걸쳐 어떠한 사항에 대해 과세하지 않았다는 객관적 사실이 존재할 뿐만 아니라,

② 과세관청 자신이 그 사항에 대해서 과세할 수 있음을 알면서도 어떤 특별한 사정에 의하여 과세하지 않는다는 의사가 있고,

③ 이와 같은 의사가 대외적으로 명시적 또는 묵시적으로 표시되어야 하지만, 묵시적 표시가 있다고 하기 위해서는 단순한 과세누락과는 달리 상당기간의 비과세 상태에 대해 과세하지 않겠다는 의사표시를 한 것으로 볼 수 있는 사정이 있어야 한다.

부가가치세법상의 사업자등록은 과세관청으로 하여금 부가가치세의 납세의무자를 파악하고 그 과세자료를 확보케 하려는 데 입법 취지가 있는 것으로서, 이는 단순한 사업사실의 신고로서 사업자가 세무서장에게 사업자등록신청서를 제출함으로써 성립되는 것이고, 사업자등록증의 발급은 이와 같은 등록사실을 증명하는 증서의 발급행위에 불과한 것으로 과세관청이 납세의무자에게 부가가치세 면세사업자용 사업자등록증을 발급하였다고 하더라도 그가 영위하는 사업에 대해 부가가치세를 과세하지 않음을 시사하는 언동이나 공적인 견해를 표명한 것으로 볼 수 없다(대법원 2003.5.30. 선고 2001두4795 판결 등 참조).

사례 2 사업자와 미등록 · 타인명의 세금계산서 발급에 대한 제재 등

甲은 국내에 3곳의 사업장을 두고 있으면서 자기의 책임 아래 영리사업을 하고 있으나, 부가가치세법상 사업자등록을 하지 않고 있다. 甲은 부가가치세 과세대상 재화를 사업자인 乙에게 계속적으로 판매하고 있으나, 丙의 명의로 된 세금계산서를 발급하고 있다. 그런데 과세관청이 이를 발견하여 甲에게 과세조치를 하려고 한다. 여러분이 세무사라고 가정하고 아래의 물음에 답하시오. 단, 甲, 乙, 丙은 세법상 특수관계인은 아니고 개인사업자이며 일반과세자에 해당한다. (2011년 세무사 2차, 35점)

【물음 1】 甲이 부가가치세법상 납세의무자인 사업자인지 여부에 대해서 논거를 들어 설명하시오.

【물음 2】 甲의 행위에 대해 부가가치세법상 일반적인 제재규정을 설명하시오.

【물음 3】 과세관청의 세무조사 결과에 따르면, 甲과 乙에게 해당 과세기간 중 공급한 재화의 가액이 10억원(부가가치세액 제외)이다. 乙이 해당 매입분에 대한 매입세액을 공제받을 수 있는지에 대해서 긍정과 부정의 입장에서 논거를 들어 설명하시오.

【물음 4】 甲은 사업자등록을 하려고 한다. 부가가치세법상 사업장단위과세제도, 사업자단위과세제도 및 주사업장총괄납부제도를 각각 비교하여 설명하시오.

해 답

【물음 1】 납세의무자인 사업자인지 여부

1. 사업자의 요건

재화의 공급에 대한 부가가치세 납세의무자는 '사업자'이다. 여기서 '사업자'란 사업목적이 영리이든 비영리이든 관계없이 사업상 독립적으로 재화를 공급하는 자이다.

(1) 재화의 공급 : 과세대상인 재화를 공급해야 한다. 따라서 면세대상인 재화를 공급하는 자는 부가가치세 납세의무자인 사업자에 해당하지 않는다.

(2) 계속 · 반복성 : 부가가치를 창출해 낼 수 있는 정도의 사업형태를 가지고 계속 · 반복적인 의사(意思)로 재화를 공급하는 경우에만 사업성이 인정되어 부가가치세 납세의무를 진다.

(3) 독립성 : 재화의 공급이 사업상 독립적이어야 한다. 이것은 다음과 같은 두 가지 의미를 지닌다.

① 인적 독립성 : 이것은 자기계산 또는 자기책임을 의미한다. 따라서 고용된 지위에서 공급하는 자는 사업자가 될 수 없다.

② 물적 독립성 : 이것은 하나의 사업이 다른 사업에 부수되거나 단순히 그 사업의 연장에 불과한 행위는 독립한 사업으로 보지 않는 의미이다.

(4) 영리목적성 : 사업의 영리목적 유무를 불문한다.

2. 사례의 경우

甲은 부가가치세 과세대상 재화를 사업자인 乙에게 계속적으로 판매하고 있어 위 (1)과 (2)의 요건을 갖추었고, 국내에 3곳의 사업장을 두고 있으면서 자기의 책임 아래 영리사업을 하고 있어 위 (3)과 (4)의 요건을 충족하였다. 한편 부가가치세법상 사업자등록은 과세관청으로 하여금 부가가치세의 납세의무자를 파악하고 그 과세자료를 확보케 하려는 데 입법 취지가 있으므로 甲이 사업자등록을 하지 않고 있더라도 납세의무를 진다. 따라서 甲은 부가가치세 납세의무자인 사업자에 해당한다.

【물음 2】 일반과세자인 甲의 행위에 대한 제재규정

일반과세자인 甲이 사업자등록을 하지 않고 丙의 명의로 세금계산서를 발급하는 경우 다음과 같은 부가가치세법상 제재규정이 적용된다.

1. 사업자등록을 하지 않는 경우

(1) 미등록가산세

사업자가 사업개시일부터 20일 이내에 사업자등록을 신청하지 않은 경우에는 다음의 금액을 납부세액에 가산하거나 환급세액에서 공제한다.

미등록가산세 = 공급가액×1%

여기서 '공급가액'이란 사업개시일부터 등록을 신청한 날의 직전일까지의 공급가액을 말한다.

(2) 등록신청 전 매입세액 불공제

사업자등록 신청을 하기 전의 매입세액은 매출세액에서 공제하지 않는다. 다만, 공급시기가 속하는 과세기간이 지난 후 20일 이내에 등록 신청한 경우 등록 신청일부터 공급시기가 속하는 과세기간 기산일(1.1. 또는 7.1.)까지 역산한 기간 이내의 매입세액은 공제한다. 이처럼 불공제되는 매입세액은 甲의 사업소득금액을 계산할 때 필요경비로 인정되지 않는다.

2. 세금계산서 허위발급분 가산세

甲이 재화를 공급하고 실제로 재화를 공급하는 자가 아닌 丙의 명의로 세금계산서를 발급한 경우에는 공급가액의 2%의 허위발급분 가산세가 부과된다. 이처럼 허위발급분 가산세가 부과되는 공급가액에 대해서는 사업자등록 불성실가산세(명의위장)는 부과하지 않는다.

【물음 3】 乙의 매입세액공제 여부

1. 문제의 소재

사업자등록을 하지 않는 甲이 실제 재화를 공급하는 자인데, 甲이 미등록사업자로서 정당한 세금계산서를 발급할 수 없어 丙의 명의로 세금계산서를 乙에게 발급하였다. 이 경우 乙이 丙의 명의로 발급받은 세금계산서상 매입세액 1억원(공급가액 10억원의 10%)을 매출세액에서 공제받을 수 있는지 여부가 문제가 된다.

2. 매입세액공제 여부

(1) 매입세액공제 부정론

부가가치세법에 따르면 발급받은 세금계산서에 필요적 기재사항의 전부 또는 일부가 적히지 않거나 사실과 다르게 적힌 경우의 매입세액은 매출세액에서 공제하지 않는다. 사례의 경우 발급받은 세금계산서의 필요적 기재자항 중 공급하는 사업자의 등록번호와 성명(또는 명칭)이 실제 재화를 공급한 甲이 아닌 丙으로 사실과 다르게 적힌 경우의 매입세액에 해당하므로 그 매입세액은 乙의 매출세액에서 공제받을 수 없다. 그 취지는 실제 공급자가 아닌 자의 명의로 세금계산서를 발급받은 경우에는 공급자의 부가가치세 매출세액에 뿐만 아니라 소득세의 포탈행위를 방지하고 세금계산서의 정확성과 진실성을 확보하려는 데 있다.

다만, 발급받은 세금계산서의 필요적 기재사항 중 일부가 착오로 적혀있으나 해당 세금계산서의 다른 기재사항으로 보아 거래사실이 확인되는 경우에는 예외적으로 매입세액을 공제한다. 사례의 경우에는 실제공급자 甲이 미등록사업자이므로 사업자등록번호를 부여받지 않았으므로 이것이 착오로 적혔다는 이유로 예외적으로 매입세액을 공제받을 여지도 없다.

(2) 매입세액공제 긍정론

실제 공급자와 세금계산서상의 공급자가 다른 세금계산서는 공급받는 자가 세금계산서의 명의위장사실을 알지 못하였고(선의) 알지 못한 데에 과실이 없다는(무과실) 특별한 사정이 없는 한 그 매입세액을 공제받을 수 없으며, 공급받는 자가 위와 같은 명의위장사실을 알지 못한 데에 과실이 없다는 점은 매입세액의 공제를 주장하는 자가 입증해야 한다는 것이 대법원 판례의 입장이다.

사례의 경우 명의상 공급자인 丙이 실제로 재화를 공급하는 자가 아니라는 사실을 乙이 알지 못한 때에는 알지 못하였음에 과실이 없는 경우(선의·무과실인 경우)에만 예외적으로 매입세액을 공제받을 수 있다. 이를 위해서는 乙이 선의·무과실을 입증해야 한다.

【물음 4】 사업장단위과세제도, 사업자단위과세제도 및 주사업장총괄납부제도의 비교

1. 의 의

둘 이상의 사업장이 있는 경우에는 사업장단위로 부가가치세 납세의무 및 협력의무를 이행해야 한다. 이것을 '사업장단위과세제도'라 한다. 이것에 대한 예외로서 부가가치세 납부세액을 주된 사업장에서 총괄납부하거나 사업자단위로 납세의무와 협력의무를 이행할 수 있는 제도가 바로 '주사업장 총괄납부 또는 사업자단위과세제도'이다.

2. 사업자등록과 세금계산서 발급

(1) 사업장단위과세제도와 주사업장총괄납부의 경우 甲은 3곳에 사업장마다 사업자등록을 하고 재화의 공급이 이루어지는 사업장 등록번호가 적힌 세금계산서를 각각 발급한다.

(2) 사업자단위과세제도의 경우 3곳에 사업장이 있더라도 甲은 주사무소에 대해서만 사업자단위로 사업자등록을 하고 그 사업자등록번호가 적힌 세금계산서를 발급한다.

3. 과세표준·세액계산과 신고·납부

(1) 사업장단위과세제도와 주사업장총괄납부의 경우 甲은 사업장단위로 과세표준과 세액을 계산하여 각 사업장 관할세무서장에게 부가가치세를 신고한다. 다만, 주사업장총괄납부의 경우 납부세액(또는 환급세액)은 주된 사업장 관할세무서장에게 총괄납부하거나 환급받게 된다.

(2) 사업자단위과세제도의 경우 甲은 3곳의 사업장의 과세표준과 세액을 총괄하여 사업자단위로 계산하고 신고·납부한다.

4. 판매목적 타사업장 반출재화의 공급의제

(1) 주사업장 총괄납부를 하는 사업자와 사업자단위과세사업자가 해당 과세기간에 판매목적으로 다른 사업장에 반출하는 재화는 재화의 공급으로 보지 않는다. 다만, 주사업장 총괄납부사업자가 세금계산서를 발급하고 신고한 경우에는 예외로 한다.

(2) 사업장단위과세제도의 경우에는 판매목적 타사업장 반출의 경우 재화의 공급으로 의제한다.

5. 포기제도 및 적용

(1) 사업자단위과세사업자는 각 사업장별로 신고 · 납부하거나 주사업장 총괄납부를 하려는 경우에는 사업자단위과세를 포기할 수 있다. 주사업장 총괄납부사업자가 각 사업장에서 납부하려는 경우에는 주사업장 총괄납부를 포기할 수 있다.

(2) 사업자가 주사업장 총괄납부하거나 사업자단위과세를 적용받으려는 경우에는 주사업장 총괄납부 신청을 하거나 사업자단위로 사업자등록을 해야 한다.

사례 3 **사업자등록의 휴폐업 · 말소**

사업자등록의 사후관리(휴폐업 · 말소)에 대해서 설명하고, 사업자등록 후 사실상 사업을 개시하지 않는 甲에게 관할세무서장이 등록을 직권으로 말소하는 행위가 불복대상이 되는 행정처분인지를 기술하시오. (10점)

해 답

1. 사업자등록의 휴 · 폐업 및 등록말소(p.73 참조)

(1) 휴업 · 폐업신고

(2) 폐업에 따른 사업자등록의 말소

2. 불복대상이 되는 행정처분인지 여부

부가가치세법상의 사업자등록은 과세관청으로 하여금 부가가치세의 납세의무자를 파악하고 그 과세자료를 확보케 하려는 데 입법취지가 있는 것으로서, 이는 단순한 사업사실의 신고로서 사업자가 세무서장에게 사업자등록신청서를 제출함으로써 성립되는 것이고, 사업자등록증의 발급은 이와 같은 등록사실을 증명하는 증서의 발급행위에 불과한 것이며, 사업자가 폐업하거나 또는 신규로 사업을 개시하려고 사업개시일 전에 등록한 후 사실상 사업을 개시하지 않게 되는 때에는 과세관청이 직권으로 이를 말소하도록 하고 있는데, 사업자등록의 말소 또한 폐업사실의 기재일 뿐 그에 의해서 사업자로서의 지위에 변동을 가져오는 것이 아니라는 점에서 과세관청의 사업자등록 직권 말소행위는 불복대상이 되는 행정처분으로 볼 수가 없다(대법원 2000.12.22. 선고 99두6903 판결).

연습문제

1 부가가치세법에 따른 사업자의 요건을 설명하고 재화 · 용역의 공급에 대한 부가가치세의 납부의무자와 재화의 수입에 대한 부가가치세의 징수의무자를 언급하시오. (30점)

2 부가가치세에서 사업장별 과세원칙의 의미를 설명하시오. (10점)

3 주사업장 총괄납부제도에 관하여 설명하시오. (20점)

4 총괄납부사업자가 일정한 경우에는 총괄납부를 적용하지 않을 수 있다. 어떤 경우인지를 설명하시오. (2003년, 7점)

5 사업자단위 신고납부제도에 대해서 설명하시오. (20점)

6 주사업장 총괄납부제도와 사업자단위 신고납부제도의 개념과 효력 · 포기신고에 대해서 비교하여 설명하시오. (15점)

7 사업자등록이란 사업자가 자신의 인적사항 및 사업장명세 등의 내용을 관할세무서의 대장에 수록하는 것을 말한다. 다음의 물음에 답하시오. (20점)

【물음 1】 사업자등록의 법적 성격을 납세의무자 및 과세관청의 측면에서 설명하시오.

【물음 2】 사업자등록신청과 등록의 절차에 관하여 설명하시오.

【물음 3】 사업자등록의 사후관리에 관하여 설명하시오.

【물음 4】 사업자등록의 불이행에 대한 제재를 설명하시오.

제1편 부가가치세법

제3장 과세거래

제1절 과세거래의 일반

Ⅰ 서 설

이론상 부가가치세의 과세대상은 각 거래단계에서 사업자가 창출한 부가가치이다. 그런데 현행 부가가치세는 전단계세액공제법을 채택하고 있기 때문에 각 거래단계의 사업자가 창출한 부가가치를 직접 포착하여 과세하는 것이 아니라, 재화나 용역의 공급에 대한 매출세액에서 매입세액을 차감하여 부가가치세를 계산하도록 함으로써 간접적으로 부가가치에 대해 과세하는 결과가 되도록 하고 있다. 그리하여 부가가치세법은 그 과세대상을 부가가치로 규정하지 않고 재화·용역의 공급을 과세대상으로 규정하고 있다. 여기서 과세대상은 재화·용역 그 자체가 아니라 재화의 인도·양도 또는 용역의 제공이라는 동적인 상태를 의미하므로 이들을 총칭하여 '과세거래'라고 부른다.

한편 우리나라는 국제거래되는 상품에 부과되는 간접세에 대한 조정방법으로 소비지국 과세원칙을 채택하고 있다. 그리하여 부가가치세법은 재화의 수입에 대해서도 국내 상품과 동일하게 부가가치세를 과세하기 위하여 과세거래에 포함하고 있다.

따라서 부가가치세의 과세거래는 ① 사업자가 행하는 ㉠ 재화의 공급과 ㉡ 용역의 공급, ②재화의 수입이다(부가법 4).

Ⅱ 재화의 공급

'재화의 공급'이란 계약상 또는 법률상의 모든 원인에 따라 재화를 인도(引渡)하거나 양도(讓渡)하는 것을 말한다(부가법 9 ①). 이것을 구체적으로 설명하면 다음과 같다.

1. 재화의 개념

'재화(財貨)'란 재산 가치가 있는 다음의 물건(物件) 및 권리(權利)를 말한다(부가법 2 (1), 부가령 2 ①,②).

구분	구체적 범위
(1) 물 건	① 상품, 제품, 원료, 기계, 건물 등 모든 유체물(有體物)(*주1) ② 전기, 가스, 열 등 관리할 수 있는 자연력 ※ 민법에서 '물건'은 유체물 및 전기 기타 관리할 수 있는 자연력으로 한다(민법 98). 이것은 부가가치세법에 따른 물건의 정의와 같다.
(2) 권 리(*주2)	광업권, 특허권, 저작권 등으로서 물건 외에 재산적 가치가 있는 모든 것(*주3)

(*주1) 물·흙·퇴비 등도 재화의 범위에 포함한다(부기통 2-2-1). 그러나 수표·어음 등의 화폐대용증권, 유가증권 및 상품권, 가상자산은 과세대상이 아니다(부기통 4-0…3).

(*주2) '권리의 양도'는 재화의 공급에 해당하지만, '권리의 대여'는 용역의 공급에 해당한다. 그리고 온라인 게임에 필요한 게임머니의 매도거래도 재화의 공급에 해당한다.

(*주3) 사업용 부동산(제조업에 사용되는 토지와 공장 건물)을 양도대상에서 제외하여 사업양도에 해당하지 않은 사례(재화의 공급에 해당한다)에서 영업권의 양도대금을 127억원으로 정한 경우 그 영업권은 재산적 가치가 있는 권리로서 과세대상 재화에 해당한다. 따라서 영업권 양도대금 127억원은 부가가치세 과세표준에 포함된다(대법원 2014.1.16. 선고 2013두18827 판결).

2. 공급의 개념과 범위

1) 소유권의 이전 : 재화가 인도·양도되어야 한다. 여기서 '인도'란 재화에 대한 사실상의 지배, 즉 점유를 이전하는 것이고 '양도'란 재화에 대한 소유권의 이전으로 해석된다. 그런데 부가가치세는 소비세의 일종이므로 거래상대방이 재화를 자유롭게 사용·소비할 수 있도록 하는 것이어야 한다. 따라서 '재화의 공급'이란 결국 소유자의 지위에서 재화에 대한 법률상 또는 사실상의 처분권 전체를 이전하는 것이라고 할 수 있다.

2) 이전의 원인 : 계약상 또는 법률상의 모든 원인에 의한 것을 포함하는데,[1] 그 범위는 다음과 같다(부가령 18 ①).

구분	재화 공급의 범위
(1) 계약상의 원인	① 매매계약 : 현금판매, 외상판매, 할부판매, 장기할부판매, 조건부 및 기한부 판매, 위탁판매와 그 밖의 매매계약에 따라 재화를 인도하거나 양도하는 것 ② 가공계약 : 자기가 주요자재의 전부 또는 일부를 부담하고 상대방으로부터 인도받은 재화를 가공하여 새로운 재화를 만들어 인도하는 것 ③ 교환계약 : 재화의 인도 대가로서 다른 재화를 인도받거나 용역을 제공받는 교환계약에 따라 재화를 인도하거나 양도하는 것

1) 여기에서 '계약상의 원인'이란 일반 상거래에서와 같이 거래당사자 간의 의사표시에 따른 원인을 의미하며, '법률상의 원인'이란 수용·판결·경매 등 당사자 간의 의사표시에 관계없이 법률규정에 의하여 재화의 인도·양도 등이 이루어지는 경우를 말한다.

(2) 그 밖의 원인	경매, 수용, 현물출자와 그 밖의 계약상 또는 법률상의 원인에 따라 재화를 인도하거나 양도하는 것(*주) ※ 수재(水災)·화재·도난·파손·재고감모손 등으로 인하여 재화를 잃어버리거나 재화가 멸실된 경우에는 재화의 공급으로 보지 않는다(부기통 9-18-5).

(*주) 위 규정에도 불구하고 법률에 따른 공매, 경매 및 수용절차에 따라 재화를 인도하거나 양도하는 것은 재화의 공급으로 보지 않는다(부가령 18 ③).

3) 유상이전 : 대가의 수반 여부에 대해서는 학설상 대립이 있으나, 대가는 부가가치세를 전가시키는 매체이므로 원칙적으로 대가의 수반은 필요하다는 입장이 다수설이다. 따라서 재화의 무상공급은 원칙적으로 과세거래가 될 수 없으나, 후술하는 ① 재화의 공급의제에 해당하거나 ② 부당행위계산부인에 해당하는 경우에는 비록 대가의 수반이 없더라도 과세거래에 포함된다.

Ⅲ 용역의 공급

'용역의 공급'이란 계약상 또는 법률상의 모든 원인에 따른 것으로서 ① 역무를 제공하는 것과 ② 시설물, 권리 등 재화를 사용하게 하는 것을 말한다(부가법 11 ①). 이를 구체적으로 설명하면 다음과 같다.

1. 용역의 개념

'용역(用役, service)'이란 재화 외에 재산 가치가 있는 모든 역무(役務)와 그 밖의 행위를 말한다(부가법 2 (2)). 즉 재화는 '물건과 권리'인데 반하여 용역은 '행위'인 것이다. 이러한 용역을 공급하는 사업은 다음 중 어느 하나에 해당하는 것으로 한다(부가령 3 ①).

① 건설업
② 숙박 및 음식점업
③ 운수 및 창고업
④ 정보통신업(출판업과 영상·오디오 기록물 제작 및 배급업은 제외)
⑤ 금융 및 보험업
⑥ 부동산업. 다만, 다음에 해당하는 사업은 제외한다.
　㉠ 전·답·과수원·목장용지·임야·염전[2] 임대업
　㉡ 공익사업[3]과 관련하여 지역권·지상권(지하·공중에 설정된 권리 포함)을 설정하거나 대여하는 사업

2) 여기서 '전·답·과수원·목장용지·임야·염전'은 지적공부상의 지목과 관계없이 실제로 경작하거나 해당 토지의 고유 용도에 사용하는 것으로 한다(부가칙 ② (1)).

3) 여기서 '공익사업'이란 토지보상법에 따른 공익사업을 말한다.

⑦ 전문, 과학 및 기술서비스업과 사업시설관리, 사업지원 및 임대서비스업
⑧ 공공행정, 국방 및 사회보장 행정
⑨ 교육 서비스업
⑩ 보건업 및 사회복지 서비스업
⑪ 예술, 스포츠 및 여가관련 서비스업
⑫ 협회 및 단체, 수리 및 기타 개인서비스업과 제조업 중 산업용 기계 및 장비 수리업
⑬ 가구내 고용활동 및 달리 분류되지 않은 자가소비 생산활동
⑭ 국제 및 외국기관의 사업

다만, 위의 규정에도 불구하고 건설업과 부동산업 중 다음 중 어느 하나에 해당하는 사업은 재화를 공급하는 사업으로 본다(부가령 3 ②, 부가칙 2 ②).

① 부동산 매매(주거용 또는 비거주용 건축물 및 그 밖의 건축물을 자영건설하여 분양 · 판매하는 경우를 포함한다) 또는 그 중개를 사업목적으로 나타내어 부동산을 판매하는 사업
② 사업상 목적으로 1과세기간 중에 1회 이상 부동산을 취득하고 2회 이상 판매하는 사업

2. 공급의 개념과 범위

1) 역무를 제공하는 것과 재화를 사용하게 하는 것이다. 여기서 ① '역무의 제공'은 독립적인 지위에서 용역을 공급하는 사업으로서 개인서비스업 등을 그 예로 들 수 있다. 그리고 ② '재화를 사용'하게 하는 것은 물적용역의 공급으로서 부동산임대업 등과 권리의 대여로서 특허권 등의 대여가 그 사례이다.

2) 계약상 또는 법률상 모든 원인에 따른 것을 포함한다. 이 경우 다음에 해당하는 것은 용역의 공급으로 본다(부가령 25).

① 건설업의 경우 건설사업자가 건설자재의 전부 또는 일부를 부담하는 것
② 자기가 주요자재를 전혀 부담하지 않고 상대방으로부터 인도받은 재화를 단순히 가공만 해 주는 것
③ 산업상 · 상업상 또는 과학상의 지식 · 경험 또는 숙련에 관한 정보(know-how)를 제공하는 것

3) 원칙적으로 대가의 수반이 있어야 한다. 따라서 사업자가 대가를 받지 않고 타인에게 용역을 공급하는 것은 용역의 공급으로 보지 않는다. 다만, 사업자가 특수관계인에게 사업용 부동산의 임대용역을 공급하는 경우에는 그렇지 않다(부가법 12 ②, 부가령 26). 용역의 무상제공은 원칙적으로 과세거래가 될 수 없으나, 사업자가 특수관계인에게 대가를 받지 않고 사업용 부동산의 임대용역을 공급하는 것은 특별히 저가공급과 과세형평을 위하여 과세거래에 포함한다.

참고사항 과세대상 해당여부

1. 각종 원인에 의하여 사업자가 받는 다음 각 호에 예시하는 손해배상금 등은 과세대상이 되지 않는다(부기통 4-0-1 ①).

① 소유재화의 파손 · 훼손 · 도난 등으로 인하여 가해자로부터 받는 손해배상금

② 도급공사 및 납품계약서상 그 기일의 지연으로 인하여 발주자가 받는 지체상금

③ 공급받을 자의 해약으로 인하여 공급할 자가 재화 · 용역의 공급없이 받는 위약금 또는 이와 유사한 손해배상금

④ 대여한 재화의 망실(亡失 : 잃어버려 없어짐)에 대하여 받는 변상금

⑤ 부동산을 타인이 적법한 권한없이 처음부터 계약상 또는 법률상의 원인없이 불법으로 점유하여 법원의 판결에 따라 지급받는 부당이득금 및 지연손해금[이는 부가가치세법(제11조)에 따른 계약상 또는 법률상의 원인에 의한 용역의 공급대가에 해당하지 않으므로 부가가치세가 과세되지 않는다(법규부가 2014-230, 2014.6.25.)]

⑥ 재화 · 용역의 공급과 직접 관계없이 지급받는 손실보상금 및 이주보상비

2. 부동산임대업을 영위하는 사업자가 부동산임대차 계약기간이 만료되었음에도 불구하고 임차인으로부터 임대한 부동산을 반환받지 못하여 소송을 제기한 경우 그 소송이 종료될 때까지 실질적으로 계속하여 임대용역을 제공하고 임차인으로부터 그 대가를 받거나 해당 소송에서 승소하여 건물 반환일까지의 임대료 해당액을 받는 때에는 그 대가 또는 임대료 상당액은 과세대상이 된다(부기통 4-0-1 ①).

3. 사업자가 농산물 · 축산물 · 수산물 · 임산물 등의 면세재화를 운반 · 가공하거나 판매대행하는 등의 용역을 제공하고 그 대가를 받는 경우에는 과세대상으로 한다(부기통 4-0-4).

4. 출자자가 자기의 출자지분을 타인에게 양도하거나 법인 또는 공동사업자가 출자지분을 현금으로 반환하는 것은 재화의 공급에 해당하지 않으나, 법인 또는 공동사업자가 출자지분을 현물로 반환하는 것은 재화의 공급에 해당한다(부기통 9-18-2).

5. 협회 등 단체가 재화의 공급 또는 용역의 제공에 따른 대가관계 없이 회원으로부터 받는 협회비 · 찬조비 및 특별회비 등은 과세대상이 아니다(부기통 4-0…2).

6. 골프장 · 테니스장 경영자가 해당 장소 이용자로부터 받는 입회금으로서 일정기간 거치 후 반환하지 않는 입회금은 과세대상이 된다. 다만, 일정기간 거치 후 반환하는 입회금은 과세대상이 아니다(부기통 4-0…6 ①). ■

Ⅳ 재화의 수입

'재화의 수입'이란 다음 중 어느 하나에 해당하는 물품을 국내에 반입하는 것(보세구역을 거치는 것은 보세구역에서 반입하는 것)을 말한다(부가법 13).

외국 물품	비고
(1) 외국으로부터 국내에 도착한 물품으로서 수입신고가 수리(受理)되기 전의 것	'물품'에는 외국 선박에 의하여 공해(公海)에서 채집되거나 잡힌 수산물을 포함한다.
(2) 수출신고가 수리(受理)된 물품	수출신고가 수리된 물품으로서 선적(船積)되지 않은 물품을 보세구역*에서 반입하는 경우는 제외한다.

* '보세구역'이란 ① 관세법에 따른 보세구역과 ② 「자유무역지역의 지정 및 운영에 관한 법률」에 따른 자유무역지역을 말한다(부가령 27).

위 (2)의 취지를 설명하면 다음과 같다.

수출하는 재화는 영세율을 적용받아 우리나라 부가가치세의 부담이 완전히 제거된다. 그렇기 때문에 이것을 다시 우리나라에 반입하는 것에 대해서는 새로 재화의 수입으로 보아 부가가치세를 과세하는 것이다. 그런데 수출재화의 공급시기는 선적일이므로 비록 수출신고가 수리되었다 하더라도 선적되지 않은 경우에는 아직 재화의 공급이 실현되지 않았기 때문에 영세율이 적용되지 않은 상태이며, 우리나라의 부가가치세가 그대로 부담되어 있는 상태이다. 따라서 이것을 보세구역에서 반입하는 것은 재화의 수입으로 보지 않는 것이다.

[도 표] 재화와 용역의 구분의 실익

구분	재화	용역
개념	• 재산적 가치 ┌ 물건 : 유체물 + 관리가능 자연력 └ 권리 : 특허권 · 저작권 등 • 해당 사업 열거 ×	• 재산적 가치 ┌ 역무 └ 그 밖의 행위 • 해당 사업 열거 ○
과세거래	재화의 수입 ○ (수입자가 VAT 납부)	용역의 수입 × (대신에 국내소비자의 대리납부의무 ○)
영세율	재화의 수출	국외에서 용역의 공급(속인주의)
과세표준	• 특수관계인에게 저가공급 : 시가 • 특수관계인에게 무상공급 : 시가	• 특수관계인에게 저가공급 : 시가 • 특수관계인에게 무상공급 : 과세거래 아님* * 특수관계인에게 사업용 부동산의 임대용역 공급 : 시가
가공계약의 공급시기	재화의 공급으로 보는 가공 : 가공된 재화를 인도하는 때	단순가공의 경우 : 역무의 제공이 완료되는 때
공급장소	재화의 이동 개시지	역무제공지 · 역무의 사용지

제2절 재화 공급의 특례

I 재화의 공급의제

본래 '재화의 공급'이란 계약상 또는 법률상의 모든 원인에 따라 재화를 인도(引渡)하거나 양도(讓渡)하는 것을 말한다(부가법 9 ①). 따라서 공급이 성립하기 위해서는 거래상대방이 있어야 하고, 부가가치세는 대가에 포함하여 전가시키므로 대가의 수반이 있어야 한다.

그런데 부가가치세법은 이러한 재화의 공급요건을 충족하지 않음으로써 본래 재화의 공급에 해당하지 않는 일정한 사건들을 재화의 공급으로 의제하고 있다. 이것을 '재화의 공급의제(또는 재화의 공급으로 보는 특례 · 간주공급)'라고 한다.

[도 표] 재화의 공급의제

구분		공급시기	T/I 발급의무	과세표준
(1) 자기생산 · 취득재화의 공급의제 ※ 취지 : 이미 공제받은 매입세액을 도로 매출세액으로 납부하여 과세형평 구현	① 면세사업에의 전용	재화를 사용 · 소비하는 때	없음	시가 또는 간주시가
	② 승용자동차 등의 비영업용에의 전용			
	③ 개인적 공급			
	④ 사업상 증여	재화를 증여하는 때		
	⑤ 폐업시 잔존재화의 자기공급	폐업일		
(2) 판매목적 타사업장 반출재화의 공급의제 ※ 취지 : 매입세액 환급지연에 따른 자금부담 문제 해소		재화를 반출하는 때	있음	취득가액 등

1. 자기생산 · 취득재화의 공급의제

'자기생산 · 취득재화'란 사업자가 자기의 과세사업과 관련하여 생산하거나 취득한 재화로서 다음 중 어느 하나에 해당하는 재화를 말한다(부가법 10 ① 본문).

① 사업자가 재화를 공급받을 때 매출세액에서 매입세액이 공제된 재화

② 재화의 공급으로 보지 않은 사업양도로 취득한 재화로서 사업양도자가 재화를 공급받을 때 매출세액에서 매입세액을 공제받은 재화

③ 내국신용장 또는 구매확인서에 의해 재화를 공급받은 것으로서 영세율을 적용받은 재화

이러한 자기생산 · 취득한 재화의 공급의제는 이미 공제받은 매입세액을 다음에서 설명하는 5가지 사유가 발생할 때에 매출세액으로 도로 납부하게 하려는데 그 취지가 있다.

참고사항 자기생산 · 취득재화의 범위에 영세율을 적용받은 재화 포함하는 이유

사업자가 내국신용장 또는 구매확인서에 의해 재화를 공급받아 영세율을 적용받았으나 그 재화가 수출(또는 수출업자 · 수출품생산업자에게 공급)되지 않고 폐업시 사업장에 남아 있는 경우, 종전에는 사업자가 해당 재화를 매입할 때 영세율(0%)을 적용받아 매입세액을 공제받지 않았기 때문에 자기생산 · 취득재화의 공급의제로 부가가치세를 과세할 수 없었다. 이에 따르면 해당 재화가 최종적으로 수출이 이루어지지 않았는데도 불구하고 영세율을 적용받아 매입시 부담해야 할 부가가치세가 누락되는 문제가 발생한다. 이러한 문제점을 방지하기 위해서 '내국신용장 또는 구매확인서에 의해 재화를 공급하는 것으로서 영세율을 적용받은 재화'를 자기생산 · 취득재화에 포함하여 공급의제 사유 발생시 부가가치세를 과세하는 것이다. ■

(1) 면세사업에의 전용(轉用)

사업자가 자기생산 · 취득재화를 자기의 면세사업(비과세사업을 포함[4)]한다. 이하 같다)을 위하여 직접 사용하거나 소비하는 것은 재화의 공급으로 본다(부가법 10 ①). 예컨대 ① 자기가 직접 생산한 사료(과세재화)를 자기의 축산업(면세사업)에 사용 · 소비하거나, ② 업무용으로 임대하기 위한 오피스텔의 취득과 관련하여 매입세액을 공제받고서 그 오피스텔을 면세사업(주거용 임대)에 사용하는 경우 등이 그것이다. 이러한 면세사업에의 전용을 공급으로 의제하는 취지는 다음과 같다.

사업자가 자기생산 · 취득재화를 자기의 과세사업에 사용 · 소비하는 경우에는 그 자체가 부가가치를 창출하는 과정으로서 매출세액이 발생하기 때문에 재화의 공급으로 의제할 필요가 없다. 그러나 과세사업과 면세사업을 함께 경영하는 사업자가 자기생산 · 취득재화를 면세사업에 전용(轉用)하는 경우에는 그것이 부가가치의 창출에 기여한 경우에도 부가가치세가 면제되므로 매출세액이 발생하지 않는다. 만일 이를 방치하면 면세사업에 사용 · 소비된 재화에 대해서도 과세사업을 통하여 당초 매입세액을 공제받게 되는 불합리한 결과를 낳는다.

이러한 점 때문에 자기생산 · 취득재화를 면세사업에 전용하는 것은 사업자의 내부거래이지만, 매출세액을 발생시키기 위해 재화의 공급으로 의제하는 것이다. 이것은 자기생산 · 취득재화를 외부에 공급하고(매출세액이 발생한다), 그 공급대가로 같은 재화를 면세사업에 사용하기 위하여 다시 매입(매입세액은 불공제 된다)한 것과 같은 결과에 이른다.

---

4) 여기서 '비과세사업'이란 부가가치세가 과세되지 않는 재화 · 용역을 공급하는 사업을 말한다. 그 예로서 ① 카지노업(대법원 2004두13288 판결)이나 금융지주회사의 자회사 자금대여(대법원 2015두60662 판결)와 같이 재화 · 용역의 성격상 부가가치 창출이 발생할 수 없는 경우와 ② 용역의 무상공급(국고보조금 관련 사업)하는 경우를 들 수 있다.

(2) 승용자동차 등의 비영업용에의 전용

1) 승용자동차 등의 비영업용에의 전용 : 다음 중 어느 하나에 해당하는 것은 재화의 공급으로 본다(부가법 10 ②, 부가령 19).

구분	사례
① 운수업, 자동차판매업, 자동차임대업, 운전학원업, 무인경비업(기계경비업무를 하는 경비업을 말하며, 이 경우 자동차는 출동차량에 한정함) 및 이들 업종과 유사한 업종을 경영하는 사업자가 자기생산·취득재화 중 승용자동차와 그 자동차의 유지를 위한 재화를 해당 업종에 직접 영업으로 사용하지 않고 다른 용도로 사용하는 것 (즉 비영업용으로 전용)	• 운수업자가 운수사업용으로 구입한 승용자동차를 임직원의 업무용으로 사용한 경우 • 자동차 제조·판매회사가 생산·취득한 승용자동차를 판매하지 않고 업무용으로 사용하는 경우
② 사업자가 자기생산·취득재화를 비영업용 승용자동차로 사용·소비하거나 그 자동차의 유지를 위하여 사용·소비하는 것	• 주유소 경영사업자가 휘발유를 업무용 승용자동차에 주유하여 소비하는 경우 • 자동차부품판매업 경영사업자가 부품을 업무용 승용자동차에 사용하는 경우

2) 본래 영업용이 아닌 승용자동차의 구입과 임차 및 유지에 관한 매입세액은 매출세액에서 공제하지 않는다. 이처럼 처음부터 매입세액이 공제되지 않은 것은 여기서 문제되지 않는다. 그리고 영업용인 승용자동차와 그 유지를 위한 재화인 경우에도 매입세액이 공제되지 않은 것은 자기생산·취득재화가 아니므로 역시 문제되지 않는다.

그런데 매입세액이 공제되는 영업용 승용자동차를 그 외의 용도로 사용한다든지, 매입세액이 공제된 재화를 자기의 영업용이 아닌 승용자동차의 유지를 위하여 사용·소비하는 경우에는 문제가 발생한다. 이를 방치하면 영업용이 아닌 승용자동차의 구입과 임차 및 유지에 관한 매입세액을 매출세액에서 공제한 것처럼 되어 버리며, 해당 사업자는 그 매입세액을 공제받지 못하는 일반적인 사업자와 비교하여 부당하게 우대받는 결과가 된다. 이러한 결과를 방지하고 사업자간에 과세형평을 유지하기 위하여 그러한 사건을 특별히 재화의 공급으로 의제하여 과세하는 것이다.

(3) 개인적 공급

사업자가 자기생산·취득재화를 사업과 직접 관계없이 ① 자기의 개인적인 목적이나 그 밖의 목적을 위하여 사용·소비하거나 ② 그 사용인 또는 그 밖의 자가 사용·소비하는 것으로서 사업자가 그 대가를 받지 않거나 시가보다 낮은 대가를 받는 경우 재화의 공급으로 본다(부가법 10 ④). 이러한 개인적 공급은 재화의 인도·양도가 없거나 대가의 수반이 없기 때문에 본래 재화의 공급에 해당하지 않는다. 그러나 이를 방치하면 자기생산·취득재화에 대해서 당초 매입세액만 공제해 주어 결과적으로 부가가치세를 탈루하는 것이 되기 때문에 이를 특별히 재화의 공급으로 의제하는 것이다.

이 경우 사업자가 실비변상적이거나 복리후생적인 목적으로 그 사용인에게 대가를 받지 않거나 시가보다 낮은 대가를 받고 제공하는 것으로서 다음 중 어느 하나에 해당하는 경우는 재화의 공급으로 보지 않는다. 이 경우 시가보다 낮은 대가를 받고 제공하는 것은 시가와 받은 대가의 차액에 한정한다(부가법 10 ④ 후단, 부가령 19의2). 여기서 실비변상적이거나 복리후생적인 목적의 범위는 「소득세법 시행령(제12조)」·「법인세법 시행령(제45조)」의 규정에 따른다(부기통 10-0-3).

① 사업을 위해 착용하는 작업복, 작업모 및 작업화를 제공하는 경우
② 직장연예 및 직장문화와 관련된 재화를 제공하는 경우
③ 다음 ㉠·㉡·㉢ 중 어느 하나에 해당하는 재화를 제공하는 경우. 이 경우 ㉠·㉡·㉢별로 각각 사용인 1명당 연간 10만원을 한도로 하며, 10만원을 초과하는 경우 해당 초과액에 대해서는 재화의 공급으로 본다.
 ㉠ 경조사와 관련된 재화
 ㉡ 설날·추석과 관련된 재화
 ㉢ 창립기념일 및 생일 등과 관련된 재화

(4) 사업상 증여

사업자가 자기생산·취득재화를 자기의 고객이나 불특정 다수인에게 증여하는 경우는 재화의 공급으로 본다(부가법 10 ⑤). 예컨대 사업자가 자기의 고객 중 추첨을 통하여 당첨된 자에게 자기생산·취득재화를 경품으로 제공하는 경우가 여기에 해당한다(부기통 10-0-4).

이러한 사업상 증여는 대가의 수반이 없기 때문에 본래 재화의 공급에 해당하지 않는다. 그러나 이를 방치하면 자기생산·취득재화에 대해서 당초 매입세액만 공제해 주어 결과적으로 부가가치세를 탈루하는 것이 되기 때문에 이를 특별히 재화의 공급으로 의제하는 것이다.

다만, 사업자가 사업을 위하여 증여하는 것으로서 다음 중 어느 하나에 해당하는 것은 재화의 공급으로 보지 않는다(부가법 10 ⑤, 부가령 20, 부기통 10-0-4).

① 증여하는 재화의 대가가 주된 거래인 재화 공급의 대가에 포함되는 것
② 사업을 위하여 대가를 받지 않고 다른 사업자에게 인도하거나 양도하는 견본품
③ 불특정다수인에게 무상으로 배포하는 광고선전용 재화
④ 「재난 및 안전관리 기본법」의 적용을 받아 특별재난지역에 공급하는 물품
⑤ 자기적립마일리지등으로만 전부를 결제받고 공급하는 재화. 여기서 '자기적립마일리지등'이란 당초 재화·용역을 공급하고 마일리지등을 적립하여 준 사업자에게 사용한 마일리지등을 말한다(부가령 61 ② (9), (나)). 자기적립마일리지등으로만 전부를 결제받고 공급하는 재화의 대가는 자기적립마일리지등이 적립된 당초 재화·용역의 대가에 포함되어 이미 부가가치세가 과세되었으므로 중복과세를 방지하기 위해서 재화의 공급으로 보지 않는 것이다.

참고사항 판매장려금 및 기증품 · 경품에 대한 부가가치세법에 따른 취급

구분	부가가치세법에 따른 취급
(1) 판매장려금	사업자가 자기재화의 판매촉진을 위하여 거래상대자의 판매실적에 따라 일정률의 장려금품을 지급 또는 공급하는 경우 ① 금전으로 지급하는 장려금은 과세표준에서 공제하지 않으며 ② 재화로 공급하는 것은 사업상 증여에 해당하므로 과세한다. 다만, 해당 재화가 자기생산 · 취득재화에 해당하지 않는 것은 과세하지 않는다(부기통 10-0-5).
(2) 기 증 품	사업자가 자기의 제품 또는 상품을 구입하는 자에게 구입당시 그 구입액의 비율에 따라 증여하는 기증품 등은 주된 재화의 공급에 포함하므로 과세되는 재화의 공급으로 보지 않는다. 다만, 당사자간의 약정에 따라 일정기간의 판매비율에 따라 장려금품으로 공급하는 재화는 그렇지 않다(부기통 10-0-6 (1)).
(3) 경 품	사업자가 자기의 고객 중 추첨을 통하여 당첨된 자에게 재화를 경품으로 제공하는 경우에는 과세되는 재화의 공급으로 본다. 다만, 해당 경품이 자기생산 · 취득재화에 해당하지 않은 것은 그렇지 않다(부기통 10-0-6 (2)).

참고사항 자기적립마일리지등으로만 전부 결제받고 공급하는 재화 과세제외

자기적립마일리지등으로만 전부를 결제받고 공급하는 재화는 별도의 대가를 지급받지 않더라도 재화의 공급으로 보지 않는다. 예를 들어 A백화점은 甲고객에게 고급가방을 500만원에 현금판매하고 1%의 A백화점에서만 사용가능한 마일리지(5만 포인트×1원 = 5만원)를 적립해 주었고, 1개월 후에 甲고객에게 시가가 5만원인 화장품을 적립된 마일리지(5만 포인트)로 전부 결제받고 공급하였다. 이들 거래를 회계처리하면 다음과 같다(부가가치세 매출세액은 제외).

<table>
<tr><th>구분</th><th>기업회계기준</th><th colspan="2">부가가치세법</th></tr>
<tr><td>당초 거래
(고급가방 공급)</td><td>(차) 현 금 500만원
(대) 매 출 495만원
선수수익 5만원*
* 보상점수(마일리지)는 매출거래와 구분하여 선수수익(부채)으로 처리한다.</td><td colspan="2">(차) 현 금 500만원
(대) 공급가액 500만원*
* 마일리지를 구분하지 않고 재화를 공급하고 받은 대가 전부를 공급가액으로 처리한다.</td></tr>
<tr><td rowspan="2">보상 제공
(화장품 공급)</td><td rowspan="2">(차) 선수수익 5만원
(대) 매 출 5만원
※ 보상이 제공될 때(즉 마일리지가 사용될 때) 회수된(사용된) 보상점수(마일리지)를 매출로 인식한다.</td><td>종전</td><td>(차) 사업상증여 5만원
(대) 공급가액 5만원
※ 자기적립마일리지 결제액을 공급가액에 포함하여 부가가치세를 과세하였다.</td></tr>
<tr><td>개정</td><td>(과세거래 아님)(*주)
※ 자기적립마일리지로만 대가의 전부를 결제받고 공급하는 재화는 공급으로 보지 않는다.</td></tr>
</table>

(*주) 마일리지로 결제받은 금액(5만원)은 ① 매출액(5만원)을 인식한 직후 ② 충성고객에게 매출에누리(5만원)를 해준 것과 사실상 같다(매출 5만원 − 매출에누리 5만원 = 공급가액 0원). ■

예규판례 적립된 마일리지(포인트)로 결제하는 금액을 에누리에 해당

사업자가 고객에게 재화를 공급하는 1차 거래를 하면서 매출액의 일정비율에 해당하는 점수를 적립해 주고, 향후 그 고객에게 다시 재화를 공급하는 2차 거래를 하면서 그 적립된 점수 상당의 가액을 공제하고 나머지 금액만 현금 등으로 결제할 수 있도록 한 경우, 2차 거래에서 그 적립된 점수 상당만큼 감액된 가액은 결국 사업자와 고객 사이에서 미리 정해진 공급대가의 결제 조건에 따라 공급가액을 직접 공제·차감한 것으로서 에누리액에 해당한다(대법원 2016.8.26. 선고 2015두58959 판결 참조). ■

(5) 폐업시 잔존재화의 자기공급

사업자가 폐업할 때 자기생산·취득재화 중 남아 있는 재화는 자기에게 공급하는 것으로 본다. 사업개시일 이전에 사업자등록을 신청한 자가 사실상 사업을 시작하지 않게 되는 경우에도 또한 같다(부가법 10 ⑥).

폐업을 하게 되면 사업자의 지위를 상실하고 사업자등록도 말소된다. 따라서 폐업시에 남아 있는 자기생산·취득재화를 나중에 누군가 소비하게 되더라도 부가가치세법에 따른 재화의 공급에 해당하지 않으며(사업자가 아닌 자가 공급하는 것은 과세거래가 될 수 없기 때문이다), 부가가치세가 과세될 수 없다. 이것은 불합리한 결과이다. 이러한 문제점을 해소하기 위하여 폐업시 남아 있는 자기생산·취득재화는 폐업일에 모두 공급된 것으로 의제하여 부가가치세를 과세하는 것이다.

2. 판매목적 타사업장 반출재화의 공급의제

(1) 원칙(공급의제)

사업장이 둘 이상 있는 사업자가 자기의 사업과 관련하여 생산 또는 취득한 재화를 판매할 목적으로 자기의 다른 사업장에 반출하는 것은 재화의 공급으로 본다(부가법 10 ③). 직매장에 반출하는 것은 그 대표적 사례이다. 공급의제의 취지는 다음과 같다.

판매목적으로 다른 사업장에 반출하는 것은 단지 재화의 물리적인 이동에 불과할 뿐 어떤 거래상대방에게 재화를 인도·양도하는 것이 아니므로 본래 재화의 공급에 해당하지 않는다.

그런데 부가가치세는 사업장별 과세원칙에 따라 사업장별로 각각 납부(환급)세액을 신고, 납부(환급)해야 한다. 따라서 가령 제조장에서 생산된 모든 재화가 직매장에 반출되어 판매되는 경우에, 제조장에서는 매출세액이 없어서 항상 환급세액이 발생하고 직매장에서는 매입세액이 없어서 항상 납부세액이 발생하게 될 것이다.

이 경우 납부세액은 예정신고 또는 확정신고와 함께 납부하는 데 반해, 환급세액은 원칙적으로 과세기간별로 확정신고기한이 지난 후 30일 이내에 환급하도록 되어 있다. 따라서 사업자는 그 기간 동안 불필요한 자금압박을 받게 되며, 그 결과 다른 사업자에 비해 부당하게 불리한 지위에 서게 되는 것이다. 만일 제조장과 직매장을 서로 다른 사업자가 경영하고 있다면, 제조장

에서는 매출세액이 발생하고 직매장에서는 매입세액이 발생하기 때문에 이러한 불리한 점은 생기지 않을 것이다. 이것은 과세형평에 어긋난다.

따라서 둘 이상의 사업장을 가진 사업자가 판매목적으로 한 사업장에서 다른 사업장에 재화를 반출하는 경우에는 그 사업장을 서로 다른 사업자가 영위하는 것처럼 보고 이를 재화의 공급으로 의제하는 것이다.

(2) 예외(공급의제의 배제)

다음 중 어느 하나에 해당하는 경우에는 재화의 공급으로 보지 않는다(부가법 10 ③ 단서).

① 사업자가 사업자단위과세의 적용을 받는 과세기간에 자기의 다른 사업장에 반출하는 경우
② 사업자가 주사업장 총괄납부의 적용을 받는 과세기간에 자기의 다른 사업장에 반출하는 경우(다만, 세금계산서를 발급하고 관할세무서장에게 예정신고 또는 확정신고를 한 경우는 제외한다)

그 이유는 사업자단위로 신고·납부하거나 주사업장에서 총괄납부하여 환급지연에 따른 문제점이 해결되기 때문이다. 그러나 주사업장 총괄납부사업자가 세금계산서를 발급하고 관할세무서장에게 예정신고·확정신고한 경우에 그대로 재화의 공급으로 인정하는데 그 취지는 다음과 같다.

본래 총괄납부를 하는 경우에는 재화의 공급이 아님에도 불구하고 사업자가 세금계산서를 발급하는 경우에는 재화를 반출한 사업장에 대해서는 세금계산서 불성실가산세 부과가 되고, 재화를 반입한 사업장에서는 공제받은 매입세액의 추징과 과소신고가산세가 부과되는 문제가 발생한다. 이러한 문제를 구제해 주기 위하여 세금계산서를 발급하고 예정신고 또는 확정신고를 하는 경우에는 재화의 공급으로 인정하는 것이다.

[도 표] 판매목적 타사업장 반출에 대한 취급

구분	판매목적 타사업장 반출
(1) 일반적인 경우	공급의제 ○ → 세금계산서 발급 ○
(2) 사업자단위과세 사업자와 주사업장 총괄납부 사업자의 경우	세금계산서 발급 × → 공급의제 × (원칙)
	주사업장 총괄납부 사업자의 경우 : 세금계산서 발급 ○ + 신고 ○ → 공급의제 ○ (예외)

참고사항 매입세액공제와 재화의 공급·재화의 공급(의제)의 관계

구분	공급(의제) 여부	
	재화의 공급 여부	재화의 공급의제 여부
매입세액을 공제받은 재화	재화의 공급 ○	• 자기생산·취득재화의 공급의제 ○ • 판매목적 타사업장 반출재화의 공급의제 ○

매입세액을 공제받지 않은 재화	재화의 공급 ○	• 자기생산 · 취득재화의 공급의제 × • 판매목적 타사업장 반출재화의 공급의제 ○

본래 재화의 공급은 계약상 또는 법률상의 모든 원인에 따라 재화를 인도하거나 양도하는 것을 것으로 하며, 당초 매입세액공제를 받았는지는 묻지 않는다. 따라서 매입세액공제를 받지 않은 재화를 인도 · 양도하는 경우에도 '재화의 공급'에 해당하여 매출세액을 거래징수 · 납부해야 한다.

그러나 이러한 논리는 재화의 공급의제에는 적용되지 않는다. 과세사업에 사용하기 위하여 매입한 재화의 매입세액이 매출세액에서 공제되지 않은 경우 그 매입세액은 사업자의 부담이 되는데, 다시 재화의 공급의제를 적용하여 매출세액을 해당 사업자에게 다시 납부하게 한다면(거래상대방이 존재하지 않고 대가를 받지 않아 그 매출세액을 거래상대방에게 전가되지 않기 때문에) 해당 사업자가 부가가치세를 이중으로 부담하는 결과가 된다. 이러한 점을 고려하여 매입세액이 매출세액에서 공제되지 않은 것은 재화의 공급으로 보지 않도록 한 것이다. 즉 '매입세액이 공제된' 자기생산 · 취득재화에 대해서만 재화의 공급으로 보는 것이다.

그러나 판매목적 타사업장 반출의 경우에는 반출하는 사업장의 매출세액은 반입하는 사업장의 매입세액이 되어 상쇄되므로 추가적인 세부담이 발생하지 않는다. 따라서 반출하는 사업장에서 그 재화를 공급받을 때 매입세액을 공제받지 않은 것도 판매목적으로 다른 사업장에 반출하는 경우에는 재화의 공급으로 보는 것이다. ■

예규판례 영업용 승용자동차의 비영업용에의 전용시 공급의제

1. 원고의 상고이유에 대한 판단

가. 상고이유 제1, 2, 4점에 관하여

구 부가가치세법 제17조 제2항 제4호는 부가가치세 매출세액에서 공제하지 아니하는 매입세액의 하나로 "비영업용 소형승용자동차(이하 '소형승용차'라 한다)의 구입과 유지에 관한 매입세액"을 들고 있다. 그리고 구 부가가치세법 제6조 제2항, 구 부가가치세법 시행령 제15조 제1항 제2호는 "사업자가 자기의 사업과 관련하여 생산하거나 취득한 재화를 자기의 사업을 위하여 직접 사용하거나 소비하는 경우 대통령령으로 정하는 것은 재화의 공급으로 본다."라고 규정하면서, 이러한 재화의 하나로 '비영업용 소형승용차와 그 유지를 위한 재화(매입세액이 공제되지 아니한 것을 제외한다)'를 들고 있다.

사업자가 영업용 소형승용차를 상당한 기간 비영업용으로 사용하여 그 가치가 상당한 수준으로 하락한 경우에는 비영업용으로 전용한 것으로 봄이 타당하고, 이를 일시적 · 잠정적인 사용행위로 볼 수 없다.

또한 앞서 본 규정들의 문언 내용과 체계에, 사업자가 부가가치세 매입세액을 공제받은 재화를 비영업용 소형승용차나 그 유지를 위한 용도로 사용하는 경우에 이를 재화의 공급으로 의제하는 취지는 사업자가 이러한 재화를 비영업용으로 취득하여 부가가치세 매입세액을 공제받지 못한 경우와 과세의 형평을 유지하기 위한 데 있는 점 등을 더하여 보면, 사업자가 자기의 사업과 관련하여 비영업용 소형승용차나 그 유지를 위한 재화를 생산 · 취득한 경우에는 그에 대한 매입세액이 공제되지 아니할 뿐 재화의 공급으로 의제되지는 않지만, 영업용 소형승용차나 그 유지를 위한 재화 또는 그 용도가 특정되지 않은 재화를 생산 · 취득한 경우에는 그에 대한 매입세액은 공제되고 그 이후에 이를 비영업용으로 사용하는 때에 비로소 재화의 공급으로 의제된다고 할 것이다. 그리고 이와 같이 재화의 공급으로 의제되어 과세된 경우라도 사업자가 계약상 또는 법률상의 원인에 의하여 그 재화를 다시 인도 또는 양도하는 경우에는 특별히 면세되거

나 비과세한다는 별도의 규정이 없는 한 부가가치세 과세대상 거래에 해당한다.

원심판결 이유 및 원심이 적법하게 채택한 증거에 의하면, ① 원고는 메르세데스 벤츠(Mercedes-Benz) 차량(이하 '벤츠 차량'이라 한다)을 수입하여 원고와 대리점 계약을 체결한 국내 소매업자(이하 '딜러'라 한다)에게 판매하는 자동차판매업자인 사실, ② 원고는 2007년 제1기부터 2011년 제1기까지의 부가가치세 과세기간에 수입한 벤츠 차량 중 295대의 소형승용차를 임직원의 출장이나 대리점 방문 등의 용도로 사용하였는데, 그중 224대에 대하여는 처음부터 매입세액을 공제받지 않았고, 9대에 대하여는 자가공급을 이유로 부가가치세를 신고 · 납부하였으며, 나머지 62대(이하 '이 사건 임직원용 차량'이라 한다)에 대하여는 매입세액을 공제받았다가 그중 27대에 대하여 매입세액 불공제대상으로 수정신고를 하면서 139,456,300원을 납부하였으나 35대에 대하여는 수정신고를 하지 아니한 사실, ③ 이에 대해 피고는 원고가 이 사건 임직원용 차량을 비영업용 소형승용차로 전용하였다는 이유로, 2011.7.13. 원고에게 자가공급으로 인한 부가가치세 매출세액에서 위 139,456,300원을 공제한 세액을 부과하는 이 사건 처분을 한 사실, ④ 한편 원고는 이 사건 임직원용 차량을 그 수입일부터 일정한 기간이 지난 후에 임직원의 출장 등의 용도로 사용을 개시하고(위 27대는 수입일부터 약 20일 내지 283일이 지난 후에 사용을 개시한 것으로 보인다), 이를 약 6개월 정도 사용하다가 딜러에게 신차보다 할인하여 판매한 후 그에 따른 부가가치세를 신고 · 납부한 사실 등을 알 수 있다.

이러한 사실관계를 앞서 본 규정과 법리에 비추어 살펴보면, (1) 원고가 이 사건 임직원용 차량을 상당한 기간 비영업용으로 사용하여 그 가치가 상당한 수준으로 하락한 경우에 해당하므로, 이를 비영업용으로 전용한 것으로 봄이 타당하고, (2) 원고가 이 사건 임직원용 차량을 판매용 또는 그 용도를 특정하지 아니하고 수입하였다가 이를 비영업용으로 전용한 경우로 보아야 하므로, 그 전용 시에 재화의 공급으로 의제되며, (3) 이후 자동차판매업자인 원고가 이 사건 임직원용 차량을 딜러에게 다시 양도한 거래는 별도의 부가가치세 과세대상 거래에 해당한다고 할 것이다.

원심이 인용한 제1심판결의 이유 설시에 일부 미흡한 부분이 있으나, 이 사건 임직원용 차량에 대하여 구 부가가치세법 제6조 제2항의 공급의제 규정을 적용하여 한 이 사건 처분이 적법하다고 본 원심의 결론은 앞서 본 법리에 기초한 것으로서, 거기에 상고이유 주장과 같이 비영업용 소형승용차에 대한 매입세액 불공제 및 자가공급 의제, 부가가치세 과세거래의 범위 등에 관한 법리를 오해하여 판결 결과에 영향을 미친 위법이 없다.

나. 상고이유 제3점에 관하여

구 부가가치세법 제6조 제2항에 의하여 재화의 공급으로 보는 경우의 공급가액인 '재화의 시가'는 원칙적으로 공급의제 당시의 정상적인 거래에 의하여 형성된 객관적인 교환가격으로 산정해야 한다. 한편 구 부가가치세법 시행령 제49조 제1항은 이러한 재화가 사업자의 과세사업에 사용되어 온 감가상각자산인 경우에는 낮은 유통성으로 인하여 거래가격에 의하여 시가를 산정하기 어려운 점을 감안하여, 그 재화의 취득가액을 기준으로 하여 부가가치세 과세기간의 경과에 비례하여 일정률로 감액된 금액을 시가로 보아 공급가액을 산정하도록 하고 있으나, 판매용 재고자산인 소형승용차가 비영업용으로 전용된 경우와 같이 사업자의 과세사업에 사용되지 아니한 재화가 공급으로 의제된 경우에는 위 규정에 의하여 공급가액을 산정할 수 없다고 할 것이다.

원심이 인용한 제1심판결의 이유 설시에 일부 미흡한 부분이 있으나, 이 사건 임직원용 차량은 원고가 이를 판매용 재고자산으로 보유하다가 비영업용 소형승용차로 전용한 것이므로, 그 공급의제에 따른 공급가액을 구 부가가치세법 시행령 제49조 제1항에 따라 취득가액을 기초로 하여 산정할 수 없고 당해 차량의 거래가격에 의하여 산정해야 한다는 이유로, 원고가 이 사건 임직원용 차량을 딜러들에게 판매한 가격을 공급가액으로 보아 한 이 사건 처분이 적법하다고 본 결론은 앞서 본 법리에 기초한 것으로서, 거기에 상고이유 주장과 같이 비영업용 소형승용차의 공급의제로 인한 공급가액의 산정에 관한 법리 등을 오해하여 판결 결과에 영향을 미친 위법이 없다.

2. 피고의 상고이유에 대한 판단

원심은 채택 증거에 의하여, 원고가 2007년 제1기부터 2011년 제1기까지의 부가가치세 과세기간에 수입한 벤츠 차량 중 199대의 소형승용차를 소비자의 시승 등의 용도로 사용한 사실 등을 인정한 다음, 이는 고가의 벤츠 차량을 구입하려는 상당수의 소비자들이 품질 확인을 위한 시승을 요구함에 따라 그들의 구매의사를 강화하여 판매 촉진에 기여하기 위해 원고의 고객인 딜러의 요청에 따라 판매용 차량 중 일부를 소비자들에게 시승 등의 용도로 제공한 것이므로, 이러한 시승용 차량은 원고의 자동차판매업에 직접 사용하는 영업용 차량에 해당할 뿐 구 부가가치세법 제6조 제2항의 공급의제 대상인 비영업용 소형승용차에 해당하지 않는다고 판단하였다.

관련 법리와 기록에 비추어 살펴보면, 원심의 이러한 판단은 정당하고, 거기에 상고이유 주장과 같이 비영업용 소형자동차에 관한 법리를 오해하는 등의 위법이 없다(대법원 2016.7.7. 선고 2014두1956 판결). ■

사례 1 재화의 공급의제

재화의 공급의제를 자기생산·취득재화의 공급의제와 판매목적 타사업장 반출재화의 공급의제로 구분하여 설명하고, 두 가지 공급의제에 대해서 부가가치세법을 적용할 때 차이나는 점을 약술하시오. (20점)

해 답

Ⅰ. 재화의 공급의제(p.93 이하 참조)

1. 자기생산취득재화의 공급의제

(1) 면세사업에의 전용(轉用)

(2) 승용자동차 등의 비영업용에의 전용

(3) 개인적 공급

(4) 사업상 증여

(5) 폐업시 잔존재화의 자기공급

2. 판매목적 타사업장 반출재화의 공급의제

(1) 원칙(공급의제)

(2) 예외(공급의제의 배제)

Ⅱ. 양자의 차이점

자기생산취득재화의 공급의제(이하 '전자'라 한다)와 판매목적 타사업장 반출재화의 공급의제(이하 '후자'라 한다)의 부가가치세법 적용상 차이점은 다음과 같다.

1) 전자는 당초 매입세액공제를 받은 재화만 공급으로 의제하나, 후자는 당초 매입액공제를 받았는지 여부를 불문하고 공급으로 의제한다.
2) 전자는 세금계산서 발급의무가 면제되나, 후자는 세금계산서를 발급해야 한다.
3) 전자는 시가(또는 간주시가)를 과세표준으로 하나, 후자는 취득가액 등을 과세표준으로 한다.
4) 전자는 사용·소비되는 때(증여되는 때 또는 폐업하는 때)를 공급시기로 하지만, 후자는 재화를 반출하는 때를 공급시기로 한다.

사례 2 과세재화를 면세사업에 전용할 목적으로 반출하는 경우 세무문제

다음의 사례를 읽고 물음에 답하시오.

(1) 사업자 甲회사는 두 개의 사업장을 두고 A사업장은 창호제조업을, B사업장은 건설업을 경영하고 있다(건설산업기본법에 따라 창호전문건설업 등록을 하였음).
(2) 사업자 甲회사는 A사업장에서 제조한 창호를 다른 사업자 등에게 판매하고, 일부는 건설업을 영위하는 B사업장으로 반출하여 자기가 수주한 건설(창호)공사의 자재로 사용하고 있다. A사업장에서 제조한 창호는 과세재화로서 관련 매입세액이 매출세액에서 공제된 재화에 해당한다.
(3) 사업자 甲회사는 건설업을 경영하는 B사업장에서 사업용 건물 및 국민주택 규모를 초과하는 주택의 창호공사(과세대상)와 국민주택 규모의 창호공사(면세대상)를 함께 경영하고 있다.

【물음 1】 甲회사가 A사업장에서 제조한 창호를 B사업장에서 사업용 건물 및 국민주택 규모를 초과하는 주택(과세대상)의 창호공사에 자재로 사용할 목적으로 반출하는 경우 이것이 '재화의 공급의제'에 해당하는지를 검토하시오.

【물음 2】 甲회사가 A사업장에서 제조한 창호를 B사업장에서 국민주택 규모의 창호공사(면세대상)에 자재로 사용할 목적으로 반출하는 경우 이것을 재화의 공급으로 볼 것인지 여부와 재화의 공급으로 취급한다면 그 취지가 무엇인지를 설명하시오.

【물음 3】 창호를 제조하는 A사업장 관련 매입세액을 공통매입세액으로 보아 「부가가치세법 시행령(제61조)」에 따라 전체 사업장의 (면세공급가액/총공급가액)의 비율로 공통매입세액 안분계산해야 한다는 주장의 타당성을 검토하시오.

해 답

【물음 1】 B사업장에서 사업용 건물 및 국민주택 규모를 초과하는 주택의 창호공사에 자재로 사용할 목적으로 반출하는 경우

사업장이 둘 이상 있는 사업자가 자기의 사업과 관련하여 생산 또는 취득한 재화를 '판매할 목적'으로 자기의 다른 사업장에 반출하는 것은 재화의 공급으로 본다.

사례에서 甲회사가 A사업장에서 제조한 창호를 B사업장에서 사업용 건물 및 국민주택 규모를 초과하는 주택의 창호공사에 '자재로 사용할 목적'으로 반출하는 것은 제조한 창호를 '판매할 목적'으로 반출하는 것이 아니므로 재화의 공급의제(판매목적 다른 사업장 반출)에 해당하지 않는다.

【물음 2】 B사업장에서 국민주택 규모의 창호공사에 자재로 사용할 목적으로 반출하는 경우

사업장을 구분하여 과세사업과 면세사업을 겸영하는 사업자가 과세사업장에서 면세사업장에 재화를 반출하는 경우에는 부가가치세의 사업장단위 과세원칙에 따라 외부거래와 동일하게 취급하여 재화의 공급으로 보아 거래가액 또는 시가를 과세표준으로 하여 세금계산서를 발급해야 한다(기획재정부 부가가치세제과-495, 2012.10.8).

사례에서 甲회사가 A사업장에서 제조한 창호를 B사업장에서 국민주택 규모의 창호공사(면세사업)에 자재로 사용할 목적으로 반출하는 경우에는 판매목적의 반출인지 여부에 관계없이 재화의 공급으로 보고, A사업장에서 그 과세표준에 10% 세율을 곱하여 계산한 매출세액을 납부해야 한다. 그 취지는 국민주택 규모의 창호공사(면세사업)에 자재로 사용한 창호에 대해서 이 단계에서 매출세액을 납부하도록 하려는데 그 취지가 있다. 이것은 B사업장의 국민주택 규모의 창호공사(면세사업)를 다른 사업자가 영위하는 것과 동일하게 취급하는 것이다(사견으로는 면세용 반출재화의 공급의제 규정을 별도로 마련할 필요가 있다고 본다).

【물음 3】 공통매입세액 안분계산해야 한다는 주장의 타당성

A사업장은 창호 제조업을 경영하는 과세사업에 해당한다. 사업장단위 과세원칙에 따라 A사업장 관련 매입세액은 과세사업만을 경영하므로 공통매입세액 안분계산을 하지 않고 전부 매입세액을 공제받아야 한다. 제조한 창호 중 일부가 B사업장의 국민주택 규모의 창호공사(면세사업)에 사용되었다는 이유로 공통매입세액 안분계산을 하여 A사업장 관련 매입세액의 일부를 매입세액 불공제한다면 이것은 사업장단위 과세원칙에 위배된다.

Ⅱ 재화의 공급으로 보지 않는 특례

부가가치세법은 재화가 인도 · 양도되었음에도 불구하고 일정한 경우에는 재화의 공급으로 보지 않는 특례를 두고 있다. 재화의 공급의제는 과세거래에 해당하지만, 재화의 공급으로 보지 않는 특례는 과세거래가 아닌 점에서 서로 반대되는 법적 효과를 지닌다.

[도 표] 재화의 공급으로 보지 않는 특례

(1) 사업의 양도(사업양수시 양수자 대리납부의 경우에는 재화의 공급으로 인정)
(2) 그 밖의 재화의 공급으로 보지 않는 특례
① 담보의 제공
② 조세의 물납
③ 법률에 따른 공매 · 경매
④ 법률에 따른 수용
⑤ 법률상 매도청구에 따른 이전
⑥ 신탁재산의 이전

1. 사업양도

(1) 개 념

사업장별[5]로 그 사업에 관한 모든 권리와 의무를 포괄적으로 승계시키는 것(양수자가 승계받은 사업 이외의 새로운 사업의 종류를 추가하거나 사업의 종류를 변경한 경우를 포함한다)[6]은 '재화의 공급'으로 보지 않는다. 여기서 '그 사업에 관한 권리와 의무' 중 다음의 것을 포함하지 않고 승계시킨 경우에도 해당 사업을 포괄적으로 승계한 것으로 본다(부가법 10 ⑧ (2), 부가령 23).

① 미수금과 미지급금에 관한 것. 여기서 '미수금 · 미지급금'은 그 명칭 여하에 불구하고 사업의 일반적인 거래 외에서 발생한 미수채권 · 미지급채무를 말하는 것이며, 미수금 · 미지급금의 포함 여부는 사업양도의 요건에 해당하지 않는다(부기통 10-23-2).

② 해당 사업과 직접 관련이 없는 토지 · 건물에 관한 것 : 이는 법인세법에 따른 업무무관자산(양도자가 법인인 경우) 또는 그에 준하는 자산(양도자가 개인사업자의 경우)을 말한다(부가칙 16).

(2) 공급으로 보지 않는 취지

사업을 양도하는 것을 재화의 공급에 포함하면, 양도자는 양도대가에 대한 부가가치세를 양수자로부터 거래징수하여 납부하고, 양수자는 그 금액을 매입세액으로 공제 또는 환급받게 될 것이다. 그 결과 양수자는 거래징수당한 시점부터 환급받는 시점까지 불필요한 자금압박을 받게 되며, 과세관청은 국고수입도 없으면서 번거로운 행정적 부담을 안게 된다. 이러한 이유 때문에 부가가치세법은 사업양도를 재화의 공급으로 보지 않도록 한 것이다.

한편 사업양도는 과세거래가 아니므로 양수자는 매입세액이 없어 양수한 재화에 대해서는 자

5) '사업장별'에는 상법에 따라 분할 또는 분할합병하는 경우로서 같은 사업장 안에서 사업부문별로 구분하는 경우를 포함한다.

6) '포괄적으로 승계시키는 것'에는 법인세법에 따른 과세이연요건을 갖춘 적격분할의 경우를 포함한다.

신이 직접 매입세액을 공제받지 못한다. 그러나 사업양도는 권리 · 의무의 포괄승계이므로 사업양도일 이전에 양도자가 매입세액을 매출세액에서 공제받았다면 그 공제의 효력은 양수자에게 그대로 승계된다.

예규판례 부동산매매업자의 건물의 양도가 사업의 양도에 해당하는지 여부

건물을 신축하고 그 소재지에 부동산임대업의 사업자등록을 한 다음 그 건물을 일시적으로 임대하다가 이를 타인에게 양도하였다고 하더라도 그 건물의 양도가 부동산매매업자로서의 사업활동의 일환으로 이루어진 경우에는 '재화의 공급으로 보지 않는 사업의 양도'에 해당하지 않는다(대법원 2013.2.28. 선고 2010두29192 판결). ■

예규판례 사업양도에 해당하지 않는 경우 영업권은 과세대상 재화에 해당한다는 사례

1. 부가가치세법은 재화의 공급으로 보지 아니하는 것의 하나로 '사업을 양도하는 것으로서 대통령령이 정하는 것'을 규정하고, 그 위임에 따른 부가가치세법 시행령은 '대통령령이 정하는 것'이란 사업장별로 그 사업에 관한 모든 권리와 의무를 포괄적으로 승계시키는 것을 말한다. 이 경우 그 사업에 관한 권리와 의무 중 다음 각 호의 것을 포함하지 않고 승계시킨 경우에도 "해당 사업을 포괄적으로 승계시킨 것으로 본다."고 규정하면서 그 제3호에서 '해당 사업과 직접 관련이 없는 토지 · 건물 등에 관한 것으로서 기획재정부령이 정하는 것'을 들고 있다.

원심은 그 채택 증거에 의하여 판시와 같은 사실과 사정을 인정한 다음, 원고가 미주소재 주식회사(이하 '미주소재'라 한다)에 이 사건 파이프형강 및 철강재 제조 사업을 양도하면서 그 양도대상에서 제외한 이 사건 토지와 공장건물은 양도대상 사업에 사용되는 사업용 부동산으로서 그 사업과 직접 관련이 있으므로 원고의 사업양도는 재화의 공급으로 보지 않는 '사업의 양도'에 해당한다고 볼 수 없다고 판단하였다.

앞서 본 규정과 관련 법리 및 기록에 비추어 살펴보면 원심의 이러한 판단은 정당한 것으로 수긍이 가고, 거기에 상고이유의 주장과 같은 부가가치세법이 규정하는 '사업의 양도'에 관한 법리오해, 심리미진 등의 위법이 없다.

2. 이 사건 파이프형강 및 철강재 제조사업의 양도양수와 그 대금 결정 경위 등에 비추어 살펴보면, 원고와 미주소재는 이 사건 영업권도 양도대상으로 삼아 그 양도대금을 127억 원으로 정하였고 이는 재산적 가치가 있는 권리에 해당한다고 할 것이므로, 원심이 같은 취지에서 이 사건 영업권이 부가가치세법에서 정한 '재화'에 해당한다고 보아, 그 양도대금 127억 원을 부가가치세의 과세표준에서 제외해야 한다는 원고의 주장을 배척한 것은 정당하고, 거기에 상고이유의 주장과 같은 부가가치세법상 '재화'의 개념에 관한 법리오해나 판단누락 또는 이유불비 등으로 판결 결과에 영향을 미친 위법이 없다(대법원 2014.1.16. 선고 2013두18827 판결). ■

(3) 공급으로 보는 예외

사업의 양도(이에 해당하는지 여부가 분명하지 않는 경우를 포함한다)에 따라 그 사업을 양수받는 자는 그 대가를 지급하는 때에 그 대가를 받은 자로부터 부가가치세를 징수*하여 '그 대가를 지급하는 날이 속하는 달의 다음 달 25일까지' 사업장 관할세무서장에게 납부할 수 있다(부가법 52 ④). 이것을 '사업양수시 양수자 대리납부제도'라고 한다.

* 사업의 양도(이에 해당하는지 여부가 분명하지 않는 경우 포함)는 본래 과세거래에 해당하지 않음에도 불구하고 그 사업을 양수받은 자가 그 대가를 받은 자로부터 부가가치세를 징수한다.

이처럼 사업양수시 양수자 대리납부제도에 따라 그 사업을 양수받는 자가 대가를 지급하는 때에 그 대가를 받은 자로부터 부가가치세를 징수하여 납부한 경우에는 재화의 공급으로 본다(사업양도를 공급으로 보는 예외, 부가법 10 ⑨ (2)).

종전에는 사업양도는 과세거래에 해당하지 않음에도 불구하고 양도자가 ① 양수자에게 세금계산서를 발급하고 ② 그에 대한 매출세액을 신고 · 납부한 경우에는, 예외적으로 양수자에게 매입세액 공제를 허용하였으나, 이는 양도자의 부가가치세 신고 · 납부 여부에 따라 양수자의 매입세액공제 여부가 결정되는 불합리한 점이 있었다(양수자가 매입세액을 공제받았으나 양도자가 부가가치세를 신고 · 납부하지 않은 사실이 경정시 확인되면 양수자는 이미 공제받은 매입세액을 징수당하는 문제가 발생한다). 이러한 문제점을 해소하기 위하여 2014년부터 사업양수시 양수자의 대리납부제도를 마련하여, 이에 따라 양수자가 부가가치세를 대리납부한 경우에는 사업의 양도를 재화의 공급으로 인정하고 자기가 징수하여 납부한 부가가치세액을 매출세액에서 공제하는 매입세액으로 한 것이다(만약 공급으로 인정해 주지 않으면 징수대상 부가가치세액이 있을 수 없고 따라서 양수자는 매입세액을 공제받을 수 없다).

[도 표] 사업양도에 대한 취급

구분	사업양도
(1) 일반적인 경우	공급으로 보지 않음 → 세금계산서 발급 × (사업양수자 매입세액공제 ×)
(2) 사업양수시 양수자가 대리납부를 한 경우	공급으로 인정함 { 세금계산서 발급 ○ (사업양수자 매입세액공제 ○)* 사업양도자는 사업양수자의 대리납부 기납부세액 공제 (p.180 참조)

* '사업양수시 양수자의 대리납부제도'에 따라 양수자가 납부한 부가가치세액도 매출세액에서 공제하는 매입세액으로 한다(부가법 38 ① (2)).

2. 그 밖의 재화의 공급으로 보지 않는 특례

(1) 담보의 제공

재화를 담보로 제공하는 것, 즉 질권, 저당권 또는 양도담보의 목적으로 동산, 부동산 및 부동산상의 권리를 제공하는 것은 '재화의 공급'으로 보지 않는다(부가법 10 ⑧ (1), 부가령 22). 이 경우에는 비록 재화가 인도 · 양도되더라도 그것은 채권담보의 목적을 달성하기 위한 데 지나지 않기 때문이다.

(2) 조세의 물납

법률에 따라 조세를 물납(物納)하는 것, 즉 사업용 자산을 상증세법이나 지방세법에 따라 물납하는 것은 '재화의 공급'으로 보지 않는다(부가법 10 ⑧ (3), 부가령 24). 본래 조세의 물납도 재화를 양도하는 것이므로 재화의 공급에 해당한다. 그러나 이 경우에 납세의무자는 국가(또는 지방자치단체)로부터 부가가치세를 거래징수하여 이를 국가에 다시 납부하는 것이므로 무의미한 결과가 된다. 이러한 이유 때문에 조세의 물납을 재화의 공급으로 보지 않도록 한 것이다.

(3) 법률에 따른 공매 · 경매

국세징수법에 따른 공매(公賣) 및 민사집행법에 따른 경매(競賣)[7]에 따라 재화를 인도하거나 양도하는 것은 '재화의 공급'으로 보지 않는다(부가령 18 ③ (1),(2)). 본래 국가기관이 행하는 공매나 경매에 따라 재화를 인도 · 양도하는 것도 법률상의 원인에 의한 재화의 공급에 해당한다. 그러나 이 경우 재화의 소유권을 이전당한 사업자는 사실상 폐업상태에 있거나 파산 등으로 부가가치세를 체납하는 사례가 많고 재화의 매수인이 매입세액을 공제받게 되면 국가 세수입의 감손만을 가져오는 결과가 된다. 또한 재화를 소유한 자가 현실적으로 공매 · 경매 절차에 적극 개입하여 부가가치세를 거래징수하기 어렵다는 점을 고려한 것이다.

(4) 법률에 따른 수용(收用)

「도시 및 주거환경정비법」, 토지보상법 등에 따른 수용절차에서 수용대상 재화의 소유자가 수용된 재화에 대한 대가를 받는 경우에도 '재화의 공급'으로 보지 않는다(부가령 18 ③ (3)). 이는 수용된 재화가 공익사업을 위하여 철거 · 멸실되는 점을 고려한 것이다.

(5) 법률상 매도청구에 따른 이전

「도시 및 주거환경정비법(제64조 ④)」에 따른 사업시행자의 재건축사업에서의 매도청구(賣渡請求)에 따라 재화를 인도하거나 양도하는 것은 '재화의 공급'으로 보지 않는다(부가령 18 ③ (4)). 재건축사업의 사업시행자는 조합설립 또는 사업시행자 지정에 동의하지 않는 건축물 소유한 자에게 건축물의 소유권을 매도할 것을 청구할 수 있다. 이처럼 사업시행자의 매도청구에 따라 재화를 인도하거나 양도하는 것은 그 실질이 법률에 따른 수용(收用)과 유사한 점을 고려하여 재화의 공급으로 보지 않는 경우에 추가하였다.

(6) 신탁재산의 이전

신탁재산의 소유권 이전으로서 다음 중 어느 하나에 해당하는 것은 재화의 공급으로 보지 않는다(부가법 10 ⑨).

① 위탁자로부터 수탁자에게 신탁재산을 이전하는 경우

② 신탁의 종료로 인하여 수탁자로부터 위탁자에게 신탁재산을 이전하는 경우

---

7) '공매'에는 국세징수법에 따른 수의계약에 따라 매각하는 것을 포함하고 '경매'에는 민사집행법에 따른 강제경매, 담보권 실행을 위한 경매와 민법 · 상법 등 그 밖의 법률에 따른 경매를 포함한다.

③ 수탁자가 변경되어 새로운 수탁자에게 신탁재산을 이전하는 경우

이 경우에는 신탁재산의 관리 · 처분 등을 위한 형식적인 소유권의 이전에 불과하기 때문에 재화의 공급으로 보지 않는 것이다.

참고사항 신탁법에 따른 위탁자의 지위가 이전되는 경우 재화의 공급 여부

신탁법(제10조)에 따라 위탁자의 지위가 이전되는 경우에는 기존 위탁자가 새로운 위탁자에게 신탁재산을 공급한 것으로 본다. 이처럼 위탁자의 지위 이전을 신탁재산의 공급으로 보는 경우에는 기존 위탁자가 해당 공급에 대한 부가가치세의 납세의무자가 된다(부가법 10 ⑧ 본문, 부가령 5의2 ③).

다만, 신탁재산에 대한 실질적인 소유권의 변동이 있다고 보기 어려운 경우로서 다음 중 어느 하나에 해당하는 경우에는 위탁자의 지위 이전을 신탁재산의 공급으로 보지 않는다(부가법 10 ⑧ 단서, 부가령 21의2).

① 자본시장법에 따른 집합투자기구의 집합투자업자가 위탁자의 지위를 다른 집합투자업자에게 이전하는 경우

② 신탁재산의 실질적인 소유권이 위탁자가 아닌 제3자에게 있는 경우 등 위탁자의 지위 이전에도 불구하고 신탁재산에 대한 실질적인 소유권의 변동이 있다고 보기 어려운 경우 ■

사례 3 사업양도

다음의 사례를 읽고 물음에 답하시오. (20점)

> (1) 甲은 수원시에 소재하는 토지 위 지상 건물(10층 건물로서 1~2층은 병원, 3~10층은 주택이다)을 사업장으로 하여 2014.9.24.부터 부동산임대업을 영위하다가 2018.3.21. 위 지상건물 중 1층 및 2층(이하 '이 사건 건물'이라 한다)에서 병원(정형외과)을 운영하는 A에게 건물 전체를 양도하고, 이 사건 건물의 양도를 사업의 양도로 보아 부가가치세를 신고납부하지 않았다.
>
> (2) 과세관청은 이 사건 건물의 양도를 사업의 양도로 보지 않고 이에 대한 부가가치세 2018년 1기분 61,910,830원을 2019.2.15.에 甲에게 경정 · 고지하였다(이하 '이 사건 처분'이라 한다).

【물음 1】 재화의 공급으로 보지 않는 '사업양도'의 개념에 대한 부가가치세법과 대법원 판례 내용을 기술하고, 사업양도를 재화의 공급으로 보지 않는 이유(취지)를 설명하시오.

【물음 2】 사례에서 과세관청의 이 사건 처분이 정당한지를 설명하시오.

해 답

【물음 1】 사업양도

1. 개 념

(1) 부가가치세법

'사업양도'란 사업장별로 그 사업에 관한 모든 권리와 의무를 포괄적으로 승계시키는 것을 말한

다. 여기에는 양수자가 승계받은 사업 외의 새로운 사업의 종류를 추가하거나 사업의 종류를 변경한 경우를 포함한다. 한편 그 사업에 관한 권리와 의무 중 다음의 것을 포함하지 않고 승계시킨 경우에도 해당 사업을 포괄적으로 승계한 것으로 본다.

① 미수금과 미지급금에 관한 것. 이는 일반적인 상거래 외에서 발생한 미수채권과 미지급채무를 말한다.

② 해당 사업과 직접 관련이 없는 토지·건물에 관한 것. 이는 업무무관자산에 해당하는 것을 말한다.

(2) 대법원 판례

재화의 공급으로 보지 않는 '사업양도'는 사업용 재산을 비롯한 물적·인적시설 및 권리의무를 포괄적으로 양도하여 사업의 동일성을 유지하면서 경영주체만을 교체시키는 것을 말한다. 승계되는 사업은 인적·물적시설의 유기적 결합체로서 경영주체와 분리되어 독립성을 인정받을 수 있어야 한다. 이처럼 양도대상이 단순한 물적 시설이 아니라 이와 같은 유기적 결합체이므로 부가가치세 과세대상이 아니라는 점에 대한 증명책임은 납세의무자가 진다(대법원 1998.7.10. 선고 97누12778 판결).

2. 이 유

사업의 양도를 재화의 공급으로 보지 않는 이유는 ① 사업의 양도가 특정 재화의 개별적 공급을 과세요건으로 하는 부가가치세의 공급에 대한 본질적 성격과 맞지 않고, 또한 ② 사업양도는 일반적으로 그 거래금액과 부가가치세액이 크며, 그 양수자는 거의 예외없이 매입세액으로서 공제받을 것이 예상되는 거래에 대하여 매출세액을 거래징수하여 납부하도록 하면 국고수입도 없으면서 양수자에게 불필요한 자금부담을 주게 되므로, 이러한 문제점을 방지해야 한다는 조세정책 배려에 따른 것이다(대법원 82누86, 1983.6.28.).

【물음 2】 처분의 정당성

사업양도를 재화의 공급으로 보지 않는 입법취지에 비추어 보면, 사업의 동일성이 그대로 유지되어야만 사업양도에 해당한다. 그런데 이 사례의 경우 양도자는 부동산임대업을, 양수자는 면세사업인 병원(정형외과)을 각각 운영하고 있어 사업의 동일성이 그대로 유지되는 것으로 보기 어렵다. 따라서 양수자가 면세사업(병원)에 사용된 이 사건 건물은 과세사업자가 아닌 자(최종소비자)가 매입한 것이므로 부가가치세를 부담해야 한다.

따라서 과세관청이 사례의 거래를 사업양도로 보지 않고 이 사건 건물의 양도를 재화의 공급으로 보아 부가가치세를 과세한 처분은 정당한 것으로 판단된다.

<참고사항> 이 사건 건물에 대해서 부가가치세를 과세해야 하는 구체적인 이유

부동산임대업에 사용하던 이 사건 건물을 만약 과세사업자(일반과세)가 포괄양수하였다면 사업양도시 부가가치세를 과세하지 않더라도 양수자인 과세사업자가 해당 건물을 과세사업에 사용하면서 부가가치세를 납부하거나 해당 건물 양도시 부가가치세를 거래징수하여 납부하게 된다.

그런데 사례의 경우에는 해당 건물의 양수자가 면세사업자(병원)인데, 이 경우에도 과세거래로 보지 않으면 양도자가 거래징수하여 납부하지 않는 세액은 양수자인 면세사업자의 단계에서도 부가가치세가 납부되지 않아 국고수입을 감소시키면서 부가가치세 부담없는 사용·소비가 이루어지는 결과가 되어 불합리하다. 사례는 사업의 동일성이 유지되지 않는 것이므로 공급으로 보지 않는 사업양도에 해당하지 않는다. 따라서 부가가치세 과세누락을 방지하기 위해서 이 사건 건물에 대해서 부가가치세를 과세하는 것이 정당하다.

제3절 용역 공급의 특례

Ⅰ 용역의 공급의제

다른 사업자와 과세형평을 도모하고 부가가치세의 부담이 없는 용역의 소비를 방지하기 위해서는 이론상 재화의 공급의제와 마찬가지로 용역의 공급의제도 필요하다. 용역의 공급의제는 이론상 다음과 같은 두 가지 유형이 있을 수 있다.

구분	부가가치세법에 따른 취급
(1) 용역의 자기공급	사업자가 자신의 용역을 자기의 사업을 위하여 대가를 받지 않고 공급함으로써 다른 사업자와의 과세형평이 침해되는 경우에는 자기에게 용역을 공급하는 것으로 본다(부가법 12 ①). 이 경우 그 용역의 범위는 대통령령으로 정한다. 그러나 현재 대통령령으로 자기공급으로 과세되는 용역을 규정하지 않고 있다.
(2) 용역의 무상공급	사업자가 대가를 받지 않고 타인에게 용역을 공급하는 것은 용역의 공급으로 보지 않는다. 다만, 사업자가 특수관계인에게 사업용 부동산의 임대용역을 공급하는 것은 용역의 공급으로 본다(부가법 12 ②, 부가령 26 ①,②).

위의 (2)에서 보듯이 특수관계인에게 사업용 부동산의 임대용역을 무상제공을 제외하고 현재 용역의 공급의제는 적용되지 않고 있다(그 이유는 과세행정상 용역의 자기공급이나 무상공급을 포착하기 어렵기 때문이다). 예컨대 다음과 같은 것은 용역의 자기공급에 해당하지만, 이에 대해서는 부가가치세를 과세하지 않고 있다(부기통 12-0-1).

① 사업자가 자기의 사업과 관련하여 사업장 내에서 그 사용인에게 음식용역을 무상으로 제공하는 경우
② 사업자가 사용인의 직무상 부상 또는 질병을 무상으로 치료하는 경우
③ 사업장이 각각 다른 수개의 사업을 겸영하는 사업자가 그 중 한 사업장의 재화·용역의 공급에 필수적으로 부수되는 용역을 자기의 다른 사업장에서 공급하는 경우

Ⅱ 용역의 공급으로 보지 않는 특례

고용관계에 따라 근로를 제공하는 것은 용역의 공급으로 보지 않는다(부가법 12 ③). 근로의 제공은 사업자의 요건 중 인적 독립성이 없을 뿐만 아니라 근로제공으로 받은 대가는 그 자체가 부가가치 구성요소로서 과세대상이 될 수 없기 때문이다. 반면에 개인이 독립된 자격으로 일의 성과

에 따라 대가를 받는 용역은 독립된 사업으로서 용역의 공급에 해당한다(이 가운데 근로의 제공과 비슷한 성격의 일정한 용역은 면세대상으로 열거하고 있다).

사 례 **과세대상거래**

부가가치세법 제4조는 사업자가 행하는 재화·용역의 공급과 재화의 수입을 과세대상거래로 규정하고 있다. 부가가치세법상 과세대상거래에 관한 다음 물음에 답하시오. (2016년 세무사 2차, 35점)

【물음 1】 사업자가 대가를 받지 않고 용역을 공급하는 경우 부가가치세 과세여부에 대하여 설명하시오. (5점)

【물음 2】 사업장이 둘 이상인 사업자가 자기의 사업과 관련하여 생산 또는 취득한 재화를 판매할 목적으로 자기의 다른 사업장에 반출하는 경우 부가가치세 과세여부에 대하여 설명하시오. (5점)

【물음 3】 부가가치세법상 계약상 또는 법률상의 모든 원인에 따라 재화를 인도하거나 양도하였음에도 불구하고 재화의 공급으로 보지 않는 경우를 열거하고 그 이유를 각각 설명하시오. (10점)

【물음 4】 부가가치세법상 계약상 또는 법률상의 모든 원인에 따라 재화를 인도하거나 양도하지 않았음에도 불구하고 재화의 공급으로 보는 경우(이하 '재화의 공급의제'라 한다)를 열거하고, 이러한 재화의 공급의제를 해당 재화의 매입시 매입세액을 공제받은 경우로 한정하는 것이 타당한지 여부를 판단하고 그 논거를 제시하시오. (15점)

해 답

【물음 1】 용역을 대가를 받지 않고 공급하는 경우 과세여부

1. 용역의 자기공급

사업자가 자신의 용역을 자기의 사업을 위하여 대가를 받지 않고 공급함으로써 다른 사업자와의 과세형평이 침해되는 경우에는 자기에게 용역을 공급하는 것으로 본다. 이 경우 그 용역의 범위는 대통령령으로 정한다. 그러나 현재 대통령령으로 자기공급으로 과세되는 용역을 규정하지 않고 있다.

2. 용역의 무상공급

(1) 원칙 : 과세제외

사업자가 대가를 받지 않고 타인에게 용역을 공급하는 것은 용역의 공급으로 보지 않는다. 그 이유는 과세행정상 용역의 무상공급을 포착하기 어렵기 때문이다. 예컨대 사업자가 자기의 사업과 관련하여 사업장 내에서 그 사용인에게 음식용역을 무상으로 제공하는 경우에는 부가가치세를 과세하지 않고 있다.

(2) 예외 : 과세대상

사업자가 특수관계인에게 사업용 부동산의 임대용역을 공급하는 것은 용역의 공급으로 본다. 여기서 사업용 부동산의 임대용역에는 산학협력단과 대학 간 사업용 부동산의 임대용역은 제외한다. 따라서 산학협력을 위하여 대학이 설립한 산학협력단(특수관계인)에게 사업용 부동산을 대가를 받지 않고 임대하는 경우에는 부가가치세를 과세하지 않는다.

【물음 2】 판매목적 타사업장 반출에 대한 부가가치세 과세여부

1. 원칙 : 과세대상

사업장이 둘 이상 있는 사업자가 자기의 사업과 관련하여 생산 또는 취득한 재화를 판매할 목적으로 자기의 다른 사업장에 반출하는 것은 재화의 공급으로 본다. 그 취지는 다음과 같다.

제조장에서 생산된 모든 재화가 직매장에 반출되어 판매되는 경우에, 제조장에서는 매출세액이 없어서 항상 환급세액이 발생하고 직매장에서는 매입세액이 없어서 항상 납부세액이 발생하게 될 것이다. 이 경우 납부세액은 신고와 함께 납부하는 데 반해, 환급세액은 원칙적으로 과세기간별로 확정신고기한이 지난 후 30일 이내에 환급하도록 되어 있다. 따라서 사업자는 그 기간 동안 불필요한 자금압박을 받게 되며, 그 결과 다른 사업자에 비해 부당하게 불리한 지위에 서게 되는 것이다. 이러한 문제점을 해소하기 위해서 둘 이상의 사업장을 가진 사업자가 판매목적으로 한 사업장에서 다른 사업장에 재화를 반출하는 경우에는 그 사업장을 서로 다른 사업자가 영위하는 것처럼 보고 이를 재화의 공급으로 의제하는 것이다.

2. 예외 : 과세제외

다음 중 어느 하나에 해당하는 경우에는 재화의 공급으로 보지 않는다.

① 사업자가 사업자단위과세의 적용을 받는 과세기간에 자기의 다른 사업장에 반출하는 경우
② 사업자가 주사업장 총괄납부의 적용을 받는 과세기간에 자기의 다른 사업장에 반출하는 경우 (다만, 세금계산서를 발급하고 관할세무서장에게 예정신고 또는 확정신고를 한 경우는 제외한다)

그 이유는 사업자단위로 신고 · 납부하거나 주된 사업장에서 총괄납부하여 환급지연에 따른 문제점이 해결되기 때문이다. 그러나 주사업장 총괄납부사업자가 세금계산서를 발급하고 세무서장에게 신고한 경우에는 그대로 재화의 공급으로 인정한다.

【물음 3】 재화의 공급으로 보지 않는 특례

1. 사업양도

(1) 개 념

사업장별로 그 사업에 관한 모든 권리와 의무를 포괄적으로 승계시키는 것(양수자가 승계받은 사업 이외의 새로운 사업의 종류를 추가하거나 사업의 종류를 변경한 경우를 포함한다)은 '재화의 공급'으로 보지 않는다. 여기서 '그 사업에 관한 권리와 의무' 중 다음의 것을 포함하지 않고 승계시킨 경우에도 해당 사업을 포괄적으로 승계시킨 것으로 본다.

① 미수금과 미지급금에 관한 것
② 해당 사업과 직접 관련이 없는 토지 · 건물에 관한 것

(2) 재화의 공급으로 보지 않는 취지 : 사업을 양도하는 것을 재화의 공급에 포함하면, 양도자는 양도

대가에 대한 부가가치세를 양수자로부터 거래징수하여 납부하고, 양수자는 그 금액을 매입세액으로 공제 또는 환급받게 될 것이다. 그 결과 양수자는 거래징수당한 시점부터 환급받는 시점까지 불필요한 자금압박을 받게 되며, 과세관청은 국고수입도 없으면서 번거로운 행정적 부담을 안게 된다. 이러한 이유 때문에 부가가치세법은 사업양도를 재화의 공급으로 보지 않도록 한 것이다.

(3) 재화의 공급으로 보는 예외 : 사업양수시 양수자의 대리납부제도에 따라 그 사업을 양수받는 자가 대가를 지급하는 때에 그 대가를 받은 자로부터 부가가치세를 징수하여 납부한 경우에는 재화의 공급으로 인정한다. 이는 사업을 양수받은 자는 그 대가를 지급하는 때에 본래는 이것이 과세거래에 해당하지 않음에도 불구하고 그 대가를 받은 자로부터 부가가치세를 징수하여 그 대가를 지급한 날이 속하는 달의 다음 달 25일까지 관할세무서장에게 납부할 수 있는 제도를 말한다.

2. 그 밖의 재화의 공급으로 보지 않는 특례

(1) 담보의 제공 : 재화를 담보로 제공하는 것, 즉 질권, 저당권 또는 양도담보의 목적으로 동산, 부동산 및 부동산상의 권리를 제공하는 것은 '재화의 공급'으로 보지 않는다. 이 경우에는 비록 재화가 인도 또는 양도되더라도 그것은 채권담보의 목적을 달성하기 위한 데 지나지 않기 때문이다.

(2) 조세의 물납 : 법률에 따라 조세를 물납(物納)하는 것, 즉 사업용자산을 물납하는 것은 '재화의 공급'으로 보지 않는다. 이 경우에 납세의무자는 국가(또는 지방자치단체)로부터 부가가치세를 거래징수하여 이를 국가에 다시 납부하는 것이므로 무의미한 결과가 되기 때문이다.

(3) 법률에 따른 공매 · 경매 : 국세징수법에 따른 공매 및 민사집행법에 따른 경매에 따라 재화를 인도하거나 양도하는 것은 '재화의 공급'으로 보지 않는다. 이 경우 재화의 소유권을 이전당한 사업자는 사실상 폐업상태에 있거나 파산 등으로 부가가치세를 체납하는 사례가 많고 재화의 매수인이 매입세액을 공제받게 되면 세수입의 감손만을 가져오는 결과가 된다. 또한 재화를 소유한 자가 현실적으로 공매나 경매 절차에 개입하여 부가가치세를 거래징수하기 어렵다는 점을 고려하여 재화의 공급으로 보지 않도록 한 것이다.

(4) 법률에 따른 수용(收用) : 법률에 따른 수용절차에서 수용대상 재화의 소유자가 수용된 재화에 대한 대가를 받는 경우에도 '재화의 공급'으로 보지 않는다. 이는 수용된 재화는 공익사업을 위하여 철거 · 멸실되는 점을 고려한 것이다.

(5) 법률상 매도청구에 따른 이전 : 「도시 및 주거환경정비법」에 따른 사업시행자의 재건축사업에서의 매도청구에 따라 재화를 인도하거나 양도하는 것은 '재화의 공급'으로 보지 않는다.

(6) 신탁재산의 이전 : 신탁재산의 소유권 이전으로서 다음 중 어느 하나에 해당하는 것은 재화의 공급으로 보지 않는다.

① 위탁자로부터 수탁자에게 신탁재산을 이전하는 경우
② 신탁의 종료로 인하여 수탁자로부터 위탁자에게 신탁재산을 이전하는 경우
③ 수탁자가 변경되어 새로운 수탁자에게 신탁재산을 이전하는 경우

【물음 4】 재화의 공급의제

1. 공급으로 의제되는 경우

⑴ 자기생산 · 취득재화의 공급의제

'자기생산 · 취득재화'란 사업자가 자기의 과세사업과 관련하여 생산하거나 취득한 재화로서 다음 중 어느 하나에 해당하는 재화를 말한다.

① 사업자가 재화를 공급받을 때 매출세액에서 매입세액이 공제된 재화

② 재화의 공급으로 보지 않은 사업양도로 취득한 재화로서 사업양도자가 재화를 공급받을 때 매출세액에서 매입세액을 공제받은 재화

이러한 자기생산 · 취득한 재화의 공급의제는 다음에서 설명하는 5가지 사유가 발생할 때에 이미 공제된 매입세액을 매출세액으로 도로 납부하려는데 그 취지가 있다.

1) 면세사업에의 전용 : 사업자가 자기생산 · 취득재화를 자기의 면세사업(비과세사업 포함)을 위하여 직접 사용하거나 소비하는 것은 재화의 공급으로 본다.

2) 승용자동차 등의 비영업용에의 전용 : 다음 중 어느 하나에 해당하는 자기생산 · 취득재화의 사용 또는 소비는 재화의 공급으로 본다.

① 운수업, 자동차판매업, 자동차임대업, 운전학원, 이들 업종과 유사한 업종 사업을 경영하는 사업자가 자기생산 · 취득재화 중 승용자동차와 그 자동차의 유지를 위한 재화를 해당 업종에 직접 영업으로 사용하지 않고 다른 용도로 사용하는 것(즉 비영업용으로 전용)

② 사업자가 자기생산 · 취득재화를 매입세액이 매출세액에서 공제되지 않은 비영업용 승용자동차로 사용 · 소비하거나 그 자동차의 유지를 위하여 사용 · 소비하는 것

3) 개인적 공급 : 사업자가 자기생산 · 취득재화를 사업과 직접 관계없이 ① 자기의 개인적인 목적이나 그 밖의 목적을 위하여 사용 · 소비하거나 ② 그 사용인 또는 그 밖의 자가 사용 · 소비하는 것으로서 사업자가 그 대가를 받지 않거나 시가보다 낮은 대가를 받는 경우 재화의 공급으로 본다.

4) 사업상 증여 : 사업자가 자기생산 · 취득재화를 자기의 고객이나 불특정 다수인에게 증여하는 경우는 재화의 공급으로 본다.

5) 폐업시의 잔존재화 : 사업자가 폐업할 때 자기생산 · 취득재화 중 남아 있는 재화는 자기에게 공급하는 것으로 본다. 사업개시일 이전에 사업자등록을 신청한 자가 사실상 사업을 시작하지 않게 되는 경우에도 또한 같다.

⑵ 판매목적 타사업장 반출 : 사업장이 둘 이상 있는 사업자가 자기의 사업과 관련하여 생산 또는 취득한 재화를 판매할 목적으로 자기의 다른 사업장에 반출하는 것은 재화의 공급으로 본다.

2. 재화의 공급의제와 매입세액공제

본래 재화의 공급은 '계약상 또는 법률상의 모든 원인에 의하여 재화를 인도 또는 양도하는 것'으로, 당초 매입세액공제를 받았는지는 묻지 않는다. 따라서 매입세액공제를 받지 않은 재화를 인도 또는 양도하는 경우에도 '재화의 공급'에 해당하여 매출세액을 거래징수 · 납부해야 한다.

그러나 이러한 논리는 재화의 공급의제에는 적용되지 않는다. 과세사업에 사용하기 위하여 매입한 재화의 매입세액이 매출세액에서 공제되지 않은 경우 그 매입세액은 사업자의 부담이 되는데, 다시 재화의 공급의제를 적용하여 매출세액을 해당 사업자에게 다시 납부하게 한다면 (거래상대방이 존재하지 않고 대가를 받지 않아 그 매출세액을 거래상대방에게 전가되지 않기 때문에) 해당 사업자가 부가가치세를 이중으로 부담하는 결과가 된다. 이러한 점을 고려하여 매입세액이 매출세액에서 공제되지 않은 것은 재화의 공급으로 보지 않도록 한 것이다. 즉 '매입세액이 공제된' 자기생산 · 취득재화에 대해서만 재화의 공급으로 보는 것이다. 반면에, 판매목적 타사업장 반출의 경우에는 반출하는 사업장의 매출세액은 반입하는 사업장의 매입세액이 되어 상쇄되므로 추가적인 세부담이 발생하지 않는다. 따라서 판매목적으로 반출하는 사업장에서 그 재화를 매입할 때 매입세액을 공제받지 않은 것도 판매목적으로 다른 사업장에 반출하는 경우에는 재화의 공급으로 본다.

❑ 출제위원 채점평

부가가치세법상 과세대상거래에 대한 일반적인 내용을 포괄적으로 묻는 문제였다. 수험생들이 가장 기본적인 내용이라고 생각하는 내용이 출제되어 비교적 수월하게 답안을 작성한 것으로 생각된다. 하지만 답안 작성 시 그 상황의 예외가 되는 내용을 생략하거나 내용을 나열하고 그 이유를 밝히는 부분에 대하여서는 나열만 하고 그 이유에 대하여는 핵심적인 내용을 기술하지 못하고 앞의 내용을 대강 동의 반복하는 등 출제자의 의도를 파악하지 못하는 수험생들도 많아 안타깝게 생각했다.

제4절 부수재화 · 용역의 공급

I 주된 '거래'에 부수하여 공급되는 재화 · 용역

1. 유 형

주된 재화 · 용역의 공급에 부수(附隨)되어 공급되는 것으로서 다음 중 어느 하나에 해당하는 재화 · 용역의 공급은 주된 재화 · 용역의 공급에 포함되는 것으로 본다(부가법 14 ①).

범위	사례
(1) 해당 대가가 주된 재화 · 용역의 공급에 대한 대가에 통상적으로 포함되어 공급되는 재화 · 용역 (2) 거래의 관행으로 보아 통상적으로 주된 재화 · 용역의 공급에 부수하여 공급되는 것으로 인정되는 재화 · 용역	• 피아노를 공급하면서 피아노용 의자를 제공하고 이를 운반해 주는 것 • 미술학원에서 교육용역을 공급하면서 실습자재를 제공하는 것 • TV수상기를 공급하고 그 A/S용역을 제공하는 것 • 수선용역을 제공하면서 부속품을 교체해 주는 것

2. 구분의 실익

주된 거래와 관련된 부수공급은 별도의 독립된 거래로 보지 않고 주된 거래인 재화 · 용역의 공급에 흡수되는 것으로 본다. 따라서 이러한 부수 재화 · 용역의 공급에 관해서는 ① 그 공급시기를 별도로 판단할 필요가 없으며, 별도로 세금계산서를 발급할 필요가 없고, 따라서 별도로 과세표준을 계산하지 않는다. 한편 ② 그 부수 공급에 대한 과세 · 면세의 여부도 주된 거래에 따르는 것이다. 따라서 부가가치세가 면세되는 재화 · 용역의 공급에 통상적으로 부수되는 재화 · 용역의 공급은 그 면세되는 재화 · 용역의 공급에 포함되는 것으로 본다(부가법 26 ②).

이처럼 이들 부수재화 · 용역을 주된 거래에 포함시키는 이유는 그 구분계산이 사실상 곤란한 반면, 구분계산의 효익이 별로 없기 때문이다.

[도 표] 주된 거래에 부수되는 재화·용역

주된 재화·용역	부수재화·용역	구분의 실익
PC의 공급	S/W, 운송용역 : 과세	부수재화·용역은 독립된 거래로 보지 않으며, 과세 여부도 주된 거래인 재화·용역에 따른다.
미술학원교육용역	실습도구 : 면세	
조경공사	수목·화초 : 과세	

Ⅱ 주된 '사업'에 부수하여 공급되는 재화·용역

1. 유 형

주된 사업에 부수되는 다음 중 어느 하나에 해당하는 재화·용역의 공급은 별도의 공급으로 보되, 과세 및 면세 여부 등은 주된 사업의 과세 및 면세 여부 등을 따른다(부가법 14 ②).

범위	사례
(1) 주된 사업과 관련하여 우연히 또는 일시적으로 공급되는 재화·용역	• 사업용 고정자산의 매각
(2) 주된 사업과 관련하여 주된 재화의 생산 과정이나 용역의 제공 과정에서 필연적으로 생기는 재화* * 여기에는 용역이 포함되지 않음에 주의할 것	• 부산물·작업설물(scrab) 등(생사*제조업에서 발생하는 번데기, 유리도매업에서 발생되는 파유리 등)의 매각 * 누에고치에서 뽑아낸 실 • 밀가루 생산 과정에서 생기는 밀기울

2. 구분의 실익

주된 사업에 관련된 부수공급은 독립된 사업으로 보지 않는다. 즉 이들은 주된 사업에 부수하여 공급되는 것이므로 독립된 사업이 아니라 주된 사업의 일부를 구성하는 것으로 취급한다는 것이다.

따라서 이들 부수공급의 과세 및 면세 여부는 주된 사업을 따른다(부가법 14 ②). 예컨대 과세사업자가 사업용 비품을 매각한 경우에는 부가가치세가 과세되며, 면세사업자가 사업용 비품을 매각한 경우에는 면세되는 것이다(다만, 이것은 해당 재화·용역이 과세대상인 경우를 가정한 것이다. 해당 재화·용역이 면세대상이라면 주된 사업이 과세사업이든 면세사업이든 면세된다).

그러나 이들은 별도의 독립된 거래이다. 이들은 단지 주된 사업에 부수되는 것일 뿐 어떤 특정한 거래에 흡수된 것이 아니기 때문이다. 따라서 그 공급시기가 독자적으로 존재하며, 세금계산서를 별도로 발급해야 하고 과세표준도 별도로 계산해야 한다. 이것이 주된 거래 자체에 통상적으로 부수되는 재화·용역과 현저히 다른 점이다.

[도 표] 주된 사업에 부수되는 재화·용역

구분	주된 사업	부수재화·용역	구분의 실익
일시적 공급	제조업(차량)	사업용 건물 매각 : 과세 A/S 제공 : 과세	주된 사업과 관련하여 우연히·일시적으로 공급되는 재화·용역은 독립된 사업으로 보지 않으며, 과세 여부도 주된 사업에 따른다.
	은행업	사업용 건물 매각 : 면세 세무상담 서비스 : 면세	
부산물	제분업(밀가루)	밀기울 매각 : 면세	주된 재화의 생산과정에서 부수하여 생산되는 재화의 공급은 독립된 사업으로 보지 않으며, 과세 여부도 주된 사업에 따른다.
	제조업(의류)	헝겊조각 매각 : 과세	

예규판례 거래의 관행상 장례식장에서 음식물 제공용역의 공급이 면세 대상인 장의용역의 공급에 통상적으로 부수되는지 여부

甲 학교법인이 병원 장례식장을 임차·운영하면서 상주 등에게 음식물 제공용역을 공급하고 이에 대한 부가가치세를 면세로 신고하였는데 과세관청이 이를 부가가치세 과세대상에 해당한다고 보아 부가가치세 부과처분을 한 사안에서, 부가가치세법에 따른 면세대상 여부를 결정할 때 거래 관행상 주된 거래에 부수되는 재화·용역에 관한 규정을 적용하는데, 음식물 제공용역의 공급이 장의용역에 해당하지 않는 것은 사실이나, 어떤 재화·용역의 공급이 면세대상인지를 가릴 때에는 관련 규정을 바탕으로 여러 사정을 종합하여 결정해야지 면세대상인 주된 재화·용역 본래의 의미에 해당하지 않는다는 이유만으로 어떤 재화·용역의 공급의 부수성을 함부로 부정할 것은 아니라고 전제한 다음, 구 부가가치세법 시행령 거래 관행상 주된 거래에 부수되는 재화·용역의 규정의 문언 내용, 국민의 복지후생 차원에서 장례의식을 위한 비용의 부담을 가볍게 하기 위한 부가가치세 면세제도의 취지 등에 비추어 볼 때, 부수성 인정 여부의 핵심은 ① 거래 관행상 장의용역 공급 과정에서 누구에 의해서 음식물 제공 용역의 공급이 부수되어 이루어지고 있는 것인지에 있을 뿐, 음식물 제공 용역의 공급이 장의용역 공급자에 의해 직접 이루어져야만 부수성을 인정할 수 있는 것으로 제한하여 해석할 아무런 이유가 없는 점, ② 장례식장에서의 음식물 제공용역의 공급은 일반인이 아니라 특정 조문객만을 대상으로 빈소 바로 옆 공간이라는 제한된 장소에서 이루어지는 것이 일반적인 점 등에 비추어 보면, 거래의 관행상 장례식장에서 음식물 제공용역의 공급이 부가가치세 면세 대상인 장의용역의 공급에 통상적으로 부수되고 있음을 충분히 인정할 수 있다고 본 원심판단이 정당하다(대법원 2013.6.28. 선고 2013두932 판결).

이 판례에 따라 행정해석도 장례식장 영업자가 장례식장을 방문한 문상객에게 음식용역을 제공하는 경우 해당 음식용역은 면세되는 용역에 통상적으로 부수되는 용역으로 본다(기획재정부 부가가치세제과-640, 2013.10.30.). ■

사례 1 **과세거래 판정(1)**

다음의 사례를 읽고 부가가치세 과세거래인지 여부를 그 이유와 함께 기술하오. (10점)

(1) 곡물가공업체인 사업자가 외국산 밀 등을 제분하여 밀가루를 생산하는 과정에서 밀기울 등을 생산·공급하는 경우

(2) 위 (1) 곡물가공업체로부터 밀기울을 면세로 공급받아 중간판매수집상이 이를 다시 제3자에게 공급하는 경우

(3) 부가가치세가 면세되는 의료보건용역을 제공하는 A의료원과 甲은 독립하여 자신의 계산으로 그 구내식당을 임차한 다음, 대가를 받고 급식을 제공하는 경우

(4) 청량음료를 제조하는 乙회사가 시식용 상품을 할인매장에서 고객에게 무상으로 나눠주는 경우

(5) 임대인 국민연금관리공단은 임대차계약기간 만료로 임대차계약 해지통보에도 불구하고 임차인 ㈜시네마가 불법점유를 계속하자, 6개월 동안 받을 월임대료를 임대보증금에서 공제한 경우

(6) 주택신축판매업자가 분양하기 위하여 신축한 국민주택 규모(전용면적 85㎡)를 초과하는 주택을 주택임대사업에 사용하는 경우

(7) 장의용역을 공급하는 장례식장 경영자가 장례식장을 방문한 조문객에게 관행적으로 음식용역을 제공하는 경우

(8) A건설회사는 국민주택 규모(전용면적 85㎡) 이하의 아파트를 공급하면서 아파트 분양계약과 별도로 수분양자의 선택에 따라 발코니 확장공사에 관한 용역을 제공하고 대금을 분양대금과 구분하여 수령하는 경우

해 답

(1) 주된 재화인 밀가루가 면세대상 재화이므로 그 사업자의 그 밀가루 공급과 관련한 부수생산물인 밀기울의 공급도 그 사업자의 공급 단계에서는 면세대상이다.

(2) 부가가치세가 면세되는 재화·용역의 공급에 필수적으로 부수되는 재화·용역의 공급으로서 면세되는 재화·용역의 공급에 포함되는 것으로 보는 것의 범위는 부가가치세가 면세되는 주된 재화·용역을 공급하면서 그에 필수적으로 부수되는 어느 재화·용역을 공급하는 사업자 자신의 거래로만 국한해야 하는 것이다(대법원 2001.3.15. 선고 2000두7131 전원합의체 판결). 따라서 곡물가공업체인 사업자가 외국산 밀 등을 제분하는 과정에서 밀기울을 부수하여 생산·공급하는 경우, 주된 재화인 밀가루가 면세대상 재화이므로 그 사업자의 그 밀가루 공급과 관련한 부수생산물인 밀기울의 공급도 그 사업자의 공급 단계에서만 면세대상으로 되는 것일 뿐, 그 사업자인 곡물가공업체로부터 밀기울을 면세로 공급받아 이를 다시 제3자에게 전매하는 중간수집판매상의 공급 단계에서까지 면세되는 것이 아니므로 그 밀기울의 공급에 대해서는 부가가치세가 과세된다.

(3) A의료원이 제공하는 면세용역과는 별개로 독립하여 재화 등을 공급한 것이므로, 의료보건용역에 필수적으로 부수되는 재화 등을 공급한 것이라고 볼 수 없다. 따라서 부가가치세가 과세된다.

(4) 시식용 상품은 乙회사가 판매하려는 상품의 내용과 질을 소비자로 하여금 직접 시험케 하여 소비자의 구매의욕을 자극함으로써 판매를 촉진하기 위한 것으로서 그 구입 배포에 소요된 비용은 상품의 판매를 위한 광고선전 목적으로 불특정 다수인을 상대로 지출한 비용에 해당하며, 시식용 상품에 관한 비용이 광고선전비에 해당하는 이상 그 무상배포에 대한 실질적 공급대가는 유상으로 판매하는 동종 상품의 대가에 포함되어 있다고 볼 수 있으므로 부가가치세 과세대상이 아니다(대법원 1994.3.22. 선고 93누14134 판결).

(5) 임대인의 해지통고로 건물 임대차계약이 해지되어 임차인의 점유가 불법점유가 된다고 하더라도, 임차인이 건물을 명도하지 않고 계속 사용하고 있고 임대인 또한, 임차보증금을 반환하지 않고 보유하면서 향후 월 임료 상당액을 보증금에서 공제하는 관계에 있다면, 이는 부가가치세의 과세대상인 용역의 공급에 해당하고(대법원 2002.11.22. 선고 2002다38828 판결), 대가를 받기로 하고 타인에게 용역을 공급한 이상 실제로 그 대가를 받았는지의 여부는 부가가치세 납부의무의 성립 여부를 결정하는 데 아무런 영향을 미칠 수 없다.

(6) 국민주택 규모 이상의 주택인 과세재화를 주택임대사업인 면세사업에 전용한 것은 재화의 공급의제에 해당하므로 부가가치세가 과세된다.

(7) 거래 관행상 장례식장 경영자가 장례식장을 방문한 조문객에게 음식용역을 제공하는 경우 해당 음식용역은 면세되는 장의용역에 통상적으로 부수되는 용역이다. 따라서 주된 용역의 공급인 장의용역(면세대상)과 법률적인 운명을 같이하므로 그 음식용역도 함께 면세대상에 해당한다.

(8) A회사는 면세대상인 국민주택규모 이하의 아파트를 공급하면서 그 아파트 중 일부에 관하여 발코니를 확장하는 공사용역(과세대상)을 함께 공급하였다. 만약 발코니를 확장하는 공사용역이 국민주택규모 이하의 아파트의 공급에 부수하여 공급되는 용역으로 본다면 발코니 확장 공사용역도 부수공급의 법리에 따라 면세가 되어야 한다.

그런데 해당 아파트의 수분양자들이 분양계약을 체결하면서 발코니 확장 여부를 선택할 수 있었고 해당 아파트에 관한 분양대금과는 별도로 확장 공사용역의 대금을 산정하여 수령한 점을 고려해 볼 때, 발코니 확장 공사용역은 수분양자의 선택에 따라 그 공급 여부가 결정되는 것으로서 그 공급이 부가가치세가 면제되는 해당 아파트의 공급에 거래의 관행상 통상적으로 부수되는 것이거나 필수적으로 부수되는 것에 해당한다고 볼 수 없다. 따라서 발코니 확장 공사용역의 공급은 부가가치세가 과세되는 별개의 독립된 거래에 해당한다(대법원 2014두 40036, 2014.12.11.).

사례 2 **과세거래 판정(2)**

다음 사례를 읽고 과세거래인지 여부를 판단하시오. (10점)

(1) 쌍용제지 주식회사는 화장지를 판매경쟁이 치열한 지역에 위치한 대리점에 견본품이 아닌 정품 화장지를 제공하여 고객사은행사의 용도에 사용하게 하였다.

(2) 칫솔을 공급하는 주식회사는 판매촉진을 위해서 칫솔 진열대를 주거래처에 무상으로 공급하였다.

(3) 부동산임대업을 경영하는 사업자가 그 임대업을 폐업할 목적으로 임대용건물을 양도하고 곧바로 폐업신고를 하였다.

(4) 김치가공업을 경영하는 사업자가 국방부로부터 공급받은 배추, 무, 고추가루, 마늘, 젓갈류에 생강, 천일염, 설탕, 조미료 등을 첨가하여 만든 김치를 국방부에 납품하고 대가를 수령하였다.

(5) 7080미디어 주식회사는 세계고전음악의 음반 CD 40매에 그 해설도서 1권과 악보집 2, 3권을 첨부한 음반전집 1질을 하나의 공급단위로 하여 판매하였다.

해 답

(1) 쌍용제지 주식회사는 화장지를 판매경쟁이 치열한 지역에 위치한 대리점에 견본품이 아닌 정품 화장지를 제공하여 고객사은행사의 용도에 사용하게 한 것은 판매촉진을 목적으로 한 것이므로 그 정품인 화장지를 제공하는 데 사용된 비용은 판매부대비용에 해당하고 그 실질적인 공급대가는 유상으로 판매하는 동종 상품의 대가에 포함되어 있어 재화의 공급의제 중 '사업상 증여'에 해당하지 않는다. 따라서 과세거래에 해당하지 않는다.

(2) 법인의 손금에 전액 산입되는 판매 부대비용은 그 매입원가와 합하여 과세관청의 법인의 소득결정에 있어 당해 상품이나 제품의 매출수익에 대응하는 비용으로 공제될 뿐 아니라 기업으로서도 회계상 해당 상품이나 제품의 소비자공급가격의 책정에 반영함으로써 그 공급대가에 포함하게 된다.

칫솔 공급회사가 소비자들의 구매의욕을 자극함으로써 판매를 촉진하기 위하여 칫솔을 담아 진열하는 용기인 칫솔 진열대를 별도의 대가 수령 없이 공급하는 한편 그 구입에 소요되는 비용을 판매 부대비용으로 처리하여 전액 손금에 산입하였다면, 위 칫솔 진열대의 실질적인 공급대가는 유상으로 공급하는 칫솔의 대가에 포함되어 있다고 보아야 한다. 따라서 무상으로 제공한 칫솔 진열대의 공급대가가 칫솔의 공급대가에 포함되어 있으므로 '사업상 증여'에 해당하지 않아 과세거래에서 제외된다.

(3) 과세거래인 '재화의 공급'이란 계약상 또는 법률상의 모든 원인에 의하여 재화를 인도 또는 양도하는 것을 말하고, 그 납세의무자는 영리목적의 유무에 불구하고, 사업상 독립적으로 재화·용역을 공급하는 자이므로, 사업자가 계약상 또는 법률상 원인에 의하여 재화를 인도 또는 양도하는 경우에는 부가가치세를 면제하거나 부과하지 않는 한 부가가치세를 납부할 과세대상이 된다.

한편 사업자가 주된 사업으로서 계속적으로 반복하여 재화를 공급하는 것이 아니라 주된 사업과 관련하여 우발적 또는 일시적으로 재화를 공급하는 경우에도 과세대상이 되고, 또한 부가가치세법상 재화 · 용역의 공급에 해당하는 이상 그 공급의 목적이 사업의 유지 · 확장을 위한 것이든 아니면 사업의 청산 · 정리 또는 폐지를 위한 것이든 관계 없이 과세대상이 된다.

따라서 부동산임대업을 영위하던 사업자로서 자신의 부동산임대업에 제공되던 부동산을 양도한 것은 재화를 공급한 것이므로 그 목적이 사업폐지를 위한 것이라 하더라도 부가가치세법에 따른 부가가치세 과세거래에 해당한다.

(4) 면세대상인 재화와 용역은 제한적 열거규정에 해당한다. 그런데 부가가치세법에서 김치의 재료가 되는 채소류와 김치를 면세대상으로 규정하고 있으나, 김치의 가공용역에 대해서는 면세대상으로 한다는 아무런 규정이 없으므로 면세재화인 김치에 부수하여 동시에 공급되는 용역으로서 주된 재화의 공급에 포함될 수 있는 경우가 아니라 그 용역이 독립하여 별도로 공급되는 때에는 면세재화인 채소류를 재료로 하여 역시 면세재화인 김치를 제조하는 중간과정에서 발생한 거래라 하더라도 면세대상이라고 할 수 없다.

(5) 수개의 재화를 하나의 공급단위로 하는 거래에 있어, 그중 어느 재화가 주된 재화이고 어느 재화가 부수된 것인지는, 해당 구체적 거래의 태양에 비추어 거래당사자 사이의 공급의 목적과 의도가 어디에 있는지를 보아 판단해야 한다.

사례에서는 주된 재화가 음반이고 그 해설도서와 악보집은 음반에 부수하여 공급되는 것이므로 비록 해설도서와 악보집이 면세대상이더라도 주된 재화인 음반이 과세대상이므로 주된 거래에 해설도서 악보집도 흡수되어 과세거래에 해당한다.

제5절 재화 · 용역의 공급시기와 공급장소

I 재화 · 용역의 공급시기

재화 · 용역의 공급시기는 재화 · 용역의 공급이 어느 과세기간에 귀속되는가를 결정하는 기준이 된다. 뿐만 아니라 공급시기에 공급자는 거래상대방에게 세금계산서를 발급해야 하므로, 공급시기는 세금계산서를 발급하는 시기를 정하는 기준으로서도 매우 중요한 의의를 가지고 있다.

1. 재화의 공급시기

(1) 일반적인 공급시기

재화가 공급되는 시기는 ① 재화의 이동이 필요한 경우에는 재화가 인도되는 때, ② 재화의 이동이 필요하지 않은 경우에는 재화가 이용가능하게 되는 때, ③ 앞의 ①,②를 적용할 수 없는 경우에는 재화의 공급이 확정되는 때로 한다. 이에 기초한 구체적인 거래 형태별 재화의 공급시기는 다음 표에 따른다(부가법 15 ①, 부가령 28 ①).

구분	재화의 공급시기
① 현금판매, 외상판매 또는 할부판매의 경우	• 재화가 인도되거나 이용가능하게 되는 때
② 상품권 등을 현금 또는 외상으로 판매하고 그 후 해당 상품권 등이 현물과 교환되는 경우	• 재화가 실제로 인도되는 때
③ 재화의 공급으로 보는 가공의 경우	• 가공된 재화를 인도하는 때

(2) 특수한 공급시기

1) 장기할부판매 등(부가법 15 ②, 부가령 28 ②,③)

구분	재화의 공급시기
① 반환조건부 판매, 동의조건부 판매, 그 밖의 조건부 판매 및 기한부 판매의 경우	• 그 조건이 성취되거나 기한이 지나 판매가 확정되는 때
② 장기할부판매의 경우	• 대가의 각 부분을 받기로 한 때

③ 완성도기준지급조건부 또는 중간지급조건부로 재화를 공급하는 경우	• 대가의 각 부분을 받기로 한 때 ※ 다만, 재화가 인도되거나 이용가능하게 되는 날 이후에 받기로 한 대가의 부분에 대해서는 재화가 인도되거나 이용가능하게 되는 날을 공급시기로 본다.
④ 전력이나 그 밖에 공급단위를 구획할 수 없는 재화를 계속적으로 공급하는 경우	• 대가의 각 부분을 받기로 한 때

여기서 '장기할부판매'란 재화를 공급하고 그 대가를 월부, 연부 그 밖의 할부의 방법에 따라 받는 것 중 ① 2회 이상으로 분할하여 대가를 받고 ② 해당 재화의 인도일의 다음 날부터 최종 할부금 지급기일까지의 기간이 1년 이상인 것을 말한다(부가칙 17).

그리고 '중간지급조건부 공급'이란 ① 계약금을 받기로 한 날의 다음 날부터 재화를 인도하는 날(또는 재화를 이용가능하게 하는 날)까지의 기간이 6개월 이상인 경우로서 ② 그 기간 이내에 계약금 외의 대가를 분할하여 받는 경우를 말한다(부가칙 18).

2) 재화의 공급의제(부가령 28 ④)

구분		재화의 공급시기
① 자기생산 · 취득재화의 공급의제	• 면세사업에의 전용	• 재화를 사용 · 소비하는 때
	• 승용자동차 등의 비영업용에의 전용	
	• 개인적 공급	
	• 사업상 증여	• 재화를 증여하는 때
	• 폐업시 잔존재화의 자기공급	• 폐업일
② 판매목적 타사업장 반출재화의 공급의제		• 재화를 반출하는 때

3) 수출재화 등(부가령 28 ⑤,⑥)

구분	재화의 공급시기
① 수출재화의 경우 • 내국물품의 국외반출 및 중계무역방식의 수출 • 원양어업 및 위탁판매수출 • 외국인도수출 및 위탁가공무역방식의 수출	 • 수출재화의 선(기)적일 • 수출재화의 공급가액이 확정되는 때 • 외국에서 해당 재화가 인도되는 때
② 무인판매기를 이용하여 재화를 공급하는 경우	• 해당 사업자가 무인판매기에서 현금을 꺼내는 때

참고사항 수출의 범위에 포함하는 원료 등의 국외반출의 경우 공급시기(부가령 28 ⑥ (1),(3))

원료 등의 국외반출	공급시기
㉠ 원료를 대가 없이 국외의 수탁가공 사업자에게 반출하여 가공한 재화를 양도하는 경우에 그 원료의 반출	외국에서 해당 재화가 인도되는 때
㉡ 관세법에 따라 수입의 신고가 수리되기 전의 물품으로서 보세구역에 보관하는 물품의 외국으로의 반출	수출재화의 선(기)적일

(3) 폐업 전에 공급한 재화의 공급시기 특례

앞의 (1) · (2)의 규정에도 불구하고 사업자가 폐업 전에 공급한 재화의 공급시기가 폐업일 이후에 도래하는 경우에는 그 폐업일을 공급시기로 본다(부가령 28 ⑨). 여기서 '폐업 전 공급'에는 재화의 인도 · 양도가 이루어지지 않았더라도 공급의 상대방 · 시기, 가액을 확정할 수 있는 계약 등의 원인이 폐업 전에 발생한 경우를 포함한다(대법원 2005두10543). 따라서 폐업 전에 재화에 대한 매매계약이 이루어진 경우에는 폐업일 현재 그 재화가 아직 인도되지 않은 경우에도 재화의 공급의제가 아닌 본래의 재화의 공급으로서 그 공급가액을 과세표준으로 계산하여 부가가치세를 과세하는 것이다.

참고사항 특수한 경우의 공급시기

1. 사업자가 보세구역 안에서 보세구역 밖의 국내에 재화를 공급하는 경우가 재화의 수입에 해당할 때에는 수입신고 수리일을 재화의 공급시기로 본다(부가령 28 ⑦). 이것은 사업자가 행하는 재화의 공급시기이며, 재화의 수입시기는 관세법에 따른 수입신고가 수리된 때로 한다(부가법 18).

2. 위탁판매 · 대리인에 의한 매매의 경우에는 수탁자 · 대리인의 공급을 기준으로 하여 위 공급시기의 규정을 적용한다. 다만, 해당 거래 · 재화의 특성상(또는 보관 · 관리상) 위탁자 · 본인을 알 수 없는 경우에는 위탁자와 수탁자 또는 본인과 대리인 사이에도 별개의 공급이 이루어진 것으로 보아 위 공급시기의 규정을 적용한다(부가령 28 ⑩). ■

2. 용역의 공급시기

(1) 일반적인 공급시기

용역이 공급되는 시기는 ① 역무의 제공이 완료되는 때*, ② 시설물, 권리 등 재화가 사용되는 때로 한다(부가법 16 ①).

* 위 ①에서 '역무의 제공이 완료되는 때'는 역무가 현실적으로 제공됨으로써 역무를 제공받는 자가 역무제공의 산출물을 사용할 수 있는 상태에 놓이게 된 시점을 말한다(대법원 2008.08.21. 선고 2008두5117 판결).

이처럼 일반적인 용역의 공급은 ①과 같이 용역의 제공이 완료된 때에 공급시기가 도래하여 부가가치세 납세의무가 성립하고, 대가를 받기로 하고 타인에게 용역을 공급한 이상 실제로 그 대가를 받았는지의 여부는 부가가치세 납세의무의 성립 여부를 결정하는 데 아무런 영향을 미칠 수 없다(대법원 1995.11.28. 선고 94누11446 판결).

(2) 특수한 공급시기

1) 장기할부조건부 공급 등(부가법 16 ②, 부가령 29 ①)

구분	용역의 공급시기
① 장기할부조건부 또는 그 밖의 조건부로 용역을 공급하는 경우(*주1)	• 대가의 각 부분을 받기로 한 때
② 완성도기준지급조건부 또는 중간지급조건부로 용역을 공급하는 경우(*주2)	• 대가의 각 부분을 받기로 한 때 ※ 다만, 역무의 제공이 완료되는 날 이후 받기로 한 대가의 부분에 대해서는 역무의 제공이 완료되는 날을 공급시기로 본다.
③ 공급단위를 구획할 수 없는 용역을 계속적으로 공급하는 경우	• 대가의 각 부분을 받기로 한 때

(*주1) '장기할부조건부로 용역을 공급하는 경우'는 용역을 공급하고 그 대가를 월부, 연부 또는 그 밖의 할부의 방법에 따라 받는 것 중 ① 2회 이상으로 분할하여 대가를 받고 ② 해당 용역의 제공이 완료되는 날의 다음 날부터 최종 할부금 지급기일까지의 기간이 1년 이상인 것으로 한다(부가칙 19).

(*주2) '중간지급조건부 용역을 공급하는 경우'란 ① 계약금을 받기로 한 날의 다음 날부터 용역의 제공을 완료하는 날까지의 기간이 6개월 이상인 경우로서 ② 그 기간 이내에 계약금 외의 대가를 분할하여 받는 경우를 말한다(부가칙 20).

2) 그 밖의 경우(부가령 29 ②)

구분	용역의 공급시기
① 역무의 제공이 완료된 때 또는 대가를 받기로 한 때를 공급시기로 볼 수 없는 경우	• 역무의 제공이 완료되고 그 공급가액이 확정되는 때
② 부동산임대용역을 공급하는 경우에 전세금 또는 임대보증금에 대한 간주임대료 ③ 부동산임대용역을 둘 이상의 과세기간에 걸쳐 공급하고 그 대가를 선불 또는 후불로 받는 경우에 월수에 따라 안분계산한 임대료	• 예정신고기간 또는 과세기간의 종료일
④ 둘 이상의 과세기간에 걸쳐 계속적으로 일정한 용역(*주)을 제공하고 그 대가를 선불로 받는 경우	
⑤ 사업자가 「사회기반시설에 대한 민간투자법(제4조 (3))」의 BOT 방식*을 준용하여 설치한 시설에 대하여 둘 이상의 과세기간에 걸쳐 계속적으로 시설을 이용하게 하고 그 대가를 받는 경우 * BOT(Build-Own-Transfer) 방식 : 사회기반시설의 준공 후 일정기간 동안 사업시행자에게 해당 시설의 소유권이 인정되며 그 기간이 만료되면 시설소유권이 국가 또는 지방자치단체에 귀속되는 방식을 말한다.	

(*주) 위 ④에서 '일정한 용역'이란 다음 중 어느 하나에 해당하는 용역을 말한다(부가령 29 ② (3)).

① 헬스클럽장 등 스포츠센터를 운영하는 사업자가 연회비를 미리 받고 회원들에게 시설을 이용하게 하는 것
② 사업자가 다른 사업자와 상표권 사용계약을 할 때 사용대가 전액을 일시불로 받고 상표권을 사용하게 하는 것
③ 노인복지법에 따른 노인복지시설(유료인 경우에만 해당한다)을 설치·운영하는 사업자가 그 시설을 분양받은 자로부터 입주 후 수영장·헬스클럽장 등을 이용하는 대가를 입주 전에 미리 받고 시설 내 수영장·헬스클럽장 등을 이용하게 하는 것
④ 그 밖에 ①~③과 유사한 용역

(3) 폐업 전에 공급한 용역의 공급시기 특례

앞의 (1)·(2)의 규정에도 불구하고 사업자가 폐업 전에 공급한 용역의 공급시기가 폐업일 이후에 도래하는 경우에는 그 폐업일을 공급시기로 본다(부가령 29 ③).

예규판례 통상적인 용역 공급의 경우 그 공급시기를 확정하기 위한 '역무제공의 완료시'의 의미

용역제공의 완료시 공급가액이 확정되는 통상적인 용역 공급의 경우에는 역무제공의 완료시가 일반적인 공급시기가 된다 할 것이고(대법원 1999.5.14. 선고 98두3952 판결), 여기에서 역무제공의 완료시는 거래사업자 사이의 계약에 따른 역무제공의 범위와 계약조건 등을 고려하여 역무의 제공사실을 가장 확실하게 확인할 수 있는 시점, 즉 역무가 현실적으로 제공됨으로써 역무를 제공받는 자가 역무제공의 산출물을 사용할 수 있는 상태에 놓이게 된 시점을 말한다.

원고는 이 사건 건물에 대한 보수공사를 시행하여 2001.11.23. 소방시설 완공검사필증을 받아 공사를 완료하고, 2001.12.6. 건축주 소외 2 명의로 이 사건 건물에 대한 사용승인신청서를 제출하여 2002.1.30. 건물 사용승인을 받은 사실을 알 수 있는 바, 앞서 본 법리와 기록에 비추어 살펴보면, 이 사건 건물의 보수공사는 용역제공의 완료시 공급가액이 확정되는 통상적인 용역공급의 경우에 해당하고, 이 사건 보수공사가 2001.11.경 완료되었다고 하더라도 이 사건 보수공사의 제공범위와 계약조건에 의하면 원고에게 사용검사승인을 받게 할 책임이 있는 이 사건 계약상 사용검사승인일까지는 역무의 제공이 완료되었다고 볼 수 없으므로, 결국 이 사건 건물의 사용검사승인일을 역무제공이 완료되는 용역의 공급시기로 보아야 할 것이다.

그럼에도 불구하고, 원심은 이 사건 건물의 보수공사에 대한 역무 제공의 완료일은 원고가 소방공사검사필증을 교부받은 2001.11.23.로 봄이 상당하다고 하여 원고가 2001년 제2기에 이 사건 건물의 보수공사 용역을 제공하고도 과세기간을 달리하여 2002년 제1기에 위 보수공사비 37억 원에 관한 세금계산서를 발급함으로써 2001년 제2기에 위 공사비를 매출누락하였다고 보고 위 매출누락액을 부가가치세 과세표준에 가산하여 부가가치세를 부과처분한 것은 위법하다(대법원 2008.8.21. 선고 2008두5117 판결). ■

3. 재화·용역의 공급시기의 특례

현행 부가가치세법은 세금계산서를 중심으로 부가가치세제를 운영하기 위해서 본래의 재화·용역의 공급시기가 되기 전에 세금계산서를 발급하면 그 세금계산서 발급시기를 공급시기로 보는 특례를 두고 있는데 그 내용은 다음과 같다.

(1) 원칙(공급시기 전 받은 대가에 대한 발급)

사업자가 본래의 재화 · 용역의 공급시기가 되기 전에 재화 · 용역에 대한 대가의 전부 또는 일부를 받고, 그 받은 대가에 대하여 세금계산서 또는 영수증을 발급하면 그 세금계산서 등을 발급하는 때를 각각 그 재화 · 용역의 공급시기로 본다(부가법 17 ①). 여기서 대가의 수령을 요건으로 하는 이유는 공급받은 사업자가 대가를 지급하지 않고 본래 공급시기가 되기 전에 미리 세금계산서만을 발급받아 매입세액을 부당하게 공제받은 사례를 방지하려는 데 있다.

(2) 예외(발급 후 대가수령)

사업자가 본래 재화 · 용역의 공급시기가 되기 전에 세금계산서를 발급하고 그 세금계산서 발급일부터 7일 이내에 대가를 받으면 해당 세금계산서를 발급한 때를 재화 · 용역의 공급시기로 본다(부가법 17 ②). 다만, 다음 중 어느 하나에 해당하는 경우에는 재화 · 용역을 공급하는 사업자가 그 재화 · 용역의 공급시기가 되기 전에 세금계산서를 발급하고 그 세금계산서 발급일부터 7일이 지난 후 대가를 받더라도 해당 세금계산서를 발급한 때를 재화 · 용역의 공급시기로 본다(부가법 17 ③).

① 거래 당사자 간의 계약서 · 약정서 등에 대금 청구시기(세금계산서 발급일을 말한다)와 지급시기를 따로 적고, 대금 청구시기와 지급시기 사이의 기간이 30일 이내인 경우

② 재화 · 용역의 공급시기가 세금계산서 발급일이 속하는 과세기간 내(공급받는 자가 조기환급을 받은 경우에는 세금계산서 발급일부터 30일 이내)에 도래하는 경우

이들 규정은 세금계산서를 발급하기 전에 대가를 받을 수 없는 실무상 어려움을 고려하여 세금계산서 발급 후 대가를 받은 경우에도 그 발급한 때를 공급시기로 보는 것이다.

(3) 장기할부판매 등의 특례

사업자가 다음의 공급시기가 되기 전에 세금계산서 또는 영수증을 발급하는 경우에는 그 발급한 때를 각각 그 재화 · 용역의 공급시기로 본다(부가법 17 ④, 부가령 30).

① 장기할부판매로 재화를 공급하거나 장기할부조건부로 용역을 공급하는 경우의 공급시기

② 전력이나 그 밖에 공급단위를 구획할 수 없는 재화를 계속적으로 공급하는 경우의 공급시기

③ 공급단위를 구획할 수 없는 용역을 계속적으로 공급하는 경우의 공급시기

④ 외국항행용역의 공급으로서 상법에 따라 발행된 선하증권에 따라 거래사실이 확인되는 경우의 공급시기(용역의 공급시기가 선하증권 발행일로부터 90일 이내인 경우로 한정한다)

이러한 장기할부 등의 공급은 본래의 공급시기(대가의 각 부분을 받기로 한 때)가 되기 전에 이미 재화가 인도되었거나 역무의 제공이 완료되었으므로 실제 재화나 용역을 공급받지 않고 매입세액만 부당하게 공제받은 문제가 발생하지 않는다. 따라서 장기할부판매 등은 대가수령을 요건으로 하지 않고 그 세금계산서를 발급하는 때를 공급시기로 인정하는 것이다.

Ⅱ 재화 · 용역의 공급장소

'공급장소'란 재화 · 용역의 공급이 국내거래인가 혹은 국외거래인가를 결정하는 기준이 되는 장소를 말한다. 그런데 공급장소가 국외인 경우에는 원칙적으로 우리나라의 과세권이 미치지 않으므로, 결국 공급장소는 우리나라의 과세권이 미치는 거래인가의 여부에 관한 판정기준이라고 할 수 있다.

참고사항 국외거래에 대한 납세의무 및 공급장소가 국외인 경우(부기통 3-0-3, 20-0-1)

1. 부가가치세의 납세의무는 대한민국의 주권이 미치는 범위 내에서 적용하므로 사업자가 대한민국의 주권이 미치지 않는 국외에서 재화를 공급하는 경우에는 납세의무가 없다. 다만, 국내의 사업장에서 계약과 대가수령 등 거래가 이루어지는 것으로서 중계무역 방식의 수출, 위탁판매수출, 외국인도수출 및 위탁가공무역 방식의 수출의 방법으로 국외에서 재화를 공급하는 경우에도 납세의무가 있다(이들 수출에 대해서도 영세율을 적용하여 매입세액을 환급해 주려는데 그 취지가 있다).
2. 우리나라 국적의 항공기 또는 선박에서 이루어지는 거래는 국외거래로 보지 않는다.
3. ① 국외에 있는 부동산의 임대용역, ② 외국의 광고매체에 광고게재를 의뢰하고 지급하는 광고료의 용역은 해당 부동산 또는 광고매체가 사용되는 장소가 국외이므로 부가가치세가 과세되지 않는다. ■

1. 재화의 공급장소(부가법 19 ①)

구분	재화의 공급장소*
(1) 재화의 이동이 필요한 경우	• 재화의 이동이 시작되는 장소
(2) 재화의 이동이 필요하지 않은 경우	• 재화의 공급시기에 재화가 있는 장소

* 재화의 공급이 영세율 적용대상인 중계무역방식의 수출 등에 해당하면 재화의 공급장소가 국외인 경우에도 국내에서 재화가 공급되는 것으로 본다(부가법 19 ②).

2. 용역의 공급장소(부가법 20 ①)

구분	용역의 공급장소
(1) 일반적인 경우	• 역무가 제공되거나 시설물, 권리 등 재화가 사용되는 장소
(2) 국내 및 국외에 걸쳐 용역이 제공되는 국제운송의 경우 사업자가 비거주자 또는 외국법인인 경우	• 여객이 탑승하거나 화물이 적재(積載)되는 장소
(3) 전자적 용역(p.362 참조)의 경우	• 용역을 공급받는 자의 사업장 소재지, 주소지(또는 거소지)

사 례 **폐업한 사업자의 과세표준**

개인사업자 甲은 의류소매업을 영위하다가 2026년 4월 25일에 폐업하였는데, 이 날 현재 사업장에 남아 있는 재화가 다음과 같을 때 해당 재화의 과세표준에 포함되는 공급가액의 계산에 대해서 설명하시오.

(15점)

(1) A의류 100벌 : 당초 매입세액공제를 받음

(2) B의류 30벌 : 당초 매입세액공제를 받지 않았음

(3) 의류운반용 차량 : 당초 매입세액공제를 받음

(4) C의류 : 폐업 전에 장기할부판매로 인도하였으나 폐업일 이후에 공급시기가 도래하며 그 할부금의 합계액은 100만원이다.

(5) 사무실 건물 : 2026년 4월 10일에 매매대금 5억원, 인도일자 5월 10일자로 하여 乙과 매매계약을 체결한 상태이다.

(6) 의류보관용 창고건물 : 재화의 공급으로 보지 않는 사업양도에 의하여 2024년 5월 1일에 사업양수자 甲이 양수한 자산으로서 사업양도자 A가 매입세액공제를 받았으나, 甲은 그 당시 세금계산서를 발급받지 않아 매입세액공제를 받지 않았다.

해 답

(1) A의류 : 폐업시 잔존재화에 대한 공급의제에 해당하며, 이 경우 A의류의 시가를 과세표준에 포함되는 공급가액으로 한다.

(2) B의류 : 폐업시 잔존재화이지만, 당초 매입세액공제를 받지 않았으므로 공급의제에 해당하지 않는다. 따라서 부가가치세 과세대상이 아니므로 공급가액 계산을 하지 않는다.

(3) 운반용 차량 : 폐업시 잔존재화에 대한 공급의제에 해당하며, 차량은 감가상각자산이므로 다음의 간주시가를 과세표준에 포함되는 공급가액으로 한다.

간주시가 = 차량의 취득가액 × (1 − 25% × 경과된 과세기간 수)

(4) C의류 : 폐업일 이후에 공급시기가 도래하는 경우에는 폐업일을 공급시기로 한다. 따라서 할부금의 합계액 100만원을 과세표준에 포함되는 공급가액으로 한다.

(5) 사무실 건물 : 폐업일 현재 건물이 인도되지 않아, 폐업시 잔존하는 재화의 공급의제가 적용되는지 문제가 된다(여기에 해당하는 경우는 간주시가를 과세표준에 포함되는 공급가액으로 해야 한다). 폐업 전에 공급한 재화의 공급시기가 폐업일 이후에 도래한 경우에 그 폐업일을 공급시기로 한다는 규정에서 "폐업 전에 공급한"의 의미는 폐업 전에 재화가 인도되지 않았더라도 공급의 상대방, 시기, 가액을 확정할 수 있는 계약 등 원인이 폐업 전에 발생한 경우를 포함한다(대법원 2005두10453,

2006.13.). 따라서 그 공급시기는 폐업일이 되며, 받기로 약정한 매매대금 5억원을 과세표준으로 한다.

(6) 창고용 건물 : 사업양도자 A의 매입세액공제의 효과는 그대로 사업양수자 A에게도 영향을 미친다. 따라서 폐업시 잔존재화에 대한 공급의제에 해당하며, 건물은 감가상각자산이므로 다음의 간주시가를 과세표준에 포함되는 공급가액으로 한다.

간주시가 = 차량의 취득가액×(1 − 5%×경과된 과세기간 수)

연습문제

1 부가가치세법 제1조에 규정된 과세대상과 관련하여 부가가치세의 과세범위에 관하여 논하시오. (1993년, 40점)

2 부가가치세법에 따른 재화의 공급에 관하여 다음의 물음에 답하시오.

【물음 1】 재화의 개념과 범위 (5점)

【물음 2】 본래 재화의 공급의 개념 및 범위 (10점)

【물음 3】 재화의 공급의제 (10점)

【물음 4】 재화의 공급으로 보지 않는 거래 (10점)

【물음 5】 재화의 공급시기 (10점)

3 현행 부가가치세법은 사업의 양도를 재화의 공급으로 보지 않는 거래로 규정하고 있는데, 그 사업양도의 개념 및 과세거래 포함여부에 대해서 설명하시오. (15점)

4 부가가치세법 시행령 제3조의 부수재화 · 용역에 대해 논술하시오. (1984년, 50점)

5 부가가치세법에 따른 용역의 공급과 그 공급시기를 설명하시오. (20점)

6 부가가치세법 제1조 4항에 규정된 부수재화 · 용역의 개념 및 사례를 설명하고, 그 구분의 실익은 무엇인지를 설명하시오. (15점)

7 재화 · 용역의 공급시기는 재화나 용역의 공급이 어느 과세기간에 귀속되는가를 결정하는 기준이 될 뿐만 아니라 세금계산서의 발급시기를 정하는 매우 중요한 기준이 된다. 사업자가 재화를 할부판매하는 경우 재화의 공급시기를 설명하고, 본래의 재화 · 용역의 공급시기 전 또는 후에 세금계산서를 발급한 경우 부가가치세법에 따른 공급하는 사업자와 공급받는 사업자에게 미치는 영향에 대해서 설명하시오. (15점)

8 재화와 용역의 공급시기는 세금계산서 발급시기를 결정하고 부가가치세의 납부시기를 결정하는 중요한 문제이다. 재화와 용역의 할부판매, 장기할부판매, 완성도기준지급, 중간지급조건부 공급에 대해 구분하고, 각 경우의 공급시기를 설명하시오. (2003년, 8점)

9 부가가치세법에 따른 재화의 공급으로 의제되는 자가공급에는 면세사업에의 전용, 비영업용 승용자동차 또는 그 유지에의 전용 그리고 판매목적 타사업장 반출이 있다. 이들 3가지 각각의 개념과 취지를 설명하시오. (2001년, 8점)

10 사업자의 내부거래이거나 또는 대가를 받지 않는 외부거래의 경우에도 부가가치세법에 따른 재화의 공급으로 의제되는 경우를 간명하게 설명하시오. (1995년, 30점)

11 사업자가 자기의 사업과 관련하여 생산하거나 취득한 재화를 자기의 사업을 위하여 직접 사용 · 소비하는 경우 중 과세거래로 보는 것을 재화의 자가공급이라고 하는 바, 재화의 자가공급과 용역의 자가공급을 비교하여 설명하시오. (2003년, 8점)

제1편 부가가치세법

제4장 영세율 적용과 면세

제1절 영세율 적용

I 서 설

1. 영세율의 의의

'영세율제도'란 일정한 재화·용역의 공급에 대해 영(0%)의 세율을 적용하는 제도를 말한다(부가법 21 ①). 그 결과 그 거래의 매출세액은 '0원'이 되고, 매출세액에서 매입세액을 공제한 납부세액은 음수(−)가 되어 매입세액이 환급된다. 즉 해당 사업자가 거래상대방으로부터 거래징수할 부가가치세액은 0원이므로, 거래상대방은 거래징수를 당하지 않게 되고 해당 사업자는 그 재화·용역과 관련하여 이미 부담한 매입세액을 전액 환급받게 된다.

이러한 영세율이 적용되는 경우에는 해당 재화·용역의 공급에 대한 부가가치세 부담이 완전히 제거되고 거래상대방은 부가가치세를 전혀 부담하지 않게 된다. 그러므로 영세율 적용은 완전면세에 해당한다. 이러한 점은 일정한 재화·용역의 공급에 대해 부가가치세를 면제하는 '면세제도'의 경우에는 부가가치세의 납세의무 자체를 면제할 뿐 매입세액을 환급해주지 않음으로써 부분면세의 정도에 그치는 것과는 현저히 구별된다.

2. 제도의 취지

이처럼 영세율제도는 사업자의 세부담을 면제하기 위한 것이 아니라 거래상대방의 부가가치세의 세부담을 완전히 제거하기 위한 것으로서, 그 제도의 취지는 다음과 같다.

① 재화의 수출, 용역의 국외공급, 외국항행용역에 대해 영세율을 적용하는 것은 국외의 소비자들이 우리나라 부가가치세의 부담을 지지 않도록 함으로써 소비지국 과세원칙을 구현하고자 하는 것이다.

② 국내거래라 하더라도 외화획득사업을 지원하기 위하여 일정한 재화·용역의 공급에 대해서는 영세율을 적용한다.

③ 조세특례제한법은 조세정책적인 목적으로 농어업 관련 재화, 장애인용 보장구 등에 대해서는 영세율을 적용함으로써 부가가치세 부담을 완전면제하고 있다.

Ⅱ 영세율 적용사업자의 범위

1. 거주자 또는 내국법인

영세율은 원칙적으로 거주자 또는 내국법인에게 적용하며, 사업자가 비거주자 또는 외국법인이면 상호(면세)주의에 따른다. 즉 그 해당 국가에서 대한민국의 거주자 또는 내국법인에 대해서는 동일하게 면세하는 경우에만 영세율을 적용한다(부가법 25 ①). 여기서 '동일하게 면세하는 경우'는 해당 외국의 조세로서 우리나라의 부가가치세 또는 이와 유사한 성질의 조세를 면제하는 경우와 그 외국에 우리나라의 부가가치세 또는 이와 유사한 성질의 조세가 없는 경우로 한다(부가법 25 ③).

2. 과세사업자

영세율이 적용되는 재화 · 용역의 공급도 0%의 세율이 적용된다는 점을 제외하고는 일반적인 과세거래와 같다. 따라서 영세율을 적용받는 사업자는 우선 과세사업자에게만 적용되며, 면세사업자는 면세를 포기하지 않는 한 영세율을 적용받을 수 없다. 한편 간이과세자는 영세율을 적용받을 수는 있으나 납부세액의 계산구조상 매입세액을 환급받지는 못한다.

Ⅲ 영세율 적용대상거래

[도 표] 영세율 적용대상거래

영세율 적용대상거래	제도의 취지
(1) 재화의 수출	소비지국 과세원칙의 구현
(2) 용역의 국외공급	
(3) 외국항행용역의 공급	
(4) 외화 획득 재화 · 용역의 공급	외화획득 지원
(5) 조세특례제한법에 따른 영세율 적용대상 거래	조세정책적 목적

1. 부가가치세법에 따른 적용대상거래

(1) 재화의 수출

1) 본래의 수출 : '수출'은 다음의 것으로 한다(부가법 21 ①,② (1),(2)).

① 내국물품을 외국으로 반출하는 것. 여기서 내국물품에는 대한민국 선박에 의하여 채집되거나 포획된 수산물을 포함한다.

② 국내의 사업장에서 계약과 대가수령 등의 거래가 이루어지는 것으로서 ㉠ 중계무역 방식의 수출, ㉡ 위탁판매수출, ㉢ 외국인도수출, ㉣ 위탁가공무역 방식의 수출 및 ㉤ 일정한 원료 등의 국외반출

이러한 거래에 대한 영세율 적용에 있어서는 대금결제방식을 불문하며(따라서 신용자의 수반여부도 가리지 않는다), 대가의 수반여부를 가리지 않는다. 따라서 사업자가 재화를 국외로 '무상으로' 반출하는 경우에도 영세율을 적용하며, 사업자가 재화를 수출하고 수출금액과 신용장상의 금액과의 차액을 별도로 지급받는 경우 그 금액에 대해서도 영세율을 적용한다(부기통 21-31-7). 다만, 자기사업을 위하여 대가를 받지 않고 국외의 사업자에게 견본품을 반출하는 경우에는 재화의 공급으로 보지 않으므로 영세율을 적용하지 않는다(부기통 21-31-4).

참고사항 중개무역 방식의 수출 등의 뜻(부가령 31 ①)

구분	용어의 뜻
㉠ 중계무역 방식의 수출	수출할 것을 목적으로 물품 등을 수입하여 「관세법(제154조)」에 따른 보세구역 및 보세구역 외 장치의 허가를 받은 장소 또는 「자유무역지역의 지정 및 운영에 관한 법률(제4조)」에 따른 자유무역지역 외의 국내에 반입하지 않는 방식의 수출을 말한다.
㉡ 위탁판매수출	물품 등을 무환(無換)으로 수출하여 해당 물품이 판매된 범위에서 대금을 결제하는 계약에 의한 수출을 말한다.
㉢ 외국인도수출	수출대금은 국내에서 영수(領收)하지만 국내에서 통관되지 않은 수출물품 등을 외국으로 인도하거나 제공하는 수출을 말한다.
㉣ 위탁가공무역 방식의 수출	가공임(加工賃)을 지급하는 조건으로 외국에서 가공(제조 · 조립 · 재성 · 개조를 포함한다. 이하 같다)할 원료의 전부 또는 일부를 거래 상대방에게 수출하거나 외국에서 조달하여 가공한 후 가공물품 등을 외국으로 인도하는 방식의 수출을 말한다.
㉤ 원료 등의 국외반출	• 원료를 대가 없이 국외의 수탁가공 사업자에게 반출하여 가공한 재화를 양도하는 경우에 그 원료의 반출 • 관세법에 따라 수입의 신고가 수리되기 전의 물품으로서 보세구역에 보관하는 물품의 외국으로의 반출

2) 재화의 수출에 포함되는 것 : 다음에 해당하는 재화를 공급하는 것도 영세율을 적용한다(부가법 21 ② (3), 부가령 31 ②).

① 사업자가 내국신용장 또는 구매확인서에 의해 공급하는 재화[금지금(金地金)은 제외한다]

② 사업자가 한국국제협력단에 공급하는 재화(한국국제협력단이 국제협력 등의 사업을 위하여 외국에 무상으로 반출하는 재화로 한정한다)

③ 사업자가 한국국제보건의료재단에 공급하는 재화(한국국제보건의료재단이 외국의 보건의료 수준의 향

상을 위한 사업을 위하여 외국에 무상으로 반출하는 재화로 한정한다)

④ 사업자가 대한적십자사에 공급하는 재화(대한적십자사가 그 목적 사업을 위하여 외국에 무상으로 반출하는 재화로 한정한다)

⑤ 사업자가 다음의 요건에 따라 공급하는 재화

㉠ 국외의 비거주자 또는 외국법인(이하 '비거주자 등'이라 한다)과 직접 계약에 따라 공급할 것

㉡ 대금을 외국환은행에서 원화로 받을 것

㉢ 비거주자 등이 지정하는 국내의 다른 사업자에게 인도할 것

㉣ 국내의 다른 사업자가 비거주자 등과 계약에 따라 인도받은 재화를 그대로 반출하거나 제조·가공한 후 반출할 것

이들은 국내거래이기는 하지만 수출의 전단계거래이거나 실질적으로 수출과 다를 바 없는 거래이다. 이러한 점을 고려하여 일단 과세하고 다시 환급하는 번거로움을 회피하기 위해 미리 영세율을 적용하는 것이며, 그 결과 수출업자 등의 원자재구매가 용이해지게 되므로 수출지원 효과도 있게 된다.

참고사항 **내국신용장 등에 의해 공급하는 재화에 대한 영세율 적용례**

1. 사업자가 주요 자재의 전부 또는 일부를 부담하고 일부 자재는 상대방으로부터 인도받아 공작을 가하여 생산한 재화를 거래상대방이 수출하는 경우에 해당 사업자간의 거래는 재화의 공급에 해당하므로 내국신용장 또는 「대외무역법」에서 정하는 구매확인서에 의하여 공급하는 경우(금지금은 제외) 영세율을 적용한다(부기통 21-31-11).

2. 내국신용장에 의하여 재화를 공급하고 그 대가의 일부(관세 환급금 등)를 내국신용장에 포함하지 않고 별도로 받는 경우 해당 금액이 대가의 일부로 확인되는 때에는 영세율을 적용한다(부기통 21-31-9).

3. **내국신용장의 개설을 전제로 하여 재화나 용역이 공급된 후 그 공급시기가 속하는 과세기간이 끝난 후 25일**(그 날이 토요일·일요일, 공휴일·대체공휴일, 근로자의 날인 경우에는 바로 다음 영업일을 말한다) **이내에 내국신용장이 개설된 경우에도 영세율이 적용된다.** 마찬가지로 구매확인서도 공급시기가 속하는 **과세기간이 끝난 후 25일**(그 날이 토요일·일요일, 공휴일·대체공휴일, 근로자의 날인 경우에는 바로 다음 영업일을 말한다) **이내에** 발급된 경우에도 영세율을 적용한다(부가칙 21).

4. 외국으로 반출되지 않는 재화의 공급과 관련하여 개설된 내국신용장(주한미국군 군납계약서 등)에 의한 재화·용역의 공급은 영세율을 적용하지 않는다(부기통 21-31-12). ■

예규판례 구매확인서의 발급과정에 중대한 하자가 있음을 알면서 거래를 한 경우 영세율을 적용받을 수 없다는 사례

부가가치세법은 수출하는 재화의 공급에 대해서는 영세율을 적용하고, 사업자가 내국신용장 또는 구매확인서에 의하여 공급하는 재화인 경우에도 위 수출하는 재화에 포함시켜 영세율을 적용한다고 규정하고 있다.

한편 부가가치세제 하에서 영세율의 적용은 이중과세를 방지하기 위하여 수출의 경우에만 원칙적으로 인정되고, 국내의 공급소비에 대해서는 위 수출에 준하는 경우로서 외국환의 관리 및 부가가치세의 징수질

서를 해하지 않는 범위 내에서 외화획득의 장려라는 국가정책상의 목적에 부합되는 경우에만 예외적, 제한적으로 인정되는 것이다(대법원 1983.12.27. 선고 83누409 판결 등 참조).

이와 같은 영세율 적용에 관한 취지와 관계 법령에 비추어 볼 때, 재화의 공급자가 (1) ① 구매자와 공모하여 허위의 구매확인서를 발급하였거나 ② 구매확인서의 발급에 하자가 있음을 알면서도 영세율을 적용하여 판매한 경우, (2) 구매자가 수출을 목적으로 하지 않고 국내에 판매함으로써 조세를 포탈할 의도로 하자 있는 구매확인서를 이용하는 사정을 알면서도 이를 묵인하는 경우 등 부가가치세의 징수질서를 해하는 특별한 사정이 있는 경우에는 영세율의 적용을 받지 못한다고 할 것이다(대법원 2004.6.11. 선고 2003두3642 판결 등 참조).

원심은 그 채용 증거들을 종합하여 그 판시와 같은 사실을 인정한 다음, 원고가 소외 3 주식회사 및 소외 4 주식회사와 세금을 포탈할 것을 공모하여 이 사건 거래를 하였거나 공모하지 않았다고 하더라도 적어도 이 사건 구매확인서의 발급과정에 중대한 하자가 있음을 알면서 이 사건 거래를 하였다는 이유로 이 사건 거래는 영세율 적용대상이 아니라고 판단하였는바, 앞서 본 법리와 관련 증거를 이 사건 기록에 비추어 살펴보면 원심의 위와 같은 사실인정과 판단은 정당한 것으로 수긍이 가고, 거기에 부가가치세법상 구매승인서에 의한 거래와 영세율 적용의 예외에 관한 법리오해나 이유불비 또는 심리미진이나 채증법칙 위반 등의 위법이 없다(대법원 2008.5.8. 선고 2007두10082 판결). ■

(2) 용역의 국외공급

국외에서 공급하는 용역은 영세율을 적용한다(부가법 22). 속지주의(屬地主義)에 따르면 이것은 우리나라 과세권이 미치지 않는 국외거래이지만, 속인주의(屬人主義)에 따라 사업장이 국내에 있는 거주자 · 내국법인인 경우에만 우리나라 부가가치세법을 적용하여 영세율 적용대상으로 규정한 것이다. 그 취지는 국내에서 이미 과세된 부가가치세를 전액 환급함으로써 소비지국 과세원칙을 관철하기 위한 데 있다.

이러한 영세율을 적용받기 위해서는 공급장소가 국외이면 되고 대금결제방법은 불문한다.

참고사항 국외건설공사 재도급시 영세율 적용 등

1. 사업자가 국외에서 건설공사를 도급받아 국외에서 건설용역을 제공하는 경우 해당 용역을 제공받는 자, 대금결제수단에 관계없이 영세율이 적용된다(부기통 22-0-1 ①).

2. 다음의 용역은 해당 부동산 또는 광고매체가 사용되는 장소가 국외이므로 부가가치세가 과세되지 않는다(부기통 22-0-1 ②).

① 국외에 있는 부동산의 임대용역

② 외국의 광고매체에 광고게재를 의뢰하고 지급하는 광고료 ■

(3) 외국항행용역의 공급

'외국항행용역'이란 선박 또는 항공기에 의해 여객이나 화물을 국내에서 국외로, 국외에서 국내로 또는 국외에서 국외로 수송하는 것을 말한다(부가법 23 ①,②). 이것은 엄격히 말하면 국내거래와 국외거래가 혼합되어 있으나, 그 구분이 곤란하므로 전체를 영세율 적용대상으로 하고 있는 것이다.

이 경우 외국항행사업자가 자기의 사업에 부수하여 공급하는 재화 · 용역으로서 다음의 것도 영세율 적용대상에 포함한다(부가법 23 ②, 부가령 32 ①).

① 다른 외국항행사업자가 운용하는 선박 또는 항공기의 탑승권을 판매하거나 화물운송계약을 체결하는 것
② 외국을 항행하는 선박 또는 항공기 내에서 승객에게 공급하는 것
③ 자기의 승객만이 전용(專用)하는 버스를 탑승하게 하는 것
④ 자기의 승객만이 전용하는 호텔에 투숙하게 하는 것

(4) 외화 획득 재화 · 용역의 공급 등

외화를 획득하기 위한 재화 · 용역의 공급으로서 다음 중 어느 하나에 해당하는 경우에는 영세율을 적용한다(부가법 24 ①, 부가령 33). 이들은 모두 국내거래이지만 외화 획득을 장려하기 위한 취지이다.

구분	비고
(1) 우리나라에 상주하는 외교공관, 영사기관(명예영사관원을 장으로 하는 영사기관은 제외), 국제연합과 이에 준하는 국제기구(우리나라가 당사국인 조약과 그 밖의 국내법령에 따라 특권과 면제를 부여받을 수 있는 경우만 해당한다) 등(이하 '외교공관 등'이라 한다)에 재화 · 용역을 공급하는 경우	–
(2) 외교공관 등의 소속 직원으로서 해당 국가로부터 공무원 신분을 부여받은 자 또는 외교부장관으로부터 이에 준하는 신분임을 확인받은 자 중 내국인이 아닌 자에게 일정한 방법(*주1)에 따라 재화 · 용역을 공급하는 경우	※ 해당 외국에서 대한민국의 외교공관 및 영사기관 등의 직원에게 공급하는 것에 대해 동일하게 면세하는 경우에만 영세율 적용
(3) 국내에서 국내사업장이 없는 비거주자* 또는 외국법인에 공급되는 일정한 재화 또는 사업(*주2)에 해당하는 용역 * '비거주자'에는 국내에 거소를 둔 개인, 외교공관 등의 소속 직원, 우리나라에 상주하는 국제연합군 또는 미합중국군대의 군인 또는 군무원은 제외한다.	※ 그 대금을 외국환은행에서 원화로 받거나 기획재정부령으로 정하는 방법으로 받는 것(*주3)에 한함
(4) 비거주자 또는 외국법인의 국내사업장이 있는 경우에 국내에서 국외의 비거주자 또는 외국법인과 직접 계약하여 공급하는 재화 · 용역 중 일정한 재화 또는 사업(*주2)에 해당하는 용역	※ 그 대금을 해당 국외 비거주자 또는 외국법인으로부터 외국환은행에서 원화로 받거나 기획재정부령으로 정하는 방법(*주3)으로 받는 경우에 한함
(5) 수출업자와 직접 도급계약에 의하여 수출재화를 임가공하는 수출재화임가공용역(수출재화염색임가공을 포함한다. 이하 같다)	※ 사업자가 부가가치세를 별도로 적은 세금계산서를 발급한 경우는 제외

(6) 내국신용장 또는 구매확인서에 의하여 공급하는 수출재화임가공용역	–
(7) 외국을 항행하는 선박 및 항공기 또는 원양어선에 공급하는 재화 · 용역	※ 사업자가 부가가치세를 별도로 적은 세금계산서를 발급한 경우는 제외
(8) 우리나라에 상주(常住)하는 국제연합군 또는 미합중국군대*에 공급하는 재화 · 용역 * '미합중국군대'에는 「대한민국과 아메리카합중국간의 상호방위조약(제4조)에 의한 시설과 구역 및 대한민국에서의 합중국군대의 지위에 관한 협정(즉 SOFA협정, 제16조 ③)」에 따른 공인 조달기관을 포함한다.	–
(9) 「관광진흥법 시행령」에 따른 종합여행업자가 외국인 관광객에게 공급하는 관광알선용역	※ 그 대가를 외국환은행에서 원화로 받거나 외화 현금으로 받은 것 중 외국인 관광객과의 거래임이 확인되는 것에 한함
(10) 「관광진흥법 시행령」에 따른 외국인전용 관광기념품 판매업자가 외국인 관광객(출국예정사실이 확인되는 내국인을 포함한다. 이하 같다)에게 공급하는 관광기념품으로서 물품판매기록표에 의하여 외국인 관광객과의 거래임이 표시되는 것	※ 출국예정사실이 확인되는 내국인의 경우에는 관광기념품이 국외로 반출되었음이 세관장에 의하여 확인되는 것에 한함
(11) 개별소비세법에 따른 지정을 받아 외국인전용판매장을 경영하는 자 또는 주한외국군인 및 외국인선원 전용 유흥음식점업을 경영하는 자가 국내에서 공급하는 재화 · 용역	※ 그 대가를 외화로 받고 그 외화를 외국환은행에서 원화로 환전하는 경우에 한함

(*주1) '일정한 방법'이란 국세청장이 정하는 바에 따라 관할세무서장으로부터 외교관면세점으로 지정받은 사업장에서 외교부장관이 발행하는 외교관 면세카드를 제시받아 ① 음식 · 숙박 용역, ② 개별소비세 외국인전용판매장에서 판매하는 면세물품, ③ 석유류, ④ 주류, ⑤ 전력, ⑥ 외교부장관의 승인을 받아 구입하는 자동차를 공급하는 경우로서 외교관면세 판매기록표에 의하여 외교관 등에게 공급한 것이 확인되는 경우를 말한다(부가령 33 ①).

(*주2) '일정한 재화 또는 사업'이란 다음 중 어느 하나에 해당하는 것을 말한다(부가령 33 ②). 다만, ② 중 전문서비스업과 ⑦ · ⑧에 해당하는 용역의 경우에는 해당 국가에서 우리나라의 거주자 또는 내국법인에 대하여 동일하게 면세하는 경우(상호주의, 우리나라의 부가가치세 또는 이와 유사한 성질의 조세가 없거나 면세하는 경우를 말한다. 이하 같다)에 한정한다(부가령 33 ②).

① 비거주자 또는 외국법인이 지정하는 국내사업자에게 인도되는 재화로서 해당 사업자의 과세사업에 사용되는 재화

② 전문, 과학 및 기술 서비스업[수의업(獸醫業), 제조업 회사본부 및 기타 산업 회사본부는 제외한다]

③ 사업지원 및 임대서비스업 중 무형재산권 임대업, 통신업

④ 컨테이너수리업, 보세구역 내의 보관 및 창고업, 해운법에 따른 해운대리점업, 해운중개업 및 선박관리업

⑤ 정보통신업 중 뉴스 제공업, 영상 · 오디오 기록물 제작 및 배급업(영화관 운영업과 비디오물 감상실 운영업은 제외), 소프트웨어 개발업, 컴퓨터 프로그래밍, 시스템 통합관리업, 자료처리, 호스팅, 포털 및 기타 인터넷 정보매개서비스업, 기타 정보 서비스업

⑥ 상품 중개업 및 전자상거래 소매 중개업

⑦ 사업시설관리 및 사업지원 서비스업(조경 관리 및 유지 서비스업, 여행사 및 기타 여행보조 서비스업은 제외)

⑧ 투자자문업

⑨ 교육 서비스업(교육지원 서비스업으로 한정한다)

⑩ 보건업(임상시험용역을 공급하는 경우로 한정한다)

⑪ 그 밖에 위와 유사한 재화·용역으로서 기획재정부령으로 정하는 것(관세법에 따른 보세운송사업자가 제공하는 보세운송용역을 말한다)(부가칙 23)

(*주3) '기획재정부령으로 정하는 방법'이란 ① 국외의 비거주자 또는 외국법인으로부터 외화를 직접 송금받아 외국환은행에 매각하는 방법과 ② 국내사업장이 없는 비거주자 또는 외국법인에 재화를 공급하거나 용역을 제공하고 그 대가를 해당 비거주자 또는 외국법인에 지급할 금액에서 빼는 방법을 말한다(부가칙 22).

2. 조세특례제한법에 따른 적용대상거래

조세특례제한법은 소비지국 과세원칙이나 외화획득과는 아무런 관계없이 국내소비에 대한 부가가치세의 부담을 완전히 제거하기 위하여 특별히 다음과 같은 재화나 용역에 대해서 영세율을 적용한다(조특법 105).

① 방위산업체가 공급하는 방위산업물자와 「비상대비자원 관리법」에 따라 중점관리대상으로 지정된 자가 생산·공급하는 시제품 및 자원동원으로 공급하는 용역

② 국군부대 또는 기관에 공급하는 석유류

③ 국가·지방자치단체*, 도시철도공사(지방자치단체의 조례에 의해 도시철도를 건설할 수 있는 경우에 한함), 국가철도공단, 사회기반시설의 사업시행자 및 한국철도공사에게 직접 공급하는 도시철도건설용역(2026.12.31.까지 공급분에 한함)

* 「사회기반시설에 대한 민간투자법」에 따른 사업시행자가 부가가치세가 면제되는 사업을 할 목적으로 민자투자사업의 추진방식(BTO·BTL·BOT 방식을 말한다)으로 국가 또는 지방자치단체에 공급하는 사회기반시설 또는 사회기반시설의 건설용역의 면세 규정에 따라 공급받는 경우는 제외한다.

④ 사회기반시설의 사업시행자가 부가가치세가 과세되는 사업을 영위할 목적으로 국가·지방자치단체에 공급하는 사회기반시설 또는 사회기반시설의 건설용역(2026.12.31.까지 공급분에 한함)

⑤ 장애인용 보장구(의수족·휠체어·보청기 등), 장애인용 특수 정보통신기기 및 장애인의 정보통신기기 이용에 필요한 특수 소프트웨어

⑥ 농민 또는 임업에 종사하는 자에게 공급(국가 및 지방자치단체와 각 협동조합 및 이들의 중앙회와 농협경제지주회사 및 그 자회사를 통하여 공급하는 것 포함)하는 일정한 농업용·축산업용 또는 임업용 기자재(2028.12.31.까지 공급분에 한함)

⑦ 어민에게 공급하는 일정한 어업용 기자재(2028.12.31.까지 공급분에 한함)

Ⅳ 영세율 첨부서류 및 매출명세서의 제출

영세율이 적용되는 재화·용역을 공급하는 사업자는 예정신고 및 확정신고를 할 때 예정신고서 및 확정신고서에 수출실적명세서 또는 외화입금증명서 등의 서류를 첨부하여 제출해야 한다(부가법 56 ①, 부가령 101 ①,②). 만약 예정신고 및 확정신고를 할 때에 영세율이 적용되는 과세표준인데 영세율 첨부서류를 해당 신고서에 첨부하지 않은 부분은 예정신고 및 확정신고로 보지 않는다(부가법 56 ②, 부가령 90 ⑦, 91 ③). 따라서 이 경우에도 영세율과세표준 과소신고(무신고)가산세(과소신고·무신고 과세표준의 0.5%)가 적용된다.

한편 영세율을 적용하여 재화·용역을 공급하는 경우에는 예정신고 및 확정신고시 영세율 매출명세서를 제출해야 한다(부가령 90 ③ (9), 91 ② (12)).

Ⅴ 영세율 적용사업자의 권리·의무관계

영세율이 적용되는 거래도 과세거래에 해당하므로 영세율을 적용받는 사업자도 과세사업자로서 각종의 협력의무를 이행해야 한다. 우선 영세율을 적용받는 사업자도 ① 사업자 등록을 해야 하며, ② 장부의 기록·보관의무를 진다. 그리고 영세율이 적용되는 거래에 대해서는 세금계산서의 발급의무가 면제되는 경우를 제외하고는 ③ 세금계산서를 발급해야 하며, 매출·매입처별 세금계산서합계표를 정부에 제출해야 한다. 또한 영세율이 적용되면 사업자는 ④ 면세를 포기할 수 있으며 환급세액을 조기에 환급받을 권리가 있다.

한편 영세율이 적용되는 경우에도 ⑤ 과세표준을 신고해야 하며, 이를 신고하지 않는 경우에는 영세율과세표준 신고불성실가산세가 부과되는 것이다.

예규판례 통신용역의 국내공급에 영세율이 적용되기 위한 요건

1. 관련 규정 및 법리

구 부가가치세법 시행령 제33조 제2항 제1호 (라)목은 '국내에서 국내사업장이 없는 비거주자 또는 외국법인에 공급되는 통신업에 해당하는 용역으로서 그 대금을 외국환은행에서 원화로 받거나 기획재정부령으로 정하는 방법으로 받는 경우'를 영세율이 적용되는 외화획득 용역 중 하나로 열거하고 있다. 한편 부가가치세법 제2조 제8호에 따르면, '비거주자'란 소득세법 제1조의2 제1항 제2호에 따른 비거주자를 말하는데, 소득세법 제1조의2 제1항은 제1호에서 "'거주자'란 국내에 주소를 두거나 183일 이상의 거소를 둔 개인을 말한다."라고 규정하고, 제2호에서 "'비거주자'란 거주자가 아닌 개인을 말한다."라고 규정하고 있다.

부가가치세제에서 영세율 적용은 이중과세를 방지하기 위하여 원칙적으로 재화의 수출이나 용역의 국외공급에만 인정되고, 용역의 국내공급에 대하여는 용역의 국외공급에 준하는 경우로서 외국환의 관리 및 부가가치세의

징수질서를 해하지 않는 범위 내에서 외화획득의 장려라는 국가정책상의 목적에 부합되는 경우에만 법령이 정하는 바에 따라 예외적·제한적으로 인정되므로, 구 부가가치세법 시행령 제33조 제2항 제1호가 정한 비거주자 등 영세율 적용요건은 엄격히 해석하여야 한다(대법원 2011.5.26. 선고 2011두2774 판결, 대법원 2017.1.12. 선고 2016두49679 판결 등 참조). 그리고 어떠한 거래에 대하여 영세율 적용 여부의 다툼이 있는 경우 영세율 적용요건에 관한 증명책임은 영세율 적용을 주장하는 자에게 있다.

위에서 본 법리와 관련 규정의 문언 및 체계 등에 비추어 보면, 통신용역의 국내공급에 영세율이 적용되기 위해서는 용역을 공급받는 자가 구 부가가치세법 시행령 제33조 제2항 제1호의 '국내사업장이 없는 비거주자 또는 외국법인'에 해당하여야 하고, 이때 '비거주자'에 해당하는지 여부는 특별한 사정이 없는 한 부가가치세법 제2조 제8호에 따라 소득세법 제1조의2 및 그 위임에 따른 소득세법 시행령 제2조, 제2조의2를 적용하여 판단하여야 한다. 이러한 법리는 용역을 공급받는 자가 주한미군지위협정에 따라 우리나라에 주둔하는 미합중국군대의 구성원과 군속(이하 '주한미군인 등'이라 한다)인 경우에도, 주한미군지위협정에 부가가치세법상 비거주자 판정기준에 관하여 별도의 규정을 두는 등 특별한 사정이 없는 한 마찬가지로 적용된다.

2. 판단

원심은 제1심판결 이유를 인용하고 일부를 수정·추가하여, 이 사건 통신용역을 공급받은 주한미군인 등은 국내에 주소를 두거나 계속하여 183일 이상 국내에 거주할 것을 통상 필요로 하는 직업을 가진 소득세법상 거주자에 해당하고, 주한미군지위협정 제14조 제2항은 부가가치세에 적용되는 규정이 아니라고 보아, 일부 주한미군인 등이 구 부가가치세법 시행령 제33조 제2항 제1호에서 정한 '비거주자'에 해당한다는 원고의 주장을 배척하고, 이 사건 통신용역의 공급은 같은 호 ㈑목의 영세율 적용 대상 거래로 볼 수 없다는 취지로 판단하였다.

원심판결 이유를 관련 법리와 기록에 비추어 살펴보면, 이 사건 통신용역의 공급에 영세율을 적용할 수 없다는 원심의 결론은 정당하다(대법원 2024.4.12. 선고 2023두58701 판결). ■

제2절 면 세

I 서 설

1. 면세의 의의

'면세(exemption)'란 일정한 재화·용역의 공급에 대해 부가가치세 납세의무를 면제하는 제도를 말한다. 따라서 면세제도는 세율의 적용 이전에 납세의무 자체를 면제한 것이므로 매출세액이 존재하지 않는다. 그리고 재화·용역을 매입하는 경우에 거래징수당한 매입세액에 대해서는 환급받을 권리가 없으므로 부담한 매입세액은 매입한 재화·용역의 원가에 포함하여 시장가격기구를 통하여 거래상대방에게 전가시키지 않을 수 없다. 그 결과 면세의 전단계에서 이미 부과된 부가가치세는 면세재화·용역의 가격에 포함되어 잔존하게 되며, 부가가치세의 부담이 완전히 제거되지 않는다.

따라서 면세제도는 그 적용대상단계에서 창출된 부가가치에 대해서는 과세하지 않되, 그 전단계까지 이미 창출된 부가가치에 대해 이미 과세한 것까지 취소하는 제도는 아니라고 할 수 있다. 그리하여 면세제도를 이론상 '부분면세'라고 부른다. 이러한 점은 영세율이 적용되는 경우에 거래징수당한 매입세액을 환급함으로써 완전면세의 결과가 되는 점과 현저히 구별된다.

2. 제도의 취지

면세는 생활필수품적 성격이 강한 재화·용역의 공급 및 재화의 수입에 대해서 부가가치세를 면제함으로써 부가가치세의 역진성을 완화하는 것이 그 기본적 취지이다. 그런데 저소득층의 세부담 경감을 위해서는 면세보다는 영세율을 적용하는 것이 그 경감의 효과가 크다고 할 수 있다. 하지만 현실적으로 부분면세를 적용할 수밖에 없는 이유는 농·축·수·임산물 등을 공급하는 자의 규모가 매우 영세하여 납세순응능력이 부족하기 때문이다.

Ⅱ 면세대상

1. 부가가치세법에 따른 면세대상

(1) 재화 · 용역의 공급에 대한 면세

다음의 재화 · 용역의 공급에 대해서 부가가치세를 면세한다. 이 경우 면세되는 재화 · 용역의 공급에 통상적으로 부수되는 재화 · 용역의 공급은 그 면세되는 재화 · 용역의 공급에 포함되는 것으로 본다(부가법 26 ①,②).

면세의 취지	면세대상
기초생활필수품 · 용역	① 미가공식료품 및 비식용 농 · 축 · 수 · 임산물 ② 수돗물 ③ 연탄과 무연탄 ④ 여성용 생리처리 위생용품 ⑤ 여객운송용역 ⑥ 주택과 그 부수토지의 임대용역 ⑦ 주택법에 따른 공동주택 관리규약에 따라 관리주체 또는 입주자대표회의가 복리시설인 공동주택 어린이집의 임대용역
국민후생 · 문화관련 재화 · 용역	① 의료보건용역과 혈액 ② 교육용역 ③ 도서(도서대여 및 실내 도서열람 용역 포함) · 신문 · 잡지· 관보 및 뉴스통신(광고는 제외) ④ 예술창작품 · 예술행사 · 문화행사 · 아마추어 운동경기 ⑤ 도서관, 과학관, 박물관, 미술관, 동물원, 식물원, 민속문화자원을 소개하는 장소 및 전쟁기념관에 입장하게 하는 것(부가령 44)
부가가치 구성요소 (생산요소)	① 토지의 공급 ② 인적용역 ③ 금융보험용역
그 밖의 재화 · 용역의 공급	① 우표 · 인지 · 증지 · 복권 · 공중전화 ② 소액의 담배 ③ 공익목적단체가 공급하는 재화 · 용역 ④ 국가 등이 공급하는 재화 · 용역 ⑤ 국가 등에 무상으로 공급하는 재화 · 용역

1) 기초생활필수품 · 용역

① 미가공식료품 : '미가공식료품'은 가공되지 않거나 원생산물 본래의 성질이 변하지 않는 정도의 1차 가공(탈곡 · 정미 · 정맥 · 제분 · 정육 · 건조 · 냉동 · 염장 · 포장 등)을 거친 농산물 · 축산물 · 수산물 또는 임산물[1)]로 하되, 여기에는 다음의 것을 포함한다(부가령 34 ①,②).

㉠ 단순 가공식료품 : 데친 채소류 · 김치 · 단무지 · 장아찌 · 젓갈류 · 게장 · 두부 · 메주 · 간장 · 된장 · 고추장(제조시설을 갖추고 판매목적으로 독립된 거래단위로 관입 · 병입 또는 이와 유사한 형태로 포장하여 공급하는 것은 제외하되, 단순하게 운반편의를 위하여 일시적으로 관입 · 병입 등의 포장을 하는 경우를 포함한다)(<별표 1> 면세하는 미가공식료품 분류표 ⑿ ⑤).

㉡ 원생산물 본래의 성질이 변하지 않는 정도로 1차 가공을 하는 과정에서 필수적으로 발생하는 부산물

㉢ 미가공식료품을 단순히 혼합한 것

㉣ 쌀에 인삼추출물 · 아미노산 등 식품첨가물을 첨가 · 코팅하거나 버섯균 등을 배양시킨 것

그리고 면세하는 미가공식료품에는 '소금[식품위생법에 따라 식품의약품안전처장이 정한 식품의 기준 및 규격에 따른 천일염(天日鹽) 및 재제(再製)소금을 말한다]'을 포함한다(부가령 34 ① ⒀).

참고사항 면세하는 미가공식료품의 범위 한시적 확대

2022.7.1.~2025.12.31.까지 공급하는 데친 채소류 · 김치 · 단무지 · 장아찌 · 젓갈류 · 게장 · 두부 · 메주 · 간장 · 된장 · 고추장은 판매목적으로 관입 · 병입 등의 형태로 포장하여 공급하는 경우에도 면세한다(즉 포장 여부와 상관없이 면세한다). 그 취지는 병 · 캔 등의 형태로 개별 포장하여 공급하는 가공식료품(김치, 된장, 고추장, 간장, 젓갈류, 단무지, 장아찌 등)에 대해서도 부가가치세(10%)를 2025년까지 면세하여 가격 하락을 유도하려는데 있다. ■

② 수돗물 : 수도사업자의 도관에 의해 공급하는 물을 말한다. 그러므로 수도사업자 이외의 사업자가 공급하는 물은 부가가치세가 과세된다.

③ 연탄과 무연탄 : 연탄은 무연탄을 주원료로 하여 제조된 연료로서 면세하지만, 유연탄과 갈탄은 부가가치세를 과세한다.

④ 여객운송용역 : 시내버스, 시외버스, 일반철도 등의 대중교통수단에 의한 여객운송용역은 기초생활필수품으로서 부가가치세를 면세한다(반면에 화물운송용역은 부가가치세를 과세한다). 다만, 대중교통수단이 아닌 항공기 등에 의한 여객운송용역이나 관광 · 유흥 목적의 운송수단에 의한 여객운송용역은 면세하지 않고 부가가치세를 과세하는데, 구체적으로 면제하지 않은 여객운송용역은 다음과 같다(부가법 26 ① ⑺, 부가령 37 ⑴,⑵).

---

1) 이들은 곡류[밀 · 옥수수 · 쌀(벼 포함) · 밀가루 등], 서류(고구마 · 감자 등), 특용작물류(땅콩 · 해바라기씨 등), 과실류(감귤류 · 포도 · 복숭아 등), 채소류(토마토 · 양파 · 배추 · 상추 · 당금 등), 수축류(소 · 돼지 · 닭 · 오리 등), 수육류(쇠고기 · 돼지고기 등), 유란류(우유와 분유를 포함한다), 생선류(고래를 포함한다. 활어 · 어류 등), 패류(조개 · 바지락 · 홍합 · 전복 등), 해조류(김 · 미역 · 다시마 등)로 구분된다(<별표 1> 면세하는 미가공식료품 분류표).

구분	면세하지 않는 여객운송용역의 범위
(1) 항공기 등에 의한 여객운송용역	① 항공기에 의한 여객운송용역
	② 여객자동차 운수사업 중 다음의 여객자동차 운수사업에 제공되는 자동차에 의한 여객운송용역 ㉠ 운행 형태가 고속인 시외버스운송사업. 다만, 시외우등고속버스 및 시외고급고속버스에 의한 여객운송용역을 공급한 분으로 한정한다(따라서 일반고속버스에 의한 여객운송용역은 면세한다). ㉡ 전세버스운송사업 ㉢ 일반택시운송사업 및 개인택시운송사업 ㉣ 자동차대여사업
	③ 다음의 선박에 의한 여객운송용역. 다만, 차도선형여객선(*주1)에 의한 여객운송용역은 면세한다. ㉠ 수중익선(水中翼船), 에어쿠션선 ㉡ 자동차운송 겸용 여객선 ㉢ 항해시속 20노트 이상의 여객선
	④ 고속철도에 의한 여객운송용역
(2) 관광 · 유흥 목적의 운송수단에 의한 여객운송용역	① 궤도운송법에 따른 삭도(*주2)에 의한 여객운송용역
	② 관광유람선업 · 관광순환버스업 · 관광궤도업에 제공되는 운송수단에 의한 여객운송용역
	③ 관광 사업을 목적으로 운영하는 철도건설법에 따른 일반철도에 의한 여객운송 용역[철도사업법(제9조)에 따라 철도사업자가 국토교통부장관에게 신고한 여객 운임 · 요금을 초과해 용역의 대가를 받는 경우로 한정한다]

(*주1) '차도선형여객선'이란 자동차운송 겸용 여객선 중 차량탑재구역이 상시 개방되어 있고 주로 선수문(船首門)을 통하여 승객이 타고 내리거나 차량을 싣고 내리게 되어 있는 여객선을 말한다(부가칙 25).

(*주2) '삭도(索道, Ropeway)'란 공중에 설치한 와이어로프에 궤도차량을 매달아 운행하여 사람이나 화물을 운송하는 것을 말한다(궤도운송법 2 (5)). 케이블카 등이 여기에 해당한다.

⑤ **주택과 그 부수토지의 임대용역** : 상시 주거용(사업을 위한 주거용은 제외)으로 사용하는 건물(이하 '주택'이라 한다)과 이에 부수되는 토지로서 그 면적이 일정한 한계면적을 초과하지 않는 토지의 임대를 말하며, 이를 초과하는 부분은 토지의 임대로 보아 부가가치세를 과세한다(부가령 41 ①). 여기서 '상시 주거용으로 사용하는 건물'이란 공부상 용도에 관계없이 실제로 그 건물을 사용하는 임차자가 상시 주거용으로 사용하는지 여부에 의해 판단한다(부기통 26-41-1).

한편 토지소유자가 토지임대부 분양주택(국민주택규모로 한정한다)을 공급받은 자에게 토지임대부 분양주택의 토지를 임대하는 경우 면세대상인 주택과 이에 부수되는 토지의 임대로 본다(부가령 41 ③).

2) 국민후생 · 문화관련 재화 · 용역

① 의료보건용역과 혈액(치료 · 예방 · 진단 목적으로 조제한 동물의 혈액 포함) : 의료보건용역은 ㉠ 의사 · 치과의사 · 한의사 등이 제공하는 용역(의료기관 또는 동물병원을 개설한 자가 제공하는 것 포함), ㉡ 장의업자가 제공하는 장의용역, 사설묘지 · 사설화장시설 · 사설봉안시설 또는 사설자연장지를 설치 · 조성한 자가 제공하는 화장 · 묘지분양 · 자연장지분양 및 관리업 관련 용역, ㉢ 노인장기요양보험법에 따른 장기요양기관이 장기요양인정을 받은 자에게 제공하는 신체활동 · 가사활동의 지원 또는 간병 등의 용역, ㉣ 산후조리원에서 분만 직후의 임산부나 영유아에게 제공하는 급식 · 요양 등의 용역, ㉤ 사회적기업 또는 사회적협동조합이 직접 제공하는 간병 · 산후조리 · 보육용역, ㉥ 법률에 따라 국가 및 지방자치단체로부터 위탁받은 자가 제공하는 의료보건용역, ㉦ 그 밖의 일정한 의료보건용역도 포함된다.

다만, 의사 · 치과의사 · 한의사 · 조산사 또는 간호사가 제공하는 용역 중 국민건강보험법에 따라 요양급여의 대상에서 제외되는 다음의 진료용역은 부가가치세를 과세한다.

㉠ 미용목적 성형수술

ⓐ 쌍꺼풀수술, 코성형수술, 유방확대 · 축소술(유방암 수술에 따른 유방 재건술은 제외), 지방흡인술, 주름살제거술

ⓑ 안면윤곽술, 치아성형(치아미백, 라미네이트와 잇몸성형술을 말한다) 등 성형수술(성형수술로 인한 후유증 치료, 선천성 기형의 재건수술과 종양 제거에 따른 재건수술은 제외)과 악안면 교정술(치아교정치료가 선행되는 악안면 교정술은 제외)

㉡ 미용목적 피부관련시술 : 색소모반 · 주근깨 · 흑색점 · 기미 치료술, 여드름 치료술, 제모술, 탈모치료술, 모발이식술, 문신술 및 문신제거술, 피어싱, 지방융해술, 피부재생술, 피부미백술, 항노화치료술 및 모공축소술

그리고 수의사가 제공하는 용역 중 동물의 진료용역은 ① 축산물위생관리법에 따른 가축에 대한 진료용역, ② 「기르는 어업육성법」에 따른 수산동물에 대한 진료용역, ③ 장애인복지법에 따른 장애인 보조견표지를 발급받은 장애인 보조견에 대한 진료용역, ④ 「국민기초생활보장법」에 따른 수급자가 기르는 동물의 진료용역, ⑤ 그 밖에 질병 예방 및 치료를 목적으로 하는 동물의 진료용역으로서 농림축산식품부장관이 기획재정부장관과 협의하여 고시하는 용역에 대해서만 면세대상에 해당하므로(부가령 35 (5)), 수의사의 애완동물 진료용역은 부가가치세를 과세한다.

참고사항 면세하지 않는 의료보건위생용역

다음 중 어느 하나에 해당하는 것은 면세하는 의료보건용역에 해당하지 않는다(부기통 26-35-1).

① 의료법에 따른 면허나 자격이 없는 자가 제공하거나 의료법상 업무범위를 벗어나서 제공하는 의료용역
② 피부과의원에 부설된 피부관리실에서 제공하는 피부관리용역
③ 안마사가 아닌 자와 안마사가 공동으로 안마시술소를 개설하여 공급하는 안마용역 ■

예규판례 의료법에 규정하는 안마사가 아닌 사람이 의료법에 규정하는 안마사를 고용하여 제공하는 안마용역이 면세대상인지 여부

부가가치세가 면제되는 의료보건용역은 의료법이나 수의사법에 규정하는 의사나 안마사, 수의사 등이 공급의 주체가 되어 의료법이나 수의사법의 규정에 따라 제공하는 의료보건용역을 의미한다고 봄이 타당하다. 따라서 의료법에 규정하는 안마사가 아닌 사람이 의료법에 규정하는 안마사를 고용하여 제공하는 안마용역은 부가가치세 면제 대상인 '의료법에 규정하는 안마사가 제공하는 용역'에 해당하지 않는다. 한편 의료법에 규정하는 안마사가 아닌 사람은 의료법에 규정하는 안마사와 공동으로도 안마시술소를 개설할 수 없다고 할 것이므로, 의료법에 규정하는 안마사가 아닌 사람과 의료법에 규정하는 안마사가 공동으로 안마시술소를 개설한 다음 의료법에 규정하는 안마사를 고용하여 제공하는 안마용역도 부가가치세 면제대상에 해당하지 않는다(대법원 2013.5.9. 선고 2011두5834 판결).

② 교육용역 : 교육용역은 주무관청의 허가 또는 인가를 받거나 주무관청에 등록 또는 신고된 ㉠ 학교·학원·강습소·훈련원·교습소 또는 ㉡ 그 밖의 비영리단체 및 청소년기본법에 따른 청소년수련시설, 산학협력단, ㉢ 인증받은 사회적기업·사회적협동조합, ㉣ 어린이집(국공립어린이집이나 직장어린이집이 위탁하여 운영하는 경우 포함), ㉤ 등록한 과학관·박물관·미술관에서 학생·수강생·훈련생·교습생 또는 청강생에게 지식·기술 등을 가르치는 것으로 한다(부가령 30).

다만, 다음의 학원에서 가르치는 교육용역은 면세대상에서 제외하므로 부가가치세가 과세된다.

㉠ 「체육시설의 설치·이용에 관한 법률(제10조)」에 따른 무도(舞蹈)학원(수강료 등을 받고 국제표준무도(볼룸댄스) 과정을 가르치는 학원을 말한다). 무도학원에서 공급하는 교육용역은 부가가치세를 과세한다.

㉡ 「도로교통법」에 따른 자동차운전학원(자동차 등의 운전에 관한 지식·기능을 가르치는 학원을 말한다). 자동차운전학원에서 공급하는 교육용역은 부가가치세를 과세한다.

③ 도서(도서대여 및 실내 도서열람 용역 포함)·신문·잡지·관보(官報)·뉴스통신 및 방송(광고는 제외) : 이는 대통령령으로 정하는 것에 대해서만 면세가 적용되는데, 그 구체적인 범위는 다음과 같다(부가령 38, 부가칙 26).

㉠ 도서에는 도서에 부수하여 그 도서의 내용을 담은 음반·녹음테이프 또는 비디오테이프를 첨부하여 통상 하나의 공급단위로 공급하는 것과 전자출판물을 포함한다.[2)]

㉡ 신문·잡지는 「신문 등의 진흥에 관한 법률」에 따른 신문, 인터넷 신문과 「잡지 등 정기간행물의 진흥에 관한 법률」에 따른 정기간행물로 한다.

㉢ 뉴스통신은 「뉴스통신진흥에 관한 법률」이 규정하는 뉴스통신을 말하되, 뉴스통신사업을 경영하는 법인이 특정회원을 대상으로 하는 금융정보 등 특정한 정보를 제공하는 경우에는 면세대상에서 제외한다.

---

2) 여기서 '전자출판물'이란 도서 또는 간행물의 형태로 출간된 내용 또는 출간될 수 있는 내용이 음향이나 영상과 함께 전자적 매체에 수록되어 컴퓨터 등 전자장치를 이용하여 그 내용을 보고 듣고 읽을 수 있는 것으로서 문화체육관광부장관이 정하는 기준에 적합한 전자출판물을 말한다. 다만, 「음악산업진흥에 관한 법률」, 「영화 및 비디오물의 진흥에 관한 법률」 및 「게임산업진흥에 관한 법률」의 적용을 받는 것은 제외한다.

④ 예술창작품 · 예술행사 · 문화행사 · 아마추어 운동경기 : ㉠ 예술창작품은 미술, 음악, 사진, 연극 또는 무용에 속하는 창작품으로 한다. 다만, 골동품은 제외한다. ㉡ 예술행사는 영리를 목적으로 하지 않는 발표회 · 연구회 · 경연대회, 그 밖에 이와 유사한 행사로 하며, ㉢ 문화행사는 영리를 목적으로 하지 않는 전시회 · 박람회 · 공공행사, 그 밖에 이와 유사한 행사로 한다. 그리고 비직업운동경기는 대한체육회 및 그 산하단체가 주최 · 주관 또는 후원하는 운동경기로서 영리를 목적으로 하지 않는 것으로 한다(부가령 43).

⑤ 도서관 · 박물관 · 동물원 · 식물원에의 입장 : 박물관에는 민속문화자원을 소개하는 장소 및 전쟁기념관을 포함한다.

예규판례 대한요가협회가 주무관청의 허가를 받아 설립된 비영리법인이더라도, 교육시설관련법에 따른 허가나 인가를 받지 않은 이상 관련 용역은 면세대상 교육용역에 해당하지 않는다는 사례

1. 부가가치세법과 그 시행령 규정은 '정부의 허가나 인가를 받은 학교 · 학원 · 강습소 · 훈련원 · 교습소 기타 비영리단체 및 청소년기본법에 의한 청소년수련시설에서 학생 등에게 지식 · 기술 등을 가르치는 교육용역'을 면세대상 교육용역으로 정하고 있는 바, 이와 같이 면세대상 교육용역의 요건으로 '정부의 허가나 인가'를 요구하고 있는 이유는 정부가 해당 학교나 학원 등의 교육기관을 지도감독하겠다는 것인 점, 해당 규정이 '기타 비영리단체'를 학원 · 강습소 · 훈련원 · 교습소와 병렬적으로 나열하고 있는 점 등을 종합하면, '기타 비영리단체'란 정부의 허가나 인가를 받아 설립된 모든 비영리단체를 의미하는 것이 아니라, 초 · 중등교육법, 고등교육법, 영유아보육법, 유아교육법, 학원의 설립 · 운영 및 과외교습에 관한 법률, 체육시설의 설치 · 이용에 관한 법률, 평생교육법 등(이하 '교육시설관련법'이라 한다)과 같이 학교나 학원 등에 대한 구체적 시설 및 설비의 기준을 정한 교육시설관련법에 따른 허가나 인가를 받아 설립된 비영리단체를 의미한다고 할 것이다.

원심은 그 채용 증거들을 종합하여 판시와 같은 사실을 인정한 후, 원고(사단법인 대한요가협회로서 일반인인 준회원에게 요가운동법의 연구 및 보급용역을 제공하고 그 대가로 회비, 교재비 및 교육비 등을 지급받음)가 민법 제32조의 규정에 따라 주무관청의 허가를 받아 설립된 비영리법인이더라도, 교육시설관련법에 따른 허가나 인가를 받지 않은 이상 이 사건 용역은 면세대상 교육용역에 해당하지 않는다고 판단하였는바, 위 법리와 관계 법령 및 기록에 비추어 살펴보면, 원심의 위와 같은 판단은 정당하고, 거기에 상고이유로 주장하는 바와 같은 면세대상 교육용역에 관한 법리오해 등의 위법이 있다고 할 수 없다.

2. 과세관청이 납세의무자에게 부가가치세 면세사업자용 사업자등록증을 교부하였다고 하더라도 그가 영위하는 사업에 대해서 부가가치세를 과세하지 아니함을 시사하는 언동이나 공적인 견해를 표명한 것으로 볼 수 없으며(대법원 2003.5.30. 선고 2001두4795 판결 등 참조), 고유번호의 부여도 과세자료의 효율적 처리를 도모하기 위한 것에 불과한 것이므로, 과세관청이 납세의무자에게 고유번호를 부여한 경우에도 마찬가지라 할 것이다.

원심판결 이유에 의하면 원심은, 과세관청이 원고와 사업내용이 동일한 사단법인 한국요가협회(이하 '소외 협회'라 한다)의 분사무소들에게 면세사업자용 사업자등록증을 교부하거나 고유번호를 부여하였고, 이에 따라 소외 협회가 오랜 기간 동안 부가가치세 면세혜택을 받아 활동하여 왔음에도 불구하고, 과세관청이 소외 협회나 원고에 대해 부가가치세 납부에 대한 어떠한 안내도 하지 않은 채 갑자기 이 사건 처분을 한 것은 국민의 예측가능성이나 법적 안정성을 침해하는 것으로 위법하다는 원고의 주장에 대해서 그 판시와 같은 이유로 이를 배척하였는데,

원심의 이러한 조치는 정당하고 거기에 상고이유로 주장하는 바와 같은 위법이 없다(대법원 2008.6.12. 선고 2007두23255 판결).

3) 부가가치 구성요소

전단계세액공제법은 매출세액에서 매입세액을 공제하여 납부세액을 계산한다. 그 결과는 각 거래단계 사업자가 내부경영활동을 통하여 새로이 창출한 부가가치에 세율을 곱하여 계산한 것과 같다. 이러한 부가가치세의 이론구성상 부가가치의 구성요소인 노동·토지·자본의 대가에 대해서는 부가가치세를 다시 과세하지 않아야 한다.

그리하여 현행 부가가치세는 근로의 제공에 대해서는 과세제외하고 있으며, 토지의 공급·금융보험용역 및 근로의 제공과 비슷한 인적용역은 면세대상으로 정하고 있다.

① 토지의 공급 : 면세사업에 사용하던 토지를 공급하는 경우는 물론이고 과세사업에 사용하던 토지를 공급하는 경우에도 부가가치세를 면제한다.

② 금융·보험용역 : 면세하는 '금융·보험용역'은 ㉠ 은행법에 따른 은행업무 및 부수업무, ㉡ 자본시장법에 따른 집합투자업[3]·신탁업[4]·투자매매업과 투자중개업 등, 상호저축은행업, 신용보증기금업·기술보증기금이 수행하는 보증업무, ㉢ 보험업법에 따른 보험업(보험중개·대리와 보험회사에 제공하는 손해사정용역·보험조사 및 보고용역을 포함하되, 보험계리용역 및 연금계리용역은 제외), ㉣-1 창업기획자가 개인투자조합에 제공하는 자산 관리·운용 용역, ㉣-2 창업기획자·중소기업창업투자회사·신기술사업금융업자등·유한책임회사가 벤처투자조합에 제공하는 자산 관리·운용 용역, 한국벤처투자가 ㉣-3 벤처투자모태조합에 제공하는 자산 관리 운용 용역, ㉣-4 민간재간접벤처투자조합에 제공하는 자산 관리·운용 용역, 공동으로 업무집행조합원이 되는 자로서 중소기업벤처부령으로 정하는 자 중 투자매매업자, ㉣-5 투자중개업자 또는 집합투자업자가 민간재간접벤처투자조합에 제공하는 자산 관리·운용 용역, ㉤ 금전대부업 등 일정한 사업을 영위하는 자가 제공하는 것으로 한다. 이러한 사업 외의 사업을 하는 자가 주된 사업에 부수하여 금융·보험용역과 같거나 유사한 용역을 제공하는 경우에도 면세하는 '금융·보험용역'에 포함되는 것으로 본다(부가령 40 ①,②).

다만, 다음 중 어느 하나에 해당하는 용역은 면세하는 금융·보험용역으로 보지 않는다(부가령 40 ④, 부가칙 28).

㉠ 복권·입장권·상품권·지금형주화 또는 금지금에 관한 대행용역(다만, 수익증권 등 금융업자의 금융상품 판매대행용역 등은 제외한다)

㉡ ⓐ 기업합병 또는 기업매수의 중개·주선·대리, ⓑ 신용정보서비스 및 ⓒ 은행업에 관련된 전산시

3) 다만, 집합투자업자가 투자자로부터 자금 등을 모아서 부동산 및 실물자산 등에 운용하는 경우에는 면세대상 사업에서 제외한다.

4) 재산을 수탁받아 부동산, 실물자산에 운용하는 경우에는 면세대상 사업에서 제외한다.

스템과 소프트웨어의 판매 · 대여용역

㉢ ⓐ 부동산임대용역, ⓑ 감가상각자산의 대여용역(다만, 여신전문금융업법에 따른 시설대여업자가 제공하는 시설대여용역은 제외한다)

③ 인적용역 : 독립된 자격으로 용역을 공급하고 대가를 받는 일정한 인적용역을 말한다. 과세 제외되는 근로의 제공과 그 성격이 비슷하여 면세대상에 포함하고 있다(부가령 42).

참고사항 인적용역의 범위

1. 개인이 물적시설* 없이 근로자를 고용**하지 않고 독립된 자격으로 용역을 공급하고 대가를 받는 인적용역
   * '물적시설'이란 계속적 · 반복적으로 사업에 이용되는 건축물 · 기계장치 등의 사업설비(임차한 것 포함)를 말한다(부가칙 29).
   ** 고용 외의 형태로 해당 용역의 주된 업무에 대해 타인으로부터 노무 등을 제공받는 경우를 포함한다.
   ① 저술 · 서화 · 도안 · 조각 · 작곡 · 음악 · 무용 · 만화 · 삽화 · 만담 · 배우 · 성우 · 가수와 이와 유사한 용역
   ② 연예에 관한 감독 · 각색 · 연출 · 촬영 · 녹음 · 장치 · 조명과 이와 유사한 용역
   ③ 건축감독 · 학술용역과 이와 유사한 용역
   ④ 음악 · 재단 · 무용(사교무용 포함) · 요리 · 바둑의 교수와 이와 유사한 용역
   ⑤ 직업운동가 · 역사 · 기수 · 운동지도가(심판 포함)와 이와 유사한 용역
   ⑥ 접대부 · 댄서와 이와 유사한 용역
   ⑦ 보험가입자의 모집, 저축의 장려 또는 집금 등을 하고 실적에 따라 보험회사 또는 금융기관으로부터 모집수당 · 장려수당 · 집금수당 또는 이와 유사한 성질의 대가를 받는 용역과 서적 · 음반 등의 외판원이 판매실적에 따라 대가를 받는 용역
   ⑧ 저작자가 저작권에 의해 사용료를 받는 용역
   ⑨ 교정 · 번역 · 고증 · 속기 · 필경 · 타자 · 음반취입과 이와 유사한 용역
   ⑩ 고용관계 없는 자가 다수인에게 강연을 하고 강연료 · 강사료 등의 대가를 받는 용역
   ⑪ 라디오 · 텔레비전 방송 등을 통하여 해설 · 계몽 또는 연기를 하거나 심사를 하고 사례금 또는 이와 유사한 성질의 대가를 받는 용역
   ⑫ 작명 · 관상 · 점술 또는 이와 유사한 용역
   ⑬ 개인이 일의 성과에 따라 수당 또는 이와 유사한 성질의 대가를 받는 용역
2. 개인 · 법인 또는 법인격 없는 단체가 독립된 자격으로 용역을 공급하고 대가를 받는 인적용역
   ① 형사소송법 등에 따른 국선변호인의 국선변호(國選辯護), 국세기본법에 따른 국선대리인의 국선대리(國選代理), 법률구조법에 따른 법률구조(法律救助) 및 변호사법에 따른 법률구조사업(부가칙 31)
   ② 학술연구용역과 기술연구용역(새로운 학술 또는 기술을 개발하기 위하여 행하는 새로운 이론 · 방법 · 공법 또는 공식 등에 관한 연구용역)
   ③ 상담소 · 직업소개소 · 장애인보조견 훈련용역 등을 경영하는 자가 공급하는 용역
   ④ 작명 · 관상 · 점술 또는 이와 유사한 업을 영위하는 자가 공급하는 용역
   ⑤ 민법에 따른 후견인과 후견감독인이 제공하는 후견사무 용역
   ⑥ 개 · 닭 · 말 등 가축, 그 밖의 동물을 훈련하는 업을 영위하는 자가 공급하는 용역

⑦ 국제금융기구로부터 받은 차관자금으로 국가 또는 지방자치단체가 시행하는 국내사업을 위하여 공급하는 용역(국내사업장이 없는 외국법인 또는 비거주자가 공급하는 것 포함)

⑧ 「가사근로자의 고용개선 등에 관한 법률」에 따른 가사서비스 제공기관이 가사서비스 이용자에게 제공하는 가사서비스 용역

⑨ 근로자 파견 용역 및 근로자공급 용역, 물건의 제조 · 건설 · 수리 또는 이와 유사한 용역을 계약에 의하여 다른 사업자의 사업장(다른 사업자가 제공하거나 지정한 경우로서 그 사업자가 지배 · 관리하는 장소를 포함한다)에서 그 사업자의 생산시설을 이용하여 제공하는 용역 ■

4) 그 밖의 재화 · 용역의 공급

① 우표(수집용 우표 제외) · 인지 · 증지 · 복권 · 공중전화

② 소액 담배 : 판매가격이 200원(20개비 기준) 이하인 것과 특수용 담배 중 영세율이 적용되지 않는 것을 말한다. 따라서 일반담배에 대해서는 지방세법에 따른 담배소비세와 부가가치세가 중복과세되고 있는 실정이다.

③ 공익목적단체가 공급하는 재화 · 용역 : 종교 · 자선 · 학술 · 구호 그 밖의 공익을 목적으로 하는 단체가 공급하는 재화 · 용역에 대해서는 부가가치세를 면제한다.

④ 국가 · 지방자치단체 또는 지방자치단체조합이 공급하는 재화 · 용역. 다만, 다음 중 어느 하나에 해당하는 용역은 면세되지 않는다.

㉠ 우정사업조직이 제공하는 다음의 용역

- 소포우편물을 방문접수하여 배달하는 용역, 우편주문판매를 대행하는 용역

㉡ 고속철도에 의한 여객운송용역

㉢ 도매 및 소매업, 음식점업 · 숙박업, 부동산임대업, 골프장 · 스키장운영업, 기타 스포츠시설 운영업에서 공급하는 재화 · 용역*

㉣ 국민건강보험법에 따라 요양급여의 대상에서 제외되는 쌍꺼풀수술, 코성형수술, 유방확대 · 축소술, 지방흡인술, 주름살제거술에 해당하는 진료용역, 수의사의 애완동물 진료용역

* 다만, 다음 중 어느 하나에 해당하는 것은 면세대상으로 한다.

① 국방부 또는 국군이 군인, 군무원, 그 밖에 이들의 배우자 · 직계존비속에게 제공하는 소매업, 음식점업 · 숙박업, 기타 스포츠시설 운영업(골프 연습장 운영업은 제외) 관련 재화 · 용역

② 국가, 지방자치단체 또는 지방자치단체조합이 그 소속 직원의 복리후생을 위하여 구내에서 식당을 직접 경영하여 음식을 공급하는 용역

③ 국가 또는 지방자치단체가 「사회기반시설에 대한 민간투자법」에 따른 사업시행자로부터 BTL · BTO 방식에 따라 사회기반시설 또는 사회기반시설의 건설용역을 기부채납 받고 그 대가로 부여하는 시설관리운영권

⑤ 국가 · 지방자치단체 · 지방자치단체조합 또는 공익단체에 무상으로 공급하는 재화 · 용역

참고사항 공익단체의 범위

① 주무관청의 허가 또는 인가를 받거나 주무관청에 등록된 단체로서 종교사업 · 학교사업 · 사회복지사업 등을 하는 단체

② 공익사업을 위하여 주무관청의 승인을 얻어 금품을 모집하는 단체 ■

참고사항 공익목적 단체가 공급하는 재화 등의 범위

① 주무관청의 허가 또는 인가를 받거나 주무관청에 등록된 일정한 단체(종교단체의 경우에는 그 소속단체 포함)가 그 고유목적사업을 위하여 일시적으로 공급하거나 실비 또는 무상으로 공급하는 재화 · 용역
② 학술 및 기술 발전을 위하여 학술 및 기술의 연구와 발표를 주된 목적으로 하는 단체(이하 '학술 등 연구단체'라 한다)가 그 연구와 관련하여 실비 또는 무상으로 공급하는 재화 · 용역
③ 지정문화재를 소유 · 관리하고 있는 종교단체(주무관청에 등록된 종교단체로 한정하되, 그 소속단체 포함)의 경내지 및 경내지 내의 건물 · 공작물 임대용역
④ 공익을 목적으로 기숙사를 운영하는 자가 학생 또는 근로자를 위하여 실비 또는 무상으로 공급하는 음식 및 숙박용역
⑤ 저작권법에 따라 문화관광부장관의 허가를 받아 설립된 저작권위탁관리업자로서 한국음악저작권협회 등의 사업자가 저작자를 위하여 실비 또는 무상으로 공급하는 신탁관리용역
⑥ 비영리교육재단이 「초 · 중등교육법」에 따른 외국인학교의 설립 · 경영사업을 영위하는 자에게 제공하는 학교시설 이용 등 교육환경 개선과 관련된 용역
⑦ 저작권법에 따라 문화체육관광부장관이 지정하는 보상금수령단체로서 기획재정부령으로 정하는 사업자가 저작권자를 위하여 실비 또는 무상으로 공급하는 보상금수령 관련 용역 ■

예규판례 부가가치세가 면제되는 '국가 등이 공급하는 재화 · 용역'의 의미

정부업무대행단체가 공급하는 재화 · 용역에 대한 부가가치세 면제제도를 별도로 마련하고 있는 점 등을 종합하여 보면, 구 부가가치세법 제12조 제1항 제17호에 의하여 부가가치세가 면제되는 '국가 등이 공급하는 재화 · 용역'이란 국가 등이 공급주체가 되어 국가 등의 명의와 계산으로 공급하는 재화 · 용역을 의미하고, 국가 등으로부터 시설의 관리 등을 위탁받은 단체가 그 명의와 계산으로 재화 · 용역을 공급하는 경우는 여기에 해당하지 않는다고 할 것이다.

그런데 구 자연공원법 규정은, 국립공원의 지정 · 관리권자인 환경부장관은 주차장을 포함한 국립공원시설의 유지관리와 공원사업의 시행, 공원입장료 및 공원시설사용료의 징수 등의 권한을 원고(국립공원관리공단을 말한다. 이하 같다)에게 위탁할 수 있다고 규정하면서 그 위탁에 따라 원고가 관리하는 국립공원의 입장료 · 사용료와 그 밖의 국립공원에서 생기는 수익은 원고의 수입으로 하도록 하고 있다.

앞서 본 법리와 위와 같은 관련 규정의 내용에 비추어 보면, 원고가 국립공원 내에 주차장을 설치하고 그 운영업을 영위하는 것은 국가로부터 국립공원시설의 관리 등을 위탁받아 자신의 명의와 계산으로 용역을 공급하는 것일 뿐 국가의 산하기관의 지위에서 국가의 명의와 계산으로 용역을 공급하는 것으로 볼 수는 없으므로, 이는 부가가치세 면제 대상에 해당한다고 볼 수 없다(대법원 2012.10.25. 선고 2010두3527 판결). ■

(2) 재화의 수입에 대한 면세

다음에 해당하는 재화의 수입에 대해서는 부가가치세를 면제한다(부가법 27).

① 미가공식료품(식용으로 제공되는 농산물, 축산물, 수산물과 임산물 포함). 한편 커피두 · 코코아두에 대해서는 부가가치세를 과세하되, 2022.6.28.~2027.12.31.까지 수입하는 커피두 · 코코아두에 대해서는 부가가치세를 면세한다.

② 도서 · 신문 및 잡지
③ 학술연구단체 · 교육기관 · 한국교육방송공사 또는 문화단체가 과학 · 교육 · 문화용으로 수입하는 재화
④ 종교의식 · 자선 · 구호, 그 밖에 공익을 목적으로 외국인으로부터 종교단체 · 자선단체 또는 구호단체에 기증되는 재화
⑤ 외국인으로부터 국가 · 지방자치단체 또는 지방자치단체조합에 기증되는 재화
⑥ 거주자가 수취하는 소액물품으로서 관세가 면제되는 재화
⑦ 이사 · 이민 또는 상속으로 인하여 수입하는 재화로서 관세가 면제되거나 간이세율이 적용되는 재화
⑧ 여행자 휴대품 · 별송품과 우송품으로서 관세가 면제되거나 그 간이세율이 적용되는 재화
⑨ 수입하는 상품견본과 광고용 물품으로서 관세가 면제되는 재화
⑩ 우리나라에서 개최되는 박람회 · 전시회 · 품평회 · 영화제 또는 이와 유사한 행사에 출품하기 위하여 무상으로 수입하는 물품으로서 관세가 면제되는 재화
⑪ 조약 · 국제법규 또는 국제관습에 따라 관세가 면제되는 일정한 재화
⑫ 수출된 후 다시 수입하는 재화 중 수출자와 수입자가 동일하거나 해당 재화의 제조자가 직접 수입하는 것으로서 관세가 감면되는 것. 다만, 경감의 경우에는 경감되는 분에 한정한다.
⑬ 소액의 담배 및 특정한 담배
⑭ 그 밖에 관세가 무세(無稅)이거나 감면되는 일정한 재화. 다만, 경감의 경우에는 경감된 분에 한정한다.

[도 표] 농·축·수·임산물에 대한 면세

구분	면세여부
국내공급	• 식용 · 비식용 불문하고 면세(수입된 외국산 농산물 등도 면세)
국외수입	• 식 용 : 면세(단, 커피두 · 코코아두는 2028.1.1.부터 과세) • 비식용 : 과세

예규판례 금융지주회사의 자금융통 등이 은행업자 등의 개입 없이 개별적으로 이루어진 경우 부가가치세 부과대상 자체가 되지 않는 비과세사업인지 여부(적극) 등

1. 이 사건의 쟁점은, 금융지주회사가 자회사에 자금을 대여하고 이자를 받은 경우 그 이자에 대하여 부가가치세를 부과할 수 있는지 여부이다.

가. 구 부가가치세법 제12조 제1항 제11호는 금융 · 보험 용역으로서 대통령령으로 정하는 것에 해당하는 용역의 공급에 대하여 부가가치세를 면제한다고 정하고 있다. 그 위임에 따라 구 부가가치세법 시행령 제33조 제1항은 '은행법에 의한 은행업'(제1호)과 '그 밖의 금전대부업'(제18호)을 금융 · 보험 용역의 하나로 열거하고 있고, 같은 조 제2항은 '제1항 각호의 사업 외의 사업을 하는 자가 주된 사업에 부수하여 같은 항의 금융 · 보험 용역과 동일 또는 유사한 용역을 제공하는 경우' 역시 금융 · 보험 용역에 포함되는 것으로 정하고 있다.

은행법은 예금을 받거나 유가증권 또는 그 밖의 채무증서를 발행하여 불특정 다수인으로부터 채무를 부담함으로써 조달한 자금을 대출하는 것을 업으로 하는 것을 은행업으로 정의하고 있다(제2조 제1항 제1호). 대부업

등의 등록 및 금융이용자 보호에 관한 법률은 금전의 대부를 업으로 하는 것 등으로 대부업을 정의하고 있다(제2조 제1호).

은행업이나 대부업(이하 '은행업 등'이라 한다)은 관련 법령에 따른 인가나 등록 등의 절차를 마친 다음 불특정 다수인을 상대로 자금을 융통하거나 중개하는 용역을 제공하는 것을 업으로 하여 그에 대한 수수료 성격의 대가를 지급받는 것을 본질로 하는 것으로서, 이러한 금융·보험 용역의 공급은 부가가치세 부과대상에 해당한다. 다만 은행업자 등이 자금을 융통하는 등의 용역을 제공하고 그에 따라 이자 명목으로 돈을 받더라도 이것에는 위와 같은 용역의 대가 이외에도 다른 요소들이 섞여 있으므로 그 받은 돈 전부를 곧바로 용역 공급에 대한 대가로 볼 수 없고 용역 공급의 대가만을 구분해 내기도 어려운 사정 등을 고려하여 부가가치세를 면제할 뿐이다. 이와 달리 자금융통 등이 은행업자 등의 개입 없이 개별적으로 이루어진 경우라면, 부가가치세 부과대상 자체가 되지 않는 비과세사업이어서 부가가치세 면제에 해당할 여지가 없다.

나. 금융지주회사의 설립을 촉진하여 금융산업의 경쟁력을 높일 목적 등으로 마련된 금융지주회사법은 금융지주회사가 자회사의 경영관리업무와 그에 부수하는 업무로서 대통령령이 정하는 업무를 제외하고는 영리를 목적으로 하는 다른 업무를 영위할 수 없도록 하면서(제15조), 이를 위반할 경우 형사처벌의 대상으로 삼고 있다(제70조 제4항). 이러한 경영관리업무에 부수하는 업무에는 자회사 등에 대한 자금지원과 이를 위한 자금조달 등이 포함된다(금융지주회사법 시행령 제11조 제1항 제2호). 이처럼 금융지주회사는 경영관리업무 등의 하나로 자신이 지배·경영하고 있는 특정 자회사 등에 단순히 개별적인 자금지원을 할 수 있을 뿐이다. 이것이 은행업자 등이 인가 등을 받은 다음 불특정 다수인을 상대로 자금을 융통하거나 중개하여 수수료 성격의 대가를 받는 은행업 등에 해당하지 않음은 분명하다.

금융지주회사가 경영관리업무나 그에 따른 자금지원의 일환으로 은행업자 등의 개입 없이 자신이 지배·경영하는 자회사에 개별적으로 자금을 대여하고 순수한 이자 명목으로 돈을 받은 것이라면, 소비세인 부가가치세 부과대상 자체가 되지 않는 비과세사업을 하는 것에 지나지 않는다. 이것이 부가가치세 부과대상이기는 하지만 면제될 뿐인 금융·보험 용역이나 이와 유사한 용역을 제공한 것이라고 할 수 없다.

다. 과세사업과 비과세사업에 관련된 매입세액은 원칙적으로 실지귀속에 따라 계산해야 하고, 매입세액이 오로지 비과세사업과 관련되는 경우에는 이를 매출세액에서 공제할 수 없다. 과세사업과 비과세사업에 공통으로 사용되어 실지귀속을 구분할 수 없는 매입세액이 있다면 원칙적으로 과세사업과 면세사업을 겸영하는 경우의 공통매입세액 안분에 관한 부가가치세법 시행령 규정을 유추 적용하여 비과세사업에 안분되는 매입세액을 가려내야 한다. 다만 해당 사업자가 비과세사업에 해당하는 용역의 공급과 관련하여 거래상대방 등으로부터 돈을 받았더라도 이를 비과세사업에 해당하는 용역 공급에 대한 대가로 볼 수 없는 경우라면 과세사업과 면세사업의 공급가액 비율에 따라 공통매입세액을 안분하여 계산하도록 한 구 부가가치세법 시행령 제61조 제1항의 규정을 유추 적용할 수 없다. 이러한 경우에는 구 부가가치세법 시행령 제61조 제4항 각 호의 방법 등 다른 합리적인 안분계산방법 중에서 공통매입세액의 안분계산에 적합한 것을 적용하여 비과세사업에 안분되는 매입세액을 가려내야 한다(대법원 2018.1.25. 선고 2017두55329 판결 등 참조).

2. 원심판결 이유와 기록에 따르면 다음 사실을 알 수 있다.

가. 원고는 금융지주회사법에 따라 설립된 금융지주회사로서, 자회사의 지배 또는 경영관리, 자금지원 등의 업무를 수행하면서 브랜드 사용료 수익과 자회사 주식 보유에 따른 배당금 수익, 자회사 등에 대한 자금지원에 따른 대여이자(이하 '이 사건 대여이자'라 한다) 등의 수익 등을 얻고 있다.

나. 원고는 자회사 자금지원 지침에서 정한 지원한도, 지원절차, 지원자금의 조달, 지원기간, 지원금리 결정 방법 등에 따라 금융지주회사의 업무범위에 속하는 자회사 등에 대한 자금지원업무를 수행하고 있다. 위 지침에서는 조달금리, 조달부대비용, 대손충당금 적립비율, 업무원가만을 더한 금액을 대출이자율로 정하고 있고, 거기에 별도의 수수료 명목의 금전이 포함되어 있지 않다.

다. 원고는 2009년 제2기부터 2012년 제2기까지 부가가치세 부과기간 동안, 브랜드 사용료 수익에 대하여 자회사로부터 부가가치세액을 거래징수하여 이를 매출세액으로 가산하였고, 자회사 등에 대한 자금지원에 따른 이 사건 대여이자 전부를 면세사업의 공급가액으로 보아 구 부가가치세법 시행령 제61조 제1항에 따라 그 공급가액을 기준으로 공통매입세액을 안분하여 부가가치세를 신고납부하였다.

라. 원고는 이 사건 대여이자가 비과세사업 관련일 뿐 면세사업 관련 공급가액에 포함될 수 없다는 이유 등을 들어 경정청구를 하였으나, 피고는 2013.5.21. 이 사건 대여이자가 면세사업의 공급가액에 해당하는 것으로 보아 그 부분에 대한 경정청구를 거부하는 이 사건 처분을 하였다.

3. 이러한 사실관계를 위에서 본 법리에 비추어 다음과 같은 결론을 도출할 수 있다.

금융지주회사인 원고는 금융지주회사법에 따라 자회사 등에 자금지원업무를 수행하고 이들로부터 이 사건 대여이자를 받았더라도 자금융통의 직접 당사자라고 할 수 있다. 원고의 위와 같은 행위는 부가가치세 부과대상이 되지 않는 비과세사업에 해당한다. 또한 원고가 받은 이 사건 대여이자 전부가 곧바로 비과세사업에 해당하는 용역의 공급에 대한 대가로 볼 수 없으므로, 구 부가가치세법 시행령 제61조 제1항의 규정을 유추 적용하여 공통매입세액 중 비과세사업에 안분되는 매입세액을 가려낼 수 없다.

4. 그런데도 원심은 이 사건 대여이자 전부가 부가가치세가 면제되는 금융·보험 용역의 공급가액에 해당하므로 그에 따라 공통매입세액을 안분하여 계산해야 한다는 이유를 들어 이 사건 처분이 적법하다고 판단하였다. 원심의 판단에는 부가가치세가 면제되는 금융·보험 용역의 범위와 공통매입세액의 안분계산에 관한 법리를 오해하여 판결에 영향을 미친 잘못이 있다. 이를 지적하는 상고이유 주장은 정당하다(대법원 2019.1.17. 선고 2015두60662 판결). ■

2. 조세특례제한법에 따른 면세대상

(1) 재화·용역의 공급

다음에 해당하는 재화·용역의 공급에 대해서는 부가가치세를 면제한다(조특법 106 ①).

① 도서지방의 자가발전에 사용할 목적으로 수산업협동조합중앙회에 직접 공급하는 석유류(2026.12.31.까지 공급분에 한함)

② ㉠ 공장, 광산, 건설사업현장 및 노선여객자동차운송사업장의 경영자가 그 종업원의 복리후생을 목적으로 해당 사업장의 구내에서 식당을 직접 경영하여 공급하는 음식용역(식사류로 한정한다), ㉡ 공동운수협정을 체결한 노선여객자동차운송사업자로 구성된 조합이 그 사업자의 종업원에게 제공하기 위하여 위탁 계약을 통하여 공급받는 음식용역(식사류로 한정한다), ㉢ 학교의 경영자가 학생의 복리후생을 목적으로 학교 구내에서 식당을 직접 경영하여 공급하는 음식용역(식사류로 한정한다), ㉣ 학

교의 장의 위탁을 받은 학교급식공급업자가 위탁급식의 방법으로 해당 학교에 직접 공급하는 음식용역(식사류로 한정한다)(2026.12.31.까지 공급분에 한함)

③ 농 · 어업경영 및 농 · 어작업의 대행용역(2026.12.31.까지 공급분에 한함)

④ 국민주택 및 해당 주택의 건설용역(리모델링용역 포함). 여기서 '국민주택'이란 주택법에 따른 주택으로서, 그 규모가 국민주택규모(전용면적 85㎡, 다가구주택의 경우에는 가구당 전용면적을 기준으로 한 면적을 말한다) 이하인 것을 말한다(조특령 106 ④). 따라서 오피스텔의 경우 사실상 주거용으로 분양 · 사용된다 하더라도 건축법상 업무시설 용도로 건축 및 사용승인 받은 건물이므로 부가가치세가 면제되는 국민주택이 될 수 없다(사전-2017-법령 해석 부가-0515, 2017.10.12.).

⑤ ㉠ 공동주택 관리주체, 경비업의 허가를 법인(경비업자) 또는 청소업자가 공동주택 중 국민주택을 제외한 주택으로서 ⓐ 수도권을 제외한 도시지역이 아닌 읍 · 면 지역의 주택과 ⓑ ⓐ 외의 주택으로서 1호(戶) · 1세대당 주거전용면적이 135㎡ 이하인 주택에 공급하는 일반관리용역 · 경비용역 및 청소용역(2028.12.31.까지 공급분에 한함), ㉡ 관리주체, 경비업자 또는 청소업자가 공동주택 중 국민주택에 공급하는 일반관리용역 · 경비용역 및 청소용역, ㉢ 노인복지주택의 관리 · 운영자, 경비업자 및 청소업자가 국민주택 규모 이하의 노인복지주택에 공급하는 일반관리용역 · 경비용역 및 청소용역, ㉣ 영구적인 임대를 목적으로 건설한 임대주택에 공급하는 난방용역(2026.12.31.까지 공급분에 한함)

⑥ 「온실가스 배출권의 할당 및 거래에 관한 법률」에 따른 온실가스 배출권과 외부사업 온실가스 감축량 및 상쇄배출권(2028.12.31.까지 공급분에 한함)

⑦ 정부업무대행단체가 그 고유목적사업을 위하여 공급하는 재화 · 용역

⑦-2 「사회기반시설에 대한 민간투자법」에 따른 사업시행자가 부가가치세가 면제되는 사업을 할 목적으로 민자투자사업의 추진방식(BTO · BTL · BOT 방식을 말한다)으로 국가 또는 지방자치단체에 공급하는 사회기반시설 또는 사회기반시설의 건설용역

⑧ 국가철도공단이 철도시설을 국가에 귀속시키고 철도시설관리권을 설정받는 방식으로 국가에 공급하는 철도시설

⑨ 교육부장관의 추천이나 교육부장관이 지정하는 자의 추천을 받은 자가 「사회기반시설에 대한 민간투자법」에 따른 BTO(Build-Transfer-Operate) 방식을 준용하여 건설한 학교시설에 대해서 학교가 제공하는 시설관리운영권 및 그 추천을 받은 자가 그 학교시설을 이용하여 제공하는 용역(2014.12.31.까지 실시협약이 체결된 것에 한함), 한국사학진흥재단이 설립한 특수 목적 법인이 「사회기반시설에 대한 민간투자법」에 따른 BTO 방식을 준용하여 건설한 기숙사에 대해서 국가 및 지자체가 제공하는 시설관리운영권 및 그 법인이 그 기숙사를 이용하여 제공하는 용역(2014.12.31.까지 실시협약이 체결된 것에 한함)

⑨-2 ㉠ 한국사학진흥재단이 설립한 특수 목적 법인, ㉡ 한국사학진흥재단과 학교가 공동으로 설립한 특수 목적 법인이 「사회기반시설에 대한 민간투자법」에 따른 BTO(Build-Transfer-Operate) 방식을 준용하여 건설한 기숙사(이른바 '행복기숙사')에 대하여 국가, 지방자치단체 또는 학교가 제공하는 시설관리운영권 및 그 법인이 그 기숙사를 이용하여 제공하는 용역(2015.1.1.~2028.12.31.까지 실시협약이 체결된 것에 한함)

부가 04

⑩ 전기자동차 · 수소전지자동차로서 시내버스 및 농어촌버스 운송사업용으로 공급하는 것(2028.12.31.까지 공급분에 한함)
⑪ 희귀병치료 등을 위한 물품
⑫ 영유아용 기저귀와 분유(액상 형태의 분유를 포함하되, 부가가치세법에 따라 부가가치세가 면제되는 분유는 제외)
⑬ 일정한 농 · 임 · 어업용 및 연안여객선박용 석유류(2026.12.31.까지 공급분에 한함)
⑭ 「산림자원의 조성 및 관리에 관한 법률」에 따른 임산물 중 목재펠릿(2026.12.31.까지 공급분에 한함)
⑮ 한국주택금융공사가 주택담보노후연금채권을 행사하거나 주택담보노후연금보증채무 이행으로 인한 구상권을 행사하기 위하여 처분하는 주택담보노후연금채권 담보 대상주택

(2) 재화의 수입

다음에 해당하는 재화의 수입에 대해서는 부가가치세를 면제한다(조특법 106 ②).

① 무연탄
② 과세사업에 사용하기 위한 선박
③ 과세사업에 사용하기 위한 관세법에 따른 보세건설물품
④ 농민이 직접 수입하는 일정한 농업용 · 축산업용 기자재와 어민이 직접 수입하는 일정한 어업용 기자재 등(2028.12.31.까지 수입신고분에 한함)

Ⅲ 면세사업자의 협력의무

면세사업자는 부가가치세법에 따른 납세의무자가 아니므로 원칙적으로 부가가치세법에 따른 아무런 협력의무도 지지 않는다. 다만, 부가가치세법은 면세사업자 중 소득세 또는 법인세의 납세의무가 있는 자는 ① 매입처별 세금계산서합계표를 제출하도록 규정하고 있는데, 이는 세금계산서의 상호대사와 소득세 또는 법인세의 과세자료의 확보를 위한 것이다.

이처럼 부가가치세법에 따른 협력의무가 부여되지 않기 때문에 소득세법 또는 법인세법은 부가가치세 면세사업자에 대해 특별히 사업자등록의무와 계산서의 발급 및 합계표제출의무를 부여하고 있으며, 소득세법은 별도로 사업장 현황신고의무를 부여하고 있다.

한편 면세사업자의 경우에는 과세사업자의 경우와 달리 부가가치세법에 따른 ② 대리납부의무를 진다.

Ⅳ 면세의 포기

1. 의 의

면세제도는 사업자의 세부담을 경감시키는 것이 아니라 최종소비자의 부가가치세 부담을 경감시키는 제도이므로 면세사업자 입장에서는 면세의 적용이 오히려 불리한 경우가 있다. 이러한 경우에는 면세를 포기하고 과세를 적용받을 수 있는데, 이것을 '면세의 포기'라고 한다. 면세사업자 입장에서 면세의 포기가 유리한 경우는 다음과 같다.

① 특정한 재화·용역의 공급이 면세와 영세율이 동시에 적용되는 경우에 면세를 적용받는 경우보다는 영세율을 적용받아 매입세액을 환급받는 것이 유리하다.

② 면세사업자가 주로 최종소비자가 아닌 과세사업자에게 면세재화 등을 공급하는 경우에는 이른바 환수효과와 누적효과로 인하여 최종소비자가격을 상승시키는 결과가 되어 거래상대방은 면세사업자와의 거래를 기피하게 된다. 이러한 경우에는 면세를 포기하고 과세를 적용받는 것이 유리하다.

2. 면세포기의 대상

사업자의 임의로 모든 면세대상에 대해 면세의 포기를 허용하는 것은 면세의 입법적 취지를 후퇴시킬 수 있기 때문에 그 대상을 제한하지 않을 수 없다. 이런 점 때문에 부가가치세법 시행령은 ① 영세율이 적용되는 재화·용역과 ② 공익단체 중 학술 등 연구단체가 그 연구와 관련하여 실비 또는 무상으로 공급하는 재화·용역에 대해서만 면세포기 신고를 할 수 있도록 규정하고 있다(부가법 28 ①, 부가령 57).

참고사항 면세포기 대상

조세특례제한법에 따라 정부업무를 대행하는 단체가 그 고유의 목적사업으로서 공급하는 재화·용역에 대해서는 부가가치세가 면제되는데, 면세포기할 수 있는 사업자에는 정부업무대행단체를 포함한다(부기통 28-57-3). ■

3. 면세포기의 절차와 효력

1) 면세를 포기하려는 사업자는 면세포기신고서를 관할세무서장에게 제출하고, 지체 없이 사업자등록을 해야 한다(부가령 57 ①). 면세포기에는 시기의 제한이 없으며, 언제든지 가능하다. 그리고 사업자의 포기신고로써 족하고, 별도로 과세관청의 승인을 필요로 하지 않는다. 한편 신규로 사업을 시작하는 경우에는 면세포기신고서를 사업자등록 신청서와 함께 제출할 수 있다(부가칙 44 ①).

2) 한편 면세포기를 신고한 사업자는 신고한 날부터 3년간은 면세를 적용받지 못한다(부가법 28 ②).[5] 이는 행정의 안정성을 확보하기 위한 것이다. 이처럼 면세포기를 신고한 사업자가 3년이 지난 뒤, 다시 면세를 받으려면 면세적용신고서와 함께 발급받은 사업자등록증을 제출해야 하며, 면세적용신고서를 제출하지 않으면 계속하여 면세를 포기한 것으로 본다(부가법 28 ③, 부가령 58).

[도 표] 면세포기

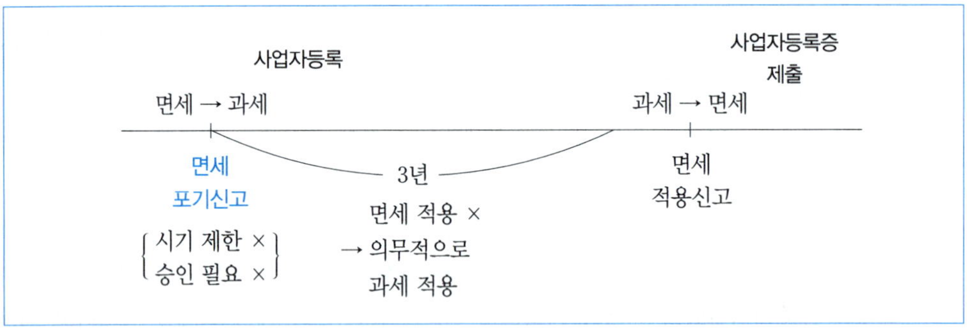

V 결 어

이상에서 살펴본 바와 같이 면세제도는 개별소비세제와 함께 부가가치세의 세율이 10%의 단일비례세율구조로 인하여 발생하는 역진적 조세부담을 완화하는 데 있다. 이러한 기본적 입법취지 외에도 사회·정책적 목적상 면세제도를 두고 있다.

그런데 면세의 범위가 지나치게 넓으면 ① 일반소비세의 원리를 훼손하게 된다. 또한 면세제도는 ② 세금계산서 수수질서를 문란하게 하며, 면세재화·용역이 과세사업에 제공되는 경우에는 ③ 환수효과와 누적효과로 인하여 경제적 비효율이 생기는 폐단이 있다.

사례 1 부가가치세 과세여부

부가가치세 과세대상은 사업자가 행하는 재화·용역의 공급과 재화의 수입이다. 재화와 용역의 구분은 공급의 특례의 차이, 공급시기의 차이, 영세율 또는 면세 차이 등을 결정하는데 영향을 미친다. 다음 물음에 답하시오. (2017년 세무사 2차, 35점)

【물음 1】 부가가치세법상 재화와 용역의 정의, 재화나 용역을 공급하는 사업의 구분기준에 대해서 서술하고, 수탁가공업자의 업태에 대해서 설명하시오. (9점)

---

5) 면세포기신고를 한 사업자가 재화의 공급으로 보지 않은 사업을 양도하는 경우에 면세포기의 효력은 사업을 양수한 사업자에게 승계된다(부기통 28-57-4).

【물음 2】 토지임대용역과 주택(겸용주택 포함)의 부수토지임대용역의 유상공급에 대한 부가가치세 규정에 대해서 서술하고, 임야임대에 따른 부가가치세 과세여부에 대해서 설명하시오. (9점)

【물음 3】 미가공식료품의 면세규정에 대해서 서술하고, 음식점업 사업자가 미가공수산물인 생선을 주원료로 가공하여 생선회로 판매하는 경우의 부가가치세 과세여부에 대해서 설명하시오. (9점)

【물음 4】 부가가치세법상 부수재화 또는 부수용역의 공급규정에 대해서 서술하고, 유통업 사업자가 정육상태인 돼지고기와 고기양념소스를 각각 포장한 후 전체를 하나의 제품으로 포장판매하는 경우의 부가가치세 과세여부에 대해서 설명하시오. (8점)

해 답

【물음 1】 재화와 용역

1. 정 의

(1) 재 화

'재화'란 재산 가치가 있는 물건 및 권리를 말하며, 과세대상이 되는 물건과 권리의 구체적 범위는 다음과 같다.

① 물건 : ㉠ 상품, 제품, 원료, 기계, 건물 등 모든 유체물(有體物)과 ㉡ 전기, 가스, 열 등 관리할 수 있는 자연력

② 권리 : 광업권, 특허권, 저작권 등으로서 물건 외에 재산적 가치가 있는 모든 것

(2) 용 역

'용역'이란 재화 외의 재산 가치가 있는 건설업, 숙박 및 음식점업, 운수업, 금융 및 보험업, 부동산업 및 임대업 등의 사업에 해당하는 모든 역무(役務)와 그 밖의 행위로 한다.

2. 재화나 용역을 공급하는 사업의 구분기준

1) 재화나 용역을 공급하는 사업의 구분은 「부가가치세법 시행령」에 특별한 규정이 있는 경우를 제외하고는 통계청장이 고시하는 해당 과세기간 개시일 현재의 한국표준산업분류에 따른다.

2) 용역을 공급하는 경우 위 용역 공급에 해당하는 사업과 유사한 사업은 한국표준산업분류에도 불구하고 해당 사업에 포함되는 것으로 본다.

3) 소득세가 과세되지 않는 농가부업은 사업을 구분할 때에 독립된 사업으로 보지 아니하므로 해당 사업을 하는 농·어민은 부가가치세를 납부할 의무가 없다. 다만, 민박, 음식물 판매, 특산물 제조, 전통차 제조 및 그 밖에 이와 유사한 활동은 그러하지 아니한다.

3. 수탁가공업자의 업태

1) 사업자가 거래상대방으로부터 인도받은 재화에 주요 자재의 전부 또는 일부를 부담하여 새로운 재화를 만드는 사업은 '제조업'에 해당한다.

2) 사업자가 인도받은 재화에 주요 자재를 부담하지 아니하고 가공만 하는 것은 용역(사업지원서비스업)에 해당한다.

【물음 2】 토지임대용역

1. 부가가치세법 규정

(1) 토지임대용역

토지 그 자체의 공급은 면세대상이지만 토지임대용역의 유상공급은 과세대상이다.

(2) 주택(겸용주택 포함)의 부수토지 임대용역

1) 개 요 : 주택부수토지 임대용역의 유상공급은 면세대상이다. 여기서 '주택'이란 상시 주거용으로 사용하는 건물을 말한다. 부가가치세가 면제되는 주택의 부수토지는 다음의 면적을 초과하지 않는 토지로 한정한다.

> 주택부수토지의 한계면적 = MAX(①, ②)
> ① 건물이 정착된 면적×5배(도시지역 외의 토지는 10배)
> ② 주택의 연면적(지하층의 면적, 지상층의 주차장 면적 및 주민공동시설의 면적 제외)

2) 겸용주택의 경우 : 임대주택에 부가가치세가 과세되는 사업용 건물이 함께 설치되어 있는 경우에는 다음과 같이 그 면세 여부를 판정한다.

구분	건물	부수토지
주택면적 > 사업용 건물면적	전부를 주택으로 보고 면세한다.	전부를 주택부수토지로 보고, 그 한계면적 이내에서 면세한다.
주택면적 ≦ 사업용 건물면적	주택면적 부분만 면세한다.	다음 MIN(①, ②) 면적에 대해서 한다. ① 주택부수토지 면적 : 토지총면적×(주택연면적/건물연면적) ② 주택부수토지의 한계면적

(3) 임야 임대

토지의 임대업은 원칙적으로 과세되는 사업이지만, 임야(전 · 답 · 과수원 · 목장용지 또는 염전 포함) 임대업으로서 지적공부상의 지목에 관계없이 실제로 경작하거나 해당 토지의 고유 용도에 사용하는 것은 과세되는 사업에서 제외한다.

【물음 3】 미가공식료품

1. 미가공식료품의 면세 규정

미가공식료품은 국산과 외국산을 막론하고 면세하나, 식용으로 제공되지 않는 미가공 농 · 축 · 수 · 임산물은 국산에 대해서만 면세하고 외국산은 면세하지 않는다.

한편 '미가공식료품'은 ① 가공되지 않거나 ② 원생산물 본래의 성질이 변하지 않는 정도의 1차 가공(탈곡 · 정미 · 제분 · 정육 · 건조 · 냉동 · 염장 · 포장 등)을 거친 농산물 · 축산물 · 수산물 또는 임산물로 하되, 여기에는 다음의 것을 포함한다.

① 단순 가공식료품 : 데친 채소류 · 김치 · 단무지 · 장아찌 · 젓갈류 · 게장 · 두부 · 메주 · 간장 · 된

장 · 고추장(제조시설을 갖추고 판매목적으로 독립된 거래단위로 관입 · 병입 또는 이와 유사한 형태로 포장하여 공급하는 것은 제외하되, 단순하게 운반편의를 위하여 일시적으로 관입 · 병입 등의 포장을 하는 경우를 포함한다)

② 원생산물 본래의 성질이 변하지 않는 정도로 1차 가공을 하는 과정에서 필수적으로 발생하는 부산물

③ 미가공식료품을 단순히 혼합한 것

④ 쌀에 인삼추출물 · 아미노산 등 식품첨가물을 첨가 · 코팅하거나 버섯균 등을 배양시킨 것

그리고 면세하는 미가공식료품에는 '소금'을 포함한다.

2. 음식점업자의 생선회 판매에 대한 면세여부

수산물 도매 · 소매업 사업자가 생선(활어)을 구입하여 가공(조리)하지 않고 그 자체를 다른 사업자나 최종소비자에게 판매하는 것은 부가가치세가 면세된다. 그러나 음식점업 사업자가 미가공수산물인 생선을 주원료로 가공하여 생선회로 판매하는 경우에는 부가가치세를 과세한다.

여기서 '음식점업'은 접객시설(식탁, 의자, 룸 등)을 갖추고 구내에서 직접 소비할 수 있도록 주문한 음식을 조리하여 제공하는 음식점을 운영하거나 접객시설 없이 고객이 주문한 음식을 직접 조리하여 제공(배달)하는 사업을 말한다. 부가가치세법은 음식점업을 용역을 공급하는 사업으로 구분한다. 음식점업에서 '음식물'이라는 재화보다는 물적 · 인적용역의 제공이 더 큰 비중을 가지고 있다고 보아 용역을 공급하는 사업에 포함한다.

【물음 4】 부수공급

1. 부수재화 또는 부수용역의 공급

(1) 주된 '거래'에 부수하여 공급되는 재화 · 용역

1) 유형 : 주된 재화 · 용역의 공급에 부수되어 공급되는 것으로서 다음 중 어느 하나에 해당하는 재화 · 용역의 공급은 주된 재화 · 용역의 공급에 포함되는 것으로 본다.

① 해당 대가가 주된 재화 · 용역의 공급에 대한 대가에 통상적으로 포함되어 공급되는 재화 · 용역

② 거래의 관행으로 보아 통상적으로 주된 재화 · 용역의 공급에 부수하여 공급되는 것으로 인정되는 재화 · 용역

2) 구분의 실익 : 주된 거래와 관련된 부수공급은 별도의 독립된 거래로 보지 않고 주된 거래인 재화 · 용역의 공급에 흡수되는 것으로 본다. 따라서 이러한 부수 재화 · 용역의 공급에 관해서는 그 공급시기를 별도로 판단할 필요가 없으며, 별도로 세금계산서를 발급할 필요가 없고, 따라서 별도로 과세표준을 계산하지 않는다. 한편 그 부수 공급에 대한 과세 · 면세의 여부도 주된 거래에 따르는 것이다. 따라서 부가가치세가 면세되는 재화 · 용역의 공급에 통상적으로 부수되는 재화 · 용역의 공급은 그 면세되는 재화 · 용역의 공급에 포함되는 것으로 본다.

이처럼 이들 부수재화 · 용역을 주된 거래에 포함시키는 이유는 그 구분계산이 사실상 곤란한 반면, 구분계산의 효익이 별로 없기 때문이다.

(2) 주된 '사업'에 부수하여 공급되는 재화 · 용역

1) 유형 : 주된 사업에 부수되는 다음 중 해당하는 재화 · 용역의 공급은 별도의 공급으로 보되, 과세 및 면세 여부 등은 주된 사업의 과세 및 면세 여부 등을 따른다.

① 주된 사업과 관련하여 우연히 또는 일시적으로 공급되는 재화 · 용역

② 주된 사업과 관련하여 주된 재화의 생산 과정이나 용역의 제공 과정에서 필연적으로 생기는 재화

2) 구분의 실익 : 주된 사업에 관련된 부수공급은 독립된 사업으로 보지 않는다. 즉 이들은 주된 사업에 부수하여 공급되는 것이므로 독립된 사업이 아니라 주된 사업의 일부를 구성하는 것으로 취급한다는 것이다.

따라서 이들 부수공급의 과세 및 면세 여부는 주된 사업을 따른다. 예컨대 과세사업자가 사업용 비품을 매각한 경우에는 부가가치세가 과세되며, 면세사업자가 사업용 비품을 매각한 경우에는 면세되는 것이다. 그러나 이들은 별도의 독립된 거래이다. 이들은 단지 주된 사업에 부수되는 것일 뿐 어떤 특정한 거래에 흡수된 것이 아니기 때문이다. 따라서 그 공급시기가 독자적으로 존재하며, 세금계산서를 별도로 발급해야 하고 과세표준도 별도로 계산해야 한다.

2. 돼지고기 포장판매 과세여부

유통업 사업자가 돼지를 도살 · 해체하여 정육 · 냉장 등 본래의 성질이 변하지 않는 정도의 1차 가공을 거쳐 식용에 사용하는 것은 면세한다. 이 경우 유통업 사업자가 정육상태인 돼지고기와 고기양념소스를 각각 포장한 후 전체를 하나의 제품으로 포장판매하는 경우 주된 재화인 정육상태 돼지고기가 면세이고 고기양념소스(과세재화)는 주된 재화에 부수하여 공급되는 것으로 보아야 한다. 따라서 고기양념소스도 주된 재화인 정육상태 돼지고기와 함께 부가가치세가 면세되는 것이다.

❑ 출제위원 채점평

부가가치세 과세대상 판별의 핵심인 재화와 용역, 재화와 용역을 공급하는 사업구분, 면세사업과 과세사업의 구분과 관련된 문제였다. 부가가치세법의 가장 핵심적이며 기본적인 문제임에도 제대로 쓴 수험생은 지극히 드물었으며 구체적인 서술범위를 주었음에도 두리뭉실하게 서술하는 경우가 대다수였다. 부가가치세법에 대한 기본내용에 충실한 학습이 필요하다고 생각한다.

사례 2 정육매장 면세대상 판정

다음 사례를 읽고 관할세무서장이 행한 이 사건 처분이 적법한지 여부를 판단하시오. (10점)

(1) 영월한우영농조합법인(이하 '조합법인'이라 한다)은 강원 영월지역에 소재하는 한우사육 축산 농민들을 조합원으로 하여 2008.4.11.에 설립되어 농업생산성의 향상 및 조합원의 소득증대를 목적으로 농 · 축산업의 경영, 축산물의 가공 및 판매, 음식점 경영업 및 요식업 등의 사업을 영위하는 법인이다.

(2) 조합법인은 2009.4.경부터 2011.6.경까지 강원 영월읍에 있는 건물에서 1층은 조합원들이 직접 사육 · 도축한 한우의 정육과 부산물들을 판매하는 정육매장을, 2층은 고객들이 음식 부재료를 구입하여 직접 가져온 정육을 조리하여 먹을 수 있는 식당을 운영하였다. 구체적으로 조합법인이 운영하는 1층 정육매장과 2층 식당은 출입문이 별도로 구분되어 있고, 각 층마다 별도의 계산대를 설치하여 계산이 이루어지고 있으며, 2층 식당의 메뉴는 기본 상차림, 양념, 된장찌개, 공기밥, 냉면류, 주류 및 음료 등으로서 쇠고기를 제외한 음식부재료 등으로만 이루어져 있다.

(3) 조합법인은 관할세무서장에게 2009년 제1기 및 제2기 부가가치세를 신고 · 납부하였다. 그런데 관할세무서장은 2010.7.1. 조합법인에 대하여, 2009년 제1기와 제2기에 부가가치세와 관련해서는 1층 정육매장의 매출 중 일부 고객이 2층 식당을 이용한 부분에 해당하는 매출액을 과세 매출로 경정하고 의제매입세액을 공제하여 계산한 부가가치세를 각각 경정 · 고지하였다(이하 '이 사건 처분'이라 한다).

해 답

1. 관련법령 등

(1) 부가가치세법은 부가가치세가 과세대상인 용역에 해당하는 사업 중 하나로 '음식점업'을 규정하고 있다. 한국표준산업분류에서는 음식점업을 '구내에서 직접 소비할 수 있도록 접객시설을 갖추고 조리된 음식을 제공하는 식당, 음식점, 간이식당, 카페, 다과점, 주점 및 음료점업 등을 운영하는 활동'으로 정의하고 있다.

한편 부가가치세법과 그 시행령은 부가가치세가 면제되는 재화의 하나로 '가공되지 아니한 식료품(미가공식료품)'을 규정하고, 그 범위를 가공되지 아니하거나 탈곡 · 정미 · 정맥 · 제분 · 정육 · 건조 · 냉동 · 염장 · 포장 기타 원생산물의 본래의 성질이 변하지 아니하는 정도의 1차 가공을 거쳐 식용에 공하는 것으로 한다'고 하면서, 그 중 하나로 쇠고기(수육류의 하나)를 들고 있다.

(2) 국세기본법은 실질과세원칙 중 하나로 '세법 중 과세표준의 계산에 관한 규정은 소득, 수익, 재산, 행위 또는 거래의 명칭이나 형식에 관계없이 그 실질 내용에 따라 적용한다'고 규정하고 있다. 그러나 납세의무자가 경제활동을 할 때 동일한 경제적 목적을 달성하기 위해서 여러 가지의 법률관계 중 하나를 선택할 수 있으므로 그것이 과중한 세금의 부담을 회피하기 위한 행위라고 하더라도(가장행위에 해당한다고 볼 특별한 사정이 없는 이상) 유효하다고 보아야 한다(대법원 2011.5.13. 선고 2010두3916 판결).

2. 사례의 경우 : 이 사건 처분은 위법함

① 고객들이 1층 정육매장에서 쇠고기를 구입하고 계산함으로써 1층 정육매장에서의 재화 공급행위는 종료되었을 뿐만 아니라 ② 조합법인이 2층 식당에서 고객들에게 쇠고기 자체를 조리하여 제공하지도 않았으므로, 비록 고객들이 그의 선택으로 1층 정육매장에서 쇠고기를 구입한 즉시 2층 식당으로 가서 별도로 구입한 음식부재료와 함께 이를 조리하여 먹었다거나 조합법인이 단일 사업자로서 1층 정육매장과 2층 식당을 함께 운영했다는 점만으로 조합법인이 고객들에게 음식점 용역

을 제공한 것으로 볼 수 없다. 따라서 관할세무서장이 조합법인에게 행한 2009년 제1기와 제2기에 부가가치세 경정처분은 위법한 것으로 판단된다.

사례 3 부가가치 구성요소

부가가치 구성요소에 대한 부가가치세법상 취급에 대해서 설명하시오. (10점)

해 답

전단계세액공제법은 매출세액에서 매입세액을 공제하여 납부세액을 계산한다. 그 결과는 각 거래단계 사업자가 새로이 창출한 부가가치(임금 + 지대 + 이자 + 이윤 등)에 세율을 곱하여 계산한 것과 같다. 이러한 부가가치세의 이론 구성상 부가가치의 구성요소를 이루는 임금, 지대, 이자와 이윤에 대해서는 부가가치세를 면제하는데, 이에 대한 부가가치세법상 취급은 다음과 같다.

(1) 임금 : 근로의 제공은 용역의 공급으로 보지 않으므로 과세거래에서 제외된다. 그리고 근로의 제공과 유사한 인적용역은 면세대상으로 정하고 있다. 여기서 '인적용역'은 개인이 물적시설 없이 근로자를 고용하지 않고 독립된 자격으로 용역을 공급하고 받은 용역을 말한다.

(2) 지대 : 토지의 공급을 면세대상으로 정하고 있으며, 전 · 답 · 과수원 · 목장용지의 임대업은 과세사업에서 제외하므로 이들 임대는 과세제외 된다.

(3) 이자 및 이윤 : 금융 · 보험용역에 대해서는 부가가치세를 면세한다. 금융 · 보험용역은 은행업 · 증권업 · 투자자문업 등의 사업에 해당하는 역무로 한다. 이러한 사업 외의 사업을 하는 자가 주된 사업에 부수하여 금융 · 보험용역과 동일 또는 유사한 용역을 제공하는 경우에도 면세되는 금융 · 보험용역에 포함되는 것으로 본다.

다만, 다음의 용역은 금융보험업을 영위하는 사업자가 제공한 경우에도 부가가치세를 과세한다. 즉 주된 사업에 부수하여 제공하는 용역으로 보지 않는다. 그 취지는 금융회사 등이 새로운 부수업무를 수행하게 됨에 따라 고유의 금융보험업이 아닌 것은 과세대상으로 명확히 하겠다는 것이다.

① 복권 · 입장권 · 상품권 · 지금형주화 또는 금지금에 관한 대행용역(다만, 수익증권 등 금융업자의 금융상품 판매대행용역은 제외한다)

② M&A 중개 · 주선 · 대리, 신용정보서비스 및 은행업에 관련된 전산시스템과 소프트웨어의 판매 · 대여용역

③ 부동산임대용역, 감가상각자산의 대여용역(다만, 여신전문금융업법에 따른 시설대여업자가 제공하는 시설대여용역은 제외한다)

사례 4 개인의 인적용역에 대한 과세

작곡과 음악에 관한 인적용역을 제공하는 甲이 부가가치세법상 사업자가 되기 위한 요건과 면세 적용대상이 되기 위한 요건을 설명하시오. (5점)

해 답

1. 사업자의 요건

'사업자'란 영리목적 유무에 불구하고 사업장 독립적으로 용역을 공급하는 자를 말한다. 따라서 작곡과 음악에 관한 인적용역을 제공하는 甲이 사업자가 되기 위한 요건은 다음과 같다.

(1) 계약상 또는 법률상 모든 원인에 따라 작곡과 음악에 관한 역무를 제공해야 한다.

(2) 부가가치를 창출해 낼 수 있는 정도의 사업형태를 가지고 계속적·반복적 의사(意思)로 용역을 공급해야 한다. 따라서 단순히 한두 번 정도의 용역을 공급하는 것은 사업자가 될 수 없다.

(3) 인적 독립성으로 자기계산과 위험에 따라 이루어져야 한다. 따라서 고용관계에서 작곡·음악에 관한 일을 하는 것은 근로의 제공이므로 부가가치세법에서는 용역의 공급으로 보지 않는다. 물적 독립성으로 음악·작곡에 관한 사업이 다른 사업의 단순한 연장에 불과하거나 다른 사업에 부수되는 정도에 그치는 경우에는 독립된 사업으로 보지 않는다.

2. 면세 적용대상의 요건

甲의 작곡·음악에 관한 인적용역이 면세가 되기 위해서는 甲이 개인으로 물적시설이 없이 근로자를 고용하지 않고 독립된 자격으로 용역을 제공하고 대가를 받은 경우에 한하여 면세대상이 된다. 그 취지는 근로의 제공과 비슷하다고 보기 때문이다.

따라서 甲이 물적시설을 갖추고 근로자를 고용하여 제공하는 작곡·음악에 관한 인적용역에 대해서는 부가가치세가 과세된다.

사례 5 면세포기로 인한 영세율 적용과 영세율에 대한 상호주의 적용

부가가치세가 면세되는 재화를 공급하는 사업을 영위하고 있는 영리내국법인 A가 영세율 적용에 대한 상호면세국인 일본에 재화를 수출하려 한다. A가 영세율을 적용받을 수 있는 부가가치세법상 제도와 영세율에 대한 상호주의 적용에 관하여 설명하시오. (2015년 세무사 2차, 15점)

해 답

1. 면세포기에 의한 영세율 적용

(1) 개 요

면세사업을 영위하고 있는 A가 일본에 재화를 수출할 때 A가 영세율을 적용받으려면 면세를 포기해야 한다. 그 취지는 면세대상에 대해서 영세율을 적용받아 매입세액을 환급받게 하려는 데 있다.

(2) **면세포기의 절차**

면세를 포기하려는 사업자는 관할세무서장에게 포기신고를 하고, 지체 없이 사업자등록을 해야 한다. 면세포기에는 시기의 제한이 없으며, 언제든지 가능하다. 그리고 사업자의 포기신고로써 족하고, 별도로 과세관청의 승인을 필요로 하지 않는다. 한편 신규로 사업을 개시하는 경우에는 면세포기신고서를 사업자등록신청서와 함께 제출할 수 있다.

(3) **면세포기의 효력**

1) 면세를 포기하면 과세사업자로 전환한다. 따라서 거래징수, 세금계산서의 발급과 그 합계표의 제출, 신고납부 등의 의무를 부담하게 되며, 매입세액을 공제 또는 환급받을 수 있게 되고 영세율을 적용받을 수 있다.

   한편 면세포기신고를 한 사업자는 신고한 날부터 3년간은 면세를 적용받지 못한다. 이는 행정의 안정성을 확보하기 위한 것이다. 3년이 경과한 후 다시 면세를 적용받으려는 경우에는 면세적용신고와 함께 사업자등록증을 제출해야 하며, 면세적용신고를 하지 않는 경우에는 계속하여 면세를 포기한 것으로 본다.

2) 면세농산물 등을 수출함에 따라 면세포기로 영세율이 적용되면 매입한 면세농산물 등에 대해서 의제매입세액공제를 적용받을 수 없다.

2. 영세율에 대한 상호주의 적용

영세율은 원칙적으로 거주자 또는 내국법인에 대하여 적용되며, 사업자가 비거주자 또는 외국법인이면 상호(면세)주의에 따른다. 즉 그 해당 국가에서 대한민국의 거주자 또는 내국법인에 대하여 동일하게 면세하는 경우에만 영세율을 적용한다. 여기서 '동일하게 면세하는 경우'란 해당 외국의 조세로서 우리나라의 부가가치세 또는 이와 유사한 성질의 조세를 면제하는 경우와 그 외국에 우리나라의 부가가치세 또는 이와 유사한 성질의 조세가 없는 경우를 말한다.

❑ 출제위원 채점평

> 이 문제는 면세사업자가 영세율을 적용받을 수 있는 제도를 물으면서 면세포기 제도와 영세율에 대한 상호주의 적용에 관하여 설명할 것을 요구하였다. 두 개의 주제 모두 기본적인 내용이지만 이를 정확하게 알고 답안을 작성한 응시생은 많지 않았다. 특히 영세율에 대한 상호주의 적용의 의미를 대부분의 수험생들이 오해하고 있다는 것이 안타까울 정도였다. 실무를 할 때에도 기본적인 내용일수록 본인이 이해하고 있는 것이 옳은지 한번 더 확인하는 습관이 반드시 필요하다.

연습문제

1 부가가치세법에 따른 영세율제도와 관련하여 다음의 물음에 답하시오.

【물음 1】 부가가치세법에 따른 영세율제도를 완전면세라 부르는 이유를 설명하시오. (5점)

【물음 2】 영세율의 적용대상거래별로 그 제도의 취지를 설명하시오. (10점)

【물음 3】 영세율 적용사업자의 범위에 대해서 설명하시오. (10점)

【물음 4】 영세율 적용사업자의 부가가치세법에 따른 협력의무의 내용을 설명하시오. (5점)

2 영리목적의 유무에 불구하고 사업상 독립적으로 재화 · 용역을 공급하는 자, 즉 사업자는 부가가치세를 납부할 의무가 있다. 그런데 부가가치세가 면세되는 재화 · 용역을 공급하는 사업자는 부가가치세 납세의무를 면제한다. 이와 관련하여 다음의 물음에 답하시오.

【물음 1】 부가가치세법에 따른 면세제도를 부분면세라고 부르는 이유는 무엇인가? (5점)

【물음 2】 부가가치세법에 따른 면세대상이 되는 재화 · 용역의 공급에는 어떠한 것들이 있는가? (10점)

【물음 3】 면세제도로 인하여 현행 세제에 미치는 부정적인 영향을 설명하고, 과세로 전환할 필요가 있는 면세대상을 지적하시오. (10점)

【물음 4】 면세포기제도의 취지, 포기대상 재화 · 용역의 범위 및 포기절차에 대해서 설명하시오. (10점)

3 현행 부가가치세법에 따른 면세포기제도에 관하여 설명하시오. (20점)

4 부가가치세 면세제도와 관련하여 다음 사항을 설명하시오. (1998년, 40점)

【물음 1】 부가가치세법에 따른 면세규정을 두고 있는 조세정책적 근거, 즉 면세 이유를 설명하시오. (10점)

【물음 2】 경제적 효과 측면에서 영세율과 면세의 차이점을 설명하시오. (10점)

【물음 3】 면세규정이 부가가치세제에 미치는 부정적 효과를 설명하시오. (10점)

【물음 4】 세무사 · 변호사와 같은 인적용역의 부가가치세 과세전환에 대한 본인의 견해와 그 논거를 설명하시오. (10점)

5 우리나라에서 간접세의 비중은 막대하다. 특히 그 중에서도 부가가치세와 개별소비세는 여러 가지 면에서 더욱 그렇다. 다음 물음에 답하시오. (1997년, 50점)

【물음 1】 부가가치세의 역진적 부담과 역진적 부담의 보완제도

【물음 2】 부가가치 생산요소로서의 면세규정

【물음 3】 조세특례제한법에 따른 영세율 규정과 동 규정의 도입취지

【물음 4】 부가가치세와 개별소비세의 공통점

6 부가가치세법에 따른 면세와 관련하여 다음의 물음에 답하시오. (2005년, 35점)

【물음 1】 부가가치세 면세에 따른 경제적 왜곡현상을 설명하시오.

【물음 2】 부가가치세법에서 규정하는 면세에는 '면세하는 금융 · 보험용역의 범위'와 '금융 · 보험용역으로 보지 않는 용역'의 범위를 기술하시오.

【물음 3】 이자를 대가로 하는 금융 · 보험용역에 대해 부가가치세를 면제하는 논리는 무엇인가?

7 부가가치세법에 따른 영세율제도와 관련하여 다음의 물음에 답하시오. (2007년, 35점)

【물음 1】 영세율의 의의에 대해 서술하시오.

【물음 2】 영세율 대상거래를 쓰시오.

【물음 3】 영세율 적용사업자의 권리의무에 대해 서술하시오.

제1편 부가가치세법

제5장 과세표준의 계산

제1절 부가가치세 세액의 계산구조

I 일반과세자의 세액계산

현행 부가가치세는 전단계세액공제법을 채택하고 있다. 따라서 재화 · 용역의 공급가액을 과세표준으로 하여, 여기에 10% 또는 0%의 세율을 적용하여 매출세액을 계산한다. 이렇게 계산된 매출세액에서 자기의 사업을 위하여 사용되었거나 사용될 재화 · 용역에 대한 매입세액과 재화의 수입에 대한 매입세액을 공제하여 납부세액(또는 환급세액)을 계산함으로써 사업자가 창출한 부가가치에 대해 과세하는 것과 같은 결과가 되도록 하는 구조를 취하고 있는 것이다.

[도 표] 부가가치세 계산구조

구분	계산구조
Ⅰ. 매출세액	과 세 표 준(공급가액의 합계액) … 예정신고 누락 · 생략분 포함 × 세 율(10%, 0%) = 매 출 세 액 ± 대손세액가감 … 공급자 : 대손(차감), 회수(가산) = 매출세액 합계
Ⅱ. 매입세액	매입처별 T/I 합계표상 매입세액 + 그 밖의 공제매입세액 ┌ 신용카드매출전표등수령명세서 제출분 매입세액 │ 의제매입세액 │ 재활용폐자원매입세액 │ 과세사업전환매입세액 │ 재고매입세액 └ 변제대손세액 … 공급받은 자 : 대손금 변제 − 공제받지 못할 매입세액 ┌ 발급받은 T/I 중 불공제 매입세액 │ 공통매입세액 면세사업분 └ 대손처분받은 세액 … 공급받은 자 : 대손확정 = 매입세액 합계
Ⅲ. 납부세액 (△환급세액)	= 매출세액(Ⅰ) − 매입세액(Ⅱ)

Ⅳ. 차가감 납부할 세액	납부세액(△환급세액) − 공제 · 감면세액 ┌ 신용카드매출전표 등의 발급 세액공제 등 │ 예정신고 미환급세액 │ 예정고지세액 │ 예정신고기간 수시부과세액 │ 사업양수자의 대리납부 기납부세액 │ 금관련 제품, 구리 스크랩, 면세점 송객용역 등 매입자 납부특례 기납부세액 └ 신용카드업자의 대리납부 기납부세액 + 가 산 세 ┌ 사업자등록 불성실가산세 │ 세금계산서 불성실가산세 등 │ 신고불성실가산세 └ 납부지연가산세 = 차가감 납부할 세액

Ⅱ 재화의 수입에 대한 세액계산

우리나라는 소비지국 과세원칙을 채택하고 있으므로 재화의 수입도 과세거래에 해당한다. 이러한 재화의 수입에 대한 부가가치세는 다음의 과세표준에 10%의 세율을 적용하여 계산하며, 세관장이 관세의 징수의 예에 따라 징수한다.

> 과세표준 = 관세의 과세가격 + 관세 + 개별소비세 · 주세 + 교육세 · 농어촌특별세 + 교통 · 에너지 · 환경세

[도 표] 과세표준에 간접세의 포함여부

구분	관세	개별소비세	부가세(sur tax)		부가가치세
			교육세	농어촌특별세	
개별소비세 과세표준	포 함 ○	포 함 ×	포 함 ×	포 함 ×	포 함 ×
부가가치세 과세표준	포 함 ○	포 함 ○	포 함 ○	포 함 ○	포 함 ×

제2절 부가가치세의 과세표준

I 서 설

이론상 부가가치세의 과세대상은 부가가치이므로 그 과세표준은 일정 기간에 창출한 부가가치액이다. 그런데 현행 부가가치세법은 전단계세액공제법을 채택하고 있다. 즉 부가가치를 직접 포착하여 과세하지 않고 매출세액에서 매입세액을 차감하여 계산된 납부세액이 간접적으로 부가가치에 대해 세율을 적용한 것과 같은 결과에 이르도록 하는 구조를 취하고 있는 것이다. 그리하여 현행 부가가치세법은 부가가치 자체가 아니라 재화·용역의 공급 등을 과세대상으로 규정하고 있으며, 그에 따라 부가가치액이 아닌 공급가액을 과세표준에 포함한다. 따라서 재화·용역을 공급하는 사업자는 이러한 공급가액에 세율을 적용하여 계산한 부가가치세를 공급받는 자로부터 징수하는 것이다.

부가가치세법은 재화·용역의 공급으로 받는 대가의 유형에 따라 일반원칙을 제시하고 있으며 부가가치세법 시행령에서는 구체적인 거래유형별로 공급가액의 산정기준을 마련하고 있는데, 이하에서는 그 내용을 살펴보고자 한다.

II 과세표준 계산의 일반원칙

1. 재화·용역의 공급에 대한 과세표준

(1) 일반적인 기준

재화·용역의 공급에 대한 부가가치세의 과세표준은 해당 과세기간에 공급한 재화·용역의 '공급가액'을 합한 금액으로 한다(부가법 29 ①).

부가가치세의 과세표준 = 해당 과세기간에 공급한 ∑(재화·용역의 공급가액)

사업자는 공급가액에 10%의 세율을 적용하여 계산된 매출세액을 공급받는 자로부터 거래징수하여 정부에 납부해야 한다. 여기서 '공급가액(供給價額)'이란 다음의 가액을 말한다(부가법 29 ③ (1),(2)).

구분	공급가액
(1) 금전으로 대가를 받는 경우	• 그 대가
(2) 금전 외의 대가를 받는 경우	• 자기가 공급한 재화 · 용역의 시가

이러한 공급가액에는 부가가치세를 포함하지 않는다(부가법 29 ③ 후단). 그러나 개별소비세, 주세 또는 교통 · 에너지 · 환경세가 과세되는 경우에 해당 개별소비세, 주세, 교육세 · 농어촌특별세 및 교통 · 에너지 · 환경세 상당액은 공급가액에 포함한다(부기통 29-61-2).

[도 표] 공급가액과 공급대가

구분	부가가치세 포함 여부	비고
(1) 공급가액	부가가치세를 포함하지 않은 금액	일반과세자의 과세표준 구성
(2) 공급대가	부가가치세를 포함한 금액	간이과세자의 과세표준 구성

사업자가 재화 · 용역을 공급하고 그 대가로 받은 금액에 부가가치세가 포함되어 있는지가 분명하지 않은 경우에는 그 대가로 받은 금액에 '100/110'을 곱한 금액을 공급가액으로 한다(부가법 29 ⑦).

(2) 공급형태별 공급가액의 계산(부가법 29 ③ (6), 부가령 61 ② (1),(2),(6))

1) 외상거래 등의 공급가액의 계산

구분	공급가액
(1) 외상판매 및 할부판매의 경우	• 공급한 재화의 총가액
(2) 다음 중 어느 하나에 해당하는 경우 ① 장기할부판매의 경우 ② 완성도기준지급조건부 · 중간지급조건부로 재화 · 용역을 공급하는 경우 ③ 계속적으로 재화 · 용역을 공급하는 경우	• 계약에 따라 받기로 한 대가의 각 부분
(3) 둘 이상의 과세기간에 걸쳐 계속적으로 일정한 용역을 제공하고 그 대가를 선불로 받는 경우	• 선불로 받은 금액 $\times \dfrac{\text{각 과세대상기간의 개월 수*}}{\text{계약기간의 개월 수*}}$

* 이 경우 개월 수의 계산에 관하여는 해당 계약기간의 개시일이 속하는 달이 1개월 미만이면 1개월로 하고, 해당 계약기간의 종료일이 속하는 달이 1개월 미만이면 산입하지 않는다(초월산입 · 말월불산입).

참고사항 특수한 공급의 경우 공급가액의 계산(부가령 61 ② (3),(4),(7),(8))

① 기부채납의 경우 : 해당 기부채납의 근거가 되는 법률에 따라 기부채납된 가액. 다만, 기부채납된 가액에 부가가치세가 포함된 경우 그 부가가치세는 제외한다.

② 「공유수면 관리 및 매립에 관한 법률」에 따라 매립용역을 제공하는 경우 : 「공유수면 관리 및 매립에 관한 법률」에 따라 산정한 해당 매립공사에 든 총사업비

③ 사업자가 「사회기반시설에 대한 민간투자법(제4조 (3))」의 BOT 방식을 준용하여 설치한 시설에 대해서 둘 이상의 과세기간에 걸쳐 계속적으로 시설을 이용하게 하고 그 대가를 받는 경우 : 그 용역을 제공하는 기간 동안 지급받는 대가와 그 시설의 설치가액을 그 용역제공 기간의 개월 수로 나눈 금액의 각 과세대상기간의 합계액

④ 위탁가공무역 방식으로 수출하는 경우 : 완성된 제품의 인도가액 ■

2) 마일리지등으로 대금을 결제받은 경우 공급가액의 계산

'마일리지등'이란 ① 재화 · 용역의 구입실적에 따라 마일리지, 포인트 또는 그 밖에 이와 유사한 형태로 별도의 대가 없이 적립받은 후 다른 재화 · 용역 구입시 결제수단으로 사용할 수 있는 것(즉 적립 마일리지등)과 ② 재화 · 용역의 구입실적에 따라 별도의 대가 없이 교부받으며 전산시스템 등을 통하여 그 밖의 상품권과 구분 관리되는 상품권(즉 증정 상품권)을 말한다(부가령 61 ② (9) 본문). 최근 사업자들이 이러한 마일리지등을 통하여 재화나 용역의 지속적인 구매 · 이용을 촉진하면서 단골 고객에 대한 보상제도로 널리 활용하고 있다(기업회계에서는 '고객충성제도'라고 한다). 현행 부가가치세법은 마일리지등을 다음과 같이 구분한다(부가령 61 ② (9) (나)).

구분	내용
자기적립마일리지등	당초 재화 · 용역을 공급하고 마일리지등을 적립(다른 사업자를 통하여 적립하여 준 경우를 포함한다)해 준 사업자에게 사용한 마일리지등*을 말한다(즉 마일리지등을 적립해 준 사업자가 직접 보상을 제공하는 것을 말한다).
자기적립마일리지등 외의 마일리지등	당초 재화 · 용역을 공급하고 마일리지등을 적립해 준 사업자가 아닌 다른 사업자에게 사용할 수 있는 마일리지등을 말한다(즉 마일리지를 적립해 준 사업자가 아닌 제3자가 보상을 제공하는 것을 말한다).

* 여러 사업자가 적립하여 줄 수 있거나 여러 사업자를 대상으로 사용할 수 있는 마일리지등의 경우 다음의 요건을 모두 충족한 경우에만 자기적립마일리지등으로 본다.

① 고객별 · 사업자별로 마일리지등의 적립 및 사용 실적을 구분하여 관리하는 등의 방법으로 당초 공급자와 이후 공급자가 같다는 사실이 확인될 것

② 사업자가 마일리지등으로 결제받은 부분에 대하여 재화 · 용역을 공급받는 자 외의 자로부터 보전받지 않을 것

사업자가 재화나 용역을 공급하고 앞의 도표에 따른 마일리지등으로 대금의 전부 또는 일부를 결제받은 경우 과세표준에 포함되는 공급가액은 다음과 같이 계산한다(부가령 61 ② (9),(10)).

구분	공급가액
자기적립마일리지등으로 대금의 일부를 결제받은 경우	마일리지등 외의 수단으로 결제받은 금액 ※ 자기적립마일리지등으로만 전부를 결제받은 경우에는 재화의 공급으로 보지 않는다(p.96 참조).

자기적립마일리지등 외의 마일리지등으로 대금의 전부 또는 일부를 결제받은 경우	(1) 일반적인 경우(아래 (2)·(3)에 해당하는 경우는 제외) : 다음의 금액을 합한 금액(①+②) ① 마일리지등 외의 수단으로 결제받은 금액 ② 자기적립마일리지등 외의 마일리지등으로 결제받은 부분에 대하여 재화·용역을 공급받는 자 외의 자*로부터 보전(補塡)받았거나 보전받을 금액(이는 재화·용역의 공급에 대한 대가의 일부에 해당한다) * 당초 재화·용역을 공급하고 마일리지등을 적립해 준 사업자를 말한다.
	(2) 위 (1)의 ②에 따른 금액을 보전받지 않고 자기생산·취득재화를 공급한 경우* : 공급한 재화의 시가 * 사업상 증여로서 성격이므로 공급한 재화의 시가를 공급가액으로 한다.
	(3) 위 (1)의 ②와 관련하여 특수관계인으로부터 부당하게 낮은 금액을 보전받거나 아무런 금액을 받지 않아 조세의 부담을 부당하게 감소시킬 것으로 인정되는 경우 : 공급한 재화·용역의 시가

참고사항 마일리지등으로 대금을 결제받은 경우 공급가액 계산방법

1. 사업자가 자기적립마일리지등으로 대금의 일부를 결제받은 금액은 공급가액에 포함하지 않고 마일리지등 외의 수단으로 결제받은 금액만을 공급가액(과세표준)으로 한다(그 취지와 사례는 p.97 참조).

2. 자기적립마일리지등 외의 마일리지등으로 대금을 결제받은 경우 공급가액의 계산에 대해서도 위 도표와 같이 명확하게 규정하였다. 예를 들어 S통신사는 자사 VIP고객들에게 매월 100,000포인트(1포인트는 1원)를 적립해 주고, VIP고객들이 제휴사인 C편의점에서 구입한 물품가격의 10%를 포인트로 결제하는 할인혜택을 제공하고 있다. 그리고 C편의점은 S통신사 VIP고객들이 물품구입시 매월 사용한 포인트의 70%를 S통신사에 청구하여 매월 말일에 현금으로 보전(補塡)받고 매월 사용한 포인트의 30%는 C편의점이 부담한다. C편의점이 2026년 4월 중에 S통신사 VIP고객에 판매한 물품가격이 100만원(할인 전 금액임)인 경우, C편의점의 기업회계기준과 부가가치세법에 따른 회계처리는 다음과 같다(부가가치세 매출세액은 제외하며, S통신사와 C편의점 간에는 특수관계에 있지 않다).

구분	기업회계기준	부가가치세법
물품 판매	(차) 현 금 90만원 매출채권 7만원 (대) 매 출 97만원	(차) 현 금 90만원① 매출채권 7만원② (대) 공급가액 97만원 ① 고객으로부터 마일리지등 외의 수단으로 결제받은 금액 ② S통신사로부터 보전받을 금액
포인트 보전	(차) 현 금 7만원 (대) 매출채권 7만원	(차) 현 금 7만원 (대) 매출채권 7만원

[도 표] VAT 과세표준(공급가액)

구분	금액	차변	금액	대변	금액
총매출액	1,000	• 매출채권(현금)	1,000	매 출	1,000
① 에 누 리	(30)	• 에 누 리	30	매출채권(현금)	30
② 환 입	(40)	• 환 입	40	매출채권(현금)	40
③ 할 인	(10)	• 할 인	10	매출채권	10
VAT 공급가액	920				
매출원가	(×××)				
비용 – 장 려 금	(100)				
비용 – 대 손 금	(200)				
비용 – 기타비용	(×××)				
당기순이익	×××				

(3) 공급가액에 포함 여부

'공급가액'은 대금, 요금, 수수료, 그 밖에 어떤 명목이든 상관없이 재화·용역을 공급받는 자로부터 받는 금전적 가치 있는 모든 것을 포함한다(부가법 29 ③ 후단). 이러한 '공급가액'에 포함되는지 여부를 예시하면 다음과 같다(부가법 29 ⑤, 부가령 61 ④, 부기통 13-48-2).

공급가액에 포함되는 것	공급가액에 포함되지 않는 것
① 할부판매의 이자상당액 ② 대가의 일부로 받는 운송비, 포장비, 하역비, 운송보험료, 산재보험료 등	① 에누리액 ② 환입된 재화의 가액 ③ 할인액 ④ 공급받는 자에게 도달하기 전에 파손·훼손되거나 멸실한 재화의 가액 ⑤ 재화·용역의 공급과 직접 관련되지 않는 국고보조금과 공공보조금(*주) ⑥ 공급에 대한 대가의 지급이 지체되었음을 이유로 받는 연체이자(延滯利子)

(*주) 지방자치단체가 한국철도공사와 관광열차 운행 협약을 체결하고 매월 한국철도공사에 지급한 관광열차 전세운임은 공공성 있는 사업의 진행을 위해 지방자치단체가 사업자인 한국철도공사에 교부한 보조금에 해당하고 한국철도공사로부터 관광열차 운행 용역을 직접 공급받은 상대방은 지방자치단체가 아닌 철도이용자이므로, 위 전세운임은 한국철도공사의 '운행 용역의 공급과 직접 관련되지 않는 공공보조금'에 해당하여 부가가치세 과세표준에 포함되지 않는다(대법원 2023.12.28. 선고 2020두56780 판결).

위의 공급가액에 포함되지 않는 것 중 ① '에누리액'은 재화나 용역을 공급할 때 그 품질이나 수량, 인도조건 또는 공급대가의 결제방법이나 그 밖의 공급조건에 따라 통상의 대가에서 일정액을 직접 깎아 주는 금액을 말하며, ③ '할인액'은 공급에 대한 대가를 약정기일 전에 받았다는 이유로 사업자가 당초의 공급가액에서 할인해 준 금액으로 한다(부가법 29 ⑤ (1),(6)).

예규판례 에누리액의 범위와 에누리액이 발생한 경우 과세표준 산정방법

재화·용역의 품질·수량이나 인도 등에 관한 공급조건이 원인이 되어 공급가액에서 공제 또는 차감되는 금액은 거래상대방으로부터 실제로 받은 금액이 아니므로 이를 부가가치세의 과세표준에서 제외하려는 입법 취지 등에 비추어 보면, 이들 규정에서 말하는 에누리액에는 공급하는 재화·용역의 품질·수량이나 인도 등에 관한 공급조건과 결부된 명시적 또는 묵시적 약정에 따라 그 공급 당시의 통상의 공급가액에서 공제되는 금액뿐만 아니라, 공급계약 등에서 정한 품질·수량이나 인도 등에 관한 공급조건에 따라 공급이 이루어지지 않았음을 이유로 재화·용역의 공급 후에 당초의 공급가액에서 차감되는 금액도 포함된다고 봄이 타당하다.

한편 부가가치세법은 당초의 공급가액에 추가되는 금액 또는 차감되는 금액이 발생한 경우에는 그 발생한 때에 수정세금계산서를 작성하여 교부하도록 규정하고 있는데, 그 취지는 당초 세금계산서상의 공급가액이 후발적 사유로 증가하거나 감소한 경우 과세관청과 납세자의 편의를 도모하기 위하여 그 사유가 발생한 날을 작성일자로 하여 그에 관한 수정세금계산서를 교부할 수 있게 함으로써 그 공급가액의 증감액을 그 사유가 발생한 날이 속하는 과세기간의 과세표준에 반영하도록 하는 데에 있다. 따라서 재화·용역의 공급 후에 에누리액이 발생한 경우에는 특별한 사정이 없는 한 그 사유가 발생한 날이 속하는 과세기간의 총공급가액에서 에누리액을 차감하여 해당 과세기간의 과세표준을 산정해야 한다(대법원 2013.4.11. 선고 2011두8178 판결).

이 사건 차임은 원고 등이 이 사건 임차인들에게 부동산임대차계약에서 정한 부동산 임대용역을 제대로 공급하지 못하였음을 이유로 그 공급 후에 면제된 것으로서, 부가가치세의 과세표준에서 제외되는 에누리액에 포함된다고 봄이 타당하므로, 이 사건 차임 중 소외 3, 4에 대한 면제 차임 합계 20,100,000원(= 13,350,000원 + 6,750,000원)은 그 면제합의일인 2005.11.30.과 2005.12.1.이 속하는 과세기간인 2005년 제2기의 총공급가액에서, 아로마에 대한 면제 차임 195,100,000원은 그 면제합의일인 2006.12.20.이 속하는 과세기간인 2006년 제2기의 총공급가액에서 각각 차감되어야 한다. ■

참고사항 공급가액에 포함 여부

1. 통상적으로 용기 또는 포장을 해당 사업자에게 반환할 것을 조건으로 그 용기대금과 포장비용을 공제한 금액으로 공급하는 경우에는 그 용기대금과 포장비용은 공급가액에 포함하지 않는다(부가령 61 ②).

2. 사업자가 음식·숙박 용역이나 개인서비스 용역을 공급하고 그 대가와 함께 받는 종업원(자유직업소득자 포함)의 봉사료를 세금계산서, 영수증 또는 신용카드매출전표 등에 그 대가와 구분하여 적은 경우로서 봉사료를 해당 종업원에게 지급한 사실이 확인되는 경우에는 그 봉사료는 공급가액에 포함하지 않는다. 다만, 사업자가 그 봉사료를 자기의 수입금액에 계상하는 경우에는 공급가액에 포함한다(부가령 61 ③). ■

(4) 과세표준에서 공제하지 않는 것

사업자가 ① 재화·용역을 공급받는 자에게 지급하는 장려금(將勵金, rebate)이나 이와 유사한 금액 및 ② 대손금액(貸損金額)은 과세표준에서 공제하지 않는다(부가법 29 ⑥). 다만, 공급받는 자의 파산 등으로 거래징수하지 못한 부가가치세액은 후술하는 대손세액공제를 받을 수 있다.

(5) 외화의 환산

대가를 외국통화나 그 밖의 외국환으로 받는 경우에는 다음과 같이 환산한 가액을 공급가액으로 한다(부가법 29 ③, (1) 단서, 부가령 59).

구분	공급가액
(1) 공급시기가 되기 전에 원화로 환가(換價)한 경우	• 환가한 금액
(2) 공급시기 이후에 외국통화나 그 밖의 외국환 상태로 보유하거나 지급받은 경우	• 공급시기의 외국환거래법에 따른 기준환율 또는 재정환율에 따라 계산한 금액*

* 공급시기 이후에 그 대가를 외국통화 또는 외국환으로 지급받은 경우 과세표준은 위에 ②에 따라 계산한 금액이므로, 공급시기 이후에 환율변동으로 인하여 증감되는 금액은 해당 공급가액에 영향이 없다(부기통 29-59-1).

(6) 부당행위계산의 부인

1) 개 요 : 사업자가 특수관계인에게 공급하는 재화 · 용역[1]에 대한 조세의 부담을 부당하게 감소시킬 것으로 인정되는 경우로서, 다음 중 어느 하나에 해당하는 경우에는 공급한 재화 · 용역의 시가를 공급가액으로 본다(부가법 29 ④).

구분		공급가액
(1) 재화의 공급	① 부당하게 낮은 대가를 받은 경우	• 공급한 재화의 시가
	② 대가를 받지 않은 경우	
(2) 용역의 공급	① 부당하게 낮은 대가를 받은 경우	• 공급한 용역의 시가
	② 대가를 받지 않은 경우로서 과세되는 사업용 부동산임대용역을 공급한 경우*	

* 이처럼 과세되는 부동산임대용역을 제외하고 대가를 받지 않고 타인에게 용역을 공급하는 것은 과세거래에 해당하지 않으므로, 공급가액을 계산하지 않는다.

2) 재화 · 용역의 시가 산정기준 : 부가가치세법에서 재화 · 용역의 '시가(時價)'는 다음의 가격으로 한다(부가령 62).

구분	시가 산정기준
① 일반적인 경우	• 사업자가 특수관계인이 아닌 자와 해당 거래와 유사한 상황에서 계속적으로 거래한 가격 또는 제3자 간에 일반적으로 거래된 가격

1) 여기서 '특수관계인에게 공급하는 재화 · 용역'에는 수탁자가 위탁자의 특수관계인에게 공급하는 신탁재산과 관련된 재화 · 용역을 포함한다.

② 위 ①의 가격이 없는 경우	• 사업자가 그 대가로 받은 재화·용역의 가격(공급받은 사업자가 특수관계인이 아닌 자와 해당 거래와 유사한 상황에서 계속적으로 거래한 해당 재화 및 용역의 가격 또는 제3자 간에 일반적으로 거래된 가격을 말한다)
③ 위 ①·②의 가격이 없거나 시가가 불분명한 경우	•「법인세법 시행령(제89조 ②,④)」 또는 「소득세법 시행령(제98조 ③,④)」에 따른 가격(시가가 불분명한 경우 시가산정방법)

예규판례 카지노 도박수입에 대한 과세 여부

부가가치세법상 카지노 사업을 과세대상에서 제외하거나 면세하는 명문의 규정을 두고 있지 않지만, 대법원은, 카지노 사업의 수입은 고객으로부터 카지노 시설물 입장의 대가로 받는 입장료수입과 카지노 시설물에 입장한 고객이 도박을 하기 위해 건 돈에서 고객이 받아간 돈을 제외한 도박수입으로 대별될 수 있는데, 입장료수입은 부가가치세 과세대상에 해당하나 도박수입은 부가가치를 창출하는 것이 아니어서 부가가치세 과세대상에 해당하지 아니하므로 카지노 사업은 부가가치세 과세사업과 부가가치세 비과세사업을 함께 하는 사업이라고 하여 도박수입은 부가가치세 과세대상에서 제외된다고 판시한 바 있고(대법원 2006.10.27. 선고 2004두13288 판결 참조), 또한 위 대법원 판결 이전부터도 과세행정상으로 카지노의 도박수입 전체에 대해서 부가가치세를 부과하지는 않고, 카지노 입장자의 입장행위에 부과되는 개별소비세 및 교육세의 합계액을 부가가치세 과세표준으로 보고 있다. ■

2. 재화의 수입에 대한 과세표준

재화의 수입에 대한 부가가치세의 과세표준은 그 재화에 대한 ① 관세의 과세가격과 ② 관세, ③ 개별소비세·주세, ④ 교육세·농어촌특별세 및 ⑤ 교통·에너지·환경세를 합한 금액으로 한다(부가법 29 ②). 재화를 수입하는 자는 여기에 10% 세율을 곱하여 계산한 부가가치세를 세관장에게 신고납부해야 한다.

$$\text{과세표준} = \begin{matrix}\text{관세의}\\\text{과세가격}\end{matrix} + \text{관세} + \left(\begin{matrix}\text{개별소비세}\\\cdot\text{주세}\end{matrix} + \begin{matrix}\text{교육세}\\\cdot\text{농어촌특별세}\end{matrix} + \begin{matrix}\text{교통}\cdot\text{에너지}\\\cdot\text{환경세}\end{matrix}\right)$$

예규판례 재화나 용역을 공급하는 자가 이를 공급받는 자로부터 지급받은 위약금 명목의 돈의 실질이 재화나 용역의 공급과 대가관계에 있는 경우, 부가가치세의 과세표준이 되는 공급가액에 포함되는지 여부(적극)

1. 가. 부가가치세법 제29조 제1항은 "재화·용역의 공급에 대한 부가가치세의 과세표준은 해당 과세기간에 공급한 재화·용역의 공급가액을 합한 금액으로 한다."라고 규정하고, 제3항은 "제1항의 공급가액은 다음 각호의 가액을 말한다. 이 경우 대금, 요금, 수수료, 그 밖에 어떤 명목이든 상관없이 재화·용역을 공급받는 자로부터 받는 금전적 가치 있는 모든 것을 포함하되, 부가가치세는 포함하지 아니한다."라고 규정하면서 제1호에서 '금전으로 대가를 받는 경우 : 그 대가'를 들고 있다.

나. 위 각 법령의 문언 내용과 체계에 의하면, 부가가치세의 과세표준이 되는 공급가액이란 금전으로 받는 경우

재화나 용역의 공급에 대가관계가 있는 가액 곧 그 대가를 말한다 할 것이므로 재화나 용역의 공급대가가 아닌 위약금이나 손해배상금 등은 공급가액이 될 수 없다(대법원 1997.12.9. 선고 97누15722 판결 등 참조). 다만 재화나 용역을 공급하는 자가 이를 공급받는 자로부터 위약금 명목의 돈을 지급받았다고 하더라도 그 실질이 재화나 용역의 공급과 대가관계에 있는 것이라면, 이는 부가가치세의 과세표준이 되는 공급가액에 포함된다고 봄이 타당하다.

2. 원심판결 이유와 원심이 적법하게 채택한 증거에 의하면, 다음과 같은 사정들을 알 수 있다.

가. 원고는 정보통신사업 등을 영위하는 법인으로, ① 이동전화 서비스 이용자와 사이에, 이용자가 선택하는 요금제에 따라 이동전화 이용 요금을 정하되, 이용자가 이동전화 서비스를 일정 기간(약정기간) 동안 이용할 것을 약정하는 경우 이동전화 단말기 대금과 이동전화 요금의 일부 등을 할인해주고 만약 이용자가 약정기간 내에 그 약정을 위반하여 중도 해지할 경우에는 위 할인금액 범위 내에서 일정 금액의 위약금 또는 할인반환금을 받기로 하는 내용의 약정을, ② 인터넷통신 서비스 이용자와 사이에, 이용자가 선택하는 요금제에 따라 인터넷통신 이용 요금을 정하되, 이용자가 일정 기간(약정기간) 동안 이용할 것을 약정하는 경우 무상으로 경품(상품권이나 자전거 등)을 제공하거나 인터넷 요금 및 모뎀이나 셋톱박스 등 단말기에 대한 임대료의 일부 등을 할인해주고 만약 이용자가 약정기간 내에 그 약정을 위반하여 중도 해지할 경우에는 위 할인금액 범위 내에서 일정 금액의 위약금 또는 할인반환금을 받기로 하는 내용의 약정을 각 체결하여 왔다(이하 위 각 약정을 '이 사건 각 의무사용약정'이라 한다).

나. 원고는 2011년 1기부터 2014년 1기까지의 부가가치세 신고를 함에 있어서, 원고와 이 사건 각 의무사용약정을 체결하고 이동전화 요금 · 인터넷통신 요금 및 모뎀 임대료 · 인터넷통신 단말기 등을 할인 제공받았다가 중도 해지한 이용자들로부터 수령한 위약금 또는 할인반환금(이하 '위약금 등'이라 한다)을 과세표준에 포함하여 신고하였다.

다. 원고는 2014.7.25. 피고에게 2011년 1기분 위약금 등에 관한 부가가치세의 환급을 구하는 경정청구를 하였고, 피고는 2014.11.10. 원고에게 경정청구액 전부를 환급하였다.

라. 원고는 2014.11.19. 피고에게 2011년 2기분부터 2013년 2기분까지의 위약금 등에 관한 부가가치세의 환급을 구하는 경정청구를 하였다. 이에 대하여 피고는 2015.1.27. 원고에게 이동전화 요금이나 인터넷통신 요금 및 모뎀 임대료 등(용역)의 할인금액을 기준으로 산정된 위약금 등의 경우 용역의 공급 없이 받은 위약금에 해당하여 부가가치세 과세대상이 아니라는 이유로 이에 대한 부가가치세를 환급한 반면, 인터넷통신 서비스를 공급하면서 제공된 단말기의 할인금액을 기준으로 산정된 위약금 등의 경우 당초 판매시 매출로 인식하지 않았던 금액을 약정 위반에 근거하여 '잔여 약정기간 등에 따라 일정 금액을 받아내는 장비판매대금의 회수 성격'이므로 재화의 공급에 대한 대가로 보아 부가가치세 과세표준에 포함하여야 한다는 이유로 이에 관한 경정청구를 거부하였다(이하 '1차 거부처분'이라 한다).

마. 원고는 2015.1.29. 2014년 1기분 위약금 중 이동전화 요금, 인터넷통신 요금 및 모뎀 임대료 등(용역)의 할인금액을 기준으로 산정된 위약금 등에 관한 부가가치세의 환급을 구하는 경정청구를 하였다. 이에 대하여 피고는 2015.3.31. 위 위약금 등의 경우에도 용역의 공급대가에 해당하므로 부가가치세 과세표준에 포함되어야 한다는 이유로 원고의 경정청구를 거부하였다(이하 '2차 거부처분'이라 하고, 1차 거부처분과 합하여 '이 사건 각 처분'이라 하며, 이 사건 각 처분의 대상이 된 위약금 등 총액을 '이 사건 금액'이라 한다).

3. 이러한 사실관계와 앞서 본 법리에 비추어 살펴보면, 이 사건 금액은 그중 일부의 명목이 위약금으로 되어

있다 하더라도 전체적으로 볼 때 원고의 재화·용역의 공급에 대한 대가로 보아야 한다. 그 이유는 다음과 같다.

가. 원고는 이동전화 및 인터넷통신 서비스 이용자와 사이에 이용자가 선택하는 요금제에 따라 이용 요금을 정하되, 이용자가 일정 기간 원고의 서비스를 이용하는 것을 조건으로 이동전화 요금 등을 할인하는 대신, 이용자가 약정기간 내 계약을 중도 해지함으로써 위 요금할인 조건을 유지하지 못할 경우 기존에 할인받은 금액의 일부를 반환하기로 하는 내용으로 이 사건 각 의무사용약정을 체결하였다.

나. 이 사건 각 의무사용약정에 따른 이동전화 요금 등의 할인은 이용자의 중도 해지를 해제조건으로 하는 조건부 할인으로서, 이용자는 의무사용 기간을 유지하여 끝까지 이동전화 요금 등의 할인을 받거나 중도 해지를 하고 할인받은 금액의 일부를 반환하는 것을 선택할 수 있었다.

다. 이 사건 각 의무사용약정에 따라 이용자가 약정기간 내에 계약을 중도 해지하는 경우 반환하여야 하는 금액은 사용일수가 경과함에 따라 증가하다가 일정 기간이 지난 후에 비로소 줄어들거나 예외적으로 계속하여 증가하게 되어 있는데, 이는 기본적으로 할인받은 금액이 증가함에 따라 반환하여야 하는 금액도 함께 증가하는 구조이다. 따라서 이용자가 지급하는 위약금 또는 할인반환금은 할인받은 금액의 반환이라는 성격을 가지고, 일정 기간이 지난 후에 반환하여야 하는 금액이 줄어드는 것은 단지 장기간 서비스를 이용한 이용자의 부담을 경감하기 위한 조치에 불과하다고 볼 수 있다.

라. 설령 원고가 일정한 공급조건에 따라 할인하여 준 요금을 에누리로 보아 공급가액에서 제외하여 세금계산서를 발급하였더라도, 이용자가 약정기간 사용을 조건으로 요금할인 혜택을 제공받았다가 계약을 중도 해지함으로써 원고에게 할인받은 요금의 일부를 추가 지급하는 것은 후발적 사유로 인하여 당초 세금계산서상 공급가액이 증가한 경우에 해당하므로, 부가가치세법 제32조 제7항 및 부가가치세법 시행령 제70조 제1항 제3호에 따라 그 증가분에 대하여는 이러한 후발적 사유가 발생한 시점이 속하는 과세기간의 과세표준에 반영하여 수정세금계산서를 발급할 수 있었을 것이다(대법원 2011.7.28. 선고 2009두19984 판결 취지 참조).

마. 결국 이 사건 금액은 원고와 이 사건 각 의무사용약정을 체결한 이용자가 중도 해지를 선택함으로써 할인받은 금액 중 일부를 추가로 납부하여야 하는 금액으로 볼 수 있으므로, 원고의 재화·용역의 공급과 대가관계에 있다고 보인다.

4. 그런데도 원심은 그 판시와 같은 사정만을 들어 이 사건 금액은 원고가 이용자들에게 제공한 재화나 용역에 대한 공급대가가 아니라 원고가 계약을 위반한 이용자들로부터 받은 위약금에 불과하여 부가가치세의 과세표준이 되는 공급가액에 해당하지 않는다고 판단하였다. 이러한 원심판단에는 필요한 심리를 다하지 아니한 채 부가가치세 부과대상에 관한 법리를 오해하여 판결에 영향을 미친 잘못이 있다. 이 점을 지적하는 상고이유 주장은 이유 있다(대법원 2019.9.10. 선고 2017두61119 판결). ■

예규판례 포인트와 증정 상품권으로 처리된 대금 부분이 에누리액인지 여부에 관한 사건

사업자가 점수(포인트) 적립에 의한 대금 공제 제도를 다른 사업자들과 함께 운영하면서 각자의 1차 거래에서 고객에게 점수를 적립해주고 그 후 고객이 사업자들과 2차 거래를 할 때에 적립된 점수 상당의 가액을 대금에서 공제하고 나머지 금액만 현금 등으로 결제할 수 있도록 한 경우, 2차 거래에서 적립된 점수 상당만큼 감액된 가액이 에누리액에 해당하여 2차 거래의 공급가액에 포함할 수 없는지 여부(적극)

1. 상고이유 제1점 내지 제4점에 대하여

가. 구 부가가치세법 시행령 제48조 제1항은 “구 부가가치세법 제13조 제1항에 규정하는 과세표준에는 거

래상대자로부터 받은 대금 · 요금 · 수수료 기타 명목 여하에 불구하고 대가관계에 있는 모든 금전적 가치 있는 것을 포함한다."라고 규정하고 있고, 제52조 제2항은 "구 부가가치세법 제13조 제2항 제1호에서 규정하는 에누리액은 재화 · 용역의 공급에 있어서 그 품질 · 수량 및 인도 · 공급대가의 결제 기타 공급조건에 따라 그 재화 · 용역의 공급 당시의 통상의 공급가액에서 일정액을 직접 공제하는 금액으로 한다."라고 규정하고 있다.

나. 이와 같은 구 부가가치세법 제13조 제1항 및 구 부가가치세법 시행령 제48조 제1항의 문언 내용과 체계에 의하면 부가가치세의 과세표준에 포함되기 위해서는 재화나 용역의 공급과 대가관계에 있는 것을 받아야 할 뿐만 아니라 그것이 금전 또는 금전적 가치가 있는 것이어야 한다.

그런데 에누리액은 재화나 용역의 공급과 관련하여 그 품질 · 수량이나 인도 · 공급대가의 결제 등의 공급조건이 원인이 되어 통상의 공급가액에서 직접 공제 · 차감되는 것으로서 거래상대방으로부터 실제로 받은 금액이 아니므로 부가가치세의 과세표준에서 제외되며, 그 공제 · 차감의 방법에 특별한 제한은 없다(대법원 2013.4.11. 선고 2011두8178 판결 등 참조).

따라서 고객이 재화를 구입하면서 사업자와 사이의 사전 약정에 따라 그 대가의 일부를 할인받은 경우에 이는 통상의 공급가액에서 직접 공제 · 차감되는 에누리액에 해당하므로 그 할인액은 과세표준에 포함되지 않는다.

다. (1) 이러한 법리에 비추어 보면, 사업자가 고객에게 재화를 공급하는 1차 거래를 하면서 매출액의 일정비율에 해당하는 점수를 적립해 주고, 향후 그 고객에게 다시 재화를 공급하는 2차 거래를 하면서 그 적립된 점수 상당의 가액을 공제하고 나머지 금액만 현금 등으로 결제할 수 있도록 한 경우에, 2차 거래에서 그 적립된 점수 상당만큼 감액된 가액은 결국 사업자와 고객 사이에서 미리 정해진 공급대가의 결제 조건에 따라 공급가액을 직접 공제 · 차감한 것으로서 에누리액에 해당한다. 즉 1차 거래에서 적립된 점수는 사업자가 1차 거래 때 고객에게 약속한 할인 약정의 내용을 수치화하여 표시한 것에 불과하며 그 할인 약정에 따라 그 점수 상당만큼 공제된 가액은 2차 거래의 공급가액에 포함할 수 없다고 보아야 한다.

(2) 또한 사업자가 위와 같은 점수 적립에 의한 대금 공제 제도를 다른 사업자들과 함께 운영하면서 각자의 1차 거래에서 고객에게 점수를 적립해주고 그 후 고객이 사업자들과 2차 거래를 할 때에 그 적립된 점수 상당의 가액을 대금에서 공제하고 나머지 금액만 현금 등으로 결제할 수 있도록 한 경우에, 이 역시 여러 사업자들과 고객 사이에 미리 정해진 공급가액 결제 조건에 따라 공급가액을 직접 공제 · 차감한 것으로서 에누리액에 해당하며, 그 점수 상당의 공제된 가액을 2차 거래의 공급가액에 포함할 수 없음은 마찬가지라 할 것이다.

한편 사업자들 사이에 2차 거래에서 대금 공제에 사용된 점수와 관련하여 내부적으로 일정한 기간 등을 정하여 상호 간에 사용된 점수를 정산하고 그 차액 상당액을 정산금으로 지급하도록 하였더라도, 이는 특정한 2차 거래뿐만 아니라 사업자들 사이의 사전에 약정된 점수 적립 및 그 사용에 따른 계속적인 정산관계를 전제로 하여 각자 적립한 점수를 넘는 공급가액 공제와 관련한 손실을 서로 전보해 주는 것으로서, 다수 사업자들이 점수 적립에 의한 대금 공제 제도를 통합 운영함에 따른 위험을 분담하는 한편 대금 공제가 가능한 대상 거래를 확대하여 고객들의 활발한 구매를 유도함으로써 관련 사업자들 전체의 이익을 도모하려는 것이다. 즉 이 경우에도 적립된 점수는 여러 사업자들이 공통적으로 고객과 사전에 마친 할인 약정에 따라 할인 가능 금액을 수치화하여 표시한 것에 불과하고, 2차 거래의 공급자 자신이 1차 거래에서 적립한 점수에 관하여는 2차 거래에서 사용하더라도 다른 사업자들로부터 정산금을 받을 수 없으며, 또한 사업자들 사이의 정산금은 2차 거래와 별도로 이루어진 통합 정산약정 및 계속적인 거래의 결과에 의하여 산정된다. 따라서 여러 사업자들 사이의 정산약정에 따라 사업자가 고객이 아닌 다른 사업자들로부터 정산금을 지급받더라도 이는 2차 거래의 공급과 대가관계에 있다고 볼 수 없고, 적립된 점수의 교차사용 및 정산이 예정되어 있다는 사정만을 가지고 적립된 점수에 의하여 할인된 가격이 에누리액이 아니고 2차 거래의 공급가액에 포함되어야 한다고 보기도 어렵다.

(3) 한편 구 부가가치세법 시행령 제48조 제13항(이하 '이 사건 시행령 조항'이라 한다)은 "사업자가 고객에게 매출액의 일정비율에 해당하는 마일리지를 적립해 주고 향후 해당 고객이 재화를 공급받고 그 대가의 일부 또는 전부를 적립된 마일리지로 결제하는 경우 해당 마일리지 상당액은 과세표준에 포함한다."라고 규정하고 있다.

그러나 앞에서 본 것과 같이 구 부가가치세법 제13조는 부가가치세의 과세표준에 관하여 그 산정의 기초가 되는 공급가액의 기준과 범위를 구체적으로 정하고(제1항), 에누리액 등 공급가액에 포함되지 아니하는 가액(제2항)과 장려금 등 공급가액에 포함되는 가액(제3항)을 각 규정한 다음, 이들 사항 외에 과세표준의 계산에 필요한 사항만을 시행령에서 정하도록 위임하고 있으므로(제5항), 이 사건 시행령 조항은 그 범위 내에서 의미를 가진다. 그리고 이 사건 시행령 조항은 '마일리지' 및 '마일리지로 결제하는 경우'의 구체적인 의미에 관하여 정하고 있지도 아니하다.

이에 비추어 보면, 이 사건 시행령이 개별적인 '마일리지'가 에누리액에 해당하는지 여부를 가리지 아니하고 '마일리지' 상당액을 무조건 과세표준인 공급가액에 포함하는 취지라고 단정할 수 없으며, 결국 이 사건 시행령 조항만을 가지고 구 부가가치세법 제13조에서 정한 과세표준의 범위 및 에누리액의 해석에 관하여 위와 달리 볼 수 없다.

라. 원심판결 이유와 원심이 적법하게 채택한 증거에 의하면 아래와 같은 사실들을 알 수 있다.

(1) 롯데그룹의 계열사로서 유통업 등을 영위하는 법인인 원고들은 다른 롯데그룹 계열사들과 함께 롯데카드 주식회사와 롯데멤버스 업무제휴계약을 체결하여, 고객이 원고들을 포함한 롯데그룹 계열사들이 운영하는 전국의 롯데백화점, 롯데마트, 롯데시네마 등의 영업점에서 물품 또는 용역을 구입하면서 롯데카드로 결제하거나 멤버십카드를 제시하면 구매금액의 일정률을 점수화하여 '포인트'라는 명칭으로 통합하여 적립해주고(이하 적립된 점수를 '이 사건 포인트'라 한다), 그 후 고객이 위 영업점에서 물품 또는 용역을 구입하여 대금을 결제할 때에 이 사건 포인트를 그 대금에서 공제하거나 이 사건 포인트를 사은품으로 교환할 수 있도록 하는 롯데포인트 제도를 운영하고 있다.

이에 따라 원고들은 롯데멤버스카드 서비스에 가입한 고객들이 원고들의 영업점에서 결제한 금액의 0.1% 내지 1%에 해당하는 금액을 이 사건 포인트로 적립하여 주고, 고객별로 통합 적립된 이 사건 포인트가 1,000점 이상이 되는 경우에 이를 사용할 수 있도록 하였고, 고객들은 롯데멤버스카드 서비스에 가입하고 그 서비스 약정에서 정한 내용에 따라 이 사건 포인트를 적립 · 사용하여 왔다.

(2) 또한 원고들은 고객이 일정금액 이상의 물품을 구매할 경우에 사전에 약정된 상품권(이하 '이 사건 상품권'이라 한다)을 증정하고, 고객이 위 영업점에서 물품 또는 용역을 구입하고 대금을 결제할 때에 이 사건 상품권 가액을 대금에서 공제하여 주었으며, 이와 같이 증정한 이 사건 상품권에 대하여는 고객들에게 판매하는 상품권과 전산상 별도로 구분하여 관리하였다.

(3) 한편 롯데멤버스 업무제휴계약에 따라 원고들과 다른 롯데그룹 계열사들은 2차 거래의 결제에 사용된 이 사건 포인트가 그 전까지 해당 고객이 각 계열사별로 적립해 두었던 이 사건 포인트 비율대로 사용된 것으로 보아 분담비율을 계산하는 한편, 일정 기간을 단위로 하여 2차 거래의 공급자인 법인이 다른 법인들로부터 정산금을 지급받기로 하였다. 다만 편의상 롯데카드 주식회사가 정산과정을 주도하여, 우선 2차 거래의 공급자인 법인에게 다른 법인들이 지급할 정산금을 일괄하여 대신 지급하는 한편, 다른 법인들로부터 해당 정산금을 지급받는 방식으로 정산하여 왔다. 그리고 2차 거래에서 이 사건 상품권에 의하여 대금을 결제 처리한 경우에도 이와 마찬가지로 정산하였다.

(4) 그런데 원고들은 고객들이 원고들의 영업점에서 재화를 구입하는 2차 거래를 하는 과정에서 이 사건 포인트 또는 상품권에 의하여 처리되어 현실적으로 대금을 지급받지 아니한 금액(이하 '이 사건 쟁점금액'이라 한다) 부분까지 모두 과세표준에 합하여 2009년 제1기 내지 2010년 제2기분 부가가치세를 신고·납부하였다가, 이 사건 쟁점금액이 구 부가가치세법 제13조 제2항 제1호의 에누리액에 해당한다는 이유로 해당 부분의 환급을 구하는 경정청구를 하였다.

(5) 이에 대하여, 피고들은 이 사건 쟁점금액이 부가가치세 과세표준에 포함된다고 보아 이를 거부하는 뜻을 통지하거나 2개월 이내에 아무런 통지를 하지 아니함으로써 원고들의 경정청구를 거부하는 이 사건 처분을 하였다.

마. 이러한 사실관계를 앞에서 본 법리에 비추어 살펴보면, 아래와 같이 판단된다.

이 사건 포인트는 원고들과 다른 롯데그룹의 계열사들 사이에 이루어진 롯데멤버스 업무제휴계약 및 롯데포인트 통합결제 약정에 의하여 적립되어 고객이 원고들이나 위 계열사들의 영업점에서 2차 거래를 할 때에 대금을 할인받을 수 있도록 사전에 약정된 지위를 수치화하여 표시한 것으로서, 고객들이 이 사건 포인트를 사용하여 2차 거래의 대금 결제 과정에서 그 상당의 대금을 공제받은 것은 결국 위 약정 등에서 미리 정해진 사용 조건에 따라 공급가액을 직접 공제받은 것이라 할 것이다. 비록 2차 거래와 관련하여 원고들이 롯데카드 주식회사로부터 정산금을 지급받더라도 이는 대금 할인 약정을 수치화한 이 사건 포인트를 함께 운영하는 다른 롯데그룹 계열사들과 맺은 통합결제 약정 및 업무제휴 계약에 따라 발생되는 계속적인 정산관계에 따른 것이지 2차 거래에서 받은 공급 대가라고는 할 수 없으므로, 이 사건 포인트의 교차사용 및 정산금 약정을 이유로 이 사건 포인트에 의한 공급가액의 할인·공제를 부정하거나 그 정산금 상당액이 2차 거래의 공급가액에 포함되어야 한다고 볼 수도 없다.

그리고 이 사건 상품권도 1차 거래의 구매실적에 따라 별도의 대가 없이 증정된 것으로서 대가를 받고 판매된 다른 상품권과 구분하여 관리되었고 롯데그룹 계열사들 사이에 이 사건 포인트와 마찬가지로 통합정산 처리되었으므로, 원고들로서는 이 사건 상품권 회수 자체만으로는 대가를 받았다고 할 수 없으며, 결국 이 사건 상품권은 실질적으로 이 사건 포인트와 마찬가지로 2차 거래에서 그 금액 상당을 대금에서 할인받을 수 있는 지위에 그치며 고객은 원고들과 사이에 미리 정해진 사용 조건에 따라 이 사건 상품권 가액 상당의 공급가액을 직접 공제받은 것으로 볼 수 있다.

따라서 이 사건 포인트 또는 상품권에 관한 이 사건 쟁점금액 부분은 2차 거래의 공급가액에서 직접 공제·차감되는 에누리액에 해당하며, 이를 2차 거래의 공급가액에 포함할 수 없다.

바. 그럼에도 원심은 이에 어긋나는 판시와 같은 이유를 들어, 이 사건 쟁점금액이 1차 거래 이후에 제공되는

장려금 또는 이와 유사한 금액에 해당하는 것으로서 2차 거래의 공급가액에 포함된다고 잘못 판단하여, 이 사건 처분이 적법하다고 인정하였다. 이러한 원심판단에는 부가가치세의 과세표준인 공급가액의 범위, 에누리액 및 이 사건 시행령 조항의 효력 등에 관한 법리를 오해하여 판결에 영향을 미친 잘못이 있다. 이를 지적하는 상고이유 주장은 이유 있다.

2. 결 론

그러므로 나머지 상고이유에 대한 판단을 생략하고 원심판결을 파기하며, 사건을 다시 심리 · 판단하게 하기 위하여 원심법원에 환송하기로 하여, 주문과 같이 판결한다(대법원 2016.8.26. 선고 2015두58959 전원합의체 판결). ■

사례 1 공동 적립 · 사용 마일리지

일반과세자인 甲은 부가가치세 과세대상 재화를 공급하면서 甲을 포함한 여러 사업자가 적립하여 줄 수 있거나 여러 사업자를 대상으로 사용할 수 있는 마일리지로 대금의 전부 또는 일부를 결제받았다. 그 마일리지로 받은 금액이 甲의 부가가치세 과세표준에 포함되지 않기 위한 요건을 서술하시오.

(2023년 세무사 2차, 7점)

해 답

1. 자기적립마일리지

사업자 甲이 자기적립마일리지로 대금의 전부 또는 일부를 결제받은 경우에는 그 결제액은 과세표준에 포함하지 않는다. 여기서 '자기적립마일리지'란 당초 재화 또는 용역을 공급하고 마일리지를 적립하여 준 사업자에게 사용한 마일리지를 말한다(즉 마일리지을 적립해 준 사업자가 직접 보상을 제공하는 것을 말한다). 여기서 여러 사업자가 적립하여 줄 수 있거나 여러 사업자를 대상으로 사용할 수 있는 마일리지의 경우에는 다음의 요건을 모두 충족한 경우에만 자기적립마일리지로 본다.

① 고객별 · 사업자별로 마일리지의 적립 및 사용 실적을 구분하여 관리하는 등의 방법으로 당초 공급자와 이후 공급자가 같다는 사실이 확인될 것

② 사업자가 마일리지로 결제받은 부분에 대하여 재화 · 용역을 공급받는 자 외의 자로부터 보전받지 않을 것

2. 사례의 경우

일반과세자 甲이 자기를 포함한 여러 사업자가 적립하여 줄 수 있거나 여러 사업자를 대상으로 사용할 수 있는 마일리지로 대금의 전부 또는 일부를 결제는 경우 위 ① · ②의 요건을 충족한 경우에만 자기적립마일리지로 보고 그 마일리지로 결제받은 경우에 부가가치세 과세표준에 포함하지 않는다.

▸ **필자 주** : 찐한 색 부분이 물음의 핵심내용인데, 물음에서 공동 적립 · 사용 마일리지도 자기적립마일리지의 한 종류이므로 일반적인 자기적립마일리지의 개념부터 적는 것이 득점에 유리할 것 같다.

사례 2 **과세표준에서 공제여부**

개인사업자 甲은 성인게임장을 경영하고 있는데, 이 게임장은 甲이 상품권 공급업체로부터 상품권을 구입하여 게임기에 저장해 놓고, 게임기 이용자는 게임기에 일정한 현금을 투입하여 게임을 하되 당첨요건에 해당하면 상품권을 경품으로 지급받는 형태로 운영되었다. 甲은 위 게임장 영업과 관련한 부가가치세 신고를 하면서, 게임기 이용자들이 게임기에 투입한 총금액에서 甲이 게임기 이용자들에게 경품으로 지급한 상품권 가액을 차감한 나머지 금액을 부가가치세 과세표준으로 산정하였다.

위 사례의 경우 甲이 상품권을 매입할 때 매입세액공제가 되는지 여부와 甲의 부가가치세 과세표준신고의 타당성에 대해서 설명하시오. (15점)

해 답

1. 상품권 매입세액공제 여부

상품권은 증서에 기재된 금액에 해당하는 물품이나 용역을 제공받을 수 있는 화폐대용증권에 해당한다. 따라서 상품권은 수표나 어음과 같은 화폐대용증권이므로 그 부가가치세가 과세되지 않으며, 세금계산서를 발급할 수 없다.

사례의 경우 甲이 상품권을 매입할 때에는 매입세액공제를 받을 수 없다.

2. 甲의 부가가치세 과세표준신고의 타당성

개인사업자 甲이 제공하는 게임장을 이용하게 하는 것은 용역의 공급에 해당한다. 용역의 공급에 대한 부가가치세의 과세표준(공급가액)은 금전으로 대가를 받는 경우에는 그 대가로 한다. 그리고 용역을 공급한 후의 그 공급가액에 대한 장려금(將勵金)과 이와 유사한 금액은 과세표준에서 공제하지 않는다.

사례의 경우 상품권을 경품으로 제공하는 게임장에서 게임업자가 게임기 이용자에게 제공하는 것은 게임기 이용이라는 용역일 뿐이고, 상품권은 게임기 이용 후 게임기 이용자별로 게임의 우연한 결과에 따른 경품으로서 위 장려금(奬勵金)에 해당한다고 볼 수 있다. 따라서 甲이 과세표준은 게임기 이용자들이 게임기에 투입한 총금액이 게임기를 이용에 따른 대가로서 과세표준이 되며, 甲이 게임기 이용자들에게 경품으로 지급한 상품권 가액은 과세표준에서 공제하지 않아야 하는데, 이를 공제하여 과세표준신고를 한 것은 타당하지 않다.

그 논거는 다음과 같다.

① 전단계 세액공제방식을 채택하고 있는 우리나라의 부가가치세는 소득세 · 법인세와 달리 실질적인 소득이 아닌 형식적인 거래의 외형에 대해서 부과하는 거래세의 형태를 띠고 있으므로, 비용공제의 개념이 없고, 사업자의 손익 여부와 무관하게 부과된다.

② 甲이 상품권이 아닌 부가가치세가 과세되는 재화를 매입하여 경품으로 제공하였다면, 매입세액을 공제받고 그 경품가액은 과세표준에 포함되어 사례와 같이 그 경품가액에 대해서 부가가치세가 과세된다. 그런데 사례는 과세재화가 아닌 상품권을 경품으로 지급함으로 인하여 그에 대

한 매입세액을 공제받지 못하였다고 하더라도, 이는 스스로 부가가치세가 과세되지 않는 상품권을 경품으로 제공하기로 선택하였기 때문에 발생한 결과에 해당한다.

사례 3 임대료 면제분이 에누리에 해당하는지 여부

사업자 甲의 입장에서 부가가치세법에 따른 과세표준에 포함되는 공급가액과 관련하여 이 사건 임대료에 대한 올바른 세무처리 방법에 대해서 논하시오. (10점)

> (1) 사업자 甲은 상가건물을 신축하여 월 임대료는 7,000만원, 임대료 지급일은 매월 말일, 임대기간 2025.7.1.~2027.6.30.까지로 정하여 ㈜A에게 임대하는 부동산임대업을 경영하고 있었다.
>
> (2) 그런데 사업자 甲이 상가건물 공사대금의 일부를 지급하지 못하여 공사업자들이 해당 상가건물 중 비어 있는 일부 면적에 2025년 11월부터 12월까지 유치권을 행사하였다. 그 과정에서 이 사건 건물 외벽에 유치권 행사를 알리는 현수막 여러 장을 내걸고 1층 유리벽에는 붉은 페인트로 '유치권 행사 중'이라는 문구를 기재하였으며, 점유 침탈을 막기 위하여 철제 구조물을 설치하는 한편, 주차장, 화장실 등의 공용부분 이용도 제한하였다.
>
> 이에 따라 ㈜A는 영업 방해를 이유로 유치권 행사기간 중의 임대료를 사업자 甲에게 지급하지 않고 연체하였다.
>
> (3) 사업자 甲은 공사업자들의 유치권 행사로 ㈜A가 영업에 지장이 있었던 사정을 고려하여 2026년 4월 2일에 2025년 11월부터 12월까지 임대료 중 4,000만원(이하 '이 사건 임대료'라고 한다)을 면제하기로 ㈜A와 합의하였다.

해 답

1. 에누리액 발생시 세무처리

(1) 에누리액의 범위

공급가액에서 포함하지 않는 항목 중 '에누리액'은 재화나 용역을 공급할 때 그 품질이나 수량, 인도조건 또는 공급대가의 결제방법이나 그 밖의 공급조건에 따라 통상의 대가에서 일정액을 직접 깎아 주는 금액을 말한다. 이러한 에누리는 공급조건이 거래상대방으로부터 실제 받은 금액이 아니므로 과세표준에 포함되는 공급가액에서 제외한다.

여기서 말하는 '에누리액'에는 공급하는 재화·용역의 품질·수량이나 인도 등에 관한 공급조건과 결부된 명시적 또는 묵시적 약정에 따라 그 공급 당시의 통상의 공급가액에서 공제되는 금액뿐만 아니라, 공급계약 등에서 정한 품질·수량이나 인도 등에 관한 공급조건에 따라 공급이 이루어지지 않았음을 이유로 재화·용역의 공급 후에 당초의 공급가액에서 차감되는 금액도 포함된다고 보는 것이 타당하다.

(2) 공급가액에서 차감되는 금액(에누리액) 발생한 경우 세무처리

부가가치세법은 당초의 공급가액에 차감되는 금액(예 : 에누리액)이 발생한 경우에는 그 사유가 발생한 때에 수정세금계산서를 작성하여 발급해야 한다. 그 취지는 당초 세금계산서상의 공급가액이 후발적 사유로 감소한 경우 과세관청과 납세자의 편의를 도모하기 위하여 그 사유가 발생한 날을 작성일자로 하여 그에 관한 수정세금계산서를 발급할 수 있게 함으로써 그 공급가액의 감소액을 그 사유가 발생한 날이 속하는 과세기간의 과세표준에 반영하도록 하는 데에 있다.

따라서 재화·용역의 공급 후에 에누리액이 발생한 경우에는 그 사유가 발생한 날이 속하는 과세기간의 총공급가액에서 에누리액을 차감하여 해당 과세기간의 과세표준을 산정해야 한다.

2. 사례의 경우

이 사건 임차료는 부동산임대용역의 공급을 제대로 공급하지 못하였음을 이유로 공급 후에 면제된 것으로서, 부가가치세 과세표준(공급가액)에서 제외되는 에누리액에 포함되는 것으로 보는 것이 타당하다. 이 사건 임대료 4,000만원은 그 면제 합의일인 2026.4.2.이 속하는 과세기간의 과세표준에서 차감해야 한다.

이 경우 사업자 甲은 2026.4.2.을 작성일로 적고, 차감되는 금액 4,000만원을 붉은 색 글씨로 쓰거나 음의 표시를 하여 수정세금계산서를 ㈜A에게 발급해야 한다.

사례 4 에누리에 대한 세무처리

부가가치세 과세표준에 포함되는 공급가액의 계산과 관련하여 다음의 물음에 답하시오. (35점)

【물음 1】 다음 사항을 각각 설명하시오.

1. 부가가치세 과세표준을 구성하는 공급가액에 포함되지 않는 에누리액의 개념과 범위
2. 재화나 용역의 공급 후 에누리액이 발생한 경우 수정세금계산서 발급방법
3. 사업자가 공급받은 자에게 지급하는 장려금(奬勵金, rebate)과 에누리액의 부가가치세법에 따른 세무처리상 차이점

【물음 2】 다음 각 사례를 읽고 'K회사의 단말기 구입 보조금'이 에누리액에 해당하는지 여부를 판단하시오.

(1) K회사는 이동통신용역의 가입자(이하 '가입자'라 한다)에게 이동통신용역을 제공하고 이동통신 단말장치(이하 '단말기'라 한다)를 판매하는 이동통신사업자로서, 이동통신용역과 관련된 업무를 대행하는 대리점 사업자(이하 '대리점'이라 한다)에게 단말기를 판매하면서 그 출고가격 전액을 공급가액으로 하여 부가가치세를 신고·납부하였다.

(2) 그런데 2006.3.24. 개정된 전기통신사업법 규정에 따라 이동통신용역의 이용기간이 연속하여 18개월 이상인 이용자에 대한 단말기의 할인 판매, 현금지급, 가입비의 보조 등의 방법에 의한 단말기 구입비용의 지원이 허용되자, K회사는 아래와 같은 방식에 의하여 일정한 기간 동안 이동통신용역을 이용하기로 약정한 가입자에게 단말기 구입 보조금(이하 '이 사건 보조금'이라 한다)을 지원하고, 이러한 가입자에게 공급된 단말기에 대해서는 대리점으로부터 그 단말기의 출고가격에서 이 사건 보조금을 제외한 나머지 금액만을 대금으로 받았다.

① K회사와 대리점은 K회사가 대리점에 공급하는 단말기를 포함한 물품의 공급가격에 대하여 K회사가 정한 출고가격을 기준으로 하되, 시장여건 등에 따라 공급가격을 상호 협의하여 변경할 수 있도록 약정하였다.

② K회사는 가입자가 일정 기간 이동통신용역을 이용하는 것을 조건으로 개통이력이 없는 새로운 단말기를 대상으로 하여 보조금을 지원하되, 그 보조금은 약관보조금 지급표, 쇼킹스폰서 신청서 등을 통하여 단말기 가격을 할인하는 방식으로 제공하였다.

③ 이에 따라 K회사가 제조사로부터 단말기를 납품받아 대리점에 출고가격으로 판매하지만, 대리점은 K회사 사전에 대리점에 공시한 보조금 지원 요건을 갖춘 가입자에 대하여는 위 매입 가격에서 보조금을 공제하여 감액된 가격으로 단말기를 판매하고 그 대금을 받았으며, 대리점이 그 가입자로부터 받는 대금액수만을 K회사에게 지급하면 K회사에 대한 위 매입 대금이 모두 결제된 것으로 처리되었다.

해 답

【물음 1】 에누리

1. 개념과 범위

'에누리액'이란 재화나 용역을 공급할 때 그 품질이나 수량, 인도조건 또는 공급대가의 결제방법이나 그 밖의 공급조건에 따라 통상의 대가에서 일정액을 직접 깎아 주는 금액을 말한다. 이러한 에누리액은 공급가액에 포함하지 않는다. 그 이유는 사업자가 창출한 부가가치가 아니기 때문이다.

이러한 에누리액은 재화나 용역의 공급과 관련하여 그 공급조건에 따라 통상의 대가에서 직접 공제 · 차감되는 에누리액은 발생시기가 재화나 용역의 공급시기 전으로 한정되지 않고 그 공제 · 차감의 방법에도 특별한 제한이 없다(대법원 2003.4.25. 선고 2001두6586). 따라서 공급자가 재화나 용역의 공급시 통상의 대가에서 일정액을 공제 · 차감한 나머지 가액만을 받는 방법뿐만 아니라, 공급가액을 전부 받은 후 그 중 일정액을 반환하는 방법으로 발생할 수 있다(대법원 2015.12.23. 선고 2013두19615 판결).

2. 수정세금계산서 발급

재화나 용역의 공급 후 당초 공급가액에서 차감되는 에누리액이 발생한 경우 그 차감사유가 발생한 날을 작성일로 적고, 차감되는 금액은 붉은색 글씨로 쓰거나 음(陰)의 표시를 하는 방법으로 발급한다.

3. 장려금과 차이점

사업자가 재화 · 용역을 공급받는 자에게 지급하는 장려금은 과세표준에서 공제하지 않는다(당초 공급가액이 불변이므로, 수정세금계산서 발급사유가 아니다). 이는 공급가액에서 차감하는 항목이 아니라 판매촉진을 위한 비용성격이라는 점에서 위 에누리액과 부가가치세 세무처리상 차이가 있다.

【물음 2】 사 례

① K회사는 보조금 지원 요건을 갖춘 가입자에게 보조금을 지원하되 그 보조금의 용도를 단말기의 대가를 결제하는 것으로 제한함으로써 실질적으로 가입자에게 대리점으로부터 보조금 상당액을 할인받을 수 있는 권리를 부여하였고,

② 가입자도 보조금 상당액을 감액한 나머지 가액을 대리점에 지급하고 단말기를 공급받았으며,

③ 대리점 역시 그 보조금 상당액만큼 감액된 대금을 K회사에게 지급하여 K회사에 대한 단말기 매입대금을 모두 결제하였으므로,

K회사와 대리점 사이에 대리점이 보조금 지원 요건을 갖춘 가입자에게 보조금 상당액만큼 할인 판매하는 것을 조건으로 하여 단말기의 공급가액에서 보조금 상당액을 감액하여 결제하기로 하는 약정이 있었다고 볼 수 있고, 결국 그 보조금 상당액은 K회사의 대리점에 대한 단말기 공급가액에서 직접 공제되는 가액에 해당한다고 볼 수 있다.

그리고 이 사건 보조금이 이동통신용역의 공급거래에서 수익을 얻기 위한 목적에서 지원되었더라도, 이동통신용역을 일정한 기간(18개월 이상) 동안 공급받을 것을 조건으로 하여 단말기의 공급가액에서 직접 공제된 이상, 단말기의 공급과 관련된 에누리액에 해당한다고 판단된다.

- 에누리 : 공급가액에서 차감, 수정세금계산서 발급(차감된 날을 작성일로 적음)
- 판매장려금 : 공급가액에서 차감하지 않음, 수정세금계산서 발급대상 아님

<참고사항> 회계처리

(1) 공급 당시

(차)	매출채권	50	(대)	공급가액	50(출고가격)

(2) 에누리 발생시

(차)	현 금	10	(대)	매출채권	50
	에 누 리	40			

※ 공급가액 차감(단말기 보조금, 18개월 이상 가입자)

사례 5 저가공급에 대한 공급가액과 가산세

사업자 甲이 특수관계에 있는 수출업자에게 시가보다 낮은 대가를 받고 내국신용장에 의하여 재화를 공급하고 받은 대가를 세금계산서에 적어서 발급한 경우, 공급한 사업자의 과세표준에 포함되는 공급가액 계산과 가산세 부과에 관한 사항을 설명하시오. (10점)

해 답

1. 공급가액 계산

사업자가 특수관계자와 재화의 공급에 있어서 부당하게 낮은 대가를 받은 경우에는 자기가 공급한 재화의 시가를 공급가액으로 한다. 여기서 '부당하게 낮은 대가'란 재화의 공급가액에 대한 조세의 부담을 부당하게 감소시킨 것으로 인정되는 낮은 대가를 말한다.

그리고 '시가'란 사업자가 그와 특수관계인 외의 자와 당해 거래와 유사한 상황에서 계속적으로 거래한 가격 또는 제3자간에 일반적으로 거래된 가격 등을 말한다.

2. 가산세 부과

(1) 영세율과세표준 과소신고(무신고) 가산세

내국신용장에 의하여 공급하는 재화는 영세율이 적용된다. 이 경우에도 예정신고 또는 확정신고 시 과세표준을 신고할 의무가 있으며, 신고한 과세표준이 신고해야 할 과세표준에 미달한 때에는 그 미달한 과세표준에 0.5%를 납부세액에 가산하거나 환급세액에서 공제한다.

따라서 특수관계인과의 거래시 시가보다 낮은 대가로 공급한 경우 시가와 차액은 과세표준 과소신고에 해당하므로, 이에 대해 0.5%의 가산세가 부과된다.

(2) 세금계산서발급 불성실가산세

사업자가 특수관계인에게 시가보다 낮은 대가로 공급하는 경우 그 대가를 공급가액으로 하여 세금계산서를 작성, 발급한 것이 사실과 다른 세금계산서에 해당하여 가산세가 부과되는지 문제가 된다.

부당행위계산부인규정의 적용대상이 되는 경우 사업자가 그 특수관계인과의 사이에 이루어진 거래의 사법적 효력은 그대로 적법한 것으로 인정되며, 과세표준을 계산할 때만 낮은 대가를 부인하고 시가로 하는 것이다.

따라서 실제 거래금액(시가보다 낮은 대가)을 공급가액으로 하여 세금계산서를 발급한 것은 실제 거래를 반영하고 있으므로 세금계산서발급 불성실가산세는 부과되지 않는다(사실과 다른 세금계산서라고 볼 수 없다).

사례 6 위약금과 과세표준

부가가치세와 관련하여 다음 사례를 읽고 물음에 답하시오. (15점)

(1) 정보통신사업을 영위하는 K회사가 인터넷통신 서비스 이용자와 사이에 이용자가 선택하는 요금제에 따라 이용 요금을 정하되, 이용자가 일정기간 K회사의 서비스를 이용하는 것을 조건으로 인터넷통신 요금을 할인해주는 대신, 이용자가 약정기간 내 계약을 중도 해지할 경우 할인금액 범위에서 일정 금액의 위약금을 받기로 하는 내용의 약정을 체결하였다.

(2) K회사는 위와 같이 인터넷통신 서비스 요금을 할인 제공하였다가 중도 해지한 이용자들로부터 수령한 위약금을 과세표준에 포함하여 2024년 제1기 과세기간의 부가가치세를 신고납부하였다. K회사는 이처럼 부가가치세를 신고납부 후 위약금은 부가가치세 과세표준에 포함되는 공급가액이 아니라는 이유로 위약금에 대한 부가가치세의 감액을 요구하는 경정청구를 하였으나, 과세관청은 K회사의 경정청구를 거부하는 처분(이하 '이 사건 거부처분'이라 한다)을 하였다.

【물음 1】 사업자가 재화나 용역을 공급받은 자의 위약으로 인하여 받은 위약금이 부가가치세 과세표준이 되는 공급가액에 포함되는지 여부를 판단하는 기준을 설명하시오.

【물음 2】 사례의 이 사건 거부처분이 적법한 것인지를 설명하시오.

【물음 3】 사례에서 인터넷통신 요금을 할인해주었다가 나중에 위약금을 받는 경우 ① 할인액 발생시 그리고 ② 위약금 수령시 세금계산서 발급방법을 설명하시오.

해 답

【물음 1】 위약금의 공급가액 포함 여부 판단기준

재화·용역의 공급에 대한 부가가치세의 과세표준은 해당 과세기간에 공급한 재화·용역의 공급가액을 합한 금액으로 한다. 여기서 과세표준이 되는 '공급가액'은 대금, 요금, 수수료, 그 밖에 어떤 명목이든 상관없이 재화·용역을 공급받는 자로부터 받는 금전적 가치 있는 모든 것을 포함한다. 구체적으로 공급가액은 다음의 가액으로 한다.

① 금전으로 대가를 받는 경우 : 그 대가

② 금전 외의 대가를 받은 경우 : 자기가 공급한 재화·용역의 시가

이처럼 부가가치세의 과세표준이 되는 '공급가액'은 금전으로 대가를 받는 경우에는 재화·용역의 공급과 대가관계가 있는 가액을 말한다. 따라서 재화·용역의 공급에 대한 대가가 아닌 위약금은 공급가액이 될 수 없다. 즉 재화·용역의 공급이 없이 공급받을 자의 위약이나 해약으로 받은 위약금은 공급에 대한 반대급부가 아니므로 과세대상이 아니다(원칙). 다만, 공급자가 공급받는 자로부터 위약금 명목의 금전을 받았다고 하더라도 그 실질이 재화·용역의 공급과 대가관계에 있는 것이면 실질과세 원칙에 따라 공급가액에 포함되어야 한다(예외).

【물음 2】 경정청구 거부처분의 적법성

사례에서 위약금은 과세표준에 포함되는 공급가액에 해당하므로 위약금에 대해서도 부가가치세가 과세되어야 한다. 따라서 K회사가 위약금에 대한 부가가치세 감액을 요구하는 경정청구를 거부한 것은 적법하다. 그 구체적인 이유는 다음과 같다.

① 사례에서 위약금은 K회사와 의무사용약정을 체결했던 이용자가 중도 해지를 선택함으로써 할인받은 금액 중 일부를 추가로 납부해야 금액으로 볼 수 있다. 즉 위약금 등은 이용자가 의무사용약정을 하지 않고 처음부터 실제 이용기간만 인터넷통신 서비스를 받았더라면 당초 받았을 대가를 중도 해지로 인해 나중에 받은 대가이므로 인터넷 서비스에 대한 대가로 보아야 한다.

② K회사가 의무사용약정이라는 공급조건에 따라 요금의 일부를 공급시기마다 깍아 준 금액은 에누리* 성격으로 공급가액에 포함되지 않았던 금액이라면, 나중에 이용자의 중도해지로 받은 위약금은 그 깎아 준 금액을 반환받은 금액이므로 공급가액에 추가되어야 한다.

* 에누리 : 재화나 용역을 공급할 때 그 품질이나 수량, 인도조건 또는 공급대가의 결제방법이나 그 밖의 공급조건에 따라 통상의 대가에서 일정액을 직접 깎아 주는 금액을 말한다.

<참고사항> 회계처리

(1) 당초 공급시

(차)	현 금	90	(대)	공급가액	100
	에 누 리 (공급가액 차감)	10			

(2) 중도 해지시

(차)	현 금	10	(대)	공급가액 (위약금 수령)	10(실질)

【물음 3】 세금계산서 발급방법

1. 할인액 발생시

K회사가 일정한 공급조건에 따라 할인하여 준 요금은 사실상 에누리 성격이므로 공급당시 공급가액에서 제외해서 세금계산서를 발급해야 한다.

2. 위약금 수령시

K회사가 이용자에게 의무약정기간 조건으로 요금 할인을 해준 후 계약을 중도 해지함으로써 이용자로부터 당초 할인받은 요금을 추가로 지급받은 것은 '계약의 해지에 따라 당초 세금계산서상 공급가액에 추가되는 금액이 발생한 경우'이므로 수정세금계산서 발급사유에 해당한다. 따라서 K회사는 그 중도 해지 사유가 발생한 날을 작성일로 적고, 추가된 금액은 검은색 글씨로 적어 수정세금계산서를 발급해야 한다.

사례 7 **부당행위계산의 부인**

사업자가 특수관계인에게 재화 · 용역을 공급(재화의 공급의제는 제외)하는 경우 시가를 과세표준으로 하는 경우와 시가의 산정에 대해 설명하고 입법적 개선방안을 논평하시오. (10점)

해 답

1. 시가를 과세표준으로 하는 경우

사업자가 특수관계인과 거래에서 다음에 해당하는 경우 공급한 재화 · 용역의 시가를 과세표준으로 한다.

① 재화의 공급에 대해서 부당하게 낮은 대가를 받거나 대가를 받지 않은 경우

② 용역의 공급에 대해서 부당하게 낮은 대가를 받거나 부동산임대용역의 공급에 대해서 대가를 받지 않는 경우

여기서 '부당하게 낮은 대가'란 재화와 용역의 공급가액에 대한 조세의 부담을 부당하게 감소시킬 것으로 인정되는 시가보다 낮은 대가를 말한다.

2. 시가의 산정

과세표준이 되는 시가는 다음에서 정하는 가격으로 한다.

① 일반적인 경우 : 사업자가 특수관계인 외의 자와 해당 거래와 유사한 상황에서 계속적으로 거래한 가격 또는 제3자간에 일반적으로 거래된 가격

② 위 ①의 가격이 없는 경우 : 사업자가 그 대가로 받은 재화 · 용역의 가격

③ 위 ① · ②의 가격이 없거나 시가가 불분명한 경우 : 다음의 가격을 순차로 적용하여 계산한 금액에 의한다.

㉠ 감정평가법인이 감정한 가액이 있는 경우 그 감정평가가액

㉡ 상증세법상 재산평가 규정을 준용하여 평가한 가액

3. 문제점

(1) 현재는 용역의 무상공급 중 부동산임대용역의 공급에 대해서만 시가를 과세표준으로 하고 있으나 과세형평의 구현을 위해서 거래규모가 큰 건설업 등의 용역 공급사업으로 그 범위를 확대할 필요가 있다.

(2) "부당하게 낮은 대가"라는 문구는 과세관청의 자의적인 과세권 행사의 여지가 있으므로 법인세법의 부당행위계산부인에서와 같이 시가와 거래대가의 차액이 시가의 5% 이상이거나 그 차액이 3억원 이상인 경우로 명확히 규정할 필요가 있다.

사례 8 신탁재산과 관련된 재화·용역의 공급에 대한 부당행위계산부인

수탁자 甲이 위탁자 乙의 특수관계인 丙에게 신탁재산과 관련된 재화·용역을 공급할 때 공급한 재화·용역의 시가를 공급가액으로 보는 경우(금전 외의 대가를 받는 경우는 제외)에 대하여 설명하고, 시가의 기준을 서술하시오. (2024년 세무사 2차, 7점)

해 답

1. 재화·용역의 시가를 공급가액으로 보는 경우

수탁자 甲이 위탁자 乙의 특수관계인 丙에게 신탁재산과 관련된 재화·용역을 공급할 때 다음 중 어느 하나에 해당하는 경우에는 공급한 재화·용역의 시가를 공급가액으로 본다.

① 신탁재산과 관련된 재화의 공급에 대해
 ㉠ 부당하게 낮은 대가를 받은 경우
 ㉡ 대가를 받지 않은 경우

② 신탁재산과 관련된 용역의 공급에 대해
 ㉠ 부당하게 낮은 대가를 받은 경우
 ㉡ 대가를 받지 않은 경우로서 과세되는 사업용 부동산임대용역을 공급한 경우

2. 재화·용역의 시가 산정기준

재화·용역의 시가는 다음의 가격으로 한다.

① 일반적인 경우 : 사업자가 특수관계인이 아닌 자와 해당 거래와 유사한 상황에서 계속적으로 거래한 가격 또는 제3자 간에 일반적으로 거래된 가격

② 위 ①의 가격이 없는 경우 : 사업자가 그 대가로 받은 재화·용역의 가격(공급받은 사업자가 특수관계인이 아닌 자와 해당 거래와 유사한 상황에서 계속적으로 거래한 해당 재화·용역의 가격 또는 제3자 간에 일반적으로 거래된 가격을 말한다)

③ 위 ①·②의 가격이 없거나 시가가 불분명한 경우 : 법인세법 시행령 또는 소득세법 시행령에 따른 가격(시가가 불분명한 경우 시가산정방법)

예규판례 에누리에 해당하는지 여부

1. 구 부가가치세법 제13조 제2항 각 호는 '과세표준에 포함하지 아니하는 금액'을 규정하고 있는데, 그중의 하나로 같은 항 제1호는 '에누리액'을 들고 있다. 그리고 구 부가가치세법 시행령 제52조 제2항은 "법 제13조 제2항 제1호에 규정하는 에누리액은 재화·용역의 공급에 있어서 그 품질·수량 및 인도·공급대가의 결제 기타 공급조건에 따라 그 재화·용역의 공급 당시의 통상의 공급가액에서 일정액을 직접 공제하는 금액으로 한다."라고 규정하고 있다.

구 부가가치세법 제13조 제1항, 구 부가가치세법 시행령 제48조 제1항, 제52조 제2항의 각 문언과 내용 및 그 취지를 살펴보면, 공급자가 어떠한 공급과 관련하여 재화나 용역을 공급받는 자가 아닌 제3자로부터 금전 또는 금전적 가치가 있는 것을 받는 경우에 그것이 그 공급과 대가관계에 있는 때에는 부가가치세의 과세표준에 포함

될 수 있을 것이나, 그것이 해당 공급과 구별되는, 제3자와 공급자 사이의 다른 공급과 관련되어 있을 뿐 해당 공급과 대가관계에 있다고 볼 수 없는 경우에는 해당 공급에 관한 부가가치세의 과세표준에 포함되지 아니한다고 보는 것이 옳다. 나아가 제3자가 지급하는 금전 또는 금전적 가치가 있는 것이 해당 공급과 대가관계에 있는지 여부는 그 지급의 명목과 근거, 이와 관련하여 공급자와 제3자가 추구하는 목적과 동기, 공급자와 제3자 사이의 별도의 계약관계 등 법률관계의 존부 및 문제 된 금전 등의 지급이 그러한 법률관계에 따른 이행으로 평가될 수 있는지 등을 비롯한 여러 사정을 종합하여 해당 공급과 직접적 관련성이 인정될 수 있는지에 따라 판단해야 한다.

2. 가. 원심은 그 채택 증거에 의하여, ① 원고는 통신기기, 컴퓨터 주변기기의 제조 및 판매업 등을 영위하는 회사로서, 2006년부터 2009년까지 씨제이 홈쇼핑과 지에스 홈쇼핑(이하 '이 사건 홈쇼핑업체'라고 한다)과 위탁판매계약을 체결하고 휴렛팩커드사의 컴퓨터 및 주변기기 등을 판매한 사실, ② 이 사건 홈쇼핑업체는 원고와의 약정에 따라 할인쿠폰 등을 발행하여 당초 지정된 가격보다 할인된 가격으로 상품구매자에게 상품을 판매하기도 하였는데, 이때 이 사건 홈쇼핑업체는 상품구매자로부터는 할인된 판매대금만 지급받고 원고로부터도 역시 약정에 따라 상품할인액(이하 '이 사건 할인액'이라고 한다)만큼 차감된 판매수수료만을 지급받은 사실, ③ 원고는 이 사건 할인액을 부가가치세 과세표준에 포함되지 아니하는 에누리액으로 보아 이를 제외한 나머지 매출액만을 부가가치세 과세표준으로 신고한 사실 등을 인정하였다.

그런 다음 원심은, ① 원고와 이 사건 홈쇼핑업체 사이의 계약관계는 명시적인 위탁매매관계로서, 수탁자인 이 사건 홈쇼핑업체는 상품구매자로부터 판매대금을 교부받아 위탁자인 원고에게 지급해야 하고 원고는 이 사건 홈쇼핑업체에게 상품판매대금에 관한 소정의 판매수수료를 지급해야 하는 점, ② 상품구매자는 이 사건 홈쇼핑업체가 발행한 할인쿠폰 등에 의하여 할인된 가격을 상품의 대가로 지급하였고, 이와 같은 상품 할인판매와 이에 따른 판매수수료의 차감은 위 · 수탁자 사이의 약정에 따라 이루어진 것인 점, ③ 이 사건 할인액은 상품구매자를 상대로 하여 상품의 판매가격 자체를 인하한 것인 반면, 판매수수료의 차감은 원고와 이 사건 홈쇼핑업체 사이에서 이루어진 용역의 공급대가를 낮춘 것인 점 등을 종합하여 보면, 이 사건 할인액은 상품의 공급조건에 따라 그 재화의 공급대가인 통상의 상품가격에서 직접 공제되는 것으로서 구 부가가치세법상 에누리액에 해당한다고 봄이 상당하다는 이유로, 이와 달리 이 사건 할인액의 실질이 이 사건 홈쇼핑업체가 상품구매자를 대신하여 원고에게 지급한 상품판매대금이라고 보아 이를 부가가치세 과세표준에 포함시킨 이 사건 과세처분은 위법하다고 판단하였다.

나. 앞서 본 법 조항과 법리에 비추어 살펴보면, 원심의 위와 같은 판단에 구 부가가치세법상 에누리액에 관한 법리를 오해하거나 논리와 경험의 법칙을 위반하여 자유심증주의의 한계를 벗어나는 등의 잘못이 없다.

3. 그러므로 상고를 기각하고 상고비용은 패소자가 부담하도록 하여, 관여 대법관의 일치된 의견으로 주문과 같이 판결한다(대법원 2016.6.23. 선고 2014두144 판결).

예규판례 에누리에 해당하는지 여부

1. 구 부가가치세법 제13조 제2항 각 호는 '과세표준에 포함하지 아니하는 금액'을 규정하고 있는데, 그중의 하나로 같은 항 제1호는 '에누리액'을 들고 있다. 그리고 구 부가가치세법 시행령 제52조 제2항은 "법 제13조 제2항 제1호에 규정하는 에누리액은 재화 · 용역의 공급에 있어서 그 품질 · 수량 및 인도 · 공급대가의 결제 기타 공급조건에 따라 그 재화 · 용역의 공급 당시의 통상의 공급가액에서 일정액을 직접 공제

하는 금액으로 한다."라고 규정하고 있다.

이와 같이 재화나 용역의 공급과 관련하여 그 품질·수량이나 인도·공급대가의 결제 등의 공급조건이 원인이 되어 통상의 공급가액에서 직접 공제·차감되는 에누리액은, 그 발생시기가 재화나 용역의 공급시기 전으로 한정되지 아니하고 그 공제·차감의 방법에도 특별한 제한이 없다(대법원 2015.12.23. 선고 2013두19615 판결 참조).

그리고 당사자 사이에 계약을 둘러싸고 의사표시의 해석이 문제 되는 경우에는 그 의사표시의 내용, 그러한 의사표시가 이루어진 동기와 경위, 그 의사표시에 의하여 달성하려는 목적, 당사자의 진정한 의사 등을 종합적으로 고찰하여 논리와 경험칙에 따라 합리적으로 해석해야 한다(대법원 2005.5.27. 선고 2004다60065 판결 등 참조).

2. 가. 원심은 그 채택 증거에 의하여 다음과 같은 사실을 인정하였다.

(1) 원고는 '오픈 마켓'이라 불리는 인터넷상의 재화 및 용역의 거래공간인 'G마켓'을 운영하는 회사로, G마켓에 가입한 판매회원과 구매회원 사이에 G마켓 시스템을 이용한 재화 및 용역의 매매 등 거래를 지원하고 그 대가로 판매회원으로부터 G마켓 시스템의 이용대가인 서비스 이용료를 지급받고 있다.

(2) 원고는 G마켓을 통한 재화 및 용역의 거래를 활성화하기 위한 마케팅 프로모션의 일환으로 2003년 말 무렵부터 '아이템 할인', 2005년 초 무렵부터 '바이어 쿠폰' 제도를 시행하였는데, '아이템 할인'은 특정 물품을 구매하려는 모든 구매회원을 대상으로 해당 물품의 판매가격 중 일정 금액을 할인해 주는 방식이었고, '바이어 쿠폰'은 이용실적이 우수하거나 신규 가입한 구매회원에게 전체 또는 일정 범주의 상품에 적용되는 일정 금액의 할인 쿠폰을 제공하여 그 구매회원이 적용대상 상품을 선택해서 쿠폰을 사용하는 경우에 해당 물품의 판매가격 중 일정 금액을 할인해 주는 방식이었다.

(3) 원고는 '아이템 할인'이나 '바이어 쿠폰'의 사용을 통하여 상품 거래가 이루어지는 경우에 그 할인액만큼의 금액(이하 '이 사건 공제액'이라고 한다)을 원고가 판매회원으로부터 지급받아야 할 서비스 이용료에서 공제하여 주었고, 2006년 1기부터 2010년 1기까지 부가가치세를 신고·납부하면서 이 사건 공제액을 구 부가가치세법에서 정한 에누리액으로 보아 부가가치세 과세표준에서 차감하였다.

나. 그런 다음 원심은, 다음 사정들을 종합하여 보면 이 사건 공제액은 원고와 판매회원 사이에서 G마켓 시스템 지원 및 이용에 관한 용역계약(이하 '이 사건 용역계약'이라고 한다)상 '판매회원은 원고가 시행하는 아이템 할인이나 바이어 쿠폰 등의 프로모션에 동의하고 아이템 할인이나 바이어 쿠폰이 적용된 구매회원과의 매매 등 거래 시 그 할인금액만큼 상품판매 가격을 인하한다'는 용역제공의 조건에 따라 서비스 이용료에서 직접 공제되는 것으로서 구 부가가치세법에서 정한 에누리액에 해당한다는 이유로, 이와 달리 피고가 이 사건 공제액은 그 실질상 원고가 판매회원에게 구매회원을 대신하여 상품 판매대금을 지급하는 것으로서 원고 자신의 매출 증대를 위하여 부담하는 판매촉진비 성격의 비용에 해당하므로 서비스 이용료에 대한 부가가치세 과세표준에 포함되어야 한다고 보아 부가가치세를 부과한 이 사건 처분은 위법하다고 판단하였다.

(1) G마켓을 통한 거래구조는 판매회원과 구매회원 사이의 판매회원이 등록한 상품에 관한 매매 등 거래계약(이하 '이 사건 상품거래계약'이라고 한다)과 원고와 판매회원 사이의 이 사건 용역계약이라는 두 가지 법률관계에 따라 형성되어 있는데, 이 두 가지 법률관계는 경제적 이해관계가 중첩되는 최소한의 영역을 제외하면 각 계약당사자의 의사에 따라 자율적으로 규율되는 것으로 보아야 하므로, '아이템 할인'이나 '바이어 쿠폰'의 사용에 따른 거래의 실질은 판매회원의 동의 아래 원고에 의하여 프로모션이 기획·시

행되어 이 사건 상품거래계약에서 상품가격의 할인이 이루어지면 그와 연동되어 같은 금액만큼 이 사건 용역계약에서 서비스 이용료의 할인이 이루어진 것으로 봄이 상당하다.

(2) 원고와 판매회원 사이의 G마켓 판매서비스 이용약관의 내용과 거래 관행 등에 비추어 보면, 판매회원들은 위 약관에 대한 동의, 이 사건 용역계약의 체결 및 그 활용을 통한 이 사건 상품거래계약 등의 과정에서 원고가 '아이템 할인'이나 '바이어 쿠폰' 등의 프로모션을 시행할 수 있고 그러한 프로모션이 적용되는 구매회원과의 거래에서 해당 할인액만큼 자신의 상품 판매가격이 인하되며 다시 그에 상응하는 이 사건 공제액이 원고에게 지급해야 할 서비스 이용료에서 차감된다는 데에 명시적 또는 묵시적으로 동의한 것으로 봄이 상당하므로, 원고와 판매회원들 사이에서 이 사건 공제액의 발생 근거, 적용사유, 공제 액수 등 용역제공의 조건에 관한 사전적 합의가 있었다고 할 것이다.

(3) 장려금은 일반적으로 개별거래나 그 대가와 연계됨이 없이 사업의 진작을 위하여 거래상대방에게 지급되는 금품인데 비하여, 이 사건 공제액은 원고가 판매회원의 동의 아래 시행한 프로모션에 따라 판매회원과 구매회원 사이에서 이루어지는 상품거래에서 할인된 금액만큼 원고와 판매회원 사이에서 이루어지는 이 사건 용역계약의 서비스 이용료에서 직접 공제되는 것이다.

(4) '아이템 할인'과 '바이어 쿠폰' 모두 결제 전의 가격 조율단계에서 할인이 적용되고, 판매회원과 구매회원 사이에서 할인된 판매대금이 G마켓 시스템상 '고객할인구매가' 또는 '할인적용금액'으로 표시되어 이를 기초로 최종적으로 이 사건 상품거래계약의 체결 여부가 결정되며, 그에 따라 상품의 판매가격이 할인되고 그 금액만큼 서비스 이용료가 할인되는 등 '아이템 할인'과 '바이어 쿠폰'은 상품 판매가격 및 서비스 이용료의 할인에 미치는 과정 및 효과가 거의 동일하므로, 이를 서로 달리 볼 근거가 없다.

다. 앞서 본 규정과 법리에 비추어 살펴보면, 원심의 위와 같은 판단에 구 부가가치세법상 에누리액이나 거래당사자 사이의 약정 또는 처분문서의 해석 등에 관한 법리를 오해한 잘못이 없다(대법원 2016.6.23. 선고 2014두298 판결). ■

예규판례 용역수수료에서 실제로 공제된 할인 상당액은 공급가액에서 직접 공제·차감되어야 할 에누리액에 해당한다는 사례

1. 사안의 개요

원심이 인용한 제1심판결 이유와 기록에 의하면 다음과 같은 사실을 알 수 있다.

가. 원고는 온라인 숙박예약 플랫폼 '○○○'[이하 '이 사건 숙박예약 플랫폼'이라 한다]를 운영하는 사업자로서, 모텔 등 숙박업소(이하 '제휴점'이라 한다)와 이용객 사이의 숙박계약을 중개하고, 제휴점으로부터 총판매대금의 일정비율을 예약대행수수료(이하 '이 사건 용역수수료'라 한다)로 지급받는 내용의 계약(이하 '이 사건 이용계약'이라 한다)을 체결하였다(이하 원고가 이 사건 이용계약에 따라 제휴점에 공급하는 용역을 '이 사건 용역'이라 한다).

나. 원고는 이 사건 숙박예약 플랫폼을 이용하는 이용객들에게 할인쿠폰 등을 발행하거나 포인트를 적립해 주고, 향후 이용객이 이 사건 숙박예약 플랫폼을 통하여 제휴점의 숙박상품을 예약하면서 이를 사용할 경우 제휴점으로부터 지급받아야 하는 이 사건 용역수수료에서 할인 상당액을 공제해 주었다. 원고는 이와 같이 공제를 마친 뒤 일별 정산금액을 산정하여 4영업일 후에 제휴점에 송금하였다.

다. 한편 원고는 매월 말일에 제휴점에 1개월분 중개수수료에 대한 세금계산서를 발행하였다. 원고는 △

△△라는 홈페이지를 통해 제휴점으로 하여금 객실 수, 숙박요금 등의 세부사항을 업로드하게 하고 나아가 예약 현황과 입금, 취소내역도 확인할 수 있게 하였다. 이로써 제휴점은 이 사건 숙박예약 플랫폼을 통해 원고와 사이에 이루어지는 정산금액을 직접 확인할 수 있었다.

라. 원고는 당초 이 사건 용역수수료에서 공제된 할인 상당액을 부가가치세 과세표준 신고 시 공급가액에 포함하여 신고하였다가, 2018.11.21. 피고에게 그 할인 상당액이 매출에누리에 해당한다고 주장하며 이를 2015년 1기부터 2018년 1기까지의 각 공급가액에서 차감하여 부가가치세 합계 2,114,824,201원을 감액해 달라는 경정청구를 하였다. 이에 피고는 정산기간 내의 총판매대금이 아닌 각 개별 숙박계약 건별로 계산한 수수료를 한도로 하여 해당 수수료에서 공제된 할인액만을 매출에누리로 인정한 후 부가가치세를 감액경정하였고, 2018.12.24. 원고에게 환급가산금을 포함하여 2,117,952,030원을 환급하였다.

마. 원고는 2019.2.15. 각 개별 숙박계약 건별로 계산한 수수료를 초과하여 발생한 할인액(이하 '이 사건 초과할인액'이라 한다) 합계 10,628,242,318원도 매출에누리에 해당한다고 주장하면서 2016년 1기부터 2018년 1기까지 각 부가가치세 합계 1,062,924,224원을 감액해 달라는 경정청구를 하였으나, 피고는 2019.4.2. 경정을 거부하였다(이하 '이 사건 거부처분'이라 한다).

2. 원심의 판단

원심은 이 사건에서 부가가치세의 최종적인 세부담자는 제휴점으로부터 숙박용역을 공급받는 이용객이므로 원고가 제휴점에 공급한 이 사건 용역의 단위는 각 숙박계약의 중개행위라고 봄이 타당하다는 등 판시와 같은 이유로, 이 사건 초과할인액은 매출에누리가 아닌 장려금이라고 판단하고, 나아가 '제휴점별로 다음에 체결되는 숙박계약에 관한 이 사건 용역수수료에서 초과할인액을 차감하기로 사전에 약정하였으므로 적어도 정산의 기준인 하루 내에 발생한 초과할인액은 다음 계약에 관한 이 사건 용역수수료에서 차감하여야 한다.'는 원고의 주장에 대해서도, 각 숙박계약을 하나의 공급단위로 보아야 하는 이상, 선행하는 어느 한 이용객이 체결한 숙박계약에 관하여 생긴 초과할인액을 후행하는 다른 이용객이 체결한 숙박계약과 관련된 이 사건 용역수수료에서 공제하는 것은 제3자와의 거래조건에 따라 해당 거래의 공급가액을 공제해 주는 것과 마찬가지인데, 선행하는 숙박계약의 이용객과 후행하는 숙박계약의 이용객 사이에는 서로 아무런 관련이 없고 대가관계도 인정되지 않는다는 이유로 이를 배척하여, 결과적으로 이 사건 거부처분을 적법하다고 판단하였다.

3. 대법원의 판단

위와 같은 원심의 판단은 그대로 수긍하기 어렵다.

가. 부가가치세법 제29조 제1항은 "재화 또는 용역의 공급에 대한 부가가치세의 과세표준은 해당 과세기간에 공급한 재화 또는 용역의 공급가액을 합한 금액으로 한다."라고 규정하고, 제5항 제1호는 '공급가액에 포함하지 아니하는 금액'의 하나로 '재화나 용역을 공급할 때 그 품질이나 수량, 인도조건 또는 공급대가의 결제방법이나 그 밖의 공급조건에 따라 통상의 대가에서 일정액을 직접 깎아주는 금액'(이하 '에누리액'이라 한다)을 들고 있다. 에누리액은 그 발생시기가 재화나 용역의 공급시기 전으로 한정되지 아니하고, 그 공제·차감의 방법에도 특별한 제한이 없다(대법원 2015.12.23. 선고 2013두19615 판결 참조).

그리고 당사자 사이에 계약을 둘러싸고 의사표시의 해석이 문제 되는 경우에는 의사표시의 내용, 의사표시가 이루어진 동기와 경위, 의사표시에 의하여 달성하려는 목적, 당사자의 진정한 의사 등을 종합적으로 고찰하여 논리와 경험칙에 따라 합리적으로 해석하여야 한다(대법원 2005.5.27 등 참조).

나. 원심판결 이유를 위와 같은 법리 및 기록에 비추어 살펴본다.

1) 이 사건 숙박예약 플랫폼을 통한 거래구조는 제휴점과 이용객 사이의 숙박계약과 원고와 제휴점 사이의 이 사건 이용계약이라는 두 가지 법률관계에 따라 형성되었다. 이 두 가지 법률관계는 경제적 이해관계가 중첩되는 최소한의 영역을 제외하면 특별한 사정이 없는 한 서로 견련관계에 있지 아니하고 각 계약당사자의 자율적인 의사에 따라 독립적으로 규율되는 것으로 보아야 한다. 즉, 플랫폼사업자인 원고와 제휴점은 이 사건 숙박예약 플랫폼을 기반으로 제휴점과 이용객 사이의 숙박계약과 구별되는 계약을 독립적으로 체결하였고, 그 계약에서 플랫폼 이용에 대한 수수료를 어떻게 산정할 것인지는 기본적으로 계약자유의 원칙에 따라 이들 사이의 약정에 맡겨졌다. 제휴점과 이용객의 개별 숙박계약에서 발생한 초과할인액을 가지고 플랫폼사업자인 원고와 제휴점 사이에 어떤 거래를 대상으로 어떻게 정산할 것인지도 원고와 제휴점의 자율적인 의사에 따라 정해졌다.

2) 원고와 제휴점 사이에 체결된 이 사건 이용계약의 내용과 이 사건 용역수수료의 정산이 실제 이루어진 방식 등을 살펴보면, 이 사건 이용계약의 이행 과정에서 원고는 할인쿠폰 등을 이용객에게 발행하여 프로모션을 시행할 수 있고, 이로 인해 숙박상품의 판매가격이 인하될 경우 그에 상응하는 금액을 제휴점이 원고에게 지급할 이 사건 용역수수료에서 차감하기로 하는 데에 쌍방이 명시적 또는 묵시적으로 합의한 것으로 볼 수 있다. 이에 따라 원고와 제휴점 사이에는 할인액의 발생 근거, 적용 사유, 공제 액수 등 용역제공의 조건에 대해서까지 사전적 합의가 구체적으로 성립하였다고 할 것이다.

3) 이 사건 이용계약에서는 원고가 제휴점에 공급하는 이 사건 용역의 대가를 '총판매대금'의 일정비율로 산정하도록 약정하였다. 그 약정의 내용과 실제로 초과할인액이 계산된 내역 등을 종합하여 보면, 여기서 말하는 '총판매대금'은 '합의된 정산기간 동안의 대실, 숙박 등 모든 판매대금을 합한 금액'을 의미한다. 그러므로 해당 정산기간 동안 총판매대금을 기준으로 계산한 이 사건 용역수수료에서 같은 기간 동안의 숙박상품 할인액을 일괄 공제한 다음 그 잔액을 정산·지급하기로 원고와 제휴점 사이에 의사의 합치가 있었고, 그에 따라 이 사건 용역수수료에서 할인 상당액이 직접 차감되었다고 볼 수 있는 이상 이 사건 초과할인액은 해당 정산기간 동안 총수수료의 한도 내에서 에누리액에 해당한다고 보아야 한다.

4) 원고와 제휴점이 체결한 이 사건 이용계약은 제휴점과 이용객이 체결한 숙박계약과 구별되는 별개의 독립된 계약이다. 나아가 이 사건 용역의 내용을 살펴보더라도 그 계약의 실질은 제휴점과 이용객 사이의 숙박상품거래를 단순히 중개하는 것에 그치지 않는다.

즉, 원고는 이 사건 숙박예약 플랫폼이라는 온라인 거래공간과 회원 사이의 신뢰, 안전 등을 확보하는 지원서비스와 함께 제휴점의 숙박상품에 관한 예약대행 서비스를 제공하면서 그 대가로 이 사건 용역수수료를 지급받기로 제휴점과 약정하였다. 원고는 이 사건 숙박예약 플랫폼을 관리하면서 청약, 승낙, 예약, 대금수수 등 숙박예약에 필요한 거의 모든 업무를 제휴점으로부터 포괄적으로 위임받아 처리하였고, 구체적인 숙박일자, 금액 등 숙박계약의 모든 조건이 확정된 상태에서 이 사건 숙박예약 플랫폼에서 예약이 이루어졌다. 숙박대금 역시 원고가 이용자로부터 직접 수취하여 수수료를 공제한 후 제휴점에 정산 · 지급하였다. 특히 원고는 이 사건 이용계약에 따라 플랫폼 시스템을 구축하고 유지 · 관리함으로써 제휴점의 상품이 플랫폼에 노출되어 고객과 개별적으로 숙박계약을 체결할 수 있도록 기회를 제공하였다. 이와 같이 원고는 이 사건 용역을 공급하는 과정에서 제휴점에 다양한 서비스를 제공하였다. 이 사건 용역수수료는 원고와 제휴점 사이의 별도 합의에 따라 정해졌고, 마찬가지로 이 사건 용역수수료 할인의 이익 역시 애당초 이용객과 제휴점 간 숙박상품거래의 대가 중 일부를 구성하는 것이 아니라 원고와 제휴점 사이에 별도로 이루어진 이 사건 용역에 관한 거래의 대가와 관련된 것이었다. 위와 같은 사정들을 고려하면, 원고가 제휴점에 제공한 이 사건 용역의 단위가 각 숙박계약의 중개행위에 그친다고 보기 어렵다.

5) 사업자가 고객에게 재화를 공급하는 1차 거래를 하면서 매출액의 일정비율에 해당하는 점수를 적립해 주고, 향후 그 고객에게 다시 재화를 공급하는 2차 거래를 하면서 그 적립된 점수 상당의 가액을 공제하고 나머지 금액만 현금 등으로 결제할 수 있도록 한 경우, 2차 거래에서 그 적립된 점수 상당만큼 감액된 가액은 결국 사업자와 고객 사이에서 미리 정해진 공급대가의 결제 조건에 따라 공급가액을 직접 공제 · 차감한 것으로서 에누리액에 해당한다(대법원 2016.8.26. 선고 2015두58959 판결 참조). 여러 거래를 통산하여 공급조건을 정한 다음 그에 따라 공급가액에서 일정 금액을 공제하는 경우도 마찬가지이다. 따라서 이 사건 용역이 개별 숙박계약의 중개행위마다 그 단위가 나누어질 수 있다고 하더라도, 원고가 이 사건 숙박예약 플랫폼을 기반으로 제휴점과 이용객 사이의 숙박계약과 구별되는 독립된 계약에 따라 제휴점에 이 사건 용역을 공급하였고, 나아가 원고와 제휴점 사이에 정산기간 범위에서 개별 숙박계약 중개 건별 수수료와 할인액을 모두 통산하여 정산 · 공제하기로 합의가 이루어져 여러 거래를 통산하여 공급조건이 정해진 것으로 볼 수 있는 이상, 이 사건 용역수수료에서 실제로 공제된 할인 상당액은 해당 정산기간 동안의 총수수료를 상한으로 하여 통상의 공급가액에서 직접 공제 · 차감되어야 할 에누리액에 해당한다고 보아야 한다.

다. 그런데도 원심은 판시와 같은 이유만으로 이 사건 초과할인액이 에누리액이 아닌 장려금에 해당한다고 보아 이 사건 거부처분이 적법하다고 판단하였다. 이러한 원심판단에는 부가가치세법상 에누리액의 인정요건과 판단 기준 등에 관한 법리를 오해하여 필요한 심리를 다하지 않음으로써 판결에 영향을 미친 잘못이 있다. 이를 지적하는 원고의 상고이유 주장은 이유 있다(대법원 2025.9.11.선고 2023두34644 판결). ■

Ⅲ 재화의 공급의제의 경우 공급가액

[도 표] 재화의 공급의제의 경우 공급가액

구분		공급가액
(1) 자기생산 · 취득재화의 공급의제 ※ 취지 : 이미 공제받은 매입세액을 도로 매출세액으로 납부하여 과세형평 구현	① 면세사업에의 전용	• 해당 재화의 시가. 다만, 재화가 감가상각자산인 경우에는 간주시가
	② 승용자동차 등의 비영업용에의 전용	
	③ 개인적 공급	
	④ 사업상 증여	
	⑤ 폐업시 잔존재화의 자기공급	
(2) 판매목적 타사업장 반출재화의 공급의제 ※ 취지 : 매입세액 환급지연에 따른 자금부담 문제 해소		• 해당 재화의 취득가액 등

1. 자기생산 · 취득재화의 공급의제의 경우

(1) 원 칙

자기생산 · 취득재화의 공급의제의 경우 공급가액은 해당 재화의 시가로 한다(부가법 29 ③ (3),(4)).

(2) 재화가 감가상각자산인 경우

재화의 공급으로 보는 재화가 감가상각자산인 경우에는 다음과 같이 계산한 금액을 공급가액으로 본다(부가법 29 ⑪, 부가령 66).

간주시가 = 해당 재화의 취득가액 × (1 − 감가율 × 경과된 과세기간의 수)

여기서 '재화의 취득가액'은 매입세액을 공제받은 해당 재화의 가액으로 하며, 감가율은 ① 건물, 구축물의 경우에는 5%를, ② 그 밖의 감가상각자산은 25%로 한다(부가령 66 ② (1),(2), ④).

한편 위 계산식에서 '경과된 과세기간의 수'는 과세기간 단위로 계산하되, ① 건물 · 구축물의 경과된 과세기간의 수는 20을, ② 그 밖의 감가상각자산의 경과된 과세기간의 수는 4를 한도로 한다. 그리고 '경과된 과세기간의 수'를 계산할 때 과세기간 개시일 후에 감가상각자산을 취득하거나 해당 재화가 공급된 것으로 보게 되는 경우에는 그 과세기간의 개시일에 해당 재화를 취득하거나 해당 재화가 공급된 것으로 본다(부가령 66 ② 후단, ⑤).[2)]

---

2) 사업자가 재화의 공급으로 보지 않는 사업양도에 따라 감가상각대상자산이 자기생산 · 취득재화의 공급의제에 해당하여 간주시가를 계산하는 경우 해당 재화의 경과된 과세기간의 수는 해당 사업의 양도자가 당초 취득한 날을

(3) 과세사업에 제공한 감가상각자산을 면세사업에 일부 사용하는 경우

과세사업에 제공한 감가상각자산을 면세사업에 일부 사용하는 경우에는 다음과 같이 계산한 금액을 공급가액으로 하되, 면세공급가액비율이 5% 미만인 경우에는 공급가액이 없는 것으로 본다(부가령 66 ③).

$$공급가액 = 간주시가 \times 면세사업에\ 일부\ 사용한\ 날이\ 속하는\ 과세기간의\ \frac{면세공급가액}{총공급가액}$$

이것은 면세사업에의 완전한 전용(專用)이 아니라 부분적인 전용의 경우이다. 즉 자기생산·취득재화인 감가상각자산을 과세사업과 면세사업에 겸용하는 경우를 말하는 것이다. 이 경우에는 면세사업에 사용되는 부분만을 가려내서 공급가액을 계산해야 하지만, 그 구분이 곤란하기 때문에 획일적으로 공급가액비율로 안분계산하는 것이다.

2. 판매목적 타사업장 반출재화의 경우 공급가액

사업자가 재화를 판매할 목적으로 자기의 다른 사업장에 반출하는 것을 공급으로 보는 경우 다음 구분에 따른 금액을 공급가액으로 한다(부가법 29 ③ (5), 부가령 60 ①,②).

구분	공급가액
(1) 원칙	• 해당 재화의 취득가액* * 이는 「법인세법 시행령(제72조 ②·④)」·「소득세법 시행령(제89조)」에 따른 취득가액을 말한다.
(2) 취득가액에 일정액을 더하여 자기의 다른 사업장에 반출하는 경우	• 그 취득가액 + 일정액
(3) 개별소비세, 주세 또는 교통·에너지·환경세가 부과되는 재화인 경우	• 개별소비세 등의 과세표준 + 개별소비세·주세 + 교육세·농어촌특별세 + 교통·에너지·환경세

기준으로 산정하는 것이며, 이 경우 '취득한 날'이란 재화가 실제로 사업에 사용된 날을 말한다(부기통 29-66-1).

Ⅳ 공급가액 계산의 특례

1. 공통사용재화를 공급하는 경우

(1) 과세표준에 포함되는 공급가액의 안분계산

사업자가 과세사업과 면세사업(비과세사업[3]을 포함한다. 이하 같다)에 공통적으로 사용된 재화를 공급하는 경우에는 다음과 같이 계산한 금액을 과세표준에 포함되는 공급가액으로 한다(부가법 29 ⑧, 부가령 63 ①).

$$\text{공급가액} = \text{해당 재화의 공급가액} \times \frac{\text{재화를 공급한 날이 속하는 과세기간의 직전 과세기간의 과세되는 공급가액}}{\text{재화를 공급한 날이 속하는 과세기간의 직전 과세기간의 총공급가액}}$$

다만, 휴업 등으로 인하여 직전 과세기간의 공급가액이 없을 때에는 그 재화를 공급한 날에 가장 가까운 과세기간의 공급가액으로 계산한다(부가령 63 ① 후단).

(2) 안분계산의 배제

다음 중 어느 하나에 해당하는 경우에는 안분계산을 배제하고 해당 재화의 공급가액 전부를 과세표준으로 한다(부가령 63 ③).

① 재화를 공급하는 날이 속하는 과세기간의 직전 과세기간의 총공급가액 중 면세공급가액이 5% 미만인 경우. 다만, 해당 재화의 공급가액이 5,000만원 이상인 경우는 제외한다.

② 재화의 공급가액이 50만원 미만인 경우

③ 재화를 공급하는 날이 속하는 과세기간에 신규로 사업을 시작하여 직전 과세기간이 없는 경우

참고사항 사용면적비율로 과세표준에 포함되는 공급가액을 안분계산하는 경우

① 예정사용면적비율로 공통매입세액을 안분계산, 실제사용면적비율로 공통매입세액을 정산한 재화 또는 ② 납부세액·환급세액을 사용면적비율에 따라 재계산한 재화로서 공통사용재화를 공급하는 경우에는 과세표준에 포함되는 공급가액의 안분계산도 공급가액비율이 아니라 사용면적비율에 따라야 할 것이다. 따라서 이러한 공통사용재화를 공급하는 경우에 과세표준에 포함되는 공급가액은 다음과 같이 계산한다(부가령 63 ②).

$$\text{공급가액} = \text{해당 재화의 공급가액} \times \frac{\text{재화를 공급하는 날이 속하는 과세기간의 직전 과세기간의 과세사용면적}}{\text{재화를 공급하는 날이 속하는 과세기간의 직전 과세기간의 총사용면적}}$$

다만, 휴업 등으로 인하여 직전 과세기간의 사용면적비율이 없을 때에는 그 재화를 공급한 날에 가장 가까운 과세기간의 사용면적비율로 계산한다(부가령 63 ② 후단). ■

---

3) 여기서 '비과세사업'은 부가가치세가 과세되지 않은 재화·용역을 공급하는 사업을 말한다(p.94 주석 참조).

2. 토지와 건물 등을 일괄공급하는 경우

(1) 원 칙

토지의 공급에 대해서는 부가가치세가 면세되고, 건물 · 구축물 등의 공급에 대해서는 부가가치세가 과세된다. 이 경우 사업자가 토지와 그 토지에 정착된 건물 · 구축물 등을 함께 공급하는 경우에는 건물 · 구축물 등의 실지거래가액을 공급가액으로 한다(부가법 29 ⑨ 본문).

(2) 예 외

사업자가 토지와 건물 · 구축물 등(이하 '건물 등'이라 한다)을 함께 공급하는 경우로서 실지거래가액 중 토지의 가액과 건물 등의 가액의 구분이 불분명한 경우에 다음의 방법에 따라 안분(按分)계산한 금액을 건물 등의 공급가액으로 한다(부가법 29 ⑨ 단서 (1), 부가령 64).

구분		안분계산방법
① 감정평가가액이 있는 경우		• 감정평가가액에 비례하여 안분계산한다.(*주)
② 감정평가가액이 없는 경우	㉠ 기준시가가 모두 있는 경우	• 공급계약일 현재의 기준시가에 따라 계산한 가액에 비례하여 안분계산한다.
	㉡ 어느 하나 또는 모두의 기준시가가 없는 경우	• 장부가액(장부가액이 없는 경우에는 취득가액)에 비례하여 안분계산한 후, 기준시가가 있는 자산에 대해서는 그 합계액을 다시 기준시가에 따라 안분계산한다.
③ 위의 방법을 적용할 수 없거나 적용하기 곤란한 경우		• 국세청장이 정하는 바에 따라 안분계산한다.* * 토지와 건물 등의 가액 구분이 불분명한 경우 안분계산방법 고시(국세청 고시 제2025-26호, 2025.08.27.)

(*주) '감정평가가액'이란 공급시기(중간지급조건부 또는 장기할부판매의 경우에는 최초의 공급시기)가 속하는 과세기간의 직전 과세기간 개시일부터 공급시기가 속하는 과세기간의 종료일까지 감정평가업자가 평가한 감정평가가액을 말한다.

토지 · 건물 등의 가액의 안분계산기준 적용순서
감정평가가액 → 기준시가 → [1차 장부가액(취득가액) → 2차 기준시가]*

* 기준시가가 있는 자산들은 장부가액(또는 취득가액)에 의해 배분된 가액의 합계액을 다시 기준시가비율로 재배분한다.

한편 사업자가 토지와 건물 등을 함께 공급하는 경우로서 실지거래가액으로 구분한 토지와 건물 또는 구축물 등의 가액이 위의 방법에 따라 안분계산한 금액과 30% 이상 차이가 있는 경우에도 위의 방법에 따라 안분계산한 금액을 건물 등의 공급가액으로 한다(안분계산의 원칙, 부가법 29 ⑨ (2), 부가령 64 ①). 그 취지는 사업자가 임의로 건물의 공급가액(실지거래가액)을 낮게 책정하여 부가가치세 부담을 회피하는 것을 방지하려는 데 있다.

다만, 다음 중 어느 하나에 해당하는 경우(즉 사업자가 구분한 실지거래가액을 인정할 만한 사유를 말한다)에는 건물 등의 실지거래가액을 공급가액으로 한다(안분계산의 예외, 부가법 29 ⑨ 단서 (2), 부가령 64 ②).

① 다른 법령에서 정하는 바에 따라 토지와 건물 등의 가액을 구분한 경우[예:「산업집적활성화 및 공장설립에 관한 법률(제39조 ⑤)」에서 토지의 양도가액은 취득가액에 이자 및 비용을 합한 가액으로 정하고 있고(산업용지 투기 방지 목적), 공장의 양도가액은 감정가액으로 하고 있음]

② 토지와 건물 등을 함께 공급받은 후 건물 등을 철거하고 토지만 사용하는 경우(예: 건물이 노후화되어 매수자가 철거목적으로 건물을 취득하는 경우 건물가액을 '0'으로 하여 양수·양도 계약서가 작성되는 경우. 이 경우에는 건물 부분은 재화의 공급으로 보지 않는다)

3. 부동산임대용역을 공급하는 경우

(1) 전세금 또는 임대보증금을 받는 경우

사업자가 부동산임대용역을 공급하고 전세금 또는 임대보증금을 받는 경우에는 '금전 외의 대가'를 받는 것으로 보아 다음과 같이 계산한 금액을 공급가액으로 한다(부가법 29 ⑩, (1), 부가령 65 ①).

$$\text{공급가액(간주임대료)} = \text{해당 기간의 전세금 또는 임대보증금} \times \text{정기예금 이자율} \times \frac{\text{과세대상기간의 일수}}{\text{365(윤년에는 366)}}$$

이 경우에 사업자가 계약에 따라 전세금이나 임대보증금을 임대료에 충당하였을 때에는 그 금액을 제외한 가액을 전세금 또는 임대보증금으로 한다(부가령 65 ③). 그리고 '정기예금이자율'이란 해당 예정신고기간 또는 과세기간 종료일 현재 계약기간 1년의 정기예금이자율을 말한다(부가칙 47). 한편 이러한 간주임대료는 임차인이 해당 부동산을 사용하였거나 사용하기로 한 때를 기준으로 하여 계산한다(부기통 29-65-1).

본래 전세금 등은 그 자체로는 용역의 공급에 대한 대가가 아니므로 과세표준에 포함될 수 없다. 그러나 이를 방치하면 전세금 등을 받는 경우와 임대료를 받는 경우 사이의 과세형평이 침해되므로, 이를 방지하기 위해 그 임대용역이 시가로 볼 수 있는 전세금 등에 대한 정기예금이자 해당액을 공급가액(간주임대료)으로 한다.

(2) 임대료를 선불 또는 후불로 받는 경우

사업자가 둘 이상의 과세기간에 걸쳐 부동산임대용역을 공급하고 그 대가를 선불 또는 후불로 받는 경우에는 다음과 같이 계산한 금액을 공급가액으로 한다(부가법 29 ⑩ (3), 부가령 65 ⑤).

$$\text{공급가액} = \text{선불 또는 후불로 받는 임대료} \times \frac{\text{각 과세대상기간의 개월 수}}{\text{계약기간의 개월 수}}$$

※ 이 경우 개월 수의 계산에 관하여 해당 계약기간의 개시일이 속하는 달이 1개월 미만이면 1개월로 하고, 해당 계약기간의 종료일이 속하는 달이 1개월 미만이면 산입하지 않는다(초월산입 · 말월불산입).

(3) 과세되는 부동산임대용역과 면세되는 주택임대용역을 함께 공급하는 경우

일반적으로 부동산(토지 · 건물 등) 임대용역의 공급에 대해서는 부가가치세가 과세되지만, 주택 및 그 부속토지 임대용역의 공급에 대해서는 부가가치세가 면세된다. 이 경우 과세되는 부동산임대용역과 면세되는 주택임대용역을 함께 공급하는 때에는 실지귀속에 따라 과세표준에 포함되는 공급가액을 계산해야 한다. 다만, 그 임대구분과 임대료 등의 구분이 불분명한 경우에는 다음의 계산식을 순차로 적용하여 과세되는 부동산임대용역의 공급가액을 계산한다(부가법 29 ⑩ (2), 부가령 65 ④).

$$\text{① 임대료 총액} \times \frac{\text{건물가액 또는 토지가액}}{\text{토지가액과 정착된 건물가액의 합계액}} = \text{건물분 또는 토지분 임대료 상당액}$$

$$\text{②} \begin{cases} \text{건물분 임대료 상당액} \times \dfrac{\text{과세되는 건물임대면적}}{\text{총건물임대면적}} = \text{건물임대 공급가액} \\ \text{토지분 임대료 상당액} \times \dfrac{\text{과세되는 토지임대면적}}{\text{총토지임대면적}} = \text{토지임대 공급가액} \end{cases}$$

여기서 '건물가액' 또는 '토지가액'은 예정신고기간 또는 과세기간이 끝난 날 현재의 기준시가에 따른다(부가칙 48 ①). 그리고 건물임대면적 및 토지임대면적이 예정신고기간 또는 과세기간 중에 변동된 경우에는 그 예정신고기간 또는 과세기간 중의 해당 면적의 적수(積數)에 따라 계산한 면적으로 한다(부가칙 48 ②).

사례 9 감가상각자산에 대한 과세표준

다음의 경우 부가가치세 과세표준에 포함되는 공급가액을 설명하시오. (15점)

1. 과세사업에 사용하던 감가상각자산을 면세사업에 전부 또는 일부 전용하는 경우
2. 과세사업과 면세사업에 공통으로 사용하는 감가상각자산을 공급하는 경우

해 답

1. 면세사업에 전용하는 경우

(1) 전부 전용

다음의 금액을 시가로 보고 과세표준에 포함되는 공급가액으로 한다.

$$\text{간주시가} = \text{해당 재화의 취득가액} \times (1 - \text{감가율} \times \text{경과된 과세기간 수})$$

1) 취득가액 : 매입세액이 공제된 재화의 취득가액으로 한다.

2) 감가율 : 건물 또는 구축물의 경우에는 5%, 기타의 감가상각자산의 경우에는 25%를 말한다.

3) 경과된 과세기간의 수 : 과세기간 단위로 계산하되, 건물 또는 구축물의 경과된 과세기간의 수가 20을 초과하는 때에는 20으로, 기타의 감가상각자산의 경과된 과세기간의 수가 4를 초과하는 때에는 4로 한다. 이 경우 과세기간의 개시일 후에 감가상각자산을 취득하거나 해당 재화가 공급된 것으로 보게 되는 경우에는 그 과세기간의 개시일에 해당 재화를 취득하거나 해당 재화가 공급된 것으로 보고 경과된 과세기간의 수를 계산한다.

(2) 일부 전용

과세사업에 사용하던 감가상각자산을 면세사업에 일부 사용하는 경우에는 다음의 금액을 과세표준으로 하되, 면세공급가액비율(면세공급가액/총공급가액)이 5% 미만인 경우에는 과세표준이 없는 것으로 본다.

$$\text{과세표준} = \text{간주시가} \times \text{면세사업에 일부 사용한 날이 속하는 과세기간의 } \frac{\text{면세공급가액}}{\text{총공급가액}}$$

2. 공통사용 감가상각자산 공급

(1) 과세표준에 포함되는 공급가액의 안분계산

공급가액은 다음과 같이 계산한다.

$$\text{공급가액} = \text{해당 재화의 공급가액} \times \frac{\text{재화를 공급한 날이 속하는 과세기간의 직전 과세기간의 과세공급가액}}{\text{재화를 공급한 날이 속하는 과세기간의 직전 과세기간의 총공급가액}}$$

(2) 안분계산의 배제

다음의 경우에는 안분계산을 하지 않고 해당 재화의 공급가액을 과세표준으로 한다.

① 재화를 공급한 날이 속하는 과세기간의 직전 과세기간의 총공급가액 중 면세공급가액이 5% 미만인 경우. 다만, 해당 재화의 공급가액이 5,000만원 이상인 경우에는 제외한다.

② 재화의 공급가액이 50만원 미만인 경우

③ 재화를 공급하는 날이 속하는 과세기간에 신규로 사업을 개시하여 직전 과세기간이 없는 경우

사례 10 사례별 과세거래 여부 및 과세표준에 포함되는 공급가액의 계산

다음 각 사례별로 부가가치세 과세거래인지 여부에 대해서 관련조문을 제시하여 판단하고, 과세거래인 경우 부가가치세 과세표준에 포함되는 공급가액이 얼마인지를 쓰시오. (20점)

사례 1. 부동산임대업자 甲은 상가건물을 5억원에 취득하여 임대사업을 경영하다가 해당 건물이 재개발 사업구역에 포함되어 철거될 예정이라서 모든 세입자와 임대차를 종결한 직후 부동산임대업에 대해서 폐업신고를 하였다. 해당 건물의 자세한 내용은 다음과 같다.

(1) 상가건물의 취득가액 5억원 중 매입세액 공제를 받은 부분의 가액은 4억원이며 취득일은 2023.3.1.이고, 폐업일은 2025.8.7.이다

(2) 해당 상가건물의 폐업 당시 시가는 1억원이다.

사례 2. 부동산임대업자 乙은 상가건물 4억원에 취득하여 임대사업을 경영하다가 소득세와 건강보험료의 부담이 커짐에 따라 丙에게 6억원(부가가치세는 제외)을 받고 매매를 원인으로 소유권을 이전한 다음 곧바로 폐업하였다(이는 사업의 포괄양도에 해당하지 않는다). 해당 건물의 자세한 내용은 다음과 같다.

(1) 해당 건물은 취득당시 매입세액을 공제받은 바 없으며, 취득일은 2024.8.31.이고 폐업일은 2025.4.7.이다.

(2) 해당 상가건물의 폐업 당시 시가는 6억원이다.

사례 3. 자동차운전학원업을 경영하는 K씨는 해당 사업에 사용하던 건물을 자녀 A에게 증여하였다. 해당 건물의 자세한 내용은 다음과 같다.

(1) 해당 건물은 취득가액은 3억원인데, 취득당시 매입세액을 공제받은 바 없다. 해당 건물의 취득일은 2024.3.1.이고 증여일은 2025.3.4.이다.

(2) 해당 사업용 건물의 증여당시 시가는 10억원이다.

사례 4. 정형외과 의사인 L씨는 2025.5.4.에 부동산임대업을 경영하기 위하여 3층의 건물을 취득하고 적법하게 매입세액을 5억원을 전액 환급받았다. 그런데 2025.9.4.에 해당 건물 1층과 2층을 사용하려는 임차인이 없어서, 1층과 2층의 건물면적을 자기의 정형외과 병원으로 사용하였다. 해당 건물의 자세한 내용은 다음과 같다.

(1) 1층과 2층 건물면적의 합계는 200평이고 3층 건물면적은 100평이다.

(2) 2025년 제2기 병원 수입금액은 9억원이고, 3층 건물임대업 공급가액은 1억원이다.

해 답

사례 1.

1. 과세거래 여부

사업자가 폐업할 때 자기생산·취득재화(매입세액이 공제된 재화를 말한다) 중 남아 있는 재화는 자기에게 공급한 것으로 본다.

사례가 폐업시 잔존재화로서 공급의제에 해당하는지를 판단하면

① 건물이 매입세액을 공제받은 바 있어 자기생산·취득재화에 해당하며

② 甲은 해당 건물이 재개발사업 구역에 포함되어 철거될 예정이어서 모든 세입자와 임대차를 종결하였으므로, 그 시점에서 임대사업을 실질적으로 폐업하였고 해당 건물이 폐업시 남아 있다.

따라서 사례는 과세거래에 해당한다.

2. 과세표준에 포함되는 공급가액

과세사업에 사용하던 감가상각자산이 폐업시 잔존재화이므로 다음과 같이 계산한 가액으로 한다.

• 간주시가 = 4억원×(1 − 5%×5기) = 3억원

사례 2.

1. 과세거래 여부

매매계약을 원인으로 재화를 인도 또는 양도하는 것은 본래 재화의 공급으로 한다.

사례가 과세거래에 해당하는지를 판단하면

① 매매를 원인으로 해당 건물을 양도한 직후 폐업하여 본래 재화의 공급에 해당한다. 해당 건물은 폐업일 현재 남아 있는 재화가 아니므로 폐업시 잔존재화로서 재화의 공급의제에 해당하지 않는다.

② 본래 재화의 공급은 당초 매입세액을 공제받았는지 여부에 관계없이 과세거래로 본다.

따라서 재화의 공급으로 처리한다.

2. 과세표준에 포함되는 공급가액

乙이 丙으로부터 받은 가액 6억원으로 한다.

사례 3.

1. 과세거래 여부

계약상 모든 원인에 따라 재화를 인도 또는 양도하는 것은 재화의 공급으로 과세거래에 해당한다. 사례가 이에 해당하는지를 판단하면

① 과세사업(자동차운전학원업)을 경영하는 K씨가 해당 사업에 사용하던 건물을 자녀 A에게 증여하는 경우 대가를 받지 않더라도 과세거래에 포함한다.

② 해당 거래는 재화의 공급의제 중 사업상 증여(자기의 고객이나 불특정다수인에게 증여하는 것)가 아니므로 당초 매입세액 공제를 받았는지 여부에 관계없이 과세거래에 해당한다.

2. 과세표준에 포함되는 공급가액

사업용 건물을 특수관계인(자녀)에게 대가를 받지 않고 공급하였으므로, 부당행위계산부인의 규정에 따라 해당 건물의 시가 10억원을 과세표준에 포함되는 공급가액으로 한다.

※ 부동산임대업을 영위하는 사업자가 자기의 과세사업에 사용하던 건물을 특수관계인에게 증여하는 경우(재화의 공급으로 보지 않은 사업의 양도에 해당하는 경우를 제외하고는) 당초 매입세액의 공제 여부에 관계없이 해

당 건물의 증여는 부가가치세법상 본래 재화의 공급 규정에 따라 부가가치세가 과세되는 것이며, 이 경우 부가가치세법상 무상공급시 시가를 과세표준으로 하는 규정에 따라 해당 건물의 시가를 과세표준으로 하여 세금계산서를 발급해야 한다(사전-2016-법령해석 부가-0145, 2016.04.18.).

사례 4.

1. 과세거래 여부

사업자가 자기생산·취득재화(매입세액이 공제된 재화를 말한다)를 자기의 면세사업을 위하여 직접 사용하거나 소비하는 것은 재화의 공급으로 본다.

사례가 위 조문에 따라 공급의제에 해당하는지를 판단하면

① 건물이 매입세액을 공제받은 바 있어 자기생산·취득재화에 해당하며

② 의사인 L씨가 1층과 2층의 건물면적을 정형외과 병원사업에 사용하는 것은 면세사업에의 전용에 해당한다.

따라서 사례는 면세사업에의 전용으로서 과세거래에 해당한다.

2. 과세표준에 포함되는 공급가액

사례는 과세사업에 제공한 감가상각자산을 면세사업에 일부 사용한 경우에 해당한다. 따라서 다음 계산식에 따른 금액을 공급가액으로 한다.

- 간주시가 $= 50억원^{*} \times (1-5\% \times 1기) \times \frac{9억원}{10억원} = 42.75억원$

* 매입세액을 공제받은 재화의 가액은 5억÷10%이다.

<참고사항>

이 사례에서 면세사업에 전용한 건물면적비율(200평/300평)로 과세표준에 포함되는 공급가액을 계산한다는 규정이 없으므로 위 계산식의 면세공급가액비율로 계산한다(조세심판례 국심 2005부2339, 2006. 3.6.에서는 면적기준으로 한다는 사례가 있으나, 법령에 따르는 것이 수험목적상 바람직한 것으로 판단한다).

사례 11 과세표준에 포함되는 공급가액

다음 사례를 읽고 부가가치세 과세표준에 포함되는 공급가액을 적고 그 이유를 설명하시오. (10점)

2026년 제1기에 의류판매업을 개시한 K사업자의 공급일자별 거래내용은 다음과 같다.

(1) 4. 1. : A고객에게 양복을 판매하고 공급가액 100만원을 신용카드로 결제받고 판매촉진 목적으로 마일리지 포인트 1만원을 적립해 주고 이와 별도로 2만원 상당액의 상품권을 증정해 주었다.

(2) 4. 5. : A고객에게 셔츠를 판매하고 현금으로 4만원을 받고 나머지 3만원은 4.1.에 적립·증정한 마일리지 포인트 1만원과 상품권 2만원으로 대금을 결제받았다.

(3) 5. 7. : B고객에게 청바지를 공급가액으로 10만을 신용카드로 결제받았으나 2일 후에 바느질 상태가 좋지 않아 2만원을 돌려주었다.

(4) 6. 4. : 시가가 50만원인 등산복을 C고객에게는 40만원에 판매하고, 시가가 50만원인 등산복을 종업원에게 10만원에 판매하였다.

(5) 6. 6. : 미국의 S회사와 $10,000 상당액의 의류 수출계약을 체결하고 아래와 같이 의류를 미국으로 수출하였다.

6. 7. : 선수금으로 $2,000를 송금받아 당일에 1$당 1,000원에 환가하였다.

6.10. : 세관에 수출신고를 하였고, 당일의 기준환율은 1$당 1,010원이었다.

6.15. : 수출물품인 의류를 선적하였고, 당일의 기준환율은 1$당 1,020원이다.

6.18. : 수출대금 잔액 $8,000를 외화로 송금받아 1$당 1,030원에 환가하였다.

해 답

(1) 공급가액 : 100만원

이유 : 판매촉진 목적으로 마일리지 포인트 적립액 1만원과 2만원 상품권은 판매장려금이므로 과세표준에서 공제하지 않고 계산한다. 여기서 상품권은 재화가 아니므로 사업상 증여로 과세되지 않는다.

(2) 공급가액 : 4만원(4만원 + 마일리지 포인트 결제액과 상품권 결제액 0원)

이유 : 재화를 공급하고 대가의 일부를 자기적립마일리지 포인트로 결제하는 금액 1만원과 상품권으로 결제받은 금액 2만원은 공급가액에 포함하지 않는다.

(3) 공급가액 : 8만원(10만원 − 2만원)

이유 : 재화를 공급한 후 품질 상태가 좋지 않아 당초 공급가액 10만원에서 2만원을 깎아 주는 경우 금액, 즉 에누리액은 공급가액에 포함하지 않는다.

(4) 공급가액 : 90만원(40만원 + 50만원)

이유 : 특수관계인이 아닌 자에게 재화를 시가보다 낮은 가액에 공급하는 경우에는 그 공급가액 40만원을 과세표준에 포함하나, 특수관계인인 종업원에게 재화를 시가보다 낮은 가액에 공급하는 경우에는 시가 50만원을 과세표준으로 한다.

(5) 공급가액 : 10,160,000원($2,000 × 1,000원 + $8,000 × 1,020원)

이유 : 수출재화의 공급시기는 선적일인 6.15.이다. 공급시기 되기 전에 원화로 환가한 $2,000은 1$당 1,000원에 환가한 금액으로, 공급시기 이후에 외국통화를 보유하는 경우 공급시기의 기준환율 1$당 1,020원으로 환산한 금액으로 한다.

사례 12 부동산 임대 관련

다음 사례를 읽고 요구사항에 답하시오. (20점)

1. A회사는 B회사는 2025.7.1.에 'A회사는 토지를 제공하고, B회사는 그 토지(이하 '이 사건 토지')에 골프장 코스를 조성·운영하면서 매월 토지사용료를 지급하며 토지사용기간은 2025.7.1.부터 2036.6.30.까지로 한다.'는 내용의 협약(이하 '이 사건 골프장 협약')을 체결하였다. 이 사건 골프장 협약에는 '골프장 영업과 관련하여 건설한 시설의 소유권은 토지사용기간이 종료됨과 동시에 A회사에게 귀속되며, B회사는 토지사용기간 종료 1개월 전까지 해당 시설의 제반 귀속절차를 이행해야 한다.'고 규정하고 있다.
2. B회사는 2025.7.1.부터 2026.7.1.까지 기간 동안 골프장 조성을 위한 부지 조성비용과 골프코스 조성공사비용(이하 '이 사건 골프장 조성비')으로 500억원을 지출하여 2026.7.1.에 골프장 공사를 완료하고 사용승인을 받았다.
3. 한편 A회사는 B회사로부터 토지사용기간 동안 매월 토지 사용료로 10억원(매월 말일에 지급 약정)을 수령한다.

【물음 1】 부가가치세법상 부동산의 공급(재화의 공급)과 부동산의 임대용역(용역의 공급)이 부가가치세 면세대상(과세제외 포함)인지 아니면 과세대상인지를 설명하시오.

【물음 2】 부동산 임대용역이 부가가치세가 과세되는 경우 그 부동산 임대용역의 공급시기를 설명하시오.

【물음 3】 B회사의 이 사건 토지의 사용과 관련하여 A회사가 2026년 제2기 과세기간(7.1.~12.31.) 부가가치세 과세표준에 포함해야 할 공급가액을 계산하고 그 근거를 설명하시오.

해 답

【물음 1】 부가가치세 면세여부

1. 부동산의 공급

(1) 토지의 공급

토지는 생산요소로서 그 자체가 면세재화에 해당한다. 따라서 면세사업에 사용하던 토지를 공급하는 경우는 물론이고 과세사업에 사용하던 토지를 공급하는 경우에도 부가가치세를 면세한다.

(2) 건물의 공급

건물의 공급은 부가가치세가 과세된다. 다만, 국민주택(건물)의 공급은 면세대상에 해당한다. 여기서 국민주택'이란 주택법에 따른 주택으로서 국민주택규모(주거전용면적이 1호(戶) 또는 1세대당 85제곱미터) 이하인 것을 말한다.

2. 부동산의 임대

토지와 건물(즉 부동산)의 임대는 부가가치세가 과세된다. 다만, 여기에는 다음과 같은 예외가 있다.

1) 면세대상 : 주택 및 그 부수토지의 임대용역의 공급에 대해서는 부가가치세를 면제한다. 여기서 '주택'이란 상시 주거용(사업을 위한 주거용의 경우는 제외)으로 사용하는 건물을 말한다. 그리고 그 부수토지는 다음의 면적을 초과하지 않는 토지의 임대를 말하며, 이를 초과하는 부분은 면세되지 않는다.

주택부수토지의 한계면적 = MAX (①, ②) ① 건물이 정착된 면적×5배(도시지역 밖의 토지는 10배) ② 주택의 연면적

2) 과세제외 : 사업자가 대가를 받지 않고 타인에게 부동산의 임대용역을 공급하는 것은 용역의 공급으로 보지 않는다. 다만, 사업자가 특수관계인에게 사업용 부동산의 임대용역을 공급하는 것은 용역의 공급으로 본다.

【물음 2】 부동산 임대용역의 공급시기

1. 일반적인 공급시기

부동산 임대용역은 공급단위를 구획할 수 없는 용역을 계속적으로 공급하는 경우에 해당한다. 따라서 일반적인 공급시기는 '대가의 각 부분을 받기로 한 때'로 한다.

2. 간주임대료 등의 공급시기

다음의 임대료는 예정신고기간 또는 과세기간의 종료일을 공급시기로 한다.

① 부동산임대용역을 공급하는 경우에 전세금 또는 임대보증금에 대한 간주임대료

② 부동산임대용역을 둘 이상의 과세기간에 걸쳐 공급하고 그 대가를 선불 또는 후불로 받는 경우에 월수에 따라 안분계산한 임대료

【물음 3】 토지 임대 과세표준

1. 매월 토지사용료

(1) 공급가액

2026년 제2기 과세기간 매월(7월~12월) 임대료 공급가액 : 10억원×6개월 = 60억원

(2) 근거

토지사용 계약에 따라 금전으로 대가(임대료)를 받은 경우에는 대가의 각 부분을 받기로 한 때의 대가(임대료)를 과세표준에 포함되는 공급가액으로 한다.

2. 토지 사용 선불임대료

(1) 공급가액

선불 임대료 중 2026년 제2기 과세기간(7.1.~12.31.) 임대료 공급가액

$$\text{2026.7.1. 현재 이 사건 토지의 자본적 지출액 (토지 가치증가분) 500억원} \times \frac{\text{2026년 제2기 과세기간 사용 월수(6개월)}}{\text{골프장 조성 후 토지사용기간 월수 (10년}\times\text{12개월 = 120개월)}} = \text{25억원}$$

<참고사항>

- 2026. 7. 1. : (차) 토 지 500억원 (대) 선수임대료 500억원
- 2026.12.31. : (차) 선수임대료 25억원 (대) 임 대 수 익 25억원

(2) 근거

1) 관련법령 : 부가가치세법은 용역을 공급하고 금전 외의 대가를 받은 경우에는 자기가 공급한 용역의 시가를 과세표준에 포함되는 공급가액으로 규정하고 있다. 따라서 사업자가 임대용역을 제공하고 금전 외의 대가를 받은 경우에는 임대용역과 금전 외의 것과 대가관계가 있은 부분의 시가를 과세표준에 포함해야 한다. 한편 사업자가 둘 이상의 과세기간에 걸쳐 부동산 임대용역을 공급하고 그 대가를 선불로 받는 경우에는 다음과 같이 계산한 금액을 공급가액으로 한다(공급시기는 예정신고기간 또는 과세기간의 종료일).

$$\text{공급가액} = \text{선불(또는 후불) 받는 임대료} \times \frac{\text{각 과세대상기간의 개월 수}}{\text{계약기간의 개월 수}}$$

2) 사례 : 토지에 대한 '자본적 지출'이란 토지의 가치를 현실적으로 증가시키는 데에 소요된 비용을 말한다. B사가 지출한 이 사건 골프장 조성비는 골프장 조성을 위한 토지의 지목변경에 사용되었고, 그 지출로 인하여 A사의 토지의 가치가 현실적으로 증가하였으므로, 이는 골프장 공사가 완료된 2026.7.1. A사의 토지에 대한 자본적 지출에 해당한다. 그 골프장 조성비는 A사가 B사에게 골프장 토지 조성 후 토지사용기간에 대해 미리 받은 임대료(즉 선불 임대료)로 보고 토지사용기간(임대계약기간) 월수로 안분계산한 금액을 과세기간 종료일을 공급시기로 부가가치세 과세표준에 포함해야 한다.

3. 결론 : 2026년 제2기 과세기간 공급가액

60억원(매월 임대료 합계액) + 25억원(선불 임대료 안분계산액) = 85억원

사례 13 일괄공급시 건물의 공급가액과 사업양도

부가가치세와 관련하여 다음 물음에 답하시오. (2022년 세무사 2차, 35점)

【물음 1】 사업자가 토지와 그 토지에 정착된 건물을 함께 공급하는 경우, 부가가치세법에 따른 건물의 공급가액 계산에 대하여 설명하시오. (20점)

【물음 2】 다음 사례를 읽고 요구사항에 대하여 답하시오. (15점)

거주자 甲은 주택신축판매업을 운영하는 개인사업자로서, 거주자 乙(업종 : 부동산 임대업, 사업자등록일 : 2021년 8월 1일) 소유의 건물(용도 : 근린생활시설)이 있는 토지를 취득하기 위하여 다음과 같이 부동산 매매계약을 체결하였다.

① 계약일 : 2026년 8월 20일, 잔금지급일 : 2026년 9월 20일
② 매매대금 : 7억2천만원(건물가격 0원, 토지가격 7억2천만원, 합계 7억2천만원이며 부가가치세는 별도임)
③ 특약사항 : 양도자 乙이 잔금지급일 전에 건물 철거 후 토지만 甲에게 양도하기로 함

한편, 해당 부동산에 대한 감정평가는 받은 바 없으며, 계약일 현재 기준시가는 각각 건물 4천만원, 토지 2억원이다.

(요구사항 1) 위 사례와 관련하여 양도자 乙은 해당 부동산 매매와 관련한 건물 공급에 대하여 부가가치세법에 따른 공급가액을 계약서상 금액인 0원으로 해도 되는지 아니면 일정한 금액으로 신고해야 하는지 의문이다. 양도자 乙이 부가가치세법에 따른 건물 공급에 대하여 부가가치세 공급가액으로 신고해야 하는 금액과 그 근거를 제시하여 서술하시오.

(요구사항 2) 양수자 甲과 양도자 乙이 계약내용을 변경하여 건물을 철거하지 않은 채 양도하기로 합의하고 계약서를 다시 작성하였다. 양도자 乙은 건물에 대한 부가가치세 계산이 복잡하므로 '재화의 공급으로 보지 아니하는 사업양도'로 처리가 가능한지 여부를 세무사에게 문의하고 있다. 부가가치세법에 따른 '재화의 공급으로 보지 아니하는 사업양도'에 대하여 설명하고, 양도자 乙이 재화의 공급 대상이 아닌 사업의 양도를 적용받을 수 있는지 여부를 근거와 함께 제시하여 서술하시오.

해 답

【물음 1】 토지와 건물을 일괄공급하는 경우 건물의 공급가액 계산

1. 원칙 : 건물의 실지거래가액

토지의 공급에 대해서는 부가가치세가 면세되고, 건물의 공급에 대해서는 부가가치세가 과세된다. 이 경우 사업자가 토지와 그 토지에 정착된 건물을 함께 공급하는 경우에는 건물의 실지거래가액을 공급가액으로 한다.

2. 예외 : 안분계산한 건물의 공급가액

(1) 안분계산

사업자가 토지와 건물을 함께 공급하는 경우로서 실지거래가액 중 토지의 가액과 건물의 가액의 구분이 불분명한 경우에 다음의 방법에 따라 안분계산한 금액을 건물의 공급가액으로 한다.

① 감정평가가액이 있는 경우 : 감정평가가액에 비례하여 안분계산한다.

② 감정평가가액이 없는 경우

㉠ 기준시가가 모두 있는 경우 : 공급계약일 현재의 기준시가에 따라 계산한 가액에 비례하여 안분계산한다.

㉡ 어느 하나 또는 모두의 기준시가가 없는 경우 : 장부가액(장부가액이 없는 경우에는 취득가액)에 비례하여 안분계산한 후, 기준시가가 있는 자산에 대해서는 그 합계액을 다시 기준시가에 따라 안분계산한다.

③ 위의 방법을 적용할 수 없거나 적용하기 곤란한 경우 : 국세청장이 정하는 바에 따라 안분계산한다.

(2) 건물의 실지거래가액이 구분되는 경우에도 안분계산하는 경우

한편 사업자가 토지와 건물을 함께 공급하는 경우로서 실지거래가액으로 구분한 토지와 건물의 가액이 위의 방법에 따라 안분계산한 금액과 30% 이상 차이가 있는 경우에도 위의 방법에 따라 안분계산한 금액을 건물의 공급가액으로 한다. 그 취지는 사업자가 임의로 건물의 공급가액(실지거래가액)을 낮게 책정하여 부가가치세 부담을 회피하는 것을 방지하려는데 있다. 다만, 다음 중 어느 하나에 해당하는 경우(즉 사업자가 구분한 실지거래가액을 인정할 만한 사유를 말한다)에는 기준시가 등에 비례하여 안분계산하는 대상에서 제외하고 실지거래가액으로 구분한 가액을 건물의 공급가액으로 한다.

① 다른 법령에서 토지 또는 건물의 양도가액에 따라 실지거래가액을 구분한 경우[예 : 「산업집적활성화 및 공장설립에 관한 법률」에서 토지의 양도가액은 취득가액에 이자 및 비용을 합한 가액으로 정하고 있고(산업용지 투기 방지 목적), 공장의 양도가액은 감정가액으로 하고 있음]

② 건물이 있는 토지를 취득하여 그 건물을 철거하고 토지만 사용하는 경우(예 : 건물이 노후화되어 매수자가 철거목적으로 건물을 취득하는 경우 건물가액을 '0'으로 하여 양수 · 양도 계약서가 작성되는 경우. 이 경우에는 건물 부분은 재화의 공급으로 보지 않는다)

【물음 2】 부동산매매 사례

(요구사항 1) 건물의 공급가액

1. 건물의 공급가액으로 신고해야 하는 금액 : 0원

2. 근거

본래 양도자 乙이 토지와 건물을 함께 공급하는 경우로서 실지거래가액으로 구분한 토지와 건물의 가액이 기준시가에 의해 안분계산한 금액과 30% 이상 차이가 있는 경우에는 기준시가에 의해 안분계산한 금액(120,000,000원)을 건물의 공급가액으로 하는 것이 원칙이다. 그 취지는 사업자가 임의로 건물의 공급가액(실지거래가액)을 낮게 책정하여 부가가치세 부담을 회피하는 것을 방지하려는데 있다.

구분	구분한 실지거래가액	기준시가에 의해 안분계산한 가액	비고
토지	720,000,000원	600,000,000원	—
건물	0원	120,000,000원*	120,000,000원(차액) ≥ 120,000,000원×30%
합계	720,000,000원	720,000,000원	—

* 720,000,000원×(40,000,000원/240,000,000원) = 120,000,000원

그런데 건물이 있는 토지를 취득하여 그 건물을 철거하고 토지만 사용하는 경우에는 위 기준시가에 비례하여 안분계산하는 대상에서 제외하고 실지거래가액으로 구분한 가액을 건물의 공급가액으로 한다.

사례의 경우 양수자 乙이 건물을 철거목적으로 취득하여 건물가액을 '0원'으로 하여 매매계약서가 작성되었다. 이처럼 사업자가 구분한 실지거래가액을 인정할만한 사정이 있는 경우에는 기준시가에 비례하여 안분계산하는 대상에서 제외하고 실지거래가액으로 구분한 가액(0원)을 건물의 공급가액으로 한다(건물 부분은 재화의 공급으로 보지 않는 것과 같다).

(요구사항 2) 사업양도

1. 재화의 공급으로 보지 않는 사업양도

(1) 개념

사업장별로 그 사업에 관한 모든 권리와 의무를 포괄적으로 승계시키는 것(양수자가 승계받은 사업 이외의 새로운 사업의 종류를 추가하거나 사업의 종류를 변경한 경우를 포함한다)은 '재화의 공급'으로 보지 않는다. 여기서 '그 사업에 관한 권리와 의무' 중 다음의 것을 포함하지 않고 승계시킨 경우에도 해당 사업을 포괄적으로 승계한 것으로 본다.

① 미수금과 미지급금에 관한 것

② 해당 사업과 직접 관련이 없는 토지 · 건물에 관한 것

(2) 공급으로 보는 예외

사업양수시 양수자의 대리납부제도에 따라 그 사업을 양수받는 자가 대가를 지급하는 때에 그 대가를 받은 자로부터 부가가치세를 징수하여 납부한 경우에는 재화의 공급으로 본다. 여기서 '사업양수시 양수자의 대리납부제도'란 사업의 양도(이에 해당하는지 여부가 분명하지 않은 경우 포함)에 따라 그 사업을 양수받은 자가 대가를 지급하는 때에 본래는 이것이 과세거래에 해당하지 않음에도 불구하고 그 대가를 받은 자로부터 부가가치세를 징수하여 그 대가를 지급하는 날이 속하는 달의 다음 달 25일까지 관할세무서장에게 납부할 수 있는 제도를 말한다.

2. 재화의 공급대상이 아닌 사업양도 적용받을 수 있는지 여부

부동산임대업을 영위하는 양도자 乙은 재화의 공급대상이 아닌 사업의 양도를 적용받을 수 없다. 그 근거는 다음과 같다.

① 양도자 乙이 영위하는 해당 부동산의 부동산 임대업에 관한 모든 권리와 의무를 양수자 甲이 포괄적으로 승계해야 하지만, 사례에서는 해당 부동산만 양수받았을 뿐 관련된 고용승계나 근저당부채 승계, 임대보증금 승계 및 대고객관계 · 사업상의 비밀 · 경영조직 등이 이전되었다고 볼 수 없다. 따라서 양도자 乙의 해당 부동산의 부동산임대업에 관한 모든 권리와 의무가 양수자 甲에게 승계되었다고 볼 수 없다.

② 전문적인 감정인의 감정평가를 받지 않은 것으로 보아 양수자 乙이 영위하는 부동산 임대업에 대한 자산 · 부채 평가가 이뤄지지 않아 영업권에 대한 평가가 있었다고 볼 수 없어 일반적인 상거래 통념이나 경험칙에 비추어볼 때 해당 부동산 매매거래가 사업양도라고 볼 수 없다.

③ 양수자 甲과 양도자 乙이 계약내용을 변경하여 건물을 철거하지 않은 채 양도 · 양수하기로 부동산매매계약을 한 경우에도 양수자 乙이 건물을 양수한 후에 바로 철거한다면 부동산임대업을 영위할 목적으로 포괄승계한 것이 아니므로 재화의 공급대상에서 제외되는 사업양도에 해당하지 않는다.

④ 부동산임대사업자인 乙이 부동산임대업에 사용하던 부동산을 과세사업과 면세사업을 겸영하는 주택신축판매업자 甲에게 양도하고, 양수자 甲이 해당 부동산을 주택신축판매업(과세사업 · 면세사업 겸업)에 사용하는 경우에는 사업양도에 해당하지 않는다. 과세사업으로서 동일성이 유지되지 않기 때문이다.

연습문제

1 부가가치세법에서 실질적으로 재화 · 용역을 공급하는 일반적인 경우의 부가가치세 과세표준 계산과 관련하여 다음 물음에 답하시오. (2008년, 35점)

【물음 1】 금전(외국통화, 그 밖의 외국환으로 받은 경우 포함) 또는 금전 이외의 대가를 받는 경우의 일반적인 원칙과 공급유형별 과세표준에 대해서 설명하시오.

【물음 2】 부가가치세 과세표준에 포함하지 않거나 과세표준에서 공제하지 않는 금액과 그 내용을 설명하시오.

【물음 3】 부당하게 낮은 대가를 받거나 대가를 받지 않는 경우의 공급가액 계산에 대해서 설명하시오.

2 부가가치세법에 따른 재화의 공급에 대한 부가가치세의 과세표준에 대해서 설명하시오. 단, 재화의 공급의제에 대한 과세표준은 쓰지 말 것. (30점)

3 재화의 수입에 관하여 설명하고 그 과세표준 계산에 관하여 설명하시오. (10점)

4 재화의 공급의제와 그 과세표준(공급가액)을 설명하시오. (30점)

5 부가가치세법에 따른 과세표준과 관련하여 다음의 사항에 답하시오. (25점)

【물음 1】 부당하게 낮은 대가를 받거나 대가를 받지 않는 경우

【물음 2】 과세사업과 면세사업에 공통으로 사용하던 재화를 공급하는 경우

【물음 3】 토지와 건물의 일괄공급하는 경우

【물음 4】 부동산임대용역의 공급의 경우

제1편 부가가치세법

제6장 거래징수와 세금계산서

제1절 거래징수

I 서 설

1. 의 의

사업자가 재화·용역을 공급하는 경우에는 공급가액에 10%의 세율을 적용하여 계산한 부가가치세를 재화·용역을 공급받는 자로부터 징수해야 하는데(부가법 30,31), 이러한 거래징수는 현행 부가가치세가 다단계과세방식을 취하고 있으므로 생산 및 유통단계를 거쳐 최종소비자에게 부가가치세를 전가하는 과정이다.

2. 법적 성격

(1) 과세권자와 사업자와의 관계

부가가치세법에 따른 사업자는 납세의무자로서 과세권자에 대하여 조세채무자의 지위에 있다. 따라서 사업자가 거래징수를 이행하지 않은 경우에도 사업자 자신이 그 세액을 납부해야 한다. 이러한 불이익은 당연히 납세의무의 본질에서 나오는 것이며, 부가가치세는 세부담의 전가를 예상하는 간접세이기 때문에 거래징수에 관한 부가가치세법의 규정은 어디까지나 선언적 규정에 불과하다고 할 수 있다.

(2) 사업자와 거래상대방의 관계

사업자와 거래상대방 사이에서 사업자는 거래상대방으로부터 부가가치세를 거래징수할 권리가 있으며 거래상대방은 이에 대해 수동적 지급의무를 진다라고 하는 견해가 있다. 이에 대해 판례는 거래징수의 규정은 사업자로부터 징수하는 부가가치세 상당액을 공급을 받는 자에게 차례로 전가시킴으로써 궁극적으로 최종소비자에게 이를 부담시키겠다는 취지를 선언한 것에 불과한 것이어서 사업자가 거래징수의 규정을 근거로 공급을 받는 자로부터 부가가치세 상당액을 징수할 사법상의 권리는 없다고 판시하고 있다(대법원 2002다38828). 이것은 부가가치세의 전가를 법률적으로 강제할 수 없고 이를 경제법칙에 맡길 수밖에 없다는 뜻으로 풀이된다. 예컨대 甲사업자가 단독주택에 조경공사를 시공 당시 견적서에 부가가치세를 별도로 하고 시공·완료하였으며, 공사대금을 요청하니 집주인이 부가가치세를 주지 않고 순수공사금액만을 주겠다고 한 사례에서 부가가치세를 누가 부담해야 하는지 문제가 제기된다. 이에 대한 다수의 행정해석은 대법원 판례에 입각하여 부가가치세가 과세되는 재화 · 용역을 공급하는 경우에는 해당 공급에 대한 부가가치세를 그 공급을 받는 자로부터 징수해야 하는 것이나 그 대가로 받은 금액에 공급가액과 부가가치세액이 별도 표시되어 있지 않은 경우와 부가가치세가 포함되어 있는지 불분명한 경우에는 거래금액 또는 영수할 금액의 10/110에 상당한 금액을 해당 부가가치세로 보는 것이며, 부가가치세를 별도로 구분하여 거래징수할 것인지 또는 거래금액에 포함하여 거래징수할 것인지 여부는 계약 당사자 간에 결정할 사항이라는 입장이다(부가 46015-1797, 2000.7.26.).

(3) 과세권자와 거래상대방의 관계

과세권자와 거래상대방 사이에는 아무런 채권 · 채무관계가 존재하지 않으며, 다만 거래상대방은 사업자에게 부과된 부가가치세를 전가 받을 뿐이다. 이러한 점은 소득세법 및 법인세법에 따른 원천징수의 경우에 소득을 지급받는 자는 과세권자와 관계에 있어서 조세채무자가 된다는 점과 현저히 구별된다.

Ⅱ 거래징수의 요건과 효과

1. 요 건

(1) 거래징수의무자 및 상대방

거래징수의무자는 부가가치세법에 따른 납세의무자인 재화 · 용역을 공급하는 사업자로서, 여기에는 간이과세자는 포함되나 면세사업자는 제외된다. 또한 납세의무자에는 영세율을 적용받는 사업자도 포함되나, 그 세율을 적용한 결과 매출세액은 0원이므로 거래징수할 세액은 없게 된다.

한편 거래징수의 상대방은 재화 · 용역을 공급받는 자인데 그가 사업자인지 최종소비자인지는 불문하며, 국가 등이라 할지라도 거래징수의 상대방에서 제외되지 않는다.

(2) 거래징수의 대상

거래징수의 대상은 세금계산서를 발급하는 거래단위의 부가가치세이다. 이 부가가치세는 해당 거래단위의 공급가액에 10%의 세율을 곱하여 계산하며, 이 경우 해당 재화 · 용역이 소비재인지 자본재인지는 불문한다.

(3) 거래징수의 시기

거래징수는 재화·용역을 공급할 때, 즉 그 공급시기에 이행해야 한다.

2. 효 과

(1) 거래징수를 이행한 경우

거래징수가 제대로 이루어진 경우 해당 사업자의 매출세액은 거래징수한 세액과 일치하고 거래상대방이 발급받은 세금계산서상의 매입세액은 거래징수당한 세액과 일치하게 될 것이다. 이는 부가가치세의 전가가 적정하게 이루어진 이상적인 모습이다.

그러나 재화의 공급의제의 경우는 거래상대방이 없거나 대가의 수반이 없으므로 사업자의 매출세액과 거래징수한 세액이 일치하지 않게 된다.

(2) 거래징수를 불이행한 경우

거래징수와 세금계산서의 발급을 이행하지 않는 경우에는 부가가치세의 전가가 이루어지지 못하고 사업자는 매출세액을 스스로 부담하게 된다. 이 경우 거래상대방이 사업자인 경우에는 이른바 누적효과가 발생하게 된다. 그 이유는 현행 부가가치세법이 전단계세액공제법을 취하고 있기 때문이다. 즉 거래상대방인 사업자의 공급가액은 그동안 창출되어 누적된 부가가치 총액과 일치하므로 해당 거래징수의무자의 단계까지 창출한 부가가치도 이에 포함되어 있다. 그럼에도 불구하고 거래상대방인 사업자는 이미 부과된 부가가치세를 매입세액으로 공제받을 수 없다. 그리하여 결국 해당 거래징수의무자의 단계까지 창출한 부가가치에 대해서는 중복하여 과세되는 결과가 되는 것이다.

제2절 세금계산서

I 서 설

1. 의 의

'세금계산서(tax invoice)'란 사업자가 재화 · 용역을 공급할 때에 부가가치세를 거래징수하고 이를 증명하기 위하여 공급받는 자에게 발급하는 증빙서류를 말한다. 부가가치세법은 사업자가 재화 · 용역을 공급(부가가치세가 면제되는 재화 · 용역의 공급은 제외한다)하는 경우에는 세금계산서를 그 공급을 받는 자에게 발급해야 한다고 규정하고 있다(부가법 32 ①).

현행 부가가치세법은 전단계세액공제법에 따라 사업자가 재화나 용역을 공급할 때 거래징수한 매출세액에서 재화나 용역을 매입할 때 거래징수당한 매입세액을 차감하여 납부세액이 간접적으로 산정되면서 각 단계의 부가가치세가 소비자에게 전가되는 구조를 취하고 있다.

이러한 전단계세액공제법 하에서는 거래징수와 세금계산서의 적정한 수수가 제대로 이루어져야 부가가치세제가 정상적으로 운영될 수 있는 것이다. 만일 세금계산서가 제대로 수수되지 않음으로 말미암아 매입세액공제가 적정하게 이루어지지 않는다면 전단계세액공제법의 부가가치세는 다단계매상세가 되는 결과가 되기 때문에 세금계산서 수수질서의 확립은 매우 중요하다.

2. 세금계산서의 기능

(1) 사업자 측면에서의 기능

1) 공급하는 자 : 재화 · 용역을 공급하는 사업자는 세금계산서에 공급가액과 별도로 부가가치세액을 기재한 세금계산서를 발급함으로써 부가가치세액을 포함한 공급대가를 거래상대방으로부터 수령하게 된다. 그러므로 세금계산서는 부가가치세를 다음 거래단계에 전가시키는 법적 장치가 되는 것이다.

2) 공급받는 자 : 공급받는 자가 사업자인 경우에는 재화 등을 공급받을 때 발급받은 세금계산서에 의해 확인되는 매입세액이 매출세액에서 공제된다. 따라서 세금계산서는 매입세액공제를 받기 위한 필수적인 증명서류가 되는 것이다.

이와 같은 주된 기능 이외에도 세금계산서는 ① 일반거래에서는 송장(送狀 ; Invoice, 판매자가 매매계약을 이행하였음을 알려주기 위해서 구매자에게 보내는 서류), ② 외상거래에서는 청구서, ③ 현금거래는 대금영수증 등의 부차적 기능을 수행한다.

(2) 과세행정 측면에서의 기능

재화 · 용역을 공급하는 자는 발급한 세금계산서를 요약한 매출처별 세금계산서합계표를, 공급받는 사업자는 발급받은 세금계산서를 요약한 매입처별 세금계산서합계표를 과세관청에 제출한다. 이 경우 과세관청은 그 합계표를 정보처리장치에 의해 상호대사(cross-checking)함으로써 거래당사자의 매출세액과 매입세액의 정당성을 판단하게 된다. 또한 소득세나 법인세에서도 기초적인 과세자료로 활용된다.

Ⅱ 세금계산서의 종류

- 정규 세금계산서
  - 세금계산서 ········ 사업자가 공급받는 자에게 발급
    - ① 종이세금계산서 ········ 소규모 개인사업자가 발급
    - ② 전자세금계산서(*주1) ········ 법인 · 규모 있는 개인사업자가 의무 발급
  - 수입세금계산서 ········ 세관장이 수입자에게 발급
- 영 수 증
  - 신용카드매출전표(*주2), 현금영수증 ········ (주로 소비자상대업종을 영위하는 사업자가 발급)
  - (일반적인) 영수증 ········ 영세사업자 등이 발급

(*주1) 전자세금계산서 의무발급 사업자는 전자세금계산서를 발급하고 그 발급명세를 국세청장에게 전송할 의무가 있다. 이러한 의무를 위반하면 가산세가 부과된다.

(*주2) 여기에는 재화 · 용역을 공급하고 그 대금을 주로 현금으로 받는 사업자가 발행하는 직불카드영수증, 기명식 선불카드영수증(실지명의가 확인된 것을 말한다)을 포함한다.

※ 면세사업자는 소득세법 또는 법인세법에 따라 '계산서' 또는 '영수증'을 발급한다. 그러나 이들은 부가가치세를 포함하고 있지 않으므로 넓은 의미의 세금계산서의 범주에도 포함되지 않는다.

넓은 의미의 세금계산서에는 일반과세자가 발급하는 세금계산서, 세관장이 수입자에게 발급하는 수입세금계산서뿐만 아니라 주로 최종소비자에게 재화 · 용역을 공급하는 일반과세자와 간이과세자가 발급하는 영수증이 포함된다. 반면에 면세사업자가 거래의 증명서류로 소득세법 및 법인세법에 따라 발급하는 계산서 또는 영수증은 세금계산서에 포함되지 않는다.

그런데 과세사업자가 발급한 세금계산서와 세관장이 발급하는 수입세금계산서는 매입세액공제를 위한 증명서류이며, 그 발급 및 제출 의무불이행에 대해 제재가 가해진다. 반면, '영수증'은 부가가치세법에서 아무런 효력도 없고 정부에 제출할 필요도 없으며, 의무불이행에 대한 제재도 없다는 점에서 좁은 의미에서의 세금계산서라고 할 수 없다.

1. 세금계산서

세금계산서는 공급하는 사업자가 공급자 보관용(이를 실무상 '매출세금계산서'라고 부른다), 공급받는 자 보관용(이를 실무상 '매입세금계산서'라고 부른다)으로 각 2매를 작성하여 1매를 발급한다. 공급자는 발급한 세금계산서를 요약한 매출처별 세금계산서합계표를 정부에 제출하며, 공급받은 자는 발급받은 세금계산서를 요약한 매입처별 세금계산서합계표를 정부에 제출하여 매입세액공제를 받는다.

이러한 세금계산서에 적을 사항은 다음과 같다(부가법 32 ①, 부가령 67 ②).

구분	내용	비고
(1) 필요적 기재사항	① 공급하는 사업자의 등록번호와 성명 · 명칭 ② 공급받는 자의 등록번호* ③ 공급가액과 부가가치세액 ④ 작성 연월일	그 전부 또는 일부가 적혀있지 않았거나 그 내용이 사실과 다른 경우에는 세금계산서로서의 효력이 인정되지 않는다.
(2) 임의적 기재사항	① 공급하는 자의 주소 ② 공급받는 자의 상호 · 성명 · 주소 ③ 단가와 수량 ④ 공급 연월일 등	세금계산서의 효력에 아무런 영향을 미치지 않는 사항들이다.

* 다만, 공급받는 자가 사업자가 아니거나 등록한 사업자가 아닌 경우에는 '공급받는 자의 등록번호'를 대신하여 면세사업자 등에게 부여된 고유번호 또는 공급받는 자의 주민등록번호를 적어야 한다(부가법 32 ① (2) 단서, 부가령 67 ①).

2. 수입세금계산서

세관장은 수입되는 재화에 대해 부가가치세를 징수할 때에는 수입된 재화에 대한 세금계산서(이하 '수입세금계산서'라 한다)를 수입하는 자에게 발급해야 한다(부가법 35 ①). 이러한 수입세금계산서는 세금계산서 발급에 관한 규정을 준용하여 발급하며(부가령 72 ①), 수입자에게 미치는 효력은 세금계산서의 내용과 같다.

3. 영수증

'영수증'이란 공급받는 자의 등록번호와 부가가치세액을 따로 기재하지 않은 증명서류를 말한다. 따라서 여기에는 부가가치세가 포함된 금액(稅含價格), 즉 '공급대가'를 기재한다. 다만, 영수증 발급대상 사업자가 신용카드기 또는 직불카드기 등 기계적 장치(금전등록기는 제외)에 의하여 영수증을 발급하는 때에는 영수증에 공급가액과 세액을 별도로 구분하여 기재해야 한다(부가령 73 ⑧).

이러한 영수증은 간이과세자 또는 영세사업자가 주로 최종소비자에게 발급하되, 2매를 작성하여 1매를 발급한다. ① 이처럼 발급하거나 발급받은 영수증에 대해서는 그 합계표를 정부에 제출할 필요가 없으며, ② 제출하더라도 매입세액공제의 효력이 인정되지 않는다. ③ 또한 그 발급의무자가 이를 발급하지 않더라도 가산세의 제재를 받지 않는다.

따라서 영수증은 부가가치세법에 따른 아무런 효력이 없다. 그러나 영수증도 당연히 소득세나 법인세에 있어서 기초적인 증명자료로는 인정된다(물론 건당 3만원을 초과하는 지출에 대해 영수증을 수취한 경우에는 적격증명서류 수취 불성실가산세가 부과되나, 이는 경비 그 자체가 부인되는 것과는 다르다).

Ⅲ 전자세금계산서

1. 전자세금계산서 발급의무

(1) 의 의

'전자세금계산서'란 전자적인 방법으로 발급하는 세금계산서를 말한다. 여기서 '전자적 방법'이란 다음 중 어느 하나에 해당하는 방법으로 세금계산서에 기재할 사항, 작성자의 신원 및 계산서의 변경여부 등을 확인할 수 있는 인증시스템을 거쳐 정보통신망으로 발급하는 것을 말한다(부가법 32 ②, 부가령 68 ④,⑤).

해당 방법	비고
① 전사적(全社的) 기업자원관리설비(ERP)를 이용하는 방법 ② 재화·용역을 실제 공급하는 사업자를 대신하여 전자세금계산서발급업무를 대행하는 사업자(ASP)의 전자세금계산서 발급 시스템을 이용하는 방법 ③ 국세청장이 구축한 전자세금계산서 발급 시스템을 이용하는 방법(국세청 e세로 홈페이지) ④ 전자세금계산서 발급이 가능한 현금영수증 발급장치 및 그 밖에 국세청장이 지정하는 전자세금계산서 발급 시스템	①,②,④에 따른 설비 및 시스템을 구축하고 운영하려는 자는 미리 국세청장 또는 관할세무서장에게 등록해야 한다.

① ERP(Enterprise Resource Planning) : 정보기술을 활용하여 구매, 생산, 판매, 재고, 회계 등 기업의 기능을 효율적으로 관리하는 전산시스템

② ASP(Application Service Provider) : 응용소프트웨어 등을 제공하는 사업자로서 사업자로부터 일정 수수료를 받아 전자세금계산서 발급을 대행하는 업무 담당

전자세금계산서는 사업자가 종이세금계산서 대신에 정보통신망(On-line)으로 세금계산서를 주고받아 ① 시간적 · 경제적인 부담을 덜어주고 ② 매출 · 매입 등의 장부관리와 세금계산서 보관에 편리성을 제공한다. 뿐만 아니라 전자세금계산서는 인증시스템을 거쳐 발급되므로 ③ 허위 · 가공의 세금계산서의 수수행위를 차단할 수 있어 조세포탈을 방지하는 효과가 있다.

(2) 전자세금계산서 의무발급 사업자

다음의 사업자는 세금계산서를 발급하려면 전자세금계산서를 발급해야 한다(부가법 32 ②, 부가령 68 ①).

전자세금계산서 의무발급 사업자	비고
① 법인사업자	• 공급가액의 수준과 관계없이 의무발급해야 한다.
② 직전 연도의 '사업장별 재화 · 용역의 공급가액(면세공급가액 포함)'의 합계액이 기준금액(8,000만원)(*주) 이상인 개인사업자[그 이후 직전 연도의 사업장별 재화 · 용역의 공급가액이 기준금액(8,000만원) 미만이 된 개인사업자를 포함하며, 이하 '전자세금계산서 의무발급 개인사업자'라 한다]	• 한 번 전자세금계산서 의무발급 개인사업자에 해당하면 계속하여 전자세금계산서 의무발급 개인사업자로 본다.

(*주) 2025년에 공급된 사업장별 재화 및 용역의 공급가액(면세공급가액 포함)의 합계액이 8,000만원 이상인 개인사업자는 2026년 제2기 과세기간이 시작하는 날(즉 2026.7.1.)부터 전자세금계산서를 발급해야 한다(즉 2026.7.1. 기준 최초로 전자세금계산서 의무발급 사업자이면 그 이후 직전 연도의 사업장별 재화 · 용역의 공급가액이 8,000만원 미만이 되는 경우에도 계속해서 전자세금계산서 의무발급 개인사업자로 본다).

여기서 전자세금계산서 의무발급 개인사업자는 사업장별 재화 및 용역의 공급가액의 합계액이 기준금액(8,000만원) 이상인 해의 다음 해 제2기 과세기간이 시작하는 날부터 전자세금계산서를 발급해야 한다(부가령 68 ② 본문). 다만, 사업장별 재화와 용역의 공급가액의 합계액이 수정신고 또는 결정과 경정(이하 '수정신고 등'이라 한다)으로 기준금액(8,000만원) 이상이 된 경우에는 수정신고 등을 한 날이 속하는 과세기간의 다음 과세기간이 시작하는 날부터 전자세금계산서를 발급해야 한다(부가령 68 ② 단서).

참고사항 전자세금계산서 의무발급 개인사업자 대상 통지

관할세무서장은 개인사업자가 전자세금계산서 의무발급 개인사업자에 해당하는 경우에는 위의 도표에 따라 전자세금계산서를 발급해야 하는 날이 시작되기 **1개월 전까지** 그 사실을 해당 개인사업자에게 통지해야 한다. 한편 개인사업자가 전자세금계산서를 발급해야 하는 날이 시작되기 **1개월 전까지** 위의 통지를 받지 못한 경우에는 통지서를 수령한 날이 속하는 달의 다음 다음 달 1일부터 전자세금계산서를 발급해야 한다(부가령 68 ③,④). ■

[도 표] 전자세금계산서 의무발급 개인사업자의 판정과 그 발급기간

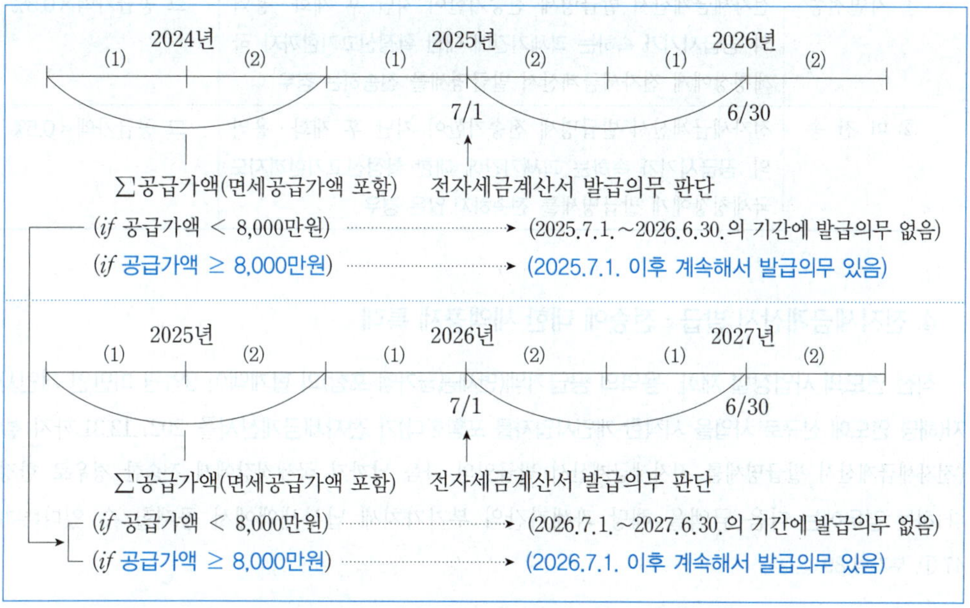

한편 법인사업자 및 전자세금계산서 발급의무 개인사업자 외의 사업자도 전자세금계산서를 발급하고 전자세금계산서 발급명세를 전송할 수 있다(부가법 32 ⑤, 부가령 68 ⑨).

2. 전자세금계산서 발급명세 전송의무

법인사업자와 전자세금계산서 의무발급 개인사업자가 전자세금계산서를 발급하였을 때에는 전자세금계산서 발급일의 다음 날까지 전자세금계산서 발급명세(세금계산서 기재사항을 말한다)를 국세청장에게 전송해야 한다(부가법 32 ③, 부가령 68 ⑥,⑦).

이처럼 전자세금계산서 발급명세를 전송한 경우에는 ① 예정신고 또는 확정신고시 매출·매입처별세금계산서합계표를 제출하지 않을 수 있으며*, ② 5년간 세금계산서 보존의무가 면제된다(부가법 54 ②, 71 ③ 단서).

* 전자세금계산서 발급명세를 해당 재화·용역의 공급시기가 속하는 과세기간(예정신고의 경우에는 예정신고기간) 마지막 날의 다음 달 11일까지 국세청장에게 전송한 경우에도 해당 예정신고 또는 확정신고시 매출·매입처별 세금계산서합계표를 제출하지 않을 수 있다(p.253 참조).

3. 전자세금계산서 발급명세 전송불성실가산세

전자세금계산서 의무발급 사업자가 다음 중 어느 하나에 해당하면 그 가산세를 납부세액에 더하거나 환급세액에서 뺀다(부가법 60 ② (3),(4)).

구분	사유	가산세
① 지연전송	전자세금계산서 발급명세 전송기한이 지난 후 재화·용역의 공급시기가 속하는 과세기간에 대한 확정신고기한까지 국세청장에게 전자세금계산서 발급명세를 전송하는 경우	그 공급가액×0.3%
② 미 전 송	전자세금계산서 발급명세 전송기한이 지난 후 재화·용역의 공급시기가 속하는 과세기간에 대한 확정신고기한까지도 국세청장에게 발급명세를 전송하지 않은 경우	그 공급가액×0.5%

4. 전자세금계산서 발급·전송에 대한 세액공제 특례

직전 연도의 사업장별 재화·용역의 공급가액(면세공급가액 포함)의 합계액이 3억원 미만인 개인사업자(해당 연도에 신규로 사업을 시작한 개인사업자를 포함한다)가 전자세금계산서를 2027.12.31.까지 발급(전자세금계산서 발급명세를 전자세금계산서 발급일의 다음 날까지 국세청장에게 전송한 경우로 한정한다)하는 경우에는 다음 금액을 해당 과세기간의 부가가치세 납부세액에서 공제할 수 있다(부가법 47 ①, 부가령 89 ①,②).

전자세금계산서 발급·전송에 대한 세액공제(*주) : MIN (①, ②)
① 공제가능 세액 = 해당 과세기간의 전자세금계산서 발급 건수×200원 ② 공제한도액 = 연간 100만원* * 제2기 과세기간 공제한도액 : 연간 100만원 − 이미 공제받은 세액

(*주) 이 경우 공제받는 금액이 그 금액을 차감하기 전의 납부할 세액[납부세액에서 빼거나 더할 세액(가산세는 제외)을 빼거나 더하여 계산한 세액을 말하며, 그 계산한 세액이 '0'보다 작으면 '0'으로 본다]을 초과하면 그 초과하는 부분은 없는 것으로 본다(부가법 47 ② 후단). 따라서 초과부분은 환급되지 않는다.

참고사항 장부와 세금계산서 등의 보존의무

사업자는 기록한 장부와 발급하거나 발급받은 세금계산서, 수입세금계산서 또는 영수증을 그 거래사실이 속하는 과세기간에 대한 확정신고기한 후 5년간 보존해야 한다. 다만, 전자세금계산서를 발급한 사업자가 국세청장에게 전자세금계산서 발급명세를 전송한 경우에는 그렇지 않다(부가법 71 ③). ■

[도 표] 전자세금계산서와 종이세금계산서의 비교

구분	전자세금계산서	종이세금계산서
의무발급 사업자	• 법인사업자 • 직전연도 사업장별 공급가액이 8,000만원 이상인 개인사업자	• 전자세금계산서 의무발급 사업자가 아닌 개인사업자

발급시기	• 공급시기에 발급(원칙) ※ 공급시기 후 발급특례의 경우에는 다음 달 10일까지 발급 가능	• 왼쪽과 같음
발급방법	• 전자적 발급시스템(인증)을 이용하여 정보통신망으로 발급	• 인증 없이 발급
전송 · 제출의무	• 발급일의 다음 날까지 전송	• 신고시 합계표 제출
미발급(지연발급) 가산세	• 공급가액의 2%*(1%) * 전자세금계산서 의무발급 대신 종이 세금계산서를 발급하는 경우 : 1%	• 공급가액의 2%(1%)
미전송(지연전송) · 미제출(지연제출) 가산세	• 공급가액의 0.5%(0.3%)	• 공급가액의 0.5%(0.3%)
발급 · 전송시 혜택	• 매출처별세금계산서 합계표 제출의무 및 세금계산서 보존의무 면제 • 전자세금계산서 발급 · 전송에 대한 세액공제	• 없음 • 없음

Ⅳ 세금계산서의 발급

1. 발급의 당사자

(1) 개 요

세금계산서의 발급의무자는 부가가치세가 과세되는 재화 · 용역을 공급하는 사업자이다(부가법 32 ①). 따라서 면세사업자는 세금계산서를 발급할 수 없다.

한편 발급의 상대방은 재화 · 용역의 공급을 받는 자로 특별한 제한이 없다.

(2) 위탁매매 등의 경우

위탁판매 · 대리인에 의한 판매의 경우 수탁자 · 대리인이 재화를 인도할 때에는 수탁자 · 대리인이 위탁자 · 본인의 명의로 세금계산서를 발급하며, 위탁자 · 본인이 직접 재화를 인도하는 때에는 위탁자 · 본인이 세금계산서를 발급할 수 있다. 이 경우 수탁자 · 대리인의 등록번호를 덧붙여 적어야 한다(부가법 32 ⑥, 부가령 69 ①).

한편 위탁매입 · 대리인에 의한 매입의 경우에는 공급자가 위탁자 · 본인을 공급받는 자로 하여 세금계산서를 발급한다. 이 경우 수탁자 · 대리인의 등록번호를 덧붙여 적어야 한다(부가법 32 ⑥, 부가령 69 ②).

그러나 해당 거래 · 재화의 특성상(또는 보관 · 관리상) 위탁자 · 본인을 알 수 없는 경우에는 위탁자 · 본인과 수탁자 · 대리인 사이, 수탁자 · 대리인과 거래상대방 사이에 각각 세금계산서를 발급한다(부가령 69 ③, 부기통 32-69-5).

2. 세금계산서의 발급대상거래

(1) 원칙 : 세금계산서 발급

재화 · 용역의 공급에 대해서는 원칙적으로 모두 세금계산서(전자세금계산서 포함)를 발급해야 한다. 영세율이 적용되는 거래도 비록 부가가치세를 거래징수하지는 않지만 세금계산서를 발급하는 것이 원칙이다. 그러나 면세되는 재화 · 용역의 공급에 대해서는 세금계산서를 발급하지 않는다.

(2) 예외 : 영수증 발급 또는 세금계산서 발급의무 면제

1) 영수증 발급대상 사업자 : 다음 중 어느 하나에 해당하는 자가 재화 · 용역을 공급하는 경우에는 세금계산서를 발급하는 대신 영수증을 발급해야 한다(부가법 36 ①,②, 부가령 73 ①,②).

근거	영수증 발급대상 사업자
부가법 36 ① (1)	• 주로 사업자가 아닌 자에게 재화 · 용역을 공급하는 사업자로서 다음의 사업을 하는 사업자 ① 소매업 ② 음식점업(다과점업 포함), 숙박업 ③ 미용, 욕탕 및 유사서비스업, 여객운송업, 입장권을 발행하여 영위하는 사업 ④ 쌍꺼풀수술 등의 진료용역을 공급하는 과세사업, 동물 진료용역을 공급하는 과세사업, 무도학원, 자동차운전학원사업 ⑤ 변호사업, 공인회계사업, 세무사업 등 간이과세가 배제되는 사업서비스업 및 행정사업(사업자에게 공급하는 것은 제외) ⑥ 우정사업조직이 소포우편물을 방문접수하여 배달하는 용역을 제공하는 사업 ⑦ 전자서명인증사업자가 인증서를 발급하는 사업 ⑧ 간편사업자등록을 한 사업자가 국내에 공급하는 전자적 용역을 공급하는 사업 ⑨ 주로 사업자가 아닌 소비자에게 재화 · 용역을 공급하는 사업으로서 세금계산서를 발급할 수 없거나 발급하는 것이 현저히 곤란한 사업(예를 들면 복점업 · 양장점업 및 양화점업, 부동산중개업, 자동차제조업 및 자동차판매업 등)

부가법 36 ②	• 사업자가 아닌 자에게 일정한 재화 · 용역을 공급하는 사업자 ① 임시사업장 개설 사업자가 그 임시사업장에서 사업자가 아닌 소비자에게 재화 · 용역을 공급하는 경우 ② 전기사업자 · 도시가스사업자 및 집단에너지공급 사업자가 산업용이 아닌 전력 · 도시가스 · 열 및 전기를 공급하는 경우 ③ 전기통신사업자가 전기통신역무를 제공하는 경우(부가통신사업자가 통신판매업자에게 부가통신역무를 제공하는 경우는 제외) ④ 방송사업자 · 인터넷 멀티미디어 방송제공 사업자가 아닌 자에게 방송용역을 제공하는 경우
부가법 36 ① (2)	• 영수증만을 발급해야 하는 간이과세자 ① 직전 연도의 공급대가의 합계액*이 4,800만원 미만인 자(간이과세자의 영수증 발급 적용기간은 아래 참고사항 1. 참조) * 직전 과세기간에 신규로 사업을 시작한 개인사업자의 경우 그 사업개시일부터 그 과세기간 종료일까지의 공급대가를 합한 금액을 12개월로 환산한 금액을 말한다. ② 신규로 사업을 시작하는 개인사업자로서 간이과세 적용신고를 하여 간이과세자로 하는 최초의 과세기간 중에 있는 자(간이과세자의 영수증 발급 적용기간은 아래 참조사항 2. 참조)

부가 06

참고사항 간이과세자의 영수증 발급 적용기간

1. 간이과세자 중 직전 연도의 공급대가의 합계액이 4,800만원 미만인 자는 세금계산서 대신에 영수증을 발급해야 한다(부가법 36 ① (2),(가)). 이 규정에 따라 영수증 발급에 관한 규정이 적용되거나 적용되지 않게 되는 기간은 해(年)의 1월 1일부터 12월 31일까지의 공급대가의 합계액(신규로 사업을 시작한 개인사업자의 경우 12개월로 환산한 금액)이 4,800만원에 미달하거나 그 이상이 되는 해의 다음 해의 7월 1일부터 그 다음 해의 6월 30일까지로 한다(국기법 36의2 ①).

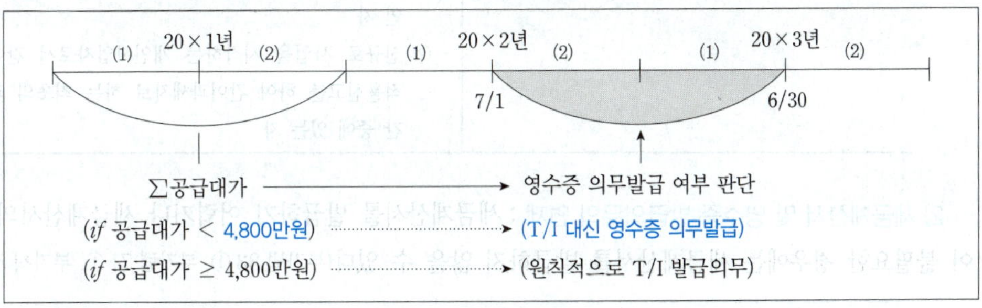

※ 간이과세자의 영수증 발급 적용시기 통지

① 앞의 규정에 따라 영수증 발급에 관한 규정이 적용되거나 적용되지 않게 되는 사업자의 관할세무서장은 영수증 발급에 관한 규정이 적용되거나 적용되지 않게 되는 기간이 시작되기 20일 전까지 영수증 발급에 관한 규정이 적용되거나 적용되지 않게 되는 사실을 그 사업자에게 통지해야 하고, 사업자등록증을 정정하여 과세기간 개시 당일까지 발급해야 한다(부가령 73의2 ①).

② 한편 영수증 발급에 관한 규정이 적용되지 않게 되는 사업자의 관할세무서장이 과세유형의 변경통지 규정에 간이과세자에 관한 규정이 적용되지 않게 되는 사실을 그 사업자에게 통지하고 사업자등록증을 정정하여 발급한 경우에는 위 ①에 따른 통지 · 발급을 하지 않는다(부가령 73의2 ②).

2. 신규로 사업을 시작하는 개인사업자로서 간이과세 적용신고를 하여 간이과세자로 하는 최초의 과세기간 중에 있는 자는 세금계산서 대신에 영수증을 발급해야 한다(부가법 36 ① (2),(나)). 이 규정에 따라 영수증 발급에 관한 규정이 적용되는 기간은 사업개시일부터 사업을 시작한 해의 다음 해의 6월 30일까지로 한다(부가법 36의2 ②).

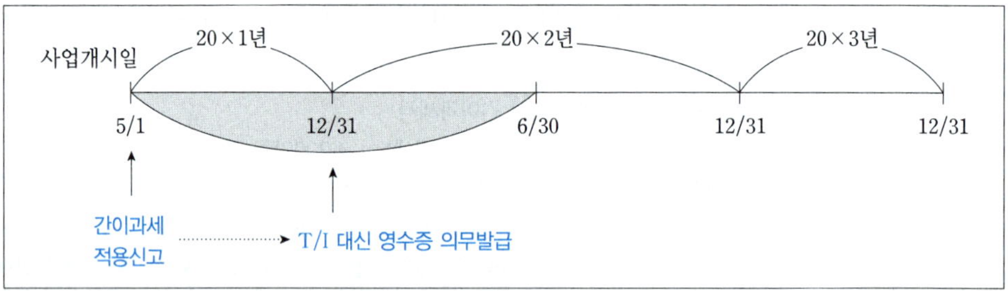

참고사항 간이과세자의 영수증 발급대상 조정

종전에는 모든 간이과세자는 영수증만을 발급하도록 하였으나, 개정세법에서는 직전 연도 공급대가 합계액이 4,800만원 미만인 간이과세자 등을 제외하고는 아래와 같이 원칙적으로 세금계산서를 발급하도록 하였다.

종전	개정
• 모든 간이과세자* : 영수증 발급의무(세금계산서 발급금지) * 직전 연도의 공급대가의 합계액이 4,800만원 미만인 개인사업자	• 간이과세자 : 세금계산서 또는 영수증 발급의무 ┌ 일반적인 경우 : 세금계산서 발급의무(원칙) └ 간이과세자 중 영수증만을 발급해야 하는 ① · ②의 자 ① 직전 연도의 공급대가의 합계액이 4,800만원 미만인 자 ② 신규로 사업을 시작하는 개인사업자로서 간이과세 적용신고를 하여 간이과세자로 하는 최초의 과세기간 중에 있는 자

2) 세금계산서 및 영수증 발급의무의 면제 : 세금계산서를 발급하기 어렵거나 세금계산서의 발급이 불필요한 경우에는 세금계산서를 발급하지 않을 수 있다(부가법 33 ①, 부가령 71 ①, 부가칙 53).

근거	세금계산서 및 영수증 발급의무의 면제
부가법 33 ①	① 택시운송 사업자, 노점 · 행상을 하는 사람, 무인자동판매기를 이용하여 재화 · 용역을 공급하는 자, 전력 · 도시가스를 실제로 소비하는 자(사업자가 아닌 자로 한정한다)를 위하여 전기사업자 · 도시가스사업자로부터 전력 · 도시가스를 공급받는 명의자, 도로 및 관련시설 운영용역을 공급하는 자가 공급하는 재화 · 용역

② 소매업 또는 미용, 욕탕 및 유사서비스업을 경영하는 자가 공급하는 재화 · 용역(소매업의 경우에는 공급받은 자가 세금계산서의 발급을 요구하지 않은 경우로 한정한다)

③ 자기생산 · 취득재화의 공급의제에 해당하는 재화*

* 판매목적 타사업장 반출로서 공급의제되는 재화는 세금계산서를 발급해야 한다.

④ 영세율 적용대상이 되는 일정한 재화 · 용역(*주1)

⑤ 그 밖에 국내사업장이 없는 비거주자 또는 외국법인에게 공급하는 재화 · 용역(다만, 다음 중 어느 하나에 해당하는 경우는 제외)

㉠ 국내사업장이 없는 비거주자 또는 외국법인이 해당 외국의 개인사업자 또는 법인사업자임을 증명하는 서류를 제시하고 세금계산서 발급을 요구하는 경우

㉡ 외국법인 연락사무소에 재화 · 용역을 공급하는 경우

⑥ 부동산임대용역 중 간주임대료에 해당하는 부분(*주2)

⑦ 전자서명인증사업자가 인증서를 발급하는 용역(다만, 공급받는 자가 사업자로서 세금계산서의 발급을 요구하는 경우는 제외)

⑧ 간편사업자등록을 한 사업자가 국내에 공급하는 전자적 용역

(*주1) 영세율 적용대상거래 중 세금계산서 발급의무가 면제되는 것은 다음과 같다.

① 재화의 수출(다만, 원료를 대가 없이 국외의 수탁가공 사업자에게 반출하여 가공한 재화를 양도하는 경우에 그 원료의 반출, 내국신용장 · 구매확인서에 의해 공급하는 재화, 한국국제협력단 · 한국국제보건의료재단 · 대한적십자사에 공급하는 재화는 제외)

② 용역의 국외공급

③ 외국항행용역의 공급 중 공급받는 자가 국내에 사업장이 없는 비거주자 · 외국법인인 경우와 항공기의 외국항행용역 및 항공법에 따른 상업서류 송달용역

④ 외화 획득 재화 · 용역 중 다음의 것

㉠ 국내에서 비거주자 또는 외국법인에게 공급되는 일정한 재화 · 용역

㉡ 외국을 항행하는 선박 · 항공기 또는 원양어선에 공급하는 재화 · 용역(공급받는 자가 국내에 사업장이 없는 비거주자 또는 외국법인인 경우로 한정한다)

㉢ 우리나라에 상주(常住)하는 국제연합군 또는 미합중국군대에 공급하는 재화 · 용역

㉣ 종합여행업자가 외국인 관광객에게 공급하는 관광알선용역

㉤ 우리나라에 상주하는 외국공관 등에 공급하는 재화 · 용역

(*주2) 부동산임대에 따른 간주임대료에 대한 부가가치세를 임대인 · 임차인 중 어느 편이 부담하는지에 관계없이 세금계산서를 발급하거나 발급받을 수 없다(부기통 33-71-1).

한편 영수증 발급대상 사업자가 재화 · 용역을 공급하는 경우로서 그 재화 · 용역을 공급받는 사업자가 사업자등록증을 제시하고 세금계산서의 발급을 요구하는 경우에는 영수증 대신에 세금계산서를 발급하는지 여부가 문제가 되는데, 그 내용을 정리하면 다음과 같다(부가법 36 ③, 부가령 73 ③,④).

	영수증 발급대상 사업자	공급받는 사업자의 발급요구시 세금계산서 발급여부
(1)	• 다음에 해당하는 사업을 하는 사업자 ① 미용, 욕탕 및 유사 서비스업 ② 여객운송업(전세버스운송사업은 제외) ③ 입장권을 발행하여 영위하는 사업 ④ 과세되는 쌍꺼풀수술 등의 용역을 공급하는 사업 ⑤ 과세되는 동물의 진료용역을 공급하는 사업 ⑥ 과세되는 무도학원 · 자동차운전학원사업 ⑦ 간편사업자등록을 한 사업자가 국내에 전자적 용역을 공급하는 사업	• 세금계산서 발급금지(*주1) ※ 다만, 감가상각자산의 공급에 대해서는 세금계산서를 발급해야 한다.
	• 간이과세자 중 영수증만을 발급해야 하는 자	• 세금계산서 발급금지
(2)	• 위 (1) 외의 영수증 발급대상 사업(소매업 등)을 하는 자(부가령 73 ①,②).	• 영수증 대신 세금계산서를 발급해야 함(*주2) ※ 이들 사업을 경영하는 사업자와 영수증만을 발급하는 간이과세자가 아닌 사업자가 신용카드 매출전표 등을 발급한 경우 : 세금계산서 발급금지(부가법 33 ②, 부가령 71 ②, 88 ⑤)(*주3)

(*주1) 사업과 관련성이 낮은 개인적인 서비스의 이용이므로 공급받는 사업자에게 매입세액이 공제되는 것을 방지하려는데 있다.

(*주2) 이 규정은 간이과세자가 영수증을 발급해야 하는 기간에 재화 · 용역을 공급한 경우에는 적용하지 않는다(부가령 73 ⑩).

(*주3) 신용카드매출전표를 발급받으면 매입세액을 공제받을 수 있으므로 세금계산서까지 발급받아 매입세액을 중복적으로 공제받는 것을 방지하려는데 있다.

V 세금계산서의 발급시기

1. 원칙적인 발급시기

세금계산서는 사업자가 본래의 재화 · 용역의 공급시기에 발급해야 한다. 다만, 사업자는 본래의 재화 · 용역의 공급시기가 되기 전에 세금계산서를 발급하면 그 발급하는 때를 공급시기로 보는 특례규정에 따라 미리 세금계산서를 발급할 수 있다(부가법 34 ①,②).

2. 공급시기 후 발급특례

사업자는 다음 중 어느 하나에 해당하는 경우에는 재화·용역의 공급일이 속하는 달의 다음 달 10일(그 날이 토요일·일요일, 공휴일·대체공휴일, 근로자의 날인 경우에는 바로 다음 영업일을 말한다)까지 세금계산서를 발급할 수 있다(부가법 34 ③).

구분	구체적인 내용
(1) 합계액에 의해 세금계산서를 발급하는 경우	① 거래처별로 달(月)의 1일부터 말일까지의 공급가액을 합하여 해당 달(月)의 말일을 작성연월일로 하여 세금계산서를 발급하는 경우 ② 거래처별로 달(月)의 1일부터 말일까지의 기간 이내에서 사업자가 임의로 정한 기간의 공급가액을 합하여 그 기간의 종료일을 작성연월일로 하여 세금계산서를 발급하는 경우
(2) 관계 증명서류 등에 따라 실제거래사실이 확인되는 경우로서 해당 거래일을 작성연월일로 하여 세금계산서를 발급하는 경우	

※ 재화·용역의 공급시기 이후에 발급받은 세금계산서로서 해당 공급시기가 속하는 과세기간에 대한 확정신고기한까지 발급받은 경우에 공급받은 자는 매입세액공제를 받을 수 있다(부가령 75 (3)). 이에 따라 매입세액을 공제받은 경우로서 재화·용역의 공급시기 이후에 발급받은 세금계산서로서 해당 공급시기가 속하는 과세기간에 대한 확정신고기한까지 발급받은 경우에는, 매입처별 세금계산서합계표에 따르지 않고 세금계산서(또는 수입세금계산서)에 따라 공제받은 매입세액에 해당하는 공급가액에 0.5%를 곱한 금액을 가산세로 부과한다(부가법 60 ⑦ (1), 부가령 108 ⑤).

위 (1)의 취지는 공급받는 자가 상시 거래처인 경우에는 공급시기마다 세금계산서를 발급하는 데 따른 불편함을 덜어주고, (2)는 공급시기에 세금계산서가 발급되지 않은 경우에도 공급일이 속하는 다음 달 10일까지는 세금계산서를 발급할 수 있도록 함으로써 거래당사자 간 세금계산서 미발급·미수취에 따른 불이익을 받지 않도록 하려는데 있다.

Ⅵ 수정세금계산서의 발급

세금계산서 또는 전자세금계산서의 기재사항을 착오로 잘못 적거나 세금계산서 또는 전자세금계산서를 발급한 후 그 기재사항에 변경사유가 발생하면 수정한 세금계산서(이하 '수정세금계산서'라 한다) 또는 수정한 전자세금계산서(이하 '수정전자세금계산서'라 한다)를 발급할 수 있다. 그 발급사유와 발급절차는 다음과 같다(부가법 32 ⑦, 부가령 70 ①).

부가 06

발급사유	발급절차
(1) 처음 공급한 재화가 환입(還入)된 경우	• 재화가 환입된 날을 작성일로 적음 ※ 비고란에 처음 세금계산서 작성일을 덧붙여 적은 후 붉은색 글씨로 쓰거나 음(陰)의 표시를 하여 발급
(2) 계약의 해제로 재화 · 용역이 공급되지 않은 경우	• 계약이 해제된 때에 그 작성일은 계약해제일로 적음 ※ 비고란에 처음 세금계산서 작성일을 덧붙여 적은 후 붉은색 글씨로 쓰거나 음(陰)의 표시를 하여 발급
(3) 계약의 해지 등에 따라 공급가액에 추가되거나 차감되는 금액이 발생한 경우	• 증감 사유가 발생한 날을 작성일로 적음 ※ 추가되는 금액은 검은색 글씨로 쓰고, 차감되는 금액은 붉은색 글씨로 쓰거나 음(陰)의 표시를 하여 발급
(4) 재화 · 용역을 공급한 후 공급시기가 속하는 과세기간 종료 후 25일(*주1) 이내에 내국신용장이 개설되었거나 구매확인서가 발급된 경우	• 내국신용장 등이 개설된 때에 그 작성일은 처음 세금계산서 작성일을 적음 ※ 비고란에 내국신용장 개설일 등을 덧붙여 적어 영세율 적용분은 검은색 글씨로 세금계산서를 작성하여 발급하고, 추가하여 처음에 발급한 세금계산서의 내용대로 세금계산서를 붉은색 글씨로 또는 음(陰)의 표시를 하여 작성하고 발급
(5) 필요적 기재사항 등이 착오로 잘못 적힌 경우(과세표준 · 세액을 경정할 것을 미리 알고 있는 경우는 제외)(*주2)	※ 처음에 발급한 세금계산서의 내용대로 세금계산서를 붉은색 글씨로 쓰거나 음(陰)의 표시를 하여 발급하고, 수정하여 발급하는 세금계산서는 검은색 글씨로 작성하여 발급
(6) 필요적 기재사항 등이 착오 외의 사유로 잘못 적힌 경우(과세표준 · 세액을 경정할 것을 미리 알고 있는 경우는 제외)(*주2)	※ 재화나 용역의 공급일이 속하는 과세기간에 대한 확정신고기한 다음 날부터 1년 이내 세금계산서를 작성하되, 처음에 발급한 세금계산서의 내용대로 세금계산서를 붉은색 글씨로 쓰거나 음(陰)의 표시를 하여 발급하고, 수정하여 발급하는 세금계산서는 검은색 글씨로 작성하여 발급
(7) 착오로 전자세금계산서를 이중으로 발급한 경우	※ 처음에 발급한 세금계산서의 내용대로 음(陰)의 표시를 하여 발급
(8) 면세 등 발급대상이 아닌 거래 등에 대하여 발급한 경우	※ 처음에 발급한 세금계산서의 내용대로 붉은색 글씨로 쓰거나 음(陰)의 표시를 하여 발급
(9) 세율을 잘못 적용하여 발급한 경우(과세표준 또는 세액을 경정할 것을 미리 알고 있는 경우는 제외)(*주2)	※ 처음에 발급한 세금계산서의 내용대로 세금계산서를 붉은색 글씨로 쓰거나 음(陰)의 표시를 하여 발급하고, 수정하여 발급하는 세금계산서는 검은색 글씨로 작성하여 발급

(*주1) 과세기간 종료 후 25일이 되는 날이 토요일 · 일요일, 공휴일 · 대체공휴일, 근로자의 날인 경우에는 바로 다음 영업일을 말한다.

(*주2) '경정할 것을 미리 알고 있는 경우'란 ① 세무조사의 통지를 받은 경우, ② 세무공무원이 과세자료의 수집 또는 민원 등을 처리하기 위하여 현지출장이나 확인업무에 착수한 경우, ③ 세무서장으로부터 과세자료 해명안내 통지를 받은 경우, ④ 그 밖에 ①~③의 사항과 유사한 경우를 말한다.

예규판례 후발적 사유로 당초 세금계산서상 공급가액이 감소함에 따라 수정세금계산서를 교부받은 경우 매입세액공제액 감소로 인하여 발생한 부가가치세 증가분에 관한 부과제척기간 기산일

당초 세금계산서상 공급가액이 후발적 사유로 증가하거나 감소한 경우 과세관청과 납세자의 편의를 도모하기 위하여 그 사유가 발생한 날을 작성일자로 하여 그에 관한 수정세금계산서를 교부할 수 있게 함으로써 공급가액 증감액을 수정세금계산서 교부일이 속하는 과세기간의 과세표준에 반영하도록 하는 데에 있으므로, 그와 같이 후발적 사유로 당초 세금계산서상 공급가액이 감소함에 따라 수정세금계산서를 교부받은 경우 그에 대응하는 매입세액공제액 감소로 인하여 발생한 부가가치세액 증가분에 관하여는 수정세금계산서 발급일이 속하는 과세기간의 과세표준신고기한 다음날부터 부과제척기간이 진행한다.

갑 주식회사가 을 주식회사 등과 공동으로 주택건설사업을 시행하면서 도로개설비용 분담금을 지급하기로 하고, 2000.2.14. 을 회사에게서 그에 관한 세금계산서를 교부받은 다음 2000년 제1기 부가가치세를 신고하면서 이를 매출세액에서 공제하였는데, 이후 분담금을 지급하지 않았다는 이유로 을 회사에 의해 제기된 민사소송에서 이를 감액하는 내용의 조정에 갈음하는 결정이 확정되었고, 이에 따라 2006.7.18. 을 회사에게서 그 차액에 해당하는 금액을 당초 공급가액에서 차감하는 내용의 수정세금계산서를 교부받았는데도 2006년 제2기 부가가치세를 신고하면서 이를 전체 매입세액공제액에서 차감하지 않자, 과세관청이 2008.3.3. 이를 반영하여 갑 회사에 2006년 제2기 부가가치세 부과처분을 한 사안에서, 수정세금계산서 부과에 따른 부가가치세는 그 교부일이 속하는 2006년 제2기에 귀속되고, 그 부가가치세 부과제척기간은 과세표준신고기한 다음 날인 2007.1.26.부터 진행하므로, 위 처분은 부과제척기간 경과 후 이루어진 것으로 볼 수 없다(대법원 2011.7.28. 선고 2009두19984 판결). ■

부가 06

Ⅶ 매입자발행세금계산서의 발급

1. 개 요

부가가치세 납세의무자로 등록한 사업자로서 세금계산서 발급의무가 있는 사업자(영수증 발급대상사업자 중 세금계산서 발급요구시 발급해야 하는 자 포함)가 재화·용역을 공급하고 세금계산서 발급시기에 세금계산서를 발급하지 않은 경우* 그 재화·용역을 공급받은 자(면세사업자 포함)는 관할세무서장의 확인을 받아 세금계산서를 발급(Self-Billing)할 수 있는데, 이를 '매입자발행세금계산서'라 한다. 이러한 매입자발행세금계산서에 기재된 그 부가가치세액은 매출세액에서 공제할 수 있는 매입세액(간이과세자는 매입세금계산서 등 세액공제대상 매입세액)으로 본다(부가법 34의2 ①,②, 부가령 71의2 ①).

* 여기서 '세금계산서를 발급하지 않은 경우'에는 다음 중 어느 하나에 해당하는 경우로서 사업자가 수정세금계산서를 발급하지 않은 경우를 포함한다(부가법 34의2 ①, 부가령 71의2 ⑬).
① 사업자의 부도·폐업 또는 공급 계약의 해제·변경 등의 사유가 발생한 경우
② 재화 또는 용역을 공급한 자가 다음 중 어느 하나에 해당하는 경우
㉠ 소재불명 또는 연락두절 상태인 경우
㉡ 휴업이나 그 밖의 부득이한 사유로 세금계산서를 발급받는 것이 곤란하다고 국세청장이 인정하는 경우
③ 그 밖에 위 ②와 유사한 사유가 발생한 경우로서 국세청장이 정하여 고시하는 경우

이 제도는 세금계산서 발급의무가 있는 사업자가 세금계산서 발급을 거부한 경우 매입자로 하여금 매입세액공제를 받을 수 있도록 하고, 공급자에 대해 세금계산서 미발급에 따른 가산세의 불이익을 주어 세금계산서의 수수질서를 확립하는데 그 취지가 있다.

[도 표] 매입자발행세금계산서의 발급절차

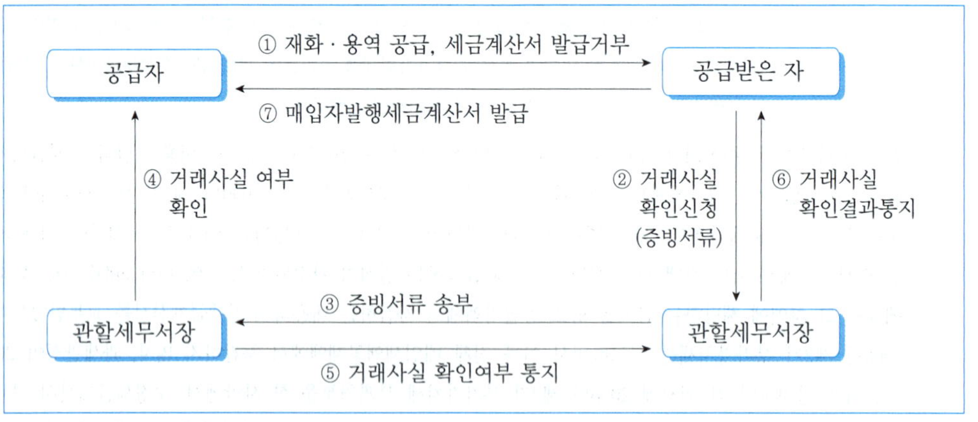

2. 거래사실의 확인 및 발행 · 발급의 절차

1) 거래사실의 확인신청 : 매입자발행세금계산서를 발행하려는 자(이하 '신청인'이라 한다)는 해당 재화 · 용역의 공급시기가 속하는 과세기간의 종료일부터 1년 이내에 거래사실확인신청서에 거래사실을 객관적으로 입증할 수 있는 서류를 첨부하여 신청인의 관할세무서장에게 거래사실의 확인을 신청해야 한다. 여기서 거래사실의 확인신청 대상이 되는 거래는 거래건당 공급대가가 5만원 이상인 경우로 한다(부가령 71의2 ②,③).

2) 거래사실의 확인절차 : 신청인 관할세무서장은 확인거부결정을 하지 않은 신청에 대해서는 거래사실확인신청서가 제출된 날(보정을 요구한 때에는 보정이 된 날)부터 7일 이내에 신청서와 제출된 증빙서류를 공급자의 관할세무서장에게 송부해야 한다. 이처럼 신청서를 송부받은 공급자 관할세무서장은 신청인의 신청내용, 제출된 증빙자료를 검토하여 거래사실여부를 확인해야 한다(부가령 71의2 ⑥,⑦ 본문). 그리고 공급자 관할세무서장은 신청일의 다음 달 말일까지 거래사실 여부를 확인하여 다음 구분에 따른 통지를 공급자와 신청인 관할세무서장에게 해야 한다(부가령 71의2 ⑧ 본문).

① 거래사실이 확인되는 경우 : 공급자 및 공급받는 자의 사업자등록번호, 작성연월일, 공급가액 및 부가가치세액 등을 포함한 거래사실 확인 통지

② 거래사실이 확인되지 않은 경우 : 거래사실 확인불가 통지

3) 거래사실의 확인결과 통지 : 신청인 관할세무서장은 공급자 관할세무서장으로부터 거래사실 확인 통지 또는 거래사실 확인불가 통지를 받은 후 즉시 신청인에게 그 확인결과를 통지해야 한다(부가령 71의2 ⑨).

4) 발행 및 발급 : 신청인 관할세무서장으로부터 거래사실 확인 통지를 받은 신청인은 공급자 관할세무서장이 확인한 거래일자를 작성일자로 하여 매입자발행세금계산서를 발행하여 공급자에게 발급해야 한다. 다만, 신청인 및 공급자가 관할세무서장으로부터 거래사실 확인 통지를 받은 경우에는 매입자발행세금계산서를 발급한 것으로 본다(부가령 71의2 ⑩).

3. 매입세액공제 특례

매입자발행세금계산서를 공급자에게 발급하였거나 발급한 것으로 보는 경우 신청인은 예정신고 및 확정신고 또는 국세기본법에 따른 경정청구시 매입자발행세금계산서합계표를 제출한 경우 매입자발행세금계산서에 기재된 매입세액을 해당 재화 · 용역의 공급시기에 해당하는 과세기간의 매출세액에서 매입세액(간이과세자는 납부세액에서 세금계산서 등 세액공제 대상 매입세액)으로 공제받을 수 있다(부가령 71의2 ⑪).

Ⅷ 세금계산서합계표의 제출

1. 사업자의 제출의무

사업자는 세금계산서 또는 수입세금계산서를 발급하였거나 발급받은 경우에는 매출처별 세금계산서합계표와 매입처별 세금계산서합계표(이하 '매출 · 매입처별 세금계산서합계표'라 한다)를 해당 예정신고 또는 확정신고를 할 때 제출[1]해야 한다. 다만, 전자세금계산서를 발급하거나 발급받고 전자세금계산서 발급명세를 해당 재화 · 용역의 공급시기가 속하는 과세기간(예정신고의 경우에는 예정신고기간) 마지막 날의 다음 달 11일까지 국세청장에게 전송한 경우에는, 해당 예정신고 또는 확정신고를 할 때 매출 · 매입처별 세금계산서합계표를 제출하지 않을 수 있다(부가법 54 ①, ②).

한편 예정신고를 하는 사업자가 각 예정신고와 함께 매출 · 매입처별 세금계산서합계표를 제출하지 못하는 경우에는 해당 예정신고기간이 속하는 과세기간의 확정신고를 할 때 제출할 수 있다(부가법 54 ③).

---

1) 개인사업자에 대해서 예정신고 대신에 관할세무서장이 예정고지에 의해 징수하는 경우에는 매출 · 매입처별세금계산서합계표를 해당 과세기간의 확정신고를 할 때 제출해야 한다.

2. 사업자 외의 자의 제출의무

1) 세관장의 제출의무 : 수입세금계산서를 발급한 세관장은 사업자의 경우를 준용하여 매출처별 세금계산서합계표를 해당 세관 소재지를 관할하는 세무서장에게 제출해야 한다(부가법 54 ④).

2) 면세사업자 등의 제출의무 : 세금계산서를 발급받은 국가 · 지방자치단체 · 지방자치단체조합, 면세사업자* 등[2]은 부가가치세의 납세의무가 없는 경우에도 매입처별 세금계산서합계표를 해당 과세기간이 끝난 후 25일 이내에 관할세무서장에게 제출해야 한다(부가법 54 ⑤, 부가령 99).

* 소득세 · 법인세의 납세의무가 있는 자로 하며, 조세특례제한법에 따라 소득세 · 법인세가 면제되는 자를 포함한다.

사례 1 전자세금계산서

甲은 직전 연도의 사업장별 재화의 공급가액 합계액이 2억원인 개인사업자로서 재화를 공급하고 전자세금계산서를 발급하였다. 이 경우 甲의 전자세금계산서 발급명세 전송의무에 대해 서술하고, 전자세금계산서 발급명세를 전송한 경우의 혜택과 전송의무를 제대로 이행하지 않았을 때의 불이익을 구체적으로 설명하시오. (2024년 세무사 2차, 7점)

해 답

1. 전자세금계산서 발급명세 전송의무

甲은 직전 연도의 사업장별 재화의 공급가액 합계액(2억원)이 기준금액(8,000만원) 이상이므로 전자세금계산서 의무발급 개인사업자에 해당한다. 이에 따라 甲이 전자세금계산서를 발급하였을 때에는 전자세금계산서 발급일의 다음 날까지 전자세금계산서 발급명세를 국세청장에게 전송해야 한다.

2. 전송한 경우 혜택

(1) 합계표 제출 및 세금계산서 보존의무 면제

甲이 전자세금계산서 발급명세를 전송한 경우에는 ① 예정신고 또는 확정신고시 매출 · 매입처별세금계산서합계표를 제출하지 않을 수 있으며, ② 5년간 세금계산서 보존의무가 면제된다.

(2) 전자세금계산서 발급 · 전송에 대한 세액공제

직전 연도의 사업장별 재화 · 용역의 공급가액(면세공급가액 포함)의 합계액(2억원)이 3억원 미만인 개인사업자 甲이 전자세금계산서를 발급(전자세금계산서 발급명세를 전자세금계산서 발급일의 다음 날까지 국세청장에게 전송한 경우로 한정한다)하는 경우에는 다음 금액을 해당 과세기간의 부가가치세 납부세액에서 공제할 수 있다.

---

2) 매입처별 세금계산서합계표 제출의무자에는 민법(제32조)에 따라 설립된 법인, 특별법에 따라 설립된 법인, 각급 학교 기성회, 후원회 또는 이와 유사한 단체를 포함한다.

일반과세자인 甲의 세액공제 : MIN (①, ②)
① 해당 과세기간의 전자세금계산서 발급 건수×200원 ② 공제한도액 = 연간 100만원

3. 전자세금계산서 발급명세 전송의무 미이행시 불이익

전자세금계산서 의무발급사업자 甲이 다음에 해당하면 가산세를 부과한다.

구분	사유	가산세
① 지연전송	전자세금계산서 발급명세 전송기한이 지난 후 재화·용역의 공급시기가 속하는 과세기간에 대한 확정신고기한까지 전자세금계산서 발급명세를 전송하는 경우	그 공급가액×0.3%
② 미전송	전자세금계산서 발급명세 전송기한이 지난 후 재화·용역의 공급시기가 속하는 과세기간에 대한 확정신고기한까지 발급명세를 전송하지 않은 경우	그 공급가액×0.5%

사례 2 세금계산서 제도

부가가치세법상 세금계산서 제도와 관련하여 다음 물음에 답하시오. (2021년 세무사 2차, 35점)

【물음 1】 부가가치세법상 과세사업과 면세사업을 겸영하는 일반과세자인 甲이 계약상 또는 법률상의 원인에 의하여 재화를 인도하거나 양도하는 경우, 부가가치세법상 세금계산서 발급대상인 경우와 발급대상이 아닌 경우를 구분하여 설명하시오. (10점)

【물음 2】 사업자가 부가가치세 과세대상 재화·용역을 공급하는 경우와 재화를 수입하는 경우, 부가가치세법상 세금계산서를 발급하여야 하는 자에 대하여 원칙과 예외로 구분하여 설명하시오. (5점)

【물음 3】 일반과세자인 乙이 부가가치세 과세대상 재화를 공급하는 경우, 부가가치세법상 세금계산서 발급시기에 대하여 대가의 전부를 해당 재화의 공급시기 이전에 수령한 경우와 공급시기 이후에 수령한 경우로 구분하여 설명하시오. (10점)

【물음 4】 丙은 관할세무서장으로부터 사업자등록증(일반과세자)을 발급받고, 세금계산서(공급가액 1억원, 세액 1천만원)를 사업자인 丁에게 발급한 후, 부가가치세를 신고·납부하였다. 그러나 관할세무서장은 丙이 실제로는 사업상 독립적으로 재화·용역을 공급하는 자에 해당하지 않기 때문에 부가가치세법상 사업자가 아닌 것으로 판단하였고, 세금계산서(공급가액 1억원, 세액 1천만원)는 재화·용역을 공급하지 아니하고 발행한 사실을 확인하였다. 이에 대하여 관할세무서장이 丙에 대한 부가가치세 부과처분시 그 근거로 적용할 부가가치세법상의 규정을 그 취지와 내용으로 구분하여 설명하시오. (10점)

해 답

【물음 1】 세금계산서 발급여부

1. 세금계산서 발급대상인 경우

일반과세자인 甲이 부가가치세가 과세되는 재화·용역을 공급하는 경우에는 원칙적으로 세금계산서를 발급해야 한다. 영세율이 적용되는 거래도 비록 부가가치세를 거래징수는 하지 않지만 세금계산서를 발급하는 것이 원칙이다.

2. 세금계산서 발급대상이 아닌 경우

(1) 면세대상 재화·용역

면세사업에 관련된 재화·용역을 공급하는 경우에 세금계산서를 발급하지 않는다.

(2) 영수증 발급대상

1) 주로 사업자가 아닌 자에게 재화·용역을 공급하는 사업자로서 다음의 사업을 하는 사업자는 세금계산서 대신에 영수증을 발급해야 한다.

① 소매업

② 음식점업(다과점업 포함), 숙박업

③ 미용, 욕탕 및 유사서비스업, 여객운송업, 입장권을 발행하여 영위하는 사업

④ 쌍꺼풀수술 등의 진료용역을 공급하는 과세사업, 동물 진료용역을 공급하는 과세사업, 무도학원, 자동차운전학원사업

⑤ 변호사업, 공인회계사업, 세무사업 등 간이과세가 배제되는 사업서비스업 및 행정사업(사업자에게 공급하는 것은 제외) 등

2) 사업자가 아닌 자에게 다음의 재화·용역을 공급하는 경우에도 영수증을 발급해야 한다.

① 임시사업장 개설 사업자가 그 임시사업장에서 사업자가 아닌 소비자에게 재화·용역을 공급하는 경우

② 전기사업자·도시가스사업자 및 집단에너지 공급 사업자가 산업용이 아닌 전력·도시가스·열 및 전기를 공급하는 경우

③ 전기통신사업자가 전기통신역무를 제공하는 경우(부가통신사업자가 통신판매업자에게 부가통신역무를 제공하는 경우는 제외)

④ 방송사업자가 아닌 자에게 방송용역을 제공하는 경우

(3) 세금계산서 및 영수증 발급의무의 면제

세금계산서를 발급하기 어렵거나 세금계산서의 발급이 불필요한 경우에는 세금계산서를 발급하지 않을 수 있다.

① 택시운송 사업자, 노점·행상을 하는 사람, 무인자동판매기를 이용하여 재화·용역을 공급하는 자 등이 공급하는 재화·용역

② 소매업 또는 미용, 욕탕 및 유사서비스업을 경영하는 자가 공급하는 재화·용역(소매업의 경

우에는 공급받은 자가 세금계산서의 발급을 요구하지 않은 경우로 한정한다)

③ 자기생산취득재화의 공급의제에 해당하는 재화(판매목적 타사업장 반출로서 공급의제되는 재화는 세금계산서를 발급해야 한다)

④ 영세율 적용대상이 되는 재화의 수출(내국신용장 · 구매확인서에 의해 공급하는 재화 등은 제외), 용역의 국외공급 등

부가 06

【물음 2】 세금계산서 발급자

1. 과세대상 재화 · 용역을 공급하는 경우

(1) 원칙

세금계산서의 발급의무자는 부가가치세가 과세되는 재화 · 용역을 공급하는 사업자이다.

(2) 예외 : 위탁매매 등의 경우

1) 위탁판매 · 대리인에 의한 판매의 경우 수탁자 · 대리인이 재화를 인도할 때에는 수탁자 · 대리인이 위탁자 · 본인의 명의로 세금계산서를 발급하며, 위탁자 · 본인이 직접 재화를 인도하는 때에는 위탁자 · 본인이 세금계산서를 발급할 수 있다. 그러나 해당 거래 · 재화의 특성상(또는 보관 · 관리상) 위탁자 · 본인을 알 수 없는 경우에는 위탁자 · 본인과 수탁자 · 대리인 사이, 수탁자 · 대리인과 거래상대방 사이에 각각 세금계산서를 발급한다.

2) 수용으로 인하여 재화가 공급되는 경우에는 위탁매매 등의 경우를 준용하여 해당 사업시행자가 세금계산서를 발급할 수 있다.

3) 납세의무가 있는 사업자가 시설대여업자로부터 시설 등을 임차하고, 그 시설 등을 공급자 또는 세관장으로부터 직접 인도받는 경우에는 공급자 또는 세관장이 그 사업자에게 직접 세금계산서를 발급할 수 있다.

2. 재화를 수입하는 경우

세관장은 수입되는 재화에 대하여 부가가치세를 징수할 때(부가가치세의 납부가 유예되는 때 포함)에는 수입된 재화에 대한 세금계산서(즉 수입세금계산서)를 수입하는 자에게 발급하여야 한다.

【물음 3】 세금계산서 발급시기

1. 일반원칙

세금계산서는 공급시기에 발급하는 것이 원칙이고 공급시기에 세금계산서를 발급했으면 대가 수령은 공급시기 전이든 공급시기 이후이든 관계가 없다.

2. 세금계산서를 발급하는 때를 공급시기로 보는 특례

(1) 대가의 전부를 공급시기 이전에 수령한 경우

사업자가 본래의 재화 · 용역의 공급시기가 되기 전에 재화 · 용역에 대한 대가의 전부 또는 일부를 받고, 그 받은 대가에 대하여 세금계산서를 발급하면 그 세금계산서를 발급하는 때를 그 재화 · 용역의 공급시기로 본다.

(2) 대가의 전부를 공급시기 이후에 수령한 경우

사업자가 본래 재화·용역의 공급시기가 되기 전에 세금계산서를 발급하고 그 세금계산서 발급일부터 7일 이내에 대가를 받으면 해당 세금계산서를 발급한 때를 재화·용역의 공급시기로 본다.

다만, 다음 중 어느 하나에 해당하는 경우에는 재화·용역을 공급하는 사업자가 그 재화·용역의 공급시기가 되기 전에 세금계산서를 발급하고 그 세금계산서 발급일부터 7일이 지난 후 대가를 받더라도 해당 세금계산서를 발급한 때를 재화·용역의 공급시기로 본다(부가법 17 ③).

① 거래 당사자 간의 계약서·약정서 등에 대금 청구시기(세금계산서 발급일을 말한다)와 지급시기를 따로 적고, 대금 청구시기와 지급시기 사이의 기간이 30일 이내인 경우

② 재화·용역의 공급시기가 세금계산서 발급일이 속하는 과세기간 내(공급받는 자가 조기환급을 받은 경우에는 세금계산서 발급일부터 30일 이내)에 도래하는 경우

【물음 4】 비사업자의 가공 세금계산서 발급 가산세

사업자가 아닌 丙이 재화·용역을 공급하지 않고 세금계산서를 발급한 경우 비사업자에게도 세금계산서 가공발급에 대한 가산세(1억원×4%) 규정이 적용된다.

1. 취지

사업자가 재화·용역을 공급하지 않고 세금계산서를 발급한 경우(이른바 '일부 자료상'의 경우)에는 그 세금계산서에 적힌 공급가액의 4%에 해당하는 가산세를 부과한다. 이것과 과세형평을 도모하고 가공 세금계산서 발급을 차단하기 위해서 사업자가 아닌 자가 재화·용역을 공급하지 않고 세금계산서를 발급한 경우(이른바 '전부 자료상'의 경우)에도 가공 세금계산서 발급 가산세(공급가액 1억원 ×4%)를 적용한다.

2. 내용

사업자가 아닌 자가 재화·용역을 공급하지 않고 세금계산서를 발급하거나 재화·용역을 공급받지 않고 세금계산서를 발급받으면 사업자로 보고 그 세금계산서에 적힌 공급가액의 4%를 곱한 금액을 그 세금계산서를 발급하거나 발급받은 자에게 관할세무서장이 가산세로 징수한다. 이 경우 납부세액(매출세액 − 매입세액)은 '0'으로 본다.

사례 3 **세금계산서의 발급**

과세사업자인 甲은 기계장치를 생산하여 ㈜금정에 공급하고 있다. 부가가치세법상 세금계산서의 발급과 관련하여 다음 물음에 답하시오. (2010년 세무사 2차, 35점)

【물음 1】 甲과 ㈜금정 사이의 거래가 현금판매, 장기할부판매, 반환조건부판매인 경우 세금계산서 발급시기에 대해서 각각 설명하시오.

【물음 2】 甲이 재화의 공급시기 전과 후에 발급한 세금계산서가 정당하게 취급되는 경우에 대해서 각각 설명하시오.

【물음 3】 甲이 정당한 사유 없이 세금계산서를 발급하지 않는 경우 ㈜금정이 매입세액공제를 받기 위한 조치에 대해서 설명하시오.

해 답

【물음 1】 세금계산서 발급시기

1. 공급시기에 발급

과세사업자인 甲이 기계장치를 ㈜금정에 공급하는 경우 세금계산서는 원칙적으로 다음의 공급시기에 발급해야 한다.

⑴ 현금판매 : 기계장치가 인도되거나 이용가능하게 된 때. 다만, 상품권 등을 현금으로 판매하고 그 후 상품권 등이 현물과 교환되는 경우에는 재화가 실제로 인도되는 때를 그 공급시기로 한다.

⑵ 장기할부판매 : 대가의 각 부분을 받기로 한 때. 여기서 '장기할부판매'란 재화를 공급하고 대가를 월부 · 연부 그 밖의 부불방법에 따라 받는 것으로서 다음의 요건을 모두 갖춘 것을 말한다.

① 2회 이상 분할하여 대가를 받을 것

② 해당 재화의 인도일의 다음 날부터 최종 부불금 지급일까지의 기간이 1년 이상일 것

⑶ 반환조건부판매 : 그 조건이 성취되어 판매가 확정되는 때

2. 세금계산서 발급과 공급시기

과세사업자 甲이 위의 공급시기가 되기 전에 재화에 대한 대가의 전부 또는 일부를 받고, 이와 동시에 그 받은 대가에 대해서 세금계산서를 발급하는 경우에는 그 발급하는 때를 각각 그 재화의 공급시기로 본다. 다만, 장기할부판매의 공급시기가 되기 전에 세금계산서를 발급하는 경우에는 대가를 받지 않더라도 그 발급하는 때를 공급시기로 한다.

【물음 2】 세금계산서 발급시기의 특례

1. 공급시기 전 발급특례

과세사업자 甲이 재화의 공급시기가 도래하기 전에 세금계산서를 발급하고 그 세금계산서 발급일부터 7일 이내에 대가를 지급받는 경우에는 정당한 세금계산서를 발급한 것으로 본다. 다만, 다음 중 어느 하나에 해당하는 경우에는 재화 · 용역을 공급하는 사업자가 그 재화 · 용역의 공급시기가 되기 전에 세금계산서를 발급하고 그 세금계산서 발급일부터 7일이 지난 후 대가를 받더라도 해당 세금계산서를 발급한 때를 재화 · 용역의 공급시기로 본다(부가법 17 ③).

① 거래 당사자 간의 계약서 · 약정서 등에 대금 청구시기(세금계산서 발급일을 말한다)와 지급시기를 따로 적고, 대금 청구시기와 지급시기 사이의 기간이 30일 이내인 경우

② 재화 · 용역의 공급시기가 세금계산서 발급일이 속하는 과세기간 내(공급받는 자가 조기환급을 받은

경우에는 세금계산서 발급일부터 30일 이내)에 도래하는 경우

2. 공급시기 후 발급특례

사업자가 다음 중 어느 하나에 해당하는 경우에는 재화의 공급일이 속하는 달의 다음 달 10일까지 세금계산서를 발급할 수 있다.

① 거래처별로 달(月)의 1일부터 말일까지의 공급가액을 합계하여 해당 월의 말일자를 작성연월일로 하여 세금계산서를 발급하는 경우

② 거래처별로 달(月)의 1일부터 말일까지의 기간 이내에서 사업자가 임의로 정한 기간의 공급가액을 합계하여 그 기간의 종료일자를 작성연월일로 하여 세금계산서를 발급하는 경우

③ 관계 증명서류 등에 따라 실제거래사실이 확인되는 경우로서 해당 거래일자를 작성연월일로 하여 세금계산서를 발급하는 경우

【물음 3】 세금계산서 발급 거부시 취할 조치

과세사업자 甲이 정당한 사유 없이 거래시기에 세금계산서를 발급하지 않는 경우 ㈜금정은 관할세무서장의 확인을 받아 매입자발행세금계산서를 발급할 수 있다.

이 경우 ㈜금정은 해당 재화의 공급시기가 속하는 과세기간의 종료일부터 1년 이내에 거래사실확인신청서에 거래사실입증서류를 첨부하여 관할세무서장에게 거래사실 확인을 신청해야 한다. 나중에 관할세무서장으로부터 거래사실 확인 통지를 받은 경우 ㈜금정은 관할세무서장이 확인한 거래일자를 작성일자로 하여 매입자발행세금계산서를 공급자 甲에게 발급해야 한다. 이처럼 매입자발행세금계산서를 발급한 ㈜금정은 예정신고 및 확정신고 또는 경정청구시 매입자발행세금계산서합계표를 제출한 경우 매입자발행세금계산서에 기재된 매입세액을 해당 재화의 공급시기가 속하는 과세기간에 매출세액에서 매입세액으로 공제받을 수 있다.

사례 4 수정세금계산서 발급과 계약의 해제시 세무처리

다음의 사례를 읽고 물음에 답하시오. (20점)

> 상가건물을 건축하여 분양하는 일반과세자 甲은 2025년 5월 1일에 상가건물을 3억3천만원(부가가치세 포함)에 일반과세자 乙에게 공급하고 세금계산서를 발급하였다. 사업자 甲과 乙은 2025년 제1기 과세기간에 부가가치세법에 따라 매출세액과 매입세액을 적법하게 처리하여 신고하였다.
>
> 그런데 甲과 乙이 2025년 8월 4일에 당초 분양계약을 해제하고 甲은 乙에게 부가가치세를 포함한 공급대가를 모두 반환하고 乙은 甲에게 상가건물을 반환하였다.

【물음 1】 위 사례에서 수정세금계산서 발급방법과 사업자 甲과 乙이 행해야 할 세무처리 내용을 설명하시오.

【물음 2】 만약 공급받은 자 乙이 【물음 1】에 따른 세무처리를 적법하게 하지 않은 경우, 추가 신고·납부해야 할 세액에 대한 부가가치세 부과제척기간의 기산일은 언제인가?

해 답

【물음 1】 수정세금계산서

1. 발급방법

계약의 해제로 재화의 공급이 되지 않은 경우에는 당초 공급한 재화가 환급된 경우와 마찬가지 방법으로 수정세금계산서를 발급해야 한다.

이 경우 수정세금계산서는 계약해제일 2025년 8월 4일을 작성일자로 기재하고 비고란에 당초 세금계산서 작성일자 2025년 5월 1일을 부기한 후 공급가액과 세액을 붉은 글씨로 쓰거나 (−)의 표시를 하여 발급한다.

2. 세무처리 내용

계약의 해제는 소급효가 있지만, 납세협력부담을 완화하기 위해서 2025년 제1기 과세기간 신고내용을 고치는 세무처리를 하지 않고 2025년 제2기 과세기간에 반영한다.

1) 공급자 甲 : 해제일이 속하는 2025년 제2기 과세기간에 해제된 재화의 가액을 과세표준에서 차감하여 그에 대한 10% 매출세액을 감액조정한다. 즉 매출환입과 마찬가지 방법으로 처리한다(따라서 2025년 제1기분 매출세액을 감액을 요구하는 경정청구를 할 수 없다).

2) 공급받은 자 乙 : 수정세금계산서를 발급받은 2025년 제2기의 매입세액에서 반환된 재화에 대한 매입세액을 차감조정한다(따라서 2025년 제1기분 매입세액의 감소로 인해 세액을 추가 신고납부하기 위한 수정신고를 할 필요가 없다).

【물음 2】 부과제척기간의 기산일

계약의 해제로 재화의 공급되지 않은 경우 과세관청과 사업자의 편의를 위해서 계약의 해제일을 작성일자로 하여 그에 대한 수정세금계산서를 발급할 수 있게 함으로써 그 공급가액의 차감분을 수정세금계산서의 발급일이 속하는 과세기간의 과세표준에 반영하도록 하려는데 있다.

따라서 계약 해제 등과 같은 후발적 사유(재화의 환입, 공급가액 추가·차감 사유)로 당초 세금계산서상의 공급가액이 감소함에 따라 수정세금계산서를 발급받은 경우 그에 대응하는 매입세액공제액의 감소로 인하여 발생한 부가가치세액 증가분에 대해서는 그 수정세금계산서를 발급받은 날이 속하는 과세기간의 과세표준신고기한 다음 날부터 그 부과제척기간이 기산된다.

따라서 사례의 경우 2025년 제2기 부가가치세액 증가분에 대한 부과제척기간의 기산일은 2026년 1월 26일부터 기산한다(여기서 과세표준신고기한에는 예정신고기한은 포함하지 않으므로, 2025년 10월 26일부터 기산하지 않는다는 점에 주의할 것).

사례 5 매입자발행세금계산서

일반과세자인 乙은 세금계산서 발급의무가 있는 사업자로부터 부가가치세 과세대상인 재화를 공급받았으나 법령에 따른 세금계산서 발급시기에 세금계산서를 발급받지 못하였다. 매입세액공제를 받기 위하여 乙이 이행해야 할 매입자발행세금계산서의 발행 절차를 서술하시오. (2023년 세무사 2차, 7점)

해 답

乙이 매입세액공제를 받기 위해서는 다음의 매입자발행세금계산서의 발행 절차를 이행해야 한다.

1) 거래사실의 확인신청 : 매입자발행세금계산서를 발행하려는 乙(이하 '신청인'이라 한다)은 해당 재화·용역의 공급시기가 속하는 과세기간의 종료일부터 1년 이내에 거래사실확인신청서에 거래사실을 객관적으로 입증할 수 있는 서류를 첨부하여 신청인의 관할세무서장에게 거래사실의 확인을 신청해야 한다. 여기서 거래사실의 확인신청 대상이 되는 거래는 거래건당 공급대가가 5만원 이상인 경우로 한다.

2) 거래사실의 확인절차 : 신청인 관할세무서장은 거래사실확인신청서가 제출된 날부터 7일 이내에 신청서와 제출된 증빙서류를 공급자의 관할세무서장에게 송부해야 한다. 이처럼 신청서를 송부받은 공급자 관할세무서장은 신청인의 신청내용, 제출된 증빙자료를 검토하여 거래사실 여부를 하고, 신청일의 다음 달 말일까지 거래사실 여부를 확인하여 다음 구분에 따른 통지를 공급자와 신청인 관할세무서장에게 해야 한다.

   ① 거래사실이 확인되는 경우 : 거래사실 확인 통지
   ② 거래사실이 확인되지 않은 경우 : 거래사실 확인불가 통지

3) 거래사실의 확인결과 통지 : 신청인 관할세무서장은 공급자 관할세무서장으로부터 거래사실 확인 통지 등을 받은 후 즉시 신청인에게 그 확인결과를 통지해야 한다.

4) 발행 및 발급 : 신청인 관할세무서장으로부터 거래사실 확인 통지를 받은 신청인은 공급자 관할세무서장이 확인한 거래일자를 작성일자로 하여 매입자발행세금계산서를 발행하여 공급자에게 발급해야 한다. 다만, 신청인 및 공급자가 관할세무서장으로부터 거래사실 확인 통지를 받은 경우에는 매입자발행세금계산서를 발급한 것으로 본다.

제3절 신용카드매출전표 등의 발행 및 수취

Ⅰ 서 설

재화 · 용역을 주로 최종소비자에게 공급하는 사업자가 세금계산서 또는 영수증을 발급하는 경우에도 그 거래상대방이 발급받은 세금계산서 또는 영수증을 제출할 의무가 없기 때문에 과세관청이 해당 사업자의 과세표준의 적정성을 확인한다는 것은 대단히 어렵다고 할 수 있다. 그런데 이러한 사업자들이 재화 · 용역의 공급에 대한 대가를 신용카드로 결제 받고 신용카드매출전표를 발급하거나 현금영수증을 발급한 경우에는 과세관청이 여신전문금융기관 또는 현금영수증사업자로부터 거래명세를 제공받아 과세자료로 이용할 수 있게 된다. 그리하여 현행 부가가치세법은 제8장 보칙에서 신용카드 등의 운영에 관하여 규정하고 있으며, 그 사용을 장려하여 사업자의 과세표준 양성화를 위한 여러 가지 제도를 두고 있는데, 이하에서는 그 내용을 살펴보고자 한다.

Ⅱ 신용카드 등의 사용을 활성화하기 위한 제도

[도 표] 신용카드 등의 사용을 활성화하기 위한 제도

<table>
<tr><th colspan="2">구분</th><th>활성화를 위한 제도</th><th>근거규정</th></tr>
<tr><td colspan="2" rowspan="3">공급자</td><td>• 신용카드매출전표 발급 등에 대한 세액공제</td><td rowspan="2">부가가치세법</td></tr>
<tr><td>• 가맹점 가입지정 및 경정대상</td></tr>
<tr><td>• 현금영수증가맹점에 대한 소득세 세액공제</td><td>조세특례제한법</td></tr>
<tr><td rowspan="3">공급받는 자</td><td>사업자</td><td>• 신용카드 등 수령명세서 제출분 매입세액공제 허용</td><td>부가가치세법</td></tr>
<tr><td rowspan="2">소비자</td><td>• 신용카드 등 사용금액에 대한 소득공제</td><td rowspan="2">조세특례제한법</td></tr>
<tr><td>• 현금거래 확인제도</td></tr>
</table>

1. 공급자

(1) 신용카드매출전표 발급 등에 대한 세액공제(공급자에 대한 혜택)

1) 개 요 : 다음 중 어느 하나에 해당하는 사업자가 부가가치세가 과세되는 재화 · 용역을 공급하고 세금계산서 발급시기에 다음의 신용카드매출전표 등을 발급하는(또는 전자화폐로 대금을 결제받는) 경우에는, 신용카드매출전표 발급 등에 대한 세액공제를 납부세액에서 공제한다(부가법 46 ① (1),(2), 부가령 88 ①,②,③).

해당 사업자(공급자)	신용카드매출전표 등의 범위(*주1)
① 영수증 발급대상 사업자(㉠ 법인사업자와 ㉡ 직전 연도의 재화 · 용역의 공급가액의 합계액이 사업장을 기준으로 10억원을 초과하는 개인사업자는 제외) ② 영수증만을 발급해야 하는 간이과세자	① 신용카드매출전표 ② 현금영수증(조특법 126의3) ③ 직불카드영수증 · 기명식선불카드영수증 등(*주2)

(*주1) 여기서 전기통신사업법에 따른 부가통신사업자로서 통신판매업자의 판매를 대행 또는 중개하는 자가 발급하는 것을 포함한다.

(*주2) 여기에는 전자금융거래법에 따른 [㉠ 직불전자지급수단 영수증, ㉡ 선불전자지급수단 영수증(실제 명의가 확인되는 것으로 한정한다), ㉢ 전자지급결제대행에 관한 업무를 하는 금융회사 또는 전자금융업자를 통한 신용카드매출전표]를 포함한다.

2) 세액공제액 : 다음의 금액을 해당 사업자의 납부세액에서 공제[3]한다(부가법 46 ① (3)).

신용카드매출전표 발급 등에 대한 세액공제액 : MIN(①, ②)
① (신용카드매출전표 등의 발급금액 + 결제금액) × 공제율(1.3%*) * 2027.1.1. 이후부터는 1% ② 공제한도액* : 연간 1,000만원 * 제2기 과세기간 공제한도액 : 연간 1,000만원 − 이미 공제받은 세액

(2) 가맹점 가입 대상자 지정 및 경정대상

국세청장은 소매업, 음식점업, 숙박업 또는 그 밖에 주로 사업자가 아닌 소비자를 대상으로 하는 사업을 경영하는 자로서 사업규모 및 지역 등을 고려하여 정하는 자에 대해서 납세관리에 필요하다고 인정하면 신용카드가맹점 가입 대상자 또는 현금영수증가맹점 가입 대상자로 지정하여 신용카드가맹점 또는 현금영수증가맹점으로 가입하도록 지도할 수 있다(부가법 46 ④, 부가령

3) 이 경우 공제받는 금액이 그 금액을 차감하기 전의 납부할 세액[납부세액에서 빼거나 더할 세액(가산세는 제외)을 빼거나 더하여 계산한 세액을 말하며, 그 계산한 세액이 '0'보다 작으면 '0'으로 본다]을 초과하면 그 초과하는 부분은 없는 것으로 본다(부가법 46 ② 후단). 따라서 초과부분은 환급되지 않는다.

88 ⑦).

이처럼 가맹점 가입 대상자로 지정받은 사업자가 정당한 사유 없이 신용카드가맹점 또는 현금영수증가맹점으로 가입하지 않은 경우로서 사업 규모나 영업 상황으로 보아 신고 내용이 불성실하다고 판단되는 경우에는 부가가치세를 물론이고 소득세 또는 법인세의 과세표준과 세액을 경정한다(부가령 68 ② (4), 소법 80 ② (3), 법법 66 ② (3)).

(3) 현금영수증가맹점에 대한 소득세 세액공제

현금영수증가맹점이 현금영수증(거래건별 5천원 미만의 거래에 한정하며, 발급승인시 전화망을 사용한 것을 말한다)을 발급하는 경우 다음의 금액을 해당 과세기간의 소득세 산출세액에서 공제받을 수 있다. 이 경우 공제세액은 산출세액을 한도로 한다(조특법 126의3 ②).

> 공제세액 = 해당 과세기간별 건당 5천원 미만 현금영수증 발급건수×20원

2. 공급받는 자

(1) 신용카드매출전표수령명세서 제출분 매입세액공제의 허용(공급받은 자에 대한 혜택)

신용카드매출전표 등은 영수증으로 본다(부가법 36 ⑤). 따라서 이것을 발급받은 사업자는 원칙적으로 매입세액공제를 받을 수 없다.

그러나 사업자가 다음의 (1) 해당 사업자로부터 재화·용역을 공급받고 부가가치세액이 별도로 구분되는 신용카드매출전표 등을 발급받은 경우로서 다음의 (2) 요건을 모두 충족하는 경우 그 부가가치세액은 공제할 수 있는 매입세액으로 본다(부가법 46 ③, 부가령 88 ⑤). 이는 공급받는 사업자에게 매입세액공제를 허용하여 납세편의를 높이기 위한 것이다.

구분	내용
(1) 해당 사업자(공급하는 자)	일반과세자 및 간이과세자[① 영수증 발급대상사업 중 세금계산서 발급금지 사업(p.248)을 경영하는 사업자와 ② 간이과세자 중 영수증만을 발급해야 하는 자(p.245)는 제외]
(2) 공급받는 사업자가 갖추어야 할 요건	① 신용카드매출전표등수령명세서를 제출할 것 ② 신용카드매출전표 등을 그 거래사실이 속하는 과세기간에 대한 확정신고기한 후 5년간 보관할 것(소득세법 또는 법인세법에 따라 증명 자료를 보관한 경우에는 신용카드매출전표 등을 보관하는 것으로 본다) ③ 간이과세자가 영수증을 발급해야 하는 기간에 발급한 신용카드매출전표 등이 아닐 것

(2) 신용카드 등 사용금액에 대한 소득공제

근로소득이 있는 거주자가 사업자로부터 재화나 용역을 제공받고 신용카드 등을 사용하여 지급하는 금액의 연간 합계액이 해당 과세연도의 총급여액의 25%를 초과하는 경우에는 일정액을 해당 과세연도의 근로소득금액에서 공제한다(조특법 126의2 ①).

(3) 현금거래 확인제도

신용카드 등 사용금액에 대해 소득공제를 받을 수 있는 재화나 용역을 제공하는 사업자로부터 재화·용역을 공급받은 자가 그 대가를 현금으로 지급하였으나 현금영수증을 발급받지 못한 경우에는 현금거래 사실에 관하여 관할세무서장의 확인을 받은 때에는 현금영수증을 발급받은 것으로 본다(조특법 126의5 ①, 조특령 121의5 ①). 그 취지는 현금거래 후 사업자로부터 현금영수증을 발급받지 못한 소비자가 현금거래사실에 관하여 관할세무서장에게 신고하여 확인받는 경우 현금영수증을 발급받은 것으로 인정함으로써 주로 소비자에게 공급하는 사업자의 과세표준을 양성화하는 데 있다.

이 경우 현금영수증을 발급하지 않은 사업자에 대해서는 해당 금액에 대해 부가가치세법에 따른 신용카드매출전표 발행 등에 대한 세액공제를 적용하지 않으며, 현금거래사실을 확인받은 근로소득자는 신용카드 등 사용금액에 대한 소득공제를 받을 수 있다(조특법 126의5 ①,②, 126의2 ① (2)).

연습문제

1 부가가치세법에 따른 거래징수에 관하여 설명하시오. (10점)

2 현행 세제에서 자영업자의 과세표준을 양성화하는 문제가 매우 중요한 이슈로 대두되고 있다. 다음의 물음에 답하시오. (1999년, 50점)

【물음 1】 부가가치세는 '세금계산서에 의한 세제'라고 하는데, 그 이유를 설명하고 논평하시오. (10점)

【물음 2】 신용카드제도를 설명하고, 그 활용을 극대화하기 위한 제도를 설명하시오. (10점)

【물음 3】 부가가치세의 납세의무자는 일반과세자와 간이과세자로 분류된다. 이러한 과세유형의 분류기준을 설명하고, 그 기준의 불합리성과 개선방안을 설명하시오. (10점)

【물음 4】 세금계산서 및 신용카드와 관련된 음성·탈루소득 사례를 설명하고, 그 개선방안이 사회적으로 강력한 세무조사라는 것에 대한 당신의 견해를 논평하시오. (10점)

【물음 5】 부가가치세법에 따른 주사업장 총괄납부제도와 개별소비세법에 따른 총괄납부제도를 비교하시오. (10점)

3 부가가치세법에 따른 세금계산서와 관련하여 다음 물음에 답하시오. (2006년, 35점)

【물음 1】 세금계산서의 기능과 문제점에 대해 쓰시오.

【물음 2】 소급작성된 세금계산서를 발급받은 자의 부가가치세액 계산시 논란이 되고 있는 다툼에 대해 논하시오.

【물음 3】 세금계산서가 허위 또는 부실기재된 경우 과세상 불이익에 대해서 설명하시오.

4 현행 부가가치세와 세금계산서와의 관계에 대해서 약술하시오. (10점)

5 신용카드를 사용하는 경우 과세자료를 확보할 수 있어 과세당국에서는 신용카드사용을 적극 권장하고 있다. 신용카드를 사용하는 경우 부가가치세법에서 어떤 이점이 있는가? 공급하는 자와 공급받는 자를 구분하여 설명하시오. (2003년, 9점)

6 현금영수증 수수(授受)는 현금매출에 관련된 과세자료를 확보할 수 있어 과세당국에서는 현금영수증 수수를 적극 권장하고 있다. 현금영수증을 수수하는 경우 부가가치세법에 따른 어떤 이점이 있는지를 공급하는 자와 공급받는 자로 구분하여 설명하시오. (15점)

제1편 부가가치세법

제7장 납부세액

제1절 매입세액공제

Ⅰ 서 설

현행 부가가치세법은 전단계세액공제법을 취하고 있다. 즉 부가가치세 납부세액은 매출세액에서 매입세액을 뺀 금액으로 한다. 이 경우 매출세액을 초과하는 부분의 매입세액은 환급세액으로 한다(부가법 37 ②).

이처럼 각 거래단계의 사업자가 납부하는 납부세액은 매출세액에서 매입세액을 차감하여 계산하지만, 그 결과는 사업자가 창출한 부가가치에 대해 10%의 세율을 적용하여 계산한 것과 같게 된다. 여기서 매출세액은 해당 사업자단계까지 창출된 부가가치에 대한 세액의 합계액이다. 그러므로 공급받을 때 거래징수당한 매입세액, 즉 전단계까지 창출된 부가가치에 대한 세액의 합계액이 공제됨으로써 해당 사업자가 창출한 부가가치에 대해 과세하는 결과가 된다. 따라서 전단계세액공제법을 취하고 있는 현행 부가가치세에서 매입세액공제는 누적효과의 방지를 위한 핵심적인 제도적 장치인 것이다.

Ⅱ 공제하는 매입세액의 범위

납부세액을 계산할 때 매출세액에서 공제하는 매입세액은 다음의 금액으로 한다(부가법 38 ①, ②,③).

공제하는 매입세액	공제시기
① 사업자가 자기의 사업을 위하여 사용하였거나 사용할 목적으로 공급받은 재화·용역에 대한 부가가치세액*	재화·용역을 공급받는 시기가 속하는 과세기간의 매출세액에서 공제
② 사업자가 자기의 사업을 위하여 사용하였거나 사용할 목적으로 수입하는 재화의 수입에 대한 부가가치세액	재화의 수입시기가 속하는 과세기간의 매출세액에서 공제

* 매출세액에서 공제하는 매입세액에는 '사업양수시 양수자의 대리납부제도'에 따라 양수자가 납부한 부가가치세액을 포함한다.

1. 공제의 요건

1) 공제하는 매입세액 : ① 재화·용역을 공급받을 때 거래징수당한 부가가치세액 또는 ② 재화를 수입할 때 세관장에게 납부한 부가가치세액을 말한다. 따라서 공급받거나 수입할 때 거래징수 또는 납부한 사실이 증명되어야 하며, 이는 세금계산서 또는 수입세금계산서를 발급받아 그 합계표를 제출함으로써 이루어진다. 한편 세금계산서를 발급받지 못한 경우에는 매입자발행세금계산서를 발급받아 매입세액을 공제받을 수 있다(부가령 71의2 ⑪).

다만, 다음의 경우에는 세금계산서 없이도 특별히 매입세액공제를 받을 수 있다.

① 신용카드매출전표등수령명세서 제출분 매입세액

② 면세농산물 등에 대한 의제매입세액

③ 재활용폐자원 등에 대한 매입세액

2) 자기의 사업을 위하여 사용되는 것일 것 : 여기서 '사업'이란 과세사업만을 의미한다. 따라서 사업과 관련이 없는 매입세액이나 면세사업에 관련된 매입세액은 공제될 수 없는 것이다.

2. 공제의 시기

자기 사업을 위하여 ① '사용하였거나 ② 사용할' 재화·용역에 대한 매입세액이어야 한다. 이것은 과세사업에 ① 이미 사용된 것 뿐 아니라, ② 아직 사용하지 않았지만 앞으로 사용될 예정인 것도 공제대상이 되는 것이다. 따라서 매입세액은 재화·용역을 공급받는 시기(또는 재화의 수입시기)가 속하는 과세기간의 매출세액에서 공제한다(부가법 38 ②,③). 따라서 공급받은 과세기간을 달리하여 매입세액을 공제하는 것은 허용되지 않는다. 이처럼 과세사업에 사용시점이 아닌 공급받은 시기에 공제하는 취지는 사업자가 부담한 매입세액을 조기에 회수하여 투자를 촉진하는 데 있다. 이것은 부가가치의 범위에 중간재구입액과 자본재 구입액을 모두 구입시점에서 제외하는 소비형 부가가치세를 채택한 결과이기도 하다.

그런데 과세사업과 면세사업을 겸영하는 사업자가 과세사업에 사용할 목적으로 매입세액을 공제받은 후 그 재화를 면세사업에 전용하는 경우에는 ① 재화의 공급의제가 적용되며, 과세사업과 면세사업에 공통으로 사용할 목적으로 매입하여 ② 공통매입세액 안분계산을 적용받은 후 면세비율이 5% 이상 증가하거나 감소한 경우에는 납부세액을 재계산한다. 이러한 제도들은 매입세액의 공제를 매입시점에서 공제함으로써 발생하는 문제점을 보정하기 위한 것으로서 사후적으로 매입세액공제를 정산하는 기능을 수행한다.

Ⅲ 매입세액 불공제

일정한 매입세액은 실제로 거래징수당한 경우에도 매출세액에서 공제하지 않는데, 그 내용은 다음과 같다(부가법 39 ①).

1. 세금계산서 미수취 · 불명분 매입세액

1) 원 칙 : ① 세금계산서를 발급받지 않은 경우의 매입세액 또는 ② 발급받은 세금계산서에 필요적 기재사항의 전부 또는 일부가 적히지 않았거나 사실과 다르게 적힌 경우의 매입세액*은, 매출세액에서 공제하지 않는다(부가법 39 ① (2) 본문). 따라서 영수증이나 그 밖의 객관적인 증명서류에 의해 부가가치세액을 거래징수당한 사실이 증명되더라도 세금계산서를 발급받지 않은 경우(공급시기 후에 세금계산서를 발급받은 경우 포함) 또는 세금계산서가 불명(不明)인 경우에는 매입세액공제가 허용되지 않는 것이 원칙이다.

* 공급가액이 사실과 다르게 적힌 경우에는 실제 공급가액과 사실과 다르게 적힌 금액의 차액에 해당하는 세액을 말한다.

2) 예 외 : 다음 중 어느 하나에 해당하는 경우에는 매입세액공제가 허용된다(부가법 39 ① (2) 단서, 부가령 75).

① 사업자등록을 신청한 사업자가 사업자등록증 발급일까지의 거래에 대해서 해당 사업자 또는 대표자의 주민등록번호를 적어 발급받은 경우

② 발급받은 세금계산서의 필요적 기재사항 중 일부가 착오(錯誤)로 사실과 다르게 적혔으나 그 세금계산서에 적힌 나머지 필요적 기재사항 또는 임의적 기재사항으로 보아 거래사실이 확인되는 경우

③ 재화 · 용역의 공급시기 이후에 발급받은 세금계산서로서 해당 공급시기가 속하는 과세기간에 대한 확정신고기한까지 발급받은 경우

④ 전자세금계산서 의무발급 사업자로부터 발급받은 전자세금계산서로서 국세청장에게 전송되지 않았으나 발급한 사실이 확인되는 경우

⑤ 전자세금계산서 의무발급 사업자로부터 전자세금계산서 외의 세금계산서로서 재화 · 용역의 공급시기가 속하는 과세기간에 대한 확정신고기한까지 발급받았고, 그 거래사실도 확인되는 경우

⑥ 실제로 재화 · 용역을 공급하거나 공급받은 사업장이 아닌 사업장을 적은 세금계산서를 발급받았더라도 ㉠ 그 사업장이 총괄하여 납부하거나 사업자단위과세 사업자에 해당하는 사업장인 경우로서 ㉡ 그 재화 · 용역을 실제로 공급한 사업자가 관할세무서장에게 해당 과세기간에 대한 납부세액을 예정신고 · 확정신고하고 납부한 경우

⑦ 재화 · 용역의 공급시기가 속하는 과세기간에 대한 확정신고기한이 지난 후 세금계산서를 발급받았더라도 그 세금계산서의 발급일이 확정신고기한 다음 날부터 1년 이내이고 다음 중 어느 하나에 해당하는 경우

㉠ 「국세기본법 시행령(25 ①, 25의3)」에 따른 과세표준수정신고서와 경정청구서를 세금계산서와 함께 제출하는 경우

㉡ 해당 거래사실이 확인되어 관할세무서장, 관할지방국세청장 또는 국세청장(이하 '관할세무서장 등'이라 한다)이 결정 또는 경정하는 경우

⑧ 재화 · 용역의 공급시기 전에 세금계산서를 발급받았더라도 재화 · 용역의 공급시기가 그 세금계산서의 발급일부터 6개월 이내에 도래하고 해당 거래사실이 확인되어 관할세무서장 등이 결정 또는 경정하는 경우

[도 표] 예외적으로 매입세액이 공제되는 경우 가산세 부과

예외적으로 매입세액이 공제되는 사유	공급받는 사업자에 대한 가산세
(1) 본문 ① · ② · ④ · ⑤ · ⑥ 및 아래 참고사항(①~⑦)의 경우	가산세 없음
(2) 본문 ③ · ⑦ · ⑧의 경우 [세금계산서 지연수취(③ · ⑦) · 사전수취(⑧)의 경우]	공급가액×0.5% (p.388 참조 : 지연수취 등의 가산세)

참고사항 거래의 실질 착오에 따른 세금계산서 발급 오류에 대한 매입세액공제 허용

발급받은 세금계산서에 필요적 기재사항이 사실과 다르게 적힌 경우에도 다음 중 어느 하나에 해당하는 경우로서 그 거래사실이 확인되고 거래 당사자가 관할세무서장에게 해당 납부세액을 예정신고 · 확정신고하고 납부한 경우에 매입세액은 매출세액에서 공제한다(부가령 75 (9)).

구분	거래형태 착오의 내용
위탁매매 등	① 거래의 실질이 위탁매매(또는 대리인에 의한 매매)에 해당함에도 불구하고 거래 당사자 간 계약에 따라 위탁매매(또는 대리인에 의한 매매)가 아닌 거래로 하여 세금계산서를 발급받은 경우 ② 거래의 실질이 위탁매매(또는 대리인에 의한 매매)에 해당하지 않음에도 불구하고 거래 당사자간 계약에 따라 위탁매매(또는 대리인에 의한 매매)로 하여 세금계산서를 발급받은 경우
주선 · 중개	③ 거래의 실질이 용역의 공급에 대한 주선·중개에 해당함에도 불구하고 거래 당사자 간 계약에 따라 용역의 공급에 대한 주선·중개가 아닌 거래로 하여 세금계산서를 발급받은 경우 ④ 거래의 실질이 용역의 공급에 대한 주선·중개에 해당하지 않음에도 불구하고 거래 당사자 간 계약에 따라 용역의 공급에 대한 주선·중개로 하여 세금계산서를 발급받은 경우
위탁용역	⑤ 다른 사업자로부터 사업(용역을 공급하는 사업으로 한정한다. 이하 같다)을 위탁받아 수행하는 사업자가 위탁받은 사업의 수행에 필요한 비용을 사업을 위탁한 사업자로부터 지급받아 지출한 경우로서 해당 비용을 공급가액에 포함해야 함에도 불구하고 거래 당사자 간 계약에 따라 이를 공급가액에서 제외하여 세금계산서를 발급받은 경우 ⑥ 다른 사업자로부터 사업을 위탁받아 수행하는 사업자가 위탁받은 사업의 수행에 필요한 비용을 사업을 위탁한 사업자로부터 지급받아 지출한 경우로서 해당 비용을 공급가액에서 제외해야 함에도 불구하고 거래 당사자 간 계약에 따라 이를 공급가액에 포함하여 세금계산서를 발급받은 경우

매출에누리	⑦ 에누리에 해당하는 금액*을 공급가액에 포함하지 않아야 함에도 불구하고 거래당사자 간 계약에 따라 해당 금액을 과세표준에서 공제하지 않는 장려금이나 이와 유사한 금액**으로 보고 이를 공급가액에 포함하여 세금계산서를 발급받은 경우 * '에누리에 해당하는 금액'이란 재화나 용역을 공급할 때 그 품질이나 수량, 인도조건 또는 공급대가의 결제방법이나 그 밖의 공급조건에 따라 통상의 대가에서 일정액을 직접 깎아 주는 금액을 말한다(부가법 29 ⑤ (1)). ** 사업자가 재화·용역을 공급받는 자에게 지급하는 장려금(將勵金)이나 이와 유사한 금액은 과세표준에서 공제하지 않는다(부가법 29 ⑥).

예규판례 실제 공급자와 세금계산서상의 공급자가 다른 경우, 공급받는 자가 매입세액을 공제받기 위한 요건

실제 공급자와 세금계산서상의 공급자가 다른 세금계산서는 공급받는 자가 세금계산서의 명의위장 사실을 알지 못하였고 알지 못한 데에 과실이 없다는 특별한 사정이 없는 한 그 매입세액을 공제 내지 환급받을 수 없으며, 공급받는 자가 위와 같은 명의위장 사실을 알지 못한 데에 과실이 없다는 점은 매입세액의 공제 내지 환급을 주장하는 자가 이를 입증해야 할 것이다(대법원 2002.6.28. 선고 2002두2277 판결 등 참조).

위와 같은 법리와 기록에 비추어 살펴보면, 원심이 그 판시와 같은 인정사실에 기초하여 원고가 이 사건 명의위장매입과 관련한 세금계산서상의 명의자가 실제공급자가 아님을 알지 못했거나, 알지 못한 데에 과실이 없다고 인정되지 아니한다고 하여 그 매입세액을 공제 내지 환급받을 수 없다고 판단한 것은 정당하고, 거기에 채증법칙을 위배하거나 세금계산서의 허위에 관한 법리 오해 등의 위법이 있다고 할 수 없다(대법원 2009.6.11. 선고 2009두1808 판결).

위와 같이 공급받은 사업자에게 매입세액공제 여부를 결정하는 이유에 대해서 대법원 판례는 다음과 같이 설명하고 있다.

전단계세액공제법을 채택하고 있는 현행 부가가치세법 체계에서 세금계산서 제도는 당사자 간의 거래를 노출시킴으로써 납세자 간 상호검증의 기능을 갖고 있으며, 세액의 산정 및 상호검증이 과세기간별로 행하여지는 부가가치세의 특성상 위와 같은 상호검증 기능이 제대로 작동하기 위해서는 세금계산서의 작성·발급이 늦더라도 공급시기가 속하는 과세기간에 대한 확정신고기한의 다음 날부터 1년 이내에는 이루어지는 것이 필수적이기 때문이다. 따라서 확정신고기한의 다음 날부터 1년이 지난 후에 작성한 세금계산서는(작성일자를 공급시기로 소급하여 작성하였다 하더라도) '필요적 기재사항의 일부가 사실과 다르게 기재된' 세금계산서에 해당하므로 이 경우의 매입세액은 매출세액에서 공제될 수 없다고 한다(대법원 2004.11.18. 선고 2002두5771 전원합의체 판결).

[도 표] 공급시기가 지난 후에 세금계산서 발급·수취시 불이익

구분	공급시기가 지난 후에 세금계산서 발급·수취	
	확정신고기한 이내인 경우	확정신고기한이 지난 경우
공급하는 사업자	• T/I지연발급가산세 : 부과 ○ ※ 공급가액×1%	• T/I미발급가산세 : 부과 ○ ※ 공급가액×2%

	확정신고기한 이내인 경우	확정신고기한의 다음 날부터 1년 이내인 경우
공급받는 사업자	• 매입세액 : 공제 ○ • T/I지연수취가산세 : 부과 ○ ※ 공급가액×0.5%	• 매입세액 : 공제 ○ • T/I지연수취가산세 : 부과 ○ ※ 공급가액×0.5%
		확정신고기한의 다음 날부터 1년이 지난 경우
		• 매입세액 : 공제 × • T/I지연수취가산세 : 부과 ×

[도 표] 공급시기가 지난 후 세금계산서 발급시 부가가치세법상 취급

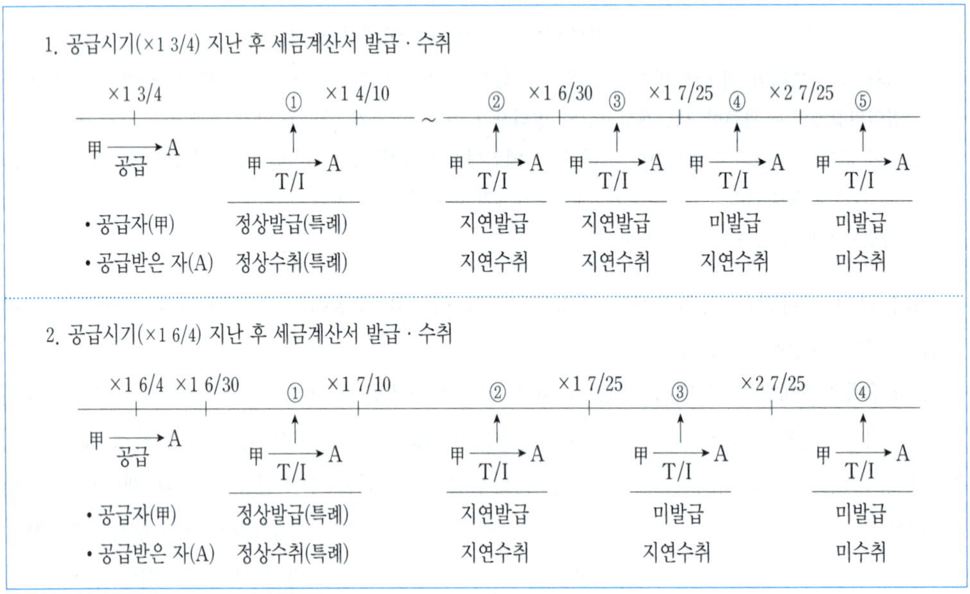

2. 매입처별세금계산서합계표 미제출 · 불명분 매입세액

1) 원칙 : 매입처별 세금계산서합계표를 제출하지 않은 경우의 매입세액 또는 제출한 매입처별 세금계산서합계표의 기재사항 중 ① 거래처별 등록번호 또는 ② 공급가액의 전부 · 일부가 적히지 않거나 사실과 다르게 적힌 경우 그 기재사항이 적히지 않은 부분 또는 사실과 다르게 적힌 부분의 매입세액은 매출세액에서 공제하지 않는다(부가법 39 ① (1) 본문, 부가령 74).

2) 예외 : 다음 중 어느 하나에 해당하는 경우에는 매입세액공제가 허용된다(부가법 39 ① (1) 단서, 부가령 74).

구분	비고
① 매입처별 세금계산서합계표의 거래처별 등록번호 또는 공급가액이 착오로 사실과 다르게 적힌 경우로서 발급받은 세금계산서에 의해 거래사실이 확인되는 경우	가산세 없음
② 매입처별 세금계산서합계표(또는 신용카드매출전표 등 수령명세서)를, ㉠ 과세표준수정신고서와 함께 제출하는 경우 ㉡ 경정청구서와 함께 제출하여 경정기관이 경정하는 경우 ㉢ 기한후과세표준신고서와 함께 제출하여 관할세무서장이 결정하는 경우	
③ 관할세무서장 등이 과세표준과 세액을 경정을 하는 경우 사업자가 발급받은 세금계산서 또는 신용카드매출전표 등을 경정기관의 확인을 거쳐 해당 경정기관에 제출하는 경우	가산세 있음

3. 그 밖의 매입세액 불공제

(1) 사업과 직접 관련이 없는 지출에 대한 매입세액

사업과 직접 관련이 없는 지출에 대한 매입세액은 공제되지 않는데, 그 지출의 범위는 다음과 같다(부가법 39 ① (4), 부가령 77).

① 법인세법 · 소득세법에 따른 업무무관비용

② 법인세법에 따른 공동경비 중 분담기준금액을 초과하는 금액

예규판례 국가 · 공익단체 등에 무상으로 공급하는 재화의 매입세액 공제

자기의 사업과 관련하여 생산하거나 취득한 재화를 국가 · 지방자치단체 등에 무상으로 공급하는 경우 해당 재화의 매입세액은 매출세액에서 공제하나, 자기의 사업과 관련없이 취득한 재화를 국가 · 지방자치단체 등에 무상으로 공급하는 경우 해당 재화의 매입세액은 공제하지 않는다(부기통 38-0-6). ■

예규판례 매출세액에서 공제하는 매입세액의 기준인 '사업 관련성' 유무의 판단 기준

현행 부가가치세 과세방법은 원칙적으로 사업자의 자기생산 부가가치에 대해서만 과세가 이루어지도록 하기 위하여 납부세액 산출방식에 있어 자기생산 부가가치와 매입 부가가치를 합한 금액을 공급가액으로 하고, 이에 대해 징수할 매출세액에서 매입 부가가치에 대해서 지출된 매입세액을 공제하도록 하는 기본적 구조를 채택하고 있다. 이러한 구조 하에서 부가가치세법은 매출세액에서 공제하는 매입세액에 관하여 '자기의 사업을 위하여 사용되었거나 사용될' 재화 · 용역의 공급이나 수입에 대한 세액에 해당하는 이상 그 전부를 공제하도록 규정함으로써 그 기준을 사업 관련성에 두고 있으며, 공제하지 않는 매입세액의 하나로 들고 있는 '사업과 직접 관련이 없는 지출에 대한 매입세액'은 부가가치세의 원리상 당연히 매출세액에서 공제될 수 없는 경우를 규정하고 있는 것으로 이해된다. 따라서 사업 관련성이 없는 지출에 대한 매입세액은 부가가치세법 규정에 따라 매출세액에서 공제될 수 없고, 여기에서 사업 관련성의 유무는 지출의 목적과 경위, 사업의 내용 등에 비추어 그 지출이 사업의 수행에 필요한 것이었는지를 살펴 개별적으로 판단해야 한다.

甲주식회사가 시장정비사업을 추진하면서 사업구역 내 토지의 대부분을 소유한 乙주식회사의 주식인수를 위해 지출한 컨설팅대금 25억원에 대한 매입세액을 공제하여 부가가치세 환급신청을 하였는데, 과세관청이 위 매입세액이 부가가치세법에서 정한 '사업과 직접 관련이 없는 지출에 대한 매입세액'에 해당한다는 이유로 거부한 사안에서, 제반 사정에 비추어 甲회사가 시장정비사업을 추진하기 위해서는 사업구역 내 토지의 대부분을 소유한 乙회사를 인수할 필요가 있어 그 주식인수를 위한 컨설팅대금 지출은 위 사업에 필요한 것으로서 사업 관련성이 있으므로, 그에 대한 매입세액은 불공제대상 매입세액에 해당하지 않는다는 이유로, 이와 달리 본 원심판결에 법리오해의 위법이 있다(대법원 2012.7.26. 선고 2010두12552 판결).

(2) 영업용이 아닌 승용자동차의 구입과 임차 및 유지에 관한 매입세액

① '승용자동차'란 개별소비세 과세대상이 되는 승용자동차를 말한다(부가법 39 ① (5)). 여기에는 자동차관리법에 따른 자동차 구분기준에 따라 승용자동차(정원 8인 이하 승용자동차에 한정하되, 배기량 1,000cc 이하인 것은 제외)는 물론이고 이륜자동차(배기량 125cc 초과하는 것만 해당한다) 및 캠핑용자동차(캠핑용 트레일러 포함)가 모두 포함된다. 따라서 이러한 승용자동차가 아닌 9인승 또는 10인승의 승용자동차, 승합자동차 및 화물자동차에 관련된 부가가치세 매입세액은 공제된다(개별소비세법 별표 1 (6)). 그리고 ② '영업용'이란 운수업, 자동차판매업, 자동차임대업, 운전학원업, 무인경비업(기계경비업무를 하는 경비업을 말하며, 이 경우 자동차는 출동차량에 한정함) 및 이들 업종과 유사한 업종에 직접 영업으로 사용되는 것을 의미하므로, 그 외의 목적으로 사용하는 것은 영업용이 아니다(부가법 39 ① (5), 부가령 78). 따라서 사업을 위하여 사용되는 경우에도 직접 영업에 사용하지 않으면 영업용이 아닌 것이다.

이러한 영업용이 아닌 승용자동차도 사업을 위해 사용될 수 있으나, 단순히 임직원의 편의를 위해 사용되는 경우도 많고 또 이를 구분하기가 사실상 매우 어렵다. 따라서 부가가치세법은 이를 일률적으로 사업과 직접 관련이 없는 지출에 대한 매입세액으로 보고 그 공제를 허용하지 않고 있다.

(3) 업무추진비 및 이와 유사한 비용의 지출에 관련된 매입세액

업무추진 목적의 접대, 교제, 사례를 위한 비용도 사업을 위해 사용될 수 있으나, 단순히 임직원의 개인적인 목적으로 사용되는 경우도 많고 또한 이를 구분하기가 사실상 매우 어렵다. 따라서 승용자동차와 마찬가지로 부가가치세법은 일률적으로 사업과 직접 관련이 없는 지출로 보고 그에 대한 매입세액을 공제하지 않는 것이다(부가법 39 ① (6), 부가령 79).

예규판례 접대목적의 골프회원권의 취득비용은 접대비(현행 업무추진비를 말한다. 이하 같다)로 보아 매입세액 불공제하는지 여부

가. 원심은 제1심판결 이유를 인용하여, ① 반도체 관련장비 제조업 등을 영위하는 법인인 원고가 거래처 접대에 사용할 목적으로 2009.1.29. 주식회사 CCC로부터 골프회원권을 OOOO원(공급가액 OOOO원, 부가가치세 OOOO원)에 매입한 후, 그 매입세액(이하 '이 사건 매입세액'이라 한다)을 매출세액에서 공제하여 2009

년 제1기분 부가가치세 예정신고를 한 사실, ② 피고는 이 사건 매입세액이 부가가치세법 제17조 제2항 제3호의2가 정하고 있는 매입세액 불공제대상에 해당한다는 이유로 2011.7.11. 원고에게 2009년 제1기분 부가가치세 OOOO원을 경정 · 고지하는 이 사건 처분을 한 사실 등을 인정하였다.

나아가 원심은, 법인이 업무와 관련하여 접대의 목적으로 지출하는 금액은 그 명목 여하에 상관없이 매입세액 불공제대상인 접대비로 보아야 하고, 법인이 이를 자산의 취득으로 분류하여 장부에 계상하였다고 하더라도 그것이 오로지 접대를 목적으로 취득한 것이 분명하다면 그 취득비용은 매입세액 불공제대상인 접대비에 해당한다고 전제한 다음, 원고가 오로지 거래처의 접대를 목적으로 골프회원권을 구입한 이상 위 골프회원권의 취득비용은 매입세액 불공제대상인 접대비로 보아야 한다는 이유로, 이 사건 처분이 적법하다고 판단하였다.

나. 부가가치세법 제17조 제2항 제2호는 사업과 '직접'관련이 없는 지출에 대한 매입세액을 매입세액 불공제대상으로 규정하고 있는데, 제3호 및 제3호의2는 이를 구체화한 것으로 보이는 점, 접대용 자산의 취득비용은 접대비와 마찬가지로 사업과 직접 관련이 있는 지출에 해당한다고 보기 어려운 점, 부가가치세법 제17조 제2항 제3호의2의 취지는 접대비 등의 지출에 소요된 매입세액을 사업자가 부담하도록 함으로써 소비성 경비의 하나인 접대비 등의 지출을 억제하도록 하고자 함에 있고, 그 문언도 '접대비 및 이와 유사한 비용'으로 규정하고 있어 이를 회계학상 비용으로만 국한하여 볼 것은 아닌 점 등에 비추어 보면, 이 사건 매입세액이 매입세액 불공제대상에 해당한다고 본 원심의 판단은 정당하고, 거기에 부가가치세법 제17조 제2항 제3호의2가 규정하는 매입세액 불공제대상에 관한 법리를 오해한 잘못이 없다(대법원 2013두14887, 2013.11.28). ■

부가 07

(4) 면세사업 등에 관련된 매입세액

부가가치세 면세사업 등에 관련된 매입세액(면세사업 등을 위한 투자에 관련된 매입세액 포함)은 매출세액에서 공제하지 않는다(부가법 39 ① (7)). 여기서 '면세사업 등'에는 부가가치세가 과세되지 않는 재화 · 용역을 공급하는 사업(즉 비과세사업)을 포함한다.[1]

(5) 토지에 관련된 매입세액

토지의 조성 등을 위한 자본적 지출에 관련된 매입세액으로서 다음 중 어느 하나에 해당하는 것은 공제하지 않는다(부가법 39 ① (7), 부가령 80).

① 토지의 취득 및 형질변경, 공장부지 및 택지의 조성 등에 관련된 매입세액

② 건축물이 있는 토지를 취득하여 그 건축물을 철거하고 토지만을 사용하는 경우에는 철거한 건축물의 취득 및 철거 비용과 관련된 매입세액. 여기서 '토지만을 사용하는 경우'란 토지를 나대지로 사용하는 경우뿐만 아니라 신축 건물의 부지로 사용하는 경우를 포함한다(대법원 2008.02.01. 선고 2007두2524 판결).

③ 토지의 가치를 현실적으로 증가시켜 토지의 취득원가를 구성하는 비용에 관련된 매입세액

---

1) 카지노사업의 수입은 고객으로부터 카지노시설물 입장의 대가로 받는 입장료수입과 카지노시설물에 입장한 고객이 도박을 하기 위해 건 돈에서 고객이 받아간 돈을 제외한 도박수입으로 대별될 수 있는데, 입장료수입은 부가가치세 과세대상에 해당하나 도박수입은 부가가치를 창출하는 것이 아니어서 부가가치세 과세대상에 해당하지 않으므로 카지노사업은 부가가치세 과세사업과 부가가치세 비과세사업을 함께 하는 사업에 해당한다(대법원 2006.10.27. 선고 2004두13288 판결).

이처럼 토지의 자본적 지출에 관련된 매입세액은 해당 토지가 과세사업에 사용된 경우에도 일률적으로 이를 공제하지 않는다. 토지는 그 용도에 관계없이 항상 면세재화에 해당하므로, 그 일부를 구성하는 자본적 지출분도 항상 면세로 취급되어야 하기 때문이다.

예규판례 타인 소유의 토지조성을 위한 자본적지출에 해당하는 매입세액공제 여부

서울특별시 소유 토지에 청구법인이 골프장을 조성하여 기부채납하고 그 대가로 일정기간 무상사용수익권을 취득한 과세거래에 있어서, 처분청은 해당 공사가 골프장용 토지를 조성하기 위한 공사에 해당하고, 그 공사비는 토지의 조성을 위한 자본적지출로 봄이 타당하므로 이와 관련된 매입세액은 매출세액에서 공제할 수 없다는 주장이나, 부가가치세의 납부세액을 산출하기 위한 매입세액의 공제 여부는 해당 사업이 면세사업이냐 과세사업이냐에 달려 있는바, 청구법인과 같이 과세사업을 위하여 지출한 매입세액은 부가가치세법 제17조 제1항의 매입세액공제에 관한 원칙적 규정에 의거하여 이를 매출세액에서 공제해야 하는 것(대법원 94누1449)이고, 또한 이건 지출이 토지에 대한 자본적지출에 해당되어 부가가치세법 제17조 제2항 제4호의 규정에 따라 매입세액공제대상이 될 수 없다는 주장에 대해서는, ○○공원 토지가 서울특별시 소유로 청구법인이 타인소유 토지를 개발해 주고 무상사용권을 대신 획득한 경우이므로, 법인세법시행령 제31조 제2항에서 "자본적지출이란 법인이 소유하는 감가상각자산의 내용연수를 연장시키거나 해당 자산의 가치를 현실적으로 증가시키기 위하여 지출한 수선비를 말한다."라고 규정하고 있는 바, 자기소유가 아닌 토지에 관련된 매입세액을 자본적지출로 보아 불공제함은 타당하지 않다고 할 것이다(國審 99서137).

(6) 사업자등록을 신청하기 전의 매입세액

사업자등록을 신청하기 전의 매입세액은 매출세액에서 공제하지 않는다. 다만, 공급시기가 속하는 과세기간이 끝난 후 20일 이내에 등록을 신청한 경우 등록신청일부터 공급시기가 속하는 과세기간 기산일(1.1. 또는 7.1.을 말한다)까지 역산한 기간 내의 매입세액은 매출세액에서 공제한다(부가법 39 ① (8)).

예규판례 매입세액 공제가 부인되는 세금계산서 기재사항이 사실과 다르게 적힌 경우

전단계세액공제법을 채택하고 있는 부가가치세법 아래에서 세금계산서 제도는 당사자 간의 거래를 노출시킴으로써 부가가치세뿐 아니라 소득세와 법인세의 세원포착을 용이하게 하는 납세자 간 상호검증의 기능을 하므로, 사업자등록과 함께 부가가치세 제도를 효과적으로 시행하기 위한 필수적인 요소이다(대법원 2004.11.18. 선고 2002두5771 전원합의체 판결). 이러한 취지를 반영하여 부가가치세법령에서는 세금계산서의 필수적 기재사항을 정하는 한편, 이러한 필수적 기재사항이 세금계산서에서 누락되거나 사실과 다르게 기재된 경우의 매입세액은 매출세액에서 공제할 수 없도록 규정하고 있다. 구체적으로 구 부가가치세법 제32조 제1항은 세금계산서의 기재사항으로 '공급하는 사업자의 등록번호와 성명 또는 명칭(제1호)', '공급받는 자의 등록번호(제2호)'를 들고 있고, 제39조 제1항 제2호는 발급받은 세금계산서에 제32조 제1항 제1호부터 제4호까지의 규정에 따른 필요적 기재사항의 전부 또는 일부가 적히지 아니하였거나 사실과 다르게 적힌 경우의 매입세액은 매출세액에서 공제하지 아니하도록 규정하고 있다. 다만 구 부가가치세법 제39조 제1항 제2호 단서 및 그 위임에 따른 구 부가가치세법 시행령 제75조 제2호는, 발급받은 세금계산서의 필요적 기재사항 중 일부가 착오로 사실과 다르게 적혔으나 그 세금계산서에 적힌 나머지 필요적 기재사항

또는 임의적 기재사항으로 보아 거래사실이 확인되는 경우에는, 해당 매입세액은 매출세액에서 공제하도록 정하고 있다. 그리고 여기에서 '사실과 다르다'는 의미는, 세금계산서의 필요적 기재사항의 내용이, 재화 등에 관한 당사자 사이에 작성된 거래계약서 등 형식적인 기재내용에도 불구하고, 그 재화 등을 실제로 공급하거나 공급받는 주체나 가액, 시기 등과 서로 일치하지 아니하는 경우를 가리킨다(대법원 1996.12.10. 선고 96누617 판결 등 참조).

재화 등을 공급하거나 공급받은 자가 제3자의 위임 아래 제3자의 사업자등록을 이용하여 실제 거래를 하면서 제3자 명의로 된 세금계산서를 발급 · 수취한 경우, 이때의 사업자는 거래상대방과 명목상의 법률관계를 형성하고 있는 제3자가 아니라 실제로 재화 등을 공급하거나 공급받는 거래행위를 한 자로 보아야 한다. 그렇지만 그 세금계산서는 실제 거래행위자의 거래행위가 아닌 제3자의 거래행위를 나타내기 위해 제3자에 의해 발급 · 수취된 것일 뿐이므로, 재화 등을 실제 공급하거나 공급받은 자에 의해 발급 · 수취된 것으로 볼 수 없다(대법원 2012.5.10. 선고 2010도13433 판결). 이러한 경우 제3자 명의로 된 세금계산서는, 실제 거래를 한 사업자와 세금계산서상의 명의자가 다르므로, 구 부가가치세법 제39조 제1항 제2호에서 규정하는 필요적 기재사항의 전부 또는 일부가 적히지 아니하였거나 사실과 다르게 적힌 경우에 해당한다. 따라서 실제 거래를 한 사업자로부터 재화 등을 공급받은 거래상대방이 제3자 명의로 된 세금계산서가 명의위장된 것임을 몰랐다는 특별한 사정이 없는 한 해당 매입세액은 공제 또는 환급받을 수 없다(대법원 1997.3.28. 선고 96다48930, 48947 판결). 이 경우에는 앞서 본 바와 같이 세금계산서를 발급 · 수취한 명의자는 세금계산서에 기재된 재화 등을 실제 공급하거나 공급받은 것이 아니므로, 결과적으로 재화 등의 공급 없이 가공으로 세금계산서를 발급 · 수취한 것에 해당한다.

반면, 재화 등을 공급하거나 공급받은 자가 실제로는 자신이 직접 사업체를 운영하면서 형식적으로 사업자등록 명의만을 제3자로 한 경우에는, 그 명의자인 제3자가 아니라 실제로 사업체를 운영하면서 재화 등을 공급하는 거래행위를 한 자가 사업자가 되는 것은 물론이고, 자신의 거래행위를 나타내는 세금계산서를 발급 · 수취하여야 할 주체에 해당한다고 보아야 한다(대법원 2015.2.26. 선고 2014도14990 판결 등 참조). 따라서 형식적으로 제3자 명의로 사업자등록이 된 사업체를 운영하여 재화 등을 공급하거나 공급받는 자가, 비록 제3자 명의로 된 세금계산서를 수수하였다고 하더라도, 실제로 그 세금계산서에 기재된 수량의 재화 등이 그 기재된 가격대로 공급되었다면, 필요적 기재사항의 전부 또는 일부가 적히지 아니하였거나 사실과 다르게 적힌 경우에 해당한다고 볼 수 없다. 나아가 위와 같은 경우, 재화 등을 실제 공급하거나 공급받는 자가 그 세금계산서에 기재된 수량의 재화 등을 그 기재된 가격으로 실제 공급하거나 공급받은 이상, 재화 등의 공급 없이 가공으로 세금계산서를 발급 · 수취하였다고 볼 수 없다.

앞서 본 세금계산서 제도의 취지, 관련 법령의 내용과 세금계산서의 기능 등에 비추어 보면, 세금계산서의 기재가 제3자 명의로 되어 있음에도 불구하고, 예외적으로 명의자인 제3자가 아니라 실제로 사업체를 운영하면서 재화 등을 공급하거나 공급받는 거래행위를 한 자를 세금계산서를 발급 · 수취하는 주체로 인정할 것인지는, '제3자' 명의의 세금계산서를 통한 거래가 부가가치세, 소득세, 법인세의 세원 포착 관련 과세행정에 곤란을 야기한 정도와 세금탈루의 가능성 등을 기준으로 판단하되, 명의자인 '제3자'와 '실제 사업체를 운영하는 자'의 경력, 지위 및 관계, 해당 사업장에 제3자 명의의 사업자등록을 하거나 이용하게 된 동기나 목적, 경위 및 시기, 해당 사업장에서 제3자 명의로 운영하는 사업의 구체적인 내용, 그 형태나 거래 방식, 해당 사업장 내 수익이나 비용 등의 관리 및 자금 운영 방식, 세금계산서 발급 · 수취 등에 명의자인 '제3자'가 관여한 정도와 그와 같은 발급 · 수취 등을 통해 '제3자'가 얻은 이익의 유무 등과 같은 사정들을 종합적으로 고려하여 신중하게 판단하여야 한다. 부가가치세법에 따른 세금계산서와 매출·매입처별세금계산서합계표뿐만 아니라 이와 유사한 기능을 수행하는 소득세법과 법인세법에 따른 계산서, 매출·매입처별계산서합계표 등에 있어서도 마찬가지이다(대법원 2025.2.27. 선고 2021도7108 판결). ■

예규판례 납세자가 허위의 계약서를 작성한 다음 그에 따라 발급받은 허위의 세금계산서에 의하여 매입세액의 공제를 받은 경우, 그러한 행위가 '사기 기타 부정한 행위로써 국세를 포탈하거나 환급·공제받은 경우'에 해당하여 10년의 부과제척기간이 적용되기 위한 요건

1. 원심은 제1심판결 이유를 인용하여, 원고가 실제로는 이 사건 건물을 직접 신축하였으면서도 마치 주식회사 이레종합건설에 이 사건 건물의 신축공사를 도급한 것처럼 허위의 도급계약서를 작성한 다음, 이레종합건설로부터 공급가액 합계 7억1,000만원인 이 사건 세금계산서를 교부받고 그 매입세액을 공제하여 부가가치세를 신고한 사실 등을 인정한 다음, 이러한 원고의 행위는 '사기 기타 부정한 행위로 부가가치세를 환급·공제받은 경우'에 해당한다는 이유로, 피고가 그 매입세액의 공제를 부인하여 한 이 사건 부가가치세 부과처분에 대해서는 구 국세기본법 제26조의2 제1항 제1호가 규정한 10년의 부과제척기간이 적용된다고 판단하였다.

2. 그러나 원심의 이러한 판단은 다음과 같은 이유로 그대로 수긍할 수 없다.

가. 납세자가 허위의 계약서를 작성한 다음 그에 따라 발급받은 허위의 세금계산서에 의하여 매입세액의 공제 또는 환급을 받은 경우 그러한 행위가 구 국세기본법 제26조의2 제1항 제1호가 규정한 '사기 기타 부정한 행위로써 국세를 포탈하거나 환급·공제받은 경우'에 해당하여 10년의 부과제척기간이 적용되기 위하여는, ① 납세자에게 허위의 세금계산서에 의하여 매입세액의 공제 또는 환급을 받는다는 인식 외에, ② 허위의 세금계산서를 발급한 자가 그 세금계산서상의 매출세액을 제외하고 부가가치세의 과세표준 및 납부세액을 신고·납부하거나 또는 그 세금계산서상의 매출세액 전부를 신고·납부한 후 경정청구를 하여 이를 환급받는 등의 방법으로 그 세금계산서상의 부가가치세 납부의무를 면탈함으로써 납세자가 그 매입세액의 공제를 받는 것이 결과적으로 국가의 조세수입 감소를 가져오게 될 것이라는 점에 대한 인식이 있어야 한다.

나. 원심이 인용한 제1심판결 이유와 기록을 살펴보면, 원고는 종합건설업 면허를 빌리기 위하여 이레종합건설과 허위의 도급계약서를 작성한 것일 뿐 부가가치세를 포탈할 의도가 없었고, 실제로 이 사건 세금계산서에 의하여 공제받은 매입세액에 상당하는 금액을 이레종합건설에 송금하였다는 취지로 주장하고 있으므로, 원심으로서는 원고에게 '이레종합건설이 이 사건 세금계산서상의 매출세액을 제외하고 부가가치세의 과세표준 및 납부세액을 신고·납부하거나 또는 이 사건 세금계산서상의 매출세액 전부를 신고·납부한 후 경정청구를 하여 이를 환급받는 등의 방법으로 이 사건 세금계산서상의 부가가치세 납부의무를 면탈함으로써 원고가 이 사건 세금계산서에 의하여 매입세액의 공제를 받는 것이 결과적으로 국가의 조세수입 감소를 가져오게 될 것이라는 점에 관한 인식이 있었는지 여부'를 심리한 후 이 사건 부가가치세 부과처분에 대해 구 국세기본법 제26조의2 제1항 제1호가 규정한 10년의 부과제척기간이 적용되는지를 판단하였어야 할 것이다.

그런데도 원심은 이 점에 관하여는 더 나아가 심리하지 아니한 채 그 판시와 같은 사정만을 이유로 이 사건 부가가치세 부과처분에 대해 구 국세기본법 제26조의2 제1항 제1호가 규정한 10년의 부과제척기간이 적용된다고 판단하였으니, 이러한 원심의 판단에는 구 국세기본법 제26조의2 제1항 제1호가 규정한 국세의 부과제척기간에 관한 법리를 오해하여 필요한 심리를 다하지 아니함으로써 판결에 영향을 미친 위법이 있다. 이 점을 지적하는 상고이유의 주장에는 정당한 이유가 있다(대법원 2014.2.27. 선고 2013두19516 판결). ■

사례 1 공급시기와 세금계산서 발급·수취 관련 문제

부가가치세는 매출세액에서 매입세액을 공제하여 납부세액(또는 환급세액)을 계산한다. 다음의 물음을 읽고 답하시오. (20점)

【물음 1】 다음 각 상황별로 부가가치세법상 ① 공급자인 사업자 甲에 대한 세금계산서 관련 가산세와 ② 공급받는 사업자 A에 대한 매입세액공제 여부와 세금계산서 관련 가산세에 대해서 설명하시오. 단, 공급받은 사업자 A는 매입세액공제를 위해 필요한 경우 경정청구서와 함께 세금계산서를 제출하는 것으로 가정한다.

공급시기	세금계산서의 발급일자 · 수취일자
2026.3.4.	상황 ① 2026.4.4.에 발급 · 수취한 경우
	상황 ② 2026.7.4.에 발급 · 수취한 경우
	상황 ③ 2027.7.4.에 발급 · 수취한 경우

【물음 2】 다음 각 상황별로 부가가치세법상 ① 공급자인 사업자 甲에 대한 세금계산서 관련 가산세와 ② 공급받는 사업자 A에 대한 매입세액공제 여부와 세금계산서 관련 가산세에 대해서 설명하시오. 단 인도일에 대가를 받고서 거래한 사실이 확인된다.

세금계산서의 발급일자 · 수취일자	재화의 인도일(본래의 공급시기)
2026.3.4.	상황 ① 2026. 6.4.에 재화를 인도한 경우
	상황 ② 2026. 9.4.에 재화를 인도한 경우
	상황 ③ 2026.10.4.에 재화를 인도한 경우

해 답

【물음 1】 공급시기 후 세금계산서 발급과 수취

공급시기인 2026.3.4.에 공급자 甲과 공급받는 자 A 간에 세금계산서를 발급 · 수취하는 것이 정상적인 협력의무 이행에 해당한다(원칙). 그런데 공급시기인 2026.3.4.이 지나서 세금계산서를 발급 · 수취하는 경우에 부가가치세법상 취급은 다음과 같다.

상황 ① : 2026.4.4.에 발급 · 수취한 경우

관계 증명서류에 따라 실제 거래사실이 확인되는 경우로서 해당 거래일인 2026.3.4.를 작성연월일로 하여 공급일(2026.3.4.)이 속하는 달의 다음 달 10일(2026.4.10.)까지 세금계산서를 발급 · 수취할 수 있다(공급시기 후 발급특례).

이러한 공급시기 후 발급특례에 해당하면 공급자 甲은 정상발급이고 공급받는 자 A는 정상수취이다. 따라서 甲은 세금계산서 관련 가산세가 부과되지 않고, A는 그 발급받은 세금계산서상 매입세액은 공제되며 세금계산서 지연수취가산세도 부과되지 않는다.

상황 ② : 2026.7.4. 발급·수취한 경우

1) 공급자 甲 : 사업자 甲이 세금계산서를 그 발급시기(2026.3.4.)가 지난 후 공급시기가 속하는 과세기간에 대한 확정신고기한(2026.7.25.)까지 발급하는 경우에는 지연발급에 해당한다. 따라서 그 공급가액의 1% 지연발급가산세가 부과된다.

2) 공급받는 자 A : 사업자 A가 공급시기(2026.3.4.) 이후인 2026.7.4.에 발급받은 세금계산서로서 그 공급시기가 속하는 과세기간에 대한 확정신고기한(2026.7.25.)까지 발급받은 경우에는 지연수취에 해당한다. 발급받은 세금계산서상 매입세액은 매출세액에서 공제하되, 세금계산서 지연수취가산세(공급가액의 0.5%)가 부과된다.

상황 ③ : 2027.7.4. 발급·수취한 경우

1) 공급자 甲 : 사업자 甲이 세금계산서를 그 발급시기(2026.3.4.)가 지난 후 공급시기가 속하는 과세기간에 대한 확정신고기한(2026.7.25.)까지 발급하지 않은 경우에는 미발급에 해당한다. 따라서 그 공급가액의 2%에 해당하는 미발급가산세가 부과된다.

2) 공급받는 자 A : 사업자 A가 공급시기(2026.3.4.)가 속하는 과세기간에 대한 확정신고기한(2026.7.25.)이 지난 후 세금계산서를 발급받았더라도 그 세금계산서의 발급일(2027.7.4.)이 확정신고기한 다음 날부터 1년 이내(2027.7.25.)이고 경정청구서를 세금계산서와 함께 제출하는 경우에는 발급받은 세금계산서상 매입세액은 매출세액에서 공제한다. 이 경우에는 세금계산서 지연수취가산세(공급가액의 0.5%)가 부과된다.

【물음 2】 본래 공급시기 전 세금계산서 발급과 수취

본래 공급시기(인도일)에 공급자 甲이 공급받은 자 A에게 세금계산서를 발급·수취하는 것이 정상적인 협력의무 이행에 해당한다(원칙). 그런데 본래 공급시기(인도일) 전에 세금계산서를 발급·수취하는 경우에 부가가치세법상 취급은 다음과 같다.

상황 ① : 2026.6.4.에 재화를 인도한 경우

본래 재화의 공급시기(인도일 2026.6.4.)가 세금계산서 발급일(2026.3.4.)이 속하는 과세기간에 도래하는 경우에는 그 세금계산서 발급일부터 7일이 지난 후에 대가를 받더라도 해당 세금계산서를 발급한 때(2026.3.4.)를 재화의 공급시기로 한다.

이러한 세금계산서를 발급한 때를 공급시기로 보는 특례에 해당하면 공급자 甲은 정상발급이고 공급받는 자 A는 정상수취이다. 따라서 甲은 세금계산서 관련 가산세가 부과되지 않고, A는 그 발급받은 세금계산서상 매입세액은 공제되며 세금계산서 지연수취가산세도 부과되지 않는다.

상황 ② : 2026.9.4.에 재화를 인도한 경우

1) 공급자 甲 : 재화의 공급시기(2026.9.4.) 전에 세금계산서를 2026.3.4.에 미리 발급한 경우에는 사실과 다른 세금계산서 발급에 해당한다. 따라서 그 공급가액의 1% 세금계산서 불명분 가산세가 부과된다.

2) 공급받는 자 A : 재화의 공급시기(2026.9.4.) 전에 세금계산서를 발급받았더라도 재화의 공급시기

(2026.9.4.)가 그 세금계산서의 발급일(2026.3.4.)부터 6개월 이내에 도래하고 해당 거래사실이 확인되는 경우에는 사전수취에 해당한다. 발급받은 세금계산서상 매입세액은 매출세액에서 공제하되, 세금계산서 사전수취가산세(공급가액의 0.5%)가 부과된다.

상황 ③ : 2026.10.4.에 재화를 인도한 경우

1) 공급자 甲 : 재화의 공급시기(2026.10.4.) 전에 세금계산서를 2026.3.4.에 미리 발급한 경우에는 사실과 다른 세금계산서 발급에 해당한다. 따라서 그 공급가액의 1% 세금계산서 불명분 가산세가 부과된다.

2) 공급받는 자 A : 재화의 공급시기(2026.10.4.)가 그 세금계산서의 발급일(2026.3.4.)부터 6개월 지난 후에 도래하는 경우에는 사실과 다른 세금계산서 수취에 해당한다. 발급받은 세금계산서상 매입세액은 매출세액에서 공제되지 않는다(즉 매입세액공제가 인정되는 사전수취에 해당하지 않으며, 세금계산서 사전수취가산세는 부과되지 않는다).

사례 2 비영업용 승용자동차의 구입 등에 관한 매입세액

현행 부가가치세법 제39조 제1항 제5호에서는 '비영업용(즉 영업용이 아닌) 승용자동차의 구입과 임차 및 유지에 관한 매입세액을 매출세액에서 공제하지 않는다(이하 '쟁점 법률조항'이라 한다).'고 규정하고 있다. 다음 물음에 답하시오. (30점)

【물음 1】 쟁점 법률조항에서 말하는 비영업용 승용자동차의 범위, 구입과 임차 및 유지에 관한 매입세액의 범위를 설명하시오.

【물음 2】 자동차대여업을 영위하는 A법인은 2026년 제1기 부가가치세 과세기간에 영업용으로 구입한 승용자동차(당초 매입세액을 공제받음)를 직원의 업무용으로 사용하였다. A법인의 부가가치세 과세문제(과세여부, 공급시기, 세금계산서 발급 여부, 과세표준에 포함되는 공급가액과 매출세액 계산을 말한다)를 간략히 설명하시오.

【물음 3】 쟁점 법률조항의 입법취지와 입법적 개선방안에 대해서 설명하시오.

해 답

【물음 1】 범위

1. 비영업용 승용자동차의 범위

승용자동차는 개별소비세 과세대상이 되는 승용자동차[승용자동차(정원 8인 이하의 것에 한정하되, 배기량 1,000cc 이하는 제외)를 말하되, 이륜자동차(배기량 125cc 초과하는 것만 해당) 및 캠핑용 자동차를 포함한다]를 말한다.

한편 '영업용'이란 운수업, 자동차판매업, 자동차임대업, 운전학원업, 무인경비업에서와 같이 해당 업종에 직접 영업(운수업의 경우에는 운송, 자동차판매업의 경우에는 판매, 자동차임대업의 경우에는 대여, 운전학원업의 경우에는 운전연습용, 무인경비업의 경우에는 출동용)에 사용되는 것을 말하므로, 이와 같이 영업용 외의 목적으로 사용하면 업무용으로 사용(이들 업종에서 직원 업무용이나 일반업종에서 업무용)하더라도 비영업용에 해당한다.

2. 구입과 임차 및 유지에 관한 매입세액의 범위

관련 매입세액에는 비영업용 승용자동차의 취득비, 수선비, 소모품비, 유류비 등의 차량의 운행과 관련하여 발생하는 직접 비용에 대한 매입세액을 말한다. 뿐만 아니라 비영업용 승용자동차 전용주차장을 임차하여 사용하는 경우의 주차장 임차료 또는 주차장 관리비와 같은 간접비용에 대한 매입세액도 포함된다.

또한 자기 소유의 승용자동차뿐만 아니라 타인 소유의 승용자동차를 임차하여 비영업용으로 사용하는 경우의 해당 사용료 및 유지비용(수선비 · 유류비)에 대한 매입세액도 포함된다.

【물음 2】 과세문제

1. 과세여부

A법인이 자동차임대업에 직접 사용하던 영업용 승용자동차(당초 매입세액공제를 받음)를 직원의 업무용으로 사용하는 것은 재화의 공급으로 본다. 그 취지는 이미 공제받은 매입세액을 도로 납부세액을 납부하게 함으로써 매입세액공제를 받지 못하는 일반 사업자와 과세형평을 도모하려는데 있다.

2. 공급시기

A법인이 영업용 승용자동차를 직원의 업무용으로 사용하는 때를 공급시기로 한다.

3. 과세표준과 매출세액

A법인이 자동차임대용 승용자동차는 감가상각자산에 해당하므로, 다음의 간주시가를 과세표준에 포함되는 공급가액으로 한다.

간주시가 = 취득가액 × (1 − 25% × 경과된 과세기간 수)

A법인은 위 간주시가의 10%를 매출세액에 포함하여 공급시기가 속하는 예정신고기간 또는 과세기간에 부가가치세를 신고납부해야 한다.

【물음 3】 취지와 개선방안

1. 취 지

매입세액 불공제의 취지는 다음과 같은 조세정책상의 이유와 과세절차의 능률에서 찾을 수 있다.

(1) 매입세액 불공제 사유의 기준인 '사업 관련성'의 관점에서 볼 때 승용자동차의 경우 그 사용 용도가 직접적인 수익 창출의 도구로 사용되는 경우에만 매입세액 공제를 받도록 해야 한다. 그런데 승용자동차는 사업자 명의로 구입 또는 임차하여 개인적 소비에 쓰이거나 부분적으로만 사업에 사용될 가능성이 있다(특히 이 제도가 도입될 당시에는 소형승용자동차가 대표적인 사치적 소비재

로서 더욱 개인적 소비에 쓰일 가능성이 높다고 보았을 것이다). 따라서 이를 방지하기 위하여 소형승용차의 구입과 유지에 필요한 매입세액의 경우 사업에 필수적으로 직접 사용하는 '영업용'이라는 강화된 요건을 규정한 것이다.

(2) 오늘날 사업자는 거의 전부 승용자동차를 사용하고 있는데, 영업용이 아니더라도 단순한 업무용이라고 하여 이를 모두 매입세액 공제를 하게 되면 이에 편승한 부당한 매입세액 공제가 만연할 우려가 있다. 그런데 실무상 한정된 과세관청의 인력과 자원으로는 그와 같은 사실관계를 모두 일일이 파악하고 구분하여 과세하기 어려운 사정이 있다.

위와 같은 이유로 영업용이 아닌 승용자동차는 일률적으로 사업과 직접 관련이 없는 것으로 간주하여 그 구입과 임차 및 유지에 관련된 매입세액을 공제하지 않는 것이다(공제받지 못한 매입세액은 승용자동차의 취득원가 또는 필요경비에 산입할 수 있도록 하고 있다).

2. 입법적 개선방안

2016년부터 개정된 법인세법과 소득세법에서는 사업자(법인사업자와 복식부기의무자 중 성실신고대상사업자)의 업무용승용차 관련비용 중 업무사용금액(관련비용×업무사용비율)은 손금과 필요경비로 인정하고 업무외사용금액[관련비용×(1−업무사용비율)]은 손금불산입과 필요경비불산입하도록 하였다.

부가가치세법은 여전히 업무에 관련된 매입세액도 일률적으로 매입세액 불공제하고 있어 외부에 승용자동차를 매각하는 경우에 매출세액으로 납부되어 중복적인 부가가치세 과세되는 현상, 즉 누적효과가 발생하여 전단계세액공제법의 원리를 크게 훼손하고 있다.

법인세법과 소득세법 개정으로 업무관련성에 관한 판정기준이 마련되었으므로, 부가가치세법에서도 업무용승용차 관련비용 중 업무사용금액(관련비용×업무사용비율)에 관한 매입세액을 매출세액에서 공제하도록 개선될 필요가 있다.

사례 3 매입세액 공제(1)

다음 각 사례의 경우 매입세액공제의 여부와 그 논거를 설명하시오. (20점)

1. 골프장업을 영위하는 ㈜그린은 임야를 50억원에 매입하여 골프코스 조성을 위한 자본적 지출액으로 110억원(부가가치세 포함)을 지출하였다.
2. 골프장업을 영위하는 ㈜파크는 지방자치단체가 소유하는 임야에 골프코스 조성을 위한 자본적 지출액으로 110억원(부가가치세 포함)을 지출하여 골프장을 조성한 다음 해당 지방자치단체에 기부채납을 하고 20년간 골프장 무상사용수익권을 취득하였다.
3. 신발제조업을 경영하는 ㈜나이스는 건축물이 있는 토지를 취득하여 그 건축물을 철거하고 토지를 신축건물의 부지로 사용하였다. ㈜나이스는 기존 건축물의 매입 및 철거관련 비용에 대한 매입세액을 매출세액에서 공제하여 조기환급신고를 하였다.

해 답

1. ㈜그린

매입세액공제는 사업자의 재화의 공급이 원칙적으로 모두 과세됨으로써 그 매출세액이 발생하는 것을 그 전제로 한 것이다. 만약 사업자가 자기의 사업과 관련하여 행하는 재화의 공급이 면세됨으로써 그 매출세액이 발생하지 않은 때에는 그 사업에 사용되는 재화의 매입세액은 매출세액에서 공제할 수 없다.

사례에서 토지의 가치를 현실적으로 증가시키는 자본적 지출액 110억원(부가가치세 포함)은 토지의 원가에 가산하여 토지의 취득가액은 160억원으로 장부상에 계상해야 할 부분이다. 그리고 자본적 지출액에 대한 매입세액 10억원은 과세사업을 영위하는 사업자가 거래징수당한 세액이더라도 토지 그 자체의 공급(폐업시 잔존재화인 경우 포함)시에는 매출세액이 면제되므로 매출세액에서 공제될 수 없다. 이는 토지의 취득원가에 가산한 후 토지를 공급할 때 회수되어야 한다.

만약 사업자 자신이 조성한 골프장에 관련된 매입세액은 과세사업에 사용하기 위한 매입세액이라고 하여 매입세액공제를 허용한다면, 골프장 조성사업자로부터 골프장이 조성된 골프장 부지를 조성원가 160억원(부가가치세 포함)에 조성업자의 이익을 더하여 해당 골프장 부지를 매입한 경우에는 매입세액에 공제되지 않는 것과 조세형평을 저해하는 문제가 있다.

2. ㈜파크

해당 토지의 소유자가 아닌 ㈜파크가 지방자치단체가 소유하는 토지에 골프장을 조성하여 무상사용수익권(부가가치세 과세대상인 권리)을 취득한 것이므로 매입세액 불공제대상인 토지관련 매입세액에 해당하지 않는다.

따라서 무상사용수익권을 타인에게 양도한 경우에 그 권리는 부가가치세 과세대상으로 매출세액이 발생하므로 이에 대응하여 골프장 조성을 위한 자본적 지출 관련 매입세액은 매출세액에서 공제되어야 한다.

3. ㈜나이스

부가가치세법에서 건축물이 있는 토지를 취득하여 그 건축물을 철거하고 '토지만을 사용하는 경우' 철거한 건축물의 취득 및 철거비용에 관련된 매입세액은 토지의 조성 등을 위한 자본적 지출에 관련된 토지 관련 매입세액으로서 매출세액에서 공제하지 않는다고 규정하고 있다.

이 규정에서 '토지만을 사용하는 경우'란 토지를 나대지로 사용하는 경우뿐만 아니라 신축건물의 부지로 사용하는 경우를 포함한다. 따라서 사례에서 ㈜나이스는 기존 건축물의 매입 및 철거관련 비용에 대한 매입세액은 면세재화인 토지의 원가에 계상되어야 하고 매출세액에서 공제받을 수 없다.

사례 4 **매입세액 공제(2)**

다음 각 사안에서 비용 지출과 관련된 매입세액을 매출세액에서 공제할 수 있는지 논거를 들어 설명하시오. (2014년 세무사 2차, 20점)

1. 甲회사는 청주시 소유의 토지를 임차하여 골프장으로 조성한 후 일정기간 사용하되, 그 골프장을 청주시에 기부채납하기로 하는 내용의 공유재산대부계약을 청주시와 체결하였다. 이 계약에 따라 甲회사는 골프장을 조성하면서 토목공사, 토사매입 등의 비용을 지출하였다.
2. 의료법에 규정된 안마사가 아닌 甲은 의료법에서 규정하는 안마사 乙과 공동으로 안마시술소를 개설한 후 의료법에서 규정하는 안마사 5명을 고용하여 손님들에게 안마용역을 제공하였다. 甲은 안마용역을 제공하기 위하여 건물임차, 인건비 등을 지출하였다.
3. 甲회사는 그 소유의 광고전광판을 乙회사가 사용하기로 하는 임대차계약을 체결하면서 광고전광판의 운영에 소요되는 비용의 부담에 관하여는 특별한 약정을 하지 않았다. 甲회사는 광고전광판의 운영에 소요되는 전력비를 지출하였다.

부가 07

해 답

1. 타인 소유 토지의 자본적 지출에 관련된 매입세액

(1) 관련 규정

부가가치세법에서 토지의 조성 등을 위한 자본적 지출에 관련된 매입세액은 매출세액에서 공제하지 않는다. 여기서 토지는 사업자 자신이 소유하는 토지를 의미하며, 토지를 매각할 때에는 그 토지가 과세사업에 사용하든 면세사업에 사용하든 관계없이 그 재화 자체가 면세재화이므로 자신의 토지의 조성을 위한 자본적 지출에 관련된 매입세액은 매출세액에서 공제하지 않는 것이다.

(2) 사례의 경우

그런데 甲회사의 사례는 자기의 소유 토지가 아닌 청주시(지방자치단체)가 소유하는 토지를 임차하여 골프장으로 조성하여 사용한 후 그 골프장을 청주시에 기부채납한 것이다. 甲회사가 골프장 조성을 위한 자본적 지출액(토목공사, 토사매입 등의 비용)은 해당 토지를 甲회사의 소유가 아니므로 토지 조성을 위한 자본적 지출액으로서 토지의 취득가액을 구성하지 않는다. 그리고 甲회사가 청주시 소유의 토지에 골프장을 조성하여 기부채납해 주고 취득한 것은 해당 골프장의 무상사용권(부가가치세 과세대상인 재화 중 권리)을 취득한 것이다. 이에 따라 甲회사의 골프장 조성을 위한 자본적 지출에 관련된 매입세액은 매출세액에서 공제되지 않는 토지의 자본적 지출에 관련된 매입세액이 아니다.

해당 골프장의 무상사용권을 타인에게 양도하는 경우에는 그 권리는 부가가치세 과세대상으로 매출세액이 발생하므로, 이에 대응하여 골프장 조성을 위한 자본적 지출에 관련된 매입세액은 매출세액에서 공제되어야 한다.

2. 안마용역 제공을 위한 지출에 관련된 매입세액

(1) 안마용역 제공이 면세대상인지 여부

먼저 甲과 乙이 공동으로 안마시술소를 개설하여 제공하는 안마용역이 면세대상인지 아니면 과세대상인지 여부가 문제가 된다.

부가가치세법에서 면세대상이 의료보건용역 중 하나로 '의료법에 규정하는 안마사가 제공하는 용역'을 들고 있다.

위 규정에 따르면 부가가치세가 면제되는 의료보건용역은 의료법에 규정하는 안마사가 공급의 주체가 되어 의료법에 따라 제공하는 의료보건용역을 의미한다. 따라서 의료법에 규정하는 안마사가 아닌 사람이 의료법에 규정하는 안마사를 고용하여 제공하는 안마용역은 부가가치세 면제대상인 '의료법에 규정하는 안마사가 제공하는 용역'에 해당하지 않는다.

나아가 안마사가 아니면 안마시술소를 개설할 수 없도록 규정한 의료법의 취지에 비추어 보면, 의료법에 규정하는 안마사가 아닌 사람은 의료법에 규정하는 안마사와 공동으로도 안마시술소를 개설할 수 없다고 할 것이므로, 의료법에 규정하는 안마사가 아닌 사람과 의료법에 규정하는 안마사가 공동으로 안마시술소를 개설한 다음 의료법에 규정하는 안마사를 고용하여 제공하는 안마용역도 부가가치세 면제대상에 해당하지 않는다(대법원 2013.5.9. 선고 2011두5834 판결).

(2) 사례의 경우

甲이 안마사 乙과 공동으로 안마시술소를 개설한 후 의료법에서 규정하는 안마사 5명을 고용하여 손님들에게 안마용역을 제공하는 것은 부가가치세 과세대상에 해당한다. 따라서 甲이 안마용역을 제공하기 위하여 건물의 임차에 관련된 매입세액은 매출세액에서 공제된다. 반면에 고용관계에 따라 근로를 제공하는 것은 과세제외되므로, 인건비 지출액은 부가가치세액이 있을 수 없다.

3. 광고전광판의 운영에 관련된 매입세액

(1) 관련규정

부가가치세법은 '사업과 직접 관련이 없는 지출에 대한 매입세액'을 매입세액 불공제 대상으로 정하고 있고, 사업과 직접 관련 없는 지출의 범위를 법인세법에 따른 업무무관비용(손금불산입항목)으로 규정하고 있다. 법인세법에서는 업무무관비용의 하나로 '해당 법인이 직접 사용하지 않고 다른 사람이 주로 사용하고 있는 장소 · 건축물 · 물건의 유지비 · 관리비 · 사용료와 이에 관련되는 지출금'을 규정하고 있다.

(2) 사례의 경우

사례에서 광고전광판은 乙회사가 임차인으로서 그 운영을 하는 반면, 甲회사는 광고전광판을 직접 이용하지 않는 채 단순히 광고에 이용하게 하고 있고 甲회사와 乙회사의 광고전광판 사용에 관한 임대차계약에 따르면 전광판의 운영에 소요되는 비용의 부담에 관하여는 특별한 약정을 하지 않은 점을 고려해 볼 때, 광고전광판은 乙회사가 직접 사용하는 것으로 그 운영에 관한 비용을 甲회사가 부담해야 할 법률상 · 계약상 근거가 없다. 그럼에도 불구하고 甲회사가 광고전광판 운영에 소요되는 전력비를 지출한 것은 甲회사의 사업과 직접 관련이 없는 지출로서 매입세액 공제대상이 아니므로, 매출세액에서 공제받을 수 없는 매입세액으로 판단된다(대법원 2007.9.20. 선고 2005두11036 판결).

사례 5 겸영사업자의 매입세액공제

다음 사례를 읽고 물음에 답하시오. (20점)

1. 시내버스 운송사업만을 경영하던 甲회사는 乙회사와 다음의 광고사업 대행계약을 체결함으로써 甲회사는 면세사업인 시내버스 여객운송업과 아울러 과세사업인 광고매체제공업(이하 '이 사건 광고사업'이라 한다)을 겸영하게 되었다.
   ※ 광고사업 대행계약 : 乙회사가 자기의 비용으로 광고물의 설계 · 제작 · 설치 · 관리 및 광고주의 유치 등 제반사항을 대행하고 甲회사가 시내버스 내부와 외부에 그 광고물을 부착한 채 버스를 운행함으로써 乙회사로부터 대가를 지급받기로 한다.
2. 甲회사는 2023년 제1기부터 2026년 제1기까지의 버스구입비, 유류비, 수리를 위한 부품비에 대한 매입세액 17억원(이하 '이 사건 매입세액'이라 한다) 중 공급가액에 비례하여 안분한 5,000만원을 이 사건 광고사업의 매출세액에서 공제되는 매입세액으로 신고를 하였다.
3. 관할세무서장은 이 사건 매입세액이 모두 면세사업인 여객운송업에만 관련된 매입세액에 해당한다고 보아 그 매입세액을 불공제하여, 2026.10.12. 甲회사에 2023년 제1기부터 2026년 제1기까지의 부가가치세를 부과처분(이하 '이 사건 부과처분'이라 한다)을 하였다.

【물음 1】 부가가치세법상 과세사업과 면세사업을 겸영하는 사업자의 매입세액 공제 규정 중 이 사건 부과처분 문제해결을 위해 필요한 직접 관련된 내용을 쓰시오.

【물음 2】 2026.10.12.에 관할세무서장이 행한 이 사건 부과처분의 정당성에 대해서 설명하시오.

해 답

【물음 1】 겸영사업자의 매입세액공제

1. 의 의

부가가치세 납부세액을 계산할 때 과세사업과 관련된 매입세액은 매출세액에서 공제되지만, 면세사업과 관련된 매입세액은 공제되지 않는다. 여기서 사업자가 과세사업과 면세사업을 겸영하는 경우에 과세사업과 면세사업과 관련된 매입세액의 계산은 실지귀속에 따라 판정해야 한다(원칙). 그러나 과세사업과 면세사업에 공통으로 사용되어 실지귀속을 구분할 수 없는 매입세액, 즉 공통매입세액은 부득이 일정한 방법으로 안분계산하여 그 가운데 면세사업과 관련된 매입세액을 도출하게 되는데, 이것을 '공통매입세액의 안분계산'이라고 한다.

부가 07

2. 안분계산

1) 계산방법 : 공통매입세액 중 면세사업과 관련된 매입세액은 다음 계산식에 따라 계산한다.

$$\text{면세사업에 관련된 매입세액} = \text{공통매입세액} \times \text{해당 과세기간의 } \frac{\text{면세공급가액}}{\text{총공급가액}}$$

한편 과세사업과 면세사업에 공통으로 사용되는 재화를 공급받은 과세기간 중에 그 재화를 공급하여 직전 과세기간의 공급가액 실적에 따라 과세표준에 포함되는 공급가액을 안분계산한 경우에는 그 재화에 대한 매입세액의 안분계산도 직전 과세기간의 공급가액 실적을 기준으로 한다.

2) 안분계산의 배제 : 다음 중 어느 하나에 해당하는 경우에는 안분계산 없이 해당 재화·용역의 매입세액 전부를 공제되는 매입세액으로 한다.

① 해당 과세기간의 총공급가액 중 면세공급가액이 5% 미만인 경우. 다만, 공통매입세액이 500만원 이상인 경우는 제외한다.

② 해당 과세기간 중의 공통매입세액이 5만원 미만인 경우

③ 해당 과세기간에 신규로 사업을 시작한 사업자가 해당 과세기간에 공급한 공통사용재화인 경우

【물음 2】 이 사건 부과처분의 정당성

사업자가 과세사업과 면세사업을 겸영하는 경우에 과세사업과 면세사업에 관련된 매입세액은 원칙적으로 실지귀속에 따라 계산해야 하고, 그 매입세액이 오로지 면세사업에만 관련되는 경우에는 이를 매출세액에서 공제할 수 없다(대법원 2009.7.9. 선고 2007두10389 판결).

이 사건 광고사업이 시내버스의 운행을 전제로 한다고 하더라도,

① 버스구입비, 유류비, 수리를 위한 부품비 등은 면세사업인 여객운송업을 위하여 필수적으로 소요되는 비용으로서 甲회사가 이 사건 광고사업을 경영하지 않는 경우에도 당연히 필요로 하는 것이고,

② 광고물의 설계 · 제작 · 설치 · 관리에 소요되는 비용은 乙회사가 전적으로 부담하고 있어 광고물의 부착에 따라 甲회사가 버스구입비, 유류비, 수리를 위한 부품비 등이 추가로 소요되는 것이 아닌 이상,

이 사건 매입세액은 모두 면세사업인 여객운송업에만 관련된 매입세액에 해당하여 이를 매출세액에서 공제할 수 없다고 보아야 한다.

따라서 이 사건 매입세액이 모두 면세사업인 여객운송업에만 관련된 매입세액에 해당한다고 보아 그 매입세액을 불공제하여, 甲회사에 부가가치세를 부과처분한 것은 정당하다고 판단된다.

사례 6 **사실과 다른 세금계산서(가공거래와 위장거래)**

법인사업자가 '사실과 다른 세금계산서'를 발급받고 매입금액을 지급하는 경우가 있다. 여기서 '사실과 다른 세금계산서'는 실제 재화나 용역의 공급이 없이 세금계산서만을 발급받은 이른바 '가공거래'와 실제 재화나 용역을 공급하는 거래는 존재하되 실제로 공급하는 자가 아닌 자의 명의로 세금계산서를 발급받은 '위장거래'로 구분된다. 이와 관련하여 다음의 물음에 답하시오. (15점)

【물음 1】 위의 사실과 다른 세금계산서를 발급받은 법인사업자에 대한 부가가치세법상 취급을 설명하시오.

【물음 2】 위의 사실과 다른 세금계산서를 발급받은 법인사업자에 대한 법인세법상 취급을 설명하시오.

해 답

【물음 1】 부가가치세법상 취급

1. 가공거래의 경우

가공거래와 관련 매입세액은 매출세액에서 공제하지 않는다.

한편 가공수취분 세금계산서에 적힌 공급가액의 4% 가산세를 부과하며, 거짓 증빙의 수취로서 부정행위에 해당하여 과소신고가산세 · 무신고산세를 부과할 때 해당 세액의 40% 가산세율을 적용한다.

2. 위장거래의 경우

원칙적으로 위장거래에 따른 세금계산서(실제 공급자와 세금계산서상 공급자가 다른 세금계산서)에 의한 매입세액은 매출세액에서 공제받을 수 없다. 세금계산서는 전단계세액공제의 필수적인 요건이기 때문에 사실과 다른 세금계산서의 수취를 규제하기 위한 것이다. 다만, 실제 공급자와 세금계산서상 공급자가 다른 세금계산서에 대해서 공급받은 자가 세금계산서의 명의위장 사실을 알지 못하였고 알지 못하는데 과실이 없다는 특별한 사정이 있는 경우에는 그 매입세액을 매출세액에서 공제받을 수 있다. 공급받은 자가 위와 같은 명의위장사실을 알지 못한 데 과실이 없다는 점은 매입세액의 공제(환급)을 주장하는 자가 입증해야 한다(대법원 2006.6.28. 선고 2002두1808 판결).

한편 사업자가 재화 · 용역을 공급받고 실제로 재화 · 용역을 공급하는 자가 아닌 자의 명의로 세금계산서를 발급받은 경우에는 공급가액의 2% 가산세를 부과하며, 거짓 증빙의 수취로 부정행위에 해당하여 과소신고가산세 · 무신고가산세를 부과할 때 해당 세액의 40% 가산세율을 적용한다.

【물음 2】 법인세법상 취급

1. 가공거래의 경우

가공의 매입금액은 손금불산입하고 해당 귀속자에 따라 사외유출로 소득처분한다. 사실과 다른 세금계산서를 발급받은 경우에 해당하여 적격증명서류 수취 불성실가산세로 그 금액의 2%를 징수한다. 거짓 증빙의 수취로서 부정행위에 해당하여 과소신고가산세 · 무신고가산세를 세액기준 가산세율 40%를 적용받는다.

2. 위장거래의 경우

위장거래의 매입액은 실물거래가 존재하고 그 거래를 위해서 실제 손비 지출사실이 확인되면 그 매입금액은 손금으로 인정된다(다만 부가가치세 매입세액은 의무불이행으로 인한 불공제세액이므로 손금에 산입하지 않는다). 여기서 손금으로 인정받기 위해서는 해당 법인의 순자산을 감소시키는 거래로 발생하는 손비로서 요건, 즉 '사업관련성'이 있으면서 '일반적으로 인정되는 통상성' 또는 '수익관련성'을 갖추어야 한다.

가공거래와 마찬가지로 사실과 다른 세금계산서를 발급받은 경우에 해당하여 적격증명서류 수취 불성실가산세로 그 금액의 2%를 징수한다. 거짓 증빙의 수취로서 부정행위에 해당하여 과소신고가산세 · 무신고가산세를 부과할 때 세액기준 가산세율 40%를 적용받는다.

제2절 과세·면세사업을 겸영하는 경우의 과세표준 및 세액계산

Ⅰ 서 설

부가가치세가 과세되는 재화·용역을 공급하는 사업을 '과세사업'이라고 하며, 면세되는 재화·용역을 공급하는 사업을 '면세사업'이라고 한다. 여기서 '면세사업'에는 부가가치세가 과세되지 않는 재화·용역을 공급하는 사업, 즉 비과세사업을 포함한다. 그런데 사업자가 과세사업과 면세사업을 겸영하는 경우에는 과세표준과 세액을 계산할 때 다음과 같은 세무문제가 발생한다.

① 매입단계 : 공통매입세액의 안분계산과 그 정산
② 사용단계 : 납부세액(또는 환급세액)의 재계산
③ 공급단계 : 공통사용재화의 공급에 대한 과세표준의 안분계산

Ⅱ 공통매입세액의 안분계산

1. 의 의

사업자가 과세사업과 면세사업(비과세사업을 포함한다. 이하 같다)을 겸영(兼營)하는 경우 납부세액을 계산할 때 과세사업 관련 매입세액은 공제되지만, 면세사업에 관련된 매입세액은 공제되지 않는다. 따라서 과세사업과 면세사업에 공통으로 사용되는 재화나 용역의 경우에는 매입세액 공제 여부를 어떻게 판단해야 할 것인가 하는 문제가 제기된다. 이 경우에는 원칙적으로 과세사업과 면세사업에 관련된 매입세액의 계산은 실지귀속(實地歸屬)에 따라 공제 여부를 판단한다. 예컨대 건물을 취득하여 과세사업과 면세사업에 공통으로 사용하는 경우 그 실지사용면적이 분명히 구분되는 경우에는 그 실지사용면적비율에 따라 과세사업과 면세사업에 관련된 매입세액을 계산한다. 그러나 그 실지귀속을 구분할 수 없는 매입세액(이하 '공통매입세액'이라 한다)은 부득이 획일적인 공통매입세액 안분기준을 적용하여 안분(按分)계산할 수밖에 없는데, 이것을 '공통매입세액의 안분계산'이라고 한다(부가법 40).

2. 원칙적인 안분계산

(1) 안분계산의 방법

공통매입세액 중 면세사업에 관련 매입세액은 다음 계산식에 따라 안분하여 계산한다(부가령 81 ①).

$$\text{면세사업에 관련된 매입세액} = \text{공통매입세액} \times \text{해당 과세기간의} \frac{\text{면세공급가액*}}{\text{총공급가액}}$$

* 여기서 '면세공급가액'이란 ① 면세사업등에 대한 공급가액과 ② 사업자가 해당 면세사업등과 관련하여 받았으나 과세표준에 포함되지 않는 국고보조금과 공공보조금 및 이와 유사한 금액의 합계액을 말한다(이하 같다). 그리고 ①·②에서 '면세사업등'이란 면세사업과 비과세사업(즉 부가가치세가 과세되지 않는 재화·용역을 공급하는 사업)을 말한다.

다만, 예정신고할 때에는 예정신고기간에 있어서 총공급가액에 대한 면세공급가액의 비율에 따라 안분하여 계산하고, 확정신고를 할 때에 정산한다(부가령 81 ①).

한편 과세사업과 면세사업에 공통으로 사용되는 재화를 공급받은 과세기간 중에 그 재화를 공급하여 직전 과세기간의 공급가액 실적에 따라 과세표준에 포함되는 공급가액을 안분계산한 경우에는 그 재화에 대한 매입세액의 안분계산도 직전 과세기간의 공급가액 실적을 기준으로 한다(부가칙 54 ②). 시간상으로는 매입이 공급보다 먼저 일어나지만, 공급에 대해서는 공급시기에 곧바로 안분계산을 하며 매입에 대해서는 신고서를 작성할 때 안분계산을 하기 때문에 공급에 대한 안분계산 기준을 매입에 대해서도 적용하는 것이다.

(2) 안분계산의 배제

다음 중 어느 하나에 해당하는 경우에는 안분계산을 배제하고 해당 재화·용역의 매입세액 전부를 공제되는 매입세액으로 한다(부가령 81 ②).

① 해당 과세기간의 총공급가액 중 면세공급가액이 5% 미만인 경우. 다만, 공통매입세액이 500만원 이상인 경우는 제외한다.

② 해당 과세기간 중의 공통매입세액이 5만원 미만인 경우

③ 해당 과세기간에 신규로 사업을 시작한 사업자가 해당 과세기간에 공급한 공통사용재화인 경우

참고사항 총공급가액과 면세공급가액

'총공급가액'은 공통매입세액과 관련된 해당 과세기간의 과세사업에 대한 공급가액과 면세공급가액의 합계액으로 한다(부가칙 54 ②). ■

예규판례 사업자가 면세사업(시내버스 여객운송사업)과 과세사업(광고매체제공업)을 겸영하는 경우 버스구입비, 유류비, 수리를 위한 부품비에 대한 매입세액은 면세사업에만 관련되는 경우 그 매입세액을 과세사업의 매출세액에서 공제할 수 없다는 사례

1. 부가가치세법은 '부가가치세가 면제되는 재화·용역을 공급하는 사업에 관련된 매입세액은 매출세액에서 공제하지 않는다'고 규정하고, 부가가치세법 시행령은 '사업자가 과세사업과 면세사업을 겸영하는 경우에 면세사업에 관련된 매입세액의 계산은 실지귀속에 따라 하되, 과세사업과 면세사업에 공통으로 사용되어 실지귀속을 구분할 수 없는 공통매입세액은 총공급가액에 대한 면세공급가액의 비율에 의하여 안분하는 방법 등으로 계산한다'고 규정하고 있다.

2. 원심은 제1심판결 이유를 인용하여, ① 원고를 대리한 서울특별시 운송사업조합이 주식회사 서울신문사(이하 '서울신문사'라고만 한다)와 사이에, 서울신문사가 그의 비용으로 광고물의 설계·제작·설치·관리 및 광고주의 유치 등 제반사항을 대행하고 원고 등의 서울시내 버스회사가 버스 내·외부에 그 광고물을 부착한 채 버스를 운행함으로써 서울신문사로부터 대가를 지급받기로 하는 시내버스 광고사업 대행계약을 체결함으로써, 원고는 면세사업인 시내버스 여객운송업과 아울러 과세사업인 광고매체제공업(이하 '이 사건 광고사업'이라 한다)을 겸영하게 된 사실, ② 원고는 2006년 제2기부터 2011년 제1기까지의 버스구입비, 유류비, 수리를 위한 부품비 등에 대한 매입세액 1,691,722,318원(이하 '이 사건 매입세액'이라 한다) 중 공급가액에 비례하여 안분한 49,479,457원을 이 사건 광고사업의 매출세액에서 공제되는 매입세액으로 신고한 사실, ③ 그러나 피고는 이 사건 매입세액이 모두 면세사업인 여객운송업에만 관련된 매입세액에 해당한다고 보아 그 매입세액을 불공제하여 2011.10.12. 원고에게 2006년 제2기부터 2011년 제1기까지의 부가가치세를 부과하는 이 사건 처분을 한 사실 등을 인정하였다.

나아가 원심은, 이 사건 광고사업은 버스 승객 또는 행인들에게 광고물이 노출되도록 하는 용역을 제공하고 대가를 지급받는 사업으로서 버스의 운행을 전제로 하고 있으므로 버스구입비, 유류비, 수리를 위한 부품비 등 버스 운행과 관련된 이 사건 매입세액은 면세사업인 여객운송업뿐만 아니라 과세사업인 이 사건 광고사업에도 공통되는 매입세액에 해당한다는 등의 이유로, 총공급가액에 대한 면세공급가액의 비율에 의하여 안분한 매입세액을 매출세액에서 공제하지 아니한 이 사건 처분은 위법하다고 판단하였다.

3. 그러나 원심의 이러한 판단은 다음과 같은 이유에서 수긍하기 어렵다.

사업자가 과세사업과 면세사업을 겸영하는 경우에 과세사업과 면세사업에 관련된 매입세액은 원칙적으로 실지귀속에 따라 계산해야 하고(대법원 2009.7.9. 선고 2007두10389 판결 등 참조), 그 매입세액이 오로지 면세사업에만 관련되는 경우에는 이를 매출세액에서 공제할 수 없다.

이 사건 광고사업이 버스의 운행을 전제로 한다고 하더라도, 버스구입비, 유류비, 수리를 위한 부품비 등은 면세사업인 여객운송업을 위하여 필수적으로 소요되는 비용으로서 원고가 이 사건 광고사업을 영위하지 않는 경우에도 당연히 필요로 하는 것이고, 광고물의 설계·제작·설치·관리에 소요되는 비용은 서울신문사가 전적으로 부담하고 있어 광고물의 부착에 따라 원고에게 버스구입비, 유류비, 수리를 위한 부품비 등이 추가로 소요되는 것이 아닌 이상, 이 사건 매입세액은 모두 면세사업인 여객운송업에만 관련된 매입세액에 해당하여 이를 매출세액에서 공제할 수 없다고 보아야 할 것이다.

그런데도 원심은 이와 달리 이 사건 매입세액이 면세사업인 여객운송업과 과세사업인 이 사건 광고사업에 공통되는 매입세액에 해당한다고 보아 이 사건 처분이 위법하다고 판단하였으니, 이러한 원심판단에는 과

세사업과 면세사업에 관련된 매입세액의 구분방법 등에 관한 법리를 오해하여 판결에 영향을 미친 위법이 있다. 이 점을 지적하는 상고이유 주장은 이유 있다(대법원 2013.12.26. 선고 2013두17336 판결). ■

3. 예외적인 안분계산

(1) 안분계산의 방법

공통매입세액과 관련된 해당 과세기간 중 과세사업과 면세사업의 공급가액이 없거나 그 어느 한 사업의 공급가액이 없는 경우에 해당 과세기간의 안분계산은 다음의 순서에 따른다(부가령 81 ④).

① 총매입가액(공통매입가액은 제외)에 대한 면세사업에 관련된 매입가액의 비율

② 총예정공급가액에 대한 면세사업에 관련된 예정공급가액의 비율

③ 총예정사용면적에 대한 면세사업에 관련된 예정사용면적의 비율

다만, 건물 또는 구축물을 신축하거나 취득하여 과세사업과 면세사업에 제공할 예정면적을 구분할 수 있는 경우에는 ③의 비율을 ①·②의 비율에 우선하여 적용한다. 이 경우 토지를 제외한 건물 또는 구축물에 대하여 ③의 비율을 적용하여 공통매입세액 안분계산을 하였을 때에는 그 후 과세사업과 면세사업의 공급가액이 모두 있게 되어 원칙적인 방법(면세공급가액비율에 의한 안분계산)의 계산식에 따라 공통매입세액을 계산할 수 있는 경우에도 과세사업과 면세사업의 사용면적이 확정되기 전의 과세기간까지는 ③의 비율을 계속 적용하고, 과세사업과 면세사업의 사용면적이 확정되는 과세기간에 면세사용면적비율에 따라 공통매입세액을 정산한다(부가령 81 ④ 단서, ⑤).

예 규 판 례 공통매입세액의 안분계산방식에 관한 규정의 법적 성격

매출세액에서 공제하지 않는 매입세액의 범위를 정하기 위하여 공통매입세액의 안분계산방식 등을 규정한 시행령 규정은 법률에서 구체적으로 범위를 정하여 위임받은 사항에 관하여 헌법 제75조에 따라 대통령이 발한 법규명령이라 할 것이고, 한편 시행령 규정의 내용 및 입법 취지 등에 비추어 보면, 위 각 규정은 거기서 정하고 있는 안분계산방식과 순서에 구애됨이 없이 언제든지 다른 방식으로 공통매입가액을 안분할 수 있는 예시규정에 불과한 것으로 볼 수는 없으므로, 실지 귀속을 구분할 수 없는 공통매입세액은 위 각 규정에서 정한 안분계산방식과 순서에 따르는 것이 현저하게 불합리하다고 볼 만한 특별한 사정이 없는 한 위 각 규정에 따라 안분계산해야 한다(대법원 2010.3.25. 선고 2007두18017 판결 등 참조). ■

(2) 공통매입세액의 정산

이처럼 예외적인 방법으로 공통매입세액을 안분계산한 경우에는 해당 재화의 취득으로 ① 과세사업과 면세사업의 공급가액, ② 과세사업과 면세사업의 사용면적이 확정되는 과세기간에 대한 납부세액을 확정신고를 할 때 다음 각 계산식에 따라 정산한다(부가령 82).

① 처음에 매입가액의 비율 또는 예정공급가액의 비율로 공통매입세액을 안분계산한 경우

가산 또는 공제되는 세액

$$= 총공통매입세액 \times \left(1 - \frac{과세사업과\ 면세사업의\ 공급가액이\ 확정되는\ 과세기간의\ 면세공급가액^{*}}{총공급가액}\right) - 이미\ 공제한\ 세액$$

* 여기서 '면세공급가액'이란 ① 면세사업등에 대한 공급가액과 ② 사업자가 해당 면세사업등과 관련하여 받았으나 과세표준에 포함되지 않는 국고보조금, 공공보조금 및 이와 유사한 금액의 합계액을 말한다(이하 같다).

② 처음에 예정사용면적의 비율로 공통매입세액을 안분계산한 경우

가산 또는 공제되는 세액

$$= 총공통매입세액 \times \left(1 - \frac{과세사업과\ 면세사업의\ 사용면적이\ 확정되는\ 과세기간의\ 면세사용면적^{*}}{총사용면적}\right) - 이미\ 공제한\ 세액$$

* 면세사용면적에는 비과세사용면적을 포함한다.

다만, 예정신고를 할 때에는 예정신고기간의 총공급가액(또는 총사용면적)에 대한 면세공급가액(또는 면세사용면적 · 비과세사용면적)의 비율에 따라 안분하여 계산하고, 확정신고를 할 때에 정산한다(부가령 82).

Ⅲ 납부세액 또는 환급세액의 재계산

1. 의 의

감가상각자산에 대하여 공통매입세액 안분계산에 따라 매입세액이 공제된 후 나중에 면세사업(비과세사업을 포함한다. 이하 같다)의 비중이 증가하거나 감소하는 경우에는 당초 매입세액공제가 과대 또는 과소해지는 결과가 된다. 따라서 그 과대 또는 과소공제된 매입세액을 납부세액에 가산(또는 공제)하거나 환급세액에 가산(또는 공제)하게 되는데, 이것을 '납부세액 또는 환급세액의 재계산(또는 공통매입세액의 재계산)'이라고 한다(부가법 41, 부가령 83).

2. 재계산의 요건과 효과

(1) 요 건

1) 재계산 대상 자산 : 재계산의 대상이 되는 자산은 감가상각자산으로 한정하며(부가령 63 ①), 이는 과세사업과 면세사업에 공통으로 사용되고 있는 것이어야 한다.

2) 재계산의 대상 매입세액 : 당초 매입세액공제 또는 공통매입세액 안분계산의 대상이 되었던 매입세액이어야 한다.

3) 면세비율의 증가 또는 감소 : 재계산은 해당 과세기간의 면세비율과 해당 감가상각자산의 취득일이 속하는 과세기간(그 후의 과세기간에 재계산하였을 때에는 그 재계산한 과세기간)에 적용하였던 면세비율 간의 차이가 5% 이상인 경우에만 적용한다. 여기서 '면세비율'이란 총공급가액에 대한 면세공급가액*의 비율 또는 총사용면적에 대한 면세사용면적의 비율을 말한다(부가령 83 ①).

* 여기서 '면세공급가액'이란 ① 면세사업 등에 대한 공급가액과 ② 사업자가 해당 면세사업 등과 관련하여 받았으나 과세표준에 포함되지 않는 국고보조금과 공공보조금 및 이와 유사한 금액의 합계액을 말한다.

(2) 효 과

다음과 같이 계산한 금액을 납부세액에 가산(또는 공제)하거나 환급세액에 가산(또는 공제)한다(부가령 83 ②).

$$\text{가산 또는 공제되는 세액} = \text{해당 재화의 매입세액} \times \left(1 - \text{감가율} \times \text{경과된 과세기간의 수}\right) \times \text{증감된 면세비율}$$

1) 감가율 : ① 건물 · 구축물의 경우에는 5%, ② 그 밖의 감가상각자산의 경우에는 25%로 한다.

2) 경과된 과세기간의 수 : 이것은 과세기간 단위로 계산하되, ① 건축 · 구축물의 경우에는 20을, ② 그 밖의 감가상각자산의 경우에는 4를 한도로 한다. 그리고 경과된 과세기간의 수를 계산할 때 과세기간의 개시일 후에 감가상각자산을 취득하거나 재계산대상에 해당하게 된 경우에는 그 과세기간의 개시일에 해당 재화를 취득하거나 재계산대상에 해당하게 된 것으로 본다(부가령 83 ⑤).

3) 증감된 면세비율 : 이는 증감된 면세공급가액의 비율 또는 증감된 면세사용면적의 비율을 말하는데, 그 적용방법은 다음과 같다(부가령 83 ⑤).

취득일이 속하는 과세기간	재계산방법
① 면세공급가액비율로 안분계산한 경우	• 증감된 면세공급가액비율*에 따라 재계산
② 면세사용면적비율로 안분계산한 경우	• 증감된 면세사용면적비율에 따라 재계산

* 여기서 '면세공급가액'이란 ① 면세사업 등에 대한 공급가액과 ② 사업자가 해당 면세사업 등과 관련하여 받았으나 과세표준에 포함되지 않는 국고보조금과 공공보조금 및 이와 유사한 금액의 합계액을 말 한다.

(3) 재계산된 세액의 신고 · 납부

해당 사업자는 재계산된 세액을 해당 과세기간의 확정신고와 함께 관할세무서장에게 신고 · 납부해야 한다(부가법 41). 즉 예정신고할 때에는 재계산을 하지 않는 것이다.

3. 재계산의 배제

다음 중 어느 하나에 해당하는 경우에는 재계산을 하지 않는다(부가령 83 ④, 부가칙 55 ③).

① 과세사업에 제공하던 감가상각자산이 자기생산·취득재화의 공급의제에 해당하는 경우. 재화의 공급의제 자체가 이미 공제받은 매입세액을 매출세액으로 도로 납부하는 또 하나의 방법이기 때문이다.

② 과세사업과 면세사업에 공통으로 사용된 감가상각자산을 공급하여 과세표준에 포함되는 공급가액의 안분계산을 한 경우. 이 경우에는 해당 감가상각자산을 공급한 날이 속하는 과세기간에는 그 감가상각자산에 대한 재계산을 하지 않는데, 그 이유는 직전 과세기간의 과세공급가액비율(또는 과세사용면적비율)로 과세표준을 안분계산하여 매출세액이 발생되기 때문이다.

[도 표] 과세재화의 면세사업에의 전용과 납부세액 재계산의 비교

구분	과세재화의 면세사업에의 전용	납부세액 재계산
대상재화	• 당초 과세사업과 관련하여 취득한 모든 재화 ※ 취득일이 속하는 과세기간에 매입세액공제를 받은 것에 한함	• 당초 과세·면세사업에 공통으로 사용하기 위하여 취득한 감가상각자산에 한함 ※ 취득일이 속하는 과세기간에 전부 또는 일부의 매입세액공제를 받은 것에 한함
면세사업 사용정도	• 감가상각자산을 일부 사용하는 경우에는 면세공급가액비율이 5% 이상이 되어야 함(p.212 참조) ※ 추후 면세사용비율이 감소하는 경우에는 공급의제 규정에서 조정하지 않음(납부세액 재계산으로 조정함)	• 면세공급가액비율이 5% 이상 증감되어야 함 ※ 추후 면세비율이 감소하는 경우에도 재계산을 함
정산방식	• 공급으로 의제하여 매출세액을 발생시키는 방식	• 당초 과소·과대 공제받은 매입세액을 납부세액에서 가감조정하는 방식
세무처리 시기	• 예정신고·확정신고시	• 확정신고시

참고사항 증가된 면세비율의 계산방법

공통매입세액의 안분계산을 할 때 총공급가액 중 면세공급가액의 비율이 5% 미만인 경우에 해당하여 전액 매입세액을 공제받은 후 다음 과세기간 이후에 증가된 면세공급가액의 비율을 산정할 때에는 취득일이 속하는 과세기간에 적용하였던 면세공급가액 비율은 0%로 본다(消費 46016-313, 2003.09.19.). ■

Ⅳ 공급가액의 안분계산

1. 안분계산의 방법

사업자가 과세사업과 면세사업(비과세사업[2]을 포함한다. 이하 같다)을 공통적으로 사용된 재화를 공급하는 경우에는 다음과 같이 계산한 금액을 과세표준에 포함되는 공급가액으로 한다(부가법 29 ⑧, 부가령 63 ①).

$$\text{공급가액} = \text{해당 재화의 공급가액} \times \frac{\text{재화를 공급한 날이 속하는 과세기간의 직전 과세기간의 과세되는 공급가액}}{\text{재화를 공급한 날이 속하는 과세기간의 직전 과세기간의 총공급가액}}$$

2. 안분계산의 배제

다음 중 어느 하나에 해당하는 경우에는 안분계산을 배제하고 해당 재화의 공급가액 전부를 과세표준으로 한다(부가령 63 ③).

① 재화를 공급하는 날이 속하는 과세기간의 직전 과세기간의 총공급가액 중 면세공급가액이 5% 미만인 경우. 다만, 해당 재화의 공급가액이 5,000만원 이상인 경우는 제외한다.

② 재화의 공급가액이 50만원 미만인 경우

③ 재화를 공급하는 날이 속하는 과세기간에 신규로 사업을 시작하여 직전 과세기간이 없는 경우

참고사항 사용면적비율로 과세표준에 포함되는 공급가액을 안분계산하는 경우

① 예정사용면적비율로 공통매입세액을 안분계산, 실제사용면적비율로 공통매입세액을 정산한 재화 또는 ② 납부세액 · 환급세액을 사용면적비율에 따라 재계산한 재화로서 공통사용재화를 공급하는 경우에는 과세표준에 포함되는 공급가액의 안분계산도 공급가액비율이 아니라 사용면적비율에 따라야 할 것이다. 따라서 이러한 공통사용재화를 공급하는 경우에 과세표준에 포함되는 공급가액은 다음과 같이 계산한다(부가령 63 ②).

$$\text{공급가액} = \text{해당 재화의 공급가액} \times \frac{\text{재화를 공급하는 날이 속하는 과세기간의 직전 과세기간의 과세사용면적}}{\text{재화를 공급하는 날이 속하는 과세기간의 직전 과세기간의 총사용면적}}$$

2) 여기서 '비과세사업'은 부가가치세가 과세되지 않은 재화 · 용역을 공급하는 사업을 말한다(p.94 주석 참조).

V 감가상각자산의 과세사업 전환시 매입세액공제

1. 의 의

사업자가 취득한 감가상각자산이 면세사업(비과세사업을 포함한다. 이하 같다)에 사용되는 경우 그 감가상각자산에 대한 매입세액(면세사업에 관련된 매입세액)은 매출세액에서 공제되지 않는데, 이처럼 매입세액이 공제되지 않는 면세사업을 위한 감가상각자산을 나중에 과세사업에 전환하는 경우에는 취득 당시 공제되지 않은 매입세액의 일부를 과세사업에 관련된 매입세액으로 공제하는데, 이것을 '과세사업 전환시 매입세액공제'라고 한다. 그 취지는 매입세액공제를 통한 누적효과를 방지하고, 자기생산·취득재화를 면세사업에 전용하는 경우 공급으로 의제하여 이미 공제받은 매입세액의 일부를 납부하는 것과 형평을 고려한 것이다.

[도 표] 면세사업·과세사업용 전환시 세무문제

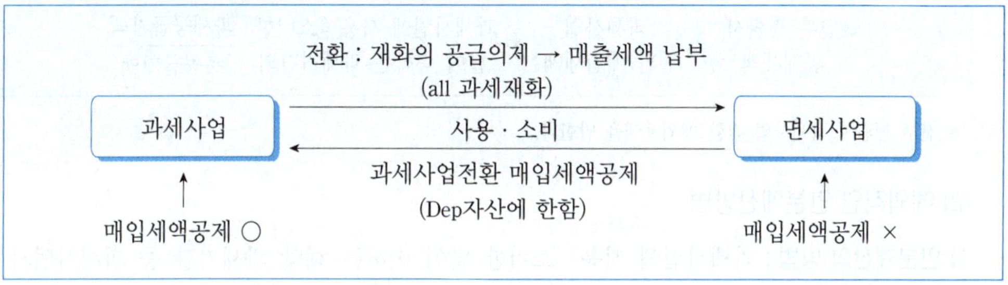

2. 과세사업 전환 매입세액공제(전부 전환)

사업자가 면세사업에 관련된 매입세액으로 그 매입세액이 공제되지 않은 감가상각자산을 과세사업에 사용하거나 소비하는 경우에는 다음과 같이 계산한 금액을 그 과세사업에 사용하거나 소비하는 날이 속하는 과세기간의 매입세액으로 공제할 수 있다(부가법 43, 부가령 85 ①).

$$\text{과세사업 전환 매입세액} = \text{취득 당시 해당 재화의 면세사업과 관련하여 공제되지 않은 매입세액} \times \left(1 - \text{감가율} \times \text{경과된 과세기간의 수}\right)$$

1) 감가율 : 건물·구축물은 5%, 그 밖의 감가상각자산은 25%로 한다.

2) 경과된 과세기간의 수 : 건물·구축물은 '20'을, 그 밖의 감가상각자산은 '4'를 한도로 한다. 이것은 과세기간 단위로 계산하며, 과세기간 개시일 후에 감가상각자산을 취득하는 경우에는 그 과세기간 개시일에 그 재화를 취득한 것으로 본다(부가령 85 ① 후단, ⑥).

한편 사업자가 이러한 감가상각자산을 과세사업에 사용·소비할 때에는 그 과세사업에 사용·소비하는 날이 속하는 과세기간에 대한 확정신고와 함께 과세사업전환 감가상각자산 신고서를 작성하여 각 관할세무서장에게 신고해야 한다(부가령 85 ⑤). 따라서 확정신고를 할 때에만 과세사업 전환 매입세액을 공제하고 예정신고를 할 때에는 공제하지 않는다.

3. 과세사업과 면세사업에 공통사용하는 경우(일부 전환)

(1) 원칙적인 안분계산방법

사업자가 면세사업에 관련된 매입세액으로 그 매입세액이 공제되지 않은 감가상각자산을 과세사업과 면세사업에 공통으로 사용·소비하는 경우에 공제하는 세액은 다음과 같이 계산한 금액으로 한다. 다만, 과세공급가액비율이 5% 미만일 때에는 공제세액이 없는 것으로 본다(부가령 85 ②).

$$\text{일부 전환시 공제세액} = \text{과세사업 전환 매입세액}^{*} \times \frac{\text{과세사업에 사용·소비한 날이 속하는 과세기간의 과세공급가액}}{\text{총공급가액}}$$

* 전부 전환시 과세사업 전환 매입세액을 말한다.

(2) 예외적인 안분계산방법

1) 안분계산의 방법 : 과세사업에 사용·소비한 날이 속하는 해당 과세기간 중 과세사업과 면세사업의 공급가액이 없거나 그 어느 한 사업의 공급가액이 없는 경우 그 과세기간에 대한 과세사업 전환 매입세액의 안분계산은 다음의 순서에 따른다(부가령 85 ③ 본문).

① 총매입가액에 대한 과세사업에 관련된 매입가액의 비율
② 총예정공급가액에 대한 과세사업에 관련된 예정공급가액의 비율
③ 총예정사용면적에 대한 과세사업에 관련된 예정사용면적의 비율

다만, 취득시 면세사업과 관련하여 매입세액이 공제되지 않은 건물에 대하여 과세사업과 면세사업에 제공할 예정면적을 구분할 수 있는 경우에는 ③의 비율을 ①·②의 비율에 우선하여 적용한다(부가령 85 ③ 단서).

2) 공제세액의 정산 : 이처럼 예외적인 방법으로 안분계산한 매입세액을 공제한 경우에는 면세사업용 감가상각자산의 과세사업용 사용·소비로, ① 과세사업과 면세사업의 공급가액 또는 ② 과세사업과 면세사업의 사용면적이 확정되는 과세기간에 대한 납부세액을 확정신고를 할 때에 다음 계산식에 따라 정산한다(부가령 85 ④).

① 처음에 매입가액의 비율 또는 예정공급가액의 비율로 공제매입세액을 안분계산하는 경우

> 가산 또는 공제되는 세액
>
> $$= \text{과세사업 전환 매입세액} \times \left(\text{과세사업과 면세사업의 공급가액이 확정되는 과세기간의 } \frac{\text{과세공급가액}}{\text{총공급가액}}\right) - \text{이미 공제한 매입세액}$$

② 처음에 예정사용면적의 비율로 공제매입세액을 안분계산하는 경우

> 가산 또는 공제되는 세액
>
> $$= \text{과세사업 전환 매입세액} \times \left(\text{과세사업과 면세사업의 사용면적이 확정되는 과세기간의 } \frac{\text{과세사용면적}}{\text{총사용면적}}\right) - \text{이미 공제한 매입세액}$$

4. 과세사업 전환 매입세액의 재계산

이처럼 과세사업 전환 매입세액이 전부 또는 일부 공제된 후, 해당 과세기간의 면세비율과 해당 감가상각자산의 취득일이 속하는 과세기간(그 후의 과세기간에 재계산하였을 때에는 그 재계산한 기간)에 적용되었던 면세비율 간의 차이가 5% 이상인 경우에는 납부세액 또는 환급세액이 재계산을 준용하여 매입세액을 재계산한다. 여기서 '면세비율'이란 총공급가액에 대한 면세공급가액의 비율 또는 총사용면적에 대한 면세사용면적의 비율을 말한다(부가령 85 ⑦).

사례 1 **공통매입세액 안분계산 등**

부가가치세법상 과세사업과 면세사업을 겸영하는 사업자의 과세에 관한 다음 물음에 답하시오.

(2013년 세무사 2차, 35점)

【물음 1】 공통매입세액의 안분계산의 취지·안분계산방법·안분계산의 생략과 공통사용재화 공급시 과세표준에 포함되는 공급가액의 안분계산의 취지·안분계산방법·안분계산의 생략을 비교하여 설명하시오.

【물음 2】 정부부처로부터 승인받은 특정개발사업을 시행 중인 주식회사 A는 2026년 제2기분 부가가치세 신고를 하면서, 해당 특정개발사업 실시계획승인서에 기재된 과세사업과 면세사업에 소요되는 사업비의 비율에 따라 공통매입세액을 안분계산하였다. 주식회사 A가 한 안분계산이 공통매입세액의 안분계산방법 및 순서를 정하고 있는 부가가치세법 규정에 위반되지 않는지 여부에 대하여 논거를 들어 설명하시오.

해 답

【물음 1】 안분계산 비교설명

1. 안분계산의 취지

(1) 공통매입세액의 안분계산

납부세액을 계산할 때 과세사업 관련 매입세액은 공제되지만, 면세사업 관련 매입세액은 공제되지 않는다. 따라서 과세사업과 면세사업에 공통으로 사용되는 재화나 용역의 경우에는 매입세액 공제 여부를 어떻게 판단해야 할 것인가 하는 문제가 제기된다.

이 경우에는 원칙적으로 그 실지귀속에 따라 공제여부를 판단한다. 그러나 그 실지귀속을 구분할 수 없는 공통매입세액은 안분계산해야 한다.

(2) 과세표준의 안분계산

재화를 공급하는 경우 그 재화가 과세사업 관련 재화인 경우에는 과세표준이 있지만, 면세사업 관련 재화인 경우에는 과세표준이 있을 수 없다. 그런데 과세사업과 면세사업에 공통으로 사용되는 재화를 공급하는 경우에 공급가액을 안분계산해야 한다.

2. 안분계산의 방법

(1) 공통매입세액의 안분계산

1) 안분계산의 방법 : 공통매입세액 중 면세사업 관련 매입세액은 원칙적으로 다음 계산식에 따라 계산한다.

$$\text{면세사업 관련 매입세액} = \text{공통매입세액} \times \text{해당 과세기간의 } \frac{\text{면세공급가액}}{\text{총공급가액}}$$

다만, 해당 과세기간 중 과세사업과 면세사업의 공급가액이 없거나 그 어느 한 사업의 공급가액이 없는 경우에 해당 과세기간의 안분계산은 다음의 순서에 따른다.

① 총매입가액(공통매입가액 제외)에 대한 면세사업에 관련된 매입가액의 비율

② 총예정공급가액에 대한 면세사업에 관련된 예정공급가액의 비율

③ 총예정사용면적에 대한 면세사업에 관련된 예정사용면적의 비율

2) 안분계산의 배제 : 다음의 경우에는 안분계산 없이 매입세액을 전액 공제한다.

① 해당 과세기간의 총공급가액 중 면세공급가액이 5% 미만인 경우. 다만, 공통매입세액이 500만원 이상인 경우는 제외한다.

② 해당 과세기간 중의 공통매입세액이 5만원 미만인 경우

③ 해당 과세기간에 신규로 사업을 개시한 사업자가 해당 과세기간에 공급한 공통사용재화인 경우

⑵ 과세표준에 포함되는 공급가액의 안분계산

1) 안분계산의 방법 : 과세사업과 면세사업에 공통으로 사용되는 재화를 공급하는 경우에 그 공급가액은 다음 계산식에 따라 계산한다.

$$\text{공급가액} = \text{해당 재화의 공급가액} \times \frac{\text{재화를 공급한 날이 속하는 과세기간의 직전 과세기간의 과세되는 공급가액}}{\text{재화를 공급한 날이 속하는 과세기간의 직전 과세기간의 총공급가액}}$$

2) 안분계산의 생략 : 다음의 경우에는 안분계산을 배제하고 해당 재화의 공급가액 전부를 과세표준으로 한다.

① 재화를 공급하는 날이 속하는 과세기간의 직전 과세기간의 총공급가액 중 면세공급가액이 5% 미만인 경우. 다만, 해당 재화의 공급가액이 5,000만원 이상인 경우는 제외한다.

② 재화의 공급가액이 50만원 미만인 경우

③ 재화를 공급하는 날이 속하는 과세기간에 신규로 사업을 개시하여 직전 과세기간이 없는 경우

【물음 2】 사례의 공통매입세액의 안분계산방법의 타당성

매출세액에서 공제하지 않는 매입세액의 범위를 정하기 위하여 공통매입세액의 안분계산방법에 관한 부가가치세법 시행령 규정은 법률에서 구체적으로 범위를 정하여 위임받은 사항에 관하여 헌법에 따라 대통령이 발한 법규명령에 해당하므로 대국민 구속력을 갖는다. 한편 안분계산의 내용 및 입법 취지에 비추어 보면 안분계산의 방법과 순서에 구애됨이 없이 언제든지 다른 방식으로 공통매입가액을 안분할 수 있는 예시규정에 불과한 것으로 볼 수는 없으므로, 실지 귀속을 구분할 수 없는 공통매입세액은 특별한 사정이 없는 한 해당 규정에 따라 안분계산해야 한다(대법원 2012.11.29. 선고 2010두4810 판결).

사례의 경우에도 주식회사 A의 공통매입세액은 면세공급가액 비율에 따라 안분계산하되, 과세사업과 면세사업의 공급가액이 없는 경우에는 면세사업의 매입가액비율 등의 순서에 따라 안분계산하고 추후에 면세공급가액비율로 정산해야 한다. 따라서 주식회사 A가 해당 특정개발사업 실시계획승인서에 기재된 과세사업과 면세사업에 소요되는 사업비의 비율에 따른 공통매입세액 안분계산은 부가가치세법에서 허용하는 방법이 아니므로, 부가가치세법에 위반된다.

❑ 출제위원 채점평

부가가치세법상 과세사업과 면세사업을 겸영하는 사업자의 과세문제를 다룬 것이다. 【물음 1】은 공통매입세액과 공통사용재화의 공급시 과세표준에 대하여 이 둘의 안분계산의 취지, 안분계산방법 및 안분계산의 생략을 비교하여 설명하라는 것이고, 【물음 2】는 정부부처의 특정사업을 시행하기 위하여 실시계획승인서상의 과세사업과 면세사업에 소요되는 사업비의 비율에 의하여 안분계산을 한 것이 부가가치세법상의 규정을 위반하는지의 여부에 대하여 논거를 들어 설명하라는 물음이다.

첫째, 【물음 1】은 수험생들이 가장 기본적으로 학습하고 많이 다룬 기본적인 문제로, 물음의 내용도 수험생들이 출제의 의도와 답안 작성의 범위를 정확히 알 수 있도록 했으며 거의 모두가 이 물음에 모두 충실히 답을 하였다. 그러나 수험생들이 자신감을 가지고 알고 있는 내용을 많은 분량으로 제시하였으나, 분량의 충분성에 비하여 답안 작성 방식이 단선적이었다는 점이 아쉬움으로 남는다.

둘째, 【물음 2】에 대해서는 논거를 충분히 제시하라는 요구사항에 대하여 거의 적지 못한 수험생들이 많았다. 【물음 1】에 대해서는 충분히 답안을 작성한 반면에 【물음 2】에 대해서는 그렇지 아니한 것은 겸영사업자의 과세문제에 대하여 법전 내용을 기계적으로 암기하고 이를 표현하는 데는 익숙하지만 더 나아가서 겸영사업자의 과세문제를 분석하는 훈련이 필요하다는 점을 시사하고 있다.

문제는 세무사 2차 시험 응시자들의 수험능력을 평가하는 아주 적합하고 좋은 문제라고 판단된다. 백지 답안지를 작성한 수험생이 극히 적으면서도, 본 문제에 대하여 완벽한 숙지와 시간 투자를 많이 한 수험생들과 그렇지 않은 경우를 구별해 주는 수준 높은 문제였다고 판단된다. 법전의 내용을 숙지하는 것부터 세법의 현실 적응력을 키우고, 생각의 근력을 키우며, 나아가 답안 작성에 정성을 다하고 최선을 다하는 노력이 필요하다 하겠다.

사례 2 신규사업자의 공통매입세액 안분계산

甲은 신규로 사업을 시작한 겸영사업자로서 해당 과세기간에 구입한 재화를 그 과세기간에 공급하였다. 사업자가 과세사업과 면세사업등을 겸영하는 경우에 매입세액의 계산은 실지귀속에 따라 하되, 실지귀속을 구분할 수 없는 매입세액은 총공급가액에 대한 면세공급가액의 비율 등을 적용하여 안분하여 계산한다. 이와 관련하여 '면세사업등'과 '면세공급가액'의 개념을 서술하고, 甲이 신규로 사업을 시작한 과세기간의 공통매입세액 안분계산 방법에 대하여 설명하시오. (2024년 세무사 2차, 7점)

해 답

1. 관련 개념

사업자 甲이 공통매입세액 안분계산을 할 때 ① '면세사업등'이란 ㉠ 면세사업과 ㉡ 비과세사업(즉 부가가치세가 과세되지 않는 재화 · 용역을 공급하는 사업)을 말한다. 한편 ② '면세공급가액'이란 ㉠ 면세사업등에 대한 공급가액과 ㉡ 사업자가 해당 면세사업등과 관련하여 받았으나 과세표준에 포함되지 않는 국고보조금과 공공보조금 및 이와 유사한 금액의 합계액을 말한다.

2. 공통매입세액 안분계산 방법

본래 공통매입세액 중 면세사업에 관련 매입세액은 다음 계산식에 따라 안분하여 계산한다.

$$\text{면세사업에 관련된 매입세액} = \text{공통매입세액} \times \text{해당 과세기간의 } \frac{\text{면세공급가액}}{\text{총공급가액}}$$

그런데 신규로 사업을 시작한 겸영사업자 甲이 신규로 사업을 시작한 과세기간에 구입한 재화를 그 과세기간에 공급한 경우에는 과세표준에 포함되는 공급가액을 안분계산할 때 안분계산을 배제하고 해당 재화의 공급가액 전부를 과세표준으로 한다. 그 이유는 해당 과세기간에 신규로 사업을 시작한 사업자로서 직전 과세기간의 과세공급가액비율이 없기 때문이다.

이처럼 신규로 사업을 시작한 과세기간에 구입한 재화를 공급하여 과세표준에 포함되는 공급가액의 안분계산을 배제하고 공급가액 전부를 과세표준으로 하는 경우 공통매입세액의 안분계산도 배제하고 매입세액 전부를 공제되는 매입세액으로 한다.

필자 주 : 공통매입세액 안분계산에 관한 여러 내용 중에 '최초로 사업을 개시한 과세기간에 매입한 재화를 그 과세기간에 공급한 것'에 포커스를 맞추어 답안 작성해야 출제자가 요구에 따라 주어진 짧은 시간에 정답을 적는 것이 됩니다.

사례 3 오피스텔의 용도전환

다음 각 사례별로 오피스텔의 용도전환에 따른 부가가치세법 규정을 설명하고, 그 결과를 금액으로 표시하시오. (10점)

> 사례 1. 甲은 오피스텔을 2024년 4월 1일에 1억3천2백만원(부가가치세 포함, 토지가액은 별도임)에 분양받아 사무실 임대사업자로 사업자등록을 마친 후 매입세액을 환급받았다. 그 후 2026년 6월 1일부터 주택임대 사업용으로 전환하였다.
>
> 사례 2. 乙은 오피스텔을 2024년 5월 1일에 2억2천만원(부가가치세 포함, 토지가액은 별도임)에 분양받아 사무실 임대사업자로 사업자등록을 마친 후 매입세액을 공제 또는 환급받았다. 그 후 2026년 7월 1일부터 임대사업을 폐업하고서 자신의 주거용으로 사용하였다.
>
> 사례 3. 丙은 오피스텔을 2024년 6월 1일에 3억3천만원(부가가치세 포함, 토지가액은 별도임)에 분양받아 주택임대용으로 사용한 후 2026년 8월 1일부터 사무실 임대용으로 사용하였다.

해 답

사례 1. 면세사업에의 전용

1. 과세재화의 면세사업에의 전용

사업자가 과세사업과 관련하여 취득한 재화를 면세사업을 위하여 사용하는 경우에는 재화의 공급으로 본다. 다만, 처음부터 매입세액을 공제받지 않는 경우에는 과세되는 재화의 공급으로 보지 않는다.

이 경우 해당 재화가 감가상각자산인 경우에는 다음의 간주시가를 공급가액으로 한다.

간주시가 = 해당 재화의 취득가액×(1 − 감가율×경과된 과세기간 수)

2. 사례의 경우

甲이 오피스텔을 주택임대 사업으로 전환하는 것은 과세재화의 면세사업에 전용으로 재화의 공급의제에 해당하며, 이 경우 공급가액은 다음과 같이 계산한다.

$$\begin{aligned}\text{공급가액} &= ₩120,000,000 \times (1 - 5\% \times 4\text{기}) \\ &= ₩96,000,000\end{aligned}$$

따라서 甲은 ₩96,000,000×10%인 ₩9,600,000의 매출세액을 납부해야 한다.

사례 2. 폐업시 잔존재화

1. 폐업시 잔존재화

사업자가 사업을 폐지하는 때에 잔존하는 재화는 자기에게 공급하는 것으로 본다. 사업개시 전에 사업자등록을 한 경우에 사실상 사업을 개시하지 않게 된 때에도 또한 같다. 다만, 처음부터 매입세액공제를 받지 않는 경우에는 과세되는 재화의 공급으로 보지 않는다. 이 경우 감가상각자산에 대한 공급가액은 사례 1.에서 설명한 바와 같다.

2. 사례의 경우

乙은 오피스텔 임대사업을 폐업한 경우에는 폐업시 잔존재화로서 재화의 공급의제에 해당한다. 이 경우 공급가액은 다음과 같이 계산한다.

$$\begin{aligned}\text{공급가액} &= ₩200,000,000 \times (1 - 5\% \times 5\text{기}) \\ &= ₩150,000,000\end{aligned}$$

따라서 乙은 ₩150,000,000×10%인 ₩15,000,000의 매출세액을 납부해야 한다.

사례 3. 과세사업에 전환

1. 면세사업용 감가상각자산의 과세사업에 전환

사업자가 면세사업에 관련된 매입세액에 해당되어 그 매입세액이 공제되지 않은 감가상각자산을 과세사업에 사용하는 때에는 과세사업전환매입세액을 과세사업에 사용하는 날이 속하는 과세기간의 매입세액으로 공제할 수 있다.

과세사업전환 매입세액은 다음과 같이 계산한다.

$$\begin{matrix}\text{과세사업} \\ \text{전환매입세액}\end{matrix} = \begin{matrix}\text{취득당시 해당 재화의} \\ \text{면세사업 관련 불공제 매입세액}\end{matrix} \times (1 - \text{감가율} \times \text{경과된 과세기간 수})$$

2. 사례의 경우

丙은 오피스텔을 주택임대용에서 사무실임대용으로 전환하는 경우에는 다음과 같이 계산한 과세사업전환매입세액을 과세사업에 사용하는 날이 속하는 과세기간의 매입세액으로 공제할 수 있다.

$$\text{과세사업전환매입세액} = ₩330{,}000{,}000 \times \frac{10}{110} \times (1 - 5\% \times 5\text{기}) = ₩22{,}500{,}000$$

사례 4 과세사업과 면세사업 겸영사업자의 과세문제

부가가치세는 재화나 용역이 생산되거나 유통되는 모든 거래단계에서 생성되는 부가가치를 과세대상으로 하는 간접세를 말한다. 부가가치세에 관한 다음 물음에 답하시오. (2019년 세무사 2차, 35점)

【물음 1】 甲은 오피스텔 신축판매업을 영위하는 일반과세자로서 판매목적으로 신축한 오피스텔이 분양되지 않아 임대를 고민 중이다. 오피스텔 신축공사에 대한 매입세액의 공제여부에 따라 임차인에게 사업용으로 임대하는 경우와 주거용으로 임대하는 경우의 과세문제를 설명하시오. (15점)

【물음 2】 일반과세자 乙이 건물을 신축하여 상가와 주택(국민주택규모 이하 주택과 국민주택규모 초과의 주택 포함)을 분양하는 경우 건물 신축공사에 대한 매입세액의 공제여부와 공제방법에 대하여 설명하시오. (단, 건물면적에 대한 실지귀속은 정해져 있다.) (10점)

【물음 3】 면세사업을 영위하는 丙대학교가 면세사업에 사용하기 위하여 증축하는 건물 중 일부를 과세사업인 부동산임대업에 사용하는 경우 면세사업 등을 위한 감가상각자산의 과세사업 전환시 매입세액공제 특례 규정이 적용된다. 이 제도의 ① 취지, ② 공제요건, ④ 과세전환에 대한 매입세액의 계산방법, ④ 일부 과세전환에 대한 매입세액의 계산방법에 대하여 설명하시오. (10점)

해 답

【물음 1】 신축 오피스텔 임대시 과세문제

1. 오피스텔 신축공사에 대한 매입세액이 공제된 경우

(1) 임차인에게 사업용으로 임대하는 경우 : 과세사업에서 매출세액 발생

1) 과세여부 : 일반과세자(오피스텔 신축판매업)인 甲이 오피스텔 신축공사에 대한 매입세액을 공제받고서 미분양된 오피스텔을 임차인에게 사업용으로 임대하는 경우(부가가치세가 과세되는 임대사업)에는 용역의 공급으로서 부가가치세가 과세된다.

2) 부가가치세의 신고납부 : 임대사업자 甲은 과세되는 오피스텔 임대용역에 대한 부가가치세 과세표준에 10%를 곱하여 계산한 매출세액에서 매입세액을 공제하여 계산한 납부세액을 신고납부해야 한다.

(2) 임차인에게 주거용으로 임대하는 경우 : 재화의 공급의제

1) 과세여부 : 일반과세자(오피스텔 신축판매업)인 甲이 오피스텔 신축공사에 대한 매입세액을 공제받고서 미분양된 오피스텔을 임차인에게 주거용으로 임대하는 경우(부가가치세가 면세되는 임

대사업)에는 재화의 공급의제 중 과세재화의 면세사업에 전용으로서 부가가치세가 과세된다.

2) 부가가치세의 신고납부 : 일반과세자인 甲은 면세전용된 오피스텔(건물분을 말한다)의 간주시가(공급가액)에 10%를 곱하여 계산한 세액을 납부세액에 포함하여 신고납부해야 한다.

간주시가 = 취득가액(매입세액이 공제된 건물가액)×(1 − 5%×경과된 과세기간 수)

2. 오피스텔 신축공사에 대한 매입세액이 공제되지 않은 경우

(1) 임차인에게 사업용으로 임대하는 경우 : 과세사업에서 매출세액 발생

1) 과세여부 : 일반과세자(오피스텔 신축판매업)인 甲이 오피스텔 신축공사에 대한 매입세액을 공제받지 않은 미분양된 오피스텔을 임차인에게 사업용으로 임대하는 경우(부가가치세가 과세되는 임대사업)에도 용역의 공급으로서 부가가치세가 과세된다. 본래 임대용역의 공급의 경우에는 오피스텔 신축시 매입세액을 매출세액에서 공제받았는지 여부에 관계없이 부가가치세를 과세한다.

2) 부가가치세의 신고납부 : 임대사업자 甲은 과세되는 오피스텔 임대용역에 대한 부가가치세 과세표준에 10%를 곱하여 계산한 매출세액에서 매입세액을 공제하여 계산한 납부세액을 신고납부해야 한다.

(2) 임차인에게 주거용으로 임대하는 경우 : 과세문제 발생하지 않음

1) 과세여부 : 일반과세자(오피스텔 신축판매업)인 甲이 오피스텔 신축공사에 대한 매입세액을 공제받지 않은 미분양된 오피스텔*을 임차인에게 주거용으로 임대하는 경우(부가가치세가 면세되는 임대사업)에는 재화의 공급의제에 해당하지 않는다.

* 자기생산 · 취득재화에 해당하지 않는다.

2) 부가가치세의 신고납부 : 재화의 공급의제에 해당하지 않으므로 부가가치세 신고납부 문제는 발생하지 않는다.

【물음 2】 건물 신축공사 매입세액

1. 과세사업과 면세사업의 구분

일반과세자 乙이 건물을 신축하여 상가와 주택을 분양 · 공급하는 경우 그 공급에 대한 부가가치세의 과세여부는 다음과 같다.

① 국민주택규모 이하의 주택(그 주택의 건설용역 포함) 분양공급 : 면세대상을 공급하는 사업(즉 면세사업)

② 국민주택규모 초과 주택과 상가 분양공급 : 과세대상을 공급하는 사업(즉 과세사업)

여기서 '국민주택규모'란 주거전용면적이 1호(戶) · 1세대당 85㎡ 이하인 주택(수도권을 제외한 도시지역이 아닌 읍 · 면 지역은 1호 · 1세대당 주거전용면적이 100㎡ 이하인 주택을 말한다)을 말한다.

2. 건물 신축공사에 대한 매입세액의 공제여부와 공제방법

(1) 매입세액의 공제여부

일반과세자 乙은 과세사업(국민주택규모 초과 주택과 상가 분양공급을 말한다. 이하 같다)과 면세사업(국민주택규모 이하의 주택 분양공급을 말한다. 이하 같다)을 겸영(兼營)하고 있다. 이 경우 일반과세자 乙이 건물을 신축공사를 할 때 거래징수당한 매입세액 중 과세사업 관련 매입세액은 공제되지만, 면세사업에 관련된 매입세액은 공제되지 않는다.

(2) 공제방법

원칙적으로 과세사업과 면세사업에 관련된 매입세액의 계산은 실지귀속(實地歸屬)에 따라 공제여부를 판단한다. 일반과세자 乙이 신축한 건물 면적에 대한 실지귀속이 정해져 있는 경우에는 그 구분된 건물의 면적비율에 따라 과세사업과 면세사업에 관련된 매입세액을 계산한다. 구체적인 계산방법은 다음과 같다.

$$\text{면세사업 매입세액} = \text{건물 신축공사 매입세액} \times \frac{\text{국민주택규모의 주택면적}}{\text{건물 전체면적(주택면적+상가면적)}}$$

부가 07

【물음 3】 감가상각자산의 과세사업 전환시 매입세액공제

1. 취 지

이 제도의 취지는 과세사업 전환시 매입세액공제를 통한 누적효과를 방지하고, 자기생산 · 취득재화를 면세사업에 전용하는 경우 공급으로 의제하여 이미 공제받은 매입세액의 일부를 납부하는 것과 형평을 고려한 것이다.

2. 공제요건

다음 요건을 갖춘 경우에 '과세사업 전환시 매입세액공제'를 적용한다.

① 공제대상 자산 : 공제대상이 되는 자산은 감가상각자산으로 한정하며, 면세사업에 사용하던 것이어야 한다.

② 공제대상 매입세액 : 당초 면세사업에 관련된 매입세액으로 그 매입세액이 공제되지 않았어야 한다.

③ 과세사업 전환사용 : 해당 감가상각자산을 과세사업에 사용 · 소비해야 한다.

3. 과세사업에 대한 매입세액의 계산방법

> 과세사업 전환 매입세액
> = 면세사업에서 취득당시 공제받지 못한 매입세액×(1 − 감가율×경과된 과세기간 수)

① 감가율 : 건물 · 구축물은 5%, 그 밖의 감가상각자산은 25%로 한다.

② 경과된 과세기간의 수 : 건물축은 '20'을, 그 밖의 감가상각자산은 '4'를 한도로 한다.

4. 일부과세전환에 대한 매입세액의 계산방법

(1) 원칙적인 계산방법

> 일부 전환시 매입세액
>
> $= \text{과세사업 전환 매입세액} \times \text{사용·소비한 날이 속하는 과세기간의 } \dfrac{\text{과세공급가액}}{\text{총공급가액}}$

위 계산식에서 과세공급가액비율(분자/분모)이 5% 미만일 때에는 공제세액이 없는 것으로 본다.

(2) 예외적인 계산방법

과세사업에 사용·소비한 날이 속하는 해당 과세기간 중 과세사업과 면세사업의 공급가액이 없거나 그 어느 한 사업의 공급가액이 없는 경우 그 과세기간에 대한 과세사업 전환 매입세액의 안분계산은 다음의 순서에 따른다.

① 총매입가액에 대한 과세사업에 관련된 매입가액의 비율

② 총예정공급가액에 대한 과세사업에 관련된 예정공급가액의 비율

③ 총예정사용면적에 대한 과세사업에 관련된 예정사용면적의 비율

위와 같이 예외적인 방법으로 계산한 후 ① 과세사업과 면세사업의 공급가액 또는 ② 과세사업과 면세사업의 사용면적이 확정되는 과세기간에 대한 납부세액을 확정신고를 할 때에 ① 과세공급가액비율 또는 ② 과세사용면적비율로 정산한다.

❑ 출제위원 채점평

> 부가가치세법상 과세·면세거래의 매입세액 공제 여부와 관련된 과세문제 및 부가가치세법 제43조 면세사업 등을 위한 감가상각자산의 과세사업 전환시 매입세액공제 특례에 대한 문제다. 전반적으로 수험생들은 주어진 물음에 잘 답하였다. 다만, 문제에서 주어진 질문의 요지가 무엇인지를 정확하게 파악하지 못하고 자신이 알고 있는 내용의 기술에만 치중하는 답안과 물음의 내용 중 일부를 답하지 않은 답안이 있었다. 또한 법조문과 관련된 물음에 있어서는 해당 조문을 정확하게 숙지하지 못한 답안이 있었다. 따라서 답안을 작성함에 있어서는 물음의 내용을 꼼꼼하게 분석하여 출제자의 의도를 파악하는 한편 세법학 과목의 특성상 평소 법령을 주의 깊게 살피려는 태도가 요구된다고 하겠다.

제3절 누적효과 방지를 위한 매입세액공제제도

I 의제매입세액공제

1. 의 의

사업자가 면세농산물 등을 원재료로 하여 제조·가공한 재화 또는 창출한 용역의 공급에 대하여 과세되는 경우에는 면세농산물 등을 공급받거나 수입할 때 매입세액이 있는 것으로 보아 일정한 금액을 매입세액으로 공제할 수 있다(부가법 42 ①). 본래 부가가치세법에 따른 매입세액공제를 받기 위해서는 세금계산서를 발급받아 제출해야 하지만, 이 제도는 면세농산물 등에 대하여 세금계산서 없이도 일정한 금액을 매입세액으로 의제하여 공제하는 것이기 때문에 이를 의제매입세액공제라고 한다.

그 취지는 다음과 같은 환수효과와 누적효과를 제거 또는 완화시킴으로써 부가가치세로 인한 경제효율의 왜곡을 시정하는 데 있다.

1) 환수효과 : 면세단계에서 창출된 부가가치액도 해당 과세사업자의 과세표준에 포함되어 과세된다. 따라서 면세단계에서 과세를 포기한 부가가치세가 다시 국고에 환수되어 면세의 효과가 취소되는데, 이것을 '환수효과'라고 한다.

2) 누적효과 : 면세 전단계에서 창출된 부가가치액도 해당 과세사업자의 과세표준에 포함되어 과세된다. 그러나 해당 과세사업자는 면세사업자로부터 세금계산서를 발급받을 수 없으므로 면세 전단계에서 이미 부과되어 전가받은 부가가치세를 매입세액으로 공제받지 못한다. 그리하여 면세 전단계에서 창출된 부가가치에 대해서는 두 번에 걸쳐 과세하는 결과가 된다. 그뿐 아니라 해당 과세사업자는 면세사업자에게서 전가받은 면세 전단계의 부가가치세를 자기의 과세표준에 합산하게 되며, 그 결과 부가가치세에 대해서까지 부가가치세가 과세되는 현상이 발생한다. 이를 '누적효과'라고 한다. 이러한 누적효과는 면세재화뿐만 아니라 과세되는 재화·용역을 공급받고 세금계산서에 의한 매입세액을 공제받을 수 없는 경우에도 발생한다.

부가 07

2. 공제의 요건

(1) 공제대상 사업자

의제매입세액공제를 받을 수 있는 사업자는 사업자등록을 한 과세사업자에 한정한다. 사업자등록을 하지 않은 경우에는 의제매입세액공제가 허용되지 않는다. 한편 간이과세자는 업종별 부가가치율에 면세농산물 등의 매입액이 반영되어 있으므로 의제매입세액공제를 적용하지 않는다.

(2) 공제대상 면세농산물 등의 범위

'면세농산물 등'이란 면세로 공급받거나 수입한 농산물 · 축산물 · 수산물 또는 임산물을 말하며, 여기에는 원시적 1차 가공을 거친 것, 단순 가공식료품 등 및 소금을 포함한다(부가령 84 ①).

(3) 제조 · 가공한 재화 또는 창출한 용역의 공급이 과세될 것

이러한 면세농산물 등을 원재료로 하여 제조 · 가공한 재화 또는 창출한 용역의 공급이 과세(면세포기에 따라 영세율이 적용되는 경우는 제외)되어야 한다. 그 제조 · 가공된 재화 또는 창출된 용역의 공급이 다시 면세되는 경우에는 환수효과와 누적효과가 발생하지 않기 때문에 의제매입세액공제도 불필요한 것이다.

'면세포기에 따라 영세율이 적용되는 경우'란 면세농산물 등을 수출하는 사업자가 면세포기를 하여 수출하는 농산물 등에 대해 영세율이 적용되는 경우를 말한다. 이 경우에는 비록 0%의 세율로 부가가치세가 과세되더라도 수출을 위하여 당초 매입한 면세농산물 등에 대해서는 의제매입세액공제를 하지 않는다. 그 이유는 면세포기로 영세율이 적용되는 경우에는 거래상대방은 우리나라 부가가치세를 전혀 부담하지 않아 결과적으로 환수 · 누적효과의 문제는 발생하지 않기 때문이다. 또한 면세농산물 등을 국내에 공급하는 사업자의 경우에는 의제매입세액을 공제받을 수 없는 것과 형평을 도모하는 데 있다.

(4) 서류제출

의제매입세액을 공제받으려는 사업자는 면세농산물 등을 공급받은 사실을 증명하는 ①「의제매입세액 공제신고서」와 ② 매입처별 계산서합계표, 매입자발행계산서합계표, 신용카드매출전표등수령명세서를 관할세무서장에게 제출해야 한다. 다만, 제조업을 경영하는 사업자가 농어민으로부터 면세농산물 등을 직접 공급받는 경우에는 의제매입세액공제 신고서만을 제출한다(부가법 42 ②, 부가령 84 ③). 여기서 '농어민'은 농업 중 작물재배업, 축산업, 작물재배 및 축산복합농업에 종사하거나 임업, 어업 및 소금 채취업에 종사하는 개인을 말한다(부가령 84 ④).

이러한 증명서류는 원칙적으로 예정신고 및 확정신고와 함께 제출해야 하지만, 수정신고, 경정 등의 청구 또는 기한후신고와 함께 제출하거나 경정을 할 때 경정기관의 확인을 거쳐 제출하는 경우에도 의제매입세액을 공제한다(부가령 84 ⑤).

3. 효 과

(1) 의제매입세액의 계산

이상과 같은 요건이 충족되면 다음과 같이 계산한 금액을 매입세액으로 의제하여 매출세액에서 공제한다(부가법 42 ①, 부가령 84 ①,②).

> 해당 과세기간의 의제매입세액 공제액 = 공제대상금액 × 공제율 $\left(\frac{2}{102} \sim \frac{9}{109}\right)$

※ 확정신고시 공제세액 = 해당 과세기간의 공제대상금액 × 공제율 − 예정신고시 이미 공제받은 세액

* 예정신고시 공제세액 = 예정신고기간의 면세농산물 등의 매입가액 × 공제율

여기서 '공제대상금액'과 '공제율'은 아래 표와 같다.

공제대상금액 = MIN(①, ②)

① 해당 과세기간의 면세농산물 등의 매입가액 : 운임 등의 부대비용을 제외한 매입원가로 계산하며, 수입되는 농산물 등의 경우에는 관세의 과세가격(부기통 42-84-2, 부가칙 56 ①)

② 공제한도 : 해당 과세기간에 해당 사업자가 면세농산물 등과 관련하여 공급한 과세표준(이하 '과세표준'이라 한다) × 한도율(50%~75%)

구분		한도율	
		음식점업	일반 업종
개인사업자	과세표준이 1억원 이하인 경우	75%	65%
	과세표준이 1억원 초과 2억원 이하인 경우	70%	
	과세표준이 2억원 초과인 경우	60%	55%
법인사업자		50%	

구분				공제율	
① 음식점업(*주1)	㉡ 개인사업자	해당 과세기간의 과세표준이	2억원 이하인 경우	$\frac{9}{109}$	개별소비세 과세유흥장소의 경영자는 $\frac{2}{102}$
			2억원 초과하는 경우	$\frac{8}{108}$	
	㉠ 법인사업자			$\frac{6}{106}$	

② 제조업	㉠ 과자점업, 도정업, 제분업 및 떡류 제조업 중 떡방앗간을 경영하는 개인사업자	$\frac{6}{106}$	—
	㉡ 위 ㉠ 외의 제조업을 경영하는 사업자 중 중소기업(*주2) 및 개인사업자	$\frac{4}{104}$	
	㉢ 위 ㉠·㉡ 외의 사업자	$\frac{2}{102}$	
③ 위 ①·② 외의 사업자		$\frac{2}{102}$	

(*주1) 한국표준산업분류에 따르면 '음식점업'은 접객시설을 갖추고 구내에서 직접 소비할 수 있도록 주문한 음식을 조리하여 제공하는 음식점을 운영하거나 접객시설 없이 고객이 주문한 음식을 직접 조리하여 배달·제공하는 산업활동을 말한다. 반면에 '식료품 제조업'은 농업, 임업 및 어업에서 생산된 산출물을 사람이나 동물이 먹을 수 있는 식료품 및 동물용 사료로 가공하는 산업활동을 말한다.

(*주2) 「조세특례제한법 시행령(제2조)」에 따른 중소기업을 말한다.

(2) 의제매입세액의 안분계산

해당 사업자가 과세사업과 면세사업(비과세사업을 포함한다. 이하 같다)을 겸영하는 경우에는 면세농산물 등의 실지귀속에 따라 과세사업에 사용되었거나 사용될 부분에 대해서만 의제매입세액공제를 적용해야 할 것이다. 그러나 그 실지귀속을 구분할 수 없는 경우에는 해당 과세기간의 공급가액 실적에 따라 안분계산한 면세농산물 등 가액에 대하여 의제매입세액을 공제한다(부가칙 56 ④).

4. 사후관리

의제매입세액의 공제를 받은 면세농산물 등을 ① 그대로 양도 또는 인도하거나 ② 면세사업, 그 밖의 목적을 위하여 사용하거나 소비하는 때에는 그 공제한 금액을 납부세액에 가산하거나 환급세액에서 공제해야 한다(부가령 84 ④).

Ⅱ 재활용폐자원 등에 대한 매입세액공제 특례

1. 재활용폐자원에 대한 부가가치세 매입세액공제 특례

(1) 개 요

재활용폐자원을 수집하는 사업자가 세금계산서를 발급할 수 없는 자 등[① 국가·지방자치단체 ② 부가가치세 과세사업을 영위하지 않은 자(과세·면세 겸영사업자 포함) 및 ③ 영수증 발급에 관한 규정이 적용되는 기간에 재화 · 용역을 공급하는 간이과세자를 말한다]으로부터 재활용폐자원을 2028.12.31.까지 취득하여 제조 · 가공하거나 이를 공급하는 경우에는, 다음의 단계에 따라 계산한 금액을 매출세액에서 매입세액으로 공제할 수 있다(조특법 108 ①,②, 조특령 110 ①).

> • 1단계 : 재활용폐자원 공제대상금액 : MIN (①, ②)
>
> ① 해당 과세기간 영수증과 계산서 수취분 재활용폐자원의 취득가액
>
> ② 한도액(공제가능금액) $= \dfrac{\text{해당 과세기간에 공급한}}{\text{재활용폐자원 관련 과세표준}} \times 80\% -$ 세금계산서 수취분 재활용폐자원 매입가액 (사업용 고정자산은 제외)
>
> • 2단계 : 재활용폐자원 매입세액 공제액 = 해당 과세기간 공제대상금액 $\times \dfrac{3}{103}$

※ 1단계(① − ②) → 한도초과액(① − ②) : 한도초과액 $\times \dfrac{3}{103}$ = 미공제세액 → 이월공제 허용 ×

※ 확정신고시 정산 : 예정신고 및 조기환급신고를 할 때에는 해당 기간의 영수증과 계산서 수취분 재활용폐자원의 취득가액에 따라 공제세액을 계산하고, 확정신고시 해당 과세기간의 공제대상금액에 3/103을 곱하여 계산한 공제대상세액에서 예정신고 및 조기환급신고를 할 때 이미 공제받은 세액을 차감하는 방식으로 정산한다(조특법 108 ② 후단, 조특칙 별지 제69호 서식).

> 확정신고시 공제(납부)할 세액 = 해당 과세기간의 공제대상금액 $\times \dfrac{3}{103}$ − 이미 공제받은 세액

(2) 재활용폐자원의 범위

매입세액공제를 받을 수 있는 재활용폐자원은 ① 고철, ② 폐지, ③ 폐유리, ④ 폐합성수지, ⑤ 폐합성고무, ⑥ 폐금속캔, ⑦ 폐건전지, ⑧ 폐비철금속류, ⑨ 폐타이어, ⑩ 폐섬유, ⑪ 폐유를 말한다(조특령 110 ④ (1)).

(3) 제도의 취지

본래 재활용폐자원 등을 수집 · 판매하는 사업자가 가계 등으로부터 폐자원 등을 매입하여 재생산업체에 판매하는 경우에는 세금계산서를 발급받지 못하므로 매입세액공제를 받을 수 없다. 그러나 현행 조세특례제한법은 폐자원의 수집을 지원하기 위하여, 매입가액 중 일정액을 매입세액으로 의제하여 납부세액에서 공제하는 특례를 두고 있다.

2. 중고자동차에 대한 부가가치세 매입세액공제 특례

(1) 개 요

중고자동차를 수집하는 사업자가 세금계산서를 발급할 수 없는 자 등[① 국가 · 지방자치단체 ② 부

부가 07

가가치세 과세사업을 영위하지 않은 자(과세 · 면세 겸영사업자 포함) 및 ③ 영수증 발급에 관한 규정이 적용되는 기간에 재화 · 용역을 공급하는 간이과세자]으로부터 중고자동차를 2028.12.31.까지 취득하여 제조 · 가공하거나 이를 공급하는 경우에는, 다음의 단계에 따라 계산한 금액을 매출세액에서 매입세액으로 공제할 수 있다(조특법 108 ①,②, 조특령 110 ①).

• 1단계 : 중고자동차 공제대상금액 : MIN (①, ②)

① 해당 과세기간 영수증과 계산서 수취분 중고자동차의 취득가액

② 한도액(공제가능금액) $= \dfrac{\text{해당 과세기간에 공급한}}{\text{중고자동차 관련 과세표준}} \times 100\% -$ 세금계산서 수취분 중고자동차 매입가액 (사업용 고정자산은 제외)

• 2단계 : 중고자동차 매입세액 공제액 = 해당 과세기간 공제대상금액 $\times \dfrac{10}{110}$

• 3단계 : 1단계(① > ②) → 한도초과액(① − ②) 발생시 세무처리

한도초과액 $\times \dfrac{10}{110}$ = 미공제세액 → 1년간 이월공제 허용 ○

※ 확정신고시 정산 : 이 내용은 재활용폐자원 매입세액공제 특례에서 살펴본 바와 같다.

위 1단계에서 한도액을 초과하여 공제받지 못한 공제세액은, 해당 과세기간의 다음 과세기간 개시일부터 1년 이내에 끝나는 각 과세기간에 이월하여 그 이월된 각 과세기간의 매출세액에서 공제한다(조특법 108 ③). 한편 각 과세기간의 매출세액에서 공제할 금액으로서, ① 해당 과세기간 매입분 공제금액과 이월된 미공제 금액이 중복되는 경우에는, 이월된 미공제 금액을 먼저 공제하고, ② 그 이월된 미공제 금액이 중복되는 경우에는, 먼저 발생한 것부터 차례대로 공제한다(선발생분 우선공제, 조특법 108 ④).

(2) 중고자동차의 범위

매입세액공제를 받을 수 있는 중고자동차는 자동차관리법에 따른 자동차 중 중고자동차를 말한다. 다만, 수출되는 중고자동차로서 자동차등록원부에 기재된 제작연월일부터 수출이행여부신고서에 기재된 수출신고수리일까지의 기간이 1년 미만인 자동차 등은 제외한다(조특령 110 ④ (2)).

NEW 개정사항 2026.7.1.부터 중고자동차 매입세액공제 특례 공제한도 신설

<개정내용> 중고자동차 매입세액공제 특례에 대해서도 재활용폐자원과 유사하게 공제한도를 신설하였다. 그 취지는 중고자동차에 대해서 부당 매입세액공제를 방지하려는 데 있다.

종전	개정
□ 재활용폐자원 등에 대한 부가가치세 의제매입세액공제	□ 중고자동차에 대한 공제한도 신설
○ 재활용폐자원에 대한 매입세액공제 – 요건 : 세금계산서를 발급할 수 없는 개인 등으로부터 재활용폐자원을 취득하여 제조 · 가공 · 공급하는 경우 – 재활용폐자원 공제대상금액 : MIN(①, ②) ① 해당 과세기간 영수증과 계산서 수취분 재활용폐자원의 취득가액 ② 한도액(공제가능금액)* = 해당 과세기간의 과세표준(매출액)×80% – 세금계산서 매입액 – 매입세액 공제액 = 공제대상금액×$\frac{3}{103}$ * (① > ②) → 한도초과액(① – ②)에 대한 미공제세액은 이월공제 불가	○ (왼쪽과 같음)
○ 중고자동차에 대한 매입세액공제 – 요건 : 세금계산서를 발급할 수 없는 개인 등으로부터 중고자동차를 취득하여 제조 · 가공 · 공급하는 경우 – 중고자동차 공제대상금액* : 해당 과세기간 영수증과 계산서 수취분 중고자동차의 취득가액 * 공제한도 없이 취득가액 전부를 공제가능금액으로 함 <공제한도 신설> – 매입세액 공제액 = 공제대상금액×$\frac{10}{110}$ (취득가액)	– 공제대상금액 : MIN(①, ②) ① 해당 과세기간 영수증과 계산서 수취분 중고자동차의 취득가액 ② 한도액(공제가능금액) = 해당 과세기간의 과세표준(매출액)×100% – 세금계산서 매입액 – 매입세액 공제액 = 공제대상금액×$\frac{10}{110}$ ※ (① > ②) → 한도초과액(① – ②)에 대한 미공제세액은 2개 과세기간(1년)간 이월공제 허용

<적용시기> 이 규정은 2026년 7월 1일 이후 개시하는 과세기간부터 적용한다. ■

제4절 대손세액공제

Ⅰ 개 요

1. 의 의

사업자가 과세재화·용역을 공급한 후 공급받는 자의 파산 등의 사유로 부가가치세를 거래징수하지 못하는 경우에는 그 대손세액을 매출세액에서 공제할 수 있으며, 이 경우 공급받은 자는 그 세액을 매입세액에서 공제한다(부가법 45).

2. 제도의 취지

본래 사업자는 외상판매 등의 경우에도 공급일이 속하는 과세기간에 매출채권(부가가치세 포함)의 회수 여부에 관계없이 부가가치세를 납부해야 한다. 만일 매출채권이 대손처리되는 경우에는 거래징수하지 못한 부가가치세액도 공급자의 경제적 손실로 귀착된다. 그리고 공급받는 자는 거래징수당하지 않는 부가가치세를 매입세액으로 공제받게 되는 결과가 초래된다. 이러한 불합리한 결과를 방지하기 위하여 대손금에 대한 세액을 공급자의 매출세액에서 대손세액으로 공제하고, 이에 대응하여 공급받는 자의 매입세액에서 대손처분받을 세액을 공제하려는 것이 대손세액공제의 취지이다.

[도 표] 세무처리

<table>
<tr><th rowspan="2">구분</th><th rowspan="2">공급자의 회계처리</th><th colspan="2">세무처리</th></tr>
<tr><th>공급자</th><th>공급받는 자</th></tr>
<tr><td>거 래 시</td><td>(차) 매출채권 110,000
(대) ┌ 매 출 100,000
└ VAT예수금 10,000</td><td>매출세액 포함</td><td>매입세액 공제</td></tr>
<tr><td>대손확정시</td><td>(차) ┌ 대손충당금 100,000
└ VAT예수금 10,000
(대) 매출채권 110,000</td><td>매출세액
(−) 대손세액</td><td>매입세액
(−) 대손처분받은 세액
(p.179 참조)</td></tr>
<tr><td>변 제 시</td><td>(차) 현 금 110,000
(대) ┌ 대손충당금 100,000
└ VAT예수금 10,000</td><td>매출세액
(+) 대손세액</td><td>매입세액
(+) 변제대손세액</td></tr>
</table>

Ⅱ 공제의 요건

1) 공제대상자 : 부가가치세가 과세되는 재화 · 용역을 공급하는 일반과세자이어야 한다. 따라서 면세사업자나 간이과세자는 대손세액공제를 적용받을 수 없다.

2) 공제사유 : 다음 중 어느 하나에 해당하는 사유로 매출채권(부가가치세 포함)의 전부 또는 일부를 회수할 수 없어야 한다(부가령 87 ① (1),(2)).

대손세액 공제사유	대손금액
①「소득세법 시행령(55 ②)」 및 「법인세법 시행령(19의2 ①)」에 따라 대손금(貸損金)으로 인정되는 경우	이 경우 대손되어 회수할 수 없는 금액은 해당 대손금으로 한다.
②「채무자 회생 및 파산에 관한 법률」에 따른 법원의 회생계획인가 결정에 따라 채무를 출자전환하는 경우	이 경우 대손되어 회수할 수 없는 금액은 출자전환하는 시점의 출자전환된 매출채권 장부가액과 출자전환으로 취득한 주식 · 출자지분의 시가와의 차액*으로 한다.

* 사실상 회수불능으로 확정된 것과 동일한 효과가 발생한다.

3) 대손세액 공제의 시간적 범위 : 사업자가 과세 재화 · 용역을 공급한 후 그 공급일부터 10년이 지난 날이 속하는 과세기간에 대한 확정신고기한까지 위 대손금으로 인정되는 사유로 확정되는 대손세액(결정 · 경정으로 증가된 과세표준에 대하여 부가가치세액을 납부한 경우 해당 대손세액을 포함한다)으로 한다(부가령 87 ②).

4) 서류제출 : 대손세액공제를 받으려는 사업자는 부가가치세 확정신고서에 대손세액 공제신고서와 대손사실을 증명하는 서류를 첨부하여 관할세무서장에게 제출해야 한다(부가법 45 ②, 부가령 87 ④). 따라서 대손세액공제는 예정신고를 할 때에는 적용받을 수 없고 확정신고를 할 때만 공제를 받을 수 있다.

예 규 판 례 파산으로 회수불능인 채권 대손세액공제 사유 판단

대손금으로 인정되는 사유 중 하나인 '채무자의 파산 등으로 회수할 수 없는 채권'이란 채권의 회수불능이 객관적으로 확정된 채권을 말한다. 그리고 요건사실이 충족되면 원칙적으로 일률 적용되며, 납세자가 채권 회수를 임의로 포기했다는 등 특별한 사정이 없는 한, '그 이전에 회수 가능성이 있었을 수도 있다'는 사정만으로 대손세액공제의 적용을 부정할 수 없다.

소외회사에 2021.4.19. 파산선고가 있었고, 파산절차 후에도 미변제된 원고의 공사대금채권은 회수불능이 객관적으로 확정된 것으로 보는 것이 타당하다. 파산 전에 원고가 소외회사로부터 받은 금원을 공사대금채권이 아니라 대여금채권 변제에 우선 충당하도록 합의했고 실제 그렇게 변제충당이 이뤄졌더라도, 그 사정만으로 원고가 공사대금채권을 임의로 포기했다고 볼 수 없다. 따라서 대손세액공제를 불허할 정도

의 임의 포기로 볼 수 없고, 공사대금채권은 '채무자의 파산으로 인하여 회수할 수 없는 채권'에 해당한다(대법원 2025.9.11.선고 2024두60435 판결). ■

참고사항 법원의 회생계획인가결정에 따라 채무를 출자로 전환하는 경우 대손세액공제

채무자인 A회사가 법원의 회생계획인가결정에 의해 채무를 출자전환함에 따라 채권자인 K회사가 매출채권(장부가액 150)의 현금을 회수하는 대신에 A회사가 발행하는 주식(시가 40)을 취득하는 경우에 법인세법과 부가가치세법에 따른 세무처리는 다음과 같다.

법인세법	부가가치세법
(차) A주식 150 (대) 매출채권 150	(차) A주식 40 / 대손금 110 (대) 매출채권 150
법률에 따른 채무의 출자전환에 따라 취득한 주식의 세무상 취득가액은 출자전환된 채권의 장부가액(150)으로 한다. 따라서 출자전환에 따른 손실(110 = 150 − 40)은 A주식을 처분할 때 주식처분손실에 반영된다.	법인세법에서는 출자전환에 따른 손실(110)을 대손금으로 인정하지 않지만, 부가가치세법은 실질에 따라 출자전환된 매출채권의 장부가액과 주식의 시가와의 차액(110)을 대손세액공제 대상 대손금액으로 한다. 대손세액공제 $= 110 \times \frac{10}{110} = 10$* * (차) VAT예수금 10 (대) 대손금 10

Ⅲ 효 과

1. 공급자에 대한 대손세액의 처리

(1) 대손이 확정된 경우

이상의 요건이 충족된 경우 대손세액은 그 대손이 확정된 날이 속하는 과세기간의 매출세액에서 뺄 수 있다. 그 대손세액은 다음과 같이 계산한다(부가법 45 ①).

$$대손세액 = 대손금액^{*} \times \frac{10}{110}$$

* 대손되어 회수할 수 없는 금액(부가가치세 포함)을 말한다.

예규판례 부도어음에 대한 대손세액공제의 적용시기

사업자가 재화·용역을 공급하고 그 대가로 받은 어음 또는 수표가 부도발생한 경우 수표 또는 어음의 부도발생일부터 6개월이 경과한 날이 속하는 과세기간의 확정신고시에 대손세액공제를 받을 수 있다. 확정신고시 공제받지 못한 경우에는 국세기본법에 따른 경정청구에 의하여 공제받을 수 있다. 또한 사업자가 위 부도

발생 사유로 대손세액공제를 받지 않고 해당 채권에 대한 소멸시효의 완성 사유로 대손세액공제를 받으려는 경우에는 해당 미회수 매출채권에 대한 상법상 소멸시효가 완성된 날이 속하는 과세기간에 대손세액공제를 받을 수 있다(부가가치세과-47, 2014.1.21.).

(2) 대손금을 회수한 경우

대손세액을 공제받은 사업자가 대손금액의 전부 또는 일부를 회수한 경우에는 회수한 대손금액에 관련된 대손세액을 회수한 날이 속하는 과세기간의 매출세액에 더한다(부가법 45 ② 단서).

2. 공급받은 사업자에 대한 대응조정

(1) 대손이 확정된 경우

재화 · 용역을 공급받은 사업자가 ① 대손세액에 해당하는 금액의 전부 또는 일부를 매입세액으로 공제받은 경우로서 ② 그 사업자가 폐업하기 전에 재화 · 용역을 공급하는 자가 대손세액공제를 받은 경우에는, 그 재화 · 용역을 공급받은 사업자는 관련 대손세액에 해당하는 금액(이것을 '대손처분받은 세액'이라 한다)을 대손이 확정된 날이 속하는 과세기간에 자신의 매입세액에서 뺀다(부가법 45 ③ 본문).

이 경우 공급자의 관할세무서장은 공급자가 대손세액 공제받은 사실을 공급받는 자의 관할세무서장에게 통지해야 하며, 공급받은 자가 관련 대손세액 해당액을 매입세액에서 차감하여 신고하지 않은 경우에는 공급받은 사업자의 관할세무서장이 빼야 할 세액을 결정 또는 경정(更正)해야 한다. 이 경우 신고불성실가산세(무신고가산세, 과소신고 · 초과환급신고가산세)와 미납일수 1일마다 부과되는 2.2/10,000의 납부지연가산세(미납일수분)는 부과하지 않는다(부가법 45 ③, 부가령 87 ④, 국기법 47의2 ④, 47의3 ④ (2), 47의4 ③ (2)).

(2) 대손금을 변제한 경우

① 매입세액에서 대손세액을 뺀(관할세무서장이 결정 또는 경정한 경우 포함) 해당 사업자가 ② 대손금액의 전부 또는 일부를 변제한 경우에는, 변제한 대손금액에 관련된 대손세액(이것을 '변제대손세액'이라 한다)을 변제한 날이 속하는 과세기간의 매입세액에 더한다(부가법 45 ④). 이 경우에는 부가가치세 확정신고서에 대손세액 변제신고서와 변제사실을 증명하는 서류를 첨부하여 관할세무서장에게 제출해야 한다(부가령 87 ④).

사례 1 대손세액공제

부가가치세와 관련하여 다음 각 사례를 읽고 물음에 답하시오. (35점)

<사례 1>

> 채무자인 A회사가 법원의 회생계획인가결정에 의해 채무를 2026년 3월 4일에 출자전환함에 따라 채권자인 K회사가 부가가치세가 과세되는 재화의 공급에 따른 매출채권(장부가액 150억원)을 현금으로 회수하는 대신에 A회사가 발행하는 주식(시가 40억원)을 취득하였다.

<사례 2>

> 사업자 甲은 2026년 5월 2일에 사업자 A에게 부가가치세가 과세되는 재화를 공급하고 그 매출채권(부가가치세 포함) 132,000,000원을 어음(지급기일 : 2026년 8월 20일) 발급받았다. 그런데 사업자 A에게 부도가 발생하여 사업자 甲은 2026년 7월 25일에 은행으로부터 같은 어음의 부도확인을 받았다.

【물음 1】 부가가치세법상 대손세액공제의 취지와 요건을 설명하시오. (11점)

【물음 2】 <사례 1>의 경우 K회사가 대손세액공제를 받을 수 있는지를 검토하고, 대손세액공제의 시기와 대손세액공제액을 산정하시오. (8점)

【물음 3】 <사례 2>의 경우 사업자 甲이 대손세액공제를 받을 수 있는지를 검토하고, 대손세액공제의 시기와 대손세액공제액을 산정하시오. (8점)

【물음 4】 공급하는 사업자의 대손이 확정된 경우와 공급받는 자가 대손금을 변제한 경우 공급받은 사업자의 대응조정을 각각 설명하고, 다음의 경우 과소신고가산세 적용 여부를 설명하시오. (8점)

> (1) 공급하는 사업자가 예정신고시 대손세액공제하여 신고한 경우
> (2) 관할세무서장이 공급받은 사업자에 대한 대손처분받은 세액(즉 공급자하는 사업자의 대손세액 상당액)을 대손확정일이 속하는 과세기간의 매입세액에서 차감하는 경정을 하는 경우

해 답

【물음 1】 취지와 요건 (p.322~p.323 참조)

1. 취지

2. 공제의 요건

【물음 2】 사례 1

1. 대손세액공제 검토

「채무자 회생 및 파산에 관한 법률」에 따른 법원의 회생계획인가 결정에 따라 채무를 출자전환하는 경우에 출자전환하는 시점의 출자전환된 매출채권 장부가액과 출자전환으로 취득한 주식·출자지분의 시가와의 차액은 법인세법상 대손금에 해당하지 않는다. 그런데 그 차액은 사실상 대손금과 같은 성격임을 고려해서 부가가치세법에서는 대손세액공제 대상 대손금으로 한다.

<사례 1>의 경우 채무자인 A회사가 법원의 회생계획인가결정에 의해 채무를 2026년 3월 4일에 출자전환함에 따라 K회사의 매출채권 장부가액 150억원과 A회사가 발행하는 주식의 시가 40억원과의 차액(110억원)은 대손세액공제 대손금에 해당한다.

2. 대손세액공제의 시기

출자전환이 된 날인 2026년 3월 4일에 사실상 대손이 확정되었으므로 2026년 제1기 과세기간의 매출세액을 계산할 때 대손세액공제를 받을 수 있다.

3. 대손세액공제

대손세액공제 : 110억원 $\times \frac{10}{110}$ = 10억원

【물음 3】 사례 2

1. 대손세액공제 검토

부도발생일부터 6개월 이상 지난 수표 또는 어음상의 채권은 법인세법에 따른 대손금에 해당한다. 사례에서 대손확정일은 어음의 부도확인일(2026.7.25.)부터 6개월이 지난 날(2027.1.26.)에 대손이 확정되어 대손세액공제 대손금에 해당한다.

2. 대손세액공제의 시기

대손확정일인 2027.1.26.이 속하는 2027년 제1기 과세기간의 매출세액을 계산할 때 대손세액공제를 받을 수 있다.

3. 대손세액공제

대손세액공제 : 132,000,000원 $\times \frac{10}{110}$ = 12,000,000원

【물음 4】 대응조정과 가산세

1. 대응조정

(1) 대손이 확정된 경우

재화 · 용역을 공급받은 사업자가 대손세액에 해당하는 금액의 전부 또는 일부를 매입세액으로 공제받은 경우로서 그 사업자가 폐업하기 전에 재화 · 용역을 공급하는 자가 대손세액공제를 받은 경우에는 그 재화 · 용역을 공급받은 사업자는 관련 대손세액에 해당하는 금액(이것을 '대손처분받은 세액'이라 한다)을 대손이 확정된 날이 속하는 과세기간에 자신의 매입세액에서 공제한다.

(2) 대손금을 변제한 경우

대손세액을 매입세액에서 공제한 해당 사업자가 대손금액의 전부 또는 일부를 변제한 경우에는 변제한 대손금액에 관련된 대손세액(이것을 '변제대손세액'이라 한다)을 변제한 날이 속하는 과세기간의 매입세액에 더한다. 이 경우에는 부가가치세 확정신고서에 대손세액 변제신고서와 변제사실을 증명하는 서류를 첨부하여 관할세무서장에게 제출해야 한다.

2. 과소신고가산세 적용

- 경우 (1) : 대손세액공제는 대손사유별로 그 대손이 확정되는 날이 속하는 과세기간에 대한 확정신고를 하는 때에 적용되므로 예정신고시 대손세액공제를 한 경우에는 과소신고가산세가 적용된다.
- 경우 (2) : 관할세무서장이 공급받은 자에 대하여 대손세액 상당액을 대손확정일이 속하는 과세기간의 매입세액에서 차감하는 경정을 하는 경우 과소신고가산세를 적용하지 않는다. 공급받은 자가 공급자의 대손확정 사실을 확인하기 어렵기 때문이다.

사례 2 채무의 출자전환시 대손세액공제

부가가치세법과 관련하여 다음의 사례를 읽고 물음에 답하시오. (단, 관련 법령상 소멸시효는 고려하지 않음) (2025년 세무사 2차, 20점)

(1) ㈜한국은 A지역과 B지역에 각각 사업장을 두고 2011.8.2.에 사업자단위과세를 신청하여 사업을 운영하고 있다. ㈜한국의 업종은 '토목건축공사업'이며, 주로 관공서 및 기업체를 상대로 도급공사를 수행한다.

(2) ㈜세무는 2018.1.12.에 (주)한국에게 토목공사를 의뢰하였다. 공사기간은 10개월이며, 공사 용역 금액은 부가가치세를 포함하여 총 11억원에 계약하였다. ㈜한국은 계약한 공사기간 내에 공사를 완료한 후 적법하게 세금계산서를 발행하였다. 다만, ㈜세무의 자금사정이 악화되어 당초 공사 대금 지급일인 2018.11.11.에 ㈜한국은 대금을 수령하지 못하였다. 한편 ㈜세무는 2018년 제2기 부가가치세 확정신고시 관련 공사에 대한 매입세액을 공제받았다.

(3) ㈜세무는 관할 회생법원으로부터 2025.8.12.에 회생계획인가 결정을 받았으며, 동 결정에 따라 ㈜세무의 채무액 11억원은 2025.8.13.에 출자전환 되었고, 출자전환으로 발행된 신주는 2025.8.14.에 전부 무상 소각되었다.

【물음 1】 부가가치세법상 대손세액의 공제특례 적용요건을 설명하시오. (10점)

【물음 2】 위 사례에서 ㈜한국과 ㈜세무가 2025년 제2기 부가가치세 확정신고시 각각 반영할 대손세액의 적용방법에 대해 설명하시오. (5점)

【물음 3】 ㈜세무가 공사대금 11억원 전부를 2026.6.17.에 ㈜한국에게 변제하였다면, ㈜한국과 ㈜세무가 2026년 제1기 부가가치세 확정신고시 각각 반영할 대손세액(또는 변제대손세액)의 적용방법에 대해 설명하시오. (5점)

해답

【물음 1】 적용요건

1) 공제대상자 : 사업자가 부가가치세가 과세되는 재화·용역을 공급하는 일반과세자이어야 한다. 따라서 면세사업자나 간이과세자는 대손세액공제를 적용받을 수 없다.

2) 공제사유 : 다음 중 어느 하나에 해당하는 사유로 매출채권(부가가치세 포함)을 회수(거래징수)할 수 없어야 한다.
   ① 법인세법 시행령에 따라 대손금으로 인정되는 경우 : 대손되어 회수할 수 없는 금액(대손금액)
   ② 법률에 따른 법원의 회생계획인가 결정에 따라 채무를 출자전환하는 경우 : 출자전환하는 시점의 출자전환된 매출채권 장부가액과 출자전환으로 취득한 주식·출자지분의 시가와의 차액(대손금액)

3) 시간적 범위 : 사업자가 과세 재화·용역을 공급한 후 그 공급일부터 10년이 지난 날이 속하는 과세기간에 대한 확정신고기한까지 확정되는 대손세액으로 한다.

4) 서류제출 : 대손세액공제를 받으려는 사업자는 부가가치세 확정신고서에 대손세액 공제신고서와 대손사실을 증명하는 서류를 첨부하여 관할세무서장에게 제출해야 한다. 따라서 대손세액공제는 예정신고를 할 때에는 적용받을 수 없고 확정신고를 할 때만 공제를 받을 수 있다.

【물음 2】 대손확정시 대손세액의 적용방법

㈜한국이 ㈜세무에게 공사용역을 제공한 후 ㈜세무의 법원의 회생계획인가 결정에 따라 채무의 출자전환으로 발행된 신주가 전부 무상 소각된 경우 출자전환하는 시점(2025.8.13.)의 출자전환된 매출채권 장부가액(11억원)과 출자전환으로 취득한 주식의 시가(0원*)와 차액인 11억원을 대손금으로 인정한다. 이에 대한 대손세액의 적용방법은 다음과 같다.

* 필자 주 : 여기서 시가는 무상 소각된 주식의 시가를 기준으로 하는데, 이 문제 자료에서 시가가 주어지지 않아 무상 소각된 주식의 시가를 0원으로 가정하였다.

1. 공급한 ㈜한국의 대손세액공제

㈜한국은 대손세액을 그 대손이 확정된 날(2025.8.13.)이 속하는 2025년 제2기 과세기간의 매출세액에서 뺄 수 있다. 그 대손세액은 다음과 같이 계산한다.

$$대손세액 = 대손금액(11억원) \times \frac{10}{110} = 1억원$$

부가 07

2. 공급받은 ㈜세무의 대손처분세액의 공제

공급받은 ㈜세무가 대손세액에 해당하는 금액(1억원)의 매입세액으로 2018년 제2기 확정신고시 공제받은 경우로서 그 사업자가 폐업하기 전에 공급하는 ㈜한국이 대손세액공제를 받은 경우에는 공급받은 ㈜세무는 관련 대손세액에 해당하는 금액(1억원)을 대손이 확정된 날(2025.8.13.)이 속하는 2025년 제2기 과세기간에 매입세액에서 공제한다.

【물음 3】 변제시 적용방법

㈜세무가 공사대금 11억원 전부를 2026.6.17.에 ㈜한국에게 변제한 경우 대손세액(또는 변제대손세액)의 적용방법은 다음과 같다.

1. 공급한 ㈜한국의 대손세액의 가산

대손세액을 공제받은 ㈜한국이 대손금액(11억원)을 회수한 경우에는 회수한 대손금액에 관련된 대손세액(1억원)을 회수한 날(2026.6.17.)이 속하는 2025년 제1기 과세기간의 매출세액에 더한다.

2. 공급받은 ㈜세무의 변제대손세액의 가산

대손세액(1억원)을 매입세액에서 공제한 ㈜세무가 대손금액(11억원)을 변제한 경우에는 변제한 대손금액에 관련된 대손세액(1억원)을 변제한 날(2026.6.17.)이 속하는 2026년 제1기 과세기간의 매입세액에 더한다. 이 경우에는 부가가치세 확정신고서에 대손세액 변제신고서와 변제사실을 증명하는 서류를 첨부하여 관할세무서장에게 제출해야 한다.

사례 3 대손세액공제

다음 사례를 읽고 甲의 경정청구가 정당한 것인지를 논하시오. (10점)

사업자 甲은 2025.6.4.에 거래처 A회사에 부가가치세가 과세되는 재화를 공급하고 그 매출채권(부가가치세 포함)을 ₩132,000,000 약속어음을 발급받았다. 그런데 A회사가 자금부족으로 해당 약속어음이 2025.12.12.에 부도처리 되었다. 그 후 2026.3.20.에 사업자 甲은 폐업하였다. 한편 甲은 2026.9.4.에 관할세무서장에게 2026년 제1기 과세기간의 매출세액에서 부도로 발생한 ₩12,000,000의 대손세액을 공제하여 부가가치세 과다납부세액을 환급하여 요구하는 경정청구를 하였다.

해 답

사례에서 소득세법에서 부도발생일부터 6개월 이상 지난 어음상의 채권은 대손금으로 인정되는데, 사례에서 대손이 확정되는 날은 어음의 부도발생일인 2025.12.12.부터 6개월이 지난 날 2026.6.13.(오전 0시)이다. 그런데 甲은 2026.3.20.에 폐업하여 사업자의 지위를 상실하였고, 2026년 제1기 과세기간은 2026.1.1.~2026.3.20.이다.

부가가치세법에서 "대손세액을 그 대손이 확정이 된 날이 속하는 과세기간의 매출세액에서 뺀"다고 규정하여, 대손세액공제의 기준시점을 대손이 '확정된 날'로 정하고 있다. 그 이유는 대손의 발생, 즉 회수불능이라는 개념이 모호하고 주관적인 개념이므로 대손이 확정된 날을 기준으로 하지 않으면 손익조작이 가능하고 공평과세원칙 등에 반할 우려가 있기 때문이다.

따라서 甲은 대손이 확정되기 전에 이미 폐업하였으므로 ₩12,000,000에 대한 대손세액을 공제를 받을 수 없으므로, 甲의 경정청구는 거부되어야 한다.

만약 甲이 경정청구에서 주장하는 바와 같이 사업자가 폐업한 후 어음의 부도발생일로부터 6개월 이상 경과 등과 같은 대손금으로 인정되는 사유가 확정된 경우까지 대손세액공제를 허용한다면, 과세관청에서는 사업자의 폐업일 이후 매출채권에 관한 대손확정 여부 등을 확인하는 데에 어려움이 있을 수밖에 없다. 관련 규정은 조세징수 및 세무행정의 적정성·효율성 등을 고려하여 폐업하지 않은 사업자에게만 대손세액공제를 허용하도록 그 범위를 한정한 것이므로, 해당 규정이 합리적 이유 없이 폐업하지 않은 사업자와 폐업한 자를 차별한 것이라고 보기는 어렵다는 것이 헌법재판소의 입장이다.

제5절 재고매입세액공제

Ⅰ 서 설

1) 의 의 : 간이과세자가 일반과세자로 변경되면 그 변경 당시의 재고품 등에 대하여 재고매입세액을 매출세액에서 공제할 수 있는데(일반과세자로 변경 시 재고품 등에 대한 매입세액 공제특례), 이것을 '재고매입세액의 공제'라고 한다(부가법 44 ①).

2) 제도의 취지 : 부가가치세법에 따른 일반과세자에 대해서는 전단계세액공제법에 따라 원칙적으로 실제의 매입세액이 공제된다. 그러나 간이과세자는 매입세액공제가 허용되지 않고, 단지 발급받아 제출하는 세금계산서 등에 의한 세액공제를 납부세액에서 공제해 주고 있을 뿐이다. 따라서 간이과세자가 일반과세자로 변경되는 경우 변경일 현재의 재고품 등은 일반과세자의 지위에서 사용되거나 공급되므로 추가적으로 매입세액공제를 허용하여 누적효과를 방지할 필요가 있는 것이다.

Ⅱ 일반과세자로 변경되는 사유 및 그 절차

1) 공급대가의 인상 : 간이과세를 적용받던 사업자의 1역년 공급대가의 합계액이 1억400만원 이상이 되는 경우에는 다음 해의 7월 1일부터 그 다음 해의 6월 30일까지 일반과세를 적용받게 된다(부가법 62 ①). 그리고 결정 또는 경정한 공급대가의 합계액이 기준금액 이상인 개인사업자는 그 결정 또는 경정한 날이 속하는 과세기간까지 간이과세자로 본다(부가법 61 ⑥).

이 경우에 해당 사업자의 관할세무서장은 그 변경되는 과세기간 개시 20일 전까지 그 사실을 통지해야 하며, 사업자등록증을 정정하여 과세기간 개시 당일까지 발급해야 한다(부가령 110 ①).

2) 간이과세 배제대상 사업자에 해당하는 경우 : 간이과세자가 간이과세 배제사업을 신규로 겸영하는 경우에는 해당 배제사업의 개시일이 속하는 과세기간의 다음 과세기간부터 일반과세자로 전환된다.

3) 간이과세의 포기 : 간이과세자가 간이과세를 포기하고 일반과세를 적용받으려고 일반과세자에 관한 규정을 적용받으려는 달의 전달 마지막 날까지 관할세무서장에게 간이과세 포기신고를

한 경우에도 일반과세자로 변경된다(부가법 70 ①). 이 경우 그 신고일이 속하는 과세기간의 개시일부터 그 신고일이 속하는 달의 마지막 날까지의 기간과 신고일이 속하는 달의 다음 달 1일부터 그 날이 속하는 과세기간의 종료일까지의 기간을 각각 하나의 과세기간으로 한다(부가법 5 ④).

Ⅲ 재고매입세액의 공제

1. 재고품 등의 신고와 승인

(1) 재고품 등의 신고

1) 간이과세자가 일반과세자로 변경되는 경우에는 그 변경되는 날(변경된 과세유형을 적용받는 과세기간의 개시일을 말한다) 현재에 있는 재고품, 건설 중인 자산 및 감가상각자산(이하 '재고품 등'이라 한다)을 그 변경되는 날의 직전 과세기간에 대한 확정신고와 함께 재고품 등 신고서를 작성하여 각 관할세무서장에게 신고해야 한다.

이러한 '재고품 등'은 매입세액 공제대상인 것만 해당하며, 그 범위는 다음과 같다(부가령 86 ①).

구분	범위
① 재고품	상품, 제품[반제품 및 재공품(在工品) 포함], 재료(부재료 포함)
② 건설 중인 자산	건설 중인 자산
③ 감가상각자산	㉠ 건물 · 구축물 : 취득 · 건설 · 신축 후 10년 이내의 것 ㉡ 그 밖의 감가상각자산 : 취득 · 제작 후 2년 이내의 것

예규판례 기한 내에 일반과세 전환시의 재고품 등을 신고하지 않은 경우 재고매입세액 공제가 배제되는지 여부

부가가치세법 시행령에서 "간이과세자가 일반과세자로 변경되는 경우에는 그 변경되는 날 현재의 재고품 등을 변경되는 날의 직전 과세기간에 대한 확정신고와 함께 일반과세 전환시의 재고품 등 신고서에 의하여 각 사업장 관할세무서장에게 신고해야 한다."고 규정하고 있다.

이러한 규정의 문언 내용과 형식, 그리고 재고매입세액 공제제도의 취지 등을 종합하여 보면, 간이과세자에서 일반과세자로 변경되는 사업자가 기한 내에 일반과세 전환시의 재고품 및 감가상각자산을 신고하지 않았다고 하여 재고매입세액의 공제가 배제된다고 할 수는 없고, 그 사업자가 기한 경과 후에 일반과세 전환시의 재고품 및 감가상각자산을 신고하는 경우에도 일반과세 전환시의 재고품 및 감가상각자산에 대해서는 재고매입세액을 그 신고한 날이 속하는 예정신고기간 또는 과세기간의 매출세액에서 공제할 수 있다고 봄이 상당하다.

그럼에도 이 사건에서 원심은, 재고매입세액의 공제를 받기 위해서는 반드시 기한 내에 일반과세 전환시의 재고품 및 감가상각자산을 신고해야 한다고 전제한 다음, 원고가 일반과세자로 변경되기 직전 과세기간에 대한 확정신고기한인 2008.1.25.까지 재고매입세액 공제신고를 하지 않았다가 2008.4.23.에서야 이를 신고하였으므로, 원고는 재고매입세액의 공제를 받을 수 없다는 이유로, 원고가 재고매입세액으로 공제받

을 수 있는 금액이 있는지 여부를 심리하지 아니한 채 피고가 원고의 재고매입세액 공제를 부인한 이 사건 처분이 적법하다고 판단하였는 바, 이러한 원심의 판단에는 재고매입세액 공제에 관한 법리를 오해하여 필요한 심리를 다하지 아니함으로써 판결에 영향을 미친 잘못이 있다. 이를 지적하는 취지의 원고의 주장은 이유 있다(대법원 2012.7.26. 선고 2010두2845 판결). ■

(2) 승 인

신고를 받은 관할세무서장은 재고금액을 조사·승인하고 재고품 등 신고기한이 지난 후 1개월 이내에 해당 사업자에게 공제될 재고매입세액을 통지해야 한다. 이 경우 그 기한 이내에 통지하지 않으면 해당 사업자가 신고한 재고금액을 승인한 것으로 본다(부가령 86 ⑥).

2. 재고매입세액의 계산

간이과세자에서 일반과세자로 변경된 사업자로서 재고품 등을 신고를 한 자에 대해서는 다음과 같이 계산한 금액을 재고매입세액으로 공제한다(부가법 44, 부가령 86 ③).

(1) 재고품

$$\text{재고매입세액} = \text{재고금액} \times \frac{10}{110} \times \left(1 - \text{공제율}\right)$$

(2) 건설 중인 자산

건설 중인 자산과 관련된 공제대상 매입세액×(1 − 공제율)

(3) 감가상각자산

① 다른 사람으로부터 매입한 자산

$$\text{재고매입세액} = \text{취득가액} \times \left(1 - \text{감가율} \times \frac{\text{경과된}}{\text{과세기간의 수}}\right) \times \frac{10}{110} \times \left(1 - \text{공제율}\right)$$

② 사업자가 직접 제작·건설 또는 신축한 자산

$$\text{재고매입세액} = \frac{\text{제작 등과 관련된}}{\text{공제대상 매입세액}} \times \left(1 - \text{감가율} \times \frac{\text{경과된}}{\text{과세기간의 수}}\right) \times \left(1 - \text{공제율}\right)$$

1) 재고품 등의 금액 : 장부 또는 세금계산서에 의해 확인되는 해당 재고품 등의 취득가액(부가가치세를 포함한다)으로 하며(부가령 86 ②), 여기에는 부가가치세가 포함되어 있으므로 이 가액에 포함된 매입세액은 취득가액의 '10/110'인 것이다.

2) 감가율 : 간이과세자로서 경과된 과세기간 수마다 ① 건물 또는 구축물은 10%, ② 그 밖의 감가상각자산은 50%를 적용한다. 간이과세자의 과세기간은 매년 1.1.~12.31.이므로 5%·25%의 2배인 10%·50%의 감가율을 적용하는 것이다.

3) 경과된 과세기간의 수 : 과세기간 단위(1년 단위)로 계산하되, 과세기간의 개시일 후에 감가상각자산을 취득한 경우에는 그 과세기간의 개시일에 해당 재화를 취득한 것으로 보고 경과된 과세기간의 수를 계산한다.

4) 공제율 : 재고매입세액 대상이 되는 재화를 공급받는 시기에 따라 다음과 같이 공제율을 적용한다.

구분	적용되는 공제율
2021.7.1. 이후에 공급받은 재고품 등의 경우	• 공제율($5.5\% = 0.5\% \times \frac{110}{10}$) : 2021.7.1. 이후에 공급받은 재화에 대한 간이과세자의 매입세금계산서 등의 세액공제는 (세금계산서 등을 발급받은 재화의 공급대가×0.5%)로 한다. 이러한 세액공제액을 매입세액을 기준으로 계산하면 [매입세액×(0.5%×110/10 = 5.5%)]이다. 이처럼 본래 간이과세자도 매입세액을 기준으로 (0.5%×110/10 = 5.5%)에 해당하는 매입세금계산서 등에 대한 세액공제를 받기 때문에, 일반과세자로 변경되는 경우에는 이 부분을 제외한 나머지 금액만을 추가로 공제받아야 할 것이다. 이 때문에 (0.5%×110/10 = 5.5%)를 빼고 재고매입세액을 계산하는 것이다.
2021.6.30. 이전에 공급받은 재고품 등의 경우	• 공제율(= 해당 업종의 부가가치율) : 일반과세자로 변경되기 직전일(감가상각자산의 경우에는 그 감가상각자산의 취득일)이 속하는 과세기간에 적용된 해당 업종의 부가가치율을 말한다(종전 부가령 86 ④). 본래 간이과세자는 매입세금계산서 등에 대한 세액공제(매입세액×업종별 부가가치율)를 받기 때문에, 일반과세자로 변경되는 경우에는 이 부분을 제외한 나머지 금액만을 추가로 공제받아야 할 것이다. 이 때문에 업종별 부가가치율을 빼고 재고매입세액을 계산하는 것이다.

3. 공제방법

재고매입세액은 신고한 재고금액의 승인을 받은 날이 속하는 예정신고기간 또는 과세기간의 매출세액에서 공제한다(부가령 86 ⑦). 따라서 매출세액을 초과하는 부분은 환급도 가능하다.

[도 표] 과세유형의 변경시 세무처리(공제율은 5.5%가 적용된다고 가정함)

<table>
<tr><th>구분</th><th>간이과세자 → 일반과세자</th><th>일반과세자 → 간이과세자</th></tr>
<tr><td>변경사유</td><td>• 공급대가 수준의 인상
• 간이과세 배제대상 사업자
• 간이과세의 포기</td><td>• 공급대가 수준의 인하</td></tr>
<tr><td>변경전 세무처리</td><td>• 재고품 매입시
(차) 상 품 110,000
(대) 현 금 110,000

• 납부할 세액계산(업종별 부가가치율 20%)
납부세액(공급대가×20%)
(−) 세액공제(110,000×0.5%)
(=) 납부할 세액</td><td>• 재고품 매입시
(차) 상 품 100,000
매입VAT 10,000
(대) 현 금 110,000
• 납부할 세액계산
매출세액(공급가액×10%)
(−) 매입세액(10,000×100%)
(=) 납부할 세액</td></tr>
<tr><td>변경후 세무처리</td><td>• 재고매입세액의 공제
공제액 $= 110{,}000 \times \frac{10}{110} \times (1-5.5\%)$
$= 9{,}450$
• 납부할 세액계산
매출세액(공급가액×10%)
(−) 매입세액
(−) 재고매입세액(9,450)
(=) 납부할 세액</td><td>• 재고매입세액의 가산
가산액 $= 100{,}000 \times \frac{10}{100} \times (1-5.5\%)$
$= 9{,}450$
• 납부할 세액계산(업종별 부가가치율 20%)
납부세액(공급대가×20%)
(+) 재고납부세액(9,450)
(=) 납부할 세액</td></tr>
</table>

연습문제

1 일반과세자가 재화·용역을 공급받고 세금계산서를 수취한 경우의 매입세액공제제도를 설명하시오. (25점)

2 부가가치세의 납부세액을 계산할 때 매출세액에서 공제되지 않는 매입세액에 관하여 설명하시오. (20점)

3 부가가치세 납부세액 또는 환급세액의 재계산에 대하여 개념, 재계산 요건과 재계산이 배제되는 경우를 설명하시오. (2001년, 8점)

4 공통매입세액의 안분계산과 납부세액의 재계산에 관하여 설명하시오. (20점)

5 잡지사를 경영하고 있는 ㈜월간 신세대의 각 과세기간별 잡지판매 및 광고료의 수입금액은 다음과 같다.

(단위 : 원)

구분	잡지판매수입금액	광고료수입금액	합 계
×1년 1기	300,000,000	300,000,000	600,000,000
2기	600,000,000	400,000,000	1,000,000,000
×2년 1기	360,000,000	640,000,000	1,000,000,000
2기	700,000,000	300,000,000	1,000,000,000

×1년 4월 1일에 잡지제작에 사용할 인쇄기를 110,000,000원(부가가치세 포함)에 구입하여 계속적으로 사용하다가 ×2년 7월 10일에 50,000,000원(부가가치세 제외)에 매각한 경우 다음의 물음에 답하시오.

【물음 1】 과세사업과 면세사업에 공통으로 사용하는 재화를 매입·사용 및 공급하는 경우, 공통매입세액 안분계산, 납부세액·환급세액의 재계산 및 과세표준의 안분계산에 대하여 설명하시오. 단, 안분계산은 실제의 공급가액비율에 의하며, 안분계산의 배제에 해당하지 않는다고 가정하시오. (20점)

【물음 2】 위 사례에 있어서 ×1년 1기의 공통매입세액 안분계산, ×1년 2기 및 ×2년 1기의 납부세액·환급세액의 재계산 및 ×2년 2기의 과세표준의 안분계산에 따른 금액을 계산하시오. (10점)

6 부가가치세법에 따른 납부세액은 매출세액에서 매입세액을 공제한다. 농산물 등을 매입한 경우의 의제매입세액공제에 대하여 논하시오. (20점)

7 세금계산서를 수취하지 않는 경우에도 공제되는 매입세액에 관하여 설명하시오. (20점)

8 현행 부가가치세법에서 대손세액공제를 인정하는 취지를 설명하고, 대손세액을 공제받을 수 있는 기한 및 대손세액공제 절차를 설명하시오. (2002년, 7점)

9 부가가치세 납부세액 또는 환급세액 재계산에 대하여 개념, 재계산 요건과 재계산이 배제되는 경우를 설명하시오. (2001년, 7점)

10 공통매입세액의 정산과 납부세액 또는 환급세액의 재계산에 대하여 그 사유와 계산방식을 비교하여 설명하시오. (2003년, 8점)

11 재고매입세액공제와 재고납부세액가산에 대하여 개념과 필요성을 설명하고, 공제하거나 가산할 재고매입세액 계산식을 제시하시오. (2001년, 8점)

12 간이과세자가 일반과세자로 전환되는 사유와 그 절차 및 전환시의 재고매입세액공제에 관하여 설명하시오. (20점)

제1편 부가가치세법

제8장 부가가치세의 신고와 납부

제1절 부가가치세의 신고와 납부

I 예정신고와 납부

1. 일반적인 경우

사업자는 각 과세기간 중 예정신고기간이 끝난 후 25일 이내에 각 예정신고기간에 대한 과세표준과 납부세액(또는 환급세액)을 관할세무서장에게 신고해야 한다. 이러한 예정신고를 할 때 그 예정신고기간의 납부세액*을 부가가치세 예정신고서의 제출과 함께 각 관할세무서장(총괄납부하는 경우에는 주된 사업장의 관할세무서장을 말한다)에게 납부하거나, 납부서(수납기관용)를 작성하여 한국은행(그 대리점 포함) 또는 체신관서(이하 '한국은행 등'이라 한다)에 납부해야 한다(부가법 48 ①,②).

이처럼 예정신고와 납부를 할 때 최종 납부하거나 환급받은 세액은 납부세액(또는 환급세액)에서 신용카드매출전표 발급 등에 대한 세액공제액 및 전자세금계산서 발급 · 전송에 대한 세액공제액은 빼고 계산하되, 가산세는 더하지 않고 계산하며(부가령 90 ①), 조기환급신고를 할 때 이미 신고한 내용은 예정신고 대상에서 제외한다(부가령 90 ② 단서).

* 해당 예정신고기간에 대하여 수시부과의 결정에 따라 수시부과한 세액은 그 예정신고기간의 납부세액에서 공제한다.

2. 개인사업자와 소규모 법인사업자의 경우

1) 원칙(예정고지 · 징수) : 관할세무서장은 ① 개인사업자와 ② 직전 과세기간 공급가액의 합계액이 1억5천만원 미만인 법인사업자에 대해서는 각 예정신고기간마다 직전 과세기간에 대한 납부세액의 50%를 납부세액으로 해당 예정신고기간이 끝난 후 25일까지 징수한다(부가법 48 ③, 부가령 90 ④).

예정고지세액(*주1) = 직전 과세기간에 대한 납부세액(*주2) × 50%

(*주1) 1,000원 미만인 단수가 있을 때에는 그 단수금액은 버린다.

(*주2) '직전 과세기간에 대한 납부세액'은 납부세액에서 공제하거나 경감한 세액 및 수시부과한 세액이 있는 경우에는 그 세액을 뺀 금액으로 하며, 결정 또는 경정과 수정신고 및 경정청구에 따른 결정이 있는 경우에는 그 내용이 반영된 금액으로 한다(부가법 48 ③).

이 경우 관할세무서장은 예정고지세액에 대해서 다음 기간 이내에 납부고지서를 발부해야 한다(부가령 90 ⑤).

① 제1기 예정신고기간분 : 4.1. ~ 4.10.
② 제2기 예정신고기간분 : 10.1. ~ 10.10.

다만, 다음 중 어느 하나에 해당하는 경우에는 징수하지 않는다(예정고지 제외, 부가법 48 ③ 단서).

① 징수해야 할 금액이 50만원 미만인 경우
② 간이과세자에서 해당 과세기간 개시일 현재 일반과세자로 변경된 경우
③ 국세징수법(제13조)에 따른 재난 등으로 인한 납부기한 등의 연장사유로 관할세무서장이 징수해야 할 금액을 사업자가 납부할 수 없다고 인정되는 경우

2) 예외(선택적 신고납부) : 다음 중 어느 하나에 해당하는 사유가 있는 사업자는 앞의 (1)에 따라 예정신고하고 예정신고기간의 납부세액*을 납부할 수 있다(부가법 48 ④ 전단, 부가령 90 ⑤).

① 휴업 또는 사업부진 등으로 인하여 각 예정신고기간의 공급가액(또는 납부세액)이 직전 과세기간의 공급가액(또는 납부세액)의 1/3에 미달하는 경우
② 각 예정신고기간분에 대해 조기환급을 받으려는 경우

사업자가 이처럼 예정신고납부를 한 경우에는 예정고지세액의 결정이 없었던 것으로 본다(부가법 48 ④ 후단).

* 해당 예정신고기간에 대해 수시부과의 결정에 따라 수시부과한 세액은 예정신고기간의 납부세액에서 공제한다.

[도 표] 예정신고납부

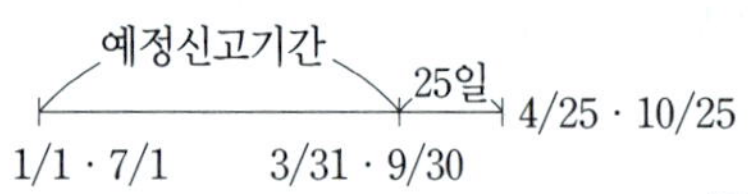

대상자

- 예정신고납부 : 일반적인 법인사업자 → 예정신고기간의 납부세액 납부
- 예정고지징수* (원칙**) { 개인사업자 / 소규모 법인사업자(*주) } → 직전 과세기간 납부세액×50% 납부

* 예정고지 제외
① 징수금액 < 50만원
② 과세기간 개시일(간이과세자 —변경→ 일반과세자)
③ 재난 등으로 인한 납부기한 등의 연장사유

** 선택적 신고납부(예외)
① 휴업 · 사업부진 등으로 기준에 미달하는 자
② 조기환급을 받으려는 자

(*주) 직전 과세기간 공급가액의 합계액이 1억5천만원 미만인 법인사업자를 말한다.

Ⅱ 확정신고와 납부

사업자는 각 과세기간에 대한 과세표준과 납부세액(또는 환급세액)을 그 과세기간이 끝난 후 25일(폐업하는 경우에는 폐업일이 속한 달의 다음 달 25일) 이내에 관할세무서장에게 신고해야 한다. 다만, 예정신고를 한 사업자 및 조기에 환급을 받기 위하여 신고한 사업자는 이미 신고한 과세표준과 납부한 납부세액 또는 환급받은 환급세액은 신고하지 않는다(부가법 49 ①).

이러한 확정신고를 할 때 ① 예정신고 미환급세액 · ② 예정고지세액 및 ③ 수시부과한 세액을 확정신고시의 납부세액에서 빼고 부가가치세 확정신고서와 함께 각 관할세무서장(총괄납부의 경우에는 주된 사업장 소재지의 관할세무서장을 말한다)에게 납부하거나 납부서(수납기관용)를 작성하여 한국은행 등에 납부해야 한다(부가법 49 ②).

[도 표] 확정신고납부

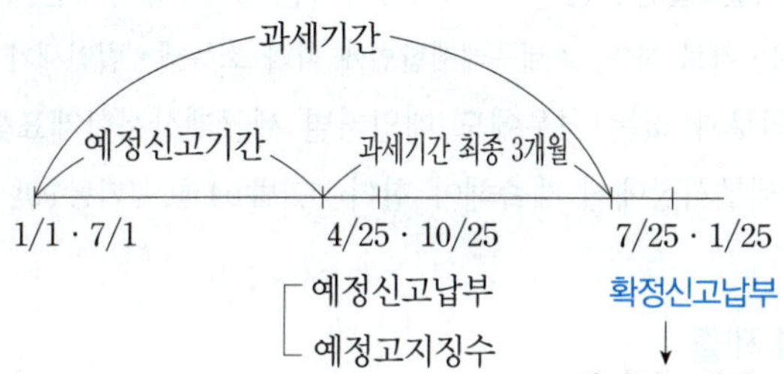

확정신고대상 = 과세기간의 과세표준 · 세액
(이미 예정신고한 과세표준 · 세액은 제외)

= (과세기간 최종 3개월의 과세표준 · 세액 + 예정신고 누락한 과세표준 · 세액)

※ 매출세액 − 매입세액 = 납부세액
(−) 예정고지세액(p.180 참조)
= 확정신고시 납부할 세액

Ⅲ 제출서류

1. 세금계산서합계표의 제출

(1) 사업자의 제출의무

사업자는 세금계산서 또는 수입세금계산서를 발급하였거나 발급받은 경우에는 매출처별 세금계산서합계표와 매입처별 세금계산서합계표(이하 '매출 · 매입처별 세금계산서합계표'라 한다)를 해당 예정신고 또는 확정신고를 할 때 제출[1]해야 한다. 다만, 전자세금계산서를 발급하거나 발급받고 전자세금계산서 발급명세를 해당 재화·용역의 공급시기가 속하는 과세기간(예정신고의 경우에는 예정신고기간) 마지막 날의 다음 달 11일까지 국세청장에게 전송한 경우에는 해당 예정신고 또는 확정신고를 할 때 매출·매입처별 세금계산서합계표를 제출하지 않을 수 있다(부가법 54 ①,②).

한편 예정신고를 하는 사업자가 각 예정신고와 함께 매출·매입처별 세금계산서합계표를 제출하지 못하는 경우에는 해당 예정신고기간이 속하는 과세기간의 확정신고를 할 때 제출할 수 있다(부가법 54 ③).

(2) 사업자 외의 자의 제출의무

1) 세관장의 제출의무 : 수입세금계산서를 발급한 세관장은 사업자의 경우를 준용하여 매출처별 세금계산서합계표를 해당 세관 소재지를 관할하는 세무서장에게 제출해야 한다(부가법 54 ③).

2) 면세사업자 등의 제출의무 : 세금계산서를 발급받은 국가·지방자치단체·지방자치단체조합, 면세사업자(소득세·법인세의 납세의무가 있는 자로 하며, 조세특례제한법에 따라 소득세·법인세가 면제되는 자를 포함한다)는 부가가치세의 납세의무가 없는 경우에도 매입처별 세금계산서합계표를 해당 과세기간이 끝난 후 25일 이내에 관할세무서장에게 제출해야 한다(부가법 54 ⑤, 부가령 99).

2. 영세율 첨부서류 및 매출명세서의 제출

1) 영세율이 적용되는 재화·용역을 공급하는 사업자는 예정신고 및 확정신고를 할 때 예정신고서 및 확정신고서에 영세율 첨부서류를 첨부하여 제출해야 한다(부가법 56 ①, 부가령 101 ①). 이처럼 예정신고 및 확정신고를 할 때에 영세율이 적용되는 과세표준에 대하여 영세율 첨부서류를 해당 신고서에 첨부하지 않은 부분에 대하여 예정신고 및 확정신고로 보지 않는다(부가법 56 ②, 부가령 90 ⑦, 91 ③). 따라서 이 경우에도 영세율과세표준 과소신고(무신고)가산세가 적용된다.

2) 한편 영세율을 적용하여 재화·용역을 공급하는 경우에는 예정신고 및 확정신고시 영세율 매출명세서를 제출해야 한다(부가령 90 ③ (9), 91 ② (12)).

3. 현금매출명세서 등의 제출

1) 예식장업, 부동산중개업, 보건업(병원과 의원으로 한정한다)과 전문직 사업서비스업(간이과세 배제사업)을 경영하는 사업자는 예정신고 또는 확정신고를 할 때 현금매출명세서를 함께 제출해야 한다(부가법 55 ①, 부가령 100). 그 취지는 세원관리(稅源管理)를 철저히 하려는 데 있다.

---

1) 개인사업자에 대해서 예정신고 대신에 관할세무서장이 예정고지에 의해 징수하는 경우에는 매출·매입처별 세금계산서합계표를 해당 과세기간의 확정신고를 할 때 제출해야 한다.

2) 부동산임대업자는 부동산임대공급가액명세서를 예정신고 또는 확정신고를 할 때 함께 제출해야 한다(부가법 55 ②).

Ⅳ 재화의 수입에 대한 신고납부

1. 일반적인 신고납부

재화를 수입하는 자(납세의무자)가 재화의 수입에 대하여 관세법에 따라 관세를 세관장에게 신고하고 납부하는 경우에는 재화의 수입에 대한 부가가치세를 함께 신고납부해야 한다(부가법 50).

2. 재화의 수입에 대한 부가가치세 납부유예

(1) 개 요

본래 사업자가 재화를 수입할 때 세관장에게 부가가치세를 납부하고 세무서장에게 해당 과세기간에 대한 납부세액(또는 환급세액)을 신고할 때 매입세액공제를 공제받는다. 그런데 개정 부가가치세법에서는 수출 중소·중견기업의 자금 부담 완화를 위하여 중소·중견사업자에 대해서는 재화를 수입할 때 세관장에게 납부하던 부가가치세의 납부를 유예하고, 이후 세무서장에게 부가가치세를 신고할 때 납부가 유예된 부가가치세를 납부하는 제도를 도입하였다.

(2) 납부유예

세관장은 중소·중견사업자가 자기의 과세사업에 사용하기 위한 재화(매입세액 불공제대상 재화는 제외)의 수입에 대하여 부가가치세의 납부유예를 미리 신청하는 경우에는 해당 재화를 수입할 때 부가가치세의 납부를 유예할 수 있다(부가법 50의2 ①, 부가령 91의2 ②). 이 제도는 다음의 납부유예 요건을 모두 충족하는 중소·중견사업자에 대해서 적용한다(부가령 91의2 ①).

① 직전 사업연도에 「조세특례제한법 시행령(제2조·제6조의4 ①)」에 따른 중소기업 또는 중견기업(매출액 평균금액 3,000억원 미만인 기업을 말한다)에 해당하는 법인(제조업을 주된 사업으로 경영하는 기업에 한정한다)일 것

② 직전 사업연도에 영세율을 적용받은 재화의 공급가액의 합계액(이하 '수출액'이라 한다)이 다음에 해당할 것

㉠ 직전 사업연도에 중소기업인 경우 : 직전 사업연도에 공급한 재화·용역의 공급가액의 합계액에서 수출액이 차지하는 비율이 30% 이상이거나 수출액이 50억원 이상일 것

㉡ 직전 사업연도에 중견기업인 경우 : 직전 사업연도에 공급한 재화·용역의 공급가액의 합계액에서 수출액이 차지하는 비율이 30% 이상일 것

③ 납부유예 요건의 충족 여부의 확인 요청일 현재 다음의 요건에 모두 해당할 것

㉠ 최근 3년간 계속하여 사업을 경영하였을 것

㉡ 최근 2년간 국세(관세를 포함한다. 이하 같다)를 체납(납부고지서에 따른 납부기한의 다음 날부터 15일 이내에 체납된 국세를 모두 납부한 경우는 제외)한 사실이 없을 것

㉢ 최근 2년간 조세범처벌법 또는 관세법 위반으로 처벌받은 사실이 없을 것

㉣ 최근 2년간 아래 (5)의 납부유예 사후관리 규정에 따라 납부유예가 취소된 사실이 없을 것

(3) 납부유예 절차

납부유예는 다음의 ① 관할세무서장에게 사전 확인요청, ② 세관장에게 납부유예 신청, ③ 세관장의 납부유예 승인통지의 절차에 따른다.

① 중소 · 중견사업자는 다음의 신고기한의 만료일 중 늦은 날부터 3개월 이내에 관할세무서장에게 납부유예 요건의 충족 여부의 확인을 요청할 수 있다(부가령 91의2 ③).

㉠ 직전 사업연도에 대한 법인세법에 따른 법인세 과세표준 신고기한

㉡ 직전 사업연도에 대한 부가가치세법에 따른 부가가치세 확정신고기한

관할세무서장은 중소 · 중견사업자가 납부유예 요건의 충족 여부의 확인을 요청한 경우에는 해당 중소 · 중견사업자가 납부유예 요건에 해당하는지 여부를 확인한 후 요청일부터 1개월 이내에 확인서를 해당 중소 · 중견사업자에게 발급해야 한다(부가령 91의2 ④).

② 부가가치세 납부유예를 받으려는 중소 · 중견사업자는 위 ①에 따라 발급받은 확인서를 첨부하여 「부가가치세 납부유예 적용신청서」를 세관장에게 제출해야 한다(부가령 91의2 ⑤).

③ 위 ②에 따라 납부유예 신청을 받은 세관장은 신청일부터 1개월 이내에 납부유예의 승인 여부를 결정하여 해당 중소 · 중견사업자에게 통지해야 한다. 이에 따라 납부유예를 승인하는 경우 그 유예기간은 1년으로 하며, 납부유예는 관세법에 따른 납세신고[2]를 할 때 납부해야 하는 부가가치세에 한정하여 적용한다(부가령 91의2 ⑤,⑦,⑧).

(4) 납부유예 세액의 정산 · 납부

납부유예를 받은 중소 · 중견사업자는 관할세무서장에게 예정신고, 확정신고 또는 조기환급신고를 할 때 해당 재화에 대하여 매출세액에서 공제하는 재화의 수입에 대한 매입세액과 납부가 유예된 세액을 정산하여 납부해야 한다. 이 경우 관할세무서장에게 납부한 세액은 세관장에게 납부한 것으로 본다(부가법 50의2 ②, 부가령 91의2 ⑨).

2) 관세법 제38조(신고납부) ① : 물품을 수입하려는 자는 수입신고를 할 때에 세관장에게 관세의 납부에 관한 신고(이하 '납세신고'라 한다)를 해야 한다.

(5) 납부유예의 사후관리

세관장은 해당 중소·중견사업자가 납부유예를 승인받은 후 다음 중 어느 하나에 해당하게 된 경우에는 그 납부유예를 취소할 수 있다. 이 경우 세관장은 해당 중소·중견사업자에게 그 취소 사실을 통지해야 한다(부가법 50의2 ③, 부가령 91의2 ⑩).

① 해당 중소·중견사업자가 국세를 체납한 경우
② 해당 중소·중견사업자가 조세범처벌법 또는 관세법 위반으로 국세청장·지방국세청장·세무서장 또는 관세청장·세관장으로부터 고발된 경우
③ 납부유예 요건을 충족하지 않은 중소·중견사업자에게 납부유예를 승인한 사실을 세관장이 알게 된 경우

한편 국세청장, 지방국세청장, 세무서장은 해당 중소·중견사업자가 위 사유 중 어느 하나에 해당하는 것을 알게 되었을 때에는 지체 없이 그 사실을 관세청장에게 통보해야 한다(부가령 91의2 ⑪).

사 례 **재화의 수입에 대한 부가가치세 납부유예**

㈜한국은 직전 사업연도에 조세특례제한법 시행령에 따른 중소기업에 해당하는 법인(제조업을 주된 사업으로 경영하는 기업임)이다. ㈜한국이 물품을 제조하기 위해 원재료 등 자기의 과세사업에 사용하기 위한 재화를 수입할 때 부가가치세의 납부유예를 미리 신청하려고 한다. 이 경우 재화의 수입에 대한 부가가치세 납부유예의 요건 및 정산·납부에 대하여 설명하시오. (2024년 세무사 2차, 7점)

해 답

1. 납부유예의 요건

세관장은 ㈜한국이 다음의 요건을 모두 갖춘 경우 해당 재화를 수입할 때 부가가치세의 납부를 유예할 수 있다.

① 직전 사업연도에 중소기업에 해당하는 법인(제조업을 주된 사업으로 경영하는 기업에 한정한다)일 것. ㈜한국은 중소기업으로서 ①에 해당한다.
② 직전 사업연도에 공급한 재화·용역의 공급가액의 합계액에서 수출액이 차지하는 비율이 30% 이상이거나 수출액이 50억원 이상일 것. 여기서 '수출액'이란 직전 사업연도에 영세율을 적용받은 재화의 공급가액의 합계액을 말한다.
③ 납부유예 요건의 충족 여부의 확인 요청일 현재 다음의 요건에 모두 해당할 것
㉠ 최근 3년간 계속하여 사업을 경영하였을 것
㉡ 최근 2년간 국세(관세 포함)를 체납(납부고지서에 따른 납부기한의 다음 날부터 15일 이내에 체납된 국세를 모두 납부한 경우는 제외)한 사실이 없을 것

㉢ 최근 2년간 조세범처벌법 또는 관세법 위반으로 처벌받은 사실이 없을 것

㉣ 최근 2년간 납부유예 사후관리 규정에 따라 납부유예가 취소된 사실이 없을 것

2. 납부유예 세액의 정산·납부

납부유예를 받은 중소사업자는 관할세무서장에게 예정신고, 확정신고 또는 조기환급신고를 할 때 해당 재화에 대하여 매출세액에서 공제하는 재화의 수입에 대한 매입세액과 납부가 유예된 세액을 정산하여 납부해야 한다(매입세액에서 수출기업 수입분 납부유예 세액을 공제하는 방법으로 정산하여 납부함). 이 경우 관할세무서장에게 납부한 세액은 세관장에게 납부한 것으로 본다.

제2절 대리납부제도

I 개 요

(1) 의 의

다음 중 어느 하나에 해당하는 비거주자 또는 외국법인(이하 '국외사업자'라 부른다)으로부터 국내에서 용역 또는 권리(이하 '용역 등'이라 한다)를 공급받는 자는 그 대가를 지급하는 때에 그 대가를 받은 자로부터 부가가치세를 징수하여 납부해야 하는데(부가법 52 ①, 부가령 95 ⑤), 이것을 '대리납부(代理納付)'라 한다.

① 국내사업장이 없는 비거주자 또는 외국법인

② 국내사업장이 있는 비거주자 또는 외국법인(용역 등의 제공이 국내사업장과 실질적으로 관련되지 않거나 국내사업장에 귀속되지 않은 경우에만 해당한다)

(2) 제도의 취지

이 제도는 소비지국 과세원칙에 따라 비거주자 또는 외국법인의 용역 등 공급과 국내사업자의 용역 등 공급 사이에 과세형평을 유지하기 위한 데 그 취지가 있다.

부가 08

II 대리납부의 요건

1. 대리납부 대상 용역 등

비거주자 또는 외국법인으로부터 용역 또는 권리를 공급받는 경우에 대리납부를 해야 한다. 여기서 '용역을 공급받는 경우'는 국내에서 역무를 제공받거나 재화를 사용하게 하는 것으로 당연히 대리납부 대상이 된다. 그리고 권리를 국내에 반입하는 것으로서 관세와 함께 부가가치세를 신고납부하는 재화의 수입에 해당하지 않은 경우에도 소비지국 과세원칙을 구현하기 위해서 대리납부대상에 포함한다.

비거주자 · 외국법인으로부터
- 공급받은 용역(역무제공 · 재화의 사용) → 대리납부대상 용역 등
- 공급받은 권리
  - 재화의 수입 × → 대리납부대상 용역 등
  - 재화의 수입 ○(수입자가 VAT 신고납부)

2. 대리납부의무자

대리납부의무자는 비거주자 또는 외국법인으로부터 용역 등을 공급받는 자이다. 이러한 대리납부의무자는 사업자인지 여부와 관계가 없다. 그러나 사업자가 공급받은 용역 등을 과세사업에 제공하는 경우는 제외하되, 매출세액에서 매입세액이 공제되지 않은 용역 등을 공급받는 경우에는 대리납부의무가 있다(부가법 52 ①).

[도 표] 대리납부의무 여부

<table>
<tr><th colspan="3">구분</th><th>대리납부의무 여부</th></tr>
<tr><td rowspan="3">(1) 사업자</td><td rowspan="2">① 과세사업자</td><td>• 과세사업에 제공하는 용역 등</td><td>×(*주1)</td></tr>
<tr><td>• 매입세액 불공제대상 용역 등(*주2)</td><td rowspan="2">○</td></tr>
<tr><td colspan="2">② 면세사업자가 공급받은 용역 등</td></tr>
<tr><td colspan="3">(2) 비사업자가 공급받은 용역 등</td><td>○</td></tr>
</table>

(*주1) 만약 대리납부를 한다면 대리납부한 세액은 매입세액으로 공제되어 조세수입의 증가는 없으면서 납세절차만 복잡하므로 특별히 대리납부의무를 면제한 것이다.

(*주2) 예를 들면 과세사업과 관련이 없는 용역 등을 제공받거나 재화의 수입에 해당하는 권리를 국내에 반입할 때 수입세금계산서를 발급받지 않은 경우 등이다.

예규판례 기술용역의 대가에 대한 대리납부

부가가치세 과세사업을 영위하지 않은 자가 국내사업장이 없는 외국법인으로부터 외국산 기자재의 도입과 함께 동 기자재의 설치, 조립, 시운전 등 기술용역을 제공받음에 있어 기자재의 대가와 기술용역의 대가가 명백히 구분되어 수입시 기자재의 대가에 대해서만 부가가치세가 과세된 경우 해당 기술용역의 대가를 지급하는 때에는 부가가치세법 규정에 따라 대리납부를 해야 한다(부가 46015-1385).

3. 대리납부세액의 계산

대리납부의무자가 납부해야 할 대리납부세액은 공급받은 용역 등의 대가지급액에 10% 세율을 곱하여 계산한 금액으로 한다.

> 대리납부세액 = 용역 등의 대가지급액(과세표준) × 10%

이 경우 비거주자 또는 외국법인으로부터 공급받은 용역 등이 과세사업과 면세사업(비과세사업 포함)에 공통으로 사용되어 그 실지귀속을 구분할 수 없는 경우 그 면세사업에 사용된 용역 등의 과세표준은 다음과 같이 계산한 금액으로 한다(부가령 95 ② 본문).

$$\text{면세사업에 사용된 용역 등의 과세표준} = \text{해당 용역 등의 총공급가액} \times \frac{\text{대가의 지급일이 속하는 과세기간의 면세공급가액}}{\text{총공급가액}}$$

* 다만, 과세기간 중 과세사업과 면세사업의 공급가액이 없거나 그 어느 한 사업에 공급가액이 없으면 그 과세기간에 대한 안분계산은 공통매입세액의 예외적인 안분계산방법과 공통매입세액의 정산을 준용한다(부가령 95 ② 단서).

참고사항 외환의 환산

대가를 외화로 지급하는 경우에는 다음의 구분에 따른 금액을 그 대가로 한다(부가령 95 ③ 단서).

구분	환산된 대가
① 원화로 외화를 매입하여 지급하는 경우	지급일 현재의 대고객외국환매도율에 따라 계산한 금액
② 보유 중인 외화로 지급하는 경우	지급일 현재의 기준환율 또는 재정환율에 따라 계산한 금액

Ⅲ 대리납부의 절차

1) 용역 등을 공급받는 자가 대리징수한 부가가치세는 대리납부신고서의 제출과 함께 사업장 또는 주소지 관할세무서장에게 납부하거나 납부서를 작성하여 한국은행 등에 납부해야 한다(부가령 95 ①). 이 경우 예정신고납부 또는 확정신고납부의 규정이 준용된다(부가법 52 ②). 이러한 대리납부신고서도 과세표준과 납부를 위하여 필요한 사항을 적은 국세기본법에 따른 과세표준신고서로 볼 수 있으므로 대리납부한 세액이 과다한 경우 경정청구를 할 수 있다(조심-2015-서-0750, 2015.3.16.).

2) 대리납부의무자가 대리납부세액을 법정납부기한까지 납부하지 않거나 과소납부한 경우에는 다음의 금액을 납부할 세액에 가산한다(국기법 47의5 ①).

대리납부지연가산세

= MIN { (1) [(① 미납분 + ② 미납일수분)] + [(③ 체납월수분 + ④ 독촉비용)]
(2) 한도액 = 미납세액(또는 과소납부분 세액) × 50% [위 (① + ②)의 금액은 10%](*주)

① 법정납부기한까지 납부하지 않거나 과소납부한 경우 : 미납분 = 미납세액(또는 과소납부분 세액) × 3% ② 법정납부기한까지 다음 날부터 1일이 지날 때마다 납부하지 않은 경우 : 미납일수분 = 미납세액(또는 과소납부분 세액) × 미납기간* × 1일 $\frac{2.2}{10,000}$ * 미납기간 : 법정납부기한의 다음 날부터 납부고지일(납부고지일 전에 납부한 경우에는 그 납부일)의 전날까지의 기간	납부고지서 기재분

③ 지정납부기한의 다음 날부터 1개월이 지날 때마다 납부하지 않은 경우 : 체납월수분 = 미납세액(또는 과소납부분 세액) × 체납월수* × 0.67% * 체납월수 : 지정납부기한의 다음 날부터 납부일의 전날까지 경과한 개월 수 ④ 독촉비용 : 국세징수법(제10조)에 따른 독촉에 드는 비용	지정납부기한이 지난 후의 가산세 * 납부고지서에 기재하지 않음

(*주) 위 한도액을 쉽게 설명하면 다음과 같다.

구분	한도액
미납시(법정납부기한 경과시)	(① 미납분 + ② 미납일수분)의 한도액 = 미납세액(또는 과소납부분 세액) × 10%
체납시(지정납부기한 경과시)	[(① 미납분 + ② 미납일수분)] + [③ 체납월수분 + ④ 독촉비용]의 한도액 = 미납세액(또는 과소납부분 세액) × 50%

예규판례 부가가치세 대리납부신고서를 경정청구대상이 되는 과세표준신고서로 볼 수 있음

부가가치세 대리납부신고서(「부가가치세법 시행규칙」 별지 제22호 서식)에 과세표준과 부가가치세의 납부를 위하여 필요한 사항이 기재되어 있어 「국세기본법」 제2조 제15호에서 정의하고 있는 과세표준신고서(국세의 과세표준과 국세의 납부 또는 환급에 필요한 사항을 적은 신고서를 말한다)의 내용과 부합할 뿐만 아니라, 대리납부신고서를 과세표준신고서가 아니라 하여 경정청구 대상이 아니라고 한다면 부가가치세를 대리납부하는 경우 대리납부신고서 외의 별도의 과세표준신고서를 제출하지 아니하므로, 대리납부신고서를 제출한 자는 과오납한 세액에 대하여 경정청구를 제기할 수 있는 기회를 박탈당하여 납세자의 권익보호를 위해 경정청구제도를 둔 취지에도 반한다 할 것이므로, 대리납부신고서를 국세기본법(제2조 제15호)에서 규정하고 있는 과세표준신고서에 포함하는 것으로 해석함이 타당하므로, 처분청이 부가가치세 대리납부신고서가 단순히 과세표준신고서가 아니라 하여 경정청구대상이 아니라고 본 것은 잘못이 있다고 판단된다(조심-2015-서-0750, 2015.3.16.).

Ⅳ 사업양수시 양수자의 대리납부제도

1. 개 요

(1) 의 의

재화의 공급으로 보지 않는 사업의 양도(이에 해당하는지 여부가 분명하지 않은 경우를 포함한다)에 따라 그 사업을 양수받는 자는 그 대가를 지급하는 때에 그 대가를 받은 자로부터 부가가치세를 징수*하여 '그 대가를 지급하는 날이 속하는 달의 다음 달 25일까지' 사업장 관할세무서장에게 납부할 수 있다(부가법 52 ④). 이것을 '사업양수시 양수자 대리납부제도'라고 한다.

* 재화의 공급으로 보지 않는 사업의 양도(이에 해당하는지 여부가 분명하지 않는 경우 포함)는 본래 과세거래에 해당하지 않음에도 불구하고 그 사업을 양수받은 자가 그 대가를 받은 자로부터 부가가치세를 징수한다.

(2) 제도의 취지

종전에는 사업양도는 과세거래에 해당하지 않음에도 불구하고 양도자가 양수자에게 세금계산서를 발급하고 그에 대한 매출세액을 신고 · 납부한 경우에는 예외적으로 양수자에게 매입세액공제를 허용하였으나, 이는 양도자의 부가가치세 신고 · 납부 여부에 따라 양수자의 매입세액공제 여부가 결정되는 문제점이 있었다(양수자가 매입세액을 공제받았으나 양도자가 부가가치세를 신고납부하지 않은 사실이 경정시 확인되면 양수자는 이미 공제받은 매입세액을 징수당하는 문제가 발생한다). 이러한 문제점을 해소하기 위하여 2014년부터 사업양수시 양수자 대리납부제도를 도입하고, 이에 따라 양수자가 부가가치세를 대리납부한 경우에는 사업의 양도를 재화의 공급으로 인정하고 자기가 징수하여 납부한 부가가치세액을 매출세액에서 공제하는 매입세액으로 하는 것이다(만약 이것을 재화의 공급으로 인정하지 않으면 징수대상 부가가치세액이 없고 양수자는 매입세액을 공제받을 수 없다).

(3) 양도자의 기납부세액 공제

한편 이처럼 사업양수인이 대리납부한 경우 사업양도인은 재화의 공급에 대한 부가가치세를 거래징수하지 않았지만 매출세액에 포함하여 확정신고해야 한다. 그런데 그 부가가치세액은 사업양수인이 대가지급일이 속하는 달의 다음 달 25일까지 이미 대리납부한 것이므로 이중납부를 방지하기 위해서 사업양수인이 대리납부한 세액은 사업양도인이 기납부세액으로 공제한다(p.180 참조).

2. 대리납부의 절차

이 제도에 따라 사업을 양수받는 자가 그 대가를 받은 자로부터 징수한 부가가치세는 대리납부신고서의 제출과 함께 사업장 관할세무서장에게 납부하거나 국세징수법에 따른 납부서를 작성하여 한국은행 등에 납부해야 한다(부가령 95 ⑤).

사례 1 | 재화의 수입과 대리납부

다음 사례를 읽고 甲이 부가가치세법에 따라 이행해야 할 의무사항에 대해서 관련 규정을 적고, 해당 규정을 사례에 적용하여 설명하시오. (12점)

> 부가가치세 과세사업을 경영하지 않은 甲은 국내사업장이 없는 외국법인 A로부터 일상생활에 필요한 로봇(robot) 기계(관세의 과세가액은 6,000만원이며, 관세는 400만원임)를 국내로 반입하였다. 그리고 이와 별도로 외국법인 A로부터 그 로봇 기계의 조립, 시운전 등 기술용역을 제공받고서 보유 중인 미화 $1,000을 외국법인 A에게 지급하였다(지급일 현재 기준환율은 ₩1,100/$).

해 답

1. 재화의 수입에 대한 부가가치세 납세의무

(1) 관련 규정

부가가치세법에 따르면 외국으로부터 국내에 도착한 물품으로서 수입신고가 수리(受理)되기 전의 것을 국내에 반입하는 것은 '재화의 수입'으로 규정하고, 그 재화의 수입에 대한 부가가치세를 수입하는 자에게 납부할 의무를 지도록 하고 있다.

이러한 재화의 수입에 대한 부가가치세 과세표준은 그 재화에 대한 과세의 과세가격과 관세 등을 합한 금액으로 한다. 재화를 수입하는 자는 여기에 10% 세율을 곱하여 계산한 부가가치세를 세관장에게 신고납부해야 한다.

(2) 사례의 경우

사례에서 甲이 외국에서 로봇(robot) 기계를 국내로 반입하는 것은 재화의 수입에 해당한다. 이에 따라 甲은 로봇 기계의 수입에 대한 부가가치세 납세의무자에 해당한다. 이 경우 甲은 로봇 기계의 수입에 대한 부가가치세 과세표준 6,400만원(6,000만원+400만원)에 10%를 곱하여 계산한 부가가치세 640만원을 세관장에게 신고납부해야 한다.

2. 부가가치세 대리납부의무

(1) 관련 규정

국내사업장이 없는 외국법인으로부터 국내에서 용역을 공급받는 자는 그 대가를 지급하는 때에 부가가치세를 징수하여 납부해야 한다. 이것을 '대리납부'라 한다. 이러한 대리납부의무자는 외국법인으로부터 용역을 공급받는 자이면 되고, 그 자가 사업자인지 여부와 관계가 없다.

대리납부의무자가 납부할 대리납부세액은 공급받은 용역의 대가지급액에 10% 세율을 곱하여 계산한 금액으로 한다. 여기서 대가를 보유 중인 외화로 지급하는 경우에는 지급일 현재의 기준환율에 따라 계산한 금액으로 한다.

용역을 공급받은 자가 대리징수한 부가가치세는 대리납부신고서의 제출과 함께 사업장 또는 주소지 관할세무서장에게 납부해야 한다. 이 경우에는 예정신고납부 또는 확정신고납부의 규정이 준용된다.

(2) 사례의 경우

甲은 국내사업장이 없는 외국법인 A로부터 구입한 로봇의 조립, 시운전 등 기술용역을 제공받고서 대가를 지급하는 때에는 위의 관련 규정에 따라 부가가치세를 대리납부할 의무가 있다. 사례에서 甲은 그 대가지급액 ₩1,100,000(미화 $1,000×₩1,100/$)에 10% 세율을 곱하여 계산한 ₩110,000의 부가가치세를 관할세무서장에게 납부해야 한다.

사례 2 **매입세액 불공제, 대손세액공제 및 대리납부**

세무법인 A의 고객 甲과 乙은 부가가치세법에서 규정하는 과세사업자이지만 주사업장 총괄납부사업자 및 사업자단위 과세사업자는 아니며, 고객 丙은 甲에게 용역을 공급하는 외국법인이다. 본인이 세무법인 A의 소속 세무사라고 가정하고 甲의 부가가치세 납부세액과 관련한 아래 물음에 답하시오.

(2018년 세무사 2차, 35점)

【물음 1】 甲이 자기의 사업을 위하여 사용하였거나 사용할 목적으로 공급받은 재화에 대한 부가가치세액은 매입세액으로 공제하지만, 부가가치세법령에서 규정하는 경우에는 공제하지 않는다. 이 규정의 내용(단, 해당 조문의 단서는 제외함)과 공제하지 않은 이유를 각각 설명하시오. (16점)

【물음 2】 甲이 발급받은 세금계산서의 필요적 기재사항이 사실과 다르게 적힌 경우에는 매입세액공제가 허용되지 않지만, 부가가치세법령에서 규정하는 경우에는 공제가 가능하다. 이 규정의 취지 및 내용을 설명하시오. (7점)

【물음 3】 乙은 甲에게 재화를 외상으로 공급했으나 대금을 지급받지 못했다. 이 경우 ① 乙이 적용받을 수 있는 부가가치세법령의 '대손세액의 공제 특례' 내용(대손세액 공제시점, 외상매출금의 전부 또는 일부를 회수한 경우의 처리, 절차규정)을 설명하시오. ② 甲이 부가가치세법령에 따라 대손세액의 전부를 매입세액으로 공제받은 경우로서 그가 폐업하기 전에 乙이 대손세액공제를 받았을 경우 甲의 매입세액에 대한 처리방법을 설명하시오. (7점)

【물음 4】 丙의 甲에 대한 용역제공과 관련하여 ① 해당 용역이 부가가치세법에서 규정하는 대리납부 대상에 해당되는지에 대한 판단기준을 설명하시오. ② 용역을 제공받은 甲이 해당 용역을 ㈎ 과세사업에 제공하는 경우, ㈏ 면세사업에 제공하는 경우, ㈐ 과세사업과 면세사업에 공통으로 사용하는 경우 각 거래가 대리납부 대상에 해당하는지 여부를 설명하시오. ③ 甲이 丙에게 원화를 외화로 매입하여 그 외화로 대가를 지급하는 경우 적용하는 환율은 무엇인지를 설명하시오. (5점)

부가 08

해 답

【물음 1】 매입세액 불공제

일정한 매입세액은 실제로 거래징수당한 경우에도 매출세액에서 공제하지 않는데, 그 내용은 다음과 같다.

(1) 세금계산서 미수취·불명분 매입세액

① 세금계산서를 발급받지 않은 경우의 매입세액 또는 ② 발급받은 세금계산서에 필요적 기재사항의 전부 또는 일부가 적히지 않았거나 사실과 다르게 적힌 경우의 매입세액은, 매출세액에서 공제하지 않는다. 따라서 영수증이나 그 밖의 객관적인 증명서류에 의해 부가가치세액을 거래징수당한 사실이 증명되더라도 세금계산서를 발급받지 않은 경우 또는 세금계산서가 불명(不明)인 경우에는 매입세액공제가 허용되지 않는 것이 원칙이다.

그 이유는 필요적 기재사항이 적힌 세금계산서의 수수(授受)를 강제함으로써 공급자의 매출세액과 공급받은 자의 매입세액 간 상호검증이 가능하도록 하려는 데 있다.

(2) 매입처별세금계산서합계표 미제출 · 불명분 매입세액

① 매입처별 세금계산서합계표를 제출하지 않은 경우의 매입세액 또는 ② 제출한 매입처별 세금계산서합계표의 기재사항 중 거래처별 등록번호 또는 공급가액의 전부 · 일부가 적히지 않거나 사실과 다르게 적힌 경우 그 기재사항이 적히지 않은 부분 또는 사실과 다르게 적힌 부분의 매입세액은 매출세액에서 공제하지 않는다.

그 이유는 매입처별세금계산서합계표 제출의무의 이행을 확보하여 세무행정의 편의를 도모하려는 데 있다.

(3) 사업과 직접 관련이 없는 지출에 대한 매입세액

사업과 직접 관련이 없는 지출에 대한 매입세액은 공제되지 않는데, 그 지출의 범위는 ① 법인세법 · 소득세법에 따른 업무무관비용, ② 법인세법에 따른 공동경비 중 분담기준금액을 초과하는 금액으로 한다. 그 이유는 공제되는 매입세액은 자기 사업에 사용되었거나 사용될 것만 해당하기 때문이다.

(4) 영업용이 아닌 승용자동차의 구입과 임차 및 유지에 관한 매입세액

여기서 ① '승용자동차'란 개별소비세 과세대상이 되는 승용자동차를 말하며, ② '영업용'이란 운수업, 자동차판매업, 자동차임대업, 운전학원업, 무인경비업(기계경비업무를 하는 경비업을 말하며, 이 경우 자동차는 출동차량에 한정함) 및 이들 업종과 유사한 업종에 직접 영업으로 사용되는 것을 의미하므로, 그 외의 목적으로 사용하는 것은 영업용이 아니다.

이러한 영업용이 아닌 승용자동차도 사업을 위해 사용될 수 있으나, 단순히 임직원의 편의를 위해 사용되는 경우도 많고 또 이를 구분하기가 사실상 매우 어렵다. 따라서 부가가치세법은 이를 일률적으로 사업과 직접 관련이 없는 지출에 대한 매입세액으로 보고 그 공제를 허용하지 않고 있다.

(5) 업무추진비 및 이와 유사한 비용의 지출에 관련된 매입세액

접대목적의 업무추진비도 사업을 위해 사용될 수 있으나, 단순히 임직원의 개인적인 목적으로 사용되는 경우도 많고 또한 이를 구분하기가 사실상 매우 어렵다. 따라서 승용자동차와 마찬가지로 부가가치세법은 일률적으로 사업과 직접 관련이 없는 지출로 보고 그에 대한 매입세액을 공제하지 않는 것이다.

(6) 면세사업 등에 관련된 매입세액

부가가치세 면세사업 등에 관련된 매입세액은 매출세액에서 공제하지 않는다. 여기서 '면세사업 등'에는 부가가치세가 과세되지 않는 재화 · 용역을 공급하는 사업(즉 비과세사업)을 포함한다. 그 이유는 과세사업에 관련된 매입세액이 아니기 때문에 매출세액에서 공제하지 않는 것이다.

(7) 토지의 자본적 지출에 관련된 매입세액

토지의 조성 등을 위한 자본적 지출에 관련된 매입세액으로서 다음 중 어느 하나에 해당하는 것은 공제하지 않는다.

① 토지의 취득 및 형질변경, 공장부지 및 택지의 조성 등에 관련된 매입세액
② 건축물이 있는 토지를 취득하여 그 건축물을 철거하고 토지만을 사용하는 경우에는 철거한 건축물의 취득 및 철거 비용과 관련된 매입세액
③ 토지의 가치를 현실적으로 증가시켜 토지의 취득원가를 구성하는 비용에 관련된 매입세액

이처럼 토지의 자본적 지출에 관련된 매입세액은 해당 토지가 과세사업에 사용된 경우에도 일률적으로 이를 공제하지 않는다. 토지는 그 용도에 관계없이 항상 면세재화에 해당하므로, 그 일부를 구성하는 자본적 지출분도 항상 면세로 취급되어야 하기 때문이다.

(8) 사업자등록을 신청하기 전의 매입세액

사업자등록을 신청하기 전의 매입세액은 매출세액에서 공제하지 않는다. 그 이유는 사업자등록의무의 이행을 강제하여 세무행정의 편의를 도모하려는 데 있다.

【물음 2】 세금계산서 불명분 매입세액

발급받은 세금계산서의 필요적 기재사항이 사실과 다르게 적힌 경우에도 다음 중 어느 하나에 해당하는 경우에는 그 매입세액을 매출세액에서 공제한다.

① 사업자등록을 신청한 사업자가 사업자등록증 발급일까지의 거래에 대해서 해당 사업자 또는 대표자의 주민등록번호를 적어 발급받은 경우. 그 취지는 사업자등록증 발급일 전까지는 아직 공급받은 사업자의 등록번호를 부여받지 못한 점을 고려하여 주민등록번호를 적어 발급받으면 매입세액공제를 허용하는 것이다.
② 발급받은 세금계산서의 필요적 기재사항 중 일부가 착오(錯誤)로 사실과 다르게 적혔으나 그 세금계산서에 적힌 나머지 필요적 기재사항 또는 임의적 기재사항으로 보아 거래사실이 확인되는 경우. 그 취지는 필요적 기재사항의 착오 기재의 경우까지 해당 불이익을 주면 납세자에게 너무 가혹할 수 있기 때문이다.
③ 실제로 재화·용역을 공급하거나 공급받은 사업장이 아닌 사업장을 적은 세금계산서를 발급받았더라도 ㉠ 그 사업장이 총괄하여 납부하거나 사업자단위과세 사업자에 해당하는 사업장인 경우로서 ㉡ 그 재화·용역을 실제로 공급한 사업자가 관할세무서장에게 해당 과세기간에 대한 납부세액을 예정신고·확정신고하고 납부한 경우. 그 취지는 거래한 사업장이 착오이더라도 매입세액을 공제하려는 데 있다.
④ 거래형태(위탁매매, 대리인에 의한 매매, 신탁을 통한 거래, 주선·중개, 위탁용역 또는 매출에누리)의 착오에 따른 세금계산서 발급 오류가 있는 경우에도 거래사실이 확인되고 거래 당사자가 관할세무서장에게 해당 납부세액을 예정신고·확정신고하고 납부한 경우(자세한 사항은 p.274 참고사항)

【물음 3】 대손세액공제

1. 乙의 대손세액공제

(1) 대손세액 공제시점

乙이 甲에게 재화를 공급하고 매출채권을 甲의 파산 · 강제집행이나 그 밖에 사유로 대손되어 회수할 수 없는 경우에는 대손세액을 그 대손이 확정된 날이 속하는 과세기간의 매출세액에서 공제한다.

(2) 회수한 경우 세무처리

대손세액을 공제받은 乙 사업자가 대손금액의 전부 또는 일부를 회수한 경우에는 회수한 대손금액에 관련된 대손세액을 회수한 날이 속하는 과세기간의 매출세액에 더한다.

(3) 절차규정

대손세액공제를 받으려는 乙 사업자는 부가가치세 확정신고서에 「대손세액 공제신고서」와 대손사실을 증명하는 서류를 첨부하여 관할세무서장에게 제출해야 한다.

2. 甲의 매입세액에 대한 처리방법

재화를 공급받은 甲 사업자가 대손세액에 해당하는 금액의 매입세액으로 공제받은 경우로서 그 사업자가 폐업하기 전에 재화를 공급하는 乙이 대손세액공제를 받은 경우에는 그 재화를 공급받은 사업자 甲은 관련 대손세액에 해당하는 금액(대손처분받은 세액)을 대손이 확정된 날이 속하는 과세기간에 자신의 매입세액에서 뺀다.

이 경우 공급자 乙의 관할세무서장은 공급자가 대손세액 공제받은 사실을 공급받는 자 甲의 관할세무서장에게 통지해야 하며, 공급받은 자 甲이 관련 대손세액 해당액을 매입세액에서 차감하여 신고하지 않은 경우에는 공급받은 사업자 甲의 관할세무서장이 빼야 할 세액을 결정 또는 경정해야 한다. 이 경우 신고불성실가산세와 납부지연가산세는 부과하지 않는다.

【물음 4】 대리납부

고객 甲과 乙은 부가가치세법에서 규정하는 과세사업자이지만 주사업장 총괄납부사업자 및 사업자단위 과세사업자는 아니며, 고객 丙은 甲에게 용역을 공급하는 외국법인이다.

1. 대리납부 대상의 판단기준

외국법인 丙으로부터 과세사업자 甲이 제공받은 용역이 대리납부 대상에 해당하는지 그 판단기준을 설명하면 다음과 같다.

① 외국법인 丙이 국내사업장이 없거나 해당 용역이 외국법인 丙의 국내사업장과 관련이 없거나 귀속이 되지 않아야 甲이 제공받은 용역이 대리납부 대상이 된다.

② 과세사업자 甲이 외국법인 丙으로부터 제공받은 용역이 매입세액 불공제 대상인 용역인 경우에 대리납부 대상이 된다.

2. 대리납부 대상 해당 여부

(1) 과세사업에 제공하는 경우

甲이 丙으로부터 제공받은 용역을 과세사업에 제공하는 경우에는 대리납부 대상에 해당하지 않는다.

(2) 면세사업에 제공하는 경우

甲이 丙으로부터 제공받은 용역을 면세사업에 제공하는 경우에는 대리납부 대상에 해당한다.

(3) 과세사업과 면세사업에 공통으로 사용하는 경우

甲이 丙으로부터 제공받은 용역을 과세사업과 면세사업에 공통으로 사용하는 경우에는 면세사업에 관련된 부분만 다음에 따라 대리납부 대상에 해당한다.

1) 과세 또는 면세사업에 사용한 실지귀속을 확인할 수 있는 경우 : 그 실지귀속에 따라 면세사업용으로 사용한 부분이 대리납부 대상에 해당한다.

2) 과세 또는 면세사업에 사용한 실지귀속을 확인할 수 없는 경우 : 다음과 같이 계산한 금액이 대리납부 대상에 해당한다.

$$\text{해당 용역의 총공급가액} \times \text{대가의 지급일이 속하는 과세기간의 } \frac{\text{면세공급가액}}{\text{총공급가액}}$$

3. 적용 환율

甲이 丙에게 외화를 매입하여 그 외화로 대가를 지급하는 경우에는 '지급일 현재의 대고객외국환매도율'을 적용하여 그 대가를 계산한다.

❑ 출제위원 채점평

이번 부가가치세 문제에서는 매입세액 불공제대상과 그 이유, 사실과 다른 세금계산서의 예외적 공제사항에 대한 취지와 내용, 대손세액공제 및 대리납부제도에 대해 출제되었다. 한정된 시간에 답안을 구상하여 서술한다는 것이 쉽지 않았을 텐데 아주 훌륭하게 답안을 작성한 수험생도 꽤 많았다. 그러나 시간안배를 잘못한 수험생들이 꽤 많았던 것 같다. 예를 들어 【물음 1】은 16점 배점이고 【물음 4】는 5점 배점인데 【물음 4】에 더 많은 시간과 답안 분량을 할애한 수험생이 다수 있었다. 【물음 4】는 아무리 답안을 잘 작성해도 5점이 만점이다.

배점에 맞게 시간과 답안분량을 할애하기 바란다. 좋은 점수를 받기 위해서는 출제자가 묻는 말에 적합한 답안을 작성하는 것이 중요한데 출제자의 의도와는 상관없이 답안을 작성한 수험생도 꽤 많았다. 모든 수험생 여러분의 합격을 기원하며 시험합격은 전문가로서의 첫걸음이라는 것을 명심하기 바라며 수험생 여러분의 앞날에 좋은 일만 가득하길 소원한다.

사례 3 사업양수시 양수자의 대리납부제도

㈜한국은 ㈜대한에게 부가가치세 과세사업을 포괄 양도하였다. ㈜대한은 재화의 공급으로 보지 않은 사업 양도에 해당하는지 여부가 분명하지 않아 대리납부를 하려고 한다. 이 경우 대리납부 절차에 대해 서술하고, 이러한 절차가 ㈜한국의 세금계산서 발급과 부가가치세 신고 · 납부에 미치는 영향에 대하여 서술하시오. (2024년 세무사 2차, 7점)

해 답

1. 양수자인 ㈜대한의 대리납부 절차

재화의 공급에 해당하지 않는 사업의 양도시 사업양수자인 ㈜대한은 그 대가를 지급하는 때에 해당 거래가 본래의 과세거래에 해당하지 않음에도 불구하고 그 대가를 받은 ㈜한국으로부터 부가가치세를 징수하여 '그 대가를 지급하는 날이 속하는 달의 다음 달 25일까지' 사업장 관할세무서장에게 납부할 수 있다. 이러한 대리납부의 범위에는 재화의 공급에 해당하지 않는 사업의 양도에 해당하는지 여부가 불분명한 경우를 포함한다.

구체적으로 사업을 양수받는 ㈜대한이 그 대가를 받은 ㈜한국으로 징수한 부가가치세는 「대리납부신고서」의 제출과 함께 사업장 관할세무서장에게 납부하거나 국세징수법에 따른 납부서를 작성하여 한국은행 등에 납부해야 한다.

2. 대리납부시 사업양도자인 ㈜한국의 부가가치세 세무처리

(1) 세금계산서 발급

사업양수시 양수자인 ㈜대한이 부가가치세를 대리납부한 경우에는 사업의 양도를 재화의 공급으로 인정하므로 ㈜한국은 ㈜대한에게 세금계산서를 발급해야 한다.

(2) 부가가치세 신고 · 납부

양수자인 ㈜대한이 대리납부한 경우 양도자인 ㈜한국은 재화의 공급에 대한 부가가치세를 거래 징수하지 않았지만 매출세액에 포함하여 확정신고해야 한다. 그런데 그 부가가치세액은 양수자인 ㈜대한이 이미 대리납부한 것이므로, 이중납부를 방지하기 위해서 양수자인 ㈜대한이 대리납부한 세액은 양도자인 ㈜한국이 기납부세액으로 공제한다.

제3절 국외사업자의 용역 등 공급에 관한 특례 등

I 국외사업자의 용역 등 공급에 관한 특례

1. 개 요

(1) 의 의

국외사업자(대리납부대상 용역 등을 공급하는 비거주자 또는 외국법인을 말한다)가 사업자등록의 대상인 '위탁매매인 등'을 통하여 국내에서 용역 등을 공급하는 경우에는 위탁매매인 등이 해당 용역 등을 공급한 것으로 본다(부가법 53 ①). 이것을 '국외사업자의 용역 등 공급에 관한 특례'라 한다. 여기서 '위탁매매인 등'이란 ① 위탁매매인(委託賣買人, 준위탁매매인 포함), ② 대리인(代理人), ③ 중개인(仲介人, 구매자로부터 거래대금을 수취하여 판매자에게 지급하는 경우에 한정한다)을 말한다.

부가 08

(2) 제도의 취지

이 특례를 적용하지 않고 국외사업자(위탁자 · 본인)를 용역 등의 공급자로 하면 비사업자나 면세사업자 등을 통한 부가가치세의 대리납부의무의 이행이 제대로 이루어지지 못하는 점을 고려하여, 위탁매매인 등이 해당 용역 등을 공급한 것으로 보는 특례를 둔 것이다. 이에 따라 위탁매매인 등이 해당 용역 등을 공급한 납세의무자로서 그 용역 등의 공급에 대한 부가가치세를 공급받는 자로부터 거래징수하여 관할세무서장 등에게 신고납부해야 한다.

2. 권리의 공급장소 특례

국외사업자로부터 권리를 공급받는 경우에는 본래 권리의 공급장소는 국외이지만, 이것을 우리나라 과세권이 미치는 국내거래로 취급하기 위해서 공급받는 자의 국내에 있는 사업장의 소재지 또는 주소지를 해당 권리가 공급되는 장소로 본다(부가법 53 ②).

참고사항 국외사업자의 용역 등 공급에 관한 특례의 경우 세금계산서 발급

국외사업자의 용역 등 공급에 관한 특례에 따른 용역 등을 공급하는 경우에 위탁매매인 또는 대리인이 세금계산서를 발급할 때 그 용역 등을 공급하는 국외사업자의 상호 및 주소를 덧붙여 적어야 한다(부가령 69 ⑰). ■

[도 표] 국외사업자의 용역 등 공급에 대한 특례

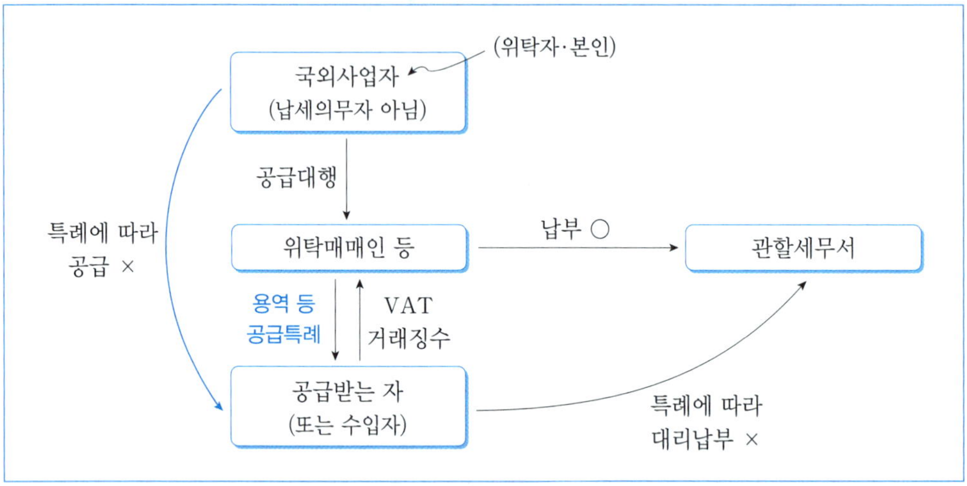

참고사항 국외사업자의 용역 등 공급에 관한 특례의 필요성

'위탁매매'란 자기(수탁자)의 명의로 위탁자의 계산에 의하여 물품을 판매하고 보수를 받는 것을 말하고, '대리인에 의한 매매'란 사용인이 아닌 자가 본인을 위하여 상시 그 사업부류에 속하는 매매의 대리 또는 중개를 하고 보수를 받는 것을 말한다. 따라서 부가가치세법은 위탁매매인 또는 대리인을 통하여 재화를 공급하는 것은 수탁자 또는 대리인의 재화의 공급이 아니라 위탁자 또는 본인이 직접 재화를 공급한 것으로 본다. 이러한 규정은 위탁매매인 또는 대리인에 의한 용역공급의 경우에도 유추적용이 된다(대법원 2006.9.22. 선고 2004두12117 판결). 이 경우 국외사업자(위탁자 · 본인)가 국내의 위탁매매인 또는 대리인을 통하여 용역(또는 재화의 수입에 해당하지 않는 권리)을 우리나라에서 공급하는 경우에도 국외사업자는 부가가치세 납세의무자가 아니므로 용역 등을 공급받는 자가 부가가치세를 대리납부해야 한다. 그런데 해당 용역 등을 공급받는 비사업자나 면세사업자 등에게 대리납부의무 이행을 기대하기는 대단히 어렵다고 할 수 있다. 그리하여 국외사업자의 위탁매매인 또는 대리인을 통한 용역 등의 공급에 대한 부가가치세의 신고납부가 원활하게 이루어질 수 있도록 위탁매매인 또는 대리인이 해당 용역 등을 공급한 것으로 보는 특례를 둔 것이다. ■

Ⅱ 전자적 용역을 공급하는 국외사업자의 사업자등록 및 납부 등에 관한 특례

1. 전자적 용역의 범위

국외사업자의 사업자등록 및 납부 등에 관한 특례에 따라 부가가치세가 과세되는 '전자적 용역'이란 정보통신망을 통하여 이동통신단말장치 또는 컴퓨터 등으로 공급하는 용역으로서 다음 중 어느 하나에 해당하는 용역을 말한다(부가법 53의2 ①, 부가령 96의2 ①,②).

① 이동통신단말장치 또는 컴퓨터 등에 저장되어(download) 구동되거나, 저장되지 않고 실시간으로 사용(streaming)할 수 있는 것으로서 다음 중 어느 하나에 해당하는 것

㉠ 게임 · 음성 · 동영상 파일(contents), 전자문서(electronic documents) 또는 소프트웨어(software)와 같은 저작물 등으로서 광(光) 또는 전자적 방식으로 처리하여 부호 · 문자 · 음성 · 음향 및 영상 등의 형태로 제작 또는 가공된 것(예 : 휴대폰 앱)

㉡ 위 ㉠에 따른 전자적 용역을 개선(upgrade)시키는 것

② 광고를 게재하는 용역(예 : 유튜브 광고)

③ 클라우드컴퓨팅(Cloud Computing)서비스(예 : 구글드라이브)[3]

④ 재화 · 용역을 중개하는 용역으로서 다음 중 어느 하나에 해당하는 용역(예 : 앱스토어). 다만, 재화 · 용역의 공급에 대한 대가에 중개 용역의 대가가 포함되어 납세의무자가 부가가치세를 신고하고 납부하는 경우는 제외한다.

㉠ 국내에서 물품 또는 장소 등을 대여하거나 사용 · 소비할 수 있도록 중개하는 것

㉡ 국내에서 재화 · 용역을 공급하거나 공급받을 수 있도록 중개하는 것

⑤ 그 밖에 ①~④까지와 유사한 용역으로서 대통령령으로 정하는 용역(현재 대통령령으로 정한 용역은 없음)

부가 08

2. 전자적 용역의 공급장소

전자적 용역의 경우 공급장소는 용역을 공급받는 자의 사업장 소재지, 주소지(또는 거소지)로 한다(부가법 20 ① (3)). 이에 따라 전자적 용역을 공급받은 자의 사업장이나 주소지가 국내인 경우(즉 공급장소가 국내인 경우)에는 소비지국 과세원칙에 따라 우리나라 부가가치세를 과세하는 것이다.

3. 전자적 용역을 공급하는 국외사업자의 간편사업자등록 및 납부 등에 대한 특례

(1) 국외사업자가 직접 공급하는 경우 특례

1) 개 요 : 국외사업자가 전자적 용역을 국내에 제공하는 경우에는 사업개시일부터 20일 이내에 간편한 방법으로 사업자등록(이하 '간편사업자등록'이라 한다)을 해야 한다(부가법 53의2 ①). 그 취지는 국외사업자가 전자적 용역을 국내에 직접 공급하는 경우에도 소비지국 과세원칙을 구현하여 국내사업자가 공급하는 전자적 용역과 과세형평을 도모하려는데 있다.

---

3) '클라우드컴퓨팅(Cloud Computing)'이란 집적 · 공유된 정보통신기기, 정보통신설비, 소프트웨어 등 정보통신자원을 이용자의 요구나 수요 변화에 따라 정보통신망을 통하여 신축적으로 이용할 수 있도록 하는 정보처리체계를 말하며, 이러한 클라우드컴퓨팅을 활용하여 상용(常用)으로 타인에게 정보통신자원을 제공하는 서비스를 '클라우드컴퓨팅(Cloud Computing)서비스'라고 한다(「클라우드컴퓨팅 발전 및 이용자 보호에 관한 법률(제2조 (1),(3)」).

2) 특례제외 : 부가가치세법 또는 소득세법 · 법인세법에 따라 '사업자등록을 한 자(이하 '등록사업자'라 한다)의 과세사업 또는 면세사업에 대하여 용역을 공급하는 경우'에는 전자적 용역 공급에 대한 과세대상(국내에서 전자적 용역을 공급하는 경우)에서 제외한다.

그 취지는 간편사업자등록을 한 사업자가 국내에 공급하는 전자적 용역에 대해서는 세금계산서 및 영수증 발급의무를 면제하는데(p.367 참조), 그럼에도 불구하고 사업자등록을 한 국내사업자에게 공급하는 전자적 용역을 부가가치세 신고납부 대상에 포함하면 국내사업자에게 세금계산서 등의 미수취에 따른 매입세액 불공제 등의 불이익이 따른다. 이러한 문제점을 해소하기 위해서 등록사업자의 과세사업 또는 면세사업에 대하여 용역을 공급하는 경우에는 전자적 용역 공급에 대한 과세대상에서 제외하는 것이다.

[도 표] 국내에 전자적 용역을 공급하는 경우 부가가치세 과세방법

전자적 용역의 제공자	전자적 용역의 공급에 대한 부가가치세 과세방법	
	① 직접 공급하는 경우	② 제3자를 통하여 공급하는 경우
국내사업자인 경우	• 국내사업자가 사업자등록하고 VAT 신고납부	• 국내사업자가 사업자등록하고 VAT 신고납부
국외사업자인 경우	국외사업자 → 소비자	국외사업자 → 제3자 : 오픈마켓 사업자 → 소비자
	㉠ 국외사업자가 간편사업자등록하고 VAT 신고납부(전자적 용역을 공급하는 국외사업자의 용역 공급에 관한 특례 적용)* * 등록사업자의 과세사업 · 면세사업에 대하여 용역을 공급하는 경우는 특례적용 제외함	㉠ 제3자가 국내 오픈마켓 사업자인 경우 : 국내 오픈마켓 사업자가 사업자등록하고 VAT 신고납부(국외사업자 용역 등의 공급에 관한 특례 적용) ㉡ 제3자가 국외 오픈마켓 사업자인 경우 : 국외 오픈마켓 사업자가 간편사업자등록하고 VAT 신고납부(국외사업자의 전자적 용역 공급에 관한 특례 적용)* * 등록사업자의 과세사업 · 면세사업에 대하여 용역을 공급하는 경우는 특례 적용제외함

(2) 국외사업자가 제3자를 통하여 공급하는 경우 특례

1) 개 요 : 국외사업자가 제3자(국내사업장이 없는 비거주자 또는 외국법인을 포함한다)를 통하여 국내에 전자적 용역을 공급하는 경우에는 그 제3자가 해당 전자적 용역을 공급한 것으로 보며, 그 제3자는 사업의 개시일부터 20일 이내에 간편사업자등록을 해야 한다(부가법 53의2 ②). 여기서 '제3자'란 다음 중 어느 하나에 해당하는 자를 말한다.

① 정보통신망(인터넷) 등을 이용하여 전자적 용역의 거래가 가능하도록 오픈마켓(구글, 애플 등 앱스토어)이나 그와 유사한 것을 운영하고 관련 서비스를 제공하는 자(이른바 오픈마켓사업자)

② 전자적 용역의 거래에서 중개에 관한 행위 등을 하는 자로서 구매자로부터 거래대금을 수취하여 판매자에게 지급하는 자(이른바 대금결제대행을 병행하는 중개업자)

③ 그 밖에 ① 및 ②와 유사하게 전자적 용역의 거래에 관여하는 자로서 대통령령으로 정하는 자(이른바 거래관여자)

국외사업자가 위의 제3자(오픈마켓 사업자)를 통하여 국내에 전자적 용역을 공급하는 경우에도 우리나라 부가가치세를 과세해야 한다. 이 경우 국외사업자를 위해서 전자적 용역의 공급을 대행하는 '제3자(오픈마켓 사업자)'에게 우리나라 부가가치세 납세의무를 지우기 위해서 제3자가 해당 전자적 용역을 국내에서 공급한 것으로 보는 특례를 둔 것이다. 게임 · 소프트웨어 등의 전자적 용역을 개발한 수많은 국외사업자보다 '제3자(이른바 오픈마켓 사업자)'에게 납세의무를 이행하도록 하는 것이 납세관리와 부가가치세 징수에 유리하다는 점을 고려한 것이다.

2) 특례제외 : '① 등록사업자의 과세사업 또는 면세사업에 대하여 용역을 공급하는 경우나 ② 국외사업자의 용역 등 공급 특례가 적용되는 경우'는 전자적 용역 공급에 대한 과세대상(국내에서 전자적 용역을 공급하는 경우)에서 제외한다. ①의 취지는 (1) · 2)에서 설명한 바와 같고, ②의 취지는 다음과 같다. 즉 제3자가 사업자등록의 대상인 위탁매매인 · 대리인(이른바 국내오픈마켓 사업자)인 경우에는 앞에서 살펴본 '국외사업자의 용역 등 공급에 관한 특례'에 따라 제3자인 국내오픈마켓 사업자가 해당 전자적 용역에 대한 부가가치세를 신고납부하기 때문에 전자적 용역을 국내에서 공급한 것으로 보는 특례는 적용하지 않는다.

4. 국내에 전자적 용역을 공급하는 국외사업자의 간편사업자등록

국내에 전자적 용역을 공급하는 국외사업자(국외사업자 자신 또는 제3자인 국외오픈마켓사업자를 말한다)는 정보통신망을 이용하여 인터넷 등으로 국세정보통신망에 접속하여 등록에 필요한 사항을 입력하는 방법으로 사업자등록(이하 '간편사업자등록'이라 한다)을 해야 한다. 이 경우 그 사업 개시일부터 20일 이내에 간편사업자등록을 신청해야 한다(부가법 53의2 ①,②).

이 경우 국세청장은 간편사업자등록을 한 자에 대하여 간편사업자등록번호를 부여하고, 사업자(납세관리인이 있는 경우 납세관리인)에게 통지해야 한다(부가령 96의2 ④). 국내에 전자적 용역을 공급하는 국외사업자는 국내에 사업장이 없기 때문에 본래 사업자등록 대상자가 아니지만 국내에 전자적 용역을 공급하는 자가 간편사업자등록을 하고 부가가치세를 신고납부하게 하려는데 그 취지가 있다.

참고사항 간편사업자등록 방법

간편사업자등록을 하려는 사업자는 국세정보통신망에 접속하여 다음 사항을 입력하는 방식으로 국세청장에게 간편사업자등록을 해야 한다(부가령 96의2 ③).

① 사업자 및 대표자의 이름과 전화번호, 우편주소, 이메일 주소 및 웹사이트 주소 등의 연락처. 이 경우 법인인 사업자가 법인 이름과 다른 이름으로 거래하는 경우 거래이름을 포함한다.
② 등록국가 · 주소 및 등록번호 등 용역을 제공하는 사업장이 소재하는 국외 사업자 등록 관련 정보
③ 제공하는 전자적 용역의 종류, 국내에 전자적 용역을 공급하는 사업개시일 및 그 밖에 간편사업자등록을 위하여 필요한 사항으로서 기획재정부령으로 정하는 것 ■

5. 간편사업자등록자의 신고납부의무

대리납부 규정에도 불구하고 간편사업자등록을 한 자는 다음과 같은 방법으로 부가가치세를 신고납부해야 한다(부가법 53의2 ④).

1) 예정신고 및 확정신고 : 부가가치세를 신고하려는 사업자는 국세정보통신망에 접속하여 ① 사업자이름 및 간편사업자등록번호, ② 신고기간 동안 국내에 공급한 전자적 용역의 총공급가액, 공제받을 매입세액 및 납부할 세액, ③ 그 밖에 필요한 사항을 입력하는 방식으로 부가가치세 예정신고 및 확정신고를 해야 한다(부가령 96의2 ⑤).

2) 납 부 : 국세청장이 정하는 바에 따라 외국환은행의 계좌에 납입하는 방식으로 부가가치세를 납부해야 한다(부가령 96의2 ⑥).

3) 가산세 : 간편사업자등록을 한 사업자가 위 1) · 2)에 따라 부가가치세 신고납부의무를 이행하지 않은 경우에는 신고불성실가산세와 납부지연가산세를 부과한다.

한편 국외사업자가 사업개시일부터 20일 이내에 등록을 하지 않은 경우에는 다음의 금액을 납부세액에 더하거나 환급세액에서 뺀다(부가법 60 ① (1)의2).

국외사업자의 간편사업자 미등록가산세 = 공급가액 합계액×1%

여기서 '공급가액의 합계액'이란 사업 개시일부터 등록한 날의 직전 일까지의 공급가액 합계액을 말한다.

6. 과세표준과 세액계산의 특례

외화의 환산규정에도 불구하고 간편사업자등록자가 국내에 공급한 전자적 용역의 대가를 외국통화나 그 밖의 외국환으로 받은 경우에는 과세기간 종료일(예정신고 및 납부에 대해서는 예정신고기간 종료일을 말한다)의 기준환율을 적용하여 환가한 금액을 과세표준으로 할 수 있다.

이 경우 국세청장은 정보통신망을 이용하여 통지하거나 국세정보통신망에 고시하는 방법 등으로 사업자(납세관리인이 있는 경우 납세관리인을 포함한다)에게 기준환율을 알려야 한다(부가령 96

의2 ⑦).

한편 간편사업자등록을 한 자는 해당 전자적 용역의 공급과 관련하여 공제되는 매입세액 외에는 매출세액(또는 납부세액)에서 공제하지 않는다(부가법 53의2 ⑤).

7. 전자적 용역의 공급시기와 세금계산서 등 발급 면제

국내로 공급되는 전자적 용역의 공급시기는 ① 구매자가 공급하는 자로부터 전자적 용역을 제공 받은 때와 ② 구매자가 전자적 용역을 구매하기 위하여 대금의 결제를 완료한 때 중 빠른 때로 한다(부가령 96의2 ⑧). 한편 간편사업자등록을 한 사업자가 국내에 공급하는 전자적 용역에 대해서는 세금계산서 및 영수증 발급의무를 면제한다(부가령 71 ① (8)).

사례 1 **소비지국 과세원칙 구현을 위한 제도**

1. 국내사업장이 없는 비거주자 또는 외국법인(이하 '국외사업자'라 한다)이 국외에서 생산한 재화가 국내로 수입되는 경우와 2. 국외사업자가 국내에서 용역을 제공하는 경우로 나누어, 소비지국 과세원칙 구현을 위해서 현행 부가가치세법에서 채택하고 있는 제도를 각각 열거하고 그 내용 설명하시오. (15점)

해 답

1. 재화의 수입

'재화의 수입'을 과세거래의 하나로 규정하여 내국물품과 동일하게 과세한다.

여기서 '재화의 수입'이란 다음의 물품을 우리나라에 반입하는 것(보세구역을 거치는 것은 보세구역에서 반입하는 것)을 말한다.

① 외국으로부터 우리나라에 들어온 물품

② 수출신고가 수리(受理)된 물품(다만, 수출신고가 수리된 물품으로서 선적(船積)되지 않은 물품을 보세구역에서 반입하는 경우는 제외)

이러한 재화의 수입에 대한 부가가치세는 그 재화를 수입하는 자가 세관장에게 관세를 납부하는 경우에 재화의 수입에 대한 부가가치세도 함께 신고납부해야 한다.

2. 국외사업자의 국내에서 용역의 제공

(1) 대리납부제도

국외사업자로부터 국내에서 용역(재화의 수입에 해당하지 않는 권리 포함)을 공급받는 자는 그 대가를 지급하는 때에 부가가치세를 징수하여 납부해야 한다(대리납부). 이러한 대리납부의무자는 국외사업자로부터 용역을 공급받는 자로서 사업자인지 여부와 관계가 없다. 그러나 사업자가 공급받은 용역을 과세사업에 제공하는 경우는 제외한다.

(2) 국외사업자의 용역 공급에 관한 특례

국외사업자가 사업자등록의 대상인 위탁매매인 등을 통하여 국내에서 용역을 공급하는 경우에는 위탁매매인 등이 해당 용역을 공급한 것으로 본다.

국외사업자의 용역의 공급을 볼 경우 비사업자나 면세사업자를 통한 부가가치세의 대리납부의무의 이행이 제대로 이루어지지 못하는 점을 고려하여, 위탁매매인 등이 해당 용역을 공급한 것으로 보는 특례를 둔 것이다. 이에 따라 위탁매매인 등은 해당 용역을 공급하는 자로 의제되므로, 국외사업자가 국내에서 제공하는 용역에 대한 부가가치세를 공급받는 자로부터 거래징수하여 관할세무서장에게 신고납부해야 한다.

(3) 전자적 용역을 공급하는 국외사업자의 용역 공급에 관한 특례

국외사업자가 국외 오픈마켓 사업자 등(예 : 구글, 애플 등)을 통하여 국내에 전자적 용역을 공급하는 경우(국내사업자의 용역 공급 특례가 적용되는 경우는 제외)에는 국외 오픈마켓 사업자 등이 해당 전자적 용역을 국내에서 공급한 것으로 본다.

따라서 국외사업자가 국내에 공급하는 전자적 용역에 대해서는 국외오픈마켓 사업자는 간편사업자등록을 하고 그 전자적 용역을 공급받는 자로부터 부가가치세를 거래징수하여 신고납부해야 한다.

사례 2 **대리납부의무**

부가가치세 과세사업과 면세사업을 겸영하는 ㈜A는 국내사업장 없는 외국 법인으로부터 국내에서 부가가치세가 과세되는 권리를 공급받고 그 대가를 보유 중인 외화로 지급하였다. 공급받은 권리는 과세사업과 면세사업에 공통으로 사용되어 그 실지귀속을 구분할 수 없다. 이 거래와 관련하여 ㈜A의 부가가치세법상 의무를 서술하고, 그 의무에 따라 납세할 세액이 있다면 그 계산방법에 대해 설명하시오.

(2023년 세무사 2차, 7점)

해 답

1. ㈜A의 대리납부의무

과세사업과 면세사업을 겸영하는 ㈜A는 국내사업장 없는 외국법인으로부터 국내에서 부가가치세가 과세되는 권리를 공급받고 대가를 지급하는 때에는 그 대가를 받은 외국법인으로부터 부가가치세를 징수하여 납부해야 할 '대리납부의무'가 있다. 이 경우 ㈜A가 공급받은 권리가 재화의 수입에 해당하지 않는 경우에 대리납부 대상이 된다.

2. ㈜A의 납부할 세액 계산방법

대리납부의무자 ㈜A가 납부해야 할 대리납부세액은 다음 금액으로 한다.

대리납부세액 = 면세사업에 사용된 권리의 대가지급액(과세표준)×10%

1) 대가의 외화환산 : ㈜A가 공급받은 권리의 대가를 보유 중인 외화로 지급한 경우 지급일 현재의 기준환율(또는 재정환율)에 따라 계산한 금액을 대가로 한다.

2) 과세표준의 안분계산 : ㈜A가 공급받은 권리가 과세사업과 면세사업에 공통으로 사용되어 그 실지귀속을 구분할 수 없으므로 그 면세사업에 사용된 권리의 과세표준은 다음과 같이 계산한 금액으로 한다.

$$\text{면세사업에 사용된 권리의 과세표준} = \frac{\text{해당 권리의}}{\text{총공급가액}} \times \text{대가 지급일이 속하는 과세기간의} \ \frac{\text{면세공급가액}}{\text{총공급가액}}$$

사례 3 전자적 용역의 공급에 대한 부가가치세

다음 사례를 읽고 요구사항에 답하시오. (15점)

> 스마트폰용 게임을 제작하여 국내에 공급하고 있는 B법인은 A법인이 운영하는 인터넷 오픈마켓을 통하여 스마트폰용 게임을 유상으로 국내 소비자들에게 공급하고 있으며, 국내 소비자들은 이 오픈마켓에서 게임을 다운로드하는 방법으로 구매한다.

부가 08

【물음 1】 다음 각각의 경우 게임 공급에 대한 부가가치세 납세의무 관계를 설명하시오.

1. B법인이 국내에 사업장을 둔 사업자이고 A법인이 국내 오픈마켓 사업자이거나 국외 오픈마켓 사업자인 경우
2. B법인이 국외에 사업장을 둔 사업자이고 A법인이 국내 오픈마켓 사업자인 경우
3. B법인이 국외에 사업장을 둔 사업자이고 A법인이 국외 오픈마켓 사업자인 경우

【물음 2】 B법인이 국외에 사업장을 둔 사업자이고 A법인이 국외 오픈마켓 사업자인 경우에 A법인이 이행해야 할 간편사업자등록 의무와 그 의무 불이행에 대한 가산세를 설명하시오.

【물음 3】 A법인이 간편사업자등록자인 경우 게임(전자적 용역) 공급에 대한 과세표준과 세액계산의 특례, 게임(전자적 용역)의 공급시기와 세금계산서 발급면제 규정을 설명하시오.

해 답

【물음 1】 게임 공급

1. B법인이 국내사업자인 경우

B법인이 국내 사업장을 둔 사업자인 경우 오픈마켓을 통하여 게임(전자적 용역)을 공급하는 것에 대해서 B법인이 직접 국내소비자들로부터 부가가치세(공급가액의 10%)를 거래징수하여 신고납부

해야 한다. 오픈마켓을 운영하는 A법인이 국내 오픈마켓 사업자인 경우는 물론이고 국외 오픈마켓 사업자인 경우에도 위와 같이 B법인이 부가가치세 납세의무를 진다.

2. B법인이 국외사업자인 경우 (1)

B법인이 국외 사업장을 둔 사업자이고 A법인이 국내 오픈마켓 사업자인 경우에는 국내 오픈마켓 사업자인 A법인이 게임(전자적 용역)을 공급한 것으로 본다(국외사업자에 대한 용역 공급에 대한 특례 적용). 따라서 국내 오픈마켓 사업자인 A법인이 국내소비자들로부터 부가가치세(공급가액의 10%)를 거래징수하여 신고납부해야 한다.

3. B법인이 국외사업자인 경우 (2)

B법인이 국외 사업장을 둔 사업자이고 A법인이 국외 오픈마켓 사업자인 경우에는 국외 오픈마켓 사업자인 A법인이 게임(전자적 용역)을 공급한 것으로 보며, 국외 오픈마켓 사업자인 A법인은 사업개시일부터 20일 이내에 간편사업자등록을 해야 한다. 국외 오픈마켓 사업자인 A법인이 간편사업자등록을 하고 국내소비자들로부터 부가가치세(공급가액의 10%)를 거래징수하여 신고납부해야 한다.

【물음 2】 간편사업자등록

1. 등록의무

국내에 게임(전자적 용역)을 공급하는 국외오픈마켓사업자인 A법인은 정보통신망을 이용하여 인터넷 등으로 국세정보통신망에 접속하여 등록에 필요한 사항을 입력하는 방법으로 사업자등록(이하 '간편사업자등록'이라 한다)을 해야 한다. 이 경우 그 사업개시일부터 20일 이내에 간편사업자등록을 신청해야 한다.

이 경우 국세청장은 간편사업자등록을 한 자에 대하여 간편사업자등록번호를 부여하고, 사업자에게 통지해야 한다.

2. 가산세

국외오픈마켓사업자인 A법인은 사업개시일부터 20일 이내에 등록을 하지 않은 경우에는 다음의 금액을 가산세로 부과한다.

국외사업자의 간편사업자 미등록가산세 = 공급가액 합계액 × 1%

여기서 '공급가액의 합계액'이란 사업 개시일부터 등록한 날의 직전 일까지의 공급가액 합계액을 말한다.

【물음 3】 간편사업자등록

1. 과세표준과 세액계산의 특례

외화의 환산규정에도 불구하고 간편사업자등록자인 B법인이 국내에 공급한 전자적 용역의 대가를 외국통화나 그 밖의 외국환으로 받은 경우에는 과세기간 종료일(예정신고 및 납부에 대해서는 예정신고기간 종료일을 말한다)의 기준환율을 적용하여 환가한 금액을 과세표준으로 할 수 있다.

한편 간편사업자등록을 한 자는 해당 전자적 용역의 공급과 관련하여 공제되는 매입세액 외에는 매출세액에서 공제하지 않는다.

2. 게임의 공급시기와 세금계산서 발급 면제

국내로 공급되는 게임(전자적 용역)의 공급시기는 ① 구매자가 공급하는 자로부터 전자적 용역을 제공받은 때와 ② 구매자가 전자적 용역을 구매하기 위하여 대금의 결제를 완료한 때 중 빠른 때로 한다. 한편 간편사업자등록을 한 사업자가 국내에 공급하는 게임(전자적 용역)에 대해서는 세금계산서 발급의무를 면제한다.

사례 4 전자적 용역 공급에 대한 과세제도

다음 사례를 읽고 아래 물음에 답하시오. (2015년 세무사 2차, 20점)

> 스마트폰용 게임을 제작하여 판매하고 있는 B법인은 C법인이 운영하는 인터넷 오픈마켓을 통하여 스마트폰용 게임을 유상으로 공급하고 있으며, 소비자는 이 오픈마켓에서 게임을 다운로드받는 방법으로 구매한다.

【물음 1】 B와 C 모두 국내 사업장이 없는 외국법인인 경우 전자적 용역의 공급에 적용되는 부가가치세법상 특례제도에 관하여 설명하시오.

【물음 2】 B와 C 모두 내국법인인 경우 소비자가 국내 또는 국외에서 구매할 때 부가가치세 과세대상 여부 및 적용세율을 설명하시오.

해 답

【물음 1】 전자적 용역의 공급특례

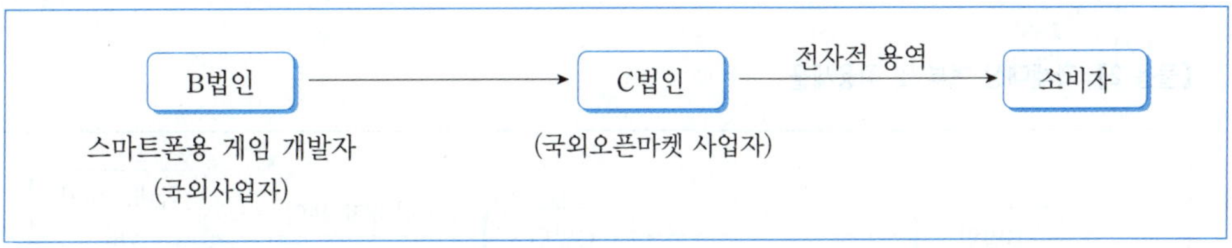

사례에서 B와 C가 모두 국내 사업장이 없는 외국법인인 경우 전자적 용역의 공급에 적용되는 제도는 '국외사업자의 전자적 용역 공급 등에 관한 특례'이다.

1. 국외사업자 전자적 용역의 공급장소

국외사업자 B법인이 국내에 전자적 용역인 게임을 공급하는 경우에는 국내에서 해당 전자적 용역이 공급되는 것으로 본다. 그 취지는 국외사업자가 국내에 공급하는 전자적 용역이 국내에서 사용·소비되므로 우리나라 부가가치세가 과세됨을 명확히 하려는 데 있다. 여기서 '전자적 용역'이란 정보통신망을 이용하여 공급받는 것으로서 이동통신단말장치인 스마트폰으로 다운로드(download) 받아 하는 게임 등을 말한다.

2. 국외사업자의 전자적 용역 공급에 관한 특례

국외사업자인 B법인이 국외오픈마켓 사업자인 C법인을 통하여 국내에 전자적 용역을 공급하는 경우에는 국외오픈마켓 사업자인 C법인이 해당 전자적 용역을 국내에서 공급한 것으로 본다. 이에 따라 국외오픈마켓 사업자인 C법인은 간편사업자등록을 하고 전자적 용역 공급에 따른 부가가치세를 국세청에 신고납부해야 한다.

(1) 국외오픈마켓 사업자의 간편사업자등록

국외오픈마켓 사업자인 C법인은 정보통신망을 이용하여 인터넷 등으로 국세정보통신망에 접속하여 등록에 필요한 사항을 입력하는 방식으로 방법으로 사업자등록(이하 '간편사업자등록'이라 한다)을 해야 한다. 이 경우 그 사업의 개시일부터 20일 이내에 간편사업자등록을 신청해야 한다. 이 경우 국세청장은 간편사업자등록을 한 자에 대하여 간편사업자등록번호를 부여하고, 사업자에게 통지여야 한다. 국외오픈마켓 사업자는 본래 사업자등록 대상이 아니더라도 간편사업자등록을 하여 부가가치세 신고납부의무를 부여하려는 데 그 취지가 있다.

(2) 간편사업자등록자의 신고납부의무

간편사업자등록을 한 자는 다음과 같은 방법으로 부가가치세를 신고납부해야 한다.

1) 예정신고 및 확정신고 : 부가가치세를 신고하려는 사업자는 국세정보통신망에 접속하여 ① 사업자 이름 및 간편사업자등록번호, ② 신고기간 동안 국내에 공급한 전자적 용역의 총공급가액, 공제받을 매입세액 및 납부할 세액 등을 입력하는 방식으로 부가가치세 예정신고 및 확정신고를 해야 한다.

2) 납부 : 국세청장이 정하는 바에 따라 외국환은행의 계좌에 납입하는 방식으로 부가가치세를 납부해야 한다.

【물음 2】 과세대상 여부 및 적용세율

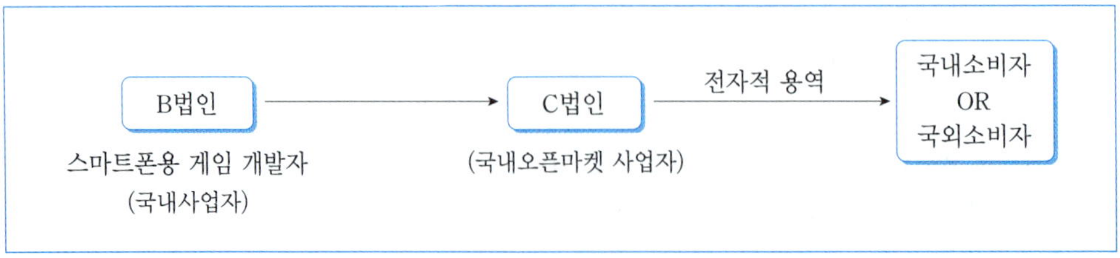

1. 소비자가 국내에서 전자적 용역을 구매할 때

(1) 과세 여부

국내사업자인 B법인이 국내 오픈마켓 사업자인 C법인을 통하여 국내 소비자에게 전자적 용역인 게임을 공급하는 것은 국내사업자가 행하는 용역의 공급에 해당하여 부가가치세가 과세된다.

따라서 B법인은 국내 소비자로부터 전자적 용역 공급에 대한 부가가치세를 거래징수하여 신고 납부해야 한다.

(2) 적용세율

국내거래이므로 10% 세율이 적용된다.

2. 소비자가 국외에서 전자적 용역을 구매할 때

(1) 과세 여부

국내사업자인 B법인이 국내오픈마켓 사업자인 C법인을 통하여 국외 소비자에게 전자적 용역인 게임을 공급하는 것은 국내사업자가 행하는 용역의 국외 공급에 해당하여 부가가치세가 과세된다.

(2) 적용세율

영세율(0%) 적용대상 거래의 하나인 '용역의 국외 공급'에 해당하므로 그 과세표준에 0% 세율을 적용한다. 그 취지는 용역의 국외공급에 대해서 소비지국 과세원칙을 구현하려는데 있다.

❑ 출제위원 채점평

이 문제는 최근에 제정되어 시행되고 있는 전자적 용역의 공급에 대한 물음이었다. 이는 최근에 이슈가 되었던 주제이니만큼 기본적인 개념은 많은 응시생들이 알고 있었으나, 기본 개념을 제외한 세법상 취급과 관련된 내용을 정확히 기술한 응시생은 많지 않았다. 아무리 많은 내용을 답안에 쓴다 해도 정확하지 않으면 득점할 수 없다.

연습문제

1 개인사업자의 예정신고납부와 확정신고납부에 대해서 설명하시오. (10점)

2 현행 부가가치세법에서 재화의 수입과 달리 '용역의 수입'은 과세거래의 하나로 규정하지 않고 있다. 그런데 국외에서 용역을 제공받은 경우에도 소비지국과세원칙에 따라 우리나라에서 부가가치세가 과세될 필요가 있다. 이를 위해서 부가가치세법에서 마련하고 있는 제도 2가지를 설명하시오. (25점)

3 부가가치세법과 관련하여 다음의 물음에 답하시오. (25점)

【물음 1】 대리납부제도의 의의, 대리납부 대상, 대리납부의무자 및 대리납부의 절차에 대해서 설명하시오.

【물음 2】 국외사업자의 용역 등 공급에 관한 특례에 대해서 설명하시오.

4 부가가치세법에 따른 대리납부에 대하여 개념과 취지, 대리납부의무자 그리고 그 절차를 설명하시오. (2001년, 8점)

제1편 부가가치세법

제9장 결정·경정·징수와 환급

제1절 결정 · 경정 및 징수

I 결정 · 경정

1. 결정 · 경정의 사유

관할세무서장(국세청장이 특히 중요하다고 인정하는 경우에는 납세지 관할 지방국세청장 또는 국세청장)은 사업자가 다음에 해당하는 경우에만 해당 예정신고기간 및 과세기간에 대한 부가가치세의 과세표준과 납부세액(또는 환급세액)을 조사하여 결정 또는 경정한다(부가법 57 ①, 부가령 102, 103 ①).

구분	사유의 범위
(1) 결 정	① 예정신고 또는 확정신고를 하지 않은 경우
(2) 경 정	② 예정신고 또는 확정신고한 내용에 오류가 있거나 내용이 누락된 경우 ③ 영세율 등 조기환급 신고의 내용에 오류가 있거나 내용이 누락된 경우 ④ 확정신고를 할 때 매출처별 세금계산서합계표 또는 매입처별 세금계산서합계표를 제출하지 않거나 제출한 매출처별 세금계산서합계표 또는 매입처별 세금계산서합계표에 기재사항의 전부 또는 일부가 적혀 있지 않거나 사실과 다르게 적혀 있는 경우 ⑤ 신용카드가맹점 또는 현금영수증가맹점 가입 대상자로 지정받은 사업자가 정당한 사유 없이 신용카드가맹점 또는 현금영수증가맹점으로 가입하지 않은 경우로서 사업 규모나 영업 상황으로 보아 신고 내용이 불성실하다고 판단되는 경우
(3) 그 밖의 결 정	⑥ 그 밖에 다음의 사유로 부가가치세를 포탈(逋脫)할 우려가 있는 경우 ㉠ 사업장의 이동이 빈번한 경우 ㉡ 사업장의 이동이 빈번하다고 인정되는 지역에 사업장이 있을 경우 ㉢ 휴업 또는 폐업 상태에 있을 경우 등 ㉣ 신용카드가맹점 또는 현금영수증가맹점 가입 대상자로 지정받은 사업자가 정당한 사유 없이 신용카드가맹점 또는 현금영수증가맹점으로 가입하지 않은 경우로서 사업 규모나 영업 상황으로 보아 신고 내용이 불성실하다고 판단되는 경우 ㉤ 조기환급 신고의 내용에 오류가 있거나 내용이 누락된 경우

한편 관할세무서장 등은 결정하거나 경정한 과세표준과 납부세액(또는 환급세액)에 오류가 있거나 누락된 내용이 발견되면 즉시 다시 경정한다(부가법 57 ③).

참고사항 결정 · 경정의 제한

영수증 발급대상 사업 중 국세청장이 정하는 업종을 경영하는 사업자로서 같은 장소에서 계속하여 5년 이상 사업을 경영한 자에 대해서는 객관적인 증명자료로 보아 과소하게 신고한 것이 분명한 경우에만 경정할 수 있다(부가령 103 ②). 이는 영세사업자에 대한 실익이 없는 세무조사를 배제하고 행정력을 절감하고 영세사업자들을 보호하기 위한 것이다. ■

2. 결정 · 경정의 방법

(1) 원칙(실지조사)

관할세무서장 등은 각 예정신고기간 및 과세기간에 대한 과세표준과 납부세액(또는 환급세액)을 조사하여 결정 또는 경정하는 경우에는 세금계산서, 수입세금계산서, 장부 또는 그 밖의 증명 자료를 근거로 해야 한다(부가법 57 ② 본문).

(2) 예외(추계)

다음 중 어느 하나에 해당하는 경우에는 추계(推計)할 수 있다(부가법 57 ② 단서).

① 과세표준을 계산할 때 필요한 세금계산서, 수입세금계산서, 장부 또는 그 밖의 증명 자료가 없거나 그 중요한 부분이 갖추어지지 않은 경우
② 세금계산서, 수입세금계산서, 장부 또는 그 밖의 증명 자료의 내용이 시설규모, 종업원 수와 원자재 · 상품 · 제품 또는 각종 요금의 시가에 비추어 거짓임이 명백한 경우
③ 세금계산서, 수입세금계산서, 장부 또는 그 밖의 증명 자료의 내용이 원자재 사용량, 동력(動力) 사용량이나 그 밖의 조업 상황에 비추어 거짓임이 명백한 경우

이러한 추계는 다음의 방법에 따른다(부가령 104 ①).

구분	구체적 내용
(1) 동업자권형방법	장부의 기록이 정당하다고 인정되고 신고가 성실하여 경정을 받지 않은 같은 업종과 같은 현황의 다른 사업자와 권형(權衡)에 따라 계산하는 방법
(2) 평균적 비율을 적용하는 방법	① 국세청장이 업종별로 투입원재료에 대하여 조사한 생산수율(生産收率)이 있을 때에는 생산수율을 적용하여 계산한 생산량에 그 과세기간 중에 공급한 수량의 시가를 적용하여 계산하는 방법 ② 국세청장이 사업의 종류 · 지역 등을 감안하여 사업과 관련된 종업원, 객실, 사업장, 차량, 수도, 전기 등 인적 · 물적 시설의 수량 또는 가액과 매출액의 관계를 정한 영업효율이 있을 때에는 영업효율을 적용하여 계산하는 방법 ③ 국세청장이 사업의 종류별 · 지역별로 정한 원단위 투입량, 비용관계비율, 상품회전율, 매매총이익률, 부가가치율 중 어느 하나에 해당하는 기준에 따라 계산하는 방법

(3) 해당 사업자의 고유비율을 적용하는 방법	추계 경정 · 결정 대상 사업자에 대하여 위 (2)의 비율을 계산할 수 있는 경우에는 그 비율을 적용하여 계산하는 방법
(4) 입회조사기준에 의하는 방법	주로 최종소비자를 대상으로 거래하는 음식 및 숙박업과 서비스업에 대해서는 국세청장이 정하는 입회조사기준에 따라 계산하는 방법

참고사항 추계시 매입세액공제

추계시 납부세액을 계산할 때 공제하는 매입세액은 발급받은 세금계산서를 관할세무서장에게 제출하고 그 기재내용이 분명한 부분으로 한정한다. 다만, 재해 또는 그 밖의 불가항력으로 인하여 발급받은 세금계산서가 소멸되어 세금계산서를 제출하지 못하게 되었을 때에는 해당 사업자에게 공급한 거래상대방이 제출한 세금계산서에 의하여 확인되는 것을 납부세액에서 공제하는 매입세액으로 한다(부가령 104 ②). ■

Ⅱ 수시부과의 결정

1. 개 요

관할세무서장 등은 사업자가 과세기간 중에 다음 중 어느 하나에 해당하는 경우에는 수시로 그 사업자에 대한 부가가치세를 부과(이하 '수시부과'라 한다)할 수 있다. 이 경우 결정 · 경정의 방법을 준용한다(부가법 57의2 ①, 부가령 104의2).

구분	수시부과 사유의 범위
(1) 거짓 세금계산서 발급 · 수취 ※ p.386 · 389 가산세 참조	① 재화 · 용역을 공급하지 않고 세금계산서 또는 신용카드매출전표 등(이하 '세금계산서 등'이라 한다)을 발급한 경우(가공발급) ② 재화 · 용역을 공급받지 않고 세금계산서 등을 발급받은 경우(가공수취)
	③ 재화 · 용역을 공급하고 실제로 재화 · 용역을 공급하는 자가 아닌 자 또는 실제로 재화 · 용역을 공급받는 자가 아닌 자의 명의로 세금계산서 등을 발급한 경우(허위발급) ④ 재화 · 용역을 공급받고 실제로 재화 또는 용역을 공급하는 자가 아닌 자의 명의로 세금계산서 등을 발급받은 경우(허위수취)
	⑤ 재화 · 용역을 공급하고 세금계산서 등의 공급가액을 과다하게 기재한 경우(과다기재 발급) ⑥ 재화 · 용역을 공급받고 공급가액이 과다하게 기재된 세금계산서 등을 발급받은 경우(과다기재 수취)
(2) 그 밖에 포탈 우려가 있는 사유	⑦ 그 밖의 사유(p.377 ⑥ ㉠~㉤의 사유를 말한다)로 부가가치세를 포탈할 우려가 있는 경우

2. 수시부과기간

이처럼 수시부과하는 경우에는 해당 과세기간의 개시일부터 수시부과 사유가 발생한 날까지를 '수시부과기간'으로 하여 적용한다. 이 경우 수시부과 사유가 확정신고기한 이전에 발생한 경우로서 사업자가 직전 과세기간에 대하여 확정신고를 하지 않은 경우에는 직전 과세기간을 수시부과기간에 포함한다(부가법 57의2 ②).

Ⅲ 징 수

관할세무서장은 사업자가 다음 중 어느 하나에 해당하는 경우에는 다음의 구분에 따른 세액을 국세징수법에 따라 징수한다(부가법 58 ①).

징수 사유	징수할 세액
① 예정신고 또는 확정신고를 할 때에 신고한 납부세액을 납부하지 않거나 납부해야 할 세액보다 적게 납부한 경우	그 미납부세액
② 결정 또는 경정을 한 경우	추가로 납부해야 할 세액
③ 수시부과한 경우	수시부과한 세액

한편 재화의 수입에 대한 부가가치세는 세관장이 관세법에 따라 징수한다(부가법 58 ②).

제2절 부가가치세 환급

Ⅰ 서 설

1. 의 의

부가가치세는 전단계세액공제법에 따라 매출세액에서 매입세액을 공제한 금액을 납부세액으로 한다. 이 경우 매출세액을 초과하는 부분의 매입세액을 '환급세액'이라고 한다(부가법 37 ②). 이러한 환급세액이 발생하는 원인은 영세율이 적용되는 경우, 사업설비를 신설 등을 하는 경우, 공급한 수량보다 공급받은 수량이 많은 경우 등이다.

2. 환급세액의 범위

사업자에게 환급해야 할 세액은 예정신고 · 확정신고 또는 조기환급신고에 따라 제출한 신고서 및 이에 첨부된 증명서류와 제출한 매입처별 세금계산서합계표, 신용카드매출전표등수령명세서에 의하여 확인되는 금액으로 한정한다(부가령 106 ①).

Ⅱ 환급의 방법 및 절차

1. 일반환급

부가가치세 납부세액을 계산할 때 매입세액이 매출세액을 초과하는 경우에는 환급세액이 발생하게 되는데, 이 경우 관할세무서장은 각 과세기간별로 그 과세기간에 대한 환급세액을 확정신고한 사업자에게 그 확정신고기한이 지난 후 30일 이내에 환급해야 한다(부가법 59 ①). 따라서 예정신고기간에 대한 환급세액은 원칙적으로 환급하지 않고 확정신고시 납부할 세액에서 정산하는 것이다.

2. 조기환급

(1) 조기환급의 사유와 취지

일반환급 절차에도 불구하고 관할세무서장은 다음 중 어느 하나에 해당하여 환급을 신고한 사업자에게 환급세액을 조기에 환급할 수 있다(부가법 59 ②, 부가령 107 ②).

① 사업자가 영세율을 적용받는 경우

② 사업자가 사업 설비(건물 등 감가상각자산을 말한다)를 신설·취득·확장 또는 증축하는 경우

③ 사업자가 재무구조개선계획을 이행 중인 경우[구체적으로 조기환급기간, 예정신고기간 또는 과세기간의 종료일 현재 재무구조개선계획 승인권자가 승인한 기업개선계획·회생계획을 이행 중인 경우를 말한다(부가령 107 ⑦)]

이처럼 조기환급제도를 둔 취지는 ① 구조적으로, 그리고 거액의 환급세액이 발생하는 경우에 신속히 부가가치세를 환급함으로써 사업자의 자금압박을 덜어주고 ② 세제지원을 통해 수출과 투자를 촉진하는 한편 ③ 조기환급을 통한 경영난에 처한 사업자의 조속한 경영 정상화를 도모하려는데 있다.

(2) 과세기간별 또는 예정신고기간별 환급세액의 조기환급

조기환급을 받으려는 사업자가 예정신고서 또는 확정신고서를 제출한 경우에는 조기환급을 신고한 것으로 본다. 다만, 사업자가 사업설비의 신설·취득·확장 또는 증축에 해당하는 경우(조기환급사유 ②)에는 「건물등감가상각자산취득명세서」를, 사업자가 재무구조개선계획을 이행 중인 경우(조기환급사유 ③)에는 「재무구조개선계획서」를 각각 그 신고서에 첨부해야 한다(부가령 107 ③).

이 경우 관할세무서장은 ① 각 과세기간별로 그 과세기간에 대한 환급세액을 그 확정신고기한이 지난 후 15일 이내에 확정신고를 한 사업자에게 환급하거나 ② 각 예정신고기간별로 그 예정신고기간의 환급세액을 그 예정신고기한이 지난 후 15일 이내에 예정신고한 사업자에게 환급해야 한다(부가법 59 ①, 부가령 107 ①).

(3) 조기환급기간별 환급세액의 조기환급

1) 조기환급기간 : ① 예정신고기간 중 매월 또는 매2월, ② 과세기간 최종 3개월 중 매월 또는 매2월을 '조기환급기간'이라 한다(부가령 107 ④). 따라서 제1기 과세기간의 경우에는 1월, 2월, 4월, 5월('매월'의 경우) 또는 1·2월, 4·5월('매2월'의 경우)이 조기환급기간이다. 3월과 6월은 조기환급기간이 될 수 없다.

2) 조기환급신고와 환급 : 조기환급기간에 대한 환급세액을 조기환급을 받으려는 사업자는 조기환급기간이 끝난 날부터 25일 이내(이하 '조기환급신고기한'이라 한다)에 조기환급기간에 대한 과

세표준과 환급세액을 관할세무서장에게 신고해야 하는데, 이것을 '영세율 등 조기환급신고'라 한다(부가령 107 ④). 이러한 조기환급을 신고할 때에는 영세율 등 조기환급신고서에 해당 과세표준에 대한 영세율 첨부서류와 매출 · 매입처별 세금계산서합계표를 첨부하여 제출해야 한다(조기환급사유 ①). 그리고 사업자가 조기환급사유 중 ② 또는 ③에 해당하는 경우에는 「건물등감가상각자산취득명세서」 또는 「재무구조개선계획서」를 그 신고서에 첨부해야 한다(부가령 107 ⑤).

이처럼 관할세무서장에게 조기환급신고를 한 경우에는 조기환급기간에 대한 환급세액을 각 조기환급기간별로 해당 조기환급신고기한이 지난 후 15일 이내에 사업자에게 환급해야 한다(부가령 107 ④).

3. 결정 · 경정시 발생한 환급세액의 환급

앞에서 설명한 것은 환급세액을 신고한 사업자에 대한 환급절차이다. 이 밖에 결정 · 경정에 의하여 추가로 발생한 환급세액이 있는 경우에 관할세무서장은 지체 없이 사업자에게 환급해야 한다(부가령 106 ②).

[도 표] 부가가치세의 환급절차

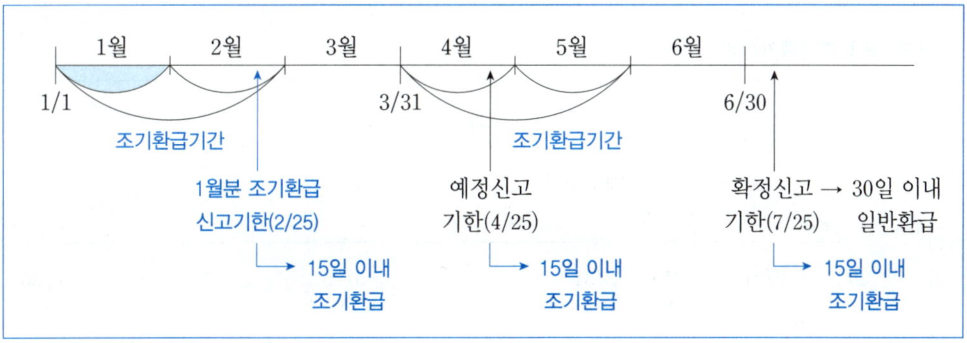

참고사항 조기환급신고를 할 때 환급세액의 계산 등

1. 조기환급세액은 영세율이 적용되는 공급분에 관련된 매입세액 · 시설투자에 관련된 매입세액 또는 국내공급분에 대한 매입세액을 구분하지 않고 사업장별로 해당 매출세액에서 매입세액을 공제하여 계산한다(부기통 59-107-2).

2. 조기환급을 신고를 할 때 이미 신고한 과세표준과 환급받은 환급세액은 예정신고 및 확정신고 대상에서 제외하며(부가법 49 ① 단서, 부가령 90 단서), 영세율 등 조기환급신고를 할 때 매출 · 매입처별 세금계산서합계표를 제출한 경우에는 예정신고 또는 확정신고를 할 때 제출해야 할 매출 · 매입처별 세금계산서합계표를 제출한 것으로 본다(부가령 107 ⑥).

3. 사업자가 어느 한 사업장에서 조기환급사유가 발생하는 경우 해당 사업장의 거래분만을 조기환급신고할 수 있다. 다만, 총괄납부하는 사업자의 경우에는 그렇지 않다(부기통 59-107-3). ■

제3절 가산세

Ⅰ 사업자등록 불성실가산세

1. 미등록가산세

사업자가 사업개시일부터 20일 이내에 사업자등록을 신청하지 않은 경우에는 다음의 금액을 납부세액에 더하거나 환급세액에서 뺀다(부가법 60 ① (1)).

미등록가산세 = 공급가액의 합계액 × 1%*

* 사업자등록 신청기한이 지난 후 1개월 이내에 신청하는 경우 해당 가산세의 50%를 감면한다(국기법 48 ② (4)).

여기서 '공급가액의 합계액'이란 사업개시일부터 등록을 신청한 날의 직전 일까지의 공급가액의 합계액을 말한다.

[도 표] 미등록가산세

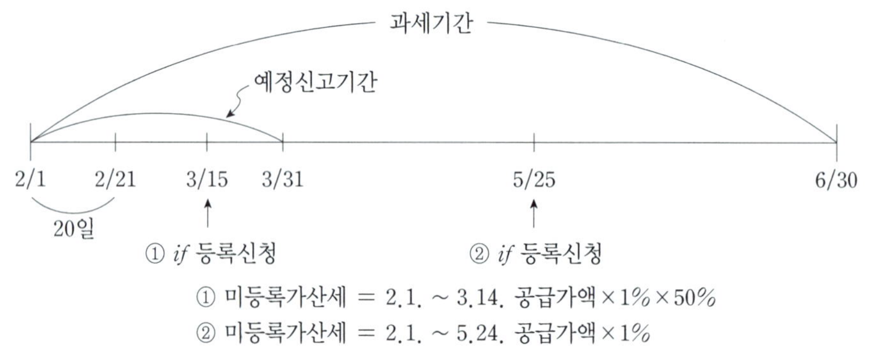

※ 국외사업자의 간편사업자 미등록가산세는 p.366 참조

2. 명의위장가산세

사업자가 ① 타인의 명의로 사업자등록을 하거나 ② 그 타인 명의의 사업자등록을 이용하여 사업을 하는 것으로 확인되는 경우, 다음의 금액을 납부세액에 더하거나 환급세액에서 뺀다(부가법 60 ① (2), 부가령 108 ①).

명의위장가산세 = 공급가액의 합계액×2%

여기서 '공급가액의 합계액'이란 그 타인 명의의 사업개시일부터 실제 사업을 하는 것으로 확인되는 날의 직전 일까지의 공급가액의 합계액을 말한다. 그리고 '타인'이란 자기의 계산과 책임으로 사업을 경영하지 않는 자를 말하되, 다음 중 어느 하나에 해당하는 자는 제외한다(부가령 108 ①).

① 사업자의 배우자

② 상속으로 인하여 피상속인이 경영하던 사업이 승계되는 경우 그 피상속인(상속개시일부터 상속세 과세표준 신고기한까지의 기간 동안 상속인이 피상속인 명의의 사업자등록을 활용하여 사업을 하는 경우로 한정한다)

Ⅱ 세금계산서 불성실가산세

1. 원칙 : 공급한 사업자에 대한 가산세

세금계산서 불성실가산세는 재화 · 용역을 공급한 사업자에게 적용하는 것이 원칙인데, 그 내용은 다음 같다.

(1) 세금계산서 발급불성실가산세

사업자가 다음 중 어느 하나에 해당하는 경우에는 그 가산세를 납부세액에 더하거나 환급세액에서 뺀다(부가법 60 ② (1)~(5), ③ (1),(3)).

구분	해당 사유	가산세
① 지연발급	사업자가 세금계산서를 그 발급시기가 지난 후 해당 재화 · 용역의 공급시기가 속하는 과세기간에 대한 확정신고기한까지 세금계산서를 발급하는 경우	그 공급가액×1%
② 불 명	사업자가 발급한 세금계산서의 필요적 기재사항의 전부 또는 일부가 착오 또는 과실로 적혀 있지 않거나 사실과 다른 경우(*주)	
③ 미 발 급	사업자가 세금계산서를 그 발급시기가 지난 후 해당 재화 · 용역의 공급시기가 속하는 과세기간에 대한 확정신고기한까지 세금계산서를 발급하지 않은 경우	그 공급가액×2%

	다만, 다음 중 어느 하나에 해당하는 경우 • 전자세금계산서를 발급해야 할 의무가 있는 자가 전자세금계산서를 발급하지 않고 세금계산서의 발급시기에 전자세금계산서 외의 세금계산서를 발급한 경우 • 둘 이상의 사업장을 가진 사업자가 재화 · 용역을 공급한 사업장 명의로 세금계산서를 발급하지 않고 세금계산서의 발급시기에 자신의 다른 사업장 명의로 세금계산서를 발급한 경우	그 공급가액×1%
④ 지연전송	전자세금계산서 발급명세 전송기한이 지난 후 재화 · 용역의 공급시기가 속하는 과세기간에 대한 확정신고기한까지 국세청장에게 전자세금계산서 발급명세를 전송하는 경우	그 공급가액×0.3%
⑤ 미 전 송	전자세금계산서 발급명세 전송기한이 지난 후 재화 · 용역의 공급시기가 속하는 과세기간에 대한 확정신고기한까지 국세청장에게 발급명세를 전송하지 않은 경우	그 공급가액×0.5%
⑥ 가공발급	사업자가 재화 · 용역을 공급하지 않고 세금계산서 또는 신용카드매출전표 등(현금영수증 및 직불카드 · 기명식선불카드 영수증을 포함하며. 이하 '세금계산서 등'이라 한다)을 발급한 경우	그 세금계산서 등에 적힌 공급가액×4% ※ 가공수취는 p.389 참조
⑦ 허위발급	사업자가 재화 · 용역을 공급하고 실제로 재화 · 용역을 공급하는 자가 아닌 자(또는 실제로 재화 · 용역을 공급받는 자가 아닌 자)의 명의로 세금계산서 또는 신용카드매출전표 등을 발급한 경우	그 공급가액×2% ※ 허위수취는 p.389 참조
⑧ 공급가액 과다기재	사업자가 재화 · 용역을 공급하고 세금계산서 또는 신용카드매출전표 등의 공급가액을 과다하게 기재한 경우	실제보다 과다하게 기재한 부분에 대한 공급가액×2%

(*주) 다만, 발급한 세금계산서의 필요적 기재사항 중 일부가 착오(錯誤)나 과실(過失)로 사실과 다르게 적혔으나 해당 세금계산서에 적힌 나머지 필요적 기재사항 또는 임의적 기재사항으로 보아 거래사실이 확인되는 경우에는 '사실과 다른 세금계산서'로 보지 않는다(부가령 108 ③). 한편 둘 이상의 사업장이 있는 법인사업자가 지점에서 재화를 공급하고 본점에서 세금계산서 발급 및 부가가치세를 신고 · 납부한 경우로서 지점에 대하여 부가가치세법에 따른 세금계산서 미발급가산세가 적용되는 경우에는 본점에 대하여 세금계산서 불명분 가산세를 적용하지 않는다(기준-2019-법령해석부가-0027, 2019.3.12.).

예규판례 세금계산서 발급 불성실가산세 부과 여부

세금계산서제도는 부가가치세 과세권의 행사와 조세채권의 실현을 용이하게 하고 부가가치세를 부담한 사업자가 매입세액공제를 받을 수 있도록 하기 위한 것인 점 등을 고려하면, 세금계산서의 필요적 기재사항 중 '등록번호'는 특별한 사정이 없는 한 부가가치세법에 따른 사업자등록에 의해 발급받은 등록번호라고 해석해야 할 것이고, 따라서 같은 법 시행령 제53조 제2항(재화 · 용역을 공급받는 자가 사업자가 아닌 경우에는 등록번호에 갈음하여 부여받는 고유번호 또는 공급받는 자의 주소 · 성명 및 주민등록번호를 기재하도록 규정하고 있다)에서 규정하고 있는 '사업자' 역시 부가가치세 과세사업자로 해석해야 할 것이다.

그렇다면 재화나 용역을 공급받는 자가 부가가치세 면세사업자에 해당하여 부가가치세법에 따른 사업자등록에 의한 등록번호를 부여받지 않은 경우, 그러한 면세사업자가 소득세법 또는 법인세법에 따른 사업자등록에 의해 부여받은 등록번호가 있다 하더라도, 이를 기재하지 아니하고 부가가치세법에 따른 고유번호 또는 공급받는 자의 주소 · 성명 및 주민등록번호를 기재하였다면, 세금계산서 중 '공급받는 자의 등록번호'에 관한 사항의 전부 또는 일부가 기재되지 아니하거나 사실과 다른 때에 해당한다고 볼 수 없으므로 세금계산서 부실기재로 인한 가산세의 부과 대상이 될 수 없다 할 것이다(대법원 2003두9718). ■

예규판례 가공거래

재화나 용역의 공급 없이 세금계산서만 발급하고 수취한 경우를 말한다. 도 · 소매업을 영위하는 자가 재화의 공급이 없이 세금계산서를 작성하여 발급한 경우가 이에 해당한다. 가공거래는 부가가치세 과세대상이 아니므로 가공매출액은 부가가치세 과세표준에서 제외되어야 한다(대법원 88누4522). ■

NEW 개정사항 가공세금계산서 발급 · 수취에 대한 가산세율 상향

<개정내용> 종전에도 사업자가 재화 · 용역을 공급하지 않고 세금계산서를 발급하거나, 재화 · 용역을 공급받지 않고 세금계산서를 발급받은 경우 가산세를 부과하도록 하고 있었으나, 가공세금계산서 수수 행위가 지속되는 등 제재 효과가 미미하였다. 이에 따라 ① 사업자가 실제로 재화 · 용역을 공급하지 않거나 공급받지 않고 세금계산서 등을 발급 · 수취한 경우, 또는 ② 사업자가 아닌 자가 재화 · 용역의 공급 없이 세금계산서 등을 발급 · 수취한 경우 그 세금계산서 등에 적힌 공급가액에 부과하는 가산세율을 종전 3%에서 4%로 상향하였다.

종전	개정
□ 가공세금계산서 발급 · 수취에 대한 가산세 ○ 가산세 부과대상 ① 사업자의 가공세금계산서 등 발급 · 수취 ② 사업자가 아닌 자의 가공세금계산서 발급 · 수취 ○ 가산세율 : 세금계계산서 등에 적힌 공급가액의 3%	□ 가산세율 상향 ○(왼쪽과 같음) : 가산세율 3% → 4%

<적용시기> 이 규정은 2026년 1월 1일부터 적용한다. 한편 2026년 1월 1일 전에 재화 · 용역을 공급하지 않고 세금계산서 등을 발급하거나 재화 · 용역을 공급받지 않고 세금계산서 등을 발급받은 경우에 대해서는 개정규정에도 불구하고 종전의 규정에 따른다. ■

(2) 매출처별세금계산서합계표 제출불성실가산세

사업자가 다음 중 어느 하나에 해당하면 그 가산세를 납부세액에 더하거나 환급세액에서 뺀다(부가법 60 ⑥ (1),(2),(3)).

구분	사유	가산세
① 미 제 출	사업자가 매출처별세금계산서합계표를 제출하지 않은 경우	공급가액* ×0.5% * 매출처별 세금계산서합계표를 제출하지 않은 부분의 공급가액을 말한다.
② 불 명	사업자가 제출한 매출처별 세금계산서합계표의 기재사항 중 거래처별 등록번호 또는 공급가액의 전부 또는 일부가 적혀 있지 않았거나 사실과 다르게 적혀 있는 경우(*주)	공급가액* ×0.5% * 매출처별 세금계산서합계표의 기재사항이 적혀 있지 않거나 사실과 다르게 적혀 있는 부분의 공급가액을 말한다.
③ 지연제출	사업자가 매출처별 세금계산서합계표를 예정신고를 할 때 제출하지 못하여 해당 예정신고기간이 속하는 과세기간에 확정신고를 할 때 매출처별 세금계산서합계표를 제출하는 경우(위 ② 불명인 경우에는 제외)	그 공급가액×0.3%

(*주) 다만, 사업자가 예정신고 또는 확정신고를 할 때 제출한 매출처별 세금계산서합계표의 기재사항이 착오로 적힌 경우로서 사업자가 발급한 세금계산서에 따라 거래사실이 확인되는 부분의 공급가액에 대해서는 가산세를 부과하지 않는다(부가법 60 ⑥ 단서).

2. 예외 : 공급받은 사업자에 대한 세금계산서 불성실가산세

재화 · 용역을 공급받은 자는 원칙적으로 세금계산서 불성실가산세를 적용받지 않는다. 다만, 예외적으로 공급받은 사업자가 다음 중 어느 하나에 해당하면 그 가산세를 납부세액에 더하거나 환급세액에서 뺀다(부가법 60 ⑦ (1),(2),(3), 부가령 108 ④,⑤,⑥).

구분	사유	가산세
① 지연수취 등	사업자가 재화 · 용역의 공급시기 이후에 발급받은 세금계산서로서 그 공급시기가 속하는 과세기간에 대한 확정신고기한까지 발급받은 경우 등*에 해당하여 예외적으로 매입세액을 공제받는 경우 * 구체적으로 p.274 지연수취(③ · ⑦) · 사전수취(⑧)에 해당하는 경우를 말한다.	공급가액* ×0.5% * 매입처별 세금계산서합계표에 따르지 않고 세금계산서(또는 수입세금계산서)에 따라 공제받은 매입세액에 해당하는 공급가액을 말한다.
② 경정시 제출	㉠ 매입처별세금계산서합계표를 예정신고 · 확정신고를 할 때 제출하여 매입세액을 공제받지 않고 경정시 사업자가 세금계산서를 경정기관 확인을 거쳐 해당 경정기관에 제출하여 매입세액을 공제받는 경우	

	㉡ 제출한 매입처별 세금계산서합계표의 기재사항 중 거래처별 등록번호 또는 공급가액의 전부 또는 일부가 적혀 있지 않거나 사실과 다르게 적혀 있는 경우[*주1]로서 경정시 사업자가 세금계산서를 경정기관 확인을 거쳐 해당 경정기관에 제출하여 매입세액을 공제받는 경우	
	㉢ 신용카드매출전표 등을 발급받아 신용카드매출전표등수령명세서를 예정신고 · 확정신고를 할 때에 제출하여 매입세액을 공제받지 않고 경정시 사업자가 발급받은 신용카드매출전표 등을 경정기관 확인을 거쳐 해당 경정기관에 제출하여 매입세액을 공제받는 경우	그 공급가액×0.5%
③ 과다기재[*주2]	㉠ 사업자가 예정신고 · 확정신고를 할 때 제출한 매입처별세금계산서합계표의 기재사항 중 공급가액을 사실과 다르게 과다하게 적어 신고한 경우[*주1]	과다기재 공급가액*×0.5% * 제출한 매입처별 세금계산서합계표의 기재사항 중 사실과 다르게 과다하게 적어 신고한 공급가액을 말한다.
	㉡ 사업자가 매입세액을 공제받기 위하여 제출한 신용카드매출전표등수령명세서에 공급가액을 과다하게 적은 경우	과다기재 공급가액*×0.5% * 실제보다 과다하게 적은 공급가액(착오로 기재된 경우로서 신용카드매출전표 등에 따라 거래사실이 확인되는 부분의 공급가액은 제외)을 말한다.
④ 가공수취[*주2]	사업자가 재화 · 용역을 공급받지 않고 세금계산서 또는 신용카드매출전표 등을 발급받은 경우	그 세금계산서 등에 적힌 공급가액×4%
⑤ 허위수취[*주2]	사업자가 재화 · 용역을 공급받고 실제로 재화 · 용역을 공급하는 자가 아닌 자의 명의로 세금계산서 또는 신용카드매출전표 등을 발급받은 경우	그 공급가액×2%
⑥ 공급가액 과다기재 수취[*주2]	사업자가 재화 · 용역을 공급받고 공급가액 과다기재로 공급자에게 과다기재분 공급가액의 2% 가산세가 적용되는 세금계산서 또는 신용카드매출전표 등을 발급받은 경우	실제보다 과다하게 기재한 부분에 대한 공급가액×2%

(*주1) 다만, 매입처별 세금계산서합계표의 기재사항이 착오로 적힌 경우로서 사업자가 수령한 세금계산서(또는 수입세금계산서)에 따라 거래사실이 확인되는 부분의 공급가액에 대해서는 가산세를 부과하지 않는다(부가법 60 ⑦ 단서).

(*주2) 이러한 경우에는 가산세가 부과될 뿐만 아니라 그 과다기재분 매입세액, 가공수취 · 허위수취분 매입세액, 공급가액 과다기재 수취분 매입세액은 매출세액에서 공제되지 않는다.

[도 표] 공급받은 사업자의 경우 : 매입세액공제와 가산세의 관계

구분	매입세액공제	가산세
(1) 매입처별세금계산서합계표 미제출	×	×
(2) 매입처별세금계산서합계표 제출		
① 기한 내에 제출	○	×
② 예정신고시 제출할 합계표를 확정신고시 제출	○	×
③ 수정신고 · 경정청구 또는 기한후신고시 제출	○	×
(3) 매입처별세금계산서합계표, 신용카드매출전표등수령명세서 미제출 → 경정시 경정기관 확인을 거쳐 세금계산서, 신용카드매출전표 등을 제출	○	○
(4) 공급시기 후에 공급시기가 속하는 과세기간에 대한 확정신고기한까지 세금계산서 수취 등	○	○
(5) 매입처별세금계산서합계표 등에 공급가액을 사실과 다르게 과다기재 신고	×	○
(6) 세금계산서 가공 · 허위수취, 공급가액 과다기재 수취	×	○

3. 비사업자 : 세금계산서 가공발급 · 가공수취에 대한 가산세

사업자가 아닌 자가 재화 · 용역을 공급하지 않고 세금계산서를 발급하거나 재화 · 용역을 공급받지 않고 세금계산서를 발급받으면 사업자로 보고 그 세금계산서에 적힌 공급가액의 4%를 곱한 금액을 그 세금계산서를 발급하거나 발급받은 자에게 납세지 관할세무서장이 가산세로 징수한다. 이 경우 납부세액(매출세액 – 매입세액)은 '0'으로 본다(부가법 60 ④).

4. 가산세 중복적용 배제

아래 표에서 우선 적용되는 가산세가 부과되는 부분에 대해서는 적용배제 가산세를 부과하지 않는다(부가법 60 ⑨, 60 ② 후단).

[도 표] 가산세 중복적용 배제(부가법 60 ⑨, ② 후단, ⑩)

우선 적용되는 가산세	적용배제 가산세
(1) 사업자등록 불성실가산세(1% · 2%)가 적용되는 부분	• 세금계산서 지연발급 · 불명 가산세(1%) • 전자세금계산서 발급명세 지연전송 · 미전송 가산세(0.3% · 0.5%)

	• 신용카드매출전표 경정기관 확인 매입세입공제 가산세(0.5%) • 매출처별세금계산서합계표 미제출 · 불명 · 지연제출 가산세(0.5% · 0.3%)
⑵ 다음에 해당하는 세금계산서 불성실가산세가 적용되는 부분 • 세금계산서 미발급 가산세(2% · 1%) • 세금계산서 등 가공발급 · 가공수취 가산세(4%) • 세금계산서 등 허위발급 · 허위수취 가산세(2%) • 세금계산서 등 과다기재 발급 · 수취 가산세(2%)	• 사업자등록 불성실가산세(1% · 2%) • 매출처별세금계산서합계표 미제출 · 불명 · 지연제출 가산세(0.5% · 0.3%) • 세금계산서 지연수취 · 합계표 등 과다기재분 가산세(0.5%) • 세금계산서 경정기관 확인 매입세액공제 가산세(0.5%)
⑶ 다음에 해당하는 가산세가 적용되는 부분 • 세금계산서 지연발급 가산세(1%) • 전자세금계산서 발급명세 지연전송 · 미전송 가산세(0.3% · 0.5%) • 세금계산서 불명 가산세(1%)	• 매출처별세금계산서합계표 미제출 · 불명 · 지연제출 가산세(0.5% · 0.3%)
⑷ 공급자에 대한 세금계산서 허위 발급 가산세(2%)가 적용되는 부분	• 세금계산서 미발급 가산세(2% · 1%)
⑸ 공급가액 과다기재 발급 가산세(2%)	• 세금계산서 불명 가산세(1%)
⑹ 세금계산서 지연발급 · 미발급 가산세(1% · 2%)가 적용되는 부분	• 전자세금계산서 발급명세 지연전송 · 미전송 가산세(0.3% · 0.5%) • 세금계산서 불명 가산세(1%)
⑺ 세금계산서 불명 가산세(1%)가 적용되는 부분	• 전자세금계산서 발급명세 지연전송 · 미전송 가산세(0.3% · 0.5%)
⑻ 법인세법 또는 소득세법에 따라 건당 거래금액 10만원 이상인 거래분에 대해 현금영수증 미발급 가산세(20% · 10%)가 부과되는 부분	• 세금계산서 미발급 가산세(2% · 1%) • 매출처별 세금계산서합계표 불명 가산세(0.5%)

예규판례 세금계산서 불성실가산세를 부과하는 요건으로 사업자가 재화나 용역의 공급 없이 세금계산서를 수수한다는 점에 관한 인식이 있어야 하는지 여부(소극)

구 부가가치세법 제22조 제3항 제2호 및 제3호는 사업자가 재화 · 용역을 공급하거나 공급받지 아니하고 세금계산서를 교부하거나 교부받은 경우 그 공급가액에 대하여 2%(현재는 4%)에 상당하는 금액을 세금계산서불성실가산세로 부과하도록 규정하고 있다. 이는 세금계산서 제도가 당사자 사이의 거래를 노출시킴으로써 부가가치세뿐만 아니라 소득세와 법인세의 세원 포착을 용이하게 하는 납세자 간 상호검증의 기능을 갖고 있음을 감안하여, 과세권의 적정한 행사와 조세채권의 용이한 실현을 위하여 부가가치세 납세의무를 지는 사업자로 하여금 재화나 용역의 공급 없이 세금계산서를 발행 또는 수취하지 않도록 할 의무를 부과하고, 사업자가 정당한 사유 없이 이에 위배하여 재화나 용역의 공급 없이 세금계산서를 수수할 경우에는 행정상 제재로 세금계산서불성실가산세를 부과하도록 한 것이다. 이와 같은 규정 문언과 입법 취지에 비추어 보면 세금계산서 불성실가산세는 사업자가 재화나 용역의 공급 없이 세금계산서를 수수한다는 점에 관한 인식이 있었을 것을 요건으로 하지 아니한다. 그리고 세금계산서불성실가산세를 면할 정당한 사유가 있는지가 문제 될 때에는 이러한 규정 취지를 충분히 고려하면서 납세의무자가 그 의무를 알지 못한 것이 무리가 아니었다거나 의무의 이행을 기대하는 것이 무리였다고 할 것이어서 납세의무자에게 의무해태를 탓할 수 없는 정당한 사유가 있는 경우에 해당한다고 볼 수 있는지 여부를 판단해야 하고, 단지 재화나 용역의 공급 없이 수수되는 세금계산서라는 점을 알지 못하였다는 사정만으로 쉽게 정당한 사유가 있는 경우에 해당한다고 단정하여서는 안 된다(대법원 2016.11.10. 선고 2016두31920 판결). ■

사 례 **세금계산서 관련 가산세**

법인사업자에 대한 (1) 세금계산서 미발급·지연발급 가산세, (2) 전자세금계산서 발급명세 미전송·지연전송 가산세와 (3) 매출처별세금계산서합계표 미제출·지연제출 가산세를 설명하고, 다음 각 상황별로 부과되는 가산세의 내용을 쓰시오(부과되는 가산세가 없으면 그 이유를 적으시오). (7점)

> 상황 1 : 법인사업자가 전자세금계산서를 적법하게 발급하고 그 발급명세를 적법하게 전송하였으나 그에 대한 매출처별세금계산서 합계표를 제출하지 않은 경우
>
> 상황 2 : 법인사업자가 전자세금계산서를 적법하게 발급하고 그에 대한 매출처별세금계산서 합계표를 적법하게 제출하였으나 전자세금계산서 발급명세를 전송하지 않는 경우
>
> 상황 3 : 법인사업자가 전자세금계산서를 적법하게 발급하였으나 그에 대한 매출처별세금계산서 합계표를 제출하지 않고 전자세금계산서 발급명세도 전송하지 않는 경우
>
> 상황 4 : 법인사업자가 전자세금계산서를 공급시기가 속하는 과세기간에 대한 확정신고기한까지 발급하지 않고 그에 대한 매출처별세금계산서 합계표를 제출하지 않았으며, 전자세금계산서 발급명세도 전송하지 않는 경우

해 답

1. 해당 가산세(p.385 이하 참조)

(1) 세금계산서 미발급·지연발급 가산세

(2) 전자세금계산서 발급명세 지연전송·미전송 가산세

(3) 매출처별세금계산서합계표 미제출·지연제출 가산세

2. 상황별 가산세 부과 내용

상황 1 : 법인사업자가 전자세금계산서를 발급하고 그 발급명세를 전송한 경우에는 매출처별세금계산서합계표 제출의무가 면제된다. 따라서 부과되는 가산세는 없다.

상황 2 : 전자세금계산서 발급명세 미전송가산세로 그 공급가액의 0.5%를 가산세로 부과한다.

상황 3 : 매출처별세금계산서합계표 미제출 가산세(공급가액의 0.5%)는 적용배제하고, 공급가액의 0.5%를 전자세금계산서 미전송 가산세로 부과한다.

상황 4 : 매출처별세금계산서 합계표 미제출 가산세와 전자세금계산서 발급명세 미전송 가산세는 적용 배제하고, 공급가액의 2%를 (전자)세금계산서 미발급 가산세로만 부과한다.

Ⅲ 신고불성실 · 납부지연가산세

1. 신고불성실가산세

1) 무신고가산세 : 사업자가 법정신고기한까지 예정신고 또는 확정신고를 하지 않은 경우에는 다음의 구분에 따른 금액을 납부할 세액에 가산하거나 환급받을 세액에서 공제한다(국기법 47의2 ①, ②,③).

구분	무신고가산세
(1) 부정행위로 무신고	무신고납부세액×40%* ＋ 영세율과세표준×0.5%(*주) * 역외거래에서 발생한 부정행위로 신고하지 않은 경우 : 60%
(2) 일반적인 무신고	무신고납부세액×20% ＋ 영세율과세표준×0.5%(*주)

(*주) 사업자가 예정신고 또는 확정신고를 하지 않은 경우로서 영세율이 적용되는 과세표준(이하 '영세율과세표준'이라 한다)이 있는 경우에는 위와 같이 계산한 금액을 가산세로 한다(국기법 47의2 ② (2)).

여기서 '무신고납부세액'은 사업자가 예정신고 또는 확정신고로 납부해야 할 세액(가산세와 이자상당가산액이 있는 경우 그 금액은 제외)을 말한다(국기법 47의2 ①).

2) 과소신고 · 초과환급신고가산세 : 사업자가 법정신고기한까지 예정신고 또는 확정신고를 한 경우로서 납부할 세액을 신고해야 할 세액보다 적게 신고(과소신고)하거나 환급받을 세액을 신고해야 할 세액보다 많이 신고(초과신고)한 경우에는 다음의 금액을 납부할 세액에 가산하거나 환급받을 세액에서 공제한다(국기법 47의3 ① (2), ② (2), ⑥).

과소신고 · 초과환급신고가산세 = (1) + (2)
(1) (부정과소신고납부세액 + 부정초과신고환급세액) × 40%* + (일반과소신고납부세액 + 일반초과신고환급세액) × 10% * 역외거래에서 발생한 부정한 행위로 과소신고하거나 초과신고한 경우 : 60% (2) 과소신고된 영세율과세표준 × 0.5%(*주)

(*주) 사업자가 예정신고 또는 확정신고를 한 경우로서 영세율이 적용되는 과세표준(이하 '영세율과세표준'이라 한다)을 과소신고하거나 신고하지 않은 경우에는 위와 같이 계산한 금액을 가산세로 한다(국기법 47의3 ② (2)).

3) 신고불성실가산세 배제 : 사업자가 간이과세자로서 해당 과세기간의 납부세액에 대한 납부의무가 면제되는 경우에는 신고불성실가산세(무신고가산세 또는 과소신고 · 초과환급신고가산세를 말한다)를 적용하지 않는다(국기법 47의2 ③, 47의3 ⑥).

참고사항 영세율과세표준 과소신고(무신고) 가산세 적용례

예정신고 또는 확정신고를 할 때 제출한 수출실적명세서, 내국신용장 · 구매확인서 전자발급명세서와 영세율첨부서류제출명세서의 기재사항이 착오로 기재되었으나 관련 증명자료 등에 의하여 그 사실이 확인되는 경우에는 영세율과세표준 과소신고(무신고) 가산세(그 영세율과세표준 × 0.5%)를 적용하지 않는다(국기령 27의2 ②). ■

2. 납부지연가산세

(1) 개 요

사업자가 법정납부기한까지 부가가치세의 납부를 하지 않거나 납부해야 할 세액보다 적게 납부(이하 '과소납부'라 한다)한 경우에는 다음의 금액을 납부할 세액에 가산하거나 환급받을 세액에서 공제한다(국기법 47의4 ① (1),(3), 국기령 27의4).

납부지연가산세 = ① 미납일수분 + [(② 체납분 + ③ 체납월수분) + ④ 독촉비용]
① 법정납부기한까지 납부하지 않거나 과소납부한 경우 : 미납일수분 = 미납세액(또는 과소납부분 세액) × 미납기간* × 1일 $\frac{2.2}{10,000}$ * 미납기간 : 법정납부기한의 다음 날부터 납부고지일(납부고지일 전에 납부한 경우에는 그 납부일)의 전날까지의 기간
② 지정납부기한까지 납부하지 않은 경우 : 체납분 = 미납세액(또는 과소납부분 세액) × 3% ③ 지정납부기한의 다음 날부터 1개월이 지날 때마다 납부하지 않은 경우 : 체납월수분 = 미납세액(또는 과소납부분 세액) × 체납월수* × 0.67% * 체납월수 : 지정납부기한의 다음 날부터 납부일의 전날까지 경과한 개월 수
④ 독촉비용 : 국세징수법(제10조)에 따른 독촉에 드는 비용

(2) 납부지연가산세 적용배제

① 사업자가 납부기한까지 어느 사업장에 대한 부가가치세를 다른 사업장에 대한 부가가치세에 더하여 신고납부한 경우에는 미납일수 1일마다 부과되는 2.2/10,000의 납부지연가산세(미납일수분)를 부과하지 않는다(국기법 47의4 ③ (1)).

② 대리납부지연가산세가 부과되는 부분에 대해서는 납부지연가산세를 부과하지 않는다(국기법 47의4 ④).

(3) 과세기간을 잘못 적용하여 신고납부한 경우

부가가치세의 사업연도를 잘못 적용하여 신고납부한 경우에는 납부지연가산세를 적용할 때 실제 신고납부한 날에 실제 신고납부한 금액의 범위에서 당초 신고납부하였어야 할 과세기간에 대한 부가가치세를 자진납부한 것으로 본다. 다만, 해당 부가가치세의 신고가 부정행위로 무신고 · 과소신고한 경우에는 그렇지 않다(국기법 47의4 ⑥).

3. 사업자가 아닌 자에 대한 가산세 적용

부가가치세법에 따른 사업자가 아닌 자(예 : 면세사업자)가 환급세액을 신고한 경우에도 과소신고 · 초과환급신고가산세를 적용하며, 사업자가 아닌 자가 부가가치세액을 환급받은 경우에도 납부지연가산세를 적용한다(부가법 47의3 ③, 47의4 ②).

4. 예정신고 · 납부의 불성실과 확정신고 · 납부의 불성실이 중복될 경우

신고불성실가산세(무신고가산세, 과소신고 · 초과환급신고불성실가산세) 및 납부지연가산세를 적용할 때 예정신고납부와 관련하여 가산세가 부과되는 부분에 대해서는 확정신고납부와 관련한 가산세를 부과하지 않는다(국기법 47의2 ⑤, 47의3 ⑥, 47의4 ⑤). 따라서 예정신고납부에서 누락한 부분을 확정신고납부에서 또다시 누락하였다고 하더라도 예정신고납부의 누락에 대한 가산세만 적용되며, 확정신고납부의 누락에 대해서는 가산세가 적용되지 않는 것이다.

Ⅳ 현금매출명세서 등 제출불성실가산세

사업자가 예정신고 또는 확정신고를 할 때 현금매출명세서 또는 부동산임대공급가액명세서를 제출하지 않거나 제출한 수입금액(현금매출명세서의 경우에는 현금매출을 말한다. 이하 같다)이 사실과 다르게 적혀 있으면 다음의 금액을 납부세액에 더하거나 환급세액에서 뺀다(부가법 60 ⑧).

구분	가산세
① 제출하지 않은 경우	제출하지 않은 부분의 수입금액×1%
② 사실과 다르게 적혀 있는 경우	실제 수입금액과 제출한 수입금액과의 차액×1%

※ 제출기한이 지난 후 1개월 이내에 제출하는 경우 해당 가산세의 50%를 감면한다(국기법 48 ② (4)).

[도 표] 가산세의 요약

<table>
<tr><th>종류</th><th colspan="2">가산세액</th></tr>
<tr><td>(1) 사업자등록 불성실가산세</td><td>• 공급가액의 합계액×1%·2%</td><td rowspan="6">의무위반 종류별로 각각 1억원(중소기업은 5천만원) 가산세 한도 적용(국기법 49 ① (2)).
※ 세금계산서 등 미발급분, 허위·가공수수분, 과다기재 수수분 가산세(공급가액×2%·4%)는 한도 적용대상에서 제외</td></tr>
<tr><td>(2) 세금계산서 불성실가산세</td><td></td></tr>
<tr><td>1) 세금계산서
발급불성실가산세</td><td>• 지연발급·불명분 공급가액×1%
• 미발급 공급가액×2%*
• 허위·과다기재 발급분 공급가액×2%
• 가공발급분 공급가액×4%
* 전자세금계산서 의무발급 대신에 종이세금계산서 발급분 등은 1%</td></tr>
<tr><td>2) 매출처별세금계산서합계표제출불성실가산세</td><td>• 미제출·불명분 공급가액×0.5%
• 지연제출분 공급가액×0.3%</td></tr>
<tr><td>3) 공급받은 사업자에
대한 가산세</td><td>• 지연수취·경정시 제출분 공급가액×0.5%
• 합계표 등 과다기재분 공급가액×0.5%
• 허위·과다기재 수취분 공급가액×2%
• 가공수취분 공급가액×4%</td></tr>
<tr><td>(3) 현금매출명세서 등
제출불성실가산세</td><td>• 미제출분 수입금액×1%
• (실제 수입금액 − 제출한 수입금액)×1%</td></tr>
<tr><td>(4) 비사업자 거짓 세금계산서 발급에 대한 가산세</td><td colspan="2">• 공급가액×4%</td></tr>
<tr><td>(5) 무신고가산세</td><td colspan="2">• 부정무신고 : 무신고납부세액×40%* + 영세율과세표준×0.5%
* 역외거래에서 발생한 부정행위로 신고하지 않은 경우 : 60%
• 일반무신고 : 무신고납부세액×20% + 영세율과세표준×0.5%</td></tr>
<tr><td>(6) 과소신고·초과환급신고
가산세</td><td colspan="2">(부정과소신고납부세액 + 부정초과환급신고세액)×40%*
+ (일반 과소신고납부세액 + 일반초과환급신고세액)×10%
* 역외거래에서 발생한 부정한 행위로 과소신고하거나 초과신고한 경우 : 60%
+ 과소신고된 영세율과세표준×0.5%</td></tr>
<tr><td>(7) 납부지연가산세</td><td colspan="2">• ① 미납일수분(1일 2.2/10,000) + [{② 체납분(3%) + ③ 체납월수분(월 0.67%)} + ④ 독촉비용]</td></tr>
<tr><td>(8) 대리납부지연가산세</td><td colspan="2">• 미납세액(또는 과소납부분 세액)×(3%~10%·50%)</td></tr>
</table>

제4절 사업자의 그 밖의 협력의무

I 장부의 작성 · 보관

1. 장부의 작성

1) 사업자는 자기의 납부세액 또는 환급세액과 관계되는 모든 거래사실을 장부에 기록하여 사업장에 갖추어 두어야 한다(부가법 71 ①). 여기서 장부에 기록해야 할 거래사실은 ① 공급한 자와 공급받은 자, ② 공급한 품목과 공급받은 품목, ③ 공급가액과 공급받은 가액, ④ 매출세액과 매입세액, ⑤ 공급한 시기와 공급받은 시기, ⑥ 그 밖의 참고 사항으로 한다. 이 경우 간이과세자는 공급가액과 부가가치세액을 합계한 공급대가를 장부에 기록할 수 있다(부가령 117 ①,②).

한편 영수증만을 발급해야 하는 간이과세자가 발급받은 세금계산서 · 영수증 또는 발급한 영수증을 보관하였을 때에는 장부기록의무를 이행한 것으로 본다(부가령 117 ③).

2) 사업자가 부가가치세가 과세되는 재화 · 용역의 공급과 함께 부가가치세가 면제되는 재화 · 용역을 공급하거나 의제매입세액공제를 적용받는 경우에는 과세되는 공급과 면세되는 공급 및 면세농산물 등을 공급받은 사실을 각각 구분하여 장부에 기록해야 한다(부가법 71 ②).

2. 장부의 보관

사업자는 기록한 장부와 발급하거나 발급받은 세금계산서, 수입세금계산서 또는 영수증을 그 거래사실이 속하는 과세기간에 대한 확정신고기한 후 5년간 보존해야 한다. 다만, 전자세금계산서를 발급한 사업자가 국세청장에게 전자세금계산서 발급명세를 전송한 경우에는 그렇지 않다(부가법 71 ③).

Ⅱ 신용카드 · 금전등록기의 운영

1. 신용카드 등 운영

(1) 가맹점 등 가입지도

국세청장은 주로 사업자가 아닌 소비자에게 재화 · 용역을 공급하는 사업자로서 영수증 발급 대상 사업자에 대하여 납세관리에 필요하다고 인정하면 신용카드가맹점 가입대상자 또는 현금영수증가맹점 가입 대상자로 지정하여 신용카드가맹점 또는 현금영수증가맹점으로 가입하도록 지도할 수 있다(부가법 46 ④).

(2) 신용카드 등 사용에 따른 혜택

사업자가 재화 · 용역을 공급할 때 신용카드매출전표 등을 발행한 경우에는 신용카드 사용에 따른 혜택이 있는데, 그 내용은 앞에서 설명한 바와 같다.

2. 금전등록기 운영

영수증을 발급하는 사업자는 금전등록기를 설치하여 영수증을 대신하여 공급대가를 적은 계산서를 발급할 수 있다. 그 취지는 영수증을 작성하는데 불편함을 덜어주려는 데 있다. 이 경우 사업자가 계산서를 발급하고 해당 감사테이프를 보관한 경우에는 ① 영수증을 발급하고 장부의 작성을 이행한 것으로 보며, ② 현금수입을 기준으로 부가가치세를 부과할 수 있다(부가법 36 ④).

사 례 **예정신고납부 누락분에 대한 확정신고납부**

다음 사례를 읽고 물음에 답하시오. (10점)

> 甲법인 사업자가 2026.3.4.에 10% 세율이 적용되는 재화를 공급하고 전자세금계산서를 정상적으로 발급하고 그 발급명세를 2026.3.5.까지 전송하였으나 2026.4.25.까지 예정신고를 할 때 해당 공급가액과 세액을 신고대상에서 누락하여 2026.7.25.에 정확히 수정하여 확정신고납부를 하려고 한다.

【물 음】 위 사례의 경우 甲법인 사업자에게 적용되는 1. 세금계산서 관련 가산세, 과소신고가산세, 납부지연가산세로 부과할 내용과 2. 경정청구기간의 기산일과 국세 부과제척기간의 기산일을 판단하시오.

해 답

1. 가산세

(1) 세금계산서 관련 가산세

전자세금계산서 의무발급 사업자인 甲법인이 전자세금계산서를 정상 발급하고 그 발급명세를 발급일의 다음 날까지 전송한 경우에는 예정신고 또는 확정신고시 매출 · 매입처별 세금계산서 합계표를 제출의무가 면제된다.

따라서 전자세금계산서를 정상 발급 · 전송하였으므로, 세금계산서 관련 가산세를 부과되지 않는다.

(2) 과소신고가산세

甲법인 사업자가 예정신고시 납부할 세액을 과소신고한 경우 과소신고가산세가 부과된다. 사례와 같이 확정신고를 할 때 과세표준과 납부세액에 포함하여 예정신고 누락분을 수정신고한 경우에는 국세기본법상 가산세 감면규정에 따라 과소신고가산세의 75%(1개월 초과 3개월 이내 수정신고)를 감면한다.

따라서 甲법인 사업자는 예정신고시 과소납부세액에 10%(일반과소신고) · 40%(부정과소신고)의 25%(1 − 75%)를 과소신고가산세로 납부해야 한다.

(3) 납부지연가산세

甲법인 사업자가 예정신고납부기한까지 납부해야 할 세액보다 과소납부한 경우에는 납부지연가산세를 납부해야 한다.

2. 기산일 판단

(1) 경정청구기간

확정신고는 과세기간 전체분 과세표준과 세액을 대상으로 한다. 따라서 예정신고분 과세표준 및 세액에 대한 경정청구는 확정신고기한이 지나는 날(2026.7.26.)부터 5년 이내에 해야 한다.

(2) 국세 부과제척기간

신고의무가 있는 국세의 경우 부과제척기간의 기산일은 '과세표준 신고기한의 다음 날'인데, 여기서 '신고기한'에는 예정신고기한은 포함하지 않는다. 따라서 甲법인 사업자의 예정신고기간 누락분 부가가치세에 대한 부과제척기간의 기산일은 확정신고기한의 다음 날인 2026.7.26.이다.

연습문제

1 부가가치세법에 따른 세금계산서와 관련된 가산세를 설명하시오. (20점)

2 부가가치세의 환급제도에 관하여 설명하시오. (20점)

3 부가가치세는 사업자의 재화의 공급 또는 용역의 공급에 대해 과세한다. 다음의 물음에 답하시오. (25점)

【물음 1】 조기환급의 사유, 조기환급의 방법 및 절차에 대하여 설명하시오.

【물음 2】 예정신고의무를 지는 일반과세자가 예정신고누락분을 확정신고납부하는 경우 가산세의 부과에 대하여 설명하시오.

제1편 부가가치세법

제10장 간이과세

제1절 간이과세제도의 개관

I 개 요

1. 의 의

현행 부가가치세법은 직전 연도의 재화와 용역의 공급대가의 합계액이 1억400만원에 미달하는 개인사업자는 일반과세자에 관한 ① 과세표준과 세액의 계산, ② 신고와 납부 등, ③ 결정 · 경정 · 징수와 환급의 규정을 적용하는 대신에, 납세순응에 보다 간편한 과세제도를 마련하고 있는데, 이것을 '간이과세제도'라고 한다(부가법 61 ① 본문).

2. 제도의 취지

우리나라의 부가가치세제는 기본적으로 소비형 부가가치세로서 그 과세방법으로 전단계세액공제법을 취하고 있다. 이러한 제도하에서는 ① 모든 사업자가 재화 등을 공급할 때 매출세액을 거래상대방으로부터 거래징수하면서 세금계산서를 발급하고, 재화 등을 공급받을 때 발급받은 세금계산서에 따라 확인되는 매입세액이 매출세액에서 공제되어야 각 사업자가 창출한 부가가치에 대하여 과세하는 결과가 되는 것이다. 그리고 ② 사후적으로 매출세액 및 매입세액의 상호대사를 통한 납세의무의 적정성을 확인하기 위해서는 세금계산서의 적정한 수수와 함께 장부의 비치 · 기장이 필요하게 된다.

그런데 ① 영세한 개인사업자에게 일반과세자와 같은 수준의 세금계산서의 수수 및 장부의 비치 · 기장 등의 각종 협력의무의 이행을 요구한다는 것은 현실적으로 어렵다고 할 수 있다. 그리고 ② 영세한 개인사업자들은 대부분 최종소비자에게 재화 · 용역을 공급하기 때문에 간편한 방식으로 과세한다고 하더라도 전단계세액공제법에 따른 부가가치세제의 본질적인 구조를 침해하는 정도는 아니라고 할 수 있다.

이러한 이유로 현행 부가가치세법에서는 영세한 개인사업자에게는 납세순응에 있어 보다 간편한 간이과세제도를 두고 있다. 이 제도에서는 ① 수취한 세금계산서에 의한 실제의 매입세액을 공제하는 대신에 공급대가에 업종별 부가가치율을 곱하여 평균적인 부가가치액을 먼저 계산하고, 이렇게 계산된 부가가치액에 10%의 세율을 곱하여 납부세액을 계산하며 ② 주로 최종소비자에게 재화 · 용역을 공급하는 개인사업자에 대해서 간이과세를 적용하고 있다.

[도 표] 과세유형별 부가가치세법상 취급

<table>
<tr><th rowspan="2">직전 연도
공급대가의 합계액</th><th rowspan="2">과세유형</th><th colspan="3">부가가치세법상 취급</th></tr>
<tr><th>납부세액</th><th colspan="2">세금계산서(영수증) 여부 등</th></tr>
<tr><td>1억400만원 이상</td><td>일반과세자</td><td>매출세액 − 매입세액</td><td colspan="2">세금계산서 발급(원칙)
* 소비자 상대업종 : 영수증 발급</td></tr>
<tr><td>1억400만원 미만
4,800만원 이상</td><td rowspan="2">간이과세자</td><td rowspan="2">공급대가
×업종별 부가가치율
×세율(10%)</td><td colspan="2">세금계산서 발급(원칙)
* 소비자 상대업종 : 영수증 발급</td></tr>
<tr><td>4,800만원 미만</td><td>영수증만을 발급
* 세금계산서 발급금지</td><td>• 장부 작성 · 보관 특례(*주1)
• 납부의무 면제(*주2)</td></tr>
</table>

(*주1) 영수증만을 발급해야 하는 간이과세자가 발급받은 세금계산서 · 영수증 또는 발급한 영수증을 보관하였을 때에는 장부기록의무를 이행한 것으로 본다(부가령 117 ③).

(*주2) 해당 과세기간 공급대가의 합계액이 4,800만원 미만이면 그 과세기간의 납부세액의 납부의무를 면제한다(부가법 69 ①).

Ⅱ 간이과세제도 운영에 따른 문제점

영세한 개인사업자의 납세순응에 편의를 고려하여 간이과세제도를 두고 있지만, 간이과세제도의 운영에 따른 문제점은 다음과 같다.

1) 세금계산서 수수질서의 문란 : 간이과세자는 그 납부세액계산 구조상 세금계산서를 수취할 필요성을 느끼지 못하기 때문에 세금계산서에 의한 전단계세액공제법을 취하고 있는 부가가치세제의 토대를 뒤흔드는 결과가 된다. 그리하여 현행 부가가치세제는 수취세금계산서 등의 매입세액에 5.5%를 곱한 금액을 납부세액에서 공제해 주고 있다. 이러한 세액공제는 사업자가 창출한 부가가치액에 근접한 납부세액의 산정원리에 반하는 결과가 된다.

2) 일반과세자에 비해 가격경쟁상 유리 : 일반과세자의 납부세액은 실제 부가가치율에 기초하여 계산된다. 그런데 간이과세자는 사전에 정해진 업종별 부가가치율을 적용하여 납부세액을 계산한다. 그 결과 업종별 부가가치율이 실제 부가가치율에 비해 낮게 설정되어 있는 경우에는 일반과세자보다 가격경쟁상 유리하게 된다.

3) 과세형평 저해 : 일반과세자와 간이과세자를 구분하는 직전 연도의 공급대가 수준(1억400만원)은 월평균매출액 대략 867만원(1억400만원/12월), 일평균매출액 대략 35만원(대략 867만원/25일)으로 환산할 수 있다. 그런데 이러한 매출액 수준은 아주 영세한 사업규모인데, 현재 많은 개인사업자가 간이과세자로 되어 있다. 그만큼 매출누락이 심각하다는 것이다. 때문에 자영업자와 근로소득자간의 세부담의 불평등을 초래하고 있다.

제2절 간이과세자의 범위 및 과세유형의 변경

I 간이과세자의 범위

1. 적용범위

'간이과세자(簡易課稅者)'란 직전 연도의 공급대가의 합계액이 1억400만원에 미달하는 사업자로서, 간편한 절차로 부가가치세를 신고납부하는 개인사업자를 말한다(부가법 2 (4), 61 ①, 부가령 5, 109 ①). 여기서 '공급대가'란 재화와 용역의 공급에 대한 대가로서 부가가치세가 포함된 대가를 말한다(부가법 2 (4)).

1) 간이과세자는 개인사업자만이 될 수 있다. 따라서 법인사업자는 공급대가의 수준에 관계없이 간이과세를 적용받을 수 없다.

2) 간이과세자는 직전 연도의 재화와 용역의 공급대가의 합계액이 1억400만원에 미달하는 개인사업자로 한다.

3) 다음 중 어느 하나에 해당하는 사업자는 간이과세자로 보지 않는다(부가법 61 ① 단서 (1),(2), 부가령 109 ②, 부가칙 71).

간이과세 배제대상 사업자	배제이유
(1) 간이과세가 적용되지 않는 다른 사업장을 보유하고 있는 사업자	세무처리능력 인정
(2) 다음 중 어느 하나에 해당하는 사업을 경영하는 자 ① 광업 ② 제조업. 다만, 과자점업 등 주로 최종소비자에게 직접 재화를 공급하는 사업(*주1)은 제외한다. ③ 도매업(소매업을 겸영하는 경우를 포함하되, 재생용 재료수집 및 판매업은 제외) 및 상품중개업	누적효과 방지
④ 부동산매매업 ⑤ 부동산임대업(*주2) ⑥ 개별소비세 과세유흥장소를 경영하는 사업(*주3) ⑦ 전문직 사업서비스업(*주4) ⑧ 사업장 소재 지역, 사업의 종류, 규모를 고려하여 국세청장이 정하는 기준에 해당하는 사업	과세표준 양성화 및 정책적 중과세

⑨「소득세법 시행령(제208조 ⑤)」의 간편장부대상자에 해당하지 않은 개인사업자(전전년도 기준 복식부기의무자)가 경영하는 사업(*주5)	
(3) 다음 중 어느 하나에 해당하는 사업을 경영하는 자 ① 전기·가스·증기 및 수도 사업 ② 건설업. 다만, 주로 최종소비자에게 직접 재화·용역을 공급하는 사업(*주6)은 제외한다. ③ 전문·과학 및 기술서비스업, 사업시설 관리·사업지원 및 임대 서비스업. 다만, 주로 최종소비자에게 직접 용역을 공급하는 사업(*주7)은 제외한다.	누적효과 방지
(4) 재화의 공급으로 보지 않는 사업의 양도에 따라 일반과세자로부터 양수한 사업* * 다만, 위 (2)·(3)에 해당하지 않는 경우로서 사업의 양수 이후 공급대가의 합계액이 1억400만원에 미달하는 경우는 제외한다.	원활한 사업의 포괄승계 지원
(5) 부동산임대업 또는 개별소비세법에 따른 과세유흥장소를 경영하는 사업자로서 해당 업종의 직전 연도의 공급대가의 합계액이 4,800만원 이상인 사업자	과세표준 양성화 및 정책적 중과세
(6) 둘 이상의 사업장이 있는 사업자로서 그 둘 이상의 사업장의 직전 연도의 공급대가의 합계액이 1억400만원 이상인 사업자* * 다만, 부동산임대업 또는 과세유흥장소에 해당하는 사업장을 둘 이상 경영하고 있는 사업자의 경우 그 둘 이상의 사업장의 직전 연도의 공급대가(하나의 사업장에서 둘 이상의 사업을 겸영하는 사업자의 경우 부동산임대업 또는 과세유흥장소의 공급대가만을 말한다)의 합계액이 4,800만원 이상인 사업자로 한다.	사업장 분할로 인한 조세회피 방지

(*주1) 제조업 중 간이과세 적용업종 : 과자점업, 도정업, 제분업 및 떡류 제조업 중 떡방앗간, 양복점업, 양장점업, 양화점업, 그 밖에 최종소비자에 대한 매출비중, 거래유형 등을 고려하여 국세청장이 정하는 것을 말한다(부가칙 71 ①).

(*주2) 특별시, 광역시, 특별자치시, 제주특별자치도에 설치된 행정시 및 시 지역에 소재하는 부동산임대사업장을 경영하는 사업으로서 국세청장이 정하는 규모 이상의 사업을 말한다(부가칙 71 ③).

(*주3) ① 특별시, 광역시, 특별자치시, 제주특별자치도에 설치된 행정시 및 시 지역(읍·면 지역은 제외), ② 국세청장이 사업 현황과 사업 규모 등을 고려하여 간이과세 적용 대상에서 제외할 필요가 있다고 인정하여 고시하는 지역에서 개별소비세 과세유흥장소를 경영하는 사업으로 한다(부가칙 71 ②).

(*주4) 전문직 사업서비스업 : 변호사업, 심판변론인업, 변리사업, 법무사업, 공인회계사업, 세무사업, 경영지도사업, 기술지도사업, 감정평가사업, 손해사정인업, 통관업, 기술사업, 건축사업, 도선사업, 측량사업, 공인노무사업, 의사업, 한의사업, 약사업, 한약사업, 수의사업과 그 밖에 이와 유사한 사업서비스업을 말한다(부가령 109 ② (7)).

(*주5) 이 경우 간편장부대상자는 ① 해당 과세기간 또는 직전 과세기간에 신규로 사업을 시작한 사업자, ② 전전 과세기간의 수입금액(결정 또는 경정으로 증가된 수입금액을 포함하되, 과세유형 전환일 현재 폐업한 사업장의 수입금액은 제외)의 합계액이 수입금액기준에 미달하는 사업자로 하며, 결정·경정 또는 수정신고로 인하여 수입금액의 합계액이 증가함으로써 전전년도 기준 복식부기의무자에 해당하게 되는 경우에는 그 결정·경정 또는 수정신고한 날이 속하는 과세기간까지는 전전년도 기준 복식부기의무자로 보지 않는다(부가령 109 ② (10)).

(*주6) 건설업 중 간이과세 적용업종 : 도배, 실내 장식 및 내장 목공사업, 배관 및 냉·난방 공사업, 그 밖에 최종소비자에 대한 매출비중, 거래유형 등을 고려하여 국세청장이 정하는 것을 말한다(부가칙 71 ④).

(*주7) 전문·과학 및 기술서비스업, 사업시설 관리·사업지원 및 임대 서비스업 중 간이과세 적용업종 : 개인 및 가정용품 임대업, 인물사진 및 행사용 영상 촬영업, 복사업, 그 밖에 최종소비자에 대한 매출비중, 거래유형 등을 고려하여 국세청장이 정하는 것을 말한다(부가칙 71 ⑤).

참고사항 간이과세 배제대상 사업자 규정을 적용하지 않는 사업

부가가치세 간이과세가 적용되는 개인택시운송업, 용달 및 개별 화물자동차운송업, 그 밖의 도로화물운송업, 이용업, 미용업에 대해서는 본문의 간이과세 배제대상 사업자에 관한 규정을 적용하지 않는다(조특법 106 ⑤). ■

2. 신규 사업개시자의 경우

신규로 사업을 시작하는 개인사업자는 사업을 시작한 날이 속하는 연도의 공급대가의 합계액이 기준금액에 미달될 것으로 예상되면 사업자등록을 신청할 때 관할세무서장에게 간이과세의 적용 여부를 함께 신고해야 한다. 이 규정에 따라 간이과세를 적용받으려는 사업자는 사업자등록신청서와 함께 간이과세적용신고서를 관할세무서장에게 제출해야 한다. 다만, 사업자등록 신청서에 연간 공급대가 예상액 등을 적어 제출한 경우에는 간이과세적용신고서를 제출한 것으로 본다(부가법 61 ③, 부가령 109 ④).

이처럼 간이과세 적용신고를 한 개인사업자는 최초의 과세기간에는 간이과세자로 한다. 다만, 간이과세 배제대상 사업자인 경우는 그렇지 않다(부가법 61 ④). 이에 반하여 간이과세 적용신고를 하지 않은 사업자는 일반과세자로 한다.

참고사항 미등록 사업자인 경우

사업자등록을 하지 않은 개인사업자로서 사업을 시작한 날이 속하는 연도의 공급대가의 합계액이 기준금액에 따른 금액에 미달하면 최초의 과세기간에는 간이과세자로 한다. 다만, 간이과세 배제대상 사업자는 그렇지 않다(부가법 61 ⑤). ■

Ⅱ 과세유형의 변경

1. 일반적인 경우

(1) 과세유형의 적용기간

간이과세자에 관한 규정이 적용되거나 적용되지 않게 되는 기간은 해(年)의 1월 1일부터 12월 31일까지의 공급대가의 합계액이 기준금액에 미달하거나 그 이상이 되는 해의 '다음 해의 7월 1일부터

그 다음 해의 6월 30일까지'로 한다(부가법 62 ①).

[도 표] 과세유형의 판정과 적용기간

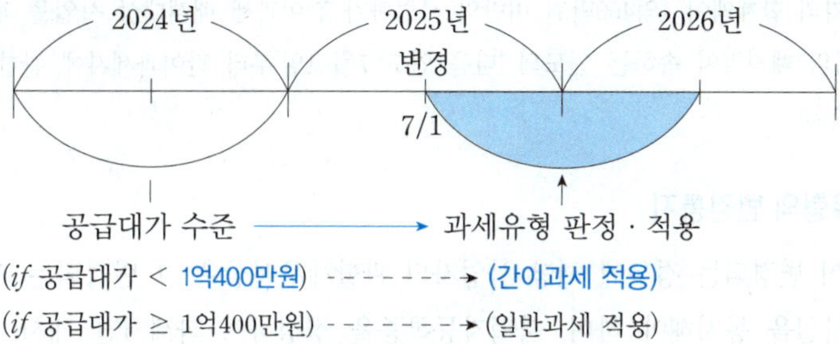

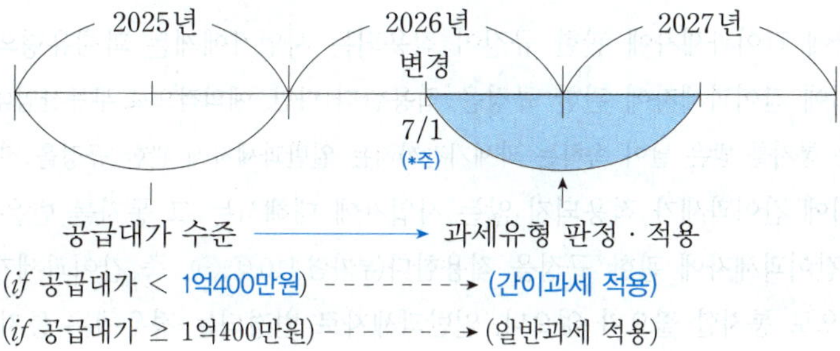

(*주) 2026.7.1. 기준 과세유형 변경에 따른 간이과세자의 과세기간(특례)

(1) 2026.7.1.에 일반과세자에서 간이과세자로 변경된 경우

- 2025.1.1.~2025.6.30. : 일반과세자의 과세기간
- 2025.7.1.~2025.12.31. : 일반과세자의 과세기간
- 2026.1.1.~2026.6.30. : 일반과세자의 과세기간
- 2026.7.1.~2026.12.31. : 간이과세자의 과세기간(특례)

※ 본래 간이과세자의 과세기간은 매년 1.1.~12.31.까지의 기간으로 한다. 다만, 일반과세자가 간이과세자로 변경되는 경우에 그 변경되는 해(2026년)의 간이과세자에 대한 부가가치세 과세기간(특례)은 7월 1일부터 12월 31일까지의 기간으로 한다(부가법 5 ④ (1)).

(2) 2026.7.1.에 간이과세자에서 일반과세자로 변경된 경우

- 2025.1.1.~2025.12.31. : 간이과세자의 과세기간
- 2026.1.1.~2026.6.30. : 간이과세자의 과세기간(특례)
- 2026.7.1.~2026.12.31. : 일반과세자의 과세기간

※ 본래 간이과세자의 과세기간은 매년 1.1.~12.31.까지의 기간으로 한다. 다만, 간이과세자가 일반과세자로 변경되는 경우에 그 변경되는 해(2026년)의 간이과세자에 대한 과세기간(특례)은 1월 1일부터 6월 30일까지의 기간으로 한다(부가법 5 ④ (2)).

그 밖에 간이과세 적용여부와 관련하여 다음과 같은 특례가 있다.

① 결정 또는 경정한 공급대가의 합계액이 기준금액 이상인 개인사업자는 그 결정 또는 경정한 날이 속하는 과세기간까지 간이과세자로 본다(부가법 61 ⑥).

부가 10

② 간이과세자가 간이과세 배제사업을 신규로 겸영하는 경우에는 해당 사업의 개시일이 속하는 과세기간의 다음 과세기간부터 간이과세자에 관한 규정을 적용하지 않는다(부가령 110 ④).

③ 간이과세 배제사업을 신규로 겸영하여 간이과세자에서 일반과세자로 전환된 사업자로서 해당 연도 공급대가의 합계액이 1억400만원 미만인 사업자가 간이과세 배제대상 사업을 폐지하는 경우에는 해당 사업의 폐지일이 속하는 연도의 '다음 연도 7월 1일'부터 간이과세자에 관한 규정을 적용한다(부가령 110 ⑤).

(2) 과세유형의 변경통지

과세유형이 변경되는 경우에 해당 사업자의 관할세무서장은 그 변경되는 과세기간 개시 20일 전까지 그 사실을 통지해야 하며, 사업자등록증을 정정하여 과세기간 개시 당일까지 발급해야 한다(부가령 110 ①).

해당 시기에 간이과세자에 관한 규정이 적용되는 사업자에게는 과세유형의 변경통지와 관계없이 그 시기에 간이과세자에 관한 규정을 적용한다(다만, 예외적으로 부동산임대업을 경영하는 사업자의 경우에는 통지를 받은 날이 속하는 과세기간까지는 일반과세자에 관한 규정을 적용한다). 이에 반하여 해당 시기에 간이과세가 적용되지 않는 사업자에 대해서는 그 통지를 받은 날이 속하는 과세기간까지는 간이과세자에 관한 규정을 적용한다(부가령 110 ②,③). 즉 간이과세자로 변경되는 경우에는 원칙적으로 통지할 필요가 없으나, 일반과세자로 변경되는 경우에는 통지가 있어야 한다.

2. 신규 사업개시자의 경우

직전 과세기간에 신규로 사업을 시작한 개인사업자에 대해서는 그 사업개시일부터 그 과세기간 종료일까지의 공급대가를 합한 금액을 12개월로 환산한 금액을 기준으로 하여 기준금액에 미달하는지 여부를 판정한다. 이 경우 1개월 미만의 끝수가 있으면 1개월로 한다(부가법 61 ②).

한편 신규로 사업을 개시한 사업자의 경우에는 간이과세자에 관한 규정이 적용되거나 적용되지 않게 되는 기간은 최초로 사업을 개시한 해의 '다음 해의 7월 1일부터 그 다음 해의 6월 30일까지'로 한다(부가법 62 ②).

[도 표] 신규 사업개시자의 과세유형의 판정과 적용기간

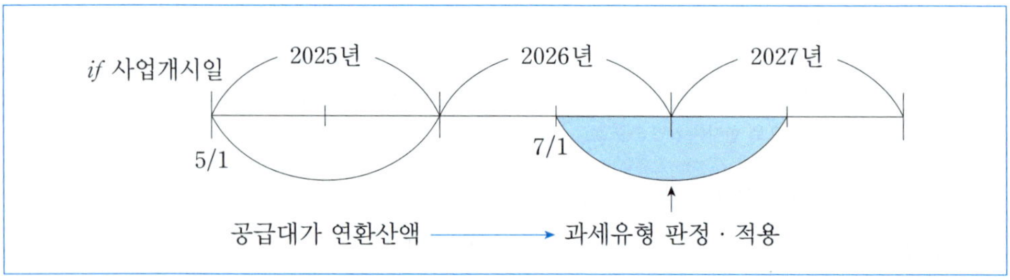

3. 간이과세 포기의 경우

간이과세자(취지 ①·②의 경우) 또는 간이과세자에 관한 규정을 적용받게 될 일반과세자(취지 ③의 경우)는 자신의 자유로운 선택에 따라 간이과세를 포기하고 일반과세를 적용받을 수 있다(부가법 70). 이처럼 간이과세를 포기할 수 있도록 한 주된 취지는 ① 간이과세자 중 영수증만을 발급해야 하는 자는 정규세금계산서를 발급하지 못함에 따른 판매경쟁상의 애로를 해소하면서 ② 장차 거액의 매입세액이 있을 경우 그 매입세액을 환급받고, ③ 사업부진 등으로 직전 연도(年)의 1월 1일부터 12월 31일까지의 공급대가의 합계액이 기준금액에 미달하여 일반과세자에서 간이과세자로 변경될 경우(즉 간이과세 전환 예정자의 경우) 변경일 현재의 재고품 등에 대한 재고납부세액의 납부에 따른 자금부담을 덜어주려는데 있다(간이과세 전환 예정자가 장래의 간이과세를 포기하면 일반과세자에 관한 규정을 적용한다).

(1) 포기의 절차

간이과세를 포기하고 일반과세를 적용받으려는 자는 일반과세자에 관한 규정을 적용받으려는 달의 전달 마지막 날까지 관할세무서장에게 간이과세 포기신고를 해야 한다(부가법 70 ①). 한편 신규로 사업을 시작하는 개인사업자가 사업자등록을 신청할 때 관할세무서장에게 간이과세자에 관한 규정의 적용을 포기하고 일반과세자에 관한 규정을 적용받으려고 신고한 경우에는 공급대가 수준에 관계없이 일반과세자에 관한 규정을 적용받을 수 있다(부가법 70 ②).

부가 10

(2) 포기의 효력

1) 과세기간의 구분 : 간이과세자가 간이과세자에 관한 규정의 적용을 포기함으로써 일반과세자로 되는 경우 다음 기간을 각각 하나의 과세기간으로 한다(부가법 5 ④).

구분	해당 기간
① 간이과세자의 과세기간	간이과세 포기 신고일이 속하는 과세기간의 개시일부터 그 신고일이 속하는 달의 마지막 날까지의 기간
② 일반과세자의 과세기간	간이과세 포기 신고일이 속하는 달의 다음 달 1일부터 그 날이 속하는 과세기간의 종료일까지의 기간

2) 간이과세 적용의 제한 : 간이과세를 포기하고 일반과세 적용신고를 한 개인사업자는 일반과세자에 관한 규정을 적용받으려는 달의 1일(사업자등록을 신청하면서 일반과세 적용신고를 한 경우에는 사업개시일이 속하는 달의 1일)부터 3년이 되는 날이 속하는 과세기간까지는 간이과세자에 관한 규정을 적용받지 못한다. 이처럼 간이과세를 포기한 개인사업자가 위 기간이 지난 후 다시 간이과세를 적용받으려면 그 적용대상에 해당해야 할 뿐 아니라, 그 적용받으려는 과세기간 개시 10일 전까지 간이과세 적용신고를 해야 한다(부가법 70 ③, 부가령 116 ②).

[도 표] 간이과세 포기에 따른 과세유형 적용

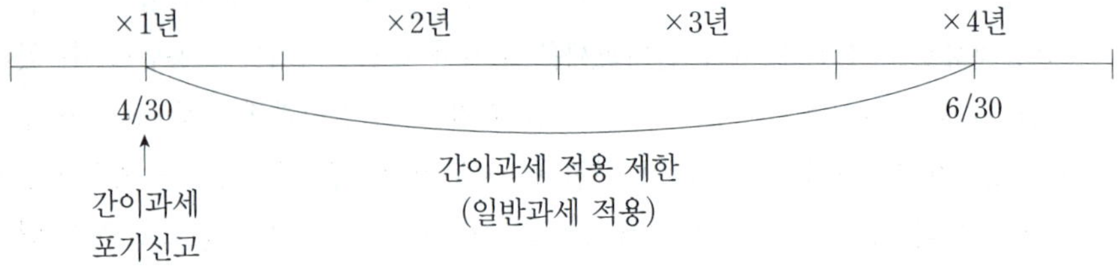

×1년 5.1. ~ ×4년 6.30. : 일반과세 적용

×4년 7.1. 이후 : ×3년 공급대가 수준과 간이과세 적용신고에 따라 일반과세 또는 간이과세 적용

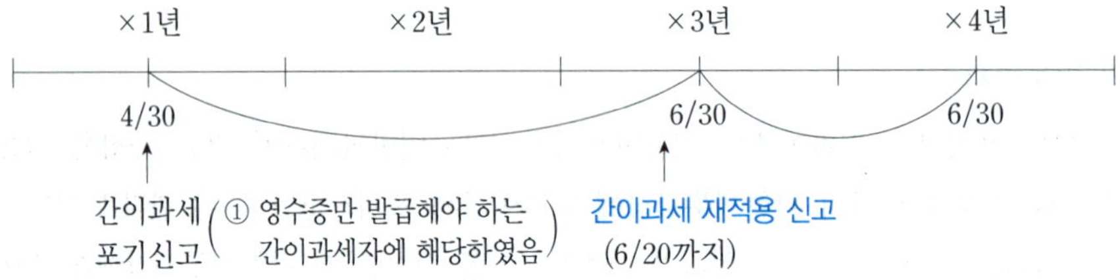

×1년 5.1. ~ ×3년 6.30. : 일반과세 적용

×3년 7.1. ~ ×4년 6.30. : ② ×2년 공급대가의 합계액이 4,800만원 이상 1억400만원 미만인 경우 간이과세 재적용 신고로 다시 간이과세 적용

×4년 7.1. 이후 : ×3년 공급대가 수준에 따라 일반과세 또는 간이과세 적용

3) 간이과세 재적용 : 위의 간이과세 적용을 제한하는 규정에도 불구하고 간이과세 포기신고를 한 개인사업자 중 다음의 요건을 모두 갖춘 자는 간이과세 적용을 제한하는 과세기간 이전이라도 간이과세자에 관한 규정을 적용받을 수 있다(부가법 70 ④, 부가령 116 ③).

① 간이과세를 포기할 당시 영수증만을 발급해야 하는 간이과세자에 해당하였던 자일 것(p.245 참조, 즉 세금계산서 발급 등을 위해서 간이과세를 포기해야 했던 자를 의미한다)

② 간이과세 재적용 신고를 한 날이 속하는 연도의 직전 연도 공급대가의 합계액이 4,800만원 이상 1억400만원 미만인 개인사업자일 것(즉 간이과세를 다시 적용하더라도 세금계산서 발급이 가능한 사업자를 의미한다)

간이과세를 다시 적용받을 수 있는 자 : 위 (① + ②)의 요건을 갖춘 자

이처럼 간이과세자를 다시 적용받으려는 개인사업자는 적용받으려는 과세기간 개시 10일 전까지 간이과세 재적용 신고를 해야 한다(부가법 70 ⑤, 부가령 116 ④).

[도 표] 포기제도

구분	총괄납부 포기	면세 포기	간이과세 포기
포기신고	각 사업장에서 납부하려는 과세기간 개시 20일 전에 「주사업장 총괄납부포기신고서」 제출	「면세포기신고서」 제출과 사업자등록(신고시기 제한 없음)	일반과세를 적용받으려는 전달 마지막 날까지 「간이과세포기신고서」 제출
적용제한	언제든지 다시 총괄납부를 신청하는 경우 총괄납부 적용가능	신고일부터 3년간 면세 적용배제 → 다시 면세를 적용받고자 하는 경우 「면세적용신고서」와 사업자등록증 제출	그 적용받으려는 달의 1일부터 3년이 되는 날이 속하는 과세기간까지 일반과세 적용 → 다시 간이과세를 적용받으려는 경우 과세기간 개시 10일 전까지 「간이과세적용신고서」 제출 ※ 간이과세 적용제한 과세기간 이전이라도 간이과세자 적용 가능

※ 납세의무자에게 부여된 포기권은 납세의무자의 일방적 의사표시(포기신고)로 만족되므로 과세관청의 승인을 필요로 하지 않는다.

부가 10

사례 1 간이과세 포기

간이과세는 영세사업자의 납세편의를 도모하기 위하여 마련된 제도인데, 간이과세를 적용받는 것이 일반과세를 적용받는 사업자보다 오히려 불리한 경우가 있다. 이러한 경우를 3가지 이상 나열하고 이러한 불이익을 면하기 위하여 사업자에게 부여된 부가가치세법상 제도의 내용을 설명하시오. (15점)

해 답

1. 간이과세를 적용받는 것이 불리한 경우

① 영세율을 적용받거나 거액의 설비를 투자하는 경우 매입세액을 환급받지 못하여 불이익이 초래된다.

② 거래상대방이 일반과세자로서 매입세액공제를 받으려고 세금계산서 발급을 요구하는 경우, 간이과세자는 영수증만을 발행하고 세금계산서는 발급할 수 없어 거래상대방은 매입세액을 공제받을 수 없어 간이과세자와 거래를 기피하게 된다.

③ 일반과세자가 사업부진으로 직전 1년의 공급대가가 1억400만원에 미달하는 경우에는 과세유형 변경통지 없이 자동으로 간이과세자로 변경될 경우 재고품 및 감가상각자산에 대해 재고납부세액을 납부하는 불이익이 초래된다.

2. 부가가치세법상 제도

위의 불이익을 방지하기 위해서 사업자에게 부여된 제도는 간이과세 포기이다.

즉 간이과세자 또는 간이과세자에 관한 규정을 적용받게 될 일반과세자는 자신의 자유로운 선택에 따라 간이과세를 포기하고 일반과세를 적용받을 수 있다(이하 본문 참조).

(1) 간이과세 포기신고

(2) 포기의 효과

1) 과세기간의 구분

2) 간이과세 적용의 제한

3) 간이과세 재적용

사례 2 과세유형 변경

다음 사례를 읽고 물음에 답하시오. (20점)

(1) 甲은 일반과세자인 A가 경영하던 음식점업에 관한 모든 권리 · 의무를 2025.1.1.에 포괄 승계하였다. 승계 대상에는 A가 2024.2.4.에 음식점업에 사용하기 위해서 신축으로 취득한 건물이 포함되어 있는데, 그 건물의 신축과 관련하여 공제받은 매입세액은 2,000만원이었다.

(2) 甲은 매출부진으로 甲의 2025년 공급대가의 합계액이 7,000만원 수준에 머물렀다.

【물음 1】 甲의 2025.1.1.~2026.6.30.까지 부가가치세 과세유형이 일반과세자인지 아니면 간이과세자인지를 판단하시오.

【물음 2】 甲이 간이과세자를 적용받게 될 기간에 그대로 간이과세를 적용받기를 원한다면 2025년 공급대가의 합계액에 따라 간이과세를 적용받는 기간을 표시하고, 甲이 2025.1.1.에 사업양수방법으로 A로부터 취득한 건물에 대해서 간이과세로 변경시 필요한 세무처리 내용을 설명하시오. 단, 해당 세무처리에 따라 산출되는 금액도 표시할 것.

【물음 3】 甲이 【물음 2】에 따른 세무처리로 인하여 부가가치세액을 추가로 납부하지 않을 수 있도록 하기 위해서 마련된 제도(甲이 취할 수 있는 조치)에 대해서 설명하시오.

해 답

【물음 1】 판 단

甲이 재화의 공급으로 보지 않는 사업양도에 따라 일반과세자인 A로부터 양수한 사업(음식점업)은 간이과세를 적용하지 않는다. 따라서 2025.1.1.~2026.6.30.까지 甲은 일반과세자에 해당한다.

【물음 2】 세무처리

1. 간이과세 적용 기간

甲이 사업을 양수한 이후 2025년 공급대가의 합계액(7,000만원)이 기준금액 1억400만원에 미달한 경우에는 2026.7.1.~2027.6.30. 기간에 간이과세를 적용받는다.

2. 세무처리

(1) 재고납부세액 세무처리

甲이 2026.7.1.에 일반과세자에서 간이과세자로 변경되면 변경 당시 건물에 대해서 이미 공제받은 매입세액을 납부세액에 가산하여 납부해야 한다. 즉 재고납부세액의 납부에 대한 세무처리가 필요하다.

해당 건물에 대해서 양수자인 甲은 재화의 공급이 아닌 사업양도로 취득한 것이므로 매입세액을 공제받지 않았지만, 양도자인 A가 해당 건물을 신축할 때 매입세액을 공제받았으므로 재고납부세액의 계산대상에 해당하는 재화에 포함한다.

(2) 재고납부세액

신축과 관련하여 공제받은 매입세액×(1 − 5%×경과된 과세기간 수)×(1 − 공제율)

= 2,000만원×(1 − 5%×5)×(1 − 5.5%)

= 14,175,000원

【물음 3】 간이과세 포기

일반과세자인 甲이 사업부진으로 2025년 공급대가의 합계액(7,000만원)이 1억400만원에 미달하는 경우에는 과세유형 변경통지 없이 2026.7.1.에 자동으로 간이과세자로 변경되면 변경일 현재 재고품 및 감가상각자산에 대해 재고납부세액을 납부하는 불이익이 초래된다.

위의 불이익을 방지하기 위해서 사업자에게 부여된 제도는 간이과세 포기이다.

즉 2026.7.1.~2027.6.30.에 간이과세자에 관한 규정을 적용받게 될 일반과세자인 甲은 간이과세를 포기하고 일반과세를 적용받을 수 있다. 간이과세 포기제도를 설명하면 다음과 같다(이하 본문 참조).

(1) 간이과세 포기신고

(2) 포기의 효과

1) 과세기간의 구분

2) 간이과세 적용의 제한

3) 간이과세 재적용

제3절 간이과세자의 과세표준과 세액의 계산

I 계산구조

해당 과세기간 공급대가	• 해당 과세기간(예정부과기간)의 공급대가의 합계액
× 업종별 부가가치율	• 업종 그룹별로 정해진 부가가치율
× 세 율(10%, 0%)	
= 납부세액	• 둘 이상의 업종 겸영하는 경우에는 업종별로 계산한 금액을 합산
+ 재고납부세액	
− 세액공제	• ① 매입세금계산서 등에 대한 세액공제, ② 전자신고세액공제, ③ 전자고지세액공제, ④ 전자세금계산서 발급 · 전송에 대한 세액공제, ⑤ 신용카드매출전표 발급 등에 대한 세액공제* * 위 5가지 세액공제액의 합계액이 각 과세기간의 납부세액을 초과하는 경우에는 그 초과하는 부분은 없는 것으로 본다(부가법 63 ⑥, 조특법 104의8 ② 단서).
+ 가산세	
= 차가감납부세액	

Ⅱ 간이과세자의 과세표준과 세액

1. 과세표준

간이과세자의 과세표준은 해당 과세기간(1.1.~12.31.)[1]의 공급대가의 합계액으로 한다. 간이과세자에 대한 과세표준의 계산은 일반과세자의 규정을 준용한다. 이 경우 '공급가액'은 '공급대가'로 본다(부가법 63 ①,⑤, 부가령 111 ①).

---

1) 예정부과기간(1.1.~6.30.)의 과세표준과 납부세액을 신고하고 납부하는 경우에는 예정부과기간을 말한다(이하 같다).

2. 납부세액의 계산

(1) 개 요

간이과세자의 납부세액은 다음의 금액으로 한다. 이 경우 둘 이상의 업종을 겸영하는 간이과세자의 경우에는 각각의 업종별로 계산한 금액의 합계액을 납부세액으로 한다(부가법 63 ②).

납부세액 = 해당 과세기간의 공급대가의 합계액 × 해당 업종의 부가가치율 × 세율(10% 또는 0%)

(2) 업종별 부가가치율

다음 표의 구분에 따른 업종별 부가가치율을 말한다(부가령 111 ②).

구분	업종별 부가가치율
① 소매업, 재생용 재료수집 및 판매업, 음식점업	15%
② 제조업, 농업 · 임업 및 어업, 소화물 전문 운송업	20%
③ 숙박업	25%
④ 건설업, 운수업 및 창고업(소화물 전문 운송업은 제외), 정보통신업	30%
⑤ 금융 및 보험 관련 서비스업, 전문 · 과학 및 기술 서비스업(인물사진 및 행사용 영상 촬영업 제외), 사업시설관리 · 사업지원 및 임대 서비스업, 부동산 관련 서비스업, 부동산임대업	40%
⑥ 그 밖의 서비스업	30%

3. 세액공제

(1) 매입세금계산서 등에 대한 세액공제

간이과세자가 다른 사업자로부터 세금계산서, 매입자발행세금계산서 및 신용카드매출전표 등을 발급받아 매입처별세금계산서합계표 또는 신용카드매출전표등수령명세서를 관할세무서장에게 제출하는 경우에는 다음과 같이 계산한 금액을 과세기간에 대한 납부세액에서 공제한다. 다만, 일반과세자에서 살펴본 매출세액에서 공제되지 않는 매입세액은 공제대상에서 제외한다(부가법 63 ③, 부가령 111 ③).

매입세금계산서 등에 대한 세액공제* = 해당 과세기간에 세금계산서 등을 발급받은 재화와 용역의 공급대가 × 0.5%

(= 해당 과세기간의 매입세금계산서에 적힌 매입세액×5.5%)

* 2021.6.30. 이전에 공급받은 경우
: 매입세금계산서 등에 대한 세액공제액 = 매입세금계산서에 적힌 매입세액 × 업종별 부가가치율(5%~30%)

한편 제출한 매입처별세금계산서합계표의 기재사항 중 거래처별 등록번호, 공급가액의 전부 또는 일부가 적히지 않거나 사실과 다르게 적힌 경우에는 위 세액공제를 적용하지 않는다(부가령 114 ⑤).

참고사항 과세사업과 면세사업을 겸영하는 경우의 매입세금계산서 등에 대한 세액공제

간이과세자가 과세사업과 면세사업(비과세사업을 포함한다)을 겸영하는 경우에는 과세사업과 면세사업의 실지귀속에 따르되, 과세사업과 면세사업의 실지귀속을 구분할 수 없는 부분은 다음과 같이 계산한다(부가법 63 ③ (3), 부가령 111 ⑦).

$$\text{매입세금계산서 등에 대한 세액공제} = \text{해당 과세기간에 세금계산서 등을 발급받은 재화와 용역의 공급대가} \times \text{해당 과세기간의} \frac{\text{과세공급대가}}{\text{총공급대가}} \times 0.5\%$$

참고사항 2021.7.1.부터 간이과세자에 대한 의제매입세액공제 폐지

간이과세자는 면세농산물 등을 공급받거나 수입할 때 매입세액이 있는 것으로 보아 면세농산물 등의 가액에 업종별 공제율을 곱한 금액을 납부세액에서 공제하는 의제매입세액공제제도를 적용하지 않도록 하였다. 일반과세자와 달리 간이과세자는 부가가치율을 사용하여 납부세액(연간 공급대가×업종별 부가가치율×10%)을 계산한다. 이처럼 업종별 부가가치율[(매출액 – 매입액)/매출액] 산정시 면세농산물 등의 매입액이 반영되어 있는데 간이과세자에 대한 의제매입세액공제를 다시 적용하면 이중공제에 해당한다. 이런 이유로 간이과세자에 대한 의제매입세액공제를 적용하지 않도록 개정한 것이다.

종전(2021.6.30. 이전에 공급받는 분)	개정(2021.7.1. 이후에 공급받는 분)
의제매입세액공제 = 면세농산물 등의 가액 × 공제율(2/102~9/109)	의제매입세액공제 폐지

(2) 신용카드매출전표 발급 등에 대한 세액공제

간이과세자가 부가가치세가 과세되는 재화·용역을 공급하고 세금계산서 발급시기에 신용카드매출전표 등(p.264 참조)을 발급하는(또는 전자화폐로 대금을 결제받는) 경우에는, 다음의 금액을 납부세액에서 공제한다(부가법 46 ① (1),(2), 부가령 88 ①,②,③).

신용카드매출전표 발급 등에 대한 세액공제액 : MIN(①, ②)
① (신용카드매출전표 등의 발급금액 + 결제금액) × 공제율(1.3%*) * 2027.1.1. 이후부터는 1% ② 공제한도액 : 연간 1,000만원

(3) 전자세금계산서 발급 · 전송에 대한 세액공제

간이과세자(영수증만을 발급해야 하는 간이과세자는 제외)가 전자세금계산서를 2027.12.31.까지 발급(전자세금계산서 발급명세를 전자세금계산서 발급일의 다음 날까지 국세청장에게 전송한 경우로 한정한다)하고 전자세금계산서 발급세액공제신고서를 관할세무서장에게 제출한 경우에는 다음 금액을 해당 과세기간의 부가가치세 납부세액에서 공제할 수 있다(부가법 63 ④).

전자세금계산서 발급 · 전송에 대한 세액공제 : MIN(①, ②)
① 해당 과세기간의 전자세금계산서 발급 건수×200원 ② 공제한도액 = 연간 100만원

4. 납부세액 계산의 특례 : 결정 또는 경정한 공급대가가 기준금액 이상인 경우

1) 결정 또는 경정한 공급대가의 합계액이 기준금액 이상인 개인사업자는 그 결정 또는 경정한 날이 속하는 과세기간까지 간이과세자로 본다(부가법 61 ⑥). 그런데 결정 또는 경정(수정신고)한 간이과세자의 해당 연도의 공급대가의 합계액이 기준금액 이상인 경우 '결정 · 경정 과세기간의 다음 과세기간[2]'의 납부세액은 일반과세자에 관한 규정을 준용하여 계산한 금액으로 한다. 이 경우 공급가액은 공급대가에 '100/110'을 곱한 금액으로 하고, 매입세액공제도 받는다. 다만, 매입세액계산서 등 세액공제액을 차감한 잔액만을 매입세액으로 공제한다(부가법 63 ⑦, 부가령 111 ⑧).

일반과세자의 납부세액을 준용하여 계산한 간이과세자의 납부세액

$$= \underbrace{\text{공급대가} \times \frac{100}{110} \times 10\%}_{\text{매출세액}} - (\text{매입세액} - \text{공제받은 매입세금계산서 등에 대한 세액공제})$$

이처럼 납부세액 계산의 특례가 적용되는 경우에는 세금계산서 등을 발급받아 결정 또는 경정기관의 확인을 거쳐 매입세액공제를 받게 되면 예외적으로 그 공급가액의 0.5%에 해당하는 세금계산서 관련 가산세를 적용받는다(부가법 68의2 ②).

2) 다만, 결정 · 경정 과세기간이 신규로 사업을 시작한 자의 최초 과세기간인 경우에는 '해당 과세기간의 다음 과세기간'을 말한다.

사례 3 간이과세자의 납부세액 계산의 특례

다음 사례를 읽고 물음에 답하시오. (10점)

(1) 간이과세자인 甲은 2026년 1월 25일에 2025년 과세기간(1.1.~12.31.)의 공급대가의 합계액을 7,200만원으로 신고하고 부가가치세 납부세액을 62만원을 납부하였다.
(2) 그런데 관할세무서장이 2026년 10월 4일에 행한 경정 결과 甲의 2025년 과세기간(1.1.~12.31.)의 공급대가의 합계액은 1억600만원인 것으로 확인되었다.
(3) 甲의 2026년 과세기간(1.1.~12.31.)의 공급대가의 합계액은 1억3,200만원이고, 매입처별세금계산서합계표상 매입세액은 600만원이다.
(4) 甲은 소매업을 영위하고 있으며 업종별 부가가치율은 10%이다.

【물음 1】 甲씨에게 적용되는 납부세액 계산의 특례에 관한 규정을 설명하시오.

【물음 2】 甲의 2026.1.1.~2026.12.31.기간의 부가가치세 과세유형(일반과세자인지 아니면 간이과세자인지 여부)을 언급하고, 甲이 2027년 1월 25일에 신고납부해야 할 2026년 과세기간의 부가가치세 납부세액을 계산하시오.

해 답

【물음 1】 납부세액 계산의 특례(본문 참조)

【물음 2】 사례

1. 甲의 2026년 부가가치세 과세유형

2025년 과세기간의 경정한 공급대가의 합계액(1억600만원)이 기준금액(1억400만원) 이상인 개인사업자는 그 경정한 날(2026.10.4.)이 속하는 과세기간(2026년)까지 간이과세자로 보기 때문에, 甲씨의 2026년 과세기간 과세유형은 간이과세자이다.

2. 甲의 2026년 과세기간 부가가치세 납부세액

일반과세자의 납부세액을 준용하여 계산한 간이과세자의 납부세액

: 1억3,200만원 $\times \frac{100}{110} \times$ 10% − [600만원 − 6,600만원 × 0.5%]

= 1,200만원 − 567만원 = **633만원**

5. 재고납부세액

(1) 의 의

일반과세자가 간이과세자로 변경되면 변경 당시의 재고품, 건설 중인 자산 및 감가상각자산에 대하여 이미 공제받은 매입세액을 납부세액에 더해야 하는데(간이과세자로 변경되는 경우의 재고품 등 매입세액 가산), 이것을 '재고납부세액'이라 한다(부가법 64).

(2) 재고품 등의 신고와 승인

1) 일반과세자가 간이과세자로 변경되는 경우에는 그 변경되는 날(변경된 과세유형을 적용받는 과세기간의 개시일을 말한다) 현재에 있는 재고품, 건설 중인 자산 및 감가상각자산(이하 '재고품 등'이라 한다)을 그 변경되는 날의 직전 과세기간에 대한 확정신고와 함께 재고품 등 신고서를 작성하여 각 관할세무서장에게 신고해야 한다.

이러한 '재고품 등'은 매입세액을 공제받은 것(재화의 공급으로 보지 않는 사업양도에 의하여 사업양수자가 양수한 자산으로서 사업양도자가 매입세액을 공제받은 재화를 포함한다)만 해당하며, 그 범위는 다음과 같다(부가령 112 ①).

구분	범위
① 재 고 품	상품, 제품[반제품 및 재공품(在工品) 포함], 재료(부재료 포함)
② 건설 중인 자산	건설 중인 자산
③ 감가상각자산	㉠ 건물 · 구축물 : 취득 · 건설 · 신축 후 10년 이내의 것 ㉡ 그 밖의 감가상각자산 : 취득 · 제작 후 2년 이내의 것

2) 신고를 받은 관할세무서장은 재고금액을 조사 · 승인하고 간이과세자로 변경된 날부터 90일 이내 해당 사업자에게 납부할 재고납부세액을 통지해야 한다. 이 경우 그 기한 이내에 통지하지 않으면 해당 사업자가 신고한 재고금액을 승인한 것으로 본다(부가령 112 ⑤).

3) 간이과세자로 변경된 사업자가 재고품 등을 신고를 하지 않거나 과소하게 신고한 경우에는 관할세무서장이 재고금액을 조사하여 해당 재고납부세액을 결정하고 통지해야 한다(부가령 112 ⑥).

(3) 재고납부세액의 계산

일반과세자가 간이과세자로 변경되는 경우에 해당 사업자는 다음과 같이 계산한 재고납부세액을 납부세액에 더하여 납부해야 한다(부가법 64, 부가령 112 ③).

⑴ 재고품의 경우

$$\text{재고금액} \times \frac{10}{100} \times [1 - \text{공제율}(5.5\%)]$$

⑵ 건설 중인 자산

건설 중인 자산과 관련하여 공제받은 매입세액* × [1 − 공제율(5.5%)]

⑶ 감가상각자산의 경우

① 다른 사람으로부터 매입한 자산

$$\text{취득가액} \times (1 - \text{감가율} \times \text{경과된 과세기간 수}) \times \frac{10}{100} \times [1 - \text{공제율}(5.5\%)]$$

② 사업자가 직접 제작 · 건설 또는 신축한 자산

제작 등과 관련하여 공제받은 매입세액* × (1 − 감가율 × 경과된 과세기간 수) × [1 − 공제율(5.5%)]

* 장부 또는 세금계산서가 없거나 장부에 기록이 누락된 경우 : 시가의 10%에 상당하는 세액으로 한다.

1) 재고품 등의 금액 : 장부 또는 세금계산서에 의해 확인되는 해당 재고품 등의 취득가액으로 한다. 다만, 장부 또는 세금계산서가 없거나 장부에 기록이 누락된 경우 해당 재고품 등의 가액은 시가에 따른다(부가령 112 ②). 여기에는 부가가치세가 포함되어 있지 않기 때문에 그 가운데 포함된 매입세액은 취득가액의 '10/100'이다.

2) 감가율 : 일반과세자로서 경과된 과세기간 수마다 ① 건물 또는 구축물은 5%, ② 그 밖의 감가상각자산은 25%를 적용한다.

3) 경과된 과세기간 수 : 과세기간 단위(6개월 단위)로 계산하되, 과세기간 개시일 후에 감가상각자산을 취득한 경우에는 그 과세기간 개시일이 해당 재화를 취득한 것으로 보고 경과된 과세기간 수를 계산한다.

4) 공제율(5.5%) : 현재 간이과세자의 매입세금계산서 등의 세액공제는 (세금계산서 등을 발급받은 재화의 공급대가 × 0.5%)로 한다. 이러한 세액공제액을 매입세액을 기준으로 계산하면 [매입세액 × (0.5% × 110/10 = 5.5%)]이다. 이처럼 본래 간이과세자도 매입세액을 기준으로 (0.5% × 110/10 = 5.5%)에 해당하는 매입세금계산서 등에 대한 세액공제를 받기 때문에, 간이과세자로 변경되는 경우에는 이 부분을 제외한 나머지 금액만을 추가로 납부해야 할 것이다. 이 때문에 (0.5% × 110/10 = 5.5%)를 빼고 재고납부세액을 계산하는 것이다.

(4) 납부방법

공급대가의 합계액이 기준금액에 미달하여 간이과세자로 변경되는 경우 재고납부세액은 간이

과세자로 변경된 날이 속하는 과세기간에 대한 확정신고를 할 때 납부할 세액에 더하여 납부한다(부가령 112 ⑦). 이 경우 간이과세자가 해당 과세기간의 납부세액에 대해 납부의무의 면제를 적용받더라도 재고납부세액은 납부해야 한다.

[도 표] 재고매입세액 및 재고납부세액의 비교

구분	재고매입세액	재고납부세액
대상자산	매입세액공제대상 자산	매입세액공제를 받은 자산
재고품 등 신고와 승인	• 변경일의 직전 과세기간에 대한 확정신고와 함께 재고품 등 신고 • 재고품 등 신고기한 경과 후 1개월 이내 승인통지	• 왼쪽과 같음 • 변경일부터 90일 이내 승인통지
계산식	• 재고금액 $\times \frac{10}{110} \times$ (1 − 공제율) • 재고품 등의 금액은 항상 확인되는 취득가액	• 재고금액 $\times \frac{10}{100} \times$ [1 − 공제율(5.5%)] • 재고품 등의 금액은 확인되는 취득가액에 의하되, 장부 등에 의해 확인되지 않는 경우 : 시가
공제 · 납부방법	승인을 얻은 날이 속하는 예정신고기간 또는 과세기간의 매출세액에서 공제	확정신고를 할 때 납부할 세액에 가산하여 납부

부가 10

사례 4 재고매입세액 공제

사업을 개시할 때부터 간이과세자였던 丙이 일반과세자로 변경되는 경우 그 변경당시 매입한지 1년 이내인 기계장치(매입시 부가가치세액은 일반과세자에게 적용되는 매입세액 공제대상임)에 대하여 매입세액을 공제받기 위한 절차를 서술하고, 공제할 매입세액을 계산하는 방법을 설명하시오.

(2023년 세무사 2차, 7점)

해 답

1. 공제절차

간이과세자였던 丙이 일반과세자로 변경되는 경우 그 변경당시 기계장치에 대해서 재고매입세액을 공제받을 수 있는데, 그 공제를 받기 위한 절차는 다음과 같다.

1) 재고품 등의 신고 : 간이과세자가 일반과세자로 변경되는 경우에는 그 변경되는 날 현재에 있는 기계장치(감가상각자산으로서 취득 후 2년 이내의 것에 한함)를 그 변경되는 날의 직전 과세기간에 대한 확정신고와 함께 재고품 등 신고서를 작성하여 관할세무서장에게 신고해야 한다.

2) 승인 : 신고를 받은 관할세무서장은 재고금액을 조사·승인하고 재고품 등 신고기한이 지난 후 1월 이내에 해당 사업자에게 공제될 재고매입세액을 통지해야 한다. 이 경우 그 기한 이내에 통지하지 않으면 해당 사업자가 신고한 재고금액을 승인한 것으로 본다.

2. 공제할 재고매입세액

재고품 등을 신고를 한 丙에 대해서는 다음 금액을 기계장치에 대한 재고매입세액으로 공제한다.

$$\text{매입한 기계장치의 재고매입세액} = \text{취득가액} \times (1 - 50\% \times \text{경과된 과세기간 수}) \times \frac{10}{110} \times (1 - \text{공제율})$$

위 계산식에서 기계장치 감가율은 50%, 매입한지 1년 이내이므로 경과된 과세기간 수는 '1', 공제율은 '5.5%(2021.7.1. 이후에 공급받은 것)'이다.

▶ **필자 주** : 재고매입세액 공제대상 재고품 등 중 기계장치에 관한 부분만 답안에 언급하면 된다.

제4절 간이과세자의 납세절차

I 신고와 납부

1. 예정부과와 납부

(1) 원칙(부과징수)

사업장 관할세무서장은 간이과세자에 대하여 다음의 금액을 예정부과기간(1월 1일~6월 30일)의 납부세액으로 결정하여 예정부과기간이 끝난 후 25일 이내(이하 '예정부과기한'이라 한다)까지 징수한다(부가법 66 ① 본문).

예정부과기간의 납부세액(*주1) = 직전 과세기간에 대한 납부세액(*주2) × 50%(*주3)

(*주1) 1,000원 미만의 단수가 있을 때에는 그 단수금액은 버린다.

(*주2) '직전 과세기간에 대한 납부세액'은 납부세액에서 공제하거나 경감한 세액 및 수시부과한 세액이 있는 경우에는 그 세액을 뺀 금액으로 하고, 결정·경정과 수정신고·경정청구에 따른 결정이 있는 경우에는 그 내용이 반영된 금액으로 한다.

(*주3) 직전 과세기간이 7.1.~12.31.(공급대가 수준이 기준금액에 미달하여 해당연도 7.1.에 일반과세자에서 간이과세자로 변경된 경우 그 변경 이후 간이과세자의 과세기간)에 해당하는 경우에는 직전 과세기간에 대한 납부세액의 100%를 예정부과기간의 납부세액으로 한다.

이 경우 관할세무서장은 예정부과기간의 납부세액에 대하여 7월 1일부터 7월 10일까지 납부고지서를 발부해야 한다(부가령 114 ①). 다만, 다음 중 어느 하나에 해당하는 경우에는 징수하지 않는다(예정부과 제외, 부가법 66 ① 단서). 따라서 이 경우에는 그 세액의 징수를 위한 납부고지서는 발부되지 않는다.

① 징수해야 할 금액이 50만원 미만인 경우

② 해당연도 7.1.에 간이과세자에서 일반과세자로 변경되어 과세기간이 1.1.~6.30.인 간이과세자의 경우

③ 국세징수법(제13조)에 따른 재난 등으로 인한 납부기한 등의 연장사유로 관할세무서장이 징수해야 할 금액을 간이과세자가 납부할 수 없다고 인정되는 경우

참고사항 과세기간이 1.1.~6.30.인 간이과세자의 경우(위 ②) 예정부과를 제외하는 이유

2025년 공급대가 수준이 기준금액 이상이 되어 2026.7.1.에 간이과세자에서 일반과세자로 변경된 경우 그 변경 이전의 간이과세자의 과세기간은 1월 1일부터 6월 30일까지로 한다. 이처럼 과세기간이 '1.1.부터

부가 10

6.30.'인 간이과세자의 경우에는 그 과세기간이 끝나면 7.25.까지 확정신고납부를 해야 한다. 따라서 7.1.에 일반과세자로 변경되어 과세기간이 1.1.~6.30.인 간이과세자에 대해서는 예정부과를 하지 않는 것이다. ■

(2) 예외(신고납부)

1) 예정신고납부할 수 있는 경우 : 휴업 또는 사업부진 등으로 인하여 예정부과기간(1월 1일~6월 30일)의 공급대가의 합계액(또는 납부세액)이 직전 과세기간의 공급대가의 합계액(또는 납부세액)의 1/3에 미달하는 간이과세자는 예정부과기간의 과세표준과 납부세액을 예정부과기한까지 사업장 관할세무서장에게 신고할 수 있다(부가법 66 ②, 부가령 114 ②). 이처럼 신고하는 간이과세자는 예정부과기간의 납부세액을 납부해야 한다. 한편 예정부과기간의 납부세액에 대한 관할세무서장의 결정이 있는 경우 간이과세자가 예정부과기간의 납부세액을 신고한 경우에는 그 결정은 없었던 것으로 본다(부가법 66 ④,⑤).

2) 예정신고납부해야 하는 경우 : 예정부과기간(1월 1일~6월 30일)에 세금계산서를 발급한 간이과세자는 예정부과기간의 과세표준과 납부세액을 예정부과기한까지 사업장 관할세무서장에게 신고해야 한다(부가법 66 ③, 부가령 114 ②). 이처럼 신고하는 간이과세자는 예정부과기간의 납부세액을 납부해야 한다. 한편 예정부과기간의 납부세액에 대한 관할세무서장의 결정이 있는 경우 간이과세자가 예정부과기간의 납부세액을 신고한 경우에는 그 결정은 없었던 것으로 본다(부가법 66 ④,⑤).

[도 표] 간이과세자의 신고납부

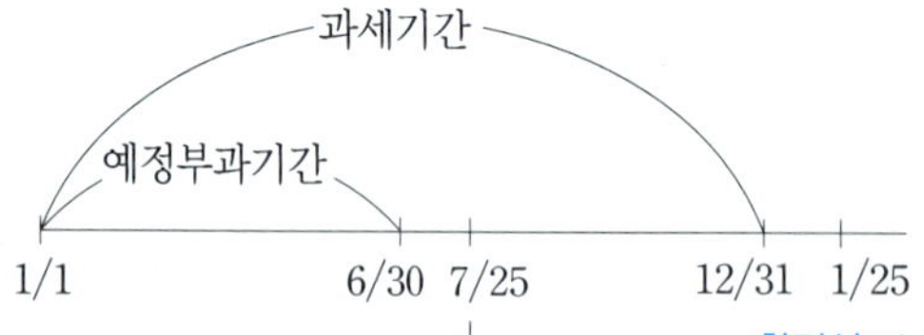

확정신고납부

※ 최종납부세액 = 납부세액 − 예정부과세액

부과징수(원칙)

: 직전 과세기간 납부세액×50% 납부

※ 예정부과 제외

① 징수금액 < 50만원
② 해당연도 7.1.(간이과세자 —변경→ 일반과세자)
③ 재난 등으로 인한 납부기한 연장사유

신고납부(예외)

① 휴업 · 사업부진 등으로 기준에 미달하는 자(선택적 신고납부)
② 예정부과기간에 세금계산서를 발급한 간이과세자(반드시 신고납부)

2. 확정신고와 납부

간이과세자는 과세기간의 과세표준과 납부세액을 그 과세기간이 끝난 후 25일(폐업하는 경우에는 폐업일이 속한 달의 다음 달 25일) 이내에 관할세무서장에게 확정신고하고 관할세무서장 또는 한국은행 등에 납부해야 한다. 이 경우 예정부과기간의 납부세액으로 납부한 세액 및 수시부과한 세액은 공제하고 납부한다(부가법 67 ①,②).

Ⅱ 제출서류

1. 매출 · 매입처별세금계산서합계표의 제출

간이과세자는 매출 · 매입처별세금계산서합계표를 확정신고와 함께 제출하여야 한다(부가법 67 ③). 한편 예정부과기간의 부가가치세를 신고하는 간이과세자는 매출 · 매입처별세금계산서합계표를 그 신고를 할 때 제출해야 한다. 다만, 매출 · 매입처별세금계산서합계표를 예정부과기간의 부가가치세 신고를 할 때 제출하지 못하는 경우에는 확정신고를 할 때 이를 제출할 수 있다(부가법 66 ⑥).

2. 영세율 첨부서류의 제출

확정신고하는 간이과세자는 영세율을 적용받는 경우에는 그 신고서에 영세율 첨부서류를 첨부하여 제출해야 한다. 이러한 영세율 첨부서류를 해당 신고서에 첨부하지 않은 부분은 확정신고로 보지 않는다(부가령 114 ⑥,⑦). 이 경우에도 영세율과세표준 과소신고(무신고)가산세가 부과된다.

참고사항 간이과세자의 장부 작성 · 보관 특례

1. 영수증만을 발급해야 하는 간이과세자(p.245 참조)는 공급가액과 부가가치세액을 합계한 공급대가를 장부에 기록할 수 있다(부가령 117 ②).

2. 영수증만을 발급해야 하는 간이과세자가 발급받은 세금계산서 · 영수증 또는 발급한 영수증을 보관하였을 때에는 장부기록의무를 이행한 것으로 본다(부가령 117 ③). ■

Ⅲ 결정 · 경정과 징수

간이과세자에 대한 과세표준과 납부세액의 결정 · 경정 및 수시부과의 결정에 관하여는 일반과세자의 경우를 준용한다. 그리고 간이과세자에 대한 부가가치세의 징수에 관하여도 일반과세자의 경우를 준용한다(부가법 68 ①,④).

Ⅳ 가산세

(1) 사업자등록 불성실가산세

일반과세자의 규정을 준용하되, 다음과 같이 가산세를 계산한다.

구분	가산세
① 미등록가산세	공급대가의 합계액 × 0.5%
② 명의위장가산세	공급대가의 합계액 × 1%

(2) 세금계산서 발급불성실가산세

1) 공급한 간이과세자에 대한 가산세 : 세금계산서 발급불성실가산세 중 ① 지연발급, ② 불명, ③ 미발급, ④ 지연전송, ⑤ 미전송, ⑥ 가공발급, ⑦ 허위발급, ⑧ 공급가액 과대기재에 해당하는 가산세는 일반과세자의 경우를 준용한다(p.385 이하 참조, 부가법 68의2 ①).

2) 공급받은 간이과세자에 대한 가산세 : 간이과세자가 다음 중 어느 하나에 해당하는 경우 그 가산세를 납부세액에 더하거나 환급세액에서 뺀다(부가법 68의2 ②).

구분	사유	가산세(*주)
① 미수취	세금계산서를 발급해야 하는 사업자로부터 재화 · 용역을 공급받고 세금계산서를 발급받지 않은 경우(p.245 참고사항 간이과세자의 영수증 발급 적용기간 규정에 따라 영수증을 발급해야 하는 기간에 세금계산서를 발급받지 않은 경우는 제외)	그 공급대가 × 0.5%
② 경정시 공제	세금계산서 등을 발급받고 신고시 매입세금계산서 등에 대한 세액공제 규정에 따라 공제받지 않은 경우로서 결정 · 경정시 해당 결정 · 경정기관의 확인을 거쳐 납부세액 계산의 특례(p.419 참조)에 따라 납부세액을 계산할 때 매입세액으로 공제받는 경우	그 공급가액 × 0.5%* * 일반과세자와 같은 수준의 가산세를 부과하기 위해서 공급가액을 기준으로 가산세를 부과한다.

(*주) 가공수취분 가산세와 허위수취분 가산세는 준용하지 않는다.

(3) 매출처별세금계산서합계표 제출불성실가산세

간이과세자가 다음 중 어느 하나에 해당하는 경우 그 가산세를 납부세액에 더하거나 환급세액에서 뺀다(부가법 68의2 ③).

구분	사유	가산세(*주2)
① 미제출	매출처별 세금계산서합계표를 제출하지 않은 경우	공급가액 × 0.5% ※ 매출처별 세금계산서 합계표를 제출하지 않은 부분의 공급가액을 말한다.
② 불명	제출한 매출처별 세금계산서합계표의 기재사항 중 거래처별 등록번호 또는 공급가액의 전부 또는 일부가 적혀 있지 않거나 사실과 다르게 적혀 있는 경우(*주1)	공급가액 × 0.5% ※ 매출처별 세금계산서 합계표의 기재사항이 적혀 있지 않거나 사실과 다르게 적혀 있는 부분의 공급가액을 말한다.
③ 지연제출	예정부과기간의 부가가치세를 신고를 할 때 제출하지 못하여 해당 예정부과기간이 속하는 과세기간에 확정신고를 할 때 매출처별 세금계산서합계표를 제출하는 경우(위 ② 불명인 경우에는 제외)	공급가액 × 0.3%

(*주1) 다만, 매출처별 세금계산서합계표의 기재사항이 착오로 적힌 경우로서 사업자가 발급한 세금계산서에 따라 거래사실이 확인되는 부분의 공급가액에 대해서는 가산세를 부과하지 않는다(부가법 68의2 ③ 단서).

(*주2) 일반과세자와 같은 수준의 가산세를 부과하기 위해서 공급가액을 기준으로 가산세를 부과한다.

[도 표] 가산세 중복적용 배제(부가법 68의2 ④,⑤)

우선 적용되는 가산세	적용배제 가산세
(1) 사업자등록 불성실가산세가 준용되는 부분	• 세금계산서 지연발급 · 불명 가산세(1%) • 전자세금계산서 발급명세 지연전송 · 미전송 가산세(0.3% · 0.5%) • 세금계산서 등 경정기관 확인 매입세입공제 가산세(0.5%) • 매출처별세금계산서합계표 미제출 · 불명 · 지연제출 가산세(0.5% · 0.3%)
(2) 다음에 해당하는 세금계산서 불성실가산세가 준용되는 부분 • 지연발급 · 불명 가산세(1%) • 지연전송 · 미전송 가산세(0.3% · 0.5%) • 경정기관 확인 매입세입공제 가산세(0.5%) • 미제출 · 불명 · 지연제출 가산세(0.5% · 0.3%)	• 매출처별세금계산서합계표 미제출 · 불명 · 지연제출 가산세(0.5% · 0.3%)

(3) 다음에 해당하는 세금계산서 불성실가산세가 준용되는 부분 • 지연발급 가산세(1%) • 가공발급 가산세(4%) • 허위발급 가산세(2%) • 과다기재 발급 가산세(2%)	• 사업자등록 불성실가산세(0.5% · 1%) • 매출처별세금계산서합계표 미제출 · 불명 · 지연제출 가산세(0.5% · 0.3%)
(4) 세금계산서 허위발급 가산세(2%)가 준용되는 부분	• 세금계산서 미발급 가산세(2%)
(5) 공급가액 과다기재 발급 가산세(2%)	• 세금계산서 불명 가산세(1%)
(6) 법인세법 또는 소득세법에 따라 건당 거래금액 10만원 이상인 거래분에 대해 현금영수증 미발급 가산세(20% · 10%)가 부과되는 부분	• 세금계산서 미발급 가산세(2% · 1%) • 매출처별 세금계산서합계표 불명 가산세(0.5%)

참고사항 간이과세자의 장부 작성 · 보관 특례

1. 영수증만을 발급해야 하는 간이과세자(p.245 참조)는 공급가액과 부가가치세액을 합계한 공급대가를 장부에 기록할 수 있다(부가령 117 ②).

2. 영수증만을 발급해야 하는 간이과세자가 발급받은 세금계산서 · 영수증 또는 발급한 영수증을 보관하였을 때에는 장부기록의무를 이행한 것으로 본다(부가령 117 ③). ■

V 납부의무의 면제

간이과세자의 해당 과세기간에 대한 공급대가의 합계액이 4,800만원 미만이면 그 과세기간의 납부세액의 납부의무를 면제한다. 다만, 일반과세자가 간이과세자로 변경되는 경우 납부세액에 더해야 할 재고납부세액은 납부해야 한다(부가법 69 ①). 이처럼 납부할 의무를 면제하는 경우 위의 가산세는 적용하지 않지만, 법정기한까지 사업자등록을 신청하지 않은 경우에는 다음의 미등록가산세는 부과한다(부가법 69 ②).

미등록가산세* = MAX(공급대가의 합계액×0.5%, 5만원)

* 다만, 고정된 물적 시설을 갖추지 않고 공부(公簿)에 등록된 사업장 소재지가 없는 경우, 즉 고정 사업장이 없는 경우에는 이러한 미등록가산세도 부과하지 않는다(부가법 68 ③, 부가령 115).

한편 납부의무가 면제되는 간이과세자가 자진납부한 사실이 확인되면 관할세무서장은 납부한 금액을 환급해야 한다(부가법 69 ④).

[도 표] 일반과세와 간이과세의 비교

구분	일반과세	간이과세
(1) 납부세액 계산구조	∑공급가액×10% − 매입세액	∑공급대가×부가가치율×10%
(2) 과세기간	(제1기) 1월 1일~ 6월 30일 (제2기) 7월 1일~12월 31일	1월 1일~12월 31일(원칙)
(3) 적용대상자	• 개인 · 법인 불문 • 공급대가 수준 불문	• 개인사업자에 한함 • 공급대가 1억400만원 미만
(4) 배제대상 사업자	(없 음)	간이과세가 적용되지 않는 다른 사업장을 보유하고 있거나 제조업 등 일정한 사업을 영위하는 자는 간이과세 적용배제
(5) 포기제도	(없 음)	간이과세를 포기하고 일반과세자가 될 수 있음
(6) 세금계산서 발급	원칙적으로 세금계산서 발급	원칙적으로 세금계산서 발급 (영세한 간이과세자는 영수증만 발급)
(7) 매입세금계산서 등에 대한 세액공제	(없 음)	발급받은 T/I 공급대가×0.5%
(8) 의제매입세액공제	적 용	적용하지 않음
(9) 예정신고납부 등	• 법인 : 예정신고납부(원칙) • 개인 : 예정고지에 의해 징수(원칙)	예정부과 · 징수(원칙)
(10) 납부의무의 면제	(없 음)	해당 과세기간 공급대가가 4,800만원 미만이면 납부의무 면제
(11) 가산세	• 세금계산서 불성실가산세 : 있음 • 사업자등록 불성실가산세 : 공급가액의 합계액×1% · 2%	• 세금계산서 불성실가산세 : 있음 • 사업자등록 불성실가산세 • : 공급대가의 합계액×0.5% · 1%

부가 10

사례 5 간이과세자의 비교

① 직전 연도 공급대가의 합계액이 1억400만원 미만 4,800만원 이상인 간이과세자(답안에 '전자'라고 적는다)와 ② 직전 연도 공급대가의 합계액이 4,800만원 미만인 간이과세자(답안에 '후자'라고 적는다)에 대해서 부가가치세법을 적용할 때 차이나는 점을 설명하시오. (10점)

해 답

1. 세금계산서 발급의무

1) 전자는 일반과세자와 동일하다. 즉 원칙적으로 세금계산서를 발급해야 하지만, 소비자상대 업종은 영수증을 발급한다.
2) 후자는 세금계산서를 발급할 수 없다. 그 취지는 주로 최종소비자에게 공급하는 사업자에게만 간이과세를 적용하려는데 있다.

2. 매출처별세금계산서합계표 제출의무

1) 전자가 세금계산서를 발급한 경우에는 매출처별세금계산서합계표를 확정신고와 함께 제출해야 한다.
2) 후자는 세금계산서를 발급하지 않으므로 매출처별세금계산서합계표 제출의무가 없다.

3. 세금계산서 관련 가산세

1) 전자는 세금계산서 발급불성실가산세 중 ① 지연발급, ② 불명, ③ 미발급, ④ 지연전송, ⑤ 미전송, ⑥ 가공발급, ⑦ 허위발급, ⑧ 공급가액 과대기재에 해당하는 가산세는 일반과세자의 경우를 준용한다. 한편 매출처별세금계산서합계표 제출불성실가산세로 ① 미제출(공급가액의 0.5%), ② 불명(공급가액의 0.5%), ③ 지연제출(공급가액의 0.3%) 가산세를 적용한다.
2) 후자는 영수증만을 발급하므로 위 1)의 가산세를 적용하지 않는다.

4. 장부 작성·보관 특례

1) 영수증만을 발급해야 하는 후자인 간이과세자가 발급받은 세금계산서·영수증 또는 발급한 영수증을 보관하였을 때에는 장부기록의무를 이행한 것으로 본다.
2) 전자인 간이과세자는 1)의 특례가 적용되지 않으며 모든 거래사실을 장부에 기록하여 사업장에 갖추어 두어야 한다.

5. 납부의무 면제특례

1) 해당 과세기간 공급대가의 합계액이 4,800만원 미만인 간이과세자는 그 과세기간의 납부세액의 납부의무를 면제한다.
2) 해당 과세기간 공급대가의 합계액이 4,800만원 이상인 간이과세자는 위 1)의 납부의무 면제특례가 적용되지 않는다.

사례 6 간이과세자

부가가치세법과 관련하여 다음의 사례를 읽고 물음에 답하시오. (단, 관련 법령상 소멸시효는 고려하지 않음) (2025년 세무사 2차, 15점)

(1) 거주자 甲은 C지역에 프랜차이즈 커피숍을 창업하기 위해 400평 규모의 사업장을 임차(보증금 3억원, 월세 1,000만원)하여 2026.2.23.에 인테리어 공사를 착수하였다. 인테리어 공사가 마무리되는 시점에 甲은 C지역 관할세무서에 임대차계약서 및 영업허가증 등 필요서류를 구비하여 '간이과세자'로 사업자 등록을 신청하였다.

(2) 관할세무서장은 甲이 신청한 사업자등록 신청서 및 제출한 서류를 확인한 뒤 간이과세자 요건에 충족되지 않아 일반과세자로 통지하였다.

【물음 1】 부가가치세법령상 간이과세자 제도의 입법취지 및 요건, 납부의무의 면제에 대해 설명하시오. (10점)

【물음 2】 위 사례와 같이 간이과세자로 사업자등록을 신청하더라도 간이과세가 적용되지 않는 경우 3가지를 서술하시오. (5점)

부가 10

해 답

【물음 1】 간이과세

1. 제도의 취지

① 영세한 개인사업자에게 일반과세자와 같은 수준의 세금계산서의 수수(授受) 및 장부의 비치 · 기장 등의 각종 협력의무의 이행을 요구한다는 것은 현실적으로 어렵다고 할 수 있다. 그리고 ② 영세한 개인사업자들은 대부분 최종소비자에게 재화 · 용역을 공급하기 때문에 간편한 방식으로 과세한다고 하더라도 전단계세액공제법에 따른 부가가치세제의 본질적인 구조를 침해하는 정도는 아니라고 할 수 있다. 이러한 이유로 영세한 개인사업자에게는 납세순응에 있어 보다 간편한 간이과세제도를 두고 있다.

2. 간이과세자의 요건

간이과세자는 직전 연도의 공급대가의 합계액이 1억400만원에 미달하는 사업자로서, 간편한 절차로 부가가치세를 신고납부하는 개인사업자를 말한다. 구체적인 요건은 다음과 같다.

1) 간이과세자는 개인사업자만 될 수 있다. 따라서 법인사업자는 공급대가의 수준에 관계없이 간이과세를 적용받을 수 없다.

2) 간이과세자는 직전 연도의 재화 · 용역의 공급대가의 합계액이 1억400만원에 미달하는 개인사업자로 한다.

3) 간이과세제 배제대상 사업자가 아닌 경우에 간이과세를 적용한다.

3. 납부의무의 면제

간이과세자의 해당 과세기간에 대한 공급대가의 합계액이 4,800만원 미만이면 그 과세기간의 납부세액의 납부의무를 면제한다. 다만, 일반과세자가 간이과세자로 변경되는 경우 납부세액에 더해야 할 재고납부세액은 납부해야 한다. 이처럼 납부할 의무를 면제하는 경우 가산세는 적용하지 않지만, 법정기한까지 사업자등록을 신청하지 않은 경우에는 다음의 미등록가산세는 부과한다.

미등록가산세 = MAX(공급대가의 합계액×0.5%, 5만원)

한편 납부의무가 면제되는 간이과세자가 자진납부한 사실이 확인되면 관할세무서장은 납부한 금액을 환급해야 한다.

【물음 2】 간이과세가 적용되지 않는 경우

다음 중 어느 하나에 해당하는 사업자는 간이과세자로 보지 않는다.

1) 간이과세가 적용되지 않는 다른 사업장을 보유하고 있는 사업자

2) 다음 중 어느 하나에 해당하는 사업을 경영하는 자
   ① 광업
   ② 제조업(다만, 과자점업 등 주로 최종소비자에게 직접 재화를 공급하는 사업은 제외)
   ③ 도매업(소매업을 겸영하는 경우를 포함하되, 재생용 재료수집 및 판매업은 제외) 및 상품중개업
   ④ 부동산매매업
   ⑤ 일정한 부동산임대업
   ⑥ 개별소비세 과세유흥장소를 경영하는 사업
   ⑦ 전문직 사업서비스업
   ⑧ 사업장 소재 지역, 사업의 종류, 규모를 고려하여 국세청장이 정하는 기준에 해당하는 사업
   ⑨ 간편장부대상자에 해당하지 않은 개인사업자(전전년도 기준 복식부기의무자)가 경영하는 사업

3) 재화의 공급으로 보지 않는 사업의 양도에 따라 일반과세자로부터 양수한 사업

연습문제

1 부가가치세법에 따른 소규모 개인사업자는 간이과세자로 하고 있다. 간이과세자의 세액계산 방법을 설명하고 제도운영에 따른 문제점에 관해 언급하시오. (25점)

2 부가가치세법에 따른 간이과세제도를 설명하시오. (2004년, 30점)

3 부가가치세법에 따른 일반과세자와 간이과세자의 차이점을 설명하시오. (30점)

4 일반과세자가 간이과세자로 전환되는 사유, 그 절차 및 재고납부세액의 납부에 관하여 설명하시오. (20점)

5 면세의 포기와 간이과세의 포기제도에 대하여 신고기한, 과세관청의 승인유무, 의무적용기간 등으로 구분하여 비교 설명하시오. (2003년, 7점)

6 부가가치세의 과세유형은 일반과세자와 간이과세자로 나누어지는데, 다음의 물음에 답하시오. (2000년, 35점)

【물음 1】 일반과세자와 간이과세자의 구분기준은?

【물음 2】 일반과세자에서 간이과세자로 전환이 가능한가?

【물음 3】 일반과세자 혹은 간이과세자가 면세사업자로부터 재화를 공급받는 경우 이른바 환수효과와 누적효과가 발생한다. 이를 완화하기 위한 부가가치세법에 따른 방안은?

【물음 4】 간이과세제도가 현행 부가가치세에 어떤 영향을 미치고 있는가?

7 경정한 간이과세자의 공급대가가 기준금액 이상이 되는 경우 간이과세자의 납부세액계산의 특례에 대하여 설명하시오. (10점)

제2편

개별소비세법

제2편 개별소비세법

제1장 개별소비세법 총설

제1절 개별소비세의 성격

I 개별소비세의 성격

개별소비세는 ① 특정한 물품, ② 특정한 장소 입장행위, ③ 특정한 장소에서의 유흥음식행위 및 ④ 특정한 장소에서의 영업행위에 대하여 부과하되, 세부담의 전가를 예정하는 단단계 소비세이다. 이것을 구체적으로 설명하면 다음과 같다.

1) 개별소비세는 특정한 재화 · 용역의 소비행위에 대하여 과세하는 소비세(Selective consumption tax 또는 excise tax)이다. 이러한 의미에서 개별소비세는 주세 및 교통 · 에너지 · 환경세와 함께 특정소비세라는 점에서 모든 재화 · 용역의 소비행위에 대하여 과세하는 부가가치세(일반소비세)와 구별된다.

2) 개별소비세는 그 세부담의 전가를 예정하는 간접세이다. 법률상 납세의무를 지는 자는 과세물품을 제조 · 반출하는 자, 과세장소의 경영자, 과세유흥장소 · 과세영업장소의 경영자이지만, 그 세액은 최종소비자에게 전가된다. 따라서 부가가치세와 마찬가지로 경제적 관점에서 담세자는 최종소비자이다.

3) 개별소비세는 과세물품의 경우에 제조 · 반출시점에서 단 1회 과세하는 단단계 과세방식을 취하고 있다. 따라서 각 거래단계에서 창출한 부가가치에 대해 다단계 과세방식을 취하고 있는 부가가치세와 구별된다.

II 개별소비세의 정책적 목적

1. 외부불경제 효과의 시정

종전의 특별소비세는 부가가치세와 함께 1977년 7월 1일부터 시행되어 법령에 특정된 과세물품의 소비사실이나 과세장소의 입장행위 등에 대하여 과세하는 소비세로서, 부가가치세의 단순비례세율 구조로 인한 세부담의 역진성(逆進性)을 보완하면서 동시에 사치성 물품의 소비억제를 목적으로 도입 · 시행되어 왔다.

최근 경제발전과 소득수준 향상, 소비행태의 변화에 따라 대중화된 물품을 제외하는 등 지속적으로 과세대상이 축소되어 온 반면, 환경오염 유발재인 석유류에 대해서는 세율 상향조정 등 과세를 강화하였다. 이러한 변화에 맞추어 특별소비세의 과세목적을 세부담의 역진성 완화나 소비억제보다는 자동차 · 유류 · 담배 · 과세장소 · 과세유흥장소 및 과세영업장소와 같이 외부불경제를 발생시키는 재화 등에 대한 교정과세 기능으로 전환하였다. 이런 이유로 사치성 물품 등에 대한 소비억제 제도로 인식되어 온 특별소비세의 명칭을 2008년부터 사회적 비용을 유발하는 일부 개별품목 등에 과세하려는 정책목적에 맞게 개별소비세(excise tax)로 변경하였다.

2. 정책수단으로 활용

내수가 부진한 경제상황에서 정부가 법률에서 정한 세율을 탄력적으로 운영함으로써 경기활성화의 수단으로 이용할 수 있고, 특정품목에 대해 시장가격의 안정을 도모할 수 있다(탄력세율). 그리고 잠정세율 제도에 의해 기술개발을 선도하거나 친환경적인 물품의 소비를 촉진시키는 수단으로 활용할 수 있다.

제2절 부가가치세와 개별소비세의 공통점과 차이점

I 서 설

부가가치세는 ① 재화 · 용역의 공급이나 ② 재화의 수입에 대하여 과세하되, 세부담의 전가를 예정하는 다단계 일반소비세이고, 개별소비세는 ① 과세물품의 제조 · 반출 또는 수입, ② 과세장소에의 입장행위, ③ 과세유흥장소에서의 유흥음식행위, ④ 과세영업장소에서의 영업행위에 대하여 과세하되, 세부담의 전가를 예정하는 단단계 소비세이다.

이하에서는 부가가치세와 개별소비세의 공통점과 차이점을 살펴보고자 한다.

II 공통점

1. 간접소비세

부가가치세와 개별소비세는 소비행위에 대하여 과세하는 소비세이면서 사업자에게 부과하여 그 세액이 최종소비자에게 전가될 것을 예정하고 있는 간접세이다. 이를 구체적으로 살펴보면 다음과 같다.

1) 부가가치세는 과세되는 재화 · 용역을 공급하는 사업자에게 부과하지만 그 세액은 시장가격기구를 통하여 최종소비자에 전가되는 간접세이다. 마찬가지로 개별소비세는 과세물품을 제조장으로부터 반출하는 자, 과세장소 · 과세유흥장소 및 과세영업장소의 경영자가 그 개별소비세를 납부하지만 과세물품의 소비자, 과세장소에 입장하는 자, 과세유흥장소에서 유흥음식행위를 하는 자, 카지노 이용자에게 세부담이 전가된다.

2) 부가가치세의 과세거래는 사업자를 중심으로 볼 때 재화의 공급 및 용역의 공급이다. 결과적으로 부가가치세는 재화 · 용역을 구입하여 소비하는 사실에 간접적으로 담세력을 인정하여 과세하는 소비세인 것이다. 이러한 점은 개별소비세의 경우에도 같다. 즉 개별소비세는 과세물품의 제조장에서의 반출을 과세대상으로 하고 있다. 다만, 과세장소에의 입장행위 및 과세유흥장소에서의 유흥음식행위에 대하여 과세되는 개별소비세는 소비행위 그 자체를 직접 과세대상으로 삼는 직접소비세라는 점에서 차이가 있을 뿐이다.

따라서 부가가치세와 개별소비세의 납세의무자는 과세거래를 할 때마다 거래상대방으로부터 세액의 거래징수가 예정되어 있다. 개별소비세법에서는 부가가치세법과 달리 거래징수에 관한 명문규정은 없더라도 간접세의 원리상 거래징수를 하는 것이다. 이처럼 부가가치세 및 개별소비세의 납세의무자는 자기 자신이 그 세액을 부담하지 않기 때문에 부가가치세 및 개별소비세는 법인세법 · 소득세법에 따른 손금 · 필요경비로 인정되지 않는 것이다.

2. 물 세(物稅)

부가가치세와 개별소비세는 납세의무자의 인적 사정을 고려해 주지 않는 물세(物稅)라는 공통적인 특징을 갖는다. 이러한 물세라는 성격으로 말미암아 양자 모두 세율구조에 있어 비례세율구조를 취하고 있으며, 납세의무자의 주소지가 아닌 부가가치세의 경우에는 사업장의 소재지, 개별소비세의 경우에는 제조장, 과세장소 · 과세유흥장소 및 과세영업장소에 따라 납세지와 과세관할이 정해지는 특징이 있다.

3. 소비지국 과세원칙

개별소비세도 간접소비세이기 때문에 과세물품이 국제거래되는 경우 국경세조정을 위하여 소비지국 과세원칙을 채택하고 있다. 그리하여 과세물품을 수출하는 경우에는 개별소비세의 면세 및 세액의 환급이 적용되며, 과세물품의 수입에 대해서도 과세거래에 포함하여 내국물품과 동일하게 개별소비세를 과세한다. 이러한 점은 부가가치세에서 재화의 수출에 대해서는 영세율을 적용하고, 재화의 수입에 대해서는 과세거래로 규정하여 소비지국 과세원칙을 구현하는 것과 같다.

Ⅲ 차이점

1. 과세대상의 범위

1) 부가가치세는 일반소비세이기 때문에 면세대상을 제외한 모든 재화 · 용역의 공급에 대하여 과세한다. 이에 반하여 개별소비세는 특정한 과세물품의 반출 · 과세장소에의 입장행위 · 과세유흥장소에서의 유흥음식행위 및 과세영업장소에서의 영업행위에 대해서만 과세한다.

2) 따라서 개별소비세의 과세대상에 대해서는 부가가치세와 개별소비세가 중복과세되는 결과가 된다. 이는 부가가치세를 도입할 당시부터 의도된 것이다.

2. 세율구조

부가가치세와 개별소비세는 비례세율의 구조를 취하고 있지만, 구체적으로 다음과 같은 점에서 차이가 있다.

1) 부가가치세는 모든 재화·용역의 공급에 대하여 10% 단일비례세율의 구조이다. 반면에 개별소비세는 과세대상에 따라 차등비례세율의 구조를 취하고 있다.

2) 개별소비세는 조세의 경기조절, 가격안정, 수급조절의 필요에 따라 특정한 과세대상에 대해서는 기본세율의 30%(석유류는 50%)의 범위에서 행정부가 조정할 수 있도록 하는 탄력세율 제도를 채택하고 있다. 또한 개별소비세는 기술개발을 선도하거나 환경친화적인 물품에 대해서는 잠정세율 제도를 두고 있는 점이 부가가치세와 다르다.

3. 과세표준

부가가치세의 과세표준은 재화·용역의 공급가액으로 하며, 개별소비세의 과세표준은 과세물품의 반출가격(수량), 과세장소에의 입장행위에 대해서는 입장한 때의 인원, 그리고 과세유흥장소에서의 유흥음식행위에 대해서는 요금으로 하며, 특정한 장소에서의 영업행위에 대해서는 연간 총매출액으로 한다. 그 구체적인 차이점을 살펴보면 다음과 같다.

1) 부가가치세는 과세표준을 금액으로 측정하는 종가세(從價稅)이다. 반면 개별소비세는 그 과세표준을 반출가격 및 유흥음식요금으로 하는 종가세이지만, 과세물품 중 석유류는 리터(l)로, 담배는 20개비당으로, 과세장소는 입장한 때의 인원으로 과세표준을 수량으로 측정하는 종량세(從量稅)이기도 하다. 이처럼 종량세에 적용되는 세율은 리터(l)당 일정금액으로, 1인 1회 입장에 대하여 일정금액으로 정해져 있다.

2) 개별소비세의 과세표준은 개별소비세와 부가가치세를 포함하지 않는다. 반면 부가가치세의 과세표준은 부가가치세 자체는 포함하지 않지만 개별소비세 및 그 부가세(sur tax)는 포함한 가액으로 한다.

4. 과세방법

부가가치세는 각 거래단계의 사업자가 창출한 부가가치에 대하여 과세하는 다단계 과세방식을 취하면서 전단계세액공제법에 의하여 납부세액을 계산한다.

반면에 개별소비세는 과세물품의 경우에 제조장에서 반출되는 시점에서 그 반출가격을 과세표준으로 하여 단 1회 과세하고(반출과세제도), 이후의 유통단계에서는 과세하지 않는다. 즉 개별소비세는 단단계 과세하는 제조매상세인 것이다.

사례 1 개별소비세의 반출과세제도와 부가가치세의 전단계세액공제법의 계산 사례

다음 자료에 따라 각 사업자가 납부하는 세액이 최종소비자에게 전액 전가되는 경우 최종소비자의 개별소비세와 부가가치세 부담액의 합계는 얼마인지를 계산하시오. (10점)

(1) 각 거래단계 사업자가 창출한 부가가치는 다음과 같다.

(단위 : 원)

구분	A	B	C
매 출 액	40,000	200,000	400,000
매 입 액	0	40,000	200,000
부가가치	40,000	160,000	200,000

위 금액은 개별소비세와 부가가치세가 과세되기 전 금액이며, 다른 간접세는 없다고 가정한다.

(2) A, B, C사업자는 10% 세율을 적용받는 일반과세자이고, B사업자는 5%의 세율이 적용되는 개별소비세 납세의무자에도 해당한다.

해 답

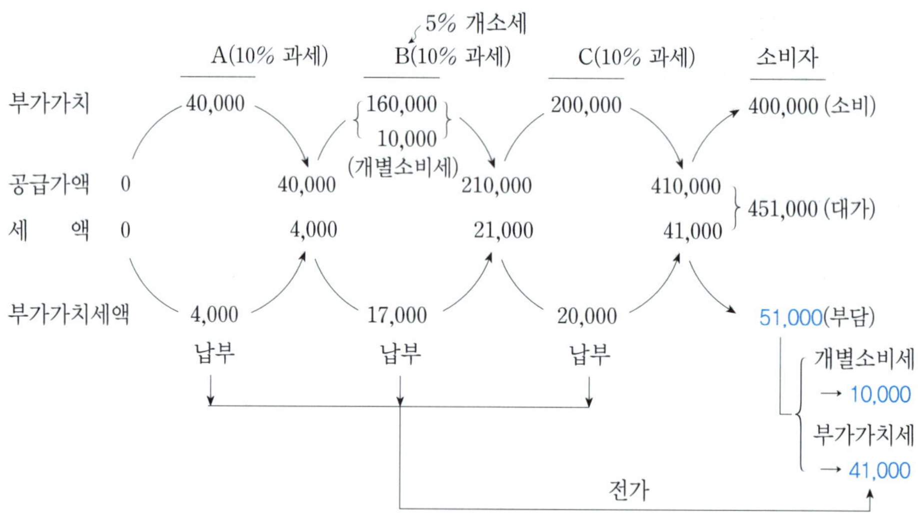

※ B 개별소비세 납부 : 200,000×5% = 10,000

사례 2 **부가가치세와 개별소비세의 과세요건**

부가가치세와 개별소비세의 과세요건(납세의무자, 과세대상, 과세표준 및 세율)에 대해서 비교 · 설명하시오. (10점)

해 답

1. 납세의무자

1) 부가가치세의 납세의무자는 사업목적이 영리이든 비영리이든 관계 없이 사업상 독립적으로 과세대상이 되는 재화 · 용역을 공급하는 사업자이다.

2) 반면에 개별소비세의 납세의무자는 ① 과세물품의 제조 · 반출자 ② 과세장소 경영자 ③ 과세유흥장소 경영자 ④ 과세영업장소 경영자이다. 부가가치세에서는 재화의 수입에 대해서는 수입자를, 개별소비세에서는 관세를 납부할 의무가 있는 자를 각각 납세의무자로 규정하고 있다.

2. 과세대상

1) 부가가치세의 과세대상은 이론상 부가가치인데, 현행 부가가치세법은 전단계세액공제법을 채택하고 있기 때문에 사업자가 행하는 ① 재화의 공급과 ② 용역의 공급 ③ 재화의 수입으로 규정하고 있다. 면세대상이 아닌 한 원칙적으로 모든 재화 등의 공급이 과세대상이 되기 때문에 부가가치세를 '일반소비세'라고 부른다.

2) 반면에 개별소비세의 과세대상은 ① 과세물품의 제조 · 반출 및 수입 ② 과세장소에 입장행위 ③ 과세유흥장소에서 유흥음식행위 ④ 과세영업장소에서의 영업행위이다. 특정 과세물품 등을 선별하여 과세하므로 '개별소비세'라고 한다.

3. 과세표준

1) 부가가치세의 과세표준은 ① 해당 과세기간의 재화 · 용역의 공급가액(개별소비세 포함), ② 재화의 수입의 경우 관세의 과세가액에 관세, 개별소비세, 교통세 · 에너지 · 환경세, 주세, 교육세 · 농어촌특별세를 더한 금액으로 한다.

2) 반면에 개별소비세의 과세표준은 ① 과세물품은 반출하는 때의 가격 또는 수량 ② 과세물품의 수입은 관세를 징수하는 때의 가격(관세 포함) 또는 수량 ③ 과세장소에 입장행위는 입장하는 때의 인원 ④ 과세유흥장소에서 유흥음식행위는 그 요금 ④ 과세영업장소에서 영업행위는 총매출액을 과세표준으로 한다.

4. 세 율

1) 부가가치세는 모든 과세거래에 대하여 10%의 단일비례세율구조를 취하고 있다.

2) 반면에 개별소비세는 과세물품의 경우 품목별로 5%~20%의 차등비례세율, 금액 단위의 세율구조를 취하고 있다. 뿐만 아니라 개별소비세는 조세의 경기조절기능을 수행하기 위한 탄력세율과 기술개발을 선도하는 물품 등에 대한 잠정세율제도를 두고 있다.

사례 3 소비지국 과세원칙

개별소비세법상 소비지국 과세원칙 구현을 위한 제도를 설명하시오. (5점)

해 답

1. 과세물품의 수출

(1) 수출면세

과세물품을 수출에 대하여는 개별소비세를 면제한다. 여기서 '수출'이란 ① 내국물품을 국외로 반출하는 것 ② 국제경쟁입찰의 낙찰자가 국내에서 생산된 물품을 납품하는 것을 말한다.

(2) 세액환급

과세물품 또는 과세물품을 사용하여 제조 · 가공한 물품을 수출하는 경우에는 이미 납부한 개별소비세를 환급한다. 이 경우 납부 또는 징수할 세액이 있는 경우에는 공제한다. 이처럼 세액환급을 함으로써 완전면세를 구현한다.

(3) 수출물품의 미납세반출

수출할 물품을 다른 장소에 반출하는 것에 대해서는 개별소비세의 과세를 유보한 상태에서 반출하는 미납세반출을 적용받을 수 있다. 그 취지는 세액환급에 따른 절차를 간소화하고 자금부담을 덜어주기 위하는 데 있다.

2. 과세물품의 수입

과세물품을 수입하는 경우에도 국내의 과세물품과 동일하게 개별소비세를 과세한다. 이 경우 관세를 납부할 의무가 있는 자는 개별소비세를 납부해야 한다.

연습문제

1 개별소비세의 개념, 성격 및 개별소비세의 경제적 효과에 대하여 설명하시오. (10점)

2 부가가치세와 개별소비세의 공통점과 차이점을 설명하시오. (20점)

3 개별소비세와 부가가치세와의 차이점을 설명하시오. (2006년, 7점)

제2편 개별소비세법

제2장 개별소비세의 과세요건

제1절 과세대상과 세율

Ⅰ 서 설

개별소비세는 ① 특정한 물품의 반출·수입, ② 특정한 장소 입장행위(入場行爲), ③ 특정한 장소에서의 유흥음식행위(遊興飮食行爲) 및 ④ 특정한 장소에서의 영업행위에 대하여 차등비례세율로 부과한다(개소법 1).

개별소비세는 외부불경제를 가져오는 재화나 용역에 대해서 과세함으로써 소비억제를 위하여 부과되는 조세이다. 따라서 개별소비세의 과세대상과 세율을 어떻게 설정할 것인가는 현행 소비세제에서 매우 중요한 문제라고 할 수 있다. 이하에서는 개별소비세의 과세대상과 그 세율에 대하여 구체적으로 살펴보고자 한다.

Ⅱ 과세대상과 기본세율

1. 과세물품

(1) 1호에 해당하는 물품 : 투전기 등

다음의 물품에 대해서는 그 물품가격에 해당 세율을 적용한다(개소법 1 ② (1)).

구분	해당 물품	기본세율
가.	투전기(投錢機), 오락용 사행기구(射倖器具), 그 밖의 오락용품*	물품가격의 20%
나.	수렵용 총포류	

* 구체적으로 슬롯머신, 핀볼머신, 룰렛머신, 카지노용 기구, 골패와 화투류(마작·투전 및 트럼프류 포함)를 말한다(p.464 참조).

(2) 2호에 해당하는 물품 : 보석·귀금속제품, 고급제품

다음의 물품에 대해서는 그 물품가격 중 기준가격(p.471 이하 참조)을 초과하는 부분의 가격(이하 '과세가격'이라 한다)에 해당 세율을 적용한다(개소법 1 ② (2)).

구분	해당 물품(구체적 범위는 p.464 참조)	기본세율
가.	① 보석[공업용 다이아몬드, 가공하지 아니한 원석(原石) 및 나석(裸石)은 제외], 진주, 별갑(鼈甲), 산호, 호박(琥珀) 및 상아와 이를 사용한 제품(나석을 사용한 제품은 포함) ② 귀금속 제품	과세가격의 20%
나.	① 고급 시계 ② 고급 융단 ③ 고급 가방(p.465 참조) ④ 고급 모피와 그 제품[토끼 모피 및 그 제품과 생모피(生毛皮)는 제외] ⑤ 고급 가구	

(3) 3호에 해당하는 물품 : 승용차

다음의 자동차에 대해서는 그 물품가격에 해당 세율을 적용한다(개소법 1 ② (3)).

구분	해당 물품	기본세율
가.	배기량이 2,000cc를 초과하는 승용자동차와 캠핑용자동차	물품가격의 5% (탄력세율 p.459)
나.	배기량이 2,000cc 이하인 승용자동차(배기량이 1,000cc 이하인 것으로서 길이가 3.6m 이하이고 폭이 1.6m 이하인 것은 과세제외)와 이륜자동차	
다.	환경친화적 자동차 중 전기승용자동차(길이가 3.6m 이하이고 폭이 1.6m 이하인 것은 과세제외)	

참고사항 과세대상 자동차의 구체적 범위

① 자동차관리법에 따른 구분기준에 따라 **승용자동차**로 구분되는 자동차(**정원 8명 이하의 자동차로 한정하되, 배기량이 1,000cc 이하의 것으로서 길이가 3.6미터 이하이고 폭이 1.6미터 이하인 것은 제외한다**)

② 자동차관리법에 따른 구분기준에 따라 **이륜자동차**로 구분되는 자동차(내연기관을 원동기로 하는 것은 그 총배기량이 **125cc를 초과하는 것으로 한정**하며, 내연기관 외의 것을 원동기로 하는 것은 그 최고정격출력이 12킬로와트를 초과하는 것으로 한정한다). 다만, **국방용 또는 경찰용으로서 해당 기관의 장이 증명하는 것은 제외한다.**

③ 자동차관리법에 따른 **캠핑용자동차**로 구분되는 자동차(캠핑용 트레일러를 포함한다)

④ 「환경친화적 자동차의 개발·보급 촉진법」에 따른 **전기자동차, 하이브리드자동차 또는 수소전기자동차**로서 자동차관리법(제3조)에 따른 구분기준에 따라 **승용자동차**로 구분되는 자동차[**정원 8명 이하의 자동차로 한정하되, 길이가 3.6미터 이하이고 폭이 1.6미터 이하이며 배기량이 1,000cc 이하**(하이브리드자동차에 한정한다)**인 것은 제외한다**]

따라서 자동차관리법상 자동차 중 다음의 자동차는 개별소비세 과세물품에서 제외된다.

① 9인승 · 10인승 승용자동차와 경차(배기량이 1,000cc 이하의 것으로서 길이가 3.6미터 이하이고 폭이 1.6미터 이하인 것을 말한다)

② 승합자동차(캠핑용자동차는 제외)

③ 화물자동차

④ 특수자동차(견인차나 구난자동차 등을 말한다)

⑤ 125cc 미만 이륜자동차 ■

참고사항 환경친화적 전기자동차에 대한 개별소비세 감면(조특법 109)

구분	감면내용	적용기한
하이브리드자동차	개별소비세액이 70만원 이하인 경우 : 개별소비세액 전액	2009.7.1.~2026.12.31.까지 제조장 또는 보세구역에서 반출되는 것만 적용한다.
	개별소비세액이 70만원을 초과하는 경우 : 70만원	
전 기 자 동 차	개별소비세액이 300만원 이하인 경우 : 개별소비세액 전액	2012.1.1.~2026.12.31.까지 제조장 또는 보세구역에서 반출되는 것만 적용한다.
	개별소비세액이 300만원을 초과하는 경우 : 300만원	
수소전기자동차	개별소비세액이 400만원 이하인 경우 : 개별소비세액 전액	2017.1.1.~2026.12.31.까지 제조장 또는 보세구역에서 반출되는 것만 적용한다.
	개별소비세액이 400만원을 초과하는 경우 : 400만원	

(4) 4호에 해당하는 물품 : 석유류

다음의 물품에 대해서는 그 수량에 해당 세율을 적용한다(개소법 1 ② (4)).

구분	해당 물품		기본세율
가.	휘발유 및 이와 유사한 대체유류(代替油類)	교통 · 에너지 · 환경세 과세	리 터 당 475원*
나.	경유 및 이와 유사한 대체유류		리 터 당 340원*
다.	등유 및 이와 유사한 대체유류		리 터 당 90원
라.	중유(重油) 및 이와 유사한 대체유류		리 터 당 17원
마.	석유가스[액화(液化)한 것 포함] 중 프로판(프로판과 부탄을 혼합한 것 포함)		킬로그램당 20원 (탄력세율 : p.460 참조)
바.	석유가스 중 부탄(부탄과 프로판을 혼합한 것으로서 마목에 해당하지 않는 것 포함)		킬로그램당 252원 (탄력세율 : p.460 참조)

사.	천연가스(액화한 것 포함)	발전용 천연가스	킬로그램당 12원 (탄력세율 : p.460 참조)
		발전용 외의 천연가스	킬로그램당 60원
아.	석유제품 외의 물품을 제조하는 과정에서 부산물(副産物)로 생산되는 유류		리 터 당 90원
자.	유연탄		킬로그램당 46원

* 교통 · 에너지 · 환경세 과세 : 위의 가. 휘발유 및 이와 유사한 대체유류, 나. 경유 및 이와 유사한 대체유류는 2027.12.31.까지 목적세인 교통 · 에너지 · 환경세로 과세되고 있다. 따라서 이들 과세물품은 현재 개별소비세가 과세되지 않고 있다.

(5) 담배(6호에 해당하는 물품)

담배에 대한 종류별 세율은 아래 표와 같다. 이는 물품가격에 관계없이 과세표준 단위당 일정 금액을 세율로 하는 종량세 방식이다.

구분	종류	기본세율
피우는 담배	제1종 궐련	20개비당 594원
	제2종 파이프담배	1그램당 21원
	제3종 엽궐련	1그램당 61원
	제4종 각련	1그램당 21원
	제5종 전자담배	니코틴 용액 1밀리리터당 370원 ※ 연초 및 연초고형물을 사용하는 경우 1. 궐련형 : 20개비당 529원 2. 기타유형 : 1그램당 51원
	제6종 물담배	1그램당 422원
씹거나 머금는 담배		1그램당 215원
냄새 맡는 담배		1그램당 15원

흡연율을 감소시켜 국민의 건강을 증진하기 위하여 2015년부터 담배를 개별소비세 과세대상에 추가하였다.

참고사항 개별소비세 과세대상 담배의 범위

개별소비세 과세대상이 되는 '담배'란 다음 중 어느 하나를 말한다(개소법 1 ② (6)).

① 담배사업법(제2조 ①)에 따른 담배[연초(煙草)의 잎을 원료의 전부 또는 일부로 하여 피우거나, 빨거나, 증기로 흡입하거나, 씹거나, 냄새 맡기에 적합한 상태로 제조한 것을 말한다]

② 위 ①과 유사한 것으로서 연초(煙草)의 잎이 아닌 다른 부분을 원료의 전부 또는 일부로 하여 피우거나, 빨거나, 증기로 흡입하거나, 씹거나, 냄새 맡기에 적합한 상태로 제조한 것

③ 그 밖에 위 ①과 유사한 것으로서 대통령령으로 정하는 것(현재 대통령령으로 정하는 것은 없음) ■

2. 과세장소

입장행위(관련 설비 또는 용품의 이용 포함)에 대하여 개별소비세를 부과할 장소(이하 '과세장소'라 한다)와 그 세율은 다음과 같다(개소법 1 ③).

구분	과세장소	기본세율
1호	경마장(장외발매소* 포함)	1명 1회 입장에 대하여 1,000원(장외발매소는 2,000원)
2호	경륜장(競輪場, 장외매장 포함) · 경정장(競艇場, 장외매장 포함)	1명 1회 입장에 대하여 400원(장외매장은 800원)
3호	투전기를 설치한 장소	1명 1회 입장에 대하여 1만원
4호	골프장 ※ 다만, ① 국방부장관이 지도·감독하는 골프장과 ② 대중형 골프장은 제외한다.	1명 1회 입장에 대하여 1만2천원
5호	카지노 ※ 다만, 관광진흥법(제5조)에 따라 허가를 받은 외국인전용의 카지노로서 외국인(해외이주자 포함)이 입장하는 경우는 제외한다.	1명 1회 입장에 대하여 5만원(폐광지역 카지노의 경우에는 1명 1회 입장에 대하여 6,300원). 다만, 외국인은 1명 1회 입장에 대하여 2,000원으로 한다.

* '장외발매소'란 직접 경마장에 입장하지 않더라도 배팅할 수 있도록 현장중계가 가능한 장소를 말한다.

참고사항 골프장 개별소비세 과세체계 개편

종전		개정		
골프장의 구분	입장행위에 대해 개별소비세법 취급	골프장의 구분		입장행위에 대해 개별소비세법 취급
회원제 골프장 (회원 모집 ○)	개별소비세 과세 ○	회원제 골프장 (회원 모집 ○)		개별소비세 과세 ○
대중형 골프장* (회원 모집 ×)	개별소비세 과세 ×	비회원제 골프장	비회원제 일반	개별소비세 과세 ○
			대중형 골프장	개별소비세 과세 ×

* 최근 상당수의 대중골프장이 회원제 골프장을 상회하는 이용료 인상, 유사회원 모집 등의 편법 영업행위, 고가의 식음료 이용 강요 등 국민체육 진흥 및 골프대중화 정책의 취지와 상충하는 영업행태를 보임에 따라, 형식적으로 회원을 모집하지 않는 골프장으로 등록되기만 하면 실질적인 영업행태와 관계없이 일률적으로 각종 세제 및 지원정책 혜택의 대상이 되는 종전 제도에 대한 개선 필요성이 제기되어 위와 같이 개편하였다.

최근 「체육시설의 설치 · 이용에 관한 법률」이 골프장업의 세부 종류를 '회원제 골프장업'과 '비회원제 골프장업'으로 구분하고, 문화체육관광부장관은 국민체육진흥을 위하여 비회원제 골프장 중에서 이용료 등의 요건을 충족하는 골프장을 대중형 골프장으로 지정하여 지원할 수 있도록 개정되었다. 이에 따라 대중형 골프장이 아닌 비회원제 골프장에 입장행위에 대해서 개별소비세를 과세하도록 하였다. ■

3. 과세유흥장소

유흥음식행위에 대하여 개별소비세를 부과하는 장소(이하 '과세유흥장소'라 한다)와 그 세율은 다음과 같다(개소법 1 ④).

과세유흥장소	기본세율
① 유흥주점, ② 외국인전용 유흥음식점, ③ 그 밖에 이와 유사한 장소	유흥음식요금의 10%

여기서 '③ 그 밖에 이와 유사한 장소'란 「식품위생법 시행령」에 따른 유흥주점과 사실상 유사한 영업을 하는 장소(유흥종사자를 두지 않고 별도의 춤추는 공간이 없는 장소는 제외)를 말한다(개소법 2 ③).

참고사항 과세유흥장소의 구체적인 범위

1. 과세유흥장소 : 유흥주점, 외국인전용 유흥음식점, 그 밖에 이와 유사한 장소

(1) 유흥주점 : 주로 주류를 조리 · 판매하는 영업으로서 유흥종사자를 두거나 유흥시설을 설치할 수 있고 손님이 노래를 부르거나 춤을 추는 행위가 허용되는 장소(「식품위생법 시행령」 21,22,23)

① '유흥종사자'란 손님과 함께 술을 마시거나 노래 또는 춤으로 손님의 유흥을 돋우는 부녀자인 유흥접객원을 말한다.

② '유흥시설'이란 유흥종사자 또는 손님이 춤을 출 수 있도록 설치한 무도장을 말한다.

(2) 외국인전용 유흥음식점 : 식품위생 법령에 따른 유흥주점영업의 허가를 받은 자가 외국인이 이용하기 적합한 시설을 갖추어 그 시설을 이용하는 자에게 주류나 그 밖의 음식을 제공하고 노래와 춤을 감상하게 하거나 춤을 추게 하는 장소(「관광진흥법 시행령」 2 ① (6))

(3) 그 밖의 유사한 장소 : 「식품위생법 시행령」에 따른 유흥주점과 사실상 유사한 영업을 하는 장소를 말한다.

2. 「식품위생법」, 「관광진흥법」 그 밖의 법령에 따라 허가를 받지 않고 과세유흥장소를 경영하는 경우에도 그 장소를 과세대상인 과세유흥장소로 본다(개소법 1 ⑪).

3. 개별소비세는 특정한 장소에서의 유흥음식행위에 대하여 부과하므로 과세유흥장소 해당 여부는 영업장의 크기에 따라 결정되는 것은 아니다. ■

4. 과세영업장소

영업행위에 대하여 개별소비세를 부과하는 장소(이하 '과세영업장소'라 한다)와 그 세율은 다음과

같다(개소법 1 ⑤).

과세영업장소의 종류	기본세율
(1) 「폐광지역개발 지원에 관한 특별법(제11조)」에 따라 허가를 받은 카지노 ※ 내국인 · 외국인 대상 카지노로서 ㈜강원랜드 카지노를 말한다.	연간 총매출액에 따른 호별 세율
(2) 관광진흥법(제5조)에 따라 허가를 받은 카지노* * 외국인 전용 카지노를 말한다.	

호별	연간 총매출액	기본세율
1	500억원 이하	0%
2	500억원 초과 1,000억원 이하	500억원을 초과하는 금액의 2%
3	1,000억원 초과	10억원 + 1,000억원을 초과하는 금액의 4%

Ⅲ 탄력세율과 잠정세율

개별소비세는 앞에서 살펴본 과세대상에 대하여 그 세율(이하 '기본세율'이라 한다)을 적용하지만, 일정한 과세물품에 대해서는 탄력세율 및 잠정세율이 적용된다. 이 경우 잠정세율은 기본세율 및 탄력세율에 우선하여 적용한다(개소법 1의2 ③).

잠정세율 > 탄력세율 > 기본세율

1. 탄력세율

(1) 개 요

과세물품과 과세장소에 대한 세율은 ① 국민경제의 효율적 운용을 위하여 경기 조절, 가격안정, 수급 조정에 필요한 경우와 ② 유가변동에 따른 지원사업의 재원 조달에 필요한 경우 그 세율의 30%(석유류는 50%)의 범위에서 대통령령으로 조정할 수 있다(개소법 1 ⑦ 본문). 현재 탄력세율을 적용하는 과세대상과 세율은 다음과 같다(개소령 2의2 ①).

구분	해당 물품	탄력세율
3호 과세물품	자동차 ※ 자동차에 대한 탄력세율의 유효기간 : 2025.1.3.부터 2026.6.30.까지 효력을 갖는다.	3.5%

구분	품목	세부	세율
4호 과세물품	바. 석유가스 중 부탄		킬로그램당 275원 ※ 2026.1.1. ~ 2026.2.28.까지는 킬로그램당 247.5원으로 한다.
	다. 등유		리 터 당 63원
	마. 석유가스 중 프로판	가정 · 상업용	킬로그램당 14원
		수소제조용(*주1)	킬로그램당 14원
	사. 천연가스	집단에너지사업자 등에게 열과 전기를 동시에 생산하는 시설의 연료용으로 공급하는 물품(*주2) ※ 열병합 발전시설에 공급하는 천연가스를 말한다.	킬로그램당 8.4원
		수소를 제조하기 위해 수소추출설비에 공급하는 물품 ※ 수소제조용 천연가스를 말한다.	킬로그램당 8.4원
		발전용 외의 물품	킬로그램당 42원
	아. 석유제품 외의 물품을 제조하는 과정에서 부산물로 생산되는 유류		리 터 당 63원

(*주1) 수소를 제조하기 위하여 수소추출설비나 연료전지에 공급(연료용으로 공급하는 것은 제외)하는 것을 말한다.

(*주2) '집단에너지사업자 등'이란 집단에너지사업법에 따른 사업자, 신 · 재생에너지 발전사업자(도시가스사업법에 따른 대량수요자에게 공급하는 경우는 제외), 자가용전기설비를 설치한 자를 말한다.

참고사항 「용도별 탄력세율 적용 물품 사용예정서」의 제출

탄력세율 적용물품 중 ① 석유가스 중 가정 · 상업용 프로판 및 ② 천연가스에 대하여 탄력세율을 적용받으려는 자는 해당 물품을 제조장에서 반출한 날이 속하는 달의 다음 달 말일까지(수입물품의 경우에는 그 수입신고를 할 때) ㉠ 반출자 또는 수입신고인의 인적사항, ㉡ 반출장소, ㉢ 탄력세율 대상 물품의 명세 및 사용 계획, ㉣ 그 밖의 참고사항을 적은 「용도별 탄력세율 적용 물품 사용예정서」를 관할세무서장(또는 세관장)에게 제출해야 한다(조특령 2의2 ③). ■

참고사항 탄력세율 적용기한 제한

탄력세율제도는 내구소비재에 대한 수요조절을 통하여 경기의 안정을 도모하는 데 그 취지가 있다. 따라서 탄력세율의 적용기간은 1년을 초과하지 못하도록 제한할 필요가 있다. 그 논거로는 경기대책이 필요한 경우에는 수요조절의 효과가 극대화된다는 점을 들 수 있다. 또한 일반적으로 탄력세율제도에 따라 인하 조정된 세율을 적용받는 납세의무자는 이를 기득권화하여 계속하여 인하 조정된 세율을 적용받도록 요구하기 때문에 탄력세율제도가 경기조절목적 이외의 요청을 위하여 적용될 소지가 많기 때문이다(서희열, 『소비세제의 평가와 개선방향』(세무학연구, 1998.9.) p.408). ■

(2) 탄력세율의 적용한도

과세물품(1호 · 2호 · 3호 : 종가세 대상 과세물품) 중 대통령령으로 정하는 물품(2025.1.3.부터 2026.6.30.까지 반출하는 승용차)에 대해서는 앞의 (1)에 따라 세율을 조정하는 경우 ① 기본세율(5%)에 따른 산출세액과 ② 조정 후 세율(3.5%)에 따른 산출세액 간 차액(① − ②)은 과세물품당 100만원을 한도로 한다(탄력세율의 적용한도, 개소법 1 ⑦ 단서, 개소령 2의2 ②). 이처럼 승용차에 대해서 탄력세율의 적용한도를 둔 취지는 고가 승용차에 대한 과도한 세부담 경감을 방지하려는데 있다.

[도 표] 승용차에 대한 탄력세율의 적용한도 사례[승용차 반출가격이 1억원이고, 탄력세율(3.5%)이 적용된다고 가정]

① 기본세율에 따른 산출세액 : 1억원×5% = 5,000,000원
② 탄력세율에 따른 산출세액 : 1억원×3.5% = 3,500,000원
③ 차액 ① − ② : 1,500,000원
④ 탄력세율 적용한도 : 1,000,000원
∵ 사례의 경우 승용차의 개별소비세 산출세액(납부세액)
→ 5,000,000원 − MIN(③, ④) = 4,000,000원 (1억원×4%)

2. 잠정세율

과세물품 중 기술개발을 선도하거나 환경친화적인 물품으로서 대통령령으로 정하는 물품에 대해서는 다음의 세율을 적용한다(개소법 1의2 ①).

적용기간	잠정세율
① 대통령령으로 정하는 날부터 4년간	기본세율의 10%
② 위 ①에 따른 기간이 지난 날부터 1년간	기본세율의 40%
③ 위 ②에 따른 기간이 지난 날부터 1년간	기본세율의 70%

이러한 잠정세율은 대통령령으로 정하는 바에 따라 그 적용을 단축 또는 중지하거나 기본세율의 범위에서 인상할 수 있다(개소법 1의2 ②). 과거에 이에 따라 환경친화적 경유승용차에 대하여 잠정세율을 적용한 바 있으나, 현재 잠정세율 적용대상으로 정한 것은 없다.

Ⅳ 비과세 물품

다음 중 어느 하나에 해당하는 물품에 대해서는 개별소비세를 부과하지 않는다(개소법 2).

1) 자기(법인은 제외)와 자기 가족만이 사용하기 위하여 자기가 직접 제조하는 물품 : 이러한 자가용품이 전량 자기나 자기가족의 개인적인 사용 또는 소비에 충당하기 위한 물품인 경우에만 적용한다. 이것은 이른바 개인적 사용목적으로 제조하는 물품으로서 부가가치세에 있어서 비사업자가 공급하는 것에 대해서는 과세하지 않는 것과 마찬가지로 개별소비세도 비과세한다.

2) 관세법에 따라 간이세율을 적용하는 물품 : 여기서 '간이세율을 적용하는 물품'이란 관세법 규정에 따라 간이세율이 적용되는 여행자휴대품 · 우편물 · 별송품 등을 말한다.

3) 「축산물 위생관리법」 · 약사법 또는 식품위생법에 따라 제조장에서 수거되는 물품 : '수거되는 물품'이란 권한 있는 공무원이 품질 · 규격의 감정 등 정당한 직무수행을 위하여 수거하는 과세물품을 말한다.

4) 알코올분 1도 이상을 함유하는 물품으로서 「주세법」에 따라 주세(酒稅)가 부과되는 물품 : 이처럼 개별소비세를 비과세하는 취지는 주세와 이중과세를 방지하기 위한 데 있다.

사 례 탄력세율과 잠정세율

개별소비세법과 관련하여 다음 물음에 답하시오. (2025년 세무사 2차, 20점)

【물음 1】 다음 사례에서 탄력세율 적용에 따른 개별소비세 경감에 대한 자동차 영업사원 의견에서 오류는 무엇인지 근거와 함께 서술하시오. (단, 다음 사례의 승용자동차는 개별소비세 과세대상 및 탄력세율 적용대상에 해당한다고 가정함) (12점)

> 중소기업을 경영하는 甲은 개인적으로 사용하는 승용자동차의 교체를 생각하고 있는데, 신규로 구입하고자 하는 승용자동차는 물품가격이 1억5천만원에 달하는 고가여서 개별소비세 부담이 고민되는 상황이었다. 이에 甲은 자동차 영업사원에게 해당 승용자동차를 보다 저렴하게 취득하는 방법이 없는지 문의하던 중, "2026년 3월에 구매하는 경우 개별소비세의 탄력세율(3.5%)이 적용되기 때문에 기본세율을 적용할 때에 비해 경감되는 개별소비세가 200만원 이상 된다."는 영업사원의 얘기를 듣고 구매를 결정했다. 하지만 甲의 담당 세무사는 이와 같은 승용자동차 구입시 탄력세율 적용에 따른 개별소비세 경감에 대한 자동차 영업사원의 의견에 오류가 있음을 발견하고, 이를 甲에게 알려주려고 한다.

【물음 2】 개별소비세의 탄력세율이 적용될 수 있는 경우를 2가지로 구분하여 서술하고, 과세물품 중 잠정세율이 적용될 수 있는 대상을 2가지로 구분하여 서술하시오. (8점)

해 답

【물음 1】 탄력세율 적용에 따른 개별소비세 경감

1. 탄력세율 적용한도

승용차에 대해서는 탄력세율의 적용에 따라 세율을 조정하는 경우 기본세율(5%)에 따른 산출세액과 조정 후 세율(3.5%)에 따른 산출세액 간 차액은 과세물품당 100만원을 한도로 한다. 이러한 승용차에 대해서 탄력세율의 적용한도를 둔 취지는 고가 승용차에 대한 과도한 세부담 경감을 방지하려는 데 있다.

2. 사례의 경우

(1) 탄력세율로 적용으로 인한 경감세액

甲이 구입하는 승용자동차는 물품가격이 1억5천만원인 경우 개별소비세 납부세액은 다음과 같다.

① 기본세율에 따른 산출세액 : 1억5천만원×5% = 7,500,000원
② 탄력세율에 따른 산출세액 : 1억5천만원×3.5% = 5,250,000원
③ 차액 ① – ② : 2,250,000원
④ 탄력세율 적용한도 : 1,000,000원
⑤ 탄력세율로 적용으로 인한 경감세액 : MIN (③, ④) = 1,000,000원
∵ 사례의 경우 승용차의 개별소비세 납부세액
→ 7,500,000원 – 1,000,000원(경감세액) = 6,500,000원 (1억5천만원×4.33333%)

(2) 영업사원의 오류

위 (1)에서 보듯이 기본세율(5%)에 따른 산출세액과 조정 후 세율(3.5%)에 따른 산출세액 간 차액(2,250,000원)은 과세물품당 100만원을 한도로 한다. 따라서 사례에서 탄력세율 적용으로 경감되는 세액은 100만원이다. 따라서 개별소비세의 탄력세율이 적용되기 때문에 기본세율을 적용할 때에 비해 경감되는 개별소비세가 200만원 이상이 된다는 영업사원의 의견에는 오류가 있다.

【물음 2】 탄력세율과 잠정세율

1. 탄력세율이 적용될 수 있는 경우 2가지

과세물품과 과세장소에 대한 세율은 다음 중 어느 하나에 해당하는 경우 그 세율의 30%(석유류는 50%)의 범위에서 대통령령으로 조정할 수 있다.

① 국민경제의 효율적 운용을 위하여 경기 조절, 가격안정, 수급 조정에 필요한 경우
② 유가변동에 따른 지원사업의 재원 조달에 필요한 경우

2. 잠정세율이 적용될 수 있는 대상 2가지

과세물품 중 ① 기술개발을 선도하거나 ② 환경친화적인 물품으로서 대통령령으로 정하는 물품에 대해서는 다음의 잠정세율을 적용한다.

① 대통령령으로 정하는 날부터 4년간 : 기본세율의 10%
② 위 ①에 따른 기간이 지난 날부터 1년간 : 기본세율의 40%
③ 위 ②에 따른 기간이 지난 날부터 1년간 : 기본세율의 70%

과거에 이에 따라 환경친화적 경유승용차에 대하여 잠정세율을 적용한 바 있으나, 현재 잠정세율 적용대상으로 정한 것은 없다.

보론 과세물품과 과세장소의 구체적인 범위

[별표 1]

과세물품(제1조 관련)

구분	과세물품
1. 법 제1조제2항제1호 가목에 해당하는 물품	투전기, 오락용 사행 기구, 그 밖의 오락용품 슬롯머신, 핀볼머신(호스시핀나와 빙고를 포함한다), 룰렛머신, 카지노용 기구, 골패와 화투류(마작 · 투전 및 트럼프류를 포함한다)
2. 법 제1조제2항제1호 나목에 해당하는 물품	수렵용 총포류(공기총은 제외한다)
3. 법 제1조제2항제2호 가목1) · 2)에 해당하는 물품	가. 보석(공업용 다이아몬드와 가공하지 않은 원석 및 나석은 제외한다), 진주, 별갑, 산호, 호박 및 상아와 이를 사용한 제품 1) 보석 및 보석을 사용한 제품 가) 보석(합성 또는 재생의 것을 포함한다) 다이아몬드, 루비, 사파이어, 알렉산드라이트, 크리소베릴, 토파즈, 스피넬, 에메랄드, 아콰마린, 베릴, 투어멀린, 지르콘, 크리소라이트, 가네트, 오팔, 비취(연옥은 제외한다), 마노, 묘안석, 공작석, 터키석, 월장석, 청금석, 쿤자이트, 부라스톤, 헤마타이트 나) 보석을 사용한 제품 장신용구, 화장용구 2) 진주 및 진주를 사용한 제품 가) 진주 나) 진주를 사용한 제품 장신용구, 화장용구 3) 별갑(귀갑을 포함한다), 산호(흑산호는 제외한다), 호박 및 상아와 이를 사용한 제품 가) 별갑(별갑 또는 귀갑을 피복한 것을 포함한다), 산호, 호박 및 상아 나) 별갑, 산호, 호박 및 상아를 사용한 제품 장신용구, 화장용구, 끽연용구, 식탁용구

	나. 귀금속제품(중고품인 귀금속제품을 사용하여 가공한 것과 국가적 기념행사용으로 특별히 제작한 것은 제외한다) 장신용구, 화장용구, 끽연용구, 식탁용구, 우승배, 우승패, 실내장식용품, 기념품, 그 밖에 이와 유사한 용품
4. 법 제1조제2항제2호 가목3)부터 5)까지 및 나목에 해당하는 물품	가. 삭제(고급사진기) 나. 고급시계[스톱워치, 맹인용·차량용·항공기용·선박용·옥외용·시각기록(측정)용·중앙집중식 시계 및 워치무브먼트는 제외한다] 다. 고급 모피와 그 제품[토끼모피 및 그 제품과 생모피(生毛皮)는 제외한다] 라. 고급 융단[섬유를 부착·압착 또는 식모(植毛)한 카펫과 표면깔개인 섬유매트를 포함한다] 마. 고급 가방 핸드백, 서류가방, 배낭, 여행가방, 지갑 및 이와 유사한 제품(제품의 외형 또는 구조가 특정한 물품을 전용으로 운반 또는 보관하기에 적합하도록 제조된 것은 제외한다) 바. 고급 가구(공예창작품은 제외한다) 1) 응접용의자, 의자, 걸상류 2) 장롱, 장롱 외의 장류, 침대, 상자류, 화장대, 책상, 탁자류, 경대, 목조조각병풍, 조명기구, 실내장식용품, 보석상자, 식탁용품
5. 법 제1조제2항제3호에 해당하는 물품	자동차 가. 「자동차관리법(제3조)」에 따른 구분기준에 따라 승용자동차로 구분되는 자동차(정원 8명 이하의 자동차로 한정하되, 배기량이 1,000cc 이하의 것으로서 길이가 3.6미터 이하이고 폭이 1.6미터 이하인 것은 제외한다) 나. 「자동차관리법(제3조)」에 따른 구분기준에 따라 이륜자동차로 구분되는 자동차(내연기관을 원동기로 하는 것은 그 총배기량이 125cc를 초과하는 것으로 한정하며, 내연기관 외의 것을 원동기로 하는 것은 그 최고정격출력이 12킬로와트를 초과하는 것으로 한정한다). 다만, 국방용 또는 경찰용으로서 해당 기관의 장이 증명하는 것은 제외한다. 다. 「자동차관리법(제29조 ③)」에 따른 캠핑용자동차로 구분되는 자동차(캠핑용 트레일러를 포함한다) 라. 「환경친화적 자동차의 개발 및 보급 촉진에 관한 법률(제2조 (3),(5),(6))」에 따른 전기자동차, 하이브리드자동차 또는 수소전기자동차로서 「자동차관리법(제3조)」에 따른 구분기준에 따라 승용자동차로 구분되는 자동차[정원 8명 이하의 자동차로 한정하되, 길이가 3.6미터 이하이고 폭이 1.6미터 이하이며 배기량이 1,000cc 이하(하이브리드자동차에 한정한다)인 것은 제외한다]
6. 법 제1조제2항제4호에 해당하는 물품	가. 휘발유 및 휘발유와 유사한 대체유류 1) 휘발유

2) 휘발유와 유사한 대체유류(「석유 및 석유대체연료 사업법」 제2조제10호에 따른 유사석유제품에 해당하는 것을 말한다)

나. 경유 및 경유와 유사한 대체유류

1) 경유

2) 경유와 유사한 대체유류(「석유 및 석유대체연료 사업법」 제2조제10호에 따른 유사석유제품에 해당하는 것을 말한다)

다. 등유

라. 중유 및 중유와 유사한 대체유류

1) 중유

2) 중유와 유사한 대체유류(「석유 및 석유대체연료 사업법」 제24조제2항에 따라 지식경제부장관이 고시하는 석유제품 중 부생연료유에 해당하는 것을 말한다)

마. 석유가스(액화한 것을 포함한다. 이하 같다) 중 프로판(프로판과 부탄을 혼합한 것으로서 탄소수 3개인 탄화수소와 혼합률이 몰백분율 기준으로 100분의 90 이상인 것을 포함한다)

바. 석유가스 중 부탄(부탄과 프로판을 혼합한 것으로서 마목에 해당하지 않는 것을 포함한다)

사. 천연가스(액화한 것을 포함한다)

아. 석유제품 외의 물품을 제조하는 과정에서 부산물로 생산되는 유류로서 「석유 및 석유대체연료 사업법」 제24조제2항에 따라 지식경제부장관이 고시하는 석유제품 중 등유를 대체하여 사용되는 부생연료유

자. 유연탄(「관세법」 별표 관세율표 번호 제2701.12호, 제2701.19호에 해당하는 것을 말한다)

[별표 2]

과세장소(제1조 관련)

1. 경마장
2. 투전기를 시설한 장소
3. 골프장. 다만, 다음 각 목의 어느 하나에 해당하는 골프장은 제외한다.
   가. 「체육시설의 설치 · 이용에 관한 법률 시행령」 제5조제3항 단서에 따라 국방부장관이 지도 · 감독하는 골프장
   나. 「체육시설의 설치 · 이용에 관한 법률」 10조의2제2항에 따라 문화체육관광부장관이 지정한 대중형 골프장
4. 카지노. 다만, 관광진흥법에 따라 허가를 받은 외국인전용의 카지노로서 외국인(「해외이주법」 제2조에 따른 해외이주자를 포함한다)이 입장하는 경우는 제외한다.
5. 경륜장 · 경정장

제2절 납세의무자와 과세표준

I 납세의무자

1. 개 요

개별소비세의 납세의무자는 과세물품을 제조하여 반출하는 자 및 과세장소 · 과세유흥장소 · 과세영업장소의 경영자이다. 궁극적으로 개별소비세의 부담은 최종소비자에게 전가 · 귀착되지만, 이들은 경제적 의미의 담세자일 뿐 법률적으로는 아무런 의무도 지지 않는다.

따라서 개별소비세의 납세의무자는 제조 · 반출자, 경영자이며, 이들은 조세법률관계의 일방당사자로서 국가와의 관계에서 권리의무의 주체가 되는 것이다. 이는 부가가치세법에서 사업자에 대응된다.

2. 납세의무자의 범위

다음에 해당하는 자는 개별소비세를 납부할 의무가 있다(개소법 3).

① 과세물품의 반출자

㉠ 과세물품을 제조하여 반출하는 자

㉡ 관세법에 따라 관세를 납부할 의무가 있는 자로서 과세물품을 관세법에 따른 보세구역(保稅區域)에서 반출하는 자

㉢ 위 ㉡ 외에 관세를 징수하는 물품에 대해서는 그 관세를 납부할 의무가 있는 자

② 과세장소의 경영자

③ 과세유흥장소의 경영자

④ 과세영업장소의 경영자

참고사항 수탁제조 물품의 납세의무(개소통 3-0…2)

① 과세물품(보석, 귀금속제품은 제외)을 수탁받아 제조하는 경우에 동 물품에 대한 납세의무자는 수탁자가 되며 이 경우 과세표준 계산은 p.469 ⑩에 따른다.

② 수탁자가 미납세반출 규정(원료를 공급받거나 위탁 공임만을 받고 제조한 물품을 제조장에서 위탁자의 제품 저장창고에 반출하는 것, p.514 2) 참조)에 따라 위탁자에게 미납세반출한 후, 위탁자가 같은 물품을 다시 반출하는 경우에는 위탁자가 납세의무자가 된다. ■

Ⅱ 과세표준

과세표준이란 세액산출의 기초가 되는 가격 또는 수량을 말하는데, 이하에서 설명하는 개별소비세의 과세표준(반출가격 또는 유흥음식요금)에는 해당 물품 또는 유흥음식행위에 대한 개별소비세와 부가가치세를 포함하지 않는다(개소법 8 ②).

1. 과세물품의 반출

(1) 일반적인 경우

1) 과세물품을 납세의무자가 제조하여 반출하는 경우 : 제조장에서 반출할 때의 가격 또는 수량. 다만, 휘발유 및 이와 유사한 대체유류의 경우에는 다음과 같이 계산한 수량으로 한다.

과세표준(수량) = 제조장에서 반출할 때의 수량×[1 − 자연감소율(2/1,000)*]

* 자연감소율 : 제조장에서 반출한 후 소비자에게 판매할 때까지 수송 및 저장 과정에서 증발 등으로 자연 감소되는 정도를 고려하여 정한 비율을 말한다(개소령 10의2).

2) 과세물품을 납세의무자가 보세구역에서 반출하는 경우 : 수입신고를 할 때의 관세의 과세가격과 관세를 합한 금액 또는 수량. 여기서 '관세의 과세가액'이란 수입물품의 대가로서 구매자가 지급하였거나 지급해야 할 총금액으로서 관세의 과세표준이 되는 가격을 말한다.

3) 보세구역에서 반출하는 물품 외의 관세를 징수하는 물품인 경우 : 해당 관세를 징수할 때의 관세의 과세가격과 관세를 합한 금액 또는 수량

참고사항 제조장에서 반출하는 물품의 가격 계산

반출할 때의 가격은 제조자가 실제로 반출하는 금액으로 한다. 다만, 다음 중 어느 하나에 해당하는 경우에는 다음의 구분에 따른 해당 금액으로 한다(개소령 8 ①).

① 외상 또는 할부로 반출하는 경우 : 해당 물품을 인도한 날의 실제 반출가격에 상당하는 금액
② 원재료 또는 자금의 공급을 조건으로 낮은 가격으로 반출하거나 자가 제조물품을 다른 제조자의 제품과 저렴한 가격으로 교환하는 경우 : 반출 또는 교환한 날의 실제 반출가격에 상당하는 금액
③ 물품을 반출한 후 일정한 금액을 매수자에게 되돌려주는 경우 : 처음의 반출가격에 상당하는 금액
④ 반출되는 물품의 운송비를 그 운송거리나 운송방법에 상관없이 같은 금액으로 하여 그 반출가격에 포함시키거나 그 금액을 별도로 받는 경우(운송기관이 운송을 담당하는 경우를 포함한다) : 그 운송비를 포함한 가격에 상당하는 금액
⑤ 입찰의 방법으로 물품을 반출할 때 입찰견적서에 운송비가 따로 계상되어 있더라도 그 낙찰가격에 운송비를 포함하고 있는 경우 : 그 운송비를 포함한 가격에 상당하는 금액
⑥ 제조장에서 무상으로 반출하는 경우 : 그 물품을 반출한 날의 실제 반출가격에 상당하는 금액

⑦ 제조장에 있다가 공매, 경매 또는 파산절차로 환가되는 경우 : 환가된 때의 가격(해당 물품에 대한 개별소비세와 부가가치세를 포함하지 않은 금액으로 한다)에 상당하는 금액

⑧ 과세물품의 제조를 사실상 폐지한 경우에 제조장에 남아 있는 경우 : 폐지한 때의 실제 반출가격에 상당하는 금액. 이 경우 반출 유예 승인을 받은 경우에는 해당 물품이 실제로 반출되었거나 반출된 것으로 보아 개별소비세를 부과하게 되는 때의 실제 반출가격에 상당하는 금액으로 한다.

⑨ 다음 중 어느 하나에 해당하는 경우에는 다음의 제조장 반출 물품의 가격 계산 특례에 따른 금액으로 한다(개소령 8 ① (9)).

사유	제조장 반출 물품의 가격
① 제조장과 특수한 관계에 있는 곳*에 판매를 위탁하거나 판매를 전담하게 하는 경우로서 통상적인 거래를 할 때 실제 판매가격이 없거나 실제 판매가격에 상당하는 금액보다 저렴한 가격으로 반출하는 경우 * '제조장과 특수한 관계에 있는 곳'이란 다음 중 어느 하나에 해당하는 장소를 말한다(개소령 2 (6)). ㉠ 제조자가 자기의 제품을 직접 판매하기 위하여 특별히 설치한 판매장(하치장을 포함한다) ㉡ 제조자와 특수관계에 있는 자가 경영하는 판매장	해당 물품의 판매가격* − 판매가격* × 기준판매비율(*주) = 추계반출가격 * 해당 물품에 대한 개별소비세와 부가가치세를 포함하지 않는 금액으로 한다.
② 제조장에서 별도의 판매장을 거치지 않고 소비자에게 직접 반출하는 경우	
③ 제조자와 판매자가 동일한 경우	

(*주) 기준판매비율 : ① 기준판매비율은 업종 및 기업의 특성에 따라 조사한 평균적인 판매비용(제조단계 후 발생하는 비용을 말한다) 등을 고려해 국세청장이 고시하는 비율로 한다. 이 경우 국세청장은 품목(과세물품 규정에 분류된 물품을 말한다)을 구분해 기준판매비율을 고시할 수 있다(개소령 8의2 ①). ② 위 ①에 따라 고시한 기준판매비율은 그 고시한 날이 속하는 분기의 종료일 다음 날부터 3년간 적용한다(개소령 8의2 ②).
현재 국세청장이 고시한 해당 과세물품에 적용할 기준판매비율은 다음과 같다(국세청고시 제2023-13호, 2023. 7.1.).

구분	승용자동차	고급 가구	고급 모피
기준판매비율	18.0%	38.9%	24.6%

⑩ 수탁가공한 물품(보석·귀금속제품은 제외)에 대하여 수탁자가 해당 세액을 납부하는 경우 : 그 물품을 인도한 날에 위탁자가 실제로 판매하는 가격에 상당하는 금액. 여기서 '수탁가공'이란 위탁자가 물품을 직접 제조하지 않고 수탁자에게 의뢰하여 제조하는 경우로서 다음의 요건을 모두 충족하는 것을 말한다(개소령 8 ⑩).

㉠ 위탁자가 생산할 물품을 직접 기획(고안·디자인 및 견본제작 등을 말한다)할 것

㉡ 해당 물품을 위탁자의 명의로 제조할 것

㉢ 해당 물품을 인수하여 위탁자의 책임하에 직접 판매할 것 ■

참고사항 반출가격 계산의 특례

1. 원재료의 일부 또는 전부를 제공하여 과세물품의 제조를 위탁하는 경우에는 그 수탁자를 제조자로 보아 '제조장에서 반출하는 물품의 가격 계산' 규정을 적용한다(개소령 9 ②).

2. 앞의 1.의 규정에도 불구하고 과세물품의 제조를 위탁하는 경우로서 다음 중 어느 하나에 해당하는 경우에는 반출가격을 다음의 구분에 따른 해당 금액으로 한다(개소령 9 ③).

① 보석 · 귀금속 제품 또는 캠핑용자동차(개별소비세 과세대상인 승용자동차를 자동차관리법에 따라 튜닝한 경우) : 다음의 구분에 따른 금액

구분	반출가격
• 위탁자가 제공한 원재료만으로 제조 · 가공 또는 수리한 경우	위탁공임
• 위탁자가 제공한 것 외의 원재료를 수탁자가 보충 · 첨가한 경우	(보충 · 첨가된 원재료의 가격 + 위탁공임)

② 캠핑용자동차(개별소비세 과세대상에 해당하지 않는 자동차를 자동차관리법에 따라 튜닝한 경우) : 다음의 금액

반출가격 = (㉠ + ㉡ + ㉢)
㉠ 위탁자가 제공한 자동차의 가격(수탁자의 제조장에서 반출한 때의 지방세법상 시가표준액으로 한다) ㉡ 수탁자가 보충 · 첨가한 원재료의 가격 ㉢ 위탁공임

참고사항 용기대금과 포장비용 과세표준에 포함 여부

1. 원칙(과세표준에 포함)

과세물품의 용기대금과 포장비용은 원칙적으로 과세표준에 포함한다.

2. 예외(과세표준에서 제외)

과세물품의 용기 또는 포장을 장래 해당 제조장에 반환할 것을 조건으로 용기대금 또는 포장비용을 뺀 금액으로 반출하면서 국세청장이 지정한 종류와 절차에 따라 관할세무서장의 승인을 받은 경우에는, 그 용기대금과 포장비용을 과세표준에서 제외한다. 다만, 수입물품의 용기 또는 포장에 대해서는 그 용기대금 또는 포장비용이 내용물인 과세물품의 가격보다 비싼 것으로서 수입신고 수리일부터 6개월 이내에 수출자에게 반환할 것을 조건으로 보세구역 관할세관장의 승인을 받은 경우에 한정하여, 용기대금과 포장비용을 과세표준에서 제외한다(개소법 8 ②, 개소령 13 ①). ■

(2) 보석 · 귀금속제품 및 고급물품

① 보석 · 귀금속제품은 (1)의 반출가격(또는 관세의 과세가격과 관세를 합한 금액) 중 기준가격을 초과하는 부분의 가격(과세가격)을 과세표준으로 한다. 그리고 ② 고급물품도 (1)의 반출가격(또는 관세의 과세가격과 관세를 합한 금액) 중 기준가격을 초과하는 부분의 가격(과세가격)을 과세표준으로 한다(개소법 8 단서). 여기서 '기준가격'은 다음과 같다(개소령 4).

과세물품	기준가격
① 보석 · 진주 · 별갑 · 산호 · 호박 및 상아와 이를 사용한 제품	1개당 500만원
② 귀금속 제품	1개당 500만원
① 고급시계	1개당 200만원
② 고급융단	1개당 MAX(200만원, 10만원/m² × 면적(m²))
③ 고급가방	1개당 200만원
④ 고급모피와 그 제품	1개당 500만원
⑤ 고급가구	1조당 800만원 또는 1개당 500만원

※ 여기서 '조(組)'란 2개 이상이 함께 사용되는 물품으로서 보통 짝을 이루어 거래되는 것을 말한다(개소령 2 (4)).

2. 과세장소 입장행위

이 경우 과세표준은 입장할 때의 인원(人員)으로 한다(개소법 8 ① (5)).

참고사항 골프장 입장행위시 과세표준이 되는 인원의 계산

강설, 폭우, 안개 등 천재지변 또는 그 밖의 불가항력적인 사유로 골프행위를 중단하는 경우 과세표준이 되는 골프장 입장할 때의 인원은 다음 계산식에 따라 계산한다(개소령 11의2).

$$\text{과세표준(인원)} = \text{당초 골프장에 입장할 때의 인원} \times \frac{\text{실제 이용한 홀 수}}{\text{전체 홀 수}}$$

3. 과세유흥장소에서의 유흥음식행위

1) 이 경우 과세표준은 유흥음식행위를 할 때의 요금으로 한다(개소법 8 ① (6)).

여기서 '요금'이란 음식료, 연주료, 그 밖에 명목이 무엇이든 상관없이 과세유흥장소의 경영자가 유흥음식행위를 하는 사람으로부터 받는 금액을 말한다. 다만, 그 받는 금액 중 종업원(자유직업소득자를 포함한다)의 봉사료가 포함되어 있는 경우로서 다음의 요건을 갖춘 경우에는 그 봉사료는 유흥음식요금에 포함하지 않는다(개소령 2 (8)).

① 세금계산서 · 영수증 · 신용카드매출전표 또는 직불카드영수증에 봉사료 금액을 구분 기재하였을 것

② 봉사료가 해당 종업원에게 지급된 사실이 확인될 것

③ 과세유흥장소의 경영자가 그 봉사료를 자기의 수입금액에 계상(計上)하지 않을 것

2) 과세유흥장소의 경영자가 유흥음식 요금의 전부 또는 일부를 받지 않고 유흥음식행위를 하게 한 경우에는 그 요금의 전액을 받은 것으로 본다(개소법 7).

참고사항 **금전등록기를 설치한 경우 유흥음식요금 계산의 특례**

금전등록기를 설치 · 사용하는 과세유흥장소의 경영자가 금전등록기에 의하여 계산서(영수증)를 발급하고, 감사테이프를 보관한 때에는 **현금 수입금액을 과세표준으로 할 수 있다**(개소법 8 ① (6) 단서). 다만, 유흥음식행위를 무상 또는 외상으로 하게 한 경우에는 다음에 따라 과세표준을 계산한다(개소령 14의2).

① 무상으로 유흥음식행위를 하게 한 것은 해당 월분의 과세표준에 합산한다.

② 외상으로 유흥음식행위를 하게 한 것으로서 경영을 폐지한 때의 외상매출금 잔액은 신고시의 과세표준에 합산한다. ■

참고사항 **봉사료의 과세표준**(개소통 8-8…16)

과세유흥장소의 경영자가 유흥음식요금 영수시 일정률의 금액을 봉사료 명목으로 직접 고객에게 청구하여 지급받아 해당 서비스를 제공한 종업원이 누구인지를 불문하고 전종업원에게 일정한 지급기준에 의거 지급하는 경우에는 영수증 · 세금계산서 · 신용카드매출전표 또는 금전등록기계산서에 **봉사료를 구분 기재하더라도 과세표준에 포함한다**. 다만 봉사료를 사업자의 청구에 의하지 않고 고객이 스스로 지급하는 경우에는 과세표준에 포함하지 않는다. ■

4. 과세영업장소에서의 영업행위

이 경우 과세표준은 연간 총매출액으로 한다(개소법 8 ① (7)). 여기서 '총매출액'이란 카지노영업과 관련하여 고객으로부터 받은 총금액에서 고객에게 지불한 총금액을 공제한 금액을 말한다.

총매출액 = 카지노영업과 관련하여 (고객으로부터 받은 총금액 − 고객에게 지불한 총금액)

[도 표] 개별소비세의 과세표준

과세대상		과세표준
1. 과세물품	① 제조하여 반출하는 물품	• 제조장에서 반출할 때의 가격 또는 수량 ※ 보석 · 귀금속제품 및 고급물품은 (반출가격 − 기준가격)
	② 보세구역에서 반출하는 수입물품	• 수입신고를 할 때의 관세의 과세가격과 관세를 합한 금액 또는 수량 ※ 보석 · 귀금속제품 및 고급물품은 (관세 과세가격 · 관세 − 기준가격) 금액 또는 수량
	③ 위 ② 외에 관세를 징수하는 수입물품	• 해당 관세를 징수할 때의 관세의 과세가격과 관세를 합한 금액 ※ 보석 · 귀금속제품 및 고급물품은 (관세 과세가격 · 관세 − 기준가격) 금액 또는 수량
2. 과세장소 입장행위		• 입장할 때의 인원
3. 과세유흥장소에서의 유흥음식행위		• 유흥음식행위를 할 때의 요금
4. 과세영업장소에서의 영업행위		• 연간 총매출액

보론 세 포함 가격(tax inclusive price)에 대한 과세표준의 계산

(1) 간접세간 과세표준 포함여부

① 개별소비세의 과세표준(반출가격 또는 유흥음식요금)에는 해당 물품 또는 유흥음식행위에 대한 개별소비세와 부가가치세를 포함하지 않는다(개소법 8 ②).

② 개별소비세액에 부과되는 교육세는 개별소비세 과세표준에 포함하지 않는다(교육세법 시행령 2).

③ 개별소비세를 본세로 하는 농어촌특별세는 개별소비세 과세표준에 산입하지 않는다(농어촌특별세법 시행령 5).

④ 개별소비세(또는 교통 · 에너지 · 환경세 · 주세)가 과세되는 재화 · 용역에 대한 부가가치세 과세표준에는 해당 개별소비세(또는 교통 · 에너지 · 환경세 · 주세)와 그 교육세 및 농어촌특별세 상당액은 포함한다(부기통 13-48-2).

⑤ 부가가치세의 과세표준은 공급가액으로 한다. 다만, 부가가치세는 포함하지 않는다(부가법 29 ③ 후단).

[도 표] 개별소비세액에 부과되는 국세(sur tax)

부과되는 국세	과세표준	세율
교 육 세	개별소비세액	30%(등유 · 중유 · 부탄은 15%)
농어촌특별세	개별소비세액 ※ 농어촌특별세 과세대상 • 투전기, 그 밖의 오락용품 • 수렵용총포류 • 고급모피, 고급가구 • 골프장 입장행위	10%(골프장 입장은 30%)

(2) 세 포함 가격에 대한 과세표준의 계산

- 반출가격, 유흥음식 요금 : P(제세 포함금액)
- 개별소비세율 : S
- 동 교육세율 : E
- 동 농어촌특별세율 : A
- 부가가치세율 : V

예 : 투전기, 그 밖의 오락용품 반출가격이 ₩1,000,000인 경우 제세의 합계액을 계산하면 다음과 같다.

(1) 개 별 소 비 세	₩1,000,000×20%(S)	=	₩200,000
(2) 교 육 세	200,000×30%(E)	=	60,000
(3) 농어촌특별세	200,000×10%(A)	=	20,000
(4) 부 가 가 치 세	1,280,000×10%(V)	=	128,000
(4) 제세 합계액			₩408,000

따라서 제세 포함가격 P = ₩1,000,000 + ₩408,000 = ₩1,408,000이다. 이 경우 투전기를 반출하고 제세를 포함한 금액으로 ₩1,408,000의 대가를 받은 경우 개별소비세 과세표준 X는 다음과 같이 계산한다.

$$X + X\times 20\% + X\times 20\%\times 30\% + X\times 20\%\times 10\% + (X + X\times 20\% + X\times 20\%\times 30\% + X\times 20\%\times 10\%)\times 10\% = ₩1,408,000$$

이를 다시 표현하면

$X[1 + 20\% + 20\%\times 30\% + 20\%\times 10\% + (1 + 20\% + 20\%\times 30\% + 20\%\times 10\%)\times 10\%]$
= ₩1,408,000이고, 이를 X에 대하여 정리하면 개별소비세 과세표준(X)은 ₩1,000,000이 됨을 알 수 있다.

$$X = ₩1,408,000 \times \frac{1}{1+20\%+20\%\times 30\%+20\%\times 10\%+(1+20\%+20\%\times 30\%+20\%\times 10\%)\times 10\%}$$

$$= ₩1,408,000 \times \frac{1}{1.408}$$

$$= ₩1,000,000$$

사례 1 투전기(오락용품)를 국내에 반입하는 경우 개별소비세와 부가가치세 계산

甲이 중국 여행 중에 투전기(오락용품)를 1,000,000원(과세가격)에 구입하여 세관장에게 수입신고할 때 납부해야 하는 개별소비세와 부가가치세의 합계액을 계산하시오. 투전기(오락용품)에 대한 관세율은 5%, 개별소비세율은 20%, 교육세율은 30%, 농어촌특별세율은 10%이다.

해 답

1. 투전기(오락용품)의 국내반입에 대한 간접세 계산

구분	금액	계산근거
① 과세(물품)가격	1,000,000원	
② 관세	50,000원	①×5%
③ 개별소비세	210,000원	(① + ②)×20%
④ 교육세	63,000원	③×30%
⑤ 농어촌특별세	21,000원	③×10%
⑥ 부가가치세 과세표준	1,344,000원	(①+②+③+④+⑤)
⑦ 부가가치세액	134,400원	⑥×10%

2. 개별소비세와 부가가치세의 합계 = 210,000원 + 134,400원 = 344,400원

사례 2 **과세관청, 골프장 경영자 및 골프장 이용자 간의 법률관계**

개별소비세와 관련하여 과세관청과 골프장 경영자 및 골프장 이용자 간의 법률관계를 설명하시오. (7점)

해 답

골프장 입장행위에 대하여 부과되는 개별소비세의 납세의무자는 골프장 경영자이므로, 골프장 이용자인 청구인들은 재정학상 사실상의 담세자로서의 지위를 가지고 있을 뿐 조세법상 납세의무자로서의 지위에 있는 것은 아니다.

개별소비세를 사실상 누가 부담하며 어떻게 전가할 것인가 하는 문제는 사적 자치가 허용되는 영역이므로 거래당사자의 약정 또는 거래관행 등에 의하여 그 부담이 결정될 사항이지, 국가와 납세의무자와의 권리·의무관계를 규율하는 조세법에 따라 결정되는 사항은 아니다(헌재 2012.2.23. 2011헌가8). 따라서 골프장 이용자들은 조세법상 납세의무자로서의 지위에 있지 않아 과세관청과 사이에 직접적인 권리의무관계가 성립될 여지가 없다. 설령 현실적으로 그린피가 상승함으로써 골프장 이용자들의 경제적 부담이 증가된다고 하더라도 이는 간접적, 사실적 또는 경제적인 이해관계에 불과할 뿐 법적인 불이익이라고 할 수 없으므로 기본권 침해의 자기관련성이 인정되지 않는다(헌재 2012.5.31. 2010헌마631).

사례 3 **개별소비세 과세대상**

개별소비세는 특정한 물품의 제조·반출, 특정한 행위에 대해서 과세하는 간접세이다. 다음의 물음에 답하시오. (20점)

【물음 1】 최근 유흥음식행위에 대해서 개별소비세를 과세하는 '과세유흥장소'에 해당하는지의 여부를 두고 납세의무자와 과세관청과 소송의 제기되는 사례가 많다. 과세유흥장소의 구체적인 범위와 세율에 대해서 설명하시오.

【물음 2】 개별소비세 비과세물품에 대해서 설명하시오.

【물음 3】 개별소비세 과세대상 자동차의 범위와 기본세율을 설명하시오.

해 답

【물음 1】 과세유흥장소

1. 개 요

유흥음식행위에 대해서 개별소비세를 부과하는 장소(이하 '과세유흥장소')와 그 세율은 다음과 같다.

장소	세율
① 유흥주점 ② 외국인전용 유흥음식점 ③ 그 밖에 이와 유사한 장소	유흥음식요금의 10%

2. 구체적인 범위

1) 과세유흥장소

① 유흥주점 : 주로 주류를 조리 · 판매하는 영업으로서 ㉠ 유흥종사자를 두거나 ㉡ 유흥시설을 설치할 수 있고 손님이 노래를 부르거나 춤을 추는 행위가 허용되는 장소를 말한다. 이러한 유흥주점을 영업하려면 시장 · 군수 · 구청장으로부터 허가를 받아야 한다(「식품위생법 시행령」).

- '유흥종사자'란 손님과 함께 술을 마시거나 노래 또는 춤으로 손님의 유흥을 돋우는 부녀자인 유흥접객원을 말한다.
- '유흥시설'이란 유흥종사자 또는 손님이 춤을 출 수 있도록 설치한 무도장을 말한다.

② 외국인전용 유흥음식점 : 식품위생 법령에 따른 유흥주점영업의 허가를 받은 자가 외국인이 이용하기 적합한 시설을 갖추어 그 시설을 이용하는 자에게 주류나 그 밖의 음식을 제공하고 노래와 춤을 감상하게 하거나 춤을 추게 하는 장소를 말한다(관광진흥법).

③ 그 밖의 유사한 장소 : 「식품위생법 시행령」에 따른 유흥주점과 사실상 유사한 영업을 하는 장소(유흥종사자를 두지 않고, 별도의 춤추는 공간이 없는 장소는 제외한다)를 말한다.

2) 개별소비세는 특정한 장소에서의 유흥음식행위에 대하여 부과하므로 과세유흥장소 해당 여부는 영업장의 크기에 따라 결정되는 것은 아니다.

3) 「식품위생법」, 「관광진흥법」 그 밖의 법령에 따라 허가를 받지 않고 과세유흥장소를 경영하는 경우에도 그 장소를 과세대상인 과세유흥장소로 본다(과세유흥장소의 의제).

4) 과세유흥장소의 경영자가 과세유흥장소 외의 장소에서 유흥음식행위를 하게 한 경우에도 그 유흥음식행위를 과세유흥장소에서 하게 한 것으로 본다(유흥음식행위의 의제).

【물음 2】 비과세물품 (p.461 참조)

【물음 3】 과세대상 승용차와 기본세율

구분	해당 자동차	기본세율
가.	배기량 2,000cc를 초과하는 승용자동차와 캠핑용자동차	물품가격의 5%
나.	배기량 2,000cc 이하인 승용자동차(배기량 1,000cc 이하인 것으로서 길이가 3.6m 이하이고 폭이 1.6m 이하인 것은 과세제외)와 이륜자동차	
다.	환경친화적 자동차 중 전기승용자동차(길이가 3.6m 이하이고 폭이 1.6m 이하인 것은 과세제외)	

사례 4 과세표준

㈜A는 ㈜B의 의뢰에 따라 개별소비세 과세대상인 고급 시계를 제조하여 ㈜B에 납품하고 있으며, 그 납품한 고급 시계에 대한 개별소비세는 ㈜A가 신고 · 납부하고 있다. ㈜A가 ㈜B에 납품하고 있는 개별

소비세 과세대상인 고급 시계에 대한 개별소비세 과세표준에 대해 설명하고, 위탁자가 실제로 판매하는 가격을 반영하여 과세표준을 산정해야 하는 경우에 대해 설명하시오. (2023년 세무사 2차, 6점)

해 답

1. 고급 시계 과세표준

㈜A가 ㈜B에게 납품하고 있는 개별소비세 과세대상인 고급 시계에 대한 개별소비세 과세표준은 고급 시계 물품가격 중 기준가격(1개당 200만원)을 초과하는 부분의 가격(= 과세가격)을 과세표준으로 한다.

2. 위탁자의 판매가격을 반영하여 과세표준을 산정하는 경우

수탁가공한 고급 시계에 대하여 수탁자인 ㈜A가 고급 시계에 대한 개별소비세를 납부하는 경우 물품을 인도한 날에 위탁자 ㈜B가 실제로 판매하는 가격에 상당하는 금액을 물품가액으로 하여 그 물품가격 중 기준가격을 초과하는 부분의 가격을 과세표준으로 한다. 여기서 '수탁가공'이란 위탁자가 물품을 직접 제조하지 않고 수탁자에게 의뢰하여 제조하는 경우로서 다음의 요건을 모두 충족하는 것을 말한다.

① 위탁자가 생산할 물품을 직접 기획(고안 · 디자인 및 견본제작 등을 말한다)할 것
② 해당 물품을 위탁자의 명의로 제조할 것
③ 해당 물품을 인수하여 위탁자의 책임하에 직접 판매할 것

사례 5 반출가격 계산

개별소비세와 관련하여 다음 물음에 답하시오. (2024년 세무사 2차, 10점)

【물음 1】 제조장에서 반출하는 물품의 가격을 제조자가 실제로 반출하는 금액이 아닌 '해당 물품의 판매가격(해당 물품에 대한 개별소비세와 부가가치세를 포함하지 않는 금액으로 한다)에서 기준판매비율과 판매가격을 곱하여 계산한 금액을 뺀 금액'으로 하는 특례가 있다. 이러한 특례가 적용되는 경우를 서술하고, 기준판매비율의 개념과 적용기간에 대하여 설명하시오. (5점)

【물음 2】 캠핑용자동차의 제조를 위탁하는 경우의 반출가격을 개별소비세 과세대상에 해당하는 자동차를 튜닝한 경우와 개별소비세 과세대상에 해당하지 않는 자동차를 튜닝한 경우로 나누어 설명하시오. (단, 튜닝은 자동차관리법에 따른 것이다.) (5점)

해 답

【물음 1】 물품가격 계산의 특례

1. 특례가 적용되는 경우

다음에 해당하는 경우에는 제조장 반출 물품의 가격 계산 특례에 따른 금액[추계반출가격 = (해당 물품의 판매가격 − 판매가격 × 기준판매비율)]을 반출가격으로 한다.

① 제조장과 특수한 관계에 있는 곳에 판매를 위탁하거나 판매를 전담하게 하는 경우로서 통상적인 거래를 할 때 실제 판매가격이 없거나 실제 판매가격에 상당하는 금액보다 저렴한 가격으로 반출하는 경우. 여기서 '제조장과 특수한 관계에 있는 곳'이란 다음 중 어느 하나에 해당하는 장소를 말한다.

㉠ 제조자가 자기의 제품을 직접 판매하기 위하여 특별히 설치한 판매장(하치장 포함)
㉡ 제조자와 특수관계에 있는 자가 경영하는 판매장

② 제조장에서 별도의 판매장을 거치지 않고 소비자에게 직접 반출하는 경우
③ 제조자와 판매자가 동일한 경우

2. 기준판매비율

'기준판매비율'은 업종 및 기업의 특성에 따라 조사한 평균적인 판매비용(제조단계 후 발생하는 비용을 말한다) 등을 고려해 국세청장이 고시하는 비율(현재 고시된 기준판매비율 : 승용자동차 18%, 고급가구 38.9%, 고급모피 24.6%)로 한다. 이처럼 고시한 기준판매비율은 그 고시한 날이 속하는 분기의 종료일 다음 날부터 3년간 적용한다.

【물음 2】 캠핑용자동차로 튜닝한 경우 반출가격

1. 개별소비세 과세대상인 승용자동차를 캠핑용자동차로 튜닝한 경우

이 경우에는 다음의 구분에 따른 금액을 반출가격으로 한다.

구분	반출가격
• 위탁자가 제공한 원재료만으로 제조 · 가공 또는 수리한 경우	위탁공임
• 위탁자가 제공한 것 외의 원재료를 수탁자가 보충 · 첨가한 경우	(보충 · 첨가된 원재료의 가격 + 위탁공임)

2. 개별소비세 과세대상에 해당하지 않는 자동차를 캠핑용자동차로 튜닝한 경우

이 경우에는 다음의 구분에 따른 금액을 반출가격으로 한다.

반출가격 = (① + ② + ③)

① 위탁자가 제공한 자동차의 가격(수탁자의 제조장에서 반출한 때의 지방세법상 시가표준액으로 한다)
② 수탁자가 보충 · 첨가한 원재료의 가격
③ 위탁공임

제3절 과세대상의 판정

I 과세물품의 판정

과세물품의 판정은 그 명칭이 무엇이든 상관없이 그 물품의 형태·용도·성질이나 그 밖의 중요한 특성에 의한다(개소법 1 ⑧, 실질과세의 원칙). 그 구체적인 판정기준은 다음과 같다.

1) 동일한 과세물품이 둘 이상에 해당하는 경우에는 ① 그 과세물품의 특성에 맞는 물품으로 취급하되 ② 그 특성이 명확하지 않은 경우에는 주된 용도로 사용되는 물품으로 취급하고, ③ 주된 용도가 명확하지 않은 경우에는 높은 세율이 적용되는 물품으로 취급한다(개소법 1 ⑨).

특성에 맞는 물품 → 주된 용도로 사용되는 물품 → 높은 세율이 적용되는 물품

2) 보석·귀금속제품에 해당하는 물품의 판정은 다음의 기준에 따른다(개소령 3 (1)).

① 물품에 사용된 원재료의 전부 또는 대부분이 보석·진주·별갑(鱉甲)·산호·호박·상아 또는 귀금속으로 제조된 것으로 한다.

② 위 ①에 해당하는 물품의 판정은 ① 물품 원가의 구성비율에 따라 판정함을 원칙으로 하되, ② 원가 구성비율이 같은 경우에는 그 물품에 사용된 원재료의 구성비율이 높은 것에 따라 판정한다.

물품 원가의 구성비율 → 물품에 사용된 원재료의 구성비율

3) 하나의 물품이 과세물품과 비과세물품으로 결합되어 있는 경우에는 ① 해당 물품의 특성 및 주된 용도에 따라 판정하고, ② 이에 따라 판정할 수 없는 경우에는 원가가 높은 것에 따라 판정한다(개소령 3 (3)).

물품의 특성 및 주된 용도 → 원가가 높은 것

4) 과세물품이 분해되었거나 미조립(未組立) 상태로 반출(搬出)되는 경우에는 이를 완제품으로 취급한다(개소법 1 ⑩. 완제품 의제 ①, p.554 세액공제의 사유 참조).

5) 과세물품이 불완전 또는 미완성 상태로 반출되는 경우에 해당 물품의 주된 부분을 갖추어 그 기능을 나타낼 수 있는 물품은 완제품으로 취급한다(개소령 3 (2), 완제품 의제 ②).

Ⅱ 과세유흥장소 · 과세영업장소의 판정

식품위생법, 관광진흥법, 그 밖의 법령에 따라 허가를 받지 않고 과세유흥장소 또는 과세영업장소를 경영하는 경우에도 그 장소를 과세대상인 과세유흥장소 또는 과세영업장소로 본다(개소법 1 ⑪).

사례 1 개별소비세의 과세요건 등

개별소비세법과 관련하여 다음의 물음에 답하시오. (20점)

【물음 1】 물품가격 중 기준가격을 초과하는 부분의 가격, 즉 과세가격에 세율을 적용하여 과세하는 과세물품의 범위와 기본세율을 설명하시오. (5점)

【물음 2】 현대자동차회사가 생산한 배기량 2천7백cc 승용자동차를 판매목적으로 다른 사업장(판매장)에 반출하는 경우 개별소비세법과 부가가치세법에 따른 ① 과세여부, ② 과세표준 및 ③ 기본세율에 대해서 설명하시오.

해 답

【물음 1】 과세가격에 세율을 적용하여 과세하는 과세물품

다음의 물품에 대해서는 그 물품가격 중 기준가격을 초과하는 부분의 가격(즉 과세가격)에 해당 세율을 적용한다.

<table>
<tr><th>구분</th><th>해당 물품(기준가격 초과분)</th><th>기본세율</th></tr>
<tr><td rowspan="2">가.</td><td>① 보석, 진주 등과 이를 사용한 제품(500만원 초과분)</td><td rowspan="7">20%</td></tr>
<tr><td>② 귀금속제품(500만원 초과분)</td></tr>
<tr><td rowspan="5">나.</td><td>① 고급 시계(200만원 초과분)</td></tr>
<tr><td>② 고급 융단(200만원과 ㎡당 10만원을 곱한 금액 중 큰 금액 초과분)</td></tr>
<tr><td>③ 고급 가방(200만원 초과분)
※ 핸드백, 서류가방, 배낭, 여행가방, 지갑 및 이와 유사한 제품(다만, 악기가방 등 가방의 외형 · 구조가 특정한 물품을 전용으로 운반 · 보관하기에 적합하도록 제조된 제품은 과세 제외한다)</td></tr>
<tr><td>④ 고급 모피와 그 제품(500만원 초과분)</td></tr>
<tr><td>⑤ 고급 가구(1조 800만원, 1개 500만원 초과분)</td></tr>
</table>

【물음 2】 승용자동차 과세

1. 과세여부

(1) 개별소비세

개별소비세가 부과되는 물품을 제조장에서 다른 장소 반출하는 것에 대해서는 소유권의 이전이 없는 경우에도 개별소비세가 과세된다(반출과세제도). 다만, 미납세반출의 승인을 얻은 경우에는 반출시점에서 개별소비세의 과세를 유보할 수 있다.

(2) 부가가치세

본래 재화의 공급이 되기 위해서는 거래상대방에게 재화를 인도 또는 양도해야 한다. 그런데 사업자가 자기 사업과 관련하여 생산 또는 취급한 재화를 직접 판매할 목적으로 다른 사업장에 반출하는 것도 재화의 공급으로 보아 부가가치세를 과세한다.

반면에 주사업장 총괄납부사업자 · 사업자단위 과세사업자가 과세기간에 반출하는 것은 재화의 공급으로 보지 않는다. 다만, 총괄납부사업자가 세금계산서를 발급하고 예정신고 또는 확정신고하는 경우에는 재화의 공급으로 보아 부가가치세를 과세한다.

2. 과세표준

(1) 개별소비세

반출한 날의 반출가격에 상당하는 금액(개별소비세 및 부가가치세 제외)을 과세표준으로 한다. 다만, 실제 판매가격이 없거나 실제 판매가격에 상당하는 금액보다 저렴한 가격으로 반출하는 경우에는 다음 금액을 반출가격으로 한다.

추계반출가격 = 해당 물품의 판매가격 − 판매가격×기준판매비율(18%)

(2) 부가가치세

판매목적 타사업장 반출의 경우에는 개별소비세가 부과되는 재화는 개별소비세 등의 과세표준에 해당 개별소비세, 교육세 및 농어촌특별세 상당액을 합한 금액을 과세표준으로 한다.

3. 세 율

(1) 개별소비세

승용자동차는 5% 세율을 적용한다.

(2) 부가가치세

10% 세율을 적용한다.

사례 2 **개별소비세 과세요건**

개별소비세법과 관련하여 다음의 물음에 답하시오. (20점)

【물음 1】 골프장 입장행위에 대한 개별소비세의 ① 과세요건과 ② 과세시기, ③ 신고납부에 대해서 설명하시오.

【물음 2】 골프장에 입장요금이 1명당 200,000원인 경우 개별소비세 납세의무자가 1명 1회 입장에 대해서 납부할 개별소비세와 교육세(개별소비세액의 30%), 농어촌특별세(개별소비세액의 30%), 부가가치세의 합계액은 얼마인가?

【물음 3】 승마장에 1명 1회 입장할 때 요금이 200,000원인 경우 【물음 2】와 비교할 때 골프장 경영자가 추가로 납부해야 할 간접세의 합계액(증분세액의 합계액)은 얼마인가?

【물음 4】 승마장 입장행위와 달리 골프장 입장행위에 대하여 개별소비세를 부과하는 것이 자의적인 차별인지 여부에 대해서 설명하시오.

해 답

【물음 1】 골프장 입장행위

1. 과세요건

(1) 과세대상과 기본세율

입장행위에 대하여 개별소비세를 부과할 장소(과세장소) 중 골프장은 1명 1회 입장에 대하여 12,000원이다.

(2) 납세의무자

골프장의 경영자가 개별소비세를 납부할 의무를 진다.

(3) 과세표준

골프장에 입장할 때의 인원(人員)으로 한다.

2. 과세시기

골프장에 입장행위에 대한 개별소비세는 골프장에 입장할 때 그 행위 당시의 법령에 따라 부과한다.

3. 신고납부

골프장 입장행위에 대한 개별소비세 납세의무자는 매 분기분 입장 인원과 입장 수입을 적은 과세표준신고서를 입장한 날이 속하는 분기의 다음 달 25일까지 관할세무서장에게 제출하고 해당 분기분 개별소비세를 납부해야 한다.

다만, 골프장의 영업을 폐업한 경우에는 그 사유가 발생한 날이 속하는 달의 다음 달 25일까지 신고서를 제출하고 해당 세액을 납부해야 한다.

【물음 2】 골프장 경영자가 납부하는 간접세의 합계액

구분	계산근거	세액
(1) 개별소비세	1명 1회 입장 12,000원	12,000원
(2) 교육세	12,000원×30%	3,600원
(3) 농어촌특별세	12,000원×30%	3,600원
(4) 부가가치세	[요금 200,000 + (12,000원 + 3,600원 + 3,600원)]×10%	21,920원
합계	−	41,120원

【물음 3】 골프장 경영자가 추가로 납부하는 세액

구분	골프장	승마장	추가로 납부할 세액(증분세액)
(1) 개별소비세	12,000원	−	12,000원
(2) 교육세	3,600원	−	3,600원
(3) 농어촌특별세	3,600원	−	3,600원
(4) 부가가치세	21,920원	200,000원×10% = 20,000원	1,920원
합계	41,120원	20,000원	21,120원

【물음 4】 자의적인 차별인지 여부

승마장업 역시 골프장업과 마찬가지로 「체육시설의 설치 · 이용에 관한 법률」(이하 '체육시설법'이라 한다)이 정하고 있는 체육시설업이다. 수요가 미비한 품목에 대한 개별소비세의 부과는 그 품목의 수요를 더욱 감퇴시켜 자원배분의 왜곡을 초래하고 세수확보의 기능도 상실하게 되며 종국에는 세수보다 더 높은 징수비용의 현상을 초래하게 되므로 과세대상에서 제외하는 것이 바람직한 바, 2010년 현재 국내 승마인구는 25,000여명, 승마장은 전국에 290여개인 점에 비추어볼 때 승마장의 이용은 아직까지는 개별소비세를 부과할 정도의 수요가 있다고 보기는 어렵다.

나아가 어떠한 시설에 사치성이 있다고 판단되는 경우에도 그 중 어느 범위 내의 것을 개별소비세 과세대상으로 할 것인지 그리고 이에 대하여 어느 정도의 부담을 과할 것인지에 관하여는 입법자에게 광범위한 정책판단의 권한이 부여되어 있다 할 것인데, 시설이용의 대중성, 일반국민의 인식 등을 근거로 승마장 입장행위는 그 수요에 비추어 개별소비세 부과가 적절하지 않다고 본 입법자의 판단을 두고 정책형성권의 한계를 일탈한 자의적인 조치라고 보기는 어렵다. 입법자로서는 추후 사회적, 경제적 여건의 변화에 따라 다른 사치성 행위에 대하여 개별소비세를 확대할 수도 있고, 반대로 골프장에 대한 규제를 완화하는 방향으로 제도를 개선할 수도 있을 것이다.

이상과 같은 점을 모두 고려해 보면 골프장 입장행위에 대하여 개별소비세를 부과하는 이 사건 개별소비세법 조항은 승마장 입장행위에 비하여 불합리한 차별을 가하는 것이라 할 수 없어 헌법 제11조가 보장하는 평등원칙 및 이를 바탕으로 한 조세평등주의에 위배되지 않는다.

사례 3 골프장업과 유흥주점업 관련 개별소비세

세무사업을 영위 중인 甲은 골프장업을 영위하려고 하는 乙과 유흥주점업을 영위하려고 하는 丙의 요청으로 개별소비세와 관련한 세무상담을 준비하고 있다. 다음 물음에 답하시오. (2021년 세무사 2차, 20점)

【물음 1】 乙이 영위하려고 하는 골프장업과 관련한 개별소비세법상 과세장소의 과세요건 · 과세표준 · 세율에 대하여 설명하시오. (7점)

【물음 2】 乙이 영위하려고 하는 골프장이 개별소비세법상 과세장소인 골프장에 해당하는 경우, 해당 골프장에서 열리는 골프대회(대한체육회의 회원단체인 대한골프협회가 개최하는 대회임)에 참가하는 선수가 대회기간 중 입장행위에 대해 개별소비세의 과세여부를 설명하시오. (3점)

【물음 3】 丙이 영위하려고 하는 유흥주점업과 관련한 개별소비세법상 과세유흥장소의 과세요건에 대하여 설명하시오. (5점)

【물음 4】 丙이 영위하려고 하는 개별소비세법상 과세유흥장소의 과세표준과 세율에 대하여 설명하시오. (5점)

해 답

【물음 1】 골프장

1. 과세장소의 과세요건

(1) 과세장소

'골프장'은 입장행위에 대하여 개별소비세를 부과할 장소(과세장소)에 해당한다. 다만, 다음 중 어느 하나에 해당하는 골프장은 제외한다.

① 「체육시설의 설치 · 이용에 관한 법률 시행령」에 따라 국방부장관이 지도 · 감독하는 골프장
② 「체육시설의 설치 · 이용에 관한 법률 시행령」에 따른 대중체육시설업에 해당하는 골프장

(2) 납세의무자

골프장의 경영자가 개별소비세를 납부할 의무를 진다.

(3) 과세시기

골프장에 입장행위에 대한 개별소비세는 골프장에 입장할 때 그 행위 당시의 법령에 따라 부과한다.

2. 과세표준

골프장에 입장할 때의 인원(人員)을 과세표준으로 한다.

3. 세 율

골프장 입장행위에 대한 세율은 1명 1회 입장에 대하여 12,000원이다(기본세율 적용. 탄력세율과 잠정세율은 적용되지 않음).

【물음 2】 개별소비세의 과세여부

대한체육회 및 그 회원인 단체 또는 프로골프선수를 회원으로 하는 사단법인으로서 문화관광부장관이 지정하는 단체가 개최하는 경기대회에 참가하는 선수가 대회기간 중에 경기시설을 이용하거나 입장하는 경우에는 개별소비세를 면제한다.

이에 따라 乙의 골프장에서 열리는 골프대회(대한체육회의 회원단체인 대한골프협회가 개최하는 대회임)에 참가하는 선수가 대회기간 중 입장행위에 대해서도 개별소비세를 면제한다.

【물음 3】 과세유흥장소의 과세요건

1. 과세유흥장소

유흥음식행위에 대해서 개별소비세를 부과하는 장소(이하 '과세유흥장소')는 다음과 같다.

① 유흥주점 : 주로 주류를 조리 · 판매하는 영업으로서 유흥종사자를 두거나 유흥시설을 설치할 수 있고 손님이 노래를 부르거나 춤을 추는 행위가 허용되는 장소를 말한다.

② 외국인 전용 유흥음식점

③ 그 밖에 이와 유사한 장소 : 「식품위생법 시행령」에 따른 유흥주점과 사실상 유사한 영업을 하는 장소(유흥종사자를 두지 않고, 별도의 춤추는 공간이 없는 장소는 제외한다)를 말한다.

2. 납세의무자

과세유흥장소의 경영자가 개별소비세를 납부할 의무를 진다.

3. 과세시기

유흥음식행위에 대한 개별소비세는 유흥음식행위를 할 때에 그 행위 당시의 법령에 따라 부과한다.

【물음 4】 과세유흥장소의 과세표준과 세율

1. 과세표준

(1) 개 요

과세유흥장소에서의 유흥음식행위에 대한 과세표준은 유흥음식행위를 할 때의 요금으로 한다. 여기서 '요금'이란 음식료, 연주료, 그 밖에 명목이 무엇이든 상관없이 과세유흥장소의 경영자가 유흥음식행위를 하는 사람으로부터 받는 금액을 말한다. 다만, 그 받는 금액 중 종업원(자유직업소득자 포함)의 봉사료가 포함되어 있는 경우에는 다음의 요건을 모두 갖춘 경우에 그 봉사료는 유흥음식요금에 포함하지 않는다.

① 세금계산서 · 영수증 · 신용카드매출전표 또는 직불카드영수증에 봉사료 금액을 구분하여 기재할 것

② 봉사료가 해당 종업원에게 지급된 사실이 확인될 것

③ 과세유흥장소의 경영자가 그 봉사료를 자기의 수입금액에 계상하지 않을 것

2. 특수한 경우

1) 과세유흥장소의 경영자가 유흥음식 요금의 전부 또는 일부를 받지 않고 유흥음식행위를 하게 한 경우에는 그 요금의 전액을 받은 것으로 본다.

2) 금전등록기를 설치 · 사용하는 과세유흥장소의 경영자가 금전등록기에 의하여 계산서(영수증)를 발급하고, 감사테이프를 보관한 때에는 현금 수입금액을 과세표준으로 할 수 있다(현금주의 선택). 다만, 유흥음식행위를 무상 또는 외상으로 하게 한 경우에는 다음에 따라 과세표준을 계산한다.

① 무상으로 유흥행위를 하게 한 것은 해당 월분의 과세표준에 합산한다.

② 외상으로 유흥음식행위를 하게 한 것으로서 경영을 폐지한 때의 외상매출금 잔액은 신고시의 과세표준에 합산한다.

3. 세 율

과세유흥장소에서 유흥음식행위에 대한 세율은 10%이다(기본세율 적용. 탄력세율과 잠정세율은 적용되지 않음).

사례 4 천연가스 과세대상

다음 사례를 읽고 과세관청의 개별소비세 부과처분이 타당하다고 할 때, 이에 대한 논거를 '과세대상'과 '제조' 측면에서 제시하고, 신고 · 납부가 누락된 부분을 세율을 이용하여 구체적으로 설명하시오. (단, 세율은 기본세율을 적용하며, 천연가스는 발전용 외의 것이다) (2024년 세무사 2차, 10점)

A법인은 천연가스 생산국으로부터 수입한 저열량의 천연가스(생산국에서 수입 당시 프로판 등 고열량 가스를 분리하여 별도 판매된 천연가스)를 국내 도시가스 사업자에게 도시가스로 공급할 때, 천연가스 공급규정의 표준열량 기준을 충족시키기 위하여 국내 생산기지에서 열량조절설비를 통하여 저열량의 천연가스에 프로판을 혼합하였고, 이와 같이 천연가스와 프로판을 혼합한 가스를 도시가스로 공급하였다. A법인은 천연가스를 수입할 때 kg당 천연가스의 세율에 의한 개별소비세를 납부하였고, 프로판의 경우 kg당 프로판의 세율에 의한 개별소비세가 포함된 가격으로 매입을 하였다. 이 외에 A법인의 개별소비세 관련 신고 · 납부 내역은 없다. 이에 대해 과세관청은 혼합된 프로판 부분에 대한 개별소비세 신고 · 납부가 누락되었다고 보아 부과처분을 하였다.

해 답

<사실관계와 부과처분의 타당성 이해도>

수입한 저열량 천연가스*
(기본세율 kg 당 60원)
+
석유가스 중 프로판
(기본세율 kg 당 20원)

혼합한 도시가스 공급 ⇒ 열량을 조절한 천연가스 공급
(적용세율 kg 당 ?) (적용세율 kg 당 60원)

* 생산국에서 수입 당시 석유가스 중 프로판을 분리하여 별도 판매되는 천연가스를 말한다.

1. 과세물품 중 천연가스 판단

과세관청이 A법인이 수입한 저열량 천연가스와 석유가스 중 프로판을 혼합한 도시가스를 공급한 것을 천연가스의 공급으로 보고 개별소비세를 부과 처분한 것은 적법하다. 그 근거는 다음과 같다.

(1) 혼합한 도시가스가 천연가스에 해당하는지 여부

1) 관련규정 : 과세물품의 판정은 그 명칭이 무엇이든 상관없이 그 물품의 형태·용도·성질이나 그 밖의 중요한 특성에 의한다. 그리고 과세물품이 둘 이상에 해당하는 경우에는 그 과세물품의 특성에 맞는 물품으로 취급하되 그 특성이 명확하지 않는 경우에는 주된 용도로 사용되는 물품으로 취급하고, 주된 용도가 명확하지 않은 경우에는 높은 세율이 적용되는 물품으로 취급한다.

2) 사례의 경우 천연가스로 취급 : 천연가스의 의미와 위 관련 규정을 종합해 볼 때 사례의 혼합한 도시가스를 천연가스로 보고 개별소비세는 부과하는 것이 옳다.

① 개별소비세법상 과세물품인 천연가스는 자연적으로 생성된 가스뿐만 아니라 저열량 천연가스에 석유가스 중 프로판을 혼합하여 열량을 조절한 가스도 포함된다고 보아야 한다. 생산국에서 순수한 천연가스에서 프로판 성분이 분리되어 수입된 후에 열량 조절을 위해 국내에서 다시 프로판을 추가한 것도 물품의 특성상 천연가스로 보는 것이 이치에 맞기 때문이다.

② 사례에서 혼합된 도시가스는 주된 용도가 천연가스로 사용되므로 혼합을 위해 추가된 프로판 부분도 천연가스에 해당하는 과세물품으로 판단해야 한다.

(2) 사례에서 혼합하는 과정도 제조에 해당하는지 여부

1) 제조의 개념 : 재료 또는 원료에 물리적 또는 화학적 변화를 가하여 새로운 과세물품을 생산하는 행위를 말하며, 그 행위주체 및 행위장소에 관계없다.

2) 사례의 경우 제조에 해당 : 사례에서 수입한 저열량 천연가스에 프로판을 주입하여 열량이 조절된 도시가스를 생산하는 행위는 천연가스 제조에 해당한다. 따라서 A법인은 개별소비세 납세의무자인 제조자이고, 열량 조절 설비를 갖춘 국내 생산기지는 제조장에 해당한다.

2. 신고 · 납부가 누락된 부분 부과처분의 타당성

혼합된 도시가스는 천연가스에 해당하므로 A법인이 천연가스 세율인 kg당 60원의 세율로 개별소비세 신고납부했어야 하는데, 혼합에 사용된 프로판 부분은 프로판 세율인 kg당 20원의 세율로 개별소비세를 신고납부했으므로 천연가스 세율과 프로판 세율의 차이인 kg당 40원(kg당 60원 – kg당 20원)만큼 개별소비세 누락분을 부과 처분한 것은 적법하다.

제4절 과세시기 및 제조의제 · 반출의제

I 과세시기

개별소비세는 다음의 반출 · 수입신고, 입장, 유흥음식행위 또는 영업행위를 할 때에 그 행위 당시의 법령에 따라 부과한다(개소법 4).

구분	과세시기(= 납세의무 성립시기)
① 물품에 대한 개별소비세	과세물품을 제조장에서 반출할 때(또는 수입신고를 할 때) ※ 보세구역에서 반출하는 경우 외에 관세를 징수하는 물품에 대한 개별소비세는 관세법에 따른다.
② 입장행위에 대한 개별소비세	과세장소에 입장할 때
③ 유흥음식행위에 대한 개별소비세	유흥음식행위를 할 때
④ 영업행위에 대한 개별소비세	과세영업장소의 영업행위를 할 때

과세시기는 개별소비세의 납세의무의 성립시기로서 중요한 의미를 가지며, 부가가치세의 재화 · 용역의 공급시기에 대응되는 개념이다.

참고사항 제조의 의의 및 범위(집행기준 4-0-3)

1. '제조'란 '제조로 보는 경우' 외에 재료 또는 원료에 물리적 또는 화학적 변화를 가하여 새로운 과세물품(보석 · 귀금속제품은 제외)을 생산하는 행위를 말하며, 그 행위주체 및 행위장소에 관계없다.

예 1 : 구입 또는 채굴한 원유를 일정한 정유시설을 통하여 휘발유 · 경유 등으로 정제하는 행위

예 2 : 가구판매업자가 멜라민 화장판(melamine faced sheet)(장방형 또는 원형의 것)에 금속제의 다리(통상 4개)를 붙여 식탁 또는 좌탁 등으로 개조하는 행위

2. 과세물품의 제조에 해당하지 않는 구체적 사례

① 과세물품을 제조장 외의 장소에서 해당 물품의 특성 · 형태 · 용도 등에 실질적인 변화를 가함이 없는 범위 안에서 해당 물품에 부착되어 있는 부분품을 제거 또는 부착하는 단순한 수리행위는 제조에 해당하지 않는다.

예 : 사용 중이던 승용자동차의 파손된 시트나 문짝을 서비스공장에서 제거하고 새로운 것으로 교체하는 행위

② 중고 과세물품에 도장 또는 단순한 불량 부분을 대체하는 등의 수리행위는 제조에 해당하지 않는다.

③ 천연가스를 단지 수송상의 편의를 위하여 액화하였던 것을 본래의 상태인 기체상태로 환원하는 것은 새로운 과세물품을 생산하는 제조에 해당하지 않는다. ■

참고사항 **제조장의 의의 및 범위**(집행기준 4-0-4)

1. 의의 : '제조장'이란 과세물품을 제조하는 자가 그 사업을 영위하거나 영위하기 위한 장소를 말한다.

2. 제조장의 구체적 범위

① 2필지 이상의 부지가 도로 또는 개울을 사이에 두는 등 직접 직결되어 있지 않다 하더라도 근접한 장소로서 제조 · 저장 등이 총괄적으로 이루어지는 경우에는 그 부지들은 하나의 제조장에 해당하는 것으로 한다.

② 과세물품에 해당하는 보석 및 귀금속제품은 제조장으로부터 반출하거나 수입신고를 한 때가 과세시기가 되고, 납세의무자는 과세물품을 제조하여 반출하는 자 또는 과세물품을 보세구역에서 반출하는 자가 된다. ■

참고사항 **반출의 의의 및 범위**(집행기준 4-0-5)

1. **'반출'**이란 '반출로 보는 경우' 이외에 **과세물품을 제조장으로부터 현실적으로 제조장 외의 장소로 이동하는 사실행위를 말한다.**

예 : 제조장에서 제조한 견본품 · 광고선전품을 무상으로 반출하는 경우

2. 반출의 범위

① 과세물품이 제조장 안에서 천재 · 지변 또는 화재 등으로 소멸된 사실이 명백한 경우에는 반출로 보지 않으나, 도난의 경우에는 반출로 본다.

② 과세물품 제조공정에서 발생한 불량품과 포장 및 용량 미달이나 물품보관 중 불량품이 생겨 반출할 수 없게 되어 제조장 안에서 폐기한 사실이 명백한 경우에는 반출로 보지 않는다.

③ 개별소비세 과세물품의 제조장이 협소하여 인근에 파이프 라인으로 직접 연결된 저장탱크를 설치하였다 하더라도, 그 저장탱크는 제조장에 해당한다고 볼 수 없으며, 과세시기는 정유시설이 있는 제조장에서 저장탱크에 반출하는 때이다. ■

Ⅱ 제조의제 · 반출의제

1. 제조의제

(1) 의 의

개별소비세는 제조장에서 과세물품이 제조되어 그 물품이 반출되는 때에 납세의무가 성립한다. 그런데 제조장 외의 장소에서 제조와 유사한 행위가 있는 경우에는 이를 제조로 보아 개별소비세를 과세하는데, 이것을 '제조의제'라고 한다.

(2) 제조로 보는 경우

다음 중 어느 하나에 해당하는 경우에는 해당 물품을 제조하는 것으로 본다(개소법 5).

1) 제조장이 아닌 장소에서 판매 목적으로 다음 중 어느 하나에 해당하는 행위를 하는 것

① 대통령령으로 정하는 물품(현재 정해진 물품 없음*)을 용기에 충전(充塡)하거나 개장(改裝)하는 것

* 종전에 대통령령으로 정하는 물품은 '방향용 화장품'이였으나, 2016.1.1.부터 방향용 화장품이 과세물품에서 제외되면서 현재 대통령령으로 정해진 물품은 없다.

② 과세물품에 가치를 높이기 위한 장식, 조립, 첨가 등의 가공을 하는 것

③ 석유가스 중 프로판과 부탄을 혼합하는 것(그 혼합물이 석유가스 중 부탄인 경우만 해당한다)

* 제조장이 아닌 장소에서 판매목적으로 과세물품에 해당하는 석유가스 중 부탄과 프로판을 혼합하는 것으로서 그 혼합물이 석유가스 중 부탄인 경우에는 해당 물품을 제조하는 것으로 본다(집행기준 5-0-4).

2) ① 중고품을 신품(新品)과 동등한 정도로 그 가치를 높이기 위하여 대부분의 재료를 대체·보완하거나 ② 중고품의 부분품의 전부·일부를 재료로 하여 새로운 물품으로 가공·개조하는 것. ①에서 '대부분의 재료를 대체·보완하는 것'이란 해당 물품가격의 50%를 초과하는 재료나 부분품을 대체·보완하는 것을 말한다(개소통 5-0…9).*

* 수리 정도에 따라 중고품이 제조의제에 해당하는 때에는 수리 부분에 대한 비용만을 과세하는 것이 아니라 해당 물품 전체에 대하여 과세한다(집행기준 5-0-5 ③).

참고사항 관련용어

① 제조장 이외의 장소 : 과세물품을 제조한 해당 제조장 이외의 장소를 말한다.

② 용기충전의 의의 : 제조장 또는 보세구역으로부터 미포장된 상태로 반출한 물품을 새로운 용기에 주입하거나 반출당시의 용기를 새로운 용기로 대체함으로써 그 물품의 가치를 증대시키는 것을 말한다. 다만, 소비자가 제공하는 용기에 충전하여 판매하는 경우에는 그렇지 않다. 사업자가 대형용기에 들어있는 과세물품을 구입하여 이를 판매목적으로 소형용기에 소분·충전하는 경우에는 제조로 보는 경우에 해당한다.

③ 용기개장의 의의 : 제조장(보세구역)에서 반출한 개개의 물품에 대하여 이미 이루어진 용기·포장·상표 등을 새로운 용기·포장·상표 등으로 바꾸는 경우를 말한다. 과세물품의 판매자가 상표 등이 표시되어 있지 않은 용기에 자기의 상표·명칭 등을 표시하여 판매하는 경우에는 최초로 상품이 되는 것이므로 제조로 보는 경우에 해당한다. 다만, 기존상표·포장이 오손되어 이를 대체부착하는 경우, 판매업자가 자기의 포장지로 포장하거나 선물용품 화장용 상자에 넣어 포장하는 경우(예 : 백화점 포장지, 포장상자), 수입자가 법령에 따라 수입물품에 자기의 주소, 성명, 상호가 기재된 지편을 첩부한 경우는 개장으로 보지 않는다.

④ 장식의 의의 : 제조장 이외의 장소에서 제조장으로부터 반출한 물품에 그 물품의 특성·용도 등에 변화를 일으키지 않는 범위에서 가치증대를 위하여 조각하거나 그림 등을 넣어 부착하는 행위를 말한다.

예 : 가구판매장에서 제조장으로부터 구입한 옷장에 조각하여 부착함으로써 가치증대가 이루어지는 경우

⑤ 조립의 의의 : 제조장 이외의 장소에서 제조장으로부터 반출한 물품에 다른 과세물품 또는 비과세물품을 물리적으로 결합하여 그 물품에 새로운 특성과 용도를 부여함으로써 가치증대를 이루는 행위를 말한다.

예 : 판매 목적으로 고급시계를 구입하여 그 중 일부를 동등한 다른 것으로 개체하는 행위는 본래의 고급시계의 특성·용도에 아무런 변화를 가져오지 않으므로 비록 가치증대가 이루어진다 하더라도

이에 해당하지 않는다.

⑥ 첨가의 의의 : 제조장 이외의 장소에서 제조장으로부터 반출한 물품에 그 물품 본래의 특성 · 용도에 변화를 일으키지 않는 범위에서 가치증대를 위하여 과세물품 또는 그 밖의 물품을 부가하는 행위를 말한다. ■

참고사항 제조로 보는 경우의 납세의무자(개소통 3-0…3)

제조장 이외의 장소에서 과세물품(중고품을 포함한다)의 가치를 증대하는 것이 '제조로 보는 경우'에 해당하는 경우에는 다음에 해당하는 자를 납세의무자로 본다.

① 사업자가 주요재료(부분품)를 공급하고 설치용역만 타인에게 의뢰하는 경우에는 해당 사업자

② 설치용역을 제공하는 자가 주요재료(부분품)를 공급하는 경우에는 해당 설치용역을 제공하는 자 ■

2. 반출의제

(1) 의 의

개별소비세는 과세물품이 제조되어 반출되는 때에 과세된다. 따라서 개별소비세의 납세의무의 성립을 위한 기본적인 요건은 반출이라는 사실행위가 수반되어야 하는 것이다.

그런데 과세물품의 반출이 이루어지지 않았더라도 일정한 경우에는 이를 반출로 보아 개별소비세를 과세하는데, 이것을 '반출의제'라고 한다. 그 취지는 개별소비세의 부담 없이 과세물품이 사용 · 소비되는 것을 방지하여 과세형평을 구현하는 데 있다.

(2) 반출로 보는 경우

과세물품이 다음 중 어느 하나에 해당하는 경우에는 제조장에서 반출하는 것으로 본다(개소법 6).

1) 제조장에서 사용되거나 소비되는 경우. 다만, 다음에 해당하는 경우에는 제외한다(개소령 6 ①).

① 동일 제조장에서 과세물품의 원재료로 사용되는 경우

② 동일 제조장에서 과세물품이 시험 · 연구 및 검사의 목적으로 사용되는 경우. 이 경우 기업부설연구소 및 연구개발전담부서는 제조장 밖에 있는 경우에도 동일 제조장에 있는 것으로 본다.

③ 개별소비세가 과세되지 않는 석유류의 제조용 원재료로 정유공정에 그대로 사용되는 경우

참고사항 개별소비세가 과세되지 않는 석유류의 제조용 원재료로 정유공정에 그대로 사용되는 경우 (개소통 6-6…4)

① '정유공정'이란 석유제품을 제조 · 가공하기 위하여 원유를 증류탑에서 상압 · 감압 · 증류공정으로 증류하거나 증류에 의해 원유에 포함된 불순물을 제거 또는 정제공정을 거친 석유류를 단순히 혼합하는 조합공정을 포함한다.

② '그대로 사용되는 경우'란 정유공정에 있어 원유에서 최종 제품에 이르기까지 일관된 제조공정으로 중단 없이 사용하는 경우는 물론 생산과정의 편의상 다음 단계의 원료가 되는 석유류를 저장탱크에 저장하였다가 혼합하기 위하여 사용하는 경우도 포함하는 것으로 한다. ■

이처럼 제조장 안에서의 사용·소비에 대한 반출의제는 부가가치세법에 따른 공급의제 중 자가공급과 개인적 공급에 대응되는 개념이다. '제조장 안에서 사용되거나 소비되는 때'에 해당하여 반출로 보는 사례를 들면 다음과 같다(특소통 6-0…1).

① 과세물품인 응접셋트·승용자동차 등을 그 제조장의 집기·비품 등으로 사용하는 때

② 과세물품인 경유 또는 등유를 그 제조장 안에서 자가발전용 연료로 사용하는 때

참고사항 제조장에서 소비하는 물품의 가격 계산

제조장에서 소비되거나 과세물품이 아닌 물품의 제조용 원재료로 제공되어 실제로 반출할 때의 가격을, 그 물품의 가격으로 할 수 없는 경우에는 해당 물품의 제조 총원가에 통상적인 이윤에 상당하는 금액(제조 총원가의 10%)을 더한 금액으로 한다. 이 경우 제조 총원가는 원재료비, 보조재료비, 노무비, 경비, 일반관리비 및 판매비로서 해당 물품에 배부되어야 할 부분으로 구성되는 총금액으로 한다(개소령 10). ■

2) 제조장에 있다가 공매(公賣), 경매 또는 파산절차로 환가(換價)되는 경우. 여기서 '환가되는 때'란 계약금 이외에 그 대금의 일부를 받은 때를 말한다. 이러한 사유는 공매 등으로 소유권이 이전되었지만, 현실적으로 제조장 이외의 장소로 이전된 것이 아니므로 반출로 보아 개별소비세를 과세할 필요가 있는 것이다. 이러한 점은 법률에 따른 공매·경매로 소유권이 이전되는 것은 부가가치세법에 따른 '재화의 공급'으로 보지 않는 것과 대비된다.

참고사항 과세표준

환가된 때의 가격(해당 물품에 대한 개별소비세와 부가가치세를 포함하지 않은 금액으로 한다)에 상당하는 금액을 과세표준으로 한다. ■

3) 과세물품의 제조를 사실상 폐지한 경우에 제조장에 남아있는 경우. 여기서 '사실상 폐지한 경우'란 사업부진이나 채권자로부터 원재료 또는 제품을 압류당하는 등의 사유로 인하여 현실적으로 제조중단 등 그 영업활동을 계속할 수 없는 경우를 말한다. 다만, 다음에 해당하는 경우에는 제조를 폐지한 것으로 보지 않는다.

① 제조장을 사실상 이전하지 않고 제조업의 영업을 포괄승계(包括承繼)하는 경우(개소법 22)

② 제조를 폐지한 당시 해당 제조장에 남아 있는 과세물품이 매월분의 통상적인 반출 수량보다 많은 경우에 해당하여 관할세무서장의 승인을 받은 경우(개소령 6 ②). 이러한 반출 유예승인을 받으려는 자는 제조를 폐지한 날이 속하는 달의 다음 달 25일까지 「반출 유예적용 신청서」를 관할 세무서장에게 제출해야 하고, 신청을 받은 관할세무서장은 개별소비세의 보전 또는 단속에 지장을 주지 않는다고 인정하는 경우에는 6개월의 범위에서 그 신청을 승인할 수 있다(개소령 6 ③,④).

참고사항 과세표준

폐지한 때의 실제 반출가격에 상당하는 금액을 과세표준으로 한다. 이 경우 반출 유예 승인을 받은 경우에는 해당 물품이 실제로 반출되었거나 반출된 것으로 보아 개별소비세를 부과하게 되는 때의 실제 반출가격에 상당하는 금액으로 한다. ■

Ⅲ 유흥음식행위 · 영업행위의 의제

1) 과세유흥장소의 경영자가 과세유흥장소 외의 장소에서 유흥음식행위를 하게 한 경우에는 그 유흥음식행위를 과세유흥장소에서 한 것으로 본다(개소법 6 ②).

본래 유흥음식행위에 대한 개별소비세는 과세유흥장소에서 유흥음식행위를 한 때에 과세한다. 그런데 과세유흥장소 외의 장소에서 과세유흥음식행위를 하게 한 때에는 과세유흥장소에서 한 것으로 보아 개별소비세를 과세해야 개별소비세의 부담 없는 소비를 방지할 수 있다.

2) 마찬가지로 과세영업장소의 경영자가 과세영업장소 외의 장소에서 영업행위를 하게 한 경우에는 그 영업행위를 과세영업장소에서 한 것으로 본다(개소법 6 ③).

[도 표] 부가가치세법에 따른 재화의 공급의제에 대한 개별소비세법의 취급

부가가치세법에 따른 재화의 공급의제		개별소비세법의 취급
(1) 자기생산 · 취득 재화의 공급의제	① 면세사업에의 전용	• 비과세물품에 사용시 반출의제
	② 승용자동차 등의 비영업용에의 전용	• 제조장 등에서 비영업용으로 사용시 반출의제
	③ 개인적 공급	• 제조장에서 사용시 반출의제
	④ 사업상 증여	• 본래의 반출
	⑤ 폐업시 잔존재화의 자기공급	• 제조 폐지시 반출의제
(2) 판매목적 타사업장 반출재화의 공급의제		• 본래의 반출

[도 표] 반출의제

반출로 보는 경우	과세표준	신고납부
(1) 제조장에서 사용 · 소비되는 경우	• 실제 반출가액으로 할 수 없는 경우 해당 물품의 제조 총원가 + 통상이윤상당액(제조 총원가의 10%)	• 사유발생일이 속하는 분기의 다음 달 25일까지 신고납부
(2) 제조장에 있다가 공매 등으로 환가되는 경우	• 환가된 때의 가격(개별소비세와 VAT 제외)	• 사유발생일이 속하는 달의 다음 달 25일까지 신고납부
(3) 과세물품의 제조를 사실상 폐지한 경우 제조장에 남아 있는 경우	• 폐지한 때 실제 반출가격에 상당하는 금액	

[도 표] 과세물품 제조의 폐지

구분	개별소비세법	부가가치세법
1. 과세여부	과세물품의 제조를 사실상 폐지한 경우에 제조장에 남아있는 과세물품은 이를 제조장으로부터 반출한 것으로 의제하여 개별소비세 과세함. 다만, 영업의 포괄승계 및 재고누적으로 승인을 받은 경우는 반출의제에서 제외함	사업자가 사업을 폐지하는 때에 잔존하는 재화는 자기에게 공급한 것으로 의제하여 잔존재화에 대해서 부가가치세 과세함. 다만, 사업의 양도에 의해 폐업하는 경우에는 이를 재화의 공급으로 보지 않으므로 부가가치세를 과세하지 않음
2. 과세표준	제조를 폐지하는 때에 실제 반출가격에 상당하는 금액	• 비상각자산 : 해당 재화의 시가 • 감가상각자산 : 간주시가 취득가액×(1 − 감가율×경과된 과세기간 수)
3. 신고납부	제조를 폐지한 날이 속한 달의 다음 달 25일까지 개별소비세 신고납부	폐업일이 속하는 달의 다음 달 25일까지 부가가치세 확정신고납부

[도 표] 과세물품의 판매목적 타사업장 반출

구분	개별소비세법	부가가치세법
1. 과세대상 여부	과세물품이 반출되면 소유권이전이 없더라도 본래 과세대상에 해당함(반출과세제도)	과세물품의 판매목적 타사업장 반출이 재화의 공급의제에 해당하는 경우에는 과세대상에 해당함 ※ 주사업장 총괄납부와 사업자단위과세를 하는 과세기간 반출분은 공급의제에 해당하지 않음. 다만, 총괄납부사업자가 T/I 발급하고 신고한 경우에는 과세대상에 해당함
2. 과세표준	과세물품의 반출가격	개별소비세 과세표준(반출가격) + 개별소비세 + 교육세 · 농어촌특별세
3. 신고납부기한	반출일이 속하는 분기의 다음 달 25일까지	예정신고기간 또는 과세기간이 끝 난 후 25일 이내

사례 1 개별소비세 일반

개별소비세와 관련하여 다음의 물음에 답하시오. (20점)

【물음 1】 제조로 보는 사유이면서 동시에 세액공제의 사유가 되는 경우를 쓰시오.

【물음 2】 과세물품의 제조를 사실상 폐지한 경우에 제조장에 남아있는 과세물품에 대한 개별소비세 ① 과세여부, ② 과세표준과 ③ 납세절차에 대해서 설명하시오.

해 답

【물음 1】 제조의제 및 세액공제 사유

다음 중 어느 하나에 해당하는 경우에는 해당 물품을 제조하는 것으로 본다.

제조장이 아닌 장소에서 판매 목적으로 다음 중 어느 하나에 해당하는 행위를 하는 것은 해당 물품을 제조하는 것으로 본다.

① 대통령령으로 정하는 물품을 용기에 충전(充塡)하거나 개장(改裝)하는 것
② 과세물품에 가치를 높이기 위한 장식, 조립, 첨가 등의 가공을 하는 것
③ 석유가스 중 프로판과 부탄을 혼합하는 것(그 혼합물이 석유가스 중 부탄인 경우만 해당한다)

제조장이 아닌 장소에서 판매 목적으로 위에 해당하는 행위를 하는 것으로서 해당 세액을 납부 또는 징수하는 경우에는 세액공제를 한다.

【물음 2】 제조 폐지

1. 과세여부

과세물품의 제조를 사실상 폐지한 경우에 제조장에 남아있는 과세물품은 반출로 보고 개별소비세를 과세한다. 다만, 다음에 해당하는 경우에는 제조를 폐지한 것으로 보지 않는다.

① 제조장을 사실상 이전하지 않고 제조업의 영업을 포괄승계(包括承繼)하는 경우
② 제조를 폐지한 당시 해당 제조장에 남아있는 과세물품이 매월분의 통상적인 반출 수량보다 많은 경우에 해당하여 관할세무서장의 승인을 받은 경우는 제외한다. 이러한 승인을 받으려는 자는 제조를 폐지한 날이 속한 달의 다음 달 25일까지 반출 유예적용 신청서를 관할세무서장에게 제출해야 하고, 신청을 받은 관할세무서장은 개별소비세의 보전 또는 단속에 지장을 주지 않는다고 인정하는 경우에는 6개월의 범위에서 그 신청을 승인할 수 있다.

2. 과세표준

폐지한 때의 실제 반출가격에 상당하는 금액을 과세표준으로 한다. 이 경우 반출 유예 승인을 받은 경우에는 해당 물품이 실제로 반출되었거나 반출된 것으로 보아 개별소비세를 부과하게 되는 때의 실제 반출가격에 상당하는 금액으로 한다.

3. 납세절차

과세물품의 제조를 사실상 폐지한 경우에 제조장에 남아있는 경우 그 개별소비세 납세의무자는 그 사유가 발생한 날이 속한 달의 다음 달 25일까지 신고서를 제출하고 해당 세액을 납부해야 한다.

사례 2 자동차 구조변경시 개별소비세

개별소비세와 관련하여 다음 사례를 읽고 물음에 답하시오. (20점)

> 자동차정비업자 甲은 다음과 같이 중고자동차를 캠핑용자동차로 튜닝하여 소비자에게 반출하였다. 여기서 '튜닝'이란 자동차의 구조·장치의 일부를 변경하거나 자동차에 부착물을 추가하는 것을 말한다.
>
> (1) 소비자 A가 제공한 중고 승합자동차를 캠핑용자동차로 튜닝하여 소비자 A에게 반출하였다. 중고 승합자동차의 가격(지방세법상 시가표준액을 말한다)은 1,000만원이고 튜닝에 사용된 원재료는 300만원, 튜닝 공임은 400만원이다.
>
> (2) 소비자 B가 제공한 중고 승용자동차(개별소비세가 과세된 것임)을 캠핑용자동차로 튜닝하여 소비자 B에게 반출하였다. 중고 승용자동차의 가격(지방세법상 시가표준액을 말한다)은 700만원이고 튜닝에 사용된 원재료는 200만원, 튜닝 공임은 300만원이다.

【물음 1】 개별소비세법상 개별소비세가 과세되는 자동차의 범위를 설명하시오.

【물음 2】 자동차정비업자 甲이 중고 자동차를 캠핑용자동차로 튜닝하는 경우 개별소비세가 과세되는 근거규정을 설명하시오.

【물음 3】 사례에서 자동차정비업자 甲이 소비자 A와 소비자 B에게 반출하는 캠핑용 자동차의 개별소비세 과세표준 금액을 각각 설명하시오.

해 답

【물음 1】 범위

① 승용자동차(정원 8명 이하의 자동차로 한정하되, 배기량이 1,000cc 이하의 것으로서 길이가 3.6미터 이하이고 폭이 1.6미터 이하인 것은 제외한다)

② 이륜자동차(내연기관을 원동기로 하는 것은 그 총배기량이 125cc를 초과하는 것으로 한정하며, 내연기관 외의 것을 원동기로 하는 것은 그 최고정격출력이 12킬로와트를 초과하는 것으로 한정한다). 다만, 국방용 또는 경찰용으로서 해당 기관의 장이 증명하는 것은 제외한다.

③ 캠핑용자동차(캠핑용 트레일러를 포함한다)

④ 전기 승용자동차(정원 8명 이하의 자동차로 한정하되, 길이가 3.6미터 이하이고 폭이 1.6미터 이하인 것은 제외한다)

【물음 2】 과세근거

다음 중 어느 하나에 해당하는 경우에도 캠핑용자동차를 제조하는 것으로 보고 반출할 때 개별소비세를 과세한다.

① 중고 캠핑용자동차를 신품과 동등한 정도로 그 가치를 높이기 위하여 대부분의 재료를 대체 또는 보완하는 경우

② 중고 자동차의 부분품의 전부 또는 일부를 재료로 하여 새로운 캠핑용자동차로 가공 또는 개조하는 경우

【물음 3】 과세표준

1. 소비자 A에게 반출하는 캠핑용자동차

개별소비세 과세대상이 아닌 중고 승합자동차를 개별소비세 과세대상인 캠핑용 자동차로 튜닝한 경우에는 다음의 금액을 과세표준으로 한다.

> 과세표준 : ① + ② + ③ = 1,700만원(반출가격)
> ① 중고 승합자동차의 가격 : 1,000만원
> ② 튜닝에 사용된 원재료 : 300만원
> ③ 튜닝 공임 : 400만원

2. 소비자 B에게 반출하는 캠핑용자동차

개별소비세 과세대상인 승용자동차를 캠핑용자동차로 튜닝한 경우에는 다음의 금액을 과세표준으로 한다(기존 중고 승용자동차 가격에 대해서 개별소비세의 이중과세를 방지하려는데 그 취지가 있다).

> 과세표준 : ① + ② = 500만원(반출가격)
> ① 튜닝에 사용된 원재료 : 200만원
> ② 튜닝 공임 : 300만원

사례 3 고급모피에 대한 개별소비세 과세제도

다음 사례를 읽고 물음에 답하시오. (2015년 세무사 2차 수정, 20점)

> 내국법인 A는 내국법인 B와 임가공계약을 체결하고 원부자재를 B로부터 공급받아 한 벌당 650만원의 밍크모피의류제품 200벌을 B에게 납품하였다.

【물음 1】 A가 개별소비세 납세의무를 부담하는 경우 개별소비세의 과세요건, 과세시기 및 신고납부 절차에 관하여 설명하시오. (10점)

【물음 2】 A가 B에 밍크모피의류제품 납품시 개별소비세가 과세되지 않도록 하는 절차를 설명하시오. (5점)

해 답

<사실관계 파악>

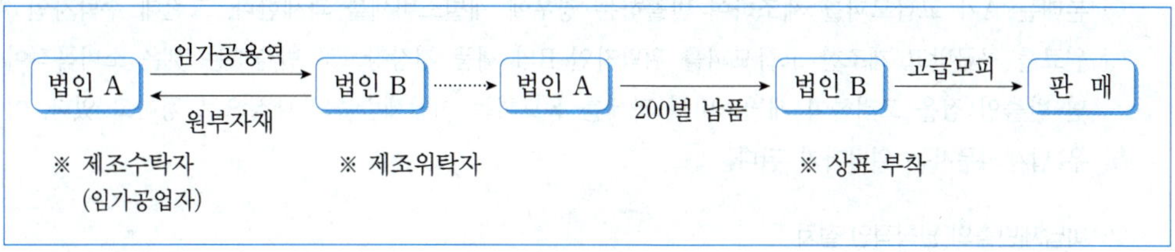

【물음 1】 고급모피에 대한 개별소비세

1. 과세요건

(1) 과세물품과 세율

A가 제조하여 B에게 납품하는 밍크모피의류제품(이하 '고급모피'라 한다)은 그 물품가격 중 기준가격을 초과하는 부분의 가격(이하 '과세가액'이라 한다)에 20%의 세율로 개별소비세가 과세된다.

(2) 납세의무자

과세물품을 수탁받아 제조하는 경우에 그 물품에 대한 납세의무자는 수탁자이다. 다만, 수탁자가 위탁자에게 미납세반출한 후, 위탁자가 같은 물품을 다시 반출하는 경우에는 위탁자가 납세의무자가 된다.

사례에서 고급모피에 대한 개별소비세 납세의무자는 수탁자 'A'이다.

(3) 과세표준

고급물품은 반출가격* 중 기준가격(1개당 500만원)을 초과하는 부분의 가격(과세가격)을 과세표준으로 한다.

* 수탁가공한 물품에 대하여 수탁자가 해당 세액을 납부하는 경우에는 그 물품을 인도한 날에 위탁자가 실제로 판매하는 가격에 상당하는 금액을 반출가격으로 한다.

2. 과세시기

고급모피에 대한 개별소비세는 A가 제조하여 반출할 때의 법령에 따라 부과한다.

3. 신고납부

고급모피 반출에 대한 개별소비세 납세의무자 A는 매 분기분 과세표준신고서를 반출한 날이 속하는 분기의 다음 달 25일까지 제조장 관할세무서장에게 제출해야 한다. 그리고 매 분기분의 개별소비세를 해당 신고서 제출기한까지 관할세무서장에게 납부해야 한다.

【물음 2】 미납세반출 절차

1. 개 요

본래는 A가 고급모피를 제조하여 반출하는 경우에 개별소비세를 과세한다. 그런데 수탁자인 A가 원료를 공급받고 제조한 고급모피를 위탁자인 B의 제품 저장창고로 반출하는 것은 소비목적이 아닌 반출인 점을 고려하여 개별소비세 과세를 유보하는 미납세반출의 대상으로 정하고 있다. 이 경우 납세의무자는 위탁자가 된다.

2. 미납세반출의 원칙적인 절차

(1) 미납세반출 승인신청

1) 미납세반출대상에 해당하는 물품을 제조장에서 반출하려는 자는 해당 물품을 반출할 때에 미납세반출 승인신청서를 관할세무서장에게 제출하여 그 승인을 받아야 한다.

2) 신청을 받은 관할세무서장이 이를 승인하였을 때에는 그 신청서에 준하는 내용의 승인서를 발급하고, 반입지 관할세무서장에게 그 사실을 통지해야 한다.

(2) 반입신고와 확인

1) 미납세반출을 적용받아 과세물품을 반입장소에 반입한 자는 반입한 날이 속하는 분기의 다음 달 15일까지 반입 사실을 반입지 관할세무서장에게 신고해야 한다.

2) 반입지 관할세무서장은 승인지 관할세무서장이 송부해 온 승인 내용과 대조하여 확인하고 반입자에게 반입증명서를 발급한다.

(3) 반입증명

반입증명서는 해당 물품을 반출한 날부터 3개월의 범위에서 반출지 관할세무서장이 지정하는 날까지 제출해야 한다.

3. 미납세반출 승인신청에 대한 특례

제조장에서 반출하는 물품에 대하여 미납세반출을 받으려는 자는 위의 절차에도 불구하고 해당 물품을 반출한 날이 속하는 분기의 다음 달 25일까지 해당 분기 분 과세표준신고서에 반입증명서를 첨부하여 제출해야 한다.

사례 4 미납세반출과 납세의무자

개별소비세는 반출과세제도를 채택하고 있다. 다음의 물음에 답하시오. (20점)

【물음 1】 미납세반출 대상이 되는 수출할 물품의 범위와 그 취지를 설명하시오. (6점)

【물음 2】 다음 사례를 읽고 요구사항에 답하시오. (14점)

(1) A회사는 甲회사로부터 고급모피의류 제작을 의뢰받아 甲회사에 납품하는 수탁가공업을 경영하는 사업자이다. 구체적인 고급모피의류 제작 및 판매 조건은 다음과 같다.

① 甲회사가 생산할 고급모피의류를 직접 고안 · 디자인 및 견본제작을 한다.

② 해당 고급모피제품은 甲회사의 명의로 제조한다.

③ 해당 고급모피제품을 甲회사의 책임하에 직접 판매한다.

(2) A회사는 甲회사로부터 고급모피의류 제작에 필요한 원자재를 전부 제공받으며, A회사는 甲회사로부터 1벌당 40만원의 공임(工賃)을 받는다.

(3) 甲회사는 A회사로부터 2026년도 1/4분기에 100벌의 고급모피의류를 납품받아 자사의 유명 상표를 부착하여 1벌당 800만원에 직매장에서 전부 판매하였다.

(4) A회사는 甲회사와 수탁가공계약시 개별소비세 미납세반출 승인신청을 하지 않는다는 특약사항을 준수하기 위해서 미납세반출 승인신청을 하지 않았다.

(요구사항 1) A회사는 고급모피의류를 제작하여 甲회사 창고에 반출하고 甲회사가 직매장에서 고급모피의류를 판매하는 경우 ① 개별소비세 과세요건을 설명한 다음, ② 납세의무자가 2026년 1/4분 개별소비세로 신고납부할 세액을 계산하고 ③ 신고납부기한을 언급하시오.

(요구사항 2) 사례에서 A회사는 1벌당 40만원의 공임(工賃)을 받고 있는데, 1벌당 60만원의 개별소비세를 신고납부해야 하는 것은 과도한 의무이행이므로 미납세반출 승인신청 여부에 관계없이 甲회사를 개별소비세 납세의무자로 세법에 규정해야 한다고 주장한다. 이러한 A회사의 주장을 뒷받침할 수 있는 논리적 근거를 제시하시오.

해 답

【물음 1】 수출관련 미납세반출

1. 미납세반출 대상

수출할 물품을 다른 장소에 반출하는 것에 대해서는 개별소비세를 징수하지 않는다. 한편 개별소비세의 보전이나 그 밖에 단속에 지장이 없다고 인정되는 것으로서 다음에 해당하는 수출의 전단계의 반출에 대해서도 미납세반출이 적용된다.

① 수출물품(또는 수출물품의 제조 · 가공을 위한 물품을 내국신용장(원내국신용장과 제2차 내국신용장으로 한정한다)에 의하여 수출업자(또는 수출물품의 제조 · 가공업자)에게 반출하는 것

② 수출물품을 제조 · 가공하기 위하여 동일 제조장에서 다른 제품의 원료로 사용하는 것

③ 수출물품을 제조 · 가공하기 위하여 다른 제조장으로 반출하는 것

2. 취 지

수출하는 물품에 대해서는 소비지국 과세원칙에 따라 우리나라 개별소비세의 부담을 완전제거하기 위하여 개별소비세를 면제하는 것이다. 이처럼 수출면세가 적용되는 경우에는 수출의 전단계에서 해당 물품 또는 그 원재료에 대해 이미 개별소비세가 납부된 경우에는 그 세액을 환급한다. 그런데 수출할 물품을 다른 장소로 반출하는 것에 대하여 개별소비세를 부과하고 나중에 수출될 때 이미 납부한 개별소비세를 환급하는 것은 그 절차가 복잡할 뿐만 아니라 환급시점까지 사업자의 자금부담이 있게 된다. 이러한 점 때문에 수출할 물품에 대해서는 미납세반출을 할 수 있도록 한 것이다.

【물음 2】 고급모피의류 사례

(요구사항 1) 과세요건과 세액

1. 과세요건

(1) 과세물품과 세율

A회사가 제작하여 甲회사에 납품하는 고급모피의류는 그 물품가격 중 기준가격(1벌당 500만원)을 초과하는 부분의 가격(과세가액)에 20%의 세율로 개별소비세가 과세된다.

(2) 납세의무자

과세물품을 수탁받아 제조하는 경우에 그 물품에 대한 납세의무자는 수탁자이다.

다만, 수탁자가 위탁자에게 미납세반출한 후, 위탁자가 같은 물품을 다시 반출하는 경우에는 위탁자가 납세의무자가 된다.

사례의 경우에는 A회사는 甲회사와 수탁가공계약시 개별소비세 미납세반출 신청을 하지 않는다는 특약사항을 준수하기 위해서 미납세반출 신청을 하지 않았다. 따라서 고급모피의류에 대한 개별소비세는 수탁자인 'A회사'가 납세의무를 진다.

(3) 과세표준

고급모피의류 반출가격 중 기준가격(1벌당 500만원)을 초과하는 부분의 가격(과세가격)을 과세표준으로 한다. 여기서 '반출가액'은 수탁가공한 고급모피의류에 대하여 수탁자가 해당 세액을 납부하는 경우에는 그 물품을 인도한 날에 위탁자가 실제로 판매하는 가격에 상당하는 금액을 반출가격으로 한다. 사례의 경우 1벌당 800만원이 반출가격이 된다.

여기서 '수탁가공'이란 위탁자가 물품을 직접 제조하지 않고 수탁자에게 의뢰하여 제조하는 경우로서 다음의 요건을 모두 충족하는 것을 말한다.

㉠ 위탁자가 생산할 물품을 직접 기획(고안 · 디자인 및 견본제작 등을 말한다)할 것
㉡ 해당 물품을 위탁자의 명의로 제조할 것
㉢ 해당 물품을 인수하여 위탁자의 책임하에 직접 판매할 것

사례는 ㉠ 甲회사가 생산할 고급모피의류를 직접 고안 · 디자인 및 견본제작하고 ㉡ 해당 고급모피제품은 甲회사의 명의로 제조하여 ㉢ 해당 고급모피제품을 甲회사의 책임하에 직접 판매하므로 위 수탁가공의 요건을 모두 충족하였다.

2. 개별소비세액

A회사가 신고납부할 1/4분기 개별소비세액은 다음과 같이 계산한다.

과세표준(과세가격)	(800만원 − 500만원)×100벌	3억원
세율		× 20%
납부할 개별소비세액		6,000만원

3. 신고납부기한

A회사는 위의 1/4분기 개별소비세를 2026년 4월 25일까지 신고납부해야 한다.

(요구사항 2) 입법적 개선방안

다음과 같은 논거로 고급의류모피의 제작을 의뢰하여 판매하는 甲회사를 개별소비세 납세의무자로 규정하는 것이 바람직하다.

1) A회사가 미납세반출 승인을 받아 반출하는 경우에는 甲회사가 개별소비세 납세의무를 진다. 그런데 사례와 같이 A회사는 경제적으로 강자인 甲회사와 수탁가공계약시 미납세반출 승인신청을 하지 않는다는 특약사항을 준수하기 위해서 미납세반출 승인신청을 하지 못함에 따라 1벌당 공임 40만원보다 훨씬 많은 1벌당 60만원의 개별소비세를 납부하는 것은 과도한 의무이행에 해당한다.

   사례와 같이 미납세반출 승인신청이 자유롭지 못한 상황인 경우에는 고급모피의류가 소비목적으로 판매되는 단계에서 개별소비세가 납부되도록 납세의무자를 판매자로 정할 필요가 있다.

2) 사업자가 거래상대방으로부터 인도받은 재화에 주요 자재의 대부분을 부담하여 새로운 재화를 만드는 사업은 '제조업'에 해당한다. 반면에 사업자가 인도받은 재화에 주요 자재를 부담하지 않고 단순 가공만 하는 것은 용역 공급사업(사업지원서비스업)에 해당한다. 사례에서 A회사는 甲회사로부터 고급모피의류 제작에 필요한 원자재를 전부 제공받고서 1벌당 40만원의 공임(工賃)을 받는 사업형태로 재화를 공급하는 제조업이 아니라 단순가공 용역만을 제공하는 사업자에 해당한다. 이와 같은 경우 과세물품을 제작하여 반출하는 자는 영세한 사업자인 경우가 많고 해당 과세물품의 가치형성에 기여하는 정도(1벌당 40만원/800만원 = 5%)가 낮다. 이런 경우에는 해당 과세물품을 납품받아 판매하는 자를 납세의무자로 규정할 필요가 있다.

3) 사례와 같은 경우 영세한 수탁가공업자를 개별소비세 납세의무자로 하는 것보다 과세물품의 판매자를 개별소비세 납세의무자로 하는 것이 개별소비세 세수입을 확보하는데 도움이 된다.

예규판례 개별소비세를 신고·납부하지 않고 미납세반출 승인신청도 하지 않은 경우 위탁자에게 개별소비세 납세의무가 있는지 여부(조심-2016-서-0232, 2016.05.19.)

1. 처분개요

가. 청구법인은 1969년에 "○○○"라는 상호로 개업한 개인사업체가 1996.3.5. 법인으로 전환한 모피제품 전문 제조법인으로, 모피제품의 원재료인 원피를 해외에서 수입하거나 국내업체로부터 매입하여 임가공업체에 제조를 위탁한 후 백화점을 통해 소비자에게 판매하고 있다.

나. ○○○(이하 "조사청"이라 한다)은 2014.6.10.부터 2014.10.15.까지 청구법인에 대한 세무조사를 실시하여 청구법인이 임가공업체들에 위탁가공을 의뢰하여 납품받은 모피제품이 개별소비세 과세대상임에도 임가공업체들이 「개별소비세법 시행령」 제19조에 따른 미납세반출 승인을 받지 아니하고 반출한 사실을 확인하고 임가공업체들을 납세의무자로 하여 관할세무서장에게 과세자료를 통보하였다.

다. 임가공업체 관할세무서장은 2015.4.10. 통보받은 과세자료에 따라 임가공업체들에게 개별소비세를 결정·고지하였다.

라. 임가공업체들은 2015.7.8. 위 개별소비세 부과처분에 불복하여 국세청장에게 심사청구를 제기하였고, 국세청장은 2015.9.4. 임가공업체가 개별소비세 과세대상이 되는 모피제품을 제조하여 반출한 납세의무자라고 하기는 어려우며, 임가공업체가 임가공한 모피제품을 청구법인에게 인계한 시점에 개별소비세 과세대상 물품에 해당하는지 여부를 알 수 없을 뿐만 아니라 과세표준을 산정할 수 없어 임가공업체에게 개별소비세 납세의무를 이행하기를 기대하기 어렵다는 취지로 임가공업체를 개별소비세 납세의무자로 본 과세처분을 취소한다는 결정(국세청심사 기타 2015-0037, 2015.9.4.)을 하였다.

마. 처분청은 ○○○의 심사결정에 따라 청구법인을 개별소비세 납세의무자로 보아 2015.10.23. 청구법인에게 2010년 3분기 귀속 개별소비세 ○○○원, 교육세 ○○○원 및 농어촌특별세 ○○○원 합계 ○○○원의 부과처분을 하였다.

바. 청구법인은 이에 불복하여 2015.12.30. 심판청구를 제기하였다.

2. 청구법인 주장 및 처분청 의견

가. 청구법인 주장

(1) 수탁제조물품에 대한 개별소비세 납세의무자는 원칙적으로 수탁자인 임가공업체이다.

(가) 「개별소비세법」 제3조 제2호에 따라 개별소비세는 제조장 반출 과세원칙을 채택하고 있어 원칙적으로 '과세물품을 제조하여 반출하는 자'에게 개별소비세 납세의무가 있다.

(나) 제조장 반출 과세원칙에 따르면, 수탁제조물품도 이를 제조하여 반출하는 수탁자가 개별소비세를 신고·납부해야 하며, 국세청장도 「개별소비세법 기본통칙」 3-0…2에서 '과세물품을 수탁받아 제조하는 경우'에는 수탁자가 납세의무자가 된다고 명시하여 이를 확인하고 있다.

(다) 위탁자의 검수와 가격표 부착만으로는 「개별소비세법」에서 말하는 '제조'에 해당하지 않는다는 점에서도 수탁제조물품을 제조하여 반출하는 수탁자에게 개별소비세 납세의무가 있다.

(라) 수탁자가 반출 시점에 당해 물품의 가격을 알 수 없어 과세 대상 여부를 판단할 수 없었다고 하나, 「개별소비세법 시행령」 제8조 제1항 제10호는 이러한 경우를 위하여 과세표준을 '수탁가공

한 물품에 대하여 수탁자가 해당 세액을 납부하는 경우 그 물품을 인도한 날에 위탁자가 실제로 판매하는 가격에 상당하는 금액'으로 산정하도록 규정하고 있다.

(마) 따라서, 원칙적으로 수탁제조물품을 제조하여 반출한 임가공업체가 개별소비세 납세의무자에 해당한다.

(2) 임가공업체가 미납세반출 승인을 받지 않은 이상 임가공업체의 개별소비세 납세의무가 위탁자인 청구법인에게 이전되지 않으므로 원칙대로 임가공업체가 개별소비세 납세의무자에 해당한다.

(가) 「개별소비세법」 제14조 제1항 제3호는 "원료를 공급받거나 위탁 공임만을 받고 제조한 물품을 제조장에서 위탁자의 제품 저장창고에 반출하는 것"을 미납세반출 허용사유로 규정하고 있으므로, 수탁제조에 있어서 수탁자가 미납세반출 승인신청을 하여 그 승인을 받으면, 수탁자가 과세물품에 해당하는 수탁제조물품을 위탁자에게 인도할 목적으로 제조장에서 반출하더라도 수탁자에게는 개별소비세를 징수하지 않으며 위탁자가 당해 물품을 반출할 때 위탁자에게 개별소비세를 징수한다.

(나) 감사원의 심사청구에서도 모피제품을 임가공한 수탁업체가 그 모피제품을 미납세반출 승인 없이 위탁자의 판매장으로 반출한 것에 대하여 수탁업체가 미납세반출 승인을 받지 않았음을 이유로 수탁업체에게 특별소비세(현. 개별소비세) 등을 부과한 처분에 대하여,

"「특별소비세법」 제3조 제2호에서 고급모피와 동 제품 등의 특별소비세 과세물품을 제조하는 자는 특별소비세를 납부할 의무가 있다고 되어 있고, 같은 법 제14조 제1항 제3호 및 같은 법 시행령 제19조 제1항에서 원료를 공급받거나 위탁공임만을 받고 제조한 물품을 제조장으로부터 위탁자의 제품저장창고에 반출하는 경우 미납세반출승인을 얻은 때에는 특별소비세를 징수하지 아니한다고 되어 있음에 비추어 고급모피와 동 제품 등의 과세물품을 위탁받아 제조하는 경우에는 동 제품에 대한 납세의무자는 미납세반출승인을 얻지 아니하는 한 수탁자라 할 것이다"라고 하여 위탁자가 아니라 수탁자에게 납세의무가 있다고 판단(감심1997-0030, 1997.2.25.)하였다.

(다) 미납세반출 대상에 해당하지만 납세의무자가 위와 같은 미납세반출 승인 절차를 이행하지 않은 경우에도 개별소비세 징수가 유예되는지 여부에 관하여 대법원과 조세심판원에서도 미납세반출제도에 의한 개별소비세 감면 혜택을 받으려면 미납세반출 대상 물품이라는 것만으로는 부족하고 적법하게 미납세반출 신청서를 제출하고 승인을 받는 절차를 거쳐야만 개별소비세 징수를 면할 수 있다고 판단(대법원 2015.12.23. 선고 2013두16074 판결, 국심 1999경1524, 1999.11.24., 같은 뜻임)하였으며, 법령의 체계적 해석을 통해서도 미납세반출 승인을 받지 않았으면 개별소비세 징수가 유예될 수 없음이 확인된다.

(라) 이 건에서 임가공업체는 미납세반출 승인을 받지 않았음이 명백하므로, 임가공업체가 개별소비세 납세의무를 부담하며 위탁자인 청구법인에게는 그 개별소비세를 징수할 수 없다.

나. 처분청 의견

(1) 청구법인은 수탁자로부터 납품받은 모피제품의 검사를 통해 최종적으로 제조를 완료하고 검사에 합격한 경우 판매 가능한 모피제품으로 인지하고 있으며, 모피제품 검사 후 개당 판매가격을 결정하므로 「개별소비세법」상 과세대상(1개당 ○○○원 초과) 여부를 검사 후에 알 수 있다.

따라서, 수탁업체가 모피제품을 청구법인의 사업장으로 인도할 당시에는 개별소비세 과세대상 여부가 결정되지 않았고, 검사완료시점이 모피제품의 완성시점이다.

(2) 수탁업체는 최종 생산완료단계인 검사 이전단계까지의 생산공정을 거치고도 과세물품인지 여부가 결정되지 않은, 단지 위탁가공 모피제품을 인도한 것에 불과하여 과세물품을 반출하였다고 보기 어려우므로 미납세반출 규정 적용대상이 아니다.

(가) 수탁업체와 청구법인 모두 각각 관할세무서장에게 반출신고, 반입신고를 하지 않은 것으로 보아 양자 모두 임가공제품을 위탁자에게 인도하는 것을 과세물품의 반출이 아니라 제조 단계의 일부로 인지한 것으로 보인다.

(나) 청구법인은 수년 간 모피제품에 대한 개별소비세 신고 · 납부를 이행해 왔고, 이에 대해 당사자 간 이견이 없었던 점으로 미루어 수탁업체와 청구법인 양자 모두 청구법인을 개별소비세 납세의무자로 판단한 것으로 보인다.

(3) 따라서, 처분청이 개별소비세의 납세의무자를 청구법인으로 보아 과세한 이 건 처분은 정당하다.

3. 심리 및 판단

가. 쟁 점

임가공업체가 수탁제조물품을 반출하면서 개별소비세를 신고 · 납부하지 않고 미납세반출 승인신청도 하지 않은 경우 위탁자에게 개별소비세 납세의무가 있는지 여부

나. 관련 법령(생략)

다. 사실관계 및 판단

(1) ○○○ 자료에 따르면, 청구법인은 제시한 표와 같다. 이 건과 관련하여 2010년도에 개별소비세를 신고 · 납부한 것으로 나타난다.

(2) 당초 조사청이 임가공업체들을 납세의무자로 하여 관할 세무서장에게 통보한 과세자료 파생검토서의 주요내용은 다음과 같다.

(3) 처분청이 제출한 "개별소비세 자료파생 검토보고서" 등 심리자료에 의하면,

(가) 과세자료를 통보받은 임가공업체 관할세무서장 중 ○○○세무서장은 2015.4.10. 통보받은 과세자료에 따라 ○○○에게 ○○○원, ○○○에게 ○○○원의 개별소비세를 결정 · 고지하였고, ○○○는 2015.7.8. 위 개별소비세 부과처분에 불복하여 국세청장에게 심사청구를 제기하였으며, 2015.9.4. 국세심사위원회는 심의결과 "인용" 결정한 것으로 나타난다.

(나) 국세청장의 심사결과에 따라, 청구법인을 납세의무자로 변경하고, 백화점으로 반출하는 시점인 "반출일"을 과세시기로 정하였으며, 수탁자인 임가공업체에서 판매가격으로 추정가능한 제조원가에 최소한의 마진을 감안한 각 스타일별 "판매최저가"를 출고일 당시 출고가격으로 적용하여 판매상당가액을 산출한 것으로 나타난다.

(4) 이상의 사실관계 및 관련 법령 등을 종합하여 살피건대, 「개별소비세법 기본통칙」상 제조란 재료 또는 원료에 물리적 또는 화학적 변화를 가하여 새로운 과세물품을 생산하는 행위를 말하는바, 수탁자의 임가공행위는 원피에 물리적, 화학적 변화를 가하여 모피제품이라는 새로운 과세물품을 생산하는

행위로서 위탁자의 검수 여부에 관계없이 「개별소비세법」상 제조에 해당하며, 반면에 위탁자가 수행하는 검수는 임가공을 거친 모피제품에 아무런 물리적, 화학적 변화를 가하지 아니하므로 「개별소비세법」상의 제조에 해당한다고 보기 어려운 점, 수탁자의 입장에서는 개별 모피제품의 가격을 알 수 없기 때문에 개별소비세 신고대상 물품인지를 판단할 수 없었다고 하나, 「개별소비세법 시행령」 제8조 제10호에서는 이러한 상황을 감안하여 수탁 가공한 물품에 대한 과세표준을 수탁자가 인도하는 시점의 당해 물품의 가격으로 하지 않고, 그 물품을 인도한 날에 위탁자가 실제로 판매하는 가격에 상당하는 금액으로 하도록 규정하고 있는 점, 「개별소비세법」상 납세의무자를 과세물품인 모피제품을 제조하여 반출하는 자로 규정하고 있고, 위·수탁계약에 따라 그 제품을 제조하는 경우 수탁자가 위탁자에게 과세대상 모피제품을 미납세반출한 후, 위탁자가 동 물품을 다시 반출하는 경우에만 위탁자가 동 물품에 대한 개별소비세 납세의무자가 된다 할 것인데(감심 1997-0030, 1997.2.25., 대법원 2013두16074, 2015.12.23., 같은 뜻임), 이 건의 경우 수탁자가 위탁자인 청구법인에게 모피제품을 납품하는 과정에서 관할세무서에 미납세반출을 신청하거나 승인 받은 사실이 없는 점 등에 비추어 처분청이 개별소비세 납세의무자를 청구법인으로 보아 과세한 이 건 처분은 잘못이라고 판단된다.

4. 결 론

이 건 심판청구는 심리결과 청구주장이 이유 있으므로 「국세기본법」 제81조 및 제65조 제1항 제3호에 의하여 주문과 같이 결정한다. ■

연습문제

1 개별소비세의 과세요건에 관하여 설명하시오. (30점)

2 개별소비세법상 제조장에서 반출하는 과세물품의 과세표준을 산정할 때 여러 가지 유형별 가격 계산에 대하여 설명하시오. (2010년, 20점)

3 개별소비세의 납세의무자에 대하여 설명하시오. (2005년, 7점)

4 개별소비세법에 따른 제조의제와 반출의제에 대하여 설명하시오. (20점)

5 개별소비세법에 따른 개별소비세의 과세표준에 대하여 기술하시오. (20점)

6 개별소비세법상 반출의제와 관련하여 다음의 물음에 답하시오. (2007년, 20점)

【물음 1】 과세물품의 반출의제의 경우 개별소비세의 과세표준과 납세절차를 설명하시오.

【물음 2】 개별소비세법에 따른 과세물품의 제조를 사실상 폐지한 경우와 부가가치세법에 따른 폐업시 잔존재화에 대한 ① 과세 여부, ② 과세표준 및 ③ 납세절차를 비교설명하시오.

7 개별소비세법에 따른 과세대상의 판정은 과세물품을 결정하는 중요한 기준이다. 과세물품의 판정기준에 대하여 설명하시오. (2000년, 15점)

8 부가가치세 과세사업자 甲씨가 개별소비세 과세물품을 판매목적으로 다른 사업장에 반출하는 경우에 개별소비세 및 부가가치세 ① 과세 여부, ② 과세표준 및 ③ 납세절차에 대하여 설명하시오. (15점)

9 개별소비세의 ① 본래 납세의무 성립시기와 ② 납세의무 성립시기의 예외(제조의제, 반출의제 및 유흥음식행위의 의제)에 대하여 설명하시오. (25점)

10 개별소비세와 관련하여 다음의 물음에 답하시오. (2009년, 20점)

【물음 1】 개별소비세의 납세의무자와 과세시기를 설명하시오.

【물음 2】 반출의제의 사유에 대해 설명하시오.

11 개별소비세와 관련하여 가장 불복이 많은 사례는 '과세유흥장소'에 해당되는지 여부이다. 이는 소비유흥문화를 근절하고자 하는 정부의 의지를 납세자들이 쉽게 수긍하지 않기 때문으로 보인다. 이와 관련하여 현행 개별소비세법에서 정하는 과세유흥장소에 대한 개별소비세 과세요건을 설명하시오. (2003년, 20점)

12 개별소비세법에 따른 비과세대상에 대하여 설명하시오. (2006년, 7점)

제2편 개별소비세법

제3장 미납세반출·면세제도 및 세액의 공제·환급

제1절 미납세반출

I 의 의

'미납세반출'이란 과세물품에 대한 개별소비세의 부담이 유보된 상태에서 반출하는 제도를 말한다. 즉 과세물품이 일정한 사유로 반출되는 경우에는 그 반출되는 시점에서 개별소비세를 징수하지 않고 개별소비세의 과세를 유보하는 제도라고 할 수 있다(특기통 14-19…1).

이 경우 해당 물품의 ① 반입장소를 제조장으로, ② 반입자를 제조자(납세의무자)로 보도록 되어 있으므로(개소법 14 ④), 결국 반입장소에서 다시 반출될 때 개별소비세가 과세되거나 면세가 적용되는 것이다.

II 미납세반출의 대상

1. 수출할 물품

수출할 물품을 다른 장소에 반출하는 것에 대해서는 개별소비세를 징수하지 않는다(개소법 14 ① (1)). 즉 수출하는 물품에 대해서는 소비지국 과세원칙에 따라 우리나라 개별소비세의 부담을 완전제거하기 위하여 개별소비세를 면제하는 것이다. 이처럼 수출면세가 적용되는 경우에는 수출의 전단계에서 해당 물품 또는 그 원재료에 대해 이미 개별소비세가 납부된 경우에는 그 세액을 환급한다. 그런데 수출할 물품을 다른 장소로 반출하는 것에 대하여 개별소비세를 부과하고 나중에 수출될 때 이미 납부한 개별소비세를 환급하는 것은 그 절차가 복잡할 뿐만 아니라 환급시점까지 사업자의 자금부담이 있게 된다. 이러한 점 때문에 수출할 물품에 대해서는 미납세반출을 할 수 있도록 한 것이다.

한편 개별소비세의 보전이나 그 밖에 단속에 지장이 없다고 인정되는 것으로서 다음에 해당하는 수출의 전단계의 반출에 대해서도 미납세반출이 적용된다(개소령 19 ③ (1)~(3)).

① 수출물품(또는 수출물품의 제조 · 가공을 위한 물품)을 내국신용장(원내국신용장과 제2차 내국신용장으로 한정한다)에 의하여 수출업자(또는 수출물품의 제조 · 가공업자)에게 반출하는 것
② 수출물품을 제조 · 가공하기 위하여 동일 제조장에서 다른 제품의 원료로 사용하는 것
③ 수출물품을 제조 · 가공하기 위하여 다른 제조장으로 반출하는 것

2. 소비목적이 아닌 반출

개별소비세는 반출시점에서 과세된다. 따라서 과세물품이 소비를 위한 유통과정에 들어가는 것이 아닌 경우에도 제조장에서 반출되면 일단 과세되는 문제점이 발생한다. 그리하여 개별소비세법에서는 소비목적이 아닌 반출에 대해서는 일단 과세를 유보하는 데, 그 내용은 다음과 같다(개소법 14 ① (2)~(5)).

1) 박람회 등에의 출품과 관련되는 다음의 것

① 국내에서 개최하는 박람회 · 전시회 · 품평회 · 전람회나 그 밖에 이에 준하는 곳(이하 '박람회 등'이라 한다)에 출품하기 위하여 제조장에서 반출하는 것

② 국내 또는 국외에서 개최한 박람회 등에 출품한 물품을 제조장에 환입(還入)하거나 보세구역에서 반출하는 것

③ 국제적인 박람회 등에 출품할 것을 조건으로 외국에서 수입하는 것

④ 국내에서 개최하는 박람회 등에 출품하기 위하여 무상으로 수입하는 것으로서 관세가 면세되는 것

2) 수탁자가 원료를 공급받거나 위탁 공임만을 받고 제조한 물품을 제조장에서 위탁자의 제품 저장창고에 반출하는 것

3) 제조장 외의 장소에서 규격 검사를 받기 위하여 과세물품을 제조장에서 반출하거나 그 제조장에 환입하는 것

4) 미납세반출이나 면세의 적용받아 반입(搬入)된 물품으로서 품질 불량이나 그 밖의 사유로 제조장에 반환하는 것

5) 개별소비세 보전이나 그 밖에 단속에 지장이 없다고 인정되는 다음의 것

① 제조장을 이전하기 위하여 반출하는 것

② 승용자동차를 보관 · 관리하기 위하여 ㉠ 제조장에서 하치장으로 또는 ㉡ 하치장에서 다른 하치장으로 반출하거나 해당 제조장에 환입하는 것

③ 과세물품을 제조 · 가공하기 위한 원료로 사용하기 위하여 다른 제조장으로 반출하는 것

④ 석유류를 석유비축시책의 일환으로 한국석유공사에 공급하기 위하여 제조장 또는 보세구역에서 반출하는 것과 제조장 또는 보세구역에서 반출한 후 제조자 또는 수입업자의 저유소(貯油所)를 거쳐 한국석유공사에 공급하는 것으로서 국세청장이 정하는 방법으로 공급하는 것

⑤ 석유제품 외의 물품을 제조하는 과정에서 부산물로 생산되는 유류를 석유정제업자에게 석유제품 원료용으로 공급하기 위하여 제조장 또는 보세구역에서 반출하는 것

⑥ 승용자동차로서 제조자(또는 수입업자)의 판매장에 30일 이상 전시하기 위하여 제조장(또는 보세구역)에서 반출하거나 해당 제조장 또는 보세구역으로 환입하는 것

⑦ 석유류를 제조 · 가공하기 위하여 동일한 제조자의 다른 제조장으로 반출하는 것

Ⅲ 미납세반출의 절차

1. 원칙적인 절차

(1) 미납세반출 승인신청

1) 미납세반출대상에 해당하는 물품을 제조장(또는 하치장)에서 반출하거나 보세구역에서 반출하려는 자는 해당 물품을 반출할 때에(수입물품의 경우에는 그 수입신고시부터 수입신고 수리 전까지) 미납세반출 승인신청서를 관할세무서장(또는 세관장)에게 제출하여 그 승인을 받아야 한다(개소령 19 ①, 1-①).

2) 신청을 받은 관할세무서장(또는 세관장)이 이를 승인하였을 때에는 그 신청서에 준하는 내용의 승인서를 발급하고(1-②), 반입지 관할세무서장(또는 세관장)에게 그 사실을 통지해야 한다(개소령 19 ②, 1-③).

(2) 반입신고와 확인

1) 미납세반출을 적용받아 과세물품을 반입장소에 반입한 자는 반입한 날이 속하는 분기의 다음 달 15일(석유류 · 담배는 반입한 날이 속하는 달의 다음 달 15일)까지 반입사실을 반입지 관할세무서장(또는 세관장)에게 신고해야 한다(개소법 14 ⑤, 2-①).

2) 반입지 관할세무서장(또는 세관장)은 승인지 관할세무서장(또는 세관장)이 송부해 온 승인내용과 대조하여 확인하고 반입자에게 반입증명서를 발급한다(2-②).

(3) 반입증명

반입증명서는 해당 물품을 반출한 날부터 3개월의 범위에서 반출지 관할세무서장(또는 세관장)이 지정하는 날까지 제출해야 한다(3-①). 만약 반입증명서 제출기한까지 해당 사실을 증명하기 위한 서류를 부득이한 사정으로 제출할 수 없는 경우에는 관할세무서장(또는 세관장)에게 제출기한의 연장을 신청할 수 있다. 이 경우 관할세무서장 또는 세관장은 해당 사실을 증명하기 위한 서류의 제출기한이 경과한 날부터 3개월의 범위에서 그 기한을 연장할 수 있다(개소령 20 ④,⑤).

[도 표] 미납세반출의 절차

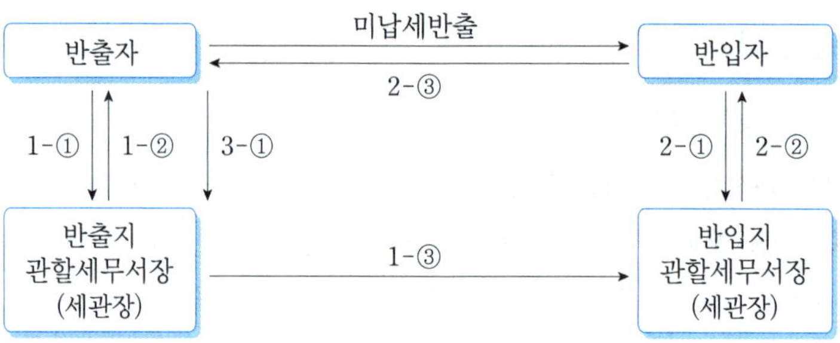

사전승인
- 1-① : 미납세반출 승인신청서 제출
- 1-② : 미납세반출 승인서 발급
- 1-③ : 미납세반출승인의 뜻을 통지

사후증명
- 2-① : 미납세물품반입신고서에 의하여 반입사실의 신고 (반입한 날이 속하는 분기의 다음 달 15일까지)
- 2-② : 반입증명서 발급
- 2-③ : 반입증명서 송부
- 3-① : 반입증명서 제출(반출일~3개월 이내)

2. 미납세반출 승인신청에 대한 특례

1) 제조장(또는 하치장)에서 반출하는 물품에 대하여 미납세반출을 받으려는 자는 위의 절차에도 불구하고 해당 물품을 반출한 날이 속하는 분기의 다음 달 25일까지 해당 분기분(석유류 · 담배는 반출한 날이 속하는 달의 다음 달 말일까지 해당 월분)의 과세표준신고서에 반입증명서를 첨부하여 제출해야 한다(개소령 19의2).

2) 반입증명서 제출기한까지 해당 사실을 증명하기 위한 서류를 부득이한 사정으로 제출할 수 없는 경우에는 관할세무서장(또는 세관장)에게 제출기한의 연장을 신청할 수 있다. 이 경우 관할세무서장 또는 세관장은 해당 사실을 증명하기 위한 서류의 제출기한이 경과한 날부터 3개월의 범위에서 그 기한을 연장할 수 있다(개소령 20 ⑤).

Ⅳ 미납세반출물품에 대한 사후관리

1. 개별소비세 징수

미납세반출한 물품으로서 ① 반입 장소에 반입된 사실 또는 ② 정해진 용도로 제공한 사실을 증명하지 않은 것에 대해서는 반출자 또는 수입신고인으로부터 개별소비세를 징수한다(개소법 14 ②).

관할세무서장(또는 세관장)은 이처럼 해당 세액을 징수하려는 경우에 반출자(또는 수입신고인)이 해당 세액을 징수할 수 있는 날부터 30일 이내에 해당 사실을 증명하기 위한 서류를 제출하지 않을 때에는 해당 세액을 징수한다는 뜻을 지체 없이 통지해야 한다(개소령 20 ⑥, 징수예고 통지).

2. 멸실승인

미납세반출한 물품이 반입장소에 반입되기 전에 재해나 그 밖의 부득이한 사유로 멸실(滅失)된 경우에는 개별소비세를 징수하지 않는다(개소법 14 ③).

이에 따라 개별소비세를 면제받으려는 자는 해당 반입증명서의 제출기한까지 멸실승인신청서에 해당 물품의 멸실 사실을 증명하는 서류를 첨부하여 반출지 관할세무서장(또는 세관장)에게 지체 없이 제출하여 그 승인을 받아야 한다(개소령 21 ①).

예 규 판 례 국외에서 개최한 박람회 등에 출품한 물품을 수입하여 보세구역에서 반출하면서 수입신고 수리 전까지 미납세반출 승인신청서를 제출하여 승인을 받지 아니한 경우, 개별소비세 징수 유보 대상에 해당하는지 여부(소극)

개별소비세법은 특정한 물품을 제조하여 반출하거나 보세구역에서 반출하는 때에 개별소비세를 부과하도록 하면서도(제1조, 제3조), 일정한 과세물품에 대해서는 대통령령으로 정하는 바에 따라 개별소비세의 징수를 유보하는 미납세반출 제도를 두어, '국외에서 개최한 박람회 등에 출품한 물품을 보세구역에서 반출하는 경우'를 미납세반출 대상의 하나로 규정하는 한편(제14조 제1항 제2호), 미납세반출된 과세물품을 반입 장소에 반입한 자에게 반입한 날이 속하는 분기의 다음 달 15일까지 반입 사실을 반입지 관할세무서장 또는 세관장에게 신고하도록 하고(제14조 제5항), 반입 장소에 반입된 사실 또는 정해진 용도로 제공한 사실을 대통령령으로 정하는 바에 따라 증명하지 아니한 경우에는 반출자 또는 수입신고인으로부터 개별소비세를 징수하도록 규정하고 있다(제14조 제2항). 그리고 그 위임에 따른 개별소비세법 시행령 제19조 제1항(이하 '이 사건 시행령 조항'이라 한다)은 미납세반출 승인 대상 물품을 반출할 때에(수입물품의 경우에는 그 수입신고 시부터 수입신고 수리 전까지) 반출할 물품의 명세, 반입 장소, 반입자의 인적사항 및 반입증명서 제출기한 등 사후관리에 필요한 사항을 적은 신청서를 관할세무서장 또는 세관장에게 제출하여 그 승인을 받도록 규정하고 있다.

개별소비세법에서 규정한 미납세반출 제도는 특정한 과세물품에 대하여 개별소비세의 부담이 유보된 상태로 반출하는 것을 허용하는 과세유보조치로서, 이는 개별소비세가 최종소비자를 담세자로 예정하여 과세되는 조세인 점을 감안하여, 과세물품의 단순한 보관장소의 변경이나 제조공정상 필요에 의한 반출 등의 경우에는 개별소비세의 부담이 유보된 상태로 반출을 허용함으로써 반출과세 원칙에 따른 문제점을 보완하려는 데 그 취지가 있다. 이러한 미납세반출 제도는 반출자 등이 과세물품을 지정된 반입 장소에 반입한 사실이나 정해진 용도로 제공한 사실을 일정한 기한 내에 증명하는 등의 사후관리를 예정하고 있고, 이를 위해서는 과세물품의 반출 전에 '반출에 대한 승인'과 반입 후에 '반입사실에 대한 증명' 등의 절차를 필요로 한다. 따라서 미납세반출 대상 물품에 대한 개별소비세의 징수 유보에 관한 사항이나 그 물품의 반입 사실 등의 증명에 관한 사항을 대통령령으로 정하도록 한 개별소비세법 제14조 제1항 및 제2항의 위임에 따라 개별소비세법 시행령에서 정하여질 내용은 반출된 물품의 사후관리에 필요한 승인신청이나 승인절차 등과 같은 사항이 될 것임을 충분히 예측할 수 있고, 이 사건 시행령 조항도 이러한 위임의 범위 내에서 미납세반출 대상 물품의 반출 시에 미납세반출 승인신청서를 관할세무서장 또는 세관장에게 제출하여 그 승인을 받도록 규정하고 있으므로, 결국 이 사건 시행령 조항은 구 개별소비세법 제14조 제1항 등이 예정하고 있는 징수 유보에 필요한 절차 등을 구체화한 것으로서 위임입법의 한계를 벗어난 무효의 규정이라고 할 수 없다.

이와 같은 미납세반출 제도, 그 승인신청과 승인절차의 내용 및 취지 등에 비추어 보면, 국외에서 개최한 박람회 등에 출품한 물품을 수입하여 보세구역에서 반출하는 경우라도 그 물품에 관하여 이 사건 시행령 조항에 따라 그 수입신고 수리 전까지 세관장에게 미납세반출 승인신청서를 제출하여 승인을 받지 않은 경우에는 구 개별소비세법 제14조 제1항에서 규정한 개별소비세 징수 유보의 대상에 해당하지 않는다고 할 것이다(대법원 2015.12.23. 선고 2013두16074 판결). ■

사례 1 미납세반출

자동차 제조회사가 승용자동차를 보관·관리를 위하여 제조장에서 하치장으로 반출하였다. 이 경우 ① 개별소비세가 과세되는지 여부를 검토하고 ② 개별소비세 그 반출단계에서 개별소비세가 과세되지 않게 할 수 있는 개별소비세법상 절차를 설명하시오. (20점)

해 답

1. 과세여부

개별소비세는 제조장에서 과세물품이 반출되는 때에 과세하는 반출과세제도를 채택하고 있으므로, 자동차 제조회사가 승용자동차를 보관·관리를 위하여 제조장에서 하치장으로 반출하는 경우에도 개별소비세를 과세한다.

그런데 자동차 제조회사가 승용자동차를 보관·관리를 위하여 제조장에서 하치장으로 반출하는 것은 소비목적이 아닌 반출인 점을 고려하여 개별소비세 과세를 유보하는 미납세반출의 대상이 된다.

2. 미납세반출의 원칙적인 절차

(1) 미납세반출 승인신청

1) 미납세반출대상에 해당하는 물품을 제조장에서 반출하려는 자는 해당 물품을 반출할 때에 미납세반출 승인신청서를 관할세무서장에게 제출하여 그 승인을 받아야 한다.

2) 신청을 받은 관할세무서장이 이를 승인하였을 때에는 그 신청서에 준하는 내용의 승인서를 발급하고, 반입지 관할세무서장에게 그 사실을 통지해야 한다.

(2) 반입신고와 확인

1) 미납세반출을 적용받아 과세물품을 반입 장소에 반입한 자는 반입한 날이 속하는 분기의 다음 달 15일까지 반입 사실을 반입지 관할세무서장에게 신고해야 한다.

2) 반입지 관할세무서장은 승인지 관할세무서장이 송부해 온 승인 내용과 대조하여 확인하고 반입자에게 반입증명서를 발급한다.

(3) 반입증명

반입증명서는 해당 물품을 반출한 날부터 3개월의 범위에서 반출지 관할세무서장이 지정하는 날까지 제출해야 한다. 만약 반입증명서 제출기한까지 해당 사실을 증명하기 위한 서류를 부득이한 사정으로 제출할 수 없는 경우에는 관할세무서장에게 제출기한의 연장을 신청할 수 있다.

3. 미납세반출 승인신청에 대한 특례

1) 제조장에서 반출하는 물품에 대하여 미납세반출을 받으려는 자는 위의 절차에도 불구하고 해당 물품을 반출한 날이 속하는 분기의 다음 달 25일까지 해당 분기분의 과세표준신고서에 반입증명서를 첨부하여 제출해야 한다.

2) 반입증명서 제출기한까지 해당 사실을 증명하기 위한 서류를 부득이한 사정으로 제출할 수 없는 경우에는 관할세무서장에게 제출기한의 연장을 신청할 수 있다.

사례 2 개별소비세 과세여부

다음 사례를 읽고 물음에 답하시오. (2017년 세무사 2차, 20점)

> 개별소비세 과세대상인 승용자동차 A를 제조한 甲은 독일에서 개최되는 자동차박람회에 출품하기 위하여 A를 국외로 반출하였다가 박람회가 끝난 후 다시 甲의 제조장으로 환입하였다. 이 후 甲은 A를 자신의 판매장에서 30일 이상 전시하기 위하여 제조장에서 반출하였다.

【물음 1】 개별소비세법상 미납세반출의 ① 취지와 ② 절차에 대해서 설명하시오. (10점)

【물음 2】 위 사례에서 A를 독일로 반출한 것에 대한 개별소비세법상 과세여부에 대해서 설명하시오. (3점)

【물음 3】 위 사례에서 A를 甲의 제조장으로 환입한 것에 대한 개별소비세법상 과세여부에 대해서 설명하시오. (3점)

【물음 4】 위 사례에서 A를 자신의 판매장으로 반출한 것에 대한 개별소비세법상 과세여부에 대해서 설명하시오. (4점)

해 답

<사실관계>

【물음 2】 甲 제조장 —(승용자동차 A / 국외반출)→ 독일 자동차박람회

【물음 3】 甲 제조장 ←(승용자동차 A / 환입)— 독일 자동차박람회

【물음 4】 甲 제조장 —(승용자동차 A / 30일 이상 전시를 위하여 반출)→ 판매장

【물음 1】 미납세반출

1. 취 지

'미납세반출'이란 과세물품이 일정한 사유로 반출되는 경우에는 그 반출되는 시점에서 개별소비세를 징수하지 않고 개별소비세의 과세를 유보하는 제도를 말한다. 그 취지는 다음과 같다.

1) 수출할 물품을 다른 장소로 반출하는 것에 대하여 개별소비세를 부과하고 나중에 수출될 때 이미 납부한 개별소비세를 환급하는 것은 그 절차가 복잡할 뿐만 아니라 환급시점까지 사업자의 자금부담이 있게 된다. 이러한 점 때문에 수출할 물품에 대해서는 미납세반출을 할 수 있도록 한 것이다.

2) 개별소비세는 반출시점에서 과세된다. 따라서 과세물품이 소비를 위한 유통과정에 들어가는 것이 아닌 경우에도 제조장에서 반출되면 일단 과세되는 문제가 발생한다. 그리하여 개별소비세법에서는 소비목적이 아닌 반출에 대해서는 일단 과세를 유보하는 것이다.

2. 미납세반출의 절차

(1) 원칙적인 절차

1) 미납세반출 승인신청

① 미납세반출대상에 해당하는 물품을 제조장에서 반출하려는 자는 해당 물품을 반출할 때에 미납세반출 승인신청서를 관할세무서장에게 제출하여 그 승인을 받아야 한다.

② 신청을 받은 관할세무서장이 이를 승인하였을 때에는 그 신청서에 준하는 내용의 승인서를 발급하고, 반입지 관할세무서장에게 그 사실을 통지해야 한다.

2) 반입신고와 확인

① 미납세반출을 적용받아 과세물품을 반입 장소에 반입한 자는 반입한 날이 속하는 분기의 다음 달 15일까지 반입 사실을 반입지 관할세무서장에게 신고해야 한다.

② 반입지 관할세무서장은 승인지 관할세무서장이 송부해 온 승인 내용과 대조하여 확인하고 반입자에게 반입증명서를 발급한다.

3) 반입증명

반입증명서는 해당 물품을 반출한 날부터 3개월의 범위에서 반출지 관할세무서장이 지정하는 날까지 제출해야 한다. 만약 반입증명서 제출기한까지 해당 사실을 증명하기 위한 서류를 부득이한 사정으로 제출할 수 없는 경우에는 관할세무서장에게 제출기한의 연장을 신청할 수 있다.

(2) 미납세반출 승인신청에 대한 특례

① 제조장에서 반출하는 물품에 대하여 미납세반출을 받으려는 자는 위의 절차에도 불구하고 해당 물품을 반출한 날이 속하는 분기의 다음 달 25일까지 해당 분기분 과세표준신고서에 반입증명서를 첨부하여 제출해야 한다.

② 반입증명서 제출기한까지 해당 사실을 증명하기 위한 서류를 부득이한 사정으로 제출할 수 없는 경우에는 관할세무서에게 제출기한의 연장을 신청할 수 있다.

【물음 2】 독일로 반출시 과세여부

甲이 내국물품인 승용자동차 A를 독일에서 개최되는 자동차 박람회에 출품하기 위해서 반출하는 것은 무조건면세 해당 물품 중 '외국에서 개최되는 박람회 등에 출품하기 위하여 해외로 반출하는 물품'에 해당한다. 따라서 승용자동차 A를 독일에서 개최되는 박람회에 출품하기 위해서 반출하는 것은 아무런 조건을 붙이지 않고 개별소비세를 과세하지 않는다.

※ 내국물품인 승용자동차 A를 국외로 반출하는 것이므로 수출면세 대상으로 생각할 수 있으나 무조건 면세대상이 수출면세보다 우선 적용된다. 수출면세는 사후관리가 있으나 무조건 면세는 사후관리 대상이 아니라는 점에서 차이가 있다.

【물음 3】 제조장으로 환입시 과세여부

甲이 독일에서 개최한 자동차 박람회에 출품한 물품을 박람회가 끝난 후 다시 甲의 제조장에 환입하는 것은 과세물품의 수입으로서 개별소비세가 과세되는 것이 원칙이다.

이처럼 박람회에 출품한 승용자동차 A를 제조장에 환입하는 것은 소비목적의 수입이 아닌 점을 고려하여 미납세반출 대상으로 정하고 있다. 따라서 甲이 미납세반출 승인을 받은 경우에는 甲이 승용자동차를 제조장에 환입할 때 개별소비세를 과세하지 않고 소비목적으로 반출할 때 개별소비세를 과세한다.

【물음 4】 판매장 반출시 과세여부

甲이 승용자동차 A를 제조장에서 반출하는 것은 개별소비세 과세대상에 해당한다. 그런데 甲이 승용자동차 A를 자신의 판매장에서 30일 이상 전시하기 위하여 반출하는 것은 소비목적인 아닌 반출인 점을 고려하여 미납세반출 대상으로 정하고 있다. 따라서 甲이 미납세반출 승인을 받은 경우에는 甲이 승용자동차를 판매장에서 30일 이상 전시하기 위하여 제조장에서 반출하는 것에 대해서는 개별소비세를 과세하지 않는다.

❑ 출제위원 채점평

개별소비세법상 미납세반출의 취지와 절차 및 무조건 면세와의 구분을 묻는 문제였다. 많은 수험생들이 미납세반출제도에 대해 기본적인 내용을 나열하였으나 제도의 취지를 정확히 이해하고 단계별 절차를 명확하게 구분한 답안지는 많지 않았다. 특히 결론만 이해하기 보다는 전체를 이해하는 정교한 학습이 필요하다고 생각한다.

사례 3 수출면세와 미납세반출

㈜C는 개별소비세 과세대상인 고급 모피의류를 제조하여 직접 수출하거나 내국신용장에 의하여 수출업자에게 판매한다. ㈜C가 제조장에서 제조한 고급 모피의류를 국외로 반출하여 직접 수출하는 경우와 원내국신용장에 의하여 수출업자에게 판매하기 위하여 반출하는 경우 각각의 개별소비세 납세의무에 대해 설명하고, 각각의 경우 ㈜C가 개별소비세를 납부하지 않을 수 있다면 이를 위한 개별소비세법령상 절차에 대해 서술하시오. (2023년 세무사 2차, 7점)

해 답

1. 개별소비세 납세의무

(1) 직접 수출하는 경우

㈜C가 제조장에서 제조한 고급 모피의류를 국외로 반출하여 수출하는 경우에는 '수출면세'를 적용한다. 여기서 '수출면세'란 내국물품을 국외로 반출하는 경우에 개별소비세를 부담시키지 않는 제도를 말한다. 그 취지는 소비지국과세원칙을 구현하려는데 있다.

(2) 수출업자에게 반출하는 경우

㈜C가 제조장에서 제조한 고급 모피의류를 원내국신용장에 의하여 수출업자에게 판매하기 위하여 반출하는 경우에도 원칙적으로 개별소비세를 납부할 의무가 있다.

그런데 ㈜C가 제조장에서 제조한 고급 모피의류를 원내국신용장에 의하여 수출업자에게 판매하기 위하여 반출하는 것은 소비목적이 아닌 반출인 점을 고려하여 개별소비세 과세를 유보하는 미납세반출의 대상이 된다.

2. 개별소비세법상 절차

(1) 직접 수출하는 경우 : 수출면제 절차

1) 원칙적인 절차

① 수출면세 승인신청

㉠ 수출면세를 받으려는 자는 수출면세승인신청서에 수출신용장 등 서류를 첨부하여 해당 물품을 반출할 때에 세무서장에게 제출하여 그 승인을 받아야 한다.

㉡ 신청을 받은 세무서장이 이를 승인하였을 때에는 그 신청서에 준하는 내용의 승인서를 발급해야 한다.

② 용도증명 : 수출의 용도로 제공한 사실을 증명하기 위한 서류는 해당 물품을 반출한 날부터 3개월 범위에서 반출지 세무서장이 지정하는 날까지 제출해야 한다.

2) 승인신청에 대한 특례

수출의 용도에 사용하기 위하여 제조장에서 반출하는 물품에 대하여 면세를 받으려는 자는 위 원칙적인 절차에도 불구하고 해당 물품을 반출한 날이 속하는 분기의 다음 달 25일까지 해당 분기분의 과세표준신고서에 용도증명서를 첨부하여 제출해야 한다.

(2) 수출업자에게 반출하는 경우 : 미납세반출 절차

1) 원칙적인 절차

① 미납세반출 승인신청

㉠ 미납세반출대상에 해당하는 물품을 제조장에서 반출하려는 자는 해당 물품을 반출할 때에 미납세반출 승인신청서를 세무서장에게 제출하여 그 승인을 받아야 한다.

㉡ 신청을 받은 관할세무서장이 이를 승인하였을 때에는 그 신청서에 준하는 내용의 승인서를 발급하고, 반입지 세무서장에게 그 사실을 통지해야 한다.

② 반입신고와 확인

㉠ 미납세반출을 적용받아 과세물품을 반입장소에 반입한 자는 반입한 날이 속하는 분기의 다음 달 15일까지 반입 사실을 반입지 세무서장에게 신고해야 한다.

㉡ 반입지 관할세무서장은 승인지 관할세무서장이 송부해 온 승인 내용과 대조하여 확인하고 반입자에게 반입증명서를 발급한다.

③ 반입증명 : 반입증명서는 해당 물품을 반출한 날부터 3개월의 범위에서 반출지 세무서장이 지정하는 날까지 제출해야 한다.

2) 승인신청에 대한 특례

제조장에서 반출하는 물품에 대하여 미납세반출을 받으려는 자는 위의 절차에도 불구하고 해당 물품을 반출한 날이 속하는 분기의 다음 달 25일까지 해당 분기 분 과세표준신고서에 반입증명서를 첨부하여 제출해야 한다.

사례 4 담배에 대한 개별소비세

다음 사례를 읽고 아래 물음에 답하시오. (2018년 세무사 2차, 20점)

(1) A법인은 2010년 10월부터 국내에 제조공장을 두고 담배를 생산하는 담배회사이다.
(2) 2015년 1월 1일부터 담배에 대하여 개별소비세가 신설되고, 담배소비세 인상으로 인해 담배가격이 인상되었다.

(3) A법인은 제조공장 근처에 소재한 B회사 소유의 비보세(非保稅) 외부창고(이하 'B회사 외부창고')를 2014년 9월부터 2015년 2월까지 한시적으로 임차한 후, 2014년 9월부터 2014년 12월까지 제조생산한 담배 300만 개비를 동 창고로 입고하고 담배소비세를 신고납부하였다.

(4) A법인은 2015년 1월 1일 이후 구매주문이 들어오면, B회사 외부창고에 축적된 담배 300만 개비를 A법인 소유 보세창고(이하 'A법인 보세창고')에 재입고 시킨 후 재조합 또는 재포장하여 도매상 등에 모두 판매하였다.

(5) 과세관청은 2016년 7월부터 A법인에 대한 법인통합조사를 실시하고, A법인이 2014년 9월부터 2014년 12월까지의 기간에 B회사 외부창고를 이용한 가장(假裝)반출로 담배 300만 개비를 부당하게 축적한 다음, 2015년에 실제로 반출 · 판매함으로써 개별소비세를 탈루한 것으로 보아 A법인에게 개별소비세를 고지하였다.

【물음 1】 개별소비세법에서 규정하는 담배에 대한 개별소비세 과세요건 및 과세시기에 대해 설명하시오. (7점)

【물음 2】 개별소비세법에서 규정하는 담배에 대한 미납세반출에 관한 특례를 설명하시오. (8점)

【물음 3】 구 개별소비세법(2014.12.31. 법률 제12846호) 부칙에 의하면 담배는 2015년 1월 1일부터 개별소비세 과세대상이 되었다. 그럼에도 불구하고 과세관청은 사례 (3)과 (4)의 사실에 대한 세무조사 결과 사례 (5)와 같이 개별소비세 과세대상으로 판단하였다. 해당 과세처분을 정당화 시킬 수 있는 근거를 설명하시오. (5점)

해 답

【물음 1】 담배에 대한 개별소비세

1. 과세요건

(1) 과세대상과 세율

개별소비세 과세물품 중 담배에 대한 종류별 세율은 물품가격에 관계없이 과세표준 단위당 일정 금액(20개비당 또는 1그램당 일정액 등)을 세율로 한다. 담배에는 ① 피우는 담배, ② 씹거나 머금는 담배, ③ 냄새 맡는 담배로 구분된다.

(2) 납세의무자

다음에 해당하는 자는 개별소비세를 납부할 의무가 있다.

① 담배를 제조하여 반출하는 자

② 관세법에 따라 관세를 납부할 의무가 있는 자로서 담배를 관세법에 따른 보세구역에서 반출하는 자

③ 위 ② 외에 관세를 징수하는 담배에 대해서는 그 관세를 납부할 의무가 있는 자

(3) 과세표준

① 담배를 납세의무자가 제조하여 반출하는 경우 : 제조장에서 반출할 때의 수량(담배의 개비수, 중량 또는 니코틴 용액의 용량을 말한다. 이하 같다)

② 담배를 납세의무자가 보세구역에서 반출하는 경우 : 수입신고를 할 때의 수량

③ 보세구역에서 반출하는 물품 외의 관세를 징수하는 물품인 경우 : 해당 관세를 징수할 때의 수량

2. 과세시기

담배에 대한 개별소비세는 담배를 제조장에서 반출할 때(또는 수입신고를 할 때)의 법령에 따라 부과한다.

【물음 2】 담배에 대한 미납세반출에 관한 특례

1. 개 요

개별소비세의 일반적인 미납세반출에 관한 규정에도 불구하고 담배에 대하여 개별소비세를 징수하지 않은 사유(즉 미납세반출 대상)에 관하여는 지방세법상 담배소비세 미납세반출 규정을 준용한다.

2. 담배에 대한 미납세반출에 관한 특례(지방세법상 담배소비세 미납세반출)

다음 중 어느 하나에 해당하는 담배에 대하여는 담배소비세를 징수하지 않는다.

① 담배 공급의 편의를 위하여 제조장 또는 보세구역에서 반출하는 것으로서 다음 중 어느 하나에 해당하는 것

㉠ 과세면제 담배를 제조장에서 다른 제조장으로 반출하는 것

㉡ 외국물품인 담배를 보세구역에서 다른 보세구역으로 반출하는 것

㉢ 제조장 또는 보세구역에서 반출할 때 개별소비세 납세의무가 성립된 담배를 다른 제조장 또는 보세구역에서 반출하는 것

② 담배를 다른 담배의 원료로 사용하기 위하여 반출하는 것

③ 제조장을 이전하기 위하여 담배를 반출하는 것

④ 수출할 담배를 제조장으로부터 다른 장소에 반출하는 것

⑤ 담배를 폐기하기 위하여 제조장 또는 수입판매업자의 담배보관장소로부터 폐기장소로 반출하는 것

【물음 3】 개별소비세 과세처분의 근거

<사실관계 파악>

A법인 제조장 —(2014년 / 담배 반출)→ B회사 외부창고 —(2015년 / 재입고)→ A법인 보세창고 —(판매)→ 도매상

사례의 경우 과세관청의 A법인에 대한 개별소비세 과세처분을 정당화 시킬 수 있는 근거는 다음과 같다.

① A법인이 담배를 2014년에 제조장에서 B회사 외부창고로 반출한 것은 소비를 목적으로 하는 반출이 아니라 2015년부터 과세될 개별소비세를 탈루하기 위한 가장(假裝) 반출에 해당한다. 이러한 가장반출 행위는 부인하고 A법인 보세창고에서 도매상에게 판매되어 소비를 위해 유통되는 시점을 반출시기(즉 개별소비세 납세의무 성립시기)로 개별소비세를 과세처분해야 한다.

② 국세기본법은 실질과세원칙의 하나로 '둘 이상의 행위 또는 거래를 거치는 방법으로 국세기본법 또는 세법의 혜택을 부당하게 받기 위한 것으로 인정되는 경우에는, 그 경제적 실질내용에 따라 연속된 하나의 행위 또는 거래를 한 것으로 보아 국세기본법 또는 세법을 적용한다.'고 규정하고 있다. 사례에서 A법인 제조장에서 B회사 외부창고로 담배를 반출한 다음 A법인 보세창고로 재입고 후에 도매상에게 판매한 것은 개별소비세를 회피하기 위한 것으로 인정되므로, 담배 반출－재입고－판매의 행위를 '연속된 하나의 반출행위'로 보고 개별소비세를 과세하는 것이 정당하다.

③ 담배값에 개별소비세가 반영되기 전(즉 2014.12.31. 전)에 대량(300만 개비)으로 미리 반출하여 개별소비세를 회피한 다음, 2015.1.1. 이후에 개별소비세가 반영된 담배값에 판매하는 방법으로 거액의 부당이득을 챙기는 것은 보편적 정의관과 윤리관에 비추어 용납될 수 없는 행위로서 국세기본법에서 정한 신의성실의 원칙(납세자는 신의에 따라 성실히 의무를 이행해야 한다)에 위반된다. 따라서 A법인에게 개별소비세를 과세처분한 것은 정당하다.

❑ 출제위원 채점평

담배에 대한 개별소비세 문제가 출제되었다. 과세요건 및 과세시기, 미납세반출에 관한 특례, 개별상황에 있어서 과세처분을 정당화할 수 있는 근거를 묻는 문제였다. 과세요건 및 과세시기에 대해서는 과세요건에 속하는 항목을 언급하고 이에 대한 내용을 적시하고 과세시기에 대하여 언급해야 하는데 담배에 대한 종류별 세율을 암기한 내용만을 많은 부분 할애하여 정작 중요한 과세요건을 빠뜨리는 수험생이 많았다. 개별상황의 과세처분의 정당성 문제도 정당화시키는 논리를 묻고 있는데 반대의 논리를 언급하는 수험생도 있었고 상황에 적합한 설명을 하더라도 키워드만 간단하게 적어 논리적 설명이 따르지 않는 답안들은 채점을 하면서 아쉬운 마음이 들었다.

제2절 개별소비세의 면세제도

I 의 의

개별소비세법에 따른 '면세'란 일정한 과세물품의 반출 및 수입, 입장행위에 대하여 개별소비세를 면제하는 제도를 말한다. 부가가치세법에 따른 면세제도는 그 적용대상단계에서 창출된 부가가치에 대해서는 과세하지 않되, 그 전단계에서 이미 창출된 부가가치에 대한 세액은 최종소비자에게 전가되므로 그 면세의 효과는 '부분면세'에 해당한다. 그러나 개별소비세법에 따른 면세제도는 이미 징수한 개별소비세를 환급하기 때문에 최종소비자의 세부담이 완전면세된다는 점에서 부가가치세법에 따른 면세제도와 차이가 있다.

개별소비세법에 따른 면세제도는 그 적용대상이 부가가치세법에 따른 영세율이 적용되는 거래와 비슷하고 최종소비자의 세부담이 완전면세된다는 점에서 부가가치세법에 따른 영세율제도와 거의 유사하다고 할 수 있다.

현행 개별소비세법에 따른 면세의 적용대상은 다음과 같다.

면세의 적용대상	사후관리	면세반출승인신청에 대한 특례
(1) 과세물품에 대한 면세		
① 수출 및 군납 면세	○	○
② 외교관 면세	○	×
③ 외국인전용판매장 면세	○	○
④ 조건부 면세	○	○
⑤ 무조건 면세	×	×
(2) 입장행위에 대한 면세	–	–

Ⅱ 면세의 내용

1. 과세물품에 대한 면세

(1) 수출 및 군납 면세

'수출 및 군납 면세'란 ① 내국물품을 국외로 반출하거나 ② 주한외국군에게 납품하기 위하여 반출하는 경우에 개별소비세를 부담시키지 않는 제도를 말한다. 그 취지는 소비지국과세원칙을 구현하고 주한외국군에 대한 국제적 관례를 따르는 데 있다.

수출 및 군납 면세의 대상은 다음과 같다(개소법 15 ①).

① 수출하는 다음의 것(수출면세)
  ㉠ 내국물품을 국외로 반출하는 것
  ㉡ 외국공공기관 또는 국제금융기관으로부터 받은 차관자금으로 물품을 구매하기 위하여 실시되는 국제경쟁입찰의 낙찰자가 해당 계약 내용에 따라 국내에서 생산된 물품을 납품하는 것

② 주한외국군에 납품하는 것. 이것은 주한외국군기관에 매각하거나 그 기관의 공사 및 용역의 시공을 위하여 사용하는 물품을 말한다.

이러한 개별소비세 수출 및 군납 면세의 대상에 대해서는 부가가치세의 부담도 완전면제하기 위하여 영세율이 적용된다.

참고사항 수출 및 군납 면세승인절차 및 사후관리

1. 면세승인절차

(1) 원칙적인 절차

1) 수출 및 군납 면세승인신청

① 수출 및 군납면세를 면세를 받으려는 자는 수출·군납면세 반출승인신청서에 수출신용장, 그 밖에 수출물품임을 증명하는 서류 또는 납품계약서의 사본을 첨부하여 해당 물품을 반출할 때에(수입물품의 경우에는 그 수입신고시부터 수입신고 수리 전까지) 관할세무서장(또는 세관장)에게 제출하여 그 승인을 받아야 한다. 이 경우 해당 물품의 제조자와 수출 또는 납품하는 자가 다른 경우에는 제조자와 수출 또는 납품하는 자가 연명(連名)으로 신청해야 한다(개소령 22 ①, 1-①).

② 이처럼 신청을 받은 관할세무서장(또는 세관장)이 이를 승인하였을 때에는 그 신청서에 준하는 내용의 승인서를 발급해야 한다(개소령 22 ②, 1-②).

2) 용도증명

수출 및 군납의 용도로 제공한 사실을 증명하기 위한 서류는 해당 물품을 반출한 날부터 3개월의 범위에서 반출지 관할세무서장(또는 세관장)이 지정하는 날까지 제출해야 한다(개소령 20 ④, 2-②).

만일 용도증명서 제출기한까지 해당 사실을 증명하기 위한 서류를 부득이한 사정으로 제출할 수 없는 경우에는 관할세무서장(또는 세관장)에게 제출기한의 연장을 신청할 수 있다. 이 경우 관할세무서장(또는 세관장)은 해당 사실을 증명하기 위한 서류의 제출기한이 경과한 날부터 3개월의 범위에서 그 기한을 연장할 수 있다(개소령 20 ⑤).

여기서 수출 및 군납의 용도로 제공한 사실의 증명은 다음 중 어느 하나에 해당하는 서류로 한다. 다만, 부가가치세법에 따른 수출 영세율(零稅率) 조기환급을 받기 위하여 다음 중 어느 하나에 해당하는 서류를 이미 관할세무서장에게 제출한 경우에는 수출증명 명세서로 증명할 수 있다(개소령 20 ③).

① 수출신고를 수리한 세관장이 발급한 신고필증

② 소포우편으로 수출한 경우에는 해당 우체국장이 발행한 소포수령증

③ 납품을 받은 군(軍) 기관의 장이 발행한 납품증명서(사용확인서를 포함한다)

④ 그 밖에 수출 사실을 증명할 수 있는 서류로서 국세청장이 정하는 것

(2) 면세반출승인신청에 대한 특례

수출 및 군납의 용도에 사용하기 위하여 제조장(또는 하치장)에서 반출하는 물품에 대하여 면세를 받으려는 자는 위 절차에도 불구하고 해당 물품을 반출한 날이 속하는 분기의 다음 달 25일까지 해당 분기분(석유류 · 담배는 반출한 날이 속하는 달의 다음 달 말일까지 해당 월분)의 과세표준신고서에 용도증명서를 첨부하여 제출해야 한다(개소령 19의2).

2. 수출 및 군납 면세에 대한 사후관리

(1) 개별소비세 징수

수출 및 군납 면세대상 물품으로서 정해진 용도로 제공한 사실을 증명하지 않은 것에 대해서는 반출자 또는 수입신고인으로부터 개별소비세를 징수한다. 관할세무서장(또는 세관장)은 이에 따라 해당 세액을 징수하려는 경우에 반출자 또는 수입신고인이 해당 세액을 징수할 수 있는 날부터 30일 이내에 해당 사실을 증명하기 위한 서류를 제출하지 않을 때에는 해당 세액을 징수한다는 뜻을 지체 없이 통지해야 한다. 다만, 해당 물품의 용도를 변경한 사실이 확인된 경우에는 즉시 개별소비세를 징수한다(개소법 15 ②, 개소령 20 ⑥).

그런데 군납 면세를 받은 물품을 면세의 승인을 받은 날부터 ① 5년 내에 타인에게 양도한 경우에는 이를 양수한 자가, 면세의 승인을 받은 날부터 ② 5년 내에 타인이 소지한 경우에는 이를 소지한 자가 반출 또는 수입신고를 한 것으로 보아 개별소비세를 징수한다(개소법 15 ④).

(2) 멸실승인

수출 및 군납면세를 받아 반출한 물품이 반입장소에 반입되기 전에 재해나 그 밖의 부득이한 사유로 멸실(滅失)된 경우에는 개별소비세를 징수하지 않는다(개소법 14 ③).

이에 따라 개별소비세를 면제받으려는 자는 해당 용도증명서의 제출기한까지 멸실승인신청서에 해당 물품의 멸실 사실을 증명하는 서류를 첨부하여 반출지 관할세무서장(또는 세관장)에게 지체 없이 제출하여 그 승인을 받아야 한다(개소령 21 ①). ■

[도 표] 수출면세의 절차

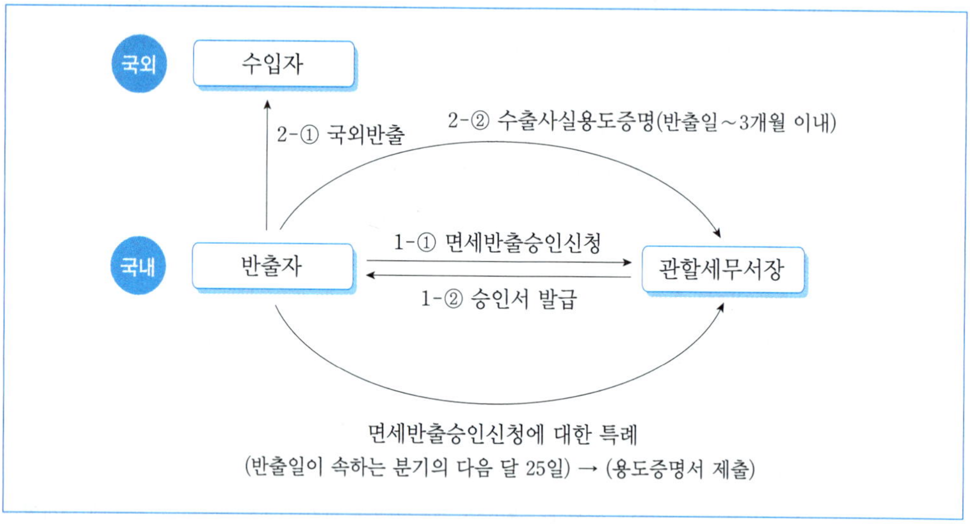

(2) 외교관 면세

'외교관 면세'란 ① 주한외국공관에서 공용품으로 사용하기 위하여 제조장에서 반출하거나 보세구역에서 반출하는 물품과 ② 주한외교관이나 원조사절 및 그 가족이 사용하기 위하여 수입하는 물품에 대하여 개별소비세를 부담시키지 않는 제도를 말한다.

외교관 면세대상은 다음과 같다(개소법 16 ①).

① 우리나라에 주재하는 외교공관과 우리나라에 상주하는 영사기관(명예영사관원을 장으로 하는 영사기관은 제외), 국제연합과 이에 준하는 국제기구*(이하 '주한외교공관 등'이라 한다)에서 공용품(公用品)으로 수입하거나 제조장에서 구입하는 것

* 우리나라가 당사국인 조약과 그 밖의 국내법령에 따라 특권과 면제를 부여받을 수 있는 경우만 해당한다.

② 우리나라에 주재하는 외교관과 우리나라에 상주하는 영사기관 등 소속 직원으로서 해당 국가로부터 공무원 신분을 부여받은 자 또는 외교통상부장관으로부터 이에 준하는 신분임을 확인받은 자 중 내국인이 아닌 사람(이하 '주한외교관 등'이라 한다)과 그 가족이 자가용품(自家用品)으로 수입하는 것

③ 주한외교공관 등과 주한외교관 등이 사용하는 자동차에 사용되는 석유류

이러한 외교관 면세규정은 상호주의 원칙에 따라 해당 국가에서 우리나라의 공관 또는 외교관 등에게 그 국가의 조세로서 우리나라의 개별소비세 또는 이와 유사한 성질의 조세를 면제하는 경우와 해당 국가에 우리나라의 개별소비세 또는 이와 유사한 성질의 조세가 없는 경우에만 적용한다(개소법 16 ⑤).

참고사항 외교관 면세 승인신청 및 사후관리

1. 외교관 면세 승인신청

① 외교관 면세 물품에 대하여 면세를 받으려는 자는 외교관 면세반출 신청서에 해당 주한외국공관장 또는 주한외교공관장에 준하는 대우를 받는 외국기관의 장이 해당 사실을 증명한 서류를 첨부하여 해당 물품을 반출할 때에(수입물품의 경우에는 그 수입신고 시부터 수입신고 수리 전까지) 관할세무서장(또는 세관장)에게 제출하여 그 승인을 받아야 한다(개소령 23 ①).

② 이처럼 신청을 받은 관할세무서장(또는 세관장)이 이를 승인하였을 때에는 그 신청서에 준하는 내용의 승인서를 발급해야 한다(개소령 23 ②).

2. 사후관리

(1) 개별소비세 징수

외교관 면세를 받은 물품을 면세 승인을 받은 날부터 ① 3년 내에 타인에게 양도한 경우에는 이를 양수한 자가, 면세 승인을 받은 날부터 ② 3년 내에 타인이 소지한 경우에는 이를 소지한 자가 반출 또는 수입신고를 한 것으로 보아 개별소비세를 징수한다. 다만, 개별소비세를 면제받은 물품 중 자동차에 대해서는 주한외교관 등이 이임(移任)하는 등 부득이한 사유가 있는 경우에는 면세 승인을 받은 날부터 3년 내에 타인에게 양도하거나 타인이 소지한 경우에도 개별소비세를 징수하지 않는다(개소법 16 ②).*

* 위 단서 규정은 해당 국가에서 우리나라의 공관 또는 외교관 등에게 동일하게 징수를 면제하는 경우로 한정한다(개소법 16 ⑤).

(2) 멸실승인

외교관 면세를 받아 반출한 물품이 반입장소에 반입되기 전에 재해나 그 밖의 부득이한 사유로 멸실(滅失)된 경우에는 개별소비세를 징수하지 않는다(개소법 14 ③).

이에 따라 개별소비세를 면제받으려는 자는 해당 반입증명서의 제출기한까지 멸실승인신청서에 해당 물품의 멸실 사실을 증명하는 서류를 첨부하여 반출지 관할세무서장(또는 세관장)에게 지체 없이 제출하여 그 승인을 받아야 한다(개소령 21 ①). ■

(3) 외국인전용판매장 면세

관할세무서장이 지정하는 외국인전용판매장에서 비거주자(非居住者)[또는 국내에 주소나 거소(居所)를 둔 주한외교관 등]에게 판매할 목적으로 그 판매장에 반입하게 하기 위하여 제조장에서 반출하는 물품에 대해서는 개별소비세를 면제한다(개소법 17 ①). 이에 따라 개별소비세를 면제받을 수 있는 물품은 다음과 같다(개소령 27).

① 보석과 이를 사용한 제품
② 귀금속 제품
③ 골패(骨牌)와 화투류
④ 고급 가구
⑤ 고급 융단
⑥ 고급 가방

이 경우 외국인전용판매장의 경영자는 매 분기 판매한 면세물품에 대하여 과세표준신고를 준용하여 관할세무서장에게 면세판매신고서를 제출해야 한다(개소법 17 ②).

참고사항 면세절차 및 사후관리

1. 외국인전용판매장에서 판매할 물품의 면세 승인신청
   ① 면세를 받으려는 자는 **외국인전용판매장 면세반출 신청서에 외국인전용판매장 지정증 사본**을 첨부하여 해당 물품을 판매 또는 반출할 때에 관할세무서장에게 **제출**하여 그 승인을 받아야 한다. 이 경우 관할세무서장은 행정정보의 공동이용을 통하여 사업자등록증명(주민등록번호는 제외)을 확인해야 하며, 신청인이 확인에 동의하지 않는 경우에는 사업자등록증 사본을 첨부하도록 해야 한다(개소령 26 ①).
   ② 이처럼 신청을 받은 관할세무서장이 이를 승인하였을 때에는 그 신청서에 준하는 내용의 **승인서를 발급**하고 반입지 관할세무서장에게 그 사실을 **통지**해야 한다(개소령 26 ②).

2. 외국인전용판매장에서 판매하는 면세물품의 구입방법 및 판매보고
   ① 외국인전용판매장의 지정을 받은 자가 면세물품을 판매할 때에는 해당 물품의 구입자의 신분을 확인한 후 개별소비세 면세물품 구입기록표를 작성하여 구입자의 여권에 첨부하고 간인(間印)해야 한다(개소령 29 ①).
   ② 물품을 판매한 자는 면세구매물품의 휴대 여부 또는 세액의 징수 내용을 적은 개별소비세 면세물품 판매확인서 2통을 작성하여 그 중 1통은 구입자(주한외교관 및 주한외국군 장병의 경우는 제외)의 출국 예정항 관할세관장에게 판매한 때마다 제출하고, 다른 1통은 판매장 관할세무서장에게 면세판매신고를 할 때에 과세물품 총판매명세서(면세분으로 구분하여 적는다)에 첨부하여 각각 제출해야 한다. 다만, 보세구역에 있는 판매장에서 판매한 경우에는 해당 관할세관장에게는 제출하지 않아도 된다(개소령 29 ②).
   ③ 면세물품 판매확인서를 받은 세관장은 구입자가 출국할 때에 면세물품 구입기록표를 제출받아 구입사실을 확인한 후 해당 물품의 소지 사실을 확인해야 한다(개소령 29 ③).
   ④ 세관장은 매 분기분의 개별소비세 면세물품 구입기록표와 개별소비세 면세물품 판매확인서를 판매장 관할세무서장에게 해당 분기의 다음 달 10일까지 송부해야 한다(개소령 29 ④).
   ⑤ 관할세무서장은 판매자가 제출한 개별소비세 면세물품 판매확인서와 구매자의 출국항 관할세관장이 송부한 개별소비세 면세물품 구입기록표 및 개별소비세 면세물품 판매확인서를 대조·확인한 후 면세로 반입한 물품의 판매량과 재고량을 조사하여 차이가 있는 경우에는 그 차이에 상당하는 물품에 대한 개별소비세를 판매자로부터 징수한다(개소령 29 ⑤).

3. 사후관리
   ① **외국인전용판매장에 반입된 사실을 증명하지 않은 것에 대해서는 반출자로부터 개별소비세를 징수한다**(개소법 14 ②, p.561 도표 ③ 물품가격). 다만, 반입되기 전에 재해나 그 밖의 부득이한 사유로 멸실(滅失)된 경우에는 개별소비세를 징수하지 않는다(개소법 14 ③). 이 경우 반입사실 신고는 반입한 날이 속하는 분기의 다음 달 15일까지 반입지 관할세무서장에게 신고해야 한다(개소법 14 ⑤).
   ② **외국인전용판매장에서 개별소비세가 면제되는 물품을 구입한 자가 출국 당시 그 물품을 소지하지 않은 경우에는 그 구입자로부터 개별소비세를 징수한다**(개소법 17 ⑤, p.561 도표 ④ 물품가격).

③ 개별소비세를 면제받아 반입된 물품을 해당 판매장에서 구입할 수 없는 자가 소지한 경우에는 그 소지자로부터 개별소비세를 징수한다. 다만, 해당 경영자나 구입자로부터 개별소비세를 징수한 사실이 확인된 경우에는 그렇지 않다(개소법 17 ⑥, p.561 도표 ⑤ 물품가격). ■

참고사항 외국인전용판매장의 지정 및 지정취소

1. 외국인전용판매장의 지정

외국인전용판매장의 지정을 받으려는 자는 ① 신청인의 인적사항, ② 판매장의 소재지 및 상호, ③ 면세판매하려는 물품을 적은 신청서를 판매장 관할세무서장에게 제출해야 한다. 이 경우 외국인만 이용하는 판매장으로서 법령에 따라 정부의 허가 또는 등록을 받아야 하는 것에 대해서는 해당 허가증 또는 등록증 사본을 첨부하여 제출해야 한다(개소령 28 ①).

이처럼 외국인전용판매장의 지정을 한 관할세무서장은 ① 지정번호, ② 판매장의 소재지 및 상호, ③ 대표자의 인적사항, ④ 면세판매할 물품명을 적은 지정증을 발급해야 한다(개소령 28 ②).

2. 외국인전용판매장의 지정취소

관할세무서장은 외국인전용판매장의 지정을 받은 자가 다음 중 어느 하나에 해당하는 경우에는 그 지정을 취소할 수 있다(개소령 28 ③).

① 면세물품을 부정하게 판매한 사실이 있는 경우

② 관할지방국세청장 또는 관할세무서장의 명령을 위반하여 처벌 또는 처분을 받은 경우

③ 관계 법령에 따른 허가 또는 등록이 취소되거나 그 밖의 처분을 받은 경우

④ 사업자 또는 법인의 임원이 국세 또는 지방세를 50만원 이상 포탈하여 처벌 또는 처분을 받은 경우

⑤ 해당 판매장을 양도하거나 대여한 경우

⑥ 외국인전용판매장 지정 신청서에 거짓 내용을 적은 사실이 발견된 경우

3. 외국인전용판매장 지정 거부

외국인전용판매장 지정신청을 받은 관할세무서장은 신청인이 다음 중 어느 하나에 해당하는 경우에는 그 지정을 하지 않을 수 있다(개소령 28 ④).

① 외국인의 이용도가 낮다고 인정되는 장소에서 판매장을 경영하려는 경우

② 판매에 필요한 인원 및 물적 시설을 갖추지 못한 경우

③ 신청일부터 기산하여 과거 1년 이내에 국세에 관한 범칙행위를 한 경우

④ 판매장 경영에 필요한 자력(資力) 및 신용을 갖추지 못하였다고 인정되는 경우 ■

(4) 조건부 면세

다음에 해당하는 물품에 대해서는 개별소비세를 면제한다(개소법 18 ①). 이러한 조건부 면세는 국가시책으로 제조장(또는 보세구역)으로부터 반출시 일정한 조건을 달아 세액을 부담시키지 않는 제도를 말한다.

① 원자로, 원자력 또는 동위원소의 생산 · 사용 · 개발에 제공하거나 그 물품의 제조용 원료로 사용하는 물품

② 보석으로서 이화학(理化學) 실험연구용, 공업용 및 축음기(蓄音機) 침(針) 제작용인 것

③ 승용자동차로서 다음에 해당하는 것

㉠ 장애인이 구입하는 것(장애인 1명당 1대로 한정한다). 여기서 '장애인'이란 국가유공자 중 장애인, 장애인복지법에 따른 장애인(장애등급이 1급부터 3급까지에 해당하는 사람으로 한정한다), 5 · 18민주화운동부상자로서 등록된 사람, 고엽제후유의증환자로서 경도 장애 이상의 장애등급 판정을 받은 사람을 말한다. 이처럼 장애인이 구입하는 승용자동차에 대한 개별소비세(장애인을 위한 특수장비 설치비용을 과세표준에서 제외하고 산출한 금액을 말한다)는 500만원을 한도로 하여 면제한다(개소법 18 ① 단서). 한편 장애인이 구입하는 것으로서 개별소비세를 면세할 승용자동차는 ⓐ 장애인이 본인 명의로 구입하거나 ⓑ 그 장애인과 주민등록표, 외국인등록표 또는 국내거소신고원부에 의하여 세대를 함께 하는 것이 확인되는 배우자, 직계존비속, 형제자매 또는 직계비속의 배우자와 공동명의로 구입하는 것으로 한정한다. 다만, 노후한 장애인 전용 승용차를 교체하거나 폐차하기 위하여 장애인 전용 승용자동차를 취득하여 1인 2대가 된 경우에는 종전의 승용자동차를 새로 취득한 장애인 전용 승용자동차의 취득일부터 3개월 이내에 처분하고, 같은 기간 내에 그 처분사실을 「장애인 전용 승용자동차 처분 사실 신고서」로 반입지 관할세무서장에게 알려야 한다(개소령 31 ③).

㉡ 환자 수송을 전용으로 하는 것

㉢ 여객자동차운송사업에 사용하는 것

㉣ 「여객자동차 운수사업법」에 따른 자동차대여사업①에 사용되는 것. 그러나 구입일부터 3년 이내에 동일인(또는 동일 법인)에 대여한 기간의 합②이 6개월을 초과하는 것(즉 장기대여한 것)은 제외한다.

이처럼 조건부 면세대상에서 제외되는 승용자동차의 경우 반입자는 동일인(또는 동일 법인)에 대여한 기간의 합이 6개월을 초과하는 날이 속하는 분기의 다음 달 25일까지 과세표준신고서를 반입지 관할세무서장에게 제출하고 면제받은 개별소비세 전액③을 납부해야 한다(개소법 18 ④, 개소령 33 ⑤).

① '자동차대여사업'이란 다른 사람의 수요에 응하여 유상으로 자동차를 대여(貸與)하는 사업을 말한다(여객자동차 운수사업법 2 ④).

② 동일인 또는 동일 법인에 승용자동차를 대여한 기간의 합을 계산할 때 시간 단위로 해당 자동차를 대여한 경우(이른바 카셰어링의 경우)에는 시간 단위로 합산해 24시간을 1일로 계산한다(개소령 33 ④).

③ 다만, 구입일로부터 3개월 이상의 기간 동안 동일인 또는 동일법인에게 대여한 사실이 없는 경우(즉 불특정다수의 이용자에게 대여된 중고차인 경우)에는 동일인 또는 동일법인에게 최초로 대여한 날에 용도변경이 된 것으로 보아 납부할 개별소비세액을 계산한다(p.561 참조).

㉤ 기업부설연구소 및 기업의 연구개발전담부서가 신제품 또는 신기술을 개발하기 위하여 시험 · 연구용으로 수입하여 사용하는 것

㉥ 18세 미만의 자녀* 3명 이상을 양육하는 사람이 구입하는 것. 이러한 승용자동차에 대한 개별소비세는 300만원을 한도로 하여 면제한다.

* 여기서 '자녀'는 가족관계등록부를 기준으로 하고, 양자 및 배우자의 자녀를 포함하되, 입양된 자녀는 친생부모의 자녀 수에는 포함하지 않는다.

[도 표] 자동차대여사업에서 사용되는 자동차에 대한 조건부 면세

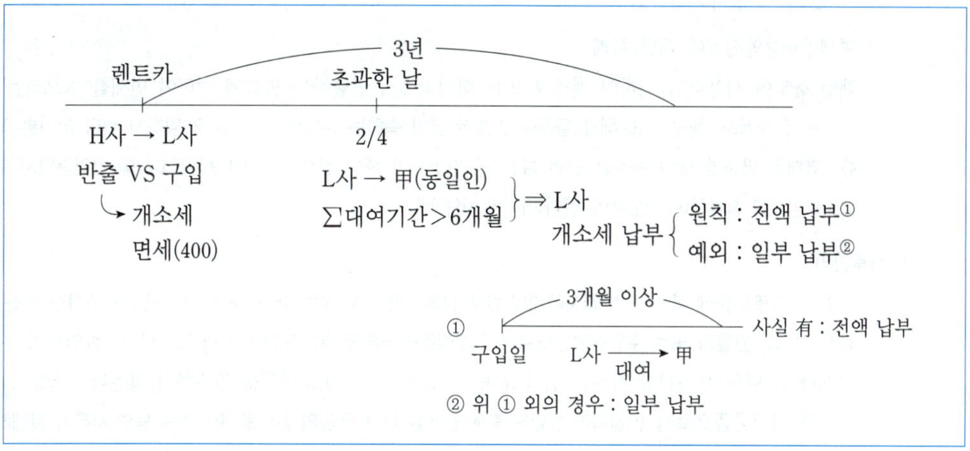

④ 외국으로부터 자선 또는 구호를 위하여 자선 또는 구호기관 · 단체에 기증되는 물품

⑤ 외국으로부터 사원 · 교회 등에 기증되는 의식용품(儀式用品) 또는 예배용품

⑥ 학교, 「영유아보육법」에 따른 보육시설, 과학관, 박물관, 물품 진열장소 등에 진열하거나 교재로 사용하기 위한 표본 또는 참고품

⑦ 외국으로부터 학술연구용 또는 교육용으로 사용하게 하기 위하여 학술연구단체 또는 교육기관에 기증되는 물품

⑧ 재수출할 물품을 보세구역에서 반출하는 것으로서 관세가 면제되는 것

⑨ 외국항행선박, 원양어업선박 또는 항공기에 사용하는 석유류

⑩ 의료용, 의약품 제조용, 비료 제조용, 농약 제조용 또는 석유화학공업용 원료로 사용하는 석유류

⑪ 외국 무역선, 원양어업선박 또는 외국항행 항공기에서 사용할 것으로 인정되는 연료 외의 소모품

⑫ 전기사업법에 따른 발전사업(집단에너지사업법에 따른 사업을 하는 과정에서 생산한 전기 및 「신에너지 및 재생에너지 개발 · 이용 · 보급 촉진법」에 따른 석탄을 액화 · 가스화한 에너지를 사용하여 생산한 전기를 공급하는 발전사업은 제외) 외의 용도로만 사용되는 유연탄

참고사항 조건부 면세절차 및 사후관리

1. 조건부 면세절차

(1) 원칙적인 절차

① 조건부면세를 받으려는 자는 **면세신청서**를 해당 물품을 반출할 때에(수입물품의 경우에는 그 수입신고시부터 수입신고수리 전까지) 관할세무서장(또는 세관장)에게 **제출**하여 그 **승인**을 받아야 한다(개소령 30 ①).

이처럼 신청을 받은 관할세무서장(또는 세관장)이 해당 물품에 대한 면세를 승인하였을 때에는 그 신청서에 준하는 내용의 **승인서를 발급**해야 하며, 반입지 관할세무서장 또는 세관장에게 그 뜻을 **통지**해야 한다(개소령 30 ③).

② 조건부면세 반입사실 신고는 반입한 날이 속하는 분기의 다음 달 15일까지 반입지 관할세무서장에게 신고해야 한다(개소법 14 ⑤).

(2) 면세반출승인신청에 대한 특례

해당 용도에 사용하기 위하여 제조장 또는 하치장에서 반출하는 물품에 대하여 면세를 받으려는 자는 위 절차에도 불구하고 해당 물품을 반출한 날이 속하는 분기의 다음 달 25일까지 해당 분기분(석유류·담배는 반출한 날이 속하는 달의 다음 달 말일까지 해당 월분)의 과세표준신고서에 반입증명서 또는 용도증명서를 첨부하여 제출해야 한다(개소령 19의2).

2. 사후관리

① 조건부 면세물품에 대하여 반입지에 반입한 사실을 증명하지 않는 것에 대해서는 관할세무서장(또는 세관장)이 그 반출자 또는 수입신고인으로부터 개별소비세를 징수한다(개소법 18 ②). 다만, 반입되기 전에 재해나 그 밖의 부득이한 사유로 멸실(滅失)된 경우에는 개별소비세를 징수하지 않는다(개소법 14 ③).

② 조건부 면세물품으로서 반입지에 반입된 후에 면세를 받은 물품의 용도를 변경하는 등의 사유가 발생하는 경우에는 반입자는 사유가 발생한 날이 속하는 분기의 다음 달 25일까지(석유류는 그 사유가 발생한 날이 속하는 달의 다음 달 말일까지) 과세표준신고서를 반입지 관할세무서장(또는 세관장)에게 제출하고 개별소비세를 납부해야 한다(개소법 18 ③). ■

참고사항 승용자동차 면세 특례 절차

1) 조건부면세 대상 승용자동차의 해당 용도에 사용하기 위하여 제조장(또는 보세구역)에서 반출하는 승용자동차에 대하여 면세를 받으려는 자는 과세표준신고서에 다음의 서류를 첨부하여 관할세무서장(또는 세관장)에게 제출해야 한다(개소령 19의3 ①).

① 승용자동차 개별소비세 면세반출 신고서

② 자동차매매계약서 사본(같은 용도의 것으로 양도한 경우만 해당한다)

2) 조건부면세 대상 승용자동차의 용도에 사용하기 위하여 자동차등록을 한 자는 해당 승용자동차를 제조장(또는 보세구역)에서 반출한 날이 속하는 달의 다음 달 20일까지 자동차등록증 사본을 제조장에서 반출한 경우에는 승용자동차 제조자에게(또는 보세구역에서 반출한 경우에는 관할세관장)에게 제출해야 한다(개소령 19의3 ②).

3) 위 1)에 따라 과세표준신고를 접수한 반출지 관할세무서장(또는 세관장)은 「승용자동차 개별소비세 면세반출 통보서」를 과세표준신고를 접수한 달의 다음 달 말일까지 반입지 관할세무서장에게 통보해야 한다(개소령 19의3 ③).

4) 위 1)에 따라 과세표준신고를 받은 관할세무서장(또는 세관장)은 전자정부법에 따른 행정정보의 공동이용을 통하여 다음에 해당하는 행정정보를 확인해야 한다. 다만, 신고인이 확인에 동의하지 않는 경우에는 해당 서류(①은 사업자등록증명, ②·④의 경우에는 그 사본)를 첨부하도록 해야 한다(개소령 19의3 ④).

① 사업자등록증명(환자수송용 또는 영업용의 경우만 해당하며, 주민등록번호는 제외한다)

② 자동차등록증(제조장에서 반출하는 경우만 해당한다)

③ 주민등록표 등본 또는 외국인등록사실증명(장애인이 구입하는 승용자동차에 해당하는 경우로서 주민등록표, 외국인등록표 또는 국내거소신고원부에 의하여 장애인과 세대를 함께 하는 것이 확인되는 배우자, 직계존

비속, 형제자매 또는 직계비속의 배우자와 공동명의로 장애인 전용 승용자동차를 구입하는 경우 또는 다자녀가구가 구입하는 승용자동차의 경우에만 해당한다)

④ 장애인등록증 또는 상이등급이 적힌 국가유공자증서

⑤ 국내 거소 신고 사실증명(위 ③에 따라 확인할 수 없는 경우만 해당한다)

⑥ 가족관계등록부(다자녀가구가 구입하는 승용자동차의 경우만 해당한다) ■

참고사항 조건부 면세승용차 재반출(양도)시 면세절차(집행기준 18-0-13)

1. 조건부면세로 반입한 승용차를 반입일(차량등록일)로부터 5년 이내에 같은 용도로 사용하려는 자에게 재반출(양도)할 때에는 당초 반입자가 처음 반출할 때와 동일한 절차에 따라 제반 신고의무를 이행해야만 개별소비세를 조건부로 다시 면세받을 수 있다.

2. 반출(양도)시 조건부면세요건에 부합하는 경우 재반출(양도)한 날이 속하는 분기의 다음달 25일까지 개별소비세를 관할세무서장에게 신고해야 한다.

3. 같은 용도로 사용하기 위한 재반출(양도)의 범위에는 당초 면세적용조건에 해당하는 모든 용도별 재반출을 포함한다.

예:

당초 용도		재반출 용도
장 애 인 용	⇒	개인택시용
렌 트 카 용	⇒	환자수송용
개인택시용	⇒	렌 트 카 용
렌 트 카 용	⇒	장 애 인 용 ■

참고사항 조건부 면세물품의 반입자에 의한 용도변경 등의 경우 사후관리

1. 조건부 면세물품으로서 반입지에 반입된 후에 해당 물품에 대하여 다음 중 어느 하나에 해당하는 사유가 발생하는 경우 반입자는 반입지 관할세무서장(아래 ④의 경우에는 관할세관장)에게 개별소비세를 신고납부해야 한다. 다만, 관세법에 따라 관세를 경감받은 물품인 경우에는 관할세관장에게도 신고납부할 수 있다(개소령 33 ①).

① 조건부 면세대상 ①·②, ④~⑧ 및 ⑫에 해당하는 물품 : 반입자가 반입한 날부터 5년 이내(조건부 면세를 받아 반입한 물품을 조건부 면세용도 또는 무조건 면세용도로 재반출한 물품을 반입한 경우에는 재반출자의 사용기간을 포함한다. 이하 ②에서 같다)에 그 용도를 변경하거나 양도한 경우

② 조건부 면세대상 승용자동차에 해당하는 물품 : 반입자가 반입한 날부터 5년 이내에 그 용도를 변경하거나 양도한 경우. 다만, 다음 중 어느 하나에 해당하는 경우는 제외한다.

㉠ 장애인이 구입하는 승용자동차 : 반입자가 반입한 날부터 5년 이내에 사망한 경우

㉡ 여객자동차운송사업에 사용하는 승용자동차 : 반입자가 반입한 날부터 5년 이내에 사망하여 그 상속인이 상속개시일부터 3개월 이내에 조건부 면세대상 승용자동차의 용도로 양도하는 경우

㉢ 다자녀가구가 구입하는 승용자동차 : ⓐ 반입자가 반입한 날부터 5년 이내 사망한 경우, ⓑ 같은 세대의 배우자에게 양도하거나 배우자 또는 자녀와 공동으로 소유권을 등록하는 경우, ⓒ 반입일 이후 자녀의 연령이 18세 이상이 되는 경우, ⓓ 자녀가 사망한 경우, ⓔ 양육하는 자녀의 취학 또는 질병의 요양으로 동일 주소지에서 일시 퇴거한 경우, ⓕ 반입자가 배우자와의 이혼으로 자녀와 함께 거주하지 않게 된 경우

③ 조건부 면세대상 ⑨ 중 항공기에 사용하는 석유류 및 의료용, 조건부 면세대상 ⑩의 의약품 제조용, 비료 제조용, 농약 제조용 또는 석유화학공업용 원료로 사용하는 석유류 : 해당 석유류를 반입한 날부터 6개월 이내에 다음의 구분에 따른 서류를 반입지 관할세무서장에게 제출하지 않은 경우

㉠ 항공기에 사용하는 석유류 : 사용자의 사용보고서

㉡ 의약품 제조용, 비료 제조용, 농약 제조용 또는 석유화학공업용 원료로 사용하는 석유류 : 사용자의 사용보고서와 소관 중앙행정기관의 장이 발행한 사용확인서

④ 조건부 면세대상 ⑨ 중 외국항행선박 또는 원양어업선에 사용하는 석유류 및 조건부 면세대상 ⑪에 따른 물품 : 유류공급명세서, 선(기)적허가서(내항선인 원양어업선박의 경우에는 반입자의 반입보고서)를 제출한 후 그 용도를 변경하거나 양도한 경우

⑤ 장애인이 구입하는 승용자동차 : 노후한 장애인 전용 승용차를 교체하거나 폐차하기 위하여 장애인 전용 승용자동차를 취득하여 1인 2대가 된 경우에는 종전의 승용자동차를 새로 취득한 장애인 전용 승용자동차의 취득일부터 3개월 이내에 처분하지 않은 경우

2. 조건부 면세대상에 해당하는 사실을 증명하려는 자는 반입지에 반입된 후에 위 1.의 신고납부 사유가 발생하였을 때에는 그 사실을 즉시 국세청장 또는 관세청장에게 통지해야 한다(개소령 33 ②).

3. 조건부 면세대상 물품으로서 조건부 면세 승인을 받아 반입지에 반입한 물품이 부패 · 파손 또는 이와 유사한 사유로 정해진 용도로 계속하여 사용할 수 없게 된 경우로서 폐기하려는 물품의 명세, 폐기 사유 등을 적은 신청서를 관할세무서장에게 제출하여 그 승인을 받은 후 해당 물품을 폐기한 경우에는 해당 개별소비세를 징수하지 않는다. 다만, 조건부 면세대상 승용자동차에 해당하는 물품의 경우 자동차관리법에 따라 말소등록을 하고 그 사실을 증명하는 서류를 해당 물품을 폐기한 날이 속하는 달의 다음 달 말일까지 제출하는 경우에는 그 승인을 받은 것으로 본다(개소령 33 ③). ■

(5) 무조건 면세

다음에 해당하는 물품에 대해서는 개별소비세를 면제한다(개소법 19 ①). 이러한 무조건 면세는 국가의 시책으로 특정한 용도에 사용되는 과세물품을 제조장 또는 보세구역으로부터 반출시 아무런 조건을 붙이지 않고 세액을 부담시키지 않는 제도를 말한다.

① 외국의 자선 또는 구호기관 · 단체에 기증하는 물품

② 외국으로부터 수여되는 훈장 · 기장(記章) 또는 이에 준하는 표창품(表彰品)과 상패

③ 외국에 항행 중인 군함 또는 재외공관으로부터 송부되는 공용품

④ 우리나라의 선박이나 그 밖의 운송기관이 조난으로 해체되어서 생긴 해체재(解體材)와 장비품(裝備品)

⑤ 수출 물품의 용기로서 재수입하는 것

⑥ 외국 무역선 또는 원양어업 선박이 세관장의 승인을 받아 내항선(內航船)이 된 경우에 선박에 적재된 것으로서 그 선박에서 사용할 것으로 인정되는 연료나 그 밖의 소모품 중 관세가 부과되지 아니하는 것

⑦ 국가 또는 지방자치단체에 기증하는 물품

⑧ 군사원조로 수입하는 원조 물품 또는 그 물품을 원료로 하여 제조하는 군수용 물품. 다만, 원조 물품 외의 물품을 원료로 섞어 사용하는 경우 그 원료에 대해서는 면제하지 아니한다.

⑨ 거주 이전(移轉) 외의 목적으로 우리나라에 입국하는 사람이 입국할 때에 휴대하여 수입하거나 따로 수입하는 물품으로서 자기가 직접 사용할 것으로 인정되어 관세가 면제되는 것

⑩ 거주 이전을 목적으로 입국하는 사람이 입국할 때에 휴대하여 수입하거나 따로 수입하는 이사(移徙) 화물로서 관세가 면제되는 물품

⑪ 거주자가 받는 소액물품으로서 해당 거주자가 사용할 것으로 인정되어 관세가 면제되는 물품

⑫ 외국으로부터 수입하는 상업용 견본 또는 광고용 물품으로서 관세가 면제되는 것

⑬ 외국에서 개최되는 박람회 등에 출품하기 위하여 해외로 반출하는 물품

⑭ 개별소비세가 부과된 물품으로서 수출한 후 개별소비세법에 따른 환급(還給)이나 공제를 받은 사실이 없다는 것을 관할세무서장이 증명하는 물품이 재수입되어 보세구역에서 반출하는 것

⑮ 국내에서 제조한 물품으로서 개별소비세가 부과되지 아니한 물품이 국외로 반출된 후 수출신고 수리일부터 6개월 내에 재수입됨으로써 과세물품이 되는 경우에 그 물품의 제조 · 가공에 사용한 원재료에 대하여 개별소비세법에 따른 면제 · 환급 또는 공제를 받은 사실이 없다는 것을 관할세무서장이 증명하는 물품이 재수입되어 보세구역에서 반출하는 것

⑯ 국가원수(國家元首)의 경호용으로 사용할 물품

참고사항 무조건 면세 승인신청

무조건 면세물품에 대하여 면세를 받으려는 자는 면세신청서를 해당 물품을 반출할 때에(수입물품의 경우에는 그 수입신고시부터 수입신고수리 전까지) 관할세무서장(또는 세관장)에게 제출하여 그 승인을 받아야 한다(개소령 30 ①). ■

2. 입장행위에 대한 면세

다음에 해당하는 입장행위에 대해서는 개별소비세를 면제한다(개소법 19의2).

① 국민체육진흥법에 따른 대한체육회 및 그 회원인 단체 또는 프로골프선수를 회원으로 하는 사단법인으로서 문화관광부장관이 지정하는 단체가 개최하는 경기대회에 참가하는 선수가 대회기간 중에 경기시설을 이용하거나 입장하는 경우

② 다음에 해당하는 골프선수가 골프장에 입장하는 경우(골프장의 경영자는 해당 선수의 입장 내역을 기록한 장부를 갖춰 두어야 한다)(개소령 33의2 ②,④)

㉠ 「국민체육진흥법」에 따른 통합체육회 및 그 회원인 단체에 등록된 학생선수

㉡ 위 ①에 따른 단체에 등록된 정회원인 선수

③ 외국인 또는 해외이주자가 법률에 따라 허가를 받은 카지노에 입장하는 경우

사례 1 수출면세

개별소비세법상 수출면세에 관하여 다음 물음에 답하시오. (2012년 세무사 2차, 20점)

【물음 1】 수출면세의 취지를 설명하시오.

【물음 2】 수출면세를 받기 위한 절차에 관하여 설명하시오.

【물음 3】 수출면세를 받은 물품에 대하여 관할세무서장이 개별소비세를 징수할 수 있는 경우에 관하여 설명하시오.

해 답

【물음 1】 수출면세의 취지

'수출면세'란 내국물품을 국외로 반출하는 경우 개별소비세를 부담시키지 않는 제도를 말한다. 그 취지는 소비지국과세원칙을 구현하려는데 있다. 즉 내국물품을 국외로 반출하는 경우 우리나라 개별소비세를 완전제거하고 수입국에서 간접세를 과세하는 것으로 부가가치세에서 내국물품을 국외로 반출하는 경우 영세율을 적용하는 취지와 같다.

한편 완전면세를 위해서 이미 개별소비세가 납부된 물품인 경우 이미 납부한 세액을 환급한다.

【물음 2】 수출면세 절차

1. 원칙적인 절차

(1) 수출면세 승인신청

수출면세를 받으려는 자는 수출면세승인신청서에 수출신용장, 그 밖에 수출물품임을 증명하는 서류를 첨부하여 해당 물품을 반출할 때에 관할세무서장에게 제출하여 그 승인을 받아야 한다. 이 경우 해당 물품의 제조자와 수출하는 자가 다른 경우에는 제조자와 수출하는 자가 연명(連名)으로 신청해야 한다.

이처럼 신청을 받은 관할세무서장이 이를 승인하였을 때에는 그 신청서에 준하는 내용의 승인서를 발급해야 한다.

(2) 용도증명

수출의 용도로 제공한 사실을 증명하기 위한 서류는 해당 물품을 반출한 날부터 3개월 범위에서 반출지 관할세무서장이 지정하는 날까지 제출해야 한다.

만일 용도증명서 제출기한까지 해당 사실을 증명하기 위한 서류를 부득이한 사정으로 제출할 수 없는 경우에는 관할세무서장에게 제출기한의 연장을 신청할 수 있다. 이 경우 관할세무서장은 해당 사실을 증명하기 위한 서류의 제출기한이 경과한 날부터 3개월 범위에서 그 기한을 연장할 수 있다.

2. 면세반출승인신청에 대한 특례

수출의 용도에 사용하기 위하여 제조장에서 반출하는 물품에 대하여 면세를 받으려는 자는 위 원칙적인 절차에도 불구하고 해당 물품을 반출한 날이 속하는 분기의 다음 달 25일까지 해당 분기분의 과세표준신고서에 용도증명서를 첨부하여 제출해야 한다.

【물음 3】 개별소비세 징수

수출면세 물품으로서 정해진 용도로 제공한 사실을 증명하지 않은 것에 대해서는 반출자로부터 개별소비세를 징수한다. 관할세무서장은 이에 따라 해당 세액을 징수하려는 경우에 반출자가 해당 세액을 징수할 수 있는 날부터 30일 이내에 해당 사실을 증명하기 위한 서류를 제출하지 않을 때에는 해당 세액을 징수한다는 뜻을 지체없이 통지해야 한다. 다만, 해당 물품의 용도를 변경한 사실이 확인된 경우에는 즉시 개별소비세를 징수한다.

반면 수출면세를 받아 반출한 물품이 반입장소에 반입되기 전에 재해나 그 밖의 부득이한 사유로 멸실된 경우에는 개별소비세를 징수하지 않는다. 이에 따라 개별소비세를 면제받으려는 자는 해당 반입증명서의 제출기한까지 멸실승인신청서에 해당 물품의 멸실 사실을 증명하는 서류를 첨부하여 반출지 관할세무서장에게 지체없이 제출하여 그 승인을 받아야 한다.

사례 2 외국인전용판매장 면세와 조건부 면세

개별소비세 면세와 관련하여 다음의 물음에 답하시오. (20점)

【물음 1】 외국인전용판매장 ① 면세의 의의, 그 면제받을 수 있는 물품, ② 면세 승인신청과 ③ 사후관리에 대해서 설명하시오.

【물음 2】 조건부 면세의 의의, 조건부 면세를 받을 수 있는 승용자동차의 범위에 대해서 설명하시오.

해 답

【물음 1】 외국인전용판매장 면세

1. 의의 등

관할세무서장이 지정하는 외국인전용판매장에서 비거주자(또는 국내에 주소나 거소를 둔 주한외교관)에게 판매할 목적으로 그 판매장에 반입하게 하기 위하여 제조장 또는 판매장에서 반출하는 물품에 대해서는 개별소비세를 면제한다. 이에 따라 개별소비세를 면제받을 수 있는 물품은 다음과 같다.

① 보석과 이를 사용한 제품
② 귀금속 제품
③ 골패(骨牌, 구멍의 숫자와 모양에 따라 패를 맞추는 전통적인 놀이 및 도박 도구)와 화투류
④ 고급 가구
⑤ 고급 융단
⑥ 고급 가방

이 경우 외국인전용판매장의 경영자는 매 분기 판매한 면세물품에 대하여 과세표준신고를 준용하여 관할세무서장에게 면세판매신고서를 제출해야 한다.

2. 면세 승인신청

① 면세를 받으려는 자는 외국인전용판매장 면세반출 신청서에 외국인전용판매장 지정증 사본을 첨부하여 해당 물품을 반출할 때에 관할세무서장에게 제출하여 그 승인을 받아야 한다.

② 이처럼 신청을 받은 관할세무서장이 이를 승인하였을 때에는 그 신청서에 준하는 내용의 승인서를 발급하고 반입지 관할세무서장에게 그 사실을 통지해야 한다.

3. 사후관리

① 외국인전용판매장에 반입된 사실을 증명하지 않은 것에 대해서는 반출자로부터 개별소비세를 징수한다. 다만, 반입되기 전에 재해나 그 밖의 부득이한 사유로 멸실(滅失)된 경우에는 개별소비세를 징수하지 않는다. 이 경우 반입사실 신고는 반입한 날이 속하는 분기의 다음 달 15일까지 반입지 관할세무서장에게 신고해야 한다.

② 외국인전용판매장에서 개별소비세가 면제되는 물품을 구입한 자가 출국 당시 그 물품을 소지하지 않은 경우에는 그 구입자로부터 개별소비세를 징수한다.

③ 개별소비세를 면제받아 반입된 물품을 해당 판매장에서 구입할 수 없는 자가 소지한 경우에는 그 소지자로부터 개별소비세를 징수한다. 다만, 해당 경영자나 구입자로부터 개별소비세를 징수한 사실이 확인된 경우에는 그렇지 않다.

【물음 2】 조건부 면세

1. 의 의

'조건부 면세'란 국가시책으로 특정한 용도에 사용되는 과세물품을 제조장에서 반출할 때 일정한 조건을 달아 세액을 부담시키지 않는 제도를 말한다.

2. 면세대상 승용자동차의 범위

① 장애인이 구입하는 것(장애인 1명당 1대로 한정한다). 이처럼 장애인이 구입하는 승용자동차에 대한 개별소비세는 500만원을 한도로 하여 면제한다.

② 환자 수송을 전용으로 하는 것

③ 여객자동차운송사업에 사용하는 것

④ 자동차대여사업에 사용되는 것. 다만, 구입일부터 3년 이내에 동일인 또는 동일법인에게 대여한 기간의 합이 6개월을 초과하는 것은 제외한다. 이처럼 조건부 면세대상에서 제외되는 승용자동차의 경우 반입자는 동일인 또는 동일법인에 대여한 기간의 합이 6개월을 초과하는 날이 속하는 분기의 다음 달 25일까지 과세표준신고서를 반입지 관할세무서장에게 제출하여 면제받은 개별소비세 전액을 납부하되 구입일로부터 3개월 이상 기간 동안 동일인 또는 동일법인에게 대여한 사실이 없는 경우에는 동일인 또는 동일법인에게 최초로 대여한 날에 용도변경이 된 것으로 보아 개별소비세액을 계산한다.

⑤ 기업부설연구소 및 기업의 연구개발전담부서가 신제품 또는 신기술을 개발하기 위하여 시험·연구용으로 수입하여 사용하는 것

사례 3 장애인이 구입한 승용자동차에 대한 개별소비세 조건부 면세

개별소비세법상 장애인이 구입한 승용자동차에 대하여는 개별소비세를 조건부 면세하고 있다. 이와 관련하여 다음 물음에 답하시오. (2016년 세무사 2차, 20점)

【물음 1】 장애인이 구입한 승용자동차에 대한 면세특례의 내용을 장애인의 범위와 장애인 승용자동차의 범위(명의 등 요건), 그리고 면세특례의 적용절차로 구분하여 설명하시오. (15점)

【물음 2】 면세특례를 적용받은 장애인이 구입한 승용자동차에 대하여 관할세무서장이 개별소비세를 추징할 수 있는 경우를 설명하시오. (5점)

해 답

【물음 1】 장애인이 구입한 승용자동차에 대한 면세특례

승용자동차로서 장애인이 구입하는 것(장애인 1명당 1대로 한정한다)에 대해서는 개별소비세를 면제한다.

1. 장애인의 범위
   ① 「국가유공자 등 예우 및 지원에 관한 법률」에 따른 국가유공자 중 장애인
   ② 「장애인복지법」에 따른 장애인(장애등급이 1급부터 3급까지에 해당하는 사람으로 한정한다)
   ③ 「5 · 18민주유공자예우에 관한 법률」에 따른 5 · 18민주화운동부상자로 등록된 사람
   ④ 「고엽제후유의증 등 환자지원 및 단체설립에 관한 법률」에 따른 고엽제후유의증환자로서 경도 장애 이상의 장애등급 판정을 받은 사람

2. 장애인 승용자동차의 범위
   (1) 면제 대수 및 면제한도
   ① 장애인 1명당 1대로 한정하여 개별소비세를 면제한다.
   ② 장애인 승용자동차에 대한 개별소비세(장애인을 위한 특수장비 설치비용을 과세표준에서 제외하고 산출한 금액을 말한다)는 500만원을 한도로 하여 면제한다.

   (2) 구입 명의
   개별소비세를 면세할 승용자동차는 장애인이 본인 명의로 구입하거나 그 장애인과 주민등록표, 외국인등록표 또는 국내거소신고원부에 의하여 세대를 함께 하는 것이 확인되는 배우자, 직계존비속, 형제자매 또는 직계비속의 배우자와 공동명의로 구입하는 것으로 한정한다. 다만, 노후한 장애인 전용 승용차를 교체하거나 폐차하기 위하여 장애인 전용 승용자동차를 취득하여 1인 2대가 된 경우에는 종전의 승용자동차를 새로 취득한 장애인 전용 승용자동차의 취득일부터 3개월 이내에 처분하고, 같은 기간 내에 그 처분 사실을 「장애인 전용 승용자동차 처분 사실 신고서」로 반입지 관할세무서장에게 알려야 한다.

3. 면세특례의 적용절차

(1) 면세신청 특례

1) 장애인이 구입한 승용자동차에 대해서 조건부면세를 받으려는 자는 과세표준신고서에 다음의 서류를 첨부하여 관할세무서장에게 제출해야 한다.

① 승용자동차 개별소비세 면세반출 신고서

② 자동차매매계약서 사본(같은 용도의 것으로 양도한 경우만 해당한다)

한편 장애인 승용자동차의 용도에 사용하기 위하여 자동차등록을 한 자는 해당 승용자동차를 제조장에서 반출한 날이 속하는 달의 다음 달 20일까지 자동차등록증 사본을 승용자동차 제조자에게 제출해야 한다.

2) 위 1)에 따라 과세표준신고를 접수한 반출지 관할세무서장은 「승용자동차 개별소비세 면세반출 통보서」를 과세표준신고를 접수한 달의 다음 달 말일까지 반입지 관할세무서장에게 통보해야 한다.

3) 위 1)에 따라 과세표준신고를 받은 관할세무서장은 행정정보의 공동이용을 통하여 장애인등록증 또는 상이등급이 적힌 국가유공자증서에 해당하는 행정정보를 확인해야 한다. 다만, 신고인이 확인에 동의하지 않는 경우에는 해당 서류(해당 그 사본)를 첨부하도록 해야 한다.

(2) 승인서 발급

면세신청을 받은 관할세무서장이 해당 물품에 대한 면세를 승인하였을 때에는 그 신청서에 준하는 내용의 승인서를 발급해야 하며, 반입지 관할세무서장에게 그 뜻을 통지해야 한다.

(3) 반입사실 신고

조건부면세 반입사실 신고는 반입한 날이 속하는 분기의 다음 달 15일까지 반입지 관할세무서장에게 신고해야 한다.

【물음 2】 면제된 개별소비세 추징

면세를 적용받은 장애인이 구입한 승용자동차로서 다음 중 어느 하나에 해당하는 사유가 발생한 경우에 반입자는 그 사유가 발생한 날이 속하는 분기의 다음 달 25일까지 반입지 관할세무서장에게 개별소비세를 신고 · 납부해야 한다.

① 반입자가 반입한 날부터 5년 이내에 그 용도를 변경하거나 양도한 경우. 다만, 장애인이 구입한 승용자동차로서 반입자가 반입한 날부터 5년 이내에 사망한 경우는 제외한다.

② 노후한 장애인 전용 승용차를 교체하거나 폐차하기 위하여 장애인 전용 승용자동차를 취득하여 1인 2대가 된 경우에는 종전의 승용자동차를 새로 취득한 장애인 전용 승용자동차의 취득일부터 3개월 이내에 처분하지 않은 경우

❑ 출제위원 채점평

개별소비세와 관련해서는 장애인이 구입한 승용자동차에 대한 조건부 면세제도에 대하여 설명하는 내용이었다. 개별소비세의 경우에는 세목의 특성상 특정 주제에 대한 정확한 이해와 더불어, 그 내용을 정리하여 서술하는 것이 필요하다고 할 것이다. 이러한 점에서 좀 더 정교한 학습이 필요하다고 생각된다.

사례 4 다자녀 가구가 구입하는 승용자동차에 대한 개별소비세 조건부 면세

최근 개별소비세법에서는 다자녀 가구가 구입하는 승용자동차에 대해서 개별소비세 조건부 면세를 통해 다자녀 가구에 대한 세제지원을 강화하였다. 이와 관련하여 다음 물음에 답하시오. (20점)

【물음 1】 조건부 면세대상 다자녀 가구 승용자동차의 범위, 그 면세 한도 및 면세특례의 절차를 설명하시오.

【물음 2】 조건부 면세를 적용받은 다자녀 가구 승용자동차에 대해 그 용도를 변경하거나 양도한 경우 개별소비세를 신고납부하는 사후관리 규정을 설명하시오.

【물음 3】 다자녀 가구 승용자동차를 조건부면세로 차량등록일부터 5년 이내에 같은 용도로 사용하려는 자에게 양도할 때에는 면세절차를 설명하시오.

해 답

【물음 1】 면세 범위, 한도 및 절차

1. 다자녀 가구 승용자동차의 범위

   해당 조건부 면세대상은 '승용자동차로서 18세 미만의 자녀 3명 이상을 양육하는 사람이 구입하는 것'을 말한다. 여기서 '자녀'는 가족관계등록부를 기준으로 하고, 양자 및 배우자의 자녀를 포함하되, 입양된 자녀는 친생 부모의 자녀 수에는 포함하지 않는다.

2. 한도

   다자녀 가구 승용자동차에 대한 개별소비세는 300만원을 한도로 면세한다.

3. 면세신청 특례

   (1) 면세반출 신고 및 확인

   1) 다자녀 가구 승용자동차에 대해서 조건부면세를 받으려는 자는 과세표준신고서에 다음의 서류를 첨부하여 관할세무서장에게 제출해야 한다.

   ① 승용자동차 개별소비세 면세반출 신고서

   ② 자동차매매계약서 사본

2) 위 1)에 따라 과세표준신고를 접수한 반출지 관할세무서장(또는 세관장)은 「승용자동차 개별소비세 면세반출 통보서」를 과세표준신고를 접수한 달의 다음 달 말일까지 반입지 관할세무서장에게 통보해야 한다.

3) 위 1)에 따라 과세표준신고를 받은 관할세무서장(또는 세관장)은 전자정부법에 따른 행정정보의 공동이용을 통하여 다음에 해당하는 행정정보를 확인해야 한다. 다만, 신고인이 확인에 동의하지 않는 경우에는 해당 서류를 첨부하도록 해야 한다.

① 자동차등록증(제조장에서 반출하는 경우만 해당한다)

③ 주민등록표 등본(또는 외국인등록 사실증명)

(2) 용도증명

다자녀 가구 승용자동차의 용도에 사용하기 위하여 자동차등록을 한 자는 해당 승용자동차를 제조장(또는 보세구역)에서 반출한 날이 속하는 달의 다음 달 20일까지 자동차등록증 사본을 제조장에서 반출한 경우에는 승용자동차 제조자에게(또는 보세구역에서 반출한 경우에는 관할세관장)에게 제출해야 한다.

【물음 2】 사후관리

면세를 적용받은 다자녀 가구 승용자동차로서 반입자가 반입한 날부터 5년 이내에 그 용도를 변경하거나 양도한 경우에 반입자는 그 사유가 발생한 날이 속하는 분기의 다음 달 25일까지 반입지 관할세무서장에게 개별소비세를 신고납부해야 한다. 다만, 다음 중 어느 하나에 해당하는 경우에는 신고납부 사유에서 제외한다.

① 반입자가 반입한 날부터 5년 이내 사망한 경우

② 같은 세대의 배우자에게 양도하거나 배우자 또는 자녀와 공동으로 소유권을 등록하는 경우

③ 이혼으로 자녀와 함께 거주하지 않게 된 경우

④ 반입일 이후 자녀가 18세 이상이 되는 경우

⑤ 반입일 이후 자녀가 사망한 경우

【물음 3】 양도시 면세절차

1) 조건부면세로 반입한 다자녀 가구 승용자동차를 차량등록일부터 5년 이내에 같은 용도(다자녀 가구 양육용 등)로 사용하려는 자에게 양도할 때에는 당초 반입자가 처음 반출할 때와 동일한 절차에 따라 제반 신고의무를 이행하면 개별소비세를 조건부로 다시 면세받을 수 있다.

2) 양도시 조건부면세 요건에 부합하는 경우 양도한 날이 속하는 분기의 다음 달 25일까지 개별소비세를 관할세무서장에게 신고해야 한다.

3) 같은 용도로 사용하기 위한 양도의 범위에는 당초 면세적용 조건에 해당하는 모든 용도별 양도를 포함한다(예 : 다자녀 가구 양육용 → 장애인용).

사례 5 개별소비세 면세

개별소비세법상 면세에 관한 다음 물음에 답하시오. (2013년 세무사 2차, 20점)

【물음 1】 면세로 반출 또는 반입한 자가 해당 물품의 용도를 변경하거나 타인에게 양도하는 등의 사유로 개별소비세를 징수하거나 신고 · 납부하는 경우에 해당 물품의 가격 계산에 대하여 설명하시오.

【물음 2】 외국인 甲은 乙이 운영하는 외국인전용판매장(개별소비세법상 지정됨)에서 개별소비세가 면제되는 귀금속 제품을 구입하려고 한다. 乙이 외국인 甲에게 귀금속 제품을 판매하는 경우 면세물품의 구입방법 및 판매의 보고에 대하여 설명하시오.

해 답

【물음 1】 용도변경 등의 경우 물품의 가격 계산

면세로 반출 또는 반입한 자가 해당 물품의 용도를 변경하거나 타인에게 양도하는 등의 사유로 개별소비세를 징수하거나 신고 · 납부하는 경우에 해당 물품의 가격은 p.561 도표의 구분에 따른다.

【물음 2】 외국인전용판매장 면세물품의 구입방법 및 판매의 보고

① 외국인전용판매장의 지정을 받은 자가 귀금속제품(이하 '면세물품'이라 한다)을 판매할 때에는 해당 물품 구입자의 신분을 확인한 후 개별소비세 면세물품 구입기록표를 작성하여 구입자의 여권에 첨부하고 간인(間印)해야 한다.

② 물품을 판매한 자는 면세구매물품의 휴대 여부 또는 세액의 징수 내용을 적은 개별소비세 면세물품 판매확인서 2통을 작성하여 그 중 1통은 구입자의 출국 예정항 관할 세관장에게 판매한 때마다 제출하고, 다른 1통은 판매장 관할세무서장에게 면세판매신고를 할 때에 과세물품 총판매명세서(면세분으로 구분하여 적는다)에 첨부하여 각각 제출해야 한다.

③ 면세물품 판매확인서를 받은 세관장은 구입자가 출국할 때에 면세물품 기록표를 제출받아 구입 사실을 확인한 후 해당 물품의 소지 사실을 확인해야 한다.

④ 세관장은 매 분기분의 개별소비세 면세물품 구입기록표와 개별소비세 면세물품 판매확인서를 판매장 관할세무서장에게 해당 분기의 다음 달 10일까지 송부해야 한다.

⑤ 관할세무서장은 판매자가 제출한 개별소비세 면세물품 판매확인서와 구매자의 출국항 관할 세관장이 송부한 개별소비세 면세물품 구입기록표 및 개별소비세 면세물품 판매확인서를 대조 · 확인한 후 면세로 반입한 물품의 판매량과 재고량을 조사하여 차이가 있는 경우에는 그 차이에 상당하는 물품에 대한 개별소비세를 판매자로부터 징수한다.

❑ 출제위원 채점평

세무사 제2차 시험에서 케이스(case)문제의 출제가 증가하고 있으나, 개별소비세법은 단순한 서술형 문제를 유지하고 있다. 금년에는 면세에 관한 2개의 서술형 문제가 출제되었다.

첫째, 【물음 1】은 면세로 반출 또는 반입한 자가 해당물품의 용도를 변경하거나 타인에게 양도하는 등의 사유로 개별소비세를 징수하거나 신고 · 납부하는 경우 해당물품의 가격계산에 관한 것이다.

채점결과 출제의도에 맞추어 개별소비세법 관련조항의 규정내용을 숙지하고 면세유형별로 구분하여 해당물품의 가격계산을 기재한 답안은 극히 소수였고, 문제를 꼼꼼히 읽지 않은 채 본인이 알고 있는 내용을 답안지에 표현하는 수험생이 의외로 많았다. 시험장에서 마음이 급하더라도 문제를 여러 번 읽고 출제의도를 정확히 파악한 후 답안을 작성하는 것이 중요하다. 또한 논술형 시험이므로 목차를 잡아서 답안을 작성하는 것이 좋고, 답안이 지나치게 짧으면 좋은 점수를 얻기 어려우므로 적당한 양을 채우는 것이 요구된다고 하겠다.

둘째, 【물음 2】는 외국인이 외국인전용판매장에서 면세물품을 구입하는 경우 면세물품의 구입방법 및 판매보고에 관한 것이다. 채점결과 【물음 1】과 비교하여 【물음 2】는 비교적 충실하게 작성된 답안이 많았다. 목차의 구성 측면이나 답안의 내용과 양적인 측면이나 모두 대체로 【물음 1】보다는 우수하였으며 공란으로 되어 있는 답안도 【물음 1】보다는 적었다. 다만 【물음 1】에 대한 강평에서도 언급하였듯이 문제를 꼼꼼히 읽고 이를 답안에 반영하는 것이 필요하다고 생각한다. 예를 들어, 문제가 '면세물품의 구입방법 및 판매보고'라고 되어 있으므로 목차도 다른 용어를 사용하는 것보다는 면세물품의 구입방법, 면세물품의 판매보고 등으로 구성하는 것이 바람직하다고 판단된다.

세무사 시험의 세법과목을 공부함에 있어서 법령의 중요성은 아무리 강조해도 지나치지 않다. 특히 케이스(case)문제보다는 서술형 문제에 의존하고 있는 개별소비세법의 공부에 있어서는 더욱 그러하다. 따라서 개별소비세법을 공부할 때 법령을 가까이하는 것이 고득점을 얻는 방법임을 명심해야 할 것이다.

사례 6 개별소비세 면세에 대한 사후관리

다음 사례를 읽고 물음에 답하시오. (2019년 세무사 2차, 20점)

甲은 개별소비세 과세대상인 A에 대한 개별소비세를 면제받고자 면세승인 절차를 관할세무서장 또는 세관장으로부터 2026년 3월 5일에 그 승인을 받았다.

【물음 1】 위 사례의 면세승인은 甲이 A를 수출 및 군납 면세를 위해 받은 것이다. 甲이 A를 반출한 후 용도증명을 하지 않은 경우 개별소비세 추징에 대하여 설명하시오. (7점)

【물음 2】 위 사례의 면세승인은 甲이 A(자동차)를 외교관 면세를 위해 받은 것이다. A(자동차)를 소유한 주한외교관 乙이 본국으로 인사발령이 나서 2026년 8월 5일에 丙에게 이를 양도한 경우

개별소비세의 추징에 대하여 설명하시오. (8점)

【물음 3】 개별소비세법상 면세 반출 승인신청에 대한 특례를 설명하시오. (5점)

해 답

【물음 1】 수출 및 군납 면세에 대한 사후관리

甲이 수출 및 군납 면세를 받아 A를 반출한 경우 수출 및 군납의 용도로 제공한 사실을 증명하기 위한 서류를 반출일부터 3개월 범위에서 반출지 관할세무서장(또는 세관장)이 지정하는 날까지 제출해야 한다. 이러한 방법으로 甲이 A를 반출한 후 용도증명을 하지 않은 경우에는 개별소비세를 추징하는데, 그 내용은 다음과 같다.

1. 개별소비세 징수

수출 및 군납 면세대상 물품 A로서 정해진 용도로 제공한 사실을 증명하지 않은 것에 대해서는 반출자 또는 수입신고인 甲으로부터 개별소비세를 징수한다. 관할세무서장(또는 세관장)은 이에 따라 해당 세액을 징수하려는 경우에 반출자 또는 수입신고인 甲이 해당 세액을 징수할 수 있는 날부터 30일 이내에 해당 사실을 증명하기 위한 서류를 제출하지 않을 때에는 해당 세액을 징수한다는 뜻을 지체 없이 통지해야 한다. 다만, 해당 물품 A의 용도를 변경한 사실이 확인된 경우에는 즉시 개별소비세를 징수한다.

2. 멸실승인

수출 및 군납면세를 받아 반출한 물품 A가 반입장소에 반입되기 전에 재해나 그 밖의 부득이한 사유로 멸실(滅失)된 경우에는 개별소비세를 징수하지 않는다.

이에 따라 개별소비세를 면제받으려는 甲은 해당 용도증명서의 제출기한까지 멸실승인신청서에 해당 물품 A의 멸실 사실을 증명하는 서류를 첨부하여 반출지 관할세무서장(또는 세관장)에게 지체 없이 제출하여 그 승인을 받아야 한다.

【물음 2】 외교관 면세에 대한 사후관리

1. 개별소비세 징수

(1) 징수규정

甲은 개별소비세 과세대상인 자동차 A에 대해서 외교관 면세를 받아 반출하였다. 이처럼 외교관 면세를 받은 자동차(A)를 ① 면세 승인을 받은 날부터 3년 내에 타인에게 양도한 경우에는 이를 양수한 자가, ② 면세 승인을 받은 날부터 3년 내에 타인이 소지한 경우에는 이를 소지한 자가 반출 또는 수입신고를 한 것으로 보아 개별소비세를 징수한다.

(2) 징수예외규정

다만, 개별소비세를 면제받은 물품 중 자동차에 대해서는 주한외교관 등이 이임(移任)하는 등 부득이한 사유가 있는 경우에는 면세 승인을 받은 날부터 3년 내에 타인에게 양도하거나 타인이 소지한 경우에도 개별소비세를 징수하지 않는다. 이러한 징수예외규정은 해당 국가에서 우리나라의 공관 또는 외교관에게 동일하게 징수를 면제하는 경우로 한정한다(상호주의).

2. 사례의 경우

외교관 면세를 받은 자동차 A를 소유한 주한외교관 乙이 인사발령으로 본국으로 이임(移任)하는 경우에는 면세 승인을 받은 날(2026.3.5.)부터 3년 이내인 2029.8.5.에 丙에게 자동차 A를 양도한 경우에도 개별소비세를 징수하지 않는다. 이는 주한외교관 乙의 본국에서 우리나라의 외교관에게 동일하게 징수를 면제하는 경우로 한정한다.

【물음 3】 면세반출 승인신청에 대한 특례

① 수출 및 군납 면세, ② 외국인전용판매장 면세, ③ 조건부면세에서 정한 용도에 사용하기 위하여 제조장(또는 하치장)에서 반출하는 물품에 대하여 면세를 받으려는 자는 원칙적인 사전승인 절차에도 불구하고 해당 물품을 반출한 날이 속하는 분기의 다음 달 25일까지 해당 분기분(석유류는 반출한 날이 속하는 달의 다음 달 말일까지 해당 월분)의 과세표준신고서에 용도증명서를 첨부하여 제출해야 한다.

❑ 출제위원 채점평

> 이번 개별소비세법 문제에서는 군납면세, 외교관면세의 추징과 면세반출 승인신청 특례에 대한 문제이다. 많은 수험생들이 무난하게 답안을 작성하였으나 답안작성시 중요한 점을 간과하는 수험생도 있었다. 답안작성시 관련 용어를 정확히 쓰고 핵심 키워드와 관련내용이 정확히 서술되어 있는지가 중요하다. 찍어낸 듯한 기계식 단순암기를 하여 작성하기 보다는 관련 개념을 정확히 숙지하고 작성하는 노력이 필요해 보인다.

사례 7 조건부면세

개별소비세와 관련하여 다음 물음에 답하시오. (2022년 세무사 2차, 20점)

【물음 1】 개별소비세법에 따른 조건부면세 제도의 의의에 대하여 설명하시오. (5점)

【물음 2】 다음 사례를 읽고 요구사항에 대하여 답하시오. (15점)

> 甲은 개별소비세 과세대상인 승용차의 장기대여사업(이하 '렌터카업'이라 한다)을 운영한다. 甲이 렌터카업에 사용하는 승용차를 구입할 때 개별소비세에 대한 조건부 면세승인이 적용되었다.

(요구사항 1) 甲은 렌터카업에 사용할 목적으로 조건부면세 승인을 통하여 2026년 1월 2일에 A승용차를 구입한 후 乙법인에게 대여하였는데, 2026년 8월 15일자로 乙법인에게 A승용차를 대여한 전체 기간의 합계가 6개월을 초과하였다. 이에 대하여 ① 개별소비세 과세여부 및 과세요건과 ② 그에 따른 신고절차를 설명하시오.

(요구사항 2) 甲은 2026년 2월 28일에 조건부면세 승인을 받아 취득한 후 렌터카업에 사용한 승용차 20대를 2026년 중에 양도하고자 한다. 조건부면세를 받은 해당 승용차가 반입된 날로부터 5년 이내 양도된 경우에는 조건부면세 사후관리 대상에 해당되어 개별소비세 과세문제가 발생할 것을 우려한 甲은 이러한 개별소비세가 과세되지 않으면서 양도할 수 있는 개별소비세법에 따른 규정이 있는지를 세무사에게 묻고 있다. '조건부 면세승용차의 재반출(양도)시 면세절차'와 관련하여 ① 조건부면세의 요건과 ② 조건부면세를 받기 위한 신고절차를 서술하시오.

해 답

【물음 1】 조건부면세

조건부 면세는 국가시책으로 제조장(또는 보세구역)으로부터 반출시 일정한 조건을 달아 세액을 부담시키지 않는 제도를 말한다. 국가시책으로 제조장(또는 보세구역)으로부터 반출시 아무런 조건을 붙이지 않고 세액을 부담시키지 않는 무조건 면세제도와 구분이 된다.

【물음 2】 렌터카 관련 개별소비세

(요구사항 1) 장기대여 개별소비세

1. 과세여부 및 과세요건

(1) 과세여부

본래 자동차대여사업(즉 렌터카사업)에 사용되는 것은 조건부 면세대상이므로 개별소비세를 과세하지 않는다. 그러나 구입일부터 3년 이내에 동일인(또는 동일 법인)에 대여한 기간의 합이 6개월을 초과하는 것(즉 장기대여한 것)은 조건부 면세대상에서 제외하므로 개별소비과세가 과세된다.

사례의 경우 甲이 2026년 8월 15일에 乙법인에게 A승용차를 대여한 전체 기간의 합계가 6개월을 초과하였기 때문에 조건부 면세 제외대상으로 개별소비과세가 과세된다.

(2) 과세요건

1) 납세의무자 : 조건부 면세대상에서 제외되는 승용자동차의 경우 반입자 甲이 개별소비세를 납부할 의무를 진다.

2) 과세대상 : 甲이 렌터카를 구입일로부터 3년 이내에 乙법인에게 대여한 기간의 합이 6개월을 초과하여 개별소비세 과세대상에 해당한다.

3) 과세표준 및 세율 : 당초 면제받았던 세액을 추징시 적용할 개별소비세 과세표준은 제조자의 당초 반출가격으로 하여 반출시 세율을 적용하여 계산한 개별소비세 전액을 납부해야 한다. 다만, 구입일로부터 3개월 이상의 기간 동안 동일인 또는 동일법인에게 대여한 사실이 없는 경우(즉 불특정다수의 이용자에게 대여된 중고차인 경우)에는 동일인 또는 동일법인에게 최초로 대여한 날에 용도변경이 된 것으로 보아 납부할 개별소비세액을 계산한다.

사례에서는 2026년 1월 2일에 A승용차를 구입한 후 乙법인에게 3개월 이상의 기간 동안 동일한 乙법인에게 대여하였으므로 본문 규정에 따라 개별소비세 전액을 납부해야 한다.

2. 신고절차

반입자 甲은 乙법인에게 대여한 기간의 합이 6개월을 초과하는 날(2026년 8월 15일)이 속하는 3/4 분기의 다음 달 25일(즉 10월 25일)까지 과세표준신고서를 반입지 관할세무서장에게 제출하고 개별소비세를 납부해야 한다.

(요구사항 2) 조건부 면세승용차의 재반출(양도)시 면세절차

본래 조건부면세 승용자동차(렌트카 승용차)를 면세로 반입한 甲이 5년 이내 양도하는 경우에는 그 물품가격(취득가격×경과연수별 잔존가치율)에 대해서 개별소비세가 신고납부해야 한다. 그런데 甲이 이처럼 개별소비세가 과세되지 않으면서 양도할 수 있는 개별소비세법에 따른 규정은 '조건부 면세승용차의 재반출(양도)시 면세절차'이다. 그 구체적인 내용은 다음과 같다.

(1) 재반출(양도)시 조건부 면세요건

조건부면세로 반입한 승용차를 반입일(차량등록일)부터 5년 이내에 같은 용도로 사용하려는 자에게 재반출(양도)할 때에는 당초 반입자가 처음 반출할 때와 동일한 절차에 따라 신고의무를 이행하는 경우 개별소비세를 조건부로 다시 면세받을 수 있다. 이 경우 같은 용도로 사용하기 위한 재반출(양도)의 범위에는 당초 면세적용조건에 해당하는 모든 용도별 재반출을 포함한다 (예 당초 용도 : 렌트카용 → 재반출용도 : 환자수송용 또는 장애인용).

(2) 조건부면세를 받기 위한 신고절차

1) 원칙적인 절차

① 승인 : 재반출(양도)시 면세신청서를 반출지 관할세무서장에게 제출하여 승인받아야 한다. 반출지 관할세무서장은 그 신청서에 따라 승인서를 발급해야 하며, 반입지 관할세무서장(또는 세관장)에게 그 내용을 통지해야 한다.

② 반입신고 : 재반출(양도)한 승용자동차가 반입지에 반입되면 반입된 날이 속하는 분기의 다음 달 15일까지 반입지 관할 세무서장에게 신고해야 한다.

2) 사후승인 절차

재반출(양도)시 조건부면세 요건에 부합하는 경우 재반출(양도)한 날이 속하는 분기의 다음 달 25일까지 과세표준신고서에 반입증명서를 첨부하여 개별소비세를 관할세무서장에게 신고해야 한다.

제3절 세액의 공제 및 환급

I 세액의 공제

1. 의 의

이미 개별소비세가 납부되었거나 납부될 물품 또는 그 원재료가 일정한 사유에 해당하는 경우에는 해당 세액을 납부 또는 징수할 세액에서 공제한다(개소법 20 ①). 이것을 '세액공제'라 한다. 이러한 세액공제의 취지는 이미 개별소비세가 부과된 물품이 다시 개별소비세가 과세되는 경우 이미 부과된 개별소비세를 납부 또는 징수할 세액에서 공제함으로써 중복과세를 방지하는 데 있다.

참고사항 이미 개별소비세가 납부되었거나 납부될 물품의 원재료 범위

'이미 개별소비세가 납부되었거나 납부될 물품의 원재료'란 다음 중 어느 하나에 해당하는 것을 말한다(개소법 2 ①).

① 과세물품(또는 수출물품)을 형성하는 원재료
② 과세물품(또는 수출물품)을 상품화하는 데에 필요한 포장 또는 용기
③ 과세물품(또는 수출물품)을 형성하지는 않으나 해당 물품의 제조 · 가공에 직접적으로 사용되는 것으로서 화학반응을 하는 물품과 해당 과세물품(또는 수출물품)의 제조 · 가공 과정에서 직접적으로 사용되는 단용(單用)원자재 ■

2. 세액공제의 사유

세액공제의 사유는 다음과 같다(개소법 20 ①).

1) 과세물품의 제조장(또는 보세구역)으로부터 과세물품을 반입*하여 다른 과세물품의 제조 · 가공에 직접 사용하는 것으로서 해당 세액을 납부 또는 징수하는 경우

* 다른 법령에서 정하는 바에 따르는 경우 등 부득이한 사유로 제조장(또는 보세구역)이 아닌 장소로부터 반입하는 경우를 포함한다. 여기서 '부득이한 사유'란 도시가스사업법(제10조의9)에 따른 자가소비용 직수입 대상물량에 해당되지 않아 천연가스를 직접 수입하지 못하고 도시가스사업자로부터 천연가스를 공급받는 경우를 말한다(개소령 34 ⑧).

2) 제조장이 아닌 장소에서 판매 목적으로 다음 중 어느 하나에 해당하는 행위를 하는 것으로서 해당 세액을 납부 또는 징수하는 경우

① 대통령령으로 정하는 물품을 용기에 충전(充塡)하거나 개장(改裝)하는 것

② 과세물품에 가치를 높이기 위한 장식, 조립, 첨가 등의 가공을 하는 것

③ 석유가스 중 프로판과 부탄을 혼합하는 것(그 혼합물이 석유가스 중 부탄인 경우만 해당한다)

3) 분해되었거나 미조립(未組立) 상태로 반출(搬出)되어 완제품으로 의제(완제품 의제 ① p.479 참조)된 과세물품을 제조장 또는 보세구역으로부터 반입하여 가공 또는 조립한 물품을 반출하는 것으로서 해당 세액을 납부 또는 징수하는 경우

3. 세액공제의 방법 및 절차

(1) 공제의 방법

세액공제를 할 때 해당 원재료 또는 구입물품에 대한 세액이 그 원재료를 사용하여 제조한 물품에 대한 세액을 초과하는 경우에는 그 초과 부분의 세액은 공제하지 않는다(개소법 20 ⑥). 즉 세액공제는 개별소비세 산출세액을 한도로 하여 공제하는 것이다. 한편 개별소비세가 납부되었거나 납부될 물품에 대하여 부과하였거나 부과할 가산세는 공제하거나 환급하지 않는다(개소법 20 ⑤).

(2) 공제의 절차

이러한 세액공제를 받으려는 자는 해당 사유가 발생한 날부터 6개월이 지난 날이 속하는 달의 말일까지 개별소비세 세액공제신청서에 개별소비세 부과(납부)사실 증명신청서 및 그 증명서를 첨부하여 과세표준신고와 함께 관할세무서장(또는 세관장)에게 제출해야 한다(개소법 20 ④, 개소령 34 ①).

[도 표] 세액공제의 절차

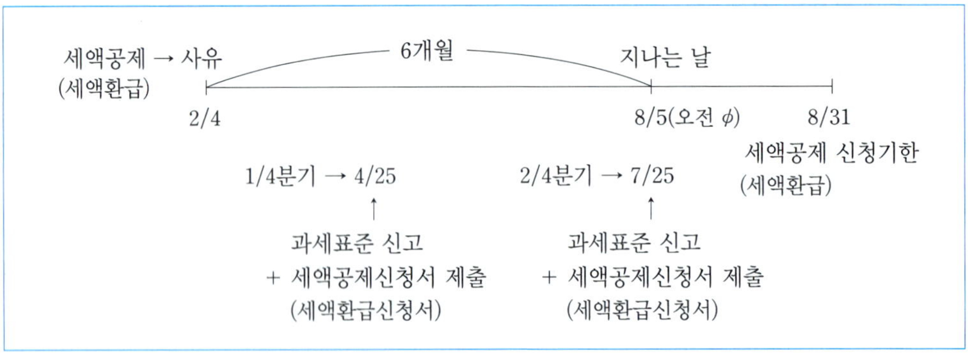

Ⅱ 세액의 환급

1. 의 의

이미 개별소비세가 납부되었거나 납부될 물품(또는 그 원재료)이 일정한 사유에 해당하는 경우에는 이미 납부한 세액을 환급한다. 이 경우 납부 또는 징수할 세액이 있으면 이를 공제한다(개소법 20 ②). 이것을 '세액의 환급'이라 한다.

이 제도의 취지는 다음과 같다.

① 개별소비세가 면제되는 물품의 경우에 그 물품과 관련하여 이미 과세된 개별소비세를 전액 환급해 줌으로써 완전면세를 구현하는 데 있다.

② 반출된 과세물품이 품질불량 등으로 다시 제조장에 환입된 경우에는 이미 부과된 개별소비세를 환급해 주기 위한 것이다.

2. 환급의 사유

세액의 환급의 사유는 다음과 같다(개소법 20 ②).

1) 과세물품(또는 과세물품을 사용하여 제조 · 가공한 물품)을 수출하거나 주한외국군에 납품하는 경우

2) 개별소비세가 면제되는 물품과 그 물품의 원재료로 사용되는 물품

3) 제조장 등에 환입한 것 : ① 제조장으로부터 반출된 과세물품을 ㉠ 품질 불량, 변질, 자연재해, ㉡ 소비자기본법에 따른 교환(또는 환급)의 사유로 같은 제조장(석유류는 같은 회사의 다른 제조장을 포함한다) 또는 하치장(荷置場)에 환입한 것*으로서, ② 그 환입한 날이 속하는 분기의 다음 달 25일(석유류는 환입한 날이 속하는 달의 다음 달 말일)까지 환입된 사실을 관할세무서장에게 신고하여 확인을 받은 경우. 이 경우 하치장에 환입해서 확인을 받으면 같은 제조장에 환입한 것으로 본다.

* 중고품은 제외하되, 소비자기본법에 따라 교환이나 환불되어 환입한 중고품을 포함한다.

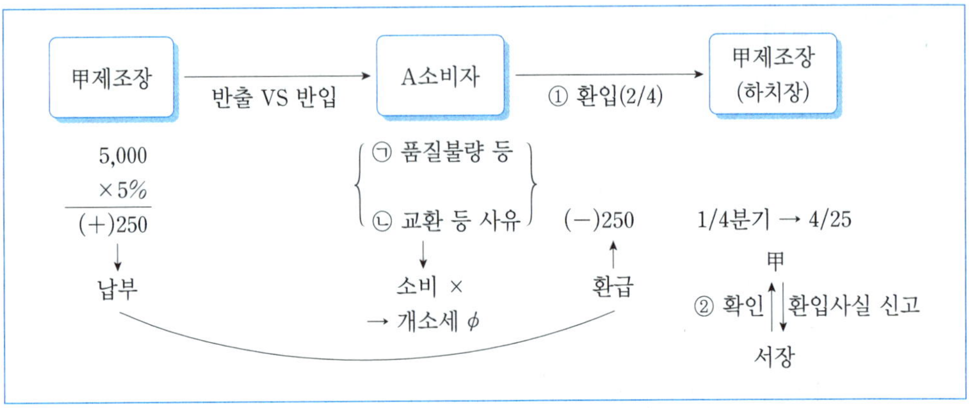

3. 환급의 방법 및 절차

1) 이러한 세액환급을 받으려는 자는 해당 사유가 발생한 날부터 6개월이 지난 날이 속하는 달의 말일까지 개별소비세 환급신청서에 개별소비세 부과(납부)사실 증명신청서 및 그 증명서를 첨부하여 과세표준신고와 함께 관할세무서장(또는 세관장)에게 제출해야 한다(개소법 20 ④, 개소령 34 ①). 신청을 받은 관할세무서장은 그 신청인이 장래에 납부할 금액이 있는 경우에는 그 납부할 세액에서 이미 납부한 세액을 공제하며, 신청인이 제조를 폐지하거나 그 밖의 사유로 장래에 납부할 세액이 없는 경우에는 이미 납부한 세액을 신청을 받은 날부터 30일 내에 환급해야 한다(개소령 34 ③).

2) 개별소비세가 납부되었거나 납부될 물품에 대하여 부과하였거나 부과할 가산세는 환급하지 않는다(개소법 20 ⑤).

4. 사후관리

① 수출면세 · 군납면세 및 ② 개별소비세가 면제된 물품과 그 물품의 원재료로 사용된 물품에 해당하여 환급(또는 공제)을 받은 물품이 정해진 용도로 사용되지 않은 사실이 확인된 경우에는 환급(또는 공제)된 개별소비세를 징수한다(개소법 20 ⑦).

참고사항 공제(또는 환급)의 배제

다음에 해당하는 경우에는 그 물품의 원재료에 대하여 납부되었거나 납부될 세액은 공제하거나 환급하지 않는다(개소법 20 ③).

① 미납세반출한 물품, 외국인전용판매장 면세물품 및 조건부 면세물품에 대하여 지정된 기한까지 반입사실을 증명하지 않아 개별소비세를 징수하는 경우

② 면세를 받은 물품의 용도를 변경하는 등의 사유로 개별소비세를 신고 · 납부하는 경우 ■

Ⅲ 가정용부탄 등에 대한 개별소비세 환급특례

1. 환급특례

(1) 가정용부탄에 대한 개별소비세 환급특례

액화석유가스 판매사업자 등의 사업자에게 취사난방용 등의 용도로 사용되는 ① 가정용부탄을 판매하는 액화석유가스 충전사업자와 ② 가정용부탄을 제조하거나 수입하는 개별소비세 납세의무자에 대해서는 다음과 같이 계산한 개별소비세액(이하 '가정용부탄 환급세액'이라 한다)을 환급하거나 납부 · 징수할 세액에서 이를 공제할 수 있다(개소법 20의2 ①).

가정용부탄 환급세액	= 가정용부탄으로 판매한 수량 × [부탄 세액(252원/kg) − 프로판 세액(20원/kg)]*

* 위 [부탄 세액 − 프로판 세액]의 세율은 기본세율이 적용되는 경우를 말하며, 탄력세율이 적용되는 경우에는 [부탄 세액(275원/kg) − 프로판 세액(14원/kg)]으로 한다.

그 취지는 부탄가스 중 취사난방용 등에 사용되는 가정용 부탄에 대해서는 프로판가스와 같은 세율이 적용되도록 그 세액의 차액을 개별소비세 납세의무자에게 환급하려는데 있다.

참고사항 가정용부탄에 대한 개별소비세 환급특례의 세부적인 내용

1. 본문에서 '액화석유가스 판매사업자 등의 사업자'란 다음 중 어느 하나에 해당하는 자를 말한다(개소령 34의2 ①).
   ① 「액화석유가스의 안전관리 및 사업법」에 따른 액화석유가스 충전사업자, 액화석유가스 판매사업자 및 액화석유가스 특정사용자
   ② 「고압가스 안전관리법」에 따른 고압가스 제조자
2. 본문에서 '취사난방용 등 용도'란 다음 중 어느 하나에 해당하는 것을 말한다(개소령 34의2 ②).
   ① 액화석유가스의 안전관리 및 사업법령에 따라 산업통상자원부장관이 고시하는 기준에 적합한 용기 내장형 가스난방기용으로 사용되는 것
   ② 「고압가스 안전관리법」에 따라 산업통상자원부령으로 정하는 이동식 부탄연소기용으로 사용되는 것과 접합 또는 납붙임용기용으로 사용되는 것
   ③ 「전기용품 및 생활용품 안전관리법」에 따라 산업통상자원부령으로 정하는 1회용 가스라이터용으로 사용되는 것 ■

(2) 수소제조용부탄에 대한 개별소비세 환급특례

수소를 제조하기 위한 설비에 공급(연료용으로 공급하는 것은 제외한다)하는 ① 수소제조용부탄을 판매하는 액화석유가스 충전사업자와 ② 수소제조용부탄을 제조하거나 수입하는 납세의무자에 대해서는 다음과 같이 계산한 개별소비세액(이하 '수소제조용부탄 환급세액'이라 한다)을 환급하거나 납

부 · 징수할 세액에서 이를 공제할 수 있다(개소법 20의2 ②).

수소제조용부탄 환급세액	= 수소제조용부탄으로 판매한 수량 × [부탄 세액(252원/kg) − 프로판 세액(20원/kg)]*

* 위 [부탄 세액 − 프로판 세액]의 세율은 기본세율이 적용되는 경우를 말하며, 탄력세율이 적용되는 경우에는 [부탄 세액(275원/kg) − 프로판 세액(14원/kg)]으로 한다.

그 취지는 수소를 제조하기 위한 목적으로 설비에 공급하는 부탄에 대해서는 부탄에 대한 세액과 프로판에 대한 세액과의 차액을 환급함으로써 수소경제 활성화를 지원하려는데 있다.

참고사항 수소제조설비의 범위

본문에서 '수소를 제조하기 위한 설비'란 ① 수소추출설비, ② 「수소경제 육성 및 수소 안전관리에 관한 법률」에 따른 연료전기*를 말한다(개소령 34의 ③).

* '연료전기'란 신에너지의 하나로서 수소와 산소의 전기화학적 반응을 통하여 전기와 열을 생산하는 설비와 그 부대설비를 말한다. ■

2. 환급신청

환급특례에 따라 환급 또는 공제를 받으려는 자는 ① 매월 가정용부탄 또는 수소제조용부탄으로 판매한 수량 및 ② 가정용부탄 환급세액과 수소제조용부탄 환급세액을 합친 금액(이하 '환급세액'이라 한다) 등을 적은 환급신청서를 다음 달 말일까지 해당 사업자의 관할세무서장(또는 세관장)에게 제출해야 한다(개소법 20의2 ③).

3. 사후관리

관할세무서장(또는 세관장)은 다음 중 어느 하나의 경우에는 해당 금액과 그 금액의 40%(단순착오에 의한 경우에는 10%)에 상당하는 금액의 가산세를 합친 금액을 개별소비세로 징수한다(개소법 20의2 ④).

징수사유	징수세액
① 환급특례에 따라 세액을 환급 또는 공제받은 자가 허위세금계산서를 발급하는 등 사유로 과다하게 환급 또는 공제받은 경우	그 과다환급세액 또는 과다공제금액
② 환급특례에 따라 해당 물품을 공급받은 사업자가 그 물품을 취사난방 등 용도 또는 수소제조 용도 외로 사용하는 경우	용도 외 사용량에 해당하는 환급세액

총징수세액 = 징수세액 + 가산세[징수세액×40%(단순착오에 의한 경우에는 10%)]

사례 1 환급의 사유 및 방법

개별소비세법상 세액환급에 대해서 설명하시오. (2014년 세무사 2차, 10점)

해 답

1. 환급의 사유

이미 개별소비세가 납부되었거나 납부될 물품 또는 그 원재료가 다음 중 어느 하나의 사유에 해당하는 경우에는 이미 납부한 세액을 환급한다.

(1) 과세물품 또는 과세물품을 사용하여 제조 · 가공한 물품을 수출하거나 주한외국군에 납품하는 경우

(2) 개별소비세가 면제되는 물품과 그 물품의 원재료로 사용되는 물품

(3) 제조장 등에 환입한 것 : 제조장으로부터 반출된 과세물품을 품질 불량, 변질, 자연재해, 소비자기본법에 따른 교환 또는 환급의 사유로 같은 제조장(석유류는 같은 회사의 다른 제조장을 포함한다) 또는 하치장(荷置場)에 환입한 것(중고품은 제외하되, 소비자기본법에 따라 교환이나 환불되어 환입한 중고품을 포함한다)으로서 그 환입한 날이 속하는 분기의 다음 달 25일(석유류는 환입한 날이 속하는 달의 다음 달 말일)까지 환입된 사실을 관할세무서장에게 신고하여 확인을 받은 경우. 이 경우 하치장에 환입해서 확인을 받으면 같은 제조장에 환입한 것으로 본다.

그 취지는 개별소비세가 면제되는 물품의 경우에 그 물품과 관련하여 이미 과세된 세액을 환급해 줌으로써 완전면세를 구현하고, 반출된 과세물품이 품질불량 등으로 다시 제조장에 환입된 경우에는 이미 부과된 개별소비세를 취소하려는데 있다.

2. 환급의 절차 및 방법

(1) 이처럼 세액환급을 받으려는 자는 해당 사유가 발생한 날부터 6개월 내에 개별소비세 세액환급신청서에 개별소비세부과(납부)사실증명신청서 및 동 증명서를 첨부하여 과세표준신고와 함께 관할세무서장에게 제출해야 한다. 신청을 받은 관할세무서장은 그 신청인이 장래에 납부할 금액이 있는 경우에는 그 납부할 세액에서 이미 납부한 세액을 공제하며, 신청인이 제조를 폐지하거나 그 밖의 사유로 장래에 납부할 세액이 없는 경우에는 이미 납부한 세액을 신청을 받은 날부터 30일 내에 환급해야 한다.

(2) 개별소비세가 납부되었거나 납부될 물품에 대하여 부과하였거나 부과될 가산세는 환급하지 않는다.

❑ 출제위원 채점평

개별소비세법상 납세담보와 환급에 대한 물음으로서 국세기본법 내용과 유사하기 때문에 기본적인 문제이면서도 수험생의 입장에서는 익숙한 주제이기 때문에 오히려 제대로 정리하지 않았을 가능성이 매우 큰 문제이다.

다른 과목도 동일하겠지만, 세법학의 경우에도 기본적인 내용의 정리가 가장 중요하다고 할 것이다.

사례 2 가정용부탄 환급특례

액화석유가스 충전사업자인 ㈜D는 2026년 5월에 판매한 가정용부탄에 대한 개별소비세 환급신청서를 제출하였다. 한편 ㈜D로부터 2026년 5월에 가정용부탄을 공급받은 액화석유가스 판매업자가 그중 일부를 취사난방용 등이 아닌 다른 용도로 전용하였다. ㈜D가 2026년 5월에 판매한 가정용부탄 전량에 대해 개별소비세 환급신청을 하는 경우 환급세액으로 신청할 금액의 계산방법에 대해 설명하고, 용도 전용에 대한 제재에 대해 서술하시오. (2023년 세무사 2차, 7점)

해 답

1. 환급세액

액화석유가스 충전사업자인 ㈜D는 2026년 5월에 판매한 가정용부탄에 대한 개별소비세 환급세액은 다음과 같이 계산한다.

가정용부탄 환급세액 = 가정용부탄으로 판매한 수량 × [부탄 세액(252원/kg) − 프로판 세액(20원/kg)]*

* 위 [부탄 세액 − 프로판 세액]의 세율은 기본세율이 적용되는 경우를 말하며, 탄력세율이 적용되는 경우에는 [부탄 세액(275원/kg) − 프로판 세액(14원/kg)]으로 한다.

2. 용도전용에 대한 제재(사후관리)

(1) 관련 규정

관할세무서장은 다음 중 어느 하나의 경우에는 해당 금액과 가산세를 합친 금액을 개별소비세로 징수한다.

징수사유	징수세액
① 세액을 환급 또는 공제받은 자가 허위세금계산서를 발급하는 등 사유로 과다하게 환급 또는 공제받은 경우	그 과다환급세액 또는 과다공제금액
② 해당 물품을 공급받은 사업자가 그 물품을 취사난방 등 용도 외로 사용하는 경우	용도 외 사용량에 해당하는 환급세액

(2) 사례의 경우

㈜D로부터 2026년 5월에 가정용부탄을 공급받은 액화석유가스 판매업자가 그 중 일부를 취사난방용 등이 아닌 다른 용도로 전용하는 경우에는 위 (1)의 징수사유 ②에 해당한다. 따라서 다음 금액을 개별소비세로 ㈜D로부터 징수한다.

징수할 금액 = ① + ②
① 용도 외 사용량에 해당하는 환급세액 ② 가산세 = 위 ① 금액 × 40%(단순착오에 의한 경우에는 10%)

▶ 필자 주 : 최근 탄력세율이 자주 변동되었으므로 부탄과 프로판의 세율을 쓰지 않아도 문제가 되지 않는다고 보며, 용도전용에 대한 제재(사후관리) 관련 규정은 적지 않고 바로 사례 내용을 적어도 될 것이다.

보론 용도변경 등으로 세액을 징수 또는 신고 · 납부하는 물품의 가격계산

미납세(개별소비세를 납부하지 않는 것을 말한다) 또는 면세(개별소비세가 면제되는 것을 말한다)로 반출 또는 반입한 자가 해당 물품의 용도를 변경하거나 타인에게 양도하는 등의 사유로 개별소비세를 징수하거나 신고 · 납부하는 경우에 해당 물품의 가격은 다음의 구분에 따른다(개소령 12).

개별소비세 징수사유	물품가격
① 수출 및 군납면세를 받은 물품으로서 해당 용도에 제공한 사실을 증명하지 않은 것에 대하여 반출자 등으로부터 개별소비세를 징수하는 경우	면세된 때의 가격
② 군납면세 및 외교관면세를 받은 물품을 면세의 승인을 받은 날부터 5년(군납면세의 경우) 및 3년(외교관면세의 경우) 이내에 타인에게 양도하거나 타인이 소지한 경우에 이를 양수한 자 또는 소지한 자가 반출한 것으로 보아 개별소비세를 징수하는 경우	• 제조장 구입물품 : 양수한 금액 • 수입물품 : 과세가액 + 관세
③ 제조장에서 외국인전용판매장으로 반출시 면세되는 물품으로서 외국인전용판매장에 반입된 사실을 증명하지 않은 것에 대하여 반출자로부터 개별소비세를 징수하는 경우	면세된 물품가격
④ 외국인전용판매장에서 개별소비세가 면제되는 물품을 구입한 자가 출국당시 그 물품을 소지하지 않은 때에 그 구입자로부터 개별소비세를 징수하는 경우	면세로 판매장에서 구입한 가격에 상당하는 금액
⑤ 제조장에서 외국인전용판매장으로 반출시 개별소비세의 면제를 받아 반입된 물품을 해당 판매장에서 구입할 수 없는 자가 소지한 때에 그 소지자로부터 개별소비세를 징수하는 경우	소지 당시 면세판매장의 판매가격에 상당하는 금액
⑥ 조건부면세에 해당하는 물품으로서 반입지에 반입한 사실을 증명하지 않은 것에 대하여 그 반출자로부터 개별소비세를 징수하는 경우	면세된 물품가격
⑦ 조건부면세 물품으로서 반입지에 반입된 후 해당 물품에 대하여 반입자가 반입한 날부터 5년 이내에 그 용도를 변경하거나 양도한 경우 등의 사유에 해당하여 반입자가 개별소비세를 신고 · 납부하는 경우	판매가격에 상당하는 금액*

* 다만, 조건부면세 승용자동차를 면세로 반입한 자가 5년 이내 용도변경 또는 양도함으로써 면세조건을 위반한 사실이 있는 경우에는 다음 계산식에 따른 가액을 과세가격으로 한다.

> 과세가격* = 취득가격(반출가격) × 경과연수별 잔존가치율

* 이러한 과세가격은 지방세법에 따른 차량에 대한 지방세 시가표준액 산정원리와 같다.

연습문제

1 개별소비세의 미납세반출제도에 관하여 설명하시오. (20점)

2 개별소비세 미납세반출의 의의와 사후관리에 대하여 설명하시오. (2001년, 15점)

3 개별소비세법에서 규정하는 미납세반출대상을 그 의미와 함께 설명하시오. (2005년, 7점)

4 개별소비세법에 따른 미납세반출의 절차에 대하여 설명하시오. (2006년, 7점)

5 개별소비세의 면세제도를 부가가치세법에 따른 면세제도 및 영세율제도와 비교하여 설명하시오. (30점)

6 개별소비세법에 따른 세액의 공제 및 환급제도에 관하여 설명하시오. (30점)

7 부가가치세와 개별소비세는 세부담의 전가를 예정하는 간접소비세이다. 다음의 물음에 답하시오.

【물음 1】 개별소비세를 과세하는 근거를 설명하시오. (10점)

【물음 2】 부가가치세와 개별소비세를 과세요건면에서 비교설명하시오. (10점)

【물음 3】 현행 개별소비세법에서 소비지국과세원칙을 구현하기 위한 규정을 설명하시오. (10점)

【물음 4】 개별소비세법에 따른 반출로 보는 경우와 그 과세표준 및 신고납부기한에 대하여 설명하시오. (20점)

8 개별소비세법에 따른 세액의 공제와 환급에 대하여 그 취지를 중심으로 간략하게 설명하시오. (2005년, 7점)

9 개별소비세법에 따른 세액공제와 세액환급의 의의 및 사유에 대하여 약술하시오. (20점)

10 승용자동차에 대한 개별소비세(舊 특별소비세)의 조건부면세를 설명하시오. (2008년, 20점)

제2편 개별소비세법

제4장 개별소비세의 납세절차

제1절 신고와 납부

제2절 결정·경정 및 협력의무

연습문제

제1절 신고와 납부

I 과세표준의 신고

1. 과세물품의 반출

(1) 일반적인 경우

과세물품의 반출(제조장에서 사용 · 소비되는 경우 반출의제 포함)에 대하여 개별소비세 납세의무자는 매 분기분(석유류 · 담배는 매 월분) 「과세물품 과세표준신고서」*를 반출한 날이 속하는 분기의 다음 달 25일(석유류 · 담배는 반출한 날이 속하는 달의 다음 달 말일)까지 제조장 관할세무서장에게 제출해야 한다(개소법 9 ①).

* 이 신고서에는 매 분기(석유류 · 담배는 매월) 제조장에서 반출한 물품의 물품별 수량, 가격, 과세표준, 산출세액, 미납세액, 면제세액, 공제세액, 환급세액, 납부세액 등을 적는다.

구분	신고의 대상기간	신고서 제출기한
과세물품(석유류 · 담배는 제외)	1/4 분기	4월 25일
	2/4 분기	7월 25일
	3/4 분기	10월 25일
	4/4 분기	1월 25일
과세물품 중 석유류 · 담배	매월	다음 달 말일

(2) 수입물품인 경우

관세를 납부할 의무가 있는 자로서 과세물품을 보세구역에서 반출하는 납세의무자가 보세구역 관할세관장에게 수입신고를 한 경우에는 개별소비세 과세표준신고를 한 것으로 본다(개소법 9 ②). 그 외 관세를 징수하는 물품에 대한 납세의무자에 관하여는 관세법을 준용한다(개소법 9 ③).

2. 과세장소에의 입장행위

과세장소 입장행위에 대한 개별소비세 납세의무자는 매 분기분 「과세장소 과세표준신고서」*를 입장한 날이 속하는 분기의 다음 달 25일까지 과세장소 관할세무서장에게 제출해야 한다(개소법 9 ③).

* 이 신고서에는 매 분기 과세장소의 종류별 · 세율별로 입장 인원과 입장 수입을 적는다.

3. 과세유흥장소에서의 유흥음식행위

과세유흥장소에서의 유흥음식행위에 대한 개별소비세 납세의무자는 매 월분 「과세유흥장소 과세표준신고서」*를 유흥음식행위를 한 날이 속하는 달의 다음 달 25일까지 과세유흥장소의 관할세무서장에게 제출해야 한다(개소법 9 ⑤).

* 이 신고서에는 매 월 과세유흥장소의 종류별로 인원, 유흥음식 요금, 산출세액, 면제세액, 공제세액, 납부세액 등을 적는다.

4. 과세영업장소에서 영업행위

과세영업장소에서 영업행위에 대한 개별소비세 납세의무자는 ① 매 연도분 「과세영업장소 과세표준신고서」*와 ② 공인회계사의 감사보고서가 첨부된 전년도 재무제표를, 영업행위를 한 날이 속하는 해의 다음 해 3월 말일까지 과세영업장소의 관할세무서장에게 제출해야 한다(개소법 9 ⑥).

* 이 신고서에는 매 연도 과세영업장소의 고객으로부터 받은 총금액, 고객에게 지급한 총금액, 총매출액, 총세액 등을 적는다.

5. 신고기한의 특례

위 신고기한의 규정에도 불구하고 다음 중 어느 하나에 해당하는 경우에는 그 사유가 발생한 날이 속한 달의 다음 달 25일까지 해당 신고서를 제출해야 한다(개소법 9 ⑦).

1) 납세의무자가 다음의 반출의제에 해당하게 된 경우

① 과세물품이 제조장에 있다가 공매(公賣), 경매 또는 파산절차로 환가(換價)되는 경우

② 과세물품의 제조를 사실상 폐지한 경우에 제조장에 남아 있는 경우

2) 납세의무자가 제조장 · 과세장소 · 과세유흥장소 및 과세영업장소의 영업을 폐업한 경우

[도 표] 과세표준의 신고(집행기준 9-0-1)

구분	신고 대상자
① 반출한 날이 속하는 분기의 다음 달 25일까지 신고	• 과세물품을 제조하여 반출하는 자 • 과세물품을 제조장 안에서 사용 · 소비하는 자 • 과세장소의 경영자
② 반출한 날이 속하는 달의 다음 달 말일까지 신고	• 과세물품에 해당하는 석유류를 반출하는 자 • 담배를 반출하는 자

③ 유흥음식행위를 한 날이 속하는 달의 다음 달 25일까지 신고	• 과세유흥장소 경영자
④ 매년 다음 해 3월 말까지 신고	• 과세영업장소 경영자
⑤ 즉시 신고	• 과세물품을 보세구역으로부터 반출하는 자 • 보세구역 외에서 과세물품을 수입하는 등 관세를 납부할 의무가 있는 자는 관세법을 준용
⑥ 사유발생일이 속한 달의 다음 달 25일까지 신고	• 제조자가 제조장 내에 현존 물품의 공매 · 경매 · 파산절차에 의한 환가와 제조를 사실상 폐지한 때 • 과세장소 · 과세유흥장소 · 과세영업장소의 경영자가 경영을 폐지한 때 • 과세물품 제조자가 사업장을 폐업한 경우

Ⅱ 개별소비세의 납부

1. 일반적인 경우

납세의무가 있는 자는 매 분기분(석유류 · 담배 및 과세유흥장소는 매월 분, 과세영업장소는 매 연도분)의 개별소비세를 그 신고서 제출기한까지 관할세무서장에게 납부해야 한다(개소법 10 ①).

한편 신고기한의 특례에 해당하는 납세의무자는 개별소비세를 그 신고서 제출기한까지 관할세무서장에게 납부해야 한다(개소법 10 ②). 그리고 과세물품의 수입에 대한 납세의무자의 개별소비세 납부에 관하여는 관세법에 따른다(개소법 10 ③).

2. 납세담보의 제공

(1) 개 요

1) 과세물품을 관세법에 따라 수입신고 수리(受理) 전에 보세구역에서 반출하려는 자는 관세법* 으로 정하는 바에 따라 해당 개별소비세액에 상당하는 담보를 제공해야 한다(개소법 10 ④).

* 관세법 제252조(수입신고 수리 전 반출) : 수입신고를 한 물품을 세관장의 수리 전에 해당 물품이 장치된 장소로부터 반출하려는 자는 납부해야 할 관세에 상당하는 담보를 제공하고 세관장의 승인을 받아야 한다.

2) 과세유흥장소 또는 과세영업장소의 경영자에 대하여 관할세무서장은 납세보전(保全)을 위하여 필요하다고 인정하면 해당 개별소비세액에 상당하는 담보의 제공을 요구할 수 있는데, 이에 따라 관할세무서장이 과세유흥장소 또는 과세영업장소의 경영자에게 납세담보의 제공을 요구하려면

납세담보를 요구한 날부터 30일 이내에 관할세무서장에게 납세담보를 제공하도록 통지해야 한다. 이 경우 납세담보를 요구할 수 있는 최고한도의 금액은 다음의 금액으로 한다(개소법 10 ⑤, 개소령 17 ①,②).

> 납세담보를 요구할 수 있는 최고한도의 금액
>
> : [과세유흥장소 : 전월에 납부한 개별소비세액* / 과세영업장소 : 전년도에 납부한 개별소비세액*] × [110%(현금 또는 납세보험증권) / 120%(그 밖의 납세담보)]

* 전월 또는 전년도에 납부할 세액이 없는 경우에는 해당 월 또는 해당 연도에 납부할 개별소비세 추정액으로 한다.

(2) 담보물에 의한 충당

이처럼 담보를 제공한 자가 ① 납부기한까지 해당 개별소비세를 납부하지 않거나 ② 해당 용도에 제공한 사실을 증명하지 않았을 경우에는 그 담보물로 해당 개별소비세에 충당한다. 이 경우 부족한 금액이 있을 때에는 이를 징수하며, 남은 금액이 있을 때에는 이를 환급한다(개소령 17 ③).

3. 총괄납부

(1) 의 의

과세물품의 제조·반출자는 원칙적으로 개별소비세를 제조장 관할세무서장에게 각각 납부해야 한다. 따라서 일정한 미납세반출의 경우에도 반입장소(하치장 포함)를 제조장으로, 반입자를 제조자로 보도록 되어 있으므로 반입장소에서 반출이 이루어지는 경우에도 본래 제조장의 개별소비세와 별도로 납부해야 한다. 그런데 이는 개별소비세의 납세절차를 복잡하게 하는 요인이 된다. 이러한 점을 고려하여 과세물품에 대한 납세의무자로서 일정한 사유에 해당하여 개별소비세를 납부하거나 환급받는 자는 과세물품을 제조·반출한 제조장에서 총괄하여 납부하거나 환급받을 수 있다(개소령 10의2 ①). 이것을 '총괄납부'라고 한다.

(2) 총괄납부신청의 사유

제조장에서 총괄하여 납부할 수 있는 경우는 다음과 같다(개소령 16의2 ①).

① 제조의제 중 제조장이 아닌 장소에서 판매의 목적으로 석유가스 중 프로판 및 부탄을 혼합함으로써 개별소비세를 납부하게 되는 경우(그 혼합물이 석유가스 중 부탄에 해당하는 경우에 한정 한다)

② 다음과 같이 제조장에서 미납세반출한 물품이 반입된 장소에서 용도가 변경되어 개별소비세를 납부하게 되는 경우

㉠ 박람회 등에 출품하기 위하여 제조장에서 반출하는 것

㉡ 제조장 외의 장소에서 규격검사를 받기 위하여 과세물품을 제조장에서 반출하는 것

③ 승용자동차를 보관·관리하기 위하여 제조장에서 하치장에 미납세반출한 물품(p.514 5) ② 참조)을 판매하기 위하여 같은 하치장에서 반출하는 경우

④ 가정용부탄에 대한 개별소비세의 환급 특례에 따라 개별소비세를 환급(또는 공제)받으려는 경우(p.557 참조)

(3) 총괄납부 신청 및 승인

1) 해당 물품을 제조·반출한 제조장에서 총괄하여 납부하려는 자는 그 납부하려는 기간이 시작되기 20일 전에 「총괄납부 승인신청서」를 해당 물품을 제조·반출하는 제조장의 관할세무서장에게 제출해야 한다(개소령 16의2 ②).

2) 신청을 받은 관할세무서장은 납세의무자가 다음 중 어느 하나에 해당하여 납세관리에 지장이 있다고 인정하는 경우를 제외하고는 그 신청을 승인하고 신청일부터 20일 이내에 해당 납세의무자와 제조장 및 하치장 등의 관할세무서장에게 승인 사실을 통지해야 한다(개소령 16의2 ③).

① 하치장 설치신고를 하지 않은 경우

② 신청일부터 기산(起算)하여 과거 2년 이내에 「조세범 처벌법」에 따른 처분 또는 처벌을 받은 사실이 있는 경우

③ 신청일부터 기산하여 과거 2년 이내에 세법에 따른 경정조사시 매출누락금액이 1억원 이상 발견된 경우

④ 신청일부터 기산하여 과거 2년 이내에 국세 또는 지방세를 체납한 사실이 있는 경우

3) 총괄납부의 승인을 받은 내용을 변경하려는 경우 그 신청 및 승인에 관하여는 위 1) 및 2)의 규정을 준용한다(개소령 16의2 ④).

(4) 총괄납부 승인의 철회 및 포기

1) 총괄납부를 승인한 관할세무서장은 총괄납부의 승인을 받은 자가 사업 내용의 변경, 그 밖의 사정변경으로 제조장에서 총괄하여 납부하는 것이 적당하지 않다고 인정되는 경우에는 총괄납부의 승인을 철회할 수 있다. 이처럼 총괄납부의 승인을 철회한 경우 해당 세무서장은 철회 사실을 해당 납세의무자와 제조장 및 하치장 등의 관할세무서장에게 통지해야 한다(개소령 16의3 ①,②).

2) 총괄납부의 승인을 받은 자가 사정 변경으로 총괄납부를 포기하고 각 사업장별로 납부하려는 경우에는 그 납부하려는 기간이 시작되기 20일 전에 「총괄납부 포기신고서」를 제조장 관할세무서장에게 제출해야 한다. 이처럼 총괄납부의 포기신고를 받은 제조장 관할세무서장은 제조장 및 하치장 등의 관할세무서장에게 즉시 해당 사실을 통지해야 한다(개소령 16의3 ③,④).

[도 표] 총괄납부의 비교

구분	부가가치세법	개별소비세법
개 념	둘 이상의 사업장이 있는 사업자가 각 사업장의 납부세액 또는 환급세액을 통산하여 주된 사업장에서 납부하거나 환급받을 수 있는 제도	4가지 사유로 개별소비세를 납부하거나 환급받는 자가 과세물품을 제조·반출한 제조장에서 총괄하여 납부하거나 환급받을 수 있는 제도
신 청	총괄납부하려는 과세기간 개시 20일 전에 주된 사업장 관할세무서장에게 신청	총괄납부하려는 기간이 시작되기 20일 전에 제조·반출하는 제조장의 관할세무서장에게 신청
승 인	신청만으로 총괄납부할 수 있음	납세관리에 지장이 있다고 인정하는 경우를 제외하고 그 신청을 승인함
포 기	각 사업장에서 납부하려는 과세기간 개시 20일 전에 주된 사업장 관할세무서장에게 포기신고	각 사업장별로 납부하려는 기간이 시작되기 20일 전에 제조장 관할세무서장에게 포기신고

사 례 개별소비세법상 납세담보

개별소비세에 있어서 납세담보의 제공 및 관련 행정처분에 대해서 설명하시오. (2014년 세무사 2차, 10점)

해 답

1. 납세담보의 제공(p.567 이하 참조)

(1) 개 요

(2) 담보물에 의한 충당

2. 영업의 정지 및 허가의 취소 처분(p.581 참조)

과세유흥장소 및 과세영업장소의 경영자가 납세담보 요구를 따르지 않은 경우에는 관할세무서장은 지방국세청장을 거쳐 해당 과세유흥장소 및 과세영업장소의 영업정지나 허가취소를 그 영업의 허가관청에 요구할 수 있다.

❑ 출제위원 채점평

개별소비세법상 납세담보에 대한 물음으로서 국세기본법 내용과 유사하기 때문에 기본적인 문제이면서도 수험생의 입장에서는 익숙한 주제이기 때문에 오히려 제대로 정리하지 않았을 가능성이 매우 큰 문제이다.

다른 과목도 동일하겠지만, 세법학의 경우에도 기본적인 내용의 정리가 가장 중요하다고 할 것이다.

Ⅲ 신고 · 납부의 특례

1. 사업자단위 신고 · 납부

(1) 의 의

개별소비세 납세의무자는 둘 이상의 제조장 · 과세장소 · 과세유흥장소 또는 과세영업장소(이하 '사업장'이라 한다) 관할세무서장에게 개업신고를 하고 각 사업장의 개별소비세를 사업장 단위로 신고 · 납부해야 하는 것이 원칙이다. 그런데 최근에는 전산시스템설비의 발달로 각 사업장의 반출, 입장 · 유흥음식행위 · 영업행위의 상황을 통합하여 파악하는 것이 가능함에도 불구하고 각 사업장별로 개별소비세를 신고 · 납부하는 것은 세무업무의 중복 및 비효율을 가져온다. 이러한 폐단을 방지하고 사업자의 납세편의를 높이기 위해서 ① 둘 이상의 사업장이 있는 사업자로서 ② 사업자 단위로 개업신고한 사업자는, 그 사업자의 본점 또는 주사무소에서 총괄하여 신고 · 납부할 수 있다(개소법 10의3). 이것을 '사업자단위과세'라고 한다(이러한 사업자를 '사업자단위과세사업자'라고 한다).

(2) 사업자단위과세 신고

둘 이상의 사업장이 있는 사업자는 사업자 단위로 해당 사업자의 본점 또는 주사무소 관할세무서장에게 개업신고할 수 있다. 이처럼 사업자단위로 신고 · 납부하려는 자는 다음의 기한까지 개업신고서(종전 사업장 명세서 첨부)를 본점 또는 주사무소(이하 '사업자단위 과세적용 사업장'이라 한다)의 관할세무서장에게 제출해야 한다(개소법 21 ②, 개소령 35 ①).

구분	개업신고서 제출기한
① 과세물품을 제조하려는 자	사업개시 5일 전까지
② 과세장소 · 과세유흥장소 또는 과세영업장소의 영업을 경영하려는 자	영업개시 전까지

다만, 사업장 단위로 이미 개업신고를 한 사업자가 사업자 단위로 신고하려면 사업자단위과세를 적용받으려는 과세기간(매분기 · 매월, 매년)이 시작되기 20일 전까지 신고해야 한다(개소법 21 ③).

(3) 사업자단위과세 신고의 효과

사업자단위과세 신고를 한 사업자의 경우 그 사업자의 본점 또는 주사무소는 신고 · 납부와 관련하여 개별소비세법을 적용할 때 각 제조장 · 과세장소 · 과세유흥장소 또는 과세영업장소로 본다(개소법 10의3 후단). 따라서 사업자단위과세사업자는 사업자단위로 통산한 과세표준 및 세액을 하나의 신고서에 적어서 본점 또는 주사무소 관할세무서장에게 신고하고 납부 · 환급을 받는다. 그리고 결정 · 경정 및 징수도 본점 또는 주사무소 관할세무서장이 한다.

(4) 사업자단위과세의 포기

사업자단위과세 사업자가 각 사업장별로 신고 · 납부하려는 경우에는 그 적용을 받으려는 과세기간이 시작되기 20일 전까지 사업자 단위과세 포기신고서를 사업자단위 과세적용 사업장 관할 세무서장에게 제출해야 한다(개소령 35 ⑤). 이 경우 사업자단위 과세 적용 사업장 관할세무서장은 사업자단위 과세 포기신고서의 처리결과를 지체 없이 해당 사업자와 종된 사업장의 관할세무서장에게 통지해야 한다(개소령 35 ⑥).

사업자단위 과세를 포기한 경우에는 그 포기한 날이 속하는 과세기간의 다음 과세기간부터 사업자단위 과세 포기신고서에 적은 내용에 따라 각 사업장별로 신고 · 납부해야 한다(개소령 35 ⑦).

[도 표] 사업자단위 신고 · 납부의 비교

구분	부가가치세법	개별소비세법
의 의	둘 이상의 사업장이 있는 사업자로서 사업자 단위로 사업자등록을 한 사업자는 그 사업자의 본점 또는 주사무소에서 총괄하여 신고 · 납부	둘 이상의 사업장이 있는 사업자로서 사업자 단위로 개업신고한 사업자는 그 사업자의 본점 또는 주사무소에서 총괄하여 신고 · 납부
사업자단위과세 등록 · 신고	사업자단위과세를 적용받으려는 사업자는 사업개시일부터 20일 이내에 사업자등록신청서를 본점 또는 주사무소 관할세무서장에게 제출 ※ 다만, 이미 사업장마다 사업자등록을 한 사업자가 사업자 단위로 등록하려면 사업자단위 과세를 적용받으려는 기간 개시 20일 전까지 등록	사업자단위과세를 적용받으려는 사업자는 과세물품 제조의 경우에는 개업신고서 제출기한까지 개업신고서를 본점 또는 주사무소의 관할세무서장에게 제출 ※ 다만, 이미 사업장 단위로 개업신고를 한 사업자가 사업자 단위로 신고하려면 사업자단위과세를 적용받으려는 과세기간이 시작되기 20일 전까지 신고
사업자단위과세 등록 · 신고의 효과	사업자단위로 부가가치세 납세의무 이행	사업자단위로 개별소비세 납세의무 이행
판매목적 타 사업장 반출	공급의제 배제	해당 규정이 없음
사업자단위과세의 포기	각 사업장별로 납부하거나 주사업장 총괄납부를 하려는 경우에는 그 납부하려는 과세기간이 시작되기 20일 전에 사업자단위과세 포기신고서를 제출	각 사업장별로 신고납부하려는 경우에는 그 적용을 받으려는 과세기간이 시작되기 20일 전까지 사업자단위과세 포기신고서를 제출

2. 미납세반출 후 반입지에서 반출한 물품의 신고 · 납부 특례

(1) 의 의

과세물품을 미납세반출한 자가 甲이고 그 반출된 물품을 반입한 자가 A인 경우, 미납세반출 제도에서는 해당 물품의 반입장소를 '제조장'으로 보며 반입자 A를 '제조자'로 본다. 따라서 반입자 A가 미납세물품을 반입지에서 다른 장소로 반출하는 때에는, 원칙적으로 반입자 A가 반입지 관할세무서장(또는 세관장)에게 해당 물품에 대한 개별소비세를 신고 · 납부해야 한다.

그러나 반입자가 A가 아니라, 미납세반출자와 반입자가 모두 甲으로서 동일한 사업자인 경우에는, 甲이 반입지 관할세무서장에게 개별소비세를 별도로 신고 · 납부해야 하는 절차적 부담이 발생한다. 이에 납세편의를 도모하기 위하여 개별소비세를 납부하지 않고 반출한 자(이하 '미납세반출자')와 그 물품을 반입한 자가 동일한 사업자인 경우에는, 해당 물품을 반입지에서 반출할 때 원칙적인 납세절차에도 불구하고 미납세반출자가 그 물품에 대한 개별소비세를 관할세무서장(또는 세관장)에게 신고 · 납부할 수 있다(개소법 10의4). 이를 '미납세반출 후 반입지에서 반출한 물품의 신고 · 납부 특례'라 한다.

(2) 미납세반출 특례에 따른 신고절차

1) 미납세반출자가 반입지에서 반출한 물품에 대하여 개별소비세를 신고 · 납부하려는 경우에는 과세표준신고를 할 때 과세물품 과세표준신고서에 다음의 서류를 첨부하여 미납세반출자 관할세무서장에게 제출해야 한다(개소령 16의4 ① 본문).

① 미납세반출자의 인적사항, 반입자의 소재지 및 관할세무서, 미납세반출한 물품 등을 적은 미납세반출특례신청서

② 반입지별 과세표준신고서

다만, 미납세반출특례신청서는 미납세반출 후 반입지에서 반출한 물품의 신고 · 납부 특례에 따라 처음으로 과세표준을 신고할 때 제출해야 하며, 이미 제출한 내용이 변경되거나 그 특례를 적용받지 않으려는 경우에는 이를 다시 제출해야 한다(개소령 16의4 ① 단서).

2) 미납세반출특례신청서를 받은 관할세무서장은 반입지 관할세무서장에게 그 사실을 통지해야 한다(개소령 16의4 ②).

보론 저유소에서의 서로 다른 유류의 혼합 등에 대한 특례

(1) 개 요

유류에 대한 개별소비세 납세의무자[제조하여 반출하거나 보세구역에서 반출하는 자(이하 '제조자 등'이라 한다)]가 휘발유, 경유 및 등유를 해당 제조자 등의 제조장(또는 보세구역)에서 송유관 또는 선박·탱크로리 등 운송수단을 통하여 반출한 후 제조자 등이 소유 또는 임차한 저유소(貯油所)에서 다시 반출하는 경우로서 '혼유 등이 발생하는 경우'에는 다음의 구분에 따라 개별소비세법을 적용한다(개소법 10의5).

구분	본래 규정	본래 규정에도 불구하고 다음의 특례적용
(1) 납세의무자	다시 반출하는 자	제조자 등
(2) 과 세 시 기	다시 반출할 때	혼유 등이 발생한 때
(3) 과 세 표 준	다시 반출할 때의 수량	혼유 등이 발생한 때의 수량

여기서 '혼유 등이 발생한 경우'란 다음 중 어느 하나에 해당하는 사유를 말한다(개소령 16의5 ①).

① 휘발유, 경유 및 등유가 저유소(貯油所)에서 서로 다른 유류와 혼합되는 경우

② 저유소에서 휘발유, 경유 및 등유에 첨가제를 혼합하는 경우. 여기서 '첨가제'란 옥탄값 향상제, 부식방지제, 조연제(助燃劑), 착색제 등 유류의 성능을 향상시키거나 그 밖의 필요에 따라 유류에 첨가하는 모든 물질을 말한다.

(2) 제도의 취지

1) 혼유 등 발생사유(위 ①) : 외국에서 유조선으로 국내에 운송된 원유로 제조자 등의 제조장(정유공장)에서 정유공정을 거쳐 석유류가 생산되면 일반적으로 그 석유류는 송유관을 거쳐(또는 선박·탱크로리 등 운송수단을 통하여) 주요 소비지역에 위치한 저유소(貯油所)에 저장되며(1차 수송) 그 저유소에서 다시 반출되어 주유소 등으로 운송(2차 수송)된다. 이 경우 석유류별로 다른 관을 사용하는 것이 아니라 하나의 관에 여러 가지 석유류를 연속적으로 수송하기 때문에 다른 유종의 제품이 섞여 혼유가 발생하는 경우에 납세편의를 위해서 당초 제조자 등을 납세의무자로 하는 등의 특례를 마련한 것이다.

2) 혼유 등 발생사유(위 ②) : 석유류의 제조장 아닌 저유소에서 휘발유, 경유 및 등유에 첨가제를 혼합하는 경우에 제조로 의제되어 저유소에서 관할세무서장에게 개별소비세를 신고·납부하는 것이 원칙이지만, 여러 곳에 흩어져 있는 저유소별로 신고·납부하는 불편을 해소하기 위해 첨가제 혼합에 대해서는 본래의 제조장인 정유공장에서 신고·납부하도록 특례를 둔 것이다.

(3) 혼유 등에 대한 특례 신고절차

1) 제조자 등은 혼유 등이 발생한 경우에는 과세표준신고를 할 때 과세물품 과세표준신고서에 다음의 서류를 첨부하여 제조자 등 관할세무서장에게 제출해야 한다(개소령 16의5 ②).

① 제조자 등의 인적사항, 저유소의 소재지 및 관할세무서 등을 적은 저유소혼유등특례신청서

② 저유소별 과세표준신고서

2) 저유소혼유등특례신청서를 받은 관할세무서장은 저유소 관할세무서장에게 그 사실을 통지해야 한다(개소령 16의5 ③).

다만, 저유소혼유등특례신청서는 혼유 등에 대한 특례에 따라 처음으로 과세표준을 신고할 때에 제출해야 하며, 이미 제출한 내용이 변경되는 경우에는 다시 제출해야 한다(개소령 16의5 ②).

제2절 결정 · 경정 및 협력의무

I 결정 · 경정 및 가산세

1. 결정 · 경정

과세표준신고서를 제출하지 않거나 신고한 내용에 오류 또는 탈루(脫漏)가 있는 경우에는 관할세무서장, 관할지방국세청장 또는 세관장은 그 과세표준과 세액을 결정 또는 경정결정(更正決定)한다. 이러한 결정 또는 경정결정은 장부나 그 밖의 증명 자료를 근거로 해야 한다. 다만, 다음 중 어느 하나에 해당하는 사유가 있는 경우에는 추계(推計)할 수 있다(개소법 11).

① 과세표준을 계산할 때 필요한 장부나 그 밖의 증명 자료가 없거나 중요한 부분이 갖추어지지 아니한 경우

② 장부나 그 밖의 증명 자료의 내용이 시설규모, 종업원 수와 원자재 · 상품 · 제품 또는 각종 요금의 시가(時價) 등에 비추어 거짓임이 명백한 경우

③ 장부나 그 밖의 증명 자료의 내용이 원자재 사용량, 동력(動力) 사용량 또는 그 밖의 조업 상황 등에 비추어 거짓임이 명백한 경우

이처럼 추계를 할 때에는 다음 중 어느 하나에 해당하는 방법에 따른다(개소령 18 ②).

① 기장이 정당하다고 인정되고 신고가 성실하여 결정 및 경정을 받지 않은 다른 동업자와 비교하여 계산하는 방법

② 국세청장이 사업의 종류 · 지역 등을 고려하여 다음의 관계에 대하여 조사한 비율이 있는 경우에는 그 비율을 적용하여 계산하는 방법

㉠ 투입 원재료 또는 부재료의 전부 또는 일부의 수량 및 가액과 생산량 및 매출액과의 관계

㉡ 사업과 관련된 인적 · 물적 시설(종업원 · 사업장 · 차량 · 수도 · 전기 등)의 전부 또는 일부의 수량 및 가액과 생산량 및 매출액과의 관계

㉢ 일정한 기간의 평균 재고량 및 재고금액과 생산량 및 매출액과의 관계

㉣ 일정한 기간의 매출총이익 또는 부가가치액과 매출액과의 관계

③ 추계결정 · 경정대상 사업자에 대하여 ②의 비율을 직접 산정할 수 있는 경우에는 그 비율을 적용하여 계산하는 방법

④ 유흥음식행위에 대해서는 국세청장이 정하는 입회조사기준에 따라 계산하는 방법

2. 수시부과

납세의무자가 개별소비세를 포탈(逋脫)할 우려가 있다고 인정되거나, 사업 부진이나 그 밖의 사유로 휴업 또는 폐업 상태인 경우에는 수시로 그 과세표준과 세액을 결정할 수 있다.

3. 가산세

(1) 무신고가산세

납세의무자가 법정신고기한까지 개별소비세의 과세표준신고를 하지 않는 경우에는 다음의 구분에 따른 금액을 납부할 세액에 가산하거나 환급받을 세액에서 공제한다(국기법 47의2 ①,②,③).

구분	무신고가산세
(1) 부정행위로 인한 무신고	무신고납부세액×40%* * 역외거래에서 발생한 부정행위로 신고하지 않은 경우 : 60%
(2) 일반적인 무신고	무신고납부세액×20%

여기서 '무신고납부세액'은 납세의무자가 개별소비세의 과세표준신고로 납부해야 할 세액(가산세와 이자상당가산액이 있는 경우 그 금액은 제외)을 말한다(국기법 47의2 ①).

(2) 과소신고 · 초과환급신고가산세

납세의무자가 법정신고기한까지 개별소비세의 과세표준신고를 한 경우로서 납부할 세액을 신고해야 할 세액보다 적게 신고(과소신고)하거나 환급받을 세액을 신고해야 할 세액보다 많이 신고(초과신고)한 경우에는 다음의 금액을 납부할 세액에 가산하거나 환급받을 세액에서 공제한다(국기법 47의3 ① (2), ② (2), ⑥).

과소신고 · 초과환급신고가산세 = (1) + (2)
(1) (부정과소신고납부세액 + 부정초과신고환급세액)×40%* (2) (일반과소신고납부세액 + 일반초과신고환급세액)×10%* * 역외거래에서 발생한 부정한 행위로 과소신고하거나 초과신고한 경우 : 60%

(3) 납부지연가산세

1) 개 요 : 납세의무자가 법정납부기한까지 개별소비세의 납부를 하지 않거나 납부해야 할 세액보다 적게 납부(이하 '과소납부'라 한다)한 경우에는 다음의 금액을 납부할 세액에 가산하거나 환급받을 세액에서 공제한다(국기법 47의4 ① (1), 국기령 27의4).

납부지연가산세 = ① 미납일수분 + [(② 체납분 + ③ 체납월수분) + ④ 독촉비용]
① 법정납부기한까지 납부하지 않거나 과소납부한 경우 : 미납일수분 = 미납세액(또는 과소납부분 세액) × 미납기간* × 1일 $\frac{2.2}{10,000}$ * 미납기간 : 법정납부기한의 다음 날부터 납부고지일(납부고지일 전에 납부한 경우에는 그 납부일)의 전날까지의 기간
② 지정납부기한까지 납부하지 않은 경우 : 체납분 = 미납세액(또는 과소납부분 세액) × 3% ③ 지정납부기한의 다음 날부터 1개월이 지날 때마다 납부하지 않은 경우 : 체납월수분 = 미납세액(또는 과소납부분 세액) × 체납월수* × 0.67% * 체납월수 : 지정납부기한의 다음 날부터 납부일의 전날까지 경과한 개월 수
④ 독촉비용 : 국세징수법(제10조)에 따른 독촉에 드는 비용

Ⅱ 협력의무 및 과세감독

1. 개업 · 폐업 등의 신고

(1) 개업신고

① 과세물품을 제조하고자 하는 자는 사업개시 5일 전까지, ② 과세장소 · 과세유흥장소 또는 과세영업장소의 영업을 경영하려는 자는 영업개시 전까지 개업신고서를 제조장 · 과세장소 또는 과세유흥장소(이하 '사업장'이라 한다)의 관할세무서장이나 본점 또는 주사무소의 관할세무서장에게 제출해야 한다(개소령 35 ①).

법령에 따라 허가 등을 받아야 하는 사업의 경우에는 허가증 등의 사본(허가 등을 받기 전인 경우에는 허가신청서 등의 사본 또는 사업계획서)을 개업신고서에 첨부하여 제출해야 한다. 다만, 부가가치세법의 규정에 따라 사업자등록을 한 자는 이들 서류를 제출하지 않아도 된다(개소령 34 ②).

(2) 휴업 · 폐업신고

과세물품의 제조자와 과세장소 · 과세유흥장소 또는 과세영업장소의 영업의 경영자가 해당 영업을 1개월 이상 휴업하려면 휴업신고서를 휴업을 개시하기 전까지 사업장의 관할세무서장이나 본점 또는 주사무소의 관할세무서장에게 제출해야 한다(개소령 34 ③).

한편 신고한 사항에 변동이 생긴 경우 또는 해당 영업을 폐지한 경우에는 「폐업 등 신고서」를 지체 없이 관할세무서장에게 제출해야 한다. 다만, 과세물품의 제조자와 과세장소 또는 과세유흥장소의 경영자가 과세표준신고서에 폐업연월일 및 사유를 적어 제출하는 경우에는 폐업신고서를 제출한 것으로 본다(개소령 34 ④). 그러나 제조장 또는 과세장소 · 과세유흥장소 · 과세영업장소를 사실상 이전하지 않고 제조업 또는 과세장소 · 과세유흥장소 · 과세영업장소의 영업을 포괄승계(包括承繼) 하는 경우에는 개별소비세법을 적용할 때 해당 제조업 또는 영업을 폐업한 것으로 보지 않는다(개소법 22).

참고사항 제조장 및 과세장소 · 과세유흥장소 영업폐지의 범위

폐지로 보는 경우	폐지로 보지 않는 경우
① 제조장 · 과세장소 또는 과세유흥장소를 이전하는 경우 ② 사업을 양도하는 경우 ③ 법인으로 전환하는 경우 ④ 사업자가 사망하는 경우	① 사업장을 이전하지 않고 그 사업에 관하여 포괄승계가 있는 경우 ② 사업자가 사망한 경우에 피상속인의 권리의무에 대하여 포괄승계가 있는 경우

※ 상속의 개시가 있는 때에 제조업 및 과세장소 · 과세유흥장소의 영업을 승계하는 자가 없는 경우에는 해당 상속의 개시일에 그 사업을 폐업한 것으로 본다(개소통 21-35…2). ■

(3) 영업의 승계

1) 승계사실의 신고 : ① 과세물품의 제조업 또는 과세장소 · 과세유흥장소 · 과세영업장소의 영업을 양수하거나 상속으로 승계한 자는 그 사실을 즉시 관할세무서장에게 신고해야 한다. 이 경우 양수인은 양도인과 연명(連名)하여 신고해야 한다. 그리고 ② 법인을 합병하는 경우에 합병법인이 피합병법인의 제조업 또는 과세장소 · 과세유흥장소 · 과세영업장소의 영업을 승계한 경우에 합병법인은 그 사실을 즉시 관할세무서장에게 신고해야 한다. 이 경우 합병법인은 피합병법인과 연명(連名)하여 신고해야 한다(개소법 21 ④,⑤).

2) 승계인의 권리의무 : 제조장 또는 과세장소 · 과세유흥장소 · 과세영업장소를 사실상 이전하지 않고 제조업 또는 과세장소 · 과세유흥장소 · 과세영업장소의 영업을 포괄승계하는 경우 승계인은 피승계인(被承繼人)에게 속하였던 다음의 권리 · 의무를 승계한다.

① 과세표준의 신고와 세액 및 가산세 납부 등의 의무
② 장부의 비치 · 기록의 의무
③ 미납세(未納稅) 또는 면세로 반입된 물품으로서 사후관리를 받고 있는 것에 관한 권리 · 의무
④ 세액의 공제와 환급에 관한 권리 · 의무

2. 영수증의 발급의무와 장부 기록의 의무

(1) 영수증의 발급

① 과세유흥장소의 경영자가 유흥음식요금을 받은 경우에는 영수증을 발급하고 그 사본을 보관해야 한다(개소법 23의2). 이 경우 영수증(세금계산서)의 발급 및 보관에 관하여는 「부가가치세법 시행령」의 규정을 준용한다(개소령 36의2 ②).

② 과세유흥장소의 경영자는 금전등록기를 설치 · 사용하고 금전등록기로 영수증을 발급할 수 있다. 이 경우에는 영수증을 발급한 것으로 본다(개소법 23의3 ①).

(2) 장부 기록의 의무

과세물품의 제조자와 과세장소 · 과세유흥장소 · 과세영업장소의 경영자는 장소별로 장부를 갖춰 두고 장부에 그 제조 · 저장 · 입장 · 유흥음식행위 또는 영업행위에 관한 사항을 기재해야 한다(개소법 23 ①). 과세유흥장소 경영자로서 금전등록기를 설치한 자가 해당 감사(監査) 테이프를 보관한 경우에는 장부를 갖추고 장부에 기록한 것으로 본다(개소법 23 ③).

한편 과세유흥장소의 경영자는 과세분과 면세분을 구분해서 장부에 기록해야 한다(개소법 23 ②).

참고사항 장부 기재사항(개소령 36)

구분	기장사항
과세물품의 제조자	① 매입한 원재료 또는 물품의 품명 · 종류 · 수량 · 규격 · 매입연월일과 판매자의 인적사항 ② 사용한 원재료 또는 물품의 품명 · 종류 · 수량 · 규격 및 사용연월일 ③ 제조한 물품의 품명 · 수량 · 규격 및 제조연월일 ④ 반출한 물품의 품명 · 수량 · 규격 · 가격 · 반출연월일과 구입자의 인적사항(보석 · 귀금속제품을 소비자에게 판매하는 경우 제외)
과세장소의 경영자	① 입장한 인원과 입장요금의 총액 ② 입장권의 수불 및 사용상황 ③ 세액 ④ 영수증용지 및 발급한 영수증에 관한 사항
과세유흥장소의 경영자	① 유흥음식연월일 ② 입장한 인원과 유흥음식요금의 총액 및 세액 ③ 구입주류의 구입처 · 종류 · 수량 · 금액 및 구입연월일

3. 과세감독

(1) 명령사항

관할 지방국세청장 또는 관할세무서장은 개별소비세의 납세 보전을 위하여 필요하다고 인정하면 과세물품의 제조자와 과세장소 · 과세유흥장소 · 과세영업장소의 경영자에게 세금계산서 발행, 입장권 사용, 영수증 발행, 표찰(標札)의 게시(揭示), 그 밖에 단속을 위하여 필요한 사항에 관한 명령을 할 수 있다(개소법 25 ①).

(2) 질문 · 검사권

세무공무원은 개별소비세에 관한 조사를 위하여 필요하다고 인정하면 과세물품의 제조자와 과세장소 · 과세유흥장소 · 과세영업장소의 경영자에 대하여 다음 사항에 관하여 질문을 하거나 그 장부, 서류 또는 그 밖의 물건을 검사할 수 있다(개소법 26 ①).

① 과세물품(또는 이를 사용한 제품)으로서 과세물품의 제조자가 소지하는 것
② 과세물품(또는 이를 사용한 제품)의 제조 · 저장 또는 판매에 관한 장부 · 서류
③ 과세물품(또는 이를 사용한 제품)을 제조 · 저장 또는 판매하기 위하여 필요한 건축물 · 기계 · 기구 · 재료나 그 밖의 물건
④ 과세장소 입장에 관한 장부 · 서류나 그 밖의 물건
⑤ 과세유흥장소의 유흥음식행위에 관한 장부 · 서류나 그 밖의 물건
⑥ 과세영업장소에서의 영업행위에 관한 장부 · 서류나 그 밖의 물건

또한 세무공무원은 운반 중인 과세물품과 이를 사용한 제품의 출처 또는 도착지를 질문할 수 있다. 이 경우 단속을 위하여 필요하다고 인정하면 세무공무원은 그 운반을 정지시키거나 화물 또는 선박 · 차량을 봉인하거나 그 밖에 필요한 조치를 할 수 있다(개소법 26 ②).

(3) 영업의 정지 및 허가의 취소

다음 중 어느 하나에 해당하는 경우에는 관할세무서장은 지방국세청장을 거쳐 해당 과세장소 · 과세유흥장소 및 과세영업장소의 영업정지나 허가취소를 그 영업의 허가관청에 요구할 수 있다. 요구를 받은 허가관청은 정당한 사유가 없으면 요구에 따라 영업정지나 허가취소를 해야 한다(개소법 27 ①,②).

① 과세장소 · 과세유흥장소 및 과세영업장소의 영업에 관하여 「조세범 처벌법」 또는 「조세범 처벌절차법」에 따른 처벌이나 처분을 받은 경우
② 과세장소 입장행위, 과세유흥장소에서의 유흥음식행위 및 과세영업장소에서의 영업행위에 대한 개별소비세의 전부 또는 일부를 3회 이상 신고 · 납부하지 않은 경우
③ 과세유흥장소 및 과세영업장소의 경영자가 납세담보 요구를 따르지 않은 경우

(4) 개별소비세의 사무관할

보세구역에서 반출하거나 보세공장으로 반입한 물품에 대한 부과 · 징수에 관한 사무는 보세구역의 관할세관장이 처리한다(개소법 28).

(5) 과태료

① 관할세무서장은 외국항행선박 또는 원양어업선박에 사용할 목적으로 개별소비세를 면제받는 석유류 중 외국항행선박 또는 원양어업선박 외의 용도로 반출한 석유류를 판매하거나 그 사실을 알면서 취득한 자에게 판매가액(또는 취득가액)의 3배 이하의 과태료를 부과 · 징수한다(개소법 29 ①).

② 관할세무서장은 납세보전을 위한 명령을 위반한 자에게 2천만원 이하의 과태료를 부과 · 징수한다(개소법 29 ②).

사례 1 귀금속 제품의 제조·판매와 영업의 포괄승계

甲은 귀금속 제품을 제조하여 계속적으로 전업 도매상인 乙에게 판매하고 있다. 한편, 丙은 甲 사업장의 영업을 포괄승계하면서 귀금속 제품 관련 개별소비세에 대하여 '① 납세의무자는 누구인가, ② 과세표준 산정은 어떻게 하는 것인가, ③ 비과세 대상은 무엇인가, ④ 포괄승계시 과세관청에 대한 신고절차는 무엇인가, ⑤ 권리 · 의무승계사항은 무엇인가, ⑥ 개별소비세의 신고기한은 언제까지인가'라는 문의를 세무사에게 하였다. 여러분이 담당 세무사라고 가정하고 위 ①~⑥의 문의사항에 대하여 각각 답하시오. 단, 甲, 乙, 丙은 개인사업자이다. (2011년 세무사 2차, 20점)

해 답

1. 납세의무자

甲이 귀금속 제품의 제조장을 사실상 이전하지 않고 제조업의 영업을 丙에게 포괄승계하는 경우에는 제조를 폐지한 것으로 보지 않는다. 따라서 甲이 귀금속 제품의 제조를 사실상 폐지한 경우 제조장에 남아 있는 귀금속 제품에 대해서는 甲이 납세의무를 지지 않는다.

포괄승계 후에 승계인 丙이 귀금속 제품을 제조하여 반출할 때 개별소비세 납세의무를 진다.

2. 과세표준 산정

귀금속 제품은 납세의무자인 丙이 제조장에서 반출할 때의 가격 중 기준가격(1개당 500만원)을 초과하는 가액을 과세표준으로 한다.

3. 비과세 대상

丙이 자기와 자기 가족만이 사용하기 위하여 자기가 직접 제조하는 귀금속 제품에 대해서는 개별소비세를 부과하지 않는다. 그리고 중고품인 귀금속 제품을 사용하여 가공한 것과 국가적 기념행사용으로 특별히 제작한 것은 과세물품에서 제외한다.

4. 포괄승계 신고절차

귀금속 제품의 제조업의 영업을 양수한 丙은 그 사실을 즉시 관할세무서장에게 신고해야 한다. 이 경우 양수인 丙은 양도인 甲과 연명(連名)하여 신고해야 한다.

5. 권리 · 의무승계사항

귀금속 제품의 제조장을 사실상 이전하지 않고 제조업의 영업을 포괄승계하는 경우 승계인 丙은 피승계인(被承繼人) 甲에게 속하였던 다음의 권리 · 의무를 승계한다.

① 과세표준의 신고와 세액 및 가산세 납부 등의 의무

② 장부의 비치 · 기록의 의무

③ 미납세(未納稅) 또는 면세로 반입된 물품으로서 사후관리를 받고 있는 것에 관한 권리 · 의무

④ 세액공제와 환급에 관한 권리 · 의무

6. 개별소비세의 신고기한

귀금속 제품의 반출에 대해서 납세의무가 있는 丙은 매 분기 제조장에서 반출한 귀금속 제품의 과세표준신고서를 반출한 날이 속하는 분기의 다음 달 25일까지 제조장 관할세무서장에게 제출해야 한다.

사례 2 고급가방 관련 개별소비세 납세의무

다음 사례를 읽고 물음에 답하시오. (2020년 세무사 2차, 20점)

(1) A사는 2026년 1월부터 고급가방(특정 물품 운반 · 보관용 아님)을 직접 생산하되 일부 부족한 수량은 B사에게 생산을 위탁하여 판매하고 있다. B사가 A사에게 공급하는 가액은 개당 500만원이고 A사의 판매가격은 직접 생산분과 위탁 생산분 모두 1,200만원이다. 위 각 가액에는 포장비용 50만원이 포함되어 있고, 해당 포장은 개봉 이후 재활용할 수 없다. 가방 표면에는 보석이 장식되어 있고 제조원가 중 보석의 구성비율은 30%이며 나머지는 모두 가방 제조원가에 해당한다. B사는 수탁제조 물품을 반출하면서 개별소비세를 신고 · 납부하지 않았고, 미납세반출 승인신청도 하지 않았다.

(2) 한편 A사는 직접 생산한 고급가방 10개를 국외 전시회에 출품하였다가 전시회 종료 후 제조장에 환입하였다. 출품시에는 관련 승인을 받았으나, 환입시에는 별도의 신고를 하거나 승인을 받지 않았다.

(3) 이후 2026년 10월 5일 A사는 합의 하에 B사로부터 제조장을 사실상 이전하지 않고 제조업의 영업을 포괄승계 받았는 바, 당시 제조장에는 고급가방 50개가 반출되지 않고 있는 상태였다.

【물음 1】 지문 (1)과 관련하여 개별소비세의 과세물품, 과세표준, 세율, 납세의무자에 대하여 설명하시오. (10점)

【물음 2】 지문 (2)와 관련하여 A사가 직접 생산한 고급가방을 국외 전시회에 출품하기 위하여 반출하는 경우 및 제조장에 환입하는 경우의 과세문제에 대하여 설명하시오. (6점)

【물음 3】 지문 (3)과 관련하여 반출되지 않고 B사의 제조장에 남아 있는 고급가방에 대한 개별소비세 과세여부에 대하여 설명하시오. (4점)

해 답

【물음 1】 고급가방 관련 개별소비세

<사실관계 이해도>

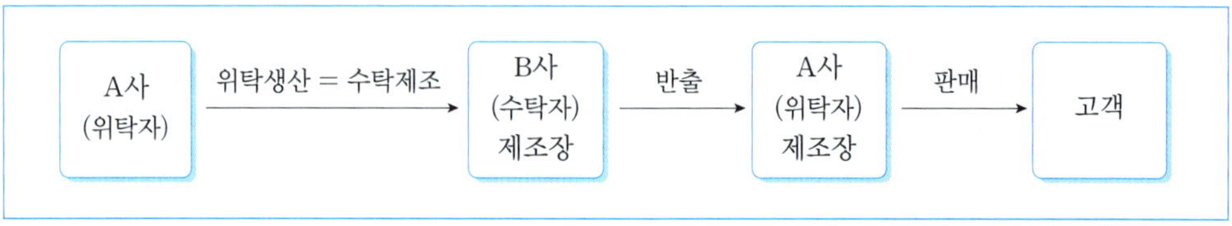

1. 과세물품 판단

(1) 관련규정

1) 개별소비세가 과세되는 보석과 고급가방의 범위 : ① 보석 과세물품은 보석[공업용 다이아몬드, 가공하지 아니한 원석(原石) 및 나석(裸石)은 제외] 및 이를 사용한 제품으로서 개당 기준가격 500만원을 초과하는 것을 말한다. 한편 ② 고급가방 과세물품은 핸드백, 서류가방, 배낭, 여행가방, 지갑 및 이와 유사한 제품(특정한 물품을 전용으로 운반·보관하기 적합하도록 제조된 것은 제외)으로서 개당 기준가격 200만원을 초과하는 가방(특정한 물품을 운반하기 위한 가방은 제외)을 말한다.

2) 과세물품 판정 : 과세물품의 판정은 명칭이 무엇이든 상관없이 그 물품의 형태, 용도, 성질이나 그 밖의 중요한 특성에 따른다. 구체적인 판정기준은 다음과 같다.

① 동일한 과세물품이 둘 이상에 해당하는 경우에는 그 과세물품의 특성에 맞는 물품으로 취급하되 그 특성이 명확하지 않은 경우에는 주된 용도로 사용되는 물품으로 취급하고, 주된 용도가 명확하지 않은 경우에는 높은 세율이 적용되는 물품으로 취급한다.

② 보석·귀금속제품에 해당하는 물품의 판정은 다음의 기준에 따른다.

㉠ 물품에 사용된 원재료의 전부 및 대부분이 보석으로 제조된 것으로 한다.

㉡ 위 ㉠에 해당하는 물품의 판정은 원가의 구성비율에 따라 판정함을 원칙으로 하되, 원가의 구성비율이 같은 경우에는 그 물품에 사용된 원재료의 구성비율이 높은 것에 따라 판정한다.

(2) 사례의 경우 과세물품

사례에서 과세물품은 고급가방으로 판정해야 한다. 그 이유는 다음과 같다.

① 물품의 원가구성비율이 (고급가방 : 보석) = (70% : 30%)이므로 물품에 사용된 원재료의 대부분이 보석으로 제조된 것이 아니다. 따라서 해당 물품을 보석 과세물품으로 판단할 수 없다.

② 보석은 가방 표면의 장식에 불과하고 고급가방으로 전시·판매되고 있어 물품의 특성이나 주용도로 볼 때 고급가방으로 보는 것이 옳다.

2. 과세표준

(1) 관련규정

보석 과세물품은 반출가격 중 기준가격(1개당 200만원)을 초과하는 부분의 가격(즉 과세가격)을 과세표준으로 한다. 여기서 일반적인 반출가액은 제조자가 실제로 반출한 금액으로 한다. 다만, 수탁자가 수탁가공한 물품(보석·귀금속제품은 제외)에 대하여 수탁자가 해당 세액을 납부하는 경우에는 물품을 인도한 날에 위탁자가 실제로 판매하는 가격에 상당하는 금액으로 한다. 여기서 '수탁가공'이란 위탁자가 물품을 직접 제조하지 않고 수탁자에게 의뢰하여 제조하는 경우로서 다음의 요건을 모두 충족하는 것을 말한다.

㉠ 위탁자가 생산할 물품을 직접 기획(고안·디자인 및 견본제작 등을 말한다)할 것
㉡ 해당 물품을 위탁자의 명의로 제조할 것
㉢ 해당 물품을 인수하여 위탁자의 책임 하에 직접 판매할 것

한편 과세표준에는 포장비용을 포함하는 것을 원칙으로 하되, 포장을 반환받을 것을 조건으로 반출하는 등의 요건을 갖춘 경우에는 과세표준에서 제외한다.

(2) 사례의 경우 과세표준(과세가격)

사례의 경우 고급가방은 다음의 가액을 과세표준으로 한다.

① A사가 직접 제조하여 반출하는 고급가방의 과세표준 : A사의 반출가격(판매가격) 1개당 1,200만원(포장비용 50만원 포함) 중 기준가격(1개당 200만원)을 초과하는 부분의 가격 1,000만원(과세가격)으로 한다.

② A사가 B사에 위탁하여 제조하는 고급가방의 과세표준 : 위탁자인 B사가 실제로 판매한 가격 1개당 1,200만원(반출가격, 포장비용 50만원 포함) 중 기준가격(1개당 200만원)을 초과하는 부분의 가격 1,000만원(과세가격)으로 한다.

3. 세 율

고급가방에 대해서는 기본세율 20%를 적용한다. 탄력세율과 잠정세율은 적용되지 않는다.

4. 납세의무자

(1) 관련규정

다음에 해당하는 자는 개별소비세를 납부할 의무가 있다.

1) 직접 제조한 과세물품을 반출하는 경우 : 과세물품의 반출자
2) 과세물품을 수탁받아 제조하는 경우 : 수탁자(다만, 미납세반출 규정에 따라 위탁자에게 미납세반출한 후, 위탁자가 같은 물품을 다시 반출하는 경우 : 위탁자)

(2) 사례의 경우

사례에서 다음에 해당하는 자는 개별소비세를 납세할 의무가 있다.

1) A사가 직접 제조하여 반출하는 고급가방에 대한 납세의무자 : 제조 반출자인 A사

2) B사가 수탁받아 제조하는 고급가방에 대한 납세의무자 : 수탁자인 B사(B사가 미납세반출을 신청하지 않았기 때문에 수탁자인 B사를 납세의무자로 한다)

【물음 2】 출품과 환입에 대한 과세문제

<사실관계 이해도>

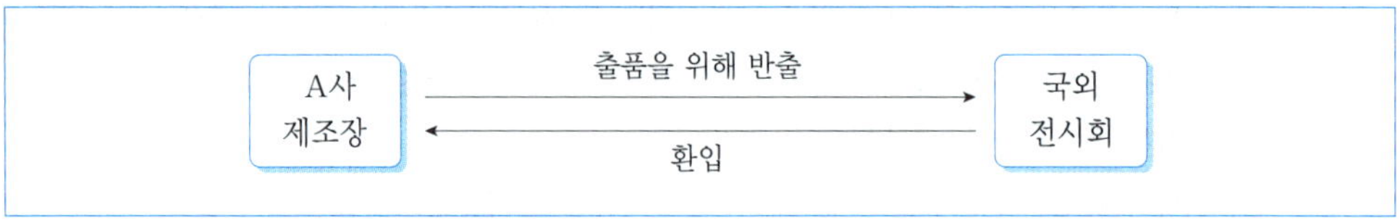

1. 국외 전시회에 출품을 위하여 반출하는 경우

(1) 관련규정

무조건 면세물품 중 하나인 '외국에서 개최되는 전시회 등에 출품하기 위하여 해외로 반출하는 물품'에 대해서는 개별소비세를 면제한다. 이에 따라 면세를 받으려는 자는 면세신청서를 해당 물품을 반출할 때에(수입물품의 경우에는 그 수입신고시부터 수입신고수리 전까지) 관할세무서장(또는 세관장)에게 제출하여 그 승인을 받아야 한다.

(2) 사례의 경우 과세문제

사례에서 A사는 직접 생산한 고급가방 10개를 국외 전시회에 출품하기 위해서 해외로 반출하였고, 그 출품을 위한 반출시 면세신청에 대해서 승인을 받았다. 따라서 A사가 고급가방 10개를 국외 전시회에 출품한 것에 대해서는 무조건 개별소비세를 면세한다.

2. 국내 환입하는 경우

(1) 관련규정

'국외에서 개최한 박람회에 출품한 물품을 제조장에 환입하거나 보세구역에서 반출하는 경우'에는 소비목적이 아닌 반출이므로 미납세반출 대상에 해당한다.

이처럼 미납세반출대상에 해당하는 물품을 제조장에서 반출하거나 보세구역에서 반출하려는 자는 해당 물품을 반출할 때에(수입물품의 경우에는 그 수입신고시부터 수입신고 수리 전까지) 미납세반출 승인신청서를 관할세무서장(또는 세관장)에게 제출하여 그 승인을 받아야 한다.

(2) 사례의 경우

A사는 직접 생산한 고급가방 10개를 국외 전시회에 출품하였다가 전시회 종료 후 제조장에 환입하였다. 따라서 미납세반출 대상에 해당하는데, A사는 제조장에 환입을 위해서 수입신고시부터 수입신고 수리 전까지 미납세반출 승인신청서를 제출하여 승인을 받지 않았다. 이 경우에는 A사는 개별소비세 과세유보를 적용받을 수 없다. 따라서 제조장 환입에 대해서는 개별소비세가 과세된다.

【물음 3】 포괄승계시 개별소비세 과세여부

<사실관계 이해도>

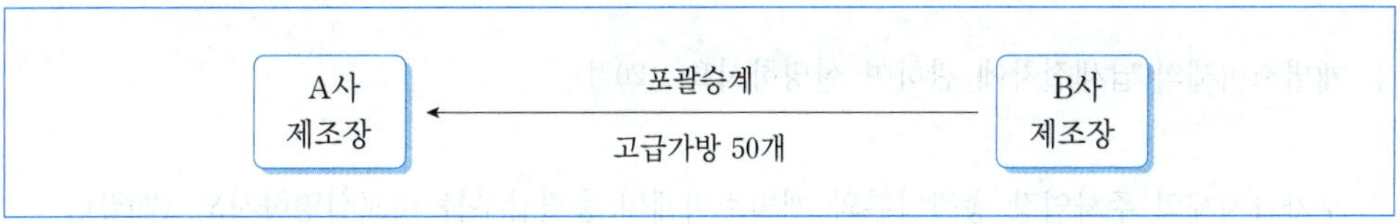

1. 관련규정

본래 '과세물품의 제조를 사실상 폐지한 경우에 제조장에 남아있는 경우'에는 이를 반출로 보고(반출의제 대상) 개별소비세를 과세한다. 다만, 제조장을 사실상 이전하지 않고 제조업의 영업을 포괄승계(包括承繼)하는 경우에는 제조를 폐지한 것으로 보지 않기 때문에 개별소비세를 과세하지 않는다.

2. 사례의 경우

사례에서 A사는 B사로부터 제조장을 사실상 이전하지 않고 제조업의 영업을 포괄승계를 받았다. 이 경우 B사 입장에서는 제조를 폐지한 것으로 보지 않기 때문에 제조를 폐지할 당시 제조장에 남아있는 고급가방 50개에 대해서는 B사는 개별소비세 납세의무를 지지 않는다. 대신에 A사는 B사로부터 승계한 고급가방 50개를 반출할 때 개별소비세 납세의무를 진다.

연습문제

1 개별소비세의 납세절차에 관하여 설명하시오. (20점)

2 부가가치세의 주사업장 총괄납부와 개별소비세의 총괄납부를 비교설명하시오. (20점)

3 개별소비세법에 따른 사업자단위 신고 · 납부제도를 설명하시오. (10점)

4 개별소비세법에 따른 ① 개업 · 폐업 등의 신고 및 ② 영업의 승계에 대하여 설명하시오. (10점)

제 3 편

지방세법

제3편 지방세법

제1장 지방세법 총설

제1절 지방세 총론

I 지방세의 의의 · 종류 및 법원

1. 지방세의 의의와 종류

지방세는 지방자치단체가 그 재정수요에 충당하기 위하여 법률에 규정된 과세요건을 충족한 자에게 부과하는 조세이다.

여기서 '지방자치단체'란 특별시 · 광역시 · 특별자치시 · 도 · 특별자치도 · 시 · 군 · 구(자치구를 말한다. 이하 같다)를 말한다(지기법 2 ① (1)). 특별시 · 광역시를 제외한 시 · 군 아래의 구 · 읍 · 면 등은 지방자치단체가 될 수 없다.

지방자치단체	구분		
광역	특별시 · 광역시(특별시세 · 광역시세)	도(도세)	특별자치시 · 특별자치도 (특별자치시세 · 특별자치도세)
⋮	⋮	⋮	
기초	구(구세)	시 · 군(시 · 군세)	−

따라서 지방세는 그 과세권자에 따라 특별시세, 광역시세, 특별자치시세, 도세, 특별자치도세 또는 시 · 군세, 구세(지방자치단체인 구의 구세를 말한다. 이하 같다)로 나누어지는데(지기법 2 ① (3)), 그 구체적인 종류는 다음과 같다(지기법 7,8).

구분	특별시 · 광역시		도		특별자치시 · 특별자치도
	특별시세 · 광역시세	구세	도세	시 · 군세	특별자치시세 · 특별자치도세
보통세	① 취 득 세	−	① 취 득 세	−	① 취 득 세
	−	① 등록면허세	② 등록면허세	−	② 등록면허세
	② 레 저 세	−	③ 레 저 세	−	③ 레 저 세
	③ 담배소비세	−	−	① 담배소비세	④ 담배소비세
	④ 지방소비세	−	④ 지방소비세	−	⑤ 지방소비세
	⑤ 주 민 세	−	−	② 주취민취세	⑥ 주 민 세
	⑥ 지방소득세	−	−	③ 지방소득세	⑦ 지방소득세
	⑦ 자 동 차 세	−	−	④ 자 동 차 세	⑧ 자 동 차 세
	⑧ 특별시분 재산세*	② 재 산 세	−	⑤ 재 산 세	⑨ 재 산 세
목적세	① 지역자원시설세	−	① 지역자원시설세	−	① 지역자원시설세
	② 지방교육세	−	② 지방교육세	−	② 지방교육세

* 특별시의 관할구역 재산세의 공동과세 : 특별시 자치구(區) 간의 심각한 재정불균형상태를 해소하기 위하여 2008년부터 특별시의 관할구역의 부동산에 대해서는 재산세를 공동과세하는데, 그 내용은 다음과 같다(지기법 9, 10).

구분	내용		
특별시의 관할구역	재산세액의 50%	특별시분 재산세(특별시세)	전액 관할구역의 구에 교부
	재산세액의 50%	구(區)분 재산세(구세)	–
그 밖의 지역	재산세액	구세 또는 시 · 군세	–

현행 지방세는 별도의 규정이 있는 경우를 제외하고는 도세와 시 · 군세를 중심으로 규정하고 있으며, 특별시세 · 광역시세와 구세는 도세와 시 · 군세를 준용하는 형식을 취하고 있다.

2. 지방세의 법원(法源)

지방자치단체는 지방세기본법 또는 지방세관계세법[1]에서 정하는 바에 따라 지방세의 과세권을 갖는다(지기법 4). 이것은 전국적으로 적용되는 법규이다.

그러나 국세의 경우와 달리 지방세는 지방자치단체에 과세자주권이 있으므로 지방세에 관하여는 지방의회가 제정하는 '조례(條例)'와 지방자치단체장이 제정하는 '규칙(規則)'이라는 추가적인 법원(法源)이 존재한다. 즉 지방자치단체는 지방세의 세목(稅目), 과세대상, 과세표준, 세율, 그 밖에 부과 · 징수에 필요한 사항을 정할 때에는 지방세기본법 또는 지방세관계법에서 정하는 범위에서 조례로 정해야 하며, 지방자치단체장[특별시장 · 광역시장 · 특별자치시장 · 도지사 · 특별자치도지사 · 시장 · 군수 · 구청장(자치구의 구청장을 말한다. 이하 같다)을 말한다]은 조례의 시행에 따르는 절차와 그 밖에 그 시행에 필요한 사항을 규칙으로 정할 수 있다(지기법 5).

[도 표] 지방세에 관련 법률

구분	규정하는 사항
① 지방세기본법	• 지방세에 관한 기본적이고 공통적인 사항 • 납세자의 권리 · 의무 및 권리구제에 관한 사항 • 범칙행위 등에 대한 처벌 및 처벌절차에 관한 사항
② 지방세징수법	• 지방세 징수에 필요한 사항
③ 지방세법	• 지방세 각 세목의 과세요건과 부과 · 징수, 그 밖에 필요한 사항
④ 지방세특례제한법	• 지방세 감면 등 특례와 이의 제한에 관한 사항

1) '지방세관계법'이란 지방세징수법, 지방세법, 지방세특례제한법, 조세특례제한법 및 「제주특별자치도 설치 및 국제자유도시 조성을 위한 특별법」을 말한다.

3. 지방세의 개요

(1) 보통세

세목	과세대상	납세의무자	과세표준과 세율	납세절차
(1) 취 득 세	부동산 등의 취득	취득자	취득가액의 표준세율	신고납부
(2) 등록면허세	① 각종 등록	등록을 받은 자	등록가격의 일정률(매건당 일정액)	신고납부
	② 각종 면허	면허를 받은 자	종류마다 일정액	신규면허는 신고납부, 면허갱신은 보통징수
(3) 레 저 세	승자투표권 등의 발매	경주사업자 등	발매금총액의 10%	다음 달 10일까지 신고납부
(4) 지방소비세	재화 · 용역의 공급, 재화의 수입	VAT 납세의무자	VAT의 (납부세액－공제 · 감면세액＋가산세)의 25.3%	신고납부 ※ 특별징수도 있음
(5) 주 민 세	① 개인분	지방자치단체에 주소를 둔 개인	일정액(제한세율)	보통징수
	② 사업소분	지방자치단체에 사업소를 둔 개인 · 법인	기본세율 : 일정액(표준세율) 사업소 연면적에 대해 일정액(표준세율)	신고납부
	③ 종업원분	종업원에게 급여를 지급하는 사업주	급여총액의 0.5%(표준세율)	신고납부
(6) 지방소득세	① 개인지방소득	개 인	소득세법에 따른 과세표준 ×표준세율	신고납부 ※ 특별징수도 있음
	② 법인지방소득	법 인	법인세법에 따른 과세표준 ×표준세율	신고납부 ※ 특별징수도 있음
(7) 재 산 세	토지 · 건축물 · 주택 · 선박 · 항공기의 소유	소유자	재산가액의 일정률(표준세율)	보통징수
(8) 자 동 차 세	① 자동차 소유	소유자	1대당 일정액(표준세율)	보통징수
	② 자동차 주행	휘발유 · 경유를 제조하여 반출하는 자	교통 · 에너지 · 환경세의 26%	신고납부
(9) 담배소비세	담 배	제조자 · 수입판매업자 등	수량에 대하여 일정액	신고납부

(2) 목적세

세목	과세대상	납세의무자	과세표준과 세율	납세절차
(1) 지역자원시설세	① 특정자원분	특정자원 이용자	수량 등에 대해 일정액	신고납부(또는 보통징수)
	② 특정시설분	특정시설 이용자		
	③ 소방분	건축물 · 선박 소유자	건축물 · 선박의 일정율	보통징수
(2) 지방교육세	취득세, 재산세 등 일정한 지방세	취득세, 재산세 등의 납세의무자	취득세액, 재산세액의 일정율	신고납부 또는 보통징수

제2절 지방세기본법

I 개 요

지방세기본법은 ① 지방세에 관한 기본적이고 공통적인 사항과 ② 납세자의 권리 · 의무 및 권리구제에 관한 사항 등을 규정함으로써 지방세에 관한 법률관계를 명확하게 하고, 공정한 과세를 추구하며, 지방자치단체 주민이 납세의무를 원활히 이행하도록 함을 목적으로 한다(지기법 1).

여기서 지방세에 관한 기본적인 사항과 부과 · 징수에 필요한 사항은 국세기본법의 내용과 대부분 비슷하다. 이하에서는 지방세기본법 중 취득세 · 등록면허세 및 재산세와 관련된 것만을 살펴본다.

II 납세의무의 성립 · 확정 및 소멸

1. 납세의무의 성립

납세의무는 특정시기에 특정사실 또는 상태가 존재함으로써 과세대상(물건 또는 행위)이 납세의무자에게 귀속됨으로써 법이 정하는 바에 따라 과세표준의 산정 및 세율의 적용이 가능하게 되는 때에 성립한다. 그 성립시기는 다음과 같다(지기법 34 ①).

구분		납세의무 성립시기
(1) 취 득 세		과세물건을 취득하는 때(취득시기)
(2) 등록면허세	① 등록	재산권과 그 밖의 권리를 등기하거나 등록하는 때
	② 면허	각종의 면허를 받는 때와 납기가 있는 달의 1일
(3) 재 산 세		과세기준일(매년 6월 1일)

2. 납세의무의 확정

'납세의무의 확정'이란 지방세의 납부 또는 징수를 위하여 법이 정하는 바에 따라 납부할 지방세액을 납세의무자 또는 지방자치단체의 일정한 행위나 절차를 거쳐서 구체적으로 확정하는 것을 말한다. 취득세, 등록면허세와 재산세는 다음의 구분에 따른 시기에 그 세액이 확정된다(지기법 35 ①).

구분	확정시기
(1) 납세의무자가 과세표준과 세액을 지방자치단체에 신고·납부하는 지방세(취득세, 등록에 대한 등록면허세, 신규면허에 대한 등록면허세 등)	신고하는 때(*주)
(2) 위 (1)의 지방세의 과세표준과 세액을 지방자치단체가 결정하는 경우	결정하는 때
(3) 위 (1) 외의 지방세(재산세 등)	해당 지방세의 과세표준과 세액을 해당 지방자치단체가 결정하는 때

(*주) 다만, 납세의무자가 과세표준과 세액의 신고를 하지 않거나 신고한 과세표준과 세액이 지방세관계법에 어긋나는 경우에는 지방자치단체가 과세표준과 세액을 결정하거나 경정하는 때로 한다(지방법 35 ① (1) 단서).

3. 납세의무의 소멸

(1) 개 요

지방자치단체의 징수금(지방세 및 체납처분비를 말한다)을 납부할 의무는 다음 중 어느 하나에 해당하는 때에 소멸한다(지기법 37).

납세의무 소멸사유	비고
① 납부 또는 충당	지방자치단체의 징수금이 실현되면서 소멸
② 부과의 취소	지방자치단체의 징수금이 실현되지 못하면서 소멸
③ 지방세 부과제척기간의 만료	
④ 지방세 징수권 소멸시효의 완성	

(2) 지방세 부과제척기간

1) 원칙적인 제척기간 : 지방자치단체의 징수금을 납부할 의무는 지방세를 부과할 수 있는 기간 내에 지방세가 부과되지 않고 그 기간이 만료된 때에 소멸한다(지기법 38 ①).

구분		부과제척기간
① 납세자가 사기나 그 밖의 부정한 행위로 지방세를 포탈하거나 환급 또는 경감받은 경우		10년
② 납세자가 법정신고기한까지 과세표준신고서를 제출하지 않은 경우(즉 무신고)	일반적인 무신고의 경우	7년
	다음에 해당하는 취득의 경우 ㉠ 상속 또는 증여(부담부증여 포함)를 원인으로 취득하는 경우	10년

	㉡ 「부동산 실권리자명의 등기에 관한 법률(제2조 ①)」에 따른 명의신탁약정으로 실권리자가 사실상 취득하는 경우 ㉢ 타인의 명의로 법인의 주식(또는 지분)을 취득하였지만 해당 주식(또는 지분)의 실권리자인 자가 과점주주가 되어 해당 법인의 부동산 등을 취득한 것으로 보는 경우	
③ 일반적인 경우		5년

여기서 부과제척기간의 기산일은 다음에 해당하는 날로 한다(지기법 18 ①).

① 신고납부하도록 규정된 지방세(취득세, 등록 · 신규면허에 대한 등록면허세 등) : 해당 지방세에 대한 신고기한의 다음 날*. 이 경우 수정신고기한은 신고기한에 포함되지 않는다.

② 위 ① 외의 지방세(재산세 등) : 해당 지방세의 납세의무 성립일*

* 비과세 또는 감면받은 세액 등에 대한 추징사유가 발생하여 추징하는 경우에는 비과세 또는 감면받은 세액 등을 징수할 수 있는 사유가 발생한 날을 기산일로 한다(지기법 18 ②).

2) 특례부과제척기간 : 원칙적인 부과제척기간에도 불구하고 다음의 구분에 따른 기간이 지나기 전까지 경정이나 그 밖에 필요한 처분을 할 수 있다(지기법 38 ②).

구분	특례부과제척기간
① 지방세기본법에 따른 이의신청 · 심판청구, 감사원법에 따른 심사청구 또는 행정소송법에 따른 소송에 대한 결정 또는 판결이 확정된 경우	결정 또는 판결이 확정된 날부터 1년
② 후발적 사유로 인한 경정청구가 있는 경우	경정청구일부터 2개월

(3) 지방세 징수권의 소멸시효

지방자치단체의 징수금의 징수를 목적으로 하는 지방자치단체의 권리(이하 '지방세 징수권'이라 한다)는 이를 행사할 수 있는 때부터 다음의 구분에 따른 기간 동안 행사하지 않으면 소멸시효(消滅時效)가 완성된다(지기법 39 ①).

구분	소멸시효기간	비고
① 5,000만원 이상의 지방세*	10년	① 5억원 이상의 국세는 10년, ② 그 외의 국세는 5년의 소멸시효기간을 적용한다.
② 5,000만원 미만의 지방세*	5년	

* 지방세에는 가산세는 제외한다.

여기서 '지방세 징수권을 행사할 수 있는 때'는 다음의 날로 한다.

구분	소멸시효기간의 기산일
① 과세표준과 세액의 신고로 납세의무가 확정되는 지방세의 경우 신고한 세액	그 법정납부기한의 다음 날
② 과세표준과 세액을 지방자치단체장이 결정 또는 경정하는 경우 납세고지한 세액	그 납세고지서에 따른 납부기한의 다음 날

Ⅲ 지방세의 세율

지방자치단체가 지방세법에서 규정하고 있는 세율을 조례에 따라 가감 조정할 수 있는가에 따라 다음과 같이 구분된다.

구분	개념	적용세목
(1) 일정세율	지방세법에 일정하게 고정된 세율을 말하며, 지방자치단체는 이러한 세율에 아무런 조정을 할 수 없다.	레저세, 지방소비세, 등록면허세(부동산상의 권리 설정등기는 제외)
(2) 표준세율	지방자치단체가 지방세를 부과할 경우에 통상 적용해야 할 세율로서 재정상의 사유 또는 그 밖의 특별한 사유가 있는 경우에는 이에 따르지 않을 수 있는 세율을 말한다.	취득세, 재산세, 지방소득세, 자동차세, 지방교육세, 주민세 사업소분·종업원분, 부동산상의 권리 설정등기에 대한 등록면허세, 지역자원시설세
(3) 제한세율	지방자치단체가 지방세를 부과할 때 지방세법에 정해진 세율을 초과하지 않는 범위에서 조례로 그 세율을 정할 수 있다.	주민세 개인분

Ⅳ 지방세의 납세절차

지방세의 납세절차는 다음과 같이 구분된다(지기법 1 ② (16),(19),(20)).

구분	개념	적용세목
① 신고납부	납세의무자가 그 납부할 지방세의 과세표준과 세액을 신고하고 그 신고한 세금을 납부하는 것을 말한다.	취득세, 등록면허세 등

② 보통징수	세무공무원이 납세고지서를 해당 납세자에게 발급하여 지방세를 징수하는 것을 말한다.	재산세 등
③ 특별징수	지방세를 징수할 때 편의상 징수할 여건이 좋은 자로 하여금 징수하게 하고 그 징수한 세금을 납부하게 하는 것을 말한다. ※ 이처럼 특별징수에 의하여 지방세를 징수하고 이를 납부할 의무가 있는 자를 '특별징수의무자'라고 한다.	지방소득세 등

V 수정신고 · 경정 등의 청구 및 기한후신고

1. 수정신고

(1) 수정신고의 요건

① 법정신고기한까지 과세표준신고서를 제출한 자 및 ② 납기 후의 과세표준신고서(기한후신고서)를 제출한 자는 다음 중 어느 하나에 해당할 때에는 지방자치단체장이 그 지방세의 과세표준과 세액을 결정 또는 경정하여 통지하기 전으로서 지방세 부과제척기간이 끝나기 전까지는 과세표준수정신고서를 제출할 수 있다(지기법 49 ①).

① 과세표준신고서 또는 납기 후의 과세표준신고서(기한후신고서)에 기재된 과세표준 및 세액이 신고해야 할 과세표준 및 세액보다 적을 때

② 과세표준신고서 또는 납기 후의 과세표준신고서(기한후신고서)에 기재된 환급세액이 신고해야 할 환급세액을 초과할 때

③ 그 밖에 특별징수의무자의 정산과정에서 누락 등이 발생하여 그 과세표준 및 세액이 신고해야 할 과세표준 및 세액 등보다 적을 때

한편 수정신고로 인하여 추가납부세액이 발생한 경우에는 그 수정신고를 한 자는 추가납부세액을 납부해야 한다(지기법 49 ②).

(2) 수정신고의 효력

수정신고(과세표준신고서를 법정신고기한까지 제출한 자의 수정신고로 한정한다)는 당초의 신고에 따라 확정된 과세표준과 세액을 증액하여 확정하는 효력을 가진다. 한편 수정신고는 당초 신고에 따라 확정된 세액에 관한 권리 · 의무관계에 영향을 미치지 않는다(지방법 35의2 ①,②).

2. 경정 등의 청구

(1) 청구의 요건

1) 통상적 사유로 인한 경정 등의 청구 : ① 과세표준신고서를 법정신고기한까지 제출한 자 및 ② 납기 후의 과세표준신고서(기한후신고서)를 제출한 자는 다음 중 어느 하나에 해당할 때에는 법정신고기한이 지난 후 5년 이내에 최초신고 및 수정신고한 지방세의 과세표준 및 세액의 결정 또는 경정을 지방자치단체장에게 청구할 수 있다. 다만, 결정 또는 경정이 있는 경우에는 그 결정 또는 경정이 있음을 안 날(결정 또는 경정의 통지를 받은 때에는 그 받은 날)부터 90일 이내(법정신고기한이 지난 후 5년 이내로 한정한다)에 경정을 청구할 수 있다(지기법 50 ①).

① 과세표준신고서 또는 납기 후의 과세표준신고서(기한후신고서)에 기재된 과세표준 및 세액*이 지방세법에 따라 신고해야 할 과세표준 및 세액을 초과할 때

* 지방세법에 따라 결정 또는 경정이 있는 경우에는 그 결정 또는 경정 후의 과세표준 및 세액을 말한다.

② 과세표준신고서 또는 납기 후의 과세표준신고서(기한후신고서)에 기재된 환급세액*이 지방세법에 따라 신고해야 할 환급세액보다 적을 때

* 지방세법에 따라 결정 또는 경정이 있는 경우에는 그 결정 또는 경정 후의 환급세액을 말한다.

2) 후발적 사유로 인한 경정 등의 청구 : ① 과세표준신고서를 법정신고기한까지 제출한 자 또는 ② 지방세의 과세표준 및 세액의 결정을 받은 자는 다음 중 어느 하나에 해당하는 사유가 발생하였을 때에는 위에서 규정하는 기간에도 불구하고 그 사유가 발생한 것을 안 날부터 90일 이내에 결정 또는 경정을 청구할 수 있다(지기법 50 ②).

① 최초의 신고·결정 또는 경정에서 과세표준 및 세액의 계산 근거가 된 거래 또는 행위 등이 그에 관한 ㉠ 지방세기본법에 따른 심판청구, 감사원법에 따른 심사청구에 대한 결정이나 ㉡ 소송에 대한 판결*에 의하여 다른 것으로 확정되었을 때

* 판결과 같은 효력을 가지는 화해나 그 밖의 행위를 포함한다.

② 조세조약에 따른 상호합의가 최초의 신고·결정 또는 경정의 내용과 다르게 이루어졌을 때

③ 최초의 신고·결정 또는 경정(更定)을 할 때 과세표준 및 세액의 계산근거가 된 거래 또는 행위 등의 효력과 관계되는 관청의 허가나 그 밖의 처분이 취소된 경우

④ 최초의 신고·결정 또는 경정을 할 때 과세표준 및 세액의 계산근거가 된 거래 또는 행위 등의 효력과 관계되는 계약이 해당 계약의 성립 후 발생한 부득이한 사유로 해제되거나 취소된 경우. 국세와 달리 취득세 등 신고납부 세목의 경우 신고시에 조세채권이 확정된다. 따라서 해제권 행사로 계약이 해제되더라도 성립된 취득세에는 영향을 미칠 수 없기 때문에 '해제권 행사에 의한 계약의 해제'는 후발적 사유로 규정하지 않고 있다.

⑤ 최초의 신고·결정 또는 경정을 할 때 장부 및 증명서류의 압수, 그 밖의 부득이한 사유로 과세표준 및 세액을 계산할 수 없었으나 그 후 해당 사유가 소멸한 경우

(2) 청구의 효력

결정 또는 경정의 청구를 받은 지방자치단체장은 그 청구를 받은 날부터 2개월 이내에 과세표준 및 세액을 ① 결정 또는 경정하거나 ② 결정 또는 경정해야 할 이유가 없다는 것을 그 청구를 한 자에게 통지해야 한다. 다만, 청구를 한 자가 2개월 이내에 ①·②의 통지를 받지 못한 경우에는 통지를 받기 전이라도 그 2개월이 되는 날의 다음 날부터 이의신청, 심판청구(또는 감사원법에 따른 심사청구)를 할 수 있다(지기법 50 ③,④).

3. 기한후신고

(1) 신고의 요건

법정신고기한까지 과세표준신고서를 제출하지 않은 자는 지방자치단체장이 지방세법에 따라 그 지방세의 과세표준과 세액(가산세 포함)을 결정하여 통지하기 전에는 납기 후의 과세표준신고서(이하 '기한후신고서'라 한다)를 제출할 수 있다. 이처럼 기한후신고서를 제출한 자로서 지방세관계법에 따라 납부해야 할 세액이 있는 자는 그 세액을 납부해야 한다(지기법 51 ①,②).

(2) 신고의 효력

① 기한후신고서를 제출하거나 ② 기한후신고서를 제출한 자가 과세표준 수정신고서를 제출한 경우 지방자치단체장은 지방세법에 따라 신고일부터 3개월 이내에 그 지방세의 과세표준과 세액을 결정 또는 경정하여 신고인에게 통지해야 한다. 다만, 그 과세표준과 세액을 조사할 때 조사 등에 장기간이 걸리는 등 부득이한 사유로 신고일부터 3개월 이내에 결정 또는 경정할 수 없는 경우에는 그 사유를 신고인에게 통지해야 한다(지기법 51 ③).

Ⅵ 가산세의 부과

1. 개 요

지방자치단체장은 지방세기본법 또는 지방세관계법에 따른 의무를 위반한 자에게 가산세를 부과할 수 있다. 이러한 가산세는 해당 의무가 규정된 지방세관계법의 해당 지방세의 세목으로 한다. 다만, 지방세를 감면하는 경우에 가산세는 그 감면대상에 포함시키지 않는다(지기법 52 ①,②,③).

한편 납세의무자가 신고·납부의무가 없는 재산세 등에 대해서는 가산세가 부과되지 않는다.

2. 가산세의 종류

신고의무나 납부의무 위반에 대한 가산세는 관련 지방세에 공통적으로 적용되므로, 지방세기본법에 규정하고 있는데, 그 종류는 다음과 같다.

(1) 무신고가산세

납세의무자가 법정신고기한까지 과세표준신고를 하지 않은 경우에는 다음 구분에 따른 금액을 가산세로 부과한다(지기법 53).

구분	무신고가산세
⑴ 부정행위로 인한 무신고	무신고납부세액×40%
⑵ 일반적인 무신고 무신고	무신고납부세액×20%

여기서 '무신고납부세액'이란 과세표준신고로 납부해야 할 세액(가산세와 가산하여 납부해야 할 이자상당액이 있는 경우 그 금액은 제외)을 말한다.

(2) 과소신고가산세

납세의무자가 법정신고기한까지 과세표준신고를 한 경우로서 신고해야 할 납부세액보다 적게 신고(이하 '과소신고'라 한다)한 경우에는 다음의 금액을 가산세로 부과한다(지기법 54 ①,②, 지기령 33).

과소신고가산세 = 부정과소신고납부세액×40% + 일반과소신고납부세액×10%

구분		계산내용
과소신고납부세액		과소신고한 납부세액(가산세와 이자상당액은 제외)
과소신고납부세액	부정과소신고납부세액	사기나 그 밖의 부정행위로 인한 과소신고분 세액
	일반과소신고납부세액	과소신고납부세액 – 부정과소신고납부세액

다만, 신고 당시 소유권에 대한 소송으로 상속재산으로 확정되지 않아 과소신고한 경우에는 과소신고가산세를 부과하지 않는다(지기법 54 ③ ⑴).

(3) 납부지연가산세

납세의무자가 납부기한까지 지방세를 납부하지 않거나 납부해야 할 세액보다 적게 납부(이하 '과소납부'라 한다)한 경우에는 다음의 금액을 가산세로 부과한다(지기법 55 ①).

납부지연가산세 = ① 미납일수분 + (② 체납분 + ③ 체납월수분)(*주)	비고
① 지방세의 법정납부기한까지 납부하지 않거나 과소납부한 경우 : 미납일수분 = MIN(㉠, ㉡) ㉠ 미납세액(또는 과소납부분 세액) × 미납일수* × 1일 $\frac{2.2}{10,000}$ ㉡ 미납세액(또는 과소납부분 세액) × 75% * 법정납부기한의 다음 날부터 자진납부일 또는 납세고지일까지의 일수를 말한다.	납세고지서 기재분
② 납세고지서에 따른 납부기한까지 납부하지 않은 경우 : 체납분 = 미납세액(또는 과소납부분 세액) × 3%	납세고지서 미기재분
③ 납세고지서에 따른 납부기한이 지난 날부터 1개월이 지날 때마다 납부하지 않은 경우 : 체납월수분 = 미납세액(또는 과소납부분 세액) × 체납월수 × 0.66%	

(*주) 국세기본법과 달리 지방세기본법은 독촉비용분을 납부지연가산세로 부과하지 않고 있으며, '자진납부일 또는 납부고지일'도 1일 2.2/10,000의 납부지연가산세를 부과하고 있다.

한편 ③의 가산세를 부과하는 기간은 60개월(1개월 미만은 없는 것으로 본다)을 초과할 수 없으며, 납세고지서별 · 세목별 세액이 45만원 미만인 경우에는 ③의 체납월수분 가산세를 적용하지 않는다(지기법 55 ①,④).

3. 가산세의 감면 등

1) 천재지변 등 사유로 인한 가산세 부과제외 : 지방자치단체장은 가산세를 부과하는 경우 그 부과의 원인이 되는 사유가 ① 천재지변 등으로 인한 기한연장 사유에 해당하거나 ② 납세자가 해당 의무를 이행하지 않은 정당한 사유가 있을 때에는 그 가산세를 부과하지 않는다(지기법 57 ①).

2) 수정신고로 인한 가산세 감면 : 지방자치단체장은 과세표준신고서를 법정신고기한까지 제출한 자가 법정신고기한이 지난 후 2년 이내에 수정신고를 한 경우에는 과소신고가산세액 중 다음의 금액을 감면한다(지기법 57 ① (1)).

가산세 감면금액 = 과소신고가산세 × 감면율(90%~10%)

구분	감면율	기간 차이
① 법정신고기한이 지난 후 1개월 이내에 수정신고한 경우	90%	1개월
② 법정신고기한이 지난 후 1개월 초과 3개월 이내에 수정신고한 경우	75%	2개월
③ 법정신고기한이 지난 후 3개월 초과 6개월 이내에 수정신고한 경우	50%	3개월
④ 법정신고기한이 지난 후 6개월 초과 1년 이내에 수정신고한 경우	30%	6개월
⑤ 법정신고기한이 지난 후 1년 초과 1년 6개월 이내에 수정신고한 경우	20%	6개월
⑥ 법정신고기한이 지난 후 1년 6개월 초과 2년 이내에 수정신고한 경우	10%	6개월

3) 기한후신고로 인한 감면 : 지방자치단체장은 과세표준신고서를 법정신고기한까지 제출하지 않은 자가 법정신고기한이 지난 후 6개월 이내에 기한후신고를 한 경우에는 무신고가산세액 중 다음의 금액을 감면한다(지기법 57 ② (2)).

가산세 감면금액 = 무신고가산세 × 감면율(50% · 30% · 20%)

구분	감면율	기간 차이
① 법정신고기한이 지난 후 1개월 이내에 기한후신고를 한 경우	50%	1개월
② 법정신고기한이 지난 후 1개월 초과 3개월 이내에 기한후신고를 한 경우	30%	2개월
③ 법정신고기한이 지난 후 3개월 초과 6개월 이내에 기한후신고를 한 경우	20%	3개월

4) 과세전적부심사 결정 · 통지 지연으로 인한 감면 : 지방자치단체장은 과세전적부심사 결정 · 통지기간 이내에 그 결과를 통지하지 않은 경우에는 납부지연가산세액 중 다음 금액을 감면한다(지기법 57 ② (3)).

가산세 감면금액 = 결정 · 통지가 지연되어 해당 기간에 부과되는 납부지연가산세 × 50%

사례 1 지방세 부과제척기간

취득세와 재산세 등의 지방세에 관한 기본적인 사항은 지방세기본법에서 규정하고 있다. 다음 물음에 답하시오. (20점)

【물음 1】 지방세기본법에 따른 취득세와 재산세의 납세의무 소멸사유에 대해서 설명하시오.

【물음 2】 다음 (1)~(8)의 각 상황별로 부과되는 취득세와 재산세 부과제척기간은 '몇 년'인지 그리고 '부과제척기간의 기산일'은 언제인지를 법적 근거와 함께 쓰시오. 단 기한 · 기간을 계산할 때 공휴일 등으로 인한 기한 · 기간의 연장은 무시한다.

(1) 甲이 A로부터 골프회원권을 매매를 원인으로 20×1.5.1.에 취득하였으나 세율 적용의 착오로 취득세를 과소신고하였다.

(2) 甲이 A로부터 주택을 매매를 원인으로 20×1.3.1.에 취득하였으나 A와 짜고 거짓으로 매매계약서상 매매대금을 실제보다 낮게 기재하여 취득세를 과소신고하였다.

(3) 甲이 A로부터 토지를 매매를 원인으로 20×1.8.1.에 취득하였으나 甲이 법정신고기한까지 취득세 과세표준신고서를 제출하지 않았다(부정행위는 존재하지 않음).

(4) 甲이 직계존속인 A의 건물을 상속을 원인으로 상속개시일인 20×1.2.4.에 취득하였으나 甲이 법정신고기한까지 취득세 과세표준신고서를 제출하지 않았다(부정행위는 존재하지 않음).

(5) 甲이 직계존속인 A의 아파트를 증여를 원인으로 증여계약일인 20×1.3.4.에 취득하였으나 甲이 법정신고기한까지 취득세 과세표준신고서를 제출하지 않았다(부정행위는 존재하지 않음).
(6) 甲이 A로부터 토지를 매수하기로 하고 매매계약을 체결하고 매매대금을 계약상 잔금지급일인 20×1.8.1.에 전부 지급하였으나 특수한 사정으로 A와 합의에 의해 甲의 종업원 B 앞으로 소유권 이전등기를 마쳤다. 甲은 자기 앞으로 해당 토지에 대한 소유권이전등기를 하지 않았다는 이유로 취득세를 신고하지 않았다.
(7) 甲이 K회사의 주식의 51%를 A로부터 20×1.8.1.에 취득하였으나 K회사 주주명부에 자기의 친구 B의 명의로 명의개서를 이행하였다. K회사는 20×1.8.1. 현재 부동산을 보유하고 있는데, 甲은 자기 명의로 주식을 취득하거나 자기가 직접 부동산을 취득하지 않았다는 이유로 취득세를 신고하지 않았다.
(8) 甲이 20×1.6.1. 현재 보유하는 종합합산과세대상 토지를 지방자치단체장(구청장)이 저율 분리과세대상 토지로 잘못 판단하여 재산세를 과소 부과하였다.

해 답

【물음 1】 납세의무 소멸사유

지방자치단체의 징수금(지방세 및 체납처분비)을 납부 · 납입할 의무는 다음에 해당하는 때에 소멸한다.

1) 납부 · 충당 또는 부과의 취소가 있는 때
2) 다음의 지방세를 부과할 수 있는 기간 내에 지방세가 부과되지 않고 부과제척기간이 만료된 때(구체적인 부과제척기간은 p.598 참조)
3) 지방자치단체의 지방세징수권은 그 권리를 행사할 수 있는 때부터 5년간 행사하지 않으면 시효(時效)로 인하여 소멸한다.

【물음 2】 부과제척기간

(1) 골프회원권에 대한 취득세 과소신고의 경우 취득세 부과제척기간은 '5년간'이며, 그 기산일은 취득세 신고기한(취득일 20×1.5.1.부터 60일 이내 : 20×1.6.30.)의 다음 날인 20×1.7.1.이다.
(2) 사례는 거짓의 매매계약서상 작성하는 방법으로 취득세를 포탈한 경우에 해당한다. 이 경우 주택에 대한 취득세 부과제척기간은 '10년간'이며, 그 기산일은 취득세 신고기한(취득일 20×1.3.1.부터 60일 이내 : 20×1.4.30.)의 다음 날인 20×1.5.1.이다.
(3) 토지에 대한 취득세를 무신고한 경우 취득세 부과제척기간은 '7년간'이다. 그 기간일은 취득세 신고기한(취득일 20×1.8.1.부터 60일 이내 : 20×1.9.30.)의 다음 날인 20×1.10.1.이다.
(4) 상속을 원인으로 취득한 토지에 대한 취득세를 무신고한 경우 취득세 부과제척기간은 '10년간'이다. 그 기간일은 취득세 신고기한(취득일 20×1.2.4.이 속하는 달의 말일부터 6개월 이내 : 20×1.8.31.)의 다음 날인 20×1.9.1.이다.

(5) 증여를 원인으로 취득한 아파트에 대한 취득세를 무신고한 경우 취득세 부과제척기간은 '10년간'이다. 그 기간일은 취득세 신고기한(취득일 20×1.3.4.이 속하는 달의 말일부터 3개월 이내 : 20×1.6.30.)의 다음 날인 20×1.7.1.이다.

(6) 부동산실명법에 따른 명의신탁약정으로 실권리자 甲이 토지를 사실상 취득하였는데, 취득세를 무신고한 경우 해당 취득세 부과제척기간은 '10년간'이다. 그 기간일은 취득세 신고기한(취득일 20×1.8.1.부터 60일 이내 : 20×1.9.30.)의 다음 날인 20×1.10.1.이다.

(7) 타인(친구 B)의 명의로 법인의 주식을 취득하였지만 해당 주식의 실권리자인 자(甲)가 과점주주(51%>50%)가 되어 해당 법인(K회사)의 부동산 등을 취득한 것으로 보는 경우에 해당하였으나, 甲이 간주취득세를 무신고한 경우 해당 간주취득세 부과제척기간은 '10년간'이다. 그 기간일은 간주취득세 신고기한(취득일 20×1.8.1.부터 60일 이내 : 20×1.9.30.)의 다음 날인 20×1.10.1.이다.

(8) 甲이 20×1.6.1. 현재 보유하는 토지에 대한 재산세 부과제척기간은 '5년간'이다. 그 기간일은 재산세의 납세의무 성립일 20×1.6.1.이다.

사례 2 취득세 과소신고와 수정신고

개인 甲이 중고자동차를 개인 乙로부터 매매를 원인으로 실제는 1,000만원에 취득하고 해당 금액을 취득세 과세표준으로 취득세 산출세액을 계산하여 법정기한까지 취득세를 신고납부하였다. 甲이 취득한 중고자동차의 지방세 시가표준액은 1,400만원이다.

이 경우 甲에게 적용되는 가산세를 설명하고(계산은 하지 말 것), 가산세의 부담을 최소화하고 세무조사를 받지 않을 수 있도록 지방세기본법에 마련된 제도(가산세 감면사항 포함)를 설명하시오. (10점)

해 답

1. 문제의 제기

개인 甲이 중고자동차를 개인 乙로부터 사실상 취득가액으로 1,000만원에 취득신고를 하였는데, 해당 중고자동차의 지방세 시가표준액은 1,400만원인 경우 甲이 신고한 가액이 시가표준액에 미달하므로 취득세 과세표준은 1,400만원이다(p.674 참조). 이에 따르면 甲은 취득세 산출세액을 과소신고, 과소납부한 경우에 해당하므로, 과소신고가산세와 납부지연가산세를 적용된다. 이러한 가산세 부담을 절감하기 위해서 마련된 제도는 수정신고이다.

2. 적용되는 가산세

(1) 과소신고가산세(p.604 참조)

(2) 납부지연가산세(p.604 참조)

3. 수정신고와 가산세 감면

(1) 수정신고(p.601 참조)

(2) 가산세 감면(p.605 참조)

사례 3 후발적 사유로 인한 경정청구

다음 사례를 읽고 물음에 답하시오. (10점)

> 거주자 甲은 개인 乙로부터 토지를 매매계약을 원인으로 A토지를 취득하기로 하였으나, 甲이 계약상 잔금을 지급하지 않음에 따라 乙의 정당한 해제권 행사로 인하여 매매계약이 해제되었다. 현행 「지방세법 시행령」은 일정한 요건을 갖춘 경우에는 甲이 A토지를 취득한 것으로 보지 않도록 규정하여 甲에게 취득세를 부과하지 않는 경우가 있다.

【물 음】 아래 지방세관계법령을 참조하여 다음 사항을 설명하시오.

1. 위 사례에서 甲이 취득세의 납세의무를 지지 않는 요건
2. 만약 위 사례가 취득세 신고기한(취득일부터 60일)이 지난 후에 계약이 해제권 행사로 해제된 경우 甲이 이미 신고납부한 취득세를 후발적 사유로 인한 경정청구를 통하여 부과취소를 받을 수 있는지 여부와 그 근거

> (1) 지방세법 시행령 제20조
>
> ② 유상승계취득의 경우에는 사실상의 잔금지급일(신고인이 제출한 자료로 사실상의 잔금지급일을 확인할 수 없는 경우에는 계약상의 잔금지급일)에 취득한 것으로 본다. 다만, 해당 취득물건을 등기·등록하지 않고 다음 중 어느 하나에 해당하는 서류로 계약이 해제된 사실이 입증되는 경우에는 취득한 것으로 보지 않는다.
>
> 1. 화해조서·인낙조서(해당 조서에서 취득일부터 60일 이내에 계약이 해제된 사실이 입증되는 경우만 해당한다)
> 2. 공정증서(공증인이 인증한 사서증서를 포함하되, 취득일부터 60일 이내에 공증받은 것만 해당한다)
> 3. 행정안전부령으로 정하는 계약해제신고서(취득일부터 60일 이내에 제출된 것만 해당한다)
> 4. 부동산 거래신고 관련 법령에 따른 부동산거래계약 해제등 신고서(취득일부터 60일 이내에 등록관청에 제출한 경우만 해당한다)

⑵ 지방세기본법 제50조(경정 등의 청구)

과세표준신고서를 법정신고기한까지 제출한 자 또는 지방세의 과세표준 및 세액의 결정을 받은 자는 다음 중 어느 하나에 해당하는 사유가 발생하였을 때에는 통상적인 사유로 인한 경정청구기간(5년)에도 불구하고 그 사유가 발생한 것을 안 날부터 90일 이내에 결정 또는 경정을 청구할 수 있다.

• 후발적 사유 중 하나 : 최초의 신고·결정 또는 경정을 할 때 과세표준 및 세액의 계산근거가 된 거래 또는 행위 등의 효력과 관계되는 계약이 해당 계약의 성립 후 발생한 부득이한 사유로 해제되거나 취소된 경우

해 답

1. 甲이 취득세 납세의무를 지지 않는 요건

다음의 요건을 모두 갖춘 경우 甲이 A토지를 취득한 것으로 보지 않으므로 취득세 납세의무를 지지 않는다.

① 사실상 잔금지급일(신고인이 제출한 자료로 사실상의 잔금지급일을 확인할 수 없는 경우에는 계약상의 잔금지급일)을 취득시기로 할 것

② 해당 토지에 관한 소유권 이전등기를 하지 않을 것

③ 다음 중 어느 하나에 해당하는 서류에 의하여 계약이 해제된 사실이 입증되는 경우에는 취득한 것으로 보지 아니한다.

㉠ 화해조서·인낙조서(해당 조서에서 취득일부터 60일 이내에 계약이 해제된 사실이 입증되는 경우만 해당한다)

㉡ 공정증서(공증인이 인증한 사서증서를 포함하되, 취득일부터 60일 이내에 공증받은 것만 해당한다)

㉢ 계약해제신고서(취득일부터 60일 이내에 시장·군수·구청장에게 제출된 것만 해당한다)

㉣ 부동산 거래신고 관련 법령에 따른 부동산거래계약 해제등신고서(취득일부터 60일 이내에 등록관청에 제출한 경우만 해당한다)

2. 적용되는 가산세

甲은 A토지를 취득한 날부터 60일 이내에 산출세액을 신고해야 한다. 사례에서는 이러한 신고납부기한이 지난 후에 계약이 해제되었으므로(즉, 취득일부터 60일이 지나서 계약이 해제되었으므로) 그 취득일에 성립되고 신고로 확정된 취득세 납세의무에 계약의 해제가 영향을 미칠 수 없다.

따라서 甲은 후발적 사유(최초의 신고·결정 또는 경정을 할 때 과세표준 및 세액의 계산근거가 된 거래 또는 행위 등의 효력과 관계되는 계약이 해당 계약의 성립 후 발생한 부득이한 사유로 해제되거나 취소된 경우)로 인한 경정청구를 통하여 취득세의 부과취소를 받을 수 없다.

사례 4 **취득세 부과제척기간과 등록면허세**

다음 사례를 읽고 물음에 답하시오. (20점)

> 甲은 乙이 소유한 토지를 증여받기로 乙과 2026.5.4.에 증여계약을 체결하였다. 이에 따라 甲은 乙이 소유한 토지에 대해서 소유권이전등기 청구권을 갖게 되었다.

【물음 1】 취득세 납세의무의 소멸사유 중 취득세 부과제척기간의 만료를 설명하시오.

【물음 2】 위 사례에서 ① 甲이 취득한 토지에 적용되는 취득세율, ② 취득세 신고납부기한, ③ 甲이 취득세 신고기한까지 신고하지 않은 경우 취득세 부과제척기간의 만료일(단, 부정행위는 없음), ④ 취득세 부과제척기간이 경과한 후에 甲이 해당 토지의 소유권이전등기를 하는 경우 甲에게 등록면허세 납세의무가 있는지를 판단하시오(납세의무가 있는 경우 적용세율을 적을 것. 단, 기한이나 기간을 계산할 때 공휴일 등으로 인한 기한이나 기간의 연장은 고려하지 않는다).

해 답

【물음 1】 취득세의 부과제척기간

1) 취득세는 부과할 수 있는 날부터 다음의 기간이 만료되는 날까지 부과하지 않은 경우에는 부과할 수 없다.

① 부정한 행위로 취득세를 포탈하거나 환급 또는 경감받은 경우 : 10년

② 법정신고기한까지 취득세 과세표준신고서를 제출하지 않은 경우

- 일반 무신고의 경우 : 7년
- 다음에 해당하는 취득의 경우 : 10년

㉠ 상속 또는 증여(부담부증여 포함)를 원인으로 취득하는 경우

㉡ 부동산실명법에 따른 명의신탁약정으로 실권리자가 사실상 취득하는 경우

㉢ 타인의 명의로 법인의 주식을 취득하였지만 해당 주식의 실권리자인 자가 과점주주가 되어 해당 법인의 부동산 등을 취득한 것으로 보는 경우

③ 일반적인 경우 : 5년

2) 취득세를 부과할 수 있는 날(기산일)은 '취득세 신고기한의 다음 날'이다.

【물음 2】 증여 취득

1. 취득세율

사례에서 甲이 토지를 증여로 취득한 것은 지방세법상 상속 외의 무상 승계취득에 해당한다. 따라서 甲이 취득한 토지에 적용되는 취득세율은 3.5%이다.

2. 취득세의 신고납부기한

지방세법은 부동산 취득에 관하여 민법 등 관계 법령에 의한 등기를 하지 않은 경우라도 사실상으로 취득한 때에는 취득으로 보고 있다. 따라서 증여계약이 있으면 등기명의인에 대하여 소유권이전등기 청구권을 가지게 되는 등 그 자체로 취득세의 과세대상이 되는 사실상의 취득행위가 존재한다. 이런 이유로 사례에서 甲의 토지 취득시기는 증여계약일인 2026.5.4.이고, 취득세의 신고납부기한은 취득일이 속하는 달의 말일부터 3개월 이내인 2026.8.31.이다.

3. 취득세 부과제척기간의 만료일

사례에서 甲이 증여를 원인으로 취득했으나 취득세를 신고하지 않은 경우 취득세 부과제척기간은 10년간이다. 따라서 취득세 부과제척기간의 만료일은 취득세 신고기한(2026.8.31.)의 다음 날부터 10년이 되는 2036.8.31.이다.

4. 등록면허세 납세의무

등록면허세 과세대상인 재산권의 등록에는 취득세 과세대상에 해당하는 취득을 원인으로 이루어지는 등기는 제외되는 것인 원칙이지만, 취득세 부과제척기간이 경과한 물건의 등기는 등록면허세 과세대상에 해당한다.

사례에서 甲은 위 3.의 취득세 부과제척기간이 경과한 후에 토지의 소유권이전등기를 하는 경우에는 등록면허세를 납세의무가 있다(소유권 무상이전에 따른 등기에 대한 등록면허세 세율은 1.5%이다).

Ⅶ 지방세 권리구제 절차

지방세에 관한 불복을 하려면 지방세법 또는 감사원법에 따른 행정불복절차를 밟을 수 있는데, 이 가운데 지방세법에 따른 권리구제 절차는 다음과 같다(지기법 89~100).

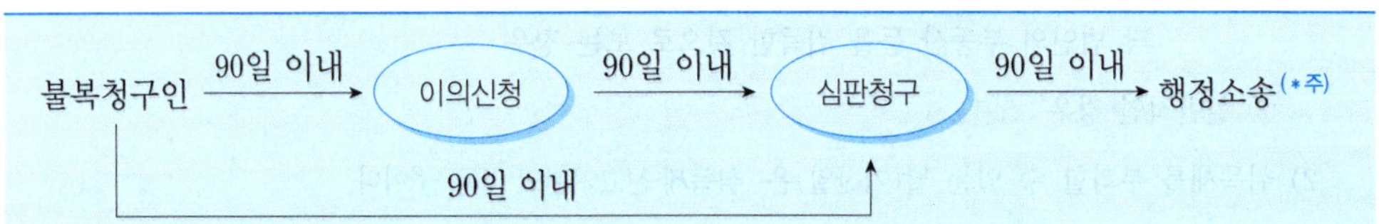

시 · 군세(구세)	시장 · 군수(구청장)	조세심판원장	–
도세(특별시세 · 광역시세)	도지사(특별시장 · 광역시장)	조세심판원장	–

(*주) 지방세에 관한 불복에 있어서는 행정심판법에 따른 행정심판절차가 배제되며, 그 대신 지방세기본법에 따른 심판청구를 거쳐야 한다(지기법 98 ①). 따라서 지방세에 관한 행정쟁송은 지방세기본법에 따른 심판청구 또는 감사원 심사청구에 의해 이루어지며, 2021년부터는 이를 적법하게 거치지 않으면 행정소송을 제기할 수 없도록 규정되어 있다(지기법 98 ③).

연습문제

1 현재 지방자치단체의 재정수입에서 취득세, 등록면허세, 재산세가 차지하는 비중은 매우 높고 중요하다고 할 수 있다. 다음의 물음에 답하시오. (20점)

【물음 1】 취득세, 등록면허세, 재산세의 납세의무의 성립·확정 및 소멸에 대하여 설명하시오.

【물음 2】 지방세의 세율은 지방세법에서 정하는 것이 원칙이지만, 지방세법의 위임에 따라 지방자치단체가 조례로써 정할 수 있는 경우가 있다. 지방세의 세율의 종류와 그 적용세율을 취하는 세목의 예를 들어 설명하시오.

2 지방세의 납세절차로서 신고납부방법과 보통징수방법을 취득세·등록면허세·재산세와 관련지어 설명하시오. (10점)

3 취득세·등록면허세 및 재산세의 위법 또는 부당한 처분에 대한 지방세법에 따른 불복절차에 대하여 설명하시오. (15점)

제3편 지방세법

제2장 취득세

제1절 취득세의 개요

취득세는 일정한 자산의 취득에 대하여 그 취득자에게 과세하는 도세(또는 특별시세·광역시세)이다. 그 취지는 부동산 등의 소유권이 이전되는 유통과정에서 담세력이 노출되는 취득자에게 조세를 부담시키려는 데 있다. 2011년부터 등록세 중 소유권 취득과 관련된 등기·등록에 대한 과세대상을 취득세로 통합하여 과세하고 있다. 취득세의 성격을 구체적으로 설명하면 다음과 같다.

① 취득세는 담세력을 나타내는 과세물건의 측면에서 '부동산 등의 취득사실'에 담세력을 인정하여 과세하는 조세이므로 유통세(流通稅)에 속한다. 이러한 점은 부동산 등을 소유한다는 사실에 담세력을 인정하여 과세하는 재산세와 구별된다.

② 재산권의 취득행위에 대해서 과세한다는 점에서 행위세(行爲稅)적 성격을 갖는다.

③ 취득세는 그 세수의 용도를 특정하지 않고 광역자치단체의 일반경비에 충당하므로 보통세(普通稅)에 속한다.

[도 표] 취득세 요약

구분	내용	
과세요건	과세권자	취득물건 소재지의 도(道), 특별시·광역시
	과세대상	과세대상자산의 취득
	납세의무자	과세대상자산을 사실상 취득한 자
	과세표준	취득당시가액(연부로 취득한 경우 연부금액)
	세율	표준세율 : 취득물건·원인에 따라 정해진 세율 중과세율 • 과밀억제권역이나 대도시에서 일정한 자산 취득 • 사치성재산 취득
납세의무의 성립시기	취득세 과세물건을 취득하는 때(취득시기)	
납세의무의 확정시기	신고하는 때(신고하지 않으면 지방자치단체가 결정하는 때)	
납세절차	신고납부(신고납부하지 않으면 보통징수) 면세점 : 50만원	

제2절 과세요건

Ⅰ 과세권자

취득세는 지방자치단체의 세목 구분 중 특별시세 · 광역시세 또는 도세(특별자치세 · 특별자치도세)에 해당한다. 따라서 취득물건의 소재지, 즉 납세지를 관할하는 지방자치단체(특별시 · 광역시 또는 도)가 과세권자(또는 과세주체)이다.

참고사항 취득세의 납세지

취득세의 다음의 납세지를 관할하는 지방자치단체에서 과세한다(지방법 8 ①).

① 부동산 : 부동산 소재지

② 차량 : 자동차관리법에 따른 등록지. 다만, 등록지가 사용본거지와 다른 경우에는 사용본거지를 납세지로 하고, 철도차량의 경우에는 해당 철도차량의 청소, 유치(留置), 조성, 검사, 수선 등을 주로 수행하는 철도차량기지의 소재지를 납세지로 한다.

③ 기계장비 : 건설기계관리법에 따른 등록지

④ 항공기 : 항공기의 정치장(定置場) 소재지

⑤ 선박 : 선적항 소재지. 다만, 수상레저안전법에 따라 동력수상레저기구의 경우에는 등록지로 하고, 그 밖에 선적항이 없는 선박의 경우에는 정계장 소재지(정계장이 일정하지 않은 경우에는 선박 소유자의 주소지)로 한다.

⑥ 입목 : 입목 소재지

⑦ 광업권 : 광구 소재지

⑧ 어업권 · 양식업권 : 어장 소재지

⑨ 골프회원권, 승마회원권, 콘도미니엄회원권, 종합체육시설이용회원권 또는 요트회원권 : 골프장 · 승마장 · 콘도미니엄 · 종합체육시설 및 요트 보관소의 소재지 ■

Ⅱ 과세대상

취득세의 과세대상은 '일정한 자산(취득물건)의 취득'인데, 그 구체적인 내용은 다음과 같다.

1. 취득물건

취득세는 다음에 해당하는 부동산 등의 취득에 대해서 과세한다(지방법 6, 7 ①).

구분	취득물건
(1) 부동산	• 토지, 건축물
(2) 부동산에 준하는 것	• 차량, 기계장비, 입목, 항공기, 선박
(3) 각종 권리	• 광업권, 어업권, 양식업권 • 골프회원권, 승마회원권, 콘도미니엄회원권, 종합체육시설이용회원권, 요트회원권

(1) 부동산

① 토 지 : 「공간정보의 구축 및 관리 등에 관한 법률」에 따라 ㉠ 지적공부(地籍公簿)의 등록대상이 되는 토지와 ㉡ 그 밖에 사용되고 있는 사실상의 토지(예 : 매립 · 간척 등으로 준공인가 전에 사실상 사용하는 토지)를 말한다. 토지는 그 주된 용도에 따라 종류를 구분하여 지적공부에 등록한다.

토지의 범위 : ㉠ 지적공부에 등록대상이 되는 토지* + ㉡ 그 밖의 사실상 토지

* 28개 지목의 종류 : 지목은 전 · 답 · 과수원 · 목장용지 · 임야 · 광천지 · 염전 · 대(垈) · 공장용지 · 학교용지 · 주차장 · 주유소용지 · 창고용지 · 도로 · 철도용지 · 제방(堤防) · 하천 · 구거(溝渠) · 유지(溜池) · 양어장 · 수도용지 · 공원 · 체육용지 · 유원지 · 종교용지 · 사적지 · 묘지 · 잡종지로 구분하여 정한다(28개).

② 건축물 : ㉠ 건축법에 따른 건축물(이와 유사한 형태의 건축물 포함)과 ㉡ 독립시설물 : 토지에 정착하거나 지하 또는 다른 구조물에 설치하는 레저시설, 저장시설, 도크(dock)시설, 접안시설, 도관시설, 급수 · 배수시설, 에너지 공급시설 및 그 밖에 이와 유사한 시설을 말한다(지방법 6 (4)).

건축물의 범위 : ㉠ 건축법상 건축물* + ㉡ 독립시설물(p.620 참조)

* 건축법상 건축물 : 토지에 정착(定着)하는 공작물 중 지붕과 기둥 또는 벽이 있는 것과 이에 딸린 시설물(즉 건축물에 딸린 시설물, p.620 참조), 지하나 고가(高架)의 공작물에 설치하는 사무소 · 공연장 · 점포 · 차고 · 창고 등을 말한다.

(2) 부동산에 준하는 것

① 차 량 : 원동기를 장치한 모든 차량*과 피견인차 및 궤도로 승객 또는 화물을 운반하는 모든 기구를 말한다.

* 원동기로 육상을 이동할 목적으로 제작된 모든 용구(총배기량 50cc 미만이거나 최고정격출력 4킬로와트 이하인 이륜자동차는 제외)를 말한다(지방령 7 ①).

② 기계장비 : 건설공사용, 화물하역용 및 광업용으로 사용되는 기계장비로서 건설기계관리법에서 규정한 건설기계 및 이와 유사한 기계장비를 말한다.

③ 항공기 : 사람이 탑승 · 조종하여 항공에 사용하는 비행기, 비행선, 활공기(滑空機), 회전익(回轉翼) 항공기 및 그 밖에 이와 유사한 비행기구를 말한다.
④ 선박 : 기선, 범선, 부선(艀船) 및 그 밖에 명칭에 관계없이 모든 배를 말한다.
⑤ 입목(立木)[1] : 지상의 과수(果樹), 임목(林木)과 죽목(竹木)을 말한다.

(3) 각종 권리

① 광업권 : 광업법에 따른 광업권을 말한다.
② 어업권 · 양식업권 : 수산업법 또는 내수면어업법에 따른 어업권 및 양식산업발전법에 따른 양식업권을 말한다.
③ 골프회원권 : 「체육시설의 설치 · 이용에 관한 법률」에 따른 회원제 골프장의 회원으로서 골프장을 이용할 수 있는 권리를 말한다.
④ 승마회원권 : 「체육시설의 설치 · 이용에 관한 법률」에 따른 회원제 승마장의 회원으로서 승마장을 이용할 수 있는 권리를 말한다.
⑤ 콘도미니엄회원권 : 관광진흥법에 따른 콘도미니엄과 이와 유사한 휴양시설을 이용할 수 있는 권리를 말한다.
⑥ 종합체육시설이용회원권 : 「체육시설의 설치 · 이용에 관한 법률」에 따른 회원제 종합 체육시설업에서 그 시설을 이용할 수 있는 회원의 권리를 말한다.
⑦ 요트회원권 : 「체육시설의 설치 · 이용에 관한 법률」에 따른 회원제 요트장의 회원으로서 요트장을 이용할 수 있는 권리를 말한다.

참고사항 건축물에 딸린 시설물(부수시설물)

① 승강기(엘리베이터, 에스컬레이터, 그 밖의 승강시설)
② 시간당 20킬로와트 이상의 발전시설
③ 난방용 · 욕탕용 보일러
④ 시간당 7천560킬로칼로리급 이상의 에어컨(중앙조절식만 해당한다)
⑤ 부착된 금고
⑥ 교환시설
⑦ 건물의 냉난방, 급수 · 배수, 방화, 방범 등의 자동관리를 위하여 설치하는 인텔리전트 빌딩시스템 시설
⑧ 구내의 변전 · 배전시설 ■

참고사항 토지에 정착하거나 지하 또는 다른 구조물에 설치하는 독립시설물

① 레저시설 : 수영장, 스케이트장, 골프연습장(「체육시설의 설치 · 이용에 관한 법률」에 따라 골프연습장업으로 신고된 20타석 이상의 골프연습장만 해당한다), 전망대, 옥외스탠드, 유원지의 옥외오락시설(유원지의 옥외오락시설과 비슷한 오락시설로서 건물 안 또는 옥상에 설치하여 사용하는 것을 포함한다)

---

1) '입목(立木)'이란 토지에 부착된 수목의 집단으로서 그 소유자가 「입목에 관한 법률」에 따라 소유권보존의 등기를 받은 것을 말한다. 입목은 부동산으로 보며, 입목의 소유자는 토지와 분리하여 입목을 양도하거나 저당권의 목적으로 할 수 있다(입목에 관한 법률 2 ① (1), 3 ①,②).

② 저장시설 : 수조, 저유조, 저장창고, 저장조(저장용량이 1톤 이하인 액화석유가스 저장조는 제외) 등의 옥외저장시설(다른 시설과 유기적으로 관련되어 있고 일시적으로 저장기능을 하는 시설을 포함한다)

③ 도크(dock)시설 및 접안시설 : 도크, 조선대(造船臺)

④ 도관시설(연결시설 포함) : 송유관, 가스관, 열수송관

⑤ 급수 · 배수시설 : 송수관(연결시설 포함), 급수 · 배수시설, 복개설비

⑥ 에너지 공급시설 : 주유시설, 가스충전시설, 환경친화적 자동차 충전시설, 송전철탑(전압 20만 볼트 미만을 송전하는 것과 주민들의 요구로 이전 · 설치하는 것은 제외)

⑦ 그 밖의 시설 : 잔교(棧橋), 기계식 또는 철골조립식 주차장, 방송중계탑(국가가 필요로 하는 대외방송 및 사회교육방송 중계탑은 제외) 및 무선통신기지국용 철탑 ■

2. 취득의 범위

(1) 본래의 취득

1) 취득의 개념 : '취득'이란 매매 · 교환, 상속 · 증여 · 기부, 법인에 대한 현물출자, 건축 · 개수(改修) · 공유수면의 매립 · 간척에 의한 토지의 조성 등과 그 밖에 이와 유사한 취득으로서 원시취득*, 승계취득 또는 유상 · 무상의 모든 취득을 말한다(지방법 6 (1)).

* 수용재결로 취득한 경우 등 과세대상이 이미 존재하는 상태에서 취득하는 경우는 원시취득에서 제외한다.

2) 실질주의 : 과세대상자산의 취득은 민법 등 관계 법령에 따른 등기 · 등록 등을 하지 않은 경우라도 사실상 취득하면 각각 취득한 것으로 보고 해당 취득물건의 소유자 또는 양수인을 각각 취득자로 한다. 다만, 차량, 기계장비, 항공기 및 주문을 받아 건조하는 선박은 승계취득인 경우에만 해당한다(지방법 7 ②).

이처럼 취득세는 소유권 변동의 법률적인 요건을 갖추지 못한 경우에도 해당 물건에 대한 사용 · 수익 · 처분권을 배타적으로 행사할 수 있는 지위에 서면 사실상 취득한 것으로 보고 과세하는 실질주의에 따른다. 따라서 '취득'이란 취득자가 소유권이전등기 · 등록 등 완전한 내용의 소유권을 취득하는가의 여부에 관계없이 사실상의 취득행위(잔금 지급, 연부금 완납 등) 그 자체를 말하는 것이다(운영예규 6-8).

(2) 간주취득

1) 종류변경 · 지목변경으로 인한 간주취득 : ① 선박 · 차량과 기계장비의 종류를 변경하거나 ② 토지의 지목(地目)을 사실상 변경함으로써 그 가액이 증가한 경우에는 취득으로 본다(지방법 7 ③). 여기서 선박 · 차량 및 기계장비의 종류 변경은 ㉠ 선박의 선질(船質) · 용도 · 기관 · 정원 또는 최대적재량의 변경이나 ㉡ 차량 및 기계장비의 원동기 · 승차정원 · 최대적재량 또는 차체의 변경으로 한다(지방령 15).

2) 과점주주의 간주취득 : 법인(주식을 유가증권시장 · 코스닥시장에 상장한 법인은 제외한다. 이하 같다)의 주식 · 지분을 취득함으로써 과점주주가 되었을 때에는 그 과점주주가 해당 법인의 과세대상자산을 취득한 것으로 본다. 다만, 법인설립시에 발행하는 주식 또는 지분을 취득함으로써 과점주주가 된 경우에는 해당 법인의 과세대상자산을 취득으로 보지 않는다(지방법 7 ⑤).

[도 표] 취득의 유형

구분		형태
(1) 승계취득(타인의 소유권이전)	유상승계취득	• 매매 · 교환 · 현물출자, 공매 · 경매, 수용 등
	무상승계취득	• 상속 · 증여 · 기부, 시효취득
(2) 원시취득(처음으로 소유권 생성)		• 토지 : 공유수면의 매립 · 간척에 의한 토지의 조성 • 건물 : 건축(신축 · 증축 · 개축 · 재축 · 이전) · 개수 • 선박 : 건조 • 광업권 · 어업권 : 출원
(3) 간주취득(취득의 범위 확장)		• 선박 · 차량과 기계장비 : 종류변경으로 가액의 증가 • 토지 : 지목의 변경으로 가액의 증가 • 과점주주의 주식의 취득

[도 표] 원시취득과 승계취득의 지방세법 적용상 차이점

구분	원시취득(原始取得)	승계취득(承繼取得)
이론상 의의	어떤 권리가 타인의 권리에 근거함이 없이 특정인에게 새로 발생하는 것(강학상 개념) ※ 원시취득한 권리는 전(前)의 권리의 제한 및 하자를 승계하지 않음	어떤 권리가 타인의 권리에 근거하여 특정인에게 승계적으로 발생하는 것 ※ 승계취득한 권리는 전(前)의 권리의 제한 및 하자를 승계함
이론상 유형	① 과세대상자산이 새로이 생성되는 것 : 건물의 신축, 공유수면의 매립, 간척에 의한 토지의 조성 등 ② 법률규정에 의하여 특정인에게 권리가 새로이 생성되는 것 : 부동산의 시효취득, 사업시행자의 수용재결에 의한 부동산의 취득 ※ 개정 지방세법 : 수용재결로 취득한 경우 등 과세대상이 이미 존재하는 상태에서 취득하는 경우는 원시취득으로 보지 않는다(2017.1.1. 이후 취득분부터 적용한다)	① 유상승계취득 : 매매, 교환, 현물출자 등 ② 무상승계취득 : 상속, 증여, 사인증여 등

세율 적용	2.8%	유상승계취득 : 4%(농지는 3%) 무상승계취득 : 상속은 2.8%, 상속 외의 무상취득은 3.5%

예규판례 사업시행자가 수용재결로 토지를 취득한 경우 해당 취득이 원시취득인지 승계취득인지 여부

지방세법에서는 ① 부동산을 원시취득한 경우 취득세의 표준세율을 2.8%로 정하고 있고, ② 부동산을 유상으로 승계취득하는 경우 취득세의 표준세율을 4%(농지는 3%)로 정하고 있다.

甲법인이 어느 택지개발사업의 사업시행자로서 토지보상법에 따라 중앙토지수용위원회의 수용재결을 통하여 해당 사업의 사업지구에 편입된 토지 및 건물을 취득하였다. 이에 대해서 사업시행자인 甲법인이 수용재결로 인한 부동산의 취득이 원시취득(표준세율 2.8%)인지 아니면 승계취득(표준세율 4%·3%)인지 두고 조세심판청구와 행정소송이 있었다.

여기서 '수용재결'이란 협의불능 또는 협의가 성립되지 않은 때에 관할 토지수용위원회에 의하여 보상금의 지급 또는 공탁을 조건으로 하는 수용의 효과를 완성하여 주는 형성적 행정처분으로, 사업시행자가 신청하는 수용의 최종적인 절차를 말한다.

이 사건에 대해서 과세관청은 다음과 같이 주장하였다.

지방세법상 '원시취득'이란 그 명칭이나 형식에 관계없이 기존에 실재하지 않았던 과세물건에 대해 납세의무를 성립하게 하는 과세요건인 점, 지방세법의 개정으로 기존의 '소유권 보존'에 대응하는 개념으로 '원시취득'의 개념이 도입된 점, 실질과세의 원칙 및 수용으로 인하여 소유권을 상실하는 종전 소유자에게 양도소득세를 부과하는 점 등을 고려하면, 수용재결로 인한 사업시행자의 부동산 취득은 사실상 유상으로 종전 소유자로부터 부동산을 양도받는 행위로서 '원시취득'이 아닌 '그 밖의 원인으로 인한 취득(유상 승계취득)'에 해당한다고 보아야 한다.

이에 대한 서울고등법원은 다음과 같은 근거로 원시취득으로 판단하였고 이러한 판결내용을 대법원은 그대로 인정하였다.

> 조세법률주의의 원칙상 조세법규는 특별한 사정이 없는 한 법문대로 해석할 것이고 합리적 이유 없이 확장해석이나 유추해석을 하는 것은 허용되지 않는 바, 지방세법은 제11조 제1항에서 부동산 취득의 세율에 관하여 '원시취득'의 경우 '2.8%'로 규정하면서 위 원시취득에 관하여 별도의 정의규정을 두고 있지 아니하고, '그 밖의 원인으로 인한 취득'의 경우 농지는 '3%', 농지외의 것은 '4%'로 규정하고 있는데, 수용재결에 의한 부동산 취득에 관하여는 명시적인 세율 규정을 두고 있지 아니하며, 그밖에 원시취득에 관하여 정의규정을 두고 있는 법령을 찾을 수 없다. 따라서 지방세법에 있어서의 '원시취득'은 일응 강학상 개념대로 해석해야 할 것인바, 통상 원시취득은 어떤 권리가 타인의 권리에 기함이 없이 특정인에게 새로 발생하는 것이라 일컬어지며, 이에 대응하는 개념으로 어떤 권리가 타인의 권리에 기하여 특정인에게 승계적으로 발생하는 승계취득이 있다. 원시취득과 승계취득을 구별짓는 중대한 차이가 승계취득한 권리는 전의 권리의 제한 및 하자를 승계하나 원시취득은 그러하지 않는다는 것이다.
> 그런데 토지보상법에 따르면, 토지 수용의 경우 사업시행자는 수용의 개시일에 토지나 물건의 소유권을 취득하며 그 토지나 물건에 관한 다른 권리는 소멸한다는 것인바, 위와 같은 원시취득과 승계취득의 차이에 착안하여 토지

> 수용에 의한 소유권 취득은 토지소유자와 수용자와의 법률행위에 의하여 승계취득하는 것이 아니라 법률의 규정에 의하여 원시취득하는 것으로 설명되고 있다(대법원 2001.1.16. 선고 98다58511 판결 등 참조). 수용재결에 의한 사업시행자의 부동산 취득이 건물의 신축, 공유수면의 매립 또는 개간 등 과세객체가 새로이 생성되는 경우와는 차이가 있을 수 있지만 지방세법상 원시취득을 위의 경우로 한정하는 명시적 규정이 없는 이상, 원시취득과 승계취득을 구별짓는 중요한 개념표지에 따라 원시취득에 해당한다고 볼 수밖에 없고(부동산의 시효취득의 경우에도 종전에 없던 것이 새로 생성된 경우는 아니지만 이를 승계취득으로 보지는 않는다), 토지수용에 따른 등기가 소유권보존등기가 아닌 소유권이전등기의 형식으로 경료된다거나 종전 소유자가 양도소득세를 부담한다는 사정만으로 달리 볼 것은 아니다.

그러나 수용재결에 의한 부동산의 취득이 협의에 의한 취득과 실질 내용이 같고, 지방세법상 원시취득이 명칭이나 형식에 관계없이 기존에 실재하지 않았던 과세물건에 대해 납세의무를 생성하는 것인 점을 고려하여 2017년부터 적용되는 개정 지방세법에 '수용재결로 취득한 경우 등 과세대상이 이미 존재하는 상태에서 취득하는 경우는 원시취득에서 제외한다.'고 규정하였다. ■

참고사항 건축(建築)·개수(改修)의 뜻

용어	뜻
(1) 건 축	건축물을 신축·증축·개축·재축(再築)하거나 건축물을 이전하는 것을 말한다(지방법 6 (5), 건축법 2 ① (8)). • 신축 : 건축물이 없는 대지(기존 건축물이 철거되거나 멸실된 대지를 포함한다)에 새로 건축물을 축조(築造)하는 것[부속건축물만 있는 대지에 새로 주된 건축물을 축조하는 것을 포함하되, 개축(改築) 또는 재축(再築)하는 것은 제외한다]을 말한다. • 증축 : 기존 건축물이 있는 대지에서 건축물의 건축면적, 연면적, 층수 또는 높이를 늘리는 것을 말한다. • 개축 : 기존 건축물의 전부 또는 일부(내력벽·기둥·보·지붕틀 중 셋 이상이 포함되는 경우를 말한다)를 철거하고 그 대지에 종전과 같은 규모의 범위에서 건축물을 다시 축조하는 것을 말한다. • 재축 : 건축물이 천재지변이나 그 밖의 재해(災害)로 멸실된 경우 그 대지에 종전과 같은 규모의 범위에서 다시 축조하는 것을 말한다. • 이전 : 건축물의 주요구조부를 해체하지 아니하고 같은 대지의 다른 위치로 옮기는 것을 말한다.
(2) 개 수	다음 중 어느 하나에 해당하는 것을 말한다(지방법 6 (6)). ① 건축법에 따른 대수선 : 건축물의 기둥, 보, 내력벽, 주계단 등의 구조나 외부 형태를 수선·변경하거나 증설하는 것으로서 증축·개축 또는 재축에 해당하지 않는 것을 말한다(건축법 2 ① (9)). ② 건축물 중 레저시설, 저장시설, 도크(dock)시설, 접안시설, 도관시설, 급수·배수시설, 에너지 공급시설 및 그 밖에 이와 유사한 시설(이에 딸린 시설을 포함한다)을 수선하는 것 ③ 건축물에 딸린 시설물 중 승강기(엘리베이터, 에스컬레이터, 그 밖의 승강시설), 시간당 20킬로와트 이상의 발전시설, 난방용·욕탕용 보일러 등의 시설물 한 종류 이상 설치하거나 수선하는 것

예규판례 사실상 취득의 의미

취득세는 본래 재화의 이전이라는 사실 자체를 포착하여 거기에 담세력을 인정하고 부과하는 유통세의 일종으로 취득자가 재화를 사용·수익·처분함으로써 얻을 수 있는 이익을 포착하여 부과하는 것이 아니어서 취득자가 실질로 완전한 내용의 소유권을 취득하는가의 여부에 관계없이 사실상 취득행위 자체를 과세객체로 하는 것이고, 지방세법은 취득세의 과세객체가 되는 부동산 취득에 관하여 민법 등 관계 법령에 따른 등기·등록 등을 이행하지 아니한 경우라도 사실상 취득한 때에는 이를 취득한 것으로 본다고 규정하고 있는데, 여기에서 '사실상의 취득'이란 일반적으로 등기와 같은 소유권 취득의 형식적 요건을 갖추지는 못하였으나 대금의 지급과 같은 소유권 취득의 실질적 요건을 갖춘 경우를 말한다고 할 것이고, 그 사실상의 취득자가 3자간 등기명의신탁 약정에 따라 수탁자 명의로 소유권이전등기를 경료하고 자신의 명의로는 소유권이전등기를 경료하지 않았다고 하여 달리 볼 것은 아니다(대법원 2005두13360). ■

참고사항 차량 등의 최초의 승계취득시기

차량·기계장비·항공기 및 주문에 의해 건조하는 선박의 원시취득에 대해서는 과세하지 않고 승계취득에 한정하여 과세한다. 이 경우 최초 승계취득의 시기는 실수요자가 차량 등을 인도받는 날과 계약서상의 잔금지급일 중 빠른 날로 한다(지방령 73 ⑥). 예컨대 차량조립회사에서 차량을 조립(원시취득)하는 것과 차량판매회사에서 판매목적으로 취득(1차 승계취득)하는 것에 대해서는 취득세를 과세하지 않고, 실수요자가 차량판매회사로부터 차량을 인도받거나 잔금을 지급하는 때에 처음으로 취득세를 과세한다. ■

예규판례 차량 등의 실수요자의 의미

자동차 제조회사가 차량을 제작하여 자동차 판매회사나 실수요자에게 판매하는 경우 또는 자동차 판매회사가 자동차 제조회사로부터 차량을 구입하거나 외국에서 차량을 수입하여 실수요자에게 판매하는 경우에 자동차 제조회사의 차량 제조에 따른 차량취득 또는 자동차 판매회사의 판매를 위한 차량 취득을 취득세의 과세대상에서 제외한다는 취지의 규정으로서, 여기서 '실수요자'란 자동차 제조회사나 판매회사에 대응하는 소비자 내지는 수요자를 가리키는 것에 불과하여 판매 목적으로 차량을 취득한 것이 아닌 이상 그 취득 목적에 관계없이 위 시행령의 규정에서 말하는 '실수요자'에 해당한다. 따라서 자동차 제조회사가 다른 회사에서 제조한 차량을 시험용으로 취득하는 경우, 취득세의 과세대상에서 제외되지 않는다(대법원 2005.6.9. 선고 2004두6426 판결). ■

참고사항 매매용 중고자동차에 대한 취득세 감면

「자동차관리법(제53조)」에 따라 자동차매매업을 등록한 자가 매매용으로 취득하는 중고자동차에 대해서는 2027년 12월 31일까지 취득세를 면제한다. 다만, 그 취득일부터 2년(승합자동차, 화물자동차 또는 특수자동차의 경우에는 3년) 이내에 해당 중고자동차를 매각하지 않은 경우에는 감면된 취득세를 추징한다(지특법 68). ■

(3) 증여 또는 유상으로 취득한 것으로 보는 경우

1) 배우자·직계존비속으로부터 취득 : 배우자 또는 직계존비속으로부터 과세대상자산을 취득하는 경우에는 증여로 취득한 것으로 본다. 다만, 다음 중 어느 하나에 해당하는 경우에는 그 취득한 과세대상자산 전체를 유상으로 취득한 것으로 본다(지방법 7 ⑪).

① 공매(경매 포함. 이하 같다)를 통하여 과세대상자산을 취득한 경우

② 파산선고로 인하여 처분되는 과세대상자산을 취득한 경우

③ 권리의 이전이나 행사에 등기 또는 등록이 필요한 과세대상자산을 서로 교환한 경우

④ 해당 과세대상자산의 취득을 위하여 그 대가를 지급한 사실이 증명되는 다음의 경우. 다만, 시가인정액*보다 그 대가가 낮은 경우로서 '시가인정액과 그 대가의 차액'이 '시가인정액*의 30%에 상당하는 금액 이상이거나 3억원 이상'인 경우에는 제외한다(지방령 11의3).

㉠ 그 대가를 지급하기 위한 취득자의 소득이 증명되는 경우

㉡ 소유재산을 처분 또는 담보한 금액으로 해당 부동산을 취득한 경우

㉢ 이미 상속세 또는 증여세를 과세(비과세 · 감면받은 경우 포함)받았거나 신고한 경우로서 그 상속 또는 수증 재산의 가액으로 그 대가를 지급한 경우

㉣ 위 ㉠~㉢까지에 준하는 것으로서 취득자의 재산으로 그 대가를 지급한 사실이 입증되는 경우

* 시가인정액을 산정하기 어려운 경우에는 시가표준액으로 한다.

이는 배우자 · 직계존비속으로부터 취득하는 경우, ① 유상으로 취득한 것임이 증명되면 유상취득(4% 등 세율)으로, ② 그 외의 경우에 증여에 의한 취득(3.5% 세율)으로 보고 각각 취득세를 과세하도록 그 과세방법을 명확히 하기 위해서 마련된 규정이다.

한편 위 ④의 단서 규정에 따라 배우자 또는 직계존비속 간에 과세대상자산을 취득하는 경우 그 취득을 위하여 실제로 대가를 지급하였다 하더라도, 그 대가가 시가인정액보다 현저히 낮은 때에는 취득한 과세대상자산 전체를 유상취득으로 보지 않고 증여로 의제하여 무상취득 세율(예 : 3.5%)을 적용한다.

NEW 개정사항 배우자 또는 직계존비속 간 과세대상자산 유상거래시 적용기준 개선

<개정내용> 배우자 또는 직계존비속 간에 과세대상자산을 취득하는 경우, 그 취득을 위하여 실제로 대가를 지급하였다 하더라도 그 대가가 시가인정액보다 현저히 낮은 때에는 유상취득으로 보지 않고 증여로 의제하여 무상취득 세율(예 : 3.5%)을 적용하도록 하였다.

예 : 시가인정액 6억원인 부모 소유 주택을 자녀가 1억원에 취득한 경우

종전(유상취득으로 인정)	개정(증여로 의제)
• 과세표준 : 6억원* * 부당행위계산이 적용되므로 시가인정액을 과세표준(취득당시가액)으로 한다. • 세율 적용 : 유상취득(1%) • 취득세액 : 6억원×1%* = 600만원 → 실질은 증여와 동일하지만 낮은 유상취득 세율 적용으로 세부담 축소 가능	• 과세표준 : 6억원* * 증여로 의제되는 경우 유상취득시 부당행위계산 대상 거래에서 제외하고 시가인정액을 과세표준(취득당시가액)으로 한다. • 세율 적용 : 무상취득(3.5%) • 취득세액 : 6억원×3.5%* = 2억1천만원 → 시가보다 현저히 낮은 금액으로 취득했으므로 증여로 보아 과세

* 실제 유상취득분(1억원)까지도 증여로 의제되어 1%가 아닌 3.5% 세율을 적용하는데, 이는 실질과세 원칙에 대한 예외에 해당한다. 부담부증여시 시가인정액 중 ① 인수채무액 부분은 유상취득(1%), ② 나머지 부분은 무상취득(3.5%)으로 구분하여 세율을 적용하는 것과 비교할 필요가 있다.

종전	개정
□ 배우자 또는 직계존비속 간 과세대상자산 취득시 적용 세율	□ 배우자 또는 직계존비속 간 과세대상자산 취득시 적용 세율
○ 원칙 : 증여로 취득한 것으로 보고 무상취득 세율 적용	○ (왼쪽과 같음)
○ 예외 : 유상으로 취득한 것으로 보고 유상취득 세율 적용	○ 예외 : 전체를 유상으로 취득한 것으로 보고 유상취득 세율 적용
– 유상으로 취득한 것으로 보는 사유 ① 공매 · 경매를 통해 취득한 경우 ② 파산선고로 처분되는 부동산 등 취득 ③ 등기 · 등록이 필요한 부동산의 교환 ④ 매매 후 대가 지급 사실 및 소득을 증명	①~④ (왼쪽과 같음)
<단서 추가>	④ 매매 후 대가 지급 사실 및 소득을 증명 – 다만, 시가인정액보다 대가가 현저히 낮은 경우*에는 증여로 취득한 것으로 보고 무상취득 세율 적용 * 현저히 낮은 경우 : 시가인정액과 그 대가의 차액이 시가인정액의 30% 또는 3억원 이상인 경우

<적용시기> 이 규정은 2026년 1월 1일 이후 취득세 과세대상자산을 취득하는 경우부터 적용한다. ■

2) 부담부증여 : 증여자의 채무를 인수하는 부담부증여(負擔附贈與)의 경우에는 그 채무액에 상당하는 부분은 과세대상자산을 유상으로 취득하는 것으로 본다. 다만, 배우자 또는 직계존비속으로부터의 과세대상자산의 부담부증여의 경우에는 위 1)의 규정을 적용한다(지방법 7 ⑫).

따라서 부담부증여로 취득한 자는 ① 인수한 채무액에 상당하는 부분은 유상취득에 대한 취득세율(4% 등)을 적용하고 ② 시가인정액 중 인수한 채무액을 제외한 부분은 무상취득(증여)에 대한 취득세율(3.5%)을 적용한다. 그리고 주택의 유상거래에 대한 낮은 취득세율(1%～3%)은 시가인정액 중 인수한 채무액에 상당하는 부분에 대해서만 적용한다.

다만, 배우자 또는 직계존비속으로부터의 과세대상자산의 부담부증여의 경우에는 1)의 규정이 우선 적용되므로 인수한 채무액에 상당하는 부분도 증여로 취득한 것으로 본다(만약 수증자가 그 채무액에 상당하는 부분에 대해서 대가를 지급한 사실이 입증되는 경우에는 그 채무액에 상당하는 부분은 유상으로 취득한 것으로 본다).

[도 표] 부동산 부담부증여 취득세 과세상 취급

구분	부담부증여로 취득한 과세대상자산 시가인정액 구분	
	채무부담액 부분	나머지 부분
취득 유형	유상승계취득	무상승계취득

과세표준	채무부담액 ※ 유상승계취득 과세표준 적용	(시가인정액 – 채무부담액) 잔액 ※ 무상취득 과세표준 적용
취득세율	4% 등(유상승계취득)	3.5%(상속 외 무상취득)
신고납부기한	취득일(증여계약일)이 속하는 달의 말일부터 3개월 이내 ※ 부담부증여도 일반적인 증여와 같이 신고납부기한을 판단한다.	
취득세 부과제척기간	• 일반적인 경우 : 5년 • 무신고한 경우 : 10년 • 부정행위로 포탈한 경우 : 10년 ※ 부담부증여도 증여와 같이 부과제척기간을 적용함	

3) 상속재산의 협의분할 : 상속개시 후 상속재산에 대하여 등기 · 등록 · 명의개서 등(이하 '등기 등'이라 한다)에 의하여 각 상속인의 상속분이 확정되어 등기 등이 된 후, 그 상속재산에 대하여 공동상속인이 협의하여 재분할한 결과 특정 상속인이 당초 상속분을 초과하여 취득하게 되는 재산가액은 그 재분할에 의하여 상속분이 감소한 상속인으로부터 증여받아 취득한 것으로 본다(지방법 7 ⑬). 그 취지는 민법의 협의분할은 상속개시일로 소급하는 효력이 있다는 점을 이용하여 상속개시 후 공동상속인이 확정된 상속재산을 협의하여 재분할하는 방법으로 증여에 대한 취득세를 회피하는 것을 방지하려는 데 있다.

그러나 취득세 신고 · 납부기한 이내*에 재분할에 의한 취득과 등기 등을 모두 마친 경우에는 증여받아 취득한 것으로 보지 않는다(지방법 7 ⑬ 단서 (1)).

* 상속으로 인한 취득의 경우 취득세 신고 · 납부기한은 '상속개시일이 속하는 달의 말일부터 6개월(외국에 주소를 둔 상속인이 있는 경우에는 9개월) 이내'이다.

[도 표] 상속재산의 재분할에 대한 취득세 과세상 취급

재분할의 시기	취득세 과세상 취급
상속개시일이 속하는 달의 말일부터 6개월 이내에 재분할로 취득한 경우	• 재분할로 취득한 재산가액 → 각 상속인이 상속개시일에 소급하여 취득한 것으로 인정되므로 상속으로 인한 취득에 대한 취득세 신고납부(취득세율 2.8%)*
상속개시일이 속하는 달의 말일부터 6개월이 지난 후 재분할로 취득한 경우	• 당초 상속받은 재산가액 → 각 상속인이 상속으로 인한 취득에 대한 취득세 신고납부(취득세율 2.8%) • 특정상속인의 초과 취득분 재산가액 → 상속분이 감소한 상속인으로부터 증여받아 취득한 것으로 보고 무상취득에 취득세 신고납부(취득세율 3.5%)

* 상속분이 감소한 상속인으로부터 특정상속인 앞으로 등기를 할 때에는 당초 분할시 상속을 원인으로 한 소유권 이전등기에 대한 경정등기를 한다(이 경우에는 경정등기에 대한 1건당 6천원의 등록면허세가 부과된다).

참고사항 재분할의 시기에 관계없이 취득으로 보지 않은 경우

상속재산의 재분할에 다음 중 어느 하나에 해당하는 사유가 있는 경우에는 상속재산의 재분할의 시기에 관계없이 특정상속인이 증여받아 취득한 것으로 보지 않는다(지방법 7 ⑬ 단서 (2), 지방령 10의2).

① 상속회복청구의 소에 의한 법원의 확정판결에 의하여 상속인 및 상속재산에 변동이 있는 경우

② 민법에 따른 채권자대위권의 행사에 의하여 공동상속인들의 법정상속분대로 등기 · 등록이 된 상속재산을 상속인 사이의 협의분할에 의하여 재분할하는 경우 ■

참고사항 취득한 것으로 보는 그 밖의 경우

1. 「공간정보의 구축 및 관리 등에 관한 법률(제67조)」에 따른 대(垈) 중 「국토의 계획 및 이용에 관한 법률」 등 관계법령에 따른 택지공사가 준공된 **토지에 정원 또는 부속시설물 등을 조성·설치하는 경우**에는 그 정원 또는 부속시설물 등은 토지에 포함되는 것으로서 **토지의 지목을 사실상 변경하는 것으로 보아 토지의 소유자가 취득한 것으로 본다**(이에 따른 토지의 소유자의 취득에 대한 취득세율은 2%로 한다)(지방법 7 ⑭ 본문, 15 ② (7)). 다만, 건축물을 건축하면서 **그 건축물에 부수되는 정원 또는 부속시설물 등을 조성·설치하는 경우**에는 그 정원 또는 부속시설물 등은 건축물에 포함되는 것으로 보아 **건축물을 취득하는 자가 취득한 것으로 본다**(지방법 7 ⑭ 단서).

2. 신탁법(제10조)에 따라 **신탁재산의 위탁자 지위의 이전이 있는 경우에는 새로운 위탁자가 해당 신탁재산을 취득한 것으로 본다.** 다만, 위탁자 지위의 이전에도 불구하고 신탁재산에 대한 실질적인 소유권 변동이 있다고 보기 어려운 경우로서 「자본시장과 금융투자업에 관한 법률」에 따른 부동산집합투자기구의 집합투자업자가 그 위탁자의 지위를 다른 집합투자업자에게 이전하는 경우에는 그렇지 않다(지방법 7 ⑮, 지방령 11의4). ■

참고사항 건축물 취득세 과세표준에 조경비용 포함

건축물 건축에 수반하는 조경비용은 토지가 아닌 건물 효용가치를 증가시킴에도 토지의 과세표준에 포함(지목변경 간주취득 2% 세율 적용)되는 불합리를 개선하기 위해서 건축물을 건축하면서 그 건축물에 부수되는 정원 또는 부속시설물 등을 조성 · 설치하는 경우에는 그 정원 또는 부속시설물 등은 건축물에 포함(건축 2.8% 세율 적용)되는 것으로 보고 건축물을 취득하는 자에게 취득세를 부과하도록 하였다.

공사목적	건축이 수반되는 경우	건축이 수반되지 않는 경우(지목변경)
과 세 방 법	건축물 취득에 포함하여 과세	토지 지목변경에 따른 간주취득으로 과세
납세의무자	건축물 소유자	토지 소유자
과 세 표 준	건축비 + 조경공사비 등	토지 지목변경 공사비 + 조경공사비 등
세 율	2.8%(원시취득)	2%(지목변경 간주취득)
사 례	건물 부속토지 내 도로포장	건물 부속토지 이외 부지 내 도로포장 등

참고사항 도시개발사업 등의 시행에 따른 부동산 취득 기준

1. 도시개발법에 따른 **도시개발사업**과 「도시 및 주거환경정비법」에 따른 **재개발사업의 시행으로 해당 사업의 대상이 되는 부동산의 소유자**(상속인 포함)가 환지계획 또는 관리처분계획에 따라 공급받거나 토지상환채권으로 상환받는 ① **건축물은 그 소유자가 원시취득한 것으로 보며**, ② **토지의 경우에는 그 소유자가 승계취득한**

것으로 본다. 이 경우 토지는 당초 소유한 토지 면적을 초과하는 경우로서 그 초과한 면적에 해당하는 부분에 한하여 취득한 것으로 본다(지방법 7 ⑯).

2. 토지의 지목을 사실상 변경함으로써 그 가액이 증가한 경우에는 취득으로 본다. 이 경우 도시개발법에 따른 도시개발사업(환지방식만 해당한다)의 시행으로 **토지의 지목이 사실상 변경된 때**에는 그 환지계획에 따라 공급되는 ① **환지는 조합원이**, ② **체비지·보류지는 사업시행자가 각각 취득한 것으로 본다**(지방법 7 ④ 후단).

구분	과세대상	취득 원인
도시개발사업 재개발사업	신축한 건축물 (아파트·상가)	소유자가 원시취득(2.8% 세율) ※ 청산금 납부 여부와 관계없이 원시취득으로 본다.
	토지 (당초 면적보다 증가한 면적에 한함)	소유자가 승계취득(4% 세율)
도시개발사업 (환지방식만 해당)	토지의 지목변경	지목변경으로 인한 간주취득(2% 세율) (환지는 조합원이 취득 체비지·보류지는 사업시행자가 취득)

예규판례 부담부증여 관련 취득세

1. 사안의 개요

원심판결 이유와 원심이 적법하게 채택하여 조사한 증거 등에 의하면, 다음과 같은 사실을 알 수 있다.

가. 원고는 2022.4.28. 부친 소외인으로부터 서울 강서구 (주소 생략) (동호수 생략) (이하 '이 사건 아파트'라고 한다)을 증여받되, 임차인에 대한 350,000,000원의 임대차보증금반환채무(이하 '이 사건 보증금반환채무'라고 한다)를 원고가 인수하기로 하는 내용의 부담부증여계약(이하 '이 사건 부담부증여계약'이라고 한다)을 체결하였다.

나. 원고는 2022.6.2. 지방세법 제13조의2 제2항에 의하여 조정대상지역 내 3억 원 이상의 주택 무상취득에 따른 12%의 중과세율을 적용하여 산출된 취득세 55,080,000원, 지방교육세 1,836,000원 합계 56,916,000원을 신고하고, 2022.6.3. 이를 납부하였다.

다. 원고는 2023.2.3. 피고에게 '이 사건 보증금반환채무에 상당하는 부분은 부담부증여로 유상취득세율(1%)이 적용되어야 한다.'고 주장하면서 이미 신고·납부한 취득세 등의 차액을 환급해 달라는 내용의 경정청구를 하였으나, 피고는 2023.2.8. 위 경정청구를 거부하였다(이하 '이 사건 처분'이라고 한다).

2. 관련 규정의 개정 연혁 및 이 사건의 쟁점

가. 지방세법 제7조 제11항은 본문에서 배우자 또는 직계존비속의 부동산 등을 취득하는 경우 증여로 취득한 것으로 보도록 규정하면서도, 단서에서 그 각 호의 어느 하나에 해당하는 경우에는 유상으로 취득한 것으로 보도록 규정하고 있다. 이에 따라 지방세법 제7조 제11항 단서 제4호는 유상취득으로 보는 경우 중 하나로서, '해당 부동산 등의 취득을 위하여 그 대가를 지급한 사실이 다음 각 목의 어느 하나에 의하여 증명되는 경우'를 규정하면서, '그 대가를 지급하기 위한 취득자의 소득이 증명되는 경우'[(가)목], '소유재산을 처분 또는 담보한 금액으로 해당 부동산을 취득한 경우'[(나)목], '이미 상속세 또는 증여세를 과세 받았거나 신고한 경우로서 그 상속 또는 수증 재산의 가액으로 그 대가를 지급한 경우'[(다)목], '(가)목부터 (다)목까지에 준하는 것으로서 취득자의 재산으로 그 대가를 지급한 사실이 입증되는 경우'[(라)

목]를 들고 있다. 나아가 부동산 등의 부담부증여에 관하여, 지방세법 제7조 제12항 본문과 단서는 증여자의 채무를 인수하는 부담부증여의 경우에는 그 채무액에 상당하는 부분은 부동산 등을 유상으로 취득하는 것으로 보되, 배우자 또는 직계존비속으로부터의 부동산 등의 부담부증여의 경우에는 제11항을 적용한다고 규정하고 있다.

나. 「상속세 및 증여세법」에 배우자 또는 직계존비속에게 양도한 부동산 등에 관한 증여추정 규정(제44조 제1항)이 있었던 것과 달리, 지방세법에는 배우자 또는 직계존비속으로부터 취득한 부동산 등의 취득세에 관하여 아무런 규정을 두고 있지 않았다. 그러다가 2013.12.26. 법률 제12118호로 지방세법이 개정되면서 유상거래로 취득하는 주택의 취득세율이 종전보다 인하됨에 따라 주택에 관한 유상취득세율이 무상취득세율보다 낮아지게 되었다(제11조 제1항 제2호, 제8호). 이에 변칙적인 증여를 통해 취득세를 탈루하는 사례를 방지하고자 2014.1.1. 법률 제12153호로 지방세법이 다시 개정되어, 배우자 또는 직계존비속의 부동산 등을 취득하는 경우 증여로 취득한 것으로 보되 해당 부동산 등의 취득을 위하여 그 대가를 지급한 사실을 증명한 경우 등에 해당하는 때에는 유상취득한 것으로 보도록 하는 규정(제7조 제11항 본문 및 단서 제4호)이 신설되었다. 위 개정 당시, 증여자의 채무를 인수하는 부담부증여의 경우 그 채무액에 상당하는 부분은 부동산 등을 유상취득한 것으로 보도록 하는 규정(제7조 제12항)도 함께 마련되었다.

이후 2015.12.29. 지방세법이 개정되면서, 배우자 또는 직계존비속의 부동산 등을 취득하는 경우 이를 유상취득으로 보려면 해당 부동산 등의 취득을 위하여 대가를 지급한 사실 외에도 취득자의 소득, 재산 등 대가 지급의 원천에 대한 추가적인 증명을 요하는 내용으로 지방세법 제7조 제11항 단서 제4호가 개정되었다. 그러다가 2017.12.26. 지방세법이 개정되면서 지방세법 제7조 제12항에 단서 부분이 신설되어, 배우자 또는 직계존비속으로부터의 부동산 등 부담부증여의 경우에도 지방세법 제7조 제11항을 적용하도록 정해졌다.

다. 원고는 부친과의 이 사건 부담부증여계약에 따라 이 사건 아파트를 증여받으면서 이 사건 보증금반환채무를 인수하였는바, 이와 같이 인수된 채무액에 상당하는 부분을 지방세법 제7조 제12항 단서, 같은 조 제11항 단서 제4호에 따라 유상취득으로 볼 수 있는지가 이 사건의 쟁점이다.

3. 판 단

가. 원심은 판시와 같은 이유로, 원고의 소득만으로는 이 사건 보증금반환채무를 상환할 수 없었다고 보아 지방세법 제7조 제11항 단서 제4호 (가)목에 해당하지 않는다고 판단하면서도, 다음과 같은 이유로 원고의 재산으로 부친에게 그 대가를 지급한 사실이 입증되는 경우에 해당하여 지방세법 제7조 제11항 단서 제4호 (라)목에 따라 이 사건 보증금반환채무에 상당하는 부분을 유상취득한 것으로 보아야 한다면서, 피고가 이를 증여로 보아 무상취득에 대한 중과세율 12%가 적용된다는 전제에서 한 이 사건 처분은 위법하다고 판단하였다.

1) 지방세법 제7조 제11항 단서 제4호에서의 '대가의 지급'은 현실적인 금전의 교부뿐만 아니라 채무인수 등을 통한 지급도 포함하는 개념이다. 수증자가 임차인에 대한 보증금반환채무를 인수하면서 아파트를 증여받을 경우, 그 보증금반환채무는 보증금을 임차인에게 반환하는 시점까지 수증자의 채무로 남게 된다. 비록 수증자가 부담부증여를 받을 당시 보증금반환채무를 즉시 변제할 수 있는 자력이 없더라도, 새로운 임차인으로부터 받을 보증금으로 이를 변제할 수 있으므로, 보증금 반환 시점에 이를 변제할 자력이 있다고 인정된다면 실질적으로 보증금반환채무를 인수한 것으로 평가하여 증여자에게 그 대가

를 지급한 것으로 볼 수 있다.

2) 이 사건의 경우, 원고는 증여자인 부친의 종전 임차인에 대한 이 사건 보증금반환채무를 면책적으로 인수하였고, 이에 따라 이 사건 아파트의 증여재산가액에서 이 사건 보증금반환채무의 채무액을 공제한 금액을 과세가액으로 하여 2022.7.28. 증여세 과세표준을 신고하고 2022.8.1. 증여세를 납부하였다.

3) 원고는 이 사건 부담부증여계약 이후인 2023.4.1.부터 같은 해 5.26.까지 이 사건 아파트의 새로운 임차인으로부터 수령한 보증금 270,000,000원 등을 포함한 재원으로, 2023.5.26. 종전 임차인에게 이 사건 보증금반환채무를 실제 상환하였다.

나. 그러나 원심의 판단은 다음과 같은 이유로 수긍하기 어렵다.

1) 조세법률주의의 원칙상 조세법규는 특별한 사정이 없는 한 법문대로 해석하여야 하고 합리적 이유 없이 확장 · 축소해석하거나 유추해석하는 것은 허용되지 않지만, 법규 상호 간의 해석을 통하여 그 의미를 명백히 할 필요가 있는 경우에는 조세법률주의가 지향하는 법적 안정성 및 예측 가능성을 해치지 않는 범위 내에서 입법 취지 및 목적 등을 고려한 합목적적 해석을 하는 것은 불가피하다(대법원 2025.2.27. 선고 2023두37544 판결).

2) 앞서 본 것처럼 지방세법 제7조 제11항은 배우자 또는 직계존비속으로부터 부동산 등을 취득할 경우 본문에 따라 원칙적으로 무상취득으로 보되, 예외적으로 취득 대가의 지급 사실이 같은 항 단서 제4호 각 목 중 어느 하나에 의하여 증명된 경우에는 유상취득으로 보도록 하고 있다. 이는 배우자 또는 직계존비속으로부터의 변칙적인 증여를 통해 취득세를 탈루하는 사례를 방지하고자 취득의 유상성에 관한 증명을 과세관청이 아닌 납세자가 하도록 정한 것이다.

같은 취지에서 배우자 또는 직계존비속 사이의 부동산 등의 부담부증여의 경우에도 지방세법 제7조 제12항 단서에 따라 같은 조 제11항이 적용된다. 그러므로 같은 조 제11항 본문에 따라 원칙적으로 무상취득으로 보되, 같은 항 단서 제4호에 따라 예외적으로 납세자가 '대가를 지급한 사실'을 그 각 목의 어느 하나에 의하여 증명한 경우에는 유상취득으로 인정될 수 있다. 따라서 부담이 채무인수인 경우, 납세자가 지방세법 제7조 제11항 단서 제4호 각 목의 사실을 증명하면 해당 채무인수는 '대가의 지급'으로 인정될 수 있다.

즉, 지방세법 제7조 제11항 단서 제4호 (가)목에 따라 '인수한 채무를 변제할 수 있는 취득자의 소득이 증명되는 경우', (나)목에 따라 '소유재산을 처분 또는 담보한 금액으로 인수한 채무를 변제하거나 변제할 수 있음이 증명되는 경우', (다)목에 따라 '이미 상속세 또는 증여세를 과세 받았거나 신고한 경우로서 그 상속 또는 수증 재산의 가액으로 인수한 채무를 변제하거나 변제할 수 있음이 증명되는 경우', (라)목에 따라 '(가)목부터 (다)목까지에 준하는 것으로서 취득자의 재산으로 인수한 채무를 변제하거나 변제할 수 있음이 증명되는 경우'에 '대가의 지급'으로 인정될 수 있는 것이다.

3) 이와 같이 납세자로 하여금 대가의 지급 또는 채무의 부담에 관해 납세자 스스로의 소득과 재산을 갖추고 있음을 증명하도록 명시한 지방세법 제7조 제12항 단서나 같은 조 제11항 단서 제4호 각 목의 내용과 취지, 유상취득과 무상취득의 구별은 원칙적으로 취득세 납세의무의 성립 시점을 기준으로 이루어져야 하는 점 등을 종합적으로 고려하면, 증여자의 채무를 인수하는 부동산 등의 부담부증여에서 지방세법 제7조 제11항 단서 제4호의 '그 대가를 지급한 사실이 증명되는 경우'란, 수증자가 해당 부동산 등의 취득 시점을 기준으로 인수한 채무를 변제하기에 충분한 소득이나 재산을 갖추고 있어, 그 채무인수로 인하

여 당초 채무자인 증여자가 해당 채무 부담을 실질적으로 면하게 될 뿐만 아니라 그 부담이 다시 증여자에게 전가되지 않을 개연성이 높다고 인정되는 경우를 의미한다고 해석하여야 한다. 여기서 수증자가 증여자로부터 인수한 채무를 변제할 충분한 소득이나 재산을 갖추고 있는지를 판단할 때에는, 지방세법 제7조 제11항 단서 제4호 (다)목에 따라 취득 이전에 이미 상속세 또는 증여세를 과세받았거나 신고한 경우로서 그 상속 또는 수증 재산에 해당하는 때를 제외하고는, 수증자 본인의 소득과 재산만을 가지고 살펴야 하고, 부담부증여의 목적물인 해당 부동산 자체를 고려해서는 아니 된다.

4) 앞서 본 사실관계를 위와 같은 법리에 비추어 살펴보면, 원심은 원고가 이 사건 보증금반환채무를 변제할 자력이 있었는지를 판단할 때 원고가 증여받은 이 사건 아파트를 원고가 이미 소유하고 있던 재산인 것처럼 보아서는 아니 되고, 이 사건 아파트의 취득 시점을 기준으로 원고가 위 채무를 변제하기에 충분한 소득이나 재산을 갖추고 있었는지를 심리하였어야 한다.

다. 그럼에도 원심은, 이 사건 아파트 취득 당시 이 사건 보증금반환채무가 곧바로 상환될 필요가 없었고 원고가 나중에 새로운 임차인으로부터 보증금을 받아 이를 상환할 수 있었다는 점 등을 들어, 부담부증여의 목적물에 해당하는 이 사건 아파트에 관하여 장래에 수령할 임대차보증금까지 원고가 당초부터 소유한 재산인 것과 마찬가지로 원고의 변제자력 유무의 판단에 반영하였다. 이러한 원심판결에는 지방세법 제7조 제12항 단서 및 같은 조 제11항에 관한 법리를 오해하여 필요한 심리를 다하지 아니한 잘못이 있다. 이를 지적하는 피고의 상고이유 주장은 이유 있다(대법원 2025.10.16.선고 2024두67238 판결).

예규판례 매매대금을 모두 지급하여 부동산을 사실상 취득한 자가 3자간 등기명의신탁 약정에 따라 명의수탁자 명의로 소유권이전등기를 마쳤다가 그 후 해당 부동산에 관하여 자신의 명의로 소유권이전등기를 마친 경우에도 마찬가지인지 여부(적극)(대법원 2018.3.22. 선고 2014두43110 전원합의체 판결)

1. 취득세 납세의무의 성립 여부에 관한 상고이유에 대하여

가. 구 지방세법(2010.1.1. 법률 제9924호로 개정되기 전의 것, 이하 같다) 제105조는 제1항에서 취득세는 부동산 등의 '취득'에 대하여 그 취득자에게 부과한다고 규정하고, 제2항에서 부동산 등의 취득에 있어서는 민법 기타 관계 법령에 의한 등기·등록 등을 이행하지 아니한 경우라도 '사실상 취득'한 때에는 이를 취득한 것으로 본다고 규정하고 있다. 구 지방세법 제111조 제7항의 위임에 따른 구 지방세법 시행령(2010.7.6. 대통령령 제22251호로 개정되기 전의 것, 이하 같다) 제73조는 취득세 과세물건의 취득 시기에 관하여 제1항에서 유상승계취득의 경우에는 사실상의 잔금지급일(이에 해당하지 아니하는 경우에는 그 계약상의 잔금지급일)에 취득한 것으로 본다고 규정하고, 제3항 본문에서 제1항에 의한 취득일 전에 등기 또는 등록을 한 경우에는 그 등기일 또는 등록일에 취득한 것으로 본다고 규정하고 있다.

위와 같은 관련 규정의 문언 내용과 아울러 구 지방세법 제105조 제2항에서 규정한 '사실상 취득'이란 일반적으로 등기와 같은 소유권 취득의 형식적 요건을 갖추지는 못하였으나 대금의 지급과 같은 소유권 취득의 실질적 요건을 갖춘 경우를 말하는 점 등을 종합하여 보면, 매수인이 부동산에 관한 매매계약을 체결하고 소유권이전등기에 앞서 매매대금을 모두 지급한 경우 사실상의 잔금지급일에 구 지방세법 제105조 제2항에서 규정한 '사실상 취득'에 따른 취득세 납세의무가 성립하고(대법원 2005.1.13. 선고 2003두10343 판결, 대법원 2007.5.11. 선고 2005두13360 판결, 대법원 2014.1.23. 선고 2013두18018 판결 참조), 그 후 그 사실상의 취득자가 그 부동산에 관하여 매매를 원인으로 한 소유권이전등기를 마치더라도 이는 잔금지급일에 '사실상 취득'을 한 부동산에 관하여 소유권 취득의 형식적 요건을 추가로 갖춘 것에 불과하므로, 잔금지급일에 성립한 취득세 납세의무와 별도로 그 등기일에 구

지방세법 제105조 제1항에서 규정한 '취득'을 원인으로 한 새로운 취득세 납세의무가 성립하는 것은 아니다(대법원 2013.3.14. 선고 2010두28151 판결 참조).

이러한 법리는 매매대금을 모두 지급하여 부동산을 사실상 취득(필자주 : 취득세 납세의무가 성립)한 자가 3자간 등기명의신탁 약정에 따라 명의수탁자 명의로 소유권이전등기를 마쳤다가 그 후 해당 부동산에 관하여 자신의 명의로 소유권이전등기를 마친 경우(필자주 : 새로운 취득세 납세의무가 성립하는 것 아님)에도 마찬가지로 적용된다고 할 것이다. 그 이유는 다음과 같다.

(1) 명의신탁자가 소유자로부터 부동산을 양수하면서 명의수탁자와 사이에 명의신탁약정을 하여 소유자로부터 바로 명의수탁자 명의로 해당 부동산의 소유권이전등기를 하는 3자간 등기명의신탁의 경우, 명의신탁자가 매매계약의 당사자로서 매도인과 매매계약을 체결하고 매매대금을 지급하며, 매매계약에 따른 법률효과도 명의신탁자에게 귀속된다. 부동산 실권리자명의 등기에 관한 법률(이하 '부동산실명법'이라 한다)은 매도인과 명의신탁자 사이의 매매계약의 효력을 부정하는 규정을 두고 있지 아니하므로 그 매매계약이 효력이 없다고 보기 어렵다. 이렇듯 3자간 등기명의신탁에서 명의신탁자의 매수인 지위는 일반 매매계약에서 매수인 지위와 근본적으로 다르지 않다. 3자간 등기명의신탁의 명의신탁자에게 구 지방세법 제105조 제2항이 적용되지 않는다고 볼 만한 법적 근거도 없다. 따라서 명의신탁자가 부동산에 관한 매매계약을 체결하고 매매대금을 모두 지급하였다면 잔금지급일에 구 지방세법 제105조 제2항의 '사실상 취득'에 따른 취득세 납세의무가 성립한다.

(2) 명의신탁자가 부동산을 사실상 취득한 이후 자신의 명의가 아니라 명의수탁자 명의로 그 소유권이전등기를 마쳤더라도, 이는 취득세 납세의무가 성립한 이후에 발생한 사정에 불과하다. 더군다나 부동산실명법 제4조 제1항 및 제2항 본문에 의하여 명의신탁약정과 그에 따른 명의수탁자 명의의 등기는 무효이다. 따라서 명의수탁자 명의의 소유권이전등기를 이유로 이미 성립한 명의신탁자의 취득세 납세의무가 소급하여 소멸한다거나 성립하지 않았다고 볼 수는 없다.

(3) 3자간 등기명의신탁의 경우 명의신탁약정과 그에 따른 등기는 무효인 반면 매도인과 명의신탁자 사이의 매매계약은 유효하므로, 명의신탁자는 매도인에게 매매계약에 따른 소유권이전등기를 청구할 수 있고, 그 소유권이전등기청구권을 보전하기 위하여 매도인을 대위하여 무효인 명의수탁자 명의 등기의 말소를 구할 수도 있다(대법원 2002.3.15. 선고 2001다61654 판결 참조). 이는 명의신탁자가 명의수탁자 명의로 소유권이전등기를 마쳤다는 이유만으로 명의신탁자의 '사실상 취득'을 부정할 수 없다는 것을 뒷받침한다.

(4) 3자간 등기명의신탁에서 명의신탁자가 명의수탁자 명의의 소유권이전등기를 말소한 다음 그 부동산에 관하여 매도인으로부터 자신의 명의로 소유권이전등기를 마치더라도, 이는 당초의 매매를 원인으로 한 것으로서 잔금지급일에 '사실상 취득'을 한 부동산에 관하여 소유권 취득의 형식적 요건을 추가로 갖춘 것에 불과하다. 그리고 명의신탁자가 당초의 매매를 원인으로 매도인으로부터 소유권등기를 이전받는 것이 아니라 명의수탁자로부터 바로 소유권등기를 이전받는 형식을 취하였다고 하여 위와 달리 평가할 수도 없다. 따라서 어느 경우이든 잔금지급일에 성립한 취득세 납세의무와 별도로 그 등기일에 새로운 취득세 납세의무가 성립한다고 볼 수는 없다.

나. 원심은 다음과 같은 사실을 인정하고 판단하였다.

(1) 원고는 2006.12.18. 동원레미콘 주식회사로부터 이 사건 각 토지를 매수하고 매매대금을 모두 지급한 후, 3자간 등기명의신탁 약정에 따라 2007.12.27. 그 직원인 소외인 명의로 소유권이전등기를 마치고, 2008.1.10. 소외인 명의로 취득세 등을 납부하였다.

(2) 피고는 원고가 위 각 토지의 실제 취득자라는 이유로 2011.11.8. 원고에게 취득세 등을 부과하였고, 원고는 2011.11.30. 위 취득세 등을 납부하였다.

(3) 원고는 2012.5.10. 위 각 토지에 관하여 '2012.4.13. 매매'를 원인으로 한 소유권이전등기를 마친 후 피고에게 취득세 등을 신고·납부하였다.

(4) 원고는 2012.10.19. 피고에게 '위 각 토지의 취득에 따른 취득세 등을 이중으로 납부하였다'는 이유로 마지막으로 신고·납부한 취득세 등을 환급하여 달라는 내용의 경정청구를 하였는데, 피고는 2012.10.23. 위 경정청구를 거부하는 이 사건 처분(필자주 : 위법)을 하였다.

(5) 원고가 위 각 토지에 관하여 자신의 명의로 소유권이전등기를 마친 것은 원고가 소외인으로부터 별도의 매매계약에 따라 위 각 토지를 새로 취득하였기 때문이 아니고, 그 매매대금을 모두 지급하여 이미 위 각 토지를 사실상 취득한 후에 소유권 취득의 형식적 요건을 추가로 갖춘 것에 불과하므로 새로운 취득에 해당하지 않는다. 따라서 이와 다른 전제에서 이루어진 이 사건 처분은 위법하다.

다. 앞서 본 규정과 법리에 따라 기록을 살펴보면, 원심의 이러한 판단은 정당하다. 거기에 명의신탁자의 취득세 납세의무에 관한 법리를 오해한 잘못이 없다.

2. 이 사건 처분의 취소 범위에 관한 상고이유에 대하여

이 부분 상고이유의 요지는, 원고가 이 사건 각 토지를 사실상 취득한 후에 소유권 취득의 형식적 요건을 추가로 갖추었다고 하더라도, 이로써 취득을 원인으로 하지 않는 등기가 이루어진 것이므로 등록세와 지방교육세 상당 금액 부분은 경정을 거부할 수 있다는 취지이다. 그런데 이는 상고심에 이르러 처음으로 하는 주장이므로 적법한 상고이유가 될 수 없다.

3. 결 론

그러므로 상고를 기각하고 상고비용은 패소자가 부담하도록 하여, 주문과 같이 판결한다. 이 판결에는 대법관 고영한, 대법관 김신, 대법관 이기택, 대법관 김재형, 대법관 조재연의 반대의견이 있는 외에는 관여 법관의 의견이 일치되었고, 다수의견에 대한 대법관 김창석, 대법관 김소영의 보충의견, 반대의견에 대한 대법관 김신의 보충의견이 있다.

4. 대법관 고영한, 대법관 김신, 대법관 이기택, 대법관 김재형, 대법관 조재연의 반대의견

이 사건의 결론은 3자간 등기명의신탁에서 종전 소유자로부터 명의수탁자 앞으로 부동산 소유권이전등기를 한 경우 명의수탁자 명의의 등기와 그에 따른 취득세 신고납부가 있었음에도 잔금지급일에 명의신탁자에게 '사실상 취득'을 원인으로 한 취득세 납세의무가 성립하는지에 달려있다고 할 수 있다. 이를 긍정하는 다수의견에 대하여는 다음에서 보는 ① 취득세의 유통세로서의 성격, ② 지방세법의 개정 경과, ③ 3자간 등기명의신탁에서 명의수탁자의 지위, ③ 구 지방세법 제105조 제2항의 적용 범위, ④ 일반 국민들의 납세의식과 조세 행정의 효율성 등에 비추어 찬성할 수 없다.

가. ① 취득세는 재화의 이전이라는 사실 자체를 포착하여 거기에 담세력을 인정하고 부과하는 유통세의 일종으로서 부동산의 경우 취득자가 그 부동산을 사용·수익·처분함으로써 얻는 이익을 포착하여 부과하는 것이 아니다. 따라서 구 지방세법 제105조 제1항(현행법은 제7조 제1항에서 이와 유사하게 규정하고 있다)에 규정된 '부동산의 취득'이란 부동산의 취득자가 실질적으로 완전한 내용의 소유권을 취득하는지와 관계없이 소유권

이전의 형식으로 부동산을 취득하는 모든 경우를 포함한다(대법원 2002.6.28. 선고 2000두7896 판결 등 참조). 이러한 취지에서 대법원은 돈을 빌려주고 그 채권에 대한 양도담보로 부동산의 소유권등기를 이전받는 것이나 부동산을 양도담보로 제공하여 채권자 명의로 소유권이전등기를 마쳤다가 그 후 차용금을 갚고 그 소유권이전등기를 말소하는 것은 모두 취득세 과세대상이 되는 부동산 취득에 해당한다고 판단하였다(대법원 1980.1.29. 선고 79누305 판결, 대법원 1999.10.8. 선고 98두11496 판결 등 참조). 위와 같이 취득세가 유통세의 성격을 가지고 있고, 그와 더불어 민법이 부동산에 관한 법률행위로 인한 물권의 득실변경은 등기를 해야 효력이 생기는 성립요건주의(민법 제186조)를 채택하고 있으므로, 부동산에 관한 취득세 납세의무의 성립 여부를 가릴 때에도 소유권 이전의 성립요건인 등기를 원칙적인 기준으로 삼아야 한다.

나. ② 등록세는 재산권 기타 권리의 취득 · 이전 · 변경 또는 소멸에 관한 사항을 공부에 등기 또는 등록하는 경우에 등기 또는 등록이라는 단순한 사실의 존재를 과세대상으로 하여 그 등기 또는 등록을 받는 자에게 부과하는 세금이다. 이러한 등록세는 등기 또는 등록의 유 · 무효나 실질적인 권리귀속 여부와는 관계가 없는 것이므로, 등기 또는 등록명의자와 실질적인 권리귀속 주체가 다르다거나 일단 공부에 등재되었던 등기 또는 등록이 뒤에 원인무효로 말소되었다고 하더라도 위와 같은 사유는 그 등기 또는 등록에 따른 등록세 납세의무에 아무런 영향이 없다(대법원 2002.6.28. 선고 2000두7896 판결 참조). 지방세법은 당초 이와 같은 등록세와 취득세를 별개의 세목으로 규정하고 있었는데, 2010.3.31. 법률 제10221호로 전부 개정되면서 등록세 중 취득을 전제로 한 부분을 취득세로 통합하고 그 세율도 기존의 등록세율과 취득세율을 합한 것으로 조정하였다. 지방세법의 위와 같은 개정은 세목 체계를 간소화하여 조세 행정의 효율성을 증대시키기 위한 것인데, 이로써 취득세는 등기 · 등록행위를 과세대상으로 하는 종전의 등록세에 해당하는 부분까지 포함하게 되어 유통세로서의 성격이 더욱 강해졌다고 할 수 있다. 취득세 납세의무의 성립 여부를 판단할 때에는 이러한 지방세법의 개정 경과도 마땅히 참작해야 한다.

다. ③ 한편 매수인이 소유권이전등기의 형식을 갖추었다고 하더라도 그것이 당초부터 원인무효인 경우 유효한 취득행위가 있다고 볼 수 없어 취득세 납세의무가 성립하지 않을 수 있으나(대법원 2013.6.28. 선고 2013두2778 판결 등 참조), 3자간 등기명의신탁에서 명의수탁자 명의의 등기는 일반적인 원인무효의 등기와는 달리 보아야 한다.

부동산실명법은 제4조 제2항 본문에서 명의신탁약정에 따라 행하여진 등기에 의한 부동산에 관한 물권변동을 무효라고 하면서도 제3항에서 그 무효를 제3자에게 대항하지 못한다고 규정하고 있다. 이때 제3자의 선의 · 악의는 묻지 아니하므로 무효인 명의신탁등기의 명의자 즉, 명의수탁자가 신탁부동산을 임의로 처분한 경우 그 제3자가 명의신탁 사실을 알았더라도 유효하게 소유권을 취득하게 된다. 반면 일반적인 원인무효 등기의 경우에는 그 명의자가 등기된 부동산을 처분하더라도 상대방은 그 소유권을 취득할 수 없다. 이러한 점에서 명의수탁자 명의의 등기는 일반적인 원인무효의 등기와 확연히 다르다. 이처럼 명의수탁자에서 제3자 앞으로의 재산권 이전이 유효한 것으로 되는 범위에서는 명의수탁자가 신탁부동산을 유효하게 처분할 수 있는 지위를 취득한 것으로 볼 수 있다. 나아가 취득세가 포착하여 담세력을 인정하는 '재화의 이전'이라는 영역에서는 명의수탁자가 해당 부동산을 유효하게 취득하는 것으로 평가할 수도 있는 것이다. 이러한 경우 명의수탁자가 등기의 명의를 보유한다는 사실 자체에 기초하여 제3자가 유효하게 소유권을 취득하게 되는 만큼, 명의수탁자의 취득세 납세의무 성립 여부도 유통세로서의 취득세 고유의 관점에서 판단해야 한다.

라. ④ 명의수탁자가 제3자에게 신탁부동산을 임의로 처분한 경우 앞서 본 바와 같이 그 제3자는 유효하

게 소유권을 취득하게 되므로 취득세 납세의무도 당연히 성립한다. 그런데 다수의견과 같이 명의수탁자 앞으로 소유권이전등기를 하더라도 명의수탁자에게 취득세 납세의무가 성립하지 않는다고 보게 되면, 명의수탁자 명의의 등기에 기초하여 부동산을 취득한 제3자에게는 취득세 납세의무가 성립함에도 그와 같은 취득의 전제가 되는 등기를 보유한 명의수탁자에게는 취득세 납세의무가 성립하지 않는 이상한 결과가 된다. 이러한 모습은 재산이 유통되는 과정에서 재산이 이전될 때마다 그 이전 자체에 담세력을 인정하고 부과하는 취득세의 유통세로서의 성격에도 반한다.

마. ⑤ 구 지방세법 제105조 제2항은 취득세 과세물건인 부동산 등의 취득에 관하여 민법 기타 관계 법령에 의한 등기·등록 등을 이행하지 아니한 경우라도 사실상으로 취득한 때에는 이를 취득한 것으로 본다고 규정하고 있다. 위 조항은 매도인과 매수인 양자 간 거래에서 매수인이 대금을 다 치르고 자신의 명의로 소유권이전등기만 마치면 그 부동산을 취득할 수 있음에도 취득세 납세의무의 성립 시기를 임의로 조절하거나 그 밖에 다른 의도로 등기를 미루거나 회피할 경우 취득세 과세를 하지 못하는 불합리를 방지하기 위하여 등기와 같은 소유권 취득의 형식적 요건을 갖추지 못하였더라도 대금의 지급과 같은 소유권 취득의 실질적 요건을 갖춘 경우를 '사실상 취득'으로 보아 취득세 과세대상으로 규정한 것에 불과하다. 다시 말하면, 위 조항은 취득세 법률관계에서도 민법상의 성립요건주의를 일관할 경우 나타날 수 있는 불합리를 막기 위하여 취득세 납세의무의 성립 시기를 원칙적인 모습인 등기 등을 갖춘 때보다 앞당긴 규정이지 취득세 납세의무의 성립 여부나 납세의무자가 누구인지를 정하기 위한 규정이 아니다. 이는 구 지방세법의 위임에 따른 구 지방세법 시행령 제73조가 부동산 매매계약에서 잔금지급의무와 소유권이전등기의무가 일반적으로 동시이행관계에 있다는 점에 착안하여 사실상의 잔금지급일 등을 취득의 시기로 정하고 있는 점을 통해서도 확인할 수 있다.

3자간 등기명의신탁의 경우 명의신탁자는 취득세 납세의무의 성립 시기를 조절하기 위하여 자신 명의의 등기를 미루거나 회피하는 것이 아니고, 명의수탁자 명의로 소유권이전등기를 하면서 명의수탁자가 납부하는 취득세 역시 명의신탁자가 부담하는 경우가 일반적이다. 따라서 3자간 등기명의신탁의 명의신탁자에게는 구 지방세법 제105조 제2항이 적용될 수 없다고 보아야 한다.

바. ⑥ 부동산 등기 실무상 매매 등 취득을 원인으로 등기를 하려는 경우에는 등기를 하기 전까지 취득세를 신고납부해야 한다. 이에 따라 3자간 등기명의신탁의 경우 명의수탁자 앞으로 소유권이전등기를 하면서 그의 명의로 취득세를 신고납부하고, 이후 명의신탁자 앞으로 소유권이전등기를 할 때도 명의신탁자가 취득세를 신고납부하고 있다. 이처럼 납세자들도 명의수탁자와 명의신탁자 명의로 소유권이전등기를 할 때 각 등기의 명의자에게 취득세 납세의무가 성립하는 것으로 인식하고 있다. 따라서 위와 같이 명의수탁자와 명의신탁자 명의로 등기할 때 각 등기의 명의자에게 취득세 납세의무가 성립한다고 보는 것이 부동산 등기 실무나 취득세를 납부하고 있는 일반 국민들의 납세의식에도 부합한다. 나아가 그와 같이 보아야 취득세 법률관계가 등기를 기준으로 간명해져서 납세자의 납세 편의에 도움이 되고, 지방자치단체가 별도로 취득세를 부과하거나 징수하는 데 드는 비용도 줄일 수 있다. 그것이 취득세와 등록세를 통합한 지방세법의 개정 취지에 들어맞는 해석이기도 하다.

사. 위와 같은 여러 사정에 비추어 보면, 부동산실명법 시행 이후 명의수탁자가 3자간 등기명의신탁 약정에 따라 매도인으로부터 부동산의 등기를 이전받은 경우에도 그 등기의 효력과 관계없이 명의수탁자에게 구 지방세법 제105조 제1항에서 규정한 '취득'을 원인으로 한 취득세 납세의무가 성립한다고 보아야 한다. 그리고 이러한 경우에는 명의신탁자가 부동산에 관한 매매계약을 체결하고 매매대금을 모두 지급하였더라도 구 지방세법 제105조 제2항에서 규정한 '사실상 취득'에 따른 취득세 납세의무가 성립한다고 볼 수 없고, 그 후 명의신탁자

가 무효인 명의수탁자 명의의 등기를 말소하고 당초 매매계약에 기하여 자기 앞으로 소유권등기를 이전받거나 또는 명의수탁자로부터 직접 자기 앞으로 소유권등기를 이전받는다면 그 등기 시에 명의신탁자에게 구 지방세법 제105조 제1항에서 규정한 '취득'을 원인으로 한 취득세 납세의무가 성립한다고 할 것이다.

아. 이처럼 3자간 등기명의신탁에서는 명의수탁자와 명의신탁자 앞으로 소유권이전등기를 할 때에 각 등기의 명의자에게 취득세 납세의무가 성립하고, 잔금지급일에는 명의신탁자에게 취득세 납세의무가 성립하지 않는다고 보아야 한다. 따라서 위와 같은 등기 이후 명의신탁 사실이 밝혀지더라도 '사실상 취득'을 이유로 명의신탁자에게 취득세를 다시 부과할 수는 없다. 이러한 경우 부동산실명법 위반행위에 대하여는 해당 법률에 따른 과징금이나 이행강제금을 부과하여 제재하면 충분하다. 요컨대, 명의신탁자가 명의수탁자 앞으로 등기를 하였다가 이후 자신의 명의로 등기를 하는 경우에는 모두 두 번의 취득세 납세의무가 성립하게 되는데, 등기 실무대로 각 등기를 마칠 때 해당 등기의 명의자가 이를 신고납부하면 되는 것이다. 반면 다수의견에 의하면, 명의신탁자가 명의수탁자를 거쳐 자신의 명의로 등기를 하더라도 취득세 납세의무는 잔금지급일에 명의신탁자에게 한 번만 성립한다. 위의 경우 등기가 명의수탁자와 명의신탁자 명의로 두 번 이루어지고 취득세 또한 두 번 신고납부됨에도, 취득세가 한 번만, 그것도 취득세가 실제로 신고납부된 때와는 다른 때에 성립한다고 보는 것은 타당하다고 할 수 없다.

자. 결국 원고가 그 명의로 이 사건 각 토지에 관한 소유권이전등기를 할 때에 원고에게 그 등기에 따른 취득세 납세의무가 성립한다고 보아야 한다. 따라서 원고의 경정청구를 거부한 이 사건 처분은 적법함에도 이와 다른 전제에서 이를 위법하다고 본 원심판결은 부동산 취득세 납세의무에 관한 법리를 오해하여 판결에 영향을 미친 잘못이 있으므로 파기되어야 한다.

이상과 같은 이유로 다수의견에 찬성할 수 없음을 밝힌다.

5. 다수의견에 대한 대법관 김창석, 대법관 김소영의 보충의견

이 사건에서는, 부동산을 매수하고 매매대금을 모두 지급한 명의신탁자가 3자간 등기명의신탁 약정에 따라 명의수탁자 명의로 등기를 마쳤다가 그 후 해당 부동산에 관하여 자신의 명의로 등기를 마친 경우, 명의신탁자에게 언제 취득세 납세의무가 성립하는지가 문제된다. 구 지방세법 제105조 제2항에 따라 잔금지급일에 성립한다는 것이 다수의견이고, 등기일에 성립한다는 것이 반대의견이다. 명의신탁자의 매수인 지위는 일반 매매계약의 매수인 지위와 다르지 않으므로, 잔금지급일에 취득세 납세의무가 성립하고 등기일에는 새로운 취득세 납세의무가 성립하지 않는다는 일반 매매계약에서의 법리가 그대로 적용된다는 것이 다수의견의 논리임은 이미 살펴보았다. 그러므로 나아가 반대의견이 내세우는 논거들이 타당한지를 살펴보기로 한다.

가. 등기는 법률행위에 의한 부동산 물권변동의 효력발생요건이므로 등기를 갖추지 못한 경우에는 부동산 소유권의 이전이라는 법률효과가 발생하지 아니한다. 그러나 등기를 갖추지 않아 사법상으로는 부동산의 소유권을 취득하지 아니하였더라도 취득의 실질이 있다면 조세법 영역에서는 그 실질에 따라 담세력이 있는 곳에 과세함으로써 과세의 형평을 제고할 필요가 있다. 구 국세기본법(2010.1.1. 법률 제9911호로 개정되기 전의 것) 제14조 제1항이 과세의 대상이 되는 소득·수익·재산·행위 또는 거래의 귀속이 명의일 뿐이고 사실상 귀속되는 자가 따로 있는 때에는 사실상 귀속되는 자를 납세의무자로 한다고 하여 실질과세원칙을 규정하고, 구 지방세법 제82조가 위 원칙을 지방세에 관한 법률관계에 준용하는 것도 같은 취지라고 할 수 있다. 나아가 구 지방세법은 제105조 제2항에서 부동산의 취득에 있어서는 민법에 의한 등기를 이행하지 아니한 경우라도 사실상으로 취득한 때에는 이를 취득한 것으로 본다고 특별히 규정하여 취득세의 과세대상에 실질주의가 적용된다는 점을 분명히 하고

있다. 따라서 위 조항이 단순히 취득세 납세의무의 성립 시기만을 정하고 있다고 볼 수는 없고, 오히려 실질과세원칙을 반영하여 취득세의 과세요건을 정하고 있는 것으로 보아야 한다.

한편 명의신탁자가 부동산을 매수하여 명의신탁약정에 따라 명의수탁자 명의로 등기를 마친 경우, 명의수탁자 명의의 등기는 무효이므로 그 소유권은 여전히 매도인에게 있고, 명의신탁자는 매도인에게 해당 부동산에 관한 소유권이전등기를 청구할 수 있다. 이러한 명의신탁자의 지위는 매매대금을 모두 지급하였으나 등기를 하지 않고 있는 일반 매매계약에서의 매수인 지위와 전혀 다르지 않다. 따라서 구 지방세법 제105조 제2항은 명의신탁자에게도 당연히 적용된다.

반대의견에 따르면, 부동산 매수인이 매매대금을 모두 지급한 경우, 그 매수인이 3자간 등기명의신탁의 명의신탁자라면 구 지방세법 제105조 제2항이 적용되지 않아 명의수탁자 명의로 등기를 하는 때에 비로소 명의수탁자에게 취득세 납세의무가 성립하고, 명의신탁자가 아니라 일반 매수인이라면 구 지방세법 제105조 제2항에 따라 잔금지급일에 취득세 납세의무가 성립한다. 그런데 예컨대 매매대금을 모두 지급하고도 등기를 하지 않고 있던 매수인이 취득세를 부과한 과세관청에 '명의신탁약정에 따라 명의수탁자 명의로 등기할 예정이므로 자신에게는 취득세 납세의무가 없다'고 주장하는 경우, 반대의견은 명의신탁자와 명의수탁자 중 누구에게 취득세 납세의무가 성립한다고 볼 것인가 하는 어려운 문제에 봉착하게 된다. 이 경우 명의신탁자에게는 취득세 납세의무가 성립하지 않고, 과세관청으로서는 명의수탁자 명의의 등기를 기다려 명의수탁자로부터 취득세를 납부받아야 한다는 것이 반대의견의 입장이라면, 매수인의 미등기 이유가 그 주장대로 명의신탁 등기를 예정하고 있기 때문인지 아니면 미등기 전매 등과 같은 다른 목적 때문인지를 어떻게 판단할 것인가 하는 또 다른 문제에도 직면할 수 있다. 나아가 매수인이 그 주장과 같이 명의수탁자 명의로 등기를 마치지 않는다면 언제 취득세를 부과할 수 있는지도 의문이다.

나. 취득세가 재산의 이전이라는 사실에 담세력을 인정하고 부과하는 유통세의 성격을 가진다는 점을 부인하기는 어렵다. 그러나 취득세는 등록세와는 달리 등기 또는 등록이라는 단순한 사실의 존재를 과세대상으로 하는 것이 아니라 재산의 취득을 과세대상으로 한다. 즉, 취득세는 재산이 이전 내지 유통되는 국면에서 과세된다는 의미에서는 유통세로 분류할 수 있지만, 그러한 이전을 통한 재산의 취득을 과세대상으로 하므로, 취득행위로 인하여 취득세 부과를 정당화하는 담세력이 발생하였는지를 살펴보아야 한다.

그런데 외견상 취득행위가 있는 것처럼 보이더라도 그 원인행위가 무효인 경우에는 담세력 발현의 전제가 되는 유효한 취득행위가 있다고 볼 수 없다. 따라서 이러한 경우에는 취득세의 과세요건이 충족될 수 없고, 취득세 납세의무도 성립하지 않는다고 보아야 한다. 결국 취득의 원인행위나 그에 터 잡은 등기의 효력에 관한 고려 없이 유통세로서의 성격만을 내세워 등기를 갖추기만 하면 취득세 납세의무가 성립한다고 보는 것은 이와 같은 취득세의 본질에 정면으로 반한다.

한편 대법원이 채권에 대한 양도담보로 부동산의 소유권등기를 이전받는 등의 경우에 취득세 납세의무의 성립을 긍정한 것은 양도담보설정계약과 그에 따른 소유권이전등기가 유효하기 때문이다. 그런데 명의신탁약정과 그에 따른 명의수탁자 명의의 등기는 이와 달리 효력이 없으므로 양도담보의 경우와 동일하게 취급할 수 없다. 따라서 위와 같은 판례를 들어 명의신탁관계에서도 등기를 갖추었는지 여부에 따라 취득세 납세의무의 성립 여부를 판단해야 한다고 해석할 수는 없다.

아울러 민법이 부동산 물권변동에 관하여 성립요건주의를 채택하고 있다는 이유로, 이와 달리 '민법에 의한 등기를 이행하지 아니한 경우라도 부동산을 사실상 취득한 때에는 취득세 납세의무가 성립한다'고 명시적으로 과세요건을 정하고 있는 구 지방세법 제105조 제2항을 무시하고, 등기만을 기준으로 그 납세의무의 성립 여부를 판단할 수는 없다. 명의수탁자가 명의신탁약정에 따라 자신의 명의로 등기를 마치더라도 부동산실명법에 의하여 해당 부동산의 소유권을 취득하지 못한다는 점을 고려하면 더욱 그러하다.

요컨대, 3자간 등기명의신탁의 경우에는 등기를 기준으로 취득세 납세의무의 성립 여부를 판단해야 한다는 반대의견의 해석은 구 지방세법 제105조 제2항의 명문 규정에 명백히 반하는 것이어서 타당하다고 할 수 없다.

다. 조세를 담세력을 나타내는 과세대상을 기준으로 분류할 경우 취득세와 등록세는 대체로 유통세로 분류된다. 하지만 이러한 분류가 거꾸로 해당 조세의 본질을 결정할 수는 없고, 유통세로 함께 분류된 각 조세도 그 과세요건은 서로 다르다. 따라서 조세의 성격은 개별 세목별로 그 과세요건 등을 고려하여 파악할 수밖에 없다. 그런데 등록세는 등기 또는 등록이라는 단순한 사실의 존재를 과세대상으로 하는 반면 취득세는 재산의 취득을 과세대상으로 하는 등 두 조세의 성격은 확연히 다르다. 대법원이 소유권이전등기가 원인무효인 경우 등록세 납세의무의 성립은 긍정하면서도 취득세 납세의무의 성립은 부정하고 있는 것도 이러한 이유에서이다.

지방세법이 2010.3.31. 개정되면서 종전의 등록세 중 취득을 전제로 한 부분과 취득세가 통합되고 그 세율도 기존의 등록세율과 취득세율을 합한 것으로 조정되었다. 그런데 이러한 개정은 부동산 취득의 경우 통상 등기가 수반된다는 점에 착안하여 세목 체계를 간소화한 것에 불과하고, 이와 달리 취득세의 성격을 과거와 다르게 규정하고자 한 것이 아니다. 이는 세율을 제외하고는 취득세의 과세요건에 변함이 없음을 통해서도 알 수 있다. 더군다나 지방세법은 취득세를 등록세에 흡수시키는 방법으로 양자를 통합한 것이 아니라 등록세를 폐지하고 취득세의 세율을 조정하였을 뿐이다. 따라서 취득세의 세율이 종전의 등록세율을 합한 세율로 조정된 사정만으로 취득세 본래의 성격을 무시하고 등록세의 성격만을 강조할 수는 없다.

라. 부동산실명법에 의하면 명의신탁약정과 그에 따른 등기로 이루어진 부동산에 관한 물권변동은 무효이므로 그 효력이 없다는 점에서는 명의수탁자 명의의 등기와 일반적인 원인무효의 등기가 전혀 다르지 않다. 다만 명의수탁자가 제3자에게 신탁부동산을 임의로 처분하는 경우 제3자는 유효하게 그 소유권을 취득하게 되는데, 이러한 점에서는 일반적인 원인무효의 등기와 차이가 있다. 하지만 이처럼 제3자가 신탁부동산을 유효하게 취득하게 되는 것은 부동산실명법이 거래의 안전을 도모하기 위하여 명의신탁약정과 그에 따른 등기의 무효를 제3자에게 대항하지 못하도록 규정한 결과일 뿐이다. 즉, 제3자는 위 규정으로 인하여 결과적으로 소유권을 취득하게 되는 반사적 이익을 누리는 것에 불과하므로, 그 소유권 취득의 전제로서 명의수탁자가 신탁부동산의 소유권 내지 이를 처분할 수 있는 지위를 취득하였다고 평가할 수는 없다.

한편 명의수탁자 명의의 등기에 기초하여 부동산을 취득한 제3자에게 취득세 납세의무가 성립한다고 하여 그 등기를 보유하였던 명의수탁자에게도 마찬가지로 취득세 납세의무가 성립한다고 보아야 할 근거는 없다. 앞서 본 것처럼 제3자가 명의수탁자 명의의 등기에 기초하여 신탁부동산의 소유권을 취득하더라도 명의수탁자까지 그 소유권을 취득하는 것은 아니므로, 명의수탁자에게는 취득세 납세의무가 성립하지 않는 것이다.

게다가 명의수탁자가 신탁부동산을 임의로 제3자에게 처분하는 일이 일반적인 현상이라고 볼 수도 없다. 이처럼 예외적인 경우의 법률효과를 근거로 명의수탁자에게 취득세 납세의무가 성립한다는 법리를 세우는 것은 논리의 비약이라고 할 수밖에 없다.

마. 3자간 등기명의신탁의 경우 명의수탁자와 명의신탁자 명의로 등기를 할 때 취득세가 각각 신고납부되고 있는 것으로 보인다. 하지만 이는 명의신탁의 관계자들이 명의신탁 사실을 감추기 위해 일반적인 거래의 외관을 갖추기 때문에 형성된 결과일 뿐이다. 즉, 일반적인 거래에서는 부동산 매수인이 등기를 함으로써 과세관청이 그 취득 사실을 인식하게 되고, 그 취득 또한 유효하다는 전제에서, 특별한 사정이 없는 한 등기를 할 때 취득세를 신고납부 받는 것에 불과하다. 따라서 불법적인 명의신탁관계에서까지 그러한 유사한 외형만을 근거로 취득세가 실제로 신고납부되고 있는 때에 그 납세의무가 성립한다고 볼 수는 없다.

취득세 납세의무의 성립 여부는 과세요건이 충족되었는지에 따라 객관적으로 판단해야 하는 것이지, 납세의무자의 위법한 의도에 따른 외관에 좌우될 것이 아니다. 명의수탁자 등이 위와 같이 취득세를 신고납부하고 있다는 이유로 그 신고납부한 때에 취득세 납세의무가 성립한다고 보는 것은 부동산실명법을 위반한 불법행위를 조세법이 용인해 주는 결과가 되어 법질서 전체의 조화라는 관점에서도 타당하다고 보기 어렵다. 명의수탁자 명의로 등기할 때 객관적으로 취득세 납세의무가 없음에도 위법한 행위를 숨기기 위해 취득세를 신고납부하게 되는 문제는 일반원칙으로 돌아가 경정청구제도 등을 통하여 시정하면 충분하다.

바. 반대의견은 명의신탁자가 명의수탁자를 거쳐 자신의 명의로 등기를 하는 경우 등기가 두 번 이루어지고 취득세 또한 두 번 신고납부됨에도 취득세 납세의무는 잔금지급일에 명의신탁자에게 한 번만 성립한다고 보는 것은 부당하다고 한다.

그러나 무효인 명의신탁약정에 따라 아무런 효력이 없는 등기만을 보유하고 있을 뿐인 명의수탁자는 신탁부동산을 유효하게 취득할 수 없으므로 명의수탁자에게 취득세 납세의무가 성립한다고 볼 수 없고, 이와 달리 명의신탁자는 매도인과 매매계약을 체결하고 매매대금까지 지급함으로써 해당 부동산을 실질적으로 취득하므로 취득세 납세의무를 부담하는 것이라는 점은 앞서 본 바와 같다. 나아가 명의신탁자의 취득세 납세의무가 이를 신고납부하는 등기일이 아니라 잔금지급일에 성립한다고 보는 것도 실질주의에 바탕을 둔 구 지방세법 제105조 제2항의 명문 규정에 따른 것이므로 타당하다.

이와 같이 조세채무의 성립 여부는 조세법률주의의 요청으로 조세법이 정한 과세요건을 충족하였는지에 따라 객관적으로 판단해야 하고, 행위의 위법 여부나 그에 대한 제재의 필요성에 따라 판단할 것이 아니다. 법을 위반한 행위가 있다고 하여 과세요건이 구비되지 않았는데도 조세를 부과할 수는 없는 것이다. 부동산실명법을 위반한 행위에 대한 제재는 위 법이 정하는 과징금이나 이행강제금을 부과하는 방법에 의하면 충분하다.

사. 반대의견의 근본적인 문제점은 명의신탁이 수반된 매매계약의 경우에는 위법한 의도로 형성된 외관에 따라 취득세의 납세의무를 인정하는 반면에, 그 이외의 일반적인 매매계약의 경우에는 구 지방세법 제105조 제2항의 규정에 따라 취득의 실질이 인정되는 때에 취득세의 납세의무를 인정함으로써 취득세 부과에 심대한 혼란을 가져온다는 점에 있다. 불법인 명의신탁의 경우에만 왜 취득세의 법리나 실질과세의 원칙을 허물어 따로 해석해야 하는지에 관한 수긍할 수 있는 분명한 근거를 제시하지 못한다면 그 타당성을 주장하기 어려운 것이다.

이상과 같이 다수의견에 대한 보충의견을 밝힌다.

6. 반대의견에 대한 대법관 김신의 보충의견

이 사건과 같은 3자간 등기명의신탁 사안에서는 부동산을 매수한 명의신탁자가 매매대금을 지급하는 국면

(제1국면), 명의수탁자 명의로 등기를 하는 국면(제2국면), 이후 명의신탁자 명의로 다시 등기를 하는 국면(제3국면)이 문제된다. 다수의견은 등기를 하지 않는 매매대금 지급 국면(제1국면)에서 명의신탁자에게 취득세 납세의무가 성립하고, 명의수탁자나 명의신탁자 명의로 등기를 하는 국면(제2, 3국면)에서는 취득세 납세의무가 성립하지 않는다는 것이다. 이에 반하여 반대의견은 매매대금을 지급하는 국면(제1국면)에서는 취득세 납세의무가 없고, 등기를 하는 각 국면(제2, 3국면)에서 각 등기의 명의자에게 취득세 납세의무가 성립한다는 것이다.

반대의견은 등기를 하는 사람은 당연히 취득세를 납부할 의무가 있다고 인식하고 이를 전제로 취득세를 신고납부하는 국민들의 납세의식과 납세현실에 정확히 부합하는 해석이다. 이에 따르면 취득세 법률관계가 등기를 기준으로 간명하여 납세의무의 성립 여부를 다투는 분쟁의 발생이나, 과세당국이 취득세를 부과하거나 징수하는 데 소요되는 비용을 최소화할 수 있는 장점이 있다. 과세실무에서의 장점뿐만 아니라 이론적으로도 타당하다는 점은 반대의견에서 취득세의 유통세로서의 성격, 3자간 등기명의신탁에서 명의수탁자의 지위, 구 지방세법 제105조 제2항의 적용 범위 등을 중심으로 이미 밝힌 바와 같다.

설사 다수의견에 다소 경청할 만한 면이 있다고 가정하더라도, 그 의견을 취한 결과는 반대의견을 따를 때 얻게 될 장점들을 놓치고 과세현장에 혼란을 가져오는 것이 되지 않을까 염려된다. 더욱이 입법자가 등록세와 취득세를 통합함으로써 등기 시에 취득세 납세의무가 성립한다는 취지로 지방세법을 개정하였는데도, 그 개정 취지를 받아들이지 않고 굳이 과거의 선례를 고수하겠다고 하는 다수의견의 태도에는 아쉬움을 금할 수 없다.

이상과 같이 반대의견에 대한 보충의견을 밝힌다(대법원 2018.3.22. 선고 2014두43110 전원합의체 판결).

예규판례 계약명의신탁에 의하여 부동산의 등기를 매도인으로부터 명의수탁자 앞으로 이전한 경우, 매매대금을 부담한 명의신탁자에게 취득세 납세의무가 성립하는지 여부(소극)

1. 구 지방세법 제105조에 의하면 취득세는 취득세 과세물건인 부동산 등을 취득한 자에게 부과하고(제1항), 민법 등 관계 법령의 규정에 의한 등기 등을 이행하지 아니한 경우라도 사실상 취득한 때에는 이를 취득한 것으로 보도록 하고 있다(제2항). 여기서 사실상의 취득이란 일반적으로 등기와 같은 소유권 취득의 형식적 요건을 갖추지는 못하였으나 대금의 지급과 같은 소유권 취득의 실질적 요건을 갖춘 경우를 말한다(대법원 2006.6.30. 선고 2004두6761 판결 등 참조). 그런데 계약명의신탁에 의하여 부동산의 등기를 매도인으로부터 명의수탁자 앞으로 이전한 경우 명의신탁자는 매매계약의 당사자가 아니고 명의수탁자와 체결한 명의신탁약정도 무효이어서 매도인이나 명의수탁자에게 소유권이전등기를 청구할 수 있는 지위를 갖지 못한다. 따라서 명의신탁자가 매매대금을 부담하였더라도 그 부동산을 사실상 취득한 것으로 볼 수 없으므로, 명의신탁자에게는 취득세 납세의무가 성립하지 않는다(대법원 2012.10.25. 선고 2012두14804 판결 참조).

한편 명의신탁약정이 3자 간 등기명의신탁인지 아니면 계약명의신탁인지를 구별하는 것은 계약당사자를 확정하는 문제로서, 타인을 통하여 부동산을 매수함에 있어 매수인 명의를 그 타인 명의로 하기로 하였다면, 계약명의자인 명의수탁자가 아니라 명의신탁자에게 계약에 따른 법률효과를 직접 귀속시킬 의도로 계약을 체결하였다는 등의 특별한 사정이 없는 한, 그 명의신탁관계는 계약명의신탁에 해당한다고 보아야 한다(대법원 2013.10.7.자 2013스133 결정 참조).

2. 원심판결 이유와 기록에 의하면 다음과 같은 사실을 알 수 있다.

가. 원고는 남양주시 화도읍 녹촌리 일원에서 공동주택 신축사업을 추진하였는데, 사업부지에 포함된 이 사건 토지 71필지는 대부분 농지에 해당하여 법인인 원고 명의로 취득할 수 없었다.

나. 이에 원고는 그 대표이사 소외 1, 이사 소외 2 및 소외 3(이하 '소외인들'이라 한다)과 이 사건 업무약정을 체결하여 사업부지 매입에 필요한 초기자금을 소외인들이 조달하고 지구단위계획결정고시 후 원고가 소외인들 소유의 부동산을 매입하기로 하였다.

다. 소외인들은 이 사건 업무약정에 따라 그들 명의로 이 사건 토지를 매수하여 2003.7.23.부터 2004.12.13.까지 소유권이전등기를 마쳤고, 원고는 이 사건 토지를 담보로 대출받은 돈으로 이 사건 토지의 매입을 위하여 소외인들 명의로 빌린 차용금을 변제하였다.

라. 원고는 위 사업에 관한 도시관리계획결정고시 이후인 2007.3.9.경 소외인들로부터 이 사건 토지에 관한 등기를 이전받으면서 취득세 등을 신고·납부하였다.

마. 그런데 피고는 2009.5.20. 소외인들 명의로 취득할 당시 원고가 이 사건 토지를 사실상 취득하였음을 이유로 그 취득일로부터 부과제척기간이 경과하지 않은 60필지의 토지 취득에 관하여 취득세 등을 부과하였다(이후 조세심판원의 결정에 따라 일부 감액되고 남은 부분을 '이 사건 처분'이라 한다).

3. 이러한 사실관계를 앞서 본 법리에 비추어 살펴보면, 소외인들은 명의신탁약정에 해당하는 이 사건 업무약정에 따라 직접 계약당사자가 되어 자신들 명의로 이 사건 토지에 관한 매매계약을 체결하였음을 알 수 있고, 명의신탁자인 원고에게 계약에 따른 법률효과를 직접 귀속시킬 의도로 위 계약을 체결하였다는 등의 특별한 사정도 보이지 않으므로, 이 사건 명의신탁관계는 계약명의신탁에 해당한다. 따라서 명의신탁자인 원고가 그 매매대금을 사실상 부담하였다고 하더라도 이 사건 토지를 사실상 취득한 것으로 볼 수 없으므로, 원고에게는 취득세 납세의무가 성립하지 않는다.

원심이 원고와 소외인들의 명의신탁관계를 3자 간 등기명의신탁으로 전제한 것은 잘못이지만, 원고에게 사실상의 취득에 따른 취득세 납세의무가 성립하지 않는다는 이유로 이 사건 처분이 위법하다고 판단한 것은 결과적으로 정당하므로, 원심의 위와 같은 잘못이 판결 결과에 영향을 미쳤다고 할 수 없다.

4. 그러므로 상고를 기각하고, 상고비용은 패소자가 부담하기로 하여, 관여 대법관의 일치된 의견으로 주문과 같이 판결한다(대법원 2017.7.11. 선고 2012두28414 판결). ■

사례 1 상속의 승인과 취득세 납세의무

다음 사례를 읽고 물음에 답하시오. (2009년 세무사 2차, 20점)

> 甲씨는 상속개시일부터 2개월이 되는 날에 단순승인하였다. 그 이후 상속채무가 상속재산을 초과할 수 있다는 사실을 알게 되었다. 이에 대한 甲씨의 중대한 과실은 없었다. 甲씨는 이 사실을 알게 된 날부터 1개월 후 한정승인하였다.

【물 음】 위의 사례의 경우 취득세 납세의무에 대하여 설명하시오.

해 답

1. 취득의 개념

지방세법에 따른 '취득'이란 매매, 교환, 상속, 증여, 기부, 법인에 대한 현물출자, 건축, 개수 등 그 밖에 이와 유사한 취득으로서 원시취득, 승계취득 또는 유상·무상을 불문한 모든 취득을 말한다. 그리고 상속으로 인하여 취득하는 경우에는 상속인 각자가 상속받는 과세물건(지분을 취득하는 경우에는 그 지분에 해당하는 과세물건을 말한다)을 취득한 것으로 본다.

따라서 취득세는 재화의 이전이라는 사실 자체를 포착하여 거기에 담세력을 인정하고 부과하는 유통세의 일종으로서 부동산의 취득자가 그 부동산을 사용·수익·처분함으로써 얻어질 이익을 포착하여 부과하는 것이 아니므로, "취득"이란 부동산 취득자가 실질적으로 완전한 내용의 소유권을 취득하는지 여부와 관계없이 소유권이전의 형식에 의한 부동산 취득의 모든 경우를 말한다(대법원 2007.4.12. 선고, 2005두9491).

2. 상속의 포기 또는 한정승인

상속인은 상속개시가 있음을 안 날부터 3개월 이내에 상속을 포기하거나 단순승인을 할 수 있다. 이 경우 상속포기는 상속의 효과를 상속이 개시된 때로 소급하여 소멸시키므로, 상속인에 대한 취득세 납세의무가 발생하지 않는다.

한편 상속받은 적극재산이 채무보다 적을 때에는 상속재산의 범위에서만 변제책임을 지는 한정승인을 할 수 있다. 이 경우에도 상속개시 있음을 안 날부터 3개월 이내에 한정승인의 신고를 해야 한다. 다만, 상속인이 중대한 과실이 없이 상속채무가 상속재산을 초과하는 사실을 알지 못하고 단순승인을 한 경우에는 그 사실을 안 날부터 3개월 이내에 한정승인을 할 수 있다.

본 사례에서 甲이 중과실이 없이 상속개시일부터 상속채무가 상속재산을 초과할 수 있다는 사실을 알게 된 날부터 1개월 후 행한 한정승인은 유효하다.

3. 한정승인과 취득세 납세의무

사례에서 상속인 甲이 한정승인에 의하여 상속재산을 취득하는 경우 한정승인자도 상속재산에 대한 실질적 소유권을 취득하고 다만 상속채무에 대한 책임이 상속재산을 한도로 한정될 뿐이므로, 상속포기를 하여 상속의 효과를 부인한 것이 아닌 이상 한정승인자의 상속재산도 지방세법에서 규정하는 취득세과세대상이 되는 물건에 해당되어 상속개시일에 취득세 납세의무가 성립된다. 따라서 상속으로 취득한 물건이 취득세 감면대상에 해당하지 않는다면 취득세 납세의무가 있다.

따라서 甲씨는 상속개시일에 상속재산을 취득한 것이므로, 상속개시일이 속하는 달의 말일부터 6개월 이내에 상속으로 취득한 재산에 대한 취득세의 과세표준 및 세액을 신고납부할 의무가 있다.

사례 2 차량의 취득에 대한 과세

다음 사례를 읽고 A차량제조회사, B판매회사, 회사원 甲, 乙차량제조회사에게 각각 취득세가 과세되는지 여부를 논거와 함께 설명하시오. (10점)

> A차량제조회사는 차량 100대를 조립 · 완성하여 취득하였고, 해당 100대 차량을 B판매회사가 판매목적으로 A회사로부터 인도받아 취득하였다. 그 후 회사원 甲은 B판매회사로부터 출퇴근 목적으로 차량 1대를 인도받아 취득하였고, 乙차량제조회사는 B판매회사로부터 시험연구목적으로 차량 1대를 인도받아 취득하였다.

해 답

1. A차량제조회사

A차량제조회사는 차량 100대를 조립 완성하여 취득한 것은 원시취득이므로 이에 대해서는 취득세를 과세하지 않는다.

2. B판매회사

B판매회사가 판매목적으로 해당 100대 차량을 A회사로부터 인도받아 취득한 것은 승계취득에 해당하지만, 판매목적의 취득으로서 실수요자(소비자 또는 수요자)가 차량을 취득한 것이 아니기 때문에 취득세를 과세하지 않는다.

3. 회사원 甲

실수요자인 회사원 甲이 B판매회사로부터 차량을 인도받은 때(또는 계약서상 잔금을 지급한 때)가 최초의 승계취득에 해당하여 취득세가 과세된다.

4. 乙차량제조회사

乙차량제조회사는 B판매회사로부터 시험연구목적으로 취득한 것은 실수요자로서 최초의 승계취득에 해당하여 취득세가 과세된다. 여기서 '실수요자'란 차량제조회사나 판매회사에 대응하는 소비자 또는 수요자를 말하며, 판매목적으로 취득한 것이 아니면 비록 취득목적이 시험연구목적인 경우에도 실수요자에 해당한다.

사례 3 토지분 취득세 납세의무

지방세와 관련하여 다음의 물음에 대해 설명하시오. (25점)

【물음 1】 다음 사례를 읽고 아래 사항에 답하시오.

> 건설업을 경영하는 A법인은 개인 甲과 토지를 매수하기로 매매계약을 체결하고 계약금과 중도금을 지급하였으나, A법인이 사정상 매매계약서를 다시 작성하여 A법인에 근무하는 직원 乙을 매수인으로 하고, A법인은 2026.5.1.에 잔금지급과 동시에 직원 乙 앞으로 소유권이전등기를 마쳤다. 이러한 내용은 A법인과 개인 甲이 합의한 것이다.

1. A법인이 잔금을 지급할 때 취득세를 부과할 수 있는지 여부를 설명하시오.
2. 직원 乙 앞으로 등기이전이 부동산실명법 위반으로 무효가 됨에 따라 A법인 앞으로 등기를 하는 경우 A법인에게 취득세를 부과할 수 있는지에 대해서 설명하시오.
3. A법인이 취득세 과세요건을 충족하였는데도 불구하고 신고기한까지 과세표준과 세액을 신고하지 않은 경우, A법인의 취득세 부과제척기간의 만료일을 판단하시오. 단, 기한과 기간을 계산할 때 공휴일 등으로 인한 기한과 기간의 연장은 무시한다.

【물음 2】 다음 사례를 읽고 A교회에 대한 취득세 부과처분의 정당성을 설명하시오.

> A교회가 경매절차에서 신도 개인 乙을 매수인으로 내세워 부동산 경매대금을 모두 납부하고 소유권이전등기를 마쳤다. 그리고 취득세도 구청에 개인 乙이 납부하였다. 부동산 매도인 甲은 법원 경매절차에 따른 매각이라 A교회와 개인 乙 사이에 명의신탁약정의 존재를 알지 못하였다. 이에 대해 구청은 A교회를 해당 부동산의 취득자로 하여 취득세를 부과처분을 하였다.

해 답

【물음 1】 A법인 취득세 부과여부

1. 잔금지급시 취득세 부과

(1) 관련 규정

'취득'이란 매매 등과 같은 취득으로서 원시취득, 승계취득 또는 유상 · 무상을 불문한 일체의 취득을 말한다. 그리고 취득세는 부동산의 취득에 대하여 당해 취득물건 소재지를 관할하는 지방자치단체에서 그 취득자에게 부과하고, 부동산 등의 취득물건의 취득은 민법 등 관계 법령에 따른 등기 · 등록을 이행하지 않은 경우라도 사실상으로 취득한 때에는 각각 취득한 것으로 보고 해당 취득물건의 소유자 또는 양수인을 각각 취득자로 한다. 이에 따라 유상승계취득의 경우 그 사실상 잔금지급일 등을 취득시기로 규정하고 있다.

취득세는 본래 재화의 이전이라는 사실 자체를 포착하여 거기에 담세력을 인정하고 부과하는 유통세의 일종으로, 취득자가 실질로 완전한 내용의 소유권을 취득하는가의 여부에 관계없이 사실상 취득행위 자체를 과세대상으로 한다.

그리고 취득세의 과세대상이가 되는 부동산 취득에 관하여 민법 등 관계 법령에 의한 등기·등록 등을 이행하지 않더라도 사실상 취득한 때에는 이를 취득한 것으로 본다고 규정하고 있는데, 여기에서 '사실상의 취득'이란 일반적으로 등기와 같은 소유권 취득의 형식적 요건을 갖추지는 못하였으나 대금의 지급과 같은 소유권 취득의 실질적 요건을 갖춘 경우를 말한다.

(2) 사례의 경우

A법인이 직원 乙과 등기명의신탁 약정에 의하여 수탁자인 乙 명의로 소유권이전등기를 경료하고 자신의 명의로는 소유권이전등기를 마치지 않았다고 하더라도 내부적으로 매수자이면서 매매대금을 지급한 A법인이 사실상 취득자에 해당한다. 따라서 A법인의 취득의 실질주의 개념에 따라 취득세 납세의무가 있다. 이를 구체적으로 설명하면 다음과 같다.

A법인과 직원 乙 명의신탁약정과 그에 따른 소유권이전등기는 무효가 된다. 그 결과 명의신탁된 부동산은 매도인 甲 소유로 복귀된다. 이 경우 A법인과 매도인 甲의 매매계약은 유효한 것이므로 명의신탁자인 A법인은 매도인에 대해서 소유권이전등기를 청구할 수 있다.

따라서 A법인이 직원 乙과 등기명의신탁 약정에 의하여 명의수탁자인 乙 명의로 소유권이전등기를 경료하고 A법인의 명의로는 소유권이전등기를 마치지 않았다고 하더라도 A법인이 사실상 취득자에 해당한다. 따라서 취득의 실질주의 개념에 따라 A법인이 취득세 납세의무가 있다.

<참고사항> 3자간 등기명의신탁의 경우

부동산을 취득하려는 사람이 매도인과 사이에 부동산에 관한 매매계약을 체결하고, 매도인에게 매매대금을 지급하되, 다만 그 소유권이전등기를 제3자와의 명의신탁약정에 따라 명의수탁자 앞으로 이전한 때, 즉 소위 3자간 등기명의신탁의 경우에 있어서는 명의수탁자 앞으로의 소유권이전등기는 무효가 되고, 매도인에 대한 관계에서 부동산의 취득행위를 한 사람은 매수인이자 명의신탁자라고 할 것이므로, 명의신탁자는 자신 앞으로 소유권이전등기를 마치지 않았다고 하더라도 매도인에게 매매대금 전부를 지급하여 소유권이전등기청구권을 가지게 되었으므로 그 부동산을 사실상 취득하였다고 볼 것이어서 취득세 납세의무가 있다(대법원 2007.5.11. 선고 2005두13360 판결 등 참조).

2. 등기 이전시 취득세 부과 여부

(1) 등기일이 새로운 취득인지 여부

부동산에 관한 매매계약을 체결하고 소유권이전등기에 앞서 매매대금을 모두 지급한 매수인은 잔금지급일에 '사실상 취득'에 따른 취득세 납세의무가 성립하고, 그 후 그 사실상의 취득자가 그 부동산에 관하여 매매를 원인으로 한 소유권이전등기를 마치더라도 이는 잔금지급일에 '사실상 취득'을 한 부동산에 관하여 소유권 취득의 형식적 요건을 추가로 갖춘 것에 불과하므로, 잔금지급일에 성립한 취득세 납세의무와 별도로 그 등기일에 '취득'을 원인으로 한 새로운 취득세 납세의무가 성립하는 것은 아니다.

이러한 법리는 매매대금을 모두 지급하여 부동산을 사실상 취득한 자가 3자간 등기명의신탁 약정에 따라 명의수탁자 명의로 소유권이전등기를 마쳤다가 부동산실명법 위반으로 무효가 된 명의수탁자 명의의 소유권이전등기를 말소한 다음 그 부동산에 관하여 당초 매매를 원인으로 하여 그 명의로 소유권이전등기를 마친 경우에도 마찬가지로 적용된다고 할 것이다.

(2) 사례의 경우

사례에서 A법인은 그 매매대금을 모두 지급하여 이를 사실상 취득함으로써 취득세 납세의무가 성립한 것이고, 부동산실명법 위반으로 무효가 됨에 따라 직원 乙 명의의 등기를 말소한 다음 매매를 원인으로 하여 A법인 명의로 소유권이전등기를 마쳤다고 해서 취득세 납세의무가 새롭게 성립하는 것은 아니다. 따라서 A법인 앞으로 등기를 하는 경우 A법인에게 취득세를 부과할 수 없다.

3. A법인 취득세 부과제척기간

A법인은 납세자가 법정신고기한까지 과세표준신고서를 제출하지 않은 경우로서 취득세를 「부동산 실권리자명의 등기에 관한 법률」에 따른 명의신탁약정으로 실권리자가 사실상 취득하는 경우에 부과제척기간은 10년간이다.

신고납부하는 취득세의 부과제척기간의 기산일은 신고기한(2026.6.30.)의 다음 날(2026.7.1.)이므로, 이때부터 10년이 되는 날(2036.6.30.)에 부과제척기간이 만료한다.

【물음 2】 A교회 취득세 부과처분의 정당성

A교회(명의신탁자)가 신도 乙(명의수탁자)과 명의신탁약정을 한 것은 부동산실명법의 위반으로 무효이지만, 명의신탁약정의 존재를 알지 못한 선의의 매도인 甲을 보호하기 위하여 명의수탁자인 乙 앞으로 등기는 유효한 것으로 한다(반대로 매도인이 악의인 경우에는 등기 자체도 무효가 된다). 이에 따라 명의수탁자인 乙은 매도인 뿐만 아니라 명의신탁자에 대해서도 유효하게 해당 부동산의 소유권을 취득한다. 따라서 명의수탁자 乙이 취득세 납세의무를 부담한다.

비록 명의신탁자가 명의수탁자에게 매매대금을 지급하였다 하더라도 명의신탁자는 명의수탁자와 사이에서 그 부동산 자체를 취득하지 못하고, 매도인과 사이에서는 계약당사자가 아니어서 소유권 이전등기청구권도 가질 수 없어 명의신탁자는 아무런 권리를 취득하지 못하므로, 취득세 납세의무도 없다. 다만, 명의수탁자가 신탁자로부터 받은 부동산 매수자금은 무효인 명의신탁약정에 따른 것으로서 법률상 원인 없는 것이므로, 명의신탁자에 대해 그 매수자금 상당액의 부당이득반환의무를 진다(부동산 그 자체를 반환할 의무는 지지 않는다).

따라서 명의신탁자인 A교회는 매수자금 상당액의 반환받을 뿐 부동산 자체를 취득한 것이 아니므로 A교회에 대해 취득세 부과처분을 한 것은 위법하다.

<참고사항> 계약명의신탁의 경우

부동산을 취득하려는 사람이 제3자와 명의신탁약정을 한 다음, 명의수탁자가 매도인과 사이에 매매계약을 체결하고, 자신 앞으로 소유권이전등기를 경료한 경우, 즉 계약명의신탁의 경우에 있어서는 매도인이 명의신탁약정사실을 알지 못하였다면(즉, 매도인이 선의였다면), 명의수탁자는 매도인이나 명의신탁자와의 관계에 있어서 당해 부동산의 소유권을 완전하게 취득하므로 지방세법에 따라 명의수탁자가 취득세 납세의무를 부담하고, 비록 명의신탁자가 명의수탁자에게 매매대금을 지급하였다 하더라도 명의신탁자는 명

의수탁자와 사이에서 그 부동산 자체를 취득하지 못하고(명의수탁자가 그 명의로 등기를 마친 후 임의로 명의신탁자에게 소유권이전등기를 해 준 경우에 명의신탁자가 취득세 납세의무를 부담하게 되는지 여부는 별론으로 한다), 매도인과 사이에서는 계약당사자가 아니어서 그 소유권이전등기청구권도 가질 수 없어 명의신탁자는 아무런 권리를 취득하지 못한다고 할 것이므로, 취득세 납세의무도 없다고 봄이 타당하다.

사례 4 제3자 등기명의신탁과 취득세 · 등록면허세 과세문제

취득세는 일정한 자산의 취득에 대해서 그 취득자에게 부과하는 지방세이다. 다음 사례를 읽고 물음에 답하시오. (30점)

(1) A회사는 B회사로부터 K토지를 매수하고 2011.12.8.에 매매대금으로 모두 지급한 후, 3자간 등기명의신탁(*주) 약정에 따라 2012.12.7.에 그 직원인 甲의 명의로 취득세를 납부하고 소유권이전등기를 마쳤다.

(2) 과세관청은 A회사가 K토지의 실제 취득자라는 이유로 2016.11.8.에 A회사에게 취득세를 부과하였고, A회사는 2016.11.30.에 위 취득세를 납부하였다.

(3) A회사는 그 직원 甲 앞으로 소유권이전등기가 부동산실명법 위반으로 무효가 됨에 따라 직원 甲 명의의 등기를 말소한 다음, 2017.5.10.에 위 K토지에 관하여 '매매'를 원인으로 한 소유권이전등기를 마친 후 과세관청에게 취득세를 신고 · 납부하였다.

(4) A회사는 2017.10.19.에 과세관청에 '위 K토지의 취득에 따른 취득세를 이중으로 납부하였다'는 이유로 마지막으로 신고 · 납부한 취득세 등을 환급하여 달라는 내용의 경정청구를 하였는데, 과세관청은 2017.10.23.에 위 경정청구를 거부하는 처분(이하 '이 사건 처분'이라 한다)을 하였다.

【물음 1】 A회사의 K토지 취득에 대한 취득세 납세의무가 성립하는 '연월일'을 먼저 표시하고, 그 판단 근거(지방세법 규정과 관련된 대법원 판례를 말한다)를 설명하시오.

【물음 2】 3자간 등기명의신탁 약정에 따라 2012.12.7.에 명의수탁자인 甲의 명의로 K토지에 대한 취득을 원인으로 한 소유권이전등기를 한 경우에 취득세 납세의무가 성립하는지 여부를 직원 甲 명의의 소유권이전등기가 갖는 효력과 실질귀속자 과세원칙에 근거를 두고 설명하시오.

【물음 3】 과세관청이 2017.10.23.에 행한 경정청구를 거부하는 이 사건 처분의 정당성을 설명하시오.

【물음 4】 사례에서 매도인 B회사에서 직원 甲 앞으로 K토지에 대한 소유권이전등기가 부동산실명법 위반으로 무효가 됨에 따라 직원 甲의 K토지의 취득에 대해서 취득세를 부과할 수 없는 경우, 현행 지방세법에 따를 때 직원 甲 앞으로 K토지의 소유권이전등기에 대해서 등록면허세를 부과할 수 있는지를 설명하시오.

※ (*주) 참고사항 : 3자간 등기명의신탁의 법률관계

명의신탁자(위 사례에서 A회사를 말한다. 이하 같다)가 소유자로부터 부동산을 양수하면서 명의수탁자(A회

사의 직원 甲을 말한다. 이하 같다)와 사이에 명의신탁약정을 하여 소유자로부터 바로 명의수탁자 명의로 해당 부동산의 소유권이전등기를 하는 3자간 등기명의신탁의 경우, 명의신탁자가 매매계약의 당사자로서 매도인과 매매계약을 체결하고 매매대금을 지급하며, 매매계약에 따른 법률효과도 명의신탁자에게 귀속된다. 부동산 실권리자명의 등기에 관한 법률(이른바 '부동산실명법')은 ① 명의신탁자와 명의수탁자 간의 명의신탁약정과 그에 따른 매도인으로부터 명의수탁자 앞으로 소유권이전등기는 각각 무효로 한다. 반면에 ② 매도인과 명의신탁자 사이의 매매계약의 효력을 부정하는 규정을 두고 있지 아니하므로 그 매매계약의 효력은 인정된다.

해 답

【물음 1】 취득세 납세의무

1. K토지 취득세 납세의무 성립일 : 사실상 잔금지급일(2011.12.8.)

2. 판단근거

   1) 지방세법상 취득세는 과세대상자산의 '취득'에 대하여 그 취득자에게 부과한다고 규정하고 있다. 그리고 과세대상자산의 취득은 민법 등 관계 법령에 따른 등기·등록 등을 이행하지 않은 경우라도 '사실상 취득'한 때에는 이를 취득한 것으로 본다고 규정하고 있다.

      여기서 '사실상 취득'이란 일반적으로 등기와 같은 소유권 취득의 형식적 요건을 갖추지는 못하였으나 대금의 지급과 같은 소유권 취득의 실질적 요건을 갖춘 경우를 말한다.

   2) 이러한 관점에서 볼 때, 매수인이 부동산에 관한 매매계약을 체결하고 소유권이전등기에 앞서 매매대금을 모두 지급한 경우 사실상의 잔금지급일에 지방세법에서 규정한 '사실상 취득'에 따른 취득세 납세의무가 성립하고(대법원 2005.1.13. 선고 2003두10343 판결 등 참조), 그 후 그 사실상의 취득자가 그 부동산에 관하여 매매를 원인으로 한 소유권이전등기를 마치더라도 이는 잔금지급일에 '사실상 취득'을 한 부동산에 관하여 소유권 취득의 형식적 요건을 추가로 갖춘 것에 불과하므로, 잔금지급일에 성립한 취득세 납세의무와 별도로 그 등기일에 지방세법에서 '취득'을 원인으로 한 새로운 취득세 납세의무가 성립하는 것은 아니다(대법원 2013.3.14. 선고 2010두28151 판결 참조).

   3) 이러한 법리(法理)는 매매대금을 모두 지급하여 부동산을 사실상 취득한 자가 3자간 등기명의신탁 약정에 따라 명의수탁자 명의로 소유권이전등기를 마쳤다가 그 후 해당 부동산에 관하여 자신의 명의로 소유권이전등기를 마친 경우에도 마찬가지로 적용된다고 보아야 한다. 참고사항에서 제시한 바와 같이 3자간 등기명의신탁에서 명의신탁자의 매수인 지위는 일반 매매계약에서 매수인 지위와 같다고 볼 수 있다. 따라서 명의신탁자가 부동산에 관한 매매계약을 체결하고 매매대금을 모두 지급하였다면 잔금지급일에 지방세법상 '사실상 취득'에 따른 취득세 납세의무가 성립한다.

【물음 2】 직원 甲의 명의로 소유권이전등기에 대한 취득세 납세의무

다음과 같은 논거로 명의수탁자인 A회사의 직원인 甲의 명의로 K토지에 대한 취득을 원인으로 한 소유권이전등기를 한 경우에 취득세 납세의무가 성립하지 않는다고 보아야 한다.

1) 부동산실명법에 따라 A회사와 직원 甲 간 명의신탁약정과 매도인 B회사에서 명의수탁자인 직원

甲 앞으로의 소유권이전등기는 무효가 된다. 무효인 명의신탁약정에 따라 아무런 효력이 없는 등기만을 보유하고 있을 뿐인 명의수탁자는 K토지를 유효하게 취득할 수 없으므로 명의수탁자인 직원 甲에게 취득세 납세의무가 성립한다고 볼 수 없다.

2) 과세의 대상이 되는 소득 · 수익 · 재산 · 행위 또는 거래의 귀속이 명의일 뿐이고 사실상 귀속되는 자가 따로 있는 때에는 사실상 귀속되는 자를 납세의무자로 한다. 이것을 '실질귀속자 과세원칙'이라고 한다. 사례에서 취득세의 과세대상은 'K토지의 취득'인데, 명의수탁자인 직원 甲은 무효인 소유권이전등기의 명의자일 뿐이고 매매계약의 매수인 지위에서 있으면서 K토지를 사실상 취득한 A회사가 취득세 납세의무자이다. 따라서 명의자인 직원 甲은 취득세 납세의무가 없다(이 경우에 A회사의 직원 甲은 자기 명의로 신고납부한 취득세에 대해서 경정청구를 통해서 부과취소를 요구할 수 있다).

【물음 3】 경정청구를 거부한 이 사건 처분의 정당성

(1) 등기일에 K토지를 새롭게 취득한 것인지 여부

3자간 등기명의신탁에서 명의신탁자가 명의수탁자 명의의 소유권이전등기를 말소한 다음 그 부동산에 관하여 매도인으로부터 자신의 명의로 소유권이전등기를 마치더라도, 이는 당초의 매매를 원인으로 한 것으로서 잔금지급일에 '사실상 취득'을 한 부동산에 관하여 소유권 취득의 형식적 요건을 추가로 갖춘 것에 불과하다. 따라서 잔금지급일에 이미 성립한 취득세 납세의무와 별도로 그 등기일에 새로운 취득세 납세의무가 성립한다고 볼 수는 없다.

(2) 사례의 경우

A회사가 K토지에 관하여 자신의 명의로 소유권이전등기를 마친 것은 B회사로부터 별도의 매매계약에 따라 K토지를 새로 취득하였기 때문이 아니고, 매매대금을 2011.12.8.에 지급하여 이미 K토지를 사실상 취득한 후에 2017.5.10.에 등기를 통한 소유권 취득의 형식적 요건을 추가로 갖춘 것에 불과하므로 새로운 취득에 해당하지 않아 A회사에는 다시 취득세가 과세되지 않아야 한다.

따라서 과세관청이 A회사가 신고납부한 취득세를 환급하여 달라는 내용의 경정청구를 거부한 이 사건 처분은 위법하다.

【물음 4】 등록면허세 과세여부

등록면허세는 각종 등록을 받은 자에게 그 등록에 따라 부과한다. 여기서 '등록'이란 재산권의 취득에 관한 사항을 공부에 등기하거나 등록하는 것을 말한다.

다만, 취득세 과세대상자산의 '취득을 원인으로 이루어지는 등기'는 등록면허세 과세대상에서 제외한다. 이처럼 취득세 과세대상자산의 '취득을 원인으로 이루어지는 등기'를 등록면허세 과세대상에서 제외하는 이유는 2011년부터 취득을 원인으로 이루어지는 등기에 대해서는 등록세가 폐지되고 종전 등록세분이 취득세로 통합되어 과세되기 때문이다. 위 조문의 표현에 따르면 등록세면허세 과세대상에서 제외되는 '취득을 원인으로 이루어지는 등기'에 법률상 유효한 취득을 원인으로 한 등기로 한정하지 않고 있다. 따라서 등기의 원인이 무효인 경우라도 등록면허세 과세대상에서 제외되는 '취득을 원인으로 이루어지는 등기'에 해당한다고 보아야 한다.

이에 따르면, 사례에서 K토지 취득을 원인으로 등기가 이루어진 후 등기의 원인이 무효로 밝혀져 취득세 과세대상에 해당하지 않더라도 별도로 등록면허세 납세의무가 성립하는 것은 아니다. 따라서 K토지 취득을 원인으로 등기가 이루어진 후 등기의 원인이 무효로 판명나는 경우에도 등록면허세를 과세할 수 없다.

사례 5 부담부증여에 의한 취득에 대한 과세표준과 세율

다음 사례를 읽고 취득세 과세표준과 세율은 어떻게 적용되는지를 설명하시오. (5점)

> 甲은 A소유의 토지를 증여받으면서 해당 토지에 담보된 A의 은행채무 4억원을 인수하기로 하였다. 해당 토지의 시가인정액은 10억원이다.

해 답

1. 개 요

부담부증여의 경우 그 실질에 따라 채무인수액(부담액)에 해당하는 부분은 유상승계취득으로 보고 나머지 부분은 무상승계취득에 해당한다. 그것은 소득세법에서 증여가액 중 채무인수액에 해당하는 부분은 유상이전으로 보고, 상증세법에서 채무인수액은 증여세 과세가액을 계산할 때 차감하는 것과 같은 취지이다.

이처럼 증여자의 채무를 인수하는 부담부증여의 경우 ① 유상으로 취득한 것으로 보는 채무액에 상당하는 부분(이하 '채무부담액'이라 한다)에 대해서는 유상승계취득에서의 과세표준을 적용하고, ② 취득물건의 시가인정액에서 채무부담액을 뺀 잔액에 대해서는 무상취득에서의 과세표준을 적용한다(p.668 참조).

2. 사례의 경우

사례의 경우에도 다음과 같이 구분하여 취득세 과세표준과 세율을 적용한다.

(1) 유상취득 : 4억원×유상취득세율(4%)

(2) 무상취득 : 6억원×증여취득세율(3.5%)

사례 6 취득세 일반

지방세법에 따른 취득세는 일정한 자산의 취득에 대해서 과세한다. 다음의 물음에 대해 설명하시오. (20점)

【물음 1】 지방세법상 본래의 취득의 개념, 실질주의 취득의 의미와 간주취득의 범위에 대해서 설명하시오. (10점)

【물음 2】 다음 사례를 읽고, 아래 요구사항에 답하시오. (10점)

> (1) 국내 주소를 둔 A는 2026.2.4.에 매수인 乙과 토지(농지는 아님, 이하 '이 사건 토지'라 한다)에 대해서 매매대금 5억원에 매매계약(이하 '이 사건 매매계약'이라 한다)을 체결하고 계약금 1억원을 수령하였다.
>
> (2) 그 후 A가 2026.5.4.에 갑작스럽게 사망하자 이 날짜에 단독상속인 甲에게 상속이 개시되었고, 매수인 乙은 A와 체결한 이 사건 매매계약에 기초하여 상속인 甲에게 계약상 잔금지급일(2026.7.4.)에 4억원의 잔금을 지급하고서 취득에 관한 소유권이전등기를 마쳤다.

(요구사항) 이 사건 토지와 관련된 상속인 甲과 매수인 乙의 취득세 납세의무 유무와 적용세율을 판단하시오. 단, 이 사건 토지는 취득세 비과세대상이나 중과세대상은 아니다.

해 답

【물음 1】 취 득

1. 본래 취득

1) 의　의 : 매매 · 교환, 상속 · 증여 · 기부, 법인에 대한 현물출자, 건축 · 공유 수면의 매립 · 간척에 의한 토지의 조성 등과 기타 이에 유사한 취득으로서 원시취득(수용재결로 취득한 경우 등 과세대상이 이미 존재하는 상태에서 취득하는 경우는 원시취득에서 제외) · 승계취득 또는 유상 · 무상의 모든 취득을 말한다.

2) 사실상의 취득 : 취득물건의 취득에 있어서는 관계법령의 규정에 의한 등기 · 등록 등을 이행하지 않는 경우라도 사실상 취득하면 각각 취득한 것으로 보고 해당 물건의 소유자 또는 양수인을 취득자로 한다(실질주의). 다만, 차량 · 기계장비 · 항공기 및 주문 받아 건조하는 선박은 승계취득의 경우에만 해당한다. 따라서 '취득'이란 취득자가 소유권이전등기 · 등록 등 완전한 내용의 소유권을 취득하는가의 여부에 관계없이 사실상의 취득행위(잔금지급, 연부금완납 등) 그 자체를 말한다.

2. 간주 취득

1) 종류변경 : 선박 · 차량과 기계장비의 종류변경으로 그 가액이 증가한 경우에는 이를 취득으로 본다. 여기서 '종류의 변경'이란 선박에 있어서는 선질 · 용도 · 기관과 적재정량(정원), 차량과 기계장비에 있어서는 원동기 · 정원적량 또는 차체가 각각 변경되는 것을 말한다.

2) 지목변경 : 토지의 지목을 사실상 변경함으로써 그 가액이 증가한 경우에는 이를 취득으로 본다.

3) 주식취득 : 법인(유가증권시장 · 코스닥시장 상장법인은 제외)의 주식 또는 지분을 취득함으로써 과점주주가 된 때에는 그 과점주주는 해당 법인의 취득세 과세대상자산을 취득한 것으로 본다. 다만, 법인설립시에 발행하는 주식 또는 지분을 취득함으로써 과점주주가 된 경우에는 그렇지 않다.

【물음 2】 사 례

1. 상속인 甲

(1) 납세의무

상속인 甲이 이 사건 토지를 상속개시일인 2026.2.4.에 상속으로 무상 승계취득하였으므로, 취득세 납세의무가 있다. A와 乙 사이에 매매계약 체결 후 매수인 乙의 사실상 취득이 이루어지기 전에 상속이 개시된 경우에도, 상속인 甲에게 상속으로 인한 취득세 납세의무가 있다. 취득세는 부동산 등에 대하여 개별적인 취득행위(상속, 매매 등)가 존재할 때마다 그 부동산 등을 취득하는 자에게 부과되는 세금이기 때문이다.

(2) 세 율

상속으로 인한 취득에 대한 취득세율은 2.8%(농지는 2.3%)이다.

2. 매수자 乙

(1) 납세의무

매수인 乙은 A와 체결한 매매계약을 원인으로 2026.7.4.(잔금지급일)에 유상으로 승계취득하여 취득세 납세의무가 있다.

(2) 세 율

매매를 원인으로 취득한 경우 취득세율은 4%(농지는 3%)이다.

Ⅲ 취득세의 비과세

구분	구체적인 비과세대상(지방법 9)
(1) 국가 등에 대한 비과세	① 국가 또는 지방자치단체(다른 법률에서 국가 또는 지방자치단체로 의제되는 법인은 제외한다. 이하 같다), 외국정부 및 주한국제기구의 취득(다만, 대한민국 정부기관의 취득에 대해서 과세하는 외국정부의 취득은 제외) ② 국가, 지방자치단체에 귀속 또는 기부채납[BOT (Build-Operate-Transfer) ; 건설·운영 후 양도방식으로 귀속되는 경우 포함]을 조건으로 하는 부동산 및 사회기반시설의 취득(다만, ㉠ 국가 등에 귀속 등의 조건을 이행하지 않고 타인에게 매각·증여하거나 귀속 등을 이행하지 않는 것으로 조건이 변경된 경우, ㉡ 국가 등에 귀속 등의 반대급부로 국가 등이 소유하고 있는 부동산 및 사회기반시설을 무상으로 양여받거나 기부채납 대상물의 무상사용권을 제공받는 경우에는 취득세를 부과한다)

(2) 형식적인 소유권 취득에 대한 비과세	① 신탁(신탁법에 따른 신탁으로서 신탁등기가 병행되는 것만 해당한다)으로 인한 신탁재산의 취득으로서 다음 중 어느 하나에 해당하는 경우(다만, 신탁재산의 취득 중 주택조합 등과 조합원 간의 부동산 취득 및 주택조합 등의 비조합원용 부동산 취득은 제외) ㉠ 위탁자로부터 수탁자에게 신탁재산을 이전하는 경우 ㉡ 신탁의 종료 또는 해지로 인하여 수탁자로부터 위탁자에게 신탁재산을 이전하는 경우 ㉢ 수탁자가 변경되어 신수탁자에게 신탁재산을 이전하는 경우 ② 「징발재산정리에 관한 특별조치법」 등에 따른 동원대상지역 내의 토지의 수용·사용에 관한 환매권의 행사로 매수하는 부동산의 취득 ③ 임시흥행장, 공사현장사무소 등(사치성 재산은 제외) 임시건축물의 취득(다만, 존속기간이 1년을 초과하는 경우는 제외)
(3) 공동주택의 개수에 인한 취득에 대한 비과세	개수 당시 시가표준액이 9억원 이하인 공동주택의 개수(대수선은 제외)*로 인한 취득 * 엘리베이터나 난방용 보일러 등의 교체(p.624 참조)
(4) 차량의 상속에 따른 취득세 비과세	① 상속개시 이전에 천재지변·화재·교통사고·폐차·차령초과(車齡超過) 등으로 사용할 수 없게 된 차량의 상속으로 인한 취득 ② 상속개시일 현재 차령초과로 사실상 차량을 사용할 수 없는 경우 등의 사유로 상속으로 인한 이전등록을 하지 않은 상태에서 폐차함에 따라 상속개시일이 속하는 달의 말일부터 6개월(외국에 주소를 둔 상속인이 있는 경우에는 9개월) 이내에 말소등록된 차량의 상속으로 인한 취득

참고사항 부동산신탁 중 토지개발신탁의 이해

신탁법상 '신탁'이란 신탁을 설정하는 자(이하 '위탁자'라 한다)와 신탁을 인수하는 자(이하 '수탁자'라 한다) 간의 신임관계에 기하여 위탁자가 수탁자에게 특정의 재산을 이전하거나 담보권의 설정 또는 그 밖의 처분을 하고 수탁자로 하여금 일정한 자(이하 '수익자'라 한다)의 이익 또는 특정의 목적을 위하여 그 재산의 관리, 처분, 운용, 개발, 그 밖에 신탁 목적의 달성을 위하여 필요한 행위를 하게 하는 법률관계를 말한다(신탁법 2). 이러한 신탁 중 토지의 개발을 목적으로 하는 '토지개발신탁'이란 ① 위탁자(토지 소유자)가 수탁자(신탁회사)와 신탁계약 체결 후 그 소유 부동산을 수탁자에게 소유권 이전 및 신탁등기를 한 후 ② 수탁자는 신탁계약에서 정한 목적 달성을 위하여 신탁부동산을 개발·관리·처분을 행하며 ③ 신탁 종료시 신탁재산을 수익자에게 교부하는 것을 말한다. ■

[도 표] 부동산신탁(토지개발신탁)의 이해도

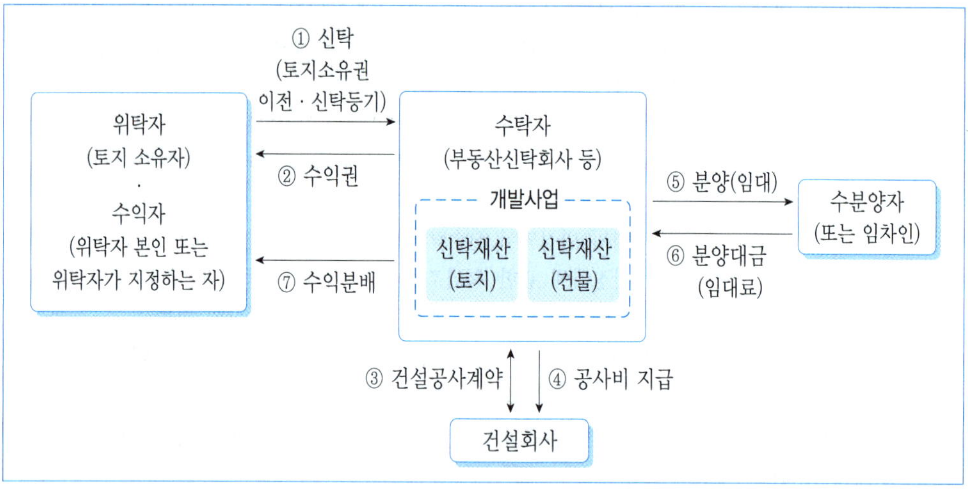

Ⅳ 납세의무자

1. 개 요

취득세는 부동산 등을 취득한 자에게 부과한다(지방법 7 ①). 자연인과 법인은 물론이고 법인이 아닌 사단·재단 그 밖의 단체도 취득세 납세의무가 있다.

2. 사례별 납세의무자

1) 주체구조부의 취득자 : 건축물 중 조작(造作) 설비, 그 밖의 부대설비에 속하는 부분으로서 그 주체구조부(主體構造部)와 하나가 되어 건축물로서의 효용가치를 이루고 있는 것에 대해서는 주체구조부 취득자 외의 자가 가설(加設)한 경우에도 주체구조부의 취득자가 함께 취득한 것으로 본다(지방법 7 ③).

2) 수입자 : 외국인 소유의 취득세 과세대상 물건(차량, 기계장비, 항공기 및 선박만 해당한다)을 직접 사용하거나 국내의 대여시설 이용자에게 대여하기 위하여 소유권을 이전받는 조건으로 임차하여 수입하는 경우에는 수입하는 자가 취득한 것으로 본다(지방법 7 ⑥).

3) 상속인 : 상속(피상속인이 상속인에게 한 유증 및 포괄유증과 신탁재산의 상속을 포함한다. 이하 같다)으로 인하여 취득하는 경우에는 상속인 각자가 상속받는 취득물건(지분을 취득하는 경우에는 그 지분

에 해당하는 취득물건을 말한다)을 취득한 것으로 본다.* 이 경우 상속인은 공유자로서 취득세에 관한 연대납세의무를 진다(지방법 7 ⑦).

* 상속에는 사인증여는 포함되지 않으며, 상속인에는 상속포기자를 포함하지 않는다.

참고사항 상속인 중 한정승인자의 취득세 납세의무

상속인이 민법(제1019조 제3항)에 따른 한정승인에 의하여 상속재산을 취득하는 경우 한정승인자도 상속재산에 대한 실질적 소유권을 취득한다. 상속채무에 대한 책임이 상속재산을 한도로 한정될 뿐이므로, 상속포기를 하여 상속의 효과를 부인한 것이 아닌 이상 한정승인자의 상속재산도 지방세법에서 규정하는 취득세 과세대상에 해당되어 상속개시일에 취득세 납세의무가 성립된다(지방세운영과-32, 2009.1.5.). ■

예규판례 매매계약 체결 후 매도자가 사망한 경우 상속인에 대한 취득세 납세의무

매매계약 체결 후 사실상 취득이 이루어지기 전에 매도자가 사망하고 매수자에게 소유권 이전등기가 되는 경우에도 상속인에게 상속에 따른 취득세 납세의무가 있다(운영예규 7-7). 이는 다음의 대법원 판례를 반영한 것이다.

취득세는 부동산 등에 대하여 개별적인 취득행위가 존재할 때마다 그 부동산 등을 취득하는 자에게 부과되는 세금이고 상속인인 원고가 상속으로 인하여 이 사건 부동산을 취득한 것이 명백한 이상, 이 사건 부동산이 이미 매매계약이 체결되어 매수인 앞으로 소유권이전등기가 경료될 것이 예정되어 있었다는 등의 원고가 주장하는 사정만으로는 피고가 원고에게 이 사건 부동산 취득에 따른 취득세를 부과한 것이 실질과세원칙에 반한다거나 징수권의 남용으로서 신의성실의 원칙 및 조세정의와 형평에 반한다고 볼 수는 없다(대법원 2012두4357, 2012.6.14. 판결). ■

4) 조합원 : 주택조합과 주택재건축조합이 해당 조합원용으로 취득하는 조합주택용 부동산(공동주택과 부대시설 · 복리시설 및 그 부속토지를 말한다)은 그 조합원이 취득한 것으로 본다. 다만, 조합원에게 귀속되지 않는 부동산(비조합원용 부동산)은 제외한다(지방법 7 ⑧).

5) 시설대여사업자 : 여신전문금융업법에 따른 시설대여사업자(즉 리스회사)가 건설기계나 차량의 시설대여를 하는 경우로서 대여시설이용자(즉 리스이용자)의 명의로 등록하는 경우라도 그 건설기계나 차량은 시설대여업자가 취득한 것으로 본다(지방법 7 ⑨).

6) 기계장비 · 차량 취득대금 지급자 : 기계장비나 차량을 기계장비대여업체 또는 운수업체의 명의로 등록하는 경우(영업용으로 등록하는 경우로 한정한다)라도 해당 기계장비나 차량의 구매계약서, 세금계산서, 차주대장(車主臺帳) 등에 비추어 기계장비나 차량의 취득대금을 지급한 자가 따로 있음이 입증되는 경우 그 기계장비나 차량은 취득대금을 지급한 자가 취득한 것으로 본다(지방법 7 ⑩).

참고사항 신탁재산 지목변경에 따른 납세의무자

신탁법에 따라 신탁 등기가 되어 있는 토지의 지목이 변경된 경우 지목변경에 따른 취득세 납세의무는 수탁자에게 있다(운영예규 7-8). ■

예규판례 유언대용신탁의 위탁자 사망시 수익자의 취득세 납세의무

1. 관련 법리

가. 신탁법 제2조는 '신탁'이란 신탁을 설정하는 자(이하 '위탁자'라 한다)와 신탁을 인수하는 자(이하 '수탁자'라 한다) 간의 신임관계에 기하여 위탁자가 수탁자에게 특정의 재산을 이전하거나 담보권의 설정 또는 그 밖의 처분을 하고 수탁자로 하여금 일정한 자(이하 '수익자'라 한다)의 이익 또는 특정의 목적을 위하여 그 재산의 관리, 처분, 운용, 개발, 그 밖에 신탁 목적의 달성을 위하여 필요한 행위를 하게 하는 법률관계를 말한다고 규정하고 있다. 이에 따라 부동산 신탁의 경우, 수탁자 앞으로 소유권이전등기를 마치게 되면 대내외적으로 소유권이 수탁자에게 완전히 이전되고, 위탁자와의 내부관계에서 신탁재산의 소유권이 위탁자에게 유보되는 것이 아니다(대법원 2002.4.12. 선고 2000다70460 판결 참조). 이와 같이 신탁되는 부동산의 소유권이 대내외적으로 수탁자에게 완전히 이전되는 이상, 위탁자가 신탁 설정 이후에 사망하여 상속이 개시되더라도 그 부동산이 민사법상 상속재산에 해당되는 것은 아니다.

나. 한편 상증세법은 이에 대한 특칙으로, 신탁법 제59조에 따라 수익자가 될 자로 지정된 자가 위탁자의 사망 시에 수익권을 취득하거나 수익자가 위탁자의 사망 이후에 신탁재산에 기한 급부를 받게 되는 유언대용신탁을 '상속'에 포함시키는 한편[제2조 제1호 (라)목], 유언대용신탁으로 신탁의 수익권을 취득한 자를 '수유자' 중의 하나로 규정하고[같은 조 제5호 (다)목], 피상속인이 신탁한 재산은 '상속재산'으로 보도록 규정하고 있다(제9조 제1항 본문). 또한 지방세법은 위 상증세법 조항과 별도로, '신탁재산의 상속' 등을 포함하여 상속으로 인하여 부동산 등 취득세 과세대상 물건을 취득한 경우에는 상속인 각자가 상속받는 취득물건을 취득한 것으로 보도록 규정하고 있다(제7조 제7항).

다. 지방세기본법 제34조 제1항 제1호는 취득세를 납부할 의무는 '과세물건을 취득하는 때' 성립한다고 규정하고 있다. 그리고 지방세법 제6조 제1호는 '취득'을 '상속 등과 그 밖에 이와 유사한 취득으로서 원시취득, 승계취득 또는 유상·무상의 모든 취득'으로 정의하면서, 제7조 제1항에서 취득세는 부동산 등을 취득한 자에게 부과한다고 규정하고, 같은 조 제2항 본문에서 부동산 등의 취득은 민법 등 관계 법령에 따른 등기·등록을 하지 아니한 경우라도 사실상 취득하면 각각 취득한 것으로 보고 해당 취득물건의 소유자 또는 양수인을 각각 취득자로 한다고 규정하고 있다.

지방세법 제10조의7은 부동산 등을 무상취득하는 경우에 관하여 취득물건의 취득유형별 취득시기 등에 대하여 필요한 사항은 대통령령으로 정한다고 규정하고, 그 위임에 따른 지방세법 시행령 제20조 제1항 본문은 무상취득의 경우에는 그 계약일에 취득한 것으로 보되, 상속 또는 유증으로 인한 취득의 경우에는 상속 또는 유증 개시일을 취득시기로 보도록 규정하고 있다.

라. 신탁법 제59조에 따른 유언대용신탁의 경우 위탁자가 사망하게 되면 수익자가 될 자로 지정된 자는 수익권을 가지게 된다. ① 만일 그 수익권이 수탁자에 대해 신탁재산인 부동산에 관한 소유권이전등기를 청구할 수 있는 권리와 같이 수익자가 수익권의 행사를 통해 신탁재산 원본인 부동산을 취득할 수 있는 내용이라면, 수익자는 취득세 과세대상 물건에 속하는 부동산에 대하여 소유권이전등기를 마치기 이전이라도 위탁자의 사망으로 상속이 개시된 때 그 부동산을 사실상 무상취득한 것으로 보아 취득세의 납세의무자에 해당하게 되고, 이는 앞서 본 지방세법 제7조 제7항에 따라 '상속'으로 인한 취득에 속하게 된다. ② 반면 수익자가 가진 수익권의 내용이 신탁재산의 처분대금 등과 같은 금전의 지급을 청구할 수 있는 권리에 불과하다면, 수익자가 위탁자의 사망으로 신탁재산인 부동산 자체를 사실상 이전받았다고 볼 수 없을 뿐 아니라 신탁재산의 대

내외적 소유권자인 수탁자에게 해당 부동산에 관한 소유권이전등기를 청구할 권리를 가진다고도 할 수 없어, 수익자는 신탁재산인 부동산을 취득하였다고 볼 수 없다.

2. 판단

원심은 판시와 같은 이유로, 원고와 그의 가족들이 이 사건 신탁계약에 따라 사후1수익권자로서 수탁자에게 신탁등기가 마쳐졌던 이 사건 아파트의 처분대금에 관한 수익권을 취득하였을지라도, 이와 같은 신탁수익권은 지방세법 제7조 제1항에 열거된 취득세 과세물건에 해당하지 않을 뿐만 아니라 이들은 이 사건 아파트에 관하여 소유권은 물론 소유권이전등기청구권도 취득하지 않았고 망인의 사망으로 인하여 등기 없이 곧바로 그 소유권을 취득할 수도 없어 이 사건 아파트를 사실상 취득한 것으로도 볼 수 없는 이상, 원고가 이 사건 아파트를 취득하였음을 전제로 한 이 사건 처분은 위법하다고 판단하였다.

원심판결 이유를 앞서 본 법리와 기록에 비추어 살펴보면, 이러한 원심의 판단에 상고이유 주장과 같이 지방세법 제7조 제7항의 '신탁재산의 상속'에 관한 법리를 오해하여 판결에 영향을 미친 잘못이 없다(대법원 2025.9.25.선고 2025두33790 판결). ■

예규판례 조합주택 신축시 부과되는 취득세의 납세의무자(=조합원의 원시취득)

건물신축의 경우에 특단의 사정이 없는 한 그 자재노임 등 소요비용을 제공한 자가 그 건물을 원시취득한다 할 것인바, 주택조합은 그 소유자금으로 조합원의 건물을 신축분양하는 것이 아니라 공정에 따라 조합원으로부터 각자 부담할 건축자금을 제공받아 조합원의 자금으로 건축하는 것이므로 건축절차의 편의상 조합명의로 그 건축허가와 준공검사를 받았다고 하더라도 이때부터 위 건물의 소유권은 건축자금 제공자인 조합원들이 원시취득한 것으로 보아야 한다(대법원 1994.6.24. 선고 93누18839 판결).

위 판결과 같이 취득세에 관하여 대법원은 지역조합, 직장조합, 재건축조합 등을 포함한 주택조합의 조합원용 주택이 신축되는 경우에 주택조합이 아니라 그 조합원이 취득세 납세의무자에 해당한다고 보아 왔고, 이러한 취지에 따라 1997.8.30. 개정된 구 지방세법 제105조 제10항은 '주택조합이 그 조합원용으로 취득하는 조합주택용 부동산(공동주택과 부대 · 복리시설 및 그 부속토지를 말한다)은 그 조합원이 취득한 것으로 본다'고 함으로써 주택조합을 취득세 납세의무자인 '사실상 취득자'에서 제외하도록 명시적으로 규정하였다(대법원 2016.12.29. 선고 2014두2980 판결). ■

예규판례 주택조합의 조합원용 주택이 신축되는 경우 취득세 납세의무자

주택조합은 조합규약 등에 의하여 조합원용 주택을 배정받은 조합원으로 하여금 그 소유권을 취득하도록 할 의무를 부담하므로 원칙적으로 이를 조합원의 의사에 반하여 처분하거나 사용 · 수익할 수 없고, 조합원용 주택이 신축되어 그 건축물대장이 작성된 후에는 부동산등기법 제65조 제1호에 의하여 건축물대장에 최초 소유자로 등록된 조합원이 소유권보존등기를 신청할 수 있으며 주택조합이 이를 막을 수 없다. 한편 취득세에 관하여 대법원은 지역조합, 직장조합, 재건축조합 등을 포함한 주택조합의 조합원용 주택이 신축되는 경우에 주택조합이 아니라 그 조합원이 취득세 납세의무자에 해당한다고 보아 왔고(대법원 1994.6.24. 선고 93누18839 판결 등 참조), 이러한 취지에 따라 1997.8.30. 개정된 구 지방세법 제105조 제10항은 '주택조합이 그 조합원용으로 취득하는 조합주택용 부동산(공동주택과 부대 · 복리시설 및 그 부속토지를 말한다)은 그 조합원이 취득한 것으로 본다'고 함으로써 주택조합을 취득세 납세의무자인 '사실상 취득자'에서 제외하도록 명시적으로 규정하였다(대법원 2016.12.29.). ■

예규판례 신탁법상 신탁으로 수탁자에게 소유권이 이전된 토지에 대한 구 지방세법 제105조 제5항에서 정한 지목 변경으로 인한 취득세 납세의무자가 수탁자인지 여부(적극)

구 지방세법 제105조 제1항은 '취득세는 부동산 등의 취득에 대하여 그 취득자에게 부과한다'고 규정하고, 제2항 본문은 '부동산 등의 취득에 있어서는 민법 등 관계 법령의 규정에 의한 등기 · 등록 등을 이행하지 아니한 경우라도 사실상으로 취득한 때에는 각각 취득한 것으로 보고 당해 취득물건의 소유자 또는 양수인을 각각 취득자로 한다'고 규정하며, 제5항은 '토지의 지목을 사실상 변경함으로써 그 가액이 증가한 경우에는 이를 취득으로 본다'고 규정하고 있다.

토지의 경우 위 각 규정에 의하여 취득세 과세대상이 되는 것은 토지의 소유권을 취득하거나 '소유하고 있는' 토지의 지목이 사실상 변경되어 그 가액이 증가한 경우인데(대법원 1984.5.15. 선고 83누696 판결 등 참조), 신탁법상의 신탁은 위탁자가 수탁자에게 특정의 재산권을 이전하거나 기타의 처분을 하여 수탁자로 하여금 신탁 목적을 위해 그 재산권을 관리 · 처분하게 하는 것이므로, 부동산 신탁에 있어 수탁자 앞으로 소유권이전등기를 마치게 되면 ① 소유권이 수탁자에게 이전되는 것이지 위탁자와의 내부관계에 있어 소유권이 위탁자에게 유보되는 것은 아닌 점(대법원 2011.2.10. 선고 2010다84246 판결), ② 신탁법 제19조는 "신탁재산의 관리 · 처분 · 멸실 · 훼손 기타의 사유로 수탁자가 얻은 재산은 신탁재산에 속한다."고 규정하고 있는데, 위 규정에 의하여 신탁재산에 속하게 되는 부동산 등의 취득에 대한 취득세의 납세의무자도 원칙적으로 수탁자인 점 등에 비추어 보면, 신탁법에 의한 신탁으로 수탁자에게 소유권이 이전된 토지에 있어 법 제105조 제5항이 규정한 지목의 변경으로 인한 취득세의 납세의무자는 수탁자로 봄이 타당하고, 위탁자가 그 토지의 지목을 사실상 변경하였다고 하여 달리 볼 것은 아니다.

그럼에도 원심은, 신탁법에 의한 신탁에 의하여 수탁자에게 소유권이 이전된 토지에 대하여 위탁자가 비용과 노력을 들여 지목을 사실상 변경한 경우에는 위탁자를 법 제105조 제5항이 규정한 취득세의 납세의무자로 보아야 한다는 이유로, 수탁자를 납세의무자로 본 피고의 이 사건 취득세 부과처분이 위법하다고 판단하였으니, 이러한 원심의 판단에는 지목의 변경으로 인한 취득세의 납세의무자에 관한 법리를 오해한 위법이 있고, 이 점을 지적하는 상고이유는 이유 있다(대법원 2012.06.14. 선고 2010두2395 판결). ■

예규판례 부동산에 관한 매매계약을 체결하고 소유권이전등기에 앞서 매매대금을 모두 지급한 매수인이 그 후 매매를 원인으로 한 소유권이전등기를 마친 경우 잔금지급일에 성립한 취득세 납세의무와 별도로 등기일에 새로운 취득세 납세의무가 성립하는지 여부(소극)

구 지방세법(1984.12.24. 법률 제3757호로 개정되기 전의 것, 이하 '법'이라 한다) 제105조 제1항은 취득세는 부동산 등의 '취득'에 대하여 그 취득자에게 부과한다고 규정하고, 제2항은 부동산 등의 취득에 있어서는 민법 기타 관계 법령에 의한 등기 · 등록 등을 이행하지 아니한 경우라도 '사실상 취득'한 때에는 이를 취득한 것으로 본다고 규정하고 있다.

그리고 법 제111조 제7항의 위임에 따른 구 지방세법 시행령(1988.12.31. 대통령령 제12573호로 개정되기 전의 것) 제73조는 취득세에 있어 취득시기에 관하여 제1항에서 유상승계취득의 경우에는 그 계약상의 잔금지급일이나 사실상의 잔금지급일에 취득한 것으로 본다고 규정하고, 제3항 본문에서 제1항에 의한 취득일 전에 등기 또는 등록을 한 경우에는 그 등기일 또는 등록일에 취득한 것으로 본다고 규정하고 있다.

위와 같은 관련 규정의 문언 내용과 아울러 취득세는 본래 재화의 이전이라는 사실 자체를 포착하여 거기에 담세력을 인정하고 부과하는 유통세의 일종으로 법 제105조 제1항에서 규정한 '취득'이란 소유권 이전의 형식에 의하여 부동산 등을 취득하는 모든 경우를 포함하는 것이고, 제2항에서 규정한 '사실상 취득'이란 일반적으로 등기와 같은 소유권 취득의 형식적 요건을 갖추지는 못하였으나 대금의 지급과 같은 소유권 취득의 실질적 요건을 갖춘 경우를 말하는 점(대법원 2002.6.28. 선고 2000두7896 판결, 대법원 2002.7.12. 선고 2000두9311 판결 등 참조) 등에 비추어 보면, 부동산에 관한 매매계약을 체결하고 소유권이전등기에 앞서 매매대금을 모두 지급한 매수인은 계약상 또는 사실상의 잔금지급일에 법 제105조 제2항에서 규정한 '사실상 취득'에 따른 취득세 납세의무가 성립하는 것이고, 그 후 그 사실상의 취득자가 그 부동산에 관하여 매매를 원인으로 한 소유권이전등기를 마치더라도 이는 잔금지급일에 '사실상 취득'을 한 부동산에 관하여 소유권 취득의 형식적 요건을 추가로 갖춘 것에 불과하므로, 잔금지급일에 성립한 취득세 납세의무와 별도로 그 등기일에 법 제105조 제1항에서 규정한 '취득'을 원인으로 한 새로운 취득세 납세의무가 성립하는 것은 아니라고 할 것이다. 그리고 이러한 법리는 부동산 실권리자명의 등기에 관한 법률(1995.3.30. 법률 제4944호로 제정된 것, 이하 '부동산실명법'이라 한다)의 시행 전에 매매대금을 모두 지급하여 부동산을 사실상 취득한 자가 3자간 등기명의신탁 약정에 따라 명의수탁자 명의로 소유권이전등기를 마쳤다가 그 후 부동산실명법 제11조에서 정한 유예기간의 경과에 따라 무효가 된 명의수탁자 명의의 소유권이전등기를 말소한 다음 그 부동산에 관하여 당초 매매를 원인으로 하여 그 명의로 소유권이전등기를 마친 경우에도 마찬가지로 적용된다고 할 것이다.

같은 취지에서 원심이, 원고가 1981.5.8. 매도인인 소외 1로부터 이 사건 각 부동산을 매수한 후 늦어도 3자간 등기명의신탁 약정에 따라 명의수탁자인 소외 2 명의로 소유권이전등기를 마친 1981.6.23.에는 그 매매대금을 모두 지급하여 이를 사실상 취득함으로써 취득세 납세의무가 성립하였고, 원고가 2007.1.2. 부동산실명법에서 정한 유예기간의 경과에 따라 무효가 된 소외 2 명의의 등기를 말소한 다음 위 매매를 원인으로 하여 원고 명의로 소유권이전등기를 마쳤다고 해서 취득세 납세의무가 새롭게 성립하였다고 볼 수 없다고 판단한 것은 정당하고, 거기에 상고이유에서 주장하는 바와 같은 취득세의 납세의무 성립에 관한 법리오해 등의 위법이 없다(대법원 2013.03.14. 선고 2010두28151 판결). ■

사례 7 지목변경과 취득세 납세의무자

다음 사례를 읽고 물음에 답하시오. (10점)

> 甲은 지목(地目)이 임야인 토지 5,000평을 골프장 건설을 위하여 부동산개발회사인 A회사에게 신탁을 원인으로 2024년 중에 소유권이전을 하였다. 해당 토지상에 50억원(甲이 전액 부담함)의 공사비를 지출하여 2026년에 5월 4일에 이르러 골프장이 준공되었고 해당 토지는 체육용지로 지목(地目)이 변경되었다.

【물 음】위 사례에서 2026년 중 취득세를 과세할 수 있는지 여부와 취득세를 과세한다면 누구를 납세의무자로 하는지에 대해서 그 근거를 들어 설명하시오.

해 답

1. 취득세 과세여부

토지의 지목(地目)을 사실상 변경함으로써 그 가액이 증가한 경우에는 취득으로 본다. 사례에서 甲이 신탁한 토지는 당초 지목이 임야에서 2026년 중에 골프장 건설이 완료되어 이미 소유하고 있는 지목이 체육용지로 사실상 변경되었고, 골프장 건설로 인하여 그 가액이 골프장 건설이 든 비용(자본적 지출액 상당액) 50억원 만큼 가액이 증가하였다. 해당 토지 가액의 증가분은 사실상 토지를 취득한 것과 같아 이에 대해서 취득으로 보고 취득세를 과세한다.

2. 취득세 납세의무자

지목변경에 든 비용 50억원을 甲이 공사비를 부담하여 위탁자인 甲을 취득세 납세의무자로 할 것인지, 아니면 신탁의 수탁자인 A회사를 취득세 납세의무자로 할 것인지 문제가 된다.

다음과 같은 논거로 지목변경으로 인한 취득세 납세의무자는 수탁자인 A회사로 해야 한다.

① 신탁법상의 신탁은 위탁자가 수탁자에게 특정의 재산권을 이전하거나 기타의 처분을 하여 수탁자로 하여금 신탁 목적을 위해 그 재산권을 관리·처분하게 하는 것이므로, 부동산 신탁에 있어 수탁자 앞으로 소유권이전등기를 마치게 되면 소유권이 수탁자에게 이전되는 것이지 위탁자와의 내부관계에 있어 소유권이 위탁자에게 유보되는 것이 아니다(대법원 2011.2.10. 선고 2010다84246 판결). 사례에서 법률상 소유자는 수탁자로서 부동산개발회사 A이므로 A회사이다.

② 신탁법(제19조)는 "신탁재산의 관리 · 처분 · 멸실 · 훼손 기타의 사유로 수탁자가 얻은 재산은 신탁재산에 속한다."고 규정하고 있는데, 위 규정에 따라 신탁재산에 속하게 되는 부동산 등의 취득에 대한 취득세의 납세의무자도 수탁자가 된다. 따라서 신탁기간 중에 지목변경으로 인한 간주취득에 대한 취득세 납세의무도 수탁자인 A회사가 되어야 한다.

③ 위탁자 甲의 노력과 비용으로 지목변경이 이루어졌더라도 위탁자를 취득세 납세의무자로 정하는 지방세법의 특별규정이 없는 이상 수탁자인 A회사가 취득세 납세의무를 진다.

V 취득세의 과세표준

1. 과세표준의 기준

취득세의 과세표준은 취득 당시의 가액으로 한다. 다만, 연부(年賦)로 취득하는 경우 취득세의 과세표준은 연부금액(매회 사실상 지급되는 금액을 말하며, 취득금액에 포함되는 계약보증금을 포함한다. 이하 같다)으로 한다(지방법 10). 여기서 '연부(年賦)'란 매매계약서상 연부계약 형식을 갖추고 일시에 완납할 수 없는 대금을 2년 이상에 걸쳐 일정액씩 분할하여 지급하는 것을 말한다(지방법 6 ⑳).

예규판례 연부계약 형식으로 변경되는 경우 취득세 납세의무

일시취득 조건으로 취득한 부동산에 대한 대금지급방법을 연부계약 형식으로 변경한 경우에는 계약변경시점에서 그 이전에 지급한 대금에 대한 취득세의 납세의무가 발생하며, 그 이후에는 사실상 매 연부금지급일마다 취득세를 납부해야 한다(운영예규 7-5). ■

2. 취득유형별 과세표준

(1) 무상취득의 경우 과세표준

1) 원 칙 : 과세대상자산을 무상취득하는 경우 취득 당시의 가액(이하 '취득당시가액'이라 한다)은 시가인정액으로 한다(지방법 10의2 ①). 여기서 '시가인정액'이란 취득시기 현재 불특정 다수인 사이에 자유롭게 거래가 이루어지는 경우 통상적으로 성립된다고 인정되는 가액을 말한다. 구체적으로 '시가인정액'은 취득일 전 6개월부터 취득일 후 3개월 이내의 기간(이하 '평가기간'이라 한다)에 취득 대상이 된 과세대상자산에 대하여 매매, 감정, 경매 또는 공매(이하 '매매 등'이라 한다)한 사실이 있는 경우의 가액으로서 다음의 구분에 따라 정하는 가액으로 한다(지방령 14 ①,②).

구분	시가인정액	평가기간 이내의 가액 판단기준일(*주2)
① 매매사례가액	취득한 과세대상자산의 매매사실이 있는 경우 : 그 거래가액. 다만, 소득세법 또는 법인세법에 따른 특수관계인과의 거래 등으로 그 거래가액이 객관적으로 부당하다고 인정되는 경우는 제외한다.	매매계약일
② 감정가액	취득한 과세대상자산에 대하여 둘 이상의 감정기관이 평가한 감정가액이 있는 경우 : 그 감정가액의 평균액(*주1)	가격산정기준일과 감정가액평가서 작성일
③ 경매 · 공매가액	취득한 과세대상자산의 경매(민사집행법에 따른 경매를 말한다. 이하 같다) 또는 공매 사실이 있는 경우 : 그 경매가액 또는 공매가액	경매가액 또는 공매가액이 결정된 날

(*주1) 다만, 다음의 가액은 제외하며, 해당 감정가액이 시가표준액에 미달하는 경우나 시가표준액 이상인 경우에도 지방세심의위원회의 심의를 거쳐 감정평가 목적 등을 고려하여 해당 감정가액이 부적정하다고 인정되는 경우에는 지방자치단체장이 다른 감정기관에 의뢰하여 감정한 가액으로 하며, 그 가액이 납세자가 제시한 감정가액보다 낮은 경우에는 납세자가 제시한 감정가액으로 한다.

① 일정한 조건이 충족될 것을 전제로 해당 과세대상자산을 평가하는 등 취득세의 납부 목적에 적합하지 않은 감정가액

② 취득일 현재 해당 과세대상자산의 원형대로 감정하지 않은 경우 그 감정가액

(*주2) 위 ①·②·③의 가액이 평가기간 이내의 가액인지에 대한 판단은 위의 구분에 따른 날을 기준으로 하며, 시가인정액이 둘 이상인 경우에는 취득일 전후로 가장 가까운 날의 가액(그 가액이 둘 이상인 경우에는 평균액을 말한다)을 적용한다(지방령 14 ②).

[도 표] 시가인정액 산정

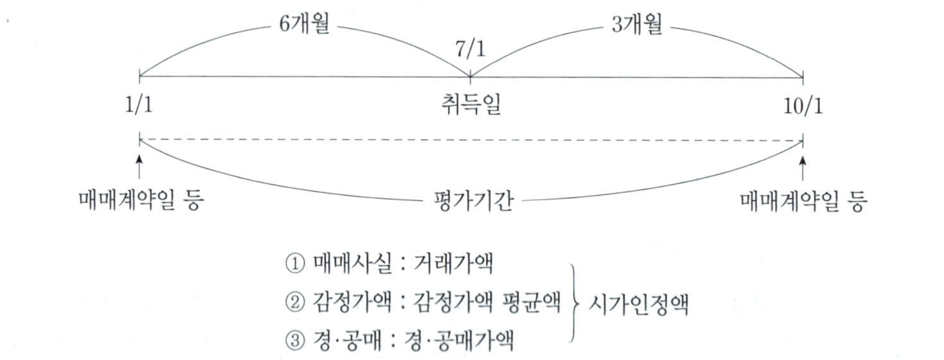

참고사항 평가기간 외의 기간 중 매매 등이 있는 경우 시가인정액 산정 특례

위의 시가인정액 산정 규정에도 불구하고 납세자 또는 지방자치단체장은 ① 취득일 전 2년 이내의 기간 중 평가기간에 해당하지 않는 기간(도표 ① 기간)에 매매 등이 있거나 ② 평가기간이 지난 후에도 취득세 신고·납부기한의 만료일부터 6개월 이내의 기간(도표 ② 기간) 중에 매매 등이 있는 경우에는 행정안전부령으로 정하는 바에 따라 지방세심의위원회에 해당 매매 등의 가액을 ① 매매사례가액, ② 감정가액, ③ 경매·공매가액으로 인정하여 줄 것을 심의요청할 수 있다(지방령 14 ③). 이처럼 심의요청을 받은 지방세심의위원회는 취득일부터 평가기간 이내의 가액 판단기준일의 날까지의 기간 중에 시간의 경과와 주위환경의 변화 등을 고려할 때 가격변동의 특별한 사정이 없다고 인정하는 경우에는 앞의 규정에 따른 기간(도표 ① 기간·② 기간) 중의 매매 등의 가액을 ① 매매사례가액, ② 감정가액, ③ 경매·공매가액으로 심의·의결할 수 있다(지방령 14 ④). ■

[도 표] 평가기간 외의 기간(① 기간 OR ② 기간) 중의 매매 등이 있는 경우 시가인정액

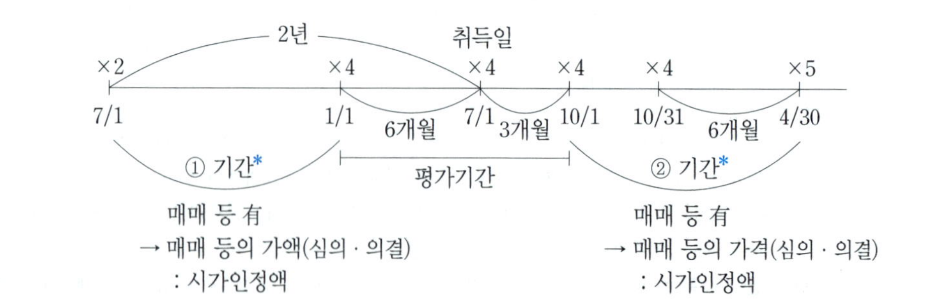

* 평가기간 외의 기간(= 확장 평가기간) : ① 기간 OR ② 기간

참고사항 유사부동산등의 가액을 시가인정액으로 보는 특례

1. 취득 대상이 된 부동산등(과세대상자산을 말한다)에 대한 시가인정액으로 인정된 가액이 없는 경우에는 취득한 부동산등의 면적, 위치, 종류 및 용도와 시가표준액이 동일하거나 유사하다고 인정되는 다른 부동산등(이하 '유사부동산등'이라 한다)의 가액(① 매매사례가액, ② 감정가액, ③ 경매·공매가액을 말한다)을 해당 부동산등의 시가인정액으로 본다. 여기서 '유사부동산등의 가액'은 취득일 전 1년부터 취득세 신고납부기한의 만료일까지*(이하 '유사부동산등 평가기간'이라 한다)의 가액으로 한정한다(지방령 14 ⑤).

* 납세의무자가 취득세 신고기한 내에 신고한 경우에는 그 신고일까지를 말한다.

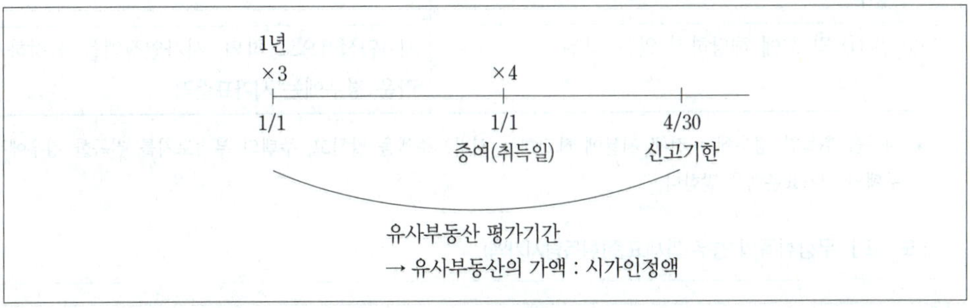

2. 위 1.에도 불구하고 납세자 또는 지방자치단체장은 취득일 전 2년부터 취득세 신고납부기한의 만료일까지의 기간 중 유사부동산등 평가기간에 해당하지 않는 기간에 유사부동산등의 매매등이 있는 경우에는 지방세심의위원회에 해당 매매등의 가액을 ① 매매사례가액, ② 감정가액, ③ 경매·공매가액으로 인정하여 줄 것을 심의요청할 수 있다(지방령 14 ⑥).

3. 이처럼 심의요청을 받은 지방세심의위원회는 취득일부터 유사부동산등의 평가기간 이내의 가액 판단기준일까지의 기간 중에 시간의 경과와 주위환경의 변화 등을 고려할 때 가격변동의 특별한 사정이 없다고 인정하는 경우에는 취득일 전 2년부터 취득세 신고납부기한의 만료일까지의 기간 중 유사부동산등 평가기간에 해당하지 않는 기간 중의 매매등의 가액을 ① 매매사례가액, ② 감정가액, ③ 경매·공매가액으로 심의·의결할 수 있다(지방령 14 ⑦).

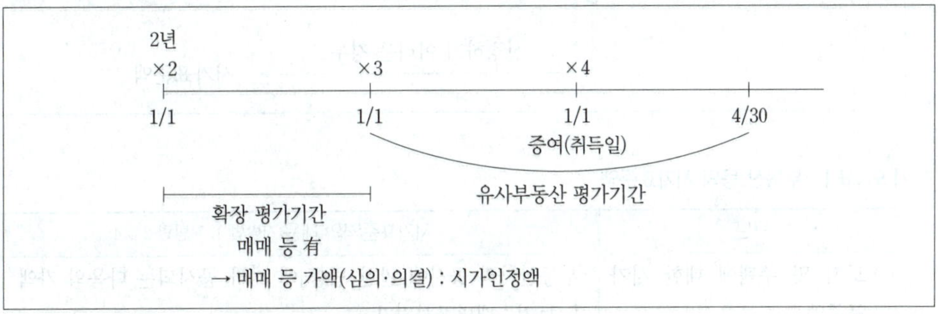

참고사항 취득일 전에 자본적 지출이 발생한 경우 시가인정액 산정 특례

시가인정액을 산정할 때 평가기간 이내의 가액 판단기준일이 부동산 등의 취득일 전인 경우로서 평가기간 이내의 가액 판단기준일부터 취득일까지 해당 과세대상자산에 대한 자본적 지출액이 확인되는 경우에는 그 자본적 지출액을 ① 매매사례가액, ② 감정가액, ③ 경매·공매가액에 더할 수 있다(지방령 14 ⑨). ■

2) 예 외 : 위 1)에도 불구하고 다음의 경우에는 해당 가액을 취득당시가액으로 한다(지방법 10의2 ②, 지방령 14의2).

구분	취득당시가액
① 상속에 따른 무상취득의 경우	시가표준액
② 취득물건에 대한 시가표준액*이 1억원 이하의 과세대상자산을 무상취득(위 ①의 경우는 제외)하는 경우	시가인정액과 시가표준액 중에서 납세자가 정하는 가액
③ 위 ① 및 ②에 해당하지 않는 경우	시가인정액으로 하되, 시가인정액을 산정하기 어려운 경우에는 시가표준액

* 지분을 취득한 경우에는 전체 지분에 해당하는 시가표준액을 말하고, 주택의 부속토지를 취득한 경우에는 전체 주택의 시가표준액을 말한다.

[도 표] 무상취득의 경우 과세표준(취득당시가액)

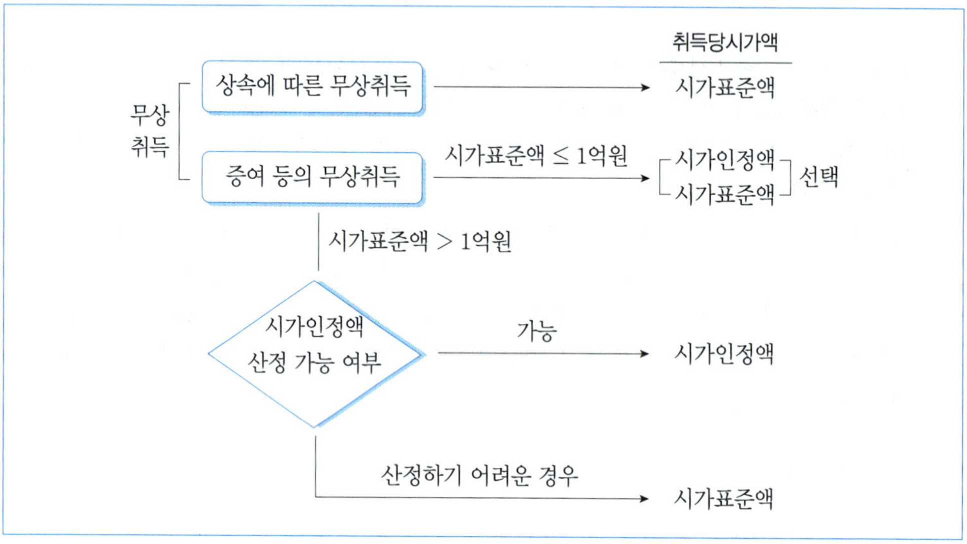

[도 표] 부동산 등의 시가표준액

구분	시가표준액의 내용(지방법 4, 지방령 2,3,4)
(1) 토지 및 주택에 대한 시가표준액	「부동산가격 공시에 관한 법률」에 따라 공시되는 다음의 가액 ① 토지 : 개별공시지가 ② 주택 : 개별주택가격 또는 공동주택가격 ※ 이들 가격이 공시되지 않은 경우에는 특별자치시장 · 특별자치도지사 · 시장 · 군수 또는 구청장이 국토교통부장관이 제공한 토지가격비준표 또는 주택가격비준표를 사용하여 산정한 가액으로 한다(공동주택은 행정자치부장관이 정하는 기준에 따라 특별자치시장 · 특별자치도지사 · 시장 · 군수 또는 구청장이 산정한 가액으로 한다).

(2) 건축물과 선박 · 항공기 및 그 밖의 과세대상에 대한 시가표준액	거래가격, 수입가격, 신축 · 건조 · 제조가격 등을 고려하여 정한 기준가격에 종류, 구조, 용도, 경과연수 등 과세대상별 특성을 고려하여 지방자치단체장이 결정한 가액

참고사항 위 도표 (1)의 건물에 대한 시가표준액의 결정방식

m^2당 금액 = 건물신축가격기준액 × (구조지수 × 용도지수 × 위치지수)* × 경과연수별 잔가율

↓

시가표준액 = m^2당 금액 × 평가대상 건물면적(m^2당) × 가감산율

* 구조지수 × 용도지수 × 위치지수 = 적용지수

주) 위 계산식을 구성하는 요소들의 구체적인 내용은 다음과 같다.

(1) 건물신축가격기준액 : 소득세법에 따른 건물(공동주택 등은 제외)에 대한 기준시가를 산정하기 위하여 국세청장이 산정 · 고시하는 건물신축가격기준액

(2) 적용지수

① 구조지수 : 철근콘크리트조를 100으로 하여, 건물의 구조별로 '30~120'의 지수 적용

② 용도지수 : 단독주택을 100으로 하여 용도별로 '40~135'의 지수 적용

③ 위치지수 : 건물의 부속토지의 ㎡당 개별공시지가를 기준으로 하여 '80~130'의 지수 적용

(3) 경과연수별 잔가율 : 내용연수 그룹별로 신축연도를 '1'로 하여,
정액법으로 경과연수별 잔가율 : '1 − (1 − 최종잔존가치율) / 내용연수 × 경과연수'의 잔가율 적용

(4) 가감산율 : 건물의 규모 · 형태 · 특수한 부대설비 등의 유무에 따른 가감산율

참고사항 오피스텔에 대한 시가표준액

행정안전부장관이 고시하는 표준가격기준액에 다음의 사항을 적용한다(지방령 4 ① (1)).

① 오피스텔의 용도별 · 층별 지수

② 오피스텔의 규모 · 형태 · 특수한 부대설비 등의 유무 및 그 밖의 여건에 따른 가감산율 ■

참고사항 과세표준으로 감정가액을 신고하는 경우

1. 납세자가 취득세를 신고를 할 때 과세표준으로 감정가액을 신고하려는 경우에는 둘 이상의 감정기관(다음의 과세대상자산의 경우에는 하나의 감정기관으로 한다)에 감정을 의뢰하고 그 결과를 첨부해야 한다(지방법 10의2 ③, 지방령 14의3 ①).

① 시가표준액이 10억원 이하인 과세대상자산

② 법인의 합병 · 분할 및 조직변경을 원인으로 취득하는 과세대상자산

2. 위 1.에 따른 신고를 받은 지방자치단체장은 '납세자가 제시한 감정가액(이하 '원감정가액'이라 한다)이 지방자치단체장이 다른 감정기관에 의뢰하여 평가한 감정가액(이하 '재감정가액'이라 한다)의 80%에 미달하는 경우'에는 1년의 범위에서 기간을 정하여 해당 감정기관을 시가불인정 감정기관으로 지정할 수 있다. 이에 따라 시가불인정 감정기관으로 지정된 감정기관이 평가한 감정가액은 그 지정된 기간 동안 시가인정액으로 보지 않는다(지방법 10의2 ④,⑤, 지방령 14의3 ②). ■

3) 부담부증여의 경우 : 증여자의 채무를 인수하는 부담부증여의 경우 ① 유상으로 취득한 것으로 보는 채무액에 상당하는 부분(이하 '채무부담액'이라 한다)에 대해서는 유상승계취득에서의 과세표준을 적용하고, ② 취득물건의 시가인정액에서 채무부담액을 뺀 잔액에 대해서는 무상취득에서의 과세표준을 적용한다(지방법 10의2 ⑥).

구분	과세표준 적용
① 채무부담액	유상승계취득에서의 과세표준을 적용
② 취득물건의 시가인정액에서 채무부담액을 뺀 잔액	무상취득에서의 과세표준을 적용

[도 표] 부담부증여의 경우 과세표준

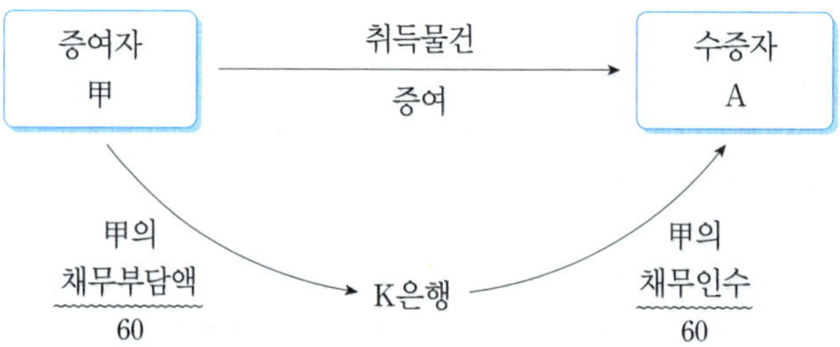

취득물건 시가인정액이 100인 경우

⇒ 취득물건 100인 경우 { 60 → 유상승계취득 : 과세표준 / 40 → 무상취득 : 과세표준 }
(100 − 60)

7/4(취득일) 10/31(채무인수 입증)

※ 토지 100 { 채무 60 4% 유상 / 수증 40 3.5% 증여 }

취득물건 시가인정액이 50인 경우

⇒ 취득물건 50인 경우 { MIN(60, 50) 50 → 유상승계취득 : 과세표준 / 0 → 무상취득 : 과세표준 }
(50 − 50)

MIN(60, 50)

시가인정액

※ 토지 50 (먼저) { 채무 50 4% 유상 / 수증 ø 3.5% 증여 }

※ 토지 60 채무 60 4% 유상 → 오답

참고사항 채무부담액의 범위

1. 부담부증여의 경우 유상으로 취득한 것으로 보는 채무액에 상당하는 부분(이하 '채무부담액'이라 한다)의 범위는 시가인정액을 그 한도로 한다(지방령 14의4 ①).

2. 채무부담액은 취득자가 과세대상자산의 취득일이 속하는 달의 말일부터 3개월 이내에 인수한 것을 입증한 채무액으로서 다음의 금액으로 한다(지방령 14의4 ②).

① 등기부 등본으로 확인되는 과세대상자산에 대한 저당권, 가압류, 가처분 등에 따른 채무부담액
② 금융기관이 발급한 채무자 변경 확인서 등으로 확인되는 금융기관의 금융채무액
③ 임대차계약서 등으로 확인되는 과세대상자산에 대한 임대보증금액
④ 그 밖에 판결문, 공정증서 등 객관적 입증자료로 확인되는 취득자의 채무부담액 ■

(2) 유상승계취득의 경우 과세표준

1) 원 칙 : 과세대상자산을 유상거래(매매 또는 교환 등 취득에 대한 대가를 지급하는 거래를 말한다. 이하 같다)로 승계취득하는 경우 취득당시가액은 사실상취득가격으로 한다. 여기서 '사실상취득가격'이란 취득시기 이전에 해당 물건을 취득하기 위하여 납세의무자 등이 거래상대방이나 제3자에게 지급했거나 지급해야 할 모든 직접비용과 간접비용의 합계액을 말한다. 다만, 취득대금을 일시급 등으로 지급하여 일정액을 할인받은 경우에는 그 할인된 금액으로 한다(지방법 10의3 ①, 지방령 18 ①).

여기서 '납세의무자 등'이란 ① 납세의무자, ② 신탁법에 따른 신탁의 방식으로 해당 물건을 취득하는 경우에는 위탁자, ③ 그 밖에 해당 물건을 취득하기 위하여 비용을 지급하였거나 지급해야 할 자를 말하며, 사실상취득가격에 포함하는 간접비용의 범위는 다음과 같다.

사실상 취득가격에 포함하는 간접비용의 범위	비고
① 건설자금에 충당한 차입금의 이자 또는 이와 유사한 금융비용	법인이 아닌 자가 취득한 경우에는 ①·②의 금액은 제외한다.
② 할부 또는 연부(年賦) 계약에 따른 이자상당액 및 연체료	
③ 농지법에 따른 농지보전부담금, 문화예술진흥법에 따른 미술작품의 설치 또는 문화예술진흥기금에 출연하는 금액, 산지관리법에 따른 대체산림자원조성비 등 관계 법령에 따라 의무적으로 부담하는 비용	—
④ 취득에 필요한 용역을 제공받은 대가로 지급하는 용역비·수수료(건축 및 토지조성공사로 수탁자가 취득하는 경우 위탁자가 수탁자에게 지급하는 신탁수수료를 포함한다)	
⑤ 취득대금 외에 당사자의 약정에 따른 취득자 조건 부담액과 채무인수액(*주1)	
⑥ 부동산을 취득하는 경우 주택도시기금법에 따라 매입한 국민주택채권을 해당 부동산의 취득 이전에 양도함으로써 발생하는 매각차손(*주2). 이 경우 금융회사 외의 자에게 양도한 경우에는 동일한 날에 금융회사에 양도하였을 경우 발생하는 매각차손을 한도로 한다.	
⑦ 공인중개사법에 따른 공인중개사에게 지급한 중개보수	법인이 아닌 자가 취득한 경우에는 ⑦의 금액은 제외한다.

⑧ 붙박이 가구 · 가전제품 등 건축물에 부착되거나 일체를 이루면서 건축물의 효용을 유지 또는 증대시키기 위한 설비 · 시설 등의 설치비용	—
⑨ 정원 또는 부속시설물 등을 조성 · 설치하는 비용	
⑩ 위 ①~⑨까지의 비용에 준하는 비용	

(*주1) 취득자 조건 부담액과 채무인수액

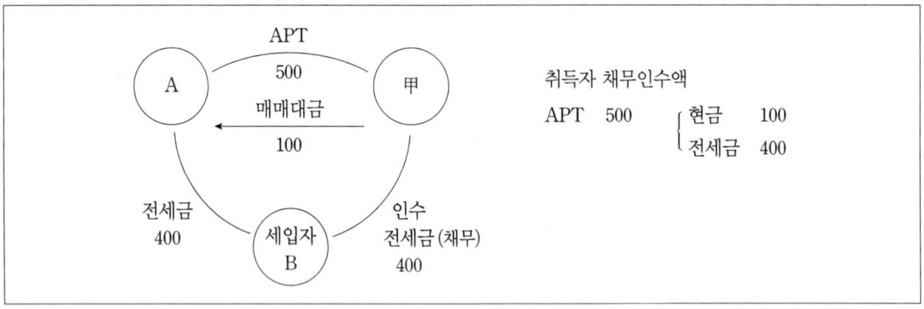

(*주2) 국민주택채권 매각차손

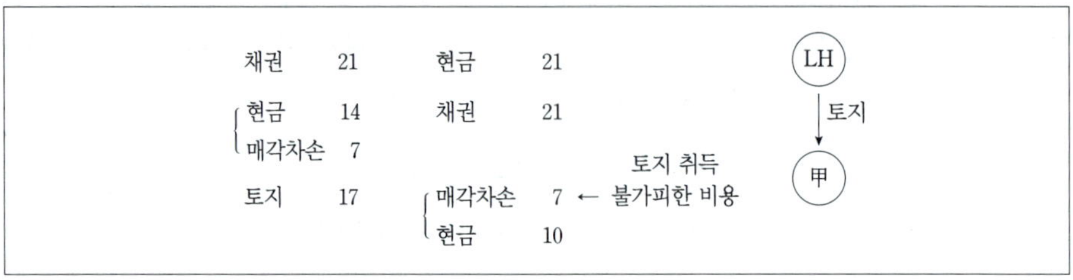

[도 표] 사실상취득가격 산정

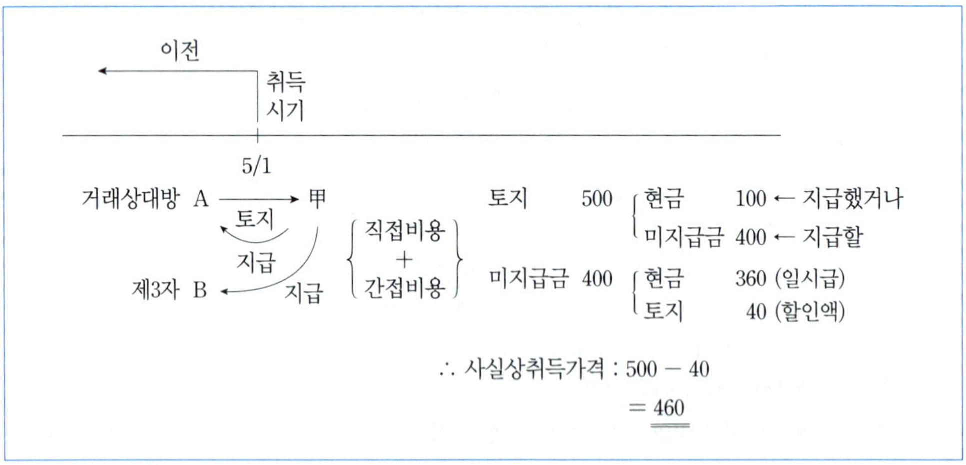

[도 표] 신탁재산 취득의 경우 과세표준

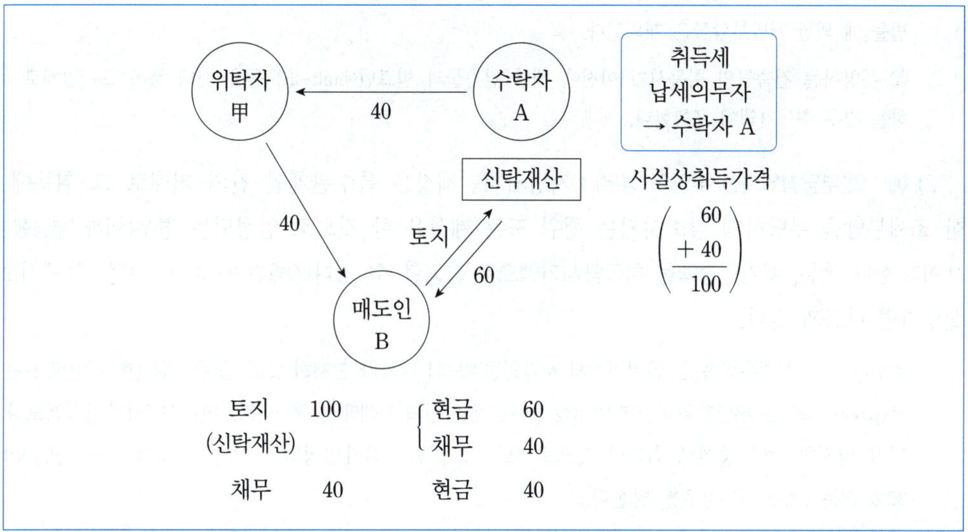

참고사항 사실상취득가격에 포함하지 않는 비용

다음 중 어느 하나에 해당하는 비용은 사실상취득가격에 포함하지 않는다(지방령 18 ②).

① 취득하는 물건의 판매를 위한 광고선전비 등의 판매비용과 그와 관련한 부대비용

② 전기사업법, 도시가스사업법, 집단에너지사업법, 그 밖의 법률에 따라 전기 · 가스 · 열 등을 이용하는 자가 분담하는 비용

③ 이주비, 지장물 보상금 등 취득물건과는 별개의 권리에 관한 보상 성격으로 지급되는 비용

④ 부가가치세

⑤ 위 ①~④까지의 비용에 준하는 비용 ■

예규판례 사실상취득가격의 범위

'사실상취득가격'에는 과세대상물건의 취득시기 이전에 거래상대방 또는 제3자에게 지급원인이 발생 또는 확정된 것으로서 직접비용인 해당 물건 자체의 가격은 물론 그 이외에 실제로 해당 물건 자체의 가격으로 지급되었다고 볼 수 있거나 그에 준하는 취득절차비용도 간접비용으로서 이에 포함된다(대법원 2009.9.10. 선고 2009두5343 판결) ■

예규판례 취득세 과세표준 (운영예규 10-1)

① 임시사용승인을 받아 사용하는 신축건물에 대한 취득세 과세표준은 임시 사용승인일을 기준으로 그 이전에 당해 건물취득을 위하여 지급하였거나 지급해야 할 비용을 포함한다.

② 신축건물의 과세표준에는 분양을 위한 선전광고비(신문, TV, 잡지 등 분양광고비)는 제외하고 건축물의 주체구조부와 일체가 된 것은 과세표준으로 포함한다.

③ 사실상취득가격의 범위에는 지목변경에 수반되는 농지전용부담금, 대체농지조성비, 대체산림조림비는 과세표준에 포함되지만, 취득일 이후에 공사의 완료로 인하여 수익이 전제가 되는 「개발이익 환수에 관한 법률」에 의한 개발부담금은 제외된다.

④ 분양하는 건축물의 취득시기 이전에 해당 건축물과 빌트인(built-in) 등을 선택 품목으로 일체로 취득하는 경우 취득가액에 포함한다.

2) 예 외(부당행위계산 부인의 경우) : 지방자치단체장은 특수관계인 간의 거래로 그 취득에 대한 조세부담을 부당하게 감소시키는 행위 또는 계산을 한 것으로 인정되는 경우(이하 '부당행위계산'이라 한다)에는, 시가인정액을 취득당시가액으로 결정할 수 있다(지방법 10의3 ②). 이를 구체적으로 설명하면 다음과 같다.

① 배우자 또는 직계존비속 간 유상거래시 시가인정액보다 대가가 현저히 낮아 증여로 취득한 것으로 보는 경우(p.626 참조)는 부당행위계산 부인대상 특수관계인 간의 거래에서 제외한다. 여기서 '시가인정액보다 대가가 현저히 낮아 증여로 취득한 것으로 보는 경우'란 '(시가인정액 − 대가) = 차액 ≧ (시가인정액의 30% 또는 3억원)'인 경우를 말한다.

② 부당행위계산은 특수관계인으로부터 시가인정액보다 낮은 가격으로 부동산을 취득한 경우로서, 시가인정액과 사실상취득가격의 차액이 시가인정액의 5%에 상당하는 금액 이상이거나 3억원 이상인 경우로 한다(지방령 18의2).

③ 위 부당행위계산의 부인을 적용할 때 시가인정액을 산정하기 어려운 경우에는 '시가표준액'으로 한다.

[도 표] 부당행위계산 부인의 경우 취득당시가액

❑ 부당행위계산 부인의 요건

- 특수관계인으로부터 시가인정액보다 낮은 가격으로 부동산을 유상으로 취득할 것
- 배우자 또는 직계존비속 간 유상거래시 시가인정액보다 대가가 현저히 낮은 경우에 해당하여 증여로 취득한 것으로 보는 경우*에 해당하지 않을 것
  * '(시가인정액 − 대가) = 차액 ≥ (시가인정액의 30% 또는 3억원)'인 경우를 말한다.
- '(시가인정액 − 사실상취득가격) = 차액 ≥ (시가인정액의 5% 또는 3억원)'일 것

❑ 부당행위계산 부인의 효과

- 취득세 과세표준(취득당시가액) = 시가인정액*
  * 시가인정액을 산정하기 어려운 경우에는 시가표준액으로 한다.

NEW 개정사항 부당행위계산 부인 적용 대상거래 및 과세표준 명확화

<개정내용> 배우자 또는 직계존비속 간 과세대상자산 유상거래시 시가인정액보다 대가가 현저히 낮아 증여로 취득한 것으로 보는 경우에는 부당행위계산 부인 적용 대상거래 제외함으로써 그 적용 대상거래를 명확히 하였다. 한편 특수관계인 간 거래가 부당행위계산 유형에 해당하는 경우 취득세 과세표준을 시가인정액으로 하되, 시가인정액을 산정하기 어려운 경우에는 보충적으로 시가표준액으로 하도록 하였다.

종전	개정
□ 부당행위계산 부인 적용 대상거래 ○ 원칙 : 특수관계인 간 유상승계취득 거래 <신설>	□ 부당행위계산 부인 적용 대상거래 명확화 ○ 원칙 : (왼쪽과 같음) ○ 예외 : 배우자 또는 직계존비속 간 과세대상자산 유상거래시 시가인정액보다 대가가 현저히 낮아 증여로 취득한 것으로 보는 경우*(p.626 참조)에는 부당행위계산 대상거래 제외 * '(시가인정액 − 대가) = 차액 ≥ (시가인정액의 30% 또는 3억원)'인 경우를 말한다.
□ 부당행위계산의 경우 과세표준 ○ 원칙 : 시가인정액 <신설>	□ 과세표준 명확화 ○ 원칙 : (왼쪽과 같음) ○ 예외 : 시가인정액을 산정하기 어려운 경우에는 시가표준액

<적용시기> 이 규정은 2026년 1월 1일 이후 취득세 과세대상자산을 취득하는 경우부터 적용한다. ■

[도 표] 부당행위계산 부인의 경우

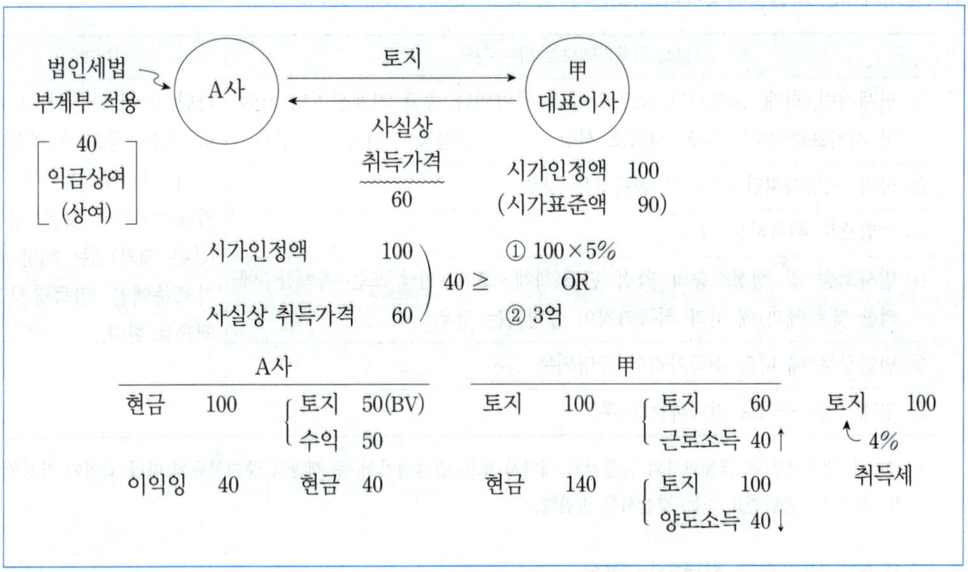

(3) 원시취득의 경우 과세표준

1) 원 칙 : 과세대상자산을 원시취득하는 경우 취득당시가액은 사실상취득가격으로 한다(지방법 10의4 ①).

2) 예 외 : 위 1)에도 불구하고 법인이 아닌 자가 건축물을 건축하여 취득하는 경우로서 사실상취득가격을 확인할 수 없는 경우의 취득당시가액은 시가표준액으로 한다(지방법 10의4 ②).

3. 과세표준에 대한 특례

(1) 차량 또는 기계장비를 취득하는 경우

1) 원 칙 : 일반적인 과세표준 규정에도 불구하고 차량 또는 기계장비를 취득하는 경우 취득당시가액은 다음의 구분에 따른 가격 또는 가액으로 한다(지방법 10의5 ①).

구분	취득당시가액
① 차량 또는 기계장비를 무상취득하는 경우	시가표준액
② 차량 또는 기계장비를 유상승계취득하는 경우	사실상취득가격. 다만, ㉠ 사실상취득가격에 대한 신고 또는 신고가액의 표시가 없거나 ㉡ 그 신고가액이 시가표준액보다 적은 경우 취득당시가액은 시가표준액으로 한다.
③ 차량 제조회사가 생산한 차량을 직접 사용하는 경우	사실상취득가격

2) 예 외 : 위 1)에도 불구하고 다음 중 어느 하나에 해당하는 경우에 그 차량 또는 기계장비의 취득당시가액은 사실상취득가액으로 한다(지방법 10의5 ②, 지방령 18의3 ①,②).

사실상 취득가액으로 하는 경우	비고
① 천재지변, 화재, 교통사고 등으로 중고 차량이나 중고 기계장비의 가액이 시가표준액보다 낮은 것으로 시장·군수·구청장이 인정하는 경우	다만, ⑤에 따른 중고 차량 또는 중고 기계장비로서 그 취득가격이 시가표준액보다 낮은 경우(①은 제외)에는 해당 시가표준액을 취득당시가액으로 한다.
② 국가, 지방자치단체로부터 취득하는 경우	
③ 수입으로 취득하는 경우	
④ 민사소송 및 행정소송의 확정 판결(화해·포기·인낙 또는 자백간주에 의한 것은 제외)에 따라 취득가격이 증명되는 경우	
⑤ 법인장부*에 따라 취득가격이 증명되는 경우	
⑥ 경매 또는 공매로 취득하는 경우	

* 여기서 '법인장부'란 금융회사의 금융거래 내역서 또는 감정평가서 등 객관적 증거서류에 따라 법인이 작성한 원장·보조장·출납전표 또는 결산서를 말한다.

(2) 특수한 원인으로 취득하는 경우

일반적인 과세표준 규정에도 불구하고 다음의 취득의 경우 취득당시가액은 다음의 구분에 따른 가액으로 한다(지방법 10의5 ③, 지방령 18의4).

취득의 원인	취득당시가액
(1) 대물변제 등 유상거래를 원인으로 취득하는 경우	다음의 구분에 따른 가액. 다만, 특수관계인으로부터 과세대상자산을 취득하는 경우로서 부당행위계산을 한 것으로 인정되는 경우 취득당시가액은 시가인정액으로 한다. ① 대물변제 : 대물변제액(대물변제액 외에 추가로 지급한 금액이 있는 경우에는 그 금액을 포함한다). 다만, 대물변제액이 시가인정액보다 적은 경우 취득당시가액은 시가인정액으로 한다. ② 교환 : 교환을 원인으로 이전받는 과세대상자산의 시가인정액과 이전하는 과세대상자산의 시가인정액(상대방에게 추가로 지급하는 금액과 상대방으로부터 승계받는 채무액이 있는 경우 그 금액을 더하고, 상대방으로부터 추가로 지급받는 금액과 상대방에게 승계하는 채무액이 있는 경우 그 금액을 차감한다) 중 높은 가액 ③ 양도담보 : 양도담보에 따른 채무액(채무액 외에 추가로 지급한 금액이 있는 경우 그 금액을 포함한다). 다만, 그 채무액이 시가인정액보다 적은 경우 취득당시가액은 시가인정액으로 한다.
(2) 법인의 합병·분할 및 조직변경을 원인으로 취득하는 경우	시가인정액. 다만, 시가인정액을 산정하기 어려운 경우 취득당시가액은 시가표준액으로 한다.

[도 표] 특수한 원인으로 취득하는 경우

(1) 대물변제 등으로 인한 취득

① 대물변제로 인한 취득

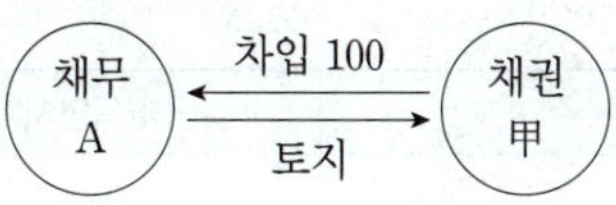

토지 시가인정액	대물변제액 100				취득세
① 90	토지	100	채권	100	100×4%
② 90	토지	120	채권 현금 (추가지급)	100 20	120×4%
③ 140	토지	140	채권 수증이익	100 40	140×4%

(시가인정액 > 대물변제액)

② 교환으로 인한 취득

	甲 A	⇄ 토지	乙 B
시가	90		100
현금지급 (BOOT)	10		

甲 MAX (B 100, A 90+10)

B토지 100 / A토지 90, 현금 10

乙 MAX (A 90, B 100−10)

A토지 90, 현금 10 / B토지 100

③ 양도담보로 인한 취득

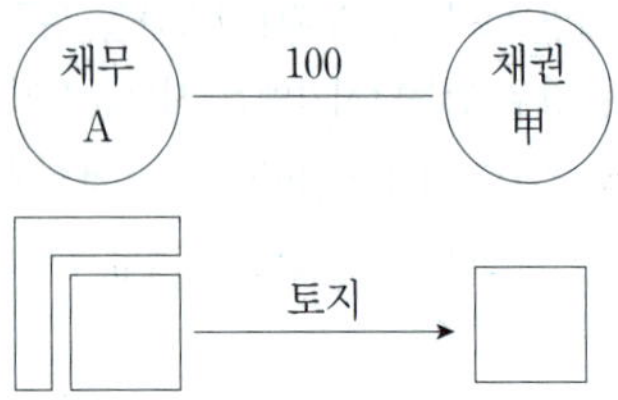

토지 시가인정액	채무액		취득세
① 90	토지 100	채권 100	100×4%
② 90	토지 120	채권 100 현금 20 (추가지급)	120×4%
③ 140	토지 140	채권 100 수증이익 40	140×4%

(시가인정액 > 채무액)

(2) 법인의 합병으로 취득하는 경우

4. 간주취득 등의 경우 과세표준

1) 지목변경 및 종류변경의 경우 : 다음의 경우 취득당시가액은 그 변경으로 증가한 가액에 해당하는 사실상취득가격으로 한다(지방법 10의6 ①, 지방령 18의5).

구분	취득당시가액
① 토지의 지목을 사실상 변경한 경우	그 변경으로 증가한 가액에 해당하는 사실상취득가격
② ㉠ 선박의 선질(船質)·용도·기관·정원·최대적재량이나 ㉡ 차량 또는 기계장비의 원동기·승차정원·최대적재량·차체를 변경한 경우	

참고사항 사실상취득가격을 확인할 수 없는 경우 취득당시가액 적용

1. 토지의 지목을 사실상 변경한 경우로서 사실상취득가격을 확인할 수 없는 경우의 취득당시가액은 다음의 구분에 따른 가액으로 한다(지방법 10의6 ②, 지방령 18의6 (1)).

취득당시가액* = 토지의 지목이 사실상 변경된 때를 기준으로 다음 (① − ②)의 가액

* 개인과 법인 모두 사실상 취득가격을 확인할 수 없는 경우 위 가액을 적용한다.

① 지목변경 이후의 토지에 대한 시가표준액(해당 토지에 대한 개별공시지가의 공시기준일이 지목변경으로 인한 취득일 전인 경우에는 인근 유사토지의 가액을 기준으로 「부동산 가격공시에 관한 법률」에 따라 국토교통부장관이 제공한 토지가격비준표를 사용하여 시장 군수 구청장이 산정한 가액을 말한다)

② 지목변경 **전의 토지에 대한 시가표준액**(지목변경으로 인한 취득일 현재 해당 토지의 변경 전 지목에 대한 개별공시지가를 말한다. 다만, 변경 전 지목에 대한 개별공시지가가 없는 경우에는 인근 유사토지의 가액을 기준으로 「부동산 가격공시에 관한 법률」에 따라 국토교통부장관이 제공한 토지가격비준표를 사용하여 시장 군수 구청장이 산정한 가액을 말한다)

2. 법인이 아닌 자로서 ㉠ 선박의 선질(船質) 용도 기관 정원 최대적재량이나 ㉡ 차량 또는 기계장비의 원동기 승차정원 최대적재량 차체를 변경한 경우로서 **사실상취득가격**을 확인할 수 없는 경우의 취득당시가액은 **시가표준액으로** 한다(지방법 10의6 ②, 지방령 18의6 (2)).

취득당시가액 ＝ 시가표준액

※ 법인이 아닌 자(즉 개인)에 대해서만 사실상 취득가격을 확인할 수 없는 경우 위 가액을 적용한다. ■

NEW 개정사항 법인의 지목변경 간주취득시 과세표준 명확화

<개정내용> 종전에는 개인이 지목변경을 하는 경우에만 지목변경에 따른 사실상 취득가액을 알 수 없는 때 시가표준액을 적용하였으나, 개정 후에는 법인이 지목변경을 하는 경우에도 지목변경에 따른 사실상 취득가액을 알 수 없는 때에는 시가표준액을 취득세 과세표준으로 적용할 수 있도록 보완하였다.

종전	개정
□ 지목변경 취득 시 과세표준 ○ 원칙 : 사실상 취득가격 ○ 예외 : 시가표준액 – 개인에 한하여 사실상 취득가격을 확인할 수 없는 경우 적용	□ 지목변경 취득 과세표준 보완 ○ 원칙 : (왼쪽과 같음) ○ 예외 : 시가표준액 – 개인과 법인 모두 사실상 취득가격을 확인할 수 없는 경우 적용

<적용시기> 이 규정은 2026년 1월 1일부터 적용한다. ■

2) 개수하는 경우 : 건축물을 개수(改修)하는 경우 취득당시가액은 원시취득의 경우 과세표준 규정(p.673 참조)에 따른다(지방법 10의6 ③).

3) 과점주주의 간주취득의 경우 : 과점주주가 취득한 것으로 보는 해당 법인의 과세대상자산의 취득당시가액은 다음의 금액으로 한다(지방법 10의6 ④).

$$\text{취득당시가액} = \text{과세대상자산의 총가액} \times \frac{\text{과점주주가 취득한 주식(또는 출자)의 수}}{\text{그 법인의 주식(또는 출자)의 총수}}$$

여기서 '과세대상자산의 총가액'은 해당 법인의 결산서와 그 밖의 장부 등에 따른 가액으로 하며, 이 경우 과점주주는 조례로 정하는 바에 따라 취득당시가액과 그 밖에 필요한 사항을 신고해야 한다(지방법 10의6 ④).

[도 표] 간주취득 등의 경우 과세표준

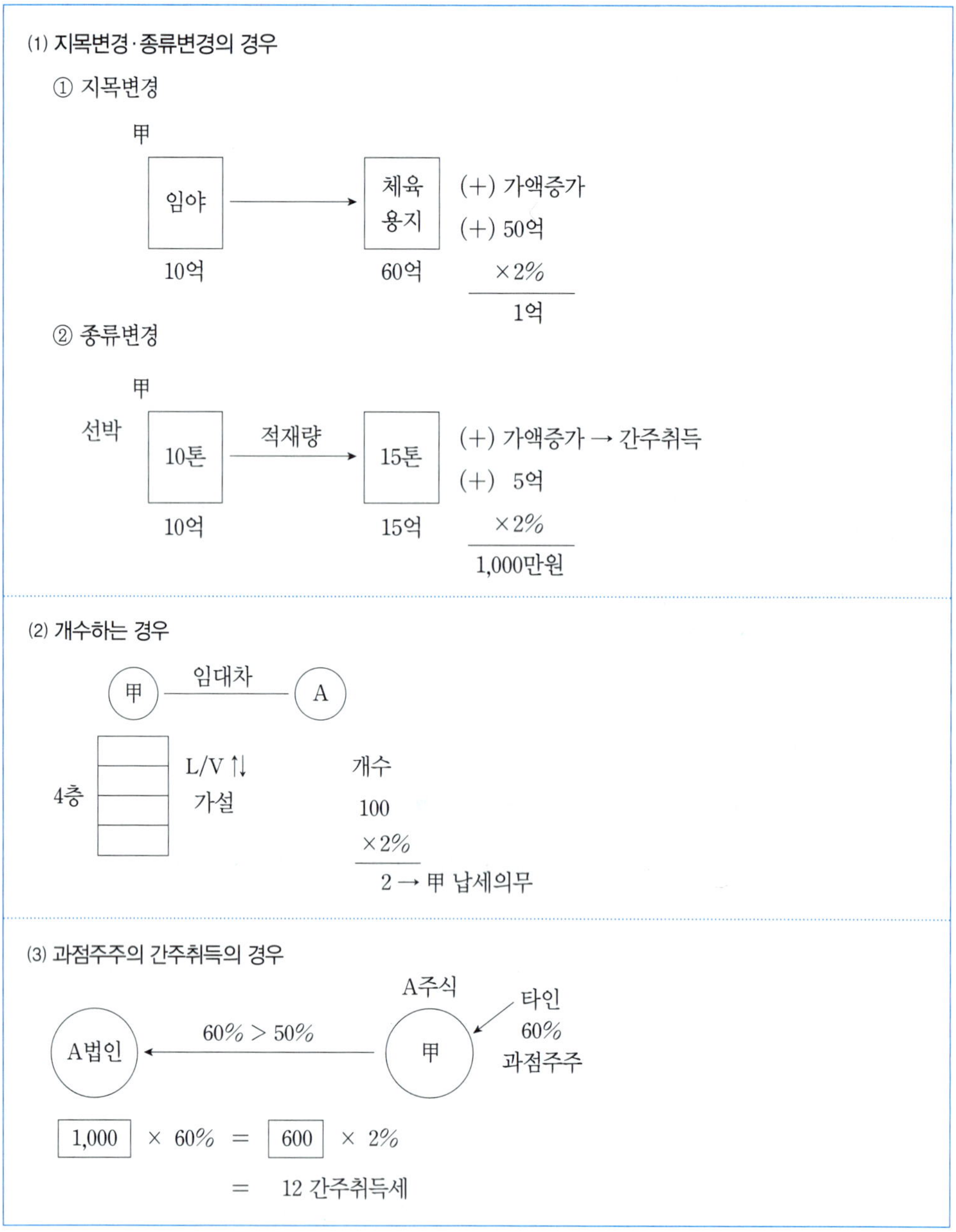

참고사항 시가인정액 수정신고시 가산세 부과제외

납세의무자가 취득세 신고기한까지 취득세를 시가인정액(또는 시가표준액)으로 신고한 후, 지방자치단체장이 세액을 경정하기 전에 그 시가인정액(또는 시가표준액)을 수정신고한 경우에는 과소신고가산세 및 납부지연가산세를 부과하지 않는다(지방법 21 ③). 그 취지는 부동산 취득과 동시에 소유권이전등기를 이행하기 위해 취득세를 우선 신고납부한 다음, 신고 당시보다 더 높은 시가인정액(또는 시가표준액)을 적용하여 자발적으로 수정신고하는 경우에는 이에 대한 과소신고가산세 및 납부지연가산세를 경감하여 성실신고를 유도하고 납세편의를 제고하려는 데 있다.

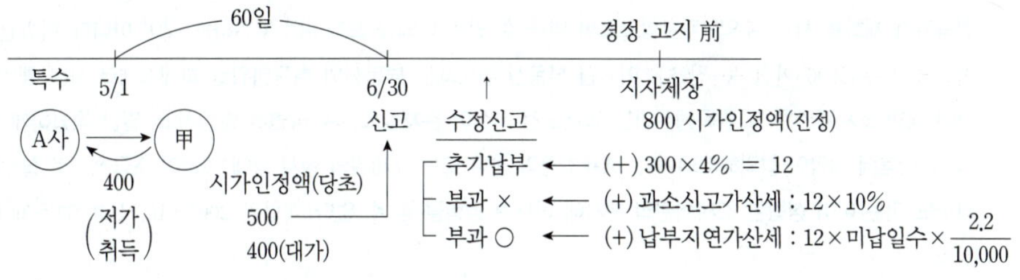

참고사항 증여세 관련 자료의 통보

세무서장 또는 지방국세청장은 행정안전부령으로 정하는 통보서에 상증세법에 따른 부동산 증여세 결정 또는 경정에 관한 자료를 첨부하여 결정 또는 경정한 날이 속하는 달의 다음 달 말일까지 행정안전부장관 또는 지방자치단체장에게 통보해야 한다(지방법 22의4, 지방령 38의3). 그 취지는 세무서장으로부터 증여세의 부과·징수에 관한 자료를 제공받아 취득세 부과·징수에 관한 자료와 상호 교차 검증함으로써 취득세의 불성실한 신고납부에 대한 부과징수를 쉽게 하려는데 있다. ■

NEW 개정사항 시가인정액 신고 후 수정신고시 가산세 규정 보완

<개정내용> 최초에 시가인정액으로 취득세 과세표준을 신고한 후 수정신고를 하는 경우뿐만 아니라, 최초에 시가표준액으로 취득세 과세표준을 신고한 후 수정신고를 하는 경우에도 가산세 면제를 받을 수 있도록 하였다. 이와 같이 수정신고를 하는 경우 과소신고가산세뿐만 아니라 납부지연가산세도 부과하지 않도록 명확히 규정하였다. 한편 수정신고시에는 적용되지 않는 무신고가산세는 면제대상 가산세에서 제외하였다.

종전	개정
□ 납세자가 시가인정액 수정신고시 가산세 면제 ○ 면제요건 – 최초 시가인정액을 신고한 후에 수정신고한 경우 ○ 면제대상 가산세 – 무신고가산세 – 과소신고가산세 <추가>	□ 가산세 면제규정 보완 ○ 면제요건 추가 – 최초 시가표준액을 신고한 후에 수정신고한 경우 ○ 면제대상 가산세 조정 – (삭제) – (왼쪽과 같음) – 납부지연가산세

<적용시기> 이 규정은 2026년 1월 1일부터 적용한다. ■

예규판례 매매계약에 따른 소유권이전등기가 마쳐진 이후 매매계약에서 정한 조건이 사후에 성취되어 대금감액이 이루어진 경우, 취득행위 당시의 과세표준을 기준으로 성립한 조세채권의 행사에 영향을 미치는지 여부(원칙적 소극) 및 위와 같은 사유만으로 구 지방세기본법에 따른 경정청구를 할 수 있는지 여부(소극)

1. 취득세는 본래 재화의 이전이라는 사실 자체를 포착하여 거기에 담세력을 인정하고 부과하는 유통세의 일종으로 취득자가 재화를 사용·수익·처분함으로써 얻을 수 있는 이익을 포착하여 부과하는 것이 아니다(대법원 2017.6.8. 선고 2015두49696 판결 등 참조). 이처럼 부동산 취득세는 부동산의 취득행위를 과세객체로 하는 행위세이므로, 그에 대한 조세채권은 그 취득행위라는 과세요건 사실이 존재함으로써 당연히 발생하고, 일단 적법하게 취득한 이상 그 이후에 계약이 합의해제되거나, 해제조건의 성취 또는 해제권의 행사 등에 의하여 소급적으로 실효되었다 하더라도 이는 이미 성립한 조세채권의 행사에 아무런 영향을 줄 수 없다(대법원 2001.4.10. 선고 99두6651 판결 등 참조).

이러한 취득세의 성격과 본질 등에 비추어 보면, 매매계약에 따른 소유권이전등기가 마쳐진 이후 매매계약에서 정한 조건이 사후에 성취되어 대금감액이 이루어졌다 하더라도, 당초의 취득가액을 기준으로 한 적법한 취득행위가 존재하는 이상 위와 같은 사유는 특별한 사정이 없는 한 취득행위 당시의 과세표준을 기준으로 성립한 조세채권의 행사에 아무런 영향을 줄 수 없고, 따라서 위와 같은 사유만을 이유로 구 지방세기본법 제51조 제1항 제1호에 따른 통상의 경정청구나 같은 조 제2항 제3호, 구 지방세기본법 시행령 제30조 제2호 등에 따른 후발적 경정청구를 할 수도 없다.

2. 가. 원심은 그 채택 증거를 종합하여, 원고들이 이 사건 아파트를 각 분양받은 후 아파트 공급계약서 및 분양금 납부확인서를 첨부하여 그에 따라 취득세를 신고·납부하면서 아파트에 관한 각 소유권이전등기를 마친 사실, 그런데 이 사건 아파트의 시세가 입주지정 만료일부터 약 2년이 지난 시점에 분양금보다 하락하자, 원고들은 위 공급계약에 따라 잔금납부유예분을 일정 범위 내에서 시세하락분과 상계처리한 사실, 원고들이 상계처리한 금액에 상응하는 취득세 환급을 구하는 경정청구를 하였으나 피고가 이를 거부하는 이 사건 처분을 한 사실 등을 인정하였다.

나. 그런 다음 원심은, 원고들이 주장하는 사유가 구 지방세기본법 제51조 제1항 제1호에서 정한 통상의 경정청구 사유에 해당한다고 볼 수 없고, 구 지방세기본법 제51조 제2항 제3호에서 정한 후발적 경정청구 기간이 도과된 이후에 원고들이 경정을 청구하였다는 등의 이유를 들어 이 사건 처분이 적법하다고 판단하였다.

다. 앞서 본 법리와 기록에 비추어 살펴보면, 원고들이 주장하는 사유는 취득행위 당시의 과세표준을 기준으로 한 원고들의 취득세 납세의무에 영향을 미치지 않는 것으로서, 구 지방세기본법 제51조 제1항 제1호에서 정한 통상의 경정청구사유나 같은 조 제2항 제3호, 구 지방세기본법 시행령 제30조 제2호 등에서 정한 후발적 경정청구사유에 해당하지 않는다. 그렇다면 이 사건 처분이 적법하다고 본 원심의 결론은 정당하고, 거기에 취득세 경정청구에 관한 법리 등을 오해하여 판결에 영향을 미친 잘못이 없다(대법원 2018.9.13. 선고 2015두57345 판결).

사례 8 유상거래 과세표준

취득세 과세표준 계산과 관련하여 다음 사례를 읽고 물음에 답하시오. (20점)

(1) 개인 甲은 부친 乙로부터 A아파트를 2026년 7월 1일에 증여로 취득하고 해당 아파트의 취득세 과세표준을 얼마로 해야 하는지 고심하고 있다.

(2) 부친 乙은 A아파트를 개인 丙으로부터 다음과 같이 매매를 원인으로 취득한 후 개인 甲에게 증여하였다.

- 매매계약일 : 2026년 2월 4일
- 거래가액 : 4억원(계약금 4천만원, 잔금 3억6천만원)
- 잔금지급일 : 2026년 5월 4일
- 특수관계인 해당 여부 : 부친 乙과 개인 丙은 특수관계인에 해당하지 않음

(3) 개인 甲이 부친 乙로부터 증여로 취득할 당시 A아파트의 시가표준액은 3억원이다.

【물음 1】 개인 甲은 A아파트의 취득세 과세표준을 얼마로 하는 것이 적법한 것인지를 귀하 세무사에게 의뢰하였다. 취득세 과세표준에 해당하는 금액을 적고, 그 근거를 설명하시오.

【물음 2】 위 사례에 추가하여 개인 甲이 A아파트에 담보된 부친 乙의 채무 1억원을 인수한 것임이 K은행이 발급한 채무자 변경확인서를 통해 2026년 8월 4일에 입증되었다. 이 경우 개인 甲이 부친 乙로부터 증여받은 A아파트의 취득세 과세표준 적용에 대해서 설명하시오.

【물음 3】 개인 甲이 A아파트를 2026년 7월 1일에 증여로 취득하고 바로 다음 날에 시가인정액 3억6천만원을 과세표준으로 하여 계산한 취득세를 신고납부하고 소유권이전등기를 마쳤다. 그 후 개인 甲이 A아파트의 정확한 시가인정액이 4억원임을 뒤늦게 확인한 경우, 개인 甲이 불이익을 최소화하기 위해서 취할 조치와 세무상 혜택을 간략히 설명하시오.

해 답

【물음 1】 아파트 과세표준

1. 취득세 과세표준

甲이 증여로 취득한 A아파트의 취득세 과세표준은 4억원이다.

2. 근거

1) 증여로 무상취득한 A아파트의 취득세 과세표준(취득당시가액)은 시가인정액으로 하는데, 여기서 '시가인정액'은 취득일 전 6개월부터 취득일 후 3개월 이내의 기간(이하 '평가기간'이라 한다)에 취득 대상이 된 과세대상자산에 대하여 매매한 사실이 있는 경우에는 거래가액으로 한다. 다만, 특수관계인과의 거래 등으로 그 거래가액이 객관적으로 부당하다고 인정되는 경우는 제외한다.

이러한 규정을 적용하면 A아파트의 거래가액 4억원이 시가인정액에 해당한다. 그 근거는 다음과 같다.

① 甲이 증여로 취득한 날이 2026년 7월 1일이므로 평가기간은 2026년 1월 1일(취득일 전 6개월)부터 2026년 10월 1일(취득일 3개월 이내)까지이다. A아파트의 매매계약일은 2026년 2월 4일이므로, 거래가액 4억원은 평가기간에 매매한 사실이 있는 거래가액에 해당한다.

② 4억원은 부친 乙이 특수관계인이 아닌 丙과 거래한 가액이므로 특수관계인과의 거래로 그 거래가액이 객관적으로 부당하다고 인정되는 경우에도 해당하지 않는다.

2) 한편 甲은 부친 乙로부터 증여로 취득한 A아파트의 시가표준액이 1억원 이하인 경우에는 위 시가인정액(4억원)과 시가표준액 중에서 납세자가 정하는 가액을 취득당시가액으로 한다. 그런데 A아파트의 시가표준액은 3억원이므로 이러한 규정이 적용되지 않는다.

【물음 2】 부담부증여

甲이 부친 乙의 A아파트에 담보된 채무 1억원을 인수한 것임이 K은행이 발급한 채무자 변경확인서를 통해 2026년 8월 4일에 입증된 경우 채무부담액 1억원은 甲이 유상으로 취득한 것으로 본다. 여기서 채무부담액은 취득자 甲이 과세대상자산의 취득일(2026년 7월 1일)이 속하는 달의 말일부터 3개월 이내에 인수한 것을 입증한 채무액으로 한다.

따라서 사례에서 취득세 과세표준은 다음과 같이 적용한다.

① 채무부담액 1억원 : 유상승계취득에서의 과세표준 적용

② A아파트 시가인정액 4억원에서 채무부담액 1억원을 뺀 잔액 3억원 : 무상취득에서 과세표준 적용

【물음 3】 수정신고

납세의무자가 취득세 신고기한까지 취득세를 시가인정액으로 신고한 후 지방자치단체장이 세액을 경정하기 전에 그 시가인정액을 수정신고한 경우에는 과소신고가산세를 부과하지 않는다. 이 규정에 따라 수정신고하는 것이 甲이 불이익을 최소화할 수 있는 조치이다. 즉 甲이 취득세 신고기한(등기접수하는 날)까지 취득세를 시가인정액 3억6천만원으로 신고한 후 지방자치단체장이 경정하기 전까지 4억원으로 시가인정액을 수정신고한 경우에는 과소신고가산세를 면제받게 된다(세무상 혜택).

사례 9 취득세 과세표준에 포함되는 건설자금이자

법인세법상 손금불산입 대상인 건설자금이자와 지방세법상 취득세 과세표준에 포함하는 건설자금이자의 차이점(이론적 근거, 대상자산, 건설자금이자 계산기간)과 공통점을 쓰시오. (10점)

해 답

1. 차이점

(1) 이론적 근거 : 법인세법이 건설자금이자를 손금에 산입하지 않도록 규정하는 것은 수익 · 비용 대응의 원칙 등을 이론적 근거로 하고 있으나, 지방세법이 건설자금이자를 취득세의 과세표준에 포함하도록 규정하는 것은 그것이 취득을 위하여 간접적으로 소요된 금액임을 근거로 한다(대법원 2010.4.29. 선고 2009두17179 판결).

(2) 대상자산 : 법인세법상 손금불산입 대상인 건설자금이자는 사업용 유형자산과 무형자산에 관한 것에 국한되지만, 지방세법상 취득세의 과세표준에 산입되는 건설자금이자는 이에 한정되지 않는다.

(3) 건설자금이자 계산기간* : 법인세법은 건설기간 중에 사용된 차입금에 대한 이자비용에 대해서만 취득가액에 가산한다(따라서 건설 전 차입기간에 대한 이자비용은 기간비용으로 처리한다). 반면에 지방세법은 특정차입금을 실제로 사용하기 전에 미리 차입을 하였다고 하더라도 그에 관한 이자는 여전히 해당 자산의 취득에 소요된 비용에 해당하므로 이를 취득세의 과세표준에서 포함한다(대법원 2010.4.29. 선고 2009두).

* 건설자금이자 계산기간

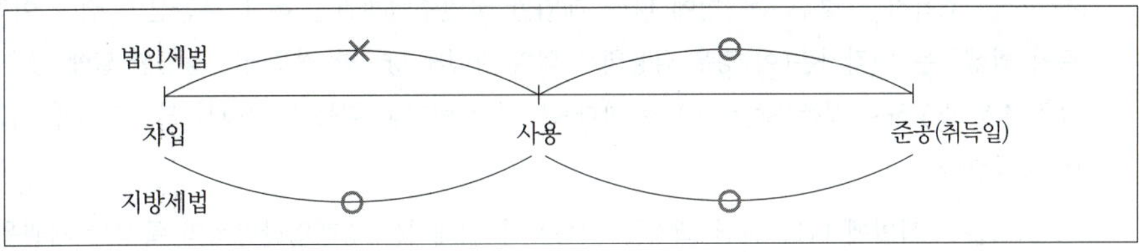

2. 공통점

지방세법상 취득세의 과세표준에 산입되는 건설자금이자와 법인세법상 손금불산입 대상인 건설자금이자는 자산을 건설 등에 의하여 취득하는 데에 사용할 목적으로 직접 차입한 자금(특정차입금)의 경우에, 그 이자는 취득에 소요되는 비용으로서 해당 자산의 원가를 구성하는 자본적 지출이 된다는 점에서 양자가 서로 공통된다. 따라서 양자 모두 자산의 취득일까지 발생한 이자에서 일시예금에서 생기는 수입이자를 차감하는 방법으로 산정한다.

건설자금이자	법인세법	지방세법(취득세)
취지	수익 · 비용대응의 원칙(자본적 지출)	간접비용(취득가격)
대상 자산	사업용 유형 · 무형자산	사업용 유형 · 무형자산, 매매용 부동산
건설자금이자 계산	건설에 사용된 차입금에 대한 이자비용 – 일시예치 이자수익	
건설자금이자 계산 대상기간	건설 사용일~취득일 ※ 건설에 사용 전 발생이자는 제외	차입일~취득일

사례 10 채권매각차손의 취득세 과세표준에 포함여부

다음 사실관계를 읽고 물음에 답하시오. (7점)

(1) 천안시장과 한국토지주택공사는 2026년 A지구 택지개발사업을 실시하고, 공동주택건설용지를 공급하였다. 당시 시행되는 법령에서는 공동주택 건설용지를 공급하는 경우에는 주택법에 따른 국민주택채권을 가장 많이 매입하는 자를 해당 택지를 공급받은 자로 결정한다(이른바 채권입찰제).

(2) 甲회사는 공동주택 건설용지 중 일부를 분양받기 위해서 국민주택채권 2,100억원을 매입하여 최고가 낙찰자로 선정된 다음, 해당 택지를 취득하기 이전에 해당 국민주택채권을 1,400억원에 매도하여 700억원의 채권매각손실이 발생하였다.

【물 음】 甲회사는 채권매각차손을 택지 취득에 지급된 비용에 포함되는 것으로 취득세를 신고납부하였다가, 위 부분의 취소를 구하는 경정청구를 과세관청에게 하였다. 해당 경정청구에 대해서 과세관청이 취득세를 감액경정해야 하는지를 설명하시오.

해 답

부동산을 취득하는 경우 주택법에 따라 매입한 국민주택채권을 해당 부동산의 취득 이전에 양도함으로써 발생하는 매각차손(이 경우 금융회사 외의 자에게 양도한 경우에는 동일한 날에 금융회사에 양도하였을 경우 발생하는 매각차손을 한도로 한다)은 해당 택지를 취득을 위해서 불가피하게 지출된 간접비용에 해당한다.

그 취지는 주택법에 따라 관련 택지를 취득하기 위해서는 경쟁입찰방식의 특성상 채권을 프리미엄(웃돈)을 주고 매입해야 하고, 해당 채권을 택지의 취득 이전에 채권의 매각하는 경우 그 채권의 시장가(매각대금 = 현재가치)와 위 매입가액과의 차액만큼 매각차손이 발생한다. 이 채권매각차손은 해당 택지를 취득하기 위해서 제3자에게 지급된 간접비용이므로 취득가액에 포함되어야 한다.

따라서 경정청구에 대해서 과세관청은 취득세 감액경정을 거부해야 한다.

Ⅵ 취득세율

1. 표준세율

취득세는 표준세율로 되어 있다. 따라서 지방자치단체장은 조례로 정하는 바에 따라 취득세의 세율을 표준세율의 50% 범위에서 가감할 수 있다(지방법 14). 이 경우 부동산, 차량, 기계장비 또는 항공기는 특별한 규정이 있는 경우를 제외하고는 해당 물건을 취득하였을 때의 사실상의 현황에 따라 부과한다. 다만, 취득하였을 때의 사실상 현황이 분명하지 않은 경우에는 공부(公簿)상의 등재 현황에 따라 부과한다(지방령 13).

(1) 부동산 취득

그 취득세는 과세표준에 다음에 해당하는 표준세율[(2% + 종전 등록세율)과 같다)]을 적용하여 계산한 금액을 그 세액으로 한다(지방법 11 ①,③,⑤).

부동산 취득	표준세율(*주1)	비고
① 상속으로 인한 취득	2.8%(농지는 2.3%)* * 2% + 0.8%(0.3%)	피상속인이 상속인에게 한 유증 및 포괄유증과 신탁재산의 상속 포함
② 상속 외의 무상취득	3.5%* (비영리사업자의 취득은 2.8%) * 2% + 1.5%(0.8%)	증여, 사인증여, 이혼시 재산분할, 상속인이 아닌 자에게 한 유증, 시효취득
③ 원시취득(수용재결로 취득한 경우 등 과세대상이 이미 존재하는 상태에서 취득은 제외)	2.8%* * 2% + 0.8%	증축·개축 또는 개수로 인하여 건축물 면적이 증가할 때에는 그 증가된 부분 포함
④ 공유물의 분할	2.3%* * 2% + 0.3%	법률에 따른 부동산의 공유권 해소를 위한 지분이전으로 인한 취득(등기부등본상 본인 지분을 초과하는 부분은 제외) 포함
⑤ 합유물 및 총유물의 분할로 인한 취득	2.3%* * 2% + 0.3%	
⑥ 그 밖의 원인으로 인한 취득	4%(농지는 3%)* * 2% + 2%(1%)	매매·교환·현물출자 그 밖의 유상취득(공매·경매, 수용재결로 인한 취득) ※ 법인이 합병·분할에 따라 부동산을 취득하는 경우에도 ⑥의 세율을 적용한다(지방법 11 ⑤).
⑦ 유상거래를 원인으로 주택을 취득한 경우(*주2)	취득당시가액에 따라 1%~3%*(아래 도표 참조) * 2%(감면) + 2%(감면)	오피스텔의 취득은 제외(*주3)

(*주1) 위의 ①,②,⑥,⑦의 부동산이 공유물일 때에는 그 취득지분의 가액을 과세표준으로 하여 각각의 세율을 적용한다(지방법 11 ②).

(*주2) 주택 유상거래 취득세율 특례 배제 : 주택을 신축(또는 증축)한 이후 해당 주거용 건축물의 소유자(배우자 및 직계존비속을 포함한다)가 해당 주택의 부속토지를 취득하는 경우에는 위 ⑦의 세율을 적용하지 않는다(지방법 11 ④).

(*주3) 건축법상 오피스텔을 주거 목적으로 취득하여 실제 주거용으로 사용하고 있더라도 그 취득은 위 ⑦의 세율 적용대상에 해당하지 않는다(대법원 2013.11.28. 선고 2013두13945 판결). 건축법 시행령에서는 오피스텔을 '업무를 주로 하며, 분양하거나 임대하는 구획 중 일부의 구획에서 숙식을 할 수 있도록 한 건축물로서 국토교통부장관이 고시하는 기준에 적합한 것'으로 정의하면서 일반업무시설의 하나로 규정하고 있다.

[도 표] 주택의 유상거래 취득세 표준세율(1%~3%)

해당 주택의 취득당시가액	표준세율	비고
6억원 이하	$\frac{1}{100}$ → 1%	–
6억원 초과 9억원 이하	다음 계산식에 따라 산출한 세율 (취득당시가액 × $\frac{2}{3억원}$ − 3) × $\frac{1}{100}$ → 1% < 세율 ≤ 3%	이 경우 소수점 이하 다섯째 자리에서 반올림하여 소수점 넷째 자리까지 계산한다.(*주)
9억원 초과	$\frac{3}{100}$ → 3%	–

(*주) 세율 및 산출세액 계산사례

취득당시가액	계산내용
6억1천만원	(1) 세율 판단 : (6.1억원 × $\frac{2}{3억원}$ − 3) × $\frac{1}{100}$ = 0.010666 ≒ 0.0107 → 1.07%
	(2) 취득세 산출세액 : ₩610,000,000 × 1.07% = ₩6,527,000
7억6천만원	(1) 세율 판단 : (7.6억원 × $\frac{2}{3억원}$ − 3) × $\frac{1}{100}$ = 0.020666 ≒ 0.0207 → 2.07%
	(2) 취득세 산출세액 : ₩760,000,000 × 2.07% = ₩15,732,000

위의 도표에서 '주택'이란 주택법(제2조)에 따른 주택(장기간 독립된 주거생활을 할 수 있는 구조로 된 건축물 및 그 부속토지)으로서 건축법에 따른 건축물대장 · 사용승인서 · 임시사용승인서나 부동산등기부에 주택으로 기재된 주거용 건축물과 그 부속토지를 말한다.

이 경우 지분으로 취득한 주택의 '취득당시가액'은 다음의 계산식에 따라 산출한 전체 주택의 취득당시가액으로 한다(지방법 11 ① (8)).

$$\text{전체 주택의 취득당시가액} = \text{취득 지분의 취득당시가액} \times \frac{\text{전체 주택의 시가표준액}}{\text{취득 지분의 시가표준액}}$$

[도 표] 지분으로 취득한 주택의 취득당시가액 계산

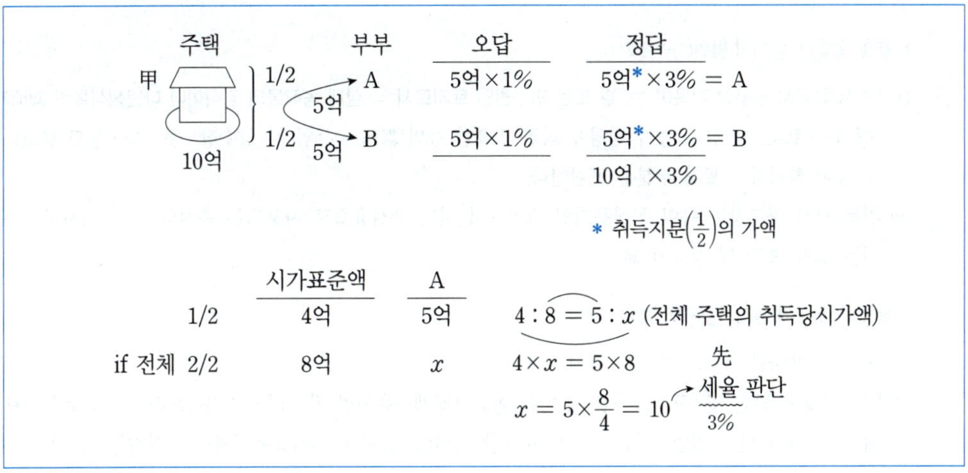

참고사항 주택의 유상거래 취득세 표준세율 개선

주택의 취득당시가액이 6억원 또는 9억원에서 조금만 증가해도 세액이 큰 폭으로 증가하는 문턱효과를 해소하여 거래가격을 조작하려는 유인을 제거하고, 세부담의 형평을 높이기 위하여 주택의 취득당시가격이 6억원 초과 9억원 이하인 구간의 취득세율을 '2%'에서 '(취득가액×2/3억원 − 3)%'로 조정하였다.

종전(계단형) : 2019.12.31. 이전 취득하는 분	개정(사선형) : 2020.1.1. 이후 취득하는 분
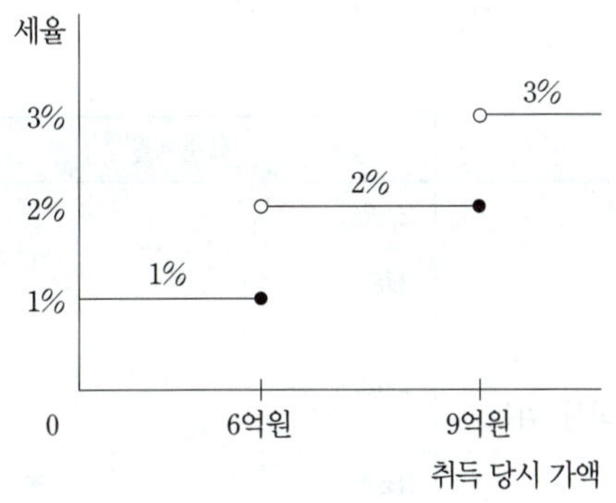 	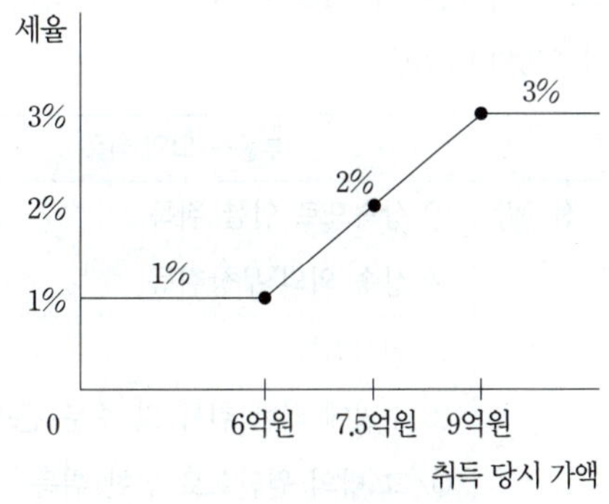

예규판례 부동산 취득에 대한 세율 적용

1. 사인증여 : 상속인 아닌 자가 사인증여로 인하여 부동산의 소유권을 취득하는 경우를 일반적인 증여로 인하여 부동산의 소유권을 취득하는 경우와 달리 취급할 합리적인 이유를 찾기 어려운 점 등을 종합하여 보면, 상속인 아닌 자가 사인증여로 인하여 부동산의 소유권을 취득하는 것은 '상속 이외의 무상으로 인한 소유권의 취득'에 해당하므로 앞의 도표 ②의 세율을 적용한다(대법원 2013.10.11. 선고 2013두6138 판결).

2. 공유로 되어 있는 부동산을 분할등기하는 경우 앞의 도표 ④의 세율을 적용하고, 공유토지를 단독소유로 등기하는 경우 본인 지분을 초과하는 부분에 대해서는 앞의 도표 ⑥의 세율을 적용한다.

3. 교환 : 부동산을 상호교환하여 소유권이전등기를 하는 것은 유상승계취득에 해당하므로 위 도표 ⑥의 세율을 적용한다(운영예규 11-2).

참고사항 농지의 범위(지방령 21)

① ㉠ 취득 당시 공부상 지목이 논, 밭 또는 과수원인 토지로서 ㉡ 실제 농작물의 경작이나 다년생식물의 재배지로 이용되는 토지. 이 경우 농지 경영에 직접 필요한 농막(農幕) · 두엄간 · 양수장 · 못 · 늪 · 농도(農道) · 수로 등이 차지하는 토지 부분을 포함한다.

② 취득 당시 공부상 지목이 목장용지인 토지로서 실제 축산용으로 사용되는 축사와 그 부대시설로 사용되는 토지, 초지 및 사료밭 ■

참고사항 비영리사업자의 범위(지방령 22)

① 종교 및 제사를 목적으로 하는 단체

② 「초 · 중등교육법」 및 「고등교육법」에 따른 학교, 「경제자유구역 및 제주국제자유도시의 외국교육기관 설립 · 운영에 관한 특별법」 또는 「기업도시개발 특별법」에 따른 외국교육기관을 경영하는 자 및 「평생교육법」에 따른 교육시설을 운영하는 평생교육단체

③ 사회복지사업법에 따라 설립된 사회복지법인

④ 지방세특례제한법(제22조 ①)에 따른 사회복지법인 등

⑤ 정당법에 따라 설립된 정당 ■

(2) 부동산 외의 취득

그 취득세는 과세표준에 다음에 해당하는 표준세율을 적용하여 계산한 금액을 그 세액으로 한다(지방법 12 ①).

부동산 외의 취득		표준세율[(*주1)]
선 박	① 상속으로 인한 취득	2.5%
	② 상속 외의 무상취득	3%
	③ 원시취득	2.02%
	④ 수입에 의한 취득 및 주문 건조에 의한 취득	
	⑤ 그 밖의 원인으로 인한 취득	3%* * 등기 · 등록대상이 아닌 선박은 2%, 소형선박 · 동력수상레저기구는 2.02%
차 량	① 비영업용 승용자동차[(*주2)]	7%(경자동차는 4%)
	② 이륜자동차(125cc 이하)	2%
	③ 위 ① · ② 외의 자동차	• 비영업용[(*주3)] : 5%(경자동차는 4%) • 영업용 : 4%
	④ 위 ① · ② · ③의 자동차 외의 차량	2%

기계장비	3%(등록대상이 아닌 기계장비는 2%)
항공기	2%(그 밖의 항공기는 2.02%)* * 최대이륙중량이 5,700킬로그램 이상인 항공기는 2.01%
입 목	2%
광업권, 어업권·양식업권, 골프회원권, 승마회원권, 콘도미니엄 회원권, 종합체육시설이용회원권 또는 요트회원권	2%

(*주1) 선박 및 기계장비가 공유물일 때에는 그 취득지분의 가액을 과세표준으로 하여 세율을 적용한다(지방법 12 ②).

(*주2) '비영업용 승용자동차'란 개인 또는 법인이 「여객자동차 운수사업법」에 따라 면허를 받거나 등록을 하고 일반의 수요에 제공하는 것 외의 용도에 제공하는 자동차관리법에 따른 승용자동차를 말한다. 다만, 「자동차관리법 시행령」에 따라 임시운행허가를 받은 승용자동차(시험 · 연구용 자동차 및 자동차운전학원 기능교육용 자동차를 말한다)는 제외한다(지방령 23 ①).

(*주3) '비영업용 자동차'란 비영업용 자동차는 개인 또는 법인이 「여객자동차 운수사업법」 또는 「화물자동차 운수사업법」에 따라 면허를 받거나 등록을 하고 일반의 수요에 제공하는 것 외의 용도에 제공하는 자동차로 한다. 다만, 「자동차관리법 시행령」에 따라 임시운행허가를 받은 자동차(시험 · 연구용 자동차 및 자동차운전학원 기능교육용 자동차를 말한다)는 제외한다(지방령 23 ④).

2. 일반자산 취득에 대한 중과세율

일정한 자산의 취득에 대해서는 취득세를 중과하는데, 이 경우 같은 취득물건에 대하여 둘 이상의 세율이 해당되는 경우에는 그 중 높은 세율을 적용한다. 그 구체적인 내용은 다음과 같다(지방법 13, 16 ⑤).

구분	중과세율
(1) 과밀억제권역에서 부동산 등 취득에 대한 중과세 ※ 종전 취득세 3배 중과세 • 취지 : 인구 · 산업의 집중 억제	[표준세율(4% 등) + 2%① × 2배] = 8% 등 ※ 2% × 3배(종전 취득세) + 2% 등(종전 등록세) = 8% 등
(2) 대도시에서 부동산 취득에 대한 중과세 ※ 종전 등록세 3배 중과세 • 취지 : 인구 · 산업의 집중 억제	[표준세율(4% 등) × 3배 − 2%① × 2배] = 8% 등 ※ 2%(종전 취득세) + 2% 등 × 3배(종전 등록세) = 8% 등
(3) 사치성재산 취득에 대한 중과세 ※ 종전 취득세 5배 중과세 • 취지 : 사치 · 향락재산의 유통 억제	[표준세율(4% 등) + 2%① × 4배] = 12% 등 ※ 2% × 5배(종전 취득세) + 2% 등(종전 등록세) = 12% 등
(4) 위 (1)과 (2)가 동시에 적용되는 경우(*주1) ※ 종전 취득세 3배와 종전 등록세 3배가 동시에 중과세	[표준세율(4% 등) × 3배] = 12% 등 ※ 2% × 3배(종전 취득세) + 2% 등 × 3배(종전 등록세) = 12% 등

(5) 위 (2)와 (3)이 동시에 적용되는 경우(*주2) ※ 종전 취득세 5배와 종전 등록세 3배가 동시에 중과세	[표준세율(4% 등)×3배 + 2%①×2배] = 16% 등 ※ 2%×5배(종전 취득세) + 2% 등×3배(종전 등록세) = 16% 등

① 2%를 지방세법에서는 '중과기준세율'이라 부른다.

(*주1) 위 (1)과 (2)가 동시에 적용되는 과세물건에 대한 취득세율은 같은 취득물건에 대하여 둘 이상의 세율에 해당되는 경우 그 중 높은 세율을 적용하는 원칙에도 불구하고 표준세율의 3배로 한다(지방법 13 ⑥).

(*주2) 위 (2)와 (3)이 동시에 적용되는 과세물건에 대한 취득세율은 둘 이상의 세율에 해당되는 경우 그 중 높은 세율을 적용하는 원칙에도 불구하고 [표준세율×3배 + 중과기준세율(2%)×2배]의 세율을 적용한다. 다만, 유상거래를 원인으로 주택을 취득한 경우에는 해당 세율에 중과기준세율의 6배를 합한 세율을 적용한다(지방법 13 ⑦).

[도 표] 중과세율 구성

구분	(종전)취득세		(종전)등록세		(통합)취득세		중과세율
(1) 과밀	2×3배	+	2등	=	8등	=	4등 + 2×2배
(2) 대도시	2	+	2등×3배	=	8등	=	4등×3배 − 2×2배
(3) 사치성	2×5배	+	2등	=	12등	=	4등 + 2×4배
(4) (1) + (2)	2×3배	+	2등×3배	=	12등	=	4등×3배
(5) (2) + (3)	2×5배	+	2등×3배	=	16등	=	4등×3배 + 2×2배

(1) 과밀억제권역에서 부동산 등 취득에 대한 중과세

다음에 해당하는 경우 취득세는 [표준세율 + 중과기준세율(2%)×2배]의 세율을 적용한다(지방법 13 ①).

① 과밀억제권역에서 본점이나 주사무소의 사업용으로 신축하거나 증축하는 건축물과 그 부속토지*를 취득하는 경우. 여기서 '본점이나 주사무소의 사업용 부동산'이란 법인의 본점 또는 주사무소의 사무소로 사용하는 부동산과 그 부대시설용 부동산(기숙사, 합숙소, 사택, 연수시설, 체육시설 등 복지후생시설과 향토예비군 병기고 및 탄약고는 제외)을 말한다(지방령 25).

* 중과세 대상이 되는 '건축물과 그 부속토지'에는 신탁법에 따른 수탁자가 취득한 신탁재산 중 위탁자가 신탁기간 중(또는 신탁종료 후) 위탁자의 본점이나 주사무소의 사업용으로 사용하기 위하여 신축하거나 증축하는 건축물과 그 부속토지를 포함한다(p.692 예규판례 참조).

② 과밀억제권역(산업단지·유치지역 및 공업지역은 제외)에서 공장을 신설하거나 증설하기 위하여 사업용 과세물건을 취득하는 경우. 이 경우 중과세할 사업용 과세물건은 다음 중 어느 하나에 해당하는 것으로 한다(지방칙 7).

㉠ 신설하거나 증설하는 공장용 건축물과 그 부속토지

㉡ 공장을 신설하거나 증설*한 날부터 5년 이내에 취득하는 공장용 차량 및 기계장비

* 건축물 연면적의 20% 이상을 증설하거나 건축물 연면적 330제곱미터를 초과하여 증설하는 경우만 해당한다.

(2) 대도시에서 부동산 취득에 대한 중과세

1) 개 요 : 다음에 해당하는 부동산(신탁법에 따른 수탁자가 취득한 신탁재산*을 포함한다)을 취득하는 경우의 취득세는 [표준세율×3배－중과기준세율(2%)×2배]의 세율을 적용한다. 다만, 법인이 유상거래를 원인으로 주택을 취득하는 경우의 취득세는 [4%＋중과기준세율(2%)×4배＝12%]의 세율을 적용한다(지방법 13 ②).

* 위의 중과세 규정을 적용할 때 신탁법에 따른 수탁자가 취득한 신탁재산의 경우 취득 목적, 법인 또는 사무소 등의 설립·설치·전입 시기 등은 위탁자를 기준으로 판단한다(지방령 27 ⑥).

① ㉠ 대도시(산업단지를 제외한 과밀억제권역을 말한다. 이하 같다)에서 법인을 설립[휴면(休眠)법인을 인수하는 경우 포함]하거나 지점 또는 분사무소를 설치하는 경우 및 ㉡ 법인의 본점·주사무소·지점 또는 분사무소를 대도시 밖에서 대도시로 전입*함에 따라 대도시의 부동산을 취득하는 경우[2]. 여기서 중과세 대상이 되는 부동산의 취득은 다음과 같다(지방령 27 ③).

* 수도권의 경우에는 서울특별시 외의 지역에서 서울특별시로의 전입도 대도시로의 전입으로 본다.

㉠ 해당 법인 또는 사무소·사업장이 그 설립·설치·전입 이전에 법인의 본점·주사무소·지점 또는 분사무소의 용도로 직접 사용하기 위한 부동산 취득(채권을 보전하거나 행사할 목적으로 하는 부동산 취득은 제외)

㉡ 법인 또는 사무소·사업장이 설립(휴면법인을 인수하는 경우 포함)·설치·전입 이후 5년 이내에 하는 업무용·비업무용 또는 사업용·비사업용의 모든 부동산 취득으로 한다. 이 경우 부동산 취득에는 공장의 신설·증설, 공장의 승계취득, 해당 대도시에서의 공장 이전 및 공장의 업종변경에 따르는 부동산 취득을 포함한다.

위 ㉠의 경우에는 법인의 본점·주사무소·지점 또는 분사무소의 용도로 직접 사용할 목적으로 부동산을 취득하는 경우에만 취득세 중과대상이 되고, ㉡의 경우에는 법인 또는 사무소 등이 설립·설치·전입 이후 5년 이내에 부동산을 취득하였다는 요건만 갖추면 그 용도를 불문하고 취득세 중과대상이 된다(대법원 2015.03.26. 선고 2012두13511 판결).

다만, 위 중과세 규정을 적용할 때 다음 중 어느 하나에 해당하는 경우에는 중과세 대상으로 보지 않는다(지방령 27 ④,⑤).

㉠ 분할등기일 현재 5년 이상 계속하여 사업을 한 대도시의 내국법인이 법인의 분할(적격분할요건을 갖춘 경우만 해당한다)로 법인을 설립하는 경우

---

2) 법인이 본점의 용도로 직접 사용하기 위하여 취득하는 부동산에는 법인이 본점의 사무실 용도로 직접 사용하기 위하여 취득하는 부동산뿐만 아니라 법인이 인적·물적 설비를 갖추어 본점의 사업활동 장소로 사용하기 위하여 취득하는 부동산도 포함된다(대법원 2014.4.10. 선고 2012두20984 판결).

㉡ 대도시에서 설립 후 5년이 경과한 법인(이하 '기존법인'이라 한다)이 다른 기존법인과 합병하는 경우[3]

② 대도시(유치지역 및 공업지역은 제외)에서 공장을 신설하거나 증설함에 따라 부동산을 취득하는 경우

참고사항 휴면(休眠)법인을 인수하는 경우

1. '휴면법인'이란 다음 중 어느 하나에 해당하는 법인을 말한다(지방령 27 ①).
   - 상법 따라 해산한 법인(이하 '해산법인'이라 한다)
   - 상법에 따라 해산한 것으로 보는 법인(이하 '해산간주법인'이라 한다)
   - 부가가치세법 시행령에 따라 폐업한 법인(이하 '폐업법인'이라 한다)
   - 법인 인수일 이전 1년 이내에 계속등기를 한 해산법인 또는 해산간주법인
   - 법인 인수일 이전 1년 이내에 다시 사업자등록을 한 폐업법인
   - 법인 인수일 이전 2년 이상 사업 실적이 없고, 인수일 전후 1년 이내에 인수법인 임원의 50% 이상을 교체한 법인
2. 휴면법인의 인수는 위 1. 중 어느 하나에 해당하는 법인에서 최초로 그 법인의 과점주주가 된 때 이루어진 것으로 본다(지방령 27 ②). ■

[도 표] 과밀억제권역과 대도시에서 취득에 대한 중과세의 차이점 비교

구분	(1) 과밀억제권역에서 부동산 등 취득에 대한 중과세	(2) 대도시에서 부동산 취득에 대한 중과세
중과세 범위	• 본점 · 주사무소 사용 • 건축물의 원시취득 • 복지후생시설은 제외	• 본점 · 주사무소, 지점 · 분사무소 사용 • 건축물의 원시취득 · 승계취득 • 사원의 주거용 부동산은 제외
중과세 기간	• 토지 · 건물 취득 후 5년 이내 본점용 사용하는 경우 중과세	• 법인 설립일부터 5년 이내에 취득하는 부동산*에 대해 중과세
공장 신증설	• 사업용 과세물건(건축물 · 부속토지, 차량 · 기계장비)의 취득	• 부동산 취득

* 업무용 · 비업무용 또는 사업용 · 비사업용의 모든 부동산 취득

예규판례 부동산을 위탁자가 신탁기간 중(또는 신탁종료 후) 위탁자의 본점이나 주사무소의 사업용으로 사용하는 부동산에 대해서 중과세율 적용할 수 있는지 여부

과밀억제권역에서 위탁자가 취득한 토지를 신탁법에 따라 신탁받은 수탁자가 해당 토지 위에 건축물을 신축 · 준공하여 수탁자 명의로 건축물에 대한 보존등기(신탁등기가 병행됨)를 하고 취득세를 납부하였으며

3) 기존법인이 대도시에서 설립 후 5년이 경과되지 않은 법인과 합병하여 기존법인 외의 법인이 합병 후 존속하는 법인이 되거나 새로운 법인을 신설하는 경우에는 합병 당시 기존법인에 대한 자산비율에 해당하는 부분을 중과세 대상으로 보지 않는다. 이 경우 자산비율은 자산을 평가하는 때에는 평가액을 기준으로 계산한 비율로 하고, 자산을 평가하지 않은 때에는 합병 당시의 장부가액을 기준으로 계산한 비율로 한다.

신탁을 종료한 후 위탁자가 해당 건축물 중 일부 사무실을 본점사업용으로 사용하고 있는 경우, 이를 위탁자가 지방세법 제13조 제1항에 따른 "법인의 본점이나 주사무소의 사업용 부동산"을 취득하는 경우로 보아 해당 건축물 및 토지(위탁자가 본점사업용으로 사용하고 있는 부분에 한정한다)에 대하여 위탁자에게 중과세율을 적용하여 취득세를 부과할 수 있는지가 문제가 된다.

먼저, 지방세법에 따르면 취득세는 부동산 등을 취득한 자에게 부과하도록 규정하고 있는바, 신탁법상의 신탁은 위탁자가 수탁자에게 특정의 재산권을 이전하거나 기타의 처분을 하여 수탁자로 하여금 신탁 목적을 위해 그 재산권을 관리 · 처분하게 하는 것이므로, 부동산 신탁에 있어 수탁자 앞으로 소유권이전등기를 마치게 되면 소유권이 수탁자에게 이전되는 것이지 위탁자와의 내부관계에 있어 소유권이 위탁자에게 유보되지 않는 점(대법원 2011.2.10. 2010다84246 판결), 신탁법은 "신탁재산의 관리 · 처분 · 멸실 · 훼손 기타의 사유로 수탁자가 얻은 재산은 신탁재산에 속한다"고 규정하고 있는 데, 위 규정에 의하여 신탁재산에 속하게 되는 부동산 등의 취득에 대한 취득세의 납세의무자도 원칙적으로 수탁자인 점 등에 비추어 보면, 이 문제와 같이 신탁법에 의한 신탁으로 수탁자에게 소유권이 이전된 토지 위에 수탁자가 건축물을 신축 · 준공한 경우 그 부동산 등의 취득에 대한 취득세의 납세의무자도 원칙적으로 수탁자(대법원 2012.6.14. 2010두2395 판결)이므로 수탁자를 기준으로 지방세법 제13조 제1항에 따른 중과기준세율 적용 여부를 판단한다. 그렇다면, 지방세법 제13조 제1항의 문언상 과밀억제권역에서의 취득세 중과세율은 건축물의 신축 또는 증축이 전제된 것인바, 신축 또는 증축된 건축물을 원시취득하여 납세의무를 지는 자가 해당 건축물을 본점이나 주사무소용으로 사용하는 경우에 해당 건축물과 부속토지에 대하여 중과세율을 취득세를 부과할 수 있다는 것인 데, 이 문제의 건축물은 수탁자가 건축 · 준공하여 수탁자의 명의로 보존등기까지 마친 것으로서, 해당 건축물을 신축한 자는 수탁자라 할 것이고, 그 수탁자가 취득세 납세의무자이며, 그 이후 신탁계약의 종료에 따라 해당 건축물 및 그 부속토지의 소유권이 위탁자에게 이전되어 미분양된 일부를 위탁자가 본점사업용으로 사용하고 있다고 하더라도 달리 볼 것은 아니므로, 위탁자에게 지방세법 제13조 제1항에 따른 중과세율을 적용할 수 없다. 만일 이렇게 되면 위탁자가 신탁을 통해서 취득세 중과세율 적용을 회피하는 문제가 발생한다. 이를 방지하고 실질과세 원칙을 구현하기 위해서 중과세대상에 포함하도록 지방세법 제13조 제1항에 (괄호 부분에 밑줄 친 문구)로 명확히 규정하였다(이 규정은 2017년 1월 1일 이후 취득세 납세의무가 성립하는 분부터 적용한다).

> 수도권정비계획법에 따른 과밀억제권역에서 본점이나 주사무소의 사업용 부동산(본점이나 주사무소용으로 신축하거나 증축하는 건축물과 그 부속토지만 해당하며, 신탁법에 따른 수탁자가 취득한 신탁재산 중 부동산을 위탁자가 신탁기간 중 또는 신탁종료 후 위탁자의 본점이나 주사무소의 사업용으로 사용하는 부동산을 포함한다)을 취득하는 경우의 취득세율은 표준세율에 중과기준세율의 2배를 합한 세율을 적용한다(지방법 13 ①).

예규판례 과밀억제권역 안에서 본점 또는 주사무소용 건축물을 신축 또는 증축하여 취득하는 경우, 동일한 과밀억제권역 안에 있던 기존의 본점 또는 주사무소에서 이전해 오더라도 구 지방세법 제112조 제3항에 의한 취득세 중과대상인지 여부(적극)

구 지방세법(1998.12.31. 법률 제5615호로 개정되어 2010.3.31. 법률 제10221호로 전부 개정되기 전의 것, 이하 같다) 제112조 제1항은 '취득세의 표준세율은 취득물건의 가액 또는 연부금액의 1,000분의 20으로 한다'고 규정하고, 같은 조 제3항은 '수도권정비계획법 제6조의 규정에 의한 과밀억제권역 안에서 대통령령이 정하는 본점 또는 주사무소의 사업용 부동산(본점 또는 주사무소용 건축물을 신축 또는 증축하는 경우와 그 부속토지에 한한다)을 취득하는 경우의 취득세율은 제1항의 세율의 100분의 300으로 한다'고 규정하고 있다.

원심은 제1심판결을 인용하여 그 판시와 같은 사실을 인정한 다음, 구 지방세법 제112조 제3항의 취지는 수도권정비계획법 제6조의 규정에 의한 과밀억제권역(이하 '과밀억제권역'이라고만 한다) 안에서 인구유입에 따른 인구팽창과 산업집중을 막기 위하여 인구팽창과 산업집중을 유발시키는 본점 또는 주사무소의 신설 및 증설을 억제하려는 것이므로 이미 과밀억제권역 안에 본점 또는 주사무소용 사무실을 가지고 있다가 같은 권역 안의 다른 곳으로 사무실을 이전하는 경우 그것이 위의 입법 취지에 어긋나지 아니하면 구 지방세법 제112조 제3항이 정한 취득세 중과대상에 해당하지 않는다고 전제하고, 구의동 사옥과 이 사건 신축건물은 동일한 과밀억제권역(서울특별시) 안에 있는 점, 원고 건설부문의 본점 또는 주사무소가 그 조직과 인력의 동일성을 유지한 상태로 구의동 사옥에서 이 사건 신축건물로 이전하면서 오히려 인력 총수는 다소 감소하였고 전용 사용면적도 축소된 점, 원고는 구의동 사옥에서 완전히 퇴거한 후 제3자에게 위 건물을 임대하였고 위 건물에서 건설부문 사업은 전혀 영위하고 있지 않은 점 등을 종합하여, 원고가 구의동 사옥에서 이 사건 신축건물로 건설부문의 본점 또는 주사무소를 이전한 것이 과밀억제권역 안의 인구유입과 산업집중을 억제하려는 구 지방세법 제112조 제3항의 입법 취지에 반한다고 볼 수 없다는 이유로 이 사건 신축건물은 위 규정에 의한 취득세 중과대상에 해당하지 않는다고 판단하였다.

그러나 원심의 위와 같은 판단은 다음과 같은 이유로 수긍할 수 없다.

구 지방세법 제112조 제3항은 1998.12.31. 법률 제5615호로 개정되기 전과 달리 그 입법 취지를 반영하여 과밀억제권역 안에서 본점 또는 주사무소의 사업용 부동산을 취득하는 경우 중 인구유입과 산업집중의 효과가 뚜렷한 신축 또는 증축에 의한 취득만을 그 적용대상으로 규정하고 그 입법 취지에 어울리지 않는 그 밖의 승계취득 등은 미리 그 적용대상에서 배제하였으므로 조세법률주의의 원칙상 위 규정은 특별한 사정이 없는 한 법문대로 해석해야 하고 더 이상 함부로 축소해석하여서는 아니되는 점, 과밀억제권역 안에서 신축 또는 증축한 사업용 부동산으로 본점 또는 주사무소를 이전하면 동일한 과밀억제권역 안의 기존 사업용 부동산에서 이전해 오는 경우라 하더라도 전체적으로 보아 그 과밀억제권역 안으로의 인구유입이나 산업집중의 효과가 없다고 할 수 없는 점 등을 종합하면, 과밀억제권역 안에서 본점 또는 주사무소용 건축물을 신축 또는 증축하여 취득하면 동일한 과밀억제권역 안에 있던 기존의 본점 또는 주사무소에서 이전해 오는 경우라고 하더라도 구 지방세법 제112조 제3항에 의한 취득세 중과대상에 해당한다고 봄이 타당하다.

그럼에도 원심은, 원고가 이 사건 신축건물을 취득한 것은 동일한 과밀억제권역 안에서 본점 또는 주사무소를 이전하기 위함이었다는 이유로 그것이 구 지방세법 제112조 제3항에 의한 취득세 중과대상에 해당하지 아니한다고 판단하였으니, 이러한 원심판단에는 구 지방세법 제112조 제3항에 관한 법리를 오해하여 판결결과에 영향을 미친 위법이 있다. 이 점을 지적하는 상고이유의 주장은 이유 있다(대법원 2012.07.12. 선고 2012두6551 판결). ■

2) 대도시 법인 중과세의 예외 : 대도시에 설치가 불가피하다고 인정되는 중과세 제외 업종에 직접 사용할 목적으로 부동산을 취득하는 경우에는 중과세율을 적용하지 않고 표준세율을 적용한다(지방법 13 ② 단서). 다만, 다음 중 어느 하나에 해당하는 경우에는 그 해당 부분에 대해서는 중과세율을 적용한다(지방법 13 ③).

① 취득한 부동산이 다음 중 어느 하나에 해당하는 경우

㉠ 정당한 사유 없이 부동산 취득일부터 1년이 경과할 때까지 대도시 중과 제외 업종에 직접 사용

하지 않는 경우

㉡ 부동산 취득일부터 1년 이내에 다른 업종이나 다른 용도에 사용 · 겸용하는 경우

② 취득한 부동산이 다음 중 어느 하나에 해당하는 경우

㉠ 부동산 취득일부터 2년 이상 해당 업종 또는 용도에 직접 사용하지 않고 매각하는 경우

㉡ 부동산 취득일부터 2년 이상 해당 업종 또는 용도에 직접 사용하지 않고 다른 업종이나 다른 용도에 사용 · 겸용하는 경우

참고사항 중과세 제외 업종(지방령 16 ①)

- 사회기반시설사업, 은행업, 할부금융업, 해외건설업(해당 연도에 해외건설 실적이 있는 경우로서 해외건설에 직접 사용하는 사무실용 부동산만 해당한다) 및 주택건설사업(주택건설용으로 취득한 후 3년 이내에 주택건설에 착공하는 부동산만 해당한다)
- 전기통신사업, 첨단기술산업과 첨단업종, 유통산업, 농수산물도매시장 · 농수산물공판장 · 농수산물종합유통센터 · 유통자회사 및 가축시장
- 여객자동차운송사업 및 화물자동차운송사업과 물류터미널사업 및 창고업
- 정부출자법인(국가나 지방자치단체가 납입자본금 또는 기본재산의 20% 이상을 직접 출자한 법인만 해당한다)이 경영하는 사업, 의료업
- 개인이 경영하던 제조업. 다만, 법인으로 전환하는 기업만 해당하며, 법인전환에 따라 취득한 부동산의 가액이 법인 전환 전의 부동산가액을 초과하는 경우에 그 초과부분과 법인으로 전환한 날 이후에 취득한 부동산은 중과세율을 적용한다.
- 자원재활용업종, 소프트웨어사업 및 소프트웨어공제조합이 소프트웨어산업을 위하여 수행하는 사업, 공연장 등 문화예술시설운영사업, 방송사업 · 중계유선방송사업 · 음악유선방송사업 · 전광판방송사업 및 전송망사업, 과학관시설운영사업, 도시형공장을 경영하는 사업, 중소기업창업투자회사가 중소기업창업 지원을 위하여 수행하는 사업(다만, 법인설립 후 1개월 이내에 등록하는 경우만 해당한다)
- 한국소비자원이 소비자 보호를 위하여 수행하는 사업, 공제조합이 건설업을 위하여 수행하는 사업, 대한주택보증주식회사가 주택건설업을 위하여 수행하는 사업, 임대사업자가 경영하는 주택임대사업 등 ■

(3) 사치성재산의 취득에 대한 중과세

다음에 해당하는 사치성재산을 취득하는 경우*의 취득세는 표준세율과 중과기준세율의 4배를 합한 세율을 적용한다(지방법 13 ⑤).

* 골프장 · 고급주택 · 고급오락장 또는 고급선박을 2명 이상이 구분하여 취득하거나 1명 또는 여러 명이 시차를 두고 구분하여 취득하는 경우를 포함한다(지방령 28 ①).

① 골프장 : 회원제골프장용 부동산 중 구분등록의 대상이 되는 토지와 건축물 및 그 토지 상(上)의 입목. 이 경우 골프장은 그 시설을 갖추어 「체육시설의 설치 · 이용에 관한 법률」에 따라 ① 체육시설업을 등록*한 경우 및 등록된 골프장업을 승계취득하는 경우와 ② 등록을 하지 않더라도 사실상 골프장으로 사용하는 경우 및 사실상 사용하는 그 골프장을 승계취득하는 경우

에 적용한다.

* 여기서 '등록'에는 시설을 증설하여 변경등록하는 경우를 포함한다(이하 같다).

② 고급주택 : 주거용 건축물 또는 그 부속토지의 면적과 가액이 일정기준을 초과하거나 해당 건축물에 67제곱미터 이상의 수영장 등 부대시설을 설치한 주거용 건축물과 그 부속 토지를 말한다. 다만, 주거용 건축물을 취득한 날부터 60일* 이내에 주거용이 아닌 용도로 사용하거나 고급주택이 아닌 용도로 사용하기 위하여 용도변경공사를 착공하는 경우는 제외한다. 한편 고급주택에 부속된 토지의 경계가 명확하지 않을 때에는 그 건축물 바닥면적의 10배에 해당하는 토지를 그 부속토지로 본다.

* 상속으로 인한 경우는 상속개시일이 속하는 달의 말일부터, 실종으로 인한 경우는 실종선고일이 속하는 달의 말일부터 각각 6개월로 한다.

구분	고급주택의 범위	비고
단독주택	① 1구*의 건축물의 연면적(주차장면적은 제외)이 331제곱미터(100평)를 초과하는 주거용 건축물과 그 부속토지 * 여기서 '1구'란 1세대가 독립하여 구분 사용할 수 있도록 구획된 부분을 말한다(이하 같다).	①,②,③,⑤는 취득 당시의 시가표준액이 9억원을 초과하는 경우만 고급주택에 해당한다.(*주)
	② 1구의 건축물의 대지면적이 662제곱미터(200평)를 초과하는 주거용 건축물과 그 부속토지	
	③ 1구의 건축물에 엘리베이터(적재하중 200킬로그램 이하의 소형 엘리베이터는 제외)가 설치된 주거용 건축물과 그 부속토지(공동주택과 그 부속토지는 제외)	
	④ 1구의 건축물에 에스컬레이터 또는 67제곱미터 이상의 수영장 중 1개 이상의 시설이 설치된 주거용 건축물과 그 부속토지(공동주택과 그 부속토지는 제외)	
공동주택	⑤ 1구의 공동주택의 건축물 연면적(공용면적은 제외)이 245제곱미터(75평)를 초과하는 공동주택과 그 부속토지 ※ 복층형은 274제곱미터로 하되, 한 층의 면적이 245제곱미터를 초과하는 것은 제외한다.	

(*주) 위 ③은 장애인 등의 이동편의를 위해서 엘리베이터가 설치된 주택이더라도 취득 당시 시가표준액이 9억원 이하인 단독주택은 고급주택의 범위에서 제외하지만, ④와 같이 에스컬레이터 또는 67제곱미터 이상의 수영장 중 1개 이상의 시설이 설치된 주택은 취득 당시 시가표준액에 관계 없이 고급주택에 해당한다.

③ 고급오락장 : 도박장, 유흥주점영업장, 특수목욕장, 그 밖에 이와 유사한 용도에 사용되는 건축물과 그 부속토지를 말한다. 다만, 고급오락장용 건축물을 취득한 날부터 60일* 이내에 ㉠ 고급오락장이 아닌 용도로 사용하거나 ㉡ 고급오락장이 아닌 용도로 사용하기 위하여 용도변경공사를 착공하는 경우는 제외한다. 이 경우 고급오락장에 부속된 토지의 경계가 명확하지 않을 때

에는 그 건축물 바닥면적의 10배에 해당하는 토지를 그 부속토지로 본다.

* 상속으로 인한 경우는 상속개시일이 속하는 달의 말일부터, 실종으로 인한 경우는 실종선고일이 속하는 달의 말일부터 각각 6개월로 한다.

④ **고급선박** : 비업무용 자가용 선박으로서 시가표준액이 3억원을 초과하는 선박을 말한다. 다만, 실험 · 실습 등의 용도에 사용할 목적으로 취득하는 것은 제외한다.

NEW 개정사항 회원제 골프장 승계취득 과세 합리화

<개정내용> 종전에는 사치성 재산인 회원제 골프장을 원시취득하는 경우(회원제 골프장업을 등록하는 경우 및 사실상 회원제 골프장으로 사용하는 경우를 말한다)에만 취득세를 중과하였으나, 과세형평을 높이기 위하여 사치성 재산인 등록 회원제 골프장업 및 사실상 회원제 골프장을 승계취득하는 경우에도 취득세를 중과하도록 개선하였다.

구분		중과세 적용대상	
		종전* (원시취득)	개정 (원시취득+승계취득)
①	회원제 골프장업을 등록을 하는 경우	○	○
	등록된 회원제 골프장업을 승계취득하는 경우	−	○
②	등록을 하지 않더라도 사실상 회원제 골프장으로 사용하는 경우	○	○
	사실상 사용하는 그 회원제 골프장을 승계취득하는 경우	−	○

* 회원제골프장은 1973년 사치성재산 중과제도 도입시 중과 대상에 포함되어 원시 · 승계 취득에 모두 중과세가 적용되었으나, IMF 외환위기 직후 지역 경제 활성화 및 외국인투자 유치 등을 위해 회원제골프장 승계취득은 중과세 대상에서 제외(1998.12.31.)되어 체육시설업을 등록하는 때로 중과세 대상을 한정하였다. 그러나 현재는 1997년 외환위기 이후 30년 가까이 시간이 경과되어 더 이상 회원제골프장 등의 승계취득에 대해 중과 제외를 유지할 필요성이 약해졌고, 다른 사치성 재산은 모든 취득에 중과하면서, 회원제 골프장만 승계취득을 중과 제외하는 것은 과세 형평에 맞지 않다는 지적이 있었다(지방세법 일부개정법률안 국회 검토보고 인용).

<적용시기> 이 규정은 2026년 1월 1일 이후 골프장업 및 사실상 골프장을 승계취득하는 경우부터 적용한다. ■

NEW 개정사항 2027년부터 고급주택 취득시 중과대상 기준 개선

<개정내용> 고급주택 취득시 중과대상의 기준을 시대변화에 맞게 개선하기 위해 수영장 및 부대시설 요건을 삭제하고, 구체적인 요건을 대통령령에 위임하였다.

종전	개정
□ 고급주택의 범위 ○ 개념 : 주거용 건축물 또는 그 부속토지의 면적과 가액이 일정기준을 초과하거나 해당 건축물에 67제곱미터 이상의 수영장 등 부대시설을 설치한 주거용 건축물과 그 부속 토지	□ 수영장 및 부대시설 요건 삭제 ○ 개념 : 주거용 건축물 또는 그 부속토지의 면적과 가액이 일정기준을 초과하는 주거용 건축물과 그 부속 토지

○ 구체적인 요건 ① 1구의 건축물의 연면적 331제곱미터(100평) 초과 ② 1구의 건축물의 대지면적이 662제곱미터(200평) 초과 ③ 1구의 건축물에 엘리베이터 설치(공동주택은 제외) ⑤ 1구의 공동주택의 건축물 연면적이 245제곱미터(75평) 초과	○ 구체적인 요건은 대통령령에 위임 ※ 구체적인 요건은 2026년말 개정세법에서 정할 예정임

<적용시기> 이 규정은 2027년 1월 1일 이후 고급주택을 취득(또는 납세의무가 성립)하는 경우부터 적용한다. ■

(4) 중과세율의 적용례

① 토지나 건축물을 취득한 후 5년 이내에 해당 토지나 건축물이 중과세 대상에 해당하게 된 경우에는 해당 중과세율을 적용하여 취득세를 추징한다(지방법 16 ①).

② ㉠ 고급주택, 골프장 또는 고급오락장용 건축물을 증축 · 개축 또는 개수한 경우와 ㉡ 일반건축물을 증축 · 개축 또는 개수하여 고급주택 또는 고급오락장이 된 경우에, 그 증가되는 건축물의 가액에 대하여 중과세율을 적용한다(지방법 16 ②).

③ 공장 신설 또는 증설의 경우에 사업용 과세물건의 소유자와 공장을 신설하거나 증설한 자가 다를 때에는 그 사업용 과세물건의 소유자가 공장을 신설하거나 증설한 것으로 보아 중과세율을 적용한다. 다만, 취득일부터 공장 신설 또는 증설을 시작한 날까지의 기간이 5년이 지난 사업용 과세물건은 제외한다(지방법 16 ③).

④ 부동산을 취득한 날부터 5년 이내에 대도시에서 법인 설립 등과 공장 신 · 증설에 따른 중과세대상이 되는 경우에는 해당 중과세율을 적용하여 취득세를 추징한다(지방법 16 ④, 지방령 31).

참고사항 고급오락장의 범위

다음 중 어느 하나에 해당하는 **용도에 사용되는 건축물과 그 부속토지**를 말한다. 이 경우 고급오락장이 건축물의 일부에 시설되었을 때에는 해당 건축물에 부속된 토지 중 그 건축물의 연면적에 대한 고급오락장용 건축물의 연면적 비율에 해당하는 토지를 고급오락장의 부속토지로 본다(지방령 28 ⑤).

① 당사자 상호간에 재물을 걸고 우연한 결과에 따라 재물의 득실을 결정하는 카지노장(관광진흥법에 따라 허가된 외국인전용 카지노장은 제외)

② 사행행위 또는 도박행위에 제공될 수 있도록 **자동도박기**[파친코, 슬롯머신(slot machine), 아케이드 이퀴프먼트(arcade equipment) 등을 말한다]를 설치한 장소

③ 머리와 얼굴에 대한 미용시설 외에 **욕실 등을 부설한 장소**로서 그 설비를 이용하기 위하여 정해진 요금을 지급하도록 시설된 **미용실**

④ 「식품위생법」에 따른 허가 대상인 **유흥주점영업**으로서 다음 중 어느 하나에 해당하는 영업장소 중 관광진흥법에 따라 지정된 **관광유흥음식점**(관광식당업은 관광호텔 안에 있는 것으로서 지방자치단체장으로부터 지정받은 것만 해당한다)을 **제외한 영업장소**(공용면적을 포함한 영업장의 면적이 100제곱미터를 초과하는 것만 해당한다)

㉠ 손님이 춤을 출 수 있도록 객석과 구분된 **무도장을 설치한 영업장소**(카바레 · 나이트클럽 · 디스코클럽 등을 말한다)

㉡ **유흥접객원**(임시로 고용된 사람을 포함한다)을 두는 경우로, 별도로 반영구적으로 구획된 객실의 면적이 영업장 전용면적의 50% 이상이거나 객실 수가 5개 이상인 영업장소(룸살롱, 요정 등을 말한다) ■

예규판례 구 지방세법 제112조 제2항 제4호에 따라 취득세가 중과세되는 '고급오락장' 해당 여부 판단 기준 및 취득 시 고급오락장이더라도 취득세를 중과세할 수 없는 예외적인 경우

구 지방세법은 고급오락장에 해당하는 부동산 등을 취득하는 경우 취득세율을 표준세율의 100분의 500으로 한다고 규정하고 있다. 여기서 취득세가 중과세되는 고급오락장에 해당하는지 여부는 해당 부동산을 취득한 때의 현황이 객관적으로 법령이 규정한 고급오락장으로서의 실체를 갖추고 있는지에 따라 판단해야 할 것이다(대법원 1992.4.28. 선고 91누11889 판결, 대법원 2008.2.15. 선고 2007두10303 판결 참조). 다만 취득세 중과세 규정의 입법 취지가 사치 · 향락적 소비시설의 유통을 억제하고자 하는 데 있는 점 등을 고려하면, 취득 당시의 현황이 고급오락장이더라도 그 취득 전후의 객관적 사정에 비추어 취득자가 이를 취득한 후 바로 고급오락장이 아닌 다른 용도로 이용하고자 함을 명확히 확인할 수 있을 뿐만 아니라, 나아가 취득자가 취득 후 짧은 기간 안에 실제 고급오락장이 아닌 용도로 사용하기 위해 그 현황을 변경시킨 경우까지 취득세를 중과세할 수는 없다고 보아야 한다.

원심판결 이유 및 원심이 적법하게 채택하여 조사한 증거에 의하면, 원고가 2005.7.1.경 이 사건 부동산을 취득할 당시 그 일부가 고급오락장으로 사용되고 있었지만, 원고는 ① 이 사건 부동산 소재지 일대에 기존 건물을 철거하고 주상복합건물을 신축 · 분양하는 사업(이하 '이 사건 사업'이라 한다)을 진행하기 위하여 그 취득 5개월 전부터 여러 차례 교통영향평가서를 작성하여 관할관청에 제출하였고, ② 이 사건 사업과 관련하여 주식회사 국민은행 등에 대하여 부담한 대출금 채무의 이행을 보장하기 위하여 이 사건 부동산을 취득한 날 케이비부동산신탁 주식회사와 이 사건 부동산 등에 관하여 부동산담보신탁계약을 체결하였으며, ③ 이 사건 부동산을 취득한 직후 관할관청으로부터 원고 측이 제출한 교통영향평가서가 적합하다는 취지의 협의 공문을 받았고, ④ 연이어 주식회사 유선건축사사무소 등과는 이 사건 사업에 관한 설계용역계약을, 주식회사 대길공영과는 이 사건 고급오락장이 있는 건물 등에 관한 철거공사용역계약을 각 체결하였으며, ⑤ 주식회사 대길공영은 바로 위 계약에 따라 철거공사를 착공하여 비록 그 시기는 명확하지 않지만 이를 모두 완료하였음을 알 수 있다.

이러한 사실관계를 앞서 본 법리에 비추어 보면, 원고의 이 사건 부동산 취득에 대해서는 고급오락장 취득에 따른 취득세 중과세를 할 수 없다고 봄이 타당하다. 이와 같은 취지의 원심 결론은 수긍할 수 있고, 여기에 고급오락장에 관한 취득세 중과세 대상에 관한 법리를 오해하여 판결에 영향을 미친 위법이 없다(대법원 2012.02.09. 선고 2009두23938 판결). ■

3. 주택 취득에 대한 중과세율

(1) 유상거래 취득에 대한 중과세

1) 개 요 : 주택*을 유상거래를 원인으로 취득하는 경우로서 다음 중 어느 하나에 해당하는 경우에는 취득당시가액에 따라 1%~3%의 표준세율을 적용하는 규정에도 불구하고 다음의 중과세율을 적용한다(지방법 13의2 ①).

* 이 경우 주택의 공유지분이나 부속토지만을 소유하거나 취득하는 경우에도 주택을 소유하거나 취득한 것으로 본다(이하 같다).

구분		중과세율(*주1)
(1) 법인*이 주택을 취득하는 경우 * 여기서 '법인'에는 국세기본법(제13조)에 따른 법인으로 보는 단체, 부동산등기법(제49조 ① (3))에 따른 법인 아닌 사단·재단 등 개인이 아닌 자를 포함한다(이하 같다).		12% [4% + 중과기준세율(2%)×4배]
(2) 개인이 주택을 취득하는 경우	① 1세대 2주택(일시적 2주택은 제외)에 해당하는 주택으로서 조정대상지역*에 있는 주택을 취득하는 경우(*주2) ② 1세대 3주택에 해당하는 주택으로서 조정대상지역 외의 지역에 있는 주택을 취득하는 경우	8% [4% + 중과기준세율(2%)×2배]
	③ 1세대 3주택 이상에 해당하는 주택으로서 조정대상지역*에 있는 주택을 취득하는 경우(*주2) ④ 1세대 4주택 이상에 해당하는 주택으로서 조정대상지역 외의 지역에 있는 주택을 취득하는 경우	12% [4% + 중과기준세율(2%)×4배]

(*주1) 위의 중과세율과 사치성재산의 취득에 대한 중과세율이 동시에 적용되는 과세물건에 대한 취득세율은 지방세법(제16조 ⑤ 같은 취득물건에 대하여 둘 이상의 세율이 해당되는 경우에는 그 중 높은 세율을 적용한다)의 규정에도 불구하고 [위의 중과세율(12%·8%) + 중과기준세율(2%)×4배=20%·16%]의 세율을 적용한다(지방법 13의2 ③).

(*주2) 조정대상지역 지정고시일 이전에 주택에 대한 매매계약을 체결한 경우(다만, 계약금을 지급한 사실이 증빙서류에 의하여 확인되는 경우에 한한다)에는 조정대상지역으로 지정되기 전에 주택을 취득한 것으로 본다(지방법 13의2 ④).

위의 도표 (2)에서 개인이 주택을 유상거래를 원인으로 취득하는 경우 중과세율 적용의 기준이 되는 '1세대의 주택 수'는 주택 취득일 현재 취득하는 주택을 포함하여 1세대가 국내에 소유하는 주택, 조합원입주권, 주택분양권 및 주택으로 재산세를 과세하는 오피스텔의 수를 말한다(지방령 28의4 ① 전단).

참고사항 세대의 판단기준

주택 취득에 대한 중과세 규정을 적용할 때 '1세대'란 주택 취득일 현재 주택을 취득하는 사람과 세대별 주민등록표(또는 등록외국인기록표 및 외국인등록표)에 함께 기재되어 있는 가족(동거인은 제외)으로 구성된 세대를 말하며, 주택을 취득하는 사람의 배우자(사실혼은 제외하며, 법률상 이혼을 했으나 생계를 같이 하는 등 사실상 이혼한 것으로 보기 어려운 관계에 있는 사람을 포함한다. 이하 같다), 취득일 현재 미혼인 30세 미만의 자녀 또는 부모(주택을 취득하는 사람이 미혼이고 30세 미만인 경우로 한정한다)는 주택을 취득하는 사람과 같은 세대별 주민등록표 또는 등록외국인기록표 등에 기재되어 있지 않더라도 1세대에 속한 것으로 본다(지방령 28의3 ①). ■

참고사항 주택 수의 판단 범위

주택 취득에 대한 중과세율 적용할 때 다음 중 어느 하나에 해당하는 경우에는 다음에서 정하는 바에 따라 세대별 소유 주택 수에 가산한다(지방법 13의3).

① 신탁법에 따라 신탁된 주택은 위탁자의 주택 수에 가산한다.

② 조합원입주권은 해당 주거용 건축물이 멸실된 경우라도 해당 조합원입주권 소유자의 주택 수에 가산한다. 여기서 '조합원입주권'이란 「도시 및 주거환경정비법(제74조)」에 따른 관리처분계획의 인가 및 「빈집 및 소규모주택 정비에 관한 특례법(제29조)」에 따른 사업시행계획인가로 인하여 취득한 입주자로 선정된 지위[재건축사업 또는 재개발사업, 소규모재건축사업을 시행하는 정비사업조합의 조합원으로서 취득한 것(그 조합원으로부터 취득한 것 포함)으로 한정하며, 이에 딸린 토지를 포함한다]를 말한다.

③ 주택분양권은 해당 주택분양권을 소유한 자의 주택 수에 가산한다. 여기서 '주택분양권'이란 「부동산 거래신고 등에 관한 법률(제3조 ① (2)」에 따른 '부동산에 대한 공급계약'을 통하여 주택을 공급받는 자로 선정된 지위(해당 지위를 매매 또는 증여 등의 방법으로 취득한 것을 포함한다)를 말한다.

④ 주택으로 재산세를 과세하는 오피스텔*은 해당 오피스텔을 소유한 자의 주택 수에 가산한다.

* 과세기준일(매년 6.1.) 현재 오피스텔에 실제 거주하면서 주민등록 전입신고가 된 경우로서 오피스텔 소유자가 주거용으로 사용하고 있음을 재산세 과세대상 변동신고를 하는 경우에는 주택분 재산세를 과세한다. ■

2) 일시적 2주택에 대한 중과세 배제 특례 : 일시적 2주택으로서 조정대상지역에 있는 주택의 취득에 대해서 중과세율(8%)을 적용하지 않고 취득당시가액에 따라 1%~3%의 세율을 적용한다. 여기서 '일시적 2주택'이란 국내에 주택, 조합원입주권, 주택분양권 또는 오피스텔을 1개 소유한 1세대가 그 주택, 조합원입주권, 주택분양권 또는 오피스텔(이하 '종전 주택 등'이라 한다)을 소유한 상태에서 이사·학업·취업·직장이전 및 이와 유사한 사유로 다른 1주택(이하 '신규 주택'이라 한다)을 추가로 취득한 후 3년(이하 '일시적 2주택 기간'이라 한다) 이내에 종전 주택 등(신규 주택이 조합원입주권 또는 주택분양권에 의한 주택이거나 종전 주택 등이 조합원입주권 또는 주택분양권인 경우에는 신규 주택을 포함한다)을 처분하는 경우 해당 신규 주택을 말한다(지방령 28의5 ①). 한편 이 규정을 적용할 때 종전 주택 등이 「도시 및 주거환경정비법」에 따른 관리처분계획의 인가 또는 「빈집 및 소규모주택 정비에 관한 특례법」에 따른 사업시행계획인가를 받은 주택인 경우로서 관리처분계획인가 또는 사업시행계획인가 당시 해당 사업구역에 거주하는 세대가 신규 주택을 취득하여 그 신규 주택으로 이주한 경우에는 그 이주한 날에 종전 주택 등을 처분한 것으로 본다(지방령 28의5 ⑤).

[도 표] 일시적 2주택에 대한 중과세 배제 특례

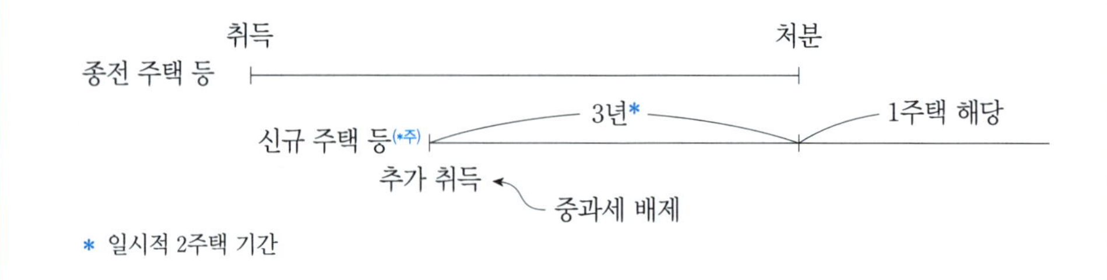

(*주) 참고로 양도소득세와 달리 취득세의 경우에는 종전 주택을 취득한 날부터 1년 이상이 지난 후 신규 주택을 취득해야 한다는 규정은 없다.

한편 위 규정을 적용할 때 조합원입주권 또는 주택분양권을 1개 소유한 1세대가 그 조합원입주권 또는 주택분양권을 소유한 상태에서 신규 주택을 취득한 경우에는 해당 조합원입주권 또는 주택분양권에 의한 주택을 취득한 날부터 일시적 2주택 기간을 기산한다(지방령 28의5 ②).

참고사항 일시적 2주택 신고 후 종전 주택을 처분하지 못한 경우 신고납부

개인이 일시적 2주택(p.701 참조)으로서 조정대상지역에 있는 신규주택의 취득에 대해서 중과세율(8%) 대신에 1%~3%의 세율을 적용하여 신고한 후, **일시적 2주택 기간(즉, 신규주택을 추가로 취득한 후 3년) 이내에 종전 주택 등을 처분하지 않는 경우에는**, 일시적 2주택 기간이 경과한 날부터 60일 이내에 **중과세율(8%)을 적용하여 산출한 세액에서 이미 납부한 세액(가산세는 제외)을 공제한 금액을 세액으로 신고·납부해야 한다**(지방법 20 ②, 지방령 34 (9)). ■

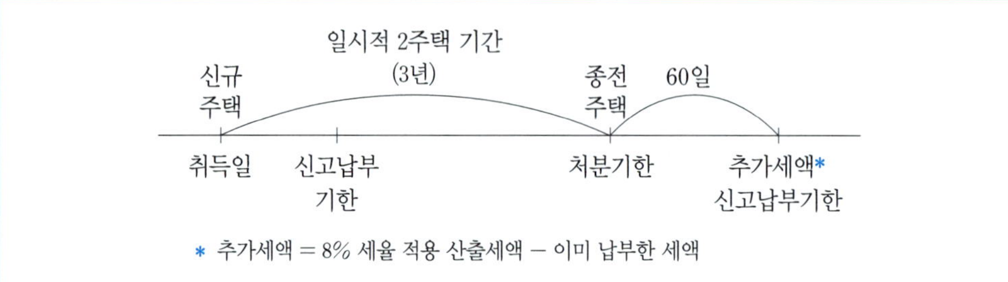

NEW 개정사항 일시적 2주택으로 신고 후 미처분시 추징규정 보완

<개정내용> 개인이 주택 취득세 중과세 제외 대상인 일시적 2주택으로 신고한 후, 주택을 취득한 날부터 3년 이내에 종전 주택 등을 처분하지 않아 1주택이 되지 않는 경우에는 일시적 2주택 기간(즉 신규주택을 추가로 취득한 후 3년)이 경과한 날부터 60일 이내에 중과세율(8%)을 적용하여 산출한 세액에서 이미 납부한 세액을 공제한 금액을 신고·납부하도록 보완하였다.

종전	개정
□ 주택 취득시 일시적 2주택으로 신고 후 미처분시 추징 ○ 신고절차 : 신고납부 절차 없음 ○ 추징사유 : 일시적 2주택으로 신고 후 주택을 취득한 날부터 3년 내에 종전 주택을 처분하지 못하여 1주택으로 되지 않은 경우 ○ 납부세액 : 당초 과소납부세액*에 가산세**를 포함하여 추징 * 과소납부세액 = 중과세율(8%) 적용세액 – 기납부세액 ** 과소신고가산세 및 납부지연가산세	□ 미처분시 신고 · 납부 ○ 신고절차 : 신고납부 절차 신설 ○ 납부사유 : (왼쪽과 같음) ○ 납부세액 : 일시적 2주택 기간(즉, 신규주택을 추가로 취득한 후 3년)이 경과한 날부터 60일 이내 당초 과소납부세액을 가산세 없이 신고 · 납부(가산세 없음)

<적용시기> 이 규정은 개인 등이 2026년 1월 1일 전에 취득한 주택이 2026년 1월 1일 이후 주택 중과세율 적용대상이 된 경우에도 적용한다. ■

[도 표] 주택 취득에 대한 취득세율 요약

구분		유상거래 주택 취득 : 취득세율	
		어느 지역에 있는 주택을 취득하였는가?	
		조정대상지역	비조정대상지역
(1) 법인이 주택을 취득하는 경우		12%	
(2) 개인이 주택을 취득하는 경우	1주택에 해당하는 주택을 취득하는 경우(무주택 → 1주택 소유)	취득당시가액에 따라 1%~3%	
	2주택에 해당하는 주택을 취득하는 경우(1주택 소유 → 2주택 소유)	8%(①) ※ 일시적 2주택 : 취득당시가액에 따라 1%~3%	취득당시가액에 따라 1%~3%
	3주택에 해당하는 주택을 취득하는 경우(2주택 소유 → 3주택 소유)	12%(③)	8%(②)
	4주택 이상에 해당하는 주택을 취득하는 경우(3주택 소유 → 4주택 소유 등)		12%(④)

3) 주택 유상거래 취득 중과세의 예외 : 주택의 유상거래를 원인으로 취득하는 경우 취득세 중과세 규정을 적용할 때 다음 중 어느 하나에 해당하는 주택은 중과세 대상으로 보지 않는다(지방령 28의2).

① 시가표준액*이 1억원 이하인 주택. 다만, 「도시 및 주거환경정비법」에 따른 정비구역으로 지정 · 고시된 지역 또는 「빈집 및 소규모주택 정비에 관한 특례법」에 따른 사업시행구역에 소재하는 주택은 제외한다.

* 지분이나 부속토지만을 취득한 경우에는 전체 주택의 시가표준액을 말한다.

② 「공공주택 특별법」에 따라 지정된 공공주택사업자가 같은 법에 따라 공공매입임대주택으로 공급하기 위하여 취득하는 주택

③ 노인복지법에 따른 노인복지주택으로 운영하기 위하여 취득하는 주택

④ 「문화유산의 보존 및 활용에 관한 법률」에 따른 지정문화유산·등록문화유산 및 천연기념물 등에 해당하는 주택

⑤ 「민간임대주택에 관한 특별법」에 따른 임대사업자가 공공지원민간임대주택으로 공급하기 위하여 취득하는 주택

⑥ 영유아보육법에 따른 가정어린이집으로 운영하기 위하여 취득하는 주택

⑦ 주택도시기금법에 따른 주택도시기금과 한국토지주택공사법에 따라 설립된 한국토지주택공사가 공동으로 출자하여 설립한 부동산투자회사 또는 「한국자산관리공사 설립 등에 관한 법률」에 따라 설립된 한국자산관리공사가 출자하여 설립한 부동산투자회사가 취득하는 주택으로서 취득 당시 일정한 요건을 모두 갖춘 주택

⑧ 다음 중 어느 하나에 해당하는 주택으로서 멸실시킬 목적으로 취득하는 주택

㉠ 공공기관 또는 지방공기업이 공익사업을 위하여 취득하는 주택

㉡ 「도시 및 주거환경정비법」에 따른 사업시행자, 「빈집 및 소규모주택 정비에 관한 특례법」에 따른 사업시행자, 주택법에 따른 주택조합(주택조합설립인가를 받으려는 자 포함) 또는 같은 법에 따라 등록한 주택건설사업자가 주택건설사업을 위하여 취득하는 주택

㉢ 공공매입임대주택을 건설할 자(공공주택사업자와 공공매입임대주택을 건설하여 양도하기로 약정을 체결한 자로 한정한다)가 해당 공공매입임대주택을 건설하기 위하여 취득하는 주택(다만, 약정이 해제 또는 해지되거나 약정에 따라 공공매입임대주택을 건설하지 않거나 양도하지 않은 경우는 제외한다)

⑨ 주택의 시공자(주택법에 따른 시공자 및 건축법에 따른 공사시공자를 말한다)가 다음 중 어느 하나에 해당하는 자로부터 해당 주택의 공사대금으로 취득한 미분양 주택(주택법에 따른 사업주체가 같은 조에 따라 공급하는 주택으로서 입주자모집공고에 따른 입주자의 계약일이 지난 주택단지에서 취득일 현재까지 분양계약이 체결되지 않아 선착순의 방법으로 공급하는 주택을 말한다)

⑩ 은행, 농업협동조합 등이 저당권의 실행 또는 채권변제로 취득하는 주택. 다만, 취득일부터 3년이 경과할 때까지 해당 주택을 처분하지 않은 경우는 제외한다.

⑪ 다음의 요건을 모두 갖춘 농어촌주택

㉠ 지방자치법에 따른 읍 또는 면에 있을 것

㉡ 대지면적이 660㎡ 이내이고 건축물의 연면적이 150㎡ 이내일 것

㉢ 건축물의 가액이 6,500만원 이내일 것

㉣ 다음 중 어느 하나에 해당하는 지역에 있지 않을 것

- 광역시에 소속된 군지역 또는 수도권지역. 다만, 접경지역과 자연보전권역 중 행정자치부령으로 정하는 지역은 제외한다.
- 「국토의 계획 및 이용에 관한 법률」에 따른 도시지역 및 허가구역
- 소득세법에 따라 주택 및 토지의 투기지역으로 지정된 지역
- 그 밖에 관광단지 등 부동산가격안정이 필요하다고 인정되어 지정한 지역

⑫ 사원에 대한 임대용으로 직접 사용할 목적으로 취득하는 주택으로서 1구의 건축물의 연면적(전용면적을 말한다)이 60제곱미터 이하인 공동주택(다가구주택을 포함하되, 이 경우 건축물대장에 호수별로 전용면적이 구분 · 기재되어 있는 다가구주택을 말한다)

⑬ 적격물적분할(지분의 연속성의 경우 전액이 주식이어야 함)로 인하여 분할신설법인이 분할법인으로부터 취득하는 미분양 주택 및 분양계약을 체결한 주택. 다만, 분할등기일부터 3년 이내에 폐업 등으로 인한 과세이연의 중단사유가 발생한 경우는 제외한다.

⑬-2 적격분할로 인하여 분할신설법인이 분할법인으로부터 취득하는 미분양 주택 및 분양계약을 체결한 주택. 다만, 분할등기일부터 3년 이내에 폐업 등으로 인한 과세이연의 중단사유가 발생하는 경우는 제외한다.

⑬-3 형식적인 소유권의 취득에 따른 취득세율의 특례가 적용되는 법인의 합병으로 취득하는 주택

⑭ 주택법에 따른 리모델링주택조합이 리모델링 결의에 찬성하지 않은 자의 주택에 대하여 매도청구권 행사에 따라 취득하는 주택

⑮ 주택법의 사업주체가 취득하는 ㉠ 토지임대부 분양주택을 공급하기 위하여 취득하는 주택, ㉡ 토지임대부 분양주택을 분양받은 자로부터 환매하여 취득하는 주택, ㉢ 거주의무자등의 매입신청을 받거나 거주의무자등의 거주의무 위반으로 취득하는 분양가상한제 적용주택 및 토지임대부 분양주택 등

⑯ 기업구조조정 부동산투자회사가 2024.3.28.부터 2026.12.31.까지 최초로 유상승계취득하는 아파트로서 다음의 요건을 모두 갖춘 아파트

㉠ 수도권 외의 지역에 있을 것

㉡ 주택법에 따른 사업주체가 사용검사 또는 사용승인(임시사용승인 포함)을 받은 후 분양되지 않은 아파트일 것

⑰ 주택법에 따른 사업주체가 사용검사 또는 사용승인(임시사용승인 포함)을 받은 후 분양되지 않은 아파트를 2026.1.1.부터 2026.12.31.까지 최초로 유상승계취득하는 아파트로서 다음의 요건을 모두 갖춘 아파트

㉠ 수도권 외의 지역에 있을 것

㉡ 전용면적 85제곱미터 이하이고 취득당시가액이 6억원 이하일 것

⑱ 임대사업자가 민간임대주택법에 따라 임대주택으로 등록하기 위하여 2026.1.1.부터 2026.12.31.까지 인구감소지역에서 취득하는 주택으로서 다음 중 어느 하나에 해당하는 주택. 다만, 임대사업자가 민간임대주택법에 따른 임대의무기간에 그 주택을 임대 외의 용도로 사용하는 경우 또는 매각 · 증여하는 경우나 부도, 파산, 그 밖의 경제적 사정 등으로 임대를 계속할 수 없는 경우가 아닌 사유로 임대사업자 등록이 말소된 경우 해당 주택은 제외한다.

㉠ 임대사업자가 해당 주택을 취득한 날부터 60일 이내에 민간임대주택법에 따라 임대주택으로 등록한 주택

㉡ 임대사업자가 아닌 자가 해당 주택을 취득한 날부터 60일 이내에 민간임대주택법에 따라 임대사업자로 등록하고 그 주택을 임대주택으로 등록한 주택

참고사항 구체적인 주택 수의 산정방법

개인이 주택을 유상거래를 원인으로 취득하는 경우 중과세율 적용의 기준이 되는 **1세대의 주택 수는 주택 취득일 현재 취득하는 주택을 포함하여 1세대가 국내에 소유하는 주택, 조합원입주권, 주택분양권 및 주택으로 재산세를 과세하는 오피스텔의 수를 말한다**(지방령 28의4 ① 전단). 이 경우 조합원입주권 또는 주택분양권에 의하여 취득하는 주택의 경우에는 조합원입주권 또는 주택분양권의 취득일(분양사업자로부터 주택분양권을 취득하는 경우에는 분양계약일)을 기준으로 해당 주택 취득 시의 세대별 주택 수*를 산정한다(지방령 28의4 ① 후단).

* 여기서 혼인 전 취득한 분양권에 의하여 주택을 취득하는 경우에는 그 혼인한 자의 주택은 제외한다(지방령 28의4 ②). ■

(2) 상속 외의 무상취득에 대한 중과세

1) 개 요 : 다음에 해당하는 경우에는 3.5%(비영리사업자의 취득은 2.8%)의 표준세율을 적용하는 규정에도 불구하고 다음의 중과세율을 적용한다(지방법 13의2 ② 본문).

요건	중과세율(*주1)
① 조정대상지역에 있는 주택으로서 ② 취득 당시 시가표준액*이 3억원 이상인 주택을 ③ 상속 외의 무상취득을 원인으로 취득하는 경우(*주2) * 지분이나 부속토지만을 취득한 경우에는 전체 주택의 시가표준액을 말한다.	12% [4% + 중과기준세율(2%) × 4배]

(*주1) 위 중과세율과 사치성재산의 취득에 대한 중과세율이 동시에 적용되는 과세물건에 대한 취득세율은 같은 취득물건에 대하여 둘 이상의 세율이 해당되는 경우에는 그 중 높은 세율을 적용하는 규정(지방법 16 ⑤)에도 불구하고 [위의 중과세율(12%) + 중과기준세율(2%) × 4배 = 20%]의 세율을 적용한다(지방법 13의2 ②).

(*주2) 조정대상지역 지정고시일 이전에 주택에 대한 매매계약을 체결한 경우(다만, 계약금을 지급한 사실이 증빙서류에 의하여 확인되는 경우에 한정한다)에는 조정대상지역으로 지정되기 전에 주택을 취득한 것으로 본다(지방법 13의2 ④).

2) 중과 예외 : 다만, 세대 1주택을 소유한 사람(이하 '주택소유자'라 한다)으로부터 해당 주택을

다음 중 어느 하나에 해당하는 자가 상속 외의 무상취득하는 경우에는 중과세율을 적용하지 않는다(지방법 13의2 ② 단서, 지방령 28의6 ② (1)).

① 주택소유자의 배우자(사실혼은 제외한다)

② 주택소유자의 직계존속[주택소유자의 직계존속과 혼인(사실혼은 제외한다) 중인 배우자를 포함한다]

③ 주택소유자의 직계비속[주택소유자와 혼인(사실혼은 제외한다) 중인 배우자의 직계비속을 포함한다]

4. 취득세율의 특례

(1) 형식적인 소유권의 취득(종전 취득세는 비과세하고 등록세만 과세하는 취득)

다음 중 어느 하나에 해당하는 취득에 대한 취득세는 표준세율에서 중과기준세율(2%)를 뺀 세율로 산출한 금액을 그 세액으로 한다(지방법 15 ①).

취득세율 = 표준세율(4% 등) − 중과기준세율(2%) = 2% 등

* 여기에는 다음과 같은 예외가 있다.

- 주택의 유상거래를 원인으로 한 취득에 대한 취득세는 해당 세율(1%~3%)에 50%를 곱한 세율을 적용하여 산출한 금액을 그 세액으로 한다(지방법 15 ① 본문).
- 취득물건이 대도시에서 법인 설립 등과 공장 신·증설에 따른 부동산 취득에 대한 중과대상에 해당하는 경우에는 표준세율에서 중과기준세율을 뺀 세율의 3배를 적용한다(지방법 15 ① 단서).

① 환매등기를 병행하는 부동산의 매매로서 환매기간 내에 매도자가 환매한 경우의 그 매도자와 매수자의 취득(4% − 2% = 2%)

② 상속으로 인한 취득 중 다음 중 어느 하나에 해당하는 취득

㉠ 1가구 1주택의 취득(2.8% − 2% = 0.8%)

㉡ 취득세의 감면대상이 되는 농지의 취득(2.3% − 2% = 0.3%)

③ 적격합병의 요건을 갖춘 법인의 합병으로 인한 취득(4% − 2% = 2%, 비적격 : 4%). 다만, 법인의 합병으로 인하여 취득한 과세물건이 합병 후에 중과세대상에 해당하는 경우 또는 합병등기일부터 3년 이내에 폐업 등으로 인한 과세이연의 중단사유가 발생한 경우에는 그렇지 않다.

④ 공유물·합유물의 분할 또는 「부동산 실권리자명의 등기에 관한 법률(제2조)」에서 규정하고 있는 부동산의 공유권 해소를 위한 지분이전으로 인한 취득(등기부등본상 본인 지분을 초과하는 부분의 경우에는 제외)(2.3% − 2% = 0.3%)

⑤ 건축물의 이전으로 인한 취득(2.8% − 2% = 0.8%). 다만, 이전한 건축물의 가액이 종전 건축물의 가액을 초과하는 경우에 그 초과하는 가액에 대해서는 그렇지 않다.

⑥ 민법(협의상 이혼한 자 또는 재판상 이혼한 자 일방의 재산분할청구권 행사)에 따른 재산분할로 인한 취득(3.5% − 2% = 1.5%).* 이는 부부가 혼인 중 공동의 노력으로 이룩한 재산을 부부관계 해소에 따라 분할하는 것에 대하여 통상보다 낮은 취득세율을 적용함으로써 실질적 부부공동재산의 청산으로서의 성격인 점을 고려한 것이다.

* 위 취득세율 특례규정은 '사실혼 해소시 재산분할로 인한 취득'에 대해서도 적용된다고 보아야 한다(대법원 2016.8.30. 선고 2016두36864 판결). 따라서 위 취득세율(표준세율-2%)을 적용해야 하며 상속 외 무상취득에 대한 세율(3.5%)을 적용하는 것은 옳지 않다(p.709 예규판례 참조).

참고사항 본문 ② 상속으로 인한 취득에서 ㉠ 1가구 1주택의 범위(지방령 29 ①,②,③)

'1가구 1주택'이란 상속인(주민등록법에 따른 재외국민은 제외. 이하 같다)과 세대별 주민등록표에 함께 기재되어 있는 가족(동거인은 제외)으로 구성된 1가구(상속인의 배우자, 상속인의 미혼인 30세 미만의 직계비속 또는 상속인이 미혼이고 30세 미만인 경우 그 부모는 각각 상속인과 같은 세대별 주민등록표에 기재되어 있지 않더라도 같은 가구에 속한 것으로 본다)가 국내에 1개의 주택*을 소유하는 경우를 말한다.

* '주택'이란 주택법(제2조)에 따른 주택(장기간 독립된 주거생활을 할 수 있는 구조로 된 건축물 및 그 부속토지)으로서 건축법에 따른 건축물대장 · 사용승인서 · 임시사용승인서 또는 부동산등기부에 주택으로 기재된 주거용 건축물과 그 부속토지를 말하되, 고급주택은 제외한다. ■

예규판례 상속인이 상속을 원인으로 농지 외의 부동산을 취득하였으나 등기를 마치지 아니한 경우, 구 지방세법에 따른 취득세율(2.8%)이 적용되는지 여부(적극)

1. 구 지방세법은 제6조 제1호에서 취득세의 과세대상인 취득에 무상취득의 하나인 상속을 포함하면서, 제11조 제1항 제1호 ㈏목(이하 '이 사건 조항'이라고 한다)에서 '농지 외의 부동산을 상속으로 취득한 경우 취득세는 제10조의 과세표준에 1천분의 28을 적용하여 계산한 금액을 그 세액으로 한다'라고 규정하고 있다. 그렇다면 농지 외의 부동산을 상속한 경우에 상속에 따른 등기를 마쳤는지를 따질 것 없이 그에 관한 취득세 납세의무가 성립하고, 다른 특례 규정이 없다면 그 세율은 이 사건 조항에 따라야 한다.

한편 구 지방세법 제15조 제2항이 등기·등록을 요하지 않는 취득 중 개수로 인한 취득(1호), 제7조 제5항에 따른 과점주주의 취득(3호) 등과 같은 특정한 취득에 대하여는 중과기준세율인 1천분의 20을 적용하여 계산한 금액을 그 세액으로 하도록 특례 규정을 두고 있으나, 상속을 원인으로 한 취득에 관하여는 그러한 특례 규정이 없다.

지방세법이 2010.3.31. 법률 제10221호로 전부 개정되기 전에는 등기가 필요한 부동산의 취득과 관련하여 취득을 과세대상으로 한 취득세와 등기행위 자체를 과세대상으로 한 등록세가 별도로 존재하였으나, 그 개정에서 세목 체계를 간소화하기 위해 취득과 관련된 등록세의 과세대상을 취득세의 그것에 통합하고 이러한 통합 취득세의 세율을 취득세와 등록세의 그것들을 합산한 것으로 조정하였으며, 취득과 관련이 없는 등록세의 나머지 과세대상에 대하여는 별도의 세목인 등록면허세를 신설하였다. 그렇다면 종래와는 달리 부동산을 상속한 경우 통합 취득세의 과세대상이 되는 외에는 별도로 등록면허세의 과세대상이 될 여지가 없으므로, 그 세율을 정할 때 상속에 따른 등기가 마쳐지지 않았다는 이유로 별도의 세목인 등록면허세에 관한 세율을 고려하거나 반영할 이유가 없다. 구 지방세법 제28조 제1항 제1호 ㈏목에서 상속으로 인한 소유권이전등기에 대하여 등록면허세의 세율을 규정하여 두고 있기는 하나, 이것은 통합 취득세를 납부할 의무가 있는 경우를 전제로 한 것이 아니라 단지 구 지방세법 제23조 제1호 단서에 의하여 취득을 원인으로 하지 아니하여 취득세가 아닌 등록면허세를 납부할 의무가 있을 때에만 적용되는 것에 불과하다.

이러한 지방세법의 개정 취지, 관련 규정들의 문언과 체계 등을 종합하면, 상속인이 상속을 원인으로 농지 외의 부동산을 취득하였으나 등기를 마치지 아니한 경우에도 이 사건 조항에 따른 취득세율이 적용된다고 봄이 타당하다.

2. 원심판결 이유와 기록에 의하면, 다음과 같은 사실을 알 수 있다.

가. 망 소외 1(이하 '망인'이라고 한다)은 2013.1.25. 소외 2에게 서울 강남구 (주소 생략) 지상 4층 다세대주택(이하 '이 사건 부동산'이라고 한다)을 21억원에 매도하였으나, 소외 2에게 이 사건 부동산에 관한 소유권이전등기를 마쳐주지 못한 상태에서 2013.3.28. 사망하였다.

나. 원고(선정당사자)와 별지 선정자 목록 기재 나머지 선정자들(이하 '원고 등'이라고 한다)은 망인의 상속인들로서, 2013.4.2. 부동산등기법 제27조에 따라 망인으로부터 직접 소외 2에게 위 매매를 원인으로 이 사건 부동산에 관한 소유권이전등기를 마쳐주었다.

※ 부동산등기법 제27조(포괄승계인에 의한 등기신청) 등기원인이 발생한 후에 등기권리자 또는 등기의무자에 대하여 상속이나 그 밖의 포괄승계가 있는 경우에는 상속인이나 그 밖의 포괄승계인이 그 등기를 신청할 수 있다.

다. 피고는 망인의 사망으로 원고 등이 이 사건 부동산을 취득하였음에도 취득세 등을 신고·납부하지 않았다는 이유로 2016.10.4. 원고 등에 대하여 이 사건 조항에 따른 세율로 계산한 취득세 및 지방교육세(각 가산세 포함)를 결정·고지하는 이 사건 처분을 하였다.

3. 이러한 사실관계를 앞서 본 규정과 법리에 비추어 살펴보면, 상속을 원인으로 이 사건 부동산을 취득한 원고 등이 이 사건 부동산의 취득에 따라 납부해야 할 취득세의 세율은 이 사건 조항에 따른 세율이라고 봄이 타당하다.

그럼에도 원심은 이와 달리 그 판시와 같은 이유만으로 망인의 사망에 따른 이 사건 부동산의 상속에 관한 등기를 요하지 않는 원고 등에 대하여는 구 지방세법 제15조 제2항에서와 마찬가지로 2010.3.31. 지방세법 개정 전의 취득세 세율에 해당하는 중과기준세율이 적용된다고 판단하였다. 이러한 원심의 판단에는 상속으로 인한 취득에 적용되는 취득세율에 관한 법리를 오해하여 판결에 영향을 미친 잘못이 있다. 따라서 이를 지적하는 상고이유 주장은 이유 있다.

4. 그러므로 원심판결을 파기하고, 사건을 다시 심리·판단하도록 원심 법원에 환송하기로 하여, 관여 대법관의 일치된 의견으로 주문과 같이 판결한다(대법원 2018.4.26. 선고 2017두74672 판결).

예규판례 취득세율 특례규정이 사실혼 해소시 재산분할로 인한 취득에 대해서 적용되는지 여부(적극)

1. 구 지방세법(2015.7.24. 법률 제13427호로 개정되기 전의 것) 제15조 제1항 제6호(이하 '이 사건 법률조항'이라고 한다)는 민법 제834조 및 제839조의2에 따른 재산분할로 인한 취득에 대하여 같은 법 제11조 등에 따른 표준세율에서 중과기준세율인 1,000분의 20을 뺀 세율을 적용하도록 규정하고 있다. 이는 부부가 혼인 중 공동의 노력으로 이룩한 재산을 부부관계 해소에 따라 분할하는 것에 대하여 통상보다 낮은 취득세율을 적용함으로써 실질적 부부공동재산의 청산으로서의 성격을 반영하는 취지이다.

그리고 이 사건 법률조항에서의 민법 제834조 및 제839조의2는 협의상 이혼 시 재산분할에 관한 규정이지만, 민법 제839조의2는 민법 제843조에 따라 재판상 이혼 시 준용되고 있고, 혼인 취소는 물론 사실혼 해소의 경우에도 해석상 준용되거나 유추적용되는데, 이는 부부공동재산의 청산의 의미를 갖는 재산분할은 부부의 생활공동체라는 실질에 비추어 인정되는 것이라는 점에 근거 한다(대법원 1995.3.10. 선고 94므1379, 1386 판결 등 참조).

위 각 법률조항의 내용 및 체계, 입법 취지, 사실혼 해소의 경우에도 민법상 재산분할에 관한 규정이 준용되는 점, 법률혼과 사실혼이 혼재된 경우 재산분할은 특별한 사정이 없는 한 전체 기간 중에 쌍방의 협력에 의하여 이룩한 재산을 모두 청산 대상으로 하는 점(대법원 2000.8.18. 선고 99므1855 판결 등 참조), 실질적으로 부부의 생활공동체로 인정되는 경우에는 혼인신고의 유무와 상관없이 재산분할에 관하여 단일한 법리가 적용됨에도 불구하고 세법을 적용함에 있어서는 혼인신고의 유무에 따라 다르게 과세하는 것은 합리적이라고 보기 어려운 점, 사실혼 여부에 관하여 과세관청으로서는 이를 쉽게 파악하기 어렵다 하더라도 객관적 자료에 의해 이를 증명한 사람에 대해서는 그에 따른 법률효과를 부여함이 상당한 점 등을 더하여 보면, 이 사건 법률조항은 사실혼 해소시 재산분할로 인한 취득에 대해서도 적용된다고 보는 것이 옳다.

2. 가. 원심이 인용한 제1심판결 이유에 의하면, ① 원고는 1984.9.12. 소외인과 혼인하였으나 소외인이 원고를 상대로 제기한 이혼소송에서 2002.12.8. 화해권고결정이 확정되어 이혼한 사실, ② 원고와 소외인은 이혼 후에도 재산관계 정산 없이 사실혼 관계를 유지하였으나 2011년경 사실상 파탄 상태에 이르게 되었고, 원고는 소외인을 상대로 사실혼 해소에 따른 위자료 및 재산분할 청구소송을 제기하여 2013.10.22. 소외인이 원고에게 재산분할로서 금전을 지급할 것을 명하는 판결을 선고받은 사실, ③ 원고와 소외인은 위 판결 이후 재차 재산분할을 협의하여 이 사건 각 부동산에 관한 소유권을 원고에게 이전하기로 하는 이 사건 합의가 이루어진 사실, ④ 원고는 2013.12.24. 이 사건 합의에 따라 이 사건 각 부동산에 관한 소유권 이전등기를 마치고, 구 지방세법 제11조 제1항 제2호의 표준세율에 따른 취득세 등을 신고 · 납부한 사실, ⑤ 이후 원고는 피고에게 이 사건 법률조항에 따른 특례세율을 적용하여 취득세 등을 감액하여 달라는 취지의 경정청구를 하였으나 피고가 이를 거부한 사실(이하 '이 사건 거부처분'이라고 한다)을 알 수 있다.

이러한 사실관계를 앞서 본 법리에 비추어 보면, 원고는 소외인과 사이에 법률혼과 사실혼을 통틀어 약 27년 동안의 부부관계가 해소됨에 따라 그동안 공동의 노력으로 이룩한 재산관계를 청산하는 재산분할에 이른 것으로서, 원고의 이 사건 각 부동산의 취득에 대해서는 이 사건 법률조항에 의한 특례세율이 적용되어야 한다.

나. 그럼에도 원심은 이와 달리 주위적 청구에 관하여 그 판시와 같은 이유만으로 사실혼 해소시 재산분할로 인한 취득에 대해서는 이 사건 법률조항에 따른 특례세율이 적용되지 않는다고 보아 이 사건 거부처분이 적법하다고 판단하였는바, 이러한 원심의 판단에는 이 사건 법률조항의 적용대상에 관한 법리를 오해한 잘못이 있다. 이를 지적하는 상고이유 주장은 이유 있다(대법원 2016.8.30. 선고 2016두36864 판결). ■

(2) 등기 · 등록 대상이 아닌 취득(종전 취득세만 과세하고 등록세는 과세제외하는 취득)

다음 중 어느 하나에 해당하는 취득에 대한 취득세는 중과기준세율(2%)을 적용하여 계산한 금액을 그 세액으로 한다(지방법 15 ②).

취득세율 = 중과기준세율(2%)

※ 다만, 취득물건이 과밀억제권역에서 공장 신 · 증설 등에 대한 중과세대상에 해당하는 경우에는 중과기준세율의 3배를, 사치성재산에 해당하는 경우에는 중과기준세율의 5배를 각각 적용한다(지방법 15 ② 단서).

① 개수로 인한 취득(개수로 건축물 면적이 증가하여 원시취득으로 보는 경우는 제외)

② 선박 · 차량과 기계장비 및 토지의 가액 증가

③ 과점주주의 간주취득

④ 외국인 소유의 취득세 과세 대상 물건(차량, 기계장비, 항공기 및 선박만 해당한다)을 소유권을 이전받

는 조건으로 임차하여 수입하는 경우의 취득(연부로 취득하는 경우로 한정한다)

⑤ 시설대여업자가 건설기계나 차량의 시설대여를 하는 경우로서 대여시설이용자의 명의로 등록하는 경우라도 그 건설기계나 차량은 시설대여업자가 취득한 것으로 보는 경우 그 시설대여업자의 건설기계 또는 차량 취득

⑥ 기계장비나 차량을 기계장비대여업체 또는 운수업체의 명의로 등록하는 경우라도 해당 기계장비나 차량의 구매계약서, 세금계산서, 차주대장(車主臺帳) 등에 비추어 기계장비나 차량의 취득대금을 지급한 자가 따로 있음이 입증되는 경우 그 기계장비나 차량은 취득대금을 지급한 자가 취득한 것으로 보는 경우 그 취득대금을 지급한 자의 기계장비 또는 차량 취득(다만, 기계장비 또는 차량을 취득하면서 기계장비대여업체 또는 운수업체의 명의로 등록하는 경우로 한정한다)

⑦ 그 밖에 레저시설의 취득 등의 취득

참고사항 **그 밖에 레저시설의 취득 등의 범위**(지방령 30)

① 토지에 정착하거나 지하 또는 다른 구조물에 설치하는 레저시설 등의 취득

② 무덤과 이에 접속된 부속시설물의 부지로 사용되는 토지로서 지적공부상 지목이 묘지인 토지의 취득

③ 존속기간이 1년을 초과하는 임시흥행장, 공사현장사무소 등 임시건축물의 취득

④ 여신전문금융업법에 따라 건설기계나 차량을 등록한 대여시설이용자가 그 시설대여업자로부터 취득하는 건설기계 또는 차량의 취득

⑤ 건축물을 건축하여 취득하는 경우로서 그 건축물에 대하여 등록면허세 과세대상인 소유권의 보존 등기 또는 소유권의 이전 등기에 대한 등록면허세 납세의무가 성립한 후 취득시기가 도래하는 건축물의 취득 ■

사례 11 원시취득과 승계취득에 대한 취득세

지방세법에 따른 취득세는 일정한 자산의 취득에 대해서 과세한다. 다음의 물음에 대해 설명하시오. (20점)

【물음 1】 이론상(또는 강학상) 원시취득과 승계취득의 개념과 유형, 부동산에 대한 취득세율 적용에 대해서 각각 설명하시오.

【물음 2】 이론상(또는 강학상) 원시취득인데, 지방세법에서는 원시취득의 범위에서 제외하는 취득이 있는데 그 내용에 대해서 기술하시오.

해 답

【물음 1】 취득의 유형

1. **원시취득(原始取得)**

(1) 개념과 유형

1) 개념 : 이는 어떤 권리가 타인의 권리에 근거함이 없이 특정인에게 새로 발생하는 것을 말한다. 따라서 원시취득한 권리는 전(前)의 권리의 제한 및 하자를 승계하지 않는다.

2) 유형 : 이러한 원시취득은 이론상 다음과 같이 두 가지 유형이 있다.

① 과세대상자산이 새로이 생성되는 것 : 건물의 신축, 공유수면의 매립, 간척에 의한 토지의 조성 등

② 법률규정에 의하여 특정인에게 권리가 새로이 생성되는 것 : 부동산의 시효취득, 사업시행자의 수용재결에 의한 부동산의 취득

(2) 세율 적용

부동산을 원시취득의 경우 취득세율은 2.8%로 한다.

2. 승계취득(承繼取得)

(1) 개념과 유형

1) 개념 : 이는 어떤 권리가 타인의 권리에 근거하여 특정인에게 승계적으로 발생하는 것을 말한다. 따라서 승계취득한 권리는 전(前)의 권리의 제한 및 하자를 승계한다.

2) 유형 : 승계취득은 취득에 따른 반대급부의 수반여부에 따라 다음의 두 가지 유형으로 나누어진다.

① 유상승계취득 : 매매, 교환, 현물출자 등

② 무상승계취득 : 상속, 증여, 사인증여 등

(2) 세율 적용

부동산의 유상승계취득에 대한 취득세율은 4%(농지는 3%, 주택은 1%~3%), 무상승계취득으로서 상속은 2.8%(농지는 2.3%) 상속 외의 무상취득은 3.5%로 한다.

【물음 2】 이론상 원시취득에서 제외되는 취득

개정 지방세법에서는 수용재결로 취득한 경우 등 과세대상이 이미 존재하는 상태에서 취득하는 경우는 원시취득으로 보지 않도록 하였다.

개정취지는 수용재결에 의한 부동산의 취득이 협의에 의한 취득과 실질 내용이 같고, 지방세법상 원시취득이 명칭이나 형식에 관계없이 기존에 실재하지 않았던 과세물건에 대해 납세의무를 생성하는 것인 점을 고려한 것이다[대법원 판례는 원시취득을 건물의 신축, 공유수면의 매립, 간척에 의한 토지 조성 등으로만 본다는 명시적인 규정이 없기 때문에 이론상(내지는 강학상) 개념에 따라 수용재결에 의한 취득도 원시취득에 해당한다고 판시한 바 있다]. 과세대상물건이 새로 생성되는 경우로 한정하는 지방세법상 명문규정이 없지만 이와 마찬가지로 부동산의 시효취득도 과세대상이 이미 존재하는 상태에서 취득하는 경우는 원시취득에서 제외되는 것으로 해석해야 한다.

※ 여기서 '수용재결'이란 협의불능 또는 협의가 성립되지 않은 때에 관할 토지수용위원회에 의하여 보상금의 지급 또는 공탁을 조건으로 하는 수용의 효과를 완성하여 주는 형성적 행정처분으로, 사업시행자가 신청하는 수용의 최종적인 절차를 말한다.

사례 12 부동산 취득세율

부동산 취득의 취득세 표준세율에 대하여 서술하시오. (2024년 세무사 2차, 10점)

해 답

1. 개요

취득세는 표준세율로 되어 있다. 따라서 지방자치단체장은 조례로 정하는 바에 따라 취득세의 세율을 표준세율의 50% 범위에서 가감할 수 있다. 이 경우 부동산 등은 해당 물건을 취득하였을 때의 사실상의 현황에 따라 부과한다. 다만, 취득하였을 때의 사실상 현황이 분명하지 않은 경우에는 공부상의 등재 현황에 따라 부과한다.

2. 취득원인별 표준세율

부동산 취득의 경우 다음에 해당하는 표준세율을 적용한다.

① 상속으로 인한 취득 : 2.8%(농지는 2.3%), 상속에는 피상속인이 상속인에게 한 유증 및 포괄유증과 신탁재산의 상속을 포함한다.

② 상속 외의 무상취득 : 3.5%(비영리사업자의 취득은 2.8%), 상속 외의 무상취득에 은 증여, 사인증여, 이혼시 재산분할, 상속인이 아닌 자에게 한 유증, 시효취득이 있다.

③ 원시취득 : 2.8%, 원시취득에는 수용재결로 취득한 경우 과세대상이 이미 존재하는 상태에서 취득은 제외하고, 증축·개축 또는 개수로 인하여 건축물 면적이 증가할 때에는 증가된 부분을 포함한다.

④ 공유물의 분할로 인한 취득 : 2.3%, 공유물의 분할에는 법률에 따른 부동산의 공유권 해소를 위한 지분이전으로 인한 취득(등기부등본상 본인 지분을 초과하는 부분은 제외)을 포함한다.

⑤ 합유물 및 총유물의 분할로 인한 취득 : 2.3%

⑥ 그 밖의 원인(매매 등)으로 인한 취득 : 4%(농지는 3%), 법인이 합병·분할에 따라 부동산을 취득하는 경우에도 ⑥의 세율을 적용한다.

⑦ 유상거래를 원인으로 주택을 취득한 경우 : 취득 당시의 가액에 따라 다음의 도표의 세율(1%~3%)을 적용한다.

취득 당시의 가액	표준세율
6억원 이하	$\frac{1}{100}$ → 1%
6억원 초과 9억원 이하	다음 계산식에 따라 산출한 세율 $(\text{취득 당시 가액} \times \frac{2}{3\text{억원}} - 3) \times \frac{1}{100}$ → $1\% \leq$ 세율 $\leq 3\%$
9억원 초과	$\frac{3}{100}$ → 3%

이 경우 지분으로 취득한 주택의 '취득 당시의 가액'은 다음의 계산식에 따라 산출한 전체 주택의 취득 당시의 가액으로 한다.

$$\text{전체 주택의 취득 당시의 가액} = \text{취득 지분의 취득 당시의 가액} \times \frac{\text{전체 주택의 시가표준액}}{\text{취득 지분의 시가표준액}}$$

한편 주택을 신축(또는 증축)한 이후 해당 주거용 건축물의 소유자(배우자 및 직계존비속을 포함한다)가 해당 주택의 부속토지를 취득하는 경우에는 주택 유상거래 취득세율(1%~3%)을 적용하지 않는다.

사례 13 취득세율

부동산의 취득에 대한 취득세 표준세율에 대해서 설명하고(중과세율은 제외한다), 다음 각 부동산 취득에 적용되는 취득세 표준세율을 쓰시오. (20점)

(1) 건축법상 오피스텔을 주거 목적으로 분양받아 취득하여 실제 주거용으로 사용하는 경우
(2) 사인증여로 부동산을 취득하는 경우
(3) 교환으로 부동산을 취득하는 경우
(4) 공유토지의 소유자가 자기 지분을 초과하여 유상취득하는 경우
(5) 토지를 부담부증여 받은 경우

해 답

1. 부동산 취득에 대한 취득세율(p.685 참조)

2. 사례의 경우

(1) 건축법상 오피스텔을 주거 목적으로 취득하여 실제 주거용으로 사용하고 있더라도 그 취득은 위 주택에 대한 세율 적용대상에 해당하지 않는다. 따라서 4% 세율을 적용한다.

건축법 시행령에서는 오피스텔을 '업무를 주로 하며, 분양하거나 임대하는 구획 중 일부의 구획에서 숙식을 할 수 있도록 한 건축물로 정의하면서 일반업무시설의 하나로 규정하고 있다.

(2) 사인증여로 인하여 부동산의 소유권을 취득하는 것은 '상속 이외의 무상으로 인한 소유권의 취득'에 해당하므로 3.5%의 세율을 적용한다.

(3) 부동산을 상호교환하여 소유권이전등기를 하는 것은 유상승계취득에 해당하므로 4% 세율을 적용한다.

(4) 공유토지를 단독소유로 등기하는 경우 등과 같이 자기 지분을 초과하는 부분에 대해서는 4%의 세율을 적용한다.

(5) 토지를 부담부증여받은 경우 채무인수(부담) 부분은 유상취득에 대한 세율 4%, 채무인수 부분을 제외한 부분은 무상취득(증여)에 대한 세율 3.5%를 각각 적용한다.

사례 14 유상거래를 원인으로 취득한 주택에 대한 취득세

다음의 사례를 읽고 乙이 납부할 취득세액을 계산하시오. (10점)

(1) 甲은 2025.1.4.에 A회사로부터 전용면적 85제곱미터(㎡) 아파트를 분양가격 5억8천만원에 분양받아 계약금과 중도금을 합하여 1억원을 납부한 후 乙에게 해당 아파트 분양권 가격을 6억원(프리미엄 2천만원 포함)으로 책정하여 2025.12.14.에 양도하였다(분양권 가격 중 1억2천만원은 甲이 현금으로 받고, 분양대금으로 남아 있는 4억8천만원은 양수인 乙이 갚는다).

(2) 乙은 분양대금으로 남아 있는 4억8천만원을 잔금납부일 전에 A회사에 미리 납부하여 1,200만원을 할인받았다.

(3) 乙은 아파트 분양계약과 별도의 옵션품목 계약에 따라 발코니 확장비용과 빌트인(built-in) 가구제품, 천장형 에어컨 설치비용으로 2,200만원을 지정입주기간까지 A회사에 납부하고 2026.11.4.에 입주하였다.

(4) 乙이 취득한 위 아파트는 1세대 1주택에 해당한다.

해 답

	금액
1. 취득세 과세표준	
① 분양가격	580,000,000원
② 프리미엄	20,000,000원
③ 선납 할인액	(12,000,000원)
④ 옵션품목 가격	22,000,000원
과세표준	610,000,000원
2. 유상거래 원인 주택 취득세율	×1.07%*
3. 취득세 산출세액	6,527,000원

* $\left(6.1억원\times\frac{2}{3억원}-3\right)\times\frac{1}{100}$ ≒ 0.0107(1.07%)

사례 15 형식적 소유권 취득에 대한 취득세

지방세와 관련하여 다음의 물음에 답하시오. (25점)

【물음 1】 형식적 소유권 취득에 대한 취득세 비과세와 형식적 소유권 취득에 대한 취득세율 특례에 대해서 설명하시오.

【물음 2】 甲이 乙로부터 1억원을 차입하고 양도담보 목적으로 시가 1.5억원의 토지소유권을 이전해 주었다. 그 후 甲은 乙에 차입금을 변제하고 다시 해당 토지소유권을 취득하였다. 이 사례에 대

한 취득세 과세여부와 문제점에 대해서 설명하시오.

해 답

【물음 1】 형식적 취득

1. 형식적인 소유권 취득에 대한 비과세

다음의 취득에 대해서는 취득세를 비과세한다.

① 신탁으로 인한 신탁재산의 취득 중 다음 중 어느 하나에 해당하는 경우(다만, 신탁재산의 취득 중 주택조합 등과 조합원 간의 부동산 취득 및 주택조합 등의 비조합원용 부동산 취득은 제외)

- 위탁자로부터 수탁자에게 신탁재산을 이전하는 경우
- 신탁의 종료 또는 해지로 인하여 수탁자로부터 위탁자에게 신탁자산을 이전하는 경우
- 수탁자가 변경되어 신수탁자에게 신탁재산을 이전하는 경우

②「징발재산정리에 관한 특별조치법」 등에 따른 동원대상지역 내의 토지의 수용, 사용에 관한 환매권의 행사로 매수하는 부동산의 취득

③ 임시흥행장, 공사현장시무소 등(사치성 재산은 제외) 임시건축물의 취득(다만, 존속기간이 1년을 초과하는 경우는 제외)

2. 형식적인 소유권의 취득에 대한 취득세율 특례(p.707 참조)

【물음 2】 양도담보

1. 취득의 개념

취득의 개념과 관련하여 다음 두 가지 견해가 있다.

① 소유권 취득설 : 실질적으로 완전한 내용의 소유권을 취득하는가의 여부에 관계없이 소유권이전의 형식에 의한 부동산의 취득의 모든 경우를 포함한다고 보는 견해

② 실질적 가치 취득설 : 단지 법률적 · 형식적 관점에서 뿐만 아니라 경제적 · 실질적 관점에 있어서도 소유권의 모든 권능의 이전을 동반하는 완전한 소유권의 취득을 말한다고 보는 견해

현행 대법원 판례는 위 ① 소유권 취득설을 취하고 있다.

2. 사례의 경우

사례의 경우에도 소유권 취득설에 따른다.

1) 금전을 대여하고 그 채권에 대한 양도담보 목적으로 부동산의 소유권이전등기를 넘겨 받은 경우에도 승계취득에 해당하여, 취득세 과세대상이 되는 부동산 취득으로 본다. 따라서 乙은 양도담보 목적으로 이전받은 토지에 대해 취득세 납세의무가 있다.

2) 한편 채무자가 채권자에게 부동산을 양도담보로 제공하여 채권자 명의로 소유권이전등기를 경료하였다가 그 후 차입금을 변제하고 채권자로부터 소유권이전등기의 말소등기를 경료받은 것도 취득세 과세대상이 되는 부동산 취득에 해당한다. 따라서 채무자 甲에 대해서도 취득세 납세의무가 있다.

3. 문제점

양도담보는 채권(채무) 담보를 위한 형식적인 소유권의 이전 불과한 것인데도 소유권을 이전받을 때 취득세를, 다시 차입금 변제로 소유권을 회복해 올 때에도 취득세를 부과한다.

이러한 점은 양도소득세에서 양도담보는 양도로 보지 않는 점이나, 부가가치세에서 양도담보는 재화의 공급으로 보지 않는 점과 비교해 볼 때 단지 형식적인 취득과 반환에 대해서 취득세를 부과하는 문제점이 있다. 이것은 형식적 취득에 대한 취득세 비과세나 낮은 취득세율 특례와 형평에도 부합하지 않다. 따라서 양도담보 목적의 소유권 이전과 채무변제에 따른 반환은 취득세율 특례를 적용하는 것이 타당하다고 본다.

사례 16 이혼시 재산분할로 인한 취득의 경우 취득세 과세문제

취득세와 관련하여 다음 사례를 읽고 물음에 답하시오.

> 甲과 乙은 2020.7.4.에 혼인하였으나, 성격 차이로 2026.3.4.에 합의이혼을 하였다. 甲과 乙은 혼인 중에 공동의 노력으로 형성한 재산에 대해서 재산분할을 협의하여 乙의 소유로 등기된 공동주택(APT, 이하 '이 사건 주택'이라 한다)을 甲에게 이전하기로 2026.4.1.에 합의하였다. 이러한 합의에 따라 甲은 이 사건 주택을 乙로부터 2026.4.5.(소유권이전등기일)에 소유권을 넘겨 받았다.

【물음 1】 부동산 무상취득의 경우 취득세 과세표준을 설명하시오.

【물음 2】 형식적인 소유권의 취득에 대한 취득세율 특례를 설명하고, 위 사례에서 甲이 취득한 이 사건 주택의 취득에 대한 취득세율을 설명하시오.

【물음 3】 이 사건 주택의 취득시기를 설명하고, 甲의 취득세 신고납부기한에 대해서 설명하시오.

해 답

【물음 1】 무상취득의 경우 과세표준(p.663 이하 참조)

【물음 2】 취득세율

1. 형식적인 소유권의 취득에 대한 취득세율 특례(p.707 이하 참조)

2. 이 사건 주택의 취득세율

이 사건 주택은 협의상 이혼한 자의 재산분할청구권 행사에 따른 재산분할로 인한 취득에 해당한다. 따라서 상속 외의 무상취득이므로 적용되는 취득세 표준세율은 3.5%이고, 형식적인 소유권의 취득에 대한 취득세율 특례에 따라 실제 적용되는 세율은 아래와 같이 1.5%이다.

> 취득세율 : 표준세율(3.5%) − 중과기준세율(2%) = 1.5%

【물음 3】 취득시기 등

1. 취득시기

민법(협의상 이혼한 자 일방의 재산분할청구권 행사)에 따른 재산분할로 인한 취득의 취득시기는 취득물건의 등기일로 한다. 따라서 이 사건 주택의 취득시기는 소유권이전 등기일인 2026년 4월 5일이다.

2. 신고납부기한

취득세 과세물건을 무상취득(상속은 제외)한 자는 취득일이 속하는 달의 말일부터 3개월 이내에 신고납부해야 한다. 만약 취득세의 신고 · 납부기한 이내에 재산권 이전에 관한 사항을 공부에 등기하려는 경우에는 등기신청서를 등기관서에 접수하는 날까지 취득세를 신고납부해야 한다.

사례에서 甲의 이 사건 주택의 취득일은 그 등기일인 2026년 4월 5일이므로 그 등기를 하기 전까지 이 사건 주택에 대한 취득세를 신고납부해야 한다.

사례 17 대도시 부동산 취득에 대한 중과세

다음 사례를 읽고 물음에 답하시오. (20점)

(1) A회사는 2026.1.18. 대도시 내인 성남시 분당구에 부동산매매업, 부동산임대업을 목적사업으로 하여 설립된 법인이다.

(2) A회사는 법인 설립 직후인 2026.3.31. 부동산 경매를 통해 대도시 내인 서울 강동구에 소재하는 쟁점 주택(이하 '이 사건 부동산'이라 한다)을 7억5천만원에 취득하였다.

【물음 1】 앞의 사례에 적용되는 대도시 부동산 취득에 대한 중과세에 관한 지방세법 규정을 간략히 언급하고, 해당 규정의 입법 목적을 쓰시오.

【물음 2】 위 사례의 쟁점 주택에 대한 취득세 세율을 결정하시오.

해 답

【물음 1】

1. 대도시 부동산 취득에 대한 취득세 중과세 규정

다음의 ①, ②에 해당하는 경우의 취득세는 표준세율의 3배에서 중과기준세율(2%)의 2배를 뺀 세율을 적용한다. 다만, 유상거래를 원인으로 주택을 취득하는 경우의 취득세는 표준세율과 중과기준세율의 4배를 합한 세율을 적용한다.

① 대도시(산업단지를 제외한 과밀억제권역)에서 법인을 설립[휴면(休眠)법인을 인수하는 경우 포함]하거나 지점 또는 분사무소를 설치하는 경우 및 ② 법인의 본점 · 주사무소 · 지점 또는 분사무소를 대도시로 전입함에 따라, 대도시의 부동산을 취득하는 경우. 여기에 해당하는 부동산 취득은 다음과 같다.

㉠ 해당 법인 또는 사무소 · 사업장이 그 설립 · 설치 · 전입 이전에 법인의 본점 · 주사무소 · 지점 또는 분사무소의 용도로 직접 사용하기 위한 부동산 취득

㉡ 법인 또는 사무소 · 사업장이 설립 · 설치 · 전입 이후 5년 이내에 하는 업무용 · 비업무용 또는 사업용 · 비사업용의 모든 부동산 취득

위 ㉠의 경우에는 법인의 본점 · 주사무소 · 지점 또는 분사무소의 용도로 직접 사용할 목적으로 부동산을 취득하는 경우에 한하여 취득세 중과대상이 되고, ㉡의 경우에는 법인 또는 사무소 등이 설립 · 설치 · 전입 이후 5년 이내에 부동산을 취득하였다는 요건만 갖추면 그 용도를 불문하고 취득세 중과대상이 된다(대법원 2015.03.26. 선고 2012두13511 판결).

2. 입법 목적

위 각 규정은 대도시 내로의 인구유입에 따른 인구팽창을 막고 대도시의 인구 분산을 기하는 데 그 목적이 있다.

【물음 2】 쟁점 주택 취득세

A회사가 대도시인 성남시에서 법인을 설립하고 5년 이내에 대도시인 서울특별시에서 이 사건 부동산을 취득하였고 이 사건 부동산이 유상거래를 원인으로 취득한 주택에 해당한다. 이 경우 취득세는 다음의 세율을 적용한다.

적용 세율 = 표준세율(4%) + 중과기준세율(2%) × 4배 = 12%

위 중과세 요건을 충족하면 이 사건 부동산이 A회사의 본점 · 주사무소 · 지점 또는 분사무소의 용도로 직접 사용하기 위해 취득한 부동산이 해당하지 않거나 입법목적에 부합하지 않더라도 일률적으로 중과세율을 적용해야 한다(대법원 2015.03.26. 선고 2012두13511 판결).

제3절 취득시기

Ⅰ 서 설

취득세는 취득물건을 취득하는 때에 납세의무가 성립하며, 원칙적으로 그 취득한 날부터 60일 이내에 세액을 신고함으로써 납세의무가 확정된다. 지방세법 시행령에서는 취득물건의 취득유형별로 취득시기를 정하고 있는데(지방법 10의7, 지방령 20), 이하에서는 그 내용을 살펴본다.

Ⅱ 승계취득의 경우

구분	취득시기
(1) 원 칙	1) 무상취득 : 그 계약일(상속 · 유증으로 인한 취득은 상속 · 유증개시일)에 취득한 것으로 본다. 다만, 해당 취득물건을 등기 · 등록하지 않고 다음 중 어느 하나에 해당하는 서류로 계약이 해제된 사실이 입증되는 경우에는 취득한 것으로 보지 않는다(지방령 20 ①). ① 화해조서 · 인낙조서(해당 조서에서 취득일이 속하는 달의 말일부터 3개월 이내에 계약이 해제된 사실이 입증되는 경우만 해당한다) ② 공정증서(공증인이 인증한 사서증서를 포함하되, 취득일이 속하는 달의 말일부터 3개월 이내에 공증받은 것만 해당한다) ③ 계약해제신고서(취득일이 속하는 달의 말일부터 3개월 이내에 시장 · 군수 · 구청장에게 제출된 것만 해당한다)
	2)-1 유상승계취득 : 사실상의 잔금지급일(신고인이 제출한 자료로 사실상의 잔금지급일을 확인할 수 없는 경우에는 계약상의 잔금지급일*)에 취득한 것으로 본다. 다만, 해당 취득물건을 등기 · 등록하지 않고 다음 중 어느 하나에 해당하는 서류로 계약이 해제된 사실이 입증되는 경우에는 취득한 것으로 보지 않는다(지방령 20 ②,⑤). * 계약상 잔금지급일이 명시되지 않은 경우에는 계약일부터 60일이 경과한 날을 말한다. ① 화해조서 · 인낙조서(해당 조서에서 취득일부터 60일 이내에 계약이 해제된 사실이 입증되는 경우만 해당한다) ② 공정증서(공증인이 인증한 사서증서를 포함하되, 취득일부터 60일 이내에 공증받은 것만 해당한다) ③ 계약해제신고서(취득일부터 60일 이내에 제출된 것만 해당한다)

	④ 부동산 거래신고 관련 법령에 따른 부동산거래계약 해제 등 신고서(취득일부터 60일 이내에 등록관청에 제출한 경우만 해당한다) 2)-2 연부취득 : 연부로 취득하는 것(취득가액의 총액이 면세점을 초과하는 것)은 그 사실상의 연부금 지급일을 취득일로 본다.
(2) 예 외	1) 위 (1)의 취득일 전에 등기 또는 등록을 한 경우 : 그 등기일 또는 등록일에 취득한 것으로 본다(지방령 20 ⑫). 2) 차량 · 기계장비 · 항공기 및 선박(이하 '차량 등'이라 한다)의 경우 : 다음에 해당하는 날을 최초의 취득일로 본다(지방령 20 ③). ① 주문을 받거나 판매하기 위하여 차량 등을 제조 · 조립 · 건조하는 경우 : 실수요자가 차량 등을 인도받는 날과 계약서상의 잔금지급일 중 빠른 날 ② 차량 등을 제조 · 조립 · 건조하는 자가 그 차량 등을 직접 사용하는 경우 : 차량 등의 등기 또는 등록일과 사실상의 사용일 중 빠른 날 3) 다음의 유형별 취득의 경우 : 다음에 해당하는 날을 취득일로 본다(지방령 20 ④,⑫,⑬). ① 수입에 따른 취득 : 해당 물건을 우리나라에 반입하는 날(보세구역을 경유하는 것은 수입신고필증 교부일) ※ 다만, 차량 등의 실수요자가 따로 있는 경우에는 실수요자가 차량 등을 인도받는 날과 계약상의 잔금지급일 중 빠른 날을 승계취득일로 보며, 취득자의 편의에 따라 수입물건을 우리나라에 반입하지 않거나 보세구역을 경유하지 않고 외국에서 직접 사용하는 경우에는 그 수입물건의 등기 또는 등록일을 취득일로 본다. ② 민법에 따른 점유취득시효(제245조 · 제247조)에 따른 점유로 인한 취득의 경우 : 취득물건의 등기일 또는 등록일(p.727 예규판례 참조)*. * 위와 같이 지방세법령에 명문규정 이전 대법원 판례는 점유취득시효 완성시점을 취득시기로 하였다. ③ 민법(협의상 이혼한 자 일방의 재산분할청구권 행사)에 따른 재산분할로 인한 취득 : 취득물건의 등기일 또는 등록일 4) 주택조합 등의 토지 취득의 경우 : 다음에 해당하는 날을 취득일로 본다(지방령 20 ⑦). ① 주택조합이 주택건설사업을 하면서 조합원으로부터 취득하는 토지 중 조합원에게 귀속되지 않은 토지를 취득하는 경우 : 사용검사를 받은 날 ② 주택재건축조합이 주택재건축사업을 하면서 조합원으로부터 취득하는 토지 중 조합원에게 귀속되지 않은 토지를 취득하는 경우 : 소유권이전 고시일의 다음 날

예규판례 계약의 합의해제와 취득세 납세의무 (운영예규 7-1 (2))

유상 및 무상취득을 불문하고 적법하게 취득한 다음에는 그 후 합의에 의하여 계약을 해제하고 그 재산을 반환하는 경우에도 이미 성립한 조세채권의 행사에 영향을 줄 수 없다(① 무상취득은 취득일이 속하는 달의 말일부터 3개월 이내에 ② 유상취득은 취득일부터 60일 이내, 각각 계약해제 사실을 입증하는 경우는 제외. 다만, 소유권이전등기를 마치지 않은 경우에 한정한다). ■

참고사항 민법상 점유로 인한 부동산소유권의 취득

제245조(점유로 인한 부동산소유권의 취득기간) ① 20년간 소유의 의사로 평온, 공연하게 부동산을 점유하는 자는 등기함으로써 그 소유권을 취득한다.

② 부동산의 소유자로 등기한 자가 10년간 소유의 의사로 평온, 공연하게 선의이며 과실없이 그 부동산을 점유한 때에는 소유권을 취득한다.

제246조(점유로 인한 동산소유권의 취득기간) ① 10년간 소유의 의사로 평온, 공연하게 동산을 점유한 자는 그 소유권을 취득한다.

② 전항의 점유가 선의이며 과실없이 개시된 경우에는 5년을 경과함으로써 그 소유권을 취득한다. ■

Ⅲ 원시취득의 경우

구분	취득시기
(1) 건축물	건축물을 건축 또는 개수하여 취득하는 경우 : 사용승인서*를 내주는 날**과 사실상의 사용일 중 빠른 날을 취득일로 본다(지방령 20 ⑥). * 여기서 '사용승인서'에는 「도시개발법 제51조 ①」에 따른 준공검사 증명서, 「도시 및 주거환경정비법 시행령(제74조)」에 따른 준공인가증 및 그 밖에 건축 관계 법령에 따른 사용승인서에 준하는 서류를 포함한다(이하 같다). ** 사용승인서를 내주기 전에 임시사용승인을 받은 경우에는 그 임시사용승인일을 말하고, 사용승인서(또는 임시사용승인서)를 받을 수 없는 건축물의 경우에는 사실상 사용이 가능한 날을 말한다.
(2) 토 지	관계법령에 따라 매립 · 간척 등으로 토지를 원시취득하는 경우 : 공사준공인가일을 취득일로 본다(지방령 20 ⑧ 본문). ※ 다만, 공사준공인가일 전에 사용승낙 · 허가를 받거나 사실상 사용하는 경우에는 사용승낙일 · 허가일 또는 사실상 사용일 중 빠른 날을 취득일로 본다(지방령 20 ⑧ 단서).

Ⅳ 간주취득의 경우

구분	취득시기
(1) 차량 등의 종류변경	차량 · 기계장비 또는 선박의 종류변경에 따른 취득 : 사실상 변경한 날과 공부상 변경한 날 중 빠른 날을 취득일로 본다(지방령 20 ⑨).
(2) 토지의 지목변경	토지의 지목변경에 따른 취득 : 토지의 지목이 사실상 변경된 날과 공부상 변경된 날 중 빠른 날을 취득일로 본다(지방령 20 ⑩). ※ 다만, 토지의 지목변경일 이전에 사용하는 부분에 대해서는 그 사실상의 사용일을 취득일로 본다.

예규판례 사례별 취득시기(운영예규 7-2)

1. 금융회사로부터 융자금을 받아 건축한 주택을 승계취득하는 경우에는 금융회사의 융자금이 건축주로부터 분양받은 자의 명의로 대환되는 때를 취득시기로 보며, 그 이전에 등기한 경우에는 이전등기일이 취득시기가 된다.

2. 차량·기계장비를 할부로 취득하는 경우는 할부금지급시기와 관계없이 실수요자가 인도받는 날과 등록일 중 빠른 날이 취득시기가 된다.

3. 현물출자를 통해 법인 설립을 하는 경우 재산의 취득시기는 법인설립 등기일이다.

4. 토지의 지목변경으로 인한 간주취득에서 '지목이 사실상 변경'이란 건축공사 등과 병행되는 경우로서 토지의 형질변경을 수반하는 경우에는 건축 등 그 원인되는 공사가 완료된 때를 취득의 시기로 본다.

5. 건축주가 임시사용승인일, 사실상 사용일, 사용승인서교부일 이전에 입주자로부터 잔금을 받은 경우에는 임시사용승인일, 사실상 사용일, 사용승인서교부일이 건축주의 원시취득일과 분양받은 자의 승계취득일이 된다.

6. 취득세 과세물건을 취득함에 있어 그 대금을 약속어음으로 받은 경우에는 대물변제일, 어음결제일과 소유권이전등기일 중 빠른 날이 취득시기가 된다.

7. 아파트·상가 등 구분등기대상 건축물을 원시취득함에 있어 1동의 건축물 중 그 일부에 대하여 임시사용승인을 받거나 사실상 사용하는 경우에는 그 임시사용승인을 받은 부분 또는 사실상 사용하는 부분과 그렇지 않은 부분을 구분하여 취득시기를 각각 판단한다.

8. 주택조합 등이 조합원으로부터 신탁받은 금전으로 매수하는 부동산에 대하여는 사실상의 잔금지급일 또는 등기일 중 빠른 날에 이를 취득한 것으로 본다. ■

예규판례 주식회사 발기설립시 현물출자의 반대급부인 현물출자로 주식인수인이 되는 자가 주주의 지위를 취득하는 시기(=설립등기시)

1. 사안의 개요

원심판결의 이유와 기록에 의하면 다음 사실을 알 수 있다.

가. 소외인은 양산시 △△동(지번 1 생략) 토지, 같은 동(지번 2 생략) 토지 및 그 지상 건물(이하 '이 사건 부동산'이라 한다)을 소유하면서 2006.4.1.경부터 그곳에서 'ㅇㅇ산업사'라는 상호로 부동산 임대업 등을 영위해 왔다.

나. 소외인은 'ㅇㅇ산업사'를 법인으로 전환하면서 이 사건 부동산을 현물출자하기로 하여, 원고의 발기인으로서 2020.4.1. 정관을 작성하고, 같은 달 14일 원고의 보통주식을 인수하였다.

다. 원고는 2020.8.12. 이 사건 부동산 소재지를 본점소재지로, 부동산 임대업 등을 그 목적으로 하여 설립등기를 마치고, 소외인 이 원고의 대표이사에 취임하였다.

라. 원고는 이 사건 부동산이 구 지방세특례제한법 제57조의2 제4항에 따른 현물출자에 의해 취득하는 사업용 고정자산에 해당한다고 보아, 2020.9.3. 피고에게 100분의 75가 경감된 취득세 등을 신고·납부하고, 같은 날 이 사건 부동산에 관하여 현물출자를 원인으로 한 소유권이전등기를 마쳤다.

마. 피고는 2022.6.1. 원고가 이 사건 부동산을 원고의 설립등기일인 2020.8.12.에 취득하였음을 전제로, 부

동산 임대 및 공급업과 관련된 사업용 고정자산을 취득세 경감 대상에서 배제하도록 한 구 지방세특례제한법 제57조의2 제4항 괄호 부분이 적용된다고 보아, 원고에게 과소신고 · 납부된 취득세 등을 부과 · 고지하였다(이하 '이 사건 처분'이라 한다).

2. 원심의 판단

원심은 판시와 같은 이유로 원고의 설립등기가 마쳐지기 전인 2020.4.14. 원고의 보통주식이 소외인에게 교부됨으로써 이 사건 부동산 현물출자에 따른 대가가 지급되었으므로, 소외인이 원고의 보통주식을 인수한 2020.4.14.에 이 사건 부동산에 대한 사용 · 수익 · 처분권이 이전되는 행위, 즉 '사실상 취득행위'가 있었다고 보아, 개정 전 지방세특례제한법 제57조의2 제4항의 취득세 경감규정이 적용되어야 한다고 판단하였다.

3. 대법원의 판단

가. 그러나 원심의 판단은 다음과 같은 이유로 수긍할 수 없다.

1) 지방세기본법 제34조 제1항 제1호는 취득세를 납부할 의무는 '과세물건을 취득하는 때' 성립한다고 규정하고 있다. 그리고 지방세법은 제6조 제1호에서 '취득'을 '법인에 대한 현물출자 등과 그 밖에 이와 유사한 취득으로서 원시취득, 승계취득 또는 유상 · 무상의 모든 취득'으로 정의하는 한편, 제7조 제1항에서 "취득세는 부동산, 차량, 기계장비, 항공기, 선박, 입목, 광업권, 어업권, 양식업권, 골프회원권, 승마회원권, 콘도미니엄 회원권, 종합체육시설 이용회원권 또는 요트회원권(이하 '부동산 등'이라 한다)을 취득한 자에게 부과한다."라고 규정하고, 같은 조 제2항 본문에서 "부동산 등의 취득은 민법 등 관계 법령에 따른 등기 · 등록을 하지 아니한 경우라도 사실상 취득하면 각각 취득한 것으로 보고 해당 취득물건의 소유자 또는 양수인을 각각 취득자로 한다."라고 규정하고 있다. 여기서의 사실상 취득이란 일반적으로 등기와 같은 소유권 취득의 형식적 요건을 갖추지는 못하였으나 대금의 지급과 같은 소유권 취득의 실질적 요건을 갖춘 경우를 말하는 것이므로, 유상승계취득의 경우 대금의 지급과 같은 소유권 취득의 실질적 요건이나 소유권 이전의 형식을 갖추지 아니한 이상 구 지방세법 시행령 제20조 제2항 소정의 잔금지급일이 도래하였다고 하여도 취득세 납세의무가 성립하였다고 볼 수 없다(대법원 2003.10.23. 선고 2002두5115 판결 등 참조).

2) 주식회사 발기설립의 경우 현물출자에 의한 주식의 인수로 주식인수인이 되는 자는 현물출자이행의 의무를 부담하는 설립 중의 회사의 사원이 되었다가, 현물출자가 이행되고 현물출자에 관한 사항과 현물출자의 이행에 관하여 검사인의 조사를 받는 등 제반 절차를 거쳐 설립등기를 하였을 때 비로소 주주의 지위로 전환된다. 이와 같이 주식회사 발기설립시의 현물출자는 주주 지위의 취득을 반대급부로 하는 것으로서, 주주의 지위를 취득하게 되는 주식회사의 설립등기시에 반대급부의 전부 이행이 이루어진다고 볼 수 있고(대법원 2000.6.23. 선고 98두7558 판결 참조), 이에 따라 발기설립되는 주식회사 역시 그 설립등기가 마쳐진 후에야 비로소 현물출자가 행해지는 부동산에 관하여 유상승계취득으로서 대금의 지급과 같은 소유권 취득의 실질적 요건을 충족할 수 있다고 보아야 한다.

3) 앞서 본 사실관계를 위 법리에 비추어 살펴보면, 소외인 이 발기인으로서 2020.4.14. 원고의 보통주식을 교부받았다는 것만으로 원고가 현물출자를 받기로 한 이 사건 부동산에 관하여 반대급부가 전부 이행되었다고 할 수 없고, 소외인 이 원고에 대한 주주 지위를 얻게 되는 원고의 설립등기일인 2020.8.12.에야 비로소 원고가 이 사건 부동산을 현물출자로 취득하는 데 대한 반대급부의 이행이 이루어져, 그때 이 사건 부동산의 사실상 취득

에 따른 취득세 납세의무가 성립한다고 보아야 한다.

나. 그럼에도 원고가 설립 중의 회사의 상태에 있던 2020.4.14.에 이 사건 부동산을 취득하였다고 보아 개정 전 지방세특례제한법 제57조의2 제4항이 적용된다고 본 원심의 판단에는 주식회사 발기설립시 현물출자로 취득하는 부동산의 취득시기에 관한 법리를 오해하여 판결에 영향을 미친 잘못이 있다. 이 점을 지적하는 상고이유 주장은 이유 있다(대법원 2025.10.16.선고 2025두33508 판결). ■

예규판례 매매의 경우 대금의 거의 전부가 지급되었다고 볼 수 있는지 판단하는 기준

1. 지방세법에 따르면 취득세는 과세물건을 취득하는 때에 그 납세의무가 성립하고, 부동산의 취득에 있어서는 민법 등 관계 법령의 규정에 의한 등기 등을 이행하지 않은 경우라도 사실상으로 취득한 때에는 취득한 것으로 보도록 되어 있다. 여기에서 '사실상의 취득'이란 일반적으로 등기와 같은 소유권 취득의 형식적 요건을 갖추지는 못하였으나 대금의 지급과 같은 소유권 취득의 실질적 요건을 갖춘 경우를 말하는데, 매매의 경우에 있어서는 사회통념상 대금의 거의 전부가 지급되었다고 볼 만한 정도의 대금지급이 이행되었음을 뜻한다고 보아야 하고, 이와 같이 대금의 거의 전부가 지급되었다고 볼 수 있는지 여부는 개별적·구체적 사안에 따라 미지급 잔금의 액수와 그것이 전체 대금에서 차지하는 비율, 미지급 잔금이 남게 된 경위 등 제반 사정을 종합적으로 고려하여 판단해야 한다(대법원 2010.10.14. 선고 2008두8147 판결 등 참조).

2. 원심은 제1심판결 이유를 인용하여, ① 구성스윗닷홈 1차1지역 주택조합, 구성스윗닷홈 2차1지역 주택조합(위 조합들을 합하여 '이 사건 각 조합'이라 한다)은 2006.7.12. 남광토건 주식회사(이하 '남광토건'이라 한다)와 토지거래허가구역 내에 위치한 용인시 기흥구 (주소 생략) 외 55필지(이하 '이 사건 각 토지'라 한다)에 관하여 '남광토건이 이 사건 각 조합에게 지급해야 하는 현장인수금액은 제반경비를 제외한 378억원으로 확정'하는 내용 등의 현장인수계약(이하 '이 사건 현장인수계약'이라 한다)을 체결한 사실, ② 원고는 2006.8.5. 남광토건과 '용인 마북동 남광하우스토리 아파트 신축사업'(이하 '이 사건 사업'이라 한다)에 관하여 '이 사건 각 조합의 토지소유권 및 사업주체로서의 모든 권리·의무를 이 사건 현장인수계약에 따라 인수한 남광토건은 이 사건 사업의 토지소유권 및 시행사로서의 사업권 일체의 주체를 원고로 지정하고, 원고는 이 사건 사업의 시행사로서의 모든 권리를 가지며, 인·허가, 사용승인 등 시행사로서의 일체의 의무를 부담'하는 내용 등의 사업약정(이하 '이 사건 약정'이라 한다)을 체결한 사실, ③ 원고는 2006.7.12.부터 2006.12.28.까지 사이에 이 사건 각 조합에게 이 사건 현장인수계약에 따른 현장인수대금 378억원 중 37,023,030,236원을 지급한 사실, ④ 이 사건 각 토지에 대해서는 2007.8.1.부터 2009.1.30.까지 사이에 토지거래허가를 받거나 토지거래허가구역 해제 등이 이루어진 사실, ⑤ 피고는 원고가 2006.12.28. 이 사건 각 토지를 사실상 취득하였음에도 취득세 등을 신고·납부하지 않은 것으로 보아 2010.10.14. 원고에게 취득세 1,301,062,160원 및 농어촌특별세 89,136,040원을 부과(이하 '이 사건 처분'이라 한다)한 사실 등을 인정하였다.

나아가 원심은, 남광토건이 이 사건 각 조합으로부터 이 사건 각 토지뿐만 아니라 그 지상에서 시행할 이 사건 사업에 대한 사업권까지 인수한 것이고, 원고도 이 사건 약정에 따라 남광토건으로부터 위 각 토지와 함께 위 사업권까지 양수한 것으로 인정되는 사정 등에 비추어 원고의 위와 같은 금원 지급이 이 사건 사업에 대한 사업권 양수와 무관하게 오로지 이 사건 각 토지의 취득만을 목적으로 지급된 것이라고 단정하기 어렵고, 원고가 지급한 위 37,023,030,236원을 이 사건 각 토지의 취득대금으로만 볼 수 있다고 하더라도 위 금액과 현장인수대금 378억원과의 차액에 해당하는 약 8억원은 사회 통념상 위 378억원이 모두 지급된 것으로 볼 수 있을 정도로 적은 금액이라고 할 수 없어, 원고가 이 사건 각 토지를 2006.12.28. 사실상 취득한 것으로 볼 수 없

다는 이유로 이 사건 처분은 위법하다고 판단하였다.

앞서 본 규정과 법리 등에 비추어 살펴보면, 원심의 위와 같은 판단은 정당하고, 거기에 상고이유로 주장하는 바와 같이 취득세 납세의무 성립요건으로서의 '사실상의 취득의 의미'에 관한 법리를 오해한 위법이 없다(대법원 2014.1.23. 선고 2013두18018 판결). ■

예규판례 국토의 계획 및 이용에 관한 법률에 의한 토지거래계약허가구역 내의 토지에 관하여 장차 허가를 받을 것을 전제로 매매계약을 체결하여 그 대금을 지급한 경우, 취득세 부과에서의 토지 취득시기(= 잔금지급일)

1. 구 지방세법(2010.3.31. 법률 제10221호로 전부 개정되기 전의 것, 이하 같다) 제105조 제2항은 부동산의 취득에 관하여 민법 등 관계 법령의 규정에 의한 등기 등을 이행하지 아니한 경우라도 사실상으로 취득한 때에는 취득한 것으로 본다고 규정하고 있고, 여기서 '사실상 취득'이란 일반적으로 등기와 같은 소유권 취득의 형식적 요건을 갖추지는 못하였으나 대금의 지급과 같은 소유권 취득의 실질적 요건을 갖춘 경우를 말한다(대법원 2001.2.9. 선고 99두5955 판결 등 참조). 한편 「국토의 계획 및 이용에 관한 법률」에 의한 토지거래계약허가구역 내의 토지에 관하여 장차 허가를 받을 것을 전제로 매매계약을 체결하여 그 대금을 지급한 경우, 비록 그 매매계약이 허가를 받을 때까지는 법률상 미완성의 법률행위로서 효력이 발생하지 아니하지만, 그 후 허가를 받거나 그 토지가 토지거래계약허가구역에서 해제되었다면 그 매매계약은 소급하여 유효한 계약이 되므로, 취득세 부과에 있어서의 토지의 취득시기는 잔금지급일로 보아야 할 것이다.

2. 원심은, 주식회사 꾸메도시는 용인 중동 도시개발사업을 추진하기 위하여 토지거래계약허가구역 내에 있는 용인시 기흥구 (주소 생략) 일대 토지 196,360.9㎡(이하 '이 사건 토지')를 매수하는 내용의 매매계약을 체결하고, 2006.12.29.부터 2007.4.19.까지 매도인에게 잔금 총 177,107,748,105원을 지급한 사실, 원고는 주식회사 꾸메도시의 발행주식 74,000주 중 37,740주를 취득하여 51%의 지분을 소유한 대주주였는데, 2007.10.9. 추가로 22,260주를 취득하여 총 60,000주, 지분으로는 81.08%를 소유하게 된 사실, 주식회사 꾸메도시는 이 사건 토지 중 일부에 대해서는 2009.1.8.과 2009.1.30.에 토지거래계약허가를 받았고, 그 나머지 부분은 2009.1.30. 토지거래계약허가구역에서 해제된 사실을 인정하였다.

원심은, 위 인정 사실에 터 잡아 피고가 구 지방세법 제105조 제6항 등에 따라 주식회사 꾸메도시의 과점주주인 원고가 2007.10.7. 주식 22,260주를 추가로 취득함으로써 당시 주식회사 꾸메도시가 잔금 지급을 완료해 놓은 이 사건 토지 중 증가된 주식의 비율 30.08% 만큼을 취득한 것으로 간주된다고 보고 원고에 대해 취득세 등을 부과·고지한 이 사건 처분에 대하여, 그 판시와 같은 이유를 들어 주식회사 꾸메도시는 원고가 주식을 추가로 취득한 2007.10.9. 이후로서 토지거래계약허가 또는 토지거래계약허가구역 해제 무렵인 2009.1.경 이 사건 토지를 취득하였다고 보아야 하고, 따라서 이 사건 토지의 취득에 대해서는 구 지방세법 제105조 제6항이 적용되지 않는다고 판단하였다.

3. 그러나 원심이 인정한 위와 같은 사실관계를 앞서 본 법리에 비추어 보면, 주식회사 꾸메도시가 이 사건 토지를 취득함에 따른 취득세 부과에 있어서는 그 취득시기는 주식회사 꾸메도시가 그 매매 잔대금을 지급한 날로 보아야 하므로, 주식회사 꾸메도시의 과점주주인 원고가 주식회사 꾸메도시의 발행주식 중 22,260주를 추가로 취득한 2007.10.7. 당시에는 이미 주식회사 꾸메도시가 이 사건 토지를 취득한 상태에 있었다고 보아야 할 것이다.

그럼에도 불구하고 원심은 과점주주인 원고가 주식회사 꾸메도시의 발행주식을 추가로 취득한 이후에 주식회사 꾸메도시가 이 사건 토지를 취득하였다고 보아야 한다는 이유로 이 사건 토지의 취득에는 구 지방세법 제105조 제6항이 적용되지 않는다고 판단하였으니, 원심판결에는 토지거래계약허가구역 내의 토지 취득에 따른 취득세에 있어서 그 취득시기에 관한 법리를 오해한 위법이 있고, 이러한 위법은 판결에 영향을 미쳤음이 분명하다. 이를 지적하는 취지의 상고이유 주장은 이유 있으므로, 나머지 상고이유 주장에 대하여 나아가 판단을 할 필요 없이 원심판결은 파기를 면할 수 없다(대법원 2012.12.27. 선고 2012두19229 판결). ■

예규판례 점유취득시효가 완성된 부동산의 취득시기(점유취득시효 완성시)

지방세법 제105조 제2항은 취득세의 과세객체가 되는 부동산 취득에 관하여 민법 등 관계 법령에 의한 등기·등록 등을 이행하지 아니한 경우라도 사실상으로 취득한 때에는 이를 취득한 것으로 보도록 규정하고 있으므로, 부동산에 관한 점유취득시효가 완성되면 취득자는 유상승계취득에 있어 잔금이 청산된 경우와 같이 등기명의인에 대하여 소유권이전등기청구권을 가지게 되는 등 그 자체로 취득세의 과세객체가 되는 사실상의 취득행위가 존재한다고 봄이 상당하다.

같은 취지에서 원심이, 원고가 이 사건 부동산을 취득한 시기는 피고의 주장과 같이 시효취득을 원인으로 원고가 제기한 소유권이전등기청구소송에서 이전등기를 명하는 법원의 결정이 확정된 2002.7.28.이 아니라 점유개시일로부터 20년의 점유취득시효가 완성된 1991.6.9.이라고 할 것이며 이에 따른 취득세의 신고납부기한(종전 규정 : 취득일~30일) 다음 날인 1991.7.9.부터 5년의 부과제척기간이 진행되어 이 사건 처분일인 2002.8.2.에는 이미 제척기간이 만료되었다고 판단한 것은 정당하다(대법원 2004.11.25. 선고 2003두13342 판결). ■

[도 표] 취득세 취득시기와 양도소득세 양도·취득시기의 비교

유형	취득세 취득시기	양도소득세 양도·취득시기
유상승계	① 원칙 : 사실상 잔금지급일 ② 예외 • 신고인이 제출한 자료로 사실상의 잔금지급일을 확인할 수 없는 경우 : 계약상의 잔금지급일(계약상 잔금지급일이 명시되지 않은 경우에는 계약일부터 60일이 경과한 날) • 연부취득한 경우 : 사실상 연부금 지급일 • 위 취득일 전에 등기한 경우 : 등기접수일	① 원칙 : 대금청산일 ② 예외 • 대금청산일이 불분명한 경우 : 등기접수일 • 장기할부양도 : 등기접수일 · 인도일 · 사용수익일 중 빠른 날 • 대금청산 전에 등기한 경우 : 등기접수일
무상승계	• 상속 : 상속개시일 • 증여 : 계약일(미리 등기한 경우 등기접수일)	• 상속 : 상속개시일 • 증여 : 증여를 받은 날(등기접수일)

건 물 의 원시취득	• 사용승인서를 내주는 날(미리 사용·사용승인을 얻은 경우 사실상 사용일 또는 사용승인일) • 무허가 건축물 : 사실상 사용일	• 사용승인서를 내주는 날(미리 사용·사용승인을 얻은 경우 사실상 사용일 또는 사용승인일) • 무허가 건축물 : 사실상 사용일
부동산의 시효취득	• 등기일·등록일 ※ 판례는 점유취득시효가 완성된 날	• 점유개시일

[도 표] 계약의 실효와 취득세의 납세의무

구분	취득세 납세의무
계 약 의 무효·취소	(1) 당초 취득자의 경우 : 계약당사자가 행위무능력자이거나 반사회적 행위 및 강행규정의 위반으로 계약이 무효가 되거나 취소되어 원래의 소유자에 반환되는 경우에는 취득행위 자체가 처음부터 존재하지 않게 되므로 취득세 납세의무는 발생하지 않는다. 이때 기납부한 취득세는 과오납금으로 환급대상에 해당한다.
	(2) 당초 양도자의 경우 : 원인무효 등의 사유로 처음부터 거래가 없었던 것이 되므로 당초 양도자에게로 소유권이 반환되는 경우에 취득세 납세의무는 발생하지 않는다.
민법에 따른 계약의 해제 (법정해제·약정해제)	(1) 당초 취득자의 경우 1) 계약해제 인정기간 이내 계약의 해제사실이 입증되는 경우 : 취득일(잔금지급일 또는 증여계약일)부터 60일(증여는 취득일이 속하는 달의 말일부터 3개월) 이내에 계약이 해제된 사실이 입증되면 취득으로 보지 않는다. ※ 본래 취득일 전에 등기하면 등기일이 취득일이 되므로 등기 후 계약이 해제되는 경우에는 계약해제의 시기에 관계없이 취득세 납세의무를 진다. 2) 계약해제 인정기간이 지난 후 계약의 해제사실이 입증되는 경우 : 이 경우에는 계약이 무효가 되거나 취소되지 않고 일단 유효한 이상 취득세 납세의무가 발생되는 것이다.
	(2) 당초 양도자의 경우 계약의 해제는 처음부터 거래가 없었던 것이 되므로 당초 양도자에게 소유권이 반환되는 경우에 취득세 납세의무는 발생하지 않는다.
합 의 해 제	'합의해제(合意解除)'는 당사자 간 합의로 종전의 계약을 해소하여 원상으로 회복시키는 것을 내용으로 하는 새로운 계약이다. 민법에 따른 계약의 해제가 일방적 의사표로 계약을 실효시키는 단독행위라는 점과 차이가 있다. 이처럼 계약이 해제된 경우 취득세 납세의무 여부에 대해서는 위의 민법에 따른 계약이 해제에서 살펴본 것과 같다.

참고사항 민법에 따른 계약해제의 원인

계약의 해제(解除)와 해지(解止)는 일단 유효하게 성립된 계약을 당사자 일방의 의사표시만으로 해소시키는 점에서 같지만, **해제는 일시적 계약(매매계약 등)에 대하여** 인정되는 것이고 **해지는 계속적 계약에 대해 인정**되는 것이다. 이에 따르면 **계약을 해제할 경우에는 계약은 소급하여 실효**되며, 따라서 이미 이행된 급부에 대해서도 이를 원상으로 회복할 의무가 있다. 반면 계속적 급부를 요하는 계약을 해지할 경우에는 이미 정당하게 급부가 행하여진 과거의 것까지 무효가 되지 않고 해지한 이후의 장래에만 그 효력을 잃는다는 점에서 차이가 있다.

① 해지 · 해제권 : 계약 또는 법률의 규정에 따라 당사자의 일방이나 쌍방이 해지 또는 해제의 권리가 있는 때에는 그 해지 또는 해제는 상대방의 의사표시로 한다(민법 543).

② 이행지체와 해제 : 당사자의 일방이 그 채무를 이행하지 않는 때에는 상대방은 상당한 기간을 정하여 그 이행을 최고하고 그 기간 내에 이행하지 않은 때에는 계약을 해제할 수 있다(민법 544).

③ 정기행위와 해제 : 계약의 성질 또는 당사자의 의사표시에 따라 일정한 시일 또는 일정한 기간 내에 이행하지 않으면 계약의 목적을 달성할 수 없을 경우에 당사자 일방이 그 시기에 이행하지 않은 때에는 상대방은 계약을 해제할 수 있다(민법 545).

④ 이행불능과 해제 : 채무자의 책임 있는 사유로 이행이 불가능하게 된 때에는 채권자는 계약을 해제할 수 있다(민법 546). ■

예규판례 부동산에 관한 매매계약을 체결하고 매매대금을 모두 지급하였으나 소유권이전등기를 마치지 않은 상태에서 매매계약을 합의해제하고 부동산을 반환한 경우, 이미 성립한 조세채권의 행사에 영향을 주는지 여부

부동산 취득세는 본래 재화의 이전이라는 사실 자체를 포착하여 거기에 담세력을 인정하고 부과하는 유통세의 일종으로 취득자가 재화를 사용 · 수익 · 처분함으로써 얻을 수 있는 이익을 포착하여 부과하는 것이 아니어서 취득자가 실질적으로 완전한 내용의 소유권을 취득하는가의 여부에 관계없이 사실상의 취득행위 자체를 과세대상으로 하는 것이고, 구 지방세법은 취득세의 과세대상이 되는 부동산 취득에 관하여 민법 기타 관계 법령의 규정에 의한 등기 등을 이행하지 아니한 경우라도 사실상으로 취득한 때에는 취득한 것으로 본다고 규정하고 있으며, 구 지방세법의 위임에 따른 구 지방세법 시행령은 유상승계취득의 경우 사실상의 잔금지급일 등을 원칙적인 취득시기로 보도록 규정하고 있으므로, 부동산에 관한 매매계약을 체결하고 매매대금을 모두 지급하면 소유권이전등기를 마치지 아니하였더라도 취득세의 과세대상이 되는 사실상의 취득행위가 존재하게 되어 그에 대한 조세채권이 당연히 성립하고, 그 후 합의에 의하여 매매계약을 해제하고 그 부동산을 반환하였더라도 이미 성립한 조세채권의 행사에 영향을 줄 수 없다(대법원 1998.12.8. 선고 98두14228 판결 등 참조).

원심이, 원고들이 2008.9.10. 경기도에 이 사건 토지에 대한 매매대금의 지급을 완료하여 이 사건 토지를 사실상 취득함으로써 그에 따른 취득세 납세의무가 성립한 이상 그 후 원고들이 경기도와의 합의에 의하여 이 사건 토지에 대한 매매계약을 해제하였다고 하더라도 이미 성립한 조세채권의 행사에 영향을 줄 수 없다고 판단한 것은 위 법리에 따른 것으로서 정당하고, 거기에 상고이유의 주장과 같은 취득세 납세의무의 성립 등에 관한 법리오해의 위법이 없다(대법원 2013.11.28. 선고 2011두27551 판결). ■

예규판례 증여로 인한 소유권이전등기를 말소하여 원소유자로 소유권이 회복된 경우 원소유자에게 취득세 납세의무가 있는지 여부

1. 처분개요

가. 청구인은 2014.4.17. ○○○에게 증여를 하고 소유권이전등기를 하였으나, 쟁점부동산의 증여계약을 합의해제하고 2014.4.29. 증여합의 해제를 원인으로 한 소유권이전등기말소등기를 경료하였다.

나. 처분청은 쟁점부동산의 소유권이 청구인에게 원상회복되었더라도 취득세 납세의무가 있다고 판단하여 청구인에게 2014.9.17. 취득세 ○○○을 부과고지하였다.

다. 청구인은 이에 불복하여 2014.11.4. 심판청구를 제기하였다.

2. 청구인 주장 및 처분청 의견

가. 청구인 주장

증여계약이 해제되면 그것이 해제권의 행사에 의한 것이든 당사자의 합의에 의한 것이든 「민법」상으로 당초의 증여가 소급적으로 효력을 상실하게 되는 것이고, 당초 증여의 실효로 인한 재산반환으로서 수증자로부터 증여자에게 소유권이전등기 또는 말소등기가 되더라도 그것이 새로운 증여를 구성한다고 볼 수도 없다.

따라서, 당초의 증여가 소급적으로 효력을 상실하여 소유권이 원상회복된 것에 불과하고 새로운 증여가 존재하지 않는다 할 것임에도 청구인에게 취득세 등을 부과한 처분은 부당하다.

나. 처분청 의견

증여계약을 해제하고 수증자의 소유권이전등기를 말소하여 당초 증여자가 소유권을 회복한다고 하더라도 당초 증여자는 수증자의 부동산 등을 새롭게 취득하는 것으로 보는 것이 타당하므로 당초 증여자에게 다시 취득세 납세의무가 성립되어 증여자인 청구인에게 취득세 등을 부과한 처분은 정당하다.

3. 심리 및 판단

가. 쟁 점

증여로 인한 소유권이전등기를 한 후 증여계약 합의해제에 의한 말소등기로 증여자가 소유권을 원상회복한 경우, 당초 증여자에게 취득세 납세의무가 있는지 여부

나. 관련 법률(생략)

다. 사실관계 및 판단

(1) 청구인은 이○○○은 2014.4.14. 증여를 원인으로 쟁점부동산의 소유권이전등기를 경료하였다.

(2) 청구인과 이○○○ 명의의 소유권이전등기 말소등기를 경료하였다.

(3) 「지방세법」 제6조 제1호에서 "취득"이란 매매, 교환, 상속, 증여 등과 그 밖에 이와 유사한 취득으로서 원시취득, 승계취득 또는 유상·무상의 모든 취득을 말한다고 규정하고 있고, 제7조 제1항은 부동산 등을 취득한 자에게 취득세를 부과한다고 규정하고 있다.

(4) 이상의 사실관계 및 관련 법률 등을 종합하여 살피건대, 청구인은 소유권이전등기의 원인이었던 증여 계약을 소급적으로 실효시키는 합의해제 약정에 기초하여 소유권이전등기를 말소하는 원상회복 조치의 결과로서 그 소유권을 취득한 것으로 보이는 점, 증여계약 체결 후 12일 이후에 증여계약을 합의해제하고 수증자 명의의 소유권이전등기를 말소등기 한 점 등에 비추어, 처분청이 쟁점부동산의 소유권이전등기가 말소되어 그 소유권이 청구인에게 회복된다 하더라도, 이는 청구인이 수증자로부터 쟁점부동산을 새롭게 취득하는 것이라고 보아 이 건 취득세 등을 부과고지한 처분은 잘못이 있다고 판단된다(조심 2015지0350 2015.06.30.) ■

사례 1 법정해제와 합의해제로 인한 취득세 납세의무

계약의 해제와 관련하여 다음의 물음에 서술하시오. (2007년 세무사 2차, 20점)

【물음 1】 매매계약에 따라 잔금을 지급한 경우로서 민법에 따른 계약 해제사유로 당초 계약이 소멸되었을 경우 취득세의 과세 여부에 대해 서술하시오.

【물음 2】 위 사항이 만일 민법에 따른 계약 해제사유가 아닌 거래당사자간 합의해제로 당초 계약이 소멸된 경우 취득세 과세 여부를 서술하시오.

해 답

【물음 1】 민법에 따른 계약의 해제

민법에 따른 계약의 '해제(解除)'란 일단 유효하게 성립된 계약을 당사자 일방의 의사표시만으로 계약을 소급적으로 소멸시키는 것을 말한다. 민법에 따른 해제사유로 약정해제와 법정해제(이행지체, 이행불능 등)를 두고 있다.

매매계약에 따라 잔금을 지급한 후, 즉 당초 취득자가 취득세 과세대상자산을 취득한 후 민법에 따른 계약이 해제되는 경우 취득세 과세 여부를 설명하면 다음과 같다.

(1) 원칙 : 취득세 과세

취득세는 과세대상자산의 취득시기에 그 납세의무가 성립한다. 여기서 '취득'이란 취득자가 법률상 등기 등의 완전한 내용의 소유권을 취득하는지 여부에 관계없이 사실상 취득행위(잔금지급 등) 그 자체를 말한다. 매매계약으로 인한 유상승계취득의 취득시기에 대해 지방세법은 다음과 같이 규정하고 있다.

① 일반적인 경우 : 사실상의 잔금지급일

② 신고인이 제출한 자료로 사실상의 잔금지급일을 확인할 수 없는 경우 : 계약상의 잔금지급일(계약상 잔금지급일이 명시되지 않은 경우에는 계약일부터 60일이 경과한 날)

위의 취득시기에 취득세 납세의무는 성립하므로, 계약이 무효이거나 취소되지 않은 이상 그 자체로 취득자가 적법하게 과세대상자산을 취득한 다음에는 민법에 따른 계약의 해제사유로 원소유자에게 원상회복(반환)이 되는 경우에도 이미 성립한 조세채권에는 영향을 줄 수 없다. 따라서 취득자에게는 취득세가 과세되는 것이 원칙이다.

(2) 예외 : 취득세 과세제외

매매계약으로 인한 유상승계취득의 경우 등기 · 등록하지 않고 취득일부터 60일 이내에 민법에 따른 계약의 해제를 원인으로 계약이 해제된 것이 화해 · 인낙조서 · 공정증서 등에 의해 입증된 경우에는 취득한 것으로 보지 않는다. 따라서 당초 취득자에게는 취득세가 과세되지 않는 것이다.

이러한 예외규정의 취지는 잔금지급일에 실제로 잔금이 지급되지 않은 상태에서 계약이 해제되어 사실상 취득하였다고 보기 어려운 경우까지 잔금지급일에 취득한 것으로 보아 취득세를 과세하게 되는 불합리한 점을 보완하기 위한 것이다. 그리고 이러한 예외규정은 등기일을 취득시기로 하는 경우에는 적용되지 않는다.

【물음 2】 합의해제

'합의해제(合意解除)'는 당사자간 합의로 종전의 계약을 해소하여 원상으로 회복시키는 것을 내용으로 하는 새로운 '계약'이다. 민법에 따른 계약의 해제가 일방적인 의사표시로 계약을 실효시키는 단독행위라는 점과 차이가 있다.

계약이 합의해제된 경우 당초 계약상 취득자에 대한 취득세 과세 여부는 민법에 따른 계약의 해제에서 살펴본 것과 같다.

사례 2 취득시기와 계약이 해제

지방세법 시행령에서는 취득물건의 취득유형별로 취득시기를 정하고 있다. 다음의 물음에 답하시오.

(10점)

【물음 1】 ① 토지를 매매로 유상취득하는 경우와 ② 토지를 증여로 무상취득하는 경우 일반적인 취득시기를 각각 설명하시오. 연부취득의 취득시기와 계약의 해제로 취득으로 보지 않는 경우는 쓰지 말 것

【물음 2】 ① 토지를 매매로 유상취득한 직후 매매계약이 해제된 경우와 ② 증여로 무상취득한 직후 매매계약이 해제된 경우 각각 어떤 요건을 충족하면 취득으로 보지 않아 취득세를 납부하지 않는지를 설명하시오.

해 답

【물음 1】 취득시기

1. 매매로 취득

1) 토지를 매매로 유상취득하는 경우 사실상의 잔금지급일(신고인이 제출한 자료로 사실상의 잔금지급일을 확인할 수 없는 경우에는 계약상의 잔금지급일*)에 취득한 것으로 본다.

* 계약상 잔금지급일이 명시되지 않은 경우에는 계약일부터 60일이 경과한 날을 말한다.

2) 위 1) 취득일 전에 등기를 한 경우에는 그 등기일에 취득한 것으로 본다.

2. 증여로 취득

1) 토지를 증여로 취득한 경우 그 계약일에 취득한 것으로 본다.

2) 위 1) 취득일 전에 등기를 한 경우에는 그 등기일에 취득한 것으로 본다.

【물음 2】 취득으로 보지 않는 경우

1. 매매로 취득한 후 매매계약이 해제된 경우

토지를 사실상의 잔금지급일(또는 계약상의 잔금지급일)에 매매로 유상취득한 경우로서 해당 토지를 등기하지 않고 다음 중 어느 하나에 해당하는 서류로 계약이 해제된 사실이 입증되는 경우에는 취득한 것으로 보지 않는다.

① 화해조서 · 인낙조서(해당 조서에서 취득일부터 60일 이내에 계약이 해제된 사실이 입증되는 경우만 해당한다)

② 공정증서(공증인이 인증한 사서증서를 포함하되, 취득일부터 60일 이내에 공증받은 것만 해당한다)

③ 계약해제신고서(취득일부터 60일 이내에 제출된 것만 해당한다)

④ 부동산 거래신고 관련 법령에 따른 부동산거래계약 해제 등 신고서(취득일부터 60일 이내에 등록관청에 제출한 경우만 해당한다)

2. 증여로 취득한 후 매매계약이 해제된 경우

토지를 증여계약일에 무상취득한 경우로서 해당 토지를 등기하지 않고 다음 중 어느 하나에 해당하는 서류로 계약이 해제된 사실이 입증되는 경우에는 취득한 것으로 보지 않는다.

① 화해조서 · 인낙조서(해당 조서에서 취득일이 속하는 달의 말일부터 3개월 이내에 계약이 해제된 사실이 입증되는 경우만 해당한다)

② 공정증서(공증인이 인증한 사서증서를 포함하되, 취득일이 속하는 달의 말일부터 3개월 이내에 공증받은 것만 해당한다)

③ 계약해제신고서(취득일이 속하는 달의 말일부터 3개월 이내에 시장 · 군수 · 구청장에게 제출된 것만 해당한다)

사례 3 증여를 받은 경우 취득세 납세의무와 과세표준

거주자 甲이 아버지 乙로부터 토지를 증여받은 경우 지방세법상 취득세 및 등록면허세에 관한 아래의 물음에 답하시오. (2011년 세무사 2차 수정, 20점)

【물음 1】 거주자 甲은 취득세와 등록면허세 납세의무가 있는가? 증여계약 후 甲과 乙이 증여계약을 합의해제한 경우에도 마찬가지인가?

【물음 2】 거주자 甲이 乙로부터 토지에 담보된 채무 12억원을 승계하기로 하고 시가인정액이 10억원인 해당 토지를 2026년 8월 4일에 증여(즉 부담부증여) 받았다. 이 경우 취득세 과세표준에 관련된 규정을 설명하고, 甲이 취득한 토지의 취득세 과세표준은 그 금액이 얼마인지를 설명하시오.

해 답

【물음 1】 취득세와 등록면허세 납세의무

증여를 원인으로 이루어지는 등기에 대해서는 2011년 1월 1일부터 종전 등록세가 취득세에 통합되었었다. 따라서 거주자 甲이 아버지 乙로부터 토지를 증여를 원인으로 취득하는 경우에는 甲은 등록면허세가 납세의무가 없으므로, 이하에서는 甲의 취득세 납세의무에 대해서만 설명한다.

1. 토지를 증여받은 일반적인 경우

'취득'이란 매매, 교환, 상속, 증여, 기부, 법인에 대한 현물출자, 건축, 개수(改修), 공유수면의 매립, 간척에 의한 토지의 조성 등과 그 밖에 이와 유사한 취득으로서 원시취득, 승계취득 또는 유상 · 무상의 모든 취득을 말한다. 그리고 부동산 등의 취득은 관계 법령에 따른 등기 · 등록 등을 하지 않은 경우라도 사실상 취득하면 각각 취득한 것으로 보고 해당 취득물건의 소유자 또는 양수인을 각각 취득자로 한다.

사례의 경우 甲이 토지를 乙로부터 증여받아 취득한 경우에는 취득세 납세의무가 있다.

2. 증여계약 후 합의해제의 경우

증여를 원인으로 한 무상승계취득의 경우 그 취득시기는 증여계약일과 등기일 중 빠른 날이다. 따라서 증여계약 후 甲과 乙이 증여계약을 합의해제한 경우에도 甲은 취득세 납세의무를 진다. 다만, 甲이 증여를 원인으로 등기를 하지 않고 취득일(즉 증여계약일)이 속하는 달의 말일부터 3개월 이내에 계약이 해제된 사실이 입증되는 경우에는 취득한 것으로 보지 않으므로 이 경우에는 취득세 납세의무가 없다. 위 내용을 정리하면 다음과 같다.

① 증여계약 후 등기를 하고서 합의해제한 경우 : 그 합의해제시의 시기에 관계없이 甲은 취득세 납세의무를 진다.

② 등기를 하지 않고 증여계약일이 속하는 달의 말일부터 3개월이 지나서 합의해제한 경우 : 甲은 취득세 납세의무를 진다.

③ 등기를 하지 않고 증여계약일이 속하는 달의 말일부터 3개월 이내에 합의해제한 경우 : 甲은 취득세 납세의무를 지지 않는다.

즉 위 ①, ②에 해당하면 증여계약 후 합의에 의해 계약을 해제하여 토지를 증여자인 乙에게 반환하는 경우에도 이미 성립한 조세채권의 행사에는 영향을 줄 수 없다(합의해제의 소급효를 인정하지 않는다). 다만, 위 ③에 해당하는 경우에만 증여계약 합의해제의 소급효를 인정하여 취득세를 과세하지 않는 것이다.

【물음 2】 취득세 과세표준

1. 부담부증여 취득세 과세표준(p.668 이하 참조)

2. 사례의 경우

부담부증여의 경우 유상으로 취득한 것으로 보는 채무액에 상당하는 부분(즉 채무부담액)의 범위는 시가인정액을 한도로 한다. 사례에서 채무부담액은 12억원이고 토지의 시가인정액은 10억원이므로 유상으로 취득한 것으로 보는 채무액은 시가인정액 10억원을 한도로 한다. 따라서 甲이 乙로부터 취득한 토지의 과세표준은 다음과 같다.

① 유상승계취득 과세표준 : MIN(12억원, 10억원) = 10억원

② 무상취득(증여) 과세표준 : 10억원 − 위 ①의 금액(10억원) = 0원

사례 4 사인증여에 대한 취득세 신고·납부와 세율

다음 사례를 읽고 물음에 답하시오. (2017년 세무사 2차 수정, 20점)

> A회사의 대표이사였던 甲은 2026년 5월 3일 토지를 乙에게 사인증여하는 계약을 체결하고, 2026년 6월 20일 사망하였다. 이에 乙은 토지에 대한 취득세를 신고·납부하려고 한다. (단, 乙의 토지 취득시 또는 취득 전·후에 그 토지는 토지거래허가나 취득세 중과세, 비과세, 과세면제 또는 과세경감의 대상이 아니다)

【물음 1】 지방세법상 취득세 신고·납부에 대해서 설명하시오. (단, 지방세법 제20조 제1항의 범위로 한정한다) (5점)

【물음 2】 위 사례에서 토지 취득에 대한 乙의 취득세 신고납부의 기한에 대해서 설명하시오. (5점)

【물음 3】 지방세법상 토지 취득에 대한 취득세 표준세율에 대해서 설명하시오. (6점)

【물음 4】 위 사례에서 토지 취득에 대한 乙의 취득세 세율에 대해서 설명하시오. (4점)

해 답

【물음 1】 취득세 신고납부

취득세 과세물건을 취득한 자는 그 취득한 날부터 60일 이내에 그 과세표준에 세율을 적용하여 산출한 세액(이하 '산출세액'이라 한다)을 신고납부해야 한다(지방법 20 ①). 여기에는 다음과 같은 예외적인 신고납부가 있다.

① 토지거래계약에 관한 허가구역에 있는 토지를 취득하는 경우로서 토지거래계약에 관한 허가를 받기 전에 거래대금을 완납한 경우에는 그 허가일이나 허가구역의 지정 해제일(또는 축소일)부터 60일 이내에 산출세액을 신고납부해야 한다.

② 무상취득(상속은 제외)의 경우는 취득일이 속하는 달의 말일부터 3개월 이내에 산출세액을 신고납부해야 한다.

③ 상속으로 인한 경우는 상속개시일이 속하는 달의 말일부터 6개월(외국에 주소를 둔 상속인이 있는 경우에는 9개월) 이내에 산출세액을 신고납부해야 한다.

한편 위 규정에 따른 취득세의 신고·납부기한 이내에 재산권과 그 밖의 권리의 취득·이전에 관한

사항을 공부(公簿)에 등기 · 등록하려는 경우에는 등기 · 등록을 하기 전까지 취득세를 신고납부해야 한다.

【물음 2】 乙의 취득세 신고납부의 기한

1) 현행 지방세법 규정에 따를 때 사례에서 토지 취득에 대한 乙의 취득세 신고납부의 기한은 사인증여 계약일인 2026년 5월 3일이 속하는 달의 말일부터 3개월 이내인 '2026년 8월 31일'이다. 그 이유는 다음과 같다.

   ① 지방세법은 상속으로 인한 경우는 상속개시일이 속하는 달의 말일부터 6개월 이내에 산출세액을 신고납부해야 한다고 규정하고 있다. 한편 지방세법은 '상속'이란 용어에 피상속인이 상속인에게 한 유증 및 포괄유증과 신탁재산의 상속만을 포함하고 있다. 따라서 사인증여는 지방세법상 상속에 포함되지 않으므로 상속으로 인한 취득세 신고납부기한을 적용받을 수 없다.

   ② 무상승계취득의 경우에는 그 계약일(상속 · 유증으로 인한 취득의 경우에는 상속 · 유증 개시일을 말한다)에 취득한 것으로 본다. 따라서 사인증여의 경우에도 그 사인증여 계약일이 취득시기이므로 사인증여 계약일(2026년 5월 3일)을 기준으로 취득세 신고납부기한의 기산일이 되어야 한다.

2) 그런데 사인증여 계약의 효력은 증여자가 사망한 날에 발생하므로 수증자는 증여자가 사망한 날부터 소유권 이전등기 청구권을 갖고 소유권 이전등기 신청을 할 수 있다. 이러한 법이론적 관점에서 보면 수증자의 취득일은 증여자의 사망일(즉 상속개시일)로 하는 것이 타당하다. 이에 따르면 사례에서 토지 취득에 대한 乙의 취득세 신고납부기한은 甲의 사망일인 2026년 6월 20일이 속하는 달의 말일부터 3개월 이내인 '2026년 9월 30일'이다.

3) 사인증여에 의한 취득에 대한 취득시기를 취득세 신고납부기한을 위 2)와 같은 내용으로 지방세법에 명확히 규정하여 법적안정성을 도모할 필요가 있다고 본다.

【물음 3】 토지 취득에 대한 취득세 표준세율

취득세는 표준세율로 되어 있다. 따라서 지방자치단체장은 조세로 정하는 바에 따라 취득세의 세율을 표준세율의 50% 범위에서 가감할 수 있는데, 토지의 취득에 대한 표준세율은 다음과 같다.

부동산 취득	표준세율	비고
① 상속으로 인한 취득	2.8% (농지는 2.3%)	피상속인이 상속인에게 한 유증 및 포괄유증과 신탁재산의 상속 포함
② 상속 외의 무상취득	3.5% (비영리사업자의 취득은 2.8%)	–
③ 원시취득(수용재결로 취득하는 경우 등 과세대상이 이미 존재하는 상태에서 취득은 제외)	2.8%	증축 · 개수로 인하여 건축물 면적이 증가할 때에는 그 증가된 부분 포함

④ 공유물의 분할	2.3%	법률에 따른 부동산의 공유권 해소를 위한 지분이전으로 인한 취득(등기부등본상 본인 지분을 초과하는 부분은 제외) 포함
⑤ 합유물 및 총유물의 분할로 인한 취득	2.3%	–
⑥ 그 밖의 원인으로 인한 취득	4% (농지는 3%)	매매 · 교환 · 현물출자 그 밖의 유상취득

【물음 4】 乙의 취득세 세율

사인증여로 인하여 토지의 소유권을 취득하는 것은 '상속 외의 무상으로 인한 소유권의 취득'에 해당하므로 3.5%의 세율을 적용한다. 사례의 경우에도 乙이 사인증여로 인하여 甲으로부터 토지를 취득하였다. 따라서 사례에서 토지 취득에 대한 乙의 취득세 세율은 3.5%가 적용된다.

❑ 출제위원 채점평

> 지방세와 관련해서는 취득세의 신고납부기한과 세율구조에 대한 질문으로, 단순 암기보다는 취득세의 전반에 대한 정확한 이해를 바탕으로 하여 서술하는 것이 필요하다고 판단된다. 즉, 사례에 대한 정확한 이해를 바탕으로 하지 않고, 단순히 암기한 수험생들의 경우에는 이번 시험이 매우 까다로울 수 있었을 것이라고 보인다. 수험생들은 지방세의 경우에는 단순 암기라고 생각하는 경향이 강한데, 각 세목별로 과세요건에 대한 유기적인 이해를 필요로 하는 과목이라고 생각한다.

사례 5 경락에 의한 부동산 취득의 경우 취득세 과세표준과 세율

다음 사례를 읽고 아래 물음에 답하시오. (20점, 2018년 세무사 2차 시험)

> 내국법인 A는 2026년 7월 甲 소유의 상가건물 및 그 부속토지를 경락받아 취득하였다. 경락받은 부동산은 「상가건물 임대차보호법」에 의한 대항력을 갖춘 임차인 乙이 있어서 내국법인 A는 경락대금 전부 납부한 이후에 乙에게 임차보증금을 지급하였다. 한편 2016년에 시행된 지방세법에서는 수용재결로 취득하는 경우 등 과세대상이 이미 존재하는 상태에서 취득하는 경우를 원시취득에서 제외한다는 규정을 두고 있지 않았으나, 2017년에 개정되어 현재 시행 중인 지방세법에서는 이를 규정하고 있다. (단, 내국법인 A의 부동산 취득시 혹은 취득 전 · 후에 해당 부동산은 취득세 중과세, 비과세, 과세면제 또는 과세경감의 대상이 아니다.)

【물음 1】 내국법인 A가 경락받은 부동산에 대한 취득세를 신고납부하는 경우, 지방세법에서 규정하는 과세표준은 어떻게 산정해야 하는지 그 근거를 들어 설명하시오. (10점)

【물음 2】 부동산 경락취득이 지방세법의 원시취득에 해당하는 경우에는 2.8%, 승계취득에 해당하는 경우에는 4%의 취득세 세율이 적용된다. 위 사례에서 내국법인 A의 부동산 취득행위가 지방세법의 원시취득인지 승계취득인지에 대하여 논하시오. (10점)

해 답

【물음 1】 취득세 과세표준

1. 개 요

내국법인 A가 경락받아 부동산을 취득한 것은 유상승계취득에 해당한다. 이하에서 그 구체적인 내용을 설명하고자 한다.

2. 관련 법령규정

(1) 유상승계취득의 경우 과세표준

유상승계취득하는 경우 취득당시가액은 사실상취득가격으로 한다. 여기서 '사실상취득가격'이란 취득시기 이전에 해당 물건을 취득하기 위하여 납세의무자 등이 거래상대방이나 제3자에게 지급하였거나 지급하여야 할 모든 비용으로서, 해당 물건을 취득하기 위하여 거래상대방 또는 제3자에게 지급했거나 지급해야 할 직접비용과 간접비용의 합계액을 말한다. 그리고 취득가액에 포함하는 간접비용에는 '취득대금 외에 당사자 약정에 의한 취득자 조건 부담액과 채무인수액'이 있다.

(2) 경매에 의한 임차권의 소멸 문제

「상가건물 임대차보호법(제8조)」에서는 임차권은 임차건물에 대하여 민사집행법에 따른 경매가 실시된 경우에는 그 임차건물이 매각되면 소멸한다. 다만, 보증금이 전액 변제되지 않은 대항력이 있는 임차권은 그렇지 않다고 규정하고 있다. 따라서 대항력을 갖춘 임차인의 임차보증금은 해당 건물을 매수한 자에게 지급할 의무가 승계된다.

3. 사례의 취득세 과세표준

사례에서 내국법인 A가 경락받아 취득한 부동산의 과세표준은 해당 상가건물 및 그 부속토지 취득을 위하여 직접 지급한 경락대금과 대항력을 갖춘 임차인 乙에게 지급한 임차보증금의 합계액으로 한다. 내국법인 A가 취득 당시 대항력 있는 임차인 乙에게 지급할 임차보증금 채무를 인수한 것이므로 대항력 있는 임차보증금도 취득하기 위하여 지급된 간접비용으로서 취득세 과세표준에 포함하는 것이다.

【물음 2】 취득의 유형

1. 개 요

부동산 경락취득이 취득의 유형 중 원시취득인지 아니면 승계취득인지에 따라 취득세 적용세율이 달라지는데, 이하에서 그 구체적인 내용을 설명하고자 한다.

2. 원시취득과 승계취득

(1) 몇 가지 기준에 따른 구분

1) 전(前)의 권리 내용을 승계하는가 여부 : 강학상 '원시취득'이란 어떤 권리가 타인의 권리에 기함이 없이 특정인에게 새로 발생하는 취득을 말하고, '승계취득'이란 어떤 권리가 타인의 권리에 기하여 특정인에게 승계적으로 발생하는 취득을 말한다. 따라서 승계취득한 권리는 전(前)의 권리의 제한 및 하자를 승계하지만, 원시취득은 전(前)의 권리의 제한 및 하자를 승계하지 않는다는 점에서 차이가 있다.

이에 따르면 수용재결에 의한 취득, 시효취득, 종전의 권리를 승계하지 않는 공매 · 경매에 의한 취득도 건물의 건축, 간척에 의한 토지 조성 등과 함께 원시취득에 해당한다.

2) 과세대상자산이 새롭게 생겨난 것인가 여부 : 과세대상자산이 새롭게 생겨나서 해당 물건의 수량이 절대적으로 증가하는 취득이면 '원시취득'에 해당하고 이미 존재하던 과세대상자산의 소유권이 이전이 되고 해당 물건의 수량에는 변함이 없는 상태의 취득이면 '승계취득'에 해당한다.

이에 따르면 수용재결에 의한 취득, 시효취득, 종전의 권리를 승계하지 않는 공매 · 경매에 의한 취득은 승계취득에 해당하고 건물의 건축, 간척에 의한 토지 조성 등만이 원시취득에 해당한다.

3) 소유권 취득에 대한 등기유형 : 부동산의 소유권 취득에 대한 등기의 유형이 '소유권 보존'으로 등기부에 표시되면 '원시취득'으로, '소유권 이전'으로 등기부에 표시되면 승계취득으로 구분한다.

이에 따르면 수용재결에 의한 취득, 시효취득, 종전의 권리를 승계하지 않는 공매 · 경매에 의한 취득은 '소유권 이전'의 형식으로 등기부에 표시되므로 승계취득에 해당한다.

(2) 현행 지방세법 규정

과세관청은 지방세법상 원시취득은 과세대상자산이 새롭게 생겨나면서 납세의무가 발생하고 부동산의 등기부등본에도 등기목적이 '소유권 이전'으로 표시되므로 승계취득에 해당한다고 판단하였다. 이에 대해 대법원은 지방세법에 원시취득과 승계취득을 구분하는 명확한 기준이 없으므로 강학상 개념에 따라 수용재결로 인한 취득도 원시취득으로 보아야 한다고 판결하였다. 이처럼 수용재결에 의한 취득, 시효취득, 종전의 권리를 승계하지 않는 공매 · 경매에 의한 취득에 대해서 법적용상 혼선이 있어, 개정 지방세법에서는 2017.1.1. 이후 취득분부터 '수용재결로 취득한 경우 등 과세대상이 이미 존재하는 상태에서 취득하는 경우는 원시취득으로 보지 않는다'고 명확히 규정하였다.

3. 사례의 취득 : 승계취득

내국법인 A가 2026년에 부동산을 경락받아 취득한 것은 과세대상이 이미 존재하는 상태에서 취득으로서 개정 지방세법이 적용되므로 유상승계취득에 해당한다. 따라서 4%의 취득세율이 적용된다(강학상으로도 대항력을 갖춘 임차인 乙의 임차권이 소멸되지 않고 승계되므로 원시취득으로 보기 어려운 점이 있다).

❑ 출제위원 채점평

경락으로 인한 부동산취득시 취득세의 과세표준과 세율에 대한 문제이다.

문제의 취지를 잘 이해하고 잘 쓴 답안도 있었지만, 문제의 취지를 잘못 이해하고, 【물음 1】과 【물음 2】를 혼용하여 쓴 답안도 적지 않았다. 단순한 암기보다 법조문이 나오게 된 배경과 그 취지 등을 함께 이해할 수 있도록 학습한다면 사례형 문제도 어렵지 않게 대처할 수 있을 것이다.

제4절 취득세의 납세절차

I 신고납부

1. 원칙적인 신고납부

취득세 과세물건을 취득한 자는 다음의 신고·납부기한 이내에 그 과세표준에 세율을 적용하여 산출한 세액(이하 '산출세액'이라 한다)을 신고납부해야 한다(지방법 20 ①).

구분		취득세의 신고납부기한
(1) 일반적인 취득의 경우		• 취득한 날부터 60일 이내* * 「부동산 거래신고 등에 관한 법률」에 따른 토지거래계약에 관한 허가구역에 있는 토지를 취득하는 경우로서 토지거래계약에 관한 허가를 받기 전에 거래대금을 완납한 경우에는 그 허가일이나 허가구역의 지정 해제일(또는 축소일)부터 60일 이내
(2) 무상취득	① 상속 외의 무상취득 ② 증여자의 채무를 인수하는 부담부증여로 인한 취득	• 취득일이 속하는 달의 말일부터 3개월 이내
	③ 상속으로 인한 무상취득	• 상속개시일(또는 실종선고일)이 속하는 달의 말일부터 6개월 이내* * 외국에 주소를 둔 상속인이 있는 경우에는 9개월 이내

한편 위 규정에 따른 취득세의 신고·납부기한 이내에 재산권과 그 밖의 권리의 취득·이전에 관한 사항을 공부(公簿)에 등기하거나 등록하려는 경우에는 등기·등록 신청서를 등기·등록관서에 접수하는 날까지 취득세를 신고납부해야 한다(지방법 20 ④).

참고사항 「부동산등기 특별조치법」 제2조 (소유권이전등기 등 신청의무)

부동산의 소유권이전을 내용으로 하는 계약을 체결한 자는 다음에 해당하는 날부터 60일 이내에 소유권이전등기를 신청해야 한다. 다만, 그 계약이 취소·해제되거나 무효인 경우에는 그렇지 않다.

① 계약의 당사자가 서로 대가적인 채무를 부담하는 경우 : 반대급부의 이행이 완료된 날(즉 잔금지급일)

② 계약 당사자의 일방만이 채무를 부담하는 경우 : 그 계약의 효력이 발생한 날(즉 증여계약일) ■

참고사항 채권자대위권에 의한 등기신청을 하려는 채권자의 취득세 신고

부동산등기법에 따라 채권자대위권에 의한 등기신청을 하려는 채권자(이하 '채권자대위자'라 한다)는 납세의무자를 대위하여 부동산의 취득에 대한 취득세를 신고할 수 있다(이 경우 채권자대위자는 납부확인서를 발급받을 수 있다). 지방자치단체장은 이처럼 채권자대위자의 신고가 있는 경우 납세의무자에게 신고사실을 즉시 통보해야 한다(지방법 20 ⑤,⑥). ■

참고사항 시가인정액 수정신고시 가산세 부과제외

납세의무자가 취득세 신고기한까지 취득세를 시가인정액(또는 시가표준액)으로 신고한 후, 지방자치단체장이 세액을 경정하기 전에 그 시가인정액(또는 시가표준액)을 수정신고한 경우에는 과소신고가산세 및 납부지연가산세를 부과하지 않는다(지방법 21 ③). ■

2. 예외적인 신고납부

1) 취득 후 중과세 대상이 된 경우 : 취득세 과세물건을 취득한 후에 그 과세물건이 중과세율의 적용대상이 되었을 때에는 중과세 대상에 해당하는 날부터 60일 이내에 중과세율을 적용하여 산출한 세액에서 이미 납부한 세액(가산세는 제외)을 공제한 금액을 세액으로 하여 신고납부해야 한다(지방법 20 ②).

2) 부과대상 또는 추징대상이 된 경우 : 지방세법 또는 다른 법령에 따라 취득세를 비과세, 과세면제 또는 경감받은 후에 해당 과세물건이 취득세 부과대상 또는 추징대상이 되었을 때에는 위 원칙적인 신고 및 납부에도 불구하고 그 사유 발생일부터 60일 이내에 해당 과세표준에 취득세율을 적용하여 산출한 세액[경감받은 경우에는 이미 납부한 세액(가산세는 제외)을 공제한 세액을 말한다]을 신고납부해야 한다(지방법 20 ③).

Ⅱ 보통징수

취득세 납세의무자가 신고 또는 납부의무를 다하지 않으면 산출세액 또는 그 부족세액에 무신고가산세·과소신고가산세 및 납부지연가산세(p.604 참조)를 합한 금액을 세액으로 하여 보통징수의 방법으로 징수한다(지방법 21 ① (1)).

한편 납세의무자가 취득세 과세물건을 사실상 취득한 후 그 산출세액을 신고하지 않고 매각하는 경우에는 무신고가산세와 납부지연가산세 규정에도 불구하고 산출세액에 80%를 가산한 금액을 세액으로 하여 보통징수의 방법으로 징수한다(지방법 21 ②).

중가산세 = 산출세액×80%

다만, 다음의 과세물건은 중가산세 적용대상에서 제외한다(지방법 21 ② 단서, 지방령 37).

① 취득세 과세물건 중 등기 또는 등록이 필요하지 않는 과세물건(골프회원권, 승마회원권, 콘도미니엄회원권, 종합체육시설이용회원권 또는 요트회원권은 제외)

② ㉠ 지목변경, ㉡ 차량 · 기계장비 또는 선박의 종류 변경, ㉢ 과점주주의 주식취득 등 간주취득으로 보는 과세물건

Ⅲ 취득세의 면세점

취득가액이 50만원 이하일 때에는 취득세를 부과하지 않는다(면세점). 이 경우 토지나 건축물을 취득한 자가 그 취득한 날부터 1년 이내에 그에 인접한 토지나 건축물을 취득한 경우에는 각각 그 전후의 취득에 관한 토지나 건축물의 취득을 1건의 토지 취득 또는 1구의 건축물 취득으로 보아 면세점 해당 여부를 판단한다(지방법 17 ①,②). 그리고 연부로 취득하는 것도 취득가액의 총액을 기준으로 면세점 해당 여부를 판단한다(지방령 20 ⑤).

[도 표] 면세점과 소액 징수면제

구분	면세점	소액 징수면제
의 의	• 과세표준금액이 일정금액 이하가 되면 세금을 부과하지 않는 것을 말한다.	• 과세표준과 세액을 확정하였으나 고지에 의한 징수세액이 소액이어서 그 징세비를 고려할 때 비효율적인 경우 그 세액을 징수하지 않는 것을 말한다.
적용례	• 취득세 : 취득가액이 50만원 이하 ※ 주민세 : 연면적 330㎡ 이하 또는 종업원수 50명 이하	• 재산세 : 고지서 1장당 2,000원 미만

Ⅳ 법인의 장부 등 작성과 보존의무

취득세 납세의무가 있는 법인은 취득당시가액을 증명할 수 있는 장부와 관련 증거서류를 작성하여 갖춰 두어야 한다. 이러한 의무를 이행하지 않은 경우에는 지방자치단체장은 산출된 세액 또는 부족세액의 10%에 상당하는 금액을 징수해야 할 세액에 가산한다(지방법 22의2 ①,②).

무기장가산세 = 산출세액(또는 부족세액) × 10%

참고사항 **장부 및 증거서류**

취득세 납세의무가 있는 법인은 취득당시가액을 증명할 수 있는 장부와 관련 증거서류를 작성하여 갖춰 두어야 하는데, 이 경우 다음의 장부 및 증거서류를 포함해야 한다(지방법 22의2 ①).

① 사업의 재산 상태와 그 거래내용의 변동을 기록한 장부 및 증거서류

② 신탁법에 따른 수탁자가 위탁자로부터 취득세 과세대상 물건의 취득과 관련하여 지급받은 신탁수수료와 그 밖의 대가가 있는 경우 이를 종류 · 목적 · 용도별로 구분하여 기록한 장부 및 증거서류 ■

사례 1 신고납부와 수정신고

지방세와 관련하여 다음의 물음에 답하시오. (10점)

【물음 1】 甲은 매매로 주택을 2026년 7월 1일에 취득하였다. 甲이 납부할 취득세액이 500만원인 경우 신고납부에 대해서 설명하시오.

【물음 2】 A회사는 토지를 취득하고 법정신고기한까지 취득세를 신고납부하였으나, 세율 적용의 오류로 인하여 취득세 산출세액 100만원이 과소신고되었음을 법정신고기한이 지난 후 7개월 후에 알게 되었다면 A회사가 불이익을 최소화하기 위한 세법상 조치에 대해서 설명하시오.

해 답

【물음 1】 甲의 신고납부

주택을 취득한 甲은 취득한 날(7월 1일)부터 60일 이내인 8월 30일까지 취득세 500만원을 신고납부해야 한다. 다만, 甲이 주택의 취득에 관한 사항을 공부(公簿)에 등기하려는 경우에는 등기를 하기 전(등기신청서를 등기관서에 접수하는 날을 말한다)까지 취득세 500만원을 신고납부해야 한다.

【물음 2】 A회사의 조치

A회사는 토지를 취득하고 법정신고기한까지 취득세를 신고납부하였으나, 세율 적용의 오류로 취득세액 100만원이 과소신고된 때에는 지방자치단체장이 취득세의 과세표준과 세액을 경정하여 통지하기 전까지 수정신고하고 추가납부할 수 있다.

이 경우 A회사는 법정신고기한이 지난 후 7개월(6개월 초과 1년 이내)이 되는 시점에서 수정신고하고 납부한 경우에는 과소신고가산세의 30%를 감면한다.

사례 2 취득세 일반

다음 사례를 읽고 물음에 답하시오. (25점)

개인 甲(국내에 주소를 두고 있음)은 토지(농지는 아님)를 4억원에 매매계약에 의해서 개인 乙로부터 취득하였다. 그 매매계약일은 2026년 4월 1일, 계약서상 잔금지급일은 같은 해 4월 25일인데, 甲은 자금사정상 乙의 양해를 구하여 같은 해 5월 1일에 사실상 잔금을 지급하고 부동산거래신고를 마쳐 거래신고 내용에 대해 적격으로 검증받은 부동산거래신고필증을 같은 해 발급받았다. 개인 甲은 취득세 신고기한의 말일에 취득물건인 토지에 관한 소유권이전등기를 하려고 한다. 취득세 신고납부를 할 무렵 도청에서 확인한 결과 해당 토지의 시가표준액은 3억원으로 확인되었다.

【물음 1】 위 사례와 같은 유상승계취득의 취득시기를 설명하고, 위 사례에서 취득세 신고기한은 언제인지를 쓰시오.

【물음 2】 개인 甲이 취득한 토지에 대한 취득세 납부세액(산출세액)을 계산하시오. 단, 해당 토지는 중과세대상에 해당하지 않는다.

【물음 3】 개인 甲은 당초 취득세율 적용의 착오로(부정행위는 아님) 과세표준의 2%에 해당하는 세액만을 법정신고기한 이내에 신고·납부하였음을 나중에 알게 되었다. 이 경우 개인 甲이 가산세 부담의 최소화를 위해서 법정신고기한으로부터 30일이 지난 시점에서 할 수 있는 조치를 설명하고, 그 조치를 취할 경우 가산세를 포함하여 추가신고납부할 세액을 계산하시오.

【물음 4】 개인 甲은 해당 토지에 취득세를 법정신고기한까지 신고하지 않고 납부도 하지 않았다(부정행위는 해당하지 않음). 이 경우 개인 甲이 가산세 부담의 최소화를 위해서 법정신고기한으로부터 30일이 지난 시점에서 할 수 있는 조치를 설명하고, 그 조치를 취할 경우 가산세를 포함하여 신고납부할 세액을 계산하시오.

【물음 5】 개인 甲이 해당 토지를 취득한 후 그 산출세액을 신고하지 않고 매각하는 경우 불이익은 무엇인지를 설명하고, 이 경우 지방자치단체장으로부터 보통징수방법으로 징수당할 세액은 얼마인지를 가산세를 포함하여 계산하시오.

해 답

【물음 1】 취득시기

1. 유상승계취득

(1) 원 칙

1) 일반적인 경우 : 사실상의 잔금지급일(신고인이 제출한 자료로 사실상의 잔금지급일을 확인할 수 없는 경우에는 계약상의 잔금지급일)에 취득한 것으로 본다. 다만, 해당 취득물건을 등기·등록하지 않고 다음 중 어느 하나에 해당하는 서류로 계약이 해제된 사실이 입증되는 경우에는 취득한 것으로 보지 않는다.

① 화해조서 · 인낙조서(해당 조서에서 취득일부터 60일 이내에 계약이 해제된 사실이 입증되는 경우만 해당한다)

② 공정증서(공증인이 인증한 사서증서를 포함하되, 취득일부터 60일 이내에 공증받은 것만 해당한다)

③ 계약해제신고서(취득일부터 60일 이내에 제출된 것만 해당한다)

④ 부동산 거래신고 관련 법령에 따른 부동산거래계약 해제 등 신고서(취득일부터 60일 이내에 등록관청에 제출한 경우만 해당한다)

2) 연부로 취득하는 것(취득가액의 총액이 면세점을 초과하는 것) : 그 사실상의 연부금지급일

(2) 예 외

위 (1) 취득일 전에 등기 또는 등록을 한 경우에는 그 등기일 또는 등록일에 취득한 것으로 본다.

2. 사례의 경우

계약서상 잔금지급일은 2026년 4월 25일인데, 甲은 자금사정상 乙의 양해를 구하여 같은 해 5월 1일에 사실상 잔금을 지급하였음이 확인된다. 따라서 사례에서 甲이 취득한 토지의 취득시기는 2026년 5월 1일이다. 따라서 취득세 신고기한은 취득일부터 60일 이내인 2026년 6월 30일이다.

【물음 2】 취득세 납부세액

구분	계산근거
과세표준 세 율	4억원(사실상취득가격) × 4%(유상취득)
산출세액(납부세액)	1,600만원

【물음 3】 수정신고 · 납부

1. 취할 조치 : 수정신고 · 납부

취득세의 법정신고기한까지 과세표준신고서를 제출한 자는 "과세표준신고서에 기재된 과세표준 및 세액이 신고해야 할 과세표준 및 세액보다 적을 때"에는 지방자치단체장이 지방세의 과세표준과 세액을 경정하여 통지를 하기 전까지는 과세표준수정신고서를 제출할 수 있다.

수정신고로 인하여 추가납부세액이 발생한 경우에는 그 수정신고를 한 자는 추가납부세액을 납부해야 한다.

2. 추가납부세액

(1) 부족세액 : 1,600만원 − 4억원×2% = 800만원

(2) 가산세

① 과소신고가산세 : 과소신고분 세액(800만원)×10%×10%* = 8만원

* 법정신고기한이 지난 후 1개월 이내 수정신고로 인한 90% 감면분 제외

② 납부지연가산세(지연일수분) : 800만원 × 30일 × $\frac{2.2}{10,000}$ = 52,800원

합계 : (1) + (2) = 8,132,800원

【물음 4】 기한후신고 · 납부

1. 취할 조치 : 기한후신고 · 납부

법정신고기한까지 과세표준신고서를 제출하지 않은 자는 지방자치단체장이 취득세의 과세표준과 세액(가산세 포함)을 결정하여 통지하기 전에는 납기 후의 과세표준신고서를 제출할 수 있다. 이처럼 기한후신고서를 제출한 자로서 납부해야 할 세액이 있는 자는 그 세액을 납부해야 한다.

2. 납부세액

(1) 산출세액 : 1,600만원

(2) 가산세

① 무신고가산세 : 산출세액(1,600만원)×20%×50%* = 160만원

* 법정신고기한이 지난 후 1개월 이내 기한후신고로 인한 50% 감면분 제외

② 납부지연가산세(지연일수분) : 1,600만원 × 30일 × $\frac{2.2}{10,000}$ = 105,600원

합계 : (1) + (2) = 17,705,600원

【물음 5】 보통징수

1. 불이익 : 중가산세 부과

납세의무자가 취득세 과세물건을 사실상 취득한 후 그 산출세액을 신고하지 않고 매각하는 경우에는 산출세액에 80%를 가산한 금액을 세액으로 하여 보통징수의 방법으로 징수한다.

2. 징수당할 세액

(1) 산출세액 : 1,600만원

(2) 중가산세 : 1,600만원×80% = 1,280만원

합계 : (1) + (2) = 2,880만원

사례 3 취득세 신고납부기한과 가산세

다음 사례를 읽고 물음에 답하시오. (5점)

(1) 甲은 청주시 흥덕구에 있는 17필지 토지 및 건물(이하 '이 사건 부동산'이라고 한다)을 2026.6.1.에 잔금을 지급하고 A법인으로부터 매수한 후 법무사를 통해 청주지방법원에 이 사건 부동산에 관한 소유권이전등기 신청서를 제출하였고, 위 신청은 2026.6.3. 오후 4시경에 접수되었다.

(2) 甲은 그 다음 날인 2026.6.4. 과세관청에 이 사건 부동산에 관한 취득세 등을 신고·납부하였다. 그리고 취득세 영수필 통지서를 관할등기소에 등기관의 보정명령이 있는 2026.6.4.의 다음 날인 2026.6.5.에 제출하여 해당 일자에 소유권이전등기를 완료하였다.

【물 음】 사례에서 甲의 취득세 신고납부기한은 언제까지인지를 설명하고, 甲에게 부과되는 가산세를 설명하시오.

해 답

1. 취득세 신고납부기한

이 사건 부동산의 취득일은 사실상 잔금지급일인 2026.6.1.이므로 본래 취득세 신고납부기한은 이 취득일부터 60일 이내인 2026.7.31.까지이다. 그런데 이러한 취득세 신고납부기한 이내인 2026.6.3. 오후 4시경에 등기신청서를 등기관서에 접수했으므로 사례에서 취득세 신고납부기한은 2026.6.3.이다.

2. 가산세

甲이 취득세를 신고납부기한인 2026.6.3.까지 신고납부하지 않았으므로 일반무신고가산세(산출세액의 20%)와 납부지연가산세가 부과된다.

제5절 과점주주의 간주취득세

Ⅰ 서 설

법인(주식을 유가증권시장·코스닥시장에 상장한 법인은 제외한다. 이하 같다)의 주식 또는 지분을 취득함으로써 과점주주가 되었을 때에는 그 과점주주가 해당 법인의 과세대상자산을 취득한 것으로 본다(지방법 7 ⑤ 본문).

본래 비상장법인의 주식 등을 취득함으로써 과점주주가 되는 것은 해당 법인의 부동산 등 취득물건을 직접적으로 취득한 것은 아니다. 그럼에도 불구하고 이를 취득으로 간주하여 취득세를 과세하는 취지는 다음과 같이 설명할 수 있다.

① 과점주주가 되면 법인의 재산을 사실상 임의처분하거나 관리·운용할 수 있는 지위에 서게 되어 실질적으로 그 재산을 직접 소유하는 것과 크게 다를 바 없으므로 이 점에서 담세력이 나타난다고 보고 취득세를 부담하게 하는 것이 간주취득세의 취지이다(대법원 1994.5.24. 선고 92누11138 판결). 이는 특히 우리나라 조세체계상 부동산의 취득에 대해서는 취득세를 부과하지만 주식의 취득에 대해서는 과세하지 않는 점에 착안하여, 부동산을 취득하기 위한 방편으로 그 부동산을 소유하는 법인의 주식을 인수하는 방법이 거래에서 성행하는 과세현실에 대응하기 위해 마련된 제도이다.

② 비공개법인의 주식이나 지분을 특정인이 독과점하는 것을 억제하여 널리 일반인에게 분산을 유도하기 위해서는 과점주주에게 간주취득세를 부과할 필요가 있다.

Ⅱ 간주취득의 요건

1. 간주취득세 납세의무가 있는 과점주주의 범위

출자자의 제2차납세의무자인 '과점주주'란 주주(또는 유한책임사원) 1명과 그의 특수관계인으로서 그들의 소유주식수의 합계(또는 출자액의 합계)가 해당 법인의 발행주식총수(또는 출자총액)의 50%를 초과하면서 그에 관한 권리를 실질적으로 행사하는 자들을 말한다. 여기서 소유주식과 발행주식총수에는 '의결권이 없는 주식'은 제외하고 50%를 초과하는지의 여부를 판정한다(지방법 7 ⑤, 지기법 46 ②). 이러한 과점주주 중 주주(또는 유한책임사원) 1명과 일정한 특수관계(아래 참고사항)에 해당하는 과점주주가 간주취득세 납세의무를 진다(지방령 11 ②).

참고사항 과점주주 판정시 특수관계인의 범위

과점주주 판정시 '특수관계인'이란 주주(또는 유한책임사원) 1인과 다음 중 어느 하나에 해당하는 특수관계인을 말한다(지방령 10의2 ①). 이 경우 본인도 그 특수관계인의 특수관계인으로 본다(지기법 2 ① (34) 후단, 지기령 2 ①).

<table>
<tr><th>구분</th><th>특수관계인의 범위</th></tr>
<tr><td>(1) 친족관계</td><td>① 4촌 이내의 혈족
② 3촌 이내의 인척
③ 배우자(사실상의 혼인관계에 있는 사람을 포함한다)
④ 친생자로서 다른 사람에게 친양자로 입양된 사람 및 그 배우자 · 직계비속
⑤ 본인이 민법에 따라 인지(認知)한 혼인 외 출생자의 생부(生父)나 생모(生母)</td></tr>
<tr><td>(2) 경제적 연관관계</td><td>임원과 그 밖의 사용인에 해당하는 사람으로서 ① 주주, ② 유한책임사원
※ 주의할 점
㉠ 본인의 임원 및 사용인에 해당하는 자이나 주주 및 유한책임사원이 아닌 경우에는 특수관계인에 해당하지 않는다.
㉡ 본인의 금전이나 그 밖의 재산으로 생계를 유지하는 자(이들과 생계를 함께하는 친족 포함)는 특수관계인에 해당하지 않는다.
㉢ 임원 및 사용인과 생계를 함께하는 친족도 특수관계인에 해당하지 않는다.</td></tr>
<tr><td>(3) 경영지배 관계</td><td>1) 본인이 개인인 경우 : 본인이 직접 또는 그와 친족관계 또는 경제적 연관관계에 있는 자를 통하여 법인의 경영에 대하여 지배적인 영향력을 행사하고 있는 경우 그 법인 중 본인이 직접 해당 법인의 경영에 대하여 지배적인 영향력을 행사하고 있는 경우 그 법인

2) 본인이 법인인 경우
① 개인 또는 법인이 직접 또는 그와 친족관계 또는 경제적 연관관계에 있는 자를 통하여 본인인 법인의 경영에 대하여 지배적인 영향력을 행사하고 있는 경우 그 개인 · 법인 중 해당 개인 · 법인이 직접 본인인 법인의 경영에 대하여 지배적인 영향력을 행사하고 있는 경우 그 개인 · 법인
② 본인이 직접 또는 그와 경제적 연관관계 또는 위 ①의 관계에 있는 자를 통하여 어느 법인의 경영에 대하여 지배적인 영향력을 행사하고 있는 경우 그 법인 중 본인이 직접 또는 위 ①에 해당하는 자를 통해 어느 법인의 경영에 대하여 지배적인 영향력을 행사하고 있는 경우 그 법인

※ 위 1) · 2)를 적용할 때 다음의 구분에 따른 요건에 해당하는 경우 해당 법인의 경영에 대하여 지배적인 영향력을 행사하고 있는 것으로 본다.
<table><tr><th>구분</th><th>경영지배기준</th></tr><tr><td>영리법인인 경우</td><td>법인의 발행주식총수(또는 출자총액)의 50% 이상을 출자한 경우
* 주의할 점 : 임원의 임면권(任免權)의 행사, 사업방침의 결정 등 법인의 경영에 대하여 사실상 영향력을 행사하고 있다고 인정되는 경우에는 경영지배기준에 해당하지 않는다.</td></tr></table></td></tr>
</table>

	비영리법인인 경우	㉠ 법인의 이사의 과반수를 차지하는 경우 ㉡ 법인의 출연재산*의 50% 이상을 출연하고 그 중 1명이 설립자인 경우 * 설립을 위한 출연재산만 해당한다.
	※ 주의할 점 : 30% 이상 출자(또는 출연) 기준이 아닌 50% 이상 출자(또는 출연) 기준인 점에 주의해야 한다.	

[도 표] 본인(주주 또는 유한책임사원) 1인의 특수관계인

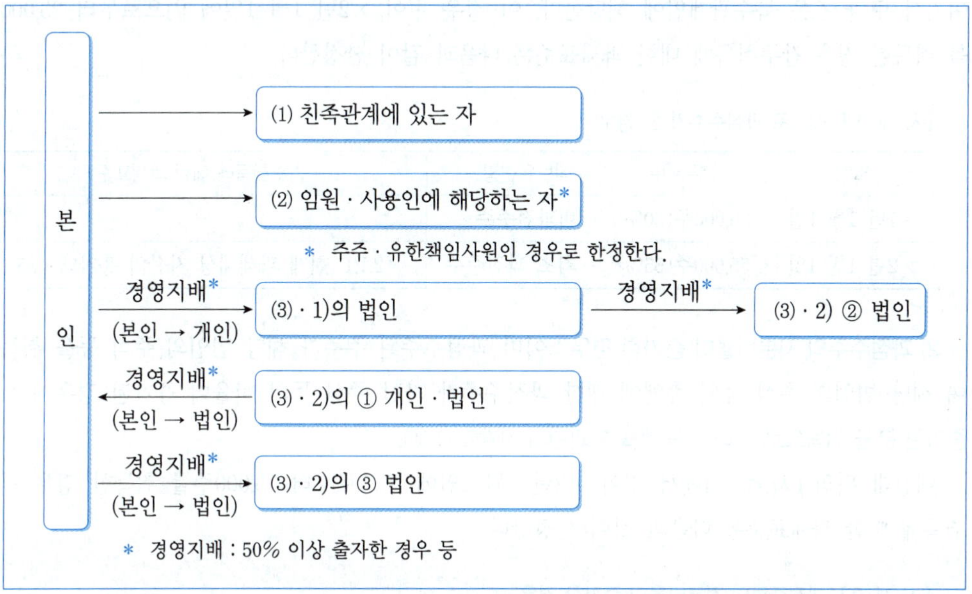

2. 주식취득의 원인

과점주주의 주식 또는 지분의 취득원인은 원시취득, 승계취득 또는 유상 · 무상을 불문한 모든 취득을 포함한다. 다만, 원시취득 중 법인설립시에 발행하는 주식 또는 지분을 취득함으로써 과점주주가 된 경우에는 간주취득세를 부과하지 않는다(지방법 7 ⑤).

구분		간주취득세 부과 여부
(1) 주식의 원시취득	① 설립시 취득	×
	② 증자시 취득(불균등증자 + 실권주 배정)	○
(2) 주식의 승계취득	매매 · 증여 등	○

한편 과점주주의 지분비율 변동에 따른 간주취득세 부과의 적용례는 다음과 같다.

1) 최초로 과점주주가 된 경우 : 법인의 과점주주가 아닌 주주가 ① 다른 주주의 주식 또는 지분 (이하 '주식 등'이라 한다)을 취득하거나 ② 증자 등으로 최초로 법인의 과점주주가 된 경우에는 과점주주가 된 날 현재 해당 과점주주가 소유하고 있는 법인의 주식 등을 모두 취득한 것으로 보아 취득세를 부과한다(지방령 11 ①).

예컨대 ×1년 1월 1일 현재 A사(비상장법인)의 발행주식총수는 100,000주이고, 주주들의 주식 보유현황은 甲이 20,000주, 乙이 10,000주, 丙이 40,000주, 丁이 30,000주를 각각 보유하고 있다. 여기서 甲과 乙은 특수관계인에 해당한다. 이 경우 甲이 ×2년 1월 1일에 丙으로부터 25,000주를 취득한 경우 간주취득에 대한 과세표준은 다음과 같이 산정한다.

[사 례 1] 최초로 과점주주가 된 경우

일자	주주 甲·乙의 주식보유현황	간주취득에 대한 과세표준
×1년 1월 1일	30,000주(30%) – 비과점주주	–
×2년 1월 1일	55,000주(55%) – 최초 과점주주	×2.1.1. 현재 과세대상 자산의 총가액×55%

2) 과점주주의 지분비율이 증가한 경우 : 이미 과점주주된 주주가 해당 법인의 주식 등을 취득하여 해당 법인의 주식 등의 총액에 대한 과점주주가 가진 주식 등의 비율이 증가된 경우에는 그 증가된 분을 취득으로 보아 취득세를 부과한다(지방령 11 ③).

예컨대 위의 [사 례 1]에서 甲이 ×3년 1월 1일에 丁으로부터 15,000주를 취득한 경우 간주취득에 대한 과세표준은 다음과 같이 산정한다.

[사 례 2] 과점주주의 지분비율이 증가한 경우

일 자	주주 甲·乙의 주식보유현황	간주취득에 대한 과세표준
×1년 1월 1일	30,000주(30%) – 비과점주주	–
×2년 1월 1일	55,000주(55%) – 최초 과점주주	×2.1.1. 현재 과세대상 자산의 총가액×55%
×3년 1월 1일	70,000주(70%) – 과점주주	×3.1.1. 현재 과세대상 자산의 총가액×15%

다만, 증가된 후의 주식 등의 비율이 해당 과점주주가 기존에 가지고 있던 주식 등의 최고비율보다 증가되지 않은 경우에는 취득세를 부과하지 않는다(지방령 78 ③ 단서).

예컨대 앞의 [사 례 1]에서 ×2년 7월 1일에 甲이 다른 주주에게 4,000주를 양도하여 과점주주의 지분비율이 51%가 되었다. 그 후 甲이 ×3년 1월 1일에 丁으로부터 3,000주를 취득하여 지분비율이 54%가 된 경우에는 기존 최고의 지분비율(55%)보다 증가된 것은 아니므로 그 증가분(3%)에 대해서는 취득세를 부과하지 않는다.

3) 비과점주주가 된 후 다시 과점주주가 된 경우 : 과점주주이었으나 주식 등의 양도, 해당 법인의 증자 등으로 과점주주에 해당되지 않은 주주가 된 자가 해당 법인의 주식 등을 취득하여 다시 과점주주가 된 경우에는 다시 과점주주가 된 당시의 주식 등의 비율이 그 이전에 과점주주가 된 당시의 주식 등의 비율보다 증가된 경우에만 그 증가된 분만을 취득으로 보아 위 2)의 예에 따라 취득세를 부과한다(지방령 11 ④).

예컨대 앞의 [사 례 2]에서 ×4년 1월 1일에 甲이 丁에게 20,000주를 양도하였다. 그 후 ×5년 1월 1일에 甲이 丙으로부터 15,000주를 취득하였고, ×6년 1월 1일에 甲이 丁으로부터 15,000주를 취득하였다. 이 경우에 간주취득에 대한 과세표준은 다음과 같다.

[사 례 3] 비과점주주가 되었다가 다시 과점주주가 된 경우

일 자	주주 甲·乙의 주식보유현황	간주취득에 대한 과세표준
×1년 1월 1일	30,000주(30%) – 비과점주주	–
×2년 1월 1일	55,000주(55%) – 최초 과점주주	×2.1.1. 현재 과세대상 자산의 총가액×55%
×3년 1월 1일	70,000주(70%) – 과점주주	×3.1.1. 현재 과세대상 자산의 총가액×15%
×4년 1월 1일	50,000주(50%) – 비과점주주	–
×5년 1월 1일	65,000주(65%) – 다시 과점주주	기존 최고 지분비율(70%)보다 증가되지 않음
×6년 1월 1일	80,000주(80%) – 과점주주	×6.1.1. 현재 과세대상 자산의 총가액×10%

[도 표] 제2차납세의무와 간주취득세 비교

구분	제2차납세의무	간주취득세
주식발행법인	비상장법인* * 주식을 유가증권시장 · 코스닥시장에 상장한 법인을 제외한 법인을 말한다.	
대상주주 등	과점주주와 무한책임사원	과점주주 중 일정한 자
납세의무 성립시기	징수부족액 발생 등의 요건을 충족하는 때	과점주주로서 주식을 취득하는 때
연대납세의무	없음	있음

3. 간주취득세 과세대상자산

과점주주가 간주취득세 납세의무 성립일 현재 해당 법인의 다음의 취득세 과세대상자산(법인이 신탁법에 따라 신탁한 재산으로서 수탁자 명의로 등기 · 등록이 되어 있는 과세대상자산을 포함한다. p.758 판례 참조)을 취득한 것으로 본다.

① 부동산 : 토지, 건축물

② 준부동산 : 차량, 기계장비, 입목, 항공기, 선박
③ 각종 권리 : ㉠ 광업권, 어업권 · 양식업권, ㉡ 골프회원권, 승마회원권, 콘도미니엄회원권, 종합체육시설이용회원권, 요트회원권

Ⅲ 과세표준 및 세율

1. 간주취득세 과세표준

과점주주가 취득한 것으로 보는 해당 법인의 과세대상자산의 취득당시가액은 다음의 금액으로 한다(지방법 10의6 ④).

$$\text{취득당시가액} = \text{과세대상자산의 총가액} \times \frac{\text{과점주주가 취득한 주식(또는 출자)의 수}}{\text{그 법인의 주식(또는 출자)의 총수}}$$

여기서 '과세대상자산의 총가액'은 해당 법인의 결산서와 그 밖의 장부 등에 따른 가액으로 하며, 이 경우 과점주주는 조례로 정하는 바에 따라 취득당시가액과 그 밖에 필요한 사항을 신고해야 한다(지방법 10의6 ④).

참고사항 과점주주 취득세 과세자료의 통보

과점주주의 취득세 과세자료를 확인한 시장 · 군수는 그 과점주주에게 과세할 과세물건이 다른 시 · 군 또는 구(자치구를 말한다. 이하 '시 · 군'이라 한다)에 있을 경우에는 지체 없이 그 과세물건을 관할하는 시장 · 군수에게 과점주주의 주식 등의 비율, 과세물건, 가격명세 및 그 밖에 취득세 부과에 필요한 자료를 통보해야 한다(지방령 11 ④). ■

2. 세 율

과점주주의 간주취득에 대한 취득세는 그 과세표준에 중과기준세율(2%)을 적용하여 계산한 금액을 그 세액으로 한다. 다만, ① 취득물건이 과밀억제권역에서 공장 신 · 증설 등에 대한 중과세대상에 해당하는 경우에는 중과기준세율(2%)의 3배(6%)를, ② 사치성재산에 해당하는 경우에는 중과기준세율(2%)의 5배(10%)를 각각 적용한다(지방법 15 ②).

예규판례 과점주주의 간주취득세의 납세의무(운영예규 7-3)

1. 과점주주에 대한 취득세를 과세함에 있어 과밀억제권역 내 법인 본점 또는 주사무소의 사업용 부동산 등에 대하여는 중과세를 하지 않는다.

2. 과점주주의 납세의무성립 당시 당해 법인의 취득시기가 도래되지 아니한 물건에 대해서는 과점주주에게 납세의무가 없으며, 연부취득 중인 물건에 대하여는 연부 취득시기가 도래된 부분에 한하여 납세의무가 있다.

3. 과점주주 집단 내부 및 특수관계자 간의 주식거래가 발생하여 과점주주가 소유한 총 주식의 비율에 변동이 없다면 과점주주 간주취득세의 납세의무는 없다. 그 예를 들면 다음과 같다(이는 p.757 예규판례 3.의 내용을 지방세법 기본통칙으로 반영한 것이다).

① 과점주주 집단 내부에서 주식이 이전되는 경우

② ㉠ 해당 법인의 주주가 아니었던 자가 기존의 과점주주와 친족 기타 특수관계에 있거나 ㉡ 그러한 특수관계를 형성하면서 기존의 과점주주로부터 그 주식의 일부 또는 전부를 이전받아 새로이 과점주주가 되는 경우 ■

Ⅳ 납세절차

1. 개 요

과점주주는 주식의 간주취득에 해당하는 날부터 60일 이내에 그 과세표준에 세율을 적용하여 산출한 세액을 신고납부해야 한다(지방법 20 ①). 그리고 과점주주가 신고 또는 납부의무를 다하지 않으면 산출세액(또는 그 부족세액)에 가산세를 합한 금액을 세액으로 하여 보통징수의 방법으로 징수한다(지방법 21 ①). 다만, 과점주주의 간주취득세에 대해서는 그 산출세액을 신고하지 않고 매각하더라도 중가산세는 적용하지 않는다.

2. 간주취득세에 대한 과점주주의 연대납세의무

과점주주의 연대납세의무에 관하여는 지방세기본법 제44조(연대납세의무)를 준용한다(지방법 7 ⑤ 후단). 따라서 간주취득세는 과점주주가 연대하여 납부할 의무를 진다. 유한책임을 지는 주주의 재산권을 침해할 우려가 있어 2011년부터 과점주주의 연대납세의무를 폐지하였으나, 2014년 1월 1일 이후 과점주주가 된 자부터 간주취득세의 체납을 방지하기 위하여 과점주주의 연대납세의무를 다시 신설한 것이다.

예규판례 간주취득세 납세의무를 지는 과점주주에 대한 연대납세의무의 취지 및 위헌 여부

과점주주를 형성하는 친족 기타 특수관계에 있는 자들은 실질적으로 해당 법인의 자산에 관하여 공동사업자 또는 공유자의 지위에서 관리 · 처분권을 행사할 수 있게 되므로 그 자산에 대한 권리의무도 과점주주에게 실질적 · 경제적으로 공동으로 귀속된다. 따라서 그 담세력도 공동으로 파악하는 것이 공평과세 · 실질과세의 원칙에 부합한다고 할 것이므로, 조세채권의 확보를 위하여 그들에게 연대납세의무를 부담하게 한 위 법률조항

은 자기책임이나 주주에 대한 유한책임을 넘어 부당하게 납세의무를 확장하거나 조세법률주의가 추구하는 적법절차의 원리를 위반하였다고 할 수 없다(대법원 1999.7.13. 선고 99두2222 판결 참조).

아울러, 간주취득세 연대납세의무 규정은 과점주주가 당해 법인의 자산에 대하여 공동으로 가지는 실질적, 경제적 담세력을 기초로 조세채권을 확보하고자 하는 것으로, 과점주주 상호간에 구상권을 행사하여 그 피해를 최소화할 수 있도록 하고 있고, 연대납세의무를 통하여 얻고자 하는 조세채권확보라는 공익 또한, 결코 작지 않다는 점에서 과잉금지원칙을 위배하여 헌법상 보장되는 재산권 등의 기본권을 침해하고 있다고 할 수도 없다(대법원 2008.10.23. 선고 2006두19501 판결).

예규판례 간주취득세 관련 판례

1. 간주취득세 납부 후 자산을 실제취득하는 경우 이중과세 여부

   원심은, 그 채용 증거를 종합하여 피고는 원고가 2000.9.18. 소외 주식회사의 총발행주식 중 56.79%를 취득함으로써 소외 주식회사의 자산을 취득한 것으로 보아 간주취득세 585,500,550원(가산세 포함)을 부과고지하였고, 원고는 2001.7.30. 이를 납부한 사실, 그 후 원고는 지분을 그대로 보유한 상태에서 2003.9.경 소외 주식회사로부터 그 자산 전부를 영업양수도 방식으로 취득하고 2003.11.27. 피고에게 취득세 861,119,650원을 신고납부한 사실 등을 인정한 다음, 원고에 대한 간주취득세는 실제 소외 주식회사의 자산을 취득하지는 아니하였지만 임의처분하거나 관리운용할 수 있는 지위를 취득한 것으로 보고 그 자산 자체를 취득한 것으로 의제하여 취득세를 부과한 것이므로(대법원 1994.5.24. 선고 92누11138 판결 참조), 이후 원고가 영업양수도 방식으로 소외 주식회사의 자산 전부를 실제 취득하고 취득세를 납부하였다면, 그 중 원고가 이미 납부한 간주취득세 상당액 부분은 동일한 물건의 취득에 대한 이중과세에 해당한다(대법원 2009.4.23. 선고 2006다81257 판결).

2. 취득세 납세의무를 부담하는 과점주주의 요건으로서 '법인의 운영을 실질적으로 지배할 수 있는 지위'의 의미

   구 지방세법(2005.12.31. 법률 제7843호로 개정되기 전의 것) 제105조 제6항 본문에 의하여 취득세의 납세의무를 부담하는 과점주주는 같은 법 제22조 제2호에 정한 형식적 요건을 갖추어야 할 뿐만 아니라 해당 과점주주가 법인의 운영을 실질적으로 지배할 수 있는 지위에 있음을 요하는 바, 이때 '법인의 운영을 실질적으로 지배할 수 있는 지위'란 실제 법인의 경영지배를 통하여 법인의 부동산 등의 재산을 사용·수익하거나 처분하는 등의 권한을 행사하였을 것을 요구하는 것은 아니고, 소유하고 있는 주식에 관하여 의결권행사 등을 통하여 주주권을 실질적으로 행사할 수 있는 지위에 있으면 족하다(대법원 2008.10.23. 선고 2006두19501 판결).

3. 법인의 주주가 아니었던 자가 기존의 과점주주와 친족 기타 특수관계를 형성하면서 기존의 과점주주로부터 주식을 이전받아 새로이 과점주주가 되었으나 기존의 과점주주와 새로운 과점주주가 소유한 총주식의 비율에 변동이 없는 경우, 간주취득세의 과세대상이 되는지 여부

   간주취득세 납세의무를 부담하는 과점주주에 해당하는지 여부는 과점주주 중 특정 주주 1인의 주식의 증가를 기준으로 판단하는 것이 아니라 과점주주 집단이 소유한 총주식 비율의 증가를 기준으로 판단한다. 그리고 구 지방세법은 간주취득세 납세의무를 지는 과점주주에 대해서는 연대납세의무를 부담하도록 규정하고 있는데, 그 취지는 과점주주 집단을 형성하는 친족 기타 특수관계에 있는 자들은 실질적으로 당해 법인의 자산에 관하여 공동사업자 또는 공유자의 지위에서 관리·처분권을 행사할 수 있게 되므로 그 자산에 대한 권리의무도 과점주주에게 실질적경제적으로 공동으로 귀속된다는 점을 고려하여 그 담세력을 공동으

로 파악하려는 데 있다(대법원 2008.10.23. 선고 2006두19501 판결 등 참조). 따라서 과점주주 집단을 형성하는 구성원이 추가되는 경우에 그로 인하여 그 과점주주 집단이 새로 소유하게 되는 것으로 보는 부동산 등과 관련하여 간주취득세를 부과하는 것은 별론으로 하고, 종전부터 그 과점주주 집단이 소유한 것으로 보는 부동산 등과 관련하여서는 기존의 과점주주로부터 그 과점주주 집단의 새로운 구성원에게 주식이 이전되더라도 특별한 사정이 없는 한 간주취득세를 부과할 수 없다고 해석하는 것이 자연스럽다. 이러한 점들을 종합하여 보면, ① 과점주주 집단 내부에서 주식이 이전되는 경우나 ②·㉠ 기존의 과점주주와 친족 기타 특수관계에 있으나 해당 법인의 주주가 아니었던 자가 기존의 과점주주로부터 그 주식의 일부 또는 전부를 이전받아 새로이 과점주주가 되는 경우(대법원 2004.2.27. 선고 2002두1144 판결, 대법원 2007.8.23. 선고 2007두10297 판결 등 참조) 뿐만 아니라 ②·㉡ 당해 법인의 주주가 아니었던 자가 기존의 과점주주와 친족 기타 특수관계를 형성하면서 기존의 과점주주로부터 그 주식의 일부 또는 전부를 이전받아 새로이 과점주주가 되는 경우에도 기존의 과점주주와 새로운 과점주주가 소유한 총주식의 비율에 변동이 없다면 간주취득세의 과세대상이 될 수 없다고 할 것이다.

원심판결 이유에 의하면 원심은, 주식회사 동원(이하 '동원'이라 한다)이 2008.4.7. 비상장법인인 주식회사 엔엠씨(이하 '엔엠씨'라 한다)를 설립하고 그 발행주식을 모두 소유하다가 유상증자의 실시로 그 지분비율이 72.5%가 된 사실, 원고와 동원은 2009.12.1. 동원이 소유한 엔엠씨 발행주식 전부와 원고가 유상증자를 통하여 발행하는 신주를 교환하는 내용의 이 사건 주식교환 계약을 체결하였고, 그에 따라 원고는 엔엠씨 발행주식 중 72.5%를 취득하고 동원은 원고 발행주식 중 70%를 취득한 사실 등을 인정한 다음, 원고는 엔엠씨의 과점주주인 동원과 구 지방세법 제22조 제2호 등에 정한 특수관계에 있지 아니하다가 이 사건 주식교환으로 비로소 엔엠씨의 주식을 소유하게 되었으므로, 원고는 이 사건 주식교환에 의하여 최초로 엔엠씨에 대한 과점주주가 된 자로서 엔엠씨의 부동산 등 자산에 대하여 구 지방세법 제105조 제6항에 정한 간주취득세를 납부할 의무가 있다고 판단하였다.

그러나 원심이 인정한 사실관계를 앞서 본 법리에 비추어 살펴보면, 원고는 엔엠씨의 주주가 아니었으나 이 사건 주식교환으로 인하여 엔엠씨의 기존 과점주주인 동원과 구 지방세법 제22조 제2호에 정한 특수관계를 형성하면서 동원으로부터 엔엠씨의 주식 전부를 이전받아 새로이 과점주주가 되었고, 원고와 동원이 전체로서 이 사건 주식교환 전후로 보유한 엔엠씨의 총주식 비율에는 아무런 변동이 없으므로, 이는 간주취득세의 과세대상이 될 수 없다.

그럼에도 원심은 이와 다른 전제에서 원고에게 엔엠씨 주식의 취득에 따른 간주취득세 납부의무가 있다고 보고 이 사건 처분이 적법하다고 판단하였으므로, 여기에는 구 지방세법 제105조 제6항에 정한 과점주주에 대한 간주취득세에 관한 법리를 오해하여 판결에 영향을 미친 위법이 있다(대법원 2013.07.25. 선고 2012두12495 판결).

4. '부동산이 신탁으로 수탁자에게 소유권이 이전된 후 그 법인의 과점주주에게 간주취득세를 부과할 수 있는지 여부

법인의 과점주주에 대하여 그 법인의 재산을 취득한 것으로 보아 취득세를 부과하는 것은 과점주주가 되면 해당 법인의 재산을 사실상 임의처분하거나 관리운용할 수 있는 지위에 서게 되어 실질적으로 그 재산을 직접 소유하는 것과 크게 다를 바 없다는 점에서 담세력이 있다고 보기 때문이다.

그런데 신탁법상의 신탁은 위탁자가 수탁자에게 특정의 재산권을 이전하거나 기타의 처분을 하여 수탁자로 하여금 신탁 목적을 위하여 그 재산권을 관리·처분하게 하는 것이므로, 부동산 신탁에 있어 수

탁자 앞으로 소유권이전등기를 마치게 되면 대내외적으로 소유권이 수탁자에게 완전히 이전되고 위탁자와의 내부관계에서 소유권이 위탁자에게 유보되는 것이 아니며, 이와 같이 신탁의 효력으로서 신탁재산의 소유권이 수탁자에게 이전되는 결과 수탁자는 대내외적으로 신탁재산에 대한 관리권을 갖게 된다(대법원 2011.2.10. 선고 2010다84246 판결 참조). 따라서 신탁계약이나 신탁법에 의하여 수탁자가 위탁자에 대한 관계에서 신탁 부동산에 관한 권한을 행사할 때 일정한 의무를 부담하거나 제한을 받게 되더라도 그것만으로는 위탁자의 과점주주가 신탁 부동산을 사실상 임의처분하거나 관리운용할 수 있는 지위에 있다고 보기도 어렵다.

이와 같은 과점주주에 대한 간주취득세제도의 취지와 신탁의 법률관계 등에 비추어 보면, 어느 법인의 부동산이 신탁법에 의한 신탁으로 수탁자에게 소유권이 이전된 후 그 법인의 과점주주가 되거나 그 법인의 주식 또는 지분 비율이 증가된 경우에는 신탁 부동산을 그 법인이 보유하는 부동산으로 보아 그 법인의 과점주주에게 구 지방세에서 정한 간주취득세를 부과할 수는 없다고 봄이 타당하다.

※ 위 판례에 따르면 법인이 신탁법에 따라 신탁제도를 이용하여 간주취득세를 회피하는 문제가 발생하므로, 2016년부터는 신탁한 부동산에 대해서도 간주취득세를 과세할 수 있도록 개정 지방세법은 아래와 같이 괄호(문구)를 추가하였다.

> 과점주주가 해당 법인의 다음의 취득세 과세대상자산(법인이 신탁법에 따라 신탁한 재산으로서 수탁자 명의로 등기 · 등록이 되어 있는 과세대상자산을 포함한다)을 취득한 것으로 본다.

사례 1 과점주주의 간주취득세

지방세법상 과점주주의 간주취득세와 관련하여 다음의 물음에 답하시오. (25점)

【물음 1】 비상장법인의 부동산의 취득에 대해 취득세를 부과하고, 다시 과점주주의 간주취득에 대해서 다시 취득세를 부과하는 것이 이중과세에 해당하는지를 검토하시오.

【물음 2】 ㈜과점(비상장법인, 과밀억제권역 밖에 소재)은 2026년 1월 1일에 설립되었으며, 甲의 지분비율 변경원인 및 변경 후 지분비율, 그리고 ㈜과점의 자산내역이 다음과 같이 주어진 경우 일자별로 과점주주의 간주취득세 과세여부, 과세표준과 취득세 산출세액을 산정하시오.

일자	2026.1.1.	2026.5.1.	2026.7.1.	2026.9.1.	2026.12.1.
변경원인	설립시 취득	유상승계	무상승계	유상양도	유상승계
지 분 율	49%	60%	80%	60%	90%
자산 장부가액					
부동산	300,000,000	400,000,000	500,000,000	600,000,000	500,000,000
비 품	200,000,000	100,000,000	180,000,000	150,000,000	100,000,000
골프장*	100,000,000	200,000,000	200,000,000	300,000,000	300,000,000

* 위 골프장은 사치성 재산에 해당한다.

【물음 3】 위 【물음 2】의 사례에 따라 간주취득세를 납부한 후 甲은 ㈜과점으로부터 2026.7.1. 현재의 부동산의 전부를 2026.8.1.에 실제 유상승계 취득하여 취득세를 납부하였다. 이중과세에 해당하는지 여부를 검토하시오.

【물음 4】 비상장법인의 설립시 과점주주에게 간주취득세를 부과하지 않는 이유는 무엇인지를 쓰시오.

해 답

【물음 1】 간주취득세

1. 이중과세 문제

법인이 부동산을 1차적으로 취득하게 됨에 따라 취득세를 과세하고 주주가 해당 법인 주식을 50%를 초과하여 취득하면 해당 법인이 이미 취득한 부동산을 다시 취득한 것으로 보기 때문에 이중과세 문제가 발생한다는 견해가 있다.

그러나 법인과 과점주주는 별개의 인격체이므로 과점주주의 간주취득은 서로 다른 주체가 취득하는 것이기 때문에 이중과세 문제가 발생되지 않고 주식취득시점에서 새로운 취득세 과세요건이 발생되는 것으로 보아야 한다.

또한 비상장법인의 과점주주는 해당 법인의 재산을 사실상 임의로 처분하거나 관리할 수 있는 지배권을 행사할 수 있기 때문에 그 지분의 범위 내에서는 법인 소유의 재산을 직접 소유하는 것과 마찬가지이다. 따라서 이 점에 담세력을 인정하여 과점주주의 간주취득에 대하여 취득세를 과세하는 것은 새로운 취득이므로 이중과세 문제로 볼 수 없다(다수의견).

【물음 2】 과세여부, 과세표준 및 산출세액

1. 2026.1.1.

설립시 甲의 지분비율이 49%로 과점주주에 해당하지 않으므로 간주취득세 납세의무가 없다.

2. 2026.5.1.

유상승계 취득 후 甲의 지분비율이 60%로 50%를 초과하여 최초로 과점주주에 해당하므로, 이날 현재 주식을 모두 취득한 것으로 보고 간주취득세를 부과한다.

• 과세표준과 산출세액

부동산 : 400,000,000 × 60% ＝ 240,000,000(과세표준)

산출세액 : 240,000,000 × 2% ＝ 4,800,000

골프장 : 200,000,000 × 60% ＝ 120,000,000(과세표준)

산출세액 : 120,000,000 × 10% ＝ 12,000,000

3. 2026.7.1

무상승계 취득으로 지분비율이 20% 증가하였으므로, 그 증가된 지분비율에 해당하는 주식을 취득한 것으로 보고 간주취득세를 부과한다.

• 과세표준과 산출세액

부동산 : 500,000,000×20% = 100,000,000(과세표준)

산출세액 : 100,000,000×2% = 2,000,000

골프장 : 200,000,000×20% = 40,000,000(과세표준)

산출세액 : 40,000,000×10% = 4,000,000

4. 2026.9.1.

유상양도로 지분비율이 감소한 경우에는 간주취득세를 부과하지 않는다.

5. 2026.12.1.

유상승계 취득으로 기존 최고의 지분비율 80%보다 증가한 경우에 그 증가한 지분비율 10%에 해당하는 주식을 취득한 것으로 보고 간주취득세를 부과한다.

• 과세표준과 산출세액

부동산 : 500,000,000×10% = 50,000,000(과세표준)

산출세액 : 50,000,000×2% = 1,000,000

골프장 : 300,000,000×10% = 30,000,000(과세표준)

산출세액 : 30,000,000×10% = 3,000,000

【물음 3】 이중과세에 해당하는지 여부

사례에서 2026.7.1.까지 甲과 그 특수관계인이 ㈜과점의 발행주식총수의 80%까지 취득한 경우 ㈜과점의 부동산을 취득하지 않았지만, 임의처분하거나 관리운용할 수 있는 지위를 취득한 것으로 보고 그 부동산 자체를 취득한 것으로 의제하여 취득세를 납부한 것이다.

그 후 ㈜과점의 부동산의 전부를 2026.8.1.에 실제 유상승계 취득하여 취득세를 납부하였다면, 甲이 이미 납부한 간주취득세 상당액 부분은 동일한 물건의 취득에 대한 이중과세에 해당하므로 위법하다(다만, 그 하자가 객관적으로 명백하다고 볼 수 없으므로 당연무효는 아니다).

【물음 4】 설립시 간주취득세 부과하지 않은 이유

법인설립시의 과점주주는 설립일 현재 법인 자산에 대한 사실상 지배력을 취득하게 되어 경제적으로 법인과 과점주주는 구분되지 않아 법인에 의한 1회의 취득세 납부로 충분하다.

만일 법인설립시의 과점주주에게 취득세를 부과한다면, 법인의 설립주체로서 사실상 지배력의 관점에서 해당 법인과 실질적으로 동일시 할 수 있는 과점주주에게 해당 법인이 자산 취득시 이미 납부한 취득세를 다시 납부하게 하여 합리적 이유 없이 이중과세하게 되므로 입법정책상 의도적으로 취득세 과세대상에서 제외한 것이다.

사례 2 간주취득세

甲은 비상장회사인 대한주식회사의 전체 발행주식의 70%인 28,000주를 소유하고 있던 중 2026.3.18. 처인 乙에게 위 주식 전부를 증여하였다. 이에 관할 구청장은 乙이 甲으로부터 위 주식을 취득하여 새로이 대한주식회사의 과점주주가 되었다는 이유로 대한주식회사 소유의 부동산 및 자동차에 대하여 지분비율에 해당하는 취득세를 부과하였다. (2008년 세무사 2차, 20점)

【물음 1】 지방세법에 따른 과점주주의 개념, 과점주주의 취득세 납세의무 및 그 취지, 과점주주의 간주취득 유형별 납세의무에 대하여 설명하시오.

【물음 2】 위 사례의 취득세 부과처분이 적법한지 여부를 설명하시오.

해 답

【물음 1】 과점주주의 개념 등(p.749 이하 참조)

【물음 2】 취득세 부과처분의 적법성 여부

1. 과점주주 판단기준

   간주취득세 납세의무를 부담하는 과점주주에 해당하는지 여부는 과점주주 중 특정 주주 1인의 주식의 증가를 기준으로 판단하는 것이 아니라 일단의 과점주주 전체가 소유한 총주식 비율의 증가를 기준으로 판단해야 한다.

   그러나 기존의 과점주주와 친족이나 그 밖의 특수관계에 있으나 해당 법인의 주주가 아니었던 자가 기존의 과점주주로부터 그 주식 또는 지분의 일부를 이전받아 새로이 과점주주에 포함되었다고 하더라도 일단의 과점주주 전체가 보유한 총주식의 비율에 변동이 없는 한 간주취득세의 과세대상이 될 수 없다(대법원 2004.2.27. 선고 2002두1144 판결).

2. 사례의 경우

   사례에서 A비상장법인의 주주가 아니었던 乙(甲의 처)이 甲으로부터 70%를 증여받았더라도 일단의 과점주주 전체(甲과 乙)가 보유한 총주식의 비율은 70%로 변동이 없는 한 간주취득세는 과세될 수 없다. 따라서 본 사례에서 과세관청이 乙이 과점주주가 되었다고 간주취득세를 과세한 것은 위법하다.

사례 3 간주취득세의 납세의무 성립시기, 신고납부기한, 과세표준 및 산출세액

다음의 사례를 읽고 ㈜A의 간주취득세 납세의무 성립시기와 신고납부기한을 설명하고, 간주취득세 과세표준 및 산출세액을 계산하시오. (15점)

1. 2025년 4월 1일자로 ㈜A는 유가증권시장상장법인 · 코스닥시장상장법인이 아닌 ㈜K의 주식 510주(지분비율 51%)를 ㈜K의 설립시 원시취득하였다.
2. 2026년 7월 1일자로 ㈜A는 특수관계인이 아닌 거주자 '甲'으로부터 ㈜K의 주식 100주(지분비율 10%)를 추가로 취득하였다.
3. ㈜K가 보유하고 있는 부동산 등의 취득세 과세대상자산 총액(중과세대상은 아님)은 2025년 12월 31일 현재 9억원이고 그 후 계속 변화가 없다가, ㈜K는 거주자 乙로부터 토지를 1억원에 취득하고 사실상 잔금을 2026년 5월 1일에 지급하였다. 매매계약서상 잔금지급일은 2026년 7월 4일이고 해당 토지거래계약에 대해서 토지거래허가를 받은 날은 2026년 10월 1일이다.
4. 설립 당시부터 ㈜K의 발행주식총수는 1,000주이며 2026년 12월 31일까지 변동이 없었다.

해 답

1. 납세의무 성립시기와 신고납부기한

(1) 2025.4.1.(설립시)

㈜A는 ㈜K의 설립시 과점주주에 해당하지만, 간주취득세를 부과하지 않는다.

(2) 2026.7.1.(추가 취득시)

① 설립시부터 과점주주이던 ㈜A가 甲으로부터 K주식을 100주 추가로 취득함으로써 과점주주로서 ㈜K의 주식소유비율이 10% 증가한 경우에 해당하므로, 그 증가된 분만을 취득한 것으로 보아 취득세를 부과한다. 즉 취득세 납세의무가 과세지분비율 10%에 대해서 2026.7.1.에 성립한다.

② ㈜A의 간주취득세의 신고납부기한은 위 주식 취득일(2026.7.1.)부터 60일 이내인 2026년 8월 30일이다.

2. 과세표준 및 산출세액

㈜A는 ㈜K의 자산 중 간주취득세 납세의무 성립일(2026.7.1.) 현재 취득세 과세대상자산을 취득한 것으로 보고, 다음과 같이 과세표준과 산출세액을 계산한다.

① ㈜K가 보유하고 있는 취득세 과세대상자산 총액은 2025.12.31. 현재 9억원이고 그 후 계속 변화가 없다가, ㈜K가 거주자 乙로부터 토지를 1억원에 취득(2026.5.1.)하여 2026.7.1. 현재는 10억원이다.

② 간주취득세 납세의무가 성립한 날 현재 ㈜K의 취득세 과세대상자산 총액에 과세지분비율(10%)을 곱하여 다음과 같이 취득세 과세표준을 계산한다.

• 과세표준 : 10억원×10% = 1억원

③ 간주취득세 산출세액은 위 과세표준에 2% 세율을 적용하여 다음과 같이 계산한다.

• 산출세액 : 1억원×2% = 200만원

사례 4 간주취득세 과세표준

다음의 사례에 적용되는 지방세법상 취득세 과세표준에 관한 규정을 설명하고, 과세관청의 취득세 부과처분이 적법한지 여부를 설명하시오. (7점)

甲은 A비상장법인(여행사 경영)의 주식의 60%를 2026년 5월 1일에 취득하였다. 그 취득 당시 A비상장법인의 재무상태표상 자산총액은 100억원이고 이 가운데 취득세 과세대상이 되는 자산의 합계액은 60억원데, 이 금액에는 차량을 취득한 후 지난 5년간 A비상장법인이 장부에 감가상각비를 한 번도 계상하지 않음에 따라 10억원의 감가상각누계액이 해당 차량의 취득가액에서 차감되지 않고 있다. 이에 대해 과세관청은 60억원을 과세대상자산의 총합계액으로 하여 甲에게 간주취득세를 부과하였다.

해 답

1. 관련 규정

비상장법인의 주식을 취득함으로써 과점주주가 된 자는 해당 법인의 부동산, 차량 등을 취득한 것으로 보고, 그 부동산, 차량 등의 총가액을 그 법인의 주식총수로써 나눈 가액에 과점주주가 취득한 주식의 수를 곱한 금액을 과세표준으로 하여 이에 대한 취득세를 신고·납부해야 하는데, 다만 신고 또는 신고가액의 표시가 없거나 신고가액이 과세표준액에 미달하는 때에는 시장·군수가 해당 법인의 결산서 기타 장부에 의한 취득세 과세대상자산 총액을 기초로 위 계산방법에 의하여 산출한 금액을 과세표준액으로 하여 취득세를 과세한다.

2. 사례의 경우

甲 과점주주는 과점주주가 된 때(2026.5.1.)에 A비상장법인의 자산을 취득한 것으로 의제되고, 이에 따른 취득세의 과세표준은 위 취득의제 당시의 그 법인의 자산총액을 기준으로 산정해야 하며, 이 경우 과세표준을 해당 법인의 결산서 기타 장부 등에 의한 자산총액을 기초로 산출하는 경우에는 취득의제 당시의 장부가액을 기준으로 과세표준액을 산출해야 한다(대법원 1983.12.13. 선고 83누103 판결 참조).

따라서 과세관청에서 차량의 감가상각누계액 10억원이 반영되지 않는 2026년 5월 1일 현재 장부상 취득세 과세대상물의 총액인 60억원을 기준으로 60%를 곱하여 36억원으로 과세표준을 계산하여 취득세를 부과처분한 것은 적법하다.

사례 5 간주취득세 비과세 여부

다음 사실관계를 읽고 물음에 답하시오. (10점)

> (1) A회사는 2025.9.14.에 사회기반시설에 대한 민간투자법에 따라 30년간 운영 후 국가에 무상으로 귀속시키는 조건(기부채납 조건이며, 무상사용권을 제공받지 않음)으로 물류터미널 시설(토지와 건물 기타 구축물 포함. 이하 '이 사건 부동산'이라 한다)을 취득하여 계속 보유하고 있다.
> (2) 甲은 2026.8.14. A회사의 발행주식총수의 85%를 乙로부터 취득하여 A회사의 과점주주가 되었다.

【물음 1】 A회사의 이 사건 부동산 취득에 대한 취득세 과세상 취급을 설명하시오.

【물음 2】 지방자치단체는 과점주주의 경우 이 사건 부동산에 대해서는 비과세에 대한 명문규정이 없다는 이유로 과점주주 甲에게 42억원의 취득세를 부과처분하였다. 이 처분이 적법한 것인지를 설명하시오.

해 답

【물음 1】 A회사 취득세 비과세

지방세법에서는 비과세대상의 하나로 국가나 지방자치단체에 귀속 또는 기부채납[사회기반시설에 대한 민간투자법에 의한 건설·운영 후 양도(BOT)방식으로 귀속되는 경우 포함]을 조건으로 하는 부동산 및 사회기반시설의 취득을 규정하고 있다.

사례의 경우 A회사가 관련법에 30년간 운영 후 국가에 무상으로 귀속시키는 조건(기부채납 조건)으로 이 사건 부동산의 취득에 대해서는 취득세를 비과세한다(p.654 참조).

【물음 2】 과점주주 간주취득세

과점주주의 간주취득세는 과점주주가 되면 해당 법인의 재산을 사실상 임의처분하거나 관리운영할 수 있는 지위에 서게 되어 실질적으로 그 재산을 직접 소유하는 것과 같다고 보고 이점에 담세력을 인정하여 과세하는데 그 취지가 있다.

이 사건 부동산을 국가에 기부채납하기로 한 A회사의 주식을 취득하여 과점주주가 된 甲은 그 지분비율(85%)에 해당하는 부동산을 간주취득하는 경우 A회사와 국가 간에 체결한 기부채납의 효력에 그대로 구속되고 그 기부채납의 계약을 부인할 수 없다. 따라서 간주취득세의 입법취지에 비춰 볼 때 과점주주의 간주취득도 이 사건 국가에 기부채납 조건부 부동산의 취득에 대한 비과세대상에 해당한다고 보아야 한다.

그리고 기부채납 조건부 부동산을 취득하여 법률상 소유하는 A회사에게는 취득세를 비과세하면서 甲 과점주주에게 간주취득세를 부과하는 것은 형평이나 재산권 보장에 부합하지 않다.

사례 6 과점주주의 간주취득세 과세여부

다음 사실관계를 읽고 물음에 답하시오. (10점)

(1) 甲회사는 A회사를 설립하여 그 발행주식을 모두 소유하다가 유상증자의 실시로 그 지분비율이 72.5%가 되었다.

(2) 그 후 甲회사가 보유하는 A회사의 주식 전부(지분비율 72.5%)와 乙회사가 유상증자시 발행하는 신주(지분비율 70%)를 교환하는 내용의 주식교환 계약을 체결하였고, 이에 따라 乙회사는 A회사의 발행주식 중 72.5%를 취득하고 甲회사는 乙회사의 발행주식 중 70%를 취득하였다.

(3) 위 주식교환으로 서로 간 甲회사와 乙회사는 최초로 특수관계인이 되었다.

【물 음】 과세관청은 이 사건 주식교환으로 乙회사가 최초로 A회사의 과점주주가 되었으므로 A회사의 부동산 등 자산에 대하여 '간주취득세를 납부할 의무가 있다'고 판단하여 부과처분을 하였다. 이 처분의 타당성에 대해서 설명하시오.

해 답

1. 과점주주의 판단

'과점주주'란 주주 1인과 그와 특수관계에 있는 자들의 소유주식의 합계가 해당 법인의 발행주식총수의 50%를 초과하는 자들을 말한다.

이와 같이 간주취득세 납세의무를 부담하는 과점주주에 해당하는지 여부는 과점주주 중 특정 주주 1인의 주식의 증가를 기준으로 판단하는 것이 아니라 과점주주 집단이 소유한 총주식 비율의 증가를 기준으로 판단한다. 그리고 간주취득세 납세의무를 지는 과점주주에게 연대납세의무를 부담하도록 규정하고 있는데, 그 취지는 과점주주 집단을 형성하는 특수관계에 있는 자들은 실질적으로 해당 법인의 자산에 관하여 공동사업자 또는 공유자의 지위에서 관리·처분권을 행사할 수 있게 되므로 그 자산에 대한 권리의무도 과점주주에게 실질적·경제적으로 공동으로 귀속된다는 점을 고려하여 그 담세력을 공동으로 파악하려는 데 있다(대법원 2008.10.23. 선고 2006두19501 판결).

따라서 종전부터 그 과점주주 집단이 소유한 것으로 보는 부동산 등과 관련해서는 기존의 과점주주로부터 그 과점주주 집단의 새로운 구성원에게 주식이 이전되더라도 간주취득세를 부과할 수 없다고 해석하는 것이 자연스럽다.

이러한 점들을 종합하여 보면,

① 과점주주 집단 내부에서 주식이 이전되는 경우나 ② 기존의 과점주주와 친족 기타 특수관계에 있으나 해당 법인의 주주가 아니었던 자가 기존의 과점주주로부터 그 주식의 일부 또는 전부를 이전받아 새로이 과점주주가 되는 경우뿐만 아니라 ③ 해당 법인의 주주가 아니었던 자가 기존의 과점주주와 특수관계를 형성하면서 기존의 과점주주로부터 그 주식의 일부 또는 전부를 이전받아 새로이 과점주주가 되는 경우에는, 기존의 과점주주와 새로운 과점주주가 소유한 총주식의 비율에 변동이 없다면 간주취득세의 과세대상이 될 수 없다고 할 것이다.

2. 사례의 경우

乙회사는 A회사의 주주가 아니었으나 이 사건 주식교환으로 인하여 A회사의 기존 과점주주인 甲회사와 특수관계를 형성하면서 甲회사로부터 A회사의 주식 전부(72.5%)를 이전받아 새로이 과점주주가 되었지만, 그 특수관계인들인 乙회사와 甲회사가 합하여 주식교환 전후로 보유한 A회사의 총 주식 비율에 따른 아무런 변화가 없으므로, 간주취득세 과세대상이 될 수 없다.

그럼에도 과세관청이 乙회사에게 A회사의 주식의 취득에 따른 간주취득세 납부의무가 있다고 보고 간주취득세 부과처분을 한 것은 위법하다(대법원 2013.7.25. 선고 2012두12495 판결).

사례 7 과점주주 간주취득세

다음 사례를 읽고 물음에 답하시오. (10점)

(1) 甲회사는 화장품 제조업을 하는 법인인데, 임원 K는 甲회사의 발행주식총수의 10%를 가진 주주로서 법인 설립시부터 계속 대표이사로 재직하고 있다.

(2) 甲회사는 임원 K와 생계를 함께하는 배우자 A(乙회사 주식 60% 소유)와 자녀 B(乙회사의 주식 40% 소유)로부터 비상장법인인 乙회사의 주식 전부를 양수하였다.

【물 음】 甲회사가 乙회사 주식 전부를 A와 B로부터 (1) 2022년 7월 4일에 취득한 경우와 (2) 2026년 8월 4일에 취득한 경우로 각각 구분하여 甲회사가 乙회사 주식으로 과점주주가 되었음을 전제로, 乙회사의 부동산을 취득한 것으로 간주취득세를 과세하는 것이 적법한 것인지를 그 논거와 함께 설명하시오. 단, 답안을 작성할 때에는 아래 법령규정을 따를 것.

※ <참고> 법령규정

구분	과점주주 판단시 경제적 연관관계에 따른 특수관계인의 범위
종전 규정	① 임원과 그 밖의 사용인 ② 본인의 금전이나 그 밖의 재산으로 생계를 유지하는 자 ③ 위 ① 및 ②의 자와 생계를 함께하는 친족
개정 규정	임원과 그 밖의 사용인으로서 주주나 유한책임사원

<적용시기> 개정 규정은 2023년 3월 14일 이후 법인의 주식을 취득하는 경우부터 적용한다.

해 답

1. 2022년 7월 4일에 취득한 경우

(1) 특수관계인 판단

乙회사의 주주인 A와 B는 종전 규정(과점주주 판단시 경제적 연관관계에 따른 특수관계인의 범위)에 따를 때 甲회사의 임원인 K의 생계를 함께하는 배우자와 자녀이므로 甲회사의 특수관계인에 해당한다. 따라서 甲회사와 A, B 이들은 서로 간 특수관계인에 해당한다(乙회사의 주주인 A와 B가 甲회사(본인)의 특수관계인에 해당하면, 甲회사도 乙회사의 주주인 A와 B의 특수관계인에 해당한다).

(2) 간주취득세 과세여부

甲회사가 乙회사의 주주인 A와 B로부터 乙회사의 주식 전부를 양수하여 새로 과점주주가 되었더라도, 특수관계에 있는 甲회사와 A · B가 소유한 乙회사 총주식 비율이 변동이 없으므로 간주취득세 과세대상이 되지 않는다. 만약 그럼에도 불구하고 甲회사가 乙회사 주식 전부를 취득함으로써 과점주주가 되었다고 보고 간주취득세를 과세하는 것은 위법하다.

2. 2026년 8월 4일에 취득한 경우

(1) 특수관계인 판단

乙회사의 주주인 A와 B는 개정 규정(과점주주 판단시 경제적 연관관계에 따른 특수관계인의 범위)에 따를 때 甲회사의 임원인 K의 생계를 함께하는 배우자와 자녀에 해당하더라도 특수관계인에 해당하지 않는다. 따라서 甲회사와 A, B 이들은 서로 간 특수관계인에 해당하지 않는다.

(2) 간주취득세 과세여부

甲회사가 乙회사의 주주인 A와 B로부터 乙회사의 주식 전부를 양수하여 최초로 과점주주가 되었으므로 과점주주가 된 날 현재 해당 과점주주가 소유하고 있는 법인의 주식을 모두(100%)를 취득한 것으로 보아 취득세를 과세해야 한다. 따라서 甲회사가 乙회사 주식 전부를 취득함으로써 과점주주가 되었다고 보고 간주취득세를 과세하는 것은 적법하다.

연습문제

1 취득세의 과세요건 및 납세절차에 관하여 설명하시오. (40점)

2 취득세의 과세요건에 관하여 설명하시오. (30점)

3 취득세의 과세대상에 관하여 설명하시오. (30점)

4 취득세를 과세할 때 취득의 의의 및 범위를 설명하시오. (30점)

5 취득세의 과세표준에 관하여 설명하시오. (20점)

6 취득세의 세율에 관하여 설명하시오. (30점)

7 취득세의 중과세대상자산 및 세율에 관하여 설명하시오. (20점)

8 형식적인 소유권의 취득 등으로 보아 취득세를 비과세하는 경우에 대하여 설명하시오. (2010년, 12점)

9 지방세법에 따른 취득세 납세의무는 취득세 과세대상자산의 취득일부터 60일 이내에 자진신고납부방법에 따라 이행해야 하고, 이를 이행하지 않은 경우에는 해당 신고불성실가산세 및 납부지연가산세를 부담하게 된다. 지방세법에서는 위 취득일에 대하여 취득원인별로 규정하고 있는 바, 그 내용을 설명하시오. (1998년, 30점)

10 취득세의 기한후신고제도와 기한후신고시 적용할 가산세에 대하여 기술하시오. (2005년, 10점)

제3편 지방세법

제3장 등록면허세

제1절 과세대상 · 납세의무자 및 비과세

I 과세대상과 납세의무자

1. 과세대상

등록면허세는 각종 등록을 하거나 면허를 받는 자에게 그 등록 · 면허의 종류에 따라 부과하는 도세(특별시세 · 광역시세) 또는 구세(특별자치시세 · 특별자치도세)이다(지방법 24). 이 가운데 등록에 대한 등록면허세는 재산권의 등록사실을 담세력으로 인정하여 과세하는 조세로서 유통세 · 행위세에 해당한다.

여기서 '등록'이란 재산권과 그 밖의 권리의 취득 · 설정 · 변경 · 소멸에 관한 사항을 공부에 등기 · 등록하는 것을 말한다. 다만, 취득세 과세대상에 해당하는 취득을 원인으로 이루어지는 등기 · 등록은 제외하되, 다음 중 어느 하나에 해당하는 등기 · 등록은 포함한다(지방법 23 (1)).

① 광업권 및 어업권 · 양식업권의 취득에 따른 등록(2% 취득세율 적용)

② 외국인 소유의 취득세 과세대상 물건(차량 · 기계장비 · 항공기 및 선박만 해당한다)의 연부취득에 따른 등기 · 등록(2% 취득세율 적용)

③ 취득세 면세점(취득가액 50만원 이하)에 해당하는 물건의 등기 · 등록(취득세 부과 ×)

④ 취득세에 대한 부과제척기간이 경과한 물건의 등기 · 등록(취득세 부과 ×)

위에서 '재산권'이란 금전적 가치가 있는 물권 · 채권 · 무체재산권 등을 지칭하는 것이며, '그 밖의 권리'란 재산 이외의 권리로서 부동산등기법 등 기타 관계법령의 규정에 따라 등기 · 등록하는 것을 말한다.

[도 표] 등록면허세의 연혁

종전			개정
등록세	부동산 취득 원인 등기*	→	취득세로 통합
등록세	기타 등기 · 등록	→	등록면허세로 통합
면허세		→	등록면허세로 통합

* 여기에는 '차량 · 기계장비 · 항공기 · 선박 취득 등기 · 등록'을 포함한다.

2. 납세의무자

등록을 하는 자는 등록면허세를 납부할 의무를 진다(지방법 24 (1)). 여기서 '등록을 하는 자'란 재산권 기타 권리의 설정 · 변경 또는 소멸에 관한 사항을 공부에 등기 또는 등록을 받는 등기·등록부상에 기재된 명의자(등기권리자)를 말한다(운영예규 24-1). 따라서 실질 권리자와 명의상 권리자가 다른 경우에도 등록을 받은 명의자가 납세의무를 진다(형식주의). 이에 따르면 등기 · 등록이 된 이후 법원의 판결 등에 의해 그 등기 또는 등록이 무효 또는 취소가 되어 등기 · 등록이 말소된다 하더라도 이미 납부한 등록면허세는 과오납으로 환급할 수 없다(운영예규 23-2 (1)).

Ⅱ 등록면허세의 비과세

구분	구체적인 비과세대상
(1) 국가 등에 대한 비과세 (지방법 26 ①)	국가, 지방자치단체, 외국정부 및 주한국제기구가 자기를 위하여 받는 등록 · 면허(대한민국 정부기관의 등록 또는 면허에 대하여 과세하는 외국정부의 등록 · 면허는 제외)
(2) 형식적인 등록 · 면허에 대한 비과세 (지방법 26 ②)	① 채무자회생법에 따른 회생절차개시 또는 파산선고의 결정이 있는 경우 등의 각종 등기 또는 등록 ② 행정구역의 변경, 주민등록번호의 변경, 지적(地籍) 소관청의 지번 변경, 계량단위의 변경, 등기 또는 등록 담당 공무원의 착오 및 이와 유사한 사유로 인한 등기 또는 등록으로서 주소, 성명, 주민등록번호, 지번, 계량단위 등의 단순한 표시변경 · 회복 또는 경정 등기 또는 등록 ③ 그 밖에 지목이 묘지인 토지 등 등록 ④ 면허의 단순한 표시변경 등 등록면허세의 과세가 적합하지 않는 일정한 면허

예규판례 등기가 원인무효 등 사유로 말소된 경우, 위 등기에 따른 등록세(현 등록면허세) 부과처분의 효력

등록세는 재산권 기타 권리의 취득 · 이전 · 변경 또는 소멸에 관한 사항을 공부에 등기 또는 등록하는 경우에 등기 또는 등록이라는 단순한 사실의 존재를 과세대상으로 하여 그 등기 또는 등록을 받는 자에게 부과하는 세금이다. 이러한 등록세는 등기 또는 등록의 유·무효나 실질적인 권리귀속 여부와는 관계가 없는 것이므로, 등기 또는 등록명의자와 실질적인 권리귀속 주체가 다르다거나 일단 공부에 등재되었던 등기 또는 등록이 뒤에 원인무효로 말소되었다고 하더라도 위와 같은 사유는 그 등기 또는 등록에 따른 등록세 납세의무에 아무런 영향이 없다(대법원 2002.6.28. 선고 2000두7896 판결 참조). ■

예규판례 취득을 원인으로 등기가 이루어진 후 등기의 원인이 무효로 밝혀져 취득세 과세대상에 해당하지 않게 된 경우, 등록면허세 납세의무가 성립하는지 여부(소극)

1. 지방세법은 2010.3.31. 법률 제10221호로 전부 개정되면서 세목 체계를 간소화하기 위해 종래 등록세 중

취득과 관련된 과세대상을 취득세로 통합하고 나머지 과세대상에 대하여는 별도의 세목인 등록면허세를 신설하였다. 이에 따라 구 지방세법 제2장은 취득세를 규정하면서 제6조 제1호에서 취득세의 과세대상인 취득을 '매매 등과 그 밖에 이와 유사한 취득으로서 원시취득, 승계취득 또는 유상·무상의 모든 취득'으로 정의하고 있다. 그리고 제3장은 등록면허세를 규정하면서 제23조 제1호에서 등록면허세의 과세대상인 등록을 '재산권과 그 밖의 권리의 설정·변경 또는 소멸에 관한 사항을 공부에 등기하거나 등록하는 것'으로 정의하고, 그 단서에서 '제2장에 따른 취득을 원인으로 이루어지는 등기 또는 등록'을 제외하고 있다.

그런데 구 지방세법은 등록면허세의 과세대상인 등록에서 취득을 원인으로 이루어지는 등기 등을 제외하면서 법률상 유효한 취득을 원인으로 한 등기로 한정하고 있지는 않다. 따라서 등기의 원인이 무효인 경우라도 그 등기 자체가 등록면허세의 과세대상인 등록에서 제외되는 이른바 '취득을 원인으로 이루어지는 등기'가 아니라고 할 수는 없다. 그리고 구 지방세법은 제30조 제1항에서 등록에 대한 등록면허세의 신고납부기한을 '등록을 하기 전까지'로 규정하고 있는 등 취득을 원인으로 이루어지는 등기 등이 사후적으로 등록면허세의 과세대상이 되는 것을 예정하고 있지 않다.

한편 2010.3.31. 개정된 지방세법에서 취득세의 세율을 종래의 취득세와 등록세를 합산한 것으로 조정하고, 구 지방세법 제28조 제1항 제1호 (나)목에서 부동산 소유권이전등기에 대한 등록면허세의 세율을 규정하여 두고 있기는 하지만, 조세법률주의 원칙상 이러한 사정만으로 등록면허세의 과세대상을 취득을 원인으로 등기가 이루어진 후 등기의 원인이 무효로 밝혀진 경우까지 확대할 수는 없다.

이러한 지방세법의 개정 취지, 관련 규정들의 문언과 체계 등을 종합하면, 구 지방세법 제6조 제1호에서 정한 취득이라면 취득세의 과세 여부만 문제될 뿐 등록면허세의 과세대상은 아니라고 할 것이고, 그 취득을 원인으로 등기가 이루어진 후 등기의 원인이 무효로 밝혀져 취득세 과세대상에 해당하지 않더라도 등록면허세 납세의무가 새롭게 성립하는 것은 아니라고 봄이 타당하다.

2. 원심판결 이유를 살펴본다.

(1) 원심은 그 채택 증거들에 의하여 다음과 같은 사실을 인정하였다.

① 원고는 2014.9.22. 소외 1의 대리인을 자처하는 소외 2로부터 소외 1 소유의 이 사건 임야를 450,000,000원에 매수하여 2014.10.8. 소유권이전등기(이하 '이 사건 소유권이전등기'라 한다)를 마쳤다.

② 원고는 2014.10.8. 피고에게 시가표준액 3,490,564,000원을 과세표준으로 하여 산정한 취득세 등 합계 160,565,930원을 신고·납부하였다.

③ 그런데 소외 1의 딸인 소외 3은 '소외 2가 소외 1의 위임장을 위조하여 이 사건 임야를 매도하였다'고 주장하면서 원고를 상대로 이 사건 소유권이전등기의 말소를 구하는 소송을 제기하여 2015.6.5. 승소판결을 받았고, 위 판결은 그대로 확정되었다.

④ 원고는 2015.7. 말경 위 판결을 근거로 피고에게 이미 납부한 취득세 등을 환급해 줄 것을 청구하였다. 피고는 이 사건 소유권이전등기가 원인무효라 하더라도 그 등기의 경료로 등록면허세 및 지방교육세 납세의무는 성립되었다고 보아, 2015.8.12. 원고에게 등록면허세 69,811,280원 및 지방교육세 13,962,250원을 결정·고지하였다.

(2) 이어 원심은, 이 사건 소유권이전등기가 당초 '취득을 원인으로 이루어지는 등기'에 해당하였던 이상 사후에 그 취득이 무효로 밝혀졌다고 하여 등록면허세의 과세대상이 된다고 보기는 어렵다는 이유로, 이 사건 소유권이전등기에 대하여 등록면허세 등을 부과한 이 사건 처분은 위법하다고 판단하였다.

3. 앞서 본 법리에 따라 기록을 살펴보면, 원심의 위와 같은 판단에 등록면허세의 과세대상에 관한 법리를 오해한 잘못이 없다(대법원 2018.4.10. 선고 2017두35684 판결). ■

사 례 취득 원인 무효와 등록면허세 납세의무

다음의 사례를 읽고 물음에 답하시오. (20점)

(1) A는 2014.9.22.에 甲의 대리인을 자처하는 乙로부터 甲 소유의 이 사건 임야를 4억5천만원에 매수하여 2014.10.8. 소유권이전등기(이하 '이 사건 소유권이전등기'라 한다)를 마쳤다.

(2) A는 2014.10.8.에 과세관청에 시가표준액 35억원을 과세표준으로 하여 산정한 취득세를 신고 · 납부하였다.

(3) 그런데 甲의 딸인 丙은 '甲은 2000.9.7.에 이미 사망하였는데, 乙이 甲의 위임장을 위조하여 이 사건 임야를 매도하였다'고 주장하면서 A를 상대로 이 사건 소유권이전등기의 말소를 구하는 무효 소송을 제기하여 2015.6.5. 승소판결을 받았고, 위 판결은 그대로 확정되었다.

(4) A는 2015.7.29.에 위 판결을 근거로 과세관청에 이미 납부한 취득세를 환급해 줄 것을 청구하였다. 과세관청은 이 사건 소유권이전등기가 원인무효라 하더라도 그 등기의 경료로 등록면허세의 납세의무는 성립되었다고 보아, 2015.8.12.에 A에게 등록면허세를 결정 · 고지(이하 '이 사건 처분'이라 한다) 하였다.

【물음 1】 취득세 과세대상에서 '취득'과 등록면허 과세대상에서 '등록'의 개념과 범위를 간략히 설명하시오. 취득과 등록이 무효 · 취소되는 경우 이미 부과된 취득세와 등록면허세에 미치는 영향을 답안에 함께 적을 것.

【물음 2】 과세관청이 2015.8.12.에 A에게 등록면허세를 결정 · 고지한 '이 사건 처분'이 적법한 것인지에 대해서 설명하시오.

해 답

【물음 1】 과세대상 등

1. 과세대상

(1) 취득세

취득세는 부동산 등의 취득에 관하여 취득자에게 부과하는 것인데, 이때 취득은 '매매, 교환, 상속, 증여, 기부, 법인에 대한 현물출자, 건축, 개수, 공유수면의 매립, 간척에 의한 토지의 조성 등과 그 밖에 이와 유사한 취득으로서 원시취득, 승계취득 또는 유상 · 무상을 불문한 모든 취득'을 말하며, 부동산 등의 취득의 경우 관계법령의 규정에 의한 등기를 이행하지 않은 경우라도 사실상으로 취득한 때에는 취득한 것으로 본다.

(2) 등록면허세

등록에 대한 등록면허세는 재산권의 취득 · 이전 · 변경 또는 소멸에 관한 사항을 공부에 등기 또는 등록하는 경우에 그 등기 또는 등록을 받는 자에게 부과한다. 다만, 부동산 등의 '취득을 원인으로 이루어지는 등기'는 취득세 과세대상이 되므로 등록면허세 과세대상에서 제외한다.

2. 무효·취소되는 경우

부동산 등의 취득의 원인이 되는 계약이 무효이거나 취소된 경우에는 처음부터 취득세의 과세대상이 되는 사실상의 취득행위가 있다고 할 수 없다(대법원 2013.6.28. 선고 2013두2778 판결 등 참조).

그러나 등록면허세는 재산권의 취득·이전·변경 또는 소멸에 관한 사항을 공부에 등기 또는 등록하는 경우에 등기 또는 등록이란 단순한 사실의 존재를 과세물건으로 하여 그 등기 또는 등록을 받는 자에게 부과하는 조세이다. 따라서 그 등기 또는 등록의 유·무효나 실질적인 권리귀속 여부와는 관계가 없는 것이므로 일단 공부에 등재되었던 등기 또는 등록이 뒤에 원인무효로 말소되었다 하더라도 위와 같은 사유는 그 등기 또는 등록에 따른 등록세 부과처분의 효력에 아무런 영향이 없다(대법원 2002.6.28. 선고 2000두7896 판결 등 참조).

【물음 2】 이 사건 처분의 적법성

1. 관련규정의 해석

취득을 원인으로 등기가 이루어진 후 등기의 원인이 무효로 밝혀져 취득세 과세대상에 해당하지 않더라도 등록면허세 납세의무가 새롭게 성립하는 것은 아니라고 보는 것이 타당하다. 그 이유는 다음과 같다.

1) 등록면허세의 과세대상인 등록에서 취득을 원인으로 이루어지는 등기·등록은 제외하면서 법률상 유효한 취득을 원인으로 한 등기로 한정하고 있지는 않다. 따라서 등기의 원인이 무효인 경우라도 그 등기 자체가 등록면허세의 과세대상인 등록에서 제외되는 이른바 '취득을 원인으로 이루어지는 등기'에 해당한다.

2) 지방세법은 등록에 대한 등록면허세는 등기·등록하는 때에 그 납세의무가 성립하고, 등록면허세를 '등록을 하기 전까지' 신고납부하도록 규정하고 있다. 그런데 취득을 원인으로 이루어지는 등기·등록을 할 당시에는 등록면허세 과세대상이 아니였는데, 취득을 원인으로 이루어지는 등기가 나중에 무효로 판명났다고 해서 사후적으로 등록면허세의 과세대상이 된다고 볼 수 없다.

3) 한편 2010.3.31. 개정된 지방세법에서 취득세의 세율을 종전의 취득세와 등록세를 합산한 것으로 조정하고, 지방세법에서 부동산 소유권이전 등기에 대한 등록면허세의 세율을 규정하여 두고 있기는 하지만, 조세법률주의 원칙상 이러한 사정만으로 등록면허세의 과세대상을 취득을 원인으로 등기가 이루어진 후 등기의 원인이 무효로 밝혀진 경우까지 확대할 수는 없다.

2. 이 사건 처분의 적법성

이 사건 소유권이전 등기가 당초 '취득을 원인으로 이루어지는 등기'에 해당하였던 이상 사후에 그 취득이 무효로 밝혀졌더라도 새롭게 등록면허세의 과세대상이 될 수 없다. 따라서 이 사건 소유권이전 등기에 대하여 등록면허세를 부과한 이 사건 처분은 위법하다.

제2절 등록에 대한 등록면허세

Ⅰ 과세표준

등록에 대한 등록면허세의 과세표준은 권리 등의 등록 당시의 가액이나 채권금액 또는 출자금액으로 한다. 그러나 등록 건수를 과세표준으로 하는 경우도 있다. 따라서 등록에 대한 등록면허세는 종가세와 종량세의 성격을 모두 포함하고 있다.

여기서 '등록 당시의 가액'은 등록자의 신고에 따른다. 다만, 신고가 없거나 신고가액이 시가표준액보다 적은 경우에는 시가표준액을 과세표준으로 한다(지방법 27 ②).

한편 채권금액으로 과세액을 정하는 경우에 일정한 채권금액이 없을 때에는 채권의 목적이 된 것의 가액 또는 처분의 제한의 목적이 된 금액을 그 채권금액으로 본다(지방법 27 ④).

참고사항 취득을 원인으로 하는 등기·등록에 대한 등록면허세 과세표준

등록 당시의 가액을 과세표준으로 하는 규정에도 불구하고 다음 중 어느 하나에 해당하는 취득을 원인으로 하는 등기·등록의 경우 다음의 구분에 따른 가액을 과세표준으로 한다(지방법 27 ③).

구분	등록면허세 과세표준
① 광업권 및 어업권·양식업권의 취득에 따른 등록 ② 외국인 소유의 취득세 과세대상 물건(차량·기계장비·항공기 및 선박만 해당한다)의 연부취득에 따른 등기·등록 ③ 취득세 면세점(취득가액 50만원 이하)에 해당하는 물건의 등기·등록	취득당시가액
④ 취득세에 대한 부과제척기간이 경과한 물건의 등기·등록	MAX(취득당시가액, 등록 당시의 가액)

Ⅱ 세 율

1. 일반적인 세율

지방세법은 부동산 등기(취득을 원인으로 하는 등기는 제외), 선박 등기, 자동차 등록, 건설기계 등록, 저당권 설정 등록, 공장재단 및 광업재단 등기, 저당권 설정 등기, 법인 등기, 상호 등 등기,

광업권 등록, 저작권 등록 등, 여러 가지 등록에 대한 세율을 규정하고 있다(지방법 28 ①). 이 가운데 부동산등기의 세율은 표준세율로 되어 있으나 나머지는 모두 일정세율로 규정되어 있다.

(1) 부동산등기와 법인등기에 대한 세율

<table>
<tr><th colspan="3">구분</th><th>과세표준</th><th>세율</th><th>비고</th></tr>
<tr><td rowspan="10">부동산등기</td><td colspan="2">소유권의 보존 등기*
* 취득세 과세대상이 아닌 경우의 등기를 말한다.</td><td>부동산가액</td><td>0.8%</td><td rowspan="10">산출한 세액이 6천원보다 적을 때에는 6천원으로 하며, 지방자치단체장은 조례로 정하는 바에 따라 그 세율을 표준세율의 50%의 범위에서 가감할 수 있다.</td></tr>
<tr><td colspan="2">소유권 이전 등기*
* 취득세 과세대상이 아닌 경우의 등기를 말한다.</td><td>부동산가액</td><td>유상이전 2%(*주1)
무상이전 1.5%
(상속으로 인한 이전등기 0.8%)</td></tr>
<tr><td rowspan="5">소유권 외의 물권과 임차권의 설정 및 이전</td><td>지상권</td><td>부동산가액(*주2)</td><td rowspan="7">0.2%</td></tr>
<tr><td>저당권</td><td>채권금액</td></tr>
<tr><td>지역권</td><td>요역(要役地)가액</td></tr>
<tr><td>전세권</td><td>전세금액</td></tr>
<tr><td>임차권</td><td>월임대차금액</td></tr>
<tr><td colspan="2">경매신청 · 가압류 · 가처분</td><td>채권금액</td></tr>
<tr><td colspan="2">가등기</td><td>부동산가액
(또는 채권금액)</td></tr>
<tr><td colspan="2">그 밖의 등기</td><td>매 1건</td><td>6천원</td></tr>
<tr><td rowspan="4">법 인 등 기</td><td colspan="2">설립과 납입
자본 · 출자의 증가</td><td>납입액</td><td>0.4%(비영리법인은 0.2%)</td><td>세액이 11만2천5백원 미만인 때에는 11만2천5백원으로 한다.</td></tr>
<tr><td colspan="2">본점 또는 주사무소의 이전</td><td rowspan="3">매 1건</td><td>11만2천5백원</td><td rowspan="3">–</td></tr>
<tr><td colspan="2">지점 또는 분사무소의 설치</td><td>4만2백원</td></tr>
<tr><td colspan="2">그 밖의 등기</td><td>4만2백원</td></tr>
</table>

(*주1) 유상거래를 원인으로 주택을 취득하여 취득당시가액에 따른 1%~3%를 적용받는 주택의 경우에는 해당 주택의 취득세율에 50%를 곱한 세율(0.5%~1.5%)을 적용하여 산출한 금액을 그 세액으로 한다.

(*주2) 다만, 구분지상권의 경우에는 해당 토지의 지하 또는 지상 공간의 사용에 따른 건축물의 이용저해율(利用沮害率), 지하 부분의 이용저해율 및 그 밖의 이용저해율 등을 고려하여 행정자치부장관이 정하는 기준에 따라 특별자치시장 · 특별자치도지사 · 시장 · 군수 또는 구청장이 산정한 해당 토지 가액의 0.2%로 한다.

(2) 그 밖의 등기 · 등록에 대한 세율

<table>
<tr><th colspan="3">구분</th><th>과세표준</th><th>세율</th></tr>
<tr><td rowspan="3">선박 등기 · 등록</td><td colspan="2">소유권의 등기 · 등록</td><td>선박가액</td><td>0.02%</td></tr>
<tr><td colspan="2">저당권 설정 등기 · 등록, 저당권 이전 등기 · 등록</td><td>채권금액</td><td>0.2%</td></tr>
<tr><td colspan="2">그 밖의 등기 · 등록</td><td>건당</td><td>1만5천원</td></tr>
<tr><td rowspan="10">차량의 등록</td><td rowspan="3">소유권의 등록</td><td>비영업용 승용차</td><td rowspan="3">가액</td><td>5%(경차는 2%)</td></tr>
<tr><td>그 밖의 차량(비영업용)</td><td>3%(경차는 2%)</td></tr>
<tr><td>그 밖의 차량(영업용)</td><td>2%</td></tr>
<tr><td colspan="2">저당권 설정 등록 또는 이전 등록</td><td>채권금액</td><td>0.2%</td></tr>
<tr><td colspan="2">지방법(7 ⑩)[•주1]에 따른 취득대금을 지급한 자 또는 운수업체의 등록</td><td>–</td><td>–</td></tr>
<tr><td colspan="2">운수업체의 명의를 다른 운수업체의 명의로 변경하는 경우</td><td rowspan="3">건당</td><td rowspan="3">1만5천원</td></tr>
<tr><td colspan="2">운수업체의 명의를 취득대금을 지급한 자의 명의로 변경하는 경우</td></tr>
<tr><td colspan="2">취득대금을 지급한 자의 명의를 운수업체의 명의로 변경하는 경우</td></tr>
<tr><td colspan="2">그 밖의 등록</td><td>건당</td><td>1만5천원</td></tr>
<tr><td rowspan="7">기계장비 등록</td><td colspan="2">소유권의 등록</td><td>가액</td><td>1%</td></tr>
<tr><td colspan="2">저당권 설정 등록 또는 이전 등록</td><td>채권금액</td><td>0.2%</td></tr>
<tr><td colspan="2">지방법(7 ⑩)[•주1]에 따른 취득대금을 지급한 자 또는 기계장비대여업체의 등록</td><td>–</td><td>–</td></tr>
<tr><td colspan="2">기계장비대여업체의 명의를 다른 기계장비대여업체의 명의로 변경하는 경우</td><td rowspan="3">건당</td><td rowspan="3">1만원</td></tr>
<tr><td colspan="2">기계장비대여업체의 명의를 취득대금을 지급한 자의 명의로 변경하는 경우</td></tr>
<tr><td colspan="2">취득대금을 지급한 자의 명의를 기계장비대여업체의 명의로 변경하는 경우</td></tr>
<tr><td colspan="2">그 밖의 등록</td><td>건당</td><td>1만원</td></tr>
<tr><td rowspan="2">항공기의 등록</td><td colspan="2">최대이륙중량 5천700킬로그램 이상의 등록</td><td>가액</td><td>0.01%</td></tr>
<tr><td colspan="2">그 외의 등록</td><td>가액</td><td>0.02%</td></tr>
<tr><td rowspan="2">공장재단 및 광업재단 등기</td><td colspan="2">저당권 설정 등기 또는 이전 등기</td><td>채권금액</td><td>0.1%</td></tr>
<tr><td colspan="2">그 밖의 등기 또는 등록</td><td>건당</td><td>9천원</td></tr>
</table>

동산담보권 및 채권담보권 등기 또는 지식재산권 담보권 등록	담보권 설정 등기 또는 등록, 담보권 이전 등기 또는 등록	채권금액	0.1%
	그 밖의 등기 또는 등록	건당	9천원
상호 등 등기	상호의 설정 또는 취득	건당	7만8천7백원
	지배인의 선임 또는 대리권의 소멸		1만2천원
	선박관리인의 선임 또는 대리권의 소멸		
광업권 등록	광업권 설정(광업권의 존속기간 만료 전에 존속기간을 연장한 경우 포함)	건당	13만5천원
	광업권의 변경	–	–
	증구(增區) 또는 증감구(增減區)	건당	6만6천5백원
	감구(減區)		1만5천원
	광업권의 이전	–	–
	상속	건당	2만6천2백원
	그 밖의 원인으로 인한 이전		9만원
	그 밖의 등록	건당	1만2천원
조광권 등록	조광권 설정(조광권의 존속기간 만료 전에 존속기간을 연장한 경우 포함)	건당	13만5천원
	조광권의 이전	–	–
	상속	건당	2만6천2백원
	그 밖의 원인으로 인한 이전		9만원
	그 밖의 등록	건당	1만2천원
어업권·양식업권 등록	어업권·양식업권의 이전	–	–
	상속	건당	6천원
	그 밖의 원인으로 인한 이전		4만2백원
	어업권·양식업권 지분의 이전	–	–
	상속	건당	3천원
	그 밖의 원인으로 인한 이전		2만1천원
저작권(•주2) 등록	저작권등의 상속	건당	6천원
	저작권법에 따른 등록 중 상속 외의 등록(프로그램, 배타적발행권, 출판권 등록은 제외)	건당	4만2백원
	그 밖의 등록	건당	3천원

특허권등(*주3) 등록	상속으로 인한 특허권등의 이전	건당	1만2천원
	그 밖의 원인으로 인한 특허권등의 이전	건당	1만8천원
상표 또는 서비스표 등록	상표 또는 서비스표의 설정 및 존속기간 갱신	건당	7천6백원
	상표 또는 서비스표의 이전(국제등록기초상표권의 이전은 제외)	–	–
	상속	건당	1만2천원
	그 밖의 원인으로 인한 이전		1만8천원

(*주1) 기계장비나 차량을 기계장비대여업체 또는 운수업체의 명의로 등록하는 경우(영업용으로 등록하는 경우로 한정한다)라도 해당 기계장비나 차량의 구매계약서, 세금계산서, 차주대장(車主臺帳) 등에 비추어 기계장비나 차량의 취득대금을 지급한 자가 따로 있음이 입증되는 경우 그 기계장비나 차량은 취득대금을 지급한 자가 취득한 것으로 본다(지방법 7 ⑩).

(*주2) '저작권등'이란 저작권, 배타적발행권, 출판권, 저작인접권, 컴퓨터프로그램 저작권 또는 데이터베이스 제작자의 권리를 말한다.

(*주3) '특허권등'이란 특허권 · 실용신안권 또는 디자인권을 말한다.

2. 중과세율

(1) 개 요

대도시(과밀억제권역을 말하되, 산업단지는 제외) 안에서 다음 중 어느 하나에 해당하는 부동산등기 및 법인등기에 대해서는 일반적인 세율의 3배로 한다(지방법 28 ②).

① ㉠ 대도시에서 법인을 설립(설립 후 또는 휴면법인을 인수한 후 5년 이내에 자본 또는 출자액을 증가하는 경우 포함)하거나 ㉡ 지점이나 분사무소를 설치함에 따른 등기

② 대도시 밖에 있는 법인의 본점이나 주사무소를 대도시로 전입*(전입 후 5년 이내에 자본 또는 출자액이 증가하는 경우 포함)함에 따른 등기. 이 경우 전입은 법인의 설립으로 보아 세율을 적용한다.

* 수도권의 경우에는 서울특별시 외의 지역에서 서울특별시로의 전입도 대도시로의 전입으로 본다.

(2) 중과세 제외

1) 대도시 중과 제외업종 : 대도시에 설치가 불가피하다고 인정되는 업종(이하 '대도시 중과 제외업종'이라 한다)에 대해서는 중과세 대상으로 보지 않는다(지방법 28 ② 단서). 다만, 대도시 중과 제외 업종으로 법인등기를 한 법인이 정당한 사유 없이 그 등기일부터 2년 이내에 대도시 중과 제외업종 외의 업종으로 변경하거나 대도시 중과 제외업종 외의 업종을 추가하는 경우 그 해당 부분에 대해서는 중과세를 적용한다(지방법 28 ③).

2) 분할로 인한 법인설립 등 : 다음 중 어느 하나에 해당하는 경우에는 중과세 대상으로 보지 않는다(지방령 45 ②).

① 분할등기일 현재 5년 이상 계속하여 사업을 경영한 대도시 내의 내국법인이 법인의 분할(적격분할요건을 갖춘 경우로 한정한다)로 인하여 법인을 설립하는 경우

② 조세특례제한법(제38조)의 과세이연요건을 모두 갖추어 주식의 포괄적 교환·이전에 따라 금융지주회사를 설립하는 경우

3) 법인간 합병 : 대도시에서 설립 후 5년이 경과한 법인(이하 '기존법인'이라 한다)이 다른 기존법인과 합병하는 경우에는 중과세 대상으로 보지 않는다. 한편 기존법인이 대도시에서 설립 후 5년이 경과되지 않은 법인과 합병하여 ① 기존법인 외의 법인이 합병 후 존속하는 법인이 되거나 ② 새로운 법인을 신설하는 경우에는 합병 당시 기존법인에 대한 자산비율에 해당하는 부분을 중과세 대상으로 보지 않는다. 이 경우 자산비율은 자산을 평가하는 때에는 평가액을 기준으로 계산한 비율로 하고, 자산을 평가하지 않은 때에는 합병 당시의 장부가액을 기준으로 계산한 비율로 한다(지방령 45 ③).

Ⅲ 납세절차

1. 신고납부

(1) 원칙적인 신고납부

등록을 하려는 자는 과세표준에 세율을 적용하여 산출한 세액을 등록을 하기 전까지 납세지를 관할하는 지방자치단체장에게 신고하고 납부해야 한다(지방법 30 ①). 여기서 '등록을 하기 전까지'란 등기 또는 등록 신청서를 등기·등록관서에 접수하는 날까지를 말한다(원칙). 다만, 특허권·실용신안권·디자인권 및 상표권의 등록에 대한 등록면허세의 경우에는 특허법, 실용신안법, 디자인보호법 및 상표법에 따른 특허료·등록료 및 수수료의 납부기한까지를 말한다(예외)(지방령 48 ①).

참고사항 등록면허세 신고의 구체적 내용

등록면허세를 신고하려는 자는 등록에 대한 등록면허세 신고서에 다음의 서류를 첨부하여 납세지를 관할하는 시장·군수·구청장에게 신고해야 한다(지방령 48 ③, 지방칙 13 ①).

① 전세계약서 등 등록가액 등을 증명할 수 있는 서류 사본 1부

② 지방세 감면 신청서 1부

③ 취득세 비과세 확인서 1부

④ 등록면허세(등록) 납부서 납세자 보관용 영수증 사본 1부 ■

(2) 예외적인 신고납부

1) 등록 후 중과세 대상이 된 경우 : 등록면허세 과세물건을 등록한 후에 해당 과세물건이 중과세 대상이 되었을 때에는 중과세 대상에 해당하는 날부터 60일 이내에 중과세율을 적용하여 산출한 세액에서 이미 납부한 세액(가산세는 제외)을 공제한 금액을 세액으로 하여 납세지를 관할하는 지방자치단체장에게 신고하고 납부해야 한다(지방법 30 ②).

2) 부과대상 또는 추징대상이 된 경우 : 지방세법 또는 다른 법령에 따라 등록면허세를 비과세, 과세면제 또는 경감받은 후에 해당 과세물건이 등록면허세 부과대상 또는 추징대상이 되었을 때에는 그 사유 발생일부터 60일 이내에 해당 과세표준에 해당 세율을 적용하여 산출한 세액[경감받은 경우에는 이미 납부한 세액(가산세는 제외)을 공제한 세액을 말한다]을 납세지를 관할하는 지방자치단체장에게 신고하고 납부해야 한다(지방법 30 ③).

2. 신고납부의 특례

위 일반적인 신고의 규정에 따라 세액의 신고의무를 다하지 않은 경우에도 등록면허세 산출세액을 등록을 하기 전까지 납부하였을 때에는 신고를 하고 납부한 것으로 보며, 무신고가산세 및 과소신고가산세를 징수하지 않는다(지방법 30 ④).

참고사항 채권자대위권에 의한 등기신청을 하려는 채권자의 등록면허세 신고

부동산등기법(제28조)에 따라 채권자대위권에 의한 등기신청을 하려는 채권자(이하 '채권자대위자'라 한다)는 납세의무자를 대위하여 부동산의 등기에 대한 등록면허세를 신고할 수 있다(이 경우 채권자대위자는 납부확인서를 발급받을 수 있다). 지방자치단체장은 이처럼 채권자대위자의 신고가 있는 경우 납세의무자에게 신고사실을 즉시 통보해야 한다(지방법 30 ⑤,⑥).

3. 보통징수

납세의무자가 세액의 신고 또는 납부의무를 다하지 않으면 산출세액(또는 부족세액)에 무신고가산세 · 과소신고가산세 및 납부지연가산세를 합한 세액을 보통징수의 방법으로 징수한다(지방법 32).

예규판례 '법인설립 및 자본증가에 관한 종전의 법인등기에 대하여 이미 납부한 등록면허세의 세액'을 '그 후 이루어진 본점 이전에 관한 법인등기에 대하여 중과세율을 적용한 등록면허세의 세액'에서 공제할 수는 없다는 사례

1) 법인을 설립하고 자본을 증가할 당시 그러한 법인설립 및 자본증가에 관한 법인등기에 대하여 등록면허세를 납부한 후, 그 법인의 본점을 대도시로 전입함에 따라 그러한 본점 이전에 관한 법인등기에 대하여 구 지방세법 제28조 제2항 제2호에 의해 법인설립에 관한 세율을 기초로 중과세율을 적용하여 등록면허세를 납부하게 되었다고

하더라도, 구 지방세법 제30조 제2항의 규정 등을 들어 '법인설립 및 자본증가에 관한 종전의 법인등기에 대하여 이미 납부한 등록면허세의 세액'을 '그 후 이루어진 본점 이전에 관한 법인등기에 대하여 중과세율을 적용한 등록면허세의 세액'에서 공제할 수는 없다. 그 이유는 다음과 같다.

가) 원고가 법인설립 및 증자 당시 그에 관한 법인등기에 대하여 이미 납부한 등록면허세와, 이 사건에서 원고가 본점을 대도시 밖에서 대도시로 전입하면서 본점 이전이라는 법인등기에 대하여 납부해야 하는 등록면허세는 아래에서 보는 바와 같이 그 과세대상을 달리한다.

① 구 지방세법 제23조 제1호 등에 의하면, 등록면허세는 취득을 원인으로 이루어지는 등기 또는 등록을 제외한 재산권과 그 밖의 권리의 설정 · 변경 또는 소멸에 관한 사항을 공부에 등기하거나 등록하는 경우에 등기 또는 등록이라는 단순한 사실의 존재를 과세대상으로 하여 그 등기 또는 등록을 받는 자에게 부과하는 세금이다.

② 구 지방세법 제28조 제1항은 각호에서 각 등록면허세의 과세대상인 각 등록에 대한 일반적인 세율을 정하고 있는데, 제6호 (가)목은 영리법인의 설립 및 자본증가 등에 관하여, (라)목은 본점 등의 이전에 관하여 별도로 규정하고 있다. 대도시의 인구집중 억제 및 환경보존 등을 위하여 마련된 구 지방세법 제28조 제2항과 제3항은 구 지방세법 제28조 제1항 각호에서 들고 있는 각 등록면허세 과세대상 중 제6호 등에 규정한 등기에 대하여 중과세율을 적용하는 경우를 정하고 있을 뿐이다. 즉, 구 지방세법 제28조 제2항 제2호에서 '전입을 법인의 설립으로 보아 세율을 적용한다'는 의미는 등록면허세 중과세대상인 법인등기에 대하여 중과세제도의 취지에 부합하도록 그 세율의 적용에 관하여만 본점 등의 전입을 법인의 설립으로 보도록 하는 것이다.

③ 따라서 구 지방세법 제28조 제2항 제2호의 규정에 따라 그 세율의 적용에 관하여는 본점 등의 전입을 법인의 설립으로 본다고 하더라도, '본점 이전에 관한 법인등기'가 '법인설립에 관한 법인등기'로 간주되거나 위 각 법인등기에 관한 등록면허세 과세대상이 동일한 것으로 간주되는 것이 아니다.

나) 등록면허세 신고 및 납부에 관한 구 지방세법 관련 규정들을 살펴보더라도, 구 지방세법 제30조 제2항은 하나의 등록면허세 과세대상에 대하여 이미 납부한 세금이 있을 경우 이를 공제하도록 하는 것임을 알 수 있다.

① 구 지방세법 제30조 제2항은, 등록면허세 과세물건을 등록한 후에 '해당 과세물건'이 사후적으로 구 지방세법 제28조 제2항에 따른 중과세율의 적용대상이 되었을 때에, 이를 적용하여 산출한 세액에서 이미 납부한 등록면허세의 세액을 공제한 금액을 세액으로 하여 신고 · 납부하도록 규정하여, 하나의 등록면허세 과세대상을 전제로 하고 있다는 점이 문언에 나타나 있다.

② 구 지방세법 시행령 제48조는 등기 또는 등록 신청서를 등기 · 등록관서에 접수하는 날을 신고 · 납부의 기준일로 삼고 있다(제1항). 다만 구 지방세법 제30조 제2항에 따라 이미 납부한 세액을 공제한 금액을 신고 · 납부할 경우에는 해당 사무소나 사업장이 사실상 설치된 날 또는 대도시 중과 제외 업종의 변경 내지 추가 등의 사유가 발생한 날을 신고 · 납부기한의 기산일로 삼고 있다(제2항). 이 역시, 등기 · 등록에 대하여 접수일을 기준으로 등록면허세를 신고 · 납부하는 것을 원칙으로 하되, 일정한 사정변경이 생겨 해당 과세대상인 등기가 중과세대상이 된 경우라면, 그때를 기산일로 한 기한 내에 단일한 과세대상인 등기에 대하여 추가적으로 납부해야 하는 세액을 신고 · 납부하도록 하는 취지이다.

2) 그런데도 원심은, 원고가 설립 및 자본증가 당시 그에 관한 법인등기에 대하여 납부한 등록면허세의 세액을, 원고가 본점을 대도시로 전입함에 따른 본점 이전에 관한 법인등기에 대하여 납부해야 하는 등록면허

세의 세액에서 공제해야 한다고 판단하였다. 이러한 원심의 판단에는 등록면허세의 과세대상 및 중과세 등에 대한 법리를 오해하여 판결에 영향을 미친 위법이 있다. 이를 지적하는 피고의 상고이유 주장은 이유가 있다(대법원 2019.1.10. 선고 2017두31538 판결).

사례 1 등록면허세 중과세

다음 사례를 읽고 해당 법인등기가 등록면허세 중과세 대상인지 여부와 해당 과세표준에 적용되는 세율을 표시하시오. (10점)

1. A법인이 대도시에서 설립되어 자본금 5억원의 법인등기를 하였다.
2. B법인이 대도시에서 지점·분사무소를 설치하고 그에 따른 법인등기를 하였다.
3. C법인이 대도시 외의 법인이었는데, 대도시 내로 본점·주사무소를 전입하고 법인등기를 하였다. 전입당시 자본금은 5억원이었다.
4. D법인은 대도시에서 설립 후 3년이 되는 시점에서 자본금 5억원을 증가하는 법인등기를 하였다.
5. E법인은 대도시 외의 법인이었는데 대도시 내로 본점·주사무소를 전입하고 전입 후 4년이 되는 시점에서 자본금 5억원을 증가하는 법인등기를 하였다.
6. F법인은 대도시에서 설립 후 6년이 되는 시점에서 부가가치세법 시행령에 따라 폐업을 하였다. 그 후 홍길동씨는 F법인 주식의 100%를 취득하여 F법인의 과점주주가 되었고, F법인을 인수 후 1년이 되는 시점에서 10억원의 자본금을 납입하는 법인등기를 하였다.
7. 은행업을 경영하는 K법인은 대도시에 지점을 설치하는 등기를 하였다.

해 답

1. A법인이 대도시에서 설립되어 자본금 5억원의 법인등기에 대해서는 0.4%의 3배인 1.2%의 세율로 중과세한다.
2. B법인이 대도시에서 지점·분사무소를 설치하고 그에 따른 법인등기에 대해서는 40,200원의 3배인 120,600원으로 중과세한다.
3. C법인이 대도시 외에서 대도시 내로 본점·주사무소를 전입하고 법인등기를 하는 경우에는 설립으로 보아 전입당시 자본금은 5억원에 0.4%의 3배인 1.2% 세율로 중과세한다.
4. D법인이 대도시에서 설립 후 3년이 되는 시점(5년 이내)에서 자본금 5억원을 증가하는 법인등기하는 경우에는 자본금 5억원에 0.4%의 3배인 1.2%로 중과세한다.
5. E법인은 대도시 외에서 대도시 내로 본점·주사무소를 전입하고 전입 후 4년이 되는 시점에서 자본금 5억원을 증가하는 법인등기를 하는 경우에는 전입은 설립으로 보아 증가하는 자본금 5억원에 0.4%의 3배인 1.2% 세율로 중과세한다.

6. F법인이 대도시에서 설립 후 폐업하였으므로 휴면법인에 해당한다. 그 후 홍길동씨는 F법인 주식의 100%를 취득하여 F법인의 과점주주가 된 때에 휴면법인의 인수가 이루어졌다. 이처럼 휴면법인 인수 후 1년이 되는 시점에서 F법인이 납입한 자본금 10억원의 법인등기에 대해서는 0.4%의 3배인 1.2% 세율로 중과세한다.

7. 중과세 제외업종인 은행업을 경영하는 K법인은 대도시에 지점을 설치하는 등기에 대해서는 법인등기 및 부동산등기에 대해서는 중과세를 하지 않는다. 따라서 지점 설치에 대한 법인등기는 40,200원의 세율로 과세한다.

사례 2 대도시에서 법인등기와 부동산 취득에 대한 중과세

다음 사례를 읽고 지방세법과 관련하여 물음에 답하시오. (25점)

(1) A회사는 2021.1.4.에 서울특별시에 도매업을 목적사업으로 하여 설립된 법인으로서 거주자 甲이 설립 당시부터 발행주식총수의 100%를 계속 보유하고 있다. 그 후 A회사는 사업부진으로 2025.7.4.에 「부가가치세법 시행령」에 따라 폐업하였으나, 2026.7.4. 현재 법인격은 소멸되지 않고 있다.

(2) 부동산 투자전문 L회사는 2026.7.4.에 거주자 甲으로부터 A회사의 발행주식총수의 100%를 취득하였는데, 그 당시 A회사는 자본잠식 상태로서 취득세 과세대상자산은 전혀 보유하지 않고 있었다.

(3) L회사는 2026.9.4.에 ① A회사의 상호를 B회사로, ② 정관상 목적사업을 도매업에서 부동산임대업으로 각각 변경하는 한편, ③ L회사의 임원인 乙을 변경된 상호인 B회사의 대표이사로 임명하였다.

(4) B회사는 2026.10.4.에 주주인 L회사로부터 금전출자를 받아 1,100억원의 자본금을 증가시키는 법인등기를 하였다.

(5) B회사는 위 출자받은 자본금으로 서울특별시 강남구에 소재하는 토지를 1,000억원의 취득가액에 법원 경매절차를 통하여 2026.11.4.에 매수하였다. 해당 토지는 임대목적의 빌딩 부속토지로 사용할 예정이다.

【물음 1】 대도시에서 휴면법인을 인수한 후 자본·출자를 증가하는 경우 법인등기에 대한 등록면허세를 중과세하는 규정을 설명하시오.

【물음 2】 위 사례 (4)의 자본금 증가에 따른 법인등기에 대해서 등록면허세 중과세 해당 여부를 검토하고, 등록면허세 산출세액을 계산하시오.

【물음 3】 대도시에서 휴면법인을 인수하는 경우를 대도시에서 법인을 설립한 것으로 보고 그 설립에 따른 부동산 취득에 대한 취득세 중과세하는 규정을 설명하시오.

【물음 4】 위 사례 (5)의 토지 취득에 대한 취득세 중과세 해당 여부를 검토하고, 취득세 산출세액을 계산하시오.

해 답

【물음 1】 등록면허세

대도시(과밀억제권역을 말하되, 산업단지는 제외) 안에서 다음에 해당하는 법인등기에 대해서는 일반적인 세율의 3배로 한다.

> 대도시에서 법인을 설립(설립 후 또는 휴면법인을 인수한 후 5년 이내에 자본 또는 출자액을 증가하는 경우 포함)함에 따른 등기

1) 여기서 '휴면법인'이란 다음 중 어느 하나에 해당하는 법인을 말한다.
   ① 상법 따라 해산한 법인(이하 '해산법인'이라 한다)
   ② 상법에 따라 해산한 것으로 보는 법인(이하 '해산간주법인'이라 한다)
   ③ 부가가치세법 시행령에 따라 폐업한 법인(이하 '폐업법인'이라 한다)
   ④ 법인 인수일 이전 1년 이내에 계속등기를 한 해산법인 또는 해산간주법인
   ⑤ 법인 인수일 이전 1년 이내에 다시 사업자등록을 한 폐업법인
   ⑥ 법인 인수일 이전 2년 이상 사업 실적이 없고, 인수일 전후 1년 이내에 인수법인 임원의 50% 이상을 교체한 법인
2) 휴면법인의 인수는 위 1) 중 어느 하나에 해당하는 법인에서 최초로 그 법인의 과점주주가 된 때 이루어진 것으로 본다.

【물음 2】 사례 등록면허세

1. 중과세 여부 검토

   사례의 경우 아래 1)과 2)의 요건을 모두 충족하였으므로 자본금 증가에 따른 법인등기에 대해서 등록면허세 중과세 대상에 해당한다.

   1) 휴면법인 인수 : A회사는 2025.7.4.에 폐업하여 휴면법인에 해당하고, L회사가 2026.7.4.에 거주자 甲으로부터 A회사의 발행주식총수의 100%를 취득함으로써 과점주주가 되어 '휴면법인 인수'에 해당한다.
   2) 5년 이내에 자본 증가에 따른 법인 등기 : L회사가 서울특별시(대도시)에서 휴면법인을 2026.7.4.에 인수한 후 5년 이내인 2026.10.4.에 금전을 출자하여 1,100억원의 자본금을 증가시키는 법인등기를 하였다.

2. 등록면허세 산출세액

   : 과세표준×1.2%(0.4%×3배) = 1,100억원×1.2% = 13억2천만원

【물음 3】 부동산 취득에 대한 취득세 중과세

다음에 해당하는 부동산을 취득하는 경우의 취득세는 표준세율의 3배에서 중과기준세율(2%)의 2배를 뺀 세율을 적용한다.

> 대도시(산업단지를 제외한 과밀억제권역을 말한다. 이하 같다)에서 법인을 설립[휴면(休眠)법인을 인수하는 경우 포함]함에 따라 대도시의 부동산을 취득하는 경우

여기서 중과세 대상이 되는 부동산의 취득은 다음과 같다.

㉠ 해당 법인이 그 설립 이전에 법인의 본점·주사무소의 용도로 직접 사용하기 위한 부동산 취득(채권을 보전하거나 행사할 목적으로 하는 부동산 취득은 제외)

㉡ 법인이 설립 이후 5년 이내에 하는 업무용·비업무용 또는 사업용·비사업용의 모든 부동산 취득으로 한다.

【물음 4】 취득세 중과세

1. 중과세 여부 검토

사례의 경우 아래 1)과 2)의 요건을 모두 충족하였으므로 해당 토지의 취득은 취득세 중과세 대상에 해당한다.

1) 휴면법인 인수 : A회사는 2025.7.4.에 폐업하여 휴면법인에 해당하고, L회사가 2026.7.4.에 거주자 甲으로부터 A회사의 발행주식총수의 100%를 취득함으로써 과점주주가 되어 '휴면법인 인수'에 해당한다.

2) 5년 이내에 부동산 취득 : L회사가 서울특별시(대도시)에서 휴면법인을 2026.7.4.에 인수한 후 5년 이내인 2026.11.4.에 B회사가 서울특별시(대도시)의 토지를 취득하였다.

2. 취득세 산출세액

(1) 중과세율

> 중과세율 : 표준세율(유상승계취득 4%)×3배 − 2%×2배 = 8%

(2) 산출세액 : 과세표준×중과세율 = 1,000억원×8% = 80억원

사례 3 등록에 대한 등록면허세

지방세법과 관련하여 다음 물음에 답하시오. (2025년 세무사 2차, 25점)

> 건설업을 영위하고 있는 ㈜A는 건설공사용으로 사용되는 기계장비에 해당하는 건설기계를 무상으로 취득하고, 해당 건설기계에 대한 소유권을 공부에 등록하고자 한다. 동 건설기계는 건설기계관리법에 규정된 것으로서 행정안전부령으로 정하는 것에 해당되며, 동 건설기계의 등록 당시 지방세기본법 제38조에 따른 취득세 부과제척기간이 경과하였다.

【물음 1】 상기 사례와 같이 건설기계를 취득하는 경우, 해당 건설기계의 취득을 원인으로 하는 등록에 대한 등록면허세의 과세표준을 정하는 방법에 대하여 서술하시오. (13점)

【물음 2】 상기 사례에서 ㈜A가 해당 건설기계의 취득을 원인으로 하는 소유권의 등록에 대한 등록면허세의 세액 계산시 적용해야 할 세율은 무엇이며, 해당 세율을 적용하는 방법에 대하여 서술하시오. (4점)

【물음 3】 등록에 대한 등록면허세의 신고 및 납부와 관련하여 다음과 같이 규정하고 있다.

> 지방세법 제30조(신고 및 납부) ① 등록을 하려는 자는 제27조에 따른 과세표준에 제28조에 따른 세율을 적용하여 산출한 세액을 대통령령으로 정하는 바에 따라 "등록을 하기 전까지" 납세지를 관할하는 지방자치단체장에게 신고하고 납부해야 한다.

상기 법에서 밑줄 친 "등록을 하기 전까지"란 무엇을 말하는지 관련 「지방세법 시행령」에서 규정하고 있는 원칙적인 내용을 서술하시오. 또한 동 「지방세법 시행령」에서 규정하고 있는 예외로써 특허권·실용신안권·디자인권 및 상표권의 등록에 대한 등록면허세의 경우에 상기 "등록을 하기 전까지"란 무엇을 말하는지 서술하시오. (4점)

【물음 4】 지방세법상 관련 법령에 따라 등록에 대한 등록면허세를 신고하려는 자가 「지방세법 시행규칙」 [별지 제9호 서식]의 '등록에 대한 등록면허세 신고서'에 첨부해야 할 서류 4가지를 서술하시오. (4점)

해 답

【물음 1】 등록면허세의 과세표준

1. 기본구조

건설업을 영위하고 있는 ㈜A가 건설기계를 무상취득하였으나 등록 당시 취득세 부과제척기간이 경과하여 그 건설기계에 대한 소유권을 공부에 등록하는 경우에는 등록면허세 과세대상에 해당한다. 이 경우 해당 건설기계의 취득을 원인으로 하는 등록에 대한 등록면허세의 과세표준은 등록 당시의 가액과 취득당시가액 중 높은 가액으로 한다.

> 등록면허세 과세표준 = MAX [① 등록 당시의 가액
> ② 취득당시가액(무상취득하는 경우는 시가표준액)]

2. 등록 당시의 가액과 취득당시가액

① 등록 당시의 가액 : '등록 당시의 가액'은 등록자의 신고에 따른다. 다만, 신고가 없거나 신고가액이 시가표준액보다 적은 경우에는 시가표준액을 등록 당시의 가액으로 한다.

② 취득당시가액 : 건설기계를 무상취득하는 경우 취득당시가액은 시가표준액으로 한다. 건설기계의 시가표준액은 건설기계의 종류별·톤수별·형식별·제조연도별 제조가격(수입하는 경우에는 수

입가격을 말한다) 및 거래가격 등을 고려하여 정한 기준가격에 건설기계의 경과연수별 잔존가치율을 곱하여 산정한다.

【물음 2】 적용 세율

건설기계의 취득을 원인으로 하는 소유권의 등록에 대한 등록면허세는 과세표준에 1% 세율을 적용하여 계산한 금액을 그 세액으로 한다. 다만, 이처럼 산출한 세액이 그 밖의 등록 세율인 건당 1만원보다 적을 때에는 그 밖의 등록 세율 건당 1만원을 적용한다.

【물음 3】 신고납부

'등록을 하기 전까지'란 등기 · 등록 신청서를 등기 · 등록관서에 접수하는 날까지를 말한다(원칙). 다만, 특허권 · 실용신안권 · 디자인권 및 상표권의 등록에 대한 등록면허세의 경우에는 특허법, 실용신안법, 디자인보호법 및 상표법에 따른 특허료 · 등록료 및 수수료의 납부기한까지를 말한다(예외).

【물음 4】 등록면허세 신고서에 첨부해야 할 서류

등록에 대한 등록면허세 신고서에 다음의 서류를 첨부해야 한다.

① 전세계약서 등 등록가액 등을 증명할 수 있는 서류 사본 1부

② 지방세 감면 신청서 1부

③ 취득세 비과세 확인서 1부

④ 등록면허세(등록) 납부서 납세자 보관용 영수증 사본 1부

연습문제

1 등록에 대한 등록면허세의 과세요건을 설명하시오. (20점)

2 법인이 과밀억제권역 안에서 설립되어 본점 및 공장용 부동산을 취득(취득에 관한 등기 포함)하는 경우 취득세와 등록면허세의 중과제도에 대하여 설명하시오. (10점)

제3편 지방세법

제4장 재산세

제1절 재산세의 개요

재산세는(과세기준일 : 매년 6월 1일) 현재 토지, 건축물, 주택, 선박 및 항공기의 보유에 대하여 그 소유자에게 부과하는 시·군세 또는 구세(특별자치시세·특별자치도세)이다. 종전에는 토지의 보유에 대해서는 종합토지세, 건축물의 보유에 대해서는 재산세를 부과하였으나, 2005년부터 부동산의 보유과세를 강화하기 위하여 국세인 종합부동산세가 신설됨에 따라 종합토지세를 폐지하고 재산세로 통합하여 과세하고 있다. 재산세의 성격은 다음과 같다.

① 재산세는 재산보유과세의 성격을 갖는다. 따라서 취득세는 재산의 취득단계에서 과세되는 거래세라는 점에서 차이가 있다.

② 재산세는 과세대상재산을 중심으로 과세되므로 물세(物稅)에 속한다. 그러나 일정한 토지의 경우 과세표준의 인별 합산과세, 초과누진세율의 채택 등은 인세(人稅)에 해당하는 요소를 반영한 것으로서 응능부담의 원칙을 구현하고 있다.

③ 재산세는 재산이 소재하는 시·군·구(특별자치시·특별자치도)에서 부과하므로 시·군세 또는 특별시세·구세(특별자치시세·특별자치도세)에 해당한다. 재산세는 그 세원이 어느 시·군에서나 보편적으로 존재하며, 세원이 고정되어 있고 안정적이므로 지방세로서 적합하다고 할 수 있다.

④ 재산세는 기본적으로 응익부담의 원칙에 입각한 조세라고 할 수 있다. 즉 지방자치단체의 공공사업의 시행 등 편익의 제공으로 인하여 재산의 사용가치가 증가하기 때문에 그 편익에 비례하여 조세를 부담해야 한다는 것이다.

이처럼 재산세는 시·군세 또는 구세(특별자치시세·특별자치도세)인데, 특별시 자치구(區) 간의 심각한 재정불균형상태를 해소하기 위하여 2008년부터 특별시의 관할구역 부동산에 대해서는 재산세를 공동과세하는데, 그 내용은 다음과 같다(지기법 9, 10).

구분	내용		
특별시의 관할구역	재산세액의 50%	특별시분 재산세(특별시세)	전액 관할구역의 구에 교부
	재산세액의 50%	구(區)분 재산세(구세)	–
그 밖의 지역	재산세액	시·군세 또는 구세(특별자치시세·특별자치도세)	–

[도 표] 재산세의 요약

구분		내용
과 세 요 건	과 세 권 자	재산이 소재하는 시 · 군 · 구
	과 세 대 상	토지 · 건축물 · 주택 · 선박 및 항공기의 소유사실
	납세의무자	과세대상재산의 사실상 소유자
	과 세 표 준	① 토지 · 건축물 : 시가표준액×공정시장가액비율(70%) ② 주택 : 시가표준액×공정시장가액비율(60% 등) ③ 선박 · 항공기 : 시가표준액
	세 율	과세대상 재산별로 일정률 (별도합산 · 종합합산 토지와 주택은 초과누진세율)
납세의무의 성립시기	과세기준일(매년 6월 1일)	
납세의무의 확정시기	과세표준과 세액을 결정하는 때	
납 세 절 차	보통징수방법(소액 징수면제 2,000원 미만)	

제2절 재산세의 과세요건

I 재산세의 과세대상

1. 과세대상의 범위

재산세는 토지, 건축물, 주택, 선박 및 항공기(이하 '재산'이라 한다)를 과세대상으로 한다(지방법 105). 여기서 '과세대상 재산'의 뜻은 다음과 같다(지방법 104).

구분	뜻	비고
① 토 지	지적공부의 등록대상이 되는 토지와 그 밖에 사용되고 있는 사실상의 토지(예 매립·간척 등으로 준공인가 전에 사실상으로 사용하는 토지 등 토지대장에 등재되어 있지 않는 토지)	토지와 건축물의 범위에서 주택은 제외한다.(지방법 104 (3))
② 건축물	건축법에 따른 건축물과 토지에 정착하거나 지하 또는 다른 구조물에 설치하는 레저시설, 저장시설, 도크(dock)시설, 접안시설, 도관시설, 급수·배수시설, 에너지 공급시설 및 그 밖에 이와 유사한 시설(지방법 6 (4))	
③ 주 택	주거생활을 영위할 수 있는 구조로 된 건축물 및 그 부속토지(주택법 2 (1))	–
④ 항공기	사람이 탑승·조종하여 항공에 사용하는 비행기, 비행선, 활공기(滑空機), 회전익(回轉翼) 항공기 및 그 밖에 이와 유사한 비행기구	–
⑤ 선 박	기선, 범선, 전마선(傳馬船) 및 그 밖에 명칭에 관계없이 모든 배	–

2. 과세대상 구분

재산세의 과세대상은 다음과 같이 구분한다.

구분		과세대상별 재산세
① 토 지	분리과세대상 토지 별도합산과세대상 토지 종합합산과세대상 토지	토지에 대한 재산세
② 주 택(주거용 건축물 및 부수토지)		주택에 대한 재산세
③ 건축물 · 선박 · 항공기		건축물 · 선박 · 항공기에 대한 재산세

(1) 재산세 부과기준

재산세의 과세대상 물건이 ① 토지대장, 건축물대장 등 공부상 등재되지 않았거나 ② 공부상 등재현황과 사실상의 현황이 다른 경우에는 사실상의 현황에 따라 재산세를 부과한다. 다만, 다음 중 어느 하나에 해당하는 경우에는 공부상 등재현황에 따라 재산세를 부과한다(지방법 106 ③, 지방령 105의2).

① ㉠ 관계 법령에 따라 허가 등을 받아야 함에도 불구하고 허가 등을 받지 않고 재산세의 과세대상 물건을 이용하는 경우로서 ㉡ 사실상 현황에 따라 재산세를 부과하면 오히려 재산세 부담이 낮아지는 경우

② 재산세 과세기준일 현재의 사용이 일시적으로 공부상 등재현황과 달리 사용하는 것으로 인정되는 경우

참고사항 공부상 등재현황에 따라 재산세를 부과하는 경우(재산세 부과기준 개선)

종전에는 무허가 공장의 부속토지의 경우에도 사실상 현황이 공장용 부속토지라는 이유로 저율 분리과세대상(0.2%) 토지로 재산세를 부과하였다. 무허가 · 불법적인 토지 이용으로 재산세 부담이 낮아지는 문제점이 있었다. 이를 개선하기 위해서 2022년부터 재산세의 과세대상 물건을 공부상 등재현황과 달리 이용함으로써 재산세 부담이 낮아지는 경우(본문 ①의 경우)에는 공부상 등재현황에 따라 재산세를 부과하도록 하였다. 개정세법에 따르면 무허가 공장의 부속토지는 공부상 등재상황인 공장이 없는 토지로 보고 종합합산과세대상(0.2%~0.4%) 토지로 보고 재산세를 부과한다. ■

(2) 주택의 범위 구분

토지와 건축물에서 주택을 제외하여 주택에 대한 재산세를 과세하기 때문에 주거용과 주거외의 용도를 겸하는 건물 등에서 주택의 범위를 구분하는 방법, 주택 부속토지의 범위를 산정할 필요가 있는데, 그 내용은 다음과 같다(지방법 106 ②, 지방령 105).

1) 1구(構)의 건물이 주거와 주거 외의 용도로 사용되고 있는 경우

구분	과세대상 구분
겸용주택	주거용 사용면적 ≥ 전체면적의 50% ······▸ 전체면적 : 주택에 대한 재산세

2) 1동(棟)의 건물이 주거와 주거 외의 용도로 사용되는 경우

구분	과세대상 구분
(1) 건 물	① 주거용으로 사용되는 부분 ······▸ 주택에 대한 재산세 ② 주거 외의 용도로 사용되는 부분 ······▸ 건축물에 대한 재산세
(2) 부속토지	주거와 주거 외의 용도로 사용되고 있는 건물의 면적비율에 따라 각각 안분 ① 주택의 부속토지 ······▸ 주택에 대한 재산세 ② 건축물의 부속토지 ······▸ 토지에 대한 재산세

3) 무허가 주거용 건축물 면적이 있는 경우 : 건축물에서 허가 등이나 사용승인(임시사용승인을 포함한다. 이하 같다)을 받지 않고 주거용으로 사용하는 면적이 전체 건축물 면적(허가 등이나 사용승인을 받은 면적을 포함한다)의 50% 이상인 경우에는 ① 그 건축물 전체를 주택으로 보지 않고, ② 그 부속토지는 종합합산과세대상에 해당하는 토지로 본다(지방법 106 ② (2)의2).

구분	과세대상 구분
① 건 물	무허가 주거용 건축물 면적 ≥ 전체 건축물 면적×50% ······▸ 건축물 전체를 주택으로 보지 않음
② 부속토지	무허가 주거용 건축물 면적 ≥ 전체 건축물 면적×50% ······▸ 부속토지는 종합합산과세대상 토지

4) 주택 부속토지의 경계가 명백하지 않은 경우

구분	과세대상 구분
주택의 부속토지 (경계 불분명)	① 주택 바닥면적의 10배(주택의 부속토지) ······▸ 주택에 대한 재산세 ② 위 ① 외의 면적 ······▸ 토지에 대한 재산세

참고사항 무허가 주택에 대한 과세대상 구분 개선

종전에는 허가를 받지 않거나 사용승인을 받지 않고 건축물의 일부 또는 전부를 주거용으로 용도 변경하여 사용하는 면적이 50% 이상인 경우에도 주택으로 과세하여 건축물을 적법하지 않게 사용하고 있음에도 재산세 부담이 축소되어 납세자가 원상회복할 유인이 적은 문제점이 있었다. 이를 개선하기 위해서 2022년부터 건축물에서 허가를 받지 않거나 사용승인을 받지 않고 주거용으로 사용하는 면적이 전체 건축물 면적의 50% 이상이면 그 건축물 전체를 주택으로 보지 않고, 그 부속토지는 종합합산과세대상 토지로 보도록 개정하였다. ■

사례 1 **재산세 과세대상 구분**

다음 사례를 읽고 물음에 답하시오.

개인 甲은 다음과 같은 현황의 건물과 그 부속토지를 보유하고 있다.

1. 건물
   1층 주거용 면적 60㎡ 점포용 면적 40㎡
   2층 사무용 면적 100㎡
   3층 사무용 면적 100㎡
2. 부속토지 1,200㎡

【물 음】 건물과 부속토지에 대해서 재산세 과세대상 판정기준과 과세대상 구분별 면적을 표시하시오. (9점)

해 답

1. 판정기준

(1) 1구(構)의 건물이 주거와 주거 외의 용도로 사용되는 경우
주거용으로 사용되는 면적이 전체의 50% 이상인 경우에는 주택으로 본다.

(2) 1동(棟)의 건물이 주거와 주거 외의 용도로 사용되고 있는 경우
주거용으로 사용되는 부분만을 주택으로 본다. 이 경우 건물의 부속토지는 주거와 주거 외의 용도로 사용되는 건물의 면적비율에 따라 각각 안분하여 주택의 부속토지와 건축물의 부속토지로 구분한다.

2. 사례의 경우

(1) 과세대상 구분

① 1구(構) 판단
건물 1층 : 주거용 면적 60㎡이 1층 전체면적 100㎡(60㎡ + 40㎡)의 50% 이상이므로 전체면적 100㎡를 주택으로 본다.

② 1동(棟)의 판단
건물 1층 : 100㎡(주거용 면적) 주택으로 본다.
건물 2층, 3층 : 각 층면적의 합계 200㎡는 주택 외의 일반 건축물에 해당한다.

③ 부속토지의 안분계산
주거용 건축물 부속토지 : 1,200㎡ $\times \frac{100}{300} =$ 400㎡

일반 건축물 부속토지 : 1,200㎡ $\times \frac{200}{300} =$ 800㎡

(2) 결 론

① 주거용 건축물 면적 100㎡ + 주거용 건축물 부속토지 면적 400㎡ → 주택분 재산세

② 일반 건축물 200㎡ → 건축물 재산세

③ 일반 건축물 부속토지 800㎡ → 토지분 재산세

3. 토지에 대한 재산세 과세대상 구분

[도 표] 토지분 재산세의 개략적인 과세대상 구분

구분	분리과세	별도합산과세	종합합산과세
① 농지 · 목장용지 및 임야	○(0.07%)		
② 공장용지 및 공급목적으로 소유하는 토지	○(0.2%)		
③ 골프장 및 고급오락장용 토지	○(4%)		
④ 위 이외 일반건축물 부속토지		○	
⑤ 기타의 모든 토지			○

※ 과세대상 구분은 왼쪽부터 적용하되, 왼쪽의 과세대상 기준을 충족하지 못한 경우에는 오른쪽의 과세대상으로 구분한다.

(1) 분리과세대상

과세기준일(매년 6월 1일) 현재 납세의무자가 소유하고 있는 토지 중 국가의 보호 · 지원 또는 중과(重課)가 필요한 토지로서 다음 중 어느 하나에 해당하는 토지를 말한다(지방법 106 ① (1), 지방령 102).

1) 0.07% 저율분리과세대상

구분	범위
① 농 지	전 · 답 · 과수원으로서 과세기준일 현재 실제 영농에 사용되고 있는 개인이 소유하는 것(특별시지역 · 광역시지역 · 시지역의 도시지역 안의 농지는 개발제한구역과 녹지지역에 있는 것으로 한정함) 등 일정한 농지
② 목장용지	개인이나 법인이 축산용으로 사용하는 목장용지로서 기준면적의 범위에서 소유하는 토지(도시지역 안의 목장용지는 개발제한구역 및 녹지지역에 있는 것으로 한정함)
③ 임 야	산림의 보호육성을 위하여 필요한 임야 및 종중소유 임야로서 일정한 임야

2) 0.2% 저율분리과세대상

구분	범위
① 공장용지	읍 · 면지역, 산업단지 및 공업지역에 있는 공장용 건축물의 부속토지로서 행정안전부령으로 정하는 공장입지기준면적 범위의 토지 * 다만, 건축법 등 관계 법령에 따라 허가 등을 받아야 하는 건축물로서 허가 등을 받지 않은 공장용 건축물이나 사용승인을 받아야 하는 건축물로서 사용승인(임시사용승인을 포함한다)을 받지 않고 사용 중인 공장용 건축물의 부속토지는 제외한다.
② 기반시설용 토지 · 개발사업용 토지 등 ※ 사치성재산으로 사용하는 토지는 제외	그 대표적인 것만을 열거하면 다음과 같다. ㉠ 한국방송공사의 업무에 사용되는 중계시설의 부속토지, 여객자동차터미널 · 물류터미널용 토지 등 ㉡ 한국토지주택공사가 타인에게 토지나 주택을 분양하거나 임대할 목적으로 소유하고 있는 토지 등 ㉢ 주택법에 따라 주택건설사업자 등록을 한 주택건설사업자(같은 법에 따른 주택조합 및 고용자인 사업주체와 「도시 및 주거환경정비법」의 규정에 따른 사업시행자를 포함한다)가 주택을 건설하기 위하여 같은 법에 따른 사업계획의 승인을 받은 토지로서 주택건설사업에 제공되고 있는 토지(주택법에 따른 지역주택조합 · 직장주택조합이 조합원이 납부한 금전으로 매수하여 소유하고 있는 신탁법에 따른 신탁재산의 경우에는 사업계획의 승인을 받기 전의 토지를 포함한다)

3) 4% 고율분리과세대상

구분	범위
① 골프장용 토지	관련 법률에 따른 회원제 골프장용 부동산 중 구분등록의 대상이 되는 토지
② 고급오락장용 토지	도박장, 유흥주점영업장, 특수목욕장, 그 밖에 이와 유사한 용도에 사용되는 건축물의 부속토지

참고사항 분리과세대상 토지 타당성 평가제도

1. 행정안전부장관은 ① 분리과세대상토지를 축소 · 정비 등을 하려는 경우 또는 ② 분리과세대상토지를 확대 · 추가하려는 경우에는 분리과세의 목적, 과세 형평성, 지방자치단체의 재정여건 및 다른 지원제도와의 중복 여부 등을 종합적으로 고려하여 분리과세의 타당성을 평가할 수 있다(지방법 106의2 ①).

2. 위 1.에 따른 타당성 평가 결과에 따라 분리과세대상 토지를 확대 · 추가하려는 경우에는 「지방재정법(제27조의2)」에 따른 지방재정부담심의위원회의 심의를 거쳐야 한다(지방법 106의2 ②). ■

참고사항 분리과세대상 토지 적용 신청

과세기준일 현재 납세의무자가 소유하고 있는 토지 중 용도 및 면적 등 현황이 변경되어 분리과세 대상 토지의 범위에 포함되거나 제외되는 토지의 경우에는 그 납세의무자가 과세기준일부터 15일 이내에 그 소재지를 관할하는 지방자치단체장에게 분리과세대상 토지 적용을 신청할 수 있다(지방령 102 ⑪). ■

(2) 별도합산과세대상

별도합산과세대상은 과세기준일(매년 6월 1일) 현재 납세의무자가 소유하고 있는 일정한 건축물의 부속토지 중 다음 기준면적 이내의 토지를 말한다(지방법 106 ① (2), 지방령 101 ①,②).

기준면적 = 건축물의 바닥면적* × 용도지역별 적용배율(3배~7배)

* 건물 외의 시설물의 경우에는 그 수평투영면적에 따른다.

다만, 다음의 건축물 부속토지는 별도합산과세대상에서 제외한다(지방령 101 ①).

별도합산과세대상에서 제외되는 토지	비고
① 읍·면지역, 산업단지·공업지역의 공장용 건축물의 부속토지	저율분리과세 등
② 골프장·고급오락장용 토지	고율분리과세
③ 건축물의 시가표준액이 해당 부속토지의 시가표준액의 2%에 미달하는 건축물의 부속토지 중 그 건축물의 바닥면적을 제외한 토지	종합합산과세
④ 관계 법령에 따라 허가 등을 받아야 할 건축물로서 허가 등을 받지 않은 건축물 또는 사용승인을 받아야 할 건축물로서 사용승인(임시사용승인을 포함)을 받지 않고 사용 중인 건축물의 부속토지	종합합산과세

한편 ① 차고용 토지, 보세창고용 토지, 시험·연구·검사용 토지, 물류단지시설용 토지 등 공지상태(空地狀態)나 해당 토지의 이용에 필요한 시설 등을 설치하여 업무 또는 경제활동에 활용되는 토지, ② 과세기준일 현재 건축물 또는 주택이 사실상 철거·멸실된 날부터 1년(빈집정비사업 또는 생활환경정비사업의 시행으로 빈집이 철거된 경우에는 3년)이 지나지 않은 건축물 또는 주택의 부속토지도 별도합산대상토지에 포함한다(지방법 106 ② (2) (나) (다), 지방령 103의2).

참고사항 별도합산과세대상 판정시 건축물의 범위

별도합산과세대상은 과세기준일 현재 납세의무자가 소유하고 있는 일정한 건축물의 부속토지 중 일정한 기준면적 이내의 토지를 말하는데, 이 경우 건축물의 범위에는 다음에 해당하는 건축물을 포함한다(지방법 101 ①, 지방령 103 ①).

① 건축허가를 받았으나 건축법(제18조)에 따라 착공이 제한된 건축물

② 건축법에 따른 건축허가를 받거나 건축신고를 한 건축물로서 같은 법에 따른 공사계획을 신고하고 공사에 착수한 건축물[개발사업 관계법령에 따른 개발사업의 시행자가 소유하고 있는 토지로서 같은 법령에 따른 개발사업 실시계획의 승인을 받아 그 개발사업에 제공하는 토지(분리과세대상이 되는 토지는 제외)로서 건축물의 부속토지로 사용하기 위하여 토지조성공사에 착수하여 준공검사 또는 사용허가를 받기 전까지의 토지에 건축이 예정된 건축물(관계 행정기관이 허가 등으로 그 건축물의 용도 및 바닥면적을 확인한 건축물을 말한

다)을 포함한다]. 다만, 과세기준일 현재 정당한 사유 없이 6개월 이상 공사가 중단된 경우는 제외한다.

③ 가스배관시설 등 지상정착물 ■

(3) 종합합산과세대상

종합합산과세대상은 과세기준일(매년 6월 1일) 현재 납세의무자가 소유하고 있는 토지 중 별도합산과세대상 또는 분리과세대상이 되는 토지를 제외한 토지를 말한다(지방법 106 ① (1)).

[도 표] 종합합산과세대상 토지

해당 지방자치단체 관할구역에 있는 모든 토지
− 별도합산과세대상 또는 분리과세대상 토지
− 주거용 건축물 부속토지
= 종합합산과세대상 토지

참고사항 종합합산과세대상 토지의 범위

위 조문을 정리하면 결과적으로 다음의 토지가 종합합산과세대상이 된다.

① 농지 · 목장용지 · 임야 · 공장용지 : 저율분리과세의 기준을 충족하지 못한 경우에 한한다.

② 일반 영업용 건축물 부속토지 : 별도합산과세의 기준을 충족하지 못한 것에 한한다.

③ 나대지(裸垈地 : 지목을 불문하고 지상정착물이 없는 토지), 잡종지 그 밖의 모든 토지 ■

예규판례 별도합산대상이 되는 '건축 중인 건축물'의 부속토지의 범위

토지에 대한 재산세 과세대상은 종합합산과세대상, 별도합산과세대상과 분리과세대상으로 구분되고, 일정한 건축물의 부속토지는 별도합산과세대상으로서 종합합산과세대상보다 낮은 세율이 적용된다. 그리고 지방세법의 위임에 따라 제정된 지방세법 시행령은 재산세의 별도합산대상이 되는 건축물의 부속토지에 완공된 건축물뿐만 아니라 '건축 중인 건축물'의 부속토지도 포함하되, 과세기준일 현재 정당한 사유 없이 6개월 이상 공사가 중단된 건축물을 제외하고 있다.

여기에서 '건축 중인 건축물'이란 과세기준일 현재 건축공사에 착수하여 건축을 하고 있는 건축물을 말한다. 착공에 필요한 단순한 준비작업을 하고 있는 데 지나지 않은 경우는 건축 중이라고 할 수 없지만, 터파기나 구조물 공사와 같이 건물을 신축하기 위한 공사에 착수한 경우는 물론 그보다 앞서 건물의 신축에 필수적으로 전제되는 작업을 하는 경우에도 건물의 신축공사를 실질적으로 실행한 것으로 볼 수 있다면 그 시점에 이미 공사에 착수한 것으로 보아야 한다(대법원 1995.9.26. 선고 95누7857 판결 등 참조). ■

사례 2 토지분 재산세 과세대상 구분

홍길동씨가 2026년 6월 1일 현재 소유하고 있는 토지의 현황에 관한 다음의 자료를 토대로 분리과세대상(세율 표시), 별도합산과세대상 및 종합합산과세대상 토지면적을 산정하시오. (10점)

토지의 현황	소재지	토지면적(㎡)	건물바닥면적(㎡)
고급오락장 부수토지	서울 마포구	1,000	400
공 장 용 지	안산시(산업단지 내)①	2,000	800
상 가 부 속 토 지	서울 종로구	700	150②
나 대 지	강원도 철원군	3,000	–
목 장 용 지	경기도 남양주시	4,000③	–

<추가자료>

> ① 안산시 산업단지의 공장입지기준면적은 1,600㎡이며, 공장의 용도지역별 적용배율은 4배이다.
> ② 상가의 용도지역별 적용배율은 3배이다.
> ③ 한우의 사육두수를 적용하여 계산한 목장용지의 기준면적은 3,500㎡이다.

해 답

(단위 : ㎡)

구분	분리과세대상(세율)	별도합산과세대상	종합합산과세대상
고급오락장 부수토지	1,000(4%)	–	–
공 장 용 지	1,600(0.2%)	–	400
상 가 부 속 토 지	–	450	250
나 대 지	–		3,000
목 장 용 지	3,500(0.07%)	–	500
합계	–	450	4,150

사례 3 과세대상의 구분

지방세법에 따른 재산세와 관련하여 다음 물음에 답하시오. (2022년 세무사 2차, 20점)

【물음 1】 지방세법 제106조 '과세대상의 구분 등'에 따라 토지에 대한 재산세 과세 대상을 구분하는 경우, 과세기준일 현재 납세의무자가 소유하고 있는 토지 중 국가의 보호 · 지원이 필요한 토지로서 국가 및 지방자치단체 지원을 위한 특정 목적 사업용 토지에 해당하여 재산세 분리과세 대상으로 구분되는 토지가 있다. 이에 해당하는 사례 5개를 「지방세법」 시행령 제102조 '분리과세대상 토지의 범위'에 근거하여 제시하시오. (10점)

【물음 2】 다음 사례를 읽고 ①, ②에 대하여 답하시오. (10점)

> 가방제조업을 영위하고 있는 A사가 재산세 과세기준일 현재 공장으로 사용 중인 건축물은 건축물대장에 등재되지 않은 불법건축물로서, 건축법 등 관계 법령에 따라 허가 등을 받아야 하는 건축물임에도 불구하고 건축물로서 허가를 받지 않고 사실상 공장용도로 사용하고 있다. 또한 A사는 동 불법건축물의 부속 토지를 소유하고 있다.

위 사례에서 A사가 공부상 등재되지 아니한 불법건축물을 사실상 공장용도로 사용하는 경우, 동 불법건축물의 부속 토지에 대하여 ① 재산세를 부과하는 기준과 ② 그러한 기준에 따라 재산세를 부과해야 하는 이유를 지방세법 제106조 '과세대상의 구분 등'에 근거하여 서술하시오.

해 답

【물음 1】 분리과세대상 토지

재산세 분리과세대상 토지 중 국가 및 지방자치단체 지원을 위한 특정 목적 사업용 토지의 범위는 다음과 같다.

① 국가나 지방자치단체가 국방상의 목적 외에는 그 사용 및 처분 등을 제한하는 공장 구내의 토지
② 「국토의 계획 및 이용에 관한 법률」, 「도시개발법」, 「도시 및 주거환경정비법」, 「주택법」 등(이하 '개발사업 관계법령')에 따른 개발사업의 시행자가 개발사업의 실시계획승인을 받은 토지로서 개발사업에 제공하는 토지 중 다음 중 어느 하나에 해당하는 토지
   ㉠ 개발사업 관계법령에 따라 국가나 지방자치단체에 무상귀속되는 공공시설용 토지
   ㉡ 개발사업의 시행자가 국가나 지방자치단체에 기부채납하기로 한 기반시설(도로 · 철도 · 항만 · 공항 · 주차장 등 교통시설 등의 기반시설을 말한다)용 토지
③ 방위사업법에 따라 허가받은 군용화약류시험장용 토지(허가받은 용도 외의 다른 용도로 사용하는 부분은 제외)와 그 허가가 취소된 날부터 1년이 지나지 않는 토지
④ 한국농어촌공사가 국토교통부장관이 매입하게 함에 따라 타인에게 매각할 목적으로 일시적으로 취득하여 소유하는 종전 부동산(수도권에 있는 이전공공기관의 청사 등의 건축물과 그 부지를 말한다)
⑤ 한국수자원공사가 관련 법률에 따라 환경부장관이 수립하거나 승인한 실시계획에 따라 취득한 토지로서 발전 · 수도 · 공업 및 농업 용수의 공급 또는 홍수조절용으로 직접 사용하고 있는 토지

【물음 2】 불법건축물의 부속토지

1. 재산세 부과기준

(1) 관련 규정

본래 재산세의 과세대상 물건이 토지대장 등 공부상 등재되지 않았거나 공부상 등재현황과 사실상의 현황이 다른 경우에는 사실상의 현황에 따라 재산세를 부과한다(이하 '본문규정'). 다만, 다음에 해당하는 경우에는 공부상 등재현황에 따라 재산세를 부과한다(이하 '단서규정').

① 관계 법령에 따라 허가 등을 받아야 함에도 불구하고 허가 등을 받지 않고 재산세의 과세대상 물건을 이용하는 경우로서 사실상 현황에 따라 재산세를 부과하면 오히려 재산세 부담이 낮아지는 경우

② 재산세 과세기준일 현재의 사용이 일시적으로 공부상 등재현황과 달리 사용하는 것으로 인정되는 경우

(2) 사례

A사가 소유하고 있는 불법건축물의 부속토지는 사실상의 현황은 공장용지이지만 공부상 등재현황은 공장이 없는 토지이므로 공부상 등재현황에 따라 재산세를 부과한다.

2. 공부상 등재현황에 따라 재산세를 부과해야 하는 이유

본래 공장용지는 0.2% 저율 분리과세대상 토지로 구분해서 재산세를 부과하고, 공장이 없는 토지는 0.2%~0.5% 종합합산과세대상 토지로 구분해서 재산세를 부과한다. 사례의 경우에는 ① 건축법 등 관계 법령에 따라 허가 등을 받아야 하는 건축물임에도 불구하고 건축물로서 허가를 받지 않고 사실상 공장용도로 사용하고 있고 ② 다음과 같이 사실상 현황에 따라 재산세를 부과하면 오히려 재산세 부담이 낮아진다.

> ㉠ 사실상 현황에 따라 부과 : 0.2% 저율 분리과세대상
> ㉡ 공부상 등재현황(공장이 없는 토지)에 따라 부과 : 0.2%~0.5% 종합합산과세대상
> → 재산세 부담 : ㉠ 사실상 현황에 따른 세부담 < ㉡ 공부상 등재현황에 따른 세부담

사례 4 신탁재산 관련 지방세

다음 사례를 읽고 신탁법에 따른 신탁과 관련된 지방세에 대해서 아래 물음에 답하시오. (25점)

> A회사는 소유하는 토지 1,000평(이하 '이 사건 토지')을 개발할 목적으로 부동산개발업을 영위하는 수탁자 K회사와 신탁법에 따라 다음과 같은 내용으로 신탁계약을 체결하고 해당 토지의 소유권을 2026.5.4.에 K회사에 이전하였다.
> ① 이 사건 토지 위에 업무용 건물인 오피스텔 신축 인허가 업무는 수탁자인 K회사가 담당하며 건설자금의 조달의무도 수탁자인 K회사가 부담한다.
> ② 수탁자인 K회사가 수분양자를 상대로 오피스텔 분양계약을 하고 개별 분양된 오피스텔의 소유권이전 업무를 담당한다.
> ③ 오피스텔 분양대금으로 공사비용 등 건축비용과 건설을 위해 차입한 원리금을 지급하고 남은 이익은 A회사에게 지급한다.
> ④ 오피스텔 준공 후 2년 이내에 미분양된 오피스텔은 A회사에게 소유권을 이전하고서 신탁이 종료된다.

【물음 1】 이 사건 토지에 대한 2026년 재산세 납세의무자를 설명하고, 해당 재산세 징수를 위해서 마련된 보충적 납세의무를 설명하시오.

【물음 2】 다음 추가자료에 따라 개인 甲이 납부할 취득세액을 계산하시오.

> 개인 甲은 특수관계인이 아닌 개인 乙로부터 A회사 발행주식총수의 60%인 600주를 매매를 원인으로 2026.7.4.에 취득하였다. 2026.7.4. 현재 A회사 소유로 된 취득세 과세대상자산의 총액은 800억원이며, 법률상 수탁자인 K사의 소유로 된 이 사건 토지의 가액은 200억원이다. 이러한 자산은 취득세 중과세대상자산인 과밀억제권역 사업용 과세물건 또는 사치성 재산에 해당하지 않는다.

【물음 3】 다음 추가자료에 따라 이 사건 오피스텔의 취득세 납세의무자는 누구이며, 취득세가 중과세되는지를 검토하시오.

> 위 사례에서 2027.10.4.에 신축하였으나 수분양자들에게 분양하지 못한 405호 오피스텔(이하 '이 사건 오피스텔')을 신탁기간 중에 위탁자인 A회사가 과밀억제권역에 소재하는 이 사건 오피스텔을 2028.3.4.부터 본점 사무실로 사용하였다.

해 답

【물음 1】 재산세 납세의무자

1. 본래 납세의무자

재산세 과세기준일(매년 6.1.) 현재 신탁법에 따른 수탁자의 명의로 등기된 신탁재산의 경우에는 위탁자가 재산세 납세의무를 진다. 사례에서는 2026.6.1. 현재 이 사건 토지가 신탁법에 따라 수탁자인 K회사의 소유로 등기되어 있더라도 이 사건 토지는 위탁자인 A회사가 소유한 것으로 보고 위탁자인 A회사가 2026년 재산세를 납부할 의무가 있다.

이처럼 법률상 소유자는 수탁자 K회사임에도 불구하고 위탁자인 A회사를 재산세 납세의무자로 하는 취지는 위탁자가 신탁을 통한 보유세(재산세와 종합부동산세)의 회피하는 사례를 방지하려는 데 있다.

2. 보충적 납세의무

위에서 살펴본 바와 같이 본래 재산세 납세의무자를 위탁자로 하는 경우 위탁자가 재산세를 체납하고 그 체납된 재산세를 위탁자의 소유재산에서 징수해도 부족한 경우에 법률상 수탁자의 소유로 되어 있는 신탁재산에 대해 압류를 할 수 없기 때문에 위탁자가 체납한 재산세를 징수할 수 없는 문제가 발생한다.

이러한 문제를 해결하기 위해서 지방세법은 수탁자의 소유인 신탁재산에서 재산세 징수권 확보를 위해서 수탁자의 물적납세의무를 규정하고 있다. 즉 신탁재산의 위탁자가 신탁 관련 재산세를 체납한 경우로서 그 위탁자의 다른 재산에 대하여 체납처분을 하여도 징수할 금액에 미치지 못할 때에는 해당 신탁재산의 수탁자는 그 신탁재산으로써 위탁자의 재산세를 납부할 의무가 있다.

이 규정에 따라 해당 요건을 충족한 경우 수탁자인 K회사는 물적납세의무를 진다.

【물음 2】 간주취득세

1. 성립요건 판단

개인 甲은 특수관계인이 아닌 개인 乙로부터 A회사 주식의 60%를 취득하여 과점주주가 되었다. 따라서 과점주주 甲이 2026.7.4.에 A회사 취득세 과세대상자산의 60%를 취득한 것으로 보게 되므로 과점주주 甲은 간주취득세를 납부할 의무가 있다.

2. 납부할 취득세액

과점주주 甲이 납부할 취득세액은 다음과 같이 계산한다.

- 취득세 과세표준 : (800억원 + 200억원)×60% = 600억원
- 납부할 취득세액 : 600억원×2% = 12억원

이 경우 2026.7.4. 현재 A회사 소유로 된 취득세 과세대상자산의 총액은 800억원이지만, 취득세 과세표준을 계산할 때에는 앞의 800억원에 수탁자인 K회사 명의로 이 사건 토지(신탁재산)의 가액 200억원을 포함해야 한다. 그 취지는 주식발행법인이 수탁자에게 신탁으로 소유권을 이전하는 방법으로 과점주주 간주취득세 회피 사례를 방지하려는데 있다.

【물음 3】 취득세 납세의무

1. 납세의무자

이 사건 오피스텔은 부동산개발신탁의 수탁자인 K회사가 신축한 것이므로 수탁자 K회사가 원시취득에 대한 취득세를 납부할 의무가 있다.

2. 취득세 중과세 판단

이 사건 오피스텔의 취득자(납세의무자)인 수탁자 K회사가 과밀억제권역에서 본점 사무실로 사용하지 않은 경우에도 위탁자인 A회사가 신탁기간 중에 위탁자 A회사의 본점의 사업용으로 5년 이내에 사용한 경우에는 [표준세율 + 2%×2배]로 수탁자인 K회사에게 취득세를 중과세한다. 이 경우에도 위탁자가 신탁을 통해서 취득세 중과세율 적용을 회피하는 사례를 방지하려는데 그 취지가 있다.

4. 재산세의 비과세

구분	구체적인 비과세대상
(1) 국가 등에 대한 비과세 (지방법 109 ①,②)	① 국가 또는 지방자치단체(다른 법률에서 국가 또는 지방자치단체로 의제되는 법인은 제외한다. 이하 같다), 외국정부 및 주한국제기구의 소유에 속하는 재산(㉠ 대한민국 정부기관의 재산에 대하여 과세하는 외국정부의 재산과 ㉡ 매수계약자에게 납세의무가 있는 재산은 제외) ② 국가, 지방자치단체가 1년 이상 공용(公用) 또는 공공용(公共用)에 사용(1년 이상 사용할 것이 계약서 등에 의하여 입증되는 경우 포함)하는 재산(다만, 다음 중 어느 하나에 해당하는 경우에는 재산세를 부과한다) ㉠ 유료로 사용하는 경우 ㉡ 소유권의 유상이전을 약정한 경우로서 그 재산을 취득하기 전에 미리 사용하는 경우
(2) 용도구분에 의한 비과세 (지방법 109 ③)	① 다음 중 어느 하나에 해당하는 토지 • 도로 : 도로법에 따른 도로와 그 밖에 일반인의 자유로운 통행을 위하여 제공할 목적으로 개설한 사설 도로(대지 안의 공지는 제외) • 하천 : 하천법에 따른 하천과 소하천정비법에 따른 소하천 • 제방 : 「측량 · 수로조사 및 지적에 관한 법률」에 따른 제방(특정인이 전용하는 제방은 제외) • 구거(溝渠) : 농업용 구거와 자연유수의 배수처리에 제공하는 구거 • 유지(溜池) : 농업용 및 발전용에 제공하는 댐 · 저수지 · 소류지와 자연적으로 형성된 호수 · 늪 • 묘지 : 무덤과 이에 접속된 부속시설물의 부지로 사용되는 토지로서 지적공부상 지목이 묘지인 토지 ② 산림보호구역, 그 밖에 공익상 재산세를 부과하지 않을 타당한 이유가 있는 다음 중 어느 하나에 해당하는 토지 • 「군사기지 및 군사시설 보호법」에 따른 군사기지 및 군사시설 보호구역 중 통제보호구역에 있는 토지(전 · 답 · 과수원 및 대지는 제외) • 산림보호법에 따라 지정된 산림보호구역 및 「산림자원의 조성 및 관리에 관한 법률」에 따라 지정된 채종림 · 시험림 • 자연공원법에 따른 공원자연보존지구의 임야 • 「백두대간 보호에 관한 법률」에 따라 지정된 백두대간보호지역의 임야 ③ 임시로 사용하기 위하여 건축된 건축물로서 재산세 과세기준일 현재 1년 미만의 것 ④ 비상재해구조용 · 무료도선용 · 선교(船橋) 구성용과 본선에 속하는 전마용(傳馬用) 등으로 사용하는 선박

	⑤ 재산세를 부과하는 해당 연도에 철거하기로 계획이 확정되어 재산세 과세기준일 현재 행정관청으로부터 철거명령을 받았거나 철거보상계약이 체결된 건축물 또는 주택(건축물 부분으로 한정한다)* * 이 경우 건축물 또는 주택의 일부분을 철거하는 때에는 그 철거하는 부분으로 한정한다.

Ⅱ 납세의무자와 납세지

1. 납세의무자

(1) 원칙적인 납세의무자

재산세의 납세의무자는 과세기준일(매년 6월 1일) 현재 재산을 사실상 소유하고 있는 자이다(지방법 107 ① 본문). 여기서 '사실상 소유하고 있는 자'란 취득세에서 살펴본 취득시기가 도래되어 해당 재산을 취득한 자를 말한다(운영예규 107-1).

다만, 다음 중 어느 하나에 해당하는 경우에는 해당 각 호의 자를 납세의무자로 본다(지방법 107 ① 단서).

구분	납세의무자
① 공유재산인 경우	• 그 지분에 해당하는 부분(지분의 표시가 없는 경우에는 지분이 균등한 것으로 본다)에 대해서는 그 지분권자
② 주택의 건물과 부속토지의 소유자가 다를 경우	• 그 주택에 대한 산출세액을 건축물과 그 부속토지의 시가표준액 비율로 안분계산(按分計算)한 부분에 대해서는 그 소유자

참고사항 납세의무자 판단기준

1. 과세기준일 현재 소유자 : 과세기준일인 6월 1일(24시)에 재산세 과세대상 재산의 소유권이 양도·양수된 때에는 양수인을 해당 연도의 재산세 납세의무자로 본다(운영예규 106-1). 이 경우 양수인의 취득시기에 관하여는 재산세에 명문규정이 없으므로, 취득세의 취득시기에 의해 과세기준일 현재 소유자인지를 판정한다.

2. 공유재산에 대해 연대납세의무 여부 : 공유자의 지분에 해당하는 부분에 대하여 각 지분권자를 납세의무자로 보고 있으므로, 연대납세의무를 지지 않는다. 상속등기가 이행되지 않고 사실상 소유자의 신고가 없을 때에는 상속재산은 상속인의 공유재산임에도 불구하고 주된 상속자가 납세의무자가 된다.

3. 주택의 건물과 부속토지의 소유자가 다른 경우 : 먼저 주택에 대한 재산세 산출세액을 계산한 다음, 그 산출세액을 건물과 그 부속토지의 시가표준액 비율로 안분계산한 부분에 대하여 주택의 건물 소유자와 부속토지의 소유자가 납세의무를 진다. 주택의 건물 소유자와 주택 부속토지의 소유자에게 각자의 소유부분으로 구분하여 재산세를 계산하지 않는다는 점을 유념해야 한다. ■

(2) 예외적인 납세의무자

위 (1)의 규정에도 불구하고 재산세 과세기준일(매년 6월 1일) 현재 다음 중 어느 하나에 해당하는 자는 재산세를 납부할 의무가 있다(지방법 107 ②).

사유	납세의무자
① 공부상의 소유자가 매매 등의 사유로 소유권이 변동되었는데도 신고하지 않아 사실상의 소유자를 알 수 없을 경우	• 공부상 소유자(*주1)
② 상속이 개시된 재산으로서 상속등기가 이행되지 않고 사실상의 소유자를 신고하지 않았을 경우	• 주된 상속자(*주2) ※ 상속지분이 가장 높은 자 → 연장자
③ 공부상에 개인 등의 명의로 등재되어 있는 사실상의 종중재산으로서(*주3) 종중소유임을 신고하지 않았을 경우	• 공부상의 소유자
④ 국가, 지방자치단체와 재산세 과세대상 재산을 연부(年賦)로 매매계약을 체결하고 그 재산의 사용권을 무상으로 부여받은 경우(*주4)	• 그 매수계약자
⑤ 신탁법에 따른 수탁자의 명의로 등기 또는 등록된 신탁재산의 경우	• 위탁자.(*주5) 이 경우 위탁자가 신탁재산을 소유한 것으로 본다.
⑥ 도시개발법에 따라 시행하는 환지(換地) 방식에 의한 도시개발사업 및 「도시 및 주거환경정비법」에 따른 정비사업(주택재개발사업 및 도시환경정비사업만 해당한다)의 시행에 따른 환지계획에서 일정한 토지를 환지로 정하지 않고 체비지(替費地) 또는 보류지(保留地)로 정한 경우	• 사업시행자
⑦ 외국인 소유의 항공기 또는 선박을 임차하여 수입하는 경우	• 수입하는 자(p.656 2) 참조)
⑧ 「채무자 회생 및 파산에 관한 법률」에 따른 파산선고 이후 파산종결의 결정까지 파산재단에 속하는 재산의 경우	• 공부상 소유자 ※ 파산채무자를 말한다.

(*주1) '공부상 소유자'란 ① 등기된 경우에는 등기부등본상의 소유자를, ② 미등기인 경우에는 토지대장 또는 임야대장상의 소유자를 말한다(운영예규 107-3).

(*주2) 상속은 피상속자의 사망으로 인하여 개시되며, ① 상속등기가 되지 않은 때에는 상속자가 지분에 따라 신고하면 신고된 지분에 따른 납세의무가 성립하고 ② 신고가 없으면 주된 상속자에게 납세의무가 있다(운영예규 107-7).

(*주3) '종중'이란 공동선조의 분묘수호와 제사 및 종중원 상호간의 친목을 목적으로 하는 자연 발생적인 종족 집단체를 말하며, 종중원 개인명의로 등기된 종중재산은 사실상 종중재산임을 신고한 경우에만 인정한다(운영예규 107-4).

(*주4) 국가, 지방자치단체가 선수금을 받아 조성하는 매매용 토지로서 사실상 조성이 완료된 토지의 사용권을 무상으로 받은 자가 있는 경우에는 그 자를 매수계약자로 본다(지방령 106 ④).

(*주5) 주택법에 따른 지역주택조합, 직장주택조합 및 주택조합 등(이하 '지역주택조합 등'이라 한다)이 조합원이 납부한 금전으로 매수하여 소유하고 있는 신탁재산의 경우에는 해당 지역주택조합 등을 말한다(지방령 106 ③).

참고사항 재산세 납세의무자 신고

다음 중 어느 하나에 해당하는 자는 과세기준일부터 15일 이내에 그 소재지를 관할하는 지방자치단체장에게 그 사실을 알 수 있는 증거자료를 갖추어 신고해야 한다(지방법 120 ①).

① 재산의 소유권 변동 또는 과세대상 재산의 변동 사유가 발생하였으나 과세기준일까지 그 등기·등록이 되지 않은 재산의 공부상 소유자
② 상속이 개시된 재산으로서 상속등기가 되지 않은 경우에는 주된 상속자
③ 사실상 종중재산으로서 공부상에는 개인 명의로 등재되어 있는 재산의 공부상 소유자
④ 수탁자 명의로 등기·등록된 신탁재산의 수탁자
⑤ 1세대가 둘 이상의 주택을 소유하고 있음에도 불구하고 1세대 1주택에 대한 주택 세율 특례(지법 111의2 ①)에 따른 세율을 적용받으려는 경우에는 그 세대원
⑥ 공부상 등재현황과 사실상의 현황이 다르거나 사실상의 현황이 변경된 경우 해당 재산의 사실상 소유자

이러한 신고가 사실과 일치하지 않거나 신고가 없는 경우에는 지방자치단체장이 직권으로 조사하여 과세대장에 등재할 수 있다(지방법 120 ②). ■

(3) 사실상 소유자를 확인할 수 없는 경우 납세의무자

재산세 과세기준일(매년 6월 1일) 현재 소유권의 귀속이 분명하지 않아 사실상의 소유자를 확인할 수 없는 경우*에는 그 사용자가 재산세를 납부할 의무가 있다(지방법 107 ④). 이처럼 사용자를 납세의무자로 보아 재산세를 부과하려는 경우에는 그 사실을 사용자에게 미리 통지해야 한다(지방령 106 ④).

* '소유권의 귀속이 분명하지 않아 사실상의 소유자를 확인할 수 없는 경우'란 ① 소유권의 귀속 자체에 분쟁이 생겨 소송 중에 있거나 ② 공부상 소유자의 행방불명 또는 생사불명으로 장기간 그 소유자가 관리하고 있지 않는 경우 등을 의미한다(운영예규 197-6).

[도 표] 신탁재산에 대한 재산세 납세의무자 변천내용

종전	신탁재산에 대한 재산세 납세의무자	납세의무자 변경의 입법취지
(1) 2013.12.31. 이전 취득분	• 위탁자(수탁자는 납세관리인으로 함)	–
(2) 2014.1.1.~2020.12.31. 취득분	• 수탁자(위탁자별로 구분된 신탁재산에 대한 납세의무자는 각각 다른 납세의무자로 본다) ※ 신탁재산에 속하는 종합합산과세대상 토지 및 별도합산과세대상 토지의 합산 방법 ① 신탁재산에 속하는 토지는 수탁자의 고유재산에 속하는 토지와 서로 합산하지 않는다.	수탁자의 소유인 신탁재산에서 재산세 징수권 확보

	② 위탁자별로 구분되는 신탁재산에 속하는 토지의 경우 위탁자별로 각각 합산해야 한다.	
(3) 2021.1.1. 이후 취득분	• 위탁자(신탁재산의 위탁자가 재산세를 체납한 경우로서 그 위탁자의 다른 재산에 대하여 체납처분을 하여도 부족한 경우에 수탁자는 물적납세의무가 있음)	위탁자의 신탁을 통한 보유세(재산세와 종합부동산세)의 회피 방지(수탁자의 소유인 신탁재산에서 재산세 징수권 확보를 위해서 수탁자의 물적납세의무 신설. p.843 참조)

참고사항 위 도표 (2) : 위탁자에서 수탁자에게로 재산세 납세의무자 변경의 입법취지

수탁자 명의로 등기된 신탁재산은 대내외적으로 소유권이 수탁자에게 완전히 귀속되고 위탁자와 내부관계에서 그 소유권이 위탁자에게 유보되는 것이 아니다. 따라서 수탁자 명의로 등기된 신탁재산에 대한 재산세에 대해서 위탁자를 재산세의 납세의무자로 할 경우 위탁자가 재산세를 체납한 경우에도 신탁재산을 압류할 수 없는 문제점이 있었다(납세의무자가 아닌 제3자의 재산을 대상으로 한 압류처분은 당연무효에 해당한다. 신탁법에서도 수탁자를 채무자로 하는 신탁사무의 처리상 발생한 권리 등에 대해서만 예외적으로 신탁재산에 대해서 강제집행 또는 경매할 수 있다고 명확히 규정하고 있다). 이러한 문제점을 해소하고 신탁재산에 대한 재산세 징수권을 확보하기 위해서 2014년부터 신탁재산에 대한 재산세에 납세의무자를 '위탁자'에서 '수탁자'로 변경하였다. ■

예규판례 위탁자를 재산세 납세의무자로 할 때 위탁자의 재산세 체납을 원인으로 신탁재산을 압류할 수 있는지 여부

1. 신탁법 제1조 제2항은 "신탁이란 위탁자가 특정의 재산권을 수탁자에게 이전하거나 기타의 처분을 하고 수탁자로 하여금 수익자의 이익을 위하여 또는 특정의 목적을 위하여 그 재산권을 관리 · 처분하게 하는 법률관계를 말한다."라고 규정하고, 제21조 제1항은 "신탁재산에 대해서는 강제집행 또는 경매를 할 수 없다. 단 신탁 전의 원인으로 발생한 권리 또는 신탁사무의 처리상 발생한 권리에 기한 경우에는 예외로 한다."라고 규정하고 있다.

신탁법 제1조 제2항의 취지에 의하면 신탁법에 의한 신탁재산은 대내외적으로 소유권이 수탁자에게 완전히 귀속되고 위탁자와의 내부관계에 있어서 그 소유권이 위탁자에게 유보되어 있는 것이 아닌 점, 신탁법 제21조 제1항은 신탁의 목적을 원활하게 달성하기 위하여 신탁재산의 독립성을 보장하는 데 그 입법 취지가 있는 점 등을 종합적으로 고려하면, 신탁법 제21조 제1항 단서에서 예외적으로 신탁재산에 대하여 강제집행 또는 경매를 할 수 있다고 규정한 '신탁사무의 처리상 발생한 권리'에는 수탁자를 채무자로 하는 것만 포함되며, 위탁자를 채무자로 하는 것은 포함되지 않는다(대법원 2012.4.12. 선고 2010두4612 판결 등 참조).

한편 체납처분으로서 압류의 요건을 규정한 구 지방세법 제28조의 규정을 보면 어느 경우에나 압류의 대상을 납세의무자의 재산에 국한하고 있으므로, 납세의무자가 아닌 제3자의 재산을 대상으로 한 압류처분은 그 처분의 내용이 법률상 실현될 수 없는 것이어서 당연무효이다.

2. 원심은 그 채용 증거를 종합하여, 주식회사 미르디앤아이(이하 '소외 회사'라 한다)는 2007.7.5. 및 2007.8.8. 원고와 이 사건 각 부동산 등에 관하여 부동산담보신탁계약을 체결하고 그 무렵 원고에게 신탁을 원인으로 한 소유권이전등기를 마쳐 준 사실, 소외 회사가 취득세, 등록세 및 재산세를 체납하자 피고는 2009.9.22. 소외 회사를 체납자로 하여 신탁재산인 이 사건 각 부동산을 압류하는 이 사건 처분을 한 사실 등을 인정한 다음, 신탁법 제21조 제1항 단서에서 말하는 '신탁사무의 처리상 발생한 권리'는 수탁자가 신탁사무와 관련한 행위를 함으로써 수탁자에 대하여 발생한 권리를 의미한다고 전제하고, 이 사건 처분에 관계된 취득세, 등록세 및 재산세 채권은 위탁자인 소외 회사에 대한 채권으로서 여기에 해당한다고 할 수 없다는 이유로, 소외 회사에 대한 취득세, 등록세 및 재산세 채권에 기하여 원고 소유의 신탁재산을 압류한 이 사건 처분은 무효라고 판단하였다.

앞서 본 규정과 법리 및 기록에 비추어 살펴보면, 원심의 이와 같은 판단은 정당하고 거기에 상고이유에서 주장하는 바와 같은 신탁법 제21조 제1항 단서에 관한 법리오해 등의 잘못이 없다(대법원 2013.1.24. 선고 2010두27998 판결). ■

예규판례 재산세 과세기준일 현재 쟁점아파트에 대한 경락대금을 완납한 청구인에게 재산세를 부과한 처분의 당부

1. 처분개요

가. 청구인은 ○○○(이하 "쟁점아파트"라 한다)에 대하여 2011.5.9. ○○○의 매각허가결정에 따라 2011.6.1. 잔금을 지급하고, 2011.6.2. 취득세를 신고납부한 후, 2011.6.13. 소유권이전등기를 경료하였다.

나. 처분청은 청구인을 2011년 재산세(주택) 과세기준일(6월 1일) 현재 쟁점아파트의 사실상 소유자로 보아 2014.5.8. 청구인에게 ○○○원을 부과고지하였다.

다. 청구인은 이에 불복하여 2014.5.15. 심판청구를 제기하였다.

2. 청구인 주장 및 처분청 의견

가. 청구인 주장

쟁점아파트에 대한 소유권이전등기 접수를 2011년 6월 13일에 하여 과세기준일(6월 1일)에 소유권 취득의 형식적 요건을 갖추지 못하였으나, 재산세 과세기준일(6월 1일)에 잔금을 지급하였다고 하여 보유기간에 상관없이 해당 연도 재산세액 전액을 부과한 처분은 부당하다.

나. 처분청 의견

재산세는 「지방세법」 제107조(납세의무자), 제114조(과세기준일), 제115조(납기), 같은 법 시행령 제20조(취득의 시기)에 의거 재산세 과세기준일(6월 1일) 현재 사실상의 소유자를 재산세 납세의무자로 규정하고 있으므로, 재산세 과세기준일에 쟁점아파트를 사실상 취득한 청구인에게 2011년 재산세 등을 부과고지한 처분은 정당하다.

3. 심리 및 판단

가. 쟁 점

과세기준일(6월 1일)에 경락대금을 완납하고 쟁점아파트 취득한 청구인에게 해당연도 재산세를 부과한 처분의 당부

나. 관련법령 : <별지>에 기재

다. 사실관계 및 판단

(1) 청구인과 처분청이 제출한 심리자료에 의하면 다음의 사실이 확인된다.

(가) ○○○은 2011.5.9. 쟁점아파트에 대하여 아래와 같이 매각허가결정을 하였다.

(나) 청구인은 2011.6.1. 매각대금의 잔금을 납부한 후, 2011.6.2. 취득세를 신고납부하였고, 2011.6.13. 소유권이전등기를 경료하였다.

(다) 분청은 쟁점아파트에 대한 2011년도 재산세(주택) 등 ○○○원을 2014.5.8. 청구인에게 부과고지하였다.

(2) 위 사실관계 및 관련법령을 종합하여 살펴본다.

(가) 「지방세법」 제107조 제1항에 재산세 과세기준일 현재 재산을 사실상 소유하고 있는 자는 재산세를 납부할 의무가 있다고 규정되어 있는바,

위 조항은 재산세가 많은 납세의무자를 대상으로 하여 세액결정·납세고지서의 작성·발송이라는 일련의 징세사무를 매년 단기간에 처리해야 하고, 또 과세대상인 재산이나 토지의 소유자가 수시로 변동되는 사정을 감안하여 조세부과 행정의 편의상 일정한 과세기준일을 정하여 그 당시의 소유자에게 1년 간의 세액을 부과하기로 규정한 것으로서, 이는 조세의 부과에 관한 입법자의 입법형성권의 범위 내에 속한다 할 것이므로, 위 조항이 헌법상의 평등권, 과잉입법 금지의 원칙, 행복추구권, 재산권침해 금지의 원칙 등에 위배된다고 할 수 없다(대법원 1998.5.29. 선고 97누6186 판결 참조).

(나) 또한, 「지방세법」 제114조에 재산세의 과세기준일은 매년 6월 1일로 한다고 규정되어 있으며, 같은 법 시행령 제20조에 공매방법에 의한 취득에 해당하는 유상승계취득의 경우에는 그 사실상의 잔금지급일에 취득한 것으로 본다고 규정되어 있는바,

이 건의 경우, 청구인은 2011.6.1. 경락대금 완납한 사실이 확인되므로, 2011.6.1. 현재 쟁점아파트의 사실상의 소유자는 청구인이 된다 할 것이다.

(다) 따라서, 처분청이 쟁점아파트의 2011년도 재산세(주택) 등을 청구인에게 부과고지한 이 건 처분은 잘못이 없다고 판단된다. ■

사례 5 재산세 납세의무자

건설회사 A는 2023.4.1. 甲과 아파트 공급계약을 체결하였는데, 그 계약서에는 “입주기간 이후에 발생하는 제세공과금에 대해서는 입주 및 잔금완납이나 소유권이전 유무에 관계없이 수분양자가 부담한다.”는 제세공과금 부담특약이 있었다. 건설회사 A는 2025년 4월경 아파트를 준공하여 甲에게 입주기간을 2026.5.15.부터 2026.6.14.까지로 정하여 통지하였고, 甲은 2026.6.20. 건설회사 A에게 잔금을 지급한 후 입주하였다. 지방세법상 甲이 입주한 아파트의 2026년도분 재산세 납세의무자는 누구인지에 관하여 논거를 들어 설명하시오. (2012년 세무사 2차, 25점)

해 답

1. 관련 규정

재산세의 납세의무자는 과세기준일(매년 6월 1일) 현재 재산을 사실상 소유하고 있는 자이다. 그리고 공부상의 소유자가 매매 등 사유로 소유권에 변동이 있었음을 신고한 경우에는 공부상 소유자가 아니라 사실상의 소유자에게 납세의무가 있다.

한편 사실상 소유자인지 여부는 취득세 취득시기에 의해 과세기준일 현재 사실상 소유자인지 여부를 판정하며, 관계법령의 규정에 의한 등기를 이행하지 않은 경우라도 사실상으로 취득한 때에는 취득한 것으로 본다고 규정하고 있으며, 여기에서 '사실상의 취득'이란 등기와 같은 소유권 취득의 형식적 요건을 갖추지는 못하였으나 대금의 지급과 같은 소유권 취득의 실질적 요건을 갖춘 경우를 말한다. 따라서 재산세의 납세의무자를 판정할 때에도 공부상 소유자로 등재된 여부를 불문하고 실질적인 소유권을 가진 자가 된다.

2. 취득시기

건축물을 건축하여 취득하는 경우 사용승인서를 받은 날(즉 준공일)을 취득시기로 한다. 그리고 법인과 개인 간 유상승계취득의 경우에는 사실상의 잔금지급일을 취득시기로 하되, 사실상 잔금지급일 전에 등기한 경우에는 그 등기일을 취득시기로 한다.

사례의 경우 건설회사 A는 2026년 4월경에 아파트를 준공하여 그 준공일에 원시취득하였으며, 수분양자 甲은 2026.6.20.에 잔금을 지급하였으므로 甲이 건설회사 A로부터 2026.6.20.에 승계취득하였다.

한편 입주기간(2026.5.15.~2026.6.14.)이 끝난 이후 입주일의 전 날인 2026.6.19.까지 발생하는 제세공과금은 부담특약에 따라 수분양자 甲이 부담하는데, 그 부담특약에 따라 甲이 부담하는 세제공과금은 취득의 대상인 아파트 자체의 가격이라 볼 수 없으므로 취득가격에 포함하지 않으므로, 취득시기는 여전히 2026.6.20.이다.

3. 사례의 납세의무자

사례의 경우 2026.6.1. 현재 아파트의 사실상 소유자는 건설회사 A이므로 2026년분 재산세는 건설회사 A가 납세의무를 진다.

사례 6 **재산세의 과세기준일**

甲은 상가건물을 2026년 5월 21일에 신축하였다. 이에 대해서 관할구청에서는 甲에게 2026년분 건축물 재산세를 부과하자 甲은 신축 후 과세기준일까지 사용한 기간은 불과 10일 밖에 되지 않은데도 2026년분 재산세를 전액을 부과하는 것은 평등원칙에 위배된다고 주장한다.

【물 음】 과세기준일 현재의 재산을 사실상 소유하는 자를 재산세의 납세의무자로 하는 법률조항의 입법취지를 설명하고, 甲의 주장의 타당성에 대해서 논평하시오. (20점)

해 답

【물 음】 재산세 납세의무자

1. 입법취지

재산세는 일정한 재산의 소유라는 사실에 담세력을 인정하여 부과하는 것이고 과세대상 재산으로부터 생기는 소득에 대하여 과세하는 것이 아니다. 재산세의 본질은 재산의 가치를 조세부담능력으로 파악하여 과세하는 것이므로, 과세대상 재산의 소득 발생 여부는 따질 필요가 없고, 재산의 가치를 측정하는 시점을 통일시킬 필요는 있지만 재산보유기간을 따질 필요가 없다.

그리고 과세대상 재산의 소유자는 수시로 변동될 수 있으므로, 과세대상 재산의 보유기간을 따져서 1년분의 재산세액을 나누어 과세하게 하면 조세징수비용이 불필요하게 많아지게 된다.

그래서 해당 법률조항은 재산보유세의 본질에 부합시키면서 조세행정의 효율성을 제고하기 위하여 매년 1회의 과세기준일을 정하고 그 과세기준일에 과세대상 재산을 사실상 소유하는 자를 재산세의 납세의무자로 정한 것이다.

2. 甲의 주장의 타당성 : 평등의 원칙을 위배하는지 여부

과세기준일 현재 과세대상 재산의 보유기간이 1년 미만인 경우에도 1년분 재산세액을 전부 부담해야 하는 재산상의 불이익을 받게 된다고 볼 수도 있지만, 이는 재산보유세의 본질상 합당한 것이라고 볼 수 있고, 재산세의 부담과 관련된 전후 소유자의 이해관계는 과세대상 재산의 거래과정에서 조정될 수 있다.

그리고 해당 법률조항이 과세대상 재산의 보유기간을 따지지 않고 과세대상 재산을 1년간 보유한 자와 1년 미만 보유한 자를 동일하게 취급하여 1년분의 재산세액을 전부 부과한다고 하더라도, 그것은 재산세가 보유재산에서 생기는 수익이 아니라 보유재산의 가치를 담세능력으로 파악하는 것이라는 본질에 맞추면서 재산세 징수의 효율성을 높이고 징수비용을 줄이기 위한 것이므로, 불합리한 차별로서 헌법상 평등의 원칙에 위배된다고 보기 어렵다.

사례 7 신탁재산에 대한 취득세와 재산세 납세의무

다음 사례를 읽고 물음에 답하시오. (2016년 세무사 2차 수정, 20점)

> 비상장법인 A는 취득세 과세대상인 소유 부동산을 2025년 10월 20일 신탁법에 따라 신탁회사 B에 신탁하고 B의 명의로 해당 부동산의 소유권 이전등기를 경료하였으며, B는 신탁재산을 위탁자별로 구분하여 관리하고 있다. 2026년 4월 15일 A의 주주인 甲은 A의 주식을 추가로 취득하여 지방세기본법상 과점주주가 되었다.

【물음 1】 지방세법상 위 사례의 신탁재산이 甲의 취득세 과세대상인지의 여부를 판단하고 그 판단에 대한 논거를 제시하시오. (10점)

【물음 2】 지방세법상 위 사례의 신탁재산에 대한 재산세 납세의무자가 누구인지를 밝히고, 이와 관련된 규정의 취지를 설명하시오. (10점)

해 답

【물음 1】 신탁재산에 대한 간주취득세

1. 문제의 제기

A법인(비상장법인 해당)이 신탁법에 따른 신탁으로 소유하던 부동산을 신탁회사 B에게 소유권을 2025.10.20.에 이전한 후 A법인의 주주 甲이 2026.4.15.에 주식을 추가로 취득하여 과점주주가 된 경우, 신탁한 해당 부동산을 A법인이 보유하는 부동산을 보아 과점주주 甲에게 간주취득세를 부과할 수 있는지 문제가 된다.

2. 신탁재산에 대한 간주취득세 과세여부

(1) 관련규정

지방세법은 과점주주가 '해당 법인의 취득세 과세대상자산'을 취득한 것으로 본다. 2017년부터 신탁한 부동산에 대해서도 간주취득세를 과세하기 위해서 개정 지방세법에서는 위의 '해당 법인의 취득세 과세대상자산'에 법인이 신탁법에 따라 신탁한 재산으로서 수탁자 명의로 등기·등록이 되어 있는 과세대상자산을 포함하였다.

(2) 사례의 경우

A법인의 주주 甲이 2026.4.15.에 A주식을 추가로 취득하여 A법인의 과점주주가 된 경우, 신탁회사 B(수탁자)의 명의로 등기되어 있는 부동산도 위탁자인 A법인이 보유하는 부동산을 보아(즉 A법인의 취득세 과세대상자산에 포함하여) 과점주주 甲에게 간주취득세를 부과한다.

3. 판단 논거

1) 위탁자인 법인이 설정한 신탁이 해당 법인이 수익자인 경우(자익신탁, 自益信託) 해당 위탁법인이 신탁의 이익을 전부 누릴 뿐만 아니라, 위탁자는 수탁자와의 합의에 의해 신탁을 변경할 수

있고 언제든지 신탁을 종료할 수 있으며, 신탁이 종료된 경우 신탁재산은 수익자인 위탁법인에게 귀속되는 등 신탁재산에 대한 실질적인 소유권은 위탁자인 법인이 갖고 있다.

그리고 위탁자인 법인에 대한 실질적인 지배권은 해당 법인의 과점주주가 장악하고 있으므로, 해당 위탁 법인의 과점주주가 된 날에 신탁재산에 실질적인 소유권을 취득하였다고 볼 수 있다.

2) 한편 어느 법인의 과점주주가 되기 전에 토지를 신탁회사에 이전시키는 방법으로 간주취득세 회피하는 것을 방지하고, 실질과세원칙을 구현하기 위해서는 위탁법인의 과점주주에게 수탁법인이 소유하는 신탁재산에 대해서도 간주취득세를 부과하는 것이 필요하다.

【물음 2】 신탁재산에 대한 재산세 납세의무자

1. 문제의 제기

A법인이 소유 부동산을 2025.10.20. 신탁법에 따라 신탁회사 B에 신탁하고 B의 명의로 해당 부동산의 소유권 이전하여, B가 신탁재산을 위탁자별로 구분하여 관리하는 경우, 해당 부동산에 대한 재산세 납세의무자를 누구로 할 것인지 문제가 된다.

2. 신탁재산에 대한 재산세 납세의무자

(1) 관련규정

재산세 과세기준일(매년 6.1.) 현재 재산을 사실상 소유하고 있는 자는 재산세를 납부할 의무가 있다. 다만, 신탁법에 따른 수탁자의 명의로 등기된 신탁재산의 경우 위탁자가 재산세를 납부할 의무가 있다. 이 경우 위탁자가 신탁재산을 소유한 것으로 본다.

(2) 사례의 경우

A법인이 소유하던 부동산을 2025.10.20.에 신탁회사 B에 신탁하고 B의 명의로 해당 부동산의 소유권을 이전하여 B의 명의로 등기된 신탁재산이 있을 경우, 2026년도 재산세는 위탁자인 A법인을 납세의무자로 한다. 이처럼 위탁자인 A법인을 납세의무자로 하기 위해서 2026.6.1. 현재 법률상 소유자는 수탁자인 B법인이지만, 지방세법에서는 위탁자인 A법인이 신탁재산을 소유한 것으로 본다.

3. 관련 규정의 입법취지

수탁자 명의로 등기된 신탁재산에 대한 재산세에 대해서 위탁자를 재산세의 납세의무자로 할 경우 위탁자가 재산세를 체납한 경우에도 신탁재산을 압류할 수 없는 문제점이 있어서 2014년부터 위탁자에서 수탁자로 재산세 납세의무자를 변경하였다. 그런데 이러한 점을 이용해서 신탁법에 따라 자기의 재산세 과세대상자산(특히 주택)을 수탁자에게 신탁을 통해 이전하는 방법으로 고액재산가들이 보유세(재산세와 종합부동산세를 말한다)의 중과세를 회피하는 문제가 발생하였다. 결국 고액재산가들의 보유세 회피를 방지하기 위해서 지방세법을 개정하여 2021년부터 재산세 납세의무자를 다시 수탁자에서 위탁자에게로 변경하였다. 이와 동시에 위탁자가 재산세를 체납할 경우 수탁자의 소유인 신탁재산에서 재산세 징수권 확보를 위해서 수탁자의 물적납세의무를 신설하였다.

❑ 출제위원 채점평

> 많은 수험생들이 문제풀이에 잘 접근한 것으로 보였지만, 법리와 논거 또는 입법취지를 제대로 기술하는 데에는 어려움 또한 있었던 것으로 보인다. 법조문의 단순한 암기보다는 해당 법조문과 관련된 판례 등의 전후사정과 그에 따른 입법내용의 제정(또는 개정)배경 및 그 취지 등을 함께 학습하여 이해하는 것이 필요하다고 판단된다.

사례 8 신탁과 취득세·재산세 과세문제

다음 사례를 읽고 답하시오. (20점)

> (1) 甲은 지목(地目)이 임야인 토지 5,000평을 골프장 건설을 위하여 수탁자인 부동산개발회사인 A회사에게 신탁법에 따른 신탁을 원인으로 2025년 7월 4일에 소유권 이전등기를 하였다.
> (2) A회사는 해당 토지 위에 50억원(甲이 전액 부담함)의 공사비를 지출하여 2026년 3월 4일에 골프장으로 준공인가를 받고서 해당 토지의 지목(地目)을 임야에서 체육용지로 변경하는 절차를 마쳤다.
> (3) 신탁계약에 따라 A회사는 해당 골프장을 운영하여 얻은 이익을 위탁자인 甲에 매년 말일 기준으로 결산하여 다음 해 1월 20일에 지급한다.

【물음 1】 형식적 소유권 취득에 대한 취득세 비과세를 설명하고, 사례 (1)에서 부동산개발회사인 A회사가 토지의 소유권을 이전받을 때 취득세 납세의무를 지는지 여부를 설명하시오. (5점)

【물음 2】 사례 (2)에서 2026년도에 지목변경에 대해서 취득세를 과세할 수 있는지 여부와 취득세를 과세한다면 누구를 납세의무자로 하는지에 대해서 그 근거를 들어 설명하시오. 다툼이 있으면 대법원 판례에 따른다. (7점)

【물음 3】 사례 (2)에서 지목변경 후 골프장 부속토지에 대한 2026년도 재산세의 납세의무자(그 입법취지 포함)를 기술하고, 재산세 징수권 확보를 위해서 마련된 보충적 납세의무를 설명하시오. (8점)

해 답

【물음 1】 비과세

1. 형식적 소유권 취득에 대한 비과세)

① 신탁(신탁법에 따른 신탁으로서 신탁등기가 병행되는 것만 해당한다)으로 인한 신탁재산의 취득으로서 다음 중 어느 하나에 해당하는 경우(다만, 신탁재산의 취득 중 주택조합 등과 조합원 간의 부동산 취득 및 주택조합 등의 비조합원용 부동산 취득은 제외)

㉠ 위탁자로부터 수탁자에게 신탁재산을 이전하는 경우

ⓒ 신탁의 종료(또는 해지)로 인하여 수탁자로부터 위탁자에게 신탁재산을 이전하는 경우
ⓒ 수탁자가 변경되어 신수탁자에게 신탁재산을 이전하는 경우

② 법률에 따른 동원대상지역 내의 토지의 수용·사용에 관한 환매권의 행사로 매수하는 부동산의 취득

③ 임시흥행장, 공사현장사무소 등(사치성 재산은 제외) 임시건축물의 취득(다만, 존속기간이 1년을 초과하는 경우는 제외)

2. 사례의 경우

甲으로부터 토지를 부동산개발회사인 A회사가 취득하는 것은 위의 형식적 소유권 취득 중 ①의 ㉠ 위탁자로부터 수탁자에게 신탁재산을 이전하는 경우이므로 A회사에게 취득세가 과세되지 않는다.

【물음 2】 지목변경 납세의무자

1. 취득세 과세여부

토지의 지목(地目)을 사실상 변경함으로써 그 가액이 증가한 경우에는 취득으로 본다. 사례에서 甲이 신탁한 토지는 당초 지목이 임야에서 2025년 중에 골프장 건설이 완료되어 이미 소유하고 있는 지목이 체육용지로 사실상 변경되었고, 골프장 건설로 인하여 그 가액이 골프장 건설에 든 비용(자본적 지출액 상당액) 50억원 만큼 가액이 증가하였다. 해당 토지 가액의 증가분은 사실상 토지를 취득한 것과 같다고 보아 취득세를 과세한다.

2. 취득세 납세의무자

지목변경에 든 비용 50억원의 甲이 공사비를 부담한 위탁자인 甲을 취득세 납세의무자로 할 것인지, 아니면 수탁자인 A회사를 취득세 납세의무자로 할 것인지 문제가 된다.

다음과 같은 논거로 지목변경으로 인한 취득세 납세의무자는 수탁자인 A회사이다.

① 신탁법상의 '신탁'은 위탁자가 수탁자에게 특정의 재산권을 이전하여 수탁자로 하여금 신탁 목적을 위해 그 재산권을 관리·처분하게 하는 것이므로, 부동산 신탁의 경우 수탁자 앞으로 소유권 이전등기를 마치게 되면 소유권이 수탁자에게 이전된다. 위탁자와의 내부관계에 있어 소유권이 위탁자에게 유보되는 것이 아니다. 사례에서 법률상 소유자는 수탁자로서 A회사이다.

② 신탁법(제19조)는 "신탁재산의 관리·처분 등으로 수탁자가 얻은 재산은 신탁재산에 속한다."고 규정하고 있는데, 위 규정에 따라 신탁재산에 속하게 되는 부동산 등의 취득에 대한 취득세의 납세의무자도 수탁자가 된다. 따라서 신탁기간 중에 지목변경으로 인한 간주취득에 대한 취득세 납세의무도 수탁자인 A회사가 되어야 한다.

③ 위탁자 甲의 노력과 비용으로 지목변경이 이루어졌지만 위탁자를 취득세 납세의무자로 한다는 지방세법의 특별규정이 없는 이상 수탁자인 A회사가 취득세 납세의무를 진다.

<참고사항> 신탁재산 지목변경에 따른 납세의무자

신탁법에 따라 신탁 등기가 되어 있는 토지의 지목이 변경된 경우 지목변경에 따른 취득세 납세의무는 수탁자에게 있다(운영예규 7-8).

【물음 3】 재산세 납세의무자

1. 납세의무자

재산세 과세기준일(매년 6.1.) 현재 수탁자의 명의로 등기 또는 등록된 신탁재산의 경우 위탁자를 재산세 납세의무자로 한다. 이 경우 위탁자가 신탁재산을 소유한 것으로 본다. 사례에서 해당 골프장에 대한 재산세는 위탁자인 甲이 납부할 의무를 진다.

이처럼 수탁자를 재산세 납세의무자로 하는 취지는 위탁자의 신탁을 통한 보유세(재산세와 종합부동산세)의 회피를 방지하려는 데 있다. 한편 신탁재산의 위탁자가 재산세를 체납한 경우로서 그 위탁자의 다른 재산에 대하여 체납처분을 하여도 부족한 경우에 수탁자는 물적납세의무가 있다.

2. 보충적 납세의무

위와 같이 본래 재산세 납세의무자를 위탁자로 하는 경우 위탁자가 재산세를 체납하고 그 체납된 재산세를 위탁자의 소유재산에서 징수해도 부족한 경우에 법률상 수탁자의 소유로 되어 있는 신탁재산에 대해 압류를 할 수 없기 때문에 위탁자가 체납한 재산세를 징수할 수 없는 문제가 발생한다. 이러한 문제를 해결하기 위해서 지방세법은 수탁자의 소유인 신탁재산에서 재산세 징수권 확보를 위해서 수탁자의 물적납세의무를 규정하고 있다. 즉 신탁재산의 위탁자가 신탁 관련 재산세를 체납한 경우로서 그 위탁자의 다른 재산에 대하여 체납처분을 하여도 징수할 금액에 미치지 못할 때에는 해당 신탁재산의 수탁자는 그 신탁재산으로써 위탁자의 재산세를 납부할 의무가 있다.

이 규정에 따라 해당 요건을 충족한 경우 수탁자인 A회사는 물적납세의무를 진다.

사례 9 주택조합 관련 취득세와 재산세

다음 사례를 읽고 물음에 답하시오. (2021년 세무사 2차, 20점)

(1) 주택법 제11조에 따른 주택조합 甲(이하 '甲조합'이라 함)은 재건축한 공동주택(이하 '이 사건 공동주택'이라 함)을 2015년 3월경 조합원용과 비조합원용(일반분양분)으로 구분하여 분양하였다. 2017년 3월 8일 甲조합은 이 사건 공동주택에 관하여 乙구청장으로부터 준공인가 전 사용허가를 받았다. 2017년 4월 2일 甲조합은 동·호수 추첨에 따른 집합건축물대장 작성절차를 경료하였다. 그 후 조합원들은 2017년 4월 22일부터 2018년 3월 13일까지 그 분양대금을 납부하면서 입주하였고, 2020년 12월 14일까지 소유권보존등기를 마쳤다.

(2) 乙구청장은 2017년 3월 사용승인일부터 조합원들이 소유권보존등기를 마친 2020년 12월까지의 기간 동안 甲조합이 이 사건 공동주택의 사실상 소유자라고 보아 재산세를 부과하는 처분(이하 '이 사건 처분'이라 함)을 하였다. 이에 甲조합은 조합규약 등에 의하여 조합원용 주택을 배정받은 조합원으로 하여금 소유권을 취득하도록 할 의무를 부담하므로 원칙적으로 이를 조합원의 의사에 반하여 처분하거나 사용·수익할 수 없으며, 조합원용 주택이 신축되어 건축물대장이 작성된 후에는 부동산등기법 제65조 제1호에 의하여 건축물대장에 최초 소유자로 등록된 조합원이 소유권보존등기를 신청할 수 있음을 근거로 乙구청장의 이 사건 처분에 대해 위법하다고 주장하고 있다.

【물음 1】 지문 (1)에서 '이 사건 공동주택'의 지방세법상 취득세 납세의무자를 조합원용과 비조합원용으로 구분하여 설명하시오. (4점)

【물음 2】 사례에서 '이 사건 처분'에 대한 지방세법상 甲조합의 주장이 타당한지를 논하시오. (12점)

【물음 3】 지문 (2)에서 만일 甲조합이 재산세를 납부한 후 '이 사건 처분'의 하자가 중대하고 명백하여 당연무효가 되었다면, 지방세기본법상 乙구청장이 취해야 할 조치에 대하여 설명하시오. (4점)

해 답

【물음 1】 취득세 납세의무

주택조합이 공동주택을 재건축한 경우 조합원용 주택과 비조합원 주택에 대한 취득세 납세의무자는 다음과 같다.

(1) 조합원용 공동주택

주택조합은 그 소유자금으로 조합원의 공동주택을 신축분양하는 것이 아니라 조합원으로부터 각자 부담할 건축자금을 제공받아 조합원의 자금으로 건축하는 것이다. 따라서 건축절차의 편의상 조합 명의로 그 건축허가와 준공검사를 받았다고 하더라도 이때부터 위 건물의 소유권은 건축자금 제공자인 조합원들이 원시취득한 것으로 보아야 한다. 이러한 점을 고려하여 지방세법은 주택조합이 해당 조합원용으로 취득하는 조합주택용 부동산은 그 조합원이 취득한 것으로 보고 그 조합원을 취득세 납세의무자로 정하고 있다.

(2) 비조합원용 공동주택

주택조합이 공동주택을 재건축한 경우 조합원에게 귀속되지 않는 부동산(비조합원용 부동산)은 주택조합이 취득세 납세의무자가 된다.

【물음 2】 甲조합 주장이 타당성

과세관청(乙구청장)이 甲조합을 재산세 납세의무자로 보아 과세한 이 사건 과세처분은 위법하다는 甲조합의 주장은 타당하다. 그 구체적인 이유는 다음과 같다.

① 재산세는 과세기준일 현재 재산을 사실상 소유하고 있는 자는 재산세를 납부할 의무가 있다. 여기서 '사실상 소유자'라 함은 공부상 소유자로 등재한 여부를 불문하고 해당 재산에 대한 실질적인 소유권을 가진 자를 말한다. 甲조합은 조합규약 등에 의하여 조합원용 주택을 배정받은 조합원으로 하여금 소유권을 취득하도록 할 의무를 부담하므로 이를 조합원의 의사에 반하여 처분하거나 사용·수익할 수 없으며, 조합원용 주택이 신축되어 건축물대장이 작성된 후에는 건축물대장에 최초 소유자로 등록된 조합원이 소유권보존등기를 신청할 수 있으며 주택조합이 이를 막을 수 없다. 이러한 점에서 볼 때 조합원용 주택의 사실상 소유자는 甲조합이 아니라 조합원이다.

② 지방세법은 주택조합이 조합원용으로 취득하는 조합주택용 부동산은 그 조합원이 취득하는 것으로 본다고 규정하여, 조합주택용 부동산은 조합원이 취득세 납세의무자가 될 뿐 조합이 취득세 납세의무를 부담하지 않는다. 그렇다면 재산세의 경우에도 2017년 3월 사용승인일부터 조합원들이 소유권

보존등기를 마친 2020년 12월까지의 기간 동안 甲조합이 아니라 조합원을 이 사건 공동주택의 사실상 소유자로 보고 재산세를 부과해야 한다.

③ 재산세는 보유하는 재산에 담세력을 인정하여 부과되는 수익세적 성격을 지닌 보유세이므로 조합원용 공동주택은 甲조합이 아니라 조합원을 재산세 납세의무자로 해야 한다.

【물음 3】 乙구청장이 취해야 할 조치

甲조합이 재산세를 납부한 후 이 사건 처분의 하자가 중대하고 명백하여 당연무효가 된 경우 乙구청장이 취해야 할 조치는 다음과 같다.

즉 乙구청장은 甲조합이 납부한 재산세는 오납(誤納)한 금액에 해당하므로 즉시 그 오납액을 지방세환급금으로 결정해야 한다. 이처럼 지방세환급금으로 결정한 금액은 납부할 지방세에 충당한 후 남은 금액을 지방세환급금의 결정을 한 날부터 지체 없이 甲조합에게 환급해야 한다. 한편 지방세환급금을 충당하거나 지급할 때에는 지방세환급가산금을 지방세환급금에 가산해야 한다.

2. 재산세의 납세지

재산세는 다음의 납세지를 관할하는 지방자치단체에서 부과한다(지방법 108).

과세대상 재산	납세지
① 토 지	토지의 소재지
② 건축물	건축물의 소재지
③ 주 택	주택의 소재지
④ 선 박	선박법에 따른 선적항의 소재지[동력수상레저기구의 경우에는 등록지, 선적항이 없는 경우에는 정계장(定繫場) 소재지(정계장이 일정하지 않은 경우에는 선박 소유자의 주소지)]
⑤ 항공기	항공법에 따른 등록원부에 기재된 정치장의 소재지(항공법에 따라 등록을 하지 않은 경우에는 소유자의 주소지)

Ⅲ 재산세의 과세표준과 세율

1. 재산세의 과세표준(지방법 110, 지방령 109)

과세대상 구분	과세표준
① 토지 · 건축물	• 시가표준액×70%(공정시장가액비율)

<table>
<tr><td>② 주 택</td><td>• 1세대 2주택 이상
: 시가표준액×60%(공정시장가액비율)

• 1세대 1주택(시가표준액이 9억원을 초과하는 주택을 포함한다)
: 시가표준액×43%·44%·45%(공정시장가액비율)
<table>
<tr><th>시가표준액</th><th>공정시장가액비율</th></tr>
<tr><td>3억원 이하</td><td>43%</td></tr>
<tr><td>3억원 초과 6억원 이하</td><td>44%</td></tr>
<tr><td>6억원 초과</td><td>45%</td></tr>
</table>
※ 1세대 1주택으로 인정되는 주택의 범위는 p.827 참고</td></tr>
<tr><td>③ 선박·항공기</td><td>• 시가표준액</td></tr>
</table>

참고사항 주택 재산세의 과세표준 상한액

주택의 과세표준[시가표준액×60%(공정시장가액비율)]이 다음 계산식에 따른 과세표준상한액보다 큰 경우에는 해당 주택의 과세표준은 과세표준상한액으로 한다(지방법 110 ③).

> 과세표준 상한액 = 직전 연도 해당 주택의 과세표준 상당액(직전 연도의 시가표준액×공정시장가액비율)
> + 과세기준일 당시 시가표준액으로 산정한 과세표준×과세표준상한율(5%)*

* 과세표준상한율 : 소비자물가지수, 주택가격변동률, 지방재정 여건 등을 고려하여 0%에서 5% 범위 이내로 대통령령으로 정하는 비율을 말하는데, 현재 정해진 과세표준상한율은 5%이다.

이러한 주택 재산세의 과세표준상한제 도입에 따라 2024년부터 주택에 대한 재산세 세부담의 상한(p.839 참조)은 폐지되었으나, 2024.1.1. 전에 주택 재산세가 과세된 주택에 대해서는 주택 세부담 상한제 폐지에 관한 개정규정에도 불구하고 2028.12.31.까지는 종전의 규정(주택 공시가격별 세부담 상한 차등적용 규정을 말한다)에 따른다(지방세법 법률 제19230호, 2023.3.14., 부칙 15). ■

[도 표] 시가표준액

구분	시가표준액
① 가격이 공시되는 토지 및 주택	• 토지 : 개별공시지가 • 주택 : 개별주택가격 또는 공동주택가격 * 이것이 공시되지 않은 경우에는 특별자치시장·특별자치도지사·시장·군수 또는 구청장이 국토교통부장관이 제공한 토지가격비준표 또는 주택가격비준표를 사용하여 산정한 가액으로 한다(공동주택은 행정자치부장관이 정하는 기준에 따라 특별자치시장·특별자치도지사·시장·군수 또는 구청장이 산정한 가액으로 한다).
② 건축물과 선박·항공기	거래가격, 수입가격, 신축·건조·제조가격 등을 참작하여 정한 기준가격에 과세대상별 특성을 고려하여 지방자치단체장이 결정한 가액 * 건물의 시가표준액 = 건물신축가격기준액×적용지수(구조지수×용도지수×위치지수)×경과연수별 잔가율×면적(㎡)×가감산율

2. 재산세의 세율

(1) 표준세율

재산세의 표준세율은 다음과 같다(지방법 111 ①). 지방자치단체장은 특별한 재정수요나 재해 등의 발생으로 재산세의 세율 조정이 불가피하다고 인정되는 경우 조례로 정하는 바에 따라 표준세율의 50%의 범위에서 가감할 수 있다. 다만, 가감한 세율은 해당 연도에만 적용한다(지방법 111 ③).

<table>
<tr><th colspan="3">구분</th><th>표준세율</th></tr>
<tr><td rowspan="5">(1) 토 지</td><td rowspan="3">① 분리과세 대상</td><td>㉠ 농지 · 목장용지 및 임야</td><td>0.07%</td></tr>
<tr><td>㉡ 공장용지 · 공급목적 등의 토지</td><td>0.2%</td></tr>
<tr><td>㉢ 골프장 · 고급오락장용 토지</td><td>4%</td></tr>
<tr><td colspan="2">② 별도합산과세대상</td><td>0.2%～0.4%의 3단계 초과누진세율</td></tr>
<tr><td colspan="2">③ 종합합산과세대상</td><td>0.2%～0.5%의 3단계 초과누진세율</td></tr>
<tr><td>(2) 주 택</td><td colspan="2">주택(부속토지 포함)</td><td>0.1%～0.4%의 4단계 초과누진세율</td></tr>
<tr><td rowspan="3">(3) 건축물</td><td colspan="2">① 골프장 · 고급오락장용 건축물</td><td>4%</td></tr>
<tr><td colspan="2">② 특별시 · 광역시 · 시지역의 주거지역 및 조례로 정한 지역 내의 공장용 건축물(*주)</td><td>0.5%</td></tr>
<tr><td colspan="2">③ 위 이외의 건축물</td><td>0.25%</td></tr>
<tr><td rowspan="2">(4) 선 박</td><td colspan="2">① 고급선박</td><td>5%</td></tr>
<tr><td colspan="2">② 위 외의 선박</td><td rowspan="2">0.3%</td></tr>
<tr><td colspan="3">(5) 항공기</td></tr>
</table>

(*주) '공장용 건축물'이란 제조 · 가공 · 수선이나 인쇄 등의 목적에 사용하도록 생산설비를 갖춘 것으로서 행정자치부령으로 정하는 공장용 건축물을 말한다(지방령 110).

(2) 중과세율

과밀억제권역(산업단지 · 유치지역 및 공업지역은 제외)에서 공장 신설 · 증설에 해당하는 경우 그 건축물에 대한 재산세의 세율은 최초의 과세기준일부터 5년간 위 (3) 건축물 ③의 세율(0.25%)의 5배 해당하는 세율(1.25%)을 적용한다(지방법 111 ②).

(3) 1세대 1주택에 대한 특례세율

주택에 대한 표준세율(0.1%～0.4%의 4단계 초과누진세율) 규정에도 불구하고 1세대 1주택(시가표준액이 9억원 이하인 주택에 한한다)에 대해서는 특례세율(0.05%～0.35%의 4단계 초과누진세율)을 적용한다(지방법 111의2 ①). 이 규정은 2021년 1월 1일부터 6년이 되는 날까지 성립한 납세의무에 한정하여 적용한다(1세대 1주택에 대한 재산세 세율 특례의 유효기간).

[도 표] 1세대1주택 관련 특례

1세대1주택 관련 특례	1세대1주택	
	시가표준액 ≤ 9억원	9억원 < 시가표준액
공정시장가액비율(43% · 44% · 45%) ※ p.824 참조	적용 ○ (43% · 44% · 45%)	
특례세율(0.05% ~ 0.35%)	적용 ○ (0.05%~0.35%)	적용 × (0.1%~0.4%)
주택 재산세 납부유예 ※ p.841 참조	적용 ○	

참고사항 별도합산과세대상 및 종합합산과세대상 토지의 재산세 3단계 초과누진세율

구분	과세표준	세율	누진공제액
(1) 별도합산과세대상 토지	2억원 이하	0.2%	0원
	2억원 초과 10억원 이하	0.3%	200,000원
	10억원 초과	0.4%	1,200,000원
(2) 종합합산과세대상 토지	5천만원 이하	0.2%	0원
	5천만원 초과 1억원 이하	0.3%	50,000원
	1억원 초과	0.5%	250,000원

참고사항 주택에 대한 재산세 세율

과세표준	표준세율	1세대 1주택에 대한 특례세율
6,000만원 이하	과세표준×0.1%	과세표준×0.05%
6,000만원 초과 1억5천만원 이하	60,000원 + (과세표준 − 6,000만원)×0.15%	30,000원 +(과세표준 − 6,000만원)×0.1%
1억5천만원 초과 3억원 이하	195,000원 + (과세표준 − 1억5천만원)×0.25%	120,000원 + (과세표준 − 1억5천만원)×0.2%
3억원 초과	570,000원 + (과세표준 − 3억원)×0.4%	420,000원 + (과세표준 − 3억원)×0.35%

참고사항 1세대 1주택에 특례세율 적용례

1. 1세대 1주택의 해당 여부를 판단할 때 신탁법에 따라 신탁된 주택은 위탁자의 주택 수에 가산한다(지방법 111의2 ②).

2. 1세대 1주택에 재산세 특례세율 규정에도 불구하고 지방자치단체장이 조례로 정하는 바에 따라 가감한 세율을 적용한 세액이 특례세율을 적용한 세액보다 작은 경우에는 특례세율을 적용하지 않는다(지방법 111의2 ③).

3. 지방세특례제한법에도 불구하고 동일한 주택이 특례세율 규정과 지방세특례제한법에 따른 재산세 경감 규정(「지방세특례제한법(제92조의2)」에 따른 자동이체 등 납부에 대한 세액공제는 제외)의 적용대상이 되는 경우에는 중복하여 적용하지 않고 둘 중 경감 효과가 큰 것 하나만을 적용한다(지방법 111의2 ④). ■

참고사항 재산세 세율 특례 대상 1세대 1주택의 범위

'1세대 1주택'이란 과세기준일 현재 세대별 주민등록표에 함께 기재되어 있는 가족(동거인은 제외)으로 구성된 1세대가 국내에 종업원에게 제공하는 주택 등이 아닌 주택을 1개만 소유하는 경우 그 주택(이하 '1세대 1주택'이라 한다)을 말한다(지방령 110의2 ①). ■

[도 표] 사치성 재산에 대한 지방세 과세상 취급

사치성재산의 범위	보유단계 : 재산세	취득단계 : 취득세	비과세·감면
골프장·고급오락장	• 골프장·고급오락장용 토지 : 4% 고율 분리과세로 토지분 재산세 • 골프장·고급오락장용 건축물 : 4% 고율 건축물분 재산세	취득세 중과세 2%×5배 + 2% 등 = 12% 등	※ 취득세·재산세 등의 지방세 비과세·감면 배제(p.655, p.853 참조)
고급주택	0.1%~0.4% 4단계 초과누진세율 주택분 재산세		
고급선박	5% 고율 선박분 재산세		

[도 표] 공장 관련 취득세·재산세 중과세

구분	중과세 내용
취득 단계	• 과밀억제권역*에서 공장 신증설을 위해서 사업용 과세물건 취득 : (표준세율 + 2%×2배) 취득세 중과세 * 산업단지·유치지역 및 공업지역은 제외
	• 대도시*에서 공장 신증설에 따라 부동산 취득 : (표준세율×3배 − 2%×2배) 취득세 중과세 * 산업단지·유치지역 및 공업지역은 제외
보유 단계	• 과밀억제권역*에서 공장 신증설로 건축물 소유 : 최초 과세기준일부터 5년간 0.25%×5배(1.25%) 재산세 중과세 * 산업단지·유치지역 및 공업지역은 제외
	• 특별시·광역시·시지역의 주거지역 및 조례로 정하는 지역 내 건축물 소유 : 0.5%(0.25%×2배) 재산세 중과세

(4) 세율적용

1) 개 요 : 재산세는 다음과 같이 세율을 적용한다(지방법 113 ①,②,③).

구분	세율적용	비고
(1) 토지	① 분리과세대상이 되는 해당 토지의 가액을 과세표준으로 하여 비례세율을 적용한다.(*주1)	대물개별과세
	② 납세의무자가 소유하고 있는 해당 지방자치단체 관할구역에 있는 별도합산과세대상이 되는 토지의 가액을 모두 합한 금액을 과세표준으로 하여 초과누진세율을 적용한다.(*주1)	대인합산과세
	③ 납세의무자가 소유하고 있는 해당 지방자치단체 관할구역에 있는 종합합산과세대상이 되는 토지의 가액을 모두 합한 금액을 과세표준으로 하여 초과누진세율을 적용한다.(*주1)	
(2) 주택	주택별로 표준세율(또는 특례세율)을 적용한다.(*주2)	대물개별과세
(3) 건축물 · 선박 및 항공기	해당 재산별로 그 과세표준액에 비례세율을 적용한다.	

(*주1) 다만, 지방세법 또는 관계법령에 따라 재산세를 경감할 때는 위 ①·②·③의 과세표준에서 경감대상 토지의 과세표준액에 경감비율(비과세 또는 면제의 경우에는 이를 100%로 본다)을 곱한 금액을 공제하여 세율을 적용한다(지방법 113 ①). 이를 계산식으로 표현하면 다음과 같다.

> ① 분리과세대상 토지의 과세표준×[1 − 경감비율(비과세 · 면제는 100%)]×세율
> ② 별도합산과세대상 토지의 과세표준×[1 − 경감비율(비과세 · 면제는 100%)]×세율
> ③ 종합합산과세대상 토지의 과세표준×[1 − 경감비율(비과세 · 면제는 100%)]×세율

(*주2) 다가구주택의 경우에는 1가구가 독립하여 구분사용할 수 있도록 분리된 부분 1구의 주택으로 본다. 이 경우 그 부속토지는 건물면적의 비율에 따라 각각 나눈 면적을 1구의 부속토지로 본다(지방령 112).

2) 주택에 대한 적용례 : ① 주택을 2명 이상이 공동으로 소유하거나 ② 토지와 건물의 소유자가 다를 경우 해당 주택에 대한 세율을 적용할 때에는, 해당 주택의 토지와 건물의 가액을 합산한 과세표준액에 표준세율(또는 특례세율)(0.1%~0.4% 또는 0.05%~0.35%의 4단계 초과누진세율)을 적용한다(지방법 113 ③).

예를 들어 위 ②처럼 甲이 주택의 건물을 소유하고 乙이 주택의 부속토지를 소유하는 경우 해당 주택의 토지와 건물의 가액을 합산한 과세표준액에 초과누진세율을 적용하여 산출세액을 계산한 다음, 해당 주택에 대한 산출세액을 건물(甲의 소유)과 그 부속토지(乙의 소유) 시가표준액비율로 안분계산한 부분에 대하여 甲과 乙이 각자 재산세 납세의무를 진다. 그 취지는 ① 1명이 소유하는 주택을 지분 분산에 의해 공동으로 소유하거나 ② 주택을 구성하는 토지나 건물의 소유권을 이전하는 방법으로 주택에 대한 재산세의 누진부담의 회피를 방지하는 데 있다.

[도 표] 부동산 관련 보유세

1차 시군구 : 재산세 과세		2차 국가 : 종합부동산세 과세
토지	별도합산과세대상(관내 합산과세)	공시가격 80억원 초과분 종합부동산세
	종합합산과세대상(관내 합산과세)	공시가격 5억원 초과분 종합부동산세
주택	주택별 과세	공시가격 9억원* 초과분 종합부동산세 * 1세대 1주택자는 12억원
위 외의 토지 및 건축물(개별 과세)		(과세 안함)

사례 10 주택에 대한 재산세

재산세액 계산과 관련하여 다음 물음에 답하시오. (15점)

【물음 1】 주택에 대한 재산세의 과세표준과 주택의 과세표준에 적용되는 재산세율과 그 적용례를 설명하시오.

【물음 2】 다음 각 사례에서 납세의무자별로 납부할 재산세액(산출세액)을 계산하시오.

<사례 1>

배우자 사이인 甲과 乙은 2026.6.1. 현재 아파트를 1/2씩 공동소유하고 있다. 해당 아파트의 공시된 공동주택가격은 7억원이고(60% 공정시장가액 비율 적용), 적용되는 재산세의 표준세율은 다음과 같이 정해져 있다.

과세표준×0.4% − 630,000원(누진공제액)

<사례 2>

배우자 사이인 甲과 乙이 2026.6.1. 현재 소유하고 있는 단독주택은 甲이 단독주택의 건물(시가표준액 2억원)을, 乙은 같은 단독주택의 부속토지(시가표준액 3억원)를 각각 소유하고 있다. 해당 단독주택의 공시된 개별주택가격은 6억원이고(60% 공정시장가액 비율 적용), 적용되는 재산세의 표준세율은 다음과 같다.

과세표준×0.4% − 630,000원(누진공제액)

<사례 3>

친구 사이인 甲과 乙은 사무용으로 임대하고 있는 건물을 甲이 지분의 3/4을, 乙이 지분의 1/4을 소유하는 방식으로 공유하고 있다. 해당 건물에 대한 전체 시가표준액은 10억원이고, 적용되는 재산세의 표준세율은 0.25%이다.

해 답

【물음 1】 주택에 대한 재산세

1. 과세표준

주택에 대한 재산세의 과세표준은 시가표준액에 60%(공정시장가액비율)를 곱한 금액으로 한다. 여기서 시가표준액은 단독주택은 공시된 개별주택가격, 공동주택은 공시된 공동주택가격으로 한다.

2. 세 율

(1) 표준세율

주택에 대한 재산세의 표준세율은 0.1%~0.4% 4단계 초과누진세율로 한다. 지방자치단체장은 특별한 재정수요나 재해 등의 발생으로 재산세의 세율 조정이 불가피하다고 인정되는 경우에는 조례로 정하는 바에 따라 표준세율의 50%의 범위에서 가감할 수 있다.

(2) 적용례

주택을 2명 이상이 공동으로 소유하거나 토지와 건물의 소유자가 다를 경우 해당 주택에 대한 세율을 적용할 때에는 해당 주택의 토지와 건물의 가액을 합산한 과세표준액에 0.1%~0.4%의 4단계 초과누진세율을 적용한다.

【물음 2】 계산사례

<사례 1> 아파트

(1) 과세표준

7억원×60%(공정시장가액비율) = 4.2억원

(2) 산출세액

4.2억원×0.4% − 630,000원(누진공제액) = 1,050,000원

(3) 각자 납부할 세액

甲 : 1,050,000원 × $\frac{1}{2}$ = 525,000원

乙 : 1,050,000원 × $\frac{1}{2}$ = 525,000원

<사례 2> 단독주택

(1) 과세표준

6억원×60%(공정시장가액비율) = 3.6억원

(2) 산출세액

3.6억원×0.4% − 630,000원(누진공제액) = 810,000원

(3) 각자 납부할 세액

甲 : 810,000원 × $\frac{2억원}{5억원}$ = 324,000원

乙 : $810,000원 \times \frac{3억원}{5억원} = 486,000원$

<사례 3> 건 물

(1) 과세표준

甲 : $\left(10억원 \times \frac{3}{4}\right) \times 70\%$(공정시장가액비율) = 5.25억원

乙 : $\left(10억원 \times \frac{1}{4}\right) \times 70\%$(공정시장가액비율) = 1.75억원

(2) 산출세액(각자 납부할 세액)

甲 : 5.25억원×0.25%(세율) = 1,312,500원

乙 : 1.75억원×0.25%(세율) = 437,500원

3. 재산세 도시지역분

지방자치단체장은 도시지역 중 해당 지방의회의 의결을 거쳐 고시한 지역(이하 '재산세 도시지역분 적용대상 지역'이라 한다) 안에 있는 토지 등에 대해서는 조례로 정하는 바에 따라 다음의 세액을 재산세액으로 부과할 수 있다(지방법 112 ①).

> 재산세액 = 토지 등의 과세표준×재산세율(또는 특례세율) + 토지 등의 과세표준×0.14%*
> (종전 도시계획세 반영분)

* 지방자치단체장은 해당 연도분의 위의 세율을 조례로 정하는 바에 따라 0.23%를 초과하지 않는 범위에서 다르게 정할 수 있다(지방법 112 ②).

여기서 '재산세 도시지역분 적용대상 지역 안에 있는 토지 등'이란 다음에 해당하는 것을 말한다(지방령 111).

구분	재산세 도시지역분 적용대상 지역 안에 있는 토지 등
① 토 지	재산세 과세대상 토지 중 전·답·과수원·목장용지·임야를 제외한 토지와 도시개발법에 따라 환지 방식으로 시행하는 도시개발구역의 토지로서 환지처분의 공고가 된 모든 토지 ※ 재산세 과세특례 적용대상 지역 안에 있는 토지 중 지형도면이 고시된 공공시설용지 또는 개발제한구역으로 지정된 토지 중 지상건축물, 골프장, 유원지, 그 밖의 이용시설이 없는 토지는 제외한다(지방법 112 ③).
② 건축물	재산세 과세대상 건축물
③ 주 택	재산세 과세대상 주택. 다만, 개발제한구역(G.B)에서는 고급주택만 해당한다.

사례 11 재산세의 납세의무자와 과세표준 · 세율

재산세와 관련하여 다음의 물음에 답하시오. (20점)

【물음 1】 개인인 甲은 A로부터 주택의 매매계약서를 작성할 당시 2026년 5월 29일에 잔금을 지급하기로 계약하였으나, 자금사정으로 사실상 자금을 2026년 6월 4일에 A에게 잔금을 지급한 후 본인 甲 앞으로 소유권 이전등기를 접수하였으므로, 해당 주택의 재산세 납세의무는 전 소유자인 A라고 주장하면서 주택에 대한 2026년도분 재산세 부과처분의 취소를 구하고 있다.

위 사례에 적용되는 개인 甲의 취득시기를 쓰고, A가 해당 주택을 분양하는 법인으로서 법인장부에 의해 사실상 잔금지급일이 확인되는 경우 재산세 납세의무자는 누구인지를 설명하시오.

【물음 2】 甲은 2026년 5월 20일에 乙로부터 개별주택가격이 5억원인 단독주택(60% 공정시장가액 비율 적용)을 6억원에 취득하였으며, 같은 해 6월 1일에 丙으로부터 개별공시지가가 10억원인 나대지를 12억원에 취득하였다.

주택 및 나대지에 대한 재산세의 과세표준에 대해서 쓰고, 위 사례에서 2026년 재산세 과세표준은 얼마이며 또한 적용되는 세율을 어떻게 되는가?

해 답

【물음 1】 재산세 납세의무자

1. 일반적인 유상승계취득의 취득시기

   사실상의 잔금지급일(신고인이 제출한 자료로 사실상의 잔금지급일을 확인할 수 없는 경우에는 계약상의 잔금지급일)에 취득한 것으로 본다. 다만, 해당 취득물건을 등기 · 등록하지 않고 일정한 서류로 계약이 해제된 사실이 입증되는 경우에는 취득한 것으로 보지 않는다.

   한편 위 취득일 전에 등기 등을 한 경우에는 등기일에 취득한 것으로 본다.

2. 사례의 경우

   A가 해당 주택을 분양하는 법인으로서 법인장부에 따라 사실상 잔금지급일이 확인되므로 甲의 취득시기는 2026년 6월 4일(사실상 잔금지급일)이다. 따라서 6월 1일 현재의 소유자 A가 재산세 납세의무를 진다.

【물음 2】 재산세 과세표준

1. 재산세 과세표준

   주택에 대한 재산세의 과세표준은 시가표준액에 공정시장가액비율(60%)을 곱하여 산정한 가액으로 한다. 나대지에 대한 재산세의 과세표준은 시가표준액에 공정시장가액비율(70%)을 곱하여 산정한 가액으로 한다.

여기서 시가표준액은 토지는 개별공시지가, 주택은 개별주택가격으로 한다. 다만, 개별공시지가 또는 개별주택가격이 공시되지 않은 경우에는 시장 · 군수가 국토교통부장관이 제공한 토지가격비준표 또는 주택가격비준표를 사용하여 산정한 가액으로 한다.

2. 사례의 경우

(1) 과세표준

단독주택에 대한 과세표준은 5억원×60%인 3억원이고, 나대지에 대한 과세표준은 10억원×70%인 7억원이다.

(2) 표준세율

단독주택에 대한 세율은 0.1%~0.4% 4단계 초과누진세율(또는 1세대 1주택에 대한 특례세율 적용대상인 경우 0.05%~0.35% 4단계 초과누진세율)을 적용한다.

그리고 나대지는 종합합산과세대상이므로 0.2%, 0.3%, 0.5% 3단계 초과누진세율을 적용한다.

사례 12 공장 관련 취득세와 재산세 중과세

개인사업자 甲은 공장을 신설하기 위하여 토지를 승계취득하고 토지 취득 후 5년 이내에 공장을 신설하였다. 甲이 취득한 토지에 대하여 취득세가 중과세되는 요건과 중과세율을 서술하고, 공장 보유 단계에서 공장용 건축물에 대하여 재산세가 중과세되는 요건과 중과세율을 서술하시오.

(2024년 세무사 2차, 10점)

해 답

1. 취득세 중과세

(1) 과밀억제권역에서 부동산 등 취득에 대한 중과세

1) 중과세의 요건 : 다음 요건을 모두 갖춘 경우에 개인사업자 甲이 취득한 토지에 대해 중과세율이 적용된다.

① 과밀억제권역(산업단지 · 유치지역 및 공업지역은 제외)에서 공장을 신설할 것

② 신설하는 공장용 건축물의 부속토지일 것

2) 중과세율 : 개인사업자 甲이 과밀억제권역에서 공장을 신설하기 위하여 토지를 승계취득하고 토지 취득 후 5년 이내에 공장을 신설한 경우에는 해당 토지에 대해서 중과세율(표준세율＋2%×2배)을 적용하여 취득세를 추징한다.

(2) 대도시에서 부동산 취득에 대한 중과세

1) 중과세의 요건 : 다음 요건을 모두 갖춘 경우에 개인사업자 甲이 취득한 토지에 대해 중과세율이 적용된다.

① 대도시(과밀억제권역 중 산업단지 · 유치지역 및 공업지역은 제외)에서 공장을 신설할 것
② 공장을 신설함에 따라 토지를 취득할 것

2) 중과세율 : 개인사업자 甲이 대도시에서 토지를 승계취득한 날부터 5년 이내에 대도시에서 공장 신설한 경우에는 해당 토지에 대해서 중과세율(표준세율×3배 – 2%×2배)을 적용하여 취득세를 추징한다.

2. 재산세 중과세

1) 중과세 요건 : 다음 요건을 모두 갖춘 경우에 개인사업자 甲의 공장 보유단계에서 공장용 건축물에 대하여 재산세 중과세율이 적용된다.
① 과밀억제권역(산업단지 · 유치지역 및 공업지역은 제외)에서 공장을 신설할 것
② 공장 신설에 따른 건축물일 것

2) 중과세율 : 개인사업자 甲의 공장 보유단계에서 공장용 건축물에 대한 건축물에 대한 재산세는 최초의 과세기준일부터 5년간 중과세율(0.25%×5배 = 1.25%)을 적용한다.

사례 13 비회원제 골프장과 회원제 골프장 취득세와 재산세 비교

제조업을 영위하고 있는 A법인은 레저산업으로의 사업확장을 위해 수도권에 소재하는 비회원제 골프장[다시 대중(Public)골프장과 비회원제 일반골프장으로 구분, 이하 같다]이나 회원제(Private) 골프장 중 하나를 매수할 것을 고려하고 있다. 이에 관하여 다음 물음에 답하시오. (2014년 세무사 2차 수정, 20점)

【물음 1】 A법인이 비회원제 골프장이나 회원제 골프장을 취득하는 경우 부담하게 될 취득세에 대하여 과세대상별로 세율적용의 차이를 비교 · 설명하시오.

【물음 2】 A법인이 비회원제 골프장이나 회원제 골프장을 보유하는 경우 부담하게 될 재산세에 대하여 과세대상별로 세율적용의 차이를 비교 · 설명하시오.

해 답

【물음 1】 골프장에 대한 취득세 세율 적용상 차이

1. 골프장의 구분

(1) 비회원 골프장과 회원제 골프장

사회통념상 '골프장'이란 「체육시설의 설치 · 이용에 관한 법률」에 따른 스키장, 테니스장, 야구장 등과 같은 체육시설의 종류 중 하나에 해당한다. 회원제로 회원*을 모집하여 경영하는 골프장을 '회원제 골프장'이라 하며, 회원을 모집하지 않은 골프장을 '비회원제 골프장'이라 한다. 다시 비회원제골프장 중에서 문화체육관광부장관은 국민체육진흥을 위하여 이용료 등의 요건을 충족하는 골프장을 대중형 골프장으로 지정하여 지원할 수 있도록 위 법률을 2022년 11월 4일부터 개편하였다. 위 법률에 따르면 회원제 골프장업을 하려는 자는 대중골프장을 직접 병설(竝設)하게

해야 한다.

* '회원'이란 체육시설을 일반이용자보다 우선적으로 이용하거나 유리한 조건으로 이용하기로 체육시설업자와 약정한 자를 말한다. 그리고 '일반이용자'란 1년 미만의 일정 기간을 정하여 체육시설의 이용료를 지불하고 그 시설을 이용하기로 체육시설업자와 약정한 자를 말한다.

<참고사항> 회원제 골프장과 비회원제 골프장 실제 운영상 차이점

현재 우리나라에서 설치 · 운영되고 있는 회원제 골프장과 비회원제 골프장의 차이를 보면, 회원(개인 또는 법인)으로부터 무담보로 돈(장기채권)을 빌리고 그 이자에 해당하는 만큼의 편의(이용료의 저감 등)를 제공하는 방법을 이용하면 회원제 골프장이 되는 것이고, 반면에 회원들로부터의 무담보 장기채 대신, 자기 자금이나 은행에서 차입한 자금으로 골프장을 건설하면 비회원제 골프장이 되는 것일 뿐, 회원제 골프장과 비회원제 골프장을 병설한 골프장의 각 시설들에서 차이점을 발견할 수 없을 뿐만 아니라, 최근에는 회원제로 운영하다가 회원들에게 입회금(차입금)을 반환하고 비회원제로 전환하거나, 아예 처음부터 비회원제 골프장을 설치한 후 회원제보다도 더 높은 이용료를 받고 있는 골프장이 늘어나고 있는 실정이다. 이러한 점 때문에 비회원제 골프장 중에서 국민체육진흥을 위하여 비회원제 골프장 중에서 이용료 등의 요건을 충족하는 골프장을 대중형 골프장으로 문화체육관광부장관이 지정하도록 하였다.

지방 04

(2) 지방세법상 사치성 재산인 골프장

지방세법상 사치성 재산에 해당하는 골프장은 위의 회원제 골프장을 말하는데, 그 범위를 구분등록대상이 되는 토지와 건축물 및 그 토지상(上)의 입목으로 하여 취득세와 재산세를 중과세하고 있다.

※ 최근 상당수의 대중골프장이 회원제 골프장을 상회하는 이용료 인상, 유사 회원 모집 등의 편법 영업행위, 고가의 식음료 이용 강요 등 국민체육진흥 및 골프 대중화 정책의 취지와 상충하는 영업행태를 보임에 따라, 형식적으로 회원을 모집하지 않는 골프장으로 등록되기만 하면 실질적인 영업행태와 관계없이 일률적으로 각종 세제 및 지원정책 혜택의 대상이 되는 종전 제도에 대한 개선 필요성이 제기되었다. 이에 따라 골프장의 세부 종류를 '회원제 골프장'과 '비회원제 골프장'으로 구분하고, 문화체육관광부장관은 국민체육진흥을 위하여 비회원제 골프장 중에서 이용료 등의 요건을 충족하는 골프장을 대중형 골프장으로 지정하여 지원할 수 있게 하였다.

2. 취득세 세율 적용상 차이점

(1) 비회원제 골프장의 취득(매수)

비회원 제골프장용 부동산(토지와 건축물) 및 토지상 입목을 유상취득(매수)한 경우 취득세 세율은 다음과 같다.

1) 부동산 취득

① 매매, 교환, 현물출자 그 밖에 유상취득 : 4%

② 원시취득(건축물 건축, 개수) : 2.8%

2) 입목 취득 : 2%

※ 대도시 법인 설립 등에 따른 부동산 취득에 대해서는 [표준세율×3배 – 중과기준세율(2%)×2배]의 중과세율을 적용한다.

(2) 회원제 골프장의 취득

1) 회원제 골프장의 신설 · 증설의 경우

회원제 골프장으로 시설을 갖추어 체육시설업의 등록(시설을 증설하여 변경등록하는 경우 포함)하거나 등록하지 않더라도 사실상 골프장으로 사용하는 경우에 다음의 세율로 중과세한다.

표준세율(4% 등) + 중과기준세율(2%) × 4배 = 12% 등의 중과세율

※ 위 1)이 대도시에서 법인 설립 등에 따른 부동산 취득에 대한 중과세대상에도 동시에 적용되면 [표준세율(4% 등) × 3배 + 중과기준세율(2%) × 2배 = 16% 등]의 중과세율을 적용한다.

구체적으로 ① 회원제 골프장 신설을 위한 토지의 취득 ② 회원제 골프장 공사로 지목변경으로 인한 간주취득(지목변경 : 임야 · 전 · 답 등 → 체육용지) ③ 회원제 골프장 건축물의 건축(원시취득)에 대해서 중과세한다. 그 적용례는 다음과 같다.

① 토지나 건축물을 취득한 후 5년 이내에 해당 토지나 건축물이 회원제 골프장으로 중과세 대상에 해당하는 경우*에 해당 중과세율을 적용하여 취득세를 추징한다.

② 골프장용 건축물을 증축 · 개축 또는 개수한 경우에 그 증가된 건축물의 가액에 대해서 중과세율을 적용한다.

* 중과세 시기 : 체육시설업으로 등록한 날. 다만, 등록하기 전에 골프장을 사용하는 경우에는 사실상 사용한 날을 말한다.

2) 이미 등록된 골프장업을 승계취득하거나 등록하지 않고 사실상 사용하는 골프장을 승계취득하는 경우에도 2026년부터 위의 1)과 같이 12% 등의 중과세율로 취득세를 부과한다.

【물음 2】 재산세 세율 적용상 차이점

1. 재산세율 비교

(1) 비회원제 골프장(매년 6.1. 기준)

① 비회원제 골프장 토지분 재산세율

㉠ 대중형 골프장 토지분 재산세율 : 별도합산과세대상 0.2%~0.4%

개정된 관련 법률에 따라 '대중형 골프장'으로 지정 · 이용 중인 골프장의 운동시설용 토지에 한정하여 별도합산과세대상으로 한다.

㉡ 비회원제 골프장(대중형 골프장은 제외) 재산세율 : 종합합산과세대상 0.2%~0.5%

② 건축물분 재산세율 : 0.25%(기타 건축물)

(2) 회원제 골프장(매년 6.1. 기준)

① 토지분 재산세율 : 4%

② 건축물분 재산세율 : 4%

2. 세율 차이에 대한 논평

① 비회원제 골프장과 비교할 때 요즘은 이용면에서 차이가 별로 없는 회원제 골프장에 대해서 무려 10배~20배를 중과세하고 있어, 헌법상 평등원칙을 위반한 것이라는 지적이 있다.

② 부동산 보유세(재산세)가 사용수익(또는 예상임대수익)의 범위를 초과하여 25년만에 원본을 몰수(4%×25년 = 100%)하는 정도로 부과되고 있어 헌법상 재산권 침해라는 지적이 있다.

[도 표] 골프장 구분과 토지분 취득세와 재산세(골프장 입장행위에 대한 개별소비세 과세여부는 p.457 참조)

골프장의 구분		취득단계 : 토지분 취득세	보유단계 : 토지분 재산세
회원제 골프장 (회원 모집 ○)		원시취득(등록시) : 중과세 승계취득 : 중과세* * 2025.12.31. 이전 취득분은 일반과세	4% 고율 분리과세
비회원제 골프장	비회원제 일반	일반과세	0.2%~0.5% 종합합산과세 ※ 종전에는 0.2%~0.4% 별도합산과세
	대중형 골프장	일반과세	0.2%~0.4% 별도합산과세

제3절 재산세의 납세절차

I 과세기준일 및 납기

재산세의 과세기준일은 매년 6월 1일로 하고(지방법 114), 재산세의 납기는 다음과 같다(지방법 115 ①).

<table>
<tr><th colspan="2">구분</th><th colspan="2">납기(= 납부기간)</th></tr>
<tr><td colspan="2">(1) 토 지</td><td colspan="2">매년 9월 16일부터 9월 30일까지</td></tr>
<tr><td rowspan="2">(2) 주 택</td><td>해당 연도에 부과 · 징수할 세액의 $\frac{1}{2}$</td><td>매년 7월 16일부터 7월 31일까지</td><td rowspan="2">다만, 해당 연도에 부과할 세액이 20만원 이하인 경우에는 조례로 정하는 바에 따라 납기를 7월 16일부터 7월 31일까지로 하여 한꺼번에 부과 · 징수할 수 있다.</td></tr>
<tr><td>해당 연도에 부과 · 징수할 세액의 $\frac{1}{2}$</td><td>매년 9월 16일부터 9월 30일까지</td></tr>
<tr><td colspan="2">(3) 건축물 · 선박 · 항공기</td><td colspan="2">매년 7월 16일부터 7월 31일까지</td></tr>
</table>

한편 지방자치단체장은 과세대상 누락, 위법 또는 착오 등으로 인하여 이미 부과한 세액을 변경하거나 수시 부과해야 할 사유가 발생한 때에는 수시로 부과 · 징수할 수 있다(지방법 115 ②).

II 징수방법

1. 보통징수

재산세는 관할 지방자치단체장이 세액을 산정하여 보통징수의 방법으로 부과 · 징수한다. 재산세를 징수하려면 토지, 건축물, 주택, 선박 및 항공기로 구분한 납세고지서에 과세표준액과 세액을 적어 늦어도 납기개시 5일 전까지 발급해야 한다(지방법 116 ①,②).

2. 세부담의 상한

해당 재산에 대한 재산세의 산출세액[과세표준×재산세율, 과세표준×0.14%(도시지역분) 각각의 세액을 말한다]이 직전 연도의 해당 재산에 대한 재산세액 상당액의 150%를 초과하는 경우에는 150%에 해당하는 금액을 해당 연도에 징수할 세액으로 한다.

세부담 상한 = 직전연도 해당 재산에 대한 재산세액 상당액의 150%

한편 주택의 경우에는 2024년부터 주택 재산세의 과세표준 상한제(p.824 참조) 도입에 따라 이러한 세부담의 상한은 적용되지 않는다(지방법 122). 다만, 2024.1.1. 전에 주택 재산세가 과세된 주택에 대해서는 주택 세부담 상한제 폐지에 관한 개정규정에도 불구하고 2028.12.31.까지는 종전의 규정(아래 세부사항 주택 공시가격별 세부담 상한 차등적용 규정을 말한다)에 따른다(지방세법 제19230호, 2023.3.14., 부칙 15).

참고사항 종전의 규정에 따른 주택 공시가격별 세부담 상한 차등적용 규정

해당 주택[법인(법인으로 보는 단체 포함) 소유의 주택은 제외]에 대한 재산세의 산출세액이 다음의 세부담 상한을 초과하는 경우 그 세부담 상한에 해당하는 금액을 해당 연도에 징수할 세액으로 한다(주택 공시가격별 세부담 상한 차등적용, 종전 지방법 122).

주택 공시가격			세부담 상한
개인		3억원 이하	직전연도 해당 재산에 대한 재산세 상당액의 105%
	3억원 초과	6억원 이하	직전연도 해당 재산에 대한 재산세 상당액의 110%
	6억원 초과		직전연도 해당 재산에 대한 재산세 상당액의 130%
법인	(주택 공시가격에 관계없음)		직전연도 해당 재산에 대한 재산세 상당액의 150%

3. 물 납

(1) 개 요

지방자치단체장은 재산세의 납부세액이 1천만원을 초과하는 경우에는 납세의무자의 신청을 받아 해당 지방자치단체의 관할구역에 있는 부동산에 대해서만 물납을 허가할 수 있다(지방법 117).

(2) 물납의 신청 및 허가

재산세를 물납(物納)하려는 자는 행정자치부령으로 정하는 서류를 갖추어 그 납부기한 10일 전까지 납세지를 관할하는 시장·군수에게 신청해야 하며, 물납신청을 받은 시장·군수는 신청을 받은 날부터 5일 이내에 납세의무자에게 그 허가 여부를 서면으로 통지해야 한다(지방령 113 ①,②).

한편 물납허가를 받은 부동산을 물납하였을 때에는 납부기한 내에 납부한 것으로 본다(지방령 113 ③).

(3) 관리 · 처분이 부적당한 부동산의 처리

시장 · 군수는 물납신청을 받은 부동산이 관리 · 처분하기가 부적당하다고 인정되는 경우에는 허가하지 않을 수 있으며, 불허가 통지를 받은 납세의무자가 그 통지를 받은 날부터 10일 이내에 해당 시 · 군의 관할구역에 있는 부동산으로서 관리 · 처분이 가능한 다른 부동산으로 변경신청하는 경우에는 변경하여 허가할 수 있다(지방령 114 ①,②).

(4) 물납허가 부동산의 평가

물납을 허가하는 부동산의 가액은 재산세 과세기준일 현재의 시가로 한다. 여기서 '시가'는 다음 중 어느 하나에서 정하는 가액에 따른다(지방령 115 ①,②).

구분	시가
① 토지 및 주택	시가표준액(토지는 개별공시지가, 주택은 개별주택가격 · 공동주택가격)
② 건축물	시가표준액

다만, 재산세의 과세기준일 전 6개월부터 과세기준일 현재까지의 기간 중에 확정된 가액으로서 다음 중 어느 하나에 해당하는 것(시가로 인정되는 것)은 시가로 본다(지방령 115 ② 단서, 지방칙 60).

구분	시가로 인정되는 부동산가액
① 해당 부동산에 대하여 수용 또는 공매사실이 있는 경우	그 보상가액 또는 공매가액
② 해당 부동산에 대하여 둘 이상의 감정평가업자가 평가한 감정가액이 있는 경우	그 감정가액의 평균액
③ 국가, 지방자치단체로부터의 취득으로서 그 사실상의 취득가격이 있는 경우	그 취득가격
④ 판결문 · 법인장부 등에 따라 취득가격이 증명되는 취득으로서 그 사실상의 취득가격이 있는 경우	

※ 시가로 인정되는 가액이 둘 이상인 경우에는 재산세의 과세기준일부터 가장 가까운 날에 해당하는 가액에 의한다. 그리고 시가로 인정되는 부동산가액을 정할 때 상증세법에 따른 오피스텔 및 상업용 건물의 평가방법이 따로 있어 국세청장이 고시한 가액이 증명되는 경우에는 그 고시가액을 시가로 본다.

4. 분할납부

(1) 개 요

지방자치단체장은 재산세의 납부세액이 250만원을 초과하는 경우에는 납부할 세액의 일부를 납부기한이 지난 날부터 3개월 이내에 분할납부하게 할 수 있다. 분할납부세액은 다음의 기준에 따른다(지방법 118, 지방령 116).

구분	분할납부세액
① 납부할 세액이 250만원 초과 500만원 이하인 경우	250만원을 초과하는 금액
② 납부할 세액이 500만원을 초과하는 경우	그 세액의 50% 이하의 금액

(2) 분할납부신청

분할납부하려는 자는 재산세의 납부기한까지 재산세 분할납부신청서를 시장 · 군수에게 제출해야 한다. 시장 · 군수는 분할납부신청을 받았을 때에는 이미 고지한 납세고지서를 ① 납부기한 내에 납부해야 할 납세고지서와 ② 분할납부기간 내에 납부해야 할 납세고지서로 구분하여 수정 고지해야 한다(지방령 116 ②,③).

5. 주택 재산세 납부유예

(1) 개 요

지방자치단체장은 다음의 요건을 모두 충족하는 납세의무자가 1세대 1주택(시가표준액이 9억원을 초과하는 주택을 포함한다. p.826 참조)에 대한 재산세액(해당 재산세를 징수하기 위해 함께 부과하는 지방세를 포함하며, 이하 '주택 재산세'라 한다)의 납부유예를 그 납부기한 만료 3일 전까지 신청하는 경우 이를 허가할 수 있다. 이 경우 납부유예를 신청한 납세의무자는 그 유예할 주택 재산세에 상당하는 담보를 제공해야 한다(지방법 118의2 ①).

① 과세기준일 현재 1세대 1주택의 소유자일 것

② 과세기준일 현재 만 60세 이상이거나 해당 주택을 5년 이상 보유하고 있을 것

③ 다음 중 어느 하나에 해당하는 소득 기준을 충족할 것

㉠ 직전 과세기간의 총급여액이 7,000만원 이하일 것(직전 과세기간에 근로소득만 있거나 근로소득 및 종합소득과세표준에 합산되지 않는 종합소득이 있는 자로 한정한다)

㉡ 직전 과세기간의 종합소득과세표준에 합산되는 종합소득금액이 6,000만원 이하일 것(직전 과세기간의 총급여액이 7,000만원을 초과하지 않는 자로 한정한다)

④ 해당 연도의 납부유예 대상 주택에 대한 재산세의 납부세액이 100만원을 초과할 것

⑤ 지방세, 국세 체납이 없을 것

한편 지방자치단체장은 주택 재산세 납부유예 신청을 받은 경우 납부기한 만료일까지 납세의무자에게 납부유예 허가 여부를 통지하여야 한다(지방법 118의2 ②).

(2) 납부유예 허가 취소

지방자치단체장은 주택 재산세의 납부가 유예된 납세의무자가 다음 중 어느 하나에 해당하는 경우에는 그 납부유예 허가를 취소해야 한다(지방법 118의2 ③).

① 해당 주택을 타인에게 양도하거나 증여하는 경우
② 사망하여 상속이 개시되는 경우
③ 1세대 1주택자의 요건을 충족하지 않게 된 경우
④ 담보의 변경 또는 그 밖에 담보 보전에 필요한 지방자치단체장의 명령에 따르지 않은 경우
⑤ 지방세징수법에 따른 납부기한 전 징수의 사유 중 어느 하나에 해당되어 그 납부유예와 관계되는 세액의 전액을 징수할 수 없다고 인정되는 경우
⑥ 납부유예된 세액을 납부하려는 경우

지방자치단체장은 주택 재산세 납부유예의 허가를 취소하는 경우 납세의무자(납세의무자가 사망한 경우에는 그 상속인 또는 상속재산관리인을 말한다)에게 그 사실을 즉시 통지해야 한다(지방법 118의2 ④). 한편 지방자치단체장은 주택 재산세의 납부유예 허가를 취소한 경우에는 해당 납세의무자에게 납부를 유예받은 세액과 이자상당가산액을 징수해야 한다. 다만, 상속인(또는 상속재산관리인)은 상속으로 받은 재산의 한도에서 납부를 유예받은 세액과 이자상당가산액을 납부할 의무를 진다(지방법 118의2 ⑤).

참고사항 **납부유예 허가 취소시 납부유예받은 세액과 이자상당가산액의 징수금액**

지방자치단체장은 주택 재산세 납부유예 허가를 취소한 경우에는 해당 납세의무자(납세의무자가 사망한 경우에는 그 상속인 또는 상속재산관리인을 말한다)에게 다음의 금액을 더한 금액을 징수해야 한다(지방령 116의2 ③).

납부유예받은 세액	• (납부유예를 허가받은 금액 – 납부한 금액)
+ 이자상당가산액	• 납부유예받은 세액 × 유예기간* × 이자율(지방세환급가산금 이자율 참조)
= 징수금액	

* 납부유예를 허가한 연도의 납부기한이 지난 날부터 납부유예 허가 취소 사유가 발생한 날까지의 기간 ■

(3) 납부유예 기간 중 납부지연가산세 부과제외

지방자치단체장은 주택 재산세 납부유예를 허가한 날부터 납부유예 허가 취소 규정에 따라 징수할 세액의 고지일까지의 기간 동안에는 납부지연가산세를 부과하지 않는다(지방법 118의2 ⑥).

6. 소액 징수면제

고지서 1장당 재산세로 징수할 세액이 2,000원 미만인 경우에는 해당 재산세를 징수하지 않는다(지방법 119).

7. 신탁재산에 대한 수탁자의 물적납세의무

(1) 개 요

신탁재산의 위탁자가 다음 중 어느 하나에 해당하는 재산세 또는 체납처분비(이하 '재산세 등'이라 한다)를 체납한 경우로서 그 위탁자의 다른 재산에 대하여 체납처분을 하여도 징수할 금액에 미치지 못할 때에는 해당 신탁재산의 수탁자는 그 신탁재산*으로써 위탁자의 재산세 등을 납부할 의무가 있다(지방법 119의2 ①).

* 해당 신탁재산의 관리, 처분, 운용 또는 개발 등을 통하여 수탁자가 얻은 재산으로서 신탁법(제27조)에 따라 신탁재산에 속하는 재산을 포함한다(이하 같다).

① 신탁 설정일 이후에 법정기일이 도래하는 재산세로서 해당 신탁재산과 관련하여 발생한 것*

② 위 ①의 금액에 대한 체납처분 과정에서 발생한 체납처분비

* 다만, 종합합산과세대상 및 별도합산과세대상이 되는 토지의 가액을 합산하여 과세표준을 계산하는 규정에 따라 신탁재산과 다른 토지를 합산하여 과세하는 경우에는 신탁재산과 관련하여 발생한 재산세 등을 신탁재산과 다른 토지의 시가표준액 비율로 안분계산한 부분 중 신탁재산 부분에 한정한다.

(2) 수탁자에 대한 납부고지

수탁자로부터 납세의무자의 재산세 등을 징수하려는 지방자치단체장은 납부통지서*를 수탁자에게 고지해야 한다. 이처럼 고지가 있은 후 납세의무자인 위탁자가 신탁의 이익을 받을 권리를 포기 또는 이전하거나 신탁재산을 양도하는 등의 경우에도 고지된 부분에 대한 납세의무에는 영향을 미치지 않는다(지방법 119의2 ②,③).

* 이러한 납부통지서에는 ① 재산세 등의 과세표준, 세액 및 그 산출 근거, ② 재산세 등의 납부기한, ③ 그 밖에 재산세 등의 징수를 위하여 필요한 사항을 적는다.

NEW 개정사항 신탁재산의 물적납세의무 범위 확대

<개정내용> 신탁재산에 대한 조세채권을 보다 확실하게 확보하기 위하여, 위탁자가 신탁재산에 대한 재산세 또는 체납처분비를 체납한 경우 위탁자의 재산세 등을 납부할 의무가 부과되는 수탁자의 신탁재산 범위에 '해당 신탁재산의 관리 · 처분 · 운용 또는 개발 등을 통하여 수탁자가 얻은 재산'을 포함하도록 하였다.

종전	개정
□ 신탁재산 수탁자의 물적납세의무 ○ 위탁자가 재산세 등을 체납한 경우 수탁자는 그 신탁재산으로써 납부할 의무 발생 <추가>	□ 물적납세의무 대상 신탁재산 범위 확대 ○ 신탁재산의 범위에 신탁재산의 관리 · 처분 · 운용 또는 개발 등을 통하여 수탁자가 얻은 재산 추가
○ 물적납세의무 대상 재산세 등의 범위 : 재산세 · 가산금 또는 체납처분비 <추가>	○ 용어 변경 : 재산세 · 납부지연가산세* 또는 체납처분비 * 2024년부터 가산금이 납부지연가산세(체납분 + 체납 월수분)로 대체됨

▶ **필자 주** : 가산세는 해당 의무가 규정된 지방세관계법의 해당 지방세의 세목으로 한다(지기법 52 ②). 이에 따르면 납부지연가산세는 재산세의 일부이므로 재산세와 별도로 납부지연가산세를 규정할 필요가 없다(그래서 본 책에서는 재산세 또는 체납처분비로 표현하고 있다).

<적용시기> 이 규정은 2026년 1월 1일 이후 납세의무가 성립하는 분부터 적용한다. ■

사례 1 주택에 대한 취득세 및 재산세

개인 甲이 개인 乙로부터 A주택을 2026년 6월 15일에 유상으로 승계취득하여 보유하는 경우, 1. 취득세의 (1) 납세의무자 (2) 과세표준 및 세율 (3) 납세절차, 2. 재산세의 (1) 납세의무자 (2) 과세표준 및 세율 (3) 납세절차에 대해서 간략히 설명하시오. 甲이 취득한 A주택은 1세대 1주택에 해당한다. (25점)

해 답

1. 취득세

(1) 납세의무자

2026년 6월 15일에 乙 소유의 아파트를 취득한 甲에게 취득세의 납세의무가 있다.

(2) 과세표준 및 세율

주택을 유상승계취득하는 경우 과세표준은 사실상취득가격으로 하며, 여기에 1%~3% 표준세율을 적용한다.

여기서 '사실상취득가격'이란 취득시기 이전에 해당 주택을 취득하기 위하여 납세의무자 등이 거래상대방이나 제3자에게 지급하였거나 지급해야 할 직접비용과 간접비용의 합계액을 말한다. 다만, 특수관계인으로부터 시가인정액보다 낮은 가격으로 부동산을 취득한 경우로서 시가인정액과 사실상취득가격의 차액이 시가인정액의 5%에 상당하는 금액 이상이거나 3억원 이상인 경우에는 시가인정액을 취득당시가액으로 결정할 수 있다.

(3) 납세절차

甲은 취득일(2026년 6월 15일)부터 60일 이내에 취득세를 신고납부해야 한다. 다만, 앞의 신고·납부기한 이내에 주택의 취득에 관한 사항을 공부에 등기하려는 경우에는 등기하기 전까지 취득세를 신고납부해야 한다.

2. 재산세

(1) 납세의무자

과세기준일 2026년 6월 1일 현재 주택 및 그 부수토지의 소유자인 乙이 재산세의 납세의무를 진다.

(2) 과세표준 및 세율

매년 6월 1일 현재 주택을 소유하는 경우 주택(그 부속토지 포함)의 시가표준액(공동주택가격 또는 개별주택가격)에 공정시장가액비율(43%·44%·45%)을 곱한 금액을 과세표준으로 하여, 여기에 0.1%~0.4%의 4단계 초과누진세율(또는 1세대 1주택에 대한 특례세율 적용대상인 경우 0.05%~0.35% 4단계 초과누진세율)을 적용한다.

(3) 납세절차

1) 주택에 대한 재산세의 납기는 다음과 같다.

구분		납기	
주택	해당 연도에 부과, 징수할 세액의 $\frac{1}{2}$	매년 7월 16일부터 7월 31일까지	다만, 해당 연도에 부과, 징수될 세액이 20만원 이하인 경우에는 조례로 정하는 바에 따라 납기를 7월 16일부터 7월 31일까지로 하여 한꺼번에 부과, 징수할 수 있다.
	해당 연도에 부과, 징수할 세액의 $\frac{1}{2}$	매년 9월 16일부터 9월 30일까지	

2) 주택에 대한 관할 지방자치단체장이 세액을 산정하여 보통징수의 방법으로 부과, 징수한다. 재산세를 징수하려면 납세고지서에 과세표준액과 세액을 적어 늦어도 납기개시 5일 전까지 발급해야 한다.

3) 일정한 요건을 충족한 납세의무자는 1세대 1주택(시가표준액이 9억원을 초과하는 주택을 포함한다)에 대한 재산세액의 납부유예를 적용받을 수 있다.

사례 2 건물 취득세와 재산세

甲회사는 다음과 같은 내용으로 乙회사로부터 사무용 건물을 승계취득하여 소유하고 있다. 아래 자료를 토대로 아래 물음에 대해서 답하시오. (12점)

(1) 건물 매매계약의 내용
매매대금 총액 110,000,000원(부가가치세 10,000,000원이 포함된 금액임)
- 2026년 5월 24일 계약금 20,000,000원 지급
- 2026년 5월 24일 잔 금 90,000,000원 지급
- 2026년 5월 25일에 소유권이전등기 신청

(2) 건물의 취득과 관련한 건설자금이자 4,600,000원
(3) 건물 취득시 주택법에 따라 매입한 국민주택채권 취득 이전에 양도함으로써 발생한 매각차손 400,000원
(4) 공인중개사 중개수수료, 법무사 등기이전 수수료 등 취득에 필요한 용역을 제공받고 지급한 용역비와 수수료 1,000,000원
(5) 잔금지급일 이후 甲회사가 건물 관리비로 분담한 비용 600,000원
(6) 위의 금액들은 甲회사의 법인장부에 의해 확인되는 금액이다.
(7) 해당 건물에 대한 2026년도 지방세 시가표준액은 90,000,000원이다.

【물음 1】 甲회사의 해당 건축을 취득에 대한 취득세 산출세액과 해당 건물 보유에 따른 재산세 산출세액을 계산하시오. 단, 해당 건물의 취득에 대해서는 표준세율 4%가 적용되며 재산세도 표준세율 0.25%가 적용된다.

【물음 2】 甲회사의 지방세법에 따른 취득세 납세절차와 관할 지방자치단체장의 지방세법에 따른 재산세 부과 · 징수에 대해서 설명하시오.

해 답

【물음 1】 산출세액 계산

1. 취득세

(1) 과세표준

① 취득가액	100,000,000원 (VAT 10,000,000원은 제외)
② 건설자금이자	4,600,000
③ 국민주택채권 매각차손	400,000
④ 중개수수료 등 비용	1,000,000
합계	106,000,000원

(2) 산출세액 : 106,000,000×4%(표준세율) = 4,240,000원

2. 재산세

(1) 과세표준 : 시가표준액×공정시장가액비율(70%)

90,000,000원×70% = 63,000,000원

(2) 산출세액 : 63,000,000원×0.25%(표준세율) = 157,500원

【물음 2】 납세절차 등

1. 취득세

본래 취득세는 취득한 날부터 60일 이내에 산출세액을 신고납부해야 한다. 그런데 재산권 취득에 관한 사항을 공부(公簿)에 등기하려는 경우에는 등기하기 전까지(등기신청서를 등기소에 접수하는 날까지를 말한다) 취득세를 신고납부해야 한다.

甲회사의 경우 해당 건물을 취득한 날(2026년 5월 24일)부터 60일 이내에 산출세액을 신고납부해야 하지만, 해당 건물에 대해서 2026년 5월 25일에 소유권이전등기를 신청하므로, 등기신청하기 전까지 취득세를 신고납부해야 한다.

이러한 신고납부기한까지 신고 또는 납부의무를 다하지 않으면 산출세액(또는 부족세액)에 가산세를 합한 세액을 보통징수 방법으로 징수한다.

2. 재산세

2026년 6월 1일(과세기준일) 현재 해당 건물의 소유자는 甲회사이므로, 甲회사가 2026년도분 재산세 납세의무를 진다. 해당 건물분 재산세의 납기는 2026년 7월 16일부터 7월 31일까지다.

해당 건물분 재산세는 관할 지방자치단체장이 세액을 산정하여 보통징수의 방법으로 부과·징수한다. 재산세를 징수하려면 건물분 재산세 납세고지서에 과세표준과 세액을 적어 늦어도 납기 개시 5일 전에 발급해야 한다.

연습문제

1 재산세의 과세대상에 대해 설명하시오. (20점)

2 토지분 재산세의 과세대상 구분에 대하여 설명하시오. (20점)

3 주택분 재산세의 과세표준과 세율에 대하여 설명하시오. (20점)

4 주택에 대한 재산세의 과세요건에 대하여 설명하시오. (20점)

5 재산세의 납세의무자에 대하여 설명하시오. (20점)

6 재산세의 세율에 대하여 설명하시오. (20점)

7 재산세의 비과세에 대하여 설명하시오. (15점)

8 주택과 관련된 취득세 및 재산세의 납기 및 징수방법에 대하여 비교설명하시오. (2005년, 10점)

9 지방세의 물납 및 분납제도에 대하여 답하시오. (2003년, 30점)

【물음 1】 지방세법에 따른 물납 및 분납의 도입취지와 대상세목에 대해 설명하시오.

【물음 2】 지방세법에 따른 물납의 절차(신청자자격, 신청기한, 허가통보기간, 부동산가격평가기준, 물납의 효력 등 포함)에 대해 설명하시오.

【물음 3】 지방세법에 따른 분납의 절차(신청자격, 분납세액, 분납허용기간, 신청기간 등 포함)에 대해 설명하시오.

제3편 지방세법

제5장 지방세특례제한법

제1절 지방세특례제한법 총칙

I 지방세특례제한법의 목적과 연혁

지방세특례제한법은 ① 지방세 감면 및 특례에 관한 사항과 ② 이의 제한에 관한 사항을 규정하여 지방세 정책을 효율적으로 수행함으로써 건전한 지방재정 운영 및 공평과세 실현에 이바지함을 목적으로 한다(지특법 1).

II 용어의 뜻

지방세특례제한법에서 사용하는 용어의 뜻은 다음과 같다(지특법 2 ①).

① 고유업무 : 법령에서 개별적으로 규정한 업무와 법인등기부에 목적사업으로 정하여진 업무를 말한다.

② 수익사업 : 법인세법에 따른 비영리내국법인의 수익사업을 말한다.

③ 직접 사용 : 부동산 · 차량 · 건설기계 · 선박 · 항공기 등의 소유자가 해당 부동산차량 · 건설기계 · 선박 · 항공기 등을 사업 또는 업무의 목적이나 용도에 맞게 사용(지방세특례제한법에서 임대를 목적 사업 또는 업무로 규정한 경우 외에는 임대하여 사용하는 경우는 제외)하는 것을 말한다.

④ 공동주택 : 주택법에 따른 공동주택을 말하되 기숙사는 제외한다.

⑤ 지방세 특례 : 세율의 경감, 세액감면, 세액공제, 과세표준 공제, 중과세 배제, 재산세 과세대상 구분전환 등을 말한다.

III 지방세 특례의 제한 및 조례에 따른 지방세 감면

1. 지방세 특례의 제한

지방세특례제한법, 지방세법 및 조세특례제한법에 따르지 않고서는 지방세법에서 정한 일반과세에 대한 지방세 특례를 정할 수 없다. 그리고 관계 행정기관의 장은 이 법에 따라 지방세 특례를 받고 있는 법인 등에 대한 특례 범위를 변경하려고 법률을 개정하려면 미리 행정자치부 장관과 협의해야 한다(지특법 3).

2. 조례에 따른 지방세 감면

1) 지방자치단체는 주민의 복리 증진 등 효율적인 정책 추진을 위하여 필요하다고 인정될 경우 3년의 기간 이내에서 지방세의 세율경감, 세액감면, 세액공제, 중과세 배제 및 재산세 과세대상 구분전환을 할 수 있다.

2) 한편 지방자치단체는 1)에도 불구하고 다음 중 어느 하나에 해당하는 경우에는 지방세 감면을 할 수 없다. 다만, 국가 및 지방자치단체의 경제적 상황, 긴급한 재난관리 필요성, 세목의 종류 및 조세의 형평성 등을 고려하여 재난의 대응 및 복구를 위해 필요한 경우 등에는 아래 ①에 해당하는 지방세 감면을 할 수 있다.

① 지방세특례제한법에서 정하고 있는 지방세 감면을 확대(지방세 감면율 · 감면액을 확대하거나 지방세 감면 적용대상자 · 세목 · 기간을 확대하는 것을 말한다)하는 지방세 감면

② 지방세법상 과밀억제권역 안 취득 및 대도시 안 부동산등기 및 법인등기에 대한 중과세의 배제를 통한 지방세 감면

③ 지방세법상 토지에 대한 재산세 과세대상의 구분 전환을 통한 지방세 감면

④ 사치성재산에 해당하는 부동산 등의 감면 제외대상에 대한 지방세 감면. 다만, 다음 중 어느 하나에 해당하는 경우에는 지방세 감면을 할 수 있다.

㉠ 「감염병의 예방 및 관리에 관한 법률」에 따른 집합 제한 또는 금지로 인하여 영업이 금지되는 경우

㉡ 「재난 및 안전관리 기본법」에 따른 특별재난지역으로 선포된 경우로서 해당 재난으로 입은 중대한 재산상 피해로 영업이 현저히 곤란하다고 인정되는 경우

⑤ 과세의 형평을 현저하게 침해하거나 국가의 경제시책에 비추어 합당하지 않는 지방세 감면으로서 대통령령으로 정하는 사항

Ⅳ 그 밖의 사항

1) 감면 제외대상 : 지방세특례제한법의 감면을 적용할 때 사치성 재산에 해당하는 부동산 등은 감면대상에서 제외한다(지특법 177).

2) 감면된 세액의 추징 등 : 부동산에 대한 감면을 적용할 때 지방세특례제한법에서 특별히 규정한 경우를 제외하고는 취득일부터 1년 이내에 정당한 사유 없이 해당 용도로 직접 사용하지 않는 경우 또는 그 사용일부터 2년 이상 해당 용도로 직접 사용하지 않고 매각·증여하거나 다른 용도로 사용하는 경우에 해당 부분에 대해서는 감면된 취득세를 추징한다(지특법 178).

3) 토지에 대한 재산세의 경감율 적용 : 지방세특례제한법 또는 다른 법령에서 토지에 대한 재산세의 경감 규정을 둔 경우에는 경감대상 토지의 과세표준액에 해당 경감비율을 곱한 금액을 경감한다(지특법 179).

4) 중복 감면의 배제 : 동일한 과세대상에 대하여 지방세를 감면할 때 둘 이상의 감면 규정이 적용되는 경우에는 그 중 감면율이 높은 것 하나만을 적용한다(지특법 180).

제2절 지방세 감면

I 농어업을 위한 지원

1. 자경농민의 농지 등에 대한 감면(제6조)

1) 농업을 주업으로 하는 사람으로서 2년 이상 영농에 종사한 사람 또는 후계농업경영인(이하 '자경농민'이라 한다)이 직접 경작할 목적으로 취득하는 농지 및 관계 법령에 따라 농지를 조성하기 위하여 취득하는 임야에 대해서는 취득세의 50%를 경감한다. 다만, 다음 중 어느 하나에 해당하는 경우 그 해당 부분에 대해서는 경감된 취득세를 추징한다.

① 정당한 사유 없이 그 취득일부터 2년이 경과할 때까지 자경농민으로서 농지를 직접 경작하지 않거나 농지조성을 시작하지 않은 경우

② 직접 경작한 기간이 2년 미만인 상태에서 매각·증여하거나 다른 용도로 사용하는 경우

2) 자경농민이 ① 양잠(養蠶) 또는 버섯재배용 건축물, 고정식 온실, ② 가축을 사육하기 위한 시설 및 그 부속시설로서 사육시설, 소독 및 방역 시설, 착유실, 집란실, 분뇨 배출시설, 정화시설, ③ 창고[저온창고, 상온창고(常溫倉庫) 및 농기계보관용 창고만 해당한다] 및 농산물 선별처리시설에 해당하는 시설을 농업용으로 직접 사용하기 위하여 취득하는 경우 해당 농업용 시설에 대해서는 취득세의 50%를 경감한다.

3) 자경농민이 경작할 목적으로 받는 도로점용, 하천점용 및 공유수면점용의 면허에 대해서는 등록면허세를 면제한다.

4) 농어촌지역으로 이주하는 귀농인이 직접 경작 또는 직접 사용할 목적으로 귀농일부터 3년 이내에 취득하는 농지, 관계 법령에 따라 농지를 조성하기 위하여 취득하는 임야 및 농업용 시설(농지, 임야 및 농업용 시설을 취득한 사람이 그 취득일부터 60일 이내에 귀농인이 되는 경우 그 농지, 임야 및 농업용 시설을 포함한다)에 대해서는 취득세의 50%를 경감한다. 다만, 귀농인이 다음 중 어느 하나에 해당하는 경우에는 경감된 취득세를 추징하되, 아래 ③ 및 ④의 경우에는 그 해당 부분에 한정하여 경감된 취득세를 추징한다.

① 정당한 사유 없이 귀농일부터 3년 이내에 주민등록 주소지를 취득 농지 및 임야 소재지 특별자치시·특별자치도·시·군·구(구의 경우에는 자치구를 말한다. 이하 같다), 그 지역과 연접한 시·군·구 또는 농지 및 임야 소재지로부터 30킬로미터 이내의 지역 외의 지역으로 이전하는 경우

② 정당한 사유 없이 농지, 임야 또는 농업용 시설의 취득일이 속하는 과세연도의 다음 과세연도 개시일부터 3년 이내에 과세연도별로 농업 외의 종합소득금액(소득세법에 따른 종합소득에서 농업, 임업에서 발생하는 소득, 부동산임대소득 또는 농가부업소득을 제외한 금액을 말한다)이 3,700만원 이상인 경우

③ 정당한 사유 없이 다음 중 어느 하나에 해당하는 경우

㉠ 농지의 취득일부터 2년 이내에 직접 경작하지 않는 경우

㉡ 임야의 취득일부터 2년 이내에 농지의 조성을 시작하지 않는 경우

㉢ 농업용 시설의 취득일부터 1년 이내에 해당 용도로 직접 사용하지 않는 경우

④ 직접 경작 또는 직접 사용한 기간이 3년 미만인 상태에서 매각 · 증여하거나 다른 용도로 사용하는 경우

참고사항 농업법인에 대한 감면의 사후관리

위 1) 및 2)에 대한 감면을 적용할 때 다음 중 어느 하나에 해당하는 경우 그 해당 부분에 대해서는 감면된 취득세를 추징한다.

① 정당한 사유 없이 그 취득일부터 1년이 경과할 때까지 해당 용도로 직접 사용하지 않은 경우

② 해당 용도로 직접 사용한 기간이 3년 미만인 상태에서 매각 · 증여하거나 다른 용도로 사용하는 경우 ■

2. 농지확대개발을 위한 면제 등(제8조)

1) 농업생산기반 개량사업의 시행으로 인하여 취득하는 농지 및 같은 법에 따른 농지확대 개발사업의 시행으로 인하여 취득하는 개간농지에 대해서는 취득세를 면제한다.

2) 교환 · 분합하는 농지, 농업진흥지역에서 교환 · 분합하는 농지에 대해서는 취득세를 면제한다.

3) 임업을 주업으로 하는 사람 또는 임업후계자가 직접 임업을 하기 위하여 교환 · 분합하는 임야의 취득에 대해서는 취득세를 면제하고, 임업을 주업으로 하는 사람 또는 임업후계자가 직접 임업을 하기 위하여 산지관리법에 따라 지정된 보전산지를 취득(99만제곱미터 이내의 면적을 취득하는 경우로 한정하되, 보전산지를 추가적으로 취득하는 경우에는 기존에 소유하고 있는 보전산지의 면적과 합산하여 99만제곱미터를 초과하지 않는 분에 한정한다)하는 경우에는 취득세의 50%를 경감한다.

4) 공유수면의 매립 또는 간척으로 인하여 취득하는 농지에 대한 취득세는 원시취득에 대한 2.8%의 세율에도 불구하고 0.8%를 적용하여 과세한다. 다만, 취득일부터 2년 이내에 다른 용도에 사용하는 경우 그 해당 부분에 대해서는 경감된 취득세를 추징한다.

3. 농업법인에 대한 감면(제11조)

1) 영농조합법인과 농업회사법인(이하 '농업법인'이라 한다)이 영농에 사용하기 위하여 법인설립등기일부터 2년 이내(청년농업법인의 경우에는 4년 이내)에 취득하는 농지, 관계 법령에 따라 농지를 조성하기 위하여 취득하는 임야 및 농업용 시설에 대해서는 취득세의 75%를 경감한다.

2) 농업법인이 영농·유통·가공에 직접 사용하기 위하여 취득하는 부동산에 대해서는 취득세의 50%를, 과세기준일 현재 해당 용도에 직접 사용하는 부동산에 대해서는 재산세의 50%를 각각 경감한다.

3) 농업법인의 설립등기에 대해서는 등록면허세를 면제한다.

Ⅱ 사회복지를 위한 지원

1. 장애인용 자동차에 대한 감면(제17조)

장애인(국가유공자 등은 제외)이 보철용렌·생업활동용으로 사용하기 위하여 취득하여 등록하는 다음 중 어느 하나에 해당하는 자동차로서 취득세 또는 자동차세 중 어느 하나의 세목(稅目)에 대하여 먼저 감면을 신청하는 1대에 대해서는 취득세 및 자동차세를 면제한다.

① 다음 중 어느 하나에 해당하는 승용자동차
  ㉠ 배기량 2천cc 이하인 승용자동차
  ㉡ 승차 정원 7명 이상 10명 이하인 승용자동차
  ㉢ 화물자동차에서 2006년 1월 1일부터 승용자동차에 해당하게 되는 자동차
② 승차 정원 15명 이하인 승합자동차
③ 최대적재량 1톤 이하인 화물자동차
④ 배기량 250cc 이하인 이륜자동차

2. 유치원 및 노인복지시설에 대한 감면(제19조, 제20조)

1) 영유아보육법에 따른 어린이집 및 유아교육법에 따른 유치원으로 직접 사용하기 위하여 취득하는 부동산 및 영유아보육법에 따른 직장어린이집을 법인·단체 또는 개인에게 위탁하여 운영(사업주가 직장어린이집을 설치하는 경우로서 해당 직장어린이집을 법인·단체 또는 개인에게 위탁하여 운영하는 경우를 포함)하기 위하여 취득하는 부동산에 대해서는 취득세를 면제한다.

2) 다음의 부동산에 대해서는 재산세(재산세 도시지역분 부과액 포함)를 면제한다.

① 해당 부동산 소유자가 과세기준일 현재 유치원 등에 직접 사용하는 부동산

② 과세기준일 현재 유치원 등에 사용하는 부동산으로서 다음 중 어느 하나에 해당하는 부동산

㉠ 해당 부동산의 소유자가 해당 부동산을 영유아어린이집 또는 유치원으로 사용하는 자(이하 '사용자'라 한다)의 배우자 또는 직계혈족으로서 그 운영에 직접 종사하는 경우의 해당 부동산

㉡ 해당 부동산의 사용자가 그 배우자 또는 직계혈족과 공동으로 해당 부동산을 소유하는 경우의 해당 부동산

㉢ 해당 부동산의 소유자가 종교단체이면서 사용자가 해당 종교단체의 대표자이거나 종교법인인 경우의 해당 부동산

3) 노인복지시설로 직접 사용하기 위하여 취득하는 부동산에 대해서는 다음에서 정하는 바에 따라 지방세를 감면한다.

① 무료 노인복지시설로 직접 사용하기 위하여 취득하는 부동산에 대해서는 취득세를 면제하고, 과세기준일 현재 노인복지시설로 직접 사용(종교단체의 경우 해당 부동산의 소유자가 아닌 그 대표자 또는 종교법인이 해당 부동산을 노인복지시설로 사용하는 경우를 포함한다)하는 부동산에 대해서는 재산세의 50%를 경감한다. 다만, 노인의 여가선용을 위하여 과세기준일 현재 경로당으로 사용하는 부동산(부대시설을 포함한다)에 대해서는 재산세 및 지역자원시설세를 각각 면제한다.

② 위 ① 외의 노인복지시설로 직접 사용(종교단체의 경우 해당 부동산의 소유자가 아닌 그 대표자 또는 종교법인이 해당 부동산을 노인복지시설로 사용하는 경우를 포함한다)하기 위하여 취득하는 부동산에 대해서는 취득세의 25%를 경감하고, 과세기준일 현재 ① 외의 노인복지시설로 직접 사용하는 부동산에 대해서는 재산세의 25%를 각각 경감한다.

3. 사회복지법인 등에 대한 면제(제22조)

1) 사회복지사업법에 따른 사회복지사업*을 목적으로 하는 법인 또는 단체가 해당 사회복지사업에 직접 사용하기 위하여 취득하는 부동산에 대해서는 다음에서 정하는 바에 따라 취득세를 감면한다.

① 사회복지사업법에 따른 사회복지법인** 또는 한센인의 권익 · 복지 증진 · 개선 등을 목적으로 설립된 법인 · 단체 : 취득세 면제

② 사회복지사업법에 따른 사회복지시설을 설치 · 운영하는 법인 또는 단체 : 취득세의 25% 경감(다만, 사회복지시설의 입소자 및 이용자가 입소 및 이용에 대한 비용을 부담하지 않는 사회복지시설의 경우에는 취득세 면제)

* '사회복지사업'이란 각종 법률에 따른 보호 · 선도(善導) 또는 복지에 관한 사업과 사회복지상담, 직업지원, 무료 숙박, 지역사회복지, 의료복지, 재가복지(在家福祉), 사회복지관 운영, 정신질환자 및 한센병력자의 사회복귀에 관한 사업 등 각종 복지사업과 이와 관련된 자원봉사활동 및 복지시설의 운영 또는 지원을 목적으로 하는 사업을 말한다.

** '사회복지법인'이란 사회복지사업을 할 목적으로 설립된 법인을 말하며, '사회복지시설'이란 사회복지사업을 할 목적으로 설치된 시설을 말한다.

2) 위 1)에 따라 취득세를 감면받은 법인 또는 단체가 다음 중 어느 하나에 해당하는 경우 그 해당 부분에 대해서는 감면된 취득세를 추징한다.

① 부동산을 취득한 날부터 5년 이내에 수익사업에 사용하는 경우
② 정당한 사유 없이 부동산의 취득일부터 3년이 경과할 때까지 해당 용도로 직접 사용하지 않는 경우
③ 해당 용도로 직접 사용한 기간이 2년 미만인 상태에서 부동산을 매각·증여하거나 다른 용도로 사용하는 경우
④ 부동산을 취득한 날부터 3년 이내에 사회복지법인이 해산되거나 사회복지법인의 설립허가가 취소된 경우
⑤ 부동산을 취득한 날부터 3년 이내에 사회복지시설의 폐지 신고가 되거나 사회복지시설의 폐쇄 명령을 받은 경우

3) 사회복지법인 등(위 1)의 ①·②에 해당하는 법인 또는 단체를 말한다)이 과세기준일 현재 해당 사회복지사업에 직접 사용(종교단체의 경우 해당 부동산의 소유자가 아닌 그 대표자 또는 종교법인이 해당 부동산을 사회복지사업의 용도로 사용하는 경우를 포함한다)하는 부동산(일정한 건축물의 부속토지*를 포함한다)에 대해서는 다음에서 정하는 바에 따라 지방세를 각각 감면한다. 다만, ㉠ 수익사업에 사용하는 경우와 해당 재산이 유료로 사용되는 경우의 그 재산 및 ㉡ 해당 재산의 일부가 그 목적에 직접 사용되지 않는 경우의 그 일부 재산에 대해서는 감면하지 않는다.

① 사회복지법인 또는 한센인의 권익·복지 증진·개선 등을 목적으로 설립된 법인·단체에 해당하는 법인 또는 단체 : 재산세(재산세 도시지역분 부과액 포함) 및 지역자원시설세 각각 면제
② 사회복지시설을 설치·운영하는 법인 또는 단체 : 재산세의 25% 경감(다만, 사회복지시설의 입소자 및 이용자가 입소 및 이용에 대한 비용을 부담하지 않는 사회복지시설의 경우에는 재산세의 50% 경감)

* '일정한 건축물의 부속토지'란 해당 사업에 직접 사용할 건축물을 건축 중인 경우와 건축허가 후 행정기관의 건축규제조치로 건축에 착공하지 못한 경우의 건축 예정 건축물의 부속토지를 말한다.

4) 지방자치단체장은 1) 또는 3)에 따라 취득세 또는 재산세를 감면하는 경우 해당 지역의 재정 여건 등을 고려하여 50%의 범위에서 조례로 정하는 율을 추가로 경감할 수 있다.

5) 사회복지법인 등이 그 사회복지사업에 직접 사용하기 위한 면허에 대해서는 등록면허세를, 사회복지법인 등(「장애인활동 지원에 관한 법률」에 따른 활동지원기관을 설치·운영하는 법인·단체 포함)에 대해서는 주민세 사업소분 및 종업원분을 각각 면제한다(다만, 수익사업에 관계되는 주민세 사업소분 및 종업원분은 면제하지 않는다)

6) 사회복지법인의 설립등기 및 합병등기에 대한 등록면허세와 사회복지시설을 경영하는 자에 대하여 해당 사회복지시설 사업장에 과세되는 주민세 사업소분을 각각 면제한다.

7) 위 1)부터 6)까지의 규정에도 불구하고 사회복지법인이 의료기관을 경영하기 위하여 취득하거나 사용하는 부동산에 대해서는 다음에 따라 취득세와 재산세를 각각 경감한다.

① 의료업에 직접 사용하기 위하여 취득하는 부동산 : 취득세의 30%(감염병전문병원은 40%) 경감
② 과세기준일 현재 의료업에 직접 사용하는 부동산 : 재산세의 50%(감염병전문병원은 60%) 경감

예규판례 구 지방세법 제288조 제2항 단서가 정하는 '정당한 사유'의 의미 및 판단 기준, 비영리단체가 부동산을 취득할 당시 1년 내에 고유업무에 사용할 수 없는 법령상 장애사유가 있음을 알았거나 조금만 주의를 기울였더라면 쉽게 알 수 있었고 취득 후 1년 내에 당해 부동산을 고유업무에 사용하지 못한 것이 동일한 사유 때문인 경우, 그 법령상 장애사유는 당해 토지를 그 업무에 직접 사용하지 못한 것에 대한 정당한 사유가 될 수 있는지 여부(원칙적 소극)

1. 관련 법률의 규정내용

구 지방세법(2010.3.31. 법률 제10221호로 전부 개정되기 전의 것. 이하 같다) 제288조 제2항의 본문은 정부로부터 허가 또는 인가를 받거나 민법 외의 법률에 의하여 설립 또는 그 적용을 받는 학술연구단체·장학단체·기술진흥단체·문화예술단체·체육진흥단체·청소년단체가 그 고유업무에 직접 사용하기 위하여 취득하는 부동산에 대해서는 취득세와 등록세를 면제하도록 규정하고, 그 단서는 "그 취득일부터 1년 내에 정당한 사유 없이 고유업무에 직접 사용하지 아니한 경우"에는 해당 부분에 대하여 면제된 취득세와 등록세를 추징하도록 규정하고 있다.

2. 원심의 판단

가. 원심은 우선 다음과 같은 사실을 인정하였다.

(1) 원고는 1994.6.10. 미술, 문학, 음악 등 각 분야 예술인에 대한 창작지원금 및 장려금 지급, 예술 진흥 유공자에 대한 라인문화상 수여, 각종 문화공간의 설치 및 운영 등의 목적으로 주무관청의 허가를 얻어 설립된 재단법인이다.

(2) 원고는 2007.12.28. 미술관 건축이라는 고유업무에 사용하기 위하여 은화삼컨트리클럽 주식회사로부터 용인시 처인구 남동 산 (지번 생략) 임야 10,878㎡ 중 1,600㎡(이하 '이 사건 토지'라고 한다)를 증여받아 이를 취득하였고, 피고는 2008.1.8. 원고가 미술관 건축을 위하여 취득·등기하는 부동산으로 보아 이 사건 토지에 관한 취득세와 등록세 등을 면제하였다.

(3) 원고는 미술관 건축을 위하여 2008.6.12. 미르건축사사무소에 건축 인허가 검토용역을 의뢰하고 2008.6.25. 가야토목측량설계공사에 토목공사 인허가 검토용역을 의뢰하였는데, 2008.8.6. 가야토목측량설계공사로부터 "도시지역 내 녹지지역에 위치한 이 사건 토지의 자연경사도가 평균 약 22~23도에 이르고, 이 사건 토지와 연접하여 이미 개발된 토지의 면적이 10,000㎡ 이상이어서 이 사건 토지에 관하여 국토의 계획 및 이용에 관한 법률에 의한 개발행위 허가를 받을 수 없다"는 취지의 검토결과를 통보받았다.

(4) 원고가 이 사건 토지의 취득일부터 1년이 지나도록 미술관 건축을 하지 못한 채 이 사건 토지가 그대로 임야상태로 남아 있자, 피고는 2009.2.9. 원고에게 면제된 취득세와 등록세 등을 추징하는 이 사건 처분을 하였다.

나. 나아가 원심은 다음과 같은 사정에 비추어 볼 때 원고가 이 사건 토지를 그 취득일부터 1년 내에 고유업무에 사용하지 못한 것에는 정당한 사유가 있다는 이유로 이 사건 처분이 위법하다고 판단하였다.

(1) 이 사건 토지의 취득 당시 이미 이 사건 토지에 관하여는 미술관을 건축할 수 없는 법령상의 장애사유

가 존재하고 있었고 원고가 이를 모르는 상태에서 이 사건 토지를 취득하였다.

(2) 이러한 장애사유는 관련 전문가의 검토를 거쳐야 비로소 알 수 있는 것으로서 원고가 조금만 주의를 기울였더라면 쉽게 알 수 있었던 것으로 보기 어렵다.

(3) 원고가 이 사건 토지의 취득 이후 미르건축사사무소와 가야토목측량설계공사에 건축 및 토목공사 인허가 검토용역을 의뢰하거나 증여자에게 건축이 가능한 토지로 교환해 달라고 요청하는 등 이 사건 토지 위에 미술관을 건축하기 위하여 나름의 진지한 노력을 하였다.

3. 대법원의 판단

가. 그러나 원심의 이러한 판단은 다음과 같은 이유에서 수긍할 수 없다.

(1) 구 지방세법 제288조 제2항 단서가 정하는 '정당한 사유'란 법령에 의한 금지·제한 등 그 본문에 규정된 비영리단체가 마음대로 할 수 없는 외부적인 사유(①)는 물론 고유업무에 사용하기 위한 정상적인 노력을 다하였으나 시간적인 여유가 없어 유예기간을 넘긴 내부사유(②)도 포함하고, 정당한 사유의 유무를 판단함에 있어서는 비영리단체에 의하여 수행되는 사업의 공익성을 감안하여 취득세를 부과하지 아니하는 입법취지를 충분히 고려하면서 부동산의 취득목적에 비추어 그 고유업무에 직접 사용하는 데에 걸리는 준비기간의 장단, 고유업무에 사용할 수 없는 법령상·사실상의 장애사유 및 장애정도, 비영리단체가 부동산을 고유업무에 사용하기 위하여 진지한 노력을 다하였는지 여부 등을 아울러 참작하여 구체적인 사안에 따라 개별적으로 판단할 것이다(대법원 1996.1.26. 선고 95누13104 판결 등 참조).

그러나 비영리단체가 법령에 의한 금지·제한 등 부동산을 취득할 당시 1년 내에 그 고유업무에 직접 사용할 수 없는 법령상의 장애사유가 있음을 알았거나, 설사 몰랐다고 하더라도 조금만 주의를 기울였더라면 그러한 장애사유의 존재를 쉽게 알 수 있었던 상황에서 부동산을 취득하였고, 취득 후 1년 내에 당해 부동산을 그 고유업무에 직접 사용하지 못한 것이 동일한 사유 때문이라면, 취득 전에 존재한 법령상의 장애사유가 충분히 해소될 가능성이 있었고 실제 그 해소를 위하여 노력하여 이를 해소하였는데도 예측하지 못한 전혀 다른 사유로 그 고유업무에 사용하지 못하였다는 등의 특별한 사정이 없는 한, 그 법령상의 장애사유는 당해 토지를 그 업무에 직접 사용하지 못한 것에 대한 정당한 사유가 될 수 없다(대법원 1998.7.10. 선고 98두7626 판결, 대법원 2002.9.4. 선고 2001두229 판결 등 참조).

(2) 원고가 이 사건 토지를 취득할 당시 시행 중인 관련 법령에 의하면, 자연경사도 17.5도 이상인 토지에 관하여는 구 '국토의 계획 및 이용에 관한 법률'(2008.3.21. 법률 제8974호로 개정되기 전의 것. 이하 같다) 제56조에 따른 개발행위 허가를 받을 수 없고(용인시 도시계획 조례 제20조 제1항 제2호), 도시지역 내 녹지지역에서는 연접한 토지를 포함하여 10,000㎡ 이상의 토지가 이미 개발된 경우 개발행위 허가를 받을 수 없으므로[구 '국토의 계획 및 이용에 관한 법률' 제58조 제1항 제1호 및 구 '국토의 계획 및 이용에 관한 법률 시행령'(2009.7.7. 대통령령 제21625호로 개정되기 전의 것) 제55조 제1항 제1호 가목, 제4항], 원심이 인정하는 대로 원고가 이 사건 토지를 취득할 당시 이미 그 취득일부터 1년 내에 이 사건 토지 위에 미술관을 건축할 수 없는 법령상의 장애사유가 존재하고 있었다고 할 것이다.

그러나 원심판결 이유에 의하더라도 원고가 이 사건 토지를 취득한 목적은 그곳에 미술관을 건축하려는 것이었고 이 사건 토지의 취득 당시 그 지목과 현황이 모두 임야이었으므로 이를 미술관의 부지로 이용하려면 토지의 형질변경 등 개발행위를 위한 관련 법령상의 인허가가 필요할 것이라는 점은 누구나 쉽사리 예상할 수 있다(원고도 이러한 이유에서 이 사건 토지의 취득 후에 건축 및 토목공사 인허가 검토용역을 의뢰한 것으로 보인다). 또한 원고는 이 사건 토지의 취득일부터 1년 내에 이 사건 토지를 그 고유업무에 사용하는 것을 전제로 취득세와 등록세를 면제받았으므로, 이 사건 토지 위에 미술관을 건축하는 데에 별다른 공법상의 제한이 없을 것으로 막연히 추측하거나 관련 법령상의 인허가를 받을 수 있을 것으로 기대만 할 것이 아니라 이 사건 토지의 취득에 있어서 미술관 건축에 따르는 공법상의 제한 및 관련 법령상 요구되는 인허가 관련 사항을 행정관청이나 전문가에게 문의하는 등의 방법으로 면밀히 검토하였어야 할 것이다.

따라서 원고가 이 사건 토지의 취득 당시 구체적인 법령상의 장애사유를 몰랐다고 하더라도 조금만 주의를 기울였더라면 법령상의 장애사유가 존재함을 쉽게 알 수 있었던 상황에서 이 사건 토지를 취득한 것으로 봄이 상당하고, 그 취득일부터 1년 내에 이 사건 토지를 고유업무에 직접 사용하지 못한 것도 동일한 사유로 인한 것이므로, 위와 같은 법령상의 장애사유는 원고가 이 사건 토지를 그 고유업무에 직접 사용하지 못한 것에 대한 정당한 사유가 될 수 없다. 그리고 원고가 건축 및 토목공사 인허가 검토용역을 의뢰하였다거나 증여자에게 건축이 가능한 토지로 교환하여 달라는 요청을 하였다는 것만으로는 결론을 달리할 만한 사정이 된다고 할 수 없다.

나. 그럼에도 원심은 이와 달리 원고가 이 사건 토지를 그 취득일부터 1년 내에 고유업무에 사용하지 못한 것에 정당한 사유가 있다는 이유로 이 사건 처분이 위법하다고 판단하였다. 원심의 이러한 판단에는 구 지방세법 제288조 제2항 단서가 정한 '정당한 사유'에 관한 법리를 오해하여 판결에 영향을 미친 위법이 있다. 이 점을 지적하는 상고이유는 이유 있다(대법원 2012.12.13. 선고 2011두1948 판결). ■

4. 사회적기업에 대한 감면(제22조의4)

「사회적기업 육성법」에 따른 사회적기업(상법에 따른 회사인 경우에는 중소기업기본법에 따른 중소기업으로 한정한다)에 대해서는 다음에서 정하는 바에 따라 지방세를 경감한다.

① 그 고유업무에 직접 사용하기 위하여 취득하는 부동산에 대해서는 취득세의 50%를 경감한다. 다만, 다음 중 어느 하나에 해당하는 경우 그 해당 부분에 대해서는 경감된 취득세를 추징한다.

㉠ 그 취득일부터 3년 이내에 「사회적기업 육성법」에 따라 사회적기업의 인증이 취소되는 경우

㉡ 정당한 사유 없이 그 취득일부터 1년이 경과할 때까지 해당 용도로 직접 사용하지 않은 경우

㉢ 해당 용도로 직접 사용한 기간이 2년 미만인 상태에서 매각 · 증여하거나 다른 용도로 사용하는 경우

5. 생애최초 주택 구입에 대한 취득세 감면(제36조의3)

1) 주택 취득일 현재 본인(대한민국 국민으로 한정한다) 및 배우자가 주택을 소유한 사실이 없는 경우로서 본인이 거주할 목적으로 취득당시가액이 12억원 이하인 주택을 유상거래(부담부증여는 제외)로 취득하는 경우에는 다음의 구분에 따라 지방세를 감면(이 경우 다주택자의 주택 취득에 대한 중과세율은 적용하지 않음)한다. 다만, 취득자가 미성년자인 경우는 제외한다.

① 다음 중 어느 하나에 해당하는 주택에 대해서는 유상거래를 원인으로 주택을 취득하는 경우에 적용되는 (1%~3%)의 세율을 적용하여 산출한 취득세액(이하 '산출세액'이라 한다)이 300만원 이하인 경우에는 취득세를 면제하고, 산출세액이 300만원을 초과하는 경우에는 산출세액에서 300만원을 공제한다.

㉠ 전용면적이 60제곱미터 이하이고 취득당시가액이 3억원(수도권은 6억원으로 한다) 이하인 공동주택(아파트는 제외)

㉡ 전용면적이 60제곱미터 이하이고 취득당시가액이 3억원(수도권은 6억원으로 한다) 이하인 주택법에 따른 도시형 생활주택

㉢ 취득당시가액이 3억원(수도권은 6억원으로 한다) 이하인 주택법에 따른 단독주택 중 다가구주택으로서 건축법에 따른 건축물대장에 호수별로 전용면적이 구분되어 기재되어 있는 다가구주택(전용면적이 60제곱미터 이하인 호수 부분으로 한정한다)

㉣ 인구감소지역에 소재하는 주택

② ① 외의 주택에 대해서는 산출세액이 200만원 이하인 경우에는 취득세를 면제하고, 산출세액이 200만원을 초과하는 경우에는 산출세액에서 200만원을 공제한다.

한편 2인 이상이 공동으로 주택을 취득하는 경우에는 해당 주택에 대한 위 ①에 따른 총 감면액은 300만원 이하로 하고, ②에 따른 총 감면액은 200만원 이하로 한다.

2) 위 1)에 따라 취득세를 감면받은 사람이 해당 주택을 취득한 날[해당 주택을 취득한 사람이 주택임대차보호법에 따라 임대인의 지위를 승계한 경우로서 해당 주택의 임대차계약에 따른 임차인이 그 주택에 계속 거주하고 있는 경우(해당 주택의 취득일을 기준으로 남아 있는 임대차기간이 1년 이내인 경우로 한정한다)에는 그 임대차기간의 만료일]부터 3년 이내에 해당 주택을 매각·증여(배우자에게 지분을 매각·증여하는 경우는 제외)하거나 다른 용도(임대 포함)로 사용하는 경우에는 감면된 취득세를 추징한다.

6. 출산 · 양육을 위한 주택 취득에 대한 취득세 감면(제36조의5)

1) 자녀를 출산한 부모(미혼모 또는 미혼부를 포함한다)가 해당 자녀와 거주할 목적으로 출산일부터 5년 이내에 취득 당시의 가액이 12억원 이하인 주택(자녀 1명당 먼저 감면을 신청하는 1개의 주택으로 한정한다)을 취득하는 경우(출산일 전 1년 이내에 주택을 취득한 경우를 포함한다)로서 다음의 요건을 모두 충족하는 경우에는 표준세율을 적용하여 산출한 취득세액(이하 '산출세액'이라 한다)이 500만원 이하인 경우에는 취득세를 면제하고, 500만원을 초과하는 경우에는 산출세액에서 500만원을 공제한다.

① 가족관계등록부에서 자녀의 출생 사실이 확인될 것

② 해당 주택이 1가구 1주택에 해당할 것(해당 주택을 취득한 날부터 3개월 이내에 1가구 1주택이 되는 경우를 포함한다)

2) 위 1)에 따라 취득세를 감면받은 사람이 해당 주택을 취득한 날[해당 주택을 취득한 사람이 주택임대차보호법에 따라 임대인의 지위를 승계한 경우로서 해당 주택의 임대차계약에 따른 임차인이 그 주택에 계속 거주하고 있는 경우(해당 주택의 취득일을 기준으로 남아 있는 임대차기간이 1년 이내인 경우로 한정한다)에는 그 임대차기간의 만료일]부터 3년 이내에 해당 주택을 매각·증여(배우자에게 지분을 매각·증여하는 경우는 제외)하거나 다른 용도(임대를 포함한다)로 사용하는 경우에는 감면된 취득세를 추징한다.

사 례 사회복지법인에 대한 취득세와 재산세 면제

다음의 사례를 읽고 물음에 답하시오. (25점)

> 사회복지법인 A(고아원 운영)가 사회복지사업을 목적으로 2026년 3월 1일에 부동산을 취득하여, 2026년 4월 1일부터 그 부동산을 고아원 용도로 사용하면서 해당 고아원 이용자들로부터 매월마다 계속적으로 대가를 받고 유료로 2026년 12월 31일 현재까지 사용하고 있다.

【물음 1】 사회복지법인에 대한 취득세와 재산세 면제규정을 쓰시오.

【물음 2】 위 사례에서 취득세와 재산세의 면제여부를 설명하시오.

【물음 3】 지방세특례제한법에서는 사회복지법인, 학교법인, 종교 및 제사 등 비영리단체가 해당 사업에 사용하기 위하여 취득하는 부동산에 대해서는 취득세를 감면하되, "정당한 사유없이 그 취득일부터 3년이 경과할 때까지 해당 용도에 직접 사용하지 않는 경우"에는 면제된 취득세를 추징한다.

여기서 '정당한 사유'의 의의(포함되는 범위)와 판단기준, 그리고 토지 위에 해당 용도의 건물을 건축할 수 없는 등의 법령상의 장애사유가 정당한 사유가 되는지 여부에 관한 대법원 판례의 입장을 설명하시오.

해 답

【물음 1】 사회복지법인 등에 대한 면제

1. 취득세

사회복지법인 등(양로원, 보육원, 모자원, 한센병자 치료보호시설 등 사회복지사업을 목적으로 하는 단체 및 한국한센복지협회를 포함한다)이 해당 사업에 사용하기 위하여 취득하는 부동산에 대해서는 취득세를 면제한다. 다만, 다음 중 어느 하나에 해당하는 경우에는 그 해당 부분에 대해서는 면제된 취득세를 추징한다.

① 해당 부동산을 취득한 날부터 5년 이내에 수익사업에 사용하는 경우

② 취득일부터 3년 이내에 정당한 사유 없이 그 용도에 직접 사용하지 않은 경우

③ 그 사용일부터 2년 이상 그 용도에 직접 사용하지 않고 매각·증여하거나 다른 용도로 사용하는 경우

④ 부동산을 취득한 날부터 3년 이내에 사회복지법인이 해산되거나 사회복지법인의 설립허가가 취소된 경우

⑤ 부동산을 취득한 날부터 3년 이내에 사회복지시설의 폐지 신고가 되거나 사회복지시설의 폐쇄 명령을 받은 경우

2. 재산세

사회복지법인 등이 과세기준일 현재 해당 사업에 직접 사용하는 부동산에 대해서는 재산세를 면제한다. 다만, 다음 중 어느 하나에 해당하는 경우에는 그 재산에 대해서 재산세를 면제하지 않는다.

① 수익사업에 사용하는 경우

② 해당 재산이 유료로 사용되는 경우의 그 재산

③ 해당 재산의 일부가 그 목적에 직접 사용되지 않은 경우의 그 일부 재산

【물음 2】 사례의 경우

1. 취득세

사회복지법인 A가 2026년 3월 1일에 부동산을 취득하여 2026년 4월 1일부터 그 부동산을 고아원 용도로 사용하고 있으므로 취득세를 면제한다. 2026년 12월 현재는 추징사유가 발생하지 않았으므로 취득세를 추징하지 않는다.

2. 재산세

사회복지법인이 과세기준일 현재(2026년 6월 1일 현재) 고아원에 직접 사용하는 부동산에 대해서는 재산세를 면제하지만, 해당 고아원이 유료로 사용되는 경우에 재산세를 면제하지 않는다.

이처럼 부동산이 유료로 사용되는 경우 면제대상에서 제외하는 것은 사회복지사업에 제공되는 부동산에 재산세를 면제하는 근거는 어디까지나 그 사업의 행정보완적 기능 내지 공익적 기능에 있는 것인데, 만약 부동산의 이용에 대해 사용대가를 요구한다면 그 이용의 범위가 일반 대중이 아니라 그것을 이용할 수 있는 경제력을 가진 자에 한정되므로 더 이상 엄밀한 의미의 공익적 기능이 훼손되어 국가로서는 그에 대한 보상도 할 필요가 없어져 면제의 근거가 소멸하기 때문이다.

【물음 3】 정당한 사유

1. 정당한 사유

'정당한 사유'란 ① 법령에 의한 금지·제한 등 해당 비영리단체가 마음대로 할 수 없는 외부적인 사유는 물론 ② 고유업무에 사용하기 위한 정상적인 노력을 다하였으나 시간적인 여유가 없어 유예기간(3년)을 넘긴 내부사유도 포함한다.

그리고 정당한 사유의 유무를 판단할 때에는 해당 단체에 의하여 수행되는 사업의 공익성을 감안하여 취득세를 부과하지 않는 입법취지를 충분히 고려하면서 부동산의 취득목적에 비추어 그 고유

업무에 직접 사용하는 데에 걸리는 준비기간의 장단, 고유업무에 사용할 수 없는 법령상·사실상의 장애사유 및 장애 정도, 비영리단체가 부동산을 고유업무에 사용하기 위하여 진지한 노력을 다하였는지 여부 등을 아울러 참작하여 구체적인 사안에 따라 개별적으로 판단해야 한다(대법원 1996.1.26. 선고 95누13104 판결 등 참조).

2. 법령상 장애사유

해당 비영리단체가 법령에 의한 금지·제한 등 부동산을 취득할 당시 3년 내에 그 고유업무에 직접 사용할 수 없는 ① 법령상의 장애사유가 있음을 알았거나, ② 비록 몰랐다고 하더라도 조금만 주의를 기울였더라면 그러한 장애사유의 존재를 쉽게 알 수 있었던 상황에서 부동산을 취득하였고, 취득 후 3년 내에 해당 부동산을 그 고유업무에 직접 사용하지 못한 것이 법령상의 장애사유 때문이라면, (취득 전에 존재한 법령상의 장애사유가 충분히 해소될 가능성이 있었고 실제 그 해소를 위하여 노력하여 이를 해소하였는데도 예측하지 못한 전혀 다른 사유로 그 고유업무에 사용하지 못하였다는 등의 특별한 사정이 없는 한), 토지 위에 해당 용도의 건물을 건축할 수 없는 등의 법령상의 장애사유는 해당 토지를 그 업무에 직접 사용하지 못한 것에 대한 정당한 사유가 될 수 없다(대법원 2002.9.4. 선고 2001두229 판결).

Ⅲ 교육 및 과학기술 등에 대한 지원

1. 학교 및 외국교육기관에 대한 면제(제41조)

1) 「초·중등교육법」 및 「고등교육법」에 따른 학교, 「경제자유구역 및 제주국제자유도시의 외국교육기관 설립·운영에 관한 특별법」 또는 「기업도시개발 특별법」에 따른 외국교육기관을 경영하는 자(이하 '학교 등'이라 한다)가 해당 사업에 직접 사용하기 위하여 취득하는 부동산에 대해서는 취득세를 면제한다. 다만, 다음 중 어느 하나에 해당하는 경우 그 해당 부분에 대해서는 면제된 취득세를 추징한다.

① 해당 부동산을 취득한 날부터 5년 이내에 수익사업에 사용하는 경우
② 정당한 사유 없이 그 취득일부터 3년이 경과할 때까지 해당 용도로 직접 사용하지 아니하는 경우
③ 해당 용도로 직접 사용한 기간이 2년 미만인 상태에서 매각·증여하거나 다른 용도로 사용하는 경우

2) 학교 등이 과세기준일 현재 해당 사업에 직접 사용하는 부동산에 대해서는 재산세 및 지역자원시설세를 각각 면제한다. 다만, 수익사업에 사용하는 경우와 해당 재산이 유료로 사용되는 경우의 그 재산 및 해당 재산의 일부가 그 목적에 직접 사용되지 않는 경우의 그 일부 재산에 대해서는 면제하지 않는다.

2. 기숙사 등에 대한 감면(제42조)

1) 「초 · 중등교육법」 및 「고등교육법」에 따른 학교, 「경제자유구역 및 제주국제자유도시의 외국교육기관 설립 · 운영에 관한 특별법」 또는 「기업도시개발 특별법」에 따른 외국교육기관을 경영하는 자(이하 '학교 등'이라 한다)가 기숙사로 사용하기 위하여 취득하는 부동산에 대해서는 취득세를, 과세기준일 현재 해당 용도로 사용하는 부동산에 대해서는 재산세 및 주민세 사업소분(사업소 연면적에 따라 부과되는 세액으로 한정한다)을 면제한다.

2) 교육기본법에 따른 학교를 설치 · 경영하는 자가 학생들의 실험 · 실습용으로 사용하기 위하여 취득하는 차량 · 기계장비 · 항공기 · 입목(立木) 및 선박에 대해서는 취득세를, 과세기준일 현재 학생들의 실험 · 실습용으로 사용하는 항공기와 선박에 대해서는 재산세를 각각 면제한다. 다만, 다음 중 어느 하나에 해당하는 경우 면제된 취득세를 추징한다.

① 정당한 사유 없이 그 취득일부터 1년이 경과할 때까지 해당 용도로 직접 사용하지 않은 경우
② 해당 용도로 직접 사용한 기간이 2년 미만인 상태에서 매각 · 증여하거나 다른 용도로 사용하는 경우

3) 「산업교육진흥 및 산학협력촉진에 관한 법률」 제25조에 따라 설립 · 운영하는 산학협력단이 그 고유업무에 직접 사용하기 위하여 취득하는 부동산에 대해서는 취득세의 75%를, 과세기준일 현재 그 고유업무에 직접 사용하는 부동산에 대해서는 재산세의 75%를 각각 경감한다.

3. 연구개발 지원을 위한 감면(제46조)

1) 기업이 기업부설연구소에 직접 사용하기 위하여 취득하는 부동산(부속토지는 건축물 바닥면적의 7배 이내인 것으로 한정한다. 이하 같다)에 대해서는 다음에서 정하는 바에 따라 지방세를 경감한다.

① 중소기업기본법에 따른 중소기업(이하 '중소기업'이라 한다)이 기업부설연구소에 직접 사용하기 위하여 취득하는 부동산에 대해서는 취득세의 60%[수도권(인구감소지역은 제외)에 소재하는 부동산에 대해서는 45%]을, 과세기준일 현재 기업부설연구소에 직접 사용하는 부동산에 대해서는 재산세의 60%[수도권(인구감소지역은 제외)에 소재하는 부동산에 대해서는 45%]을 각각 경감한다.
② 상호출자제한기업집단이 기업부설연구소에 직접 사용하기 위하여 취득하는 부동산[수도권(인구감소지역은 제외)에 소재하는 부동산은 제외. 이하 같다]에 대해서는 취득세의 35%를, 과세기준일 현재 기업부설연구소에 직접 사용하는 부동산에 대해서는 재산세의 35%를 각각 경감한다.
③ ① 및 ②에 따른 기업 외의 기업이 기업부설연구소에 직접 사용하기 위하여 취득하는 부동산에 대해서는 취득세의 45%[수도권(인구감소지역은 제외)에 소재하는 부동산에 대해서는 30%], 과세기준일 현재 기업부설연구소에 직접 사용하는 부동산에 대해서는 재산세의 45%[수도권(인구감소지역은 제외)에 소재하는 부동산에 대해서는 30%]를 각각 경감한다.

2) 위 1)에 따라 취득세 또는 재산세를 경감하는 경우로서 해당 기업부설연구소가 다음 중 어느 하나에 해당하는 경우에는 취득세 또는 재산세의 15%를 추가로 경감한다.

① 신성장 · 원천기술 분야를 연구하기 위한 기업부설연구소

② 국가전략기술 분야를 연구하기 위한 기업부설연구소

3) 위 1) 및 2)를 적용할 때 다음 중 어느 하나에 해당하는 경우 그 해당 부분에 대해서는 경감된 취득세 및 재산세를 추징한다.

① 정당한 사유 없이 토지 또는 건축물을 취득한 후 1년(「건축법」에 따른 신축을 하는 경우 해당 토지에 대해서는 2년) 이내에 기업부설연구소로 인정받지 못한 경우

② 기업부설연구소로 인정받은 날부터 3년 이내에 연구개발세액공제기술심의위원회로부터 해당 기업부설연구소의 연구개발 대상 기술이 신성장 · 원천기술 또는 국가전략기술에 해당된다는 심의 결과를 받지 못한 경우(위 2)에 따라 추가로 경감된 부분에 한정한다)

③ 기업부설연구소 설치 후 4년 이내에 정당한 사유 없이 연구소를 폐쇄하거나 다른 용도로 사용하는 경우

4. 종교단체 또는 향교에 대한 면제(제50조)

1) 종교단체 또는 향교가 종교행위 또는 제사를 목적으로 하는 사업에 직접 사용하기 위하여 취득하는 부동산에 대해서는 취득세를 면제한다. 다만, 다음 중 어느 하나에 해당하는 경우 그 해당 부분에 대해서는 면제된 취득세를 추징한다.

① 해당 부동산을 취득한 날부터 5년 이내에 수익사업에 사용하는 경우

② 정당한 사유 없이 그 취득일부터 3년이 경과할 때까지 해당 용도로 직접 사용하지 않는 경우

③ 해당 용도로 직접 사용한 기간이 2년 미만인 상태에서 매각 · 증여하거나 다른 용도로 사용하는 경우

2) 종교단체 또는 향교가 과세기준일 현재 해당 사업에 직접 사용(종교단체 또는 향교가 제3자의 부동산을 무상으로 해당 사업에 사용하는 경우를 포함한다)하는 부동산에 대해서는 재산세 및 지역자원시설세를 각각 면제한다. 다만, 수익사업에 사용하는 경우와 해당 재산이 유료로 사용되는 경우의 그 재산 및 해당 재산의 일부가 그 목적에 직접 사용되지 않는 경우의 그 일부 재산에 대해서는 면제하지 않는다.

예규판례 토지를 종교용도로 직접 사용하지 못한 데 대한 정당한 사유로 볼 수 있는지 여부

구 지방세법 제127조 제1항 본문은 용도구분에 의한 등록세 비과세를 규정하면서 그 사유 중의 하나로 제1호에서 '제사 · 종교 · 자산 · 학술 · 기예 기타 공익사업을 목적으로 하는 대통령령으로 정하는 비영리사업자가 그 사업에 사용하기 위한 부동산에 대한 등기'를 들고 있고, 같은 항 단서는 '등기일부터 3년 이내에 정당한 사유 없이 그 용도에 직접 사용하지 아니하는 경우 그 해당 부분에 대하여 등록세를 부과한다'고 규정하고 있다.

공익성이 있는 사업을 수행하는 비영리사업자라고 할지라도 토지를 취득하여 등기할 당시 3년 이내에 그 사업 내지 고유업무에 직접 사용할 수 없는 법령상의 장애사유가 있음을 알았거나, 설사 몰랐다고 하더라도 조금만 주의를 기울였더라면 그러한 장애사유의 존재를 쉽게 알 수 있었던 상황하에서 토지를 취득하여 등기하였고, 취득 후 3년 이내에 당해 토지를 그 사업 내지 고유업무에 직접 사용하지 못한 것이 동일한 사유 때문이라면, 취득 전에 존재한 법령상의 장애사유가 충분히 해소될 가능성이 있었고 실제 그 해소를 위하여 노력하여 이를 해소하였는데도 예측하지 못한 전혀 다른 사유로 그 사업에 사용하지 못하였다는 등의 특별한 사정이 없는 한, 그 법령상의 장애사유는 당해 토지를 그 업무에 직접 사용하지 못한 것에 대한 정당한 사유가 될 수 없다(대법원 2002.9.4. 선고 2001두229 판결 등 참조).

나아가 공익사업을 목적으로 하는 비영리사업자가 그 고유업무에 직접 사용하기 위하여 부동산에 관한 등기를 하였다가 그 부동산에 관한 계약의 합의해제 등으로 구 지방세법 제127조 제1항 단서 소정의 유예기간 내에 당해 부동산에 관한 등기까지 말소하였다면 당해 부동산을 고유업무에 직접 사용해야 할 세법상의 의무가 소멸하므로 그 고유업무에 직접 사용하지 못한 데 정당한 사유가 있어 등록세를 부과할 수 없다고 할 것이나, 계약의 합의해제 등이 이루어졌다고 하더라도 당해 부동산에 관한 등기를 그 유예기간 경과 후에 비로소 말소하였다면 이는 당해 부동산을 고유업무에 직접 사용하지 못한 데 대한 정당한 사유가 될 수 없다(대법원 2013.06.28. 선고 2013두2778 판결). ■

Ⅳ 기업구조 및 재무조정 등에 대한 지원

1. 기업합병 · 분할 등에 대한 감면(제57조의2)

1) 법인세법에 따른 적격합병으로서 중소기업 간 합병 및 기술혁신형사업법인과의 합병에 따라 양수하는 사업용 재산을 취득하는 경우에는 [표준세율 – 중과기준세율(2%)]의 세율로 산출한 취득세의 60%를 경감한다. 다만, 법인의 합병으로 인하여 취득한 과세물건이 합병 후에 중과세 대상에 해당하는 경우 또는 합병등기일부터 3년 이내에 폐업 등으로 인한 과세이연의 중단사유가 발생한 경우에는 감된 취득세를 추징한다.

2) 다음 중 어느 하나에 해당하는 법인이 적격합병의 요건을 갖춘 합병으로 양수받은 사업용 재산에 대해서는 취득세를 면제하고, 합병으로 양수받아 3년 이내에 등기하는 재산에 대해서는 등록면허세의 50%를 경감한다. 다만, 합병등기일부터 3년 이내에 폐업 등으로 인한 과세이연의 중단사유가 발생한 경우에는 감된 취득세를 추징한다.

① 농업협동조합법, 수산업협동조합법 및 산림조합법에 따라 설립된 조합 간의 합병
② 새마을금고법에 따라 설립된 새마을금고 간의 합병
③ 신용협동조합법에 따라 설립된 신용협동조합 간의 합병

3) 다음 중 어느 하나에 해당하는 사업용 재산을 취득하는 경우에는 취득세의 50%를 경감한

다. 다만, ④의 경우에는 취득세를 면제한다.

① 법인세법(제46조 · 제47조)에 따른 적격분할의 요건을 갖춘 분할(부동산임대업을 주업으로 하는 사업부문 등을 분할하는 경우는 제외)로 인하여 취득하는 사업용 재산. 다만, 분할등기일부터 3년 이내에 폐업 등으로 인한 과세이연 중단사유가 발생하는 경우에는 경감받은 취득세를 추징한다.

② 법인세법(제47조의2)에 따른 적격현물출자에 따라 취득하는 사업용 재산. 다만, 취득일부터 3년 이내에 폐업 등으로 인한 과세이연 중단사유가 발생한 경우에는 경감받은 취득세를 추징한다.

③ 조세특례제한법(제31조)에 따른 중소기업 간의 통합에 따라 설립되거나 존속하는 법인이 양수하는 해당 사업용 재산(부동산 임대 및 공급업에 해당하는 중소기업이 양수하는 재산은 제외). 다만, 사업용 재산을 취득한 날부터 5년 이내에 과세이연 중단사유가 발생하는 경우에는 경감받은 취득세를 추징한다.

④ 특별법에 따라 설립된 법인 중 「공공기관의 운영에 관한 법률」에 따른 공공기관이 그 특별법의 개정 또는 폐지로 인하여 상법상의 회사로 조직변경됨에 따라 취득하는 사업용 재산

4) 조세특례제한법(제32조)에 따른 현물출자 또는 사업 양도 · 양수에 따라 취득하는 사업용 고정자산(부동산 임대 및 공급업에 해당하는 중소기업이 양수하는 재산은 제외)에 대해서는 취득세의 50%를 경감한다. 다만, 취득일부터 5년 이내에 법률에 따른 수용 등 정당한 사유 없이 해당 사업을 폐업하거나 해당 재산을 처분(임대 포함) 또는 주식을 처분하는 경우에는 경감받은 취득세를 추징한다.

5) 다음 중 어느 하나에 해당하는 경우에는 지방세법에 따라 과점주주가 해당 법인의 부동산을 취득한 것으로 보아 부과하는 간주취득세를 면제한다.

① 「금융산업의 구조개선에 관한 법률(제10조)」에 따른 제3자의 인수, 계약이전에 관한 명령 또는 계약이전결정을 받은 부실금융기관으로부터 주식 또는 지분을 취득하는 경우

② 금융기관이 법인에 대한 대출금을 출자로 전환함에 따라 해당 법인의 주식 또는 지분을 취득하는 경우

③ 공정거래법에 따른 지주회사(금융지주회사법에 따른 금융지주회사를 포함하되, 지주회사가 공정거래법에 따른 동일한 기업집단 내 계열회사가 아닌 회사의 과점주주인 경우는 제외한다. 이하 '지주회사'라 한다)가 되거나 지주회사가 같은 법 또는 금융지주회사법에 따른 자회사의 주식을 취득하는 경우. 다만, 해당 지주회사의 설립 · 전환일부터 3년 이내에 공정거래법에 따른 지주회사의 요건을 상실하게 되는 경우에는 면제받은 취득세를 추징한다.

④ 예금자보호법(제3조)에 따른 예금보험공사 또는 정리금융기관이 같은 법에 따라 주식 또는 지분을 취득하는 경우

⑤ 한국자산관리공사가 인수한 채권을 출자전환함에 따라 주식 또는 지분을 취득하는 경우

⑥ 농업협동조합자산관리회사가 인수한 부실자산을 출자전환함에 따라 주식 또는 지분을 취득하는 경우

⑦ 조세특례제한법(제38조)에 따른 과세이연의 요건을 갖춘 주식의 포괄적 교환 · 이전으로 완전자회사의 주식을 취득하는 경우. 다만, 과세이연의 중단사유에 해당하는 경우에는 면제받은 취득세를 추징한다.

2. 벤처기업 등에 대한 과세특례(제58조)

1) 「벤처기업육성에 관한 특별조치법」에 따라 지정된 벤처기업집적시설 또는 신기술창업집적 지역을 개발 · 조성하여 분양 또는 임대하거나 직접 사용(벤처기업에 해당하여 벤처기업집적시설을 직접 사용하는 경우로 한정한다)하기 위하여 취득하는 부동산에 대해서는 취득세 및 재산세의 35%(수도권 외의 지역에 소재하는 부동산의 재산세는 60%)를 각각 경감한다. 다만, 그 취득일부터 3년 이내에 정당한 사유 없이 벤처기업집적시설 또는 신기술창업집적지역을 개발 · 조성하지 않는 경우 또는 부동산의 취득일부터 5년 이내에 벤처기업집적시설 또는 신기술창업집적지역의 지정이 취소되거나 요건을 갖춘 날부터 5년 이내에 부동산을 다른 용도로 사용하는 경우에 해당 부분에 대해서는 경감된 취득세와 재산세를 추징한다.

2) 「벤처기업육성에 관한 특별조치법」에 따라 지정된 벤처기업집적시설에 입주하는 벤처기업이 해당 사업에 직접 사용하기 위하여 취득하는 부동산에 대해서는 취득세의 50%를, 과세기준일 현재 해당 사업에 직접 사용하는 부동산에 대해서는 재산세의 50%(수도권 외의 지역에 소재하는 부동산의 경우에는 60%)를 각각 경감한다.

3) 「벤처기업육성에 관한 특별조치법」에 따라 지정된 신기술창업집적지역에서 산업용 건축물 · 연구시설 및 시험생산용 건축물을 신축하거나 증축하려는 자(공장용 부동산을 중소기업자에게 임대하려는 자를 포함한다)가 취득하는 부동산에 대해서는 취득세의 50%를 경감하고, 그 부동산에 대한 재산세의 납세의무가 최초로 성립하는 날부터 3년간 재산세의 50%(수도권 외의 지역에 소재하는 부동산의 경우에는 60%)를 경감한다. 다만, 다음 중 어느 하나에 해당하는 경우 그 해당 부분에 대해서는 경감된 취득세 및 재산세를 추징한다.

① 정당한 사유 없이 그 취득일부터 3년이 경과할 때까지 해당 용도로 직접 사용하지 아니하는 경우
② 해당 용도로 직접 사용한 기간이 2년 미만인 상태에서 매각 · 증여하거나 다른 용도로 사용하는 경우

4) 벤처기업에 대해서는 다음에서 정하는 바에 따라 지방세를 경감한다.

① 벤처기업육성촉진지구에서 그 고유업무에 직접 사용하기 위하여 취득하는 부동산에 대해서는 취득세의 50%[수도권(인구감소지역은 제외)에 소재하는 부동산에 대해서는 35%]를 경감한다.
② 과세기준일 현재 벤처기업육성촉진지구에서 그 고유업무에 직접 사용하는 부동산에 대해서는 해당 부동산에 대한 재산세 납세의무가 최초로 성립한 날부터 5년간 재산세의 35%[수도권(인구감소지역은 제외)에 소재하는 부동산에 대해서는 20%]를 경감한다. 이 경우 지방자치단체장은 해당 지역의 재정

여건 등을 고려하여 15%의 범위에서 조례로 정하는 율을 추가로 경감할 수 있다.

3. 창업중소기업 등에 대한 감면(제58조의3)

1) 과밀억제권역 외의 지역에서 창업하는 중소기업(이하 '창업중소기업'이라 한다)이 창업일부터 4년 이내(청년창업기업의 경우에는 5년 이내)에 창업일 당시 업종의 사업을 계속 영위하기 위하여 취득하는 사업용 재산(비영업용 승용자동차는 제외)에 대해서는 다음과 같이 지방세를 경감한다.

① 창업일 당시 업종의 사업을 계속 영위하기 위하여 취득하는 부동산에 대해서는 취득세의 75%를 경감한다.

② 창업일 당시 업종의 사업에 과세기준일 현재 직접 사용하는 부동산(건축물 부속토지인 경우에는 공장입지기준면적 이내 또는 용도지역별 적용배율 이내의 부분만 해당한다)에 대해서는 창업일부터 3년간 재산세를 면제하고, 그 다음 2년간은 재산세의 50%를 경감한다.

2) 창업하는 벤처기업으로서 창업일부터 3년 이내에 벤처기업으로 확인받은 기업(이하 '창업벤처중소기업'이라 한다)이 최초로 확인받은 날(이하 '확인일'이라 한다)부터 4년 이내(청년창업벤처기업의 경우에는 5년 이내)에 취득하는 부동산에 대해서는 다음과 같이 지방세를 경감한다.

① 창업일 당시 업종의 사업을 계속 영위하기 위하여 취득하는 부동산에 대해서는 취득세의 75%를 경감한다.

② 창업일 당시 업종의 사업에 과세기준일 현재 직접 사용하는 부동산(건축물 부속토지인 경우에는 공장입지기준면적 이내 또는 용도지역별 적용배율 이내의 부분만 해당한다)에 대해서는 확인일부터 3년간 재산세를 면제하고, 그 다음 2년간은 재산세의 50%를 경감한다.

3) 창업중소기업 및 창업벤처중소기업이 위 1)·② 및 2)·②에 따른 경감기간이 지나기 전에 중소기업간 통합 또는 법인전환을 하는 경우 그 법인은 남은 경감기간에 대하여 위 1)·② 및 2)·②에 따른 재산세 감면을 적용받을 수 있다. 다만, 중소기업간 통합 및 법인전환 전에 취득한 사업용재산에 대해서만 적용한다.

4. 창업보육센터에 대한 감면(제60조)

「중소기업창업 지원법」에 따른 창업보육센터에 대해서는 다음에서 정하는 바에 따라 지방세를 감면한다.

① 창업보육센터사업자의 지정을 받은 자가 창업보육센터용으로 직접 사용하기 위하여 취득하는 부동산에 대해서는 취득세의 50%를, 과세기준일 현재 창업보육센터용으로 직접 사용하는 부동산에 대해서는 재산세의 50%(수도권 외의 지역에 소재하는 부동산의 경우에는 60%)를 경감한다.

② 창업보육센터에 입주하는 자에 대하여 취득세, 등록면허세 및 재산세를 과세할 때에는 중과세율을 적용하지 않는다.

V 국토 및 지역개발에 대한 지원

1. 토지수용 등으로 인한 대체취득에 대한 감면(제73조)

1) 관계 법령에 따라 토지 등을 수용할 수 있는 사업인정을 받은 자에게 부동산(선박 · 어업 및 광업권을 포함한다. 이하 '부동산 등'이라 한다)이 매수, 수용 또는 철거된 자가 계약일 또는 해당 사업인정고시일 이후에 대체취득할 부동산 등에 관한 계약을 체결하거나 건축허가를 받고, 그 보상금을 마지막으로 받은 날*부터 1년 이내(농지의 경우는 2년 이내)에 다음의 구분에 따른 지역에서 종전의 부동산 등을 대체할 부동산 등을 취득하였을 때(건축 중인 주택을 분양받는 경우에는 분양계약을 체결한 때를 말한다)에는 그 취득에 대한 취득세를 면제한다. 다만, 새로 취득한 부동산 등의 가액 합계액이 종전의 부동산 등의 가액 합계액을 초과하는 경우에 그 초과액에 대해서는 취득세를 부과한다.

* 사업인정을 받은 자의 사정으로 대체취득이 불가능한 경우에는 취득이 가능한 날을 말하고, 토지로 보상을 받는 경우에는 해당 토지에 대한 취득이 가능한 날을 말하며, 보상금을 채권으로 받는 경우에는 채권상환기간 만료일을 말한다.

① 농지 외의 부동산 등

㉠ 매수 · 수용 · 철거된 부동산 등이 있는 특별시 · 광역시 · 특별자치시 · 도 · 특별자치도 내의 지역

㉡ 위 ㉠ 외의 지역으로서 매수 · 수용 · 철거된 부동산 등이 있는 특별자치시 · 시 · 군 · 구와 잇닿아 있는 특별자치시 · 시 · 군 · 구 내의 지역

㉢ 매수 · 수용 · 철거된 부동산 등이 있는 특별시 · 광역시 · 특별자치시 · 도 · 특별자치도와 잇닿아 있는 특별시 · 광역시 · 특별자치시 · 도 · 특별자치도 내의 지역. 다만, 투기 지정지역은 제외한다.

② 농지(자경농민이 농지 경작을 위하여 총 보상금액의 50% 미만의 가액으로 취득하는 주거용 건축물 및 그 부속토지를 포함한다)

㉠ 위 ①에 따른 지역

㉡ 위 ㉠ 외의 지역으로서 투기 지정지역을 제외한 지역

2) 위 1)에도 불구하고 사치성 재산을 취득하는 경우와 부재(不在)부동산 소유자가 부동산을 대체취득하는 경우에는 취득세를 부과한다.

3) 토지보상법에 따른 환매권을 행사하여 매수하는 부동산에 대해서는 취득세를 면제한다.

2. 도시개발사업 등에 대한 감면(제74조)

1) 도시개발법에 따른 도시개발사업의 사업시행자가 해당 도시개발사업의 시행으로 취득하는 체비지 또는 보류지에 대해서는 취득세의 75%를 경감한다.

2) 「도시 및 주거환경정비법」에 따른 주거환경개선사업의 시행에 따라 취득하는 주택에 대해서는 다음의 구분에 따라 취득세를 감면한다. 다만, 그 취득일부터 5년 이내에 사치성재산에 해당하는 부동산이 되거나 관계 법령을 위반하여 건축한 경우에는 감면된 취득세를 추징한다.

① 주거환경개선사업의 시행자가 주거환경개선사업의 대지조성을 위하여 취득하는 주택 : 취득세의 75% 경감

② 「도시 및 주거환경정비법」에 따른 주거환경개선사업의 정비구역지정 고시일 현재 부동산의 소유자(상속인 포함)가 같은 법에 따라 스스로 개량하는 방법으로 취득하는 주택 또는 주거환경개선사업의 시행으로 취득하는 전용면적 85제곱미터 이하의 주택 : 취득세 면제

3) 「도시 및 주거환경정비법」에 따른 재개발사업의 시행에 따라 취득하는 부동산에 대해서는 다음의 구분에 따라 취득세를 경감한다. 다만, 그 취득일부터 5년 이내에 사치성재산에 해당하는 부동산이 되거나 관계 법령을 위반하여 건축한 경우 및 일시적 2주택자에 해당하여 취득세를 경감받은 사람이 그 취득일부터 3년 이내에 1가구 1주택이 되지 않은 경우에는 감면된 취득세를 추징한다.

① 재개발사업의 시행자가 재개발사업의 대지조성을 위하여 취득하는 부동산 : 취득세의 50% 경감

② 재개발사업의 시행자가 해당 사업의 관리처분계획에 따라 취득하는 주택 : 취득세의 50% 경감

③ 「도시 및 주거환경정비법」에 따른 재개발사업의 정비구역지정 고시일 현재 부동산의 소유자(상속인 포함)가 재개발사업의 시행으로 주택을 취득함으로써 1가구 1주택이 되는 경우(취득 당시 일시적으로 2주택이 되는 경우를 포함한다)에는 다음에서 정하는 바에 따라 취득세를 경감한다.

㉠ 전용면적 60제곱미터 이하의 주택을 취득하는 경우 : 취득세의 75% 경감

㉡ 전용면적 60제곱미터 초과 85제곱미터 이하의 주택을 취득하는 경우 : 취득세의 50% 경감

3. 인구감소지역에 대한 감면(제75조의5)

1) 인구감소지역에서 일정한 업종을 창업하기 위하여 취득하는 부동산이나 사업장을 신설(기존 사업장을 이전하는 경우를 포함한다)하기 위하여 취득하는 부동산에 대해서는 다음에서 정하는 바에 따라 지방세를 감면한다.

① 취득세를 면제한다.

② 과세기준일 현재 해당 용도로 직접 사용하는 부동산에 대해서는 재산세 납세의무가 최초로 성립한 날부터 5년간 재산세를 면제하며, 그 다음 3년간은 재산세의 50%를 경감한다.

2) 위 1)에 따라 지방세를 감면받은 자가 다음 중 어느 하나에 해당하는 경우 그 해당 부분에 대해서는 감면된 취득세 및 재산세를 추징한다.

① 정당한 사유 없이 그 취득일부터 1년(건축법에 따른 신축을 하는 경우 해당 토지에 대해서는 2년)이 경과할 때까지 해당 용도로 직접 사용하지 않는 경우

② 해당 용도로 직접 사용한 기간이 2년 미만인 상태에서 매각 · 증여하거나 다른 용도로 사용하는 경우

3) 무주택자 또는 1가구 1주택을 소유한 자가 인구감소지역 또는 인구감소관심지역에서 주택을 유상거래(부담부증여는 제외)로 취득하거나 신축하여 취득하는 경우에는 취득세의 25%를 경감한다. 다만, 경감받는 세액이 75만원을 초과하는 경우에는 75만원을 한도로 한다.

4) 지방자치단체장은 3)에 따라 취득세를 경감하는 경우 해당 지역의 재정 여건 등을 고려하여 25%의 범위에서 조례로 정하는 율을 추가로 경감할 수 있다. 다만, 추가로 경감받는 세액과 3)에 따라 경감받는 세액을 합산한 금액이 150만원을 초과하는 경우에는 150만원을 한도로 한다.

5) 위 3) 및 4)에 따라 취득세를 경감받은 자가 해당 주택을 취득일부터 3년 이내에 매각 · 증여하는 경우에는 경감된 취득세를 추징한다.

6) 인구감소지역에서 사원에 대한 임대용으로 직접 사용하기 위하여 취득하는 부동산에 대해서는 취득세의 50%를 경감한다. 이 경우 지방자치단체장은 해당 지역의 재정 여건 등을 고려하여 25%의 범위에서 조례로 정하는 율을 추가로 경감할 수 있다.

7) 위 6)에 따라 취득세를 경감받은 자가 다음 중 어느 하나에 해당하는 경우 그 해당 부분에 대해서는 경감된 취득세를 추징한다.

① 정당한 사유 없이 그 취득일부터 1년(건축법에 따른 신축을 하는 경우 해당 토지에 대해서는 2년)이 경과할 때까지 해당 용도로 직접 사용하지 않는 경우

② 해당 용도로 직접 사용한 기간이 2년 미만인 상태에서 매각 · 증여하거나 다른 용도로 사용하는 경우

4. 법인의 지방 이전에 대한 감면(제79조)

1) 대도시에 본점 또는 주사무소를 설치하여 사업을 직접하는 법인이 해당 본점 또는 주사무소를 매각하거나 임차를 종료하고 과밀억제권역 외의 지역으로 본점 또는 주사무소를 이전하는 경우에 해당 사업을 직접하기 위하여 취득하는 부동산에 대해서는 취득세를 면제하고, 재산세의 경우 그 부동산에 대한 재산세의 납세의무가 최초로 성립하는 날부터 5년간 면제하며 그 다음 3년간 재산세의 50%를 경감한다. 다만, 다음 중 어느 하나에 해당하는 경우에는 감면한 취득세 및 재산세를 추징한다.

① 법인을 이전하여 5년 이내에 법인이 해산된 경우(합병 분할 또는 분할합병으로 인한 경우는 제외)와 법인을 이전하여 과세감면을 받고 있는 기간에 과밀억제권역에서 이전 전에 생산하던 제품을 생산하는 법인을 다시 설치한 경우

② 해당 사업에 직접 사용한 기간이 2년 미만인 상태에서 매각·증여하거나 다른 용도로 사용하는 경우

2) 대도시에 등기되어 있는 법인이 과밀억제권역 외 지역으로 본점 또는 주사무소를 이전하는 경우에 그 이전에 따른 법인등기 및 부동산등기에 대해서는 등록면허세를 면제한다.

5. 해외진출기업의 국내복귀에 대한 감면(제79조의2)

1) 「해외진출기업의 국내복귀 지원에 관한 법률」에 따라 선정된 지원대상 국내복귀기업(이하 '지원대상 국내복귀기업'이라 한다)으로서 다음의 요건을 모두 충족하는 지원대상 국내복귀기업이 아래 ③에 따른 업종을 영위하기 위하여 취득하는 사업용 부동산에 대해서는 취득세의 50%를 경감하고, 과세기준일 현재 해당 용도로 직접 사용하는 부동산에 대해서는 재산세 납세의무가 최초로 성립한 날부터 5년간 재산세의 75%를 경감한다.

① 해외 사업장을 청산·양도할 것

② 과밀억제권역 외의 지역에서 사업장을 신설 또는 증설할 것

③ 해외 사업장에서 영위하던 업종과 동일한 업종을 영위할 것

2) 지방자치단체장은 위 1)에 따라 취득세를 경감하는 경우 해당 지역의 재정여건 등을 고려하여 50%의 범위에서 조례로 정하는 율을 추가로 경감할 수 있다.

3) 위 1) 및 2)에 따라 지방세를 경감받은 자가 다음 중 어느 하나에 해당하는 경우 그 해당 부분에 대해서는 경감된 취득세 및 재산세를 추징한다.

① 정당한 사유 없이 그 취득일부터 1년이 경과할 때까지 해당 용도로 직접 사용하지 않는 경우

② 해당 용도로 직접 사용한 기간이 2년 미만인 상태에서 매각·증여하거나 다른 용도로 사용하는 경우

③ 지원대상 국내복귀기업으로 선정된 날부터 4년 이내에 해외 사업장을 청산·양도하지 않는 경우

④ 지원대상 국내복귀기업으로 선정된 날부터 5년 이내에 국내 사업장 신설 또는 증설을 완료하지 않는 경우

⑤ 해당 사업용 부동산의 취득일부터 5년 이내에 지원대상 국내복귀기업 선정이 취소된 경우

6. 공장의 지방 이전에 따른 감면(제80조)

대도시에서 공장시설을 갖추고 사업을 직접 하는 자가 그 공장을 폐쇄하고 과밀억제권역 외 지역으로서 공장 설치가 금지되거나 제한되지 않은 지역으로 이전한 후 해당 사업을 계속하기 위하여 취득하

는 부동산에 대해서는 취득세를 면제하고, 재산세의 경우 그 부동산에 대한 납세의무가 최초로 성립하는 날부터 5년간 면제하고 그 다음 3년간 재산세의 50%를 경감한다. 다만, 다음 중 어느 하나에 해당하는 경우에는 감면한 취득세 및 재산세를 추징한다.

① 공장을 이전하여 지방세를 감면받고 있는 기간에 대도시에서 이전 전에 생산하던 제품을 생산하는 공장을 다시 설치한 경우

② 해당 사업에 직접 사용한 기간이 2년 미만인 상태에서 매각 · 증여하거나 다른 용도로 사용하는 경우

7. 기회발전특구로의 이전 등에 대한 감면(제80조의2)

1) 기회발전특구에서 제조업 등의 업종(별표)을 창업하는 기업에 대해서는 다음에서 정하는 바에 따라 지방세를 감면한다.

① 창업하기 위하여 취득하는 사업용 부동산에 대해서는 취득세의 50%를 경감하고, 과세기준일 현재 해당 용도로 직접 사용하는 그 사업용 부동산에 대해서는 재산세 납세의무가 최초로 성립한 날부터 5년간 재산세를 면제(수도권 지역에 있는 기회발전특구의 경우에는 3년간 재산세를 면제하며, 그 다음 2년간은 재산세의 50%를 경감)한다. 다만, 다음 중 어느 하나에 해당하는 경우 감면한 취득세를 추징한다.

㉠ 정당한 사유 없이 부동산 취득일부터 3년이 경과할 때까지 해당 사업에 직접 사용하지 않거나 다른 용도로 사용하는 경우

㉡ 해당 사업에 직접 사용한 기간이 2년 미만인 상태에서 매각 · 증여하거나 다른 용도로 사용하는 경우

② 지방자치단체장은 해당 지역의 재정 여건 등을 고려하여 ①에 따라 취득세를 감면하는 경우에는 50%(수도권 지역에 있는 기회발전특구의 경우에는 25%) 범위에서 조례로 정하는 율을 추가로 경감할 수 있고, 재산세를 감면하는 경우에는 5년간 감면기간을 연장하여 50%(수도권 지역에 있는 기회발전특구는 제외한다)의 범위에서 조례로 정하는 율에 따라 경감할 수 있다.

2) 수도권(인구감소지역 또는 접경지역을 제외한다)에서 본점 또는 주사무소를 설치하거나 공장시설을 갖추고 사업을 영위하는 기업이 해당 본점이나 주사무소 또는 공장을 폐쇄하고 수도권 외의 기회발전특구로 이전하는 경우 다음에서 정하는 바에 따라 지방세를 감면한다.

① 해당 사업에 직접 사용하기 위하여 취득하는 사업용 부동산에 대해서는 취득세의 50%를 경감하고, 과세기준일 현재 해당 용도로 직접 사용하는 그 사업용 부동산에 대해서는 재산세 납세의무가 최초로 성립한 날부터 5년간 재산세를 면제한다. 다만, 다음 중 어느 하나에 해당하는 경우 감면한 취득세와 재산세를 추징한다.

㉠ 본점이나 주사무소 또는 공장을 이전하여 감면받고 있는 기간에 수도권에서 이전하기 전에 하던 사업과 동일한 사업을 수행하는 본점, 주사무소, 공장을 다시 설치하는 경우

㉡ 본점이나 주사무소 또는 공장을 이전하여 취득한 날부터 5년 이내에 해당 사업을 폐업한 경우

㉢ 정당한 사유 없이 부동산 취득일부터 3년이 경과할 때까지 해당 사업에 직접 사용하지 않거나 다른 용도로 사용하는 경우

㉣ 해당 사업에 직접 사용한 기간이 2년 미만인 상태에서 매각·증여하거나 다른 용도로 사용하는 경우

② 지방자치단체장은 해당 지역의 재정 여건 등을 고려하여 ①에 따라 취득세를 감면하는 경우에는 50%의 범위에서 조례로 정하는 율을 추가로 경감할 수 있고, 재산세를 감면하는 경우에는 5년간 감면기간을 연장하여 50%의 범위에서 조례로 정하는 율에 따라 경감할 수 있다.

3) 기회발전특구에서 공장을 신·증설하는 기업에 대해서는 다음에서 정하는 바에 따라 지방세를 감면한다.

① 해당 사업에 직접 사용하기 위하여 취득하는 사업용 부동산에 대해서는 취득세의 50%를 경감하고, 과세기준일 현재 해당 용도로 직접 사용하는 그 사업용 부동산에 대해서는 재산세 납세의무가 최초로 성립한 날부터 5년간 재산세의 75%(수도권 지역에 있는 기회발전특구의 경우에는 35%)를 경감한다. 다만, 다음 중 어느 하나에 해당하는 경우 감면한 취득세 및 재산세를 추징한다.

㉠ 공장을 신·증설하여 취득한 날부터 5년 이내에 해당 사업을 폐업한 경우

㉡ 정당한 사유 없이 부동산 취득일부터 3년이 경과할 때까지 취득한 부동산을 해당 사업에 직접 사용하지 않거나 다른 용도로 사용하는 경우

㉢ 해당 사업에 직접 사용한 기간이 2년 미만인 상태에서 매각·증여하거나 다른 용도로 사용하는 경우

② 지방자치단체장은 해당 지역의 재정 여건 등을 고려하여 ①에 따라 취득세를 경감하는 경우 25%의 범위에서 조례로 정하는 율을 추가로 경감할 수 있다.

Ⅵ 공공행정 등에 대한 지원

1. 마을회 등에 대한 감면(제90조)

1) 마을회 등 주민공동체(이하 '마을회 등'이라 한다)의 주민 공동소유를 위한 부동산 및 선박을 취득하는 경우 취득세를 면제한다. 다만, 다음 중 어느 하나에 해당하는 경우 그 해당 부분에 대해서는 면제된 취득세를 추징한다.

① 해당 부동산을 취득한 날부터 5년 이내에 수익사업에 사용하는 경우

② 정당한 사유 없이 그 취득일부터 1년(건축법에 따른 신축을 하는 경우 해당 토지에 대해서는 2년)이 경과할 때까지 해당 용도로 직접 사용하지 않은 경우

③ 해당 용도로 직접 사용한 기간이 2년 미만인 상태에서 매각·증여(해당 용도로 사용하기 위하여 국가나 지방자치단체에 기부채납하는 경우는 제외)하거나 다른 용도로 사용하는 경우

2) 마을회 등이 소유한 부동산과 임야에 대해서는 재산세 및 지역자원시설세를 면제하고, 마을회 등에 대해서는 주민세 사업소분(사업소 연면적에 따라 부과되는 세액으로 한정한다) 및 지방소득세 종업원분을 면제한다. 다만, 수익사업에 사용하는 경우와 해당 재산이 유료로 사용되는 경우의 그 재산 및 해당 재산의 일부가 그 목적에 직접 사용되지 않은 경우의 그 일부 재산에 대해서는 면제하지 않는다.

2. 천재지변 등으로 인한 대체취득에 대한 감면(제92조)

1) 천재지변 그 밖의 불가항력으로 멸실 또는 파손된 건축물·선박·자동차 및 기계장비를 그 멸실일 또는 파손일부터 2년 이내에 다음 중 어느 하나에 해당하는 취득을 하는 경우에는 취득세를 면제한다. 다만, 새로 취득한 건축물의 연면적이 종전의 건축물의 연면적을 초과하거나 새로 건조, 종류 변경 또는 대체취득한 선박의 톤수가 종전의 선박의 톤수를 초과하는 경우 및 새로 취득한 자동차 또는 기계장비의 가액이 종전의 자동차 또는 기계장비의 가액(신제품구입가액을 말한다)을 초과하는 경우에 그 초과부분에 대해서는 취득세를 부과한다.

① 복구를 위하여 건축물을 건축 또는 개수하는 경우
② 선박을 건조하거나 종류 변경을 하는 경우
③ 건축물·선박·자동차 및 기계장비를 대체취득하는 경우

2) 천재지변 그 밖의 불가항력으로 멸실 또는 파손된 건축물·선박·자동차·기계장비의 말소등기 또는 말소등록과 멸실 또는 파손된 건축물을 복구하기 위하여 그 멸실일 또는 파손일부터 2년 이내에 신축 또는 개축을 위한 건축허가 면허에 대해서는 등록면허세를 면제한다.

3) 천재지변·화재·교통사고 등으로 소멸·멸실 또는 파손되어 해당 자동차를 회수하거나 사용할 수 없는 것으로 시장·군수가 인정하는 자동차에 대해서는 자동차세를 면제한다.

연습문제

1 지방세법에 규정된 지역균형개발 등을 위한 지방세 감면 중 법인의 지방이전에 따른 감면, 공장의 지방이전에 따른 감면에 대해서 설명하시오. (20점)

2 지방세법에서는 조세정책의 목적상 비과세, 감면, 소액부징수제도 등을 두고 있다. 취득세와 관련하여 다음 물음에 답하시오. (2001년, 25점)

【물음 1】 취득세의 비과세 및 감면에는 사람(납세자)을 중심으로 하는 대인적 비과세 및 감면(예를 들어 해당 납세자가 취득하는 과세대상은 용도 구분 없이 무조건 비과세 또는 감면대상에 포함되는 것)과 물건(과세대상 또는 물건)을 중심으로 하는 대물적 비과세 및 감면(예를 들어 해당 과세대상 또는 물건은 누가 취득하든 비과세 또는 감면대상에 포함되는 것)이 있다.

지방세법에서 취득세와 관련하여 규정하고 있는 대인적 비과세(감면은 제외)에는 어떤 것이 있는지 설명하시오.

【물음 2】 취득세의 비과세 감면에는 일정조건을 이행하지 않는 경우 사후에 추징을 하지 않는 비과세 및 감면과 사후에 추징을 하는 비과세 및 감면이 있다. 지방세법에서 취득세와 관련하여 사후추징의 규정을 별도로 규정하고 있지 않는 감면(비과세는 제외)에는 어떤 것이 있는지 나열하시오. (5가지 이상)

【물음 3】 지방세법에서는 취득세와 관련하여 면세점 및 소액 징수면제를 어떻게 규정하고 있는지 설명하시오.

3 경매를 원인으로 주택을 취득하는 경우 취득세 경감혜택을 받을 수 있는지 여부에 대하여 논거를 들어 설명하시오. (2010년, 12점)

MEMO

MEMO

MEMO

MEMO

MEMO